U0798121

普通高等教育案例版系列教材

案例版

供医学影像学、医学影像技术、生物医学工程等专业使用

医学影像检查技术学

主　　编　余建明　黄小华　吕发金

副 主 编　郑君惠　周学军　陈　晶

罗来树　赵雁鸣　毛德旺

编　　委（以姓氏笔画为序）

王　丽（齐齐哈尔医学院附属第三医院）

王　雄（中南大学湘雅医学院附属海口医院）

王志强（湘南学院医学影像与检验学院）

毛德旺（杭州医学院附属人民医院）

史　卓（中国医学科学院肿瘤医院）

毕正宏（上海老年医学中心）

吕发金（重庆医科大学附属第一医院）

朱万安（吉林大学第一医院）

刘　杰（郑州大学第一附属医院）

刘　念（川北医学院附属医院）

刘　勇（西南医科大学附属中医医院）

孙　斌（福建医科大学附属协和医院）

杨　全（重庆医科大学附属永川医院）

杨海涛（重庆医科大学附属第一医院）

余建明（华中科技大学同济医学院附属协和医院）

张　诚（安徽医科大学附属第一医院）

张　艳（北京大学第三医院）

陈　晶（中南大学湘雅医学院附属海口医院）

范文亮（华中科技大学同济医学院附属协和医院）

罗来树（南昌大学第二附属医院）

周学军（南通大学附属医院）

郑君惠（华南理工大学附属广东省人民医院）

赵雁鸣（哈尔滨医科大学附属第二医院）

夏春潮（四川大学华西医院）

徐绍忠（江西中医药大学附属医院）

谈文开（华南理工大学附属广东省人民医院）

黄小华（川北医学院附属医院）

梅　豪（武汉大学中南医院）

眭　贺（贵州医科大学附属医院）

编写秘书　刘　念（兼）

科学出版社

北　京

郑 重 声 明

为顺应教育部教学改革潮流和改进现有的教学模式，适应目前高等医学院校的教育现状，提高医学教育质量，培养具有创新精神和创新能力的医学人才，科学出版社在充分调研的基础上，引进国外先进的教学模式，独创案例与教学内容相结合的编写形式，组织编写了国内首套引领医学教育发展趋势的案例版教材。案例教学在医学教育中，是培养高素质、创新型和实用型医学人才的有效途径。

图书在版编目（CIP）数据

医学影像检查技术学 / 余建明，黄小华，吕发金主编. —北京：科学出版社，2022. 1

ISBN 978-7-03-064153-3

Ⅰ.①医… Ⅱ.①余… ②黄… ③吕… Ⅲ.①影像诊断-高等学校-教材 Ⅳ.①R445

中国版本图书馆 CIP 数据核字（2020）第 003264 号

责任编辑：朱　华 / 责任校对：宁辉彩
责任印制：赵　博 / 封面设计：陈　敬

科学出版社 出版
北京东黄城根北街 16 号
邮政编码: 100717
http://www. sciencep. com
涿州市般润文化传播有限公司印刷
科学出版社发行　各地新华书店经销
*
2022 年 1 月第　一　版　开本：787×1092　1/16
2025 年 7 月第四次印刷　印张：36 1/4
字数：1 071 000

定价：158. 00 元

（如有印装质量问题, 我社负责调换）

前　言

《医学影像检查技术学》（案例版）是科学出版社出版的高等院校医学影像学、医学影像技术专业案例版系列教材。本教材以《中国教育改革和发展纲要》和《中共中央、国务院关于卫生改革与发展的决定》为指导，遵循专业的培养目标，适合特定的学生对象，适应特定的学制和学时要求，坚持“三基”“五性”原则，即强调教材的基本知识、基本理论、基本技能，体现教材的思想性、科学性、先进性、启发性和适应性。本教材主要供本科医学影像学专业、医学影像技术专业、生物医学工程专业的学生使用，其中以临床实用性和可操作性为重点，具有知识性、典型性、针对性、启发性、趣味性和实践性等特点，弥补了传统教材内容死板和乏味的局限性，可充分调动学生学习的积极性、主动性和创造性。

本教材按照上述原则和指导思想，分为六章，即绪论、医学影像学检查方法的比较与选择、普通 X 线检查技术、CT 检查技术、MRI 检查技术和 DSA 检查技术。绪论简要地介绍了各种影像检查技术的发展和应用评价，以及对比剂的临床应用和图像质量控制；医学影像学检查方法的比较与选择叙述了各系统不同影像学检查方法的特点。各论中每节分别叙述了各种影像检查技术的物理学基础、成像基本理论、临床概述与适应证、相关检查及检查前准备、相关疾病检查要点与图像质量控制等。

本教材内容紧跟医学影像技术日新月异的发展步伐，适应影像检查技术周期不断变短的特点，追踪各影像技术新理论和新方法的趋势，含有 CT 和 MRI 等影像检查技术亚学科许多新的理论和新的检查技术。

本教材的创新性在于，依据临床实用的医学影像检查技术的典型案例展开编写，完全不同于常规的教材编写方法。本教材中涉有真实案例、标准化案例，结合思维导图，以及微课视频（慕课陆续完善）等现代化、信息化和实用化的教学方法，是本教材有别于其他教材的最大特色。这使医学影像检查技术学这个临床应用学科的教学十分接地气，强化了教学的实用性，加强了学生理论联系实际的能力，体现了学生活学活用的临床意境。同时，倡导医学影像技术理论化和理论知识实用化，力戒纯理论，强调实用性，避免与临床脱节。

本教材特邀全国不同地区医学院校附属医院既有教学经验又有临床实际工作经验的专家，并根据他们的特长进行分工编写。

由于本教材编者水平所限，书中不足之处，恳请广大师生不吝赐教，提出宝贵的改进意见。

余建明

2019 年 2 月

目　录

第一章 绪 论

本章主要叙述各种医学影像技术的特点，分别介绍了 CR、DR、CT、DSA、MRI、乳腺及口腔 X 线检查技术的发展和应用评价，并介绍了对比剂的临床应用，以及医学影像图像质量控制。

第一节 CR 的发展及应用评价

一、CR 的发展史

1974 年日本富士胶片公司（Fuji）开始研发计算机 X 射线摄影（computed radiography，CR），1981 年成像板（imaging plate，IP）研制成功，于 1981 年 6 月在比利时首都布鲁塞尔召开的国际放射学会年会上进行了发布，使数字 X 射线摄影成为现实。

CR 是计算机和 X 射线摄影的结合产物，是常规 X 射线摄影的一次革命，它利用成像板取代传统的屏-片体系，在光激励荧光体中利用光激励荧光体的延迟发光特性记录 X 射线（又称 X 线）影像，并使影像信息以电信号方式提取出来，数据经过后处理而形成数字图像。CR 成像具有影像数字化、能与原有 X 线摄影设备兼容的特点，在国内外得到广泛应用。

随着技术进步，CR 的激光源螺旋前进页面扫描、成像板双面阅读、光激励发光晶体的针状矩阵排列、相位衬度成像、频率依赖性与曝光依赖性的双重联合图像处理法等技术都得到了进一步发展。由螺旋 CT 技术得到灵感的激光源旋转前进页面扫描技术是在扫描过程中使成像板板芯保持静止状态，由激光源沿板芯轴心方向运动来完成页面扫描，可以有效地降低成像板传输所引起的机械颤动误差和机械传输误差。

随着双面 CR 读取技术的出现，它可以获取成像板前后两面的信息，将两处的信息整合到一起生成最终影像。双面读取技术能明显降低系统噪声，提高信噪比，改善影像质量，胸部成像和专用于乳腺成像的双面读取 CR 系统已在国外问世和生产。在传统的 CR 成像板中主动面是由微磷晶体与连接体共同形成，当光撞击到微磷晶体时，会有散射现象。目前针型磷光板技术将磷微粒排列成针形结构，这些针形结构成为光的导向体，防止光散射，提高了影像清晰度。针型技术的应用使更厚的成像板使用成为可能，提高了吸收率，且空间分辨力并不降低。

CR 在扫描方式上也不断改进，用行扫描代替原有的飞点扫描，快速线阵列扫描技术的应用使 CR 的影像读出速度有了很大的提高。随着 DR 系统市场化进程的逐步加快，目前 CR 系统正在面临着严峻的挑战。但 CR 系统本身技术成熟、稳定性高，且成本低。在床旁摄影、全长摄影等方面具有优势。

二、CR 的临床应用评价

CR 已广泛应用于人体各个部位的 X 线摄影和造影检查，CR 系统因成像板获取的信息能自动调节光激励发光（photostimulated luminescence，PSL）和放大增益，可在允许范围内使摄影部位 X 线曝光剂量的动态范围增大。

（一）CR 系统的优点

（1）X 线曝光剂量的动态范围大。

（2）成像板替代胶片可重复使用。

（3）可与原有的 X 线摄影设备匹配使用，放射技师不需要特殊培训。

（4）具有多种处理技术，如谐调处理、空间频率处理、时间减影、能量减影、体层伪影抑制、动态范围控制等。

（5）具有多种后处理功能，如测量（大小、面积、密度）、局部放大、对比度转换、对比度反转、影像边缘增强、多幅显示及减影等。

（6）可数字化存储与传输，进入网络系统，节省胶片，无需暗室和储片库。

（7）实现数据库管理，有利于查询和比较，实现影像资料共享。

（二）CR 影像的不足

（1）时间分辨力差，不能满足动态器官的影像显示。

（2）空间分辨力相对较低，在细微结构的显示上，与常规 X 线检查的屏-片组合相比，CR 系统的空间分辨力有时显得不足。

（3）曝光剂量偏高，与常规屏-片系统相比，除了对信噪比要求不严格的摄影部位外，要获得等同的影像质量，CR 影像所需的曝光剂量要高出 30%，甚至更多。

（4）未能彻底改变常规 X 线摄影的工作流程，操作程序较多，成像板成本高，易老化损耗。

【小结】 本节主要介绍 CR 的发展和临床应用评价。内容包括 CR 系统涉及的主要技术、CR 系统的优点、CR 影像的不足等。

第二节　DR 的发展及应用评价

一、DR 的发展史

CR 的出现和发展推动了数字化 X 线摄影（digital radiography，DR）的发展进程。1986 年，在布鲁塞尔召开的第 15 届国际放射学学术会议上首次提出"数字化 X 线摄影"的物理学概念。当时的 DR 技术采用的 X 线探测器是影像增强器-摄像管/CCD-电视成像链，其空间分辨力和密度分辨力还不能满足临床的要求。

20 世纪 90 年代后期，薄膜晶体管（thin film transistor，TFT）阵列等新技术的应用，使数字 X 线摄影的探测器研制取得突破性进展，多种类型的固态一体化平板探测器（flat-panel detector，FPD）投入临床应用，在图像质量、操作流程和检查时间方面有明显优势。

DR 主要由 X 线摄影系统、X 线探测器、图像信息处理器、存储器、图像显示器和系统控制器等组成，按曝光方式分为面曝光成像和线曝光成像，按探测器的能量转换方式又分为直接转换成像和间接转换成像。DR 成功地实现了 X 线影像的数字化采集、处理、传输、显示和存储的一体化。X 线照射人体后被平板探测器接收并转换为数字化信号，获得 X 线衰减后的不同组织密度信息的数字矩阵，经计算机处理、重建并输出到监视器形成图像。

案例 1-2-1

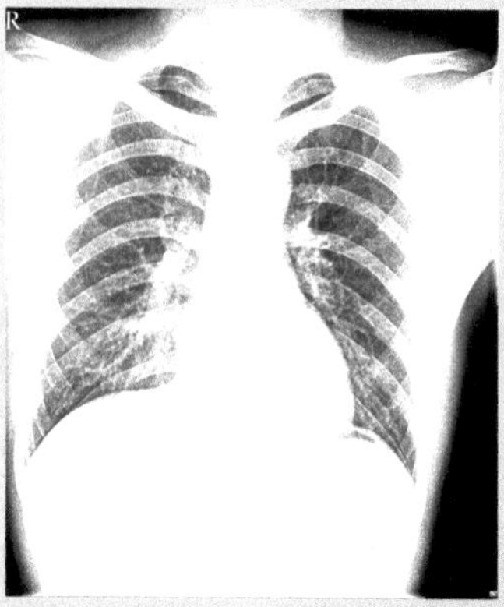

案例图 1-2-1

患者，男，28 岁，咳嗽 3 天余，行 X 线检查结果如案例图 1-2-1，请问图中的检查图像存在什么问题？应使用何种方法调节？

解答：图中的胸部 X 线图像窗宽窗位不佳，图像整体偏亮，影响诊断，应使用 DR 的组织平衡技术进行调节，以满足诊断需要。

二、DR 的临床应用评价

DR 是高度集成化的数字化 X 线摄影设备，目前已广泛应用于临床。DR 摄影具有如下特点：

1. 曝光剂量降低、图像质量提高 CsI 探测器的检测量子效率（detective quantum efficiency，DQE）高达 60%以上，而传统胶片和 CR 系统的 DQE 只有 20%左右，对低对比结构的观察能力提高了 45%，图像的动态范围提高了 10 倍以上。胸片正位摄影的辐射剂量只需要 3mAs，曝光时间多数小于 10ms。

2. 成像速度快、工作流程短 与 CR 或传统的 X 线摄影方式比较，DR 的成像速度快，从 X 线曝光到图像的显示一般仅需要数秒，成像的环节少，按下曝光按钮即可显示图像。缩短了 X 线检查时间，大大地提高了工作效率，使受检者的流通率更快。

3. 图像动态范围大 即探测器信号采集的动态范围和图像显示的动态范围大。DR 探测器由大面积的像素点矩阵构成，每个像素点在信号采集时均由 A/D 转换器按电压水平进行多级量化处理，目前的各类 DR 均具有 14bit 的图像灰阶和 A/D 转换能力。这种能力决定了 DR 的动态响应范围很大，在影像上表现为曝光条件的宽容度大，线性响应能力强。

DR 图像具有 4096～165 536 级连续灰度级变换范围，能适应医用专业级显示器的表现能力，DR 图像丰富的灰度表现能力能够有效地反映出人体组织细微的密度变化。

4. 图像后处理功能强 后处理能力决定了数字图像的软阅读能力，图像后处理大致包括以下方面。

（1）图像放大、测量、缩放、移动、镜像、旋转、滤波、锐化、伪彩、播放、窗宽窗位调节，图像的长度、角度、面积测量及标注、注释功能等。

（2）显示器功能菜单设置的实用性，如图像、文字一体化显示，多级菜单模块化设置。

（3）符合医保和医疗法律相关条例，保证所处理后的信息具有真实性和可靠性。例如，原始信息不可修改性，极小的测量误差，极小的图像畸变，原始图像的 100%显示等。

（4）能满足不同诊断要求的数字化处理能力。例如，①自动处理能力，能运用 DR 预设的特性曲线，自动获得符合诊断需要的图像。②提取特征性信息的能力，能通过诊断工作站显示出规定的图像效果。

（5）某些图像后处理高级软件往往作为 DR 选件。例如，能量减影、时间减影、图像组织均衡、骨密度测量、融合体层、计算机辅助检测等，这些软件所赋予的临床功能具有特定的诊断意义。

（6）DR 的图像属性由图像文件格式确定，DR 设备一般具有“厂家专有”和“DICOM 标准”格式，图像格式可以通过软件进行单向转换。例如，“厂家专有”格式转换为“DICOM 标准”格式；“DICOM 标准”格式转换为普通图像格式（bmp、JPEG2000 等），图像后处理软件应具备这种转换能力。

（7）DR 图像基本信息的提取，通过后处理软件指令可显示数字化图像信息。例如，各项摄影参数、曝光剂量的文字描述，图像主要属性的文字描述，图像信息量的统计和直方图显示等。

5. 图像存档与通信系统（picture archiving and communication system，PACS）**能力** DR 图像在本质上属于数字化信息，从计算机信息管理的角度，可以进行图像压缩，图像格式变换，各种网络通信方式传输、发布，多种存储介质存储等。DR 图像通过 PACS 可以实现信息共享。

【小结】 本节主要介绍 DR 的发展历史及 DR 摄影的特点等。DR 系统主要由 X 线摄影系统、X 线探测器、图像信息处理器、存储器、图像显示器和系统控制器等组成。其摄影特点包括曝光剂量降低、图像质量提高，成像速度快、工作流程短，图像动态范围大，图像后处理功能强，PACS 能力等。

第三节 CT 的发展及应用评价

一、CT 的发展史

计算机断层扫描术（computer tomography，CT）是电子计算机控制技术和 X 线断层摄影技术相结合的产物，是数学算法的进步和高速数字计算机发展的必然结果。

1917 年奥地利数学家 J.H.Radon 提出一个二维或三维的物体可以由它投影的无限集合来单一地重建影像。1963 年美国物理学家 A.M.Cormack 研究了用 X 线投影数据重建图像的数学方法。20 世纪 60 年代末，Godfrey Newbold Hounsfield 在 EMI 实验研究中心做了大量的研究工作，1971 年 9 月第一个原型 CT 设备安装在 Atkinson Morley 医院，1972 年 11 月在芝加哥举办的北美放射学会（Radiological Society of North America，RSNA）年会上向全世界宣布 CT 设备研制成功。CT 设备一问世就在临床上得到了迅速的普及和推广，被认为是开创了医学诊断的新纪元。为 CT 发明做出重要贡献的物理学家 Allan Macleod Cormack 和工程师 Godfrey Newbold Hounsfield 获得 1979 年诺贝尔生理学或医学奖。

CT 的原型机只能做头部检查。1974 年，美国 George Towm 医学中心工程师 Ledley 设计了全身 CT 扫描机。从此，CT 不仅可用于颅脑和眼眶的检查，还可用于胸部、腹部、脊椎、四肢、软组织等各部位疾病和外伤的诊断。此时期的 CT 处于非螺旋的逐层步进扫描阶段。

1989 年，在非螺旋的逐层步进扫描基础上，CT 采用了滑环技术和连续移动检查床的成像技术，实现了螺旋扫描。螺旋 CT（helical or spiral CT）与非螺旋 CT 相比，缩短了扫描时间，可避免传统 CT 遗漏小病变现象的发生，扩大了 CT 在胸腹部的应用范围，是 CT 发展史上较大的一次进步。

1998 年，多层螺旋 CT（multi-slice spiral CT，MSCT）问世，球管-探测器系统围绕人体旋转一圈能同时获得多幅断面图像，与单层螺旋 CT 相比，大大提高了扫描速度。多层螺旋 CT 增加了 *Z* 轴的覆盖范围，缩短了 CT 检查时间，提高了运动器官的图像质量，是 CT 发展史上一次明显的飞跃。

2004 年，在 RSNA 年会上推出的 64 层螺旋 CT（又称容积 CT），开创了容积数据成像的新时代。64 层螺旋 CT 的快速、大范围扫描，提高了 *Z* 轴空间分辨力和时间分辨力，使心脏冠状动脉图像质量得到改善。64 层螺旋 CT 实现了“各向同性”，使 CT 检查心脑血管和空腔脏器成为常规，是 CT 发展史上的第三次飞跃。

2005 年，在 RSNA 年会上，西门子公司推出了双源 CT（dual source CT，DSCT），以此为标志，CT 进入“后 64 层时代”。双源 CT 改变了常规使用一个 X 线源和一套探测器的 CT 成像系统，通过 2 个 X 线源和 2 套探测器来采集 CT 图像。2 个 X 线管可以在不同的能量状态下工作，通过 2 个 X 线管在不同管电压下的数据采集，实现双能量成像，拓展了 CT 的临床应用范围。

2007 年 RSNA 年会上，日本东芝公司推出了 320 层 CT（Aquilion ONE），使 CT 进入了动态容积扫描时代。320 层 CT 具备 320 排探测器，每个探测器单元宽度 0.5mm，*Z* 轴宽度 160mm。320 层 CT 具备不动床扫描成年人心脏或大脑的能力，并且可以获得多期相图像和数据。目前，东芝公司在 320 层 CT 的基础上，推出了 320 排 640 层 CT，*Z* 轴分辨力进一步得到提升。同一年的 RSNA 年会上，Philips 公司推出的 iCT 具备 4D 扫描能力。iCT 采用 128 排探测器单元，每排探测器单元宽度 0.625mm，总宽度 80mm，具备动态容积扫描能力，机架转速 0.27s/360°，心脏冠脉成像能力大大提高。2008 年 5 月通过美国食品药品监督管理局（Food and Drug Administration，FDA）认证的 GE Discovery CT 750HD 是 GE 公司在 Light Speed VCT 基础上发展出来的 128 层 CT，该 CT 采用 Gem Stone 探测器，通过球管管电压（80kV 和 140kV）的瞬态切换，可以产生 101 个单能级 CT 图像。该 CT 采用能谱栅技术，在增强组织对比度、去除金属伪影、能量去骨及区别骨质和碘等无机物的临床应用中有一定的价值。CT 发展的第四次飞跃主要集中在组织能量成像和功能成像方面。

CT 检查的辐射剂量一直是制约其发展的主要因素之一。多层螺旋 CT 的大剂量扫描，特别是灌注成像多次扫描的辐射危害，已引起人们的广泛关注。采用有效地降低患者辐射剂量的优化技术，是多层螺旋 CT 技术得到良好应用所必须解决的问题。在扫描环节，GE、Philips、Siemens 和 Toshiba 都推出了自动管电流调节技术，Siemens 还推出了自动管电压调节技术——智能最佳管电压扫描技术，以及 X-CARE 技术。在图像重建环节，上述四大厂商都分别推出了基于硬件水平提升的迭代算法——ASiR、iDose4、SAFIRE 和 AIDR。在图像处理环节，又都推出了 2D 或 3D 的降噪技术。

目前常规采用的优化技术有 ECG 自动管电流技术、心脏滤线器、3D 自动管电流技术、短几何设计和电子收集器、四维实时剂量调节技术等。CT 发展的第 5 次飞跃是以 X 线剂量硬件调制和软件上的迭代算法为标志的低剂量技术，使 CT 检查进入低剂量、微辐射成像时代。

案例 1-3-1

患者，男，54 岁，体检发现右下肺结节，胸片如案例图 1-3-1，请问下一步应通过何种检查进一步确诊？

解答： 由于常规胸片组织结构存在重叠，为进一步确诊，应选择 CT 检查。CT 检查可获得无层面外组织结构干扰的横断面图像。与常规 X 线体层影像相比，CT 图像的层厚准确、图像清晰；与常规 X 线图像相比，无组织结构重叠。帮助对病灶的准确定位及定性。

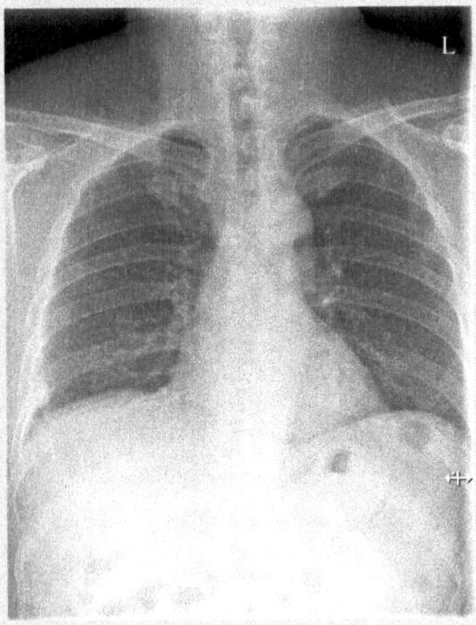

案例图 1-3-1

二、CT 的临床应用评价

自 20 世纪 80 年代初期全身 CT 投入临床应用以来，CT 已成为多种临床疾病的重要检查手段，检查范围几乎包括人体的每一个器官和部位。

（一）CT 的优势

1. CT 图像的密度分辨力高 CT 与其他影像学检查相比，图像的密度分辨力仅次于磁共振成像（magnetic resonance imaging，MRI），比常规 X 线影像的密度分辨力高约 20 倍，CT 图像可以通过调节窗宽和窗位满足各种观察的需要。CT 检查在一些部位具有独特的优势。如肺部检查，CT 明显优于 MRI、B 超及常规 X 线摄影。

2. 对病灶的定位、定性准确 CT 检查可获得无层面外组织结构干扰的横断面图像。与常规 X 线体层影像相比，CT 图像的层厚准确，图像清晰；与常规 X 线图像相比，无组织结构重叠。应用 CT 测量功能可对病变进行定量分析。

3. 为临床提供直观可靠的影像学资料 根据临床需要对病灶进行动态扫描，可观察病灶部位的血供和血流动力学变化，如动态扫描和灌注成像等。利用后处理软件对原始数据进行多方位重组，获得的二维和三维图像，可为外科制订手术方案和选择手术路径提供直观的影像学资料。使用 CT 的定量分析功能，可知病灶部位增强前后的 CT 值变化，为疾病的定性诊断提供可靠的依据。骨矿含量和冠状动脉钙化的定量测定，有助于临床对骨质疏松和冠心病的诊断。

（二）CT 的进展

1. 心脏成像 是 CT 临床应用划时代的突破，可对运动脏器的解剖细节进行细微观察和病变诊断，为影像学开拓了全新的领域。为了提高心脏检查的空间和时间分辨力，各厂家还推出了众多的心脏检查专用技术，如变速扫描、期相选择性曝光、全自动心电智能算法扫描等。此外，心脏后处理软件可以对冠状动脉、心肌、瓣膜进行多种重建和分析，从而对心脏进行全面的形态和功能诊断。这样既减小了由于长时间憋气和对比剂注射引起心率波动对检查成功率的影响，又大大降低了对比剂的用量，使幼儿、病重体弱者都能在很短的检查时间内完成扫描。

2. CT 灌注技术 传统的CT影像学只是对形态学进行诊断，近年来兴起的CT灌注技术可以对组织的血流动力学进行诊断分析。CT灌注技术最主要用于急性脑梗死、肿瘤的诊断、治疗和预后评价。CT灌注技术在脑缺血的早期诊断中显示出明显的临床优势，一般脑栓塞发生后，在常规CT出现异常图像征象至少需要12h，若应用CT灌注技术，理论上在栓塞出现时即可发现病变区血流异常，为临床正确选择介入溶栓治疗的时机和治疗方案提供保障。CT灌注技术可以反映肿瘤内血管的生长情况和血流动力学情况，通过测定肿瘤内微血管密度等可判断肿瘤的恶性程度，为肿瘤化疗疗效的评价提供有力的依据。

3. 三维 CT 技术 早期的CT仅作为横断面扫描影像诊断工具，而三维CT能显示扫描目标的空间立体形态，用于直观地显示病变的部位、范围及毗邻。一般作为诊断复杂骨折及复杂骨畸形的首选方法，可使医生获得骨折大致的立体概念。目前，临床上常根据三维CT所获信息建立一个三维实体模型，将其用于术前术中对比，指导手术方式及入路，在计算机上进行模拟手术、评估手术效果。

4. 低剂量扫描技术 Naidich等于1990年提出了低剂量肺部CT扫描的概念，即在其他扫描参数不变的情况下，降低管电流成像亦能达到图像的诊断要求。低剂量扫描大大降低了受检者的辐射剂量，并可降低X线球管的损耗，延长球管的使用寿命。

5. CT 内镜技术 CT内镜是虚拟现实技术在医学领域中的应用，目前已有CT结肠镜、CT支气管镜、CT胆道镜、CT鼻旁窦镜、CT喉镜、CT血管镜等，基本上可以做到所有的管道器官均可以用CT内镜进行检查。它有普通内镜无法比拟的优点，可到达普通内镜无法到达的位置，通过器官狭窄的部位观察到管腔远端的情况，同时可观察到管腔外的情况，鉴别腔外肿物是否向腔内突出及局部侵犯等情况。这种方法简单、无创，易为受检者所接受。但是，它不是通过真正的内镜直接观察管腔内的情况，无法看到被检查组织黏膜或病灶表面的颜色，无法进行活检，目前CT内镜还无法全面地替代传统内镜检查。

6. CT 连续成像技术 连续成像目前主要用于CT的介入手术，这种方法是每秒可以连续显示8～12幅图像，达到了相当于透视的效果，因而也称为CT透视。它是在秒级或亚秒级螺旋扫描基础上，利用采集的容积原始数据。在第一个层面重建以后（以每秒8幅图像为例），第二个层面利用前一圈7/8的数据及本圈的数据进行重建，依此类推，这样便缩短了采集和重建的时间。另外，常采用小矩阵进行重建以加快重建速度，达到了每秒显示8幅以上图像的速度。

【小结】 本节主要介绍CT的发展历史及CT的临床应用评价。CT的优势：CT图像的密度分辨力高；对病灶的定位、定性准确；为临床提供直观可靠的影像学资料。CT的进展主要集中于CT心脏成像、CT灌注技术、三维CT技术、低剂量扫描技术、CT内镜技术、CT连续成像技术等方面。

第四节 DSA 的发展及应用评价

一、DSA 的发展史

1896年瑞士医生Haschek和Lindenthal在截肢的手上进行了动脉血管造影的实验研究；1923年Berberich和Hirsh首次在人体上作了血管造影检查；1929年Dos Santos采用长针经皮腰部穿刺成功进行腹主动脉造影，将血管造影技术又向前推进了一步。1931年德国医生Forssmann从自己的上臂静脉将导尿管插入右心房，首创了心导管造影术，并因此获得诺贝尔生理学或医学奖。20世纪50年代Sones和60年代Judkins开展了选择性冠状动脉造影。1953年Seldinger经皮股动脉穿刺术，使血管造影的风险性、创伤性大为减少，至今仍在使用。1962年Ziedes des Plantes发明了X线照片减影术，获得了无骨骼重叠的脑血管减影图像。由于计算机技术和X线影像设备的发展，在20世纪80年代初，开始了在X线电视系统的基础上，利用计算机对图像信号进行数字化处理，使模拟视频信号经过采样，再经模数转换（A/D）后直接进入计算机进行存储、处理和保存，再经数模转换（D/A）进行显示与打印，形成数字 X 线成像技术。这项技术促成了专门用于数字减影血管造影（digital subtraction angiography，DSA）设备的产品诞生。

随着电子计算机技术的发展，数字减影技术得到了快速的发展，随后出现了电子减影法。1978 年，德国 Heintzen Brenndeke 教授领导的研究小组，研制成了第一台可实时减影的设备，对犬的心脏进行了实时减影，1979 年 Wisconsin 大学 Kruger 领导的一个研究小组最先设计出数字视频影像处理器，从而为数字减影血管造影奠定了基础。1980 年 3 月在 Cleveland Clinic 医院安装了数字减影血管造影的商用机。DSA 是由美国威斯康星大学的 Mistretta 小组和亚利桑那州立大学的 Nadelman 小组首先研制成功，于 1980 年 11 月在芝加哥召开的北美放射学会上展示了此种商用数字减影血管造影装置，并在布鲁塞尔召开的国际放射学会上受到推荐。

此后，许多国家的制造商加强了对 DSA 系统的研究，使机器性能、成像方式、采集速度、图像处理等方面得到了很大的发展。目前，随着旋转 DSA 的产生，3D 技术的应用，多技术的融合，DSA 系统得到了快速的发展，临床应用范围大为拓展。

二、DSA 的临床应用评价

（一）DSA 的应用

DSA 是利用计算机数字影像信息，消除骨骼和软组织影像，使血管清晰显示的成像技术，是数字 X 线成像技术之一，对全身血管的检查具有较大优势，是检查血管疾病的金标准。DSA 分静脉 DSA（IV-DSA）、动脉 DSA（IA-DSA）和动态 DSA。

1. 静脉 DSA　是通过周围静脉注入对比剂，经过静脉回流至心脏和全身的动脉、静脉，以此来获得心脏及所需血管形态。操作方便，可获得动脉造影图像，但成像区域的大血管同时显影，血管影像模糊且相互重叠，易产生运动性伪影，影像质量太差，几乎不能满足临床诊断的需要。对比剂用量较多，故临床应用少。为了提高对比剂在所需血管的浓度，采用中心静脉法 DSA，即在上腔静脉或右心室注射对比剂，提高对比剂在血管中的浓度，由于通过肺循环，最终到达靶血管的对比剂量少，虽然比外周静脉 DSA 效果有所提高，但最终血管显示效果差。因此，外周静脉法和中心静脉法观察动脉的方法目前已基本废弃。目前用于下肢的深静脉造影，对于门静脉、腔静脉、髂静脉、肾静脉、逆行股深静脉等部位的疾病诊断和介入治疗可采用选择性静脉 DSA。

2. 动脉 DSA　是经皮股动脉或桡动脉穿刺，将所需的导管插入相应的血管内进行造影，获取所需的血管图像。随着 DSA 设备性能、介入材料的提高和介入放射学的发展，动脉 DSA 方法，特别是选择性和超选择性 DSA 动脉法广泛地应用于全身各部位血管造影和血管性介入治疗。

动脉 DSA 较静脉 DSA 具有较大的优势：①所需对比剂的浓度低，用量小。②显像清晰，能使直径 0.5mm 的小血管显示，血管相互重叠少。③运动性伪影发生概率大为降低。④放射辐射剂量减少。⑤成像质量高，诊断准确性增加，同时有利于介入治疗。为了增加病变诊断和治疗的准确性，选择性、超选择性动脉 DSA 应用日益广泛，几乎取代了非选择性的静脉 DSA。

动脉 DSA 对血管的显示与所用导管形态、导管直径大小及导管所在血管的位置有关，与注射的对比剂的速度有关。DSA 显示血管及病变的能力与血管内碘浓度与曝光量平方根的乘积成正比，而血管所需最低对比剂的量与血管的直径成反比；较高的注射速度可形成较密集的对比剂团块，提高细小血管内的碘浓度，提高细小血管的分辨力。

DSA 用于外周血管的检查与治疗已很成熟，随着 DSA 设备硬件与软件技术的进一步提高，在心脏及冠状动脉病变的明确诊断和心脏介入治疗中发挥了重要的作用。DSA 较传统的心血管造影具有较大的优势：①图像的密度分辨力高，可使密度差值为 1%的影像显示出来。②图像系列的摄制、储存、处理和传递都是以数字形式进行，便于图像的各种处理和储存，图像远程传输与会诊。③能消除造影血管以外的结构，仅留下造影的血管影像，图像清晰且分辨力高。④能作动态性能研究，如确定心脏功能参数（射血分数、体积变化等），研究对比剂在血管内的流动情况，从而确定器官的相对流量、灌注时间和血管限流等。⑤具有多种后处理功能，可对图像进行各种处理、测量和计算，有效地增加诊断信息。⑥造影图像能长期存盘、反复观察。⑦DSA 的血管路径图功能，能作插管的向导，减少手术中的透视次数和检查时间。⑧DSA 对微量碘信息敏感性高，对比剂用量少、所需浓度低。⑨DSA 成像速度快、时间分辨力高，单位时间内可获得较多的信息，充分满足心脏、冠状动脉等活动组织器官的检查。

3. 动态 DSA 随着介入技术的不断发展，DSA 系统设备性能不断改进，DSA 技术不断发展，动态 DSA 在临床应用中发挥出巨大的作用。旋转 DSA 使成像部位重叠的血管，通过旋转式血管造影，获得多角度、非重叠的立体影像。通过 3D 及图像的后处理，使检查部位的血管及病变得到充分显示，可获得血管与病变关系的最佳显示角度，对于脑部血管病变的检查与治疗具有指导性意义。步进式的曝光摄影解决了一个部位需要进行多次注药曝光的问题，如下肢血管检查，采用步进式摄影既可解决多次曝光、多次注药等问题，也可以弥补因探测器面积小导致患者辐射剂量增加的问题。采用遥控对比剂跟踪技术可在一次曝光过程中，观测全程血管结构。通过改进高压发生器，使用超短脉冲快速曝光或采用数字技术脉冲方式曝光，可以减少运动部位成像及运动性伪影的产生，同时 X 线剂量减少接近一半。

案例 1-4-1

患者，男，54 岁，突发胸痛，CT 检查发现主动脉夹层，图像如案例图 1-4-1。下一步如进行 DSA 治疗，请问应选择何种 DSA 成像方式？较传统血管造影有什么优势？

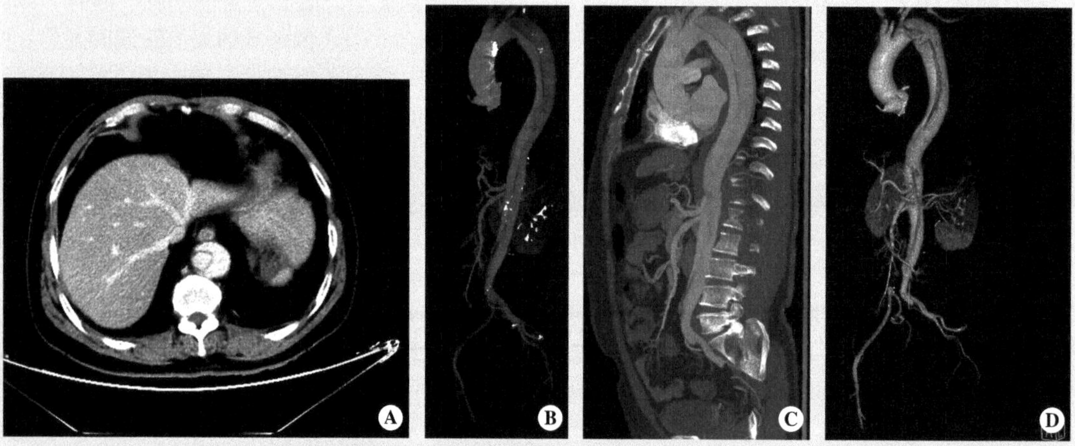

案例图 1-4-1

图 A 是横轴位 CT 扫描图像，图 B 是血管重建图像，图 C 是矢状位图像重建结果，图 D 是 VRT 显示的重建图像

解答： 如案例图 1-4-1 所示，CT 检查已经确定是主动脉夹层，此时需要通过动脉 DSA 成像方式完成 DSA 下的手术治疗。DSA 较传统血管造影的优势：图像的密度分辨力高；能消除造影血管以外的结构，仅留下造影的血管影像，图像清晰且分辨力高；图像系列的摄制、储存、处理和传递都是以数字形式进行，便于图像的各种处理和储存，图像远程传输与会诊；具有多种后处理功能，可对图像进行各种处理、测量和计算，有效地增加诊断信息；DSA 成像速度快、时间分辨力高，单位时间内可获得较多的信息等。

（二）DSA 的应用限度

1. DSA 的视野小 目前大部分的 DSA 设备影像接收器的尺寸都比较小，尤其对于外周血管的介入检查与治疗。小的视野不利于较大范围病变的观察，特别是不连续的多发病变的观察。对大范围的病变多次、分段检查，导致患者接受辐射剂量增加，同时手术时间延长。

2. DSA 对患者的移动敏感　DSA 是采用造影图像与蒙片进行减影获得的无重叠的影像，在减影中必须使被检查的部位保持不动，才能获得高质量的图像。在 DSA 过程中尽量减少被检查部位的运动或移动，减少运动伪影。

3. DSA 失去了参考标志　DSA 可消除骨骼和软组织影像，使血管清晰显示。在实际的检查与治疗中，DSA 的图像不能确定血管、导管等位置，必须在相应的影像中寻找一个参考标志，以利于导管的定位或支架的植入。因此，在 DSA 的检查设备中必须要有减影图与蒙片的转换，才能得到一幅既能突出兴趣血管，又有骨性标志作参考的影像。

DSA 被公认为血管检查的金标准，它的发展方向将朝高度一体化、系统化、数字化、遥控化、简便化和网络化等方面发展。对设备的要求是图像质量高、实时处理快、存储容量大、操作简便等；同时应具有旋转采集、三维立体成像、多功能成像、多技术融合等功能。具有对病变作定性、定量分析功能的软件，同时应采用多种防护方式，降低 X 线的辐射剂量，保护受检者及操作医师的辐射安全。

目前 DSA 的探测器逐渐由影像增强器系统向非晶硅或非晶硒平板探测器发展，探测器具有大小不同的规格，以适用不同检查范围。这些技术的应用克服了 DSA 视野小、空间分辨力低、量子检测率低等方面的不足，使 DSA 在临床应用中发挥更大的作用。虽然 DSA 检查创伤小，但仍属于有创检查，不可能像 CT 血管造影（CT angiography，CTA）、磁共振血管成像（magnetic resonance angiography，MRA）一样作为常规检查，因此在实际工作中应注意与其相应的适应证和禁忌证。

DSA 技术构成了介入放射学的重要组成部分，是血管性介入治疗不可缺少的工具。介入治疗的应用范围不断扩展，使其与内科学、外科学并列为三大临床治疗学科。目前，已把介入技术分为心脏介入诊疗技术、综合介入诊疗技术、神经介入诊疗技术和血管介入诊疗技术。随着介入技术与材料的迅速发展，微创技术不断向临床各科室的渗透，越来越多的临床科室将相继开展介入诊疗技术，使有创的外科手术向微创的介入技术发展。

【小结】　本节主要介绍 DSA 的发展历史及 DSA 的临床应用评价。DSA 包括静脉 DSA、动脉 DSA 及动态 DSA，各有各的独有优势。DSA 的不足主要表现在视野小、对患者的移动敏感及失去参考标志等。

第五节　MRI 的发展及应用评价

磁共振成像（MRI）是利用生物体内的磁性原子核（多数为氢核）在磁场中特性表现而进行成像的技术。MRI 的物理基础是核磁共振（nuclear magnetic resonance，NMR）理论。

一、MRI 的发展史

磁共振现象于 1946 年第一次由布洛赫（Bloch）领导的美国斯坦福研究小组和珀塞尔（Purcell）领导的麻省理工学院研究小组分别独立发现，因此布洛赫和珀塞尔共同获得了 1952 年的诺贝尔物理学奖。1970 年，美国纽约州立大学的物理学家及内科医生达马迪安（Raymond Damadian）发现了小鼠正常组织和病变组织的磁共振信号明显不同，奠定了 MRI 在医学领域应用的基础。1977 年达马迪安与其同事研制成了人类历史上第一台全身 MRI 装置，并获得了第一幅全身轴位质子密度加权像。1980 年，诺丁汉大学的摩尔等获得了第一幅具有诊断价值的人体头部磁共振图像，拉开了 MRI 进入临床应用的序幕。1984 年，美国 FDA 正式批准其应用于临床。1985 年中国首次引进 MRI。1993 年磁共振功能成像（functional MRI，fMRI）得到发展，将人脑各部位的功能信息图像化显示。1989 年安科公司生产出我国第一台永磁型磁共振机。之后，国内外的各种场强、各种类型、各种功能的磁共振机不断投入临床。

二、MRI 的临床应用评价

案例 1-5-1

患者，男，55 岁，突发头痛并左侧肢体无力，MRI 检查图像见案例图 1-5-1，请问图 A～C 各反映了 MRI 的什么成像参数？

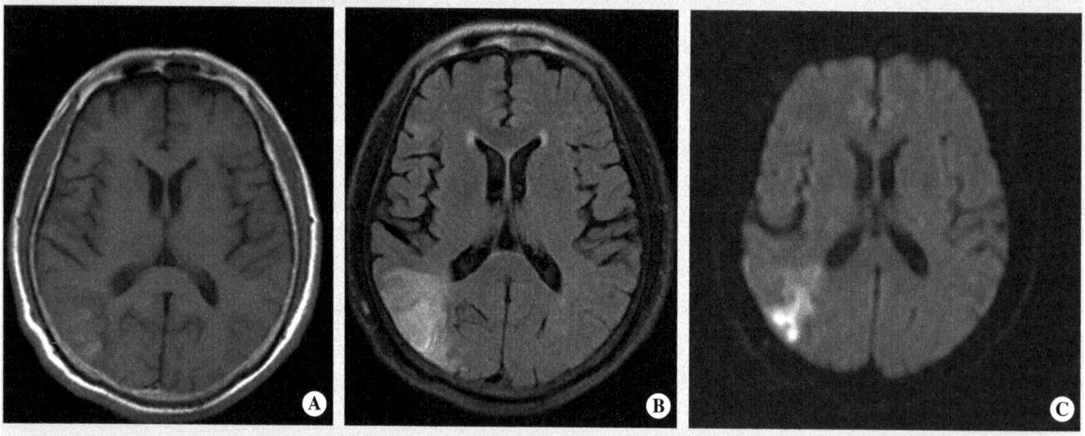

案例图 1-5-1

解答： MRI 一个重要的成像特点就是可以多参数成像，通过不同的组织特征参数，为临床提供不同的诊断信息。图 A 是 T_1 加权图像，图 B 是 T_2 加权图像，图 C 是扩散加权图像。

MRI 技术的不断进步，使 MRI 的应用范围不断扩大，MRI 在医学诊断中所起的作用也愈加重要。

（一）MRI 优点

1. 多参数成像 MRI 的信号强度与组织的弛豫时间（T_1、T_2）、氢质子的密度、血液（或脑脊液）流动、化学位移及磁化率有关，其中 T_1 和 T_2 对图像对比起了重要作用，它是区分不同组织的主要诊断基础。由于 MRI 的信号是多种组织特征参数的可变函数，它所反映的病理生理基础较 CT（仅有密度一个参数）更为广泛，MRI 的多参数成像为临床提供了更多的诊断信息。下面列出了 MRI 几种基本的对比：

（1）T_1 对比：T_1 加权图像的对比，主要反映了不同组织的纵向弛豫的差别。

（2）T_2 对比：T_2 加权图像的对比，主要反映了不同组织的横向弛豫的差别。

（3）质子密度对比：质子密度图像的对比，主要反映了不同组织的氢质子含量的差别。

（4）T_2^* 对比：T_2^* 加权像的对比，主要反映了不同组织的 T_2^* 弛豫的差别。

（5）扩散加权对比：扩散加权像的对比，主要取决于不同组织水分子的扩散运动速度的对比。

2. 多方位成像 基于 G_X、G_Y 和 G_Z 三个方向的梯度场的应用，磁共振系统能进行任意层面的选择性激励，即 MRI 可获得任意方向断面的图像。

3. 组织特异性成像 通过使用特殊的脉冲序列特异性显示水、脂、软骨及静态液体和流体等组织。如水成像技术用于显示静态液体；水抑制技术可以区分结合水与自由水；脂肪激发可以专门用于显示脂肪；水激发及脂肪抑制可通过抑制脂肪信号用于关节软骨的显示；TOF、PC 等可用于流体的显示。

4. 功能成像 狭义的 fMRI 是指血氧水平依赖性（blood oxygenation level dependent，BOLD）成像。广义的 fMRI 除 BOLD 成像外，还包括弥散加权成像（diffusion weighted imaging，DWI）、弥散张量成像（diffusion tensor imaging，DTI）、灌注加权成像（perfusion weighted imaging，PWI）、

磁共振波谱分析（magnetic resonance spectroscopy，MRS）等。fMRI 是目前唯一能对活体组织代谢、生化环境和功能变化进行无创伤性检查的方法。

5. 无电离辐射 MRI 系统的激励源为短波段或超短波段的电磁波，波长在 1m 以上（小于300MHz），无电离辐射损伤。从成像所用的频率看，尽管 MRI 系统的峰值功率可达千瓦数量级，但平均功率仅为数瓦，完全低于推荐的非电离辐射的安全标准。可见，MRI 是一种安全的检查方法，这是 MRI 能够迅速发展并被人们所接受的重要原因。

（二）MRI 的局限性

1. 成像速度慢 MRI 系统成像速度的快慢一般是相对于 CT 的成像速度而言的，它对运动性损伤、危重病、躁动、无自制能力等受检者的检查有一定的局限性。

2. 对钙化灶和骨皮质病灶不够敏感 钙化灶在发现病变和定性诊断方面均有一定作用，但磁共振成像上钙化通常表现为低信号。另外，骨质中氢质子（或水）的含量较低，骨的信号比较弱，不能充分显示骨皮质病变，对骨细节的观察也就比较困难。

3. 图像易受多种伪影影响 MRI 的伪影主要来自设备、运动和金属异物三个方面。常见的有化学位移伪影、卷褶伪影、截断伪影、运动伪影、流动伪影、射频干扰伪影、金属伪影等。

4. 有禁忌证 MRI 系统的强磁场和射频场有可能使心脏起搏器失灵，也容易使各种体内金属性置入物移位。因此，装有非磁共振兼容的心脏起搏器和体内有铁磁性金属异物的受检者是严禁进行磁共振检查的。由于射频对人体存在热生物效应，特别在高磁场的 MRI 扫描时，因此在对高热患者、散热功能障碍受检者作 MRI 检查时要谨慎。肾功能不全者注入含钆对比剂可能引起肾源性系统纤维化（nephrogenic systemic fibrosis，NSF），故对肾衰竭者进行增强 MRI 扫描须慎重。幽闭恐惧症受检者一般也难以完成高磁场的 MRI 检查。

【小结】 本节主要介绍 MRI 的发展历史及 MRI 的临床应用评价。MRI 的成像优点：多参数成像、多方位成像、组织特异性成像、功能成像、无电离辐射等。同时 MRI 也存在一定的局限性，如成像速度慢、对钙化灶和骨皮质病灶不够敏感、图像易受多种伪影影响、有禁忌证等。

第六节 乳腺及口腔 X 线检查技术

一、乳腺 X 线检查技术的发展与应用评价

（一）乳腺 X 线检查的发展

随着乳腺肿瘤发病率的升高，乳腺肿瘤的诊断和预防性普查受到重视。国际癌症研究机构表明：定期做乳腺 X 线检查，可以发现早期乳腺癌，以便早期治疗。针对乳腺结构的特殊性，人们开始设计专用 X 线管和摄影系统，以及各种专用成像技术相继出现。目前，乳腺 X 线机已经发展成为一种性能优越、使用方便、紧随时代发展潮流、具有高技术含量的专用设备。

早年采用传统的钨靶 X 线球管进行乳腺 X 线摄影，获得图像的软组织对比度差，也没有合适的压迫装置，不仅容易产生运动模糊，还使得受检者在检查过程中接受辐射剂量过大。近年来，专用的乳腺 X 线机出现，采用产生波长为 0.063～0.071nm 的钼作为阳极靶面材料，并且采用了小焦点和脚踏式压迫装置，配有为乳腺摄影特殊设计的专用暗盒。数字化乳腺 X 线摄影机的出现为乳腺摄影带来了革命性的变化，具有高的量子探测效率和图像密度分辨力、大的动态范围和高的线性度，缩短了摄影时间，优化了工作流程，同时可以进行多种图像后处理，以更低的辐射剂量获得更高的图像质量。由于图像是数字化采集，可以进行数字化的存储和传输，从而减少了胶片存储占用的空间，并实现了 PACS 的网络连接。

近年来，基于量子计数技术，出现了量子计数数字乳腺 X 线机。量子计数技术最早应用于太空探测，由于独特的成像原理，其光敏感性很高，主要用于深空望远镜。由于乳腺成像对于辐射剂量和图像质量的要求很高。因此，首先将量子计数技术应用到了乳腺 X 线检查中。全球首台商用

量子计数型数字乳腺X线摄影（microdose mammography，MDM）系统由飞利浦公司研发生产，投入临床使用以来在图像质量提高和辐射剂量降低方面取得显著成功。欧洲已有多项大样本量临床研究证明，相较于使用非晶硒探测器的常规MDM系统，MDM系统平均可降低受检者辐射剂量约40%。MDM系统在中国的应用已逐渐推广，在国内一项基于亚洲人群的辐射剂量对比研究结果显示，MDM系统可平均降低受检者辐射剂量60%以上。

乳腺X线机的发展史：1965年第一个钼靶X线管用于乳腺摄影；1973年旋转阳极钼靶X线管投入使用，同年出现自动曝光控制，以及压迫器在乳腺机上使用；1976年滤线栅用于乳腺摄影；1981年小焦点（0.1mm）的X线管启用；1996年电荷耦合器件应用于乳腺摄影机；2000年全视野平板探测器投入使用；2002年计算机辅助检测用于乳腺摄影；2004年三维乳腺摄影技术使用；2006年数字合成体层成像技术用于乳腺X线检查。

量子计数型乳腺摄影机系统主机包含机架及压迫检查台，可以从四个位置调整机架的运动，智能自动曝光控制（automatic exposure control，AEC）功能可以根据不同的乳腺组织自动设置曝光参数。量子计数探测器由两大部分构成：晶体硅层及集成电路（application specific integrated circuit，ASIC）电路层，与常规乳腺X线摄影系统探测器的非晶硒层相比，晶体硅对环境要求低，更加稳定，同时X线敏感度更高。它的能谱探测器只需一次曝光就可以区分X线的高低能量，量子计数技术能完整计算X线每一个量子，可以消除电子噪声及减少患者摄影所需的剂量。

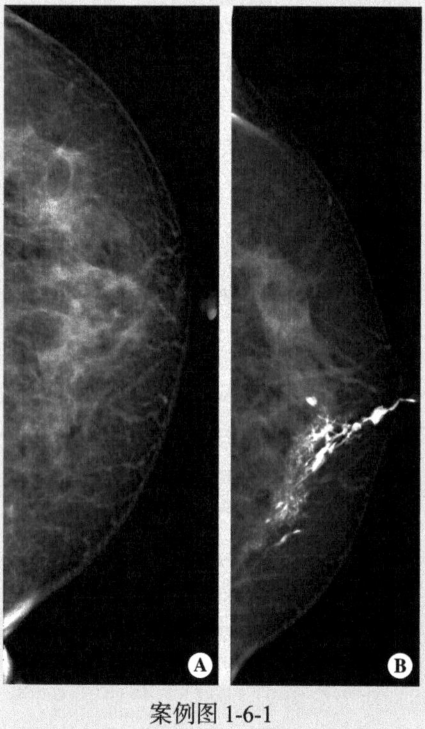

案例图 1-6-1

案例 1-6-1

患者，女，53岁，乳头溢液，乳腺X线检查结果如案例图1-6-1所示，请问A和B两图有什么区别？

解答：非妊娠哺乳期的乳头溢液均属不正常现象，可进行乳腺导管造影进一步补充检查。图A是常规钼靶检查结果，图B是乳腺造影检查结果。

（二）乳腺X线检查的应用评价

1. 乳腺的摄片指征 随着流行病学及临床医学研究的进展，某些高危因素已趋明确，乳腺癌的发病年龄有提前趋势，除40岁以上妇女应全部摄片检查外，有下列指征也应行乳腺摄影检查：

（1）乳腺触诊发现肿块及乳腺外形有改变者。

（2）乳腺出现无规律隐痛者。

（3）乳头有溢液或糜烂。

（4）乳腺肥大触诊不满意者。

（5）腋窝淋巴结或锁骨上淋巴结不明原因肿大者。

（6）月经初潮＜13 岁及绝经＞50 岁者。

（7）35 岁以上生育第一胎或未婚未育者。

（8）从未哺乳或哺乳不良者。

（9）有乳腺癌家族史者。

（10）乳腺癌术后的对侧乳腺或曾有良性病变手术或活检者。

2. 乳腺的造影指征 凡非妊娠哺乳期的乳头溢液均属不正常现象，均可作导管造影；对由于致密腺体遮盖显示不清而临床扪及明确的肿块，为增加对比，可行乳腺充气造影；对 X 线片表现为典型良性肿块者，为鉴别囊、实性，均可行乳腺囊肿充气造影。

3. 乳腺的活检指征

（1）不能扪及的小结节，直径＜1.0cm。

（2）泥沙样钙化，1.0cm×1.0cm 范围内微小钙化数目≥5 粒。

（3）局部结构紊乱。

（4）孤立的小斑片状浸润。

4. 乳腺 X 线检查的作用

（1）提高早期乳腺癌的诊断率：乳腺癌的早期诊断与生存期密切相关，早期发现能提高治愈率、降低死亡率，并改善患者的生活质量。乳腺 X 线检查作为检出早期乳腺癌的最基本方法已得到公认。

（2）为外科手术治疗提供依据：首先，当今乳腺癌趋向于行保守手术，但手术指征多为临床指标，利用乳腺 X 线摄影能确定病灶的大小和浸润范围，以此来指导乳腺癌保守手术的范围，术后复查摄片可判明病变是否完全被切除；其次，在行乳腺癌的改良根治术时可为术式的选择提供术前有关肿瘤浸润范围的影像学依据。乳腺摄影能清晰显示乳后间隙，可在术前判断癌肿是否侵及胸腔，这样可在术前对术式予以评估，便于术前准备。

此外，欧美对乳腺癌保守手术是否进行腋窝淋巴结清扫存在争议，乳腺摄影的中侧斜位（mediolateral oblique，MLO）可清晰显示腋窝淋巴结的大小、形态、数目、密度、边缘情况及引流的淋巴管，为评估腋窝淋巴结的情况提供依据。

（3）立体定位穿刺活检的价值：立体定位穿刺活检作为一种手术活检的替代手段已被越来越多地应用于临床。作为乳腺 X 线摄影的重要补充，扩展了该技术的应用范围，解决了对临床可疑病变的定性问题；明显提高了早期乳腺癌的检出；定位准确，并发症和后遗症少。

（4）此外，乳腺 X 线检查尚可用于各种乳腺疾病的影像诊断、乳腺癌高危人群的普查和乳腺癌患者术后随访。

二、口腔 X 线检查技术的发展与应用评价

（一）口腔 X 线检查技术发展史

早在 1895 年伦琴宣布发现 X 线之后仅 2 周的时间，Otto Walkhoff 等学者便将 X 线用于拍摄牙科 X 线片，至今已有百余年的历史。20 世纪 70 年代末，间接法数字化 X 线摄影术首先应用于口腔科，由于该技术存在许多不足而未能得到广泛应用。

1989 年法国人 Dr Francis Monyen 首次将直接数字成像系统应用于牙科学，由此第一个口内 X 线摄影术数字成像系统（radio visio graphy，RVG）被发明。而后又出现了 FlashDent（Italy）、Sens-A-Ray（Sweden）及 Visualix/Vixa（Italy）等技术，因后三者均以电荷耦合器件（charge coupled device，CCD）为基础而通称为 CCD 系统。CR 最初在口腔科的应用较其他医学领域少，只用于颌面影像如全景片和头颅 X 线片。为了显示口内的细小解剖结构如牙槽骨的硬骨板、牙槽间隙

等，一种采用较其他领域更高分辨力的 Digora 计算机化放射照相系统（orion corporation）于 1994 年被开发。

近 50 年来，口腔放射诊断学才迅速发展。第一届国际颌面放射学学术会议于 1968 年在智利召开，并建立了国际颌面放射学会。中华人民共和国成立前的口腔放射学基本上为空白，中华人民共和国成立后逐渐得到较大的发展，并在 1987 年召开了第一届全国口腔放射学学术会议，建立了中华医学会口腔科学会下的口腔放射学组，逐渐形成我国口腔放射学专业队伍。

自从将 X 线用于拍摄牙的相当长的时期内，口腔放射学仅限于对牙、牙周及根尖病变的 X 线检查及诊断。检查方法主要是拍摄根尖片及颅骨平片，口腔放射学实际上仅为牙科放射学。随着口腔临床医学和 X 线技术的迅速发展，口腔放射学逐渐对口腔颌面部肿瘤、外伤、炎症、发育畸形、唾液腺疾病、颞下颌关节疾病等进行 X 线检查，形成了口腔颌面放射学。X 线检查技术也由单纯使用牙科 X 线机拍摄根尖片、颅骨平片发展为应用曲面体层摄影、体腔摄影、头影测量摄影及大型 X 线机多轨迹体层摄影技术对口腔颌面部多种疾病进行检查。

近 10 年来，X 线录像技术、X 线电影及电子计算机图像处理技术、电子计算机 X 线体层摄影等现代检查方法也越来越广泛地应用于口腔医学诊断，从而极大地丰富和发展了口腔放射学的内容。与此同时，为了适应口腔医学发展的需要，口腔颌面部各种造影技术也得到了很大的发展，如颞下颌关节造影、腮腺造影、颌下腺造影、血管瘤瘤腔造影、经股动脉插管选择性颈外动脉造影及各种 DSA 等，成为口腔颌面部疾病的重要检查手段。早在 20 世纪 60 年代，我国学者便开始了颞下颌关节造影，为国际上颞下颌关节造影先驱工作之一。我国近 20 年来，这一工作得到了更为深入的发展。颞下颌关节上腔造影、下腔造影、双重造影、X 线动态录像等工作均得到了较广泛的应用。近十余年来，又进行了数字减影颞下颌关节造影的检查和诊断的研究工作，使我国对于颞下颌关节病的诊断始终保持国际先进水平。

（二）口腔 X 线检查技术的应用评价

1. 在口腔内科的应用 口腔 X 线拍片辐射剂量较普通 X 线拍片减少 50%～90%。大幅度地降低了 X 线对人体的辐射剂量，保证了受检者与工作人员的身体健康。特别是对正处于生长发育阶段的儿童，体弱多病的老人及怀孕的妇女则更能体现其防护的优越性。根管治疗中对牙根长度测量使根充长度与牙根完全一致。对牙周病的全景片检查，可通过亮度、对比度的调节更确切地了解到牙周吸收程度、类型及牙槽骨密度的情况。

2. 在口腔颌面外科的应用 计算机 X 线影像系统可进行全景片、华氏位、后前位的拍摄，还能进行关节开闭口、关节横向断层或纵向断层及上、下颌骨横向断层等 16 种模式的摄影。通过计算机对病变的长度、面积、角度、密度及亮度对比度的测量与调节，可以更准确地对疾病进行分析诊断。

3. 在修复科的应用 除通过牙片、全景片了解牙列缺损及颌骨情况外，还能为种植牙手术提供患者局部的长度、宽度及密度的数据，确保种植手术的安全与质量。

4. 在正畸科的应用 拍摄全景片、头颅定位片的同时，可直接在计算机上进行头影测量工作，免去大量的描图、定点、画线和测量时间，提高了工作效率。

【小结】 本节主要介绍两种特殊的 X 线检查技术，即乳腺 X 线检查技术和口腔 X 线检查技术的发展历史及临床应用评价。

第七节 对比剂的临床应用

一、X 线对比剂的临床应用

X 线成像的基础是人体组织的密度差异，因此，人体组织间密度差异越大，X 线成像对比越好。但某些组织器官的密度与邻近器官或病变的密度相同或相近，X 线成像对比差，此时用人工的方法将高密度或低密度物质引入体内，使其改变组织器官或病变组织与邻近组织的密度差，以显示成像区域内组织器官的形态和功能或突出显示病变区域的检查方法，称为 X 线造影检查。所采用的能提高人体组织对比度的物质称为对比剂（contrast medium）。

（一）理想对比剂应具备的条件

X 线对比剂种类繁多，理化性能各异。理想的对比剂应具备以下条件：①与人体组织的密度对比相差较大，显影效果良好。②无味、无毒性及刺激性，不良反应小。③人体组织吸收少，易于排泄。④理化性能稳定，久储不变质。⑤价廉且使用方便。

（二）X 线对比剂分类

X 线对比剂一般分为阴性和阳性两大类。阴性对比剂使造影区域密度降低，阳性对比剂使造影区域密度增高。

1. 阴性对比剂（negative contrast medium） 原子序数低、吸收 X 线少，是一种质量密度低、比重小的物质。影像显示为低密度或黑色。在 X 线检查中最简单的阴性对比剂为气体，目前仍在胃肠道双重对比造影中与阳性对比剂一起组合使用。阴性对比剂包括空气、氧气和二氧化碳等。

2. 阳性对比剂（positive contrast medium） 原子序数高、吸收 X 线多，是一类密度高、比重大的物质，影像显示为高密度或白色。常用的有钡剂和碘剂两大类。

（1）钡剂：主要是硫酸钡（barium sulfate），多用于食管、胃、肠管检查，是良好的胃肠道对比剂，若与气体对比剂合用就称为双重对比造影（double contrast radiography），能较好地显示胃肠道的细微结构。

1）普通检查用硫酸钡制剂：可根据检查目的，调制成不同的浓度。大致分为三类：①稠钡剂，硫酸钡与水的重量比为（3～4）：1，呈糊状，用以检查食管。②钡餐用混悬液，硫酸钡与水的重量比为 1：（1～2），可另加适量辅剂，如胶粉、糖浆等，搅拌而成，用于口服检查胃肠道。③钡灌肠用混悬液，硫酸钡与水的重量比约为 1：4。

2）胃肠双重对比造影用硫酸钡制剂必须达到下列要求：①高浓度；②低黏度；③细颗粒；④与胃液混合后不易沉淀和凝集；⑤黏附性强。按其用于不同部位的浓度和用量，大致如下：食管用钡制剂浓度 200%左右，口服量 10～30ml。胃和十二指肠用钡制剂浓度 160%～200%，口服量 50～250ml。小肠和结肠用钡制剂浓度 60%～120%，灌肠 150～300ml。因其不被吸收，故剂量不受限制。

（2）碘剂：碘与不同物质化合形成不同的化合物，可分为无机碘类、有机碘类及油脂类。

1）无机碘类：无机碘化合物以碘化钠为代表，由于含碘量高、刺激性大、不良反应多，现临床较少应用。

2）有机碘类：包括经肾脏排泄与经肝胆排泄的水溶性有机碘对比剂两类。

A. 主要经肾脏排泄的水溶性有机碘对比剂：此类对比剂是影像学检查中较常用的一种，广泛应用于心脑血管、外周血管及泌尿生殖系统等造影检查和全身各部位增强 CT 检查。其结构大多数为三碘苯环的衍生物，在水中溶解度大、黏稠度低，能制成高浓度溶液。根据其结构可分为离子型对比剂和非离子型对比剂。①离子型对比剂是三碘苯甲酸的盐，主要是钠和葡甲胺盐，在水溶液中都可解离成带有正负电荷的离子，故称为离子型对比剂。离子型对比剂可分为单体对比剂和二聚体对比剂。离子型单体对比剂每个分子含有一个三碘苯环，如泛影葡胺（meglumine diatrizoate）等。离子型二聚体对比剂每个分子含有两个三碘苯环，含碘量比单体对比剂高，渗透压低于离子型单体对比剂，不良反应比离子型单体对比剂小，如碘克酸（ioxaglate）等。离子型单体对比剂的渗透压可高达 1400～2000mmol/L，比血液渗透压 300mmol/L 高数倍，所以离子型单体对比剂又称为高渗对比剂（high osmolar contrast medium，HOCM）。离子型二聚体对比剂的渗透压 550～650mmol/L，仍高于血液渗透压，所以称为次高渗对比剂（secondary high osmolar contrast medium，SHOCM）。

②非离子型对比剂属非盐类，在水溶液中保持稳定，不解离，不产生离子，一个分子对比剂在溶液中只有一个粒子，故称为非离子型对比剂。非离子型对比剂也可分为单体对比剂和二聚体对比剂。单体对比剂有碘普罗胺（iopromide）、碘海醇（iohexol）、碘帕醇（iopamidol）、碘佛醇（ioversol）、碘美普尔（iomeprol）等，其渗透压在 550～850mmol/L 范围内，统称为次高渗对比剂；二聚体对比剂以碘曲仑（iotrolan）、碘克沙醇（iodixanol）为代表，其渗透压几乎等于血液渗透压，故称为等渗对比剂（isotonic osmolar contrast medum，IOCM）。

B. 主要经肝胆排泄的水溶性有机碘对比剂：此类对比剂系排泄性胆系对比剂，分为口服和静脉注射两类，口服类的以碘番酸（iopanoic acid）为代表，用于口服胆囊造影。静脉注射类的以胆影葡胺（meglucamine adipiodone）为代表，用于静脉注射胆道造影。目前几乎不用。

3）油脂类：为植物油与碘的结合剂，包括碘化油（iodinated oil）、超液化碘油（lipiodol ultra fluid）和碘苯酯（iophendylate）等。碘化油含碘率约 40%，黏稠度较高，不溶于水，可溶于乙醚，几乎不被人体吸收，直接注入检查部位形成密度对比，显示腔道的形态结构，碘化油目前应用较少；超液化碘油为碘与植物性脂肪酸乙酯的合成物，含碘率 36%～40%。其性能除油质薄，易于流动外，基本与碘化油相似，主要用于肿瘤的栓塞治疗及某些腔道（如支气管、子宫输卵管等）、瘘管的造影检查；碘苯酯呈油状液体，主要用于椎管造影检查。

（三）对比剂的理化特性

X 线对比剂有众多种类，不同的理化特性决定其应用范围、影像对比效果及使用的安全性。

1. 阴性对比剂 空气和氧气溶解度小、吸收慢，在组织或器官内停留时间较长，允许有较长时间进行反复检查，但其不良反应持续时间也较长，进入血液循环有产生气栓的危险；二氧化碳溶解度大，易于弥散，停留在组织和器官内的时间短，不良反应小，即使进入血液循环也不致发生气栓。但由于吸收快，检查必须迅速完成。

2. 钡制剂 医用硫酸钡为白色粉末，无味，性质稳定，耐热，不怕光，久储不变质。难溶于水、有机溶剂及酸碱性溶液。能吸收较多量的 X 线，进入胃肠道后，能较好地涂布于肠道黏膜表面，与周围组织结构密度对比差异较大，从而显示出这些腔道的位置、轮廓、形态表面结构和功能活动等情况。医用硫酸钡在胃肠道内不被机体吸收，以原形从粪便中排出。

3. 碘制剂 碘制剂中水溶性有机碘类对比剂应用最多，它的主要理化特性包括水溶性、黏滞性、渗透压、离子性及化学毒性。

（1）水溶性：对比剂的水溶性与生物学安全性密切相关。人体血液中的主要成分是水，因此要求对比剂有较高的水溶性。水溶性与对比剂的分配系数有关，系数越小，水溶性越高。

（2）黏滞性：对比剂的黏滞性与对比剂含碘量、对比剂分子大小及温度有关。黏滞性随碘浓度的增加而呈指数性增加；分子量大的二聚体对比剂比单体对比剂黏滞性大；当浓度不变时，黏滞性随温度增加而降低。

（3）渗透压：对比剂渗透压大小与单位体积中溶质的颗粒数成正比，离子型对比剂较非离子型对比剂的渗透压高。高渗透压易导致血容量增加，红细胞变形、皱缩，血管通透性增加等，出现不良反应。低渗对比剂的渗透压稍高于血浆渗透压，人体对其耐受性较好，不良反应少。等渗对比剂渗透压与血浆渗透压相近，易被人体接受。

（4）离子性：对比剂在水溶液中解离成带正、负电荷的离子，增加了体液的传导性，进而干扰体内电解质的平衡，影响神经组织的生物学过程。另外，这些带电荷的离子易与蛋白质结合，发生特异反应的概率明显增加。

（5）化学毒性：对比剂的化学毒性除各种分子的固有因素外，主要与对比剂的亲水性和亲脂性有关。亲脂性越大，与血浆蛋白结合率越高，毒性就越大。另外，还与注射速度和容量、对比剂浓度等有关。

（四）对比剂引入途径

对比剂引入人体的途径，根据人体各器官的解剖结构和生理功能，主要分为直接引入法和间接引入法两大类。

1. 直接引入法　是通过人体自然管道、病理瘘管或体表穿刺等途径，将对比剂直接引入造影部位的检查方法。

（1）口服法：如食管、胃肠道钡剂造影检查等。

（2）灌注法：如支气管造影、尿路逆行造影、子宫输卵管造影、结肠灌注造影等，属于经自然孔道直接灌入法；肠道瘘管造影、软组织瘘管造影、术后胆道造影等，属于经病灶瘘管直接灌入法。

（3）穿刺注入法：如肝胆管造影、椎管造影、关节造影、浅表血管造影等，属于体表穿刺直接注入法；心腔造影，大血管及各种深部血管造影等，是直接穿刺利用导管将对比剂注入。另外，某些部位的脓肿、囊肿亦可用直接穿刺方法，抽出腔内所含液体而注入对比剂进行造影。

2. 间接引入法　是通过口服或静脉注射将对比剂引入体内，利用某些器官的生理排泄功能将对比剂有选择地排泄到需要检查的部位而达到造影检查的目的，如尿路造影和胆系造影。静脉尿路造影是由静脉注入对比剂，使肾盂、肾盏、输尿管和膀胱显影，对比剂由肾小球滤过后排出体外。静脉胆道造影是将对比剂从静脉注入体内，肝脏能将这种对比剂经胆汁排入胆道，从而使胆管、胆囊显影。

（五）碘对比剂毒性反应及防治

对比剂因其各种因素的影响，在临床应用中可能出现各种各样的毒副反应，因此要做好防治工作。

1. 碘对比剂毒性反应机制及临床表现　碘对比剂不良反应的性质、程度及发生率除与其渗透压、电荷、分子结构等固有因素有关外，还与对比剂注入的剂量、速度及患者的高危因素、造影方法等外在因素相关。不良反应一般可分为特异质反应和物理-化学反应两类。

（1）特异质反应：是个体对碘的过敏反应，与使用剂量无关，难以预防。临床症状：主要表现为荨麻疹、支气管痉挛、结膜充血、血管性水肿、呼吸困难等。严重者可发生休克、呼吸和心搏骤停。特异质反应发生的机制主要有以下几个：

1）细胞介质释放：注射碘对比剂时，损伤血管内皮系统，引起组胺的释放，导致一系列的临床症状。

2）抗原-抗体反应：若患者血清中对比剂抗体活性较高，且与抗原（对比剂）结合则发生抗原-抗体反应，产生临床症状。

3）激活补体系统：补体系统的激活使人体处于致敏状态，当注入对比剂后，易引起一系列反应。

4）精神性反应：患者的焦虑、紧张等精神因素也可导致自主神经功能紊乱，引起反应。

（2）物理-化学反应：临床较多见，是由于碘对比剂某些理化因素引起的反应。与使用剂量和注射速度有关，有时与碘过敏反应同时出现。临床症状：主要与神经、血管功能调节紊乱有关，如恶心、呕吐、面色潮红或苍白、胸闷、心慌、出汗、四肢发冷等。物理-化学反应发生的机制主要如下：

1）渗透压影响：渗透压越高，不良反应越多。当静脉快速注入大剂量高渗对比剂时，会引起红细胞内水分丧失而变形、皱缩和集聚，使其通过毛细血管的能力下降，导致血液循环障碍，从而使血管扩张，心室收缩减弱，血压降低。高渗透压可导致血容量增加，加重心脏的负荷，引起心肌及传导系统的改变；可使血管内皮细胞之间的连接变得松散，增加了血管的通透性，导致碘对比剂粒子或离子易于通过毛细血管壁进入血管外的神经组织液内，对神经细胞造成损害；还可引起肾血管、肾小球和肾小管的损害，最终诱发肾衰竭。

2）电荷影响：由于离子型对比剂在血液中可解离成带正、负电荷的离子，增加了体液的传导性，扰乱体液内电解质的平衡，特别是影响神经组织的传导，可造成一系列交感和副交感神经功能失调而引起临床症状，同时可造成神经毒性、脑组织损伤而引起惊厥或抽搐。对比剂高浓度的离子及分子可与钙离子大量结合，而钙离子只需作用于肌电的耦合过程，就会导致负性肌力作用，还可以引起血压降低。

3）分子结构：对比剂的亲水性和亲脂性与其分子结构有关，即亲水性与对比剂苯环侧链上的羧基、羟基有关。若羟基分布均匀且无羧基者，对比剂的亲水性强，其化学毒性低；反之，其化学毒性就高。若对比剂的亲脂性强而亲水性弱，引起反应的机会较多或引起的反应较重。碘原子本身具有亲脂性。亲脂性越大，与血浆蛋白结合率越高，毒性就越大。故非离子型对比剂在其化学分子结构中都增加了亲水性而减少了亲脂性，使其毒性明显降低。

2. 碘对比剂毒性反应防治　含碘类对比剂注入机体后有可能产生不良反应，严重程度不一，重者可危及生命。因此，在应用碘对比剂时要高度关注，做好预防及应对突发事件的抢救措施。

（1）碘对比剂毒性反应的预防

1）了解患者的一般情况：如是否有高热、有无过敏性疾病、食物或药品过敏史及对碘剂过敏史等。

2）抢救物质配备：应备有各种抢救药物、氧气、吸引装置、心肺复苏器械等。

3）注意高危因素：高危因素包括对比剂过敏史、过敏体质（哮喘、荨麻疹、花粉过敏等）、严重心肺功能不全、严重肝肾功能不全、糖尿病、高龄、体弱、脱水、过度焦虑、近期使用过对比剂等。对于此类患者应加强预防措施，严格控制注入剂量、保留静脉通道、维持电解质及酸碱平衡等。

4）造影前预防性用药：适量预防性给予抗组胺药物、糖皮质激素和镇静剂等。

5）水化：建议在使用碘对比剂前6～12h至使用后24h内，对患者给予水化。水化可增加肾血流量、降低肾素-血管紧张素系统的活性、降低对比剂相关的血液黏滞度和渗透性，等渗性生理盐水水化可扩充血管内容积，用碳酸氢钠水化可使肾小管内液体碱性化，降低肾小管损害。水化的方法如下。①动脉内用药者：对比剂注射前6～12h静脉内补充0.9%氯化钠溶液，或5%葡萄糖溶液加154mmol/L碳酸氢钠溶液，不少于100ml/h；注射对比剂后亦应连续静脉补液，不少于100ml/h，持续24h；提倡联合应用静脉补液与口服补液以提高预防对比剂肾病效果。②静脉内用药者：以口服补液方式为主，注射对比剂前4～6h开始，持续到使用对比剂后24h口服水或生理盐水，使用量为100ml/h；条件允许者，建议采用前述条款中“动脉内用药者”水化方法。

6）碘过敏试验：最常用的碘过敏试验方法为静脉注射法，即将同一品种对比剂 1ml（30%）缓慢注入静脉，观察15min，出现恶心、呕吐、头昏、荨麻疹、心慌、气急等症状者属阳性反应，严重者出现休克甚至死亡。鉴于预试验对非离子型对比剂引起的过敏反应预测的准确性极低，以及预试验本身也可能导致严重过敏反应，因此在碘对比剂使用说明书上一般标明不建议做碘过敏试验。

7）密切观察患者：在造影进行中需密切观察患者，一旦发生反应，立即终止检查，组织抢救。造影结束后也应观察至少15min，看有无异常反应。

（2）碘对比剂毒性反应的救治措施：在造影检查过程中患者可因药物过敏或其他原因出现意外情况，应严密观察、及时发现、及时处理。

1）碘对比剂不良反应的临床表现：①一般反应表现为头痛、轻度恶心、呕吐等。②轻度反应可表现为喷嚏、流泪、结膜充血、面部红肿、荨麻疹等。③中度反应可表现为面色苍白、呕吐、出汗、气促、胸闷、眩晕、喉干痒等。④重度反应者若循环衰竭表现为血压下降、脉搏细而快、面色苍白、口唇发绀、昏迷甚至心搏骤停；呼吸衰竭表现为支气管痉挛、呼吸困难、气喘，若并发肺水肿，吐大量泡沫样痰或粉红色痰；血管神经性水肿表现为面部或喉头水肿、皮肤出现大片皮疹等。

2）救治措施：当出现碘过敏反应时，必须根据情况及时、有效地做好相应处理，保证受检者的安全。①一般反应属于一过性的，无须特殊处理，只需暂停注药、平卧休息即可恢复。②轻度反应须卧床休息，吸氧，观察血压、呼吸、脉搏。必要时肌内或静脉注射地塞米松10mg或肌内注射盐酸异丙嗪25mg。③中、重度反应须立即静脉注射地塞米松等抗过敏药，给予吸氧、保留静脉通道，且对症处理。④重度反应须及时呼叫急诊科、麻醉科等相关科室医师进行现场抢救。

二、MRI 对比剂的临床应用

人体组织中的氢质子密度是 MRI 基础，MRI 具有超高的软组织分辨力，但正常组织与病变组织的生物物理特性差距不大时，MRI 也不能产生良好的对比，此时就需要使用 MRI 对比剂。MRI 对比剂是指能使局部人体组织中氢质子在 MRI 过程中弛豫时间改变，从而增加 MRI 信息对比的药物制剂。

目前临床应用最广泛的 MRI 对比剂为钆-二乙烯三胺五乙酸（gadolinium diethylene-triamine pentaacetic acid，Gd-DTPA）。

（一）对比剂的发展及分类

1. 对比剂发展 1946 年美国学者 Bloch 和 Purcell 发现 MRI 现象不久，Bloch 就对顺磁性物质硝酸铁盐[$Fe(NO_3)_3$]进行实验，证明三价铁离子溶液能够缩短氢质子的 T_1 弛豫时间。1978 年，MRI 装置的研究者劳伯特发表了第一篇关于用顺磁性离子螯合物来改变实验犬组织弛豫时间的论文，宣布了 MRI 对比剂的诞生。1982 年，德国科学家威曼（Weinmann）等制备了一种商品 MRI 对比剂，为 Gd^{3+}同 *N*-甲基葡胺的螯合物，别名为钆喷酸葡胺，并于 1984 年报告了首次应用于人体的结果。1987 年 Gd-DTPA 被美国 FDA 批准，1988 年钆对比剂上市。此后的几十年里，又出现了各种形式的 MRI 对比剂，应用于临床和科研。

理想的 MRI 对比剂应具备以下特点：①能有效地改变局部质子弛豫时间，具有较强的 MRI 增强对比效应。②化学性质稳定，易于存放，引入人体，不被组织器官吸收或分解，原液排出体外。③在诊断用量范围内无毒性，不良反应极小。④在人体内有适当的存留时间，且易于从体内排除。⑤给药方式简单，价格低廉。

2. 对比剂分类 MRI 对比剂种类繁多，可根据其在体内的分布、磁化性质、作用机制或增强效果、分子结构、给药途径等有不同的分类。

（1）根据对比剂在生物体内的分布分类

1）细胞外非特异性对比剂：目前临床广泛应用的钆制剂属此类，它在体内非特异性分布，可在血管内与细胞外间隙自由通过。因此，扫描时需要把握好时机，方可获得最佳的组织强化对比。

2）细胞内特异性对比剂：主要以体内某一组织或器官的一些细胞作为靶来分布，如网织内皮系统对比剂、肝细胞对比剂等。这些对比剂进入人体后，可被有功能的靶组织细胞特异性摄取，从而使摄取对比剂组织（如正常组织）和不摄取组织（如转移病灶）之间产生对比。目前，临床常用的有网状内皮系统对比剂如超顺磁性氧化铁（superparamagnetic iron oxide，SPIO）颗粒、肝细胞对比剂钆贝酸二葡甲胺（莫迪司，Gd-BOPTA）及钆塞酸二钠（普美显，Gd-EOB-DTPA）等。

3）血池对比剂：又包括两类，一类是大分子对比剂，即 Gd-DTPA 与白蛋白、葡聚糖等连接成分子量在 2000 以上的大分子体，可以延长在血管内的滞留时间，另一类是超小顺磁氧化铁（ultrasmall superparamagnetic iron oxide，USPIO）颗粒，其最大直径在 30nm 以下，因其较小的颗粒和浓厚的包裹层与血浆蛋白和调理素作用减弱，影响吞噬细胞对其摄入，从而延长在血管内的滞留时间。

（2）根据对比剂的磁化性质分类

1）顺磁性对比剂：它们所含的外层电子是不成对的，故具有较大的磁矩，磁化率也较高。在静磁场中，它们会有磁性；而在磁场外，则磁性消失。在过渡元素的镧系金属中，钆、铬、锰、铁等均为顺磁性物质。

2）超顺磁性对比剂：在磁场中极易磁化，其磁性介于铁磁性和顺磁性之间，但当外加磁场不存在时，其磁性消失，如 SPIO。

表 1-7-1 常见的磁性对比剂的分类及性能

磁性 MRI 对比剂	对 T_1 的作用	对 T_2 的作用
顺磁性螯合物	缩短（低浓度）	缩短（高浓度）
超顺磁性微粒	作用不明显	明显缩短
铁磁性微粒	作用不明显	极大缩短

3）铁磁性对比剂：这类物质在一次磁化后，即使在没有外加磁场作用的情况下，也仍带有一定磁性。一般而言，铁磁性物质的磁矩大于顺磁性物质的磁矩。

表 1-7-1 列出了常见的磁性对比剂的分类及性能。

（3）根据对比剂的作用机制或增强效果分类

1）阳性对比剂：使 T_1 弛豫时间缩短，增强后的图像在 T_1 加权像表现为高信号，此类对比剂包括 Gd-DTPA 等。

2）阴性对比剂：对 T_1 弛豫时间影响不大，使 T_2 弛豫时间缩短，因此增强后图像表现在 T_2 加权像信号降低，超顺磁性对比剂均属此类，如菲立磁（Feridex）等。另外，超大剂量 Gd-DTPA 也可使 T_2 弛豫时间缩短，造成 T_2 加权像信号降低，故超大剂量 Gd-DTPA 也可作为阴性对比剂使用。

（4）根据对比剂的分子结构分类

1）线性对比剂：是最早使用的磁共振对比剂。理论上来说，线性对比剂中的配体是“开环的”，易于解离。在人体内，这种结构容易使螯合物中某个配位点发生分离，进一步导致其他配位点序贯分离，释放出游离钆有害的 Gd^{3+}。可分为：①离子型对比剂，药物渗透压较高，最常用的 Gd-DTPA 为离子型对比剂，如马根维显（magnevist）、莫迪司、普美显等。②非离子型对比剂，降低了药物渗透压，安全性进一步提高，常用的有欧乃影（钆双胺，gadodiamide）、安磁力（钆弗塞胺，gadoversetamide）等。

2）大环状对比剂：Gd^{3+}被“固定”在配体周围，像笼中鸟，这种结构具有高度稳定性，不易从螯合环结构中游离出来。可分为：①离子型对比剂，药物渗透压较高，如多它灵（dotarem）等。②非离子型对比剂，降低了药物渗透压，安全性进一步提高，如加乐显（gadovist）等。

（5）根据对比剂的给药途径分类

1）口服对比剂：阳性对比剂用 Gd-DTPA 与甘露醇配合，服用后肠道显示高信号。阴性对比剂为口服超顺磁性氧化铁剂，它使肠道内对比剂聚集处信号消失。前者主要用于区分肠道与周围正常、病理的器官或组织，使胃肠道管壁显示清晰。后者主要用于在磁共振水成像时抑制胃肠道内潴留液体的高信号对 T_2 图像的干扰。

2）静脉注射对比剂：绝大多数都是通过静脉注射给药。

（二）对比剂生物学特性

生物学特性是指药物在生物体内的分布、代谢、毒性、排泄和清除等一系列生物过程。下面以临床最常见的 MRI 对比剂为例进行叙述。

1. 体内分布 Gd-DTPA 在正常人体静脉注射 0.1mmol/kg，5min 内体内 Gd-DTPA 的浓度达到高峰，最高血液浓度可达 0.6mmol/L，45min 后降到 0.25mmol/L，因而其增强效果一般可维持在 45min 左右。其组织浓度与注射量呈线性相关。

静脉给药的 Gd-DTPA 的体内分布没有专一性，无特殊的靶器官。Gd-DTPA 不能通过完整的血-脑屏障，也不能进入毛细血管屏障的其他组织，如脑、脊髓、眼及睾丸，更不能进入红细胞或者附着于血红蛋白上，因而只限于在血浆中运输。Gd-DTPA 在器官中的浓度，与该器官的血液供应丰富程度有关，血供丰富的器官，则浓度高。在组织的分布因各组织的血供及微血管的通透性不同而异。

Gd-DTPA 主要通过肾小球滤过，以原形从肾脏随尿排出，也有少量随粪便排出。半衰期为（96.0±7.8）min，静脉给药 3h 后 80%的药物从尿中排出。7 天后 Gd-DTPA 的尿排出量可达 90%，另有 7%随粪便排出，0.3%滞留于体内。

肝细胞特异性钆对比剂：为肝细胞靶对比剂，即在钆对比剂中加入芳香环，增加其亲脂性以便与肝细胞结合。临床上用的主要有莫迪司（钆贝葡胺，Gd-BOPTA；肝胆期延迟 40～120min）、普美显（钆塞酸，Gd-EOB-DTPA；肝胆期延迟 10～30min），使肝实质明显强化，同时胆道系统显示良好。

超顺磁性氧化铁：为颗粒物质，经静脉被肝脏的网状内皮系统（reticuloendothelial system，RES）的 Kupffer 细胞吞噬，主要作为网状内皮系统定向肝对比剂，用于肝恶性肿瘤诊断。因肝恶性肿瘤缺乏 Kupffer 细胞，因此增强后与正常肝形成对比。临床应用最多的是菲立磁（AMI-25）。

血池对比剂：为缩短 T_2 的对比剂。由于在血液循环中滞留时间较长，可稳定获取高分辨力和较高的信噪比。目前利用超顺磁性氧化铁粒子。

2. 毒理性及安全性

（1）毒理性：正常人体内钆离子含量极微，少量自由钆离子进入人体内即可产生不良反应，钆离子和血清蛋白结合形成胶体，胶体由网状内皮系统吞噬后分布于肝、脾、骨髓等器官，并引起这些组织器官的中毒反应（如肝细胞坏死）。钆离子可以和一些内源性离子（如 Zn^{2+}、Cu^{2+}、Ca^{2+}等）竞争各种细胞受体结合点，从而干扰正常细胞代谢，钆中毒症状严重时可表现为共济失调、神经抑制、心血管及呼吸抑制等。

（2）安全性：当 Gd 与 DTPA 螯合后，使得 Gd-DTPA 水溶性提高，与血浆蛋白结合少，不经肝脏代谢，很快以原形从肾脏排泄，随尿液排出，故使钆的毒性大大降低。Gd-DTPA 外周静脉给药的不良反应发生率为 2.4%，主要有头晕、头痛、恶心、呕吐、心前区不适、注射局部冷感等，反应一般较轻，且呈一过性。肝细胞特异性钆对比剂部分从肝脏排泄，随粪便排出，除注射早期个别有一过性意识模糊外，毒副作用很低。超顺磁性氧化铁具有更低的毒副作用。研究发现线性对比剂在 37℃健康者血清中静置 15 天后，可检测到 1%～2%的游离钆，而大环状对比剂没有检测到，提示大环状对比剂更加稳定。线性对比剂迟发性不良反应主要是钆剂体内沉积致肾源性系统性纤维化。因此，欧洲药品管理局（European Medicines Agency，EMA）2017 年 7 月 21 日正式禁止了部分线性钆对比剂的使用，而美国 FDA 2017 年 5 月 22 日发表最新说明，确认目前 MRI 钆增强导致的体内钆沉积没有危害，所以限制线性钆对比剂使用未被批准，我国目前参照美国 FDA 执行。

（三）对比剂作用机制

目前，绝大多数 MRI 对比剂都是通过改变含对比剂组织的 T_1 和 T_2 弛豫时间，通常使 T_1 和 T_2 时间都缩短，达到改变局部信号强度以提高组织对比的目的。

1. 顺磁性对比剂作用机制 顺磁性物质含有不成对的电子，与质子一样具有磁矩，但电子质量很轻，磁矩约为质子的 657 倍。有不成对电子的顺磁性物质存在，会产生局部巨大磁波动，此时大部分电子的进动频率与 Larmor 频率相近，使邻近氢质子的 T_1 和 T_2 弛豫时间缩短，结果造成组织 T_1、T_2 弛豫时间缩短。这类物质在使用低浓度时，主要使组织 T_1 缩短并使信号增强；使用高浓度时，则组织 T_2 缩短超过 T_1 效应，使 MR 信号降低。

顺磁性物质缩短组织 T_1 和 T_2 弛豫时间与下列因素有关。

（1）顺磁性物质的浓度：在一定的浓度范围内，顺磁性物质的浓度越高，顺磁性就越强，对组织 T_1 和 T_2 的影响就越明显。

（2）顺磁性物质的磁矩：取决于物质的不成对电子数，不成对电子数越多，磁矩越大，顺磁性作用越强，对组织 T_1 和 T_2 的缩短作用就越明显。

（3）顺磁性物质局部磁场的扑动率：由顺磁性物质的中心位置与质子之间的相互作用形成。

（4）顺磁性作用：顺磁性物质结合的水分子越多，其顺磁性作用越强。

2. 超顺磁性对比剂作用机制 超顺磁性对比剂也能加快 MRI 中的质子弛豫，但增强原理与顺磁性对比剂有所不同。这类对比剂可造成磁场不均匀，水分子弥散通过不均匀磁场时，改变质子横向磁化的相位，从而加速去相位过程，形成有关质子的 T_2 或 T_2^*弛豫时间缩短，即所谓 T_2 或 T_2^* 弛豫增强。超顺磁性对比剂的磁矩和磁化率很大，如超顺磁性氧化铁粒子的磁矩较 Gd-DTPA 约大

100 倍，故又称这类对比剂为磁化率性对比剂。磁化率和磁矩越大，去相位也就越大。磁化率性对比剂用于 T_2 或 T_2^*加权成像时，使有关质子 T_2 弛豫时间缩短造成信号降低，呈黑色或暗色，故又称为 MRI 阴性对比剂。

（四）对比剂临床应用

1. 顺磁性对比剂的临床应用 Gd-DTPA 类顺磁性对比剂，初期主要用于中枢神经系统，之后发展为可应用于全身各系统的 MRI。另外，Gd-DTPA 口服不吸收，临床上用作胃肠道对比剂，将其配制成 0.05%～0.10%的溶液给患者口服后，能比较均匀地分布在胃肠道，可增加胃肠道与周围组织器官的对比度。

（1）扫描序列的选择及辅助技术：在注射 Gd-DTPA 对比剂后，常选用自旋回波（spin echo，SE）序列 T_1 加权成像方法，而磁化传递成像（magnetization transfer imaging，MTI）对 Gd-DTPA 增强的协调作用和脂肪抑制技术使病变显示更确切。MTI 与自旋回波成像方法稍有不同，这种方法会使脑、肌肉等组织 MR 信号强度比一般 SE 序列者减低 20%～30%，但对脂肪、骨髓、脑脊液信号影响小，因此注射对比剂后一般 SE 序列不能显示的脑皮质小静脉可表现出增强。对肿瘤（特别是转移性肿瘤）、脱髓鞘病变、卒中及颅内感染诊断的作用相当于使用 2～3 倍剂量钆对比剂的效果。

在人体脂肪丰富的组织和血管应用钆制剂作增强时，采用普通 T_1 加权成像，会使脂肪和对比剂增强的组织都显示出高信号，不利于病情观察和鉴别诊断。因此，必须采用脂肪抑制技术，使脂肪组织信号减低，以充分显示增强的效果。

（2）应用剂量：由于 Gd-DTPA 总剂量小、刺激性小，临床计算剂量不必十分精确。开始应用时以 0.2ml/kg 体重或以 0.1mmol/kg 体重计算，以后应用 0.2mmol/kg 来改善增强效果。增强效应与对比剂使用剂量、病变性质、血运情况、病变大小及病灶背景信号有关。随着非离子型对比剂的问世和诊断要求的提高（检出微小病灶、心脏大血管及脏器的动态增强等），剂量加倍，最多可加至 0.3mmol/kg，增强效果极佳，可检出常规剂量所不能显示的小病灶，但肾功能差者需慎用。

2. 肝细胞特异性钆对比剂的临床应用 莫迪司有 3%～5%从肝脏排泄，可用于全身各部位，团注后几乎可以立即观察到病变与正常实质之间的对比，此为非特异性病灶增强，在肝脏部位，于给药后 40～120min，莫迪司进一步从恶性病灶内排出而正常实质信号持久增强，即特异性肝胆期增强，可用于进一步明确病变的良恶性。莫迪司应用剂量与 Gd-DTPA 相同。

普美显有 50%左右从肝脏排泄，为肝细胞特异性对比剂，团注后几乎可以立即观察到肝脏病变与正常实质之间的对比，为非特异性病灶增强，在给药后 10～30min，普美显快速从恶性病灶内排出而正常肝脏实质信号强度明显增强，即特异性肝胆期增强，可用于肝脏良恶性病变的明确诊断。普美显应用剂量一般为 10ml 加等剂量生理盐水。

3. 超顺磁性对比剂的临床应用 超顺磁性氧化铁如 AMI-25 或 SHU-555 主要作为网状内皮系统定向的肝脏对比剂。由于肝脏恶性肿瘤缺乏 Kupffer 细胞，其增强后仍然保持原有信号强度，与正常肝脏的低信号形成对比。临床试验显示 SPIO 可以提高肝细胞肝癌、肝转移瘤、肝局灶性结节增生诊断与鉴别诊断。由于 SPIO 属于磁化率型对比剂，主要用于 T_2 或 GRET_2^*加权成像。SPIO 使有关质子 T_2 弛豫时间缩短、MR 信号降低，呈黑色或暗色，从而形成阴性对比。

另外，SPIO 还有轻微的 T_1 效应，可以同时结合 T_1 加权成像。SPIO 应用剂量一般以 0.015mmol/kg 的铁计算，用 100ml 5%葡萄糖溶液稀释，需要 30min 缓慢滴入。

案例 1-7-1

患者，男，49 岁，主诉左腰疼痛 7 天，行静脉尿路造影。案例图 1-7-1 中 A、B 两图有何区别？分别发现了什么？

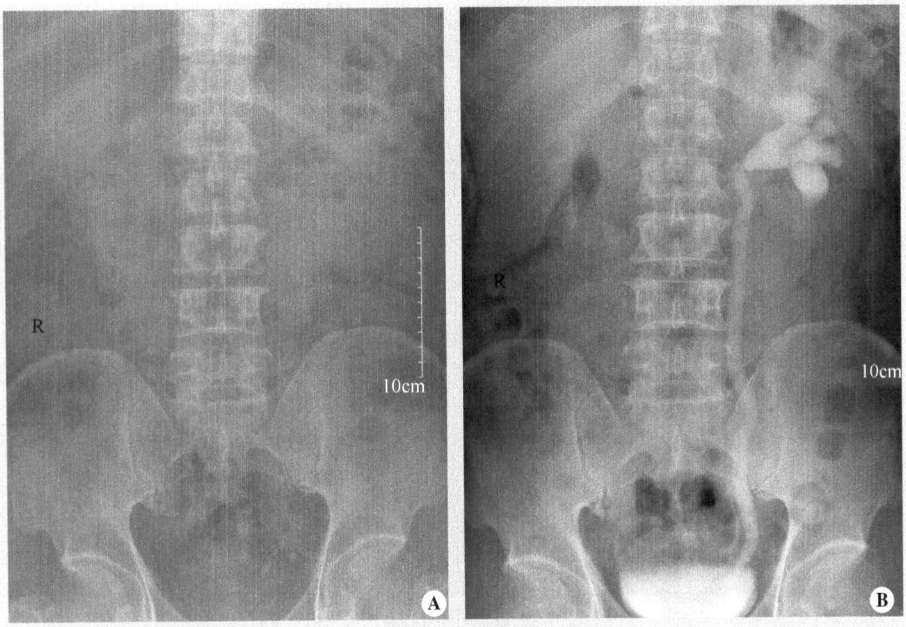

案例图 1-7-1

解答： 图 A 是腹部平片，泌尿系统无法显示，左输尿管膀胱入口端隐约可见多发结石。图 B 是静脉注射碘对比剂后，碘对比剂排泄至泌尿系统，肾盂、输尿管、膀胱清晰显示，左肾输尿管积水。

案例 1-7-2

患者，男，57 岁，主诉头痛 3 个月，行颅脑磁共振平扫加增强。案例图 1-7-2 中 A、B 两图有何区别？

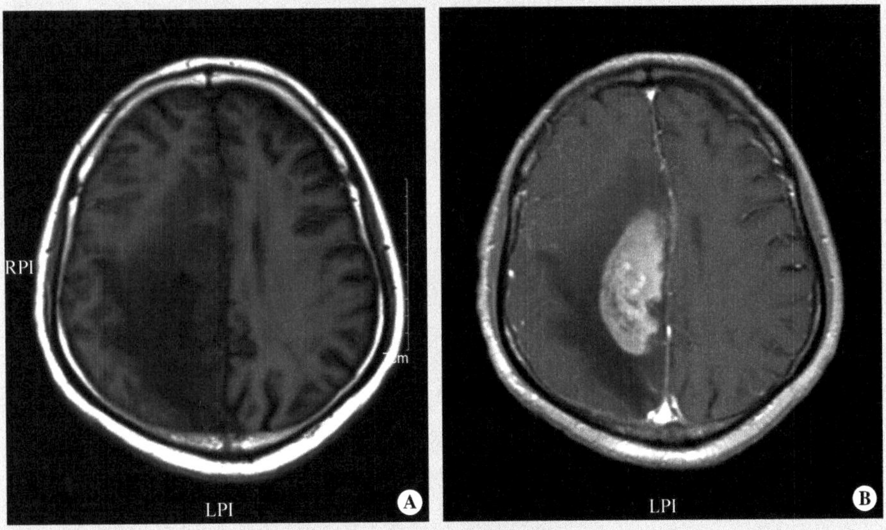

案例图 1-7-2

解答： 图 A 是磁共振平扫 T_1 加权像，右侧大脑镰旁占位病变与周围分界不清。图 B 是静脉注射顺磁性钆对比剂（按 0.2ml/kg 体重）后 T_1 加权像，顺磁性钆对比剂缩短了组织 T_1 弛豫时间，在 T_1 加权像表现为占位性病变明显强化，占位性病变与周围水肿带、正常脑组织界线清晰。最后诊断为恶性淋巴瘤。

【小结】 本节主要介绍 X 线对比剂和 MRI 对比剂。阐述了 X 线对比剂的分类、理化特性、引入人体途径，以及 X 线对比剂的临床应用、不良反应和预防措施；MRI 对比剂的分类、生物学特性、作用机制及临床应用特点。

第八节 医学影像图像质量控制

影像质量是成像链的各个质量环节的综合体现，其中任何一个环节出现问题都会影响最终的图像质量。影像质量控制是影像质量的重要保障。

一、质量控制的内涵

图像质量是多种因素的综合体现，它取决于设备性能、检查技师技术水平及受检者自身条件等因素。在医学影像技术管理工作中，质量应包括两个层次的内容，即工程质量和检查质量。

（一）工程质量

工程是指为保证获得高质量影像而必须具备的设备硬件软件条件和手段，工程质量则是指它们实际可达到的水平，包括厂家设备设计性能、生产和现场安装调试技术、设备日常维护保养及参数校正等。这些都是获得优质图像的首要条件和根本保障。另外，MRI 软组织对比度比 CT 好，CT 密度分辨力比 CR、DR 好，这也是工程质量中设备的固有特性。

（二）检查质量

检查质量是指影像技术人员的专业技术水平、检查工作态度、组织管理工作能力对获得高质量影像的保证程度。当然，优良的设备和患者良好的自身条件是获得优质图像的基础。不同的设备，成像方法各异，影像技术人员的职责就是以良好的工作态度充分发挥自己的专业技术水平，通过摆放体位、指导患者或家属配合、调节检查参数、优良的图像后处理，获得最优质的检查图像，以充分突出显示病变结构，明确诊断。

图像质量不同设备，评价内容和标准也不尽相同，如传统 X 线图像的密度、对比度、清晰度、量子斑点等；CR、DR 图像的分辨力、线性度、灵敏度、动态范围等；CT 图像的密度分辨力、空间分辨力、噪声与伪影、容积效应与周围间隙现象等；MRI 的信噪比、空间分辨力、均匀度及畸变率、对比度与对比噪声比等；DSA 图像质量取决于减影方式电视链特性、蒙片选择、采集帧率、造影参数等；PACS 虽然不直接产生影像，但影响影像储存与传输的质量，取决于图像格式标准、存储设备容量、网络集成特性、系统的兼容性等。

总之，影像质量的确定和评价是建立在信息理论及多种学科基础上的复杂的系统工程。

二、质量控制的方法

（一）建立质量保证体系

质量保证（quality assurance，QA）和质量控制（quality control，QC）是医学影像质量管理（quality management，QM）的两个重要组成部分，它们既有一定的分工，又有密切的联系。QA 的概念就是提出与制订计划，包含制订的所有管理实践，即通过有计划的系统活动，力求在尽可能减少 X 线辐射剂量和医疗费用的同时，不断改进医学影像技术，以获得最佳影像质量来满足临床诊断的需要。QC 是质量保证的具体实践部分，是一系列独立的技术步骤，以确保影像质量符合预定目标。即通过特定的方法和手段，对影像诊断设备及其附属设备的各项性能指标进行检测和维修，以及对影像制作过程进行指导监测并加以校正，从而保证获得高质量的影像。

1. 成立组织机构 为了有效地开展质量管理工作，应成立相应规模的质量管理组织。质量管理组织人员应包括：科室行政管理者、影像诊断医师、主管质量工作的技术人员、工程师和医学影像物理师等。QA 程序的首要部门是质量保证委员会（quality assurance committee，QAC），此组织负责 QA 程序的整体规划，制订目标和方向、决定政策及评估 QA 活动的效用等。

2. 建立质量信息系统 质量信息是质量保证体系的基础，据此做出决策、组织实施，并通过质量控制，达到提高影像质量的目的。信息反馈来源包括日常评片的分析结果、影像设备的运行质量检测及有关影像质量管理和放射防护的文献、文件、法规等。

3. 制订质量保证计划 为执行 QA 所制订的一个详细计划，称 QA 计划（quality assurance plan，QAP），主要包括质量目标、功效研究、继续教育、质量控制、预防性维护、设备校准和改进措施等。

通过制订质量保证计划并组织实施，应达到以下目的：①改善影像诊断信息，确保影像质量符合临床诊断要求的标准，提高诊断质量。②在达到医学诊断目的的情况下，确保患者和工作人员的辐射剂量达到规定的最低水平。③有效地利用资源，节约医疗费用，获得较好的经济效益。④确保有关影像技术质量管理及放射防护的各项法令、法规的严格执行。

4. 实行管理工作的标准化、程序化 ①科室全体人员参与，根据岗位责任制的内容，明确各级各类人员的责任分工及职责和权限。②对各类诊断设备及其附件必须实行质量控制，包括质量参数的选定及参数的评价标准、测试方法和频率、允许误差、使用测试工具和记录表格等。③购买新设备的程序及验收要求。④设备使用期间的检测和维修计划。⑤技术资料档案的保存和各种数据的收集与汇总分析。⑥规定各类专业人员的培训与考核。⑦对检测结果的评价及采取的行动。⑧制订相关影像质量标准与受检者的辐射剂量限值。⑨对质量保证计划实施情况的检查和效果的最终评价。

（二）实施质量控制技术

质量控制的主要内容：设备检测的内容、影像质量标准的监测、质量控制效果的评价几部分。

1. 设备检测的内容 主要包括以下三种检测。

（1）验收检测（acceptance test）：设备安装调试或大修后，应根据要求对设备的各项性能指标按设备的验收规范进行检测验收。

（2）状态检测（status test）：设备在使用过程中应对其基本性能进行确定，同时要进行状态检测，即对其现状定期进行各种性能指标的检测。

（3）稳定性检测（constancy test）：设备在影响影像诊断以前，对其性能可能发生改变的判断，即在使用期间对其稳定性进行检测（一致性检测）。

每种检测都有一定的具体要求和适用范围及所需的测试工具。检测后，必须对设备性能的劣化原因进行分析并加以校正。

2. 影像质量标准的监测 制订医学影像质量标准的目的，是以最优的成像技术条件为保证，达到合理的最低辐射剂量水平，为临床提供满足诊断要求的高质量影像。

影像质量标准包括两部分内容：人体各部位影像质量标准和标准图像必须遵循的一般准则。

（1）人体各部位影像质量标准：包括影像显示标准、体位显示标准、患者剂量标准、图像影像特定点的密度值、成像技术标准等。

（2）标准图像必须遵循的一般准则：①影像显示必须能够满足临床的诊断学要求。②图像中的注释完整、齐全、无误，包括姓名、性别、年龄、影像序号、检查日期、定位标志及单位名称等。③无任何技术操作缺陷，数字图像无明显伪影，胶片包括无划伤、污染、粘片、脱膜、指痕、漏光、静电及伪影等。④照射野大小控制适当，胶片用片尺寸合理、分格规范。⑤影像整体布局美观，无失真变形。⑥对检查部位之外的辐射敏感组织和器官应尽可能加以屏蔽。⑦胶片影像的诊断密度值范围应控制在 0.25～2.00。

3. 质量控制效果的评价 通过检测设备性能、状态、稳定性，并对检测结果加以评价，及时做好设备维护保养校正工作，使设备始终保持良好的稳定状态。对于人体各成像部位的影像应按照相应的标准进行检验，并和标准图像遵循的准则逐一核对，最后加以分析和总结，找出工作中存在的问题并加以改进，不断提高影像质量。

（三）运用 PDCA 循环方法，实施全面质量管理

全面质量管理方法是由密切相关的四个阶段组成的，即计划（plan）、实施（do）、检查（check）、总结（action），简称 PDCA 循环方法，并把它应用于影像质量管理活动中，效果显著。

1. 计划阶段 包括工作目标、人员组织分工、设备材料购置方案、技术路线与方法、质量控制标准和目标管理项目等。计划的制订要保证可行性、科学性、稳定性、可定量性和严肃性。

2. 实施阶段 按计划内容进行具体工作，形成惯性运行。必须做到：各级各类人员在整个计划中的任务、职责明确具体，规章制度合理可行，人员任务配置合理，工作作风良好。

3. 检查阶段 利用客观的物理评价和统计学手段，将实施结果与计划相比较，了解进展情况，及时发现问题。

4. 总结阶段 根据上一阶段提供的数据、图表及反映出的问题进行分析，找出问题的主次并加以纠正。对于暂时不能解决的问题，拟定改进措施向下一级 PDCA 转移，反馈到新的计划中去。按照 PDCA 循环方法，上一级 PDCA 是下一级的依据，而下一级 PDCA 又是上一级的具体化和落实。每循环一次，就向新的水平迈进一步，循序渐进，从而达到全面质量管理的目的。

案例 1-8-1

放射科图像优秀率不高，运用 PDCA 循环方法实施影像质量控制（案例表 1-8-1）。

案例表 1-8-1 持续质量改进项目汇报书

项目：放射科全样本影像质量评估　　**编号：**ZRY- FSK-CQI-0001-201701　　**部门：**放射科

人员：放射科医师、技师　　**启动日期：**2017 年 1 月　　**地点：**××院区

存在问题	调查 2017 年 1 月 X 线 233 例、CT 100 例、MRI 163 例，图像质量抽检结果显示 X 线图像质量优秀率仅为 17.2%，CT、MRI 分别为 86%和 84%，有一定提升空间
改进依据	在国家卫生和计划生育委员会《三级综合医院评审标准（2011 年版）》和《浙江省综合性医院放射质控检查标准（2017 年版）》质量与安全目标条款中，对于图像质量持续改进有明确的要求
监测指标	放射科影像学检查图像质量优秀率
指标定义	图像质量优秀率=$\frac{\text{各部门图像质量被评为“优秀”等级的病例数}}{\text{各部门开展影像检查病例总数}}\times 100\%$
目标值	影像质量优秀率 95%（X 线、CT、MRI）
现况数值	2017 年 1 月影像质量优秀率为 X 线 17.2%、CT 86%、MRI 84%

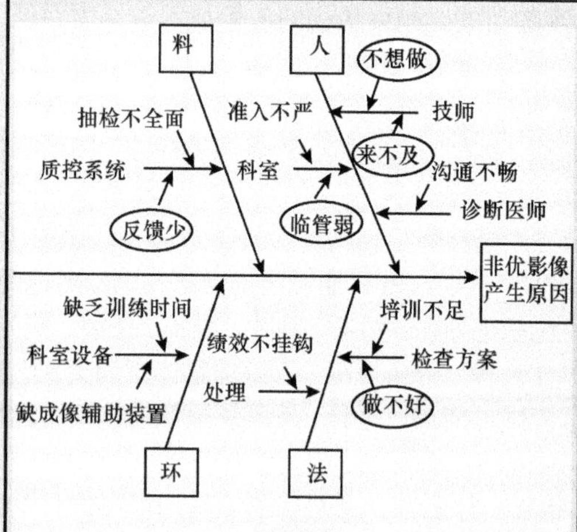

原因分析

真因验证

影像学检查图像质量优秀率不高的原因分析

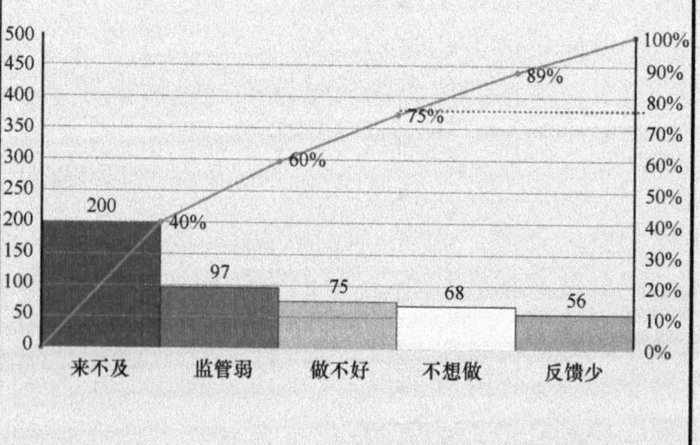

续表

PLAN

Why	What	How	When	Where	Who
来不及	工作负荷	改进工作流程	1月	放射科	各专业组长
		调整人员配备	1月	放射科	各专业组长
监管弱	监管工具	全样本影像质量评价	3月	放射科	各专业组长、诊断组审核医生
		每月质控评析会	每月	放射科	各专业组长、全科技师
		绩效考核	每月	放射科	科主任
做不好	标准方案	更新技术规范、制定影像质量评价标准	1月	放射科	各专业组长
	科学方法	加强培训	每月	放射科	各专业组长

DO

1. 优化放射技师工作职责及工作岗位。
2. 技师检查技术认证及培训制度。
3. 制定新版放射科影像质量质控标准。
4. 放射科全样本影像质量评估系统上线。
5. 调整部分影像学检查方案（X线、CT、MRI）。
6. 影像质量挂钩年度绩效考核。

设备上岗培训和准入登记表

设备名称			
受培训人员		职称	
培训单位		培训时间	
培训内容			
培训人员签字	日期		
专业组组长签字	日期		
权限小组组长签字	日期		
放射科主任签字	日期		

放射科影像质量评价标准

项目	评价内容和方法	扣分
1. 检查部位	检查部位不符合临床申请要求	100
2. 图像重要标识	以下任一项目错误无法改正： 影像号、姓名、性别、年龄、左右	50
3. 体位（普放适用）	轻度不标准：不影响诊断 不标准：可能影响诊断	10 20
4. 图像伪影（设备、运动、可去除异物伪影）	不影响诊断 可能影响诊断	10 20
5. 检查范围	检查范围过大 检查范围不足	10 20
6. 图像视野（field of view，FOV）	FOV 过大：≥目标部位最大径 30% FOV 过小：目标部位最大径未保全	10 20
7. 扫描基线/方位	不符合规范	10
8. 图像对比	图像组织对比显示不佳	10
9. 增强效果	动态增强时相点不佳 血管成像靶向血管时相点不准 器官实质增强效果不佳	10 10 20
10. 图像序列（或摄影方位）完整度	图像序列不完整，缺序列 摄影方位不完整，如缺侧、斜位	10 10

续表

CHECK

全样本影像质量评价统计表

被评分技师	优	良	及格	不及格	优秀率（%）
王**	838	1	0	0	99.90
宋**	31	0	0	0	100
杨**	320	0	0	0	100
沈**	111	0	0	0	100
肖**	337	1	0	0	99.80
徐**	108	0	0	0	100
赵**	971	1	2	0	99.69
王*	915	6	2	0	99.13
谢**	1168	1	3	0	99.65
王*	306	0	1	0	99.67
⋮	⋮	⋮	⋮	⋮	⋮
合计	14 790	27	15	0	99.72%

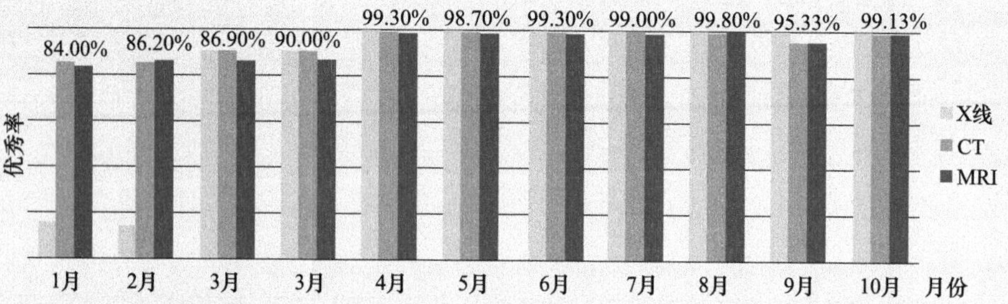

1. 1～10 月份全样本影像质量在线评估数据显示，X 线和 CT 从 3 月 1 日开始，MRI 从 5 月 1 日正式开始，放射科各部门影像质量明显改善，到 4 月份全部达到 95%以上目标值，并长期保持高品质运行（99%以上）。
2. 本阶段未完成或待改进的事项：9 月份 CT 和 MRI 部门影像质量有所下滑，可能与急危重病例比重较大（如老年患者双侧胸腔积液，屏气不佳，导致呼吸伪影）、旺季工作量大增、新进员工技师培训不充分等原因有关。

ACTION

CT检查规范

磁共振检查规范

本期尚存问题：

1. 影像学检查通量受到部分拖滞，影响医疗服务承诺及科室绩效。
2. 如何平衡两者关系将是今后需要进一步研究的课题。

下期改进计划：

1. 需要进一步完善或提出更加合理的影像质量改进措施。
2. 探索影像质量持续改进与医疗服务效率的最佳平衡点。
3. 进一步探讨在高流通病例的工作负荷下，保持影像质量高质稳定与持久性的方法。

续表

改进后监测数据	时间		2017年1月	2017年2月	2017年3月	2017年4月	2017年5月	2017年6月	2017年7月	2017年8月	2017年9月	2017年10月
	优秀率	X线	17.2%	15.5%	99.6%	99.8%	99.9%	99.6%	99.7%	99.8%	99.9%	99.7%
		CT	86.0%	86.0%	99.4%	99.8%	99.4%	99.6%	99.6%	99.7%	95.6%	99.2%
		MRI	84.0%	86.2%	86.9%	90.0%	99.3%	98.7%	99.3%	99.0%	95.3%	99.1%

注：深灰色部分为抽样调查数据，其他月份为全样本评估数据。X线和CT从3月1日开始，MRI从5月1日正式开始全样本影像质量评估。

【小结】 本节主要介绍了医学影像图像质量控制的内涵和方法，质量控制内涵包括工程质量和检查质量，工程质量是设备设计生产安装调试保养的质量，是影像质量保证的基础，检查质量是检查技师专业水平、工作态度、组织管理工作能力的集中体现。质量控制方法包括建立质量保证体系、实施质量控制技术、运用PDCA循环方法实施全面质量管理。

第二章　医学影像学检查方法的比较与选择

本章叙述了各种影像学检查方法的特点，分别介绍了 CR、DR、CT 和 MRI 在人体各部位检查的优势与劣势，并提出了针对不同疾病优先选择不同影像学检查方法的原则。

第一节　各种影像学检查方法的特点

一、数字化 X 线成像

数字化 X 线成像有 CR 和 DR。数字化 X 线成像是均匀分布的 X 线束穿透某一部位的不同密度和厚度组织结构后投影到影像接收板，然后转换成数字图像的过程。数字化 X 线成像特点：①输出数字影像，图像可以进行后处理，成像宽容度大，容易掌握。②影像直接进入 PACS，实现存储和传输，以及远程会诊。③数字成像系统对 X 线能量的利用率高，其量子检出效率可达60%以上，辐射剂量显著降低。④可进行特殊成像，全脊柱和全下肢拼接成像，胸部能量减影，使普通 X 线的应用领域和诊断方法进一步扩展。⑤数字图像是该穿透路径上各个结构影像相互叠加在一起的影像。⑥X 线束是从 X 线管向人体做锥形投射的，X 线影像会有一定程度的放大并使被照体的形状失真，还会产生半影，使 X 线影像的清晰度减低。

二、CT 成像

CT 成像是用 X 线束对人体某一部位一定厚度的层面进行扫描，由探测器接收透过该层面的 X 线，转变为可见光后，由光电转换变为电信号，再经模数转换器转换为数字信号，输入计算机处理成为数字图像的过程。CT 成像特点：①CT 图像是由一定数目、不同灰阶的像素按矩阵排列所组成的灰阶图像。这些像素反映的是相应体素的 X 线吸收系数。CT 图像反映器官和组织对 X 线的吸收程度。②CT 成像有较高的密度分辨力，并且没有组织器官的重叠，这是 CT 的突出优点。③CT 图像不仅可以用不同的灰度显示组织密度的高低，还可以用组织对 X 线的吸收系数说明其密度高低的程度，具有一个量的标准，即 CT 值。④CT 图像是断层影像，常用的是横断层影像，也称轴位影像。⑤CT 发展迅速，现代 CT 影像已达到各向同性，可以通过后处理实现任意解剖平面的显示、3D 影像显示、最大密度投影显示、仿真内镜影像显示及能量成像。⑥CT 成像可以涵盖人体任何组织器官的成像，为临床提供丰富的影像信息。特别是肺部高分辨力 CT（high resolution CT，HRCT）的应用，为肺部疾病的早期发现和明确诊断提供了重要的手段。

三、DSA 成像

数字减影血管造影（digital subtraction angiography，DSA）是利用影像接收板分别将透过人体后已衰减的未造影与造影后的 X 线信号接收，经模数转换器转换成数字信号，再把造影后的数字信息与未造影的数字信息相减，所获得的不同数值的差值信号，经数模转换器转制成各种不同的灰度等级，在监视器上构成图像的过程。DSA 成像特点：①图像的密度分辨力与空间分辨力高，可使密度差值为 1%的组织结构显示出来。②能消除造影血管以外的结构，仅留下造影的血管影像，图像清晰且对比度高。③获取的是数字化图像，便于图像后处理、储存和传递。④对微量碘敏感性高，对比剂用量少，所需浓度低。⑤成像速度快，时间分辨力高，可实时成像，充分满足心脏、冠状动脉等活动器官的检查。⑥能作动态性能研究，如心脏功能分析（射血分数、体积测量等）。⑦DSA 的出现和发展使得血管造影临床诊断能够快速、方便地进行，也促进了血管造影和介入治疗技术的普及和发展。

四、MRI

磁共振成像（magnetic resonance imaging，MRI）是利用射频（radio frequency，RF）电磁波对置于磁场中的含有自旋不为零的原子核的物质进行激发，发生核磁共振（nuclear magnetic resonance，NMR），用感应线圈采集磁共振信号，按一定数学方法进行处理从而获得数字图像的过程。MRI 具有如下特点：①MRI 为无损伤性检查，已证实对人体没有明确损害，孕妇可以进行 MRI 检查而不能进行其他放射影像学检查。②多种图像类型，MRI 理论上有无限多种图像类型，通过对不同类型的图像进行对比，可以更准确地发现病变、确定病变性质。③图像对比度高，MRI 的软组织对比度要明显高于 CT，正常组织与异常组织之间对比更显而易见。④任意方位断层，由于磁共振是逐点、逐行获得数据，所以可以在任意设定的成像断面上获得图像。⑤心血管成像无须对比剂增强，随着 MR 技术的不断进步，高场磁共振 MRA 的图像显示与诊断能力已与 DSA 非常接近，但对于细小血管分支、微小血管病变的显示，目前只能在 1.5T 以上的高场磁共振上实现。⑥代谢、功能成像，MR 信号对于组织的化学成分变化极为敏感。磁共振功能成像、磁共振波谱（magnetic resonance spectroscopy，MRS）分析，实现了对于功能性疾病、代谢性疾病的影像诊断，同时也大大提高了对一些疾病的早期诊断能力。

【小结】 本节主要简单概述数字化 X 线成像、CT 成像、DSA 成像、MRI 的成像原理及其成像特点。

第二节　胸　　部

一、肺与纵隔

1. X 线（CR、DR）检查　应用广泛、整体感强，是胸部疾病诊断的基本方法。X 线（CR、DR）检查的优点：物美价廉，能迅速明确胸部是正常还是异常，随访复查可以很方便地对肺部病变进行动态观察或判断疗效，了解术后改变或术后病变的复发情况。健康普查可早期发现症状不明显的疾病。X 线检查的不足之处是微细病灶易漏诊，对病变的定位及定性诊断均较难。

2. CT 检查　易于发现胸部病变和显示病变特征，可用于 X 线（CR、DR）胸片诊断困难的所有病变的检查。CT 检查可显示胸片上心影后及后肋膈角等处隐匿性病灶，减少漏诊，提高病变检出率。多层螺旋 CT 的低辐射剂量扫描可用于肺癌的普查。应用增强扫描可了解病变的血供情况，提高病变诊断的准确率。能谱 CT 还能为肺和纵隔病变提供物质成分信息，更好地对病变进行定性。

3. MRI 检查　多用于纵隔和肺门病变的诊断，主要是了解肺部病变对纵隔的侵袭、纵隔病变对心脏大血管的侵袭情况，鉴别纵隔或肺门病变是血管性还是非血管性，不使用对比剂也可显示纵隔及肺门的淋巴结肿大。根据胸腔积液 T_2WI、T_1WI 信号表现推测胸腔积液的成分。肺部 MRI 信号弱，难以显示肺的微细结构；显示病灶的钙化不敏感，也难以显示胸部骨折及气胸；心跳和呼吸运动易引起伪影，影响图像的观察与分析。

4. DSA 检查　多用于明确肺与纵隔占位性病变供血情况和介入治疗、咯血原因排查与介入栓塞治疗等。

X 线（CR、DR）、CT 和 MRI 检查在胸部的应用各有其优势和限度，彼此间可以互相补充、互相印证，进行胸部影像学检查时要进行优选，其原则如下，①因地而异：CT 和 MRI 检查不是每个医疗单位或医疗部门均具备的成像设备，因此要根据本地区、本单位的成像设备情况进行优选。②因时而异：疾病的发生发展是有其过程和规律的，如大叶性肺炎的充血期，用 X 线检查多无阳性所见，但应用高分辨力 CT 多能发现异常。③因病而异：什么疾病选用什么检查，这一问题非常重要。如 MRI 不能观察慢性支气管炎、肺气肿、气胸、肺粟粒性病变等；疑肺门淋巴结肿大可直接选用 MRI；对胸膜肥厚、粘连与钙化的显示，MRI 不如 X 线和 CT；MRI 对显示纵隔病变与血管性病变、鉴别横膈上下病变则有明显优势。④因人而异：影像学检查的选择应先简单后复杂，先经济后昂贵。各种影像学检查的费用差别较大，所以选用时亦应考虑到患者的经济承受能力。例如，肺部首选 X 线胸片，方便快速，经济实惠，进一步可选肺部 CT，增加疾病诊断的敏感性。

案例 2-2-1

患者，男，56 岁，主诉咳嗽 3 天，分别行肺部 DR、CT，案例图 2-2-1A、B 显示的肺部有什么区别？

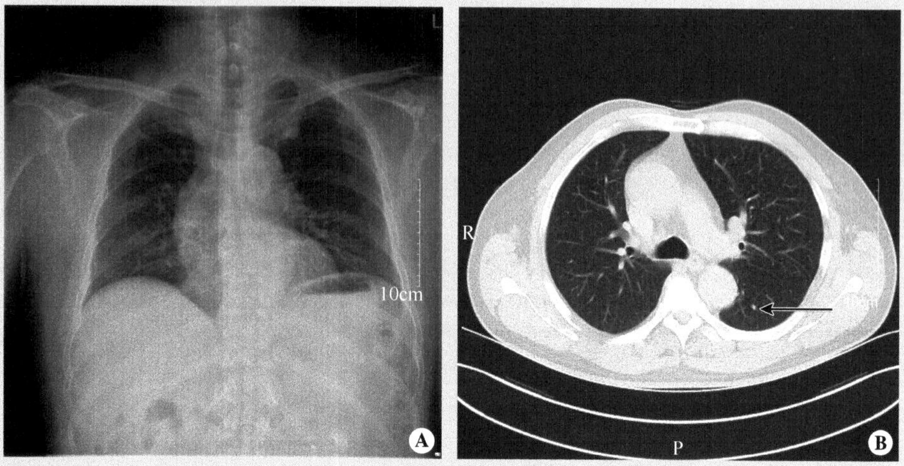

案例图 2-2-1

解答：图 A 是胸部正位 DR，显示未发现异常。图 B 是胸部高分辨力 CT，显示左肺上叶近胸膜处磨玻璃结节（箭头所示）。

案例 2-2-2

患者，52 岁，主诉咳嗽胸痛 3 月余，分别行肺部 CT、MR 增强扫描，案例图 2-2-2A、B 显示的肺部有什么区别？

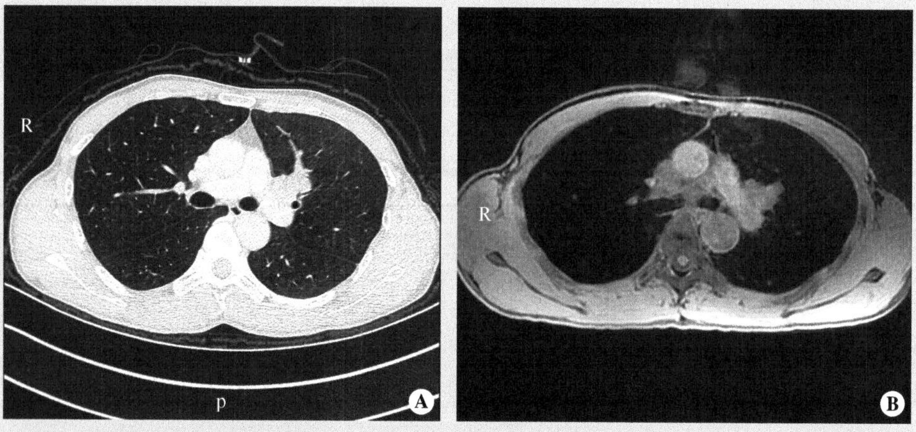

案例图 2-2-2

解答：图 A 是胸部 CT 增强图像，清晰显示全肺、左肺门肿块及纵隔结构。图 B 是胸部 MRI 增强 T_1 加权图像，肺部显示差，左肺门肿块及纵隔结构清晰显示，当然，MRI 检查还有 T_2 加权图像、DWI 图像、脂肪抑制，综合分析对病变的定性会有帮助。术后病理诊断为中分化鳞状细胞癌。

二、心脏大血管

1. X 线（CR、DR）**片** 在观察心脏和主动脉弓的位置和形态，了解肺血流的多少，测算心胸比例及观察胸廓、脊柱、支气管、肝、胃等其他脏器的形态和位置方面，在判断有无伴随肺部疾病方面，仍有不可替代的作用。

2. CT 成像　近年来随着 CT 硬件和软件的快速发展，对心脏大血管的检查更加简便、迅速，也使心脏大血管急诊检查成为可能，CTA 是胸痛三联征的首选检查手段，多层螺旋 CT 及双源螺旋 CT 在心脏病诊断方面具有很高的价值，其图像空间分辨力要高于 MRI，在冠状动脉异常方面的显示及冠状动脉支架术后疗效评价方面多层螺旋 CT 优于 MRI。同时，CT 检查对伴随的肺部病变、钙化及金属置入物均有良好的显示效果。

3. MRI 检查　MRI 可以进行心脏结构电影成像（以观察心房、心室、心肌瓣膜运动情况）、心肌灌注成像（以观察心肌血供）、各种心脏功能测量评估、大血管黑血亮血成像、大血管增强造影成像等，对心脏肿瘤、心肌病变、先天性心脏病和心外大血管异常都有很高的诊断价值和广阔的发展前景。但 MRI 技术也有一些不足之处，心脏冠脉成像不如 CT，如装有心脏起搏器者不能做 MRI 检查，检查费用较贵，检查时间较长，对钙化病灶不敏感等。

4. DSA 检查　是心脏大血管最直观最有效的检查手段，是其他影像学检查方法的金标准。可以很直观地动态观察心脏房室瓣膜工作情况、大血管的血流情况。不足之处就是需要通过介入手术放置造影导管或直接血管穿刺造影，是有创的检查方法，需要住院，费用昂贵。但优点是当检查发现某些疾病时可立即实施治疗。

比较各种影像学检查方法，X 线检查可在整体上显示心脏的位置、形态、大小、边缘和搏动，但无法观察心脏各房室和腔内解剖结构。这种检查方法的优势在于对肺血管的观察，特别是在对肺血流的多少和肺淤血程度的判断上，具有其他方法不可替代的价值，故仍为绝大多数心脏疾病的基本筛选方法。心脏 DSA 检查目前仍被视为诊断心脏疾病的金标准，属有创检查，存在并发症。多层螺旋 CT、电子束 CT 和 MRI 技术在心脏疾病的无创和微创检查方面正在发挥着越来越重要的作用。对于大多数的心脏疾病，如先天性心脏病、冠心病、心肌病、心脏/心包疾病的诊断、心肌活性和心肌灌注评价等已基本可以取代心脏 DSA。

案例 2-2-3

患者，男，56 岁，主诉：反复胸闷、心悸伴黑矇七年余（案例图 2-2-3）。应该优先做哪种影像学检查？还可做另外哪种影像学检查？

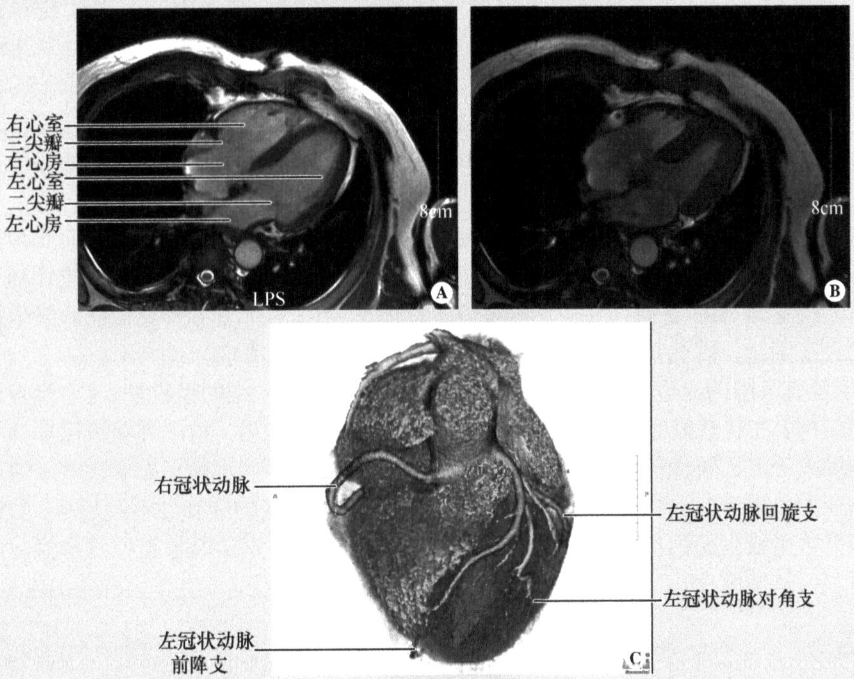

案例图 2-2-3

解答：应该优先行心脏冠状动脉CT检查，以明确有无冠心病。还可行心脏结构MRI，了解心脏结构有无病变。图A、B是心脏结构磁共振动态影像（四腔位），可清晰地观察左心房、左心室、右心房、右心室、三尖瓣、二尖瓣、心肌运动情况，明确有无病变，图A是心脏舒张期，图B是心脏收缩期；图C是冠状动脉CT检查三维重建图，可清晰显示右冠状动脉、左冠状动脉前降支、左冠状动脉回旋支、左冠状动脉对角支。最后诊断：未见异常。

三、乳　　腺

目前乳腺影像学检查主要以X线摄影及超声检查为主，两者结合是目前国际上广泛采用的检查方法并被认为是乳腺影像学检查的最佳组合。MRI检查具有超高软组织对比优势，可作为X线及超声检查的重要补充方法。CT检查没有优势。

（1）数字化乳腺摄影设备在临床中得到广泛应用，其具有钼/铑双靶球管、自动拍片剂量调整技术、数字化平板技术等优点。它的主要优势：可根据乳房的大小、压迫的厚度及腺体的致密程度自动调节X线的剂量，解决了传统乳腺X线机对致密型乳腺X线穿透不足的缺点；可进行图像后处理，根据具体情况调节对比度，对局部感兴趣区进行放大观察等；减少因技术不当、图像不能满足诊断或需局部放大而导致的重复摄片，有助于减少患者辐射量；可传输数据，同PACS联网用于远程会诊。

随着计算机技术的飞速发展，计算机辅助检测（computer aided detection，CAD）系统已在乳腺X线普查和诊断中得到推广和应用。乳腺CAD是将X线片所显示的图像数字化或直接将数字乳腺摄影的数据输入，然后利用专门的软件分析图像并对各种异常征象予以标记，再由专科医师复阅，以提高细微病变特别是微小钙化的检出能力。

（2）MRI检查因其成像优势，已成为乳腺X线检查的重要补充方法。乳腺MRI检查具有以下优势：软组织分辨力极高，对发现乳腺病变具有较高的敏感性，特别适于观察致密型乳腺内的肿瘤、乳腺癌术后局部复发及乳房成形术后乳腺组织内有无肿瘤等；MR三维成像使病灶定位更准确、显示更直观；对乳腺高位、深处病灶的显示较好；对多中心、多灶性病变的检出，对胸壁侵犯的观察及对腋窝、胸骨后、纵隔淋巴结转移的显示都较为敏感，可为乳腺癌的准确分期和临床制订治疗方案提供可靠的依据；能可靠鉴别乳腺囊、实性肿物；可观察乳腺假体的准确位置、有无遗漏或并发症；行动态增强检查可了解病变的血流灌注情况，弥散加权成像可了解病变组织水分子弥散受限情况，从而对病变的良恶性进行鉴别；双侧乳腺同时成像，便于左右对比；无辐射性。

乳腺MRI检查的限度在于对微小钙化不敏感，特别是当钙化数目较少时，而此种微小钙化常是诊断乳腺癌的可靠依据。因此，乳腺MRI仍需结合X线片进行诊断；MRI检查比较费时，费用较高；良恶性病变的MRI表现存在一定的重叠，特别是MRI对部分导管原位癌和新生血管少的肿瘤的检出仍存在困难，因此对MRI表现不典型的病变还需进行活检。

（3）CT检查乳腺的原理和X线摄影相仿，取决于病变对X线的吸收量。CT检查可清晰显示乳腺的解剖结构，在观察致密型乳腺内的病灶、发现胸壁异常改变、检出乳腺腋尾部病变及腋窝和内乳淋巴结肿大等方面要优于X线片。此外，CT对乳腺病变不仅可做形态学观察，通过增强扫描还可评估病变的血供情况。然而，CT平扫对鉴别囊、实性病变的准确性不及超声；CT对显示微小钙化特别是数量较少的钙化不及X线片；对良恶性病变的鉴别诊断也无特殊价值。此外，由于乳腺组织对辐射较敏感，而CT检查的辐射剂量比X线摄影大，因此不宜作为乳腺的常规检查手段。

案例 2-2-4

患者，女，45岁，体检左乳内象限触及一3cm×3cm结节，超声发现有钙化灶（案例图2-2-4）。下一步该行哪种影像学检查？

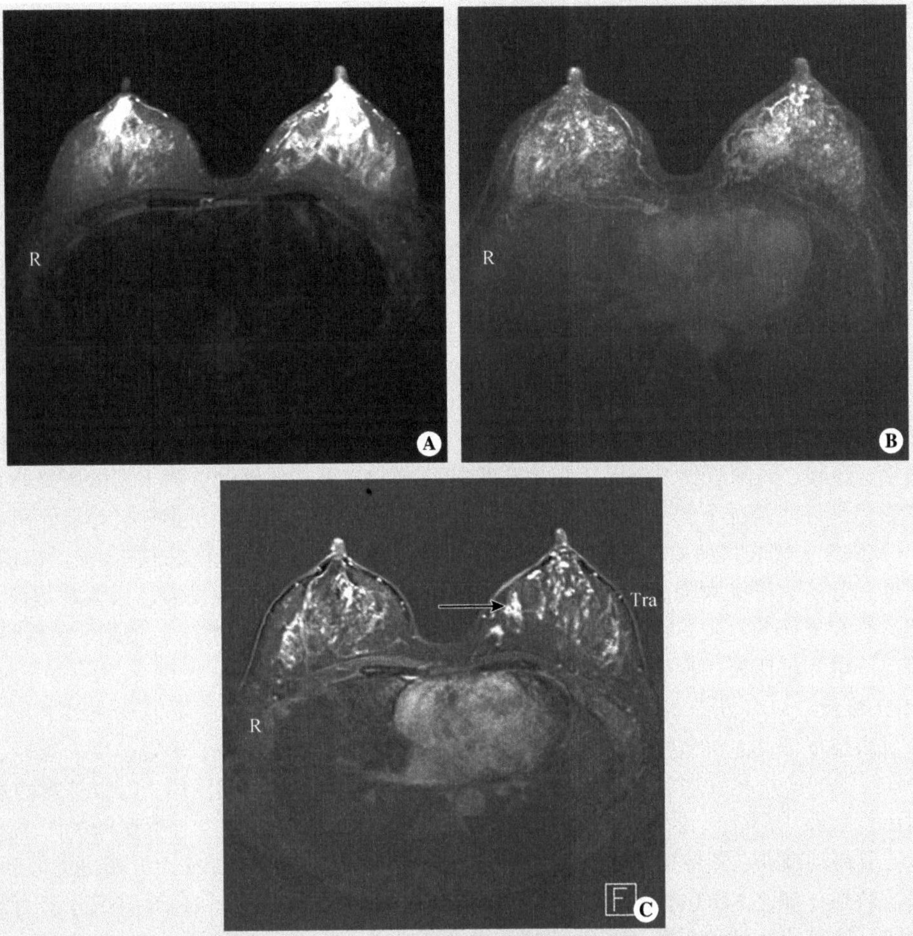

案例图 2-2-4

解答： 应该行磁共振乳腺动态增强。图 A 为乳腺磁共振 T_2WI 带脂肪抑制轴位图；图 B 为乳腺磁共振动态增强 MIP 图；图 C 为乳腺磁共振增强后 T_1WI 带脂肪抑制轴位图。由于 MRI 检查具有超高软组织对比，加上多参数多方位成像、动态灌注曲线分析、半定量参数分析、弥散加权成像，对乳腺病变的诊断与鉴别诊断具有极其重要的价值。该病例最后诊断为左乳高级别导管内癌（箭头）。

【小结】 本节阐述了数字 X 线成像、CT、MRI、DSA 技术在肺与纵隔、心脏大血管、乳腺诊断中有各自的优势和不足。数字 X 线成像是肺部检查的基本方法，明确肺部病变最佳方法是 CT 检查，纵隔 CT 和 MRI 各有优势，需要介入治疗时才需要 DSA；DSA 是心脏大血管诊断的金标准，CT 和 MRI 各有优势，冠状动脉 CT 有优势；乳腺数字 X 线钼靶成像是基本普查方法，MRI 由于高软组织对比，在乳腺检查中有优势。

第三节　腹　　部

一、急　腹　症

（1）对于急腹症影像学检查方法的优选，一般以普通 X 线（CR、DR）检查为主，结合临床表现可为肠梗阻、胃肠道穿孔等诊断提供有意义的初步影像学信息。

（2）CT 检查较 X 线检查显示的影像征象更加丰富和明确，如对显示脏器破裂伤、包膜下血肿、器官周围出血、腹水、脓肿、肠套叠及机械性和血运性肠梗阻、急性胆囊炎、急性阑尾炎、阑尾周围脓肿等疾病可提供更多的诊断信息。

（3）MRI 由于检查时间长，急腹症患者配合困难，在急腹症影像学检查方法中没有优势。

二、食管与胃肠道

1. X 线检查 食管病变首选的检查方法是 X 线钡餐造影。为了解食管病变向腔外发展情况或要明确是否纵隔病变对食管造成外压性改变则可进行 CT 或 MRI 检查。胃、十二指肠病变首选的检查方法是内镜和气钡双重对比造影。胃、十二指肠气钡双重对比造影能较全面地观察整个脏器的轮廓、运动功能、黏膜表面及病变突向腔内的情况。内镜对局限于黏膜、浅表的早期病变可直接观察并活检，及时获得早期诊断。

2. CT 检查 CT 丰富了胃肠道疾病的影像学检查手段。螺旋 CT 的三维重建成像、CT 仿真内镜、电影等新技术的应用，可以更加细致、全面、立体地观察病变，特别对于钡剂造影不能观察到的胃肠道壁、腹膜、周围脏器、淋巴结和狭窄管腔两端的情况，可提供更为丰富的影像学信息。尽管钡剂造影仍是许多情况下的一线检查方法，CT 已在评价胃肠道疾病方面扮演着重要角色。多层螺旋 CT（MSCT）代表目前 CT 扫描技术发展的最高水平，完成了从单层扫描向容积扫描的演进，其成像速度和分辨力都大大提高。MSCT 的应用和三维 CT 成像系统的发展，极大地提高了 CT 在评价胃肠道病变方面的地位，如胃肠道肿瘤的分期、急腹症、炎症性肠病、肠梗阻、肠系膜病变等，在很多情况下可为临床提供比钡剂造影更多的信息。

3. MRI 检查 MRI 新技术的发展为胃肠道检查带来了新的契机，主要表现在以下几个方面：快速图像采集技术带动了屏气 T_1 和 T_2 加权脉冲序列的发展，明显加快了采集速度、减轻了图像伪影；相控阵线圈的应用和发展，大大提高了空间分辨力；口服对比剂的使用、口服甘露醇水溶液和肌内注射山莨菪碱（654-2）的联合使用，使管腔获得较好的扩张，管腔与管壁间的图像对比进一步加大，肠道蠕动减弱，图像显示更清晰；三维后处理技术（MIP、MRVE）可获得类似钡餐造影、传统内镜的效果；加之 MRI 固有的多角度、多方位及多参数成像方式和高软组织分辨力及无辐射损伤等优势，使其成为评价胃肠道疾病新的有力工具。

4. DSA 检查 用于明确食管、胃肠道占位性病变血供情况和供血动脉，必要时进行介入治疗。寻找消化道出血原因及位置，同时可进行介入栓塞治疗等。

案例 2-3-1

患者，女，62 岁，主诉：间歇性脐周腹痛不适数年（案例图 2-3-1）。可以行哪类影像学检查？

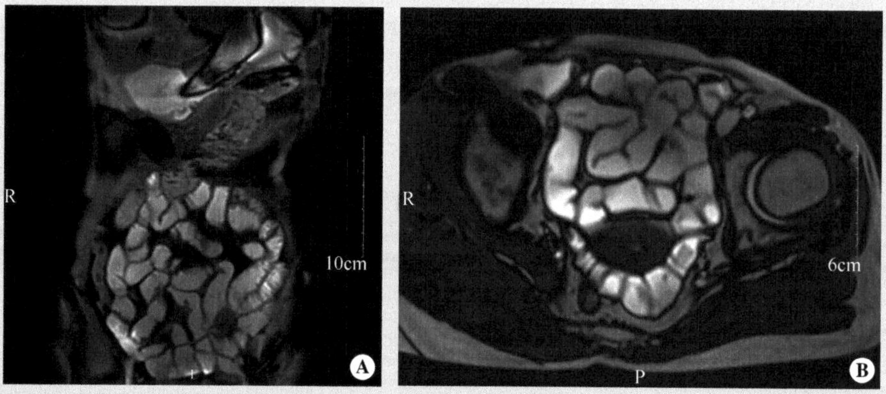

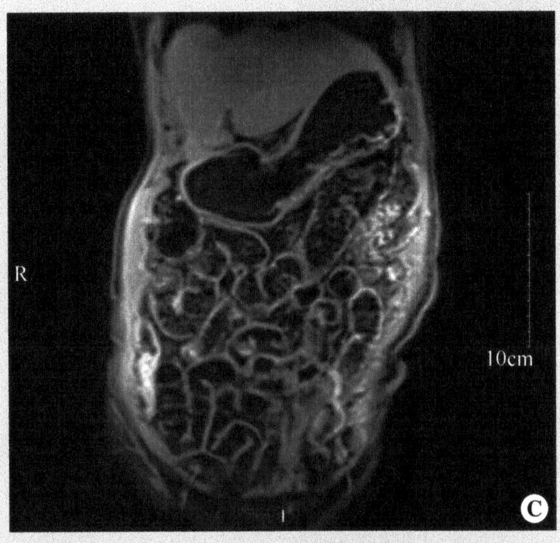

案例图 2-3-1

解答：可以行小肠钡餐造影、腹部 CT，条件允许时最好行小肠 MRI 增强扫描。图 A、B 为磁共振梯度回波 T_2^*WI（亮水）序列冠状位、轴位图，图 C 为增强后磁共振梯度回波 T_1WI 冠状位图。检查前口服甘露醇水溶液是为了使肠腔有足够长时间保持扩张，检查前肌内注射山莨菪碱是为了减轻肠蠕动造成的图像模糊。图 A、B、C 清晰地显示了肠腔、肠壁结构。最终检查未见异常。

三、肝、胆、胰、脾

（一）肝脏

用于肝脏检查的影像学方法：①肝脏 DSA。②CT（平扫、增强多期扫描、动态扫描、灌注成像、CT 血管造影、能谱 CT 物质成分分析、碘油造影 CT 等）。③MRI（常规 MRI、动态增强、肝脏特异性对比剂增强、血管成像、灌注成像、弥散成像、波谱分析等）。

CT 和 MRI 技术在肝脏的应用各有其特点，二者都能充分、全面反映肝脏病变的形态学改变和病灶的血供、微循环状态。CT 的优势在于空间分辨力好，能显示清晰的解剖细节；MRI 的优势在于极高的密度分辨力、多参数成像，可以反映病灶内的组织结构和成分，这种优势对于鉴别在肝硬化背景上发生的各类结节（再生结节、不典型增生结节、早期小肝癌结节等）十分有用；同时 MRI 波谱技术和肝脏（靶向）特异性 MRI 对比剂的应用，使 MRI 在病灶检测和定性诊断方面优于 CT。

肝脏检查，CT 在肝占位性病变，特别是肝癌的检查中，已经成为临床最常用的影像学检查手段。CT 增强多期扫描，有利于肝占位性病变的鉴别及了解病变中的血供情况。CT 多方位重组和 CTA，在肝脏疾病的定位、定性诊断中亦具有重要价值。能谱 CT 为肝脏病变提供物质成分信息，可更好地对病变进行定性。MRI 可很好地显示肝脏病变，在超声、CT 对肝脏占位性病变鉴别有困难时，MRI 往往能提供更多有价值的诊断信息。MRI 弥散加权成像、动态增强检查、肝脏特异性对比剂增强，对肝脏肿瘤的诊断和鉴别诊断具有显著的价值。DSA 可了解肝内病变血供情况，在进一步明确诊断的同时，可同步进行介入治疗。

案例 2-3-2

患者，男，54 岁，主诉：上腹部闷胀不适 2 月余。分别做了腹部平片 DR、上腹部增强 CT、肝脏增强 MRI，最后 DSA 介入治疗（案例图 2-3-2）。各类检查有何特点？

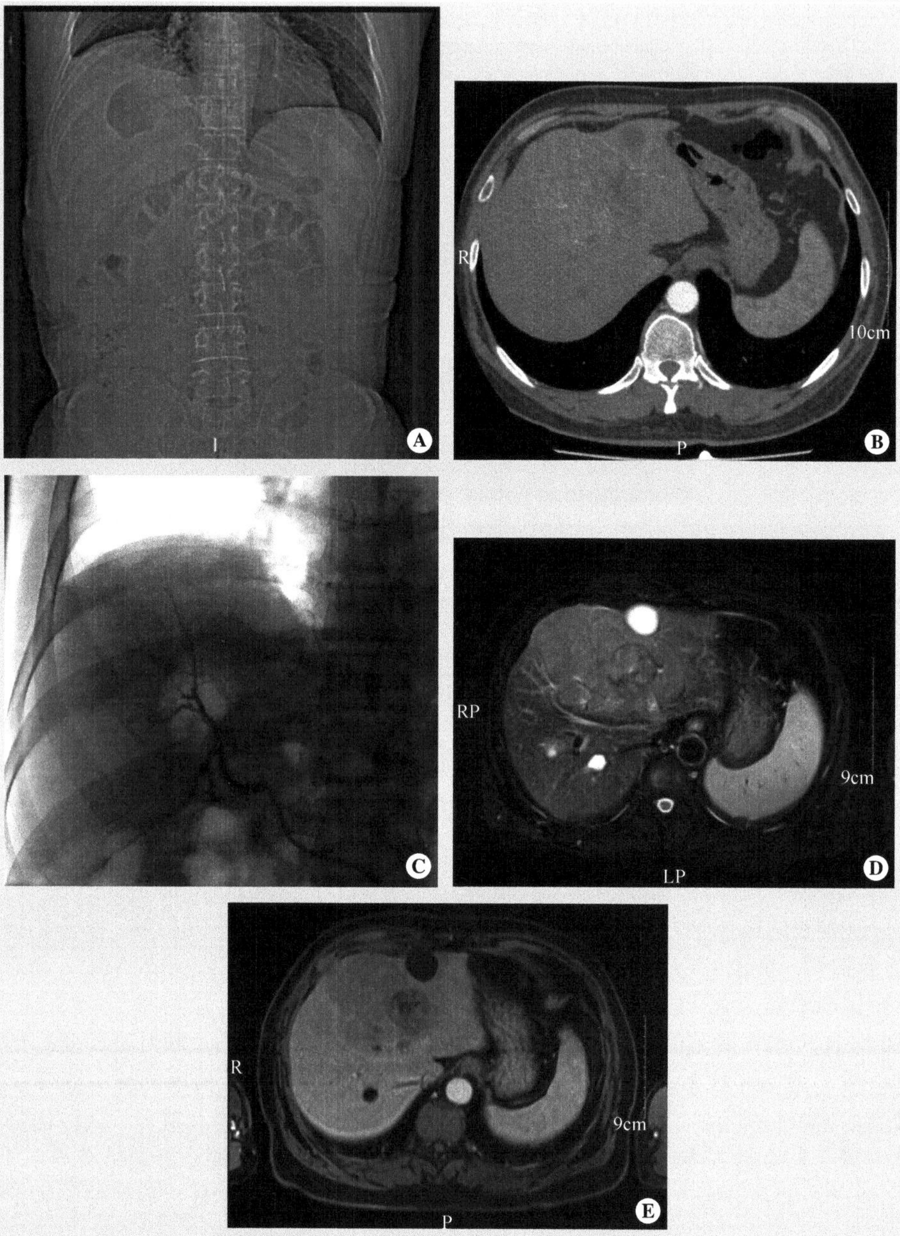

案例图 2-3-2

解答：图 A 为腹部平片 DR，图 B 为 CT 增强图，图 C 为 DSA 肝动脉造影，图 D 为磁共振带脂肪抑制的 T_2WI 轴位图，图 E 为磁共振增强 T_1WI 轴位图。在肝脏部位，DR 意义不大，CT 和 MRI 各有千秋，DSA 可明确肿瘤血供，在需要介入治疗时使用。该病例为左肝肝癌。

（二）胆道系统

胆系影像学检查的主要目的是对胆系炎症、结石、肿瘤及其继发的胆管梗阻做出诊断。胆囊病变通常诊断不难，对胆管病变，首先要确定有无胆管梗阻，可根据有无胆管扩张进行判断。其次要确定梗阻部位，通过正温度系数热敏电阻（positive temperature coefficient，PTC）、磁共振胰胆管成像（magnetic resonance cholangiopancreatography，MRCP）、CT 等表现可判断为胆管上段梗阻或下段梗阻。最后要明确梗阻的病因，通过观察分析胆管扩张程度、梗阻部位和形态及梗阻末端有无结石或软组织肿块等多可明确病因。在选择检查方法时需要了解各种检查方法的价值和局限性。PTC、内镜逆行胰胆管造影（endoscopic retrograde cholangiopancreatography，ERCP）对胆管阻塞性病变检查的价值较高，但为有创性检查。

CT 在胆系疾病的定位和定性诊断中有比较高的应用价值。MRI 及 MRCP 现已成为胆系疾病定位和定性诊断最重要的补充检查方法。概括地说，目前对于胆系疾病的影像学检查：对胆石症或胆系肿瘤，CT 或 MR 一般都可以得到明确诊断；PTC 和 ERCP 很多情况下只在胆管内支架放置或经内镜下胆总管取石的介入治疗前检查时选用。

案例 2-3-3

患者，女，69 岁，主诉：反复剑突下疼痛伴背痛数年，再发 5 天（案例图 2-3-3）。应优选哪类影像学检查？

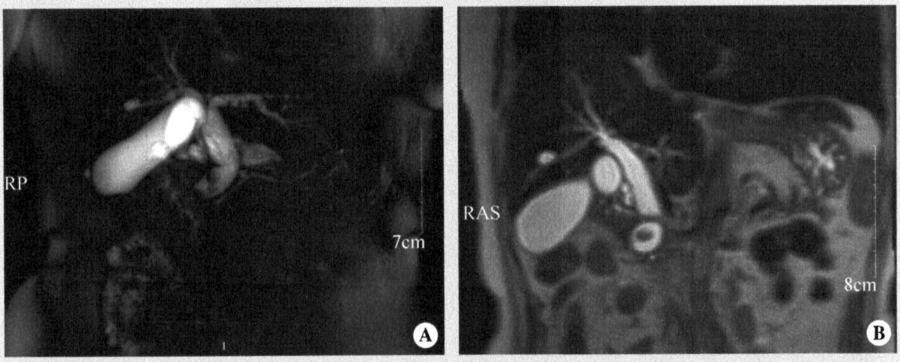

案例图 2-3-3

解答：应优选简单、方便、无痛、无副作用的 MRCP。图 A 是 MRCP 厚层重 T_2 水成像，图 B 是薄层 T_2WI 冠状位像，清晰显示胆总管下段多发结石，胆总管、左右肝管扩张。本病例临床怀疑胆石症。

（三）胰腺

X 线片对胰腺疾病诊断帮助不大。胃十二指肠钡餐低张造影能显示胰头增大时所致十二指肠受压、推移、受侵等间接征象。PTC 通过显示胆管，可帮助了解胆总管下段梗阻是否由于胰腺病变引起。胰腺癌多为少血供肿瘤，因此 DSA 诊断对其价值不大，DSA 诊断主要用于小的富含血管的功能性内分泌性肿瘤的诊断，特别是临床高度怀疑有肿瘤存在，而 CT 和超声未能显示的病例，而且可同步介入治疗。

CT 能更客观地反映胰腺病变的情况，是胰腺疾病重要的影像学检查手段，可直接显示胰腺本身及其周围脂肪层的改变，对胰腺邻近脏器受累情况显示也较佳。CT 增强和能谱 CT 的应用，为胰腺病变的明确诊断提供了很大帮助。近些年来随着 MRI 设备的发展、动态快速扫描 MRI 序列的开发应用、脂肪抑制技术的不断完善及 MRCP 技术的日趋成熟，胰腺 MRI 临床应用越来越广泛。MR 动态增强、弥散加权成像为胰腺病变的诊断提供了重要信息。MRCP 可充分利用患者自身胰胆液无创方便地显示胰胆管，以观察胰腺病变对胰胆管的侵犯情况，基本取代有创的 ERCP。

案例 2-3-4

患者，男，54 岁，主诉：1 年前体检 B 超发现胰腺肿块，分别行胰腺 CT、MR 增强扫描（案例图 2-3-4）。两者在显示胰腺时有何特点？

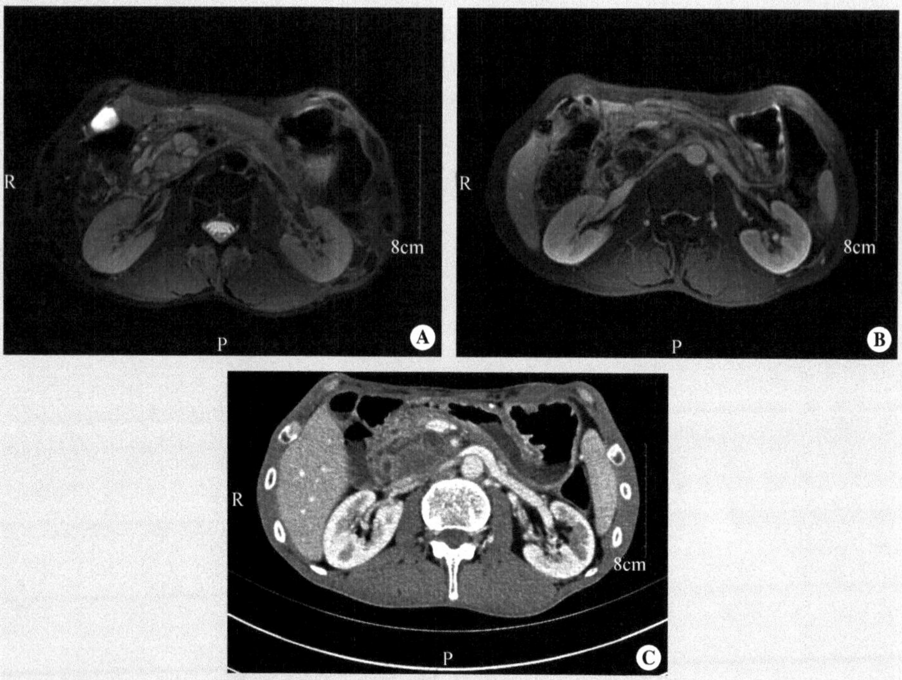

案例图 2-3-4

解答： 图 A 为磁共振带脂肪抑制的 T_2WI 轴位像，图 B 为增强后的磁共振带脂肪抑制 T_1WI 轴位像，图 C 为增强后的 CT 轴位像。可见 CT、MRI 都能很好地显示胰腺病变，MR 可以多参数多方位成像，提供更多信息。本病例诊断为胰头部导管内乳头状黏液瘤。

（四）脾脏

X 线片对脾脏病变诊断帮助不大。CT 能提示脾脏的病理变化，且图像更清晰，测量更准确，对显示钙化、气体、急性出血、脂肪组织也更敏感。MRI 与 CT 的诊断价值相仿，适用于碘过敏者，且 MRI 对于脾的弥漫性病变如淋巴瘤等显示更优，其冠、矢状位扫描更有助于病灶的准确定位，是 CT 检查的重要补充手段。DSA 除出血外，不再用于脾脏疾病的诊断，而是脾脏疾病介入治疗的一个步骤。

四、泌尿系统、肾上腺与腹膜后

（一）泌尿系统

自 CT 和 MRI 广泛用于临床以来，肾和输尿管的影像学检查已很少用腹部平片，但并未完全取代尿路造影检查，后者对于肾盂、输尿管扩张积水及其病因的检出和先天性发育异常的诊断，以及术前评估肾功能仍具有一定的临床价值。

目前，肾和输尿管最常用的检查方法是 CT（包括 CTU），可发现和确诊绝大多数肿瘤、结石、囊肿和先天性异常等病变。MRI（包括 MRU）通常作为辅助检查方法，用于 CT 表现不典型的病变，如复杂性肾囊肿、不典型血管平滑肌脂肪瘤等病变的进一步诊断和鉴别诊断。当临床疑为膀胱病变时，CT 检查可作为诊断手段之一，并可清楚地显示出病变的大小、数目、范围及其与毗邻结构的关系。此外，空间分辨力高、有利于发现较小病灶，解剖关系明确易于理解，也是 CT 的突出优点。MRI 检查则作为 CT 的补充方法，对鉴别诊断有一定帮助。

案例 2-3-5

患者，男，40 岁，主诉：反复右腰疼痛 3 天。行腹部平片 DR 和 CTU（案例图 2-3-5）。哪种检查有优势?

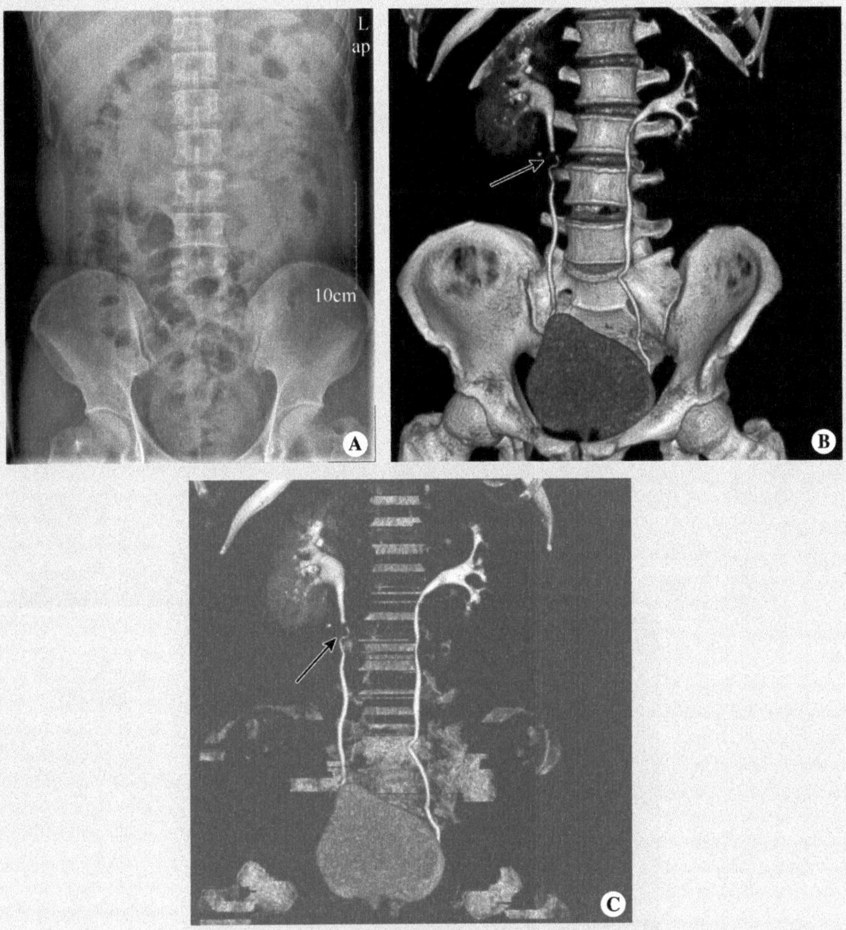

案例图 2-3-5

解答： 图 A 为泌尿系腹部平片 DR，图 B 为 CTU 带骨三维重建图，图 C 为 CTU 去骨三维重建图。CTU 可清晰显示右侧输尿管上段结石（箭头）伴肾盂及上段输尿管扩张积水。

（二）肾上腺与腹膜后

CT 检查由于显示解剖关系明确，空间分辨力和密度分辨力皆高，易于发现肾上腺较小病变尤其是功能性病变，能显示病变某些组织特征，如脂肪、液体及钙化等成分，因而是目前公认的肾上腺病变最佳影像学检查方法。MRI 检查则为 CT 之后的重要补充检查方法，对病变的鉴别诊断有一定帮助。

五、生 殖 系 统

对于女性生殖系统疾病，各种影像学检查技术有不同的适应证。MRI 检查对女性生殖系统先天性畸形及良恶性肿瘤的诊断、分期具有很高价值，又无损伤性，是重要的检查方法，但检查费用较高。CT 检查虽图像清晰、解剖关系明确，但具有一定辐射性，应慎用，尤其是对育龄期妇女。

对于男性生殖系统疾病，CT 和 MRI 检查的诊断价值因病变类型和病期而异。在前列腺疾病，CT、MRI 多期增强检查，尤其是磁共振多种成像技术包括常规 MRI、MRS 和 DWI 的综合应用常可提供有价值信息，有助于前列腺增生和前列腺癌的诊断、鉴别诊断及肿瘤分期。而对于睾丸肿块病变，影像学检查应以 MRI 为主要方法。

X 线检查除临床为女性检查不孕症而行子宫输卵管造影外，由于其提供的诊断信息少，特别是对性腺有辐射作用，目前已极少应用。在需要盆腔介入性治疗时可行 DSA。

案例 2-3-6

患者，女，47 岁。主诉：触及盆腔包块 10 年（案例图 2-3-6）。哪种检查应优先考虑？

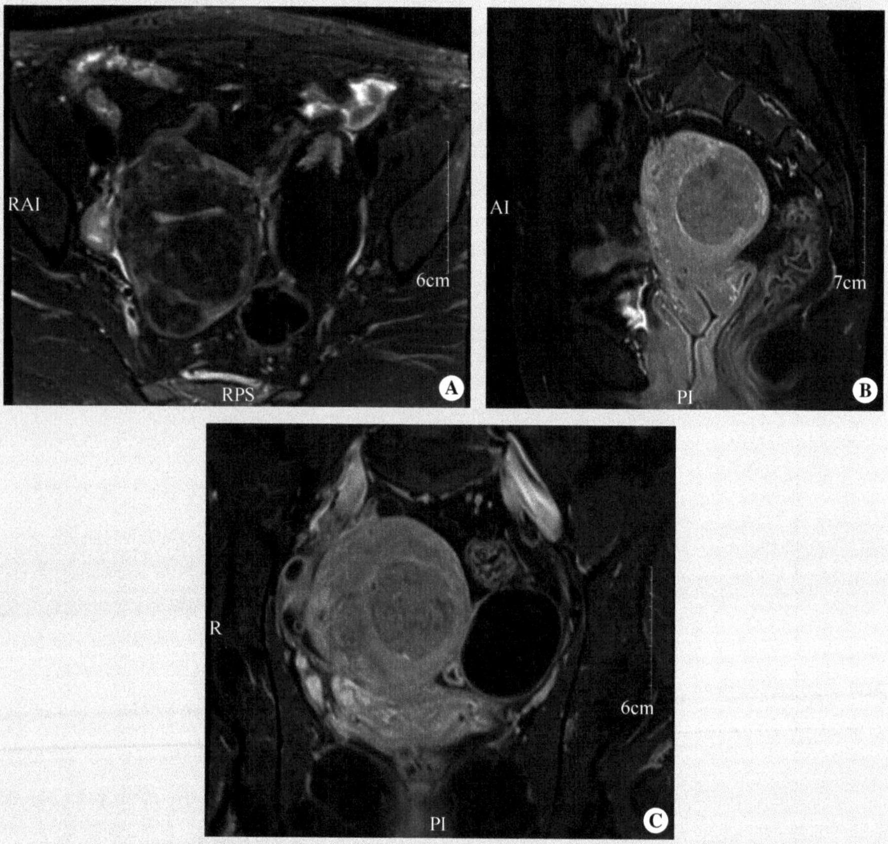

案例图 2-3-6

解答：优先考虑行内生殖器磁共振增强扫描。图 A 为磁共振带脂肪抑制 T_2WI 轴位图，图 B 为增强后磁共振带脂肪抑制 T_1WI 矢状位图，图 C 为增强后磁共振带脂肪抑制 T_1WI 冠状位图。诊断：左侧附件区畸胎瘤、子宫多发肌瘤、子宫颈多发囊肿。

案例 2-3-7

患者，男，69 岁，主诉：反复排尿不畅 3 年，加重 1 天（案例图 2-3-7）。哪种检查应优先考虑？

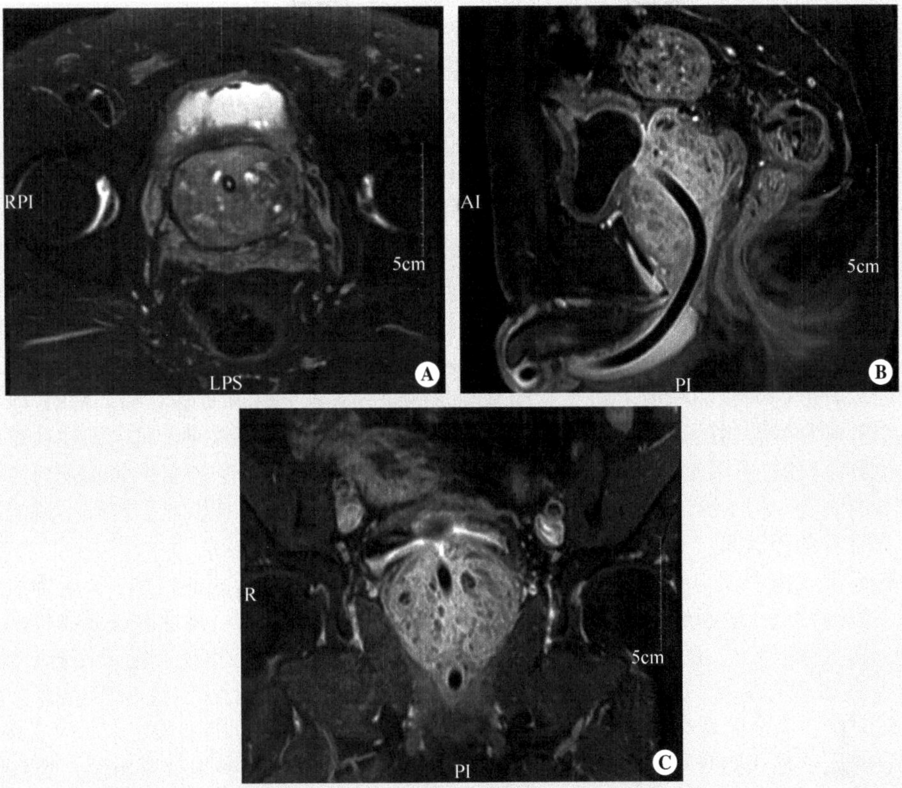

案例图 2-3-7

解答：优先考虑行前列腺磁共振增强扫描。图 A 为磁共振带脂肪抑制 T_2WI 矢状位图，图 B 为增强后磁共振带脂肪抑制 T_1WI 矢状位图，图 C 为增强后磁共振带脂肪抑制 T_1WI 冠状位图。诊断：前列腺增生。

【小结】 本节阐述了数字 X 线成像、CT、MRI、DSA 技术在腹部、盆腔各系统检查中的优势和不足。急腹症以数字 X 线成像为主；食管与胃肠道以数字 X 线造影成像为主，消化道出血明确诊断需要 DSA，随着新技术的应用，MRI 对消化道出血也很有帮助；肝、胆、胰、脾 CT 和 MRI 技术的应用各有其特点，二者都能充分、全面反映各脏器病变的形态学改变和病灶的血供、微循环状态，DSA 在需要介入治疗时应用；泌尿系统、肾上腺与腹膜后 CT、MRI 有优势，数字 X 线泌尿系统造影成像对于评估肾功能仍具有一定的临床价值；生殖系统也以 CT、MRI 为主，数字 X 线检查除子宫输卵管造影外，已极少应用，在需要盆腔介入性治疗时可行 DSA。

第四节 骨与关节

一、骨 骼

X 线（CR、DR）能显示骨与软组织间良好的自然密度对比且检查方法简便、费用较低，目前 X 线（CR、DR）片仍是骨、关节疾病常用的首选影像学检查方法。X 线（CR、DR）检查不仅能显示各种基本病变的范围和程度，而且还有可能做出定性诊断。但不少骨关节疾病，X 线表现比病理改变和临床表现出现晚。因此，初次检查结果阴性，有时并不能排除病变的存在。例如，炎症和肿瘤的早期仅在骨髓内浸润就可能无重要 X 线所见，应根据临床情况，依不同疾病的发展规律，定期复查或进一步行 CT、MRI 检查。

还须指出，大多数骨关节疾病缺乏典型或特殊的 X 线征象，需结合临床资料，如年龄、性别、病程、症状、体征和实验室检查等，才能明确诊断。

CT 密度分辨力高、无影像重叠，观察解剖关系较复杂部位的结构、显示骨的病变和软组织改变优于 X 线片。CT 易于区分松质骨和密质骨的破坏。在常规 X 线（CR、DR）片上可被骨遮盖而难于显示的，改变 CT 扫描能清楚显示。对脊椎、胸锁关节、髋关节、腕关节等结构复杂的骨、关节，CT 可显示出明确的解剖关系。对骨破坏区的死骨、钙化、骨化，破坏区周围骨质增生，软组织脓肿等的显示，CT 也优于常规 X 线（CR、DR）片。CT 值的测量是 CT 的优势之一，对识别脂肪组织、体内气体和钙化骨化有决定意义，能很好地显示石膏遮盖的骨和软组织。早期体内金属异物在 CT 扫描下常会产生伪影而影响观察，现在能谱 CT 的单光子成像可以解决金属伪影的影响。

MRI 有良好的软组织分辨力，并且可任意平面成像，对骨髓、骨、关节和软组织病变的显示，较 X 线（CR、DR）和 CT 更具优势。如对早期骨质破坏和细微骨挫伤 MRI 较 X 线（CR、DR）片及 CT 敏感。MRI 对脊柱解剖结构和病变的显示及了解病变与椎管内结构的关系优于 CT，在长骨的纵切面和脊椎的矢状面图像上较易发现恶性骨肿瘤的跳跃病灶和骨转移瘤。MRI 能更清楚地显示软组织肿瘤和骨肿瘤的边界，而在 CT 上如肿瘤与邻近肌肉相贴或侵入肌内则往往难以确认肿块的真正边界。MRI 不用对比剂可显示动脉和静脉，有利于了解病变的血供和病变与血管的关系及血管本身的病变。但 MRI 对骨和软组织内的钙化和骨化不敏感，难以显示较细小或淡薄的钙化和骨化。有时需参考 X 线（CR、DR）片或 CT。

多种影像学成像手段均可用于骨骼疾病的检查，使用时可根据疾病的性质、临床诊治的要求和不同成像手段的特点，适当选用。一般来说，四肢骨骼的外伤、感染、良性肿瘤或瘤样病变、全身性骨病等，如 X 线（CR、DR）片表现特征明确，与临床表现和实验室检查结果相符时即可确诊。如疾病的 X 线表现有疑点，或与临床表现不符合，则应考虑进一步行 CT 或 MRI 检查。因脊柱解剖结构比较复杂，为全面观察脊椎外伤后附件有无骨折及小的骨折片的准确定位，应直接行 CT 检查，如有脊髓压迫症状则宜首选 MRI 检查。MRI 在显示外伤后骨水肿也非常敏感。恶性骨肿瘤在 X 线片的基础上，有条件者应行 MRI 检查以观察软组织、骨髓受侵的情况和发现跳跃型病灶。软组织疾病一般应首选 MRI 检查。

案例 2-4-1

患者，男，24 岁，主诉：外伤致右踝关节疼痛，活动受限 1 月余。分别行右踝 MRI、CT 检查（案例图 2-4-1）。两者有何区别？

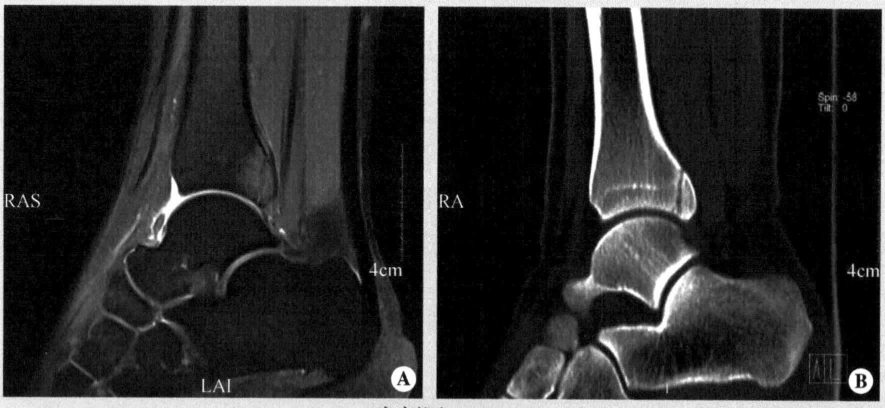

案例图 2-4-1

解答： 图 A 为带脂肪抑制的磁共振 PDWI 矢状位像，可清晰显示右胫骨下端骨折线及周围骨髓挫伤水肿、右踝关节腔内积液，清晰显示周围肌肉韧带，如跟腱等。图 B 为 CT 扫描矢状面重建，清晰显示骨折线，但肌肉韧带、骨髓水肿、关节积液显示不如磁共振。

二、关　　节

关节疾病的病因多而复杂，临床诊断存在一定困难。X 线（CR、DR）检查作为一种对关节骨性结构进行直观观察的手段，为临床提供了进一步的诊断信息，但由于对软组织的分辨能力不高，观察受到较大的限制。X 线（CR、DR）片的观察重点是在关节间隙和关节骨端。如关节间隙变窄即提示为关节软骨的破坏，结合是急性或慢性病程，对判定病因有一定的帮助。关节疾病常侵犯骨端引起骨质破坏，骨破坏区是局限还是广泛、邻近有无骨质增生硬化、患骨有无持续性的骨质疏松等，亦可作为病因鉴别的重要参考。

CT 能对骨性关节面作更精确的评估，发现骨性关节面的破坏比 X 线片敏感。由于 CT 的软组织分辨力高于 X 线（CR、DR）片，能很好地区分关节肿胀是由于关节积液还是关节囊增厚或囊外软组织水肿，为分析病因提供了准确的资料。MRI 作为对关节疾病进一步检查的影像手段，能为临床诊断提供更多的信息。由于 MRI 对软组织具有很高的分辨力，能分别直接观察关节囊、滑膜、关节软骨等结构，可对病变的定位、定量做出准确的判断，但对定性诊断仍有一定的限度，必须结合临床表现、实验室检查结果和 X 线（CR、DR）片所见，综合做出诊断，有时还需行病理活检才能确诊。

与骨和软组织病变的影像诊断一样，在实际工作中 X 线（CR、DR）是关节疾病首选的影像学检查方法。但更应重视 CT 尤其是 MR 在关节疾病影像诊断中的作用。如临床高度怀疑某关节病变而 X 线片未能发现异常征象或征象不明确时，应及时考虑 CT、MRI 检查。

案例 2-4-2

患者，男，54 岁，主诉：右膝活动受限 1 月余。行右膝关节 DR 和磁共振扫描（案例图 2-4-2）。两种检查特点各是什么？

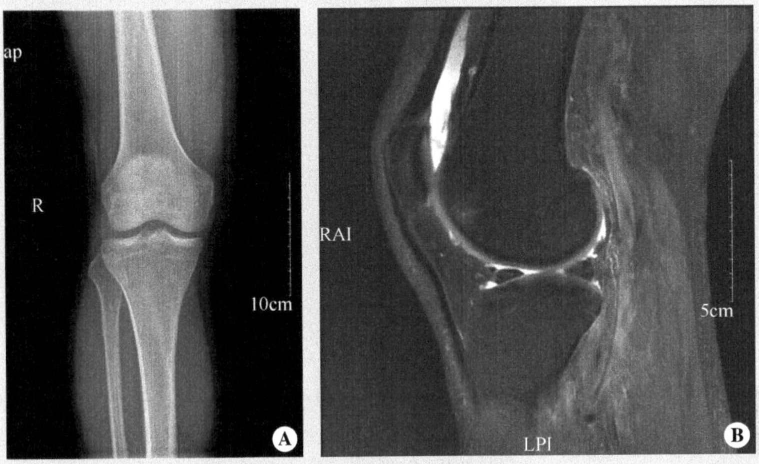

案例图 2-4-2

解答：图 A 为膝关节正位 DR，图 B 为膝关节磁共振带脂肪抑制的 PDWI 矢状位图。磁共振在显示关节结构方面明显优于 DR，DR 除清晰显示关节组成骨结构、关节间隙外，隐约显示周围软组织。磁共振可清晰显示关节软骨、半月板、交叉韧带、侧副韧带、软组织等。该病例磁共振显示半月板退变、髌上囊积液。

【小结】 本节阐述了数字 X 线成像、CT、MRI、DSA 技术在骨与关节系统检查中的优势和不足。X 线（CR、DR）片仍是骨、关节疾病常用的首选影像学检查方法，需要进一步明确诊断可行 CT 或 MRI 检查，CT 的优势是显示骨皮质、钙化，MRI 的优势是显示软组织、骨水肿。

第五节 中枢神经系统与头颈部

一、颅 脑

从脑的各种影像学正常表现与基本病变分析可以看出，X 线（CR 或 DR）、DSA、CT、MRI

等成像技术在反映脑部病变上各有优势和不足。因此，在设计某种疾病的影像学检查程序时，要针对所需解决的问题，制订个性化的最优解决方案。

颅骨本身的病变或颅内病变对颅骨的侵犯，颅骨片（CR、DR）仅能大致反映骨质改变，已极少应用于临床。而 CT 和 MRI 不但能更敏感更详细地显示骨质改变，而且还能显示与骨质相关的颅内病变。脑血管 DSA 的定位、定性诊断作用已很少单独应用，多作为介入治疗的组成部分。CT 已成为脑部检查的主要技术，结合增强扫描可对大部分病变包括颅内肿瘤、颅脑外伤和脑血管疾病等做出定位及定性诊断，CTA 和 CT 灌注（CTP）已成为急性脑卒中患者治疗前筛选的必选检查手段。MRI 显示脑灰白质对比优于 CT，又是多参数多方位成像，对中线结构、颅后窝和近颅底病变的显示较 CT 优越，目前已是神经系统首选的影像学检查手段，功能性 MRI 更有利于占位性病变的鉴别诊断和治疗方案的制订，对肿物钙化的显示则劣于 CT。颅内炎症和脱髓鞘性病变，只能行 CT 和 MRI 检查，且 MRI 较 CT 更敏感。颅内出血，大多行 CT 检查，尤其是急性期出血 CT 优于 MRI，但慢性期出血呈等密度时 CT 不如 MRI。脑血管性病变，DSA 虽然作为诊断的金标准，但为创伤性检查，应用大为减少，可提供脑血管大致的血流动力学信息，对诊断有帮助。无创性 MRA 和微创性 CTA 的诊断作用逐步得到肯定，应用范围不断扩大。DSA 只作为神经介入治疗辅助手段。

案例 2-5-1

患者，女，77 岁，主诉：步态不稳 1 月余。行颅脑 CT、MRI 检查（案例图 2-5-1）。哪种检查有优势？

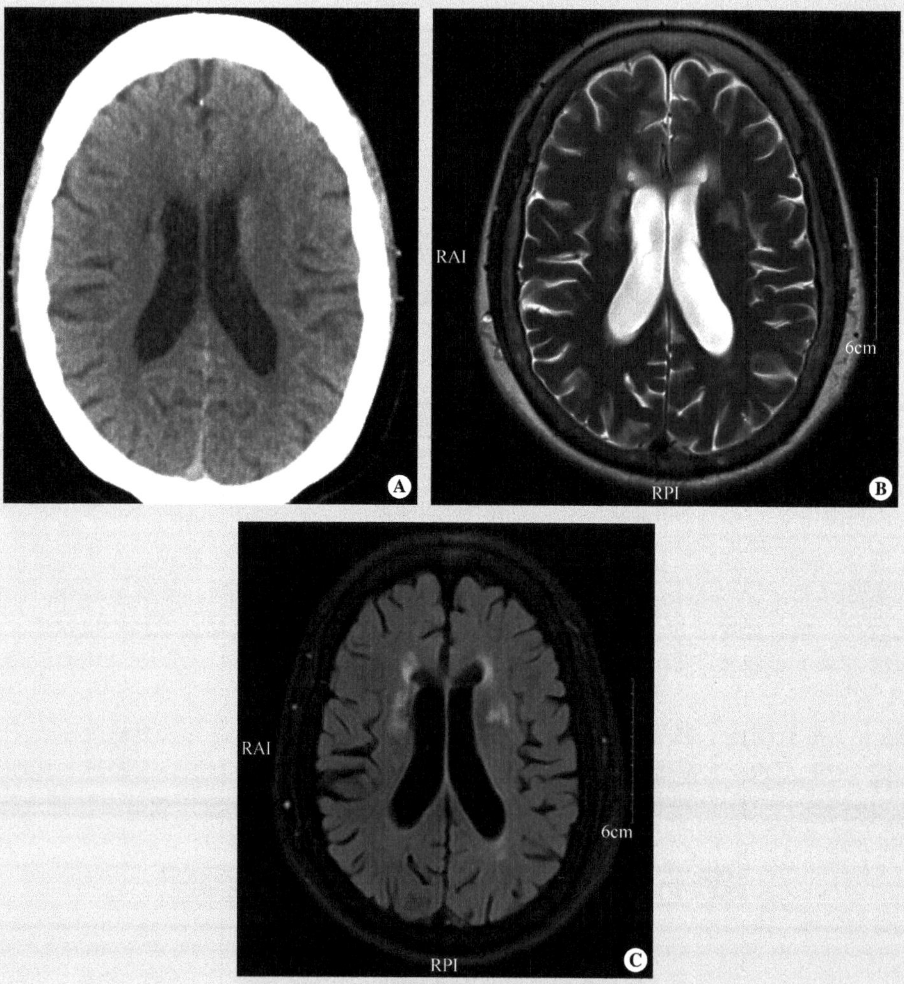

案例图 2-5-1

解答：图 A 为颅脑 CT 平扫，图 B 为磁共振颅脑平扫 T_2WI 轴位像，图 C 为磁共振颅脑平扫带水、脂肪抑制的 T_2 FLAIR 图像。磁共振可以清晰显示脑灰白质、脑沟、基底节结构，还有多参数多方位成像，对脑实质的显示明显好于 CT。诊断结果：右侧侧脑室前角旁亚急性期脑梗死伴出血转化、两侧放射冠区多发腔隙灶、脑白质脱髓鞘病变、脑萎缩。

二、脊　　髓

脊髓的影像学检查中，脊椎平片对脊髓病变的诊断作用有限，常用于明确周围骨质的情况。脊髓造影属创伤性检查，逐渐被 CTM 和 MRM 取代。CT 多用于评价椎管骨质及其对椎管内结构的影响，对脊髓病变的诊断有赖于配合 CTM 检查。椎间盘突出压迫脊髓 CT 轴位扫描能明确诊断。MR 可以对脊髓病变进行准确定位、定量及大部分定性，必要时还可增强扫描，是诊断脊髓疾病最准确的方法。椎间盘病变 MR 可以轴位、矢状位扫描，诊断更直观明了。

案例 2-5-2

患者，男，49 岁，主诉：腰痛伴左下肢疼痛麻木足下垂 1 周。行腰椎平片 DR、CT、MR 平扫（案例图 2-5-2）。每种检查的特点各是什么？

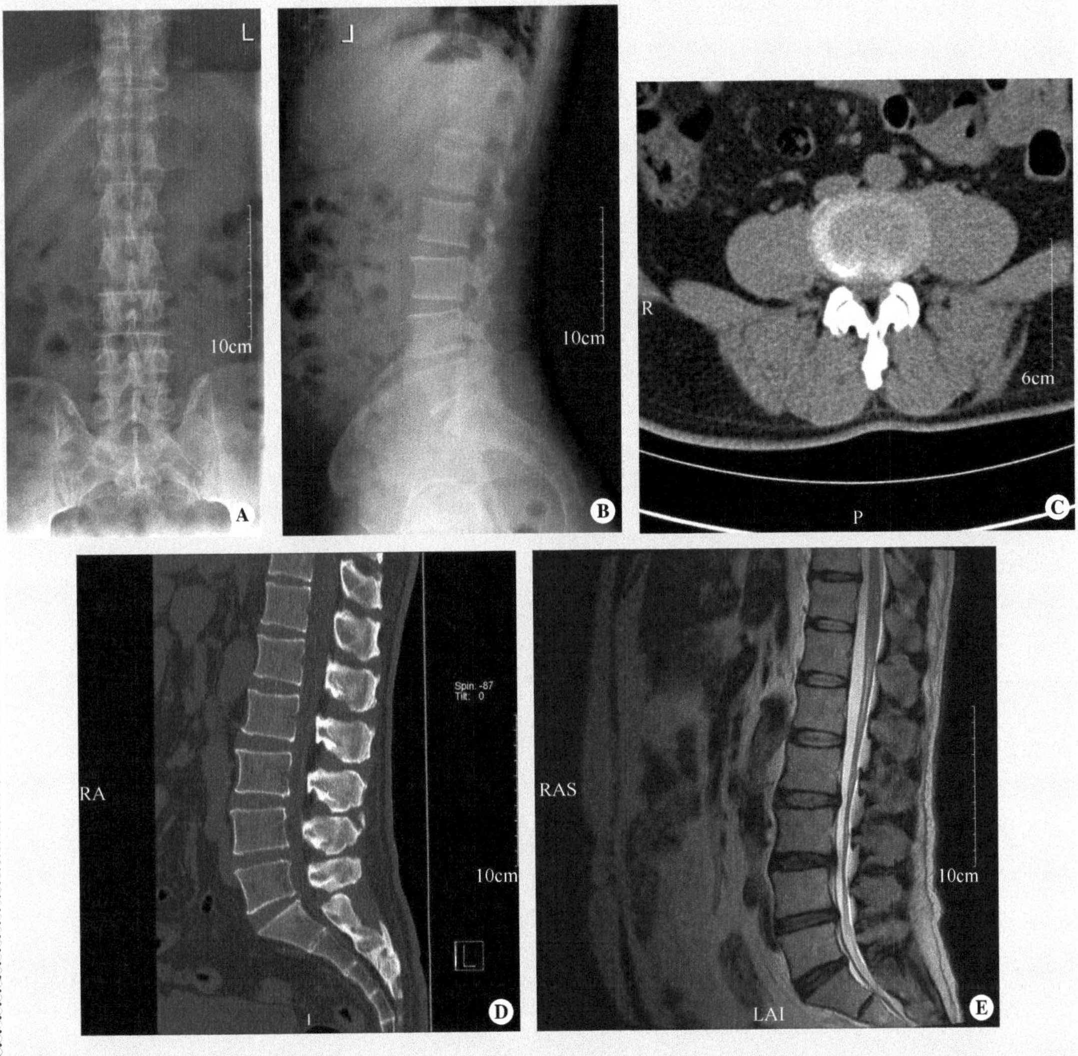

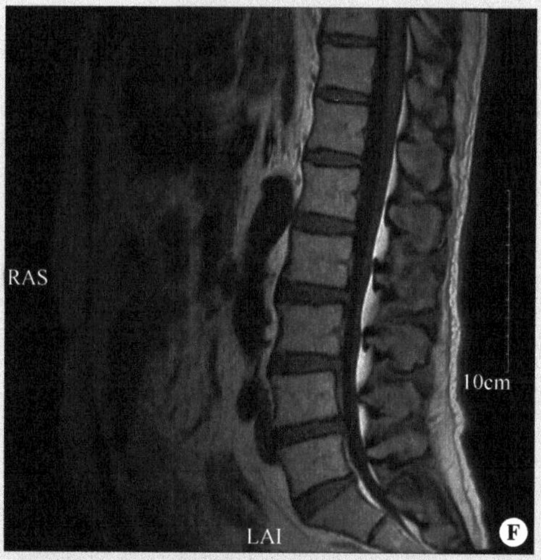

案例图 2-5-2

解答：图 A、B 为腰椎正侧位 DR，图 C 为腰椎 CT，图 D 为腰椎 CT 三维重建图，图 E 为磁共振腰椎 T_2WI 矢状位图，图 F 为磁共振腰椎 T_1WI 矢状位图。MRI 对显示脊髓具有明显的优势，CT 对显示骨骼有优势，DR 的作用非常有限。

三、头 颈 部

（一）眼部

X 线片目前仅用于外伤后异物定位。对于眼球病变首选超声检查，不能确定或需要进一步检查可选用 CT 或 MRI。对于外伤性病变应选择 HRCT 扫描，并行软组织窗和骨窗观察。海绵窦或视神经病变首选 MRI，其他类病变 CT 或 MRI 可以互补。但需注意，眼眶内有金属异物不能做 MRI 检查，避免磁性金属异物在磁场下移动割伤眼球。

案例 2-5-3

患者，女，34 岁，主诉：左眼红肿 15 天。行眼眶 CT、MRI 平扫检查（案例图 2-5-3）。两种检查的特点是什么？

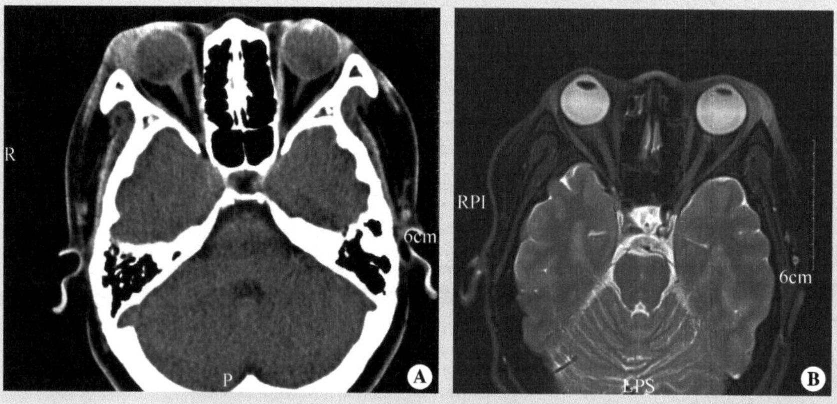

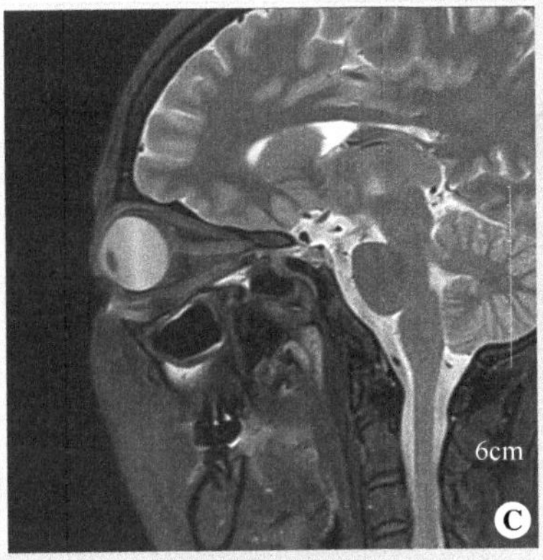

案例图 2-5-3

解答：图 A 为眼眶 CT 平扫，图 B 为眼眶磁共振平扫带脂肪抑制 T_2WI 轴位图，图 C 为眼眶磁共振平扫带脂肪抑制 T_2WI 矢状位图。磁共振可清晰显示晶状体、眼球、视神经、眼肌及其邻近组织，在眼眶的应用明显优于 CT，但邻近骨骼的显示，CT 有优势。

（二）耳和颞部

X 线片目前已趋向淘汰。HRCT 检查为颞骨及其病变的常规检查技术。病变累及颅内或迷路时应行 MRI 检查，观察面神经、前庭蜗神经时首选 MRI 检查，肿瘤性病变及炎性病变还需增强检查。

（三）鼻和鼻窦

X 线片检查目前已趋向淘汰，只有鼻骨骨折还需 X 线片检查。HRCT 为鼻腔鼻窦病变的常规检查技术，肿瘤性病变时需软组织窗观察或行 MRI 检查，并需要增强检查。CT 对鼻和鼻窦的骨性结构显示良好，MRI 由于气体及骨皮质表现为无信号，对鼻窦及颅底诸结构的骨性解剖显示不佳，但 MRI 软组织的分辨力高，能直接显示黏膜、肌肉、间隙、血管、神经等结构。MRI 检查是 CT 检查的补充手段，二者联合应用，有利于提高鼻窦病变的影像诊断水平。

（四）咽喉部

在多种影像学检查技术中，X 线片检查目前仍用于观察鼻咽部后壁软组织厚度，主要用于检查儿童腺样体增生肥大。CT 检查可以清晰显示咽腔、咽壁及咽周间隙改变，但甲状腺对辐射敏感，应尽可能避免检查。MRI 检查由于任意方位成像及优越的软组织对比能力，又没辐射，临床应用越来越广泛。鼻咽部，X 线片诊断价值不大，CT 对病变位置、范围及侵犯程度，特别是颅底骨质破坏的确定有明显优势，MRI 软组织对比要优于 CT，综合影像学检查对肿瘤分期和治疗有重要作用。喉部，X 线片检查已很少用，CT 检查可以清晰显示喉腔、喉壁各层结构及喉周间隙改变，同样由于甲状腺对辐射敏感，应尽可能避免检查。MRI 检查由于任意方位成像及优越的软组织对比能力，又没辐射，临床应用已逐渐普及。

（五）颈部

颈部影像学检查方法有 X 线、CT、MRI 等多种检查技术。X 线检查可以观察气管异物，配合吞钡可观察食管异物。CT 平扫和增强可以明确颈部大部分病变，但由于甲状腺对辐射敏感，应尽可能避免检查。MRI 由于多参数、多方位成像、无辐射、特高的软组织对比、必要时的增强扫描，在颈部病变诊断中有很大优势。

【小结】 本节阐述了数字 X 线成像、CT、MRI、DSA 技术在中枢神经系统与头颈部检查中的优势和不足。脑部 MRI 有优势，但急性期出血 CT 优于 MRI，DSA 只作为神经介入治疗辅助手段；MRI 是诊断脊髓疾病最准确的方法；头颈部 CT、MRI 各有优缺点，CT 对显示骨骼有优势，MRI 对显示软组织有优势。

第三章　普通 X 线检查技术

第一节　X 线摄影条件

一、影响 X 线摄影条件的因素

案例 3-1-1

患者，男，45 岁，体型肥胖（172cm，126kg），2h 前举重物后感到后腰部疼痛。临床行腰椎前后位和腰椎侧位 X 线摄影检查，曝光参数分别为常规的 75kV 40mAs 和 80kV 60mAs，SID=100cm，影像中因腰椎显示不佳、噪声过大、小关节等而无法观察（案例图 3-1-1）。请问造成该患者腰椎 X 线片影像显示不佳的原因可能是什么？影响 X 线片图像质量的经常变动因素主要有哪些？

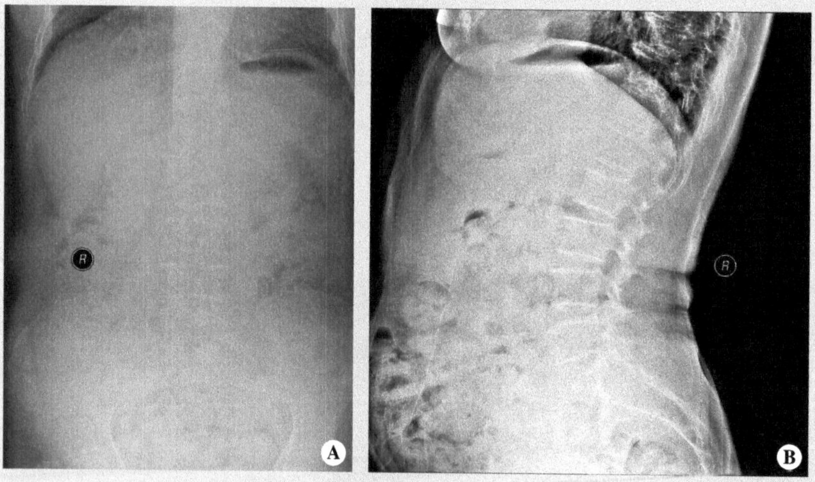

案例图 3-1-1

A. 腰椎正位图；B. 腰椎侧位图

解答：该患者体型肥胖，常规曝光参数相对不足，特别是管电压较低，致使检查所用 X 线的穿透力不足，摄取的腰椎 X 片影像显示欠佳。除了管电压外，影响 X 线片影像质量的经常变动因素主要还有曝光时间、管电流和源-像距（source to image distance，SID）。

X 线摄影条件是指 X 线摄影过程中的相关影响因素，其选择对 X 线成像的质量起着重要的作用，除了受一些相对固定因素（如被检部位组织密度和厚度、探测器的感光效率、X 线管靶物质的原子序数等）影响外，它还受曝光时间、管电压、管电流、源-像距等经常变动因素的影响。可用感光效应公式表示：

$$E=\frac{K\cdot V^{n}\cdot I\cdot t}{R^{2}} \qquad \text{（公式 3-1-1）}$$

公式（3-1-1）中，E 代表感光量，K 代表常数，V 代表管电压，I 代表管电流，t 代表曝光时间，R 代表源-像距。感光效应与管电压（V）的 n 次方、管电流量（mAs）成正比，与源-像距（R）的平方成反比。

（一）相对固定因素

相对固定因素一般是指在一段时间内相对不会变动的因素，如 X 线设备、电源情况、滤过板、滤线器及增感屏、探测器种类等。这些因素在最初制定摄影条件时，总的考虑一次，以后在每次具体部位的摄影检查中可以省略。

（二）经常变动因素

经常变动因素是指在具体选择摄影条件时，主要对曝光时间、管电压、管电流量和源-像距这四大因素的调节。

1. 曝光时间（exposure time） 是指摄取一幅X线图像所需的设备产生X线的时间，也即X线摄影时间。曝光时间长短的选择一般由被检部位的情况决定，若被检部位固定不动，可选择长的曝光时间；若其容易运动，则应采用较短的曝光时间，以将图像的运动模糊控制在最小限度。

2. 管电压（tube voltage） 是指加在X线管两极间的电压，常以kV表示。kV代表X线的穿透力，kV越高所产生的X线波长越短，穿透力越强。kV越低，则相应的X线穿透力越弱。kV是影响图像对比度、图像层次、图像信息量多少的主要因素，也是影响图像密度值的因素。随着kV的升高，如公式（3-1-1）所示，探测器的感光量增加，产生的图像层次越丰富，图像中的组织结构信息量越多；kV越高，所需要的管电流和曝光时间相应减少和缩短，可减少肢体抖动导致的图像运动性模糊（movement unsharpness）；但同时，随着kV的升高，X线能量加大，康普顿效应增加，探测器接收到的散射线含有率增加，图像灰雾增加，图像对比度下降。而当kV较低时，光电效应所占比例加大，灰雾减少，图像对比度提高；但产生的图像层次减少，图像中的组织结构信息量减少。因此，X线摄影时，应根据检查部位病理生理情况及临床需要和肢体部位厚度等选择合适的kV。

3. 管电流量（tube electric flow） 是指管电流与曝光时间的乘积，用mAs表示。mAs代表单位面积内X线量的多少，探测器的感光量与mAs成正比。mAs是决定X线图像密度的主要参数，其大小直接影响探测器接收到的X线光子数的多少。mAs越大，探测器接收到的光子数越多，图像的密度越大，噪声越小；mAs越小，探测器接收到的光子数则越少，图像密度越低，图像噪声越大。

4. 源-像距（source to image distance，SID） 是指X线管焦点至探测器之间的距离，也称为摄影距离。在摄影的有效范围内，探测器上得到的X线量与SID的平方成反比。

当其他条件不变时，源-像距SID和管电流量Q之间的关系，可用下式表示：

$$r_2^2=\frac{Q_2}{Q_1}\cdot r_1^2 \qquad \text{（公式 3-1-2）}$$

公式（3-1-2）中，Q_1代表原管电流量mAs，r_1代表原来的SID，Q_2代表新管电流量mAs，r_2代表新SID。根据此公式，当SID增加一倍时，要得到与原SID同样的感光量，则新的管电流量需增大至原管电流量的四倍。

（三）X线摄影条件制定方法

1. 变动管电压法 1926～1927年Jermen介绍了按每厘米体厚改变管电压的摄影方法，这就是变动管电压技术。它将摄影中其他影响因素作为常数，管电压随着被检体的厚度变化，其数值关系可用下式来表示：

$$V=2d+C \qquad \text{（公式 3-1-3）}$$

公式（3-1-3）中，V代表管电压，d代表被检部位的厚度（cm），C代表常数，可由实验求出。

例如，当管电流是100mA，摄影距离为100cm时，四肢骨的常数C=30，腰椎的C=26，头部的C=24。

此方法的特点是被检体厚度增减1cm，管电压就增减2kV。

2. 固定管电压法 1955年Funchs创造了固定管电压法。在X线摄影过程中管电压的值保持固定，mAs随着被摄体的厚度和密度而变化。固定管电压法所用的管电压值，比变动管电压法对同一身体组织使用的管电压值一般要高10～20kV，mAs值则相应地下降。例如，摄取头颅侧位条件时用 70kV、40mAs；若改用 80kV，则仅用 15mAs 就能得到相应效果。

另外，固定管电压技术所采用的管电压的值相对较高，产生的散射线多。此时，一般都要使用滤线栅来吸收散射线，图像灰雾较少。

二、X 线自动曝光控制技术

自动曝光控制（automatic exposure control，AEC）是指将传感器置于被检部位与探测器之间，实时监测通过被检部位到达探测器的 X 线，在 X 线摄影过程中，当 X 线量达到探测器的设置值时，自动启动控制电路切断高压，实现自动控制曝光时间的技术。目前有两种 AEC 系统，即以荧光效应控制的光电管 AEC 系统和以 X 线对空气的电离效应为基础的电离室 AEC 系统。其共同机制是采用对 X 线敏感的探测器，把 X 线剂量转换成电流或电压，并正比于 X 线剂量率，在时间积分后的电压就正比于所接收到的 X 线剂量。将积分电压与一个正比于图像密度的设定电压进行比较，由一个门限探测器给出剂量到达设定值的曝光终止信号，进而切断高压，就形成了自动曝光控制。

（一）光电管 AEC 系统

光电管 AEC 系统是利用光电倍增管构成的自动曝光剂量控制系统。由影像增强器输出屏发出的可见光经分光采样送至光电倍增管，它的输出信号经放大后变为控制信号。这种控制信号正比于光电倍增管所接收到的光强度，因而信号也就正比于影像增强器所接收到的 X 线剂量率。控制信号经过一个积分器按曝光时间积分后的电压，正比于剂量率对曝光时间的积分——X 线剂量。当它达到某一定值时，便由门限探测器给出曝光结束信号，进而切断高压，形成自动曝光剂量控制。

（二）电离室 AEC 系统

电离室 AEC 系统是利用电离室（ionization chamber）内气体电离的物理效应来实现的自动曝光剂量控制系统。电离室的结构包括两个金属平行极，中间为气体。在两极间加上直流高压，空气作为绝缘介质不导电。当 X 线照射时，气体被 X 线电离成正负离子，在强电场作用下，形成电离电流。利用这一物理特性，将电离室置于被照部位与探测器之间。在 X 线照射时，穿过被照部位的 X 线使电离室产生电离电流，此电流作为信号输入到控制系统。电离室输出的电流正比于所接受的 X 线剂量率，经过多级放大后，于积分器内进行时间积分。这种积分后的电压就正比于电离室接受的 X 线剂量率与时间的乘积，积分电压经放大后送到门限探测器。当积分电压达到预设的门限时，X 线剂量即达到设定值，输出信号触动触发器，送出曝光结束信号，进而切断高压，实现自动曝光剂量控制。

目前，电离室 AEC 系统的应用比光电管 AEC 更为广泛。

【小结】 本节主要内容为 X 线摄影条件的介绍，影响 X 线摄影条件的因素有相对固定因素（如 X 线设备、电源情况、滤过板、滤线器及增感屏、探测器种类等）和经常变动因素（主要有管电压、曝光时间、管电流和源-像距），X 线摄影条件的制订方法包括变动管电压法和固定管电压法；X 线 AEC 是利用传感器实时监测通过被检部位到达探测器的 X 线，借助自启动控制电路来实现自动控制曝光时间；AEC 系统主要分为光电管 AEC 系统和电离室 AEC 系统这两大类，后者的应用较广泛。

第二节　X 线摄影的基础知识

一、解剖学基线

（一）标准姿势（解剖学姿势）

身体直立，面向前方，两眼向正前方平视，两下肢伸直，两足并拢，足尖及掌心向前，两上肢下垂置于躯干两侧，手掌向前。在 X 线摄影中，无论受检者处于何种体位，均应以解剖学姿势作为定位的依据。

（二）解剖学方位

（1）近头侧为上，近足侧为下。

（2）近正中矢状面者为内侧，远正中矢状面者为外侧。

（3）近心脏侧为近端，远心脏侧为远端。

（4）近身体腹面者为腹侧（前面），近身体背面者为背侧（后面）。

（5）近体表者为浅，远体表者为深。

另有以骨为定位依据的，上肢有尺侧（近尺骨）和桡侧（近桡骨），下肢有胫侧（近胫骨）和腓侧（近腓骨）。趾骨上部为足背侧，下部为足底侧等（图 3-2-1）。

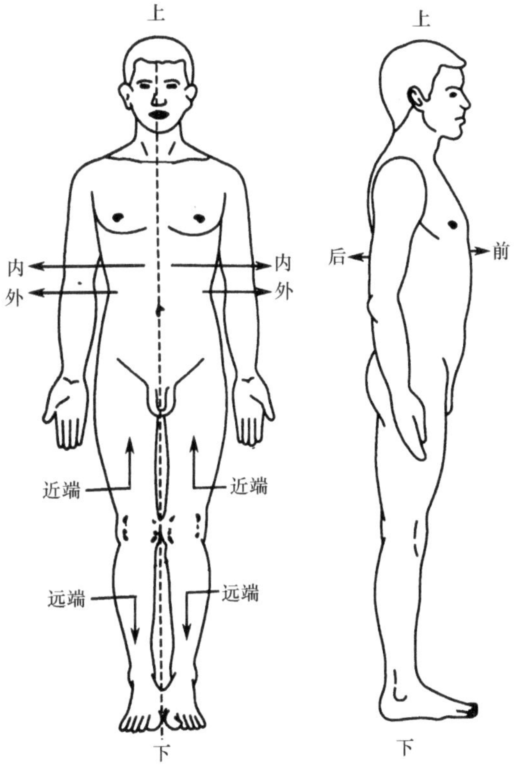

图 3-2-1　人体标准姿势与方位

（三）解剖学关节运动

（1）屈伸运动关节沿腹背轴（矢状面）运动，组成关节的上下骨骼相互靠近或远离，靠近时为屈，远离时为伸。

（2）内收、外展运动关节沿冠状面运动，骨向正中矢状面靠近者为内收，反之者为外展。

（3）旋转运动骨环绕矢状轴或冠状轴做旋转运动时称旋转运动。骨的前面向内旋转时为旋内，向外旋转时为旋外。

（四）解剖学基线（面）

1. 矢状面　将人体纵断为左右两部分的断面。

2. 正中矢状面　将人体左右等分的断面。

3. 水平面　与地平面平行且将人体横断为上下两部分的断面。

4. 冠状面　将人体纵断为前后两部分的断面，与矢状面垂直。

5. 水平线　人体直立时，与地面平行的线。

6. 正中线　将人体左右等分的线。
7. 矢状线　与水平线相交，与正中线平行的线。
8. 冠状线　与矢状面垂直相交，将人体前后分开的线。
9. 垂直线　与人体水平线垂直的线（图 3-2-2）。

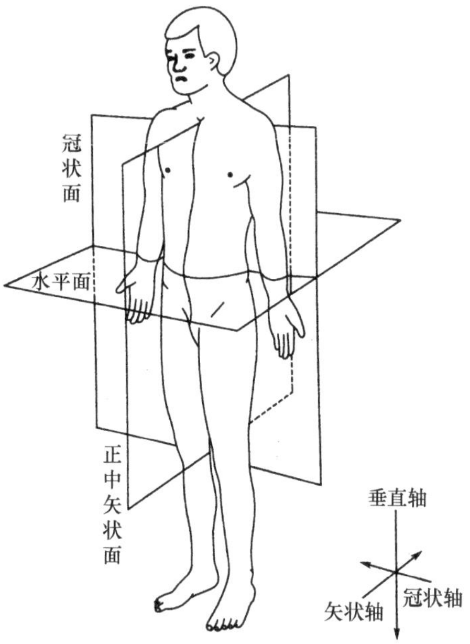

图 3-2-2　人体解剖学基准面

二、X 线摄影学基线

（一）头颅体表定位线（图 3-2-3）

1. 听眶线　即人类学的基线，外耳孔上缘与眼眶下缘的连线。
2. 听眦线　外耳孔中点与眼外眦的连线，听眦线与听眶线成 12°～15°角。
3. 听鼻线　外耳孔中点与鼻前棘的连线，听鼻线与听眦线约成 25°角。
4. 瞳间线　两侧瞳孔间的连线，与水平面平行。
5. 听眉线　外耳孔中点与眶上缘的连线，听眉线与听眦线约成 10°角。
6. 眶下线　为两眼眶下缘的连线。
7. 听口线　外耳孔与同侧口角的连线。

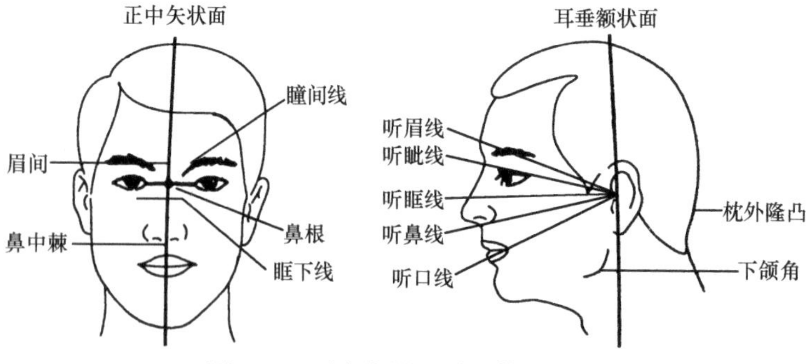

图 3-2-3　头颅摄影基线和体表标志

（二）摄影用线及距离

1. 中心线　在 X 线束中，居中心部分的那一条线称中心线。

2. 斜射线 在X线束中，中心线以外的线称斜射线。

3. 源-像距 即焦-像距，是指X线管焦点到探测器的距离。

4. 源-物距 即焦-物距，是指X线管焦点到被照体的距离。

5. 物-像距 被照体到探测器的距离。

三、X线摄影体位与方向

（一）命名原则

1. 根据中心线入射被照体时的方向命名，如中心线经胸部后方第6胸椎水平垂直射入探测器的体位称为胸部后前正位。

2. 根据被照体与探测器的位置关系命名，如左前胸部紧贴探测器的体位称为左前斜位。

3. 根据被照体与摄影床的位置关系命名，如人体的上身左侧紧贴摄影床称为左侧卧位。

4. 根据被照体与摄影床的位置关系及中心线入射被照体时与探测器的关系命名，如人体仰卧摄影床，中心线经人体一侧水平射入探测器的体位称为仰卧水平侧位。

5. 根据被照体姿势命名，如胸部前凸位，小儿双髋的蛙式位。

6. 根据某部位的功能命名，如颈椎的过伸位和过屈位，颞颌关节的张口位与闭口位。

7. 根据摄影体位创始人的名字命名，如乳突劳氏位、髋关节谢氏位等。

（二）摄影体位

1. 正位 受检者矢状面与探测器的长轴平行，中心线经受检者的前方或后方入射，同时从后方或前方射出的体位为正位，如头颅的前后或后前位、脊柱各椎体段的前后或后前位、胸部的前后或后前位，腹部和盆腔的前后位、四肢的前后位等。

2. 侧位 受检者冠状面与探测器长轴平行，中心线经受检者的一侧入射，从另一侧射出的体位为侧位，如头颅的左右侧位、脊柱各椎体段的左右侧位、胸部的左右侧位、四肢的侧位等。

3. 斜位 受检者与探测器成一定的摄影角度，中心线经受检者的左、右后方或左、右前方入射，从右、左前方或右、左后方射出的体位。如胸部左前斜位、胸部右前斜位、腰椎右前斜位、胸骨斜位、颈椎右后斜位等。

4. 轴位 中心线与受检者长轴平行的摄影体位，如髌骨轴位、跟骨轴位等。

5. 特殊位 枕顶位、鼻颏位、额鼻位、前凸位、切线位等。

（1）一般体位

1）立位（upright position）：受检者身体呈站立位姿势，矢状面与地面垂直。

2）卧位（recumbent position）：受检者以任何姿势卧于摄影床上，包括仰卧、俯卧、侧卧和斜卧位。

3）仰卧位（supine position）：受检者背侧向摄影床的卧位姿势。

4）俯卧位（prone position）：与仰卧位相反，为受检者腹侧向摄影床的卧位姿势。

5）头低足高位（trendelenburg position）：受检者仰卧于摄影床上，床面倾斜使头侧比足侧低。

（2）专用体位

1）侧位（lateral position）：身体左侧或右侧靠近探测器，矢状面与探测器平行的体位。

2）斜位（oblique position）：身体前部或后部贴近探测器，冠状面或矢状面不与探测器平行或垂直而成一定角度的体位。

3）右前斜位（right anterior oblique position）：又称第一斜位，为身体右前部贴近探测器倾斜的体位姿势。

4）左前斜位（left anterior oblique position）：又称第二斜位，为身体左前部贴近探测器倾斜的体位姿势。

5）右后斜位（right posterior oblique position）：身体右后部贴近探测器倾斜的体位姿势。

6）左后斜位（left posterior oblique position）：身体左后部贴近探测器倾斜的体位姿势。

7）水平位（decubitus，decub）：受检者仰卧、俯卧或侧卧于摄影床上，X线水平摄影。
8）左侧卧水平正位（left lateral decubitus position）：受检者左侧卧于摄影床上，X线水平摄影。
9）右侧卧水平正位（right lateral decubitus position）：受检者右侧卧于摄影床上，X线水平摄影。
10）仰卧水平侧位（dorsal decubitus position）：受检者仰卧于摄影床上，X线水平摄影。
11）俯卧水平侧位（ventral decubitus position）：受检者俯卧于摄影床上，X线水平摄影。

（三）摄影方向

中心线入射受检者时的方向称为摄影方向。

1. 矢状方向 为中心线与身体矢状面平行的入射方向，如前后方向为中心线经受检者的前方入射，从后方射出；腹背方向为中心线经受检者的腹侧入射，背侧射出。

2. 冠状方向 为中心线与身体冠状面平行的入射方向，如左右方向是中心线经受检者的左侧射向右侧的方向；右左方向是中心线经受检者的右侧射向左侧的方向。

3. 斜射方向 为中心线从受检者的矢状面与冠状面之间入射，从另一斜方向射出的方向。例如，左前斜方向是中心线经受检者的右后方入射，左前方射出；右后斜方向是中心线经受检者的左前方入射，右后方射出。

4. 上下方向（轴） 为中心线经受检者的头侧射向足侧的方向。

5. 切线方向 为中心线入射被照部位时与病灶边缘相切的方向。

6. 内外方向 为中心线经受检者的内侧射向外侧的方向。

7. 外内方向 为中心线经受检者的外侧射向内侧的方向。

8. 背底方向 为中心线经受检者的足背射向足底的方向。

9. 掌背方向 为中心线经受检者的手掌射向手背的方向。

10. 前后方向 为中心线经受检者的前方射向受检者后方的方向。

11. 后前方向 为中心线经受检者的后方射向受检者前方的方向。

四、体表解剖标志

体表解剖标志是指在人体的表面看到或扪到的固定标志点，这些标志点与体内的某一解剖部位或脏器有对应的关系。摄影时可根据人体体表的固定标志点，来确定肉眼不可见的人体内部的解剖部位。

（一）颈部

1. 颈部的边界 颈部上方以下颌下缘、乳突至枕外粗隆连线与头面部分界。下方自胸骨上窝、锁骨、肩峰向后到第7颈椎棘突为界。以上与胸部、上肢、背部分界。

2. 颈部体表标志 因年龄、性别和个体而异。儿童和妇女呈圆形，成人男性骨性标志突出。

3. 舌骨 位于颈中线最上方，相当第4颈椎水平。

4. 甲状软骨 成人男性在上缘处构成高突的喉结，其后方正对第5颈椎。

5. 环状软骨 位于甲状软骨下方。临床上常在此处作急救气管切开或用粗针头穿入，以解救窒息。它的后方平对第6颈椎，它是喉与气管、咽与食管的分界点。

6. 胸骨颈静脉切迹 相当于第2、3颈椎水平；锁骨上窝位于锁骨中1/3分界处上方。

（二）胸部

1. 边界 胸部的上界是由胸骨颈静脉切迹，沿锁骨到肩锁关节，向后到第7颈椎棘突的连线。胸部下界相当胸廓的下口，胸部和上肢的界线是三角肌的前缘。

2. 形状 胸部外形与骨骼、肌肉和内脏发育状况有关。一般可分为两种类型，宽短型和狭长型。宽短型胸部特点是胸骨下角较大（最大到120°），肋骨近于水平，胸骨较宽，胸骨上凹不明显，胸围较大。狭长型胸部特点是胸骨角较小（90°～100°），肋骨倾斜角较大，胸骨狭长，胸骨上凹明显，胸围较小。

3. 体表标志 胸骨柄与胸骨体处形成向前突的胸骨角，两侧连接着第 2 肋骨，可作为计数肋骨的标志。胸骨角相当于第 4、5 胸椎水平，后方平对气管分杈处。

胸骨柄中分处相当于主动脉弓的最高点。剑胸关节相当于第 9 胸椎水平，剑胸关节可表示胸膜正中线的分界，也可作为心下缘膈肌和肝上面的前分界线。

锁骨外 1/3 处下方为锁骨上窝，窝内可触及喙尖。肩关节做屈伸运动时，可感到喙突在移动。锁骨下方自第 2 肋骨开始可摸到各肋。由胸锁关节到第 10 肋软骨角稍后划线，即可标出肋骨与肋软骨的交点。

第 2、3 肋骨呈水平，往下各肋骨逐渐斜行，第 2 前肋间最宽，第 5、6 肋骨最狭。肋骨的最低点相当于第 3 腰椎水平。

男性乳头平对第 4 肋骨，相当第 7、8 胸椎水平。女性乳头位置低，个体差异较大，不宜做体表定位点。

在左侧第 5 肋骨间锁骨中线内侧约 2cm 处，可见心尖冲动点。当左侧卧位时，心尖位置移往左侧，仰卧位心尖冲动点可升高一肋。肩胛骨根部平对第 3 胸椎棘突，下角平对第 7 胸椎。

4. 有关胸部的径线

前正中线——通过胸骨两外侧缘中点的垂线。

肋骨线——通过胸骨两侧最宽处的两条垂线。

锁骨中线——通过锁骨中点的垂线。

腋前线——通过腋窝前缘的垂线。

腋中线——通过腋窝中点的垂线。

腋后线——通过腋窝后缘的垂线。

肩胛线——当两臂下垂，通过肩胛下角的垂线。

脊柱旁线——相当于各椎体横突尖端的连线。

后正中线——相当于各棘突的连线。

（三）腹部

1. 边界 腹部包括腹壁、腹腔及其内脏器官。上界从前向后为胸骨剑突、肋弓、第 11 肋前端与第 12 胸椎。下界从前向后为耻骨联合下缘、耻骨结节、腹股沟韧带、髂嵴与第 5 腰椎下缘。腹壁在后方为脊柱的腰部，前外侧壁均为扁平肌构成。

2. 个体差异 腹部外形与腹腔器官的位置，随年龄、体型、性别以及肌肉、脂肪的发育程度而异。矮胖型的人，腹部上宽下狭，膈、肝、盲肠与阑尾等位置较高，胃趋于横位；瘦长型的人则与此相反。小儿因各系统发育不平衡，膈位置较高，肝比成人比例大，骨盆在比例上小于成人，因此腹部外形比例较成人大。老年人因肌肉乏力，韧带松弛，故内脏下垂，位置低下，下腹部呈明显隆凸状。体位改变对腹腔器官位置的影响也很明显，卧位时，器官上移、膈上升。直立时，则相反。

3. 体表标志 骨性标志有剑突、肋弓、第 11 肋前端。在下方有耻骨联合、坐骨结节、髂前上棘、髂嵴。脐的位置不恒定，约相当第 3、4 腰椎之间。

五、X 线摄影的原则和步骤

（一）摄影原则

1. 焦点的选择 摄影时，在不影响 X 线球管负荷的原则下，尽量采用小焦点，以提高 X 线图像的清晰度。小焦点一般用于四肢、鼻骨、头颅的局部摄影。大焦点一般用于胸部、腹部、脊椎等较厚部位的摄影。

2. 源-像距及物-像距的选择 焦点至探测器的距离称为源-像距，受检者至探测器的距离称为物-像距。摄影时应尽量使受检者贴近探测器，并且与探测器平行。受检者与探测器不能靠近时，应根据X线机负荷相应增加源-像距，同样可收到放大率小、清晰度高的效果。不能平行时，可运用几何学投影原理尽量避免影像变形。

3. 中心线及斜射线的应用 中心线是X线束的中心部分，它代表X线摄影的方向。斜射线是中心线以外的部分。一般情况下，中心线应垂直于探测器，并对准摄影部位的中心。当摄影部位不与探测器平行而成角时，中心线应垂直受检者和探测器夹角的分角面，利用斜射线进行摄影。

4. 滤线设备的应用 按照摄影部位的大小和源-像距离，选用合适的遮线器。体厚超过15cm或应用60kV以上管电压时，需加用滤线器，并按滤线器使用的注意事项操作。

5. X线球管、被检部位、探测器的固定 X线球管对准摄影部位后，固定各个旋钮，防止X线球管移动。为避免被检部位移动，在使被检部位处于较舒适的姿势后给予固定。同时向患者解释，取得密切配合，保持被检部位不动。探测器应放置稳妥，位置摆好后迅速曝光。

6. 管电压与管电流量的选择 摄影前，必须了解患者的病史及临床诊断，根据被检部位的密度和厚度等具体情况，选择较合适的曝光条件。婴幼儿及不合作患者应尽可能缩短曝光时间。

7. 呼气与吸气的应用 患者的呼吸动作对摄片质量有一定影响。一般不受呼吸运动影响的部位，如四肢骨，不需屏气曝光；受呼吸运动影响的部位，如胸腹部，需要屏气曝光。摄影前应训练患者做好呼吸配合。

（1）平静呼吸下屏气：摄影心脏、上臂、肩、颈部及头颅等部位，呼吸动作会使胸廓肌肉牵拉以上部位发生颤动，故摄影时应在平静呼吸下屏气。

（2）深吸气后屏气：用于肺部及膈上肋骨的摄影，可使肺内含气量加大，对比更鲜明，同时膈肌下降，肺野及肋骨暴露于膈上的范围较大。

（3）深呼气后屏气：深吸气后再呼出屏气，这样可以增加血液内的氧气含量，延长屏气时间，达到完全不动的目的。此法常用于腹部或膈下肋骨位置的摄影，呼气后膈肌上升，腹部体厚减薄，腹腔内组织影像较为清晰。

（4）缓慢连续呼吸：在曝光时，嘱患者做慢而浅的呼吸动作，目的是使某些重叠的组织因呼吸运动而模糊，而需要摄影部位可较清楚地显示，如胸骨斜位摄影。

（5）平静呼吸不屏气：用于下肢、手及前臂躯干等部位。

8. 照射野的校准 摄影时，尽量缩小照射野，照射面积不应超过探测器面积，在不影响获得诊断信息前提下，一般采用高电压、低电流、厚过滤，可减少受检者接受照射时的X线吸收剂量。

（二）摄影步骤

1. 阅读会诊单 认真核对患者姓名、性别、年龄，了解病史，明确摄影部位和检查目的。

2. 摄影位置的确定 一般部位用常规位置进行摄影，如遇特殊病例可根据患者的具体生理情况和病变特点加照其他位置，如切线位、轴位等。

3. 摄影前的准备 摄影腹部、下部脊柱、骨盆和尿路等部位平片时，需清除肠道内容物，否则易影响诊断。常用的方法有口服泻药法，如口服番泻叶、25%甘露醇或清洁灌肠。

4. 衣着的处理 摄影前除去衣物或身体部位上可能影响图像质量的任何异物，如发卡、纽扣、胸罩、饰物、金属皮带、膏药等。

5. 肢体厚度的测量 胸部摄片的管电压（kV）值是依据人体厚度决定的，根据体厚选择摄影条件。

6. 训练呼吸动作 摄胸部、头部、腹部等易受呼吸运动影响的部位，在摆位置前，完成呼气、吸气和屏气动作的训练，做好沟通，要求患者积极合作。

7. 摆位置 对中心线依摄片部位和检查目的摆好相应的体位，尽量减少患者的不适。中心线对准摄影部位的中心。

8. 辐射防护 作好患者非检查部位的局部X线防护，特别是性腺等部位的辐射防护。

9. 选择源-像距 按部位要求选好X线球管与探测器的距离，如胸部为180cm，心脏为200cm，其他部位为90～100cm。

10. 选定曝光条件　根据摄片部位的位置、体厚、生理、病理情况和机器条件，选择大小焦点、管电压（kV）、管电流（mA）、时间（s）、距离等。

11. 曝光　以上步骤完成后，再确认控制台各曝光条件无误，然后曝光。

12. 数字图像处理与传输　曝光完成后及时查看图像质量及图像相关信息，确认无误后，调节窗宽窗位，使图像的密度和清晰对比度符合临床要求，必要时对图像进行裁剪，以适合打印的要求，图像处理满意后，将图像传输到 PACS 供判读。

13. 告知受检者领取检查结果的时间和地点。

【小结】　本节主要内容为解剖学基线、X 线摄影学基线、X 线摄影体位与方向、体表解剖标志和 X 线摄影的原则和步骤，解剖学基线包括解剖学姿势（标准姿势）、解剖学方位、解剖学关节运动和解剖学基线（面）；X 线摄影学基线的头颅体表定位线，有听眶线、听眦线、听鼻线、瞳间线、听眉线、眶下线，摄影用线包括中心线和斜射线，摄影距离包括源-像距、源-物距和物-像距；X 线摄影体位有正、侧、斜、轴及特殊位，又可分为一般体位和专用体位，摄影方向包括矢、冠、斜、上下、切线等；体表定位标志主要有颈部的舌骨、甲状软骨、环状软骨和颈静脉切迹，胸部的胸骨角、胸骨柄和肋骨等和腹部的剑突、肋弓、耻骨联合、髂嵴等；X 线摄影的原则主要包括焦点、曝光参数的选择、滤线设备、中心线及斜射线、呼吸与吸气的应用。

第三节　普通 X 线摄影检查技术

一、CR 检查技术

案例 3-3-1

男，21 岁，左踝扭伤 2^{+}h，遂到某医院放射科行左踝关节 CR 检查，结果如案例图 3-3-1A、B 所示。请问此 CR 影像有何问题？可能是由哪个工作流程失误造成？在日常工作中如何避免此类情况发生？

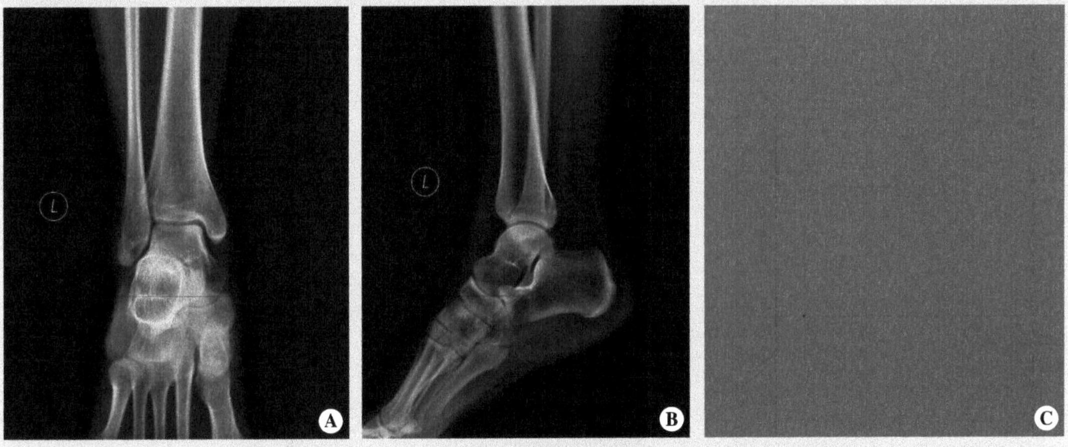

案例图 3-3-1

解答： 从图 A、图 B 可见踝关节正侧位影像上有一黑色线条状伪影，遮挡了兴趣区，影响了图像美观及临床诊断。本案例经打开暗盒检查，见成像板（imaging plate，IP）上有一点状灰尘污染，扫描 IP 后得到同样粗细均匀的黑色线条状伪影，如案例图 3-3-1C 所示。本案例中图像产生伪影的原因是由于灰尘污染了 IP，阻挡激光扫描所致。若污染源大，则扫描时出现线条状伪影；若污染源小，则扫描时出现散在的点状黑色伪影。为了保证 CR 系统正常运行，获取良好图像质量，满足临床诊断需求，在日常工作中，应该做好 CR 使用前准备，严格按照规范操作流程进行投照，定期对 CR 系统配件进行检测清洁，同时对于 CR 系统的关键组成部分 IP，应进行合理存放及使用，避免污染和损失，以防缩短其正常使用期限。

计算机X线摄影（CR），也被称为光激励存储荧光体成像（photostimulable storage phosphor，PSP）、存储荧光体成像（storage phosphor imaging）、数字存储荧光体成像（digital storage phosphor imaging）和数字化发光X线摄影（digital luminescence radiography）。CR技术是目前比较成熟的数字化X线摄影技术，已是国内基层医疗单位最常用的数字化成像技术之一。它利用光激励荧光体的延迟发光特性在其中积存能量，经X线照射后，荧光体再经激光束扫描，以可见光的形式释放出积存的能量，被探测器捕获，进而转换成数字信号，数据经过后处理形成数字图像。

CR的检查流程与传统屏-片系统几乎一致，只是用IP（成像板，imaging plate）代替了胶片，IP扫描环节代替了胶片冲洗，相比屏-片系统，CR检查的工作效率并没有显著的提高，但是CR系统首先实现了常规X线摄影信息的数字化，将常规X线摄影的模拟信息转换为数字信息；能提高图像的分辨、显示能力，突破常规X线摄影技术的固有局限性；可采用计算机技术进行图像后处理，增加信息显示的层次；可实现PACS及远程医疗。

（一）CR的工作流程（图3-3-1）

1. 信息采集（acquisition of information） 穿过人体后的信息X线投射到CR的IP上，形成含有诊断信息的潜影。这是IP在X线照射下（第一次激发）存储模拟信息的过程。

2. 信息转换（transformation of information） 指存储在IP的X线模拟信息转化为数字化信息的过程。CR的信息转换部分主要由激光阅读仪、光电倍增管和模数转换器组成。IP在CR的激光阅读仪中进行扫描（第二次激发）产生荧光（荧光的强弱与第一次激发时的能量精确地成比例，呈线性正相关），该荧光经光导器采集和导向，进入光电倍增管将光信号转换为相应强弱的电信号，最后经数模转换成为数字信号。

3. 信息处理（processing of information） 指采用不同的相关技术进行图像处理，从而优化图像质量，达到诊断的需要。CR常用图像处理技术包括协调处理、空间频率处理和减影处理等。

4. 信息存储与输出（archiving and output of information） CR图像具有数字图像的属性，既可打印硬拷贝图像，也可通过PACS存储与传输，实现软拷贝阅读。

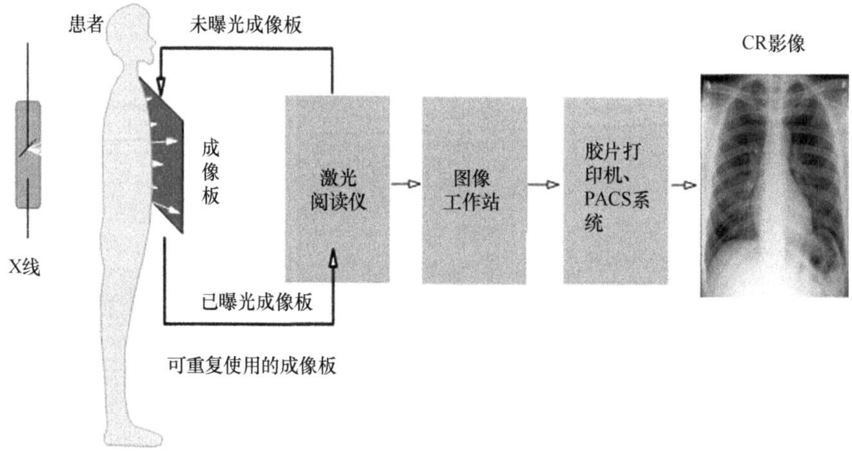

图3-3-1 CR工作流程图

（二）CR检查技术

1. 使用前的准备

（1）保证CR机房的温度和湿度在允许范围内（温度10～30℃；湿度30%～75%）。

（2）检查电源、电缆是否完好。

（3）进行CR检查前，首先运行激光阅读仪自检程序，检查激光阅读仪运行状态是否正常。

（4）检查影像工作站有无足够运行及存储空间。

2. 操作流程

（1）开机启动 CR 系统，打开影像阅读器的电源开关，同时启动计算机，所有程序通过自检后方可使用。一般需一定时间预热后才允许进行 IP 扫描操作。

（2）录入受检者信息：在主界面中输入受检者的相关信息，如姓名、性别、年龄、X 线检查号等。单机版 CR 系统需手工输入；网络版 CR 系统可通过 PACS/RIS 自动输入。

（3）用条形码扫描器对有受检者基本信息的 IP 条形码进行扫描。

（4）选择检查部位：进入部位选择界面，选择拟检查部位。

（5）设计投照体位，选择合适的参数后进行曝光。

（6）将已曝光的 IP 插入影像阅读器扫描槽上扫描，经扫描后读取影像信息。扫描完成后同时擦除 IP 原有的影像信息并退出扫描槽。

（7）在工作站进行适当的图像处理，以优化图像并进行有关标注。

（8）根据需要排版打印胶片，如网络版 CR 系统需推送图像至 PACS。

（9）关机时严格遵守计算机内置的关机程序，严禁直接切断电源。

3. 注意事项

（1）避免 IP 受到 X 线照射和天然辐射。IP 须放置于检查室外（或铅箱内），已照与未照的 IP 有明显区别标记或放置于不同区域，避免在摄影过程中混淆。

（2）使用闲置超过 8h 的 IP，需先清除 IP 上的残存影像或者环境辐射造成的本底灰度。

（3）X 线摄影时，应严格规范 IP 的放置方向，确保原始 CR 图像与实际受检者被检部位左右相一致。

（4）为了保证 X 线摄影的图像质量，应一张 IP 采集一幅图像。

（5）不同于屏-片系统 X 线摄影，CR 选择 IP 的尺寸对成像特性有明显的影响。与较大 IP 相比，较小 IP 具有较小的像素尺寸和较高的空间分辨力。因此，应根据不同检查部位对解剖结构细节的显示要求，选择相应尺寸的 IP。

（6）在对带有血迹及其他污染的受检者进行摄影时，需将 IP 放入一次性塑料袋内，再放置在受检者检查部位进行检查。

（7）每周用柔软的清洁纱布蘸取专用清洁剂清洁 IP，清理 IP 上的灰尘和污点，降低图像噪声，减少伪影。

（8）及时淘汰有损伤和超过使用期限的 IP，避免造成伪影和严重噪声干扰诊断，同时可有效控制 X 线照射剂量。

（三）CR 检查的临床应用

（1）人体全身各部位数字 X 线摄影。

（2）床旁数字 X 线摄影。

（3）X 线造影检查（如静脉肾盂造影、子宫输卵管造影、T 管造影等）。

（4）乳腺 X 线摄影（需配置特殊的 IP）。

二、DR 检查技术

案例 3-3-2

请仔细阅读以下申请单（案例图 3-3-2A），指出投照的影像（案例图 3-3-2B）有何不妥？

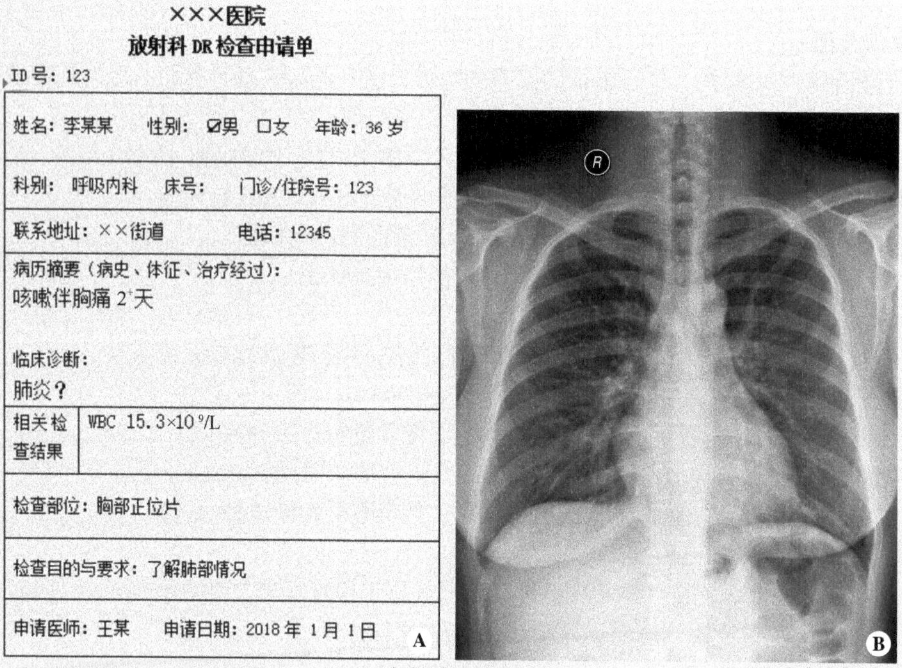
××× 医院
放射科 DR 检查申请单
ID 号：123

姓名：李某某　性别：☑男　□女　年龄：36 岁	
科别：呼吸内科　床号：　门诊/住院号：123	
联系地址：××街道　电话：12345	
病历摘要（病史、体征、治疗经过）： 咳嗽伴胸痛 2^+ 天 临床诊断： 肺炎？	
相关检查结果	WBC 15.3×10⁹/L
检查部位：胸部正位片	
检查目的与要求：了解肺部情况	
申请医师：王某　申请日期：2018 年 1 月 1 日	

案例图 3-3-2

解答： 本案例中，从检查申请单（图 A）显示患者信息为男性，但检查图像（图 B）显示有乳房影（女性第二性征）。后再次核对患者信息，此患者确为女性，其冒用亲属就诊卡摄片，导致最终图像与患者信息不符。因此，在检查前应仔细阅读申请单，严格执行放射科查对制度（患者姓名、性别、年龄、申请科室、住院/门诊号、检查部位、检查号、检查目的等），避免张冠李戴，严防差错发生。

案例 3-3-3

女，45 岁，右乳腺癌术后 2^+ 个月复查，于放射科行胸部正位 X 线摄影（案例图 3-3-3），结果如案例图 3-3-3A）。放射科诊断医生读片时发现，受检者右下肺似见一引流导管影，询问病史后发现不符，遂嘱当班技师重新照片。第二次照片时，当班技师通过观察之前影像，让患者去除所有上衣，更换为科室提供的棉质单衣，再次摄片。第二次影像结果（案例图 3-3-3B）示右下肺未见异常。问：以上伪影产生的原因是什么？

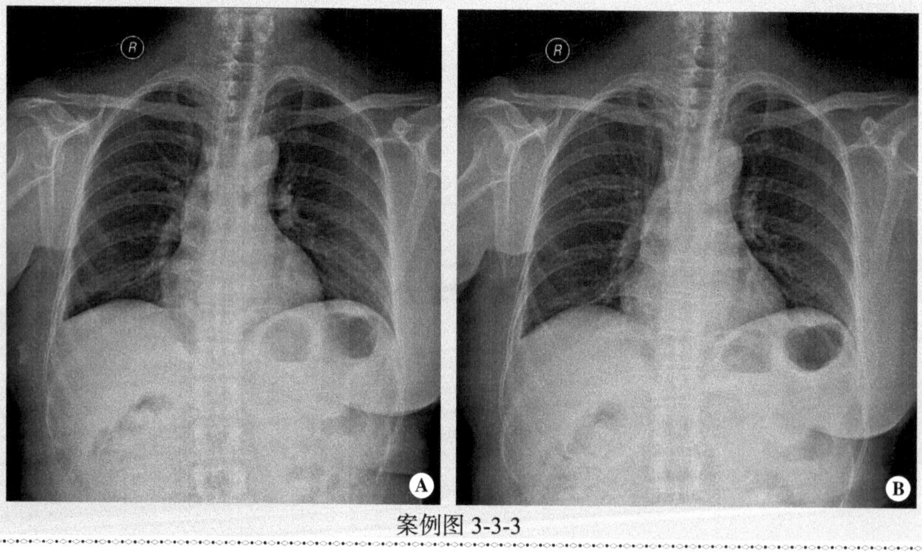

案例图 3-3-3

解答：对于行胸部 X 线检查患者，检查前应去除项链、玉佩、内衣、膏药及带有金属异物的衣物等物品，而本案例中即使是不显影的衣物，多层衣物的皱褶也同样会造成伪影。因此在日常工作中，应仔细做好患者检查前准备，避免不必要的重复投照及受检部位异物造成的误诊、漏诊。

由于 DR 较 CR 具有更高的空间分辨力，更大的动态范围，更高的检测量子效率（DQE），使得 DR 可获得更为清晰、层次更丰富的 X 线摄影图像，同时其辐射剂量降低。DR 的 X 线摄影过程较传统屏-片系统和 CR 系统更为简便，在曝光后几秒内即可显示图像，大大改善了工作流程，提高了工作效率。

（一）DR 设备准备流程

（1）了解 DR 设备的性能、规格、特点和各部件的使用注意事项。

（2）DR 机房应清洁防尘，湿度 40%～60%、温度保持在 18～24℃。

（3）根据设备生产商要求的流程开关设备，使用前先预热 15～30min，使设备参数达到规定的指示范围。

（4）严格遵守操作规则，正确熟练地操作，以保证人机安全。

（5）在使用过程中，注意控制台各仪表指示数值，注意倾听电器部件工作时的声音，若有异常及时正确处理。

（6）机房内保持清洁，物品摆放整齐，非操作人员不得擅自操控设备。

（7）需定期对设备进行维护、保养和性能检测。

（二）DR 检查操作流程

（1）检查前应仔细阅读申请单，明确检查目的：手工录入或通过医院信息系统/放射信息管理系统（HIS/RIS）调取并核对受检者的基本信息（如姓名、性别、年龄、检查号等）和检查信息（如摄影解剖部位、摄影方法等），昏迷受检者须核对受检者识别信息（如医用腕带等）。

（2）按照检查申请单，认真做好各项检查前准备。检查前，嘱受检者去除身上携带的饰物（耳环、挂件、金属皮带扣等）、膏药、胶布等，胸部检查须更衣，只保留一件薄的棉质内衣，同时告知受检者检查过程，进行必要的训练（如呼吸训练），争取受检者配合。

（3）DR 操作步骤依次为：摄影体位设计，放置左右标记，调整探测器位置，调整源-像距、X 线管的中心线、照射野等，对受检者敏感部位屏蔽防护，选择恰当的曝光程序（必要时在预设曝光程序上重新对曝光参数值作调整），嘱咐受检者作曝光前的配合工作，然后按下曝光闸曝光。检查中，密切关注受检者状态，保证检查安全进行。

（4）曝光结束后，须预览影像，以确保所摄影的影像符合诊断要求，不满意时应马上调整重新投照。如多部位检查时，重新选择曝光程序，分别进行摆位和曝光。

（5）利用图像处理软件对影像进行必要处理，确认影像达到诊断要求后，将其发送至诊断工作站或 PACS 及打印设备上。

案例 3-3-4

男，33 岁，左跟骨骨折内固定术后 1^+个月复查，结果如案例图 3-3-4。问：图 A 与图 B 相比较，影像质量有何问题？投照中如何选择合适的 DR 参数？

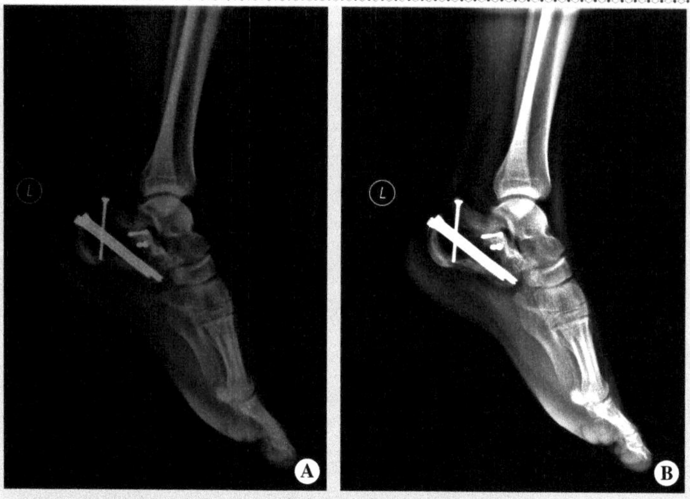

案例图 3-3-4

解答： 本案例中因患者跟骨有金属置入物，自动曝光条件组合不理想，X 线曝光条件过高，造成跟骨周围组织显示不佳（图 A）。后采用手动设置曝光模式，适当降低曝光条件（如降低管电流量），成像结果可见跟骨骨皮质显示清晰（图 B）。

尽管 CR、DR 条件的宽容度是常规 X 线摄影的 4 个数量级，但无论过度降低曝光条件或是过度加大 X 线摄影条件，均有可能超过计算机后处理调节能力，致使后处理调整不出高质量的影像。对于 DR 也存在曝光条件的合理应用。因此，工作中应针对不同患者（体型、年龄、病理情况）合理选择曝光条件，既不能一味追求高质量影像而忽略曝光剂量，也不能过度降低曝光剂量造成曝光不足而影响临床诊断，应遵循最低 X 线剂量的原则，以达到诊断目的。

（三）DR 摄影参数与图像处理

1. DR 摄影参数 其选项一般有摄影部位及摄影体位、X 线管焦点、管电压选择、曝光指数选择、自动曝光模式或手动曝光模式选择等。目前，DR 设备在控制界面上趋于标准化、程序化，在选定摄影部位和相应摄影体位后，即可自动选择曝光条件的参数组合。特殊情况下（如摄影部位有金属置入物）自动曝光条件组合不理想，需要手动模式重新调整或修改 kV、mAs 值。采用手动设置曝光条件，需要操作者具有一定的摄影经验，掌握不同摄影体位曝光条件的变化规律。

自动曝光控制（AEC）：可利用固定 kV 值和 mAs 值，通过曝光前对不同厚度和密度的组织自动探测其所需曝光剂量，来实现对 mAs 值的补偿。AEC 的原理与传统 X 线机上使用的自控曝光基本相似，是以电离室作为探测区域，在平板探测器与被检体间呈倒“品”字形排列的 3 个电离室探测点，三个区域互相串联，可任意选择和组合，以所选区域探测值的平均数为参考值，但有的 DR 设备为 5 个电离室探测点。当 kV 值和 mAs 值固定时，能在曝光前准确测量照射在患者身后 X 线辐射剂量，当达到探测器的预定剂量值时自动关闭 X 线曝光系统。中心线偏离可使电离室部分直接暴露在 X 线下，使探测到的平均值减少而出现不同程度的噪声。对于同一部位 kV 值越低，mAs 值补偿相应越多，图像表现得越平滑，但曝光量也越多；当 kV 值升高，mAs 值相应减少，曝光量也减少，但噪声增多图像质量下降。mAs 值越大，曝光时间就越短。在选取适当的焦点后，在 X 线机容量允许范围内尽量使用高 mAs 值，这样可以避免呼吸运动而使图像模糊。

案例 3-3-5

案例图 3-3-5A 显示颈椎侧位未使用组织均衡（tissue equalization，TE），骨骼和软组织对比差。由于肩部密度过高，使得肩部影像过白，整体对比不协调；案例图 3-3-5B 显示使用组织均衡后，整体亮度无太大变化，骨骼与软组织有了对比，但同时肩部亮度降低，使整幅图像协调。请问什么是组织均衡技术？

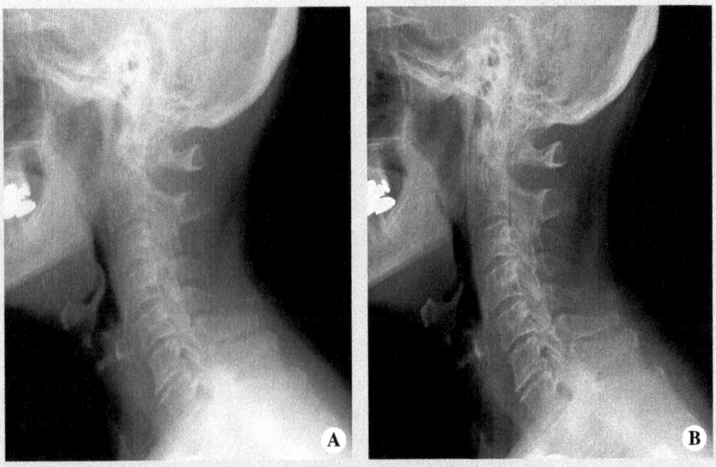

案例图 3-3-5

解答： 组织均衡技术是利用数字化 X 线摄影曝光宽容度大、图像层次丰富等的特点和优势，通过摄影设备上的后期处理软件，对采集到的 DR 图像进行重新处理，使高密度组织与低密度组织在一幅图像上同时显示出来，形成一幅新的组织均衡图像。

组织均衡技术主要应用于密度差或厚度差较大的成像区域，如胸部正位的肺部和纵隔区心脏后缘等，这些区域在曝光时容易出现曝光不足或曝光过度的现象。组织均衡技术的原理是利用了后期处理软件将厚度大密度高的区域与厚度小密度低的区域分隔开来，分别赋予各自的灰阶值，使得厚薄和高低密度组织的部位均形成对比良好的图像，然后重新叠加在一起，经计算机特殊重建处理，使高密度组织与低密度组织在一幅图像上同时显示出来，形成一幅组织均衡的图像。组织均衡图像层次丰富，在增加图像信息量的同时，又不损失图像的对比度。

组织均衡技术无须反复调节窗宽、窗位，在同一张图像上不同体厚部位的细节均可清晰显示，避免了分段或分次照射导致的同一患者反复曝光，既减少了受检者的吸收剂量，又减轻了技师的工作强度，提高了工作效率及临床应用价值。

2. DR 图像处理 包括内置选项和外置选项两个部分。

内置图像处理选项：一般有组织均衡处理、动态范围处理、边缘增强、滤过系数调节及一些专用特性曲线。组织均衡通过调节组织密度高低的区域和均衡的强度范围，使曝光不足或曝光过度的图像信息重新显示出来，解决了摄影部位组织间密度或厚度的差异造成的图像信息缺失，恰当的窗宽窗位可使图像具有更佳的层次和更丰富的信息，边缘增强的调整可使图像边缘更为锐利，轮廓更为清晰。经过各参数的调整，使每次曝光后的图像都能取得预设的显示效果。如预先设定的内置参数与临床要求有差距，可根据具体要求进行调整和修改。

外置图像处理选项：主要运用窗。技术调节图像，通过调节图像的层次、对比度和亮度，进一步优化所摄部位的影像，使其满足对基本诊断的需要。此外，图像的测量、缩放、移动、反像、旋转、伪彩、长度、角度、面积测量及标注、注释功能等均属于此类，可为临床提供更多有诊断价值的信息。

案例 3-3-6

男，35 岁，自诉颞颌区疼痛 2^{+}天，遂于某院放射科行颞颌关节数字断层融合摄影（案例图 3-3-6），结果见案例图 3-3-6A、图 B 所示。相对于普通 X 线颞颌关节张、闭口位摄影，数字断层融合技术有何优势？

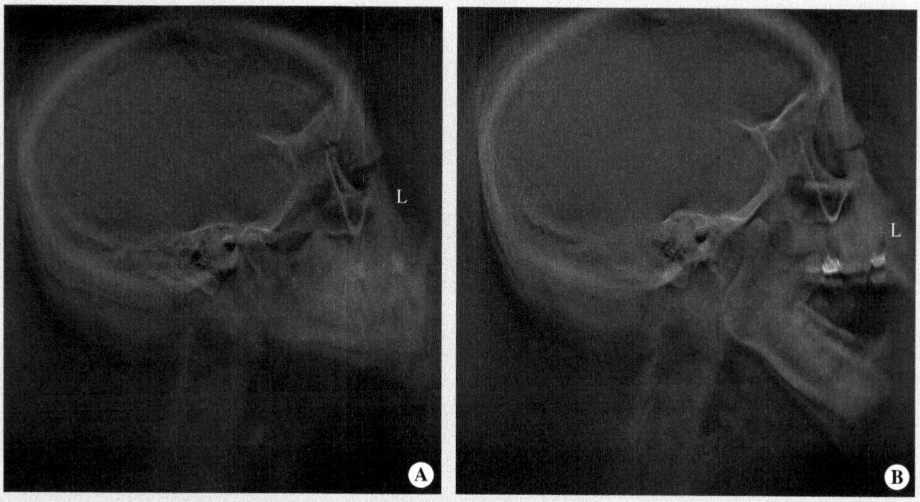

案例图 3-3-6

A. 颞颌关节闭口位；B. 颞颌关节张口位

解答：过去颞颌关节侧位张闭口位摄影是颞颌关节常规的检查方法，但该检查要求患者配合度高，投照次数多，因颞颌关节毗邻解剖结构复杂，骨质重叠太多，普通 X 线摄影往往显示效果不理想。随着影像设备的不断发展，数字断层融合技术应用在颞颌关节检查上，能通过一次低剂量的扫描获得颞颌关节区域多层面高清晰度的断层图像，可以减少组织重叠，排除解剖结构的相互干扰，单纯显示出颞颌关节解剖形态，从而增加病变检出的敏感性，同时其空间分辨力高，操作简单快捷。

（四）DR 的特殊成像技术

1. 双能量减影技术 双能量减影（dual energy subtraction，DES）主要用于胸部摄影，是指应用不同的 X 线光子能量对密度不同的骨与软组织的吸收衰减特性，将胸片中骨或软组织的影像成分选择性减去后，生成仅有软组织或骨组织图像的技术。

X 线穿过人体组织过程中因发生光电吸收效应和康普顿散射效应而衰减。光电吸收效应的强度与被曝光物质的原子量呈正相关，而康普顿散射与物质的原子量无关，与 X 线所经过的组织的电子密度呈函数关系，主要发生于软组织。双能量减影通过对穿透人体不同组织，经不同强度的光电吸收和康普顿效应衰减后的 X 线信号进行分离采集处理，从而选择性消除骨或软组织成分，得出组织特性的单纯软组织图像或骨组织图像。

能量减影有一次曝光法和两次曝光法。一次曝光法是对经被曝光物体衰减后所输出的 X 线能量进行分离，从而得到低能及高能图像，两幅图像来源于一次曝光，不存在因患者移动所造成的图像不能重叠的问题。两次曝光法是在曝光过程中切换 X 线管输出的能量，从而得到两幅不同能量的照片，两幅照片的曝光间隔必须很短，方可保证两幅影像在曝光之间受检者的体位没有移动，否则将无法进行精确减影。两次曝光法的优点是能量差大、组织对比度好、图像信噪比高，该方法最大的弱点是两次曝光之间容易受到呼吸、心跳、患者移位等影响产生运动伪影。

双能量减影的胸片其临床意义在于早期检出肺结节病变，由于去除了软组织与骨密度的互相干扰，对钙化或非钙化性肺结节，其检出率均较普通胸片有所提高。同时，对肋骨外伤病变和骨质病变也有较大意义。双能量减影对显示骨性胸廓和中央气道的病变、辨认正常或变异解剖（尤其对骨性胸廓畸形患者）均有帮助（图 3-3-2）。

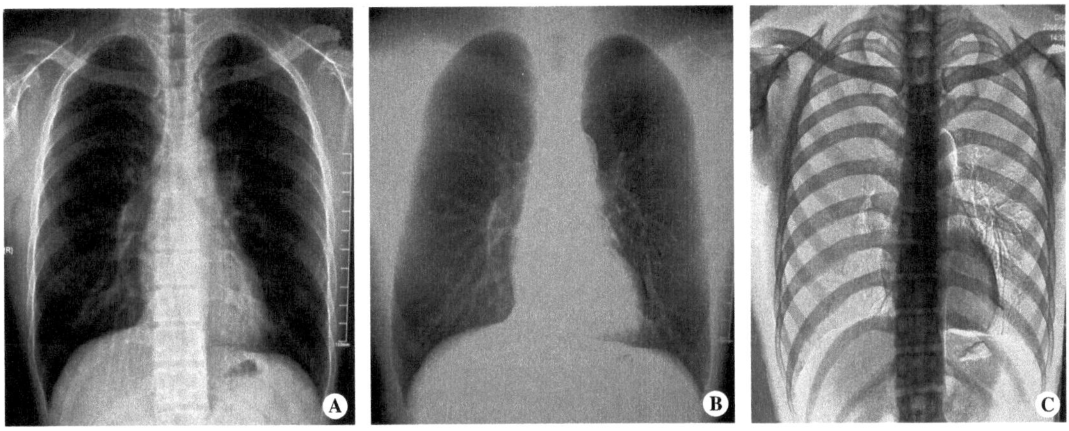

图 3-3-2　胸部后前位双能量减影图

A. 标准胸片；B. 减影后保留软组织；C. 减影后保留骨组织

2. 数字断层融合技术　体层摄影技术经历了普通胶片断层技术、数字 X 线断层技术和数字断层融合技术（digital tomosynthesis，DTS）三个发展时期。数字断层融合技术也称为三维断层容积成像技术，是 DR 新的成像技术，该功能通过一次低剂量的扫描可以获得检查区域内任意深度的多层面高清晰度的断层图像，其空间分辨力高，曝光剂量低，操作简单快捷。

（1）设备构造及成像原理：DR 动态平板、运动的 X 线管组件、计算机后处理工作站及软件是数字断层融合技术必不可少的组成部分。DR 动态平板探测器具有快速采集能力，在短时间内即可完成对多次曝光数据的处理，是数字断层融合技术的基础，X 线管组件在机械运动装置驱动下以直线运动完成对检查部位的多角度多次曝光，以保证能获取足够数字断层融合所需的信息量，计算机后处理工作站对大量的图像数据信息进行集中和处理，利用专用软件重建出任意层面的断层图像（图 3-3-3）。

数字断层融合技术的原理是在传统几何体层摄影的基础上，基于 DR 动态平板与图像后处理软件相结合的一种 DR 体层摄影技术。在预设的断层融合曝光程式控制下，X 线管组件在球管长轴方向上始终对准平板探测器中心已设定的照射角范围做直线运动，并按顺序依次曝光，平板探测器以固定或同步反向移动相配合，快速采集曝光数据（图 3-3-3）。计算机对图像数据采用位移叠加的算法，将序列的图像分别进行适当的位移后再叠加融合，人为地创建不同体层深度的聚焦层面图像。由于每幅图像的厚度可以人为进行调整，选择不同的起始和终末层高度，调整层厚和重叠百分比，同时还可以调整层间距（类似于 CT 容积成像后处理方式），最终重建出任意深度层面图像。

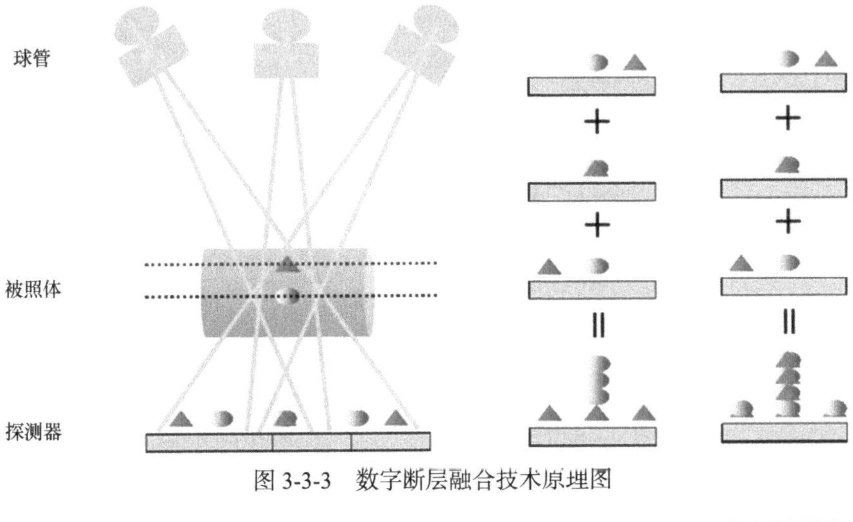

图 3-3-3　数字断层融合技术原理图

（2）摄影技术：数字断层融合技术可采取站立位和卧位两种方式，均可获得被检部位任意冠状层面的数字化影像，也可通过一些特殊的体位设计和摆位，获得人体某些部位的轴位及矢状位图像。

一般检查前先拍摄一张标准DR图像，其检查步骤是：输入患者信息，在设备上选取预设的断层融合曝光程式，选定投照位置和摄影距离，根据投照位置和患者个体情况选择投照条件，如kV值、mA值、曝光时间s，选择病变距床面的距离，病变的扫描范围，X线球管的照射角等，检查胸部时还需对患者进行呼吸训练。设置和摆位完成后，按住曝光手闸曝光直至结束。曝光方式有以下两种：①曝光时机械运动装置驱动X线管组件与探测器在一定成角范围内作同步反向运动，在X线管组件运动过程中，X线管组件自动跟踪技术使中心线始终指向探测器中心，预设的多次脉冲曝光程序在运动过程中按时间顺序依次曝光；②曝光时机械运动装置驱动X线管组件成角度的连续曝光，而探测器平板固定在一个位置不随X线管组件的移动而移动，预设的连续曝光程序在运动过程中按顺序依次曝光。

数字断层融合技术检查方法简单、放射剂量低，胸部检查时可提高胸部小结节的检出率，提高胸部血管断面与肺部结节病变的鉴别能力，清楚地观察主支气管、气管隆嵴和气管分杈的情况；对脊柱的检查可从前至后层层清晰地显示椎体、椎间隙、椎弓根、上下小关节间隙、棘突（图3-3-4）；对静脉肾盂造影的断层融合可了解双肾包膜的完整性、肾盂肾盏的形态，更清楚地观察到全程输尿管的行径有无狭窄，观察膀胱区的输尿管开口情况；对急腹症的检查能更清楚地了解肠梗阻的区段，更容易发现膈下游离气体；对骨关节的检查可检出微小骨折，避免金属置入物及石膏绷带对图像的影响，能避开重叠干扰，能观察到骨小梁、骨皮质和骨髓腔的情况，大大提高骨折及骨质破坏的检出率（图3-3-5～图3-3-7）。

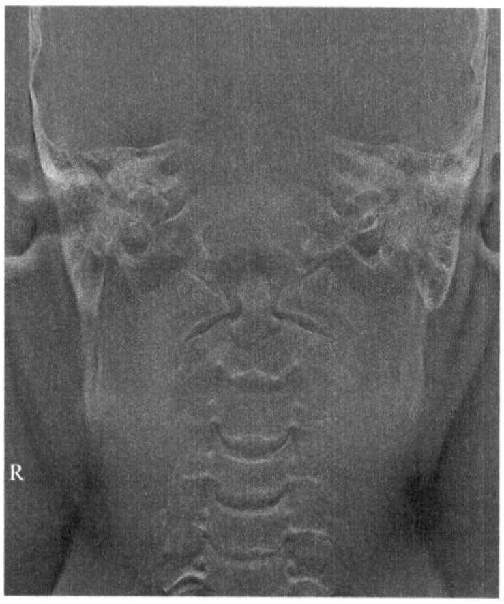

图3-3-4　颈椎正位体层图像，显示枢椎骨折

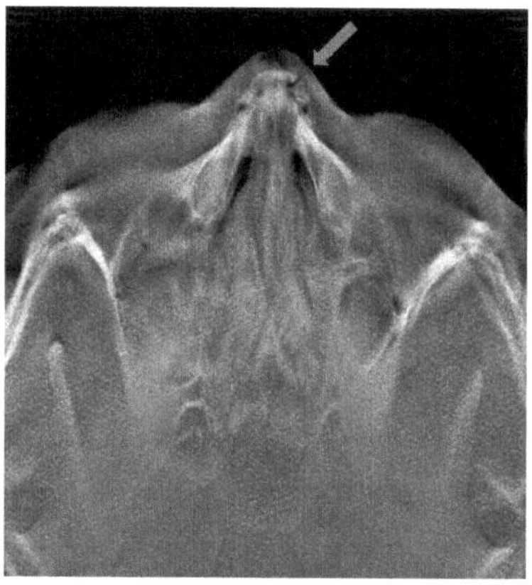
图3-3-5　鼻骨体层图像，显示鼻骨骨折

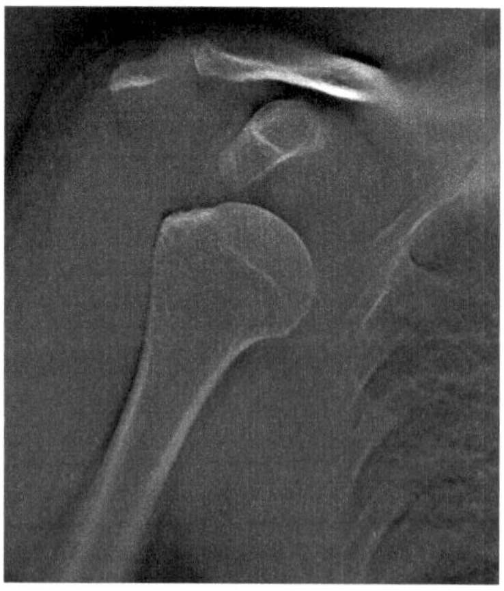
图3-3-6　肩关节正位体层图像，显示肩关节脱位

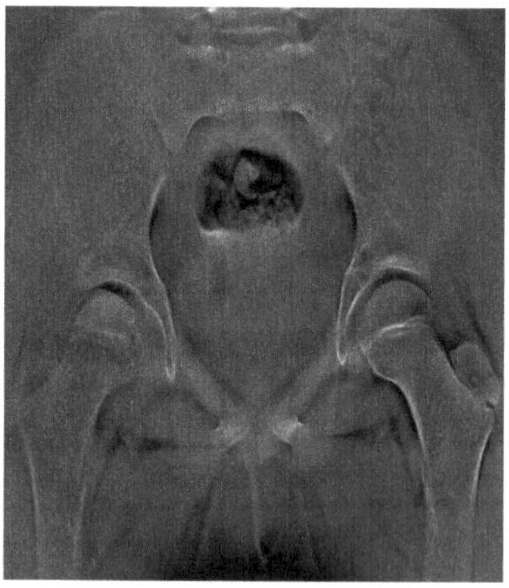
图3-3-7　骨盆正位体层图像

3. 图像拼接技术　图像拼接是DR在自动控制程序模式下，一次性采集不同位置的多幅图像，然后由计算机进行全景拼接，合成为大幅面X线图像。

一般的DR探测器最大成像长度为43cm，能满足绝大多数摄影部位的人体组织器官显示要求。当影像诊断和临床治疗中需要显示出更大的成像长度时，就必须使用多次摄影和图像拼接技术。

图像拼接技术所采用的图像采集过程一般分为两种：一种是图像采集曝光时，X线管组件固定于一个位置，探测器和球管沿患者身体长轴移动多次，同时X线管组件做连续多次的曝光。计算机随即将多次曝光所采集到的多组数据进行重建，进行自动无缝拼接，形成一幅整体图像。该方法为减小X线锥形束产生的图像畸变，X线管组件在多次曝光时，分别设定了不同的倾斜角，即X线管组件与探测器采用的非平行摄影技术，能在图像的拼合过程中有效地消除视差造成的图像失真和匹配错位现象。

另一种图像拼接技术采用X线管组件垂直探测器，DR探测器跟随着X线管组件实现同步移动，分次窄束脉冲曝光采集后自动拼合的方法。该方法的特点是中心线与探测器在曝光时始终保持垂直，并使用长条形窄视野，减小斜射线的投影。

图像拼接技术的临床意义在于一次检查完成大幅面、无重叠、无拼缝、最小几何变形、密度均匀的数字化X线图像（图3-3-8）。特别是对骨科或矫形外科的脊柱侧弯及前、后凸和长骨疾病术前诊断、术后检查、治疗效果评价等方面具有重要的意义。

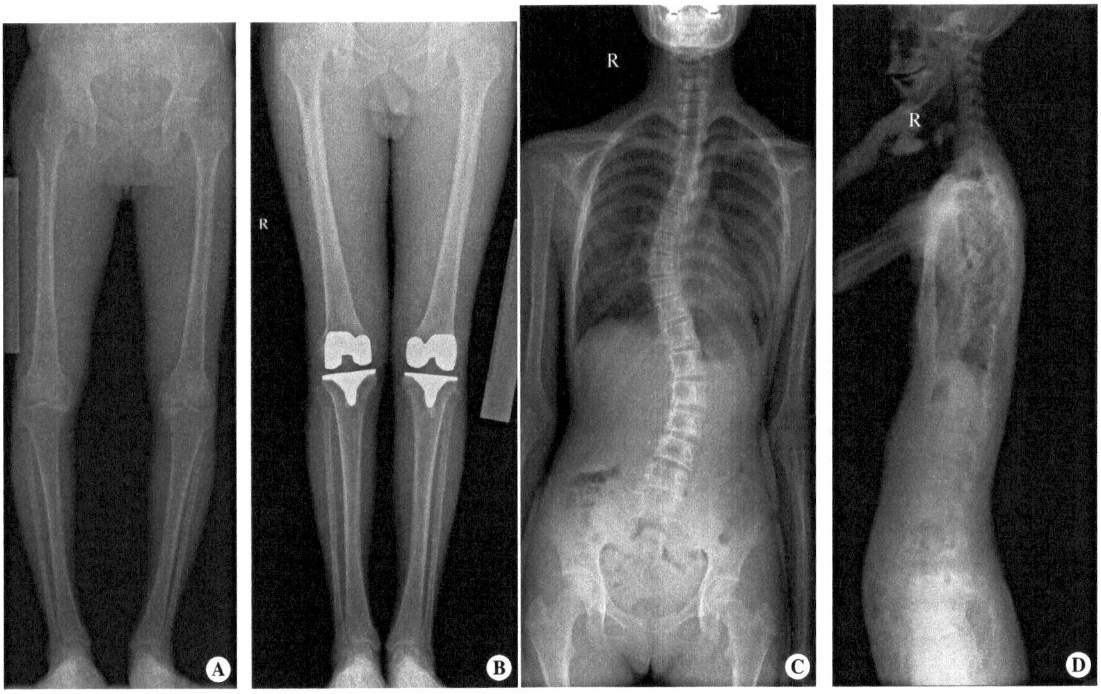

图3-3-8　数字化X线图像

A. 双下肢全长拼接图像；B. 人工关节置换术后复查图像；C. 脊柱正位全长拼接图像；D. 脊柱侧位全长拼接图像

（五）DR检查的临床应用

（1）人体全身各部位数字X线摄影。

（2）床旁数字X线摄影。

（3）X线造影检查（如胃肠道造影、静脉肾盂造影、子宫输卵管造影、T管造影等）。

（4）乳腺X线摄影。

三、急诊 X 线检查技术

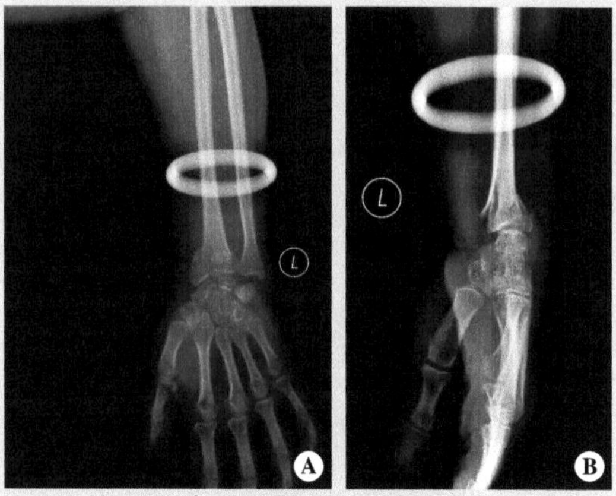

案例图 3-3-7

案例 3-3-7

女，32 岁，跌伤致左腕疼痛肿胀 2^{+}h，急诊入院摄片（案例图 3-3-7）。问：此影像有何问题？对于此类急诊及危重病患者投照中有哪些基本要求？

解答：此患者腕关节正侧位可见“手镯”状异物影，虽然对图像美观有一定影响，但考虑此患者为腕关节外伤，腕关节部位肿胀疼痛，对于“手镯”状等异物不应强制移除，在投照时只要充分暴露病变位置，满足临床诊断即可。同时摆位时应轻柔，投照迅速，保证一次检查成功，避免增加患者不适感。

面对急诊及危重患者，X 线摄影时不要拘泥于摄影规定的体位、角度、焦点至成像介质的距离和中心线入射点，在保证图像能基本满足 X 线诊断要求的前提下，应做一些变通处理，即采用适应性摄影位置和摄影技术，以免造成医源性损伤。

案例 3-3-8

男，43 岁，腹胀腹痛伴呕吐 1^{-}天急诊入院，急查腹部立卧位片（案例图 3-3-8）。问：此患者急查腹部立卧位片的目的是什么？

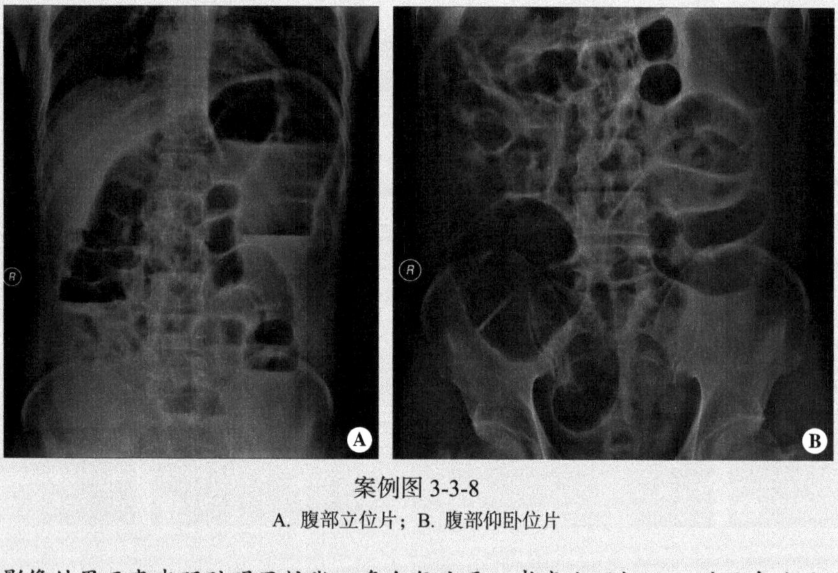

案例图 3-3-8

A. 腹部立位片；B. 腹部仰卧位片

解答：此影像结果示患者肠腔明显扩张，多个气液平，考虑小肠梗阻。对于急腹症（肠梗阻、胃肠穿孔、肾绞痛）X 线摄影，一般采用腹部立位和仰卧位。通常，腹部仰卧位 X 线摄影用来诊断泌尿系结石，其摄影范围应包括肾、输尿管、膀胱，因此投照范围应包括耻骨联合上缘。而对于腹部立位摄影，其检查目的或是为了诊断是否有消化道穿孔，需观察膈下是否有游离气体；或是为了诊断是否有肠梗阻，观察是否有气液平；甚至在造影中，诊断是否有胃下垂、肾下垂时，也需要拍摄腹部立位片，因此腹部立位片投照范围应包括膈肌。

普通 X 线摄影是急诊医学最基本的影像学检查手段，随着数字化影像设备的逐步普及，X 线摄影图像质量明显提高，实时影像显示使得 X 线检查一次性成功率明显提高，从而在更大程度上满足急诊医学的需求。

（一）急诊 DR 检查技术特点

与常规 DR 检查相比，急诊 DR 检查技术具有以下特点：①时间性强，急诊医生在实施急救前需要及时了解疾病状态，快速获得影像学诊断信息；②疾病的多样化和复杂性，特别是急诊外伤常常是复合性的，受检者主诉不清，影像学检查时定位困难；③受检者往往处于昏迷、机体功能受损等状态，在检查过程中难以配合或检查条件特殊，有时需要在简易床或担架上进行检查。

（二）急诊 DR 检查的基本要求

急诊 DR 检查基于上述检查技术的特点，在实施急诊 DR 检查时，需注意遵循以下基本要求。

1. 检查及时快速 急诊受检者诊治的第一理念是急救速度，急诊影像学检查应建立绿色通道。X 线摄影过程中必须要科学、规范地操作，争取用最短的时间获取符合诊断要求的优质影像。

2. 技术适当 急诊摄影检查要选择适合的检查方法，包括适当的体位设计和摄影方法学的正确运用。在急诊摄影过程中，成像范围应结合疾病表现给予适当增大。例如，可按照肢体局部肿胀、压痛、畸形、功能障碍等体征来确定照射野。

3. 受检者安全 由于急诊受检者的身体状态和危险程度未知，因而 X 线检查时需采取安全措施：①在摄影前，了解急诊病史和观察受检者状态是非常必要的。②在检查过程中，搬动、体位设计时要小心谨慎，防止意外伤害或院内二次受伤。适用的方法是采用“就势摄影”体位，即利用 X 线设备和 X 线探测器的移动来适应受检者的体位。

4. 做好解释工作 检查前需对受检者做好解释工作，说明检查目的及注意事项，消除受检者的紧张情绪，使其尽量配合检查。在摄影中实施相关检查措施时，应与受检者或陪伴人员沟通。

5. 与临床紧密配合 对极度衰竭或休克的受检者，应在临床处理后或在临床医师陪同下进行检查，以免在检查过程中发生危险。检查中若发现受检者生命体征危险征象，必须中断检查，以获取宝贵的时间对受检者进行救治。

6. 快速的影像存储与传输 DR 检查的特点之一是在曝光后很快可以预览影像。一旦确认影像达到诊断要求应立即发送，为影像诊断报告的完成和打印照片等下一步影像学流程争取宝贵时间。

7. 辐射防护 急诊 DR 检查，由于病情的需要，常常需要医务人员或陪伴人员留在 X 线机房内。此时，应采取必要的屏蔽或个人防护；同时遵循辐射正当化和防护最优化的原则，优化摄影条件。

8. 避免感染 对开放性外伤患者和手术患者应有无菌意识，尽量做到无菌操作，避免导致患者医源性感染。

四、床旁 X 线检查技术

案例 3-3-9

女，52 岁，因反复活动后心悸气促 6^{+}年，加重 1^{+}个月，遂到某院胸外科就诊，诊断为风湿性心脏病，行择期手术。术后转入胸外科 ICU 继续治疗。问：术后查房时闻及患者右肺湿啰音，但患者此时仍使用呼吸机维持治疗，暂时无法脱机，欲了解此患者肺部情况应行什么检查？患者投照结果（案例图 3-3-9）示右下肺片状模糊影，考虑肺部感染。对该患者行床旁胸片摄影时，应注意哪些基本原则？

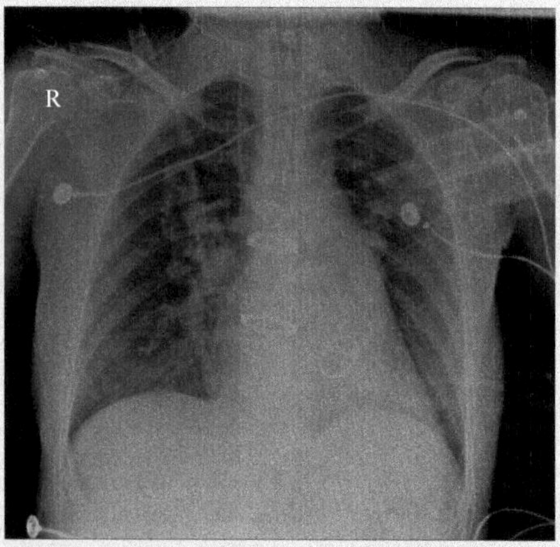

案例图 3-3-9

解答：可采用床旁X线摄影。床旁X线摄影是一种针对不能移动受检者进行的X线检查。适用于搬动不便如骨折牵引、年老体弱、病情突变或手术中需要及时了解手术效果等临床情况。

床旁X线摄影尽量采取半卧位或者坐位。保持胶片暗盒与人体的冠状面平行，保证中心线垂直于IP。根据需要选择合适的照射野、投照距离及曝光条件。操作速度尽量轻快，掌握患者的呼吸规律，抓准曝光时机、快速曝光。检查后合理运用图像后期处理技术，优化图像质量，并进行标记。

（一）床旁X线摄影的特点

床旁X线摄影具有以下特点：

1. 受检者不能配合 床旁摄影受检者绝大多数病情危重，都是在不能配合检查的情况下进行X线摄影检查。

2. 检查环境受限 病房通道狭窄，重症监护室及手术室常有心电监护、呼吸机等装置，或有牵引架，设备难以到位，床旁X线摄影是一项非常困难的检查技术。

3. X线设备能力有限 移动X线机的输出容量不大，一般不使用滤线栅，图像质量及诊断效果有限，床旁X线摄影不是常规性检查，只能是一种应急的补充检查手段。

4. 实施有效的辐射防护困难 床旁X线摄影中放射实践的正当化很有必要，床旁X线摄影是针对特殊受检者的一种检查，不能把床旁X线摄影视为优质特殊服务之一，而忽略辐射的危害。

（二）床旁X线摄影的原则

1. 摄影体位 是影响床旁X线摄影图像质量的重要因素之一，床旁摄影的对象主要是危重受检者、术后受检者及新生儿等，不能和普通人一样严格按照规范的体位进行摆放，需灵活采用一些措施，如倾斜中心线、水平摄影等，以使摄影体位摆放尽量达到规范。

2. 摄影条件 数字X线摄影系统有很好的动态范围，能够检出极强与极弱的信号，给摄影条件选择提供了更大的空间。为了保证床旁X线摄影图像质量，根据所用X线机，制定规范的曝光条件是必要的。

3. 图像处理 应根据不同的摄影部位和诊断要求进行窗宽窗位的调整，以优化图像质量，并按需要进行各种测量与标记。

4. 图像传输和照片打印 与急诊X线摄影一样，床旁X线检查影像也需及时的图像传输和照片打印，尽快完成影像学检查流程。如果是术中床旁摄影应将照片立即送到手术室，以便外科医师根据照片显示情况决定手术方案。

（三）床旁X线摄影的流程

床旁X线摄影的流程可分为CR床旁X线摄影检查流程和移动DR床旁X线检查流程。

（1）收取床旁X线摄影申请单或接收临床科室电话申请。

（2）CR摄片需选择尺寸适合的IP，检查CR/DR设备状况。

（3）检查现场核对受检者姓名、年龄、性别及摄影部位，进行受检者的个人信息登录。

（4）床旁X线摄影前，撤离病房中无关人员，对病房内的其他人员采取屏蔽防护或体位防护等。

（5）CR摄影需将IP上的条形码号码填写在被摄影受检者申请单上，DR操作界面上的预览显示器观察图像，确认摄影达到诊断要求。

（6）CR需进行IP扫描，并将图像传送至存储服务器和打印工作站；DR通过PACS网络，对受检者检查信息进行匹配（或手工录入RIS），并将本机保存的图像传送到医院存储服务器。

（7）在图像打印工作站进行图像处理和打印激光照片。

五、婴幼儿X线检查技术

案例 3-3-10

男婴，10^{+}个月，呼吸困难2^{+}天，急诊入院行胸部X线检查。问：检查时患儿哭闹，配合不佳，可采取哪些措施帮助完成检查？对于该患儿胸部X线摄影中，还应注意哪些方面？若患儿胸部X线摄影中发现了少量气胸，还应投照什么体位？

解答： 对于此案例胸部X线摄影，投照者在摄影时应保持耐心，细声慢语，可采用沙袋等对患儿手及骨盆进行制动，摆位动作应熟练轻柔，顺势而做，也可让家属陪同患儿，缓解其紧张、烦躁情绪，必要时可使用药物催眠法，待患儿安静入睡后，再行检查。

由于婴儿呼吸特点是腹式呼吸，其特征为吸气时腹部膨隆，因此曝光时机应选择在腹部膨隆时进行，也可选择在哭时深吸气位进行。合理选择曝光条件，参数选择的基本原则是高kV值、大mA值、超短曝光时间，尽量减少婴幼儿自身原因所致的运动伪影，同时照射野选择适当，注意对患儿头腹部X线防护，尽量减少患儿接收的X线辐射。

若检查中发现患儿有少量气胸，应加做左侧或右侧卧水平正位摄影，投照时患儿双手上举抱头，避免出现皮肤皱褶伪影，以明确诊断。

（一）婴幼儿解剖及生理特征

婴儿期是指从出生后1个月到1周岁，婴儿期是人类生长发育的第一高峰期；幼儿期指从1周岁到3周岁。幼儿生长发育虽不及婴儿迅猛，但与成人比较亦非常旺盛。

婴幼儿发展变化的特征：①大小的变化，即身高、体重、器官的增长。年龄越小，生长速度越快。②比例的变化，特征明显，并不是一个缩小的成人，头部、体部和四肢比例有明显的变化。

（二）婴幼儿X线摄影的特殊措施

与成人相比，婴幼儿X线检查具有其特殊性，因而检查过程中应采取一些特殊的措施。

1. 检查环境 检查房间旁单独设置一间具备射线防护功能和恒温的准备室，与检查室之间使用铅防护门相通，用于婴幼儿X线检查前的准备和检查后的护理，提高婴幼儿的检查效率，缩短待查时间。检查室和准备室（图3-3-9）应保证光线明亮，墙壁在符合环保、防护要求前提下，采用温馨彩色和动物图案，以缓解婴幼儿的紧张情绪。

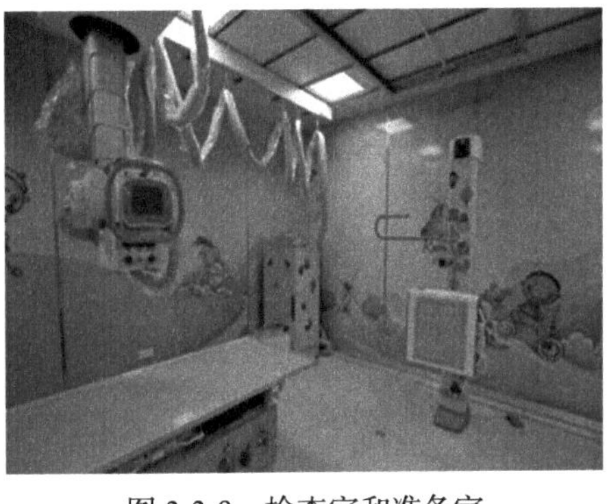

图 3-3-9 检查室和准备室

2. 常备用品 用于X线检查时固定婴幼儿的沙袋（图3-3-10）；用于婴幼儿特殊体位检查的特制木质检查台；用于标记定位物品（如钢球，图3-3-11）；用于婴幼儿及家属防护的防护用品（如铅防护衣、铅围脖、铅防护巾、多种规格的性腺防护器，见图3-3-12、图3-3-13）；用于不配合婴幼儿四肢小部位检查固定的透明塑料板和宽布带。

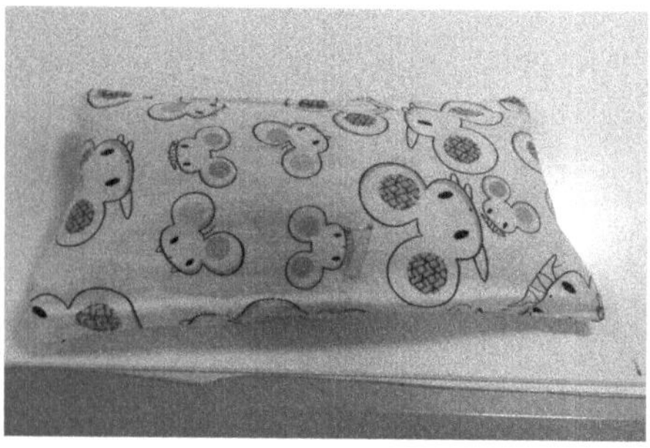

图 3-3-10 X 线检查时固定婴幼儿的沙袋

图 3-3-11 标记定位物品

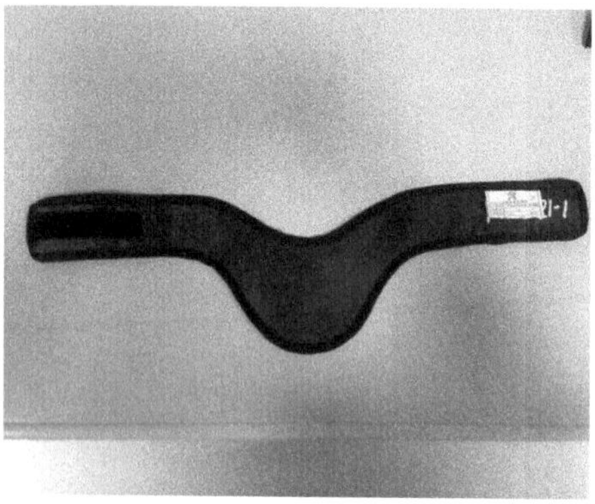

图 3-3-12 铅围脖

图 3-3-13 铅防护巾

3. 设备准备 使用 DR 设备为最佳选择，利用 DR 设备的高 DQE、快速成像和图像动态范围大的优势，可降低辐射剂量，提高检查效率，有效反映婴幼儿组织结构细微的变化。定期对 X 线摄影设备进行检测和校准，避免出现因设备性能的偏差导致的重复检查。

4. 基本的急救处理 婴幼儿其特殊的解剖生理特性，检查过程中易发生各类危险。特别是婴幼儿呼吸道感染和分泌物较多或存在呼吸道异物时，X 线检查过程中哭闹可能导致窒息，技师应掌握基本急救技能，及时地施以基本的急救处理。

（三）婴幼儿 X 线摄影的原则

1. 体位设计 婴幼儿正位以前后位为主，必要时可辅以后前位。各部位的体位设计应依据病情和临床要求而定。体位设计的原则是，首先检查部位的固定，这是检查成功的关键，需要辅以外力（家属辅助、沙袋、布带、透明塑料板固定）；其次为位置端正，检查部位应位于探测器中央，中心线常规对准探测器中心。

2. 摄影参数的选择 婴幼儿个体生长发育差异大，摄影参数的变化范围大，参数选择的基本原则是高 kV 值、大 mA 值、超短曝光时间，尽量减少婴幼儿自身原因所致的运动模糊。尽量使用手动选择曝光参数，婴幼儿个体差异大，自动曝光模式时电离室的调制可因婴幼儿身体的移动造成调制不准，致使曝光不足或过度。

3. 曝光时机 应观察婴幼儿的身体运动情况，预见性地选择最佳曝光时机。婴幼儿的呼吸以腹式为主，胸部摄影时机为腹部饱满时，腹部摄影为非饱满时，肢体摄影为无运动时。

4. 动作要求 为婴幼儿 X 线摄影摆位时，动作应熟练轻柔，顺势而做，不可强行操作，以免婴幼儿出现疼痛而影响检查的开展，甚至致使婴幼儿关节的脱位或骨折。

5. 放射防护　应特别重视婴幼儿X线摄影时的防护。使用手动调节X线照射野到适宜大小，不宜使用设备自带的多挡照射野；适当地增加X线摄影专用的铜质或铝质滤过片；使用各种铅防护用品，遮盖非检查部位和射线敏感器官组织。

（四）婴幼儿X线摄影的特殊体位

1. 气道异物的检查　常规应做胸部吸气相和呼气相正位X线摄影检查，以观察心影纵隔的变化和肺野透光度的变化，达到诊断气道异物的目的。

2. 前位纵隔气肿的检查　常规正位诊断较难时，应做仰卧水平侧位的X线摄影影像明确诊断。

3. 少量气胸的检查　应做左侧或右侧卧水平正位摄影，手上举抱头，避免出现皮肤皱褶伪影，以明确诊断。

4. 婴儿的腹部摄影　常规应做立、卧正位摄影和侧立位摄影，易于对肠梗阻及梗阻部位的判断。

5. 婴儿腹部倒立侧位　常规应将婴儿采用头低足高位放置15min左右，保证气体充盈直肠盲端，在肛门处固定放置标志物（如钢珠），协助检查者一手提住两腿，一手托住婴儿肩部，呈标准倒立侧位姿势摄影（图3-3-14）。

6. 婴幼儿髋关节蛙式位　婴幼儿髋关节脱位或无菌坏死时，除常规正位外，还需要蛙式位协助以明确诊断（图3-3-15）。

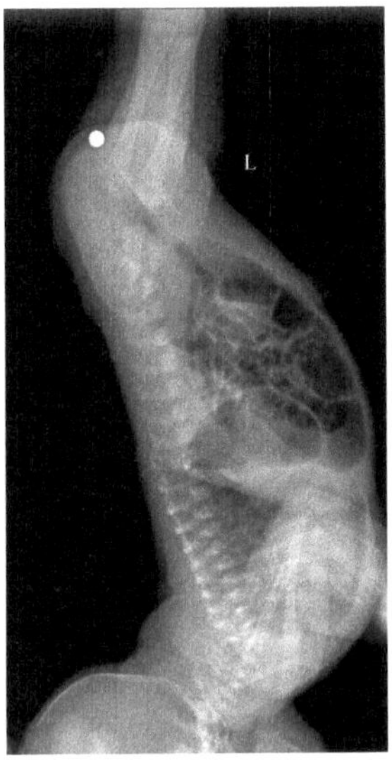

图3-3-14　婴儿腹部倒立侧位

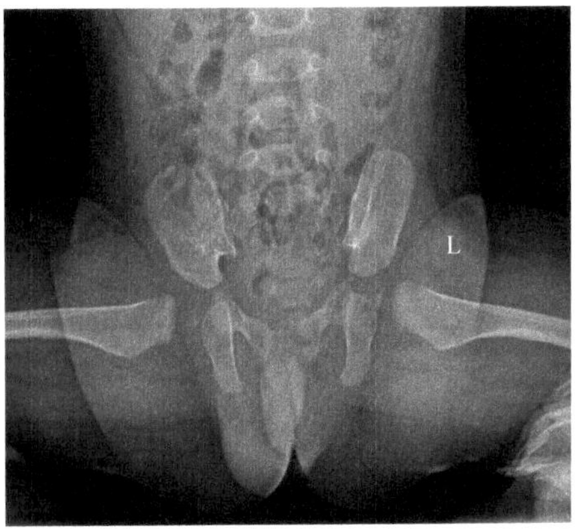

图3-3-15　婴幼儿髋关节蛙式位

【小结】　本节内容主要为CR检查技术、DR检查技术、急诊X线检查技术、床旁X线检查技术、婴幼儿X线检查技术。介绍了CR检查技术的工作流程、使用前准备、操作流程及注意事项；DR检查技术的设备准备流程、操作流程，DR摄影参数与图像处理及DR特殊成像技术（双能量减影技术、数字断层融合技术、图像拼接技术）；急诊X线检查技术、床旁X线检查技术和婴幼儿X线检查技术的特点、基本原则及检查流程等。

第四节　人体各部位的X线检查技术

一、头部X线摄影

【临床概述】　头颅由多种不同形状的颅骨构成，结构复杂。头部X线摄影主要是观察颅骨、颌面部等部位的骨系统疾病。头颅X线摄影方法简单，经济，无痛苦。一般用后前位及侧位。

【适应证】　先天性畸形，骨折，异物，感染，肿瘤，各类骨病。

【头颅体表定位线】 同图 3-2-3。

【检查前准备】

（1）去除可能造成伪影的头部异物，如眼镜、发卡、耳环、项链、义齿及头部成团、成束发辫等。某些不能去除或去除有困难、可识别等物品在不影响诊断的情况下允许保留，需在备注中注明并通知诊断医师。

（2）头部外伤的 X 线摄影，检查前了解受伤情况和主要受外力部位，观察受伤部位体表标志（头皮损伤、出血、压痛、头皮血肿等），尽量减少患者搬动。对皮肤肿胀、出血或已进行头部包扎，摆体位和定位较困难的患者，应采用患者可接受的、安全的体位方式。危重情况下应有临床医护人员现场监护。在整个转运和检查过程中，均需要注意观察患者的生命体征。

案例 3-4-1

男，18 岁，半小时前不慎撞上树干，鼻部红、肿、疼痛，为明确鼻骨是否骨折，首选何种影像学检查？检查方法是什么？

解答：首选拍摄鼻骨侧位 X 线片，受检者坐于探测器前，头颅转呈标准侧位，头部矢状面与探测器平面平行，瞳间线与探测器平面垂直，鼻根部下方 1cm 处位于探测器中心。摄影距离为 75～100cm。

（一）头颅后前位

【体位】 受检者俯卧于摄影台上，两臂前伸放于头部两侧，下颌内收，额及鼻置于探测器中心，头颅正中矢状面垂直于探测器平面并与探测器中线重合，听眦线垂直于探测器平面，两侧外耳孔与探测器等距。调整遮光器至合适大小，上缘超出头顶 3cm，下缘包括部分下颌骨。摄影距离为 75～100cm。

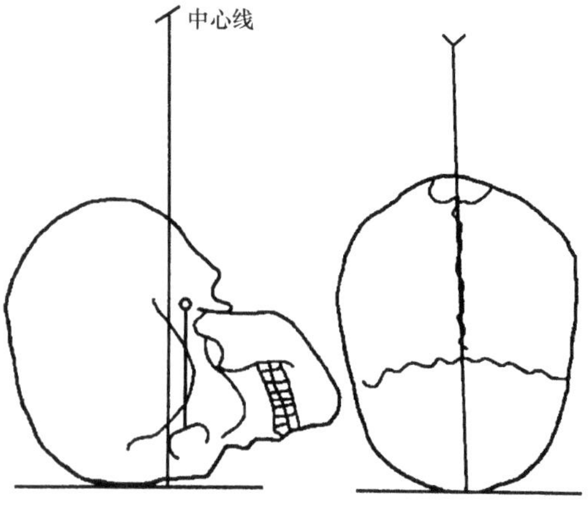

图 3-4-1 头颅后前位中心线

【中心线】 垂直对准枕外隆凸，经眉间垂直射入探测器（图 3-4-1）。

【标准影像与质量控制】

（1）显示头颅正位影像，照片包括全部颅骨及下颌骨升支。

（2）矢状缝及鼻中隔影像居中，眼眶、上颌窦、筛窦等左右对称显示。

（3）顶骨及两侧颞骨的影像对称，距照片边缘等距离。

（4）颞骨岩骨上缘位于眼眶内正中，或内听道显示于眶正中。内听道显示清楚，两侧无名线距颅板等距离。

（5）颅骨骨板及骨质结构显示清晰。

【相关疾病检查要点】 用于了解颅骨的对称性，骨质增生、破坏，骨板增厚，脑回及血管压迹，颅缝宽度，颅骨骨折以及颅内病变。

（二）头颅侧位

【体位】 受检者俯卧于摄影台上，头向健侧转 90°角，被检侧贴近台面，使头颅矢状面与探测器平面平行，瞳间线与探测器平面垂直。下颌内收，冠状面与探测器平面垂直。调整遮光器至合适大小，上缘超出头顶，下缘包括部分下颌骨。摄影距离为 75～100cm。

【中心线】 对准外耳孔前、上各 2.5cm 处，垂直射入探测器（图 3-4-2）。

【标准影像与质量控制】 见图 3-4-3。

（1）显示头颅侧位整体观影像，照片包括全部颅骨及下颌骨升支。

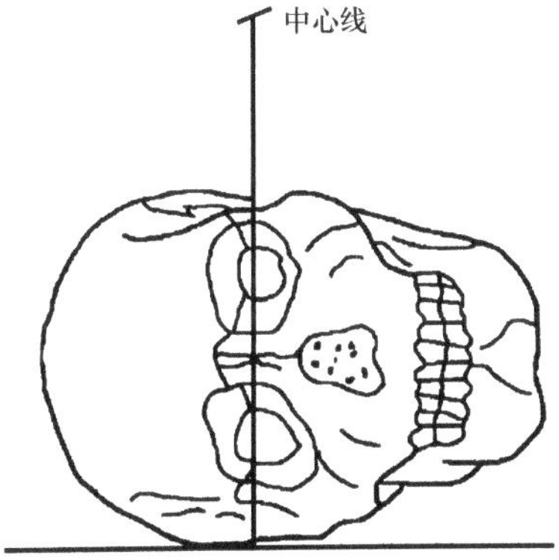

图 3-4-2　头颅侧位中心线

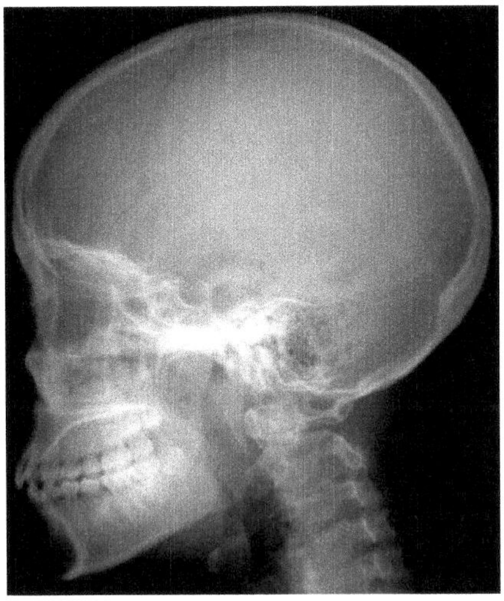

图 3-4-3　头颅侧位标准影像

（2）照片的上缘包括顶骨，前缘包括额骨、鼻骨，后缘包括枕外隆凸。

（3）蝶鞍位于照片正中略偏前，蝶鞍各缘呈单线的半月状阴影，无双边影。

（4）颅前窝底线重叠为单线，两侧乳突外耳孔、下颌骨小头基本重叠。

（5）听眶线与照片长轴平行。

（6）颅骨内、外板和板障及颅缝影显示清晰。

【相关疾病检查要点】　观察颅骨侧位影像，了解骨质增生、破坏、骨折线、颅缝分离、颅内钙化斑及蝶鞍的大小和形态。

（三）鼻骨侧位

【体位】　调整X线管呈水平位，受检者坐于探测器前，头颅转呈标准侧位，头部矢状面与探测器平面平行，瞳间线与探测器平面垂直，鼻根部下方1cm处位于探测器中心。也可采取俯卧位摄影。摄影距离为75～100cm。

【中心线】　对准鼻根下方1cm处垂直射入。

【标准影像与质量控制】　见图3-4-4。

（1）照片包括眼眶区、鼻根部和整个鼻部软组织。

（2）双眼眶下缘、后缘重叠良好。

（3）鼻骨骨纹理清晰、骨皮质锐利，软组织可见。

【相关疾病检查要点】　用于观察鼻骨骨折凹陷情况。该体位可见眶上缘至上颌骨整个鼻部结构，鼻骨与软组织构成良好反差。为提高病变的检出率，可进行双侧摄影以对比。

（四）下颌骨后前位

【体位】　受检者俯卧于摄影台上，下颌内收，使听眦线与探测器平面垂直，正中矢状面垂直于探测器平面并与探测器中线重合。调整遮光器至合适大小，上缘平外耳孔上1cm，下缘包括颏部。摄影距离为75～100cm。

【中心线】　对准两下颌角连线中点，垂直射入（图3-4-5）。

【标准影像与质量控制】

（1）清楚显示颈椎相重叠的颏部，双侧下颌骨体部，下颌升支。

（2）下颌骨骨纹理清晰、骨皮质锐利，软组织可见。

【相关疾病检查要点】　用于观察下颌骨骨质变化及骨折情况。

图 3-4-4 鼻骨侧位标准像

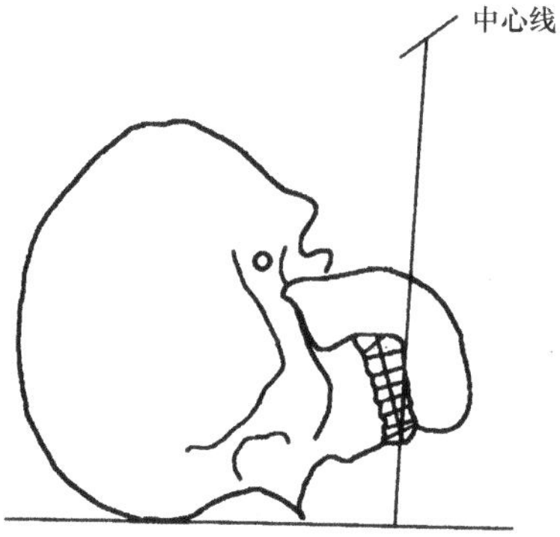

图 3-4-5 下颌骨后前位中心线

（五）下颌骨侧位

【体位】 受检者俯卧于摄影台上，对侧肩部抬高，下肢屈曲，固定身体，下颌上仰，被检侧贴近探测器，头颅矢状面稍向探测器倾斜，角度大小根据部位确定（支部取 10°，体部取 30°，颏部取 70°）。调整遮光器至合适大小，前缘包括颏部，后缘包括外耳孔。摄影距离为 75～100cm。

【中心线】 向头侧倾斜 15°～25°角，经两侧下颌角连线中点射入（图 3-4-6）。

【标准影像与质量控制】 见图 3-4-7。

（1）被检侧下颌骨各部（体部、升支部）不能和对侧下颌骨重叠，下颌角不能与颈椎重叠。下颌骨呈平面展示。

（2）下颌骨骨纹理清晰、骨皮质锐利，软组织可见。

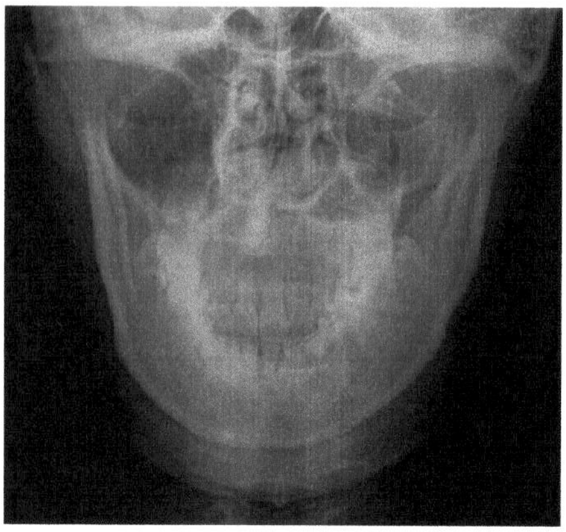

图 3-4-6 下颌骨侧位中心线

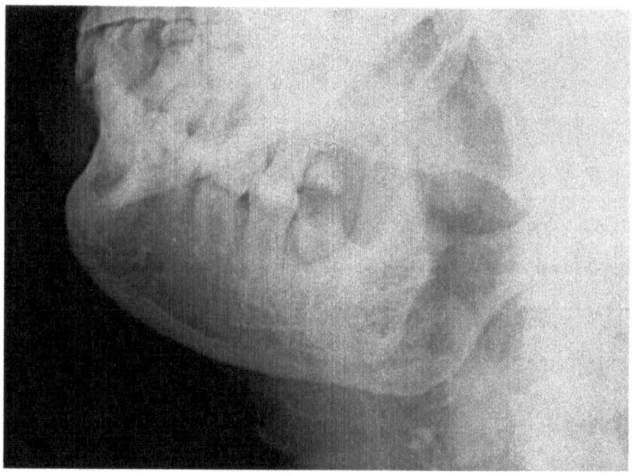

图 3-4-7 下颌骨侧位标准影像

【相关疾病检查要点】 用于观察下颌骨体部、颏突、支部等的骨质改变及骨折情况。

【小结】 本节主要内容为头部 X 线摄影的适应证及头颅体表定位线，检查前需做好检查前准备，去除异物等。掌握常规体位（头颅后前位、头颅侧位、鼻骨侧位、下颌骨后前位、下颌骨侧位）的体位、中心线、标准影像与质量控制。

二、脊柱与骨盆 X 线摄影

【临床概述】 人体以骨盆为基座，脊椎骨为支架，二者共同构成人体的支撑结构。同时，脊柱和骨盆参与构成胸腔、腹腔和盆腔，保护各腔内的器官；还是日常行动和各种运动的中心轴，提供人体的稳定性和柔韧性，增强对各种应力和震动的缓冲作用。脊柱骨盆疾病是骨科临床的常见病，也是导致颈肩腰腿痛的常见原因，X 线摄影是最常用的检查技术。只有掌握各种规范的脊柱和骨盆 X 线摄影技术，才能获得标准的高质量 X 线图像，是正确诊断和治疗的前提。

【相关解剖】 脊柱由 7 节颈椎、12 节胸椎、5 节腰椎、5 节骶椎和 3～5 节尾椎及之间的椎间盘、小关节和韧带连接组成；除 1～2 颈椎构造形态比较特殊外，其余每个脊椎又包括椎体、椎弓根、椎板、上下关节突、横突和棘突；骨盆由左、右髋骨和骶、尾骨构成，每块髋骨又由髂骨、坐骨及耻骨联合组成。

脊柱和骨盆有一些常用的解剖部位及对应的体表定位标志，熟悉这些标志有助于准确定位摄影范围，保证正确的中心线和入射点（表 3-4-1）。

表 3-4-1　脊柱骨盆体表定位标志

解剖部位	前面观对应平面	侧面观对应平面	解剖部位	前面观对应平面	侧面观对应平面
第 3 颈椎	下颌角	下颌角	第 1 腰椎	剑突末端与脐连线中点	
第 7 颈椎	环状软骨下 2cm	颈根部最突出的棘突	第 3 腰椎	脐上 3cm	肋弓下缘最低点
第 2、3 胸椎间隙	胸骨颈静脉切迹	肩胛上角	第 4 腰椎	平脐	髂嵴
第 4、5 胸椎间隙	胸骨角		第 5 腰椎	脐下 3cm	
第 7 胸椎	胸骨体中点	肩胛下角	第 2 骶椎	髂前上棘连线中点	
第 11 胸椎	胸骨剑突末端		尾椎	耻骨联合	

【检查适应证】 脊柱和骨盆各种先天和后天获得性疾病，包括：①发育不良和先天畸形（如脊柱侧弯、脊柱后凸、椎体发育畸形、骨盆倾斜等）；②创伤性疾病（如骨折、脱位等）；③慢性退行性病变；④感染及炎性脊柱关节病（如化脓性炎症、结核、强直性脊柱炎等）；⑤肿瘤性/样病变（如转移瘤、各种原发骨肿瘤等）。

【检查前准备】

（1）认真阅读 X 线摄影申请单，核对受检者个人信息包括患者姓名、年龄、性别、住院号、检查号等，明确检查目的和摄影部位。

（2）登记录入摄影信息，根据体厚调整摄影参数和曝光条件。

（3）去除衣物及身体上检查范围内可能影响图像质量的金属或其他异物如耳环、项链、皮带、金属拉链或纽扣、膏药等。

（4）骶尾椎及骨盆摄影尽量清洁肠道，排空膀胱尿液；询问近日是否服用高密度对比剂或重金属药物，若有影响图像质量因素应延期检查。

（5）准备好固定用的枕头、背垫及防护用品。

案例 3-4-2

女性，39 岁，体检行腰椎 X 线摄影。腰椎正位片如图（案例图 3-4-2），该受检者检查前准备是否充分？为什么？

解答： 该受检者检查前准备不充分。女性患者体表衣服上的金属纽扣没有去除，遮盖腰椎骨质的显示，影响诊断。

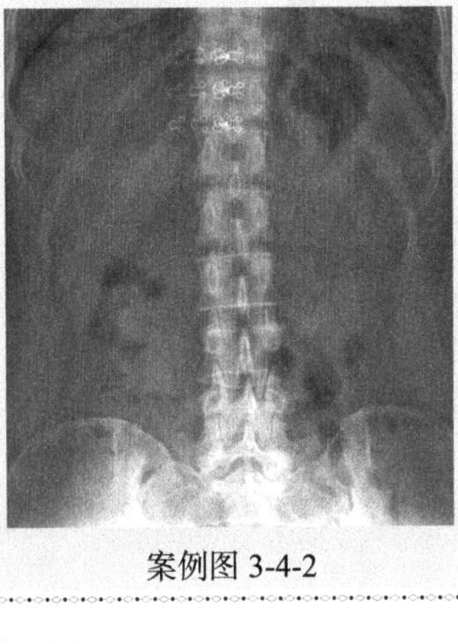

案例图 3-4-2

（一）第 1、2 颈椎张口位

【体位】

（1）受检者仰卧于摄影床上，两臂置于身旁，头颅正中矢状面垂直床面并与探测器中线重合。

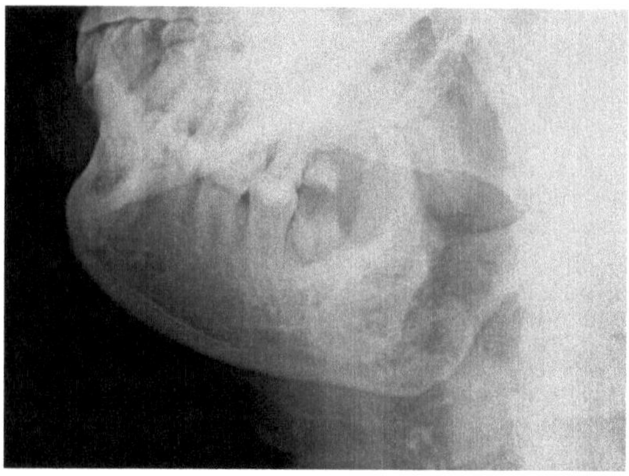

图 3-4-8

（2）头稍后仰，使上颌门齿咬合面与乳突尖连线垂直于床面。

（3）口尽量张大，不能持久张口者可衔一干燥软木塞，使1、2颈椎投影于张大的口中（图 3-4-8）。

（4）对于不能后仰者，可采取坐位，机架向头侧倾斜适当角度摄影；对于不能张口者采用俯卧后前位摄影。

（5）照射野包括第1、2颈椎上下缘。

【中心线】 经两口角连线中点垂直射入。

【标准影像与质量控制】

（1）第1、2颈椎于上、下齿列之间显示，第2颈椎位于正中。

（2）上、中切牙牙冠与枕骨底部重合，第2颈椎齿状突单独清晰显示，不与枕骨重叠。

（3）齿状突与寰椎两侧间隙对称，寰枕关节呈切线状显示（图 3-4-9）。

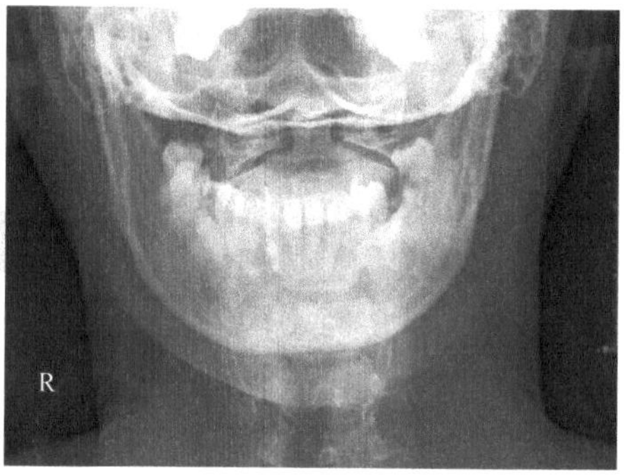

图 3-4-9　第1、2颈椎张口位X线片

【相关疾病检查要点】 用于显示寰枢关节组列及骨质情况，观察有无脱位、骨折及骨质破坏等。

（二）颈椎正位

【体位】

（1）受检者站立位，颈背部靠近摄影架探测器，人体正中矢状面垂直于探测器。

（2）头稍后仰，使上颌门齿咬合面与乳突尖端的连线垂直于探测器。

（3）照射野上缘与外耳道平齐，下缘包括第1胸椎。

【中心线】 向头侧倾斜10°～15°，对准甲状软骨下缘射入。

【标准影像与质量控制】

（1）显示第3～7颈椎正位影像，第3～7颈椎与第1胸椎显示图像正中。

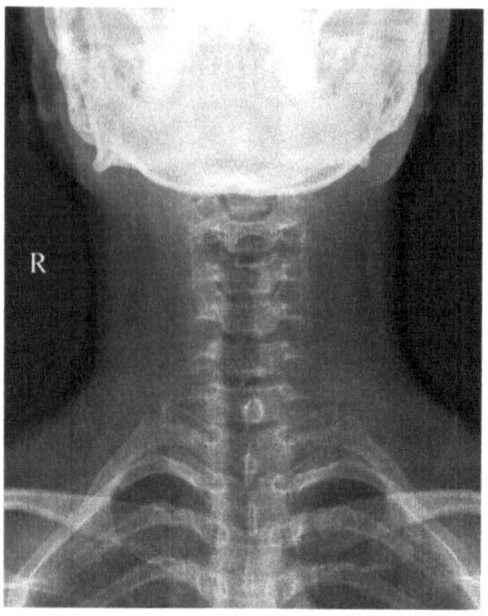

图 3-4-10　颈椎正位X线片

（2）颈椎棘突位于椎体正中，横突左右对称显示，颈椎骨质、椎间隙与钩椎关节显示清晰。

（3）第1肋骨及颈旁软组织包括在图像内，气管投影于椎体正中，下颌骨显示于第2、3椎间隙高度（图 3-4-10）。

【相关疾病检查要点】 用于显示全部颈椎正位影像，观察颈椎有无侧弯、骨质增生、骨质破坏等。

（三）颈椎侧位

【体位】

（1）受检者侧立于摄影架探测器前，人体正中矢状面平行于探测器，外耳孔与肩峰连线置于探测器中线。

（2）头部后仰，下颌前伸，使上门齿咬合面和乳突尖端的连线与水平面平行。

（3）双肩尽量下垂，必要时辅以外力或持重物向下牵拉。

（4）照射野上缘包括外耳道，下缘包括肩峰。

【中心线】 经甲状软骨平面颈部前后缘连线的中点，水平方向垂直射入。

【标准影像与质量控制】

（1）显示全部颈椎侧位影像，第1～7颈椎位于照片正中。

（2）颈椎各椎体骨质、椎间隙及小关节显清晰。

（3）各椎体前后缘呈单边显示，无双缘现象。

（4）齿状突清晰显示，下颌骨不与颈椎重叠。

（5）气管、颈部软组织层次清楚（图3-4-11）。

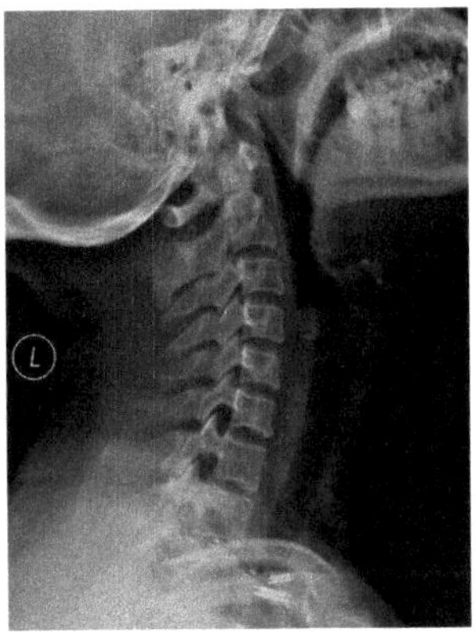

图3-4-11　颈椎侧位X线片

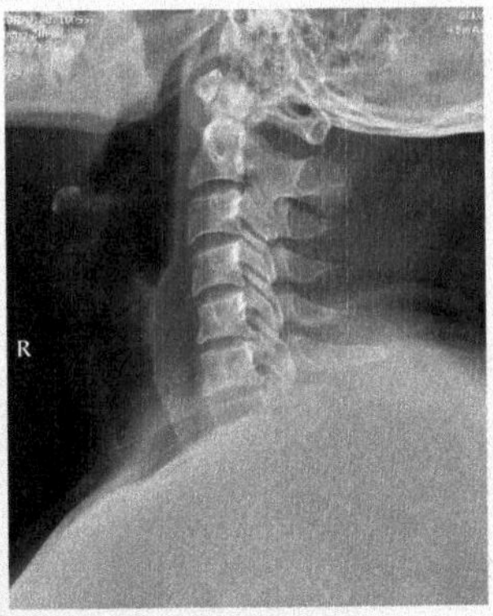

案例图3-4-3

案例3-4-3

女性，39岁，颈部疼痛不适，行颈椎X线摄影。颈椎侧位片如案例图3-4-3所示，该颈椎侧位片是否标准、满足诊断要求？为什么？

解答：该颈椎侧位片不标准，不能完全满足诊断要求；摄影时受检者双肩未充分下垂，肩部软组织图像与第7颈椎重叠，遮挡第7颈椎导致第7颈椎结构未完全显示，影响诊断。

【相关疾病检查要点】　用于显示全部颈椎侧位影像，观察颈椎有无滑脱、骨质增生、骨质破坏、椎间隙狭窄和韧带钙化等；是颈椎病的常规检查位置。

（四）颈椎后前斜位

【体位】

（1）受检者面向探测器前站立，身体旋转，被检侧前胸靠近面板，对侧远离，使人体冠状面与探测器面板成45°～50°角。

（2）头部偏转呈侧位姿势，下颌略前伸，上肢尽量下垂。

（3）颈椎长轴置于探测器长轴中线。

（4）照射野上缘包括外耳孔，下缘包括第1胸椎。

（5）常规摄左右两斜位以便对比观察，后前斜位显示同侧椎间孔；注意标注左、右侧椎间孔。

【中心线】　经甲状软骨平面颈部中点，水平方向垂直射入。

【标准影像与质量控制】

（1）显示颈椎斜位影像，第1～7颈椎位于照片正中。

（2）第2～7颈椎椎间孔显示于椎体与棘突之间，椎弓根位于椎体正中。

（3）各椎体骨质、椎间隙及椎间关节显示清晰，无下颌骨重叠（图3-4-12）。

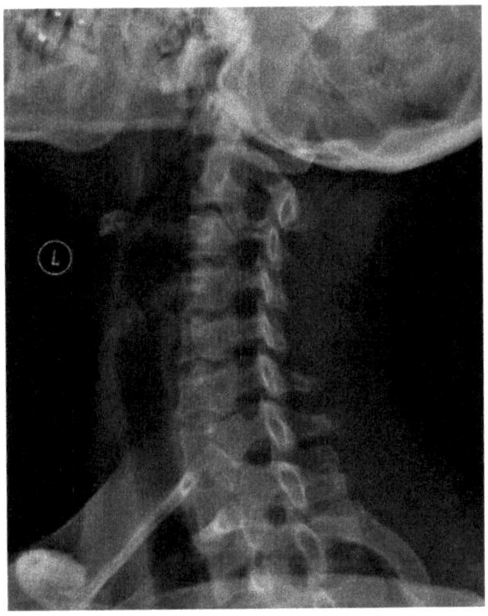

图3-4-12　颈椎后前斜位X线片

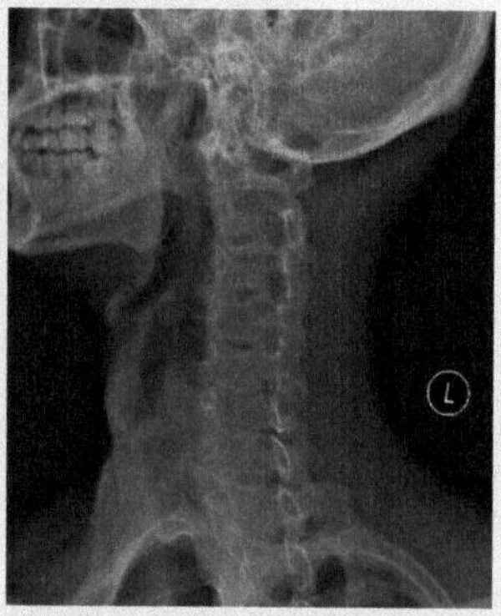

案例图 3-4-4

案例 3-4-4

男，42 岁，左肩及手臂痛、麻木，行颈椎斜位 X 线摄影如案例图 3-4-4 所示，该颈椎斜位图片是否标准、满足诊断要求？为什么？

解答： 该颈椎斜位图片不标准，不能满足诊断要求；摄影时受检者身体旋转不充分，角度过小，人体冠状面与探测器面板夹角小于 45°，椎间孔位于椎体前缘，下颈椎椎间孔显示过小。

【相关疾病检查要点】 用于显示颈椎椎间孔、椎弓根及关节突关节，观察有无椎间孔狭窄、扩大，小关节骨质增生骨赘形成等；常摄取左右双侧以作对比。

（五）颈胸椎正位

【体位】

（1）受检者仰卧于探测器床面，人体正中矢状面与探测器台面中线重合。

（2）头稍后仰，双臂置于身旁。

（3）照射野上缘包括第 4 颈椎（舌骨平面），下缘包括第 4 胸椎（胸骨角平面）。

【中心线】 对准第 1 胸椎（胸廓入口平面）垂直射入。

【标准影像与质量控制】

（1）下段颈椎及上段胸椎（第 4 颈椎至第 4 胸椎）正位影像，位于照片正中。

（2）各椎体、椎间隙、横突和椎弓根显示清晰，棘突位于椎体正中（图 3-4-13）。

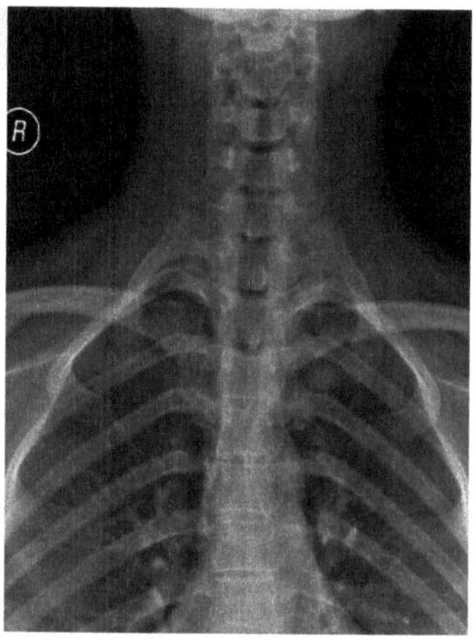

图 3-4-13 颈胸椎正位 X 线片

【相关疾病检查要点】 用于显示颈胸交界区脊柱的形态结构，观察有无骨质增生及破坏、椎间隙有无狭窄等。

（六）颈胸椎侧位

【体位】

（1）受检者侧卧于探测器床面，近台面侧上肢上举，肘部弯曲抱头；颈胸部尽量向前挺出。

（2）头部垫以棉垫，使颈椎与胸椎成一直线序列，并置于台面中线。

（3）远台面侧上肢外旋，手臂尽量伸向后下方，使双肩部上下、前后交错。

（4）照射野上缘包括第 4 颈椎（舌骨平面），下缘包括第 4 胸椎（胸骨角平面）。

【中心线】 对准远台面侧锁骨上窝垂直射入。

【标准影像与质量控制】

（1）下段颈椎、上段胸椎侧位影像，不与肩部骨骼重叠。

（2）各椎体、椎间隙和小关节显示清晰，明确可见。

【相关疾病检查要点】 用于显示颈胸交界区脊柱的形态结构，观察有无骨质增生及破坏、椎间隙有无狭窄等。

（七）胸椎正位

【体位】

（1）受检者仰卧于探测器台面，头部略后仰，双上肢放于身体两侧。

（2）人体正中矢状面垂直台面，并与探测器中线重合。

（3）照射野上缘包括第 7 颈椎，下缘包括第 1 腰椎。

【中心线】　对准第 6 胸椎（胸骨颈静脉切迹与剑突连线的中点）垂直射入。

【标准影像与质量控制】

（1）上部胸椎及第 7 胸椎或下部胸椎及第 1 腰椎在图像正中显示。

（2）各椎体、椎间隙、横突和椎弓根显示清晰，棘突位于椎体正中（图 3-4-14）。

【相关疾病检查要点】　用于显示胸椎及椎旁软组织，观察胸椎各部形态、骨质及椎间隙情况，了解有无骨质增生及破坏、椎间隙有无狭窄等。

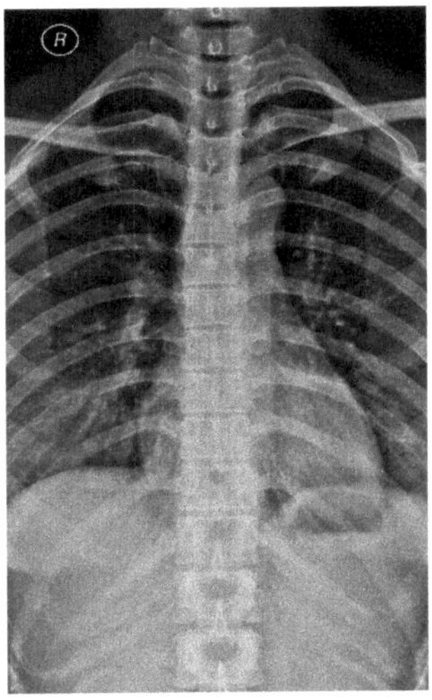

图 3-4-14　胸椎正位 X 线片

（八）胸椎侧位

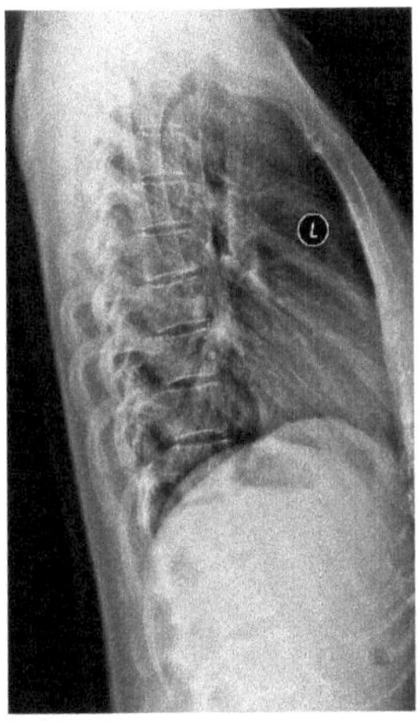

图 3-4-15　胸椎侧位 X 线片

【体位】

（1）受检者侧卧于探测器台面，双侧上肢尽量上举抱头，双下肢屈曲，膝部上移。

（2）腰部垫以棉垫，使胸椎序列平行于台面，并置于台面中线。

（3）照射野上缘包括第 7 颈椎，下缘包括第 1 腰椎。

【中心线】　对准第 7 胸椎（肩胛下角平面）垂直射入。

【标准影像与质量控制】

（1）显示第 3～12 胸椎侧位影像，胸椎略后突弯曲，不与肱骨重叠，位于图像正中。

（2）各椎体、椎间隙及附件显示清晰，椎体无双边，椎间隙明确清晰（图 3-4-15）。

【相关疾病检查要点】　用于显示胸椎侧位的形态、骨质结构、生理曲度及椎间隙情况，了解有无骨质增生及破坏、椎间隙有无狭窄等。

（九）腰椎前后正位

【体位】

（1）受检者仰卧于探测器台面，双上肢放于身体两侧或上举抱头，人体正中矢状面垂直台面，并与台面中线重合。

（2）两侧髋及膝关节屈曲，双足踏于台面，以使腰部贴靠台面，减小腰椎前凸度。

（3）照射野上缘包括第 12 胸椎，下缘包括第 1 骶椎。

【中心线】　对准第 3 腰椎（相当于脐上 3cm 处）垂直射入。

【标准影像与质量控制】

（1）显示第 12 胸椎至第 2 骶椎全部脊椎正位影像，椎体位于图像正中。

（2）双侧横突、椎弓根对称清晰显示。

（3）第 3 腰椎椎体边缘切线显示，无双边现象，椎间隙清晰可见。

（4）双侧腰大肌对称清晰显示（图 3-4-16）。

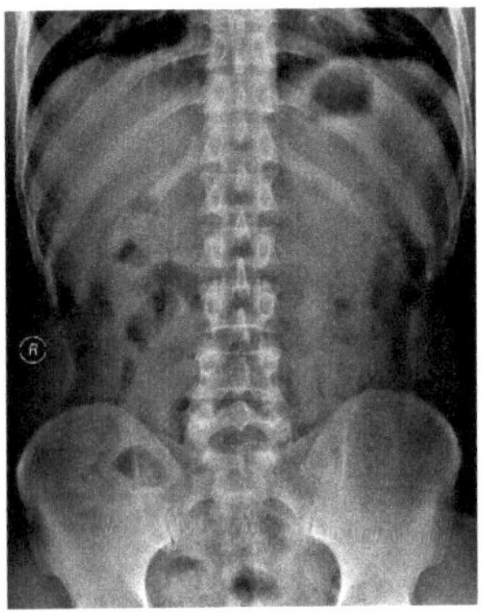

图 3-4-16　腰椎前后正位 X 线片

【相关疾病检查要点】 用于显示腰椎正位形态、骨质结构、小关节和两侧软组织情况；了解有无骨质增生及破坏、椎间隙有无狭窄等。

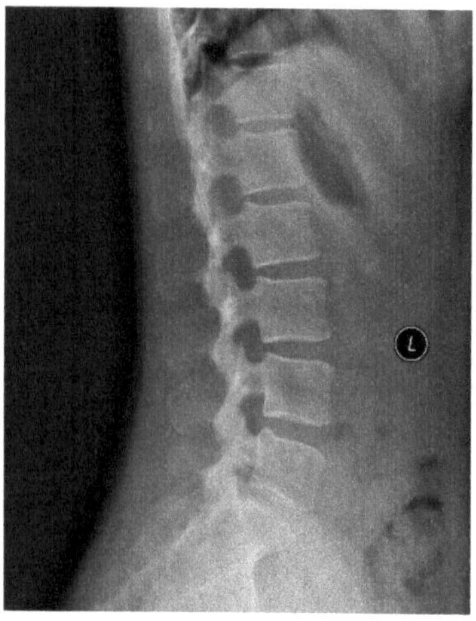

图 3-4-17 腰椎侧位 X 线片

（十）腰椎侧位

【体位】

（1）受检者侧卧于探测器台面，双侧上肢自然上举，双下肢屈曲，膝部上移。

（2）腰部用棉垫垫平，使腰椎序列平行于台面，并置于台面中线。

（3）照射野上缘包括第 11 胸椎，下缘包括上部骶椎。

【中心线】 对准第 3 腰椎（相当于髂嵴上 3cm 处）垂直射入。

【标准影像与质量控制】

（1）显示第 12 胸椎至第 2 骶椎全部脊椎侧位影像，位于图像正中。

（2）椎体呈四方形，边缘锐利清晰，无双边现象；椎间隙清晰可见。

（3）椎弓根、椎间孔、关节突关节及棘突清晰显示（图 3-4-17）。

【相关疾病检查要点】 用于显示腰椎侧位的形态、骨质结构、生理曲度及椎间隙情况；了解有无骨质增生及破坏，椎间隙有无狭窄等。

案例 3-4-5

女，21 岁，腰痛数年，加重数日，既往有外伤史，行腰椎侧位 X 线摄影如案例图 3-4-5 所示，该腰椎侧位片是否标准、满足诊断要求？为什么？

解答：该腰椎侧位图片不标准；受检者体位摆放不正，腰椎体后缘及部分椎体上下缘呈双边样。

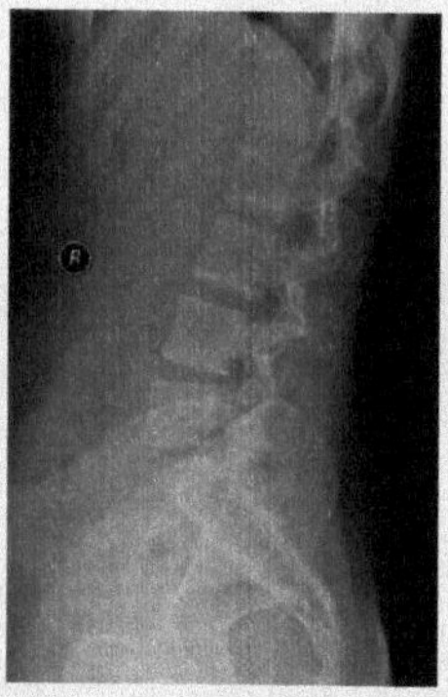

案例图 3-4-5

（十一）腰椎斜位

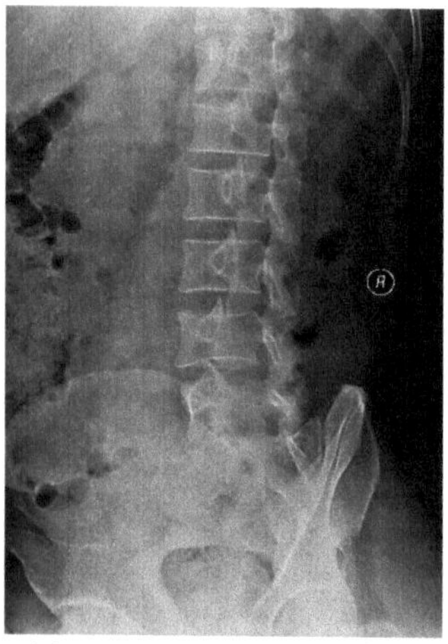

图 3-4-18 腰椎斜位 X 线片

【体位】

（1）受检者侧卧于探测器台面，近台面侧髋部及膝部屈曲，对侧下肢伸直。

（2）身体后倾，使冠状面与台面约成 45°；腰椎长轴与台面中线重合。

（3）照射野上缘包括第 11 胸椎，下缘包括上部骶椎。

（4）常规摄左右两斜位以便对比观察。

【中心线】 对准第 3 腰椎（相当于髂嵴上 3cm 处）垂直射入。

【标准影像与质量控制】

（1）第 1～5 腰椎及腰骶关节斜位影像位于图像正中。

（2）腰椎各椎弓根投影于椎体正中或前 1/3 处，椎间关节突关节边缘锐利清晰，无双边现象，投影于椎体后 1/3 处。

（3）椎间隙、椎弓根、关节突清晰显示（图 3-4-18）。

案例 3-4-6

男，55 岁，腰痛伴右下肢疼痛 10 年，加重 1 年，行腰椎斜位 X 线摄影如案例图 3-4-6 所示，该腰椎斜位片是否标准、满足诊断要求？为什么？

解答： 该腰椎斜位片不标准；受检者体位摆放不正，身体后倾角度过小，使冠状面与台面小于 45°，椎弓根缩短，与椎体重叠较多，椎弓根及关节突显示不清，影响诊断。

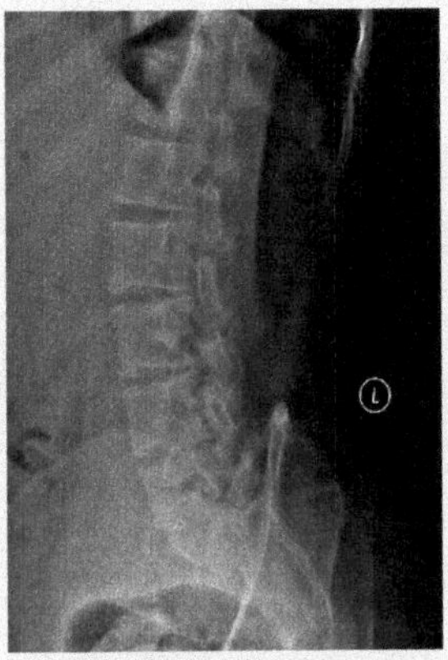

案例图 3-4-6

【相关疾病检查要点】 用于显示腰椎椎弓根、峡部和关节突关节的斜位影像，了解有无椎弓根及峡部隐裂和小关节脱位、狭窄等情况。

（十二）骶椎正位

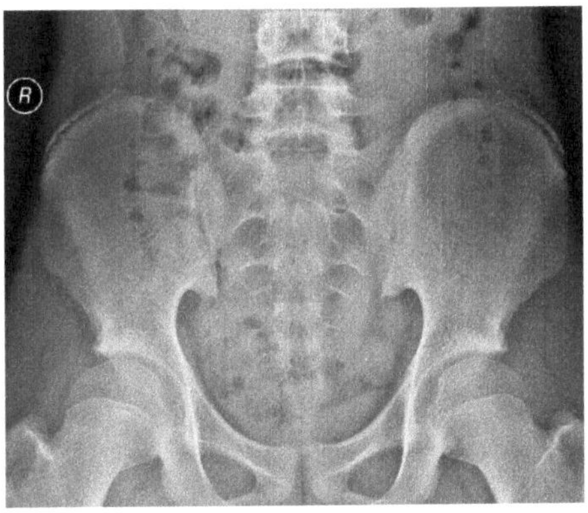

图 3-4-19 骶椎正位 X 线片

【体位】

（1）受检者仰卧于探测器台面，人体正中矢状面垂直台面，并与台面中线重合。

（2）双下肢伸直，足尖并拢。

（3）照射野上缘包括第 4 腰椎，下缘包括尾椎。

【中心线】 向头侧倾斜 15°～20°，对准耻骨联合上 3cm 射入。

【标准影像与质量控制】

（1）照片包括全部骶椎及腰骶关节正位影像，骶中嵴位于图像正中。

（2）骶椎孔与骶髂关节双侧对称显示。

（3）耻骨联合不与骶椎重叠（图 3-4-19）。

【相关疾病检查要点】 用于显示骶椎的正位影像，了解有无骶椎骨质破坏，骶孔有无狭窄、扩大等情况。

（十三）尾椎正位

【体位】

（1）受检者仰卧于探测器台面，人体正中矢状面垂直台面，并与台面中线重合。

（2）双下肢伸直，足尖并拢。

（3）照射野上缘包括髂前上棘，下缘超出耻骨联合。

【中心线】 向足侧倾斜 10°，对准双侧髂前上棘连线中点射入。

【标准影像与质量控制】

（1）照片包括全部尾椎正位影像，并位于图像正中。

（2）耻骨联合不与尾椎重叠；无肠内容物重叠（图 3-4-20）。

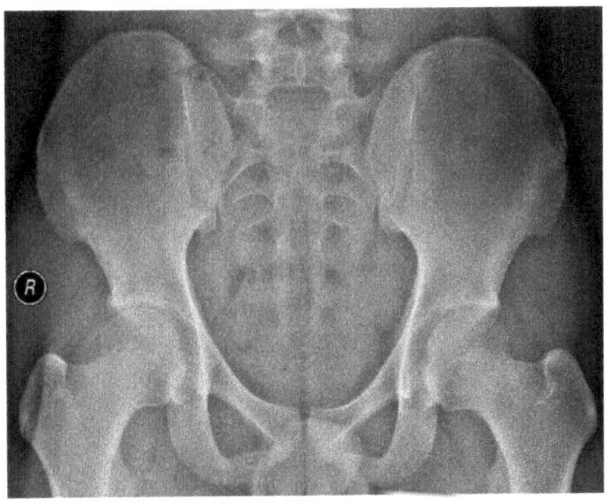

图 3-4-20 尾椎正位 X 线片

【相关疾病检查要点】 用于显示尾椎的正位影像，了解有无骨折、骨质破坏等情况。

（十四）骶尾椎侧位

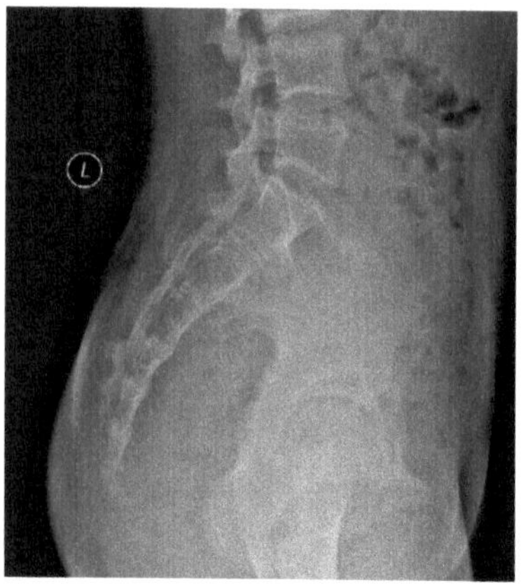

图 3-4-21 骶尾椎侧位 X 线片

【体位】

（1）受检者侧卧于探测器台面，双下肢屈曲，膝部上移。

（2）骶尾部后平面垂直台面，腰部垫以棉垫，使骶、尾骨正中矢状面与台面平行。

（3）照射野上缘包括第 5 腰椎，下缘包括全部尾骨。

【中心线】 对准髂后下棘前方 8cm 处垂直射入。

【标准影像与质量控制】

（1）骶尾椎及腰骶关节侧位影像，位于图像正中。

（2）骶尾椎各节椎体边界清晰，易于分辨；骶椎两侧无名线应重叠为单一致密线。

（3）腰骶关节及骶尾关节间隙清晰显示（图 3-4-21）。

【相关疾病检查要点】 用于显示骶尾椎侧位影像，了解有无骨折、序列不稳、脱位及曲度异常等情况。

（十五）骶髂关节前后位

【体位】

（1）受检者仰卧于探测器台面，人体正中矢状面垂直台面，并与台面中线重合。

（2）双下肢伸直。

（3）照射野上缘超过髂前上棘，下缘超出耻骨联合。

【中心线】 向头端倾斜 15°～20°，对准双侧髂前上棘连线中点射入。

【标准影像与质量控制】

（1）显示双侧骶髂关节的正位影像，位于图像正中。

（2）双侧骶髂关节对称显示，关节间隙及关节面清晰可见（图 3-4-22）。

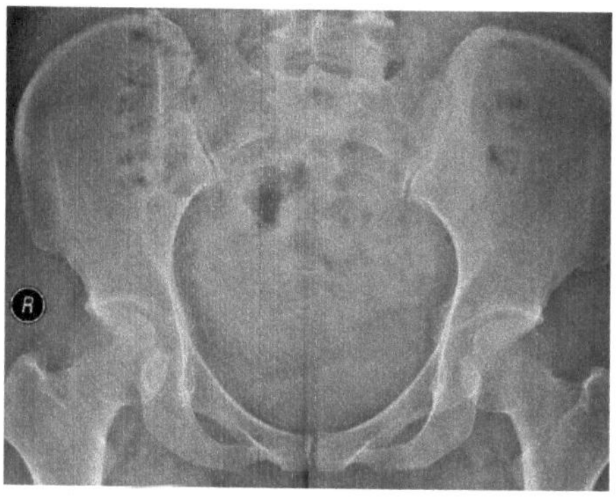

图 3-4-22 骶髂关节前后位 X 线片

【相关疾病检查要点】 用于观察骶髂关节病变如强直性脊柱炎、致密性骨炎和感染等，双侧对比观察了解有无关节间隙狭窄、关节面破坏及增生硬化等情况。

（十六）骶髂关节前后斜位

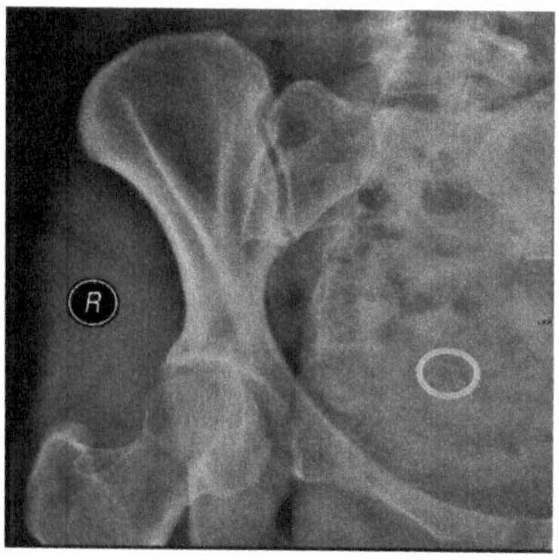

图 3-4-23 骶髂关节前后斜位 X 线片

【体位】

（1）受检者侧卧于探测器台面，被检侧腰部及臀部抬高，使人体冠状面与台面成 15°～20°角。

（2）被检侧的髂前上棘内侧 2.5cm 处的纵切面对准台面中线，两髂前上棘连线平面置于探测器上下的中线。

（3）照射野上缘包括髂前上棘，下缘包括耻骨。

【中心线】 对准被检侧髂前上棘内侧 2.5cm 处垂直射入。

【标准影像与质量控制】

（1）被检侧骶髂关节、整个髋骨均包括在影像内。

（2）被检侧骶髂关节呈切线位显示，结构清晰，骶骨、髋骨清晰可见（图 3-4-23）。

【相关疾病检查要点】　用于观察单侧骶髂关节有无关节间隙狭窄、关节面破坏及增生硬化等情况。

（十七）骨盆前后正位

【体位】

（1）受检者仰卧于探测器台面，人体正中矢状面垂直台面，并与台面中线重合。

（2）双下肢伸直，双足轻度内旋10°～15°，踇趾并拢。

（3）照射野上缘包括髂前上棘，下缘达耻骨联合下方3cm。

【中心线】　对准两髂前上棘连线的中点下方3cm处垂直射入。

【标准影像与质量控制】

（1）照片包括骨盆全部骨质及股骨近段1/4，左右对称显示，位于图像正中。

（2）耻骨不与骶椎重叠，双侧股骨大结节内缘与股骨颈重叠1/2。

（3）双侧髂骨翼骨质密度均匀，各构成密质骨及松质骨清晰可见（图3-4-24）。

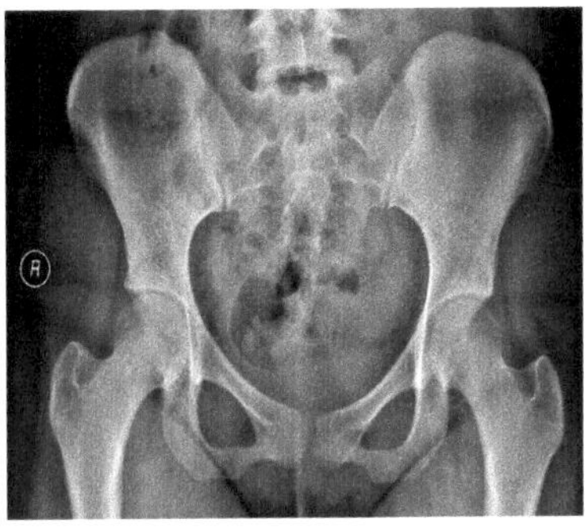

图3-4-24　骨盆前后正位X线片

【相关疾病检查要点】　用于显示骨盆和双髋关节形态和骨质结构，了解有无骨质破坏、骨质增生及脱位等情况。

【小结】　本节主要内容为脊柱和骨盆X线摄影，介绍了颈椎、胸椎、腰椎、骶尾椎和骨盆等中轴骨常用的X线摄影体位、方法和检查要点。摄影过程中应注意体位的摆放、照射野的范围和中心线角度位置，还应熟悉标准影像的显示和临床适应证。

三、四肢X线摄影

【临床概述】　普通X线检查是四肢检查的首选方法。四肢由其骨骼、骨间关节、肌肉、肌腱、血管和皮肤等软组织组成，骨性结构和软组织之间具有良好的天然对比度。普通X线检查常用于骨外伤、发育、某些疾病的骨改变、多种骨和关节疾病的检查。软组织的钙化和金属异物也可以清楚显示。

上肢骨包括肩胛骨、锁骨、肱骨、尺骨、桡骨、腕骨、掌骨、指骨组成；骨关节包括胸锁关节、肩肱关节、肩锁关节、肩关节、肘关节、肱尺关节、肱桡关节、桡尺关节、腕关节、掌指关节、指间关节等。正侧位是上肢长骨的常规检查体位，应至少包括一侧关节以资鉴别。对肩关节、肘关节、腕关节等结构比较复杂的关节部位，需根据检查需要选择恰当的检查体位，以获得符合诊断要求的影像。腕关节由不规则的腕骨组成，常需要组合使用腕关节正、侧位和外展位，以显示豌豆骨、舟骨等腕骨的位置、形态；肘关节前后位呈现关节切线位，可清晰显示肘关节间隙和鹰嘴窝情况；为减少肢体重叠，肩关节侧位采用穿胸位，而肩锁关节后前位对肩锁关节脱位、半脱位有重要诊断价值。

下肢骨自上而下由髋骨、股骨、髌骨、胫骨、腓骨、跗骨、距骨、跖骨和趾骨组成；骨关节包括髋关节、膝关节、踝关节和足趾关节等。下肢骨骼较上肢骨骼粗大、骨皮质较厚，往往需要加大曝光剂量。正侧位仍然是下肢长骨的常用检查体位，应至少包括一侧关节以资鉴别。对结构较复杂的关节部位，为达到不同观察目的应采取不同检查体位。髋关节结构形态较为复杂，除正位外，为了解股骨头向后脱位情况，可以选择水平侧位；膝关节正侧位常用来观察关节间隙、关节面骨质情况；怀疑发生髌骨骨折时，除髌骨侧位外还需拍摄髌骨轴位。

【适应证】

（1）外伤。

（2）感染。

（3）肿瘤和肿瘤样病变。

（4）先天性畸形。

（5）关节病变。

（6）骨骼生长障碍。

（7）全身性骨疾病。

【禁忌证】 没有特殊禁忌证。

【注意事项】

（1）仔细阅读申请单，了解病史，明确检查目的。录入或调取并核对受检者的姓名、年龄、性别等基本信息和检查信息。

（2）与受检者沟通，消除其顾虑和紧张情绪。

（3）了解受检者是否有石膏、夹板、绷带、金属固定器等影响图像质量的情况。检查前嘱其保持体位不动。

（4）对于儿童和不合作受检者，可根据情况给予镇静剂，以减少运动伪影。

（5）急诊检查时，①检查及时快速，争取用最短的时间获取符合诊断要求的优质影像；②正确运用适当的体位设计和摄影方法，成像范围结合疾病表现（如肢体局部肿胀、压痛、畸形、功能障碍等体征）给予适当增大；③检查过程中，搬动、体位设计时要小心谨慎，防止意外伤害或院内二次受伤，必要时采用“就势摄影”体位。

（6）采取必要的屏蔽或个人防护，遵从照射正当化和防护最优化的原则，优化摄影条件，控制照射剂量。

（一）手掌后前位

【体位】

（1）患者侧坐于摄影台一端，屈肘约 90°角。

（2）被照射手五指自然分开，掌心向下紧贴探测器中心，第 3 掌骨头置于探测器中心（图 3-4-25、图 3-4-26）。

（3）摄影距离 90～100cm。

【中心线】 对准第 3 掌骨头，垂直射入探测器中心。

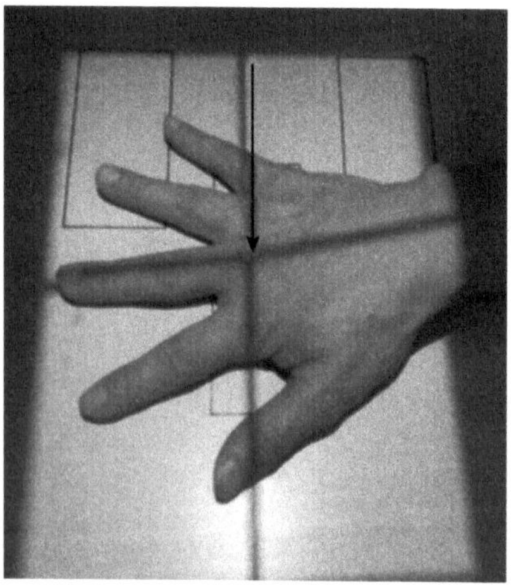

图 3-4-25 手掌后前位

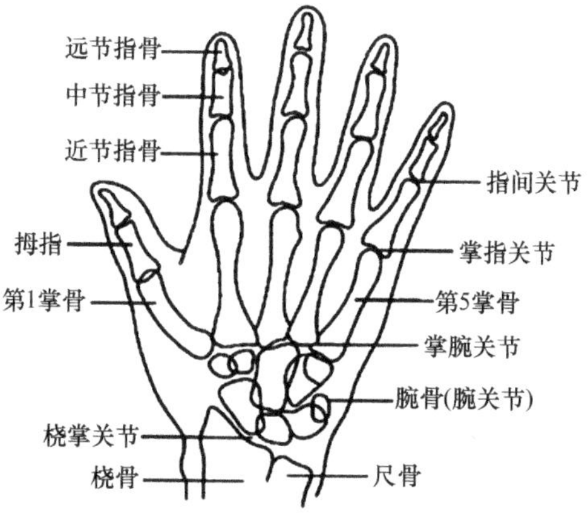

图 3-4-26 手掌后前位像结构线图

【标准影像显示】

（1）全部掌指骨及腕关节包括在照片内，第 3 掌指关节位于照片正中。

（2）5 个指骨以适当的间隔呈分离状显示。

（3）2～5 掌指骨呈正位，拇指呈斜位投影。

（4）掌骨至指骨远端，骨小梁清晰可见，并能呈现出软组织层次。

【相关疾病检查要点】 用于显示手掌指骨组列及骨质情况，观察有无骨折、脱位及骨质增生、骨质破坏等；是手外伤及类风湿等关节疾病的常规检查体位。

（二）掌下斜位

【体位】

（1）患者侧坐于摄影台一端，屈肘约 90°角。

（2）五指均匀分开，稍弯曲，指尖触及探测器中心。手指内旋，使掌心面与探测器中心约成 45°角（图 3-4-27、图 3-4-28）。

（3）摄影距离为 90～100cm。

【中心线】 对准第 3 掌骨头，垂直射入探测器中心。

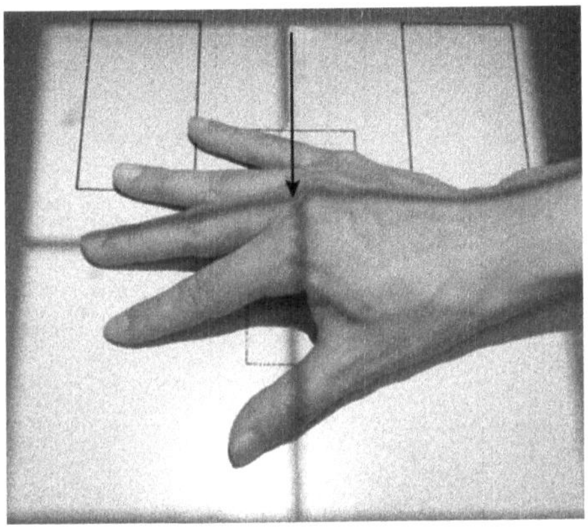

图 3-4-27　掌下斜位

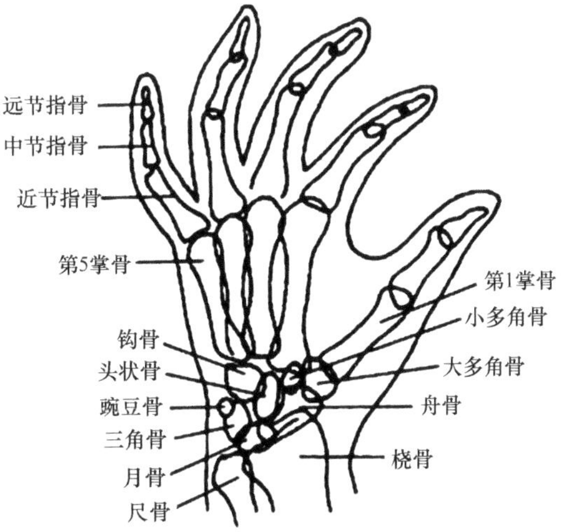

图 3-4-28　掌下斜位结构示意图

【标准影像显示】

（1）全部掌指骨及腕关节包括在照片内，呈斜位投影，第 3 掌指关节位于照片正中。

（2）全部掌指骨骨小梁清晰可见，软组织层次显示良好。

（3）大多角骨与第 1 掌指关节间隙明确。

【相关疾病检查要点】 用于显示手掌指骨组列及骨质有无骨折、脱位及骨质增生、破坏等情况；观察第 1、2、3 掌，指骨及其关节的影像结构；第 4、5 掌骨部分重叠，显示为斜位影像，故适于观察各掌指骨的背侧皮质；是手外伤的常用检查体位。

案例 3-4-7

女，58 岁，双手关节疼痛、手指畸形、晨僵 9 年，验血类风湿因子阳性，自身抗体 RA 阳性，近日自觉晨僵加重来院就诊，照片如案例图 3-4-7 所示。问：照片体位是否标准？

解答：此患者掌指关节边缘骨质不规则增生，掌指关节及腕关节间隙变窄甚至消失，结合临床表现及化验室指标，诊断为类风湿关节炎；由于此患者掌指骨畸形，配合拍摄体位困难，故掌下斜位欠标准。

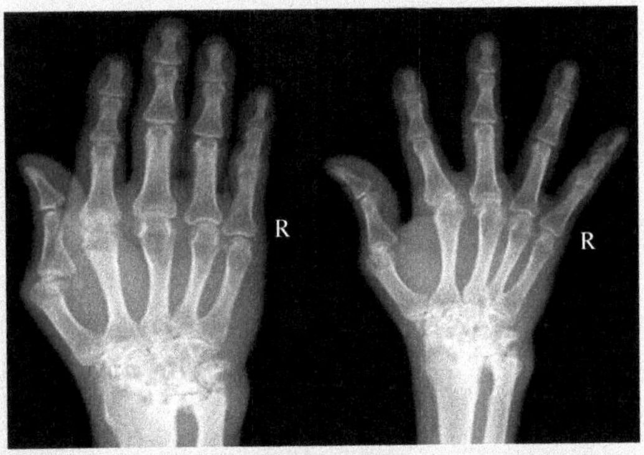

案例图 3-4-7

（三）拇指正位（掌上位）

【体位】

（1）患者坐于摄影台一端，手背内旋使掌心向上，拇指背侧紧贴探测器中心。

（2）患者自己用健侧手将其余四指抓住并背屈（图 3-4-29、图 3-4-30）。

（3）摄影距离为 90～100cm。

【中心线】 对准拇指的掌指关节，垂直射入探测器中心。

【标准影像显示】

（1）拇指呈正位显示。

（2）拇指骨及第 1 掌骨位于图像中央，显示被检侧拇指骨骨质及软组织影像。

（3）骨小梁清晰显示，周围软组织清楚显示。

【相关疾病检查要点】 用于显示拇指掌指骨及其关节或软组织影像结构，观察有无骨折、脱位及骨质增生、骨质破坏等；是拇指外伤及骨病的常用检查体位。

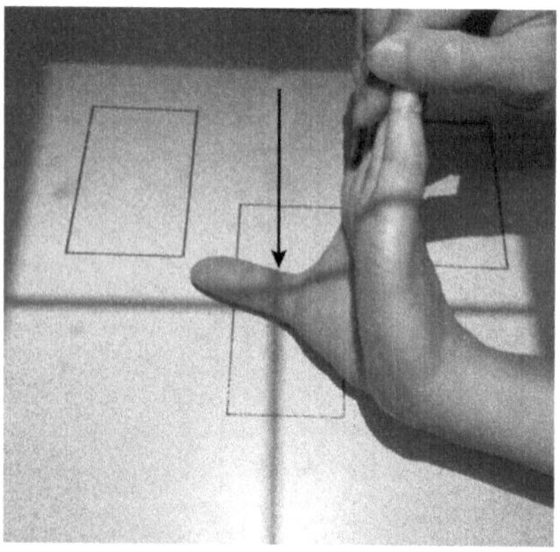

图 3-4-29 拇指正位

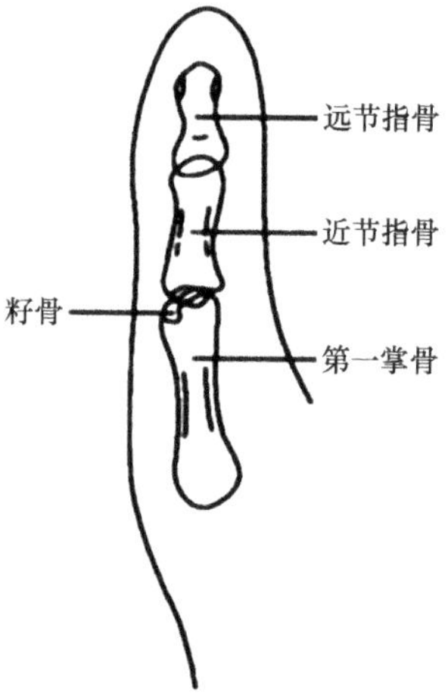

图 3-4-30 拇指正位结构示意图

（四）拇指侧位

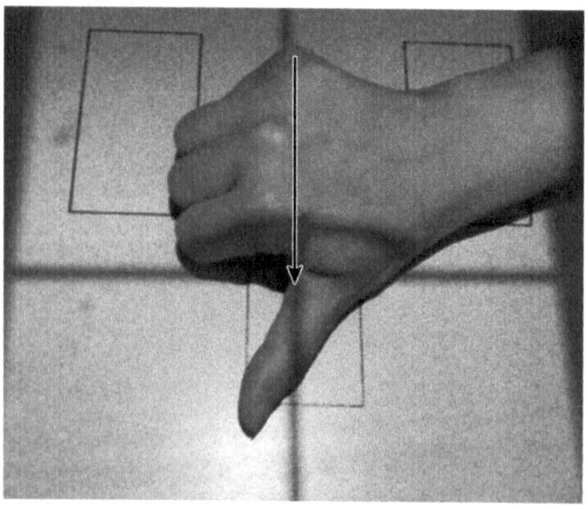

图 3-4-31 拇指侧位

【体位】

（1）患者侧坐于摄影台一端，肘部弯曲，约成 90°角，拇指外侧缘紧贴探测器中心，使拇指背面与探测器中心垂直（图 3-4-31）。

（2）其余手指握拳，用以支持手掌，防止抖动。

（3）摄影距离为 90～100cm。

【中心线】 对准拇指的掌指关节，垂直射入探测器中心。

【标准影像显示】

（1）拇指呈侧位显示。

（2）拇指骨及第 1 掌骨位于图像中央，显示被检侧拇指骨骨质及软组织影像。

（3）骨小梁清晰显示，周围软组织清楚显示。

【相关疾病检查要点】 用于显示拇指及第 1 掌指骨骨质情况，观察有无骨折、脱位及骨质增生、骨质破坏等；是拇指外伤的常用检查体位。

案例 3-4-8

男，14 岁，课间与同学打闹时左手拇指挫伤，来院就诊诊断左手拇指近节指骨骨折，患者质疑医生手术过程不认真，手术效果不良，复查放射线片（案例图 3-4-8），此拍摄方法正确吗？骨折断端对位对线如何？

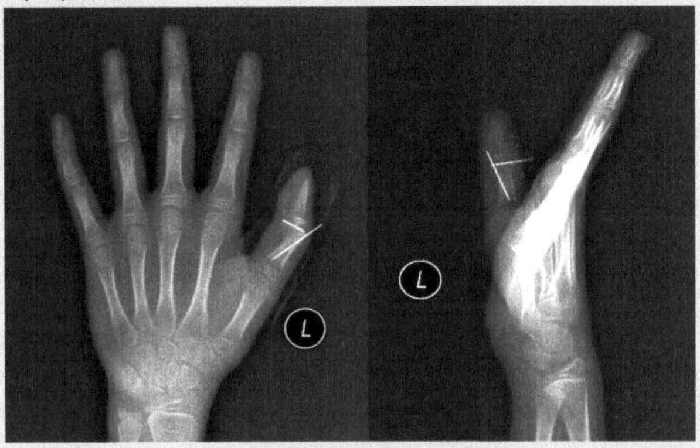

案例图 3-4-8

解答： 此患者拍摄手拇指片，应该采取拇指正位片及拇指侧位片，此拍摄方法准确；从此片中可以看出，左手拇指近节指骨粉碎性骨折，两枚克氏针内固定术后表现，正位及侧位均可以看出骨折断端对位对线良好。

（五）腕关节后前位

【体位】

（1）患者坐位，腕关节成后前位，肘部弯曲约成 90°角。

（2）手半握拳，腕关节置于探测器中心，腕部掌面紧贴探测器中心。

（3）摄影距离为 90～100cm。

【中心线】 对准尺骨和桡骨茎突连线的中点，垂直射入探测器中心。

【标准影像显示】

（1）腕关节诸骨位于照片正中，呈正位显示，照片包括尺桡骨远端及掌骨近端（图 3-4-32～图 3-4-34）。

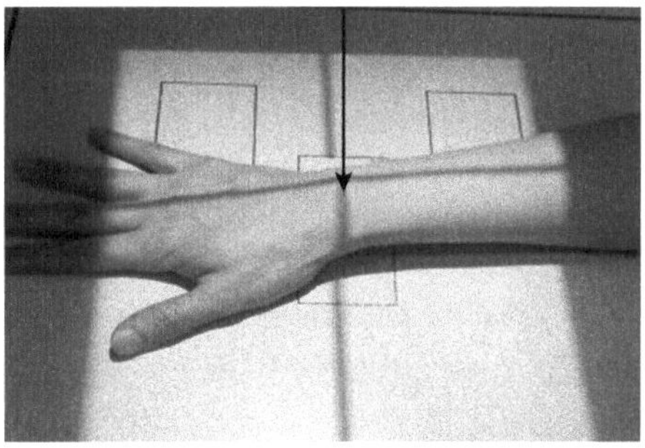

图 3-4-32　腕关节后前位的体位与中心

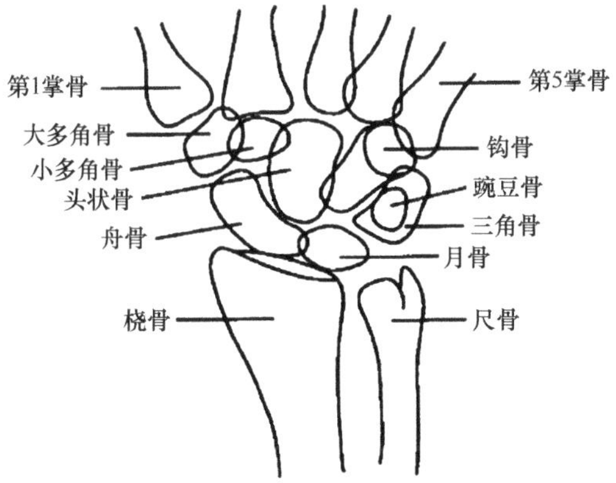

图 3-4-33　腕关节后前位结构示意

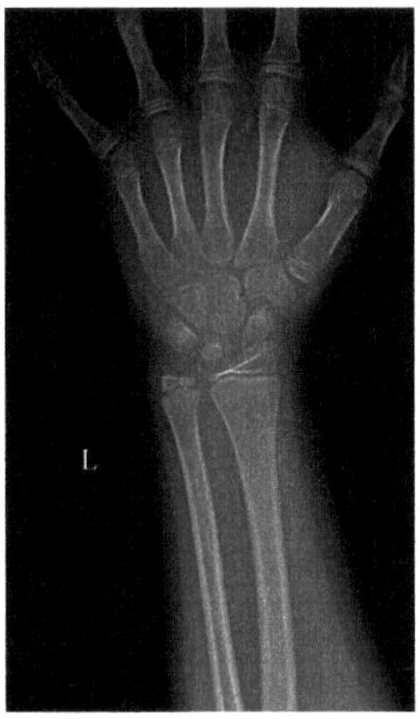

图 3-4-34　腕关节后前位

（2）掌腕关节及桡腕关节间隙显示清晰。

（3）诸骨小梁及周围软组织清晰可见。

【相关疾病检查要点】 用于显示腕骨组列及骨质情况及腕关节位置情况，观察有无骨折、脱位及骨质增生、骨质破坏、腕骨关节间隙等；是外伤、小儿骨龄、类风湿等疾病的常用检查体位。

（六）腕关节侧位

【体位】

（1）患者侧坐于摄影台旁，肘部弯曲，约成90°角。

（2）手指和前臂侧放，将第5掌骨和前臂尺侧紧贴探测器中心，尺骨茎突置于探测器中心（图3-4-35、图3-4-36）。

（3）摄影距离为90～100cm。

【中心线】 对准桡骨茎突，垂直射入探测器中心。

【标准影像显示】

（1）腕关节呈侧位显示，位于照片正中。

（2）尺桡骨远端重叠良好。

（3）诸骨小梁及周围软组织清晰可见。

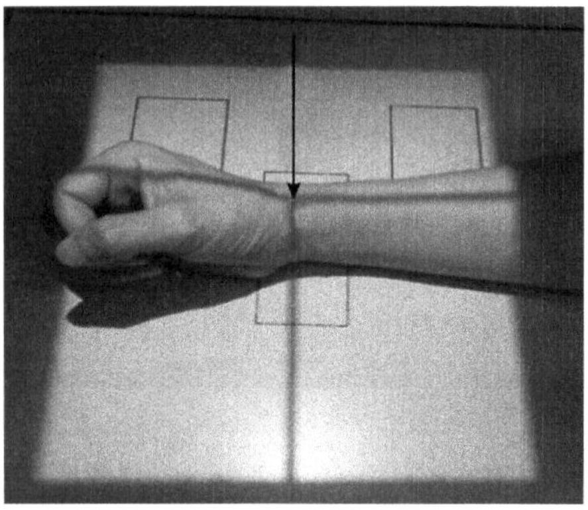

图3-4-35 腕关节侧位

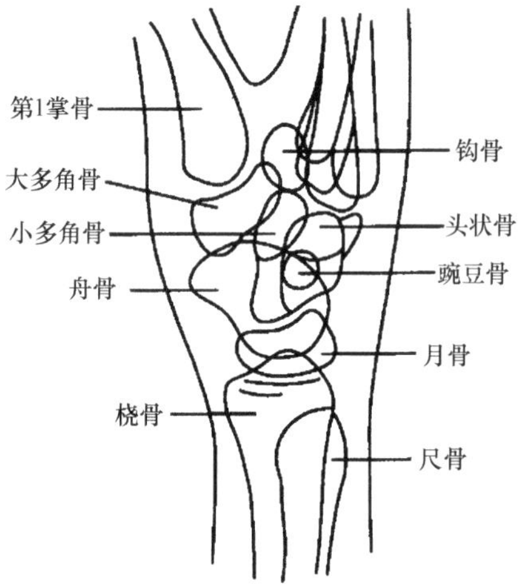

图3-4-36 腕关节侧位结构示意图

【相关疾病检查要点】 用于显示腕骨及尺桡骨远端骨质情况以及腕关节位置情况，观察有无骨折移位、骨质增生、骨质破坏等；是外伤的常用检查体位。

案例3-4-9

男，14岁，在学校内打篮球时左腕挫伤，腕部变形，来院就诊，拍摄X线片如案例图3-4-9所示，此腕部情况如何?

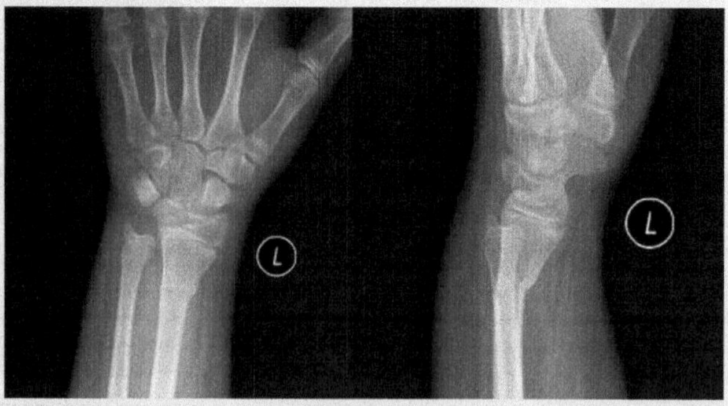

案例图3-4-9

解答： 此患者拍摄的是左腕正侧位片，图示左桡骨远端骨质见线样略低密度影，略向背侧成角，骨皮质不连续，诊断为左桡骨远端青枝骨折。拍摄四肢长骨一定要至少两个位置，尤其怀疑青枝骨折的患者，只拍摄一个体位极易漏诊。

（七）腕关节外展位

【体位】

（1）患者面向摄影台一端就座，自然屈肘，掌心向下。

（2）探测器中心置于一个20°角度板上（或用沙袋垫高20°）。

（3）腕部平放于探测器中心上，手掌尽量向尺侧偏移（图3-4-37、图3-4-38）。

（4）摄影距离90～100cm。（用于观察舟状骨）

【中心线】 对准尺骨和桡骨茎突连线中点，垂直射入探测器中心。

【标准影像显示】

（1）影像显示为舟骨长轴展开影像，与其他骨的邻接面显示清晰。

（2）影像包括掌骨与尺桡骨远端，舟骨标准正位显示。

（3）骨小梁及周围软组织清楚显示。

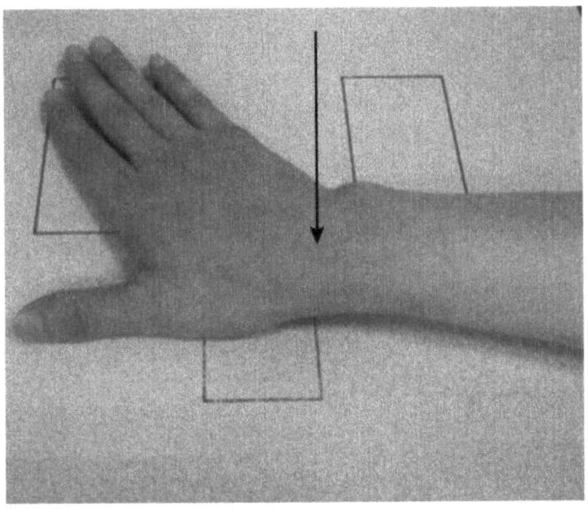

图3-4-37 腕关节外展位

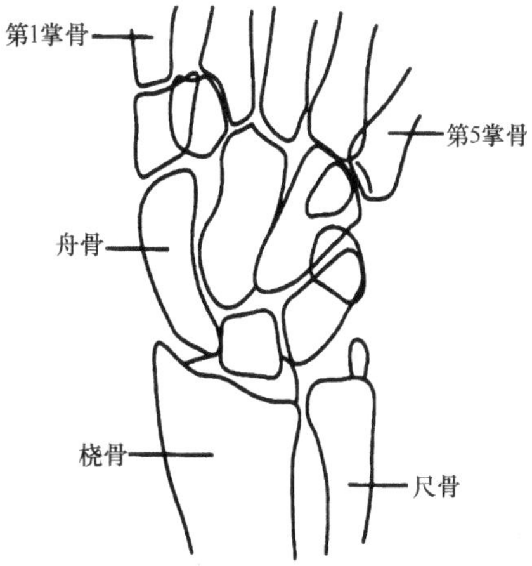

图3-4-38 腕关节外展位结构示意图

【相关疾病检查要点】 主要用于显示腕舟骨的骨质情况，观察有无骨折、骨质破坏等；是腕舟骨外伤的常用检查体位。

案例3-4-10

男，49岁，左腕外伤，来院就诊，患者自述3个月前曾有左腕外伤史，于当地医院检查左腕关节软组织肿胀，拍摄腕关节X线片未见骨折，现再次受伤后拍摄X线片（案例图3-4-10）以明确诊断。问：患者应该拍摄何种体位？

解答： 因为此患者受伤部位为左腕关节外侧，所以拍摄左腕关节外展位，图示左腕舟状骨见横行骨折线，骨折断面可见硬化缘；故诊断为左腕舟状骨陈旧骨折（说明此患者3个月前检查有误诊）。

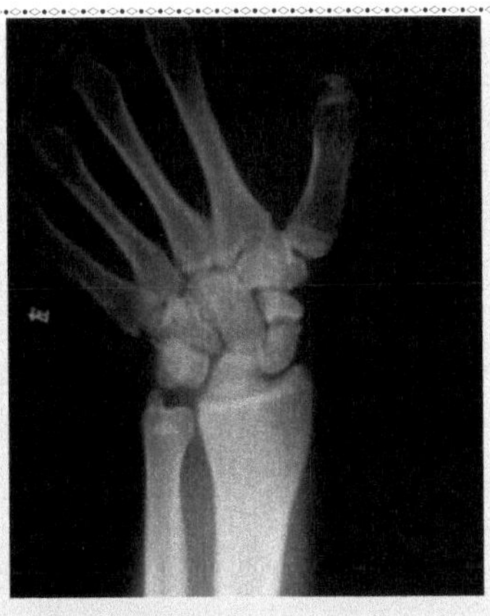

案例图3-4-10

（八）前臂正位

【体位】

（1）患者面向摄影台一端就座，前臂伸直，掌心向上，背面紧贴探测器中心。

（2）前臂长轴与探测器中心长轴平行。

（3）探测器中心上缘包括肘关节，下缘包括腕关节（图 3-4-39、图 3-4-40）。

（4）摄影距离 90～100cm。

【中心线】 对准前臂中点，垂直射入探测器中心。

【标准影像显示】

（1）显示尺、桡骨正位影像。

（2）腕关节或（和）肘关节呈正位像显示。

（3）诸骨小梁及周围软组织清晰可见。

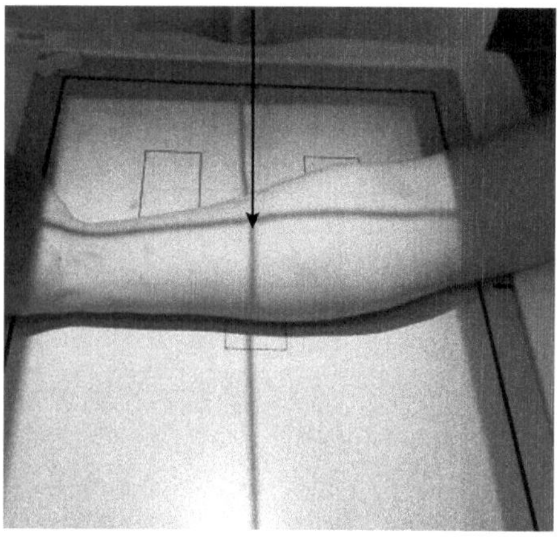

图 3-4-39 前臂正位

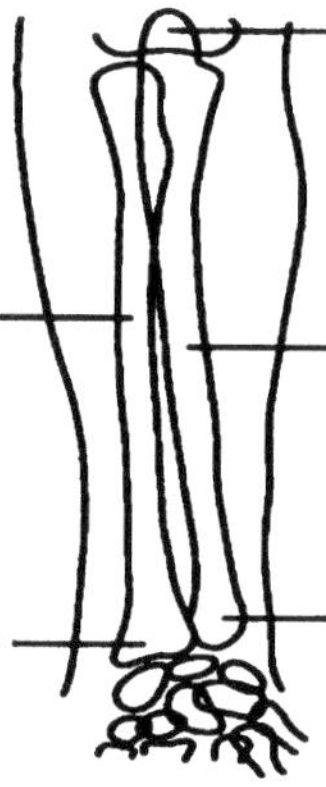

图 3-4-40 前臂正位结构示意图

【相关疾病检查要点】 用于显示尺桡骨骨干骨质和前臂软组织的正位形态，观察有无骨折、骨质破坏等；是前臂外伤和骨病的常用检查体位。

（九）前臂侧位

【体位】

（1）患者面向摄影台一端就座，屈肘约成 90°角。

（2）前臂呈侧位，尺侧紧贴探测器中心，肩部下移，尽量接近肘部高度（图 3-4-41、图 3-4-42）。

（3）探测器中心上缘包括肘关节，下缘包括腕关节。

（4）摄影距离为 90～100cm。

【中心线】 对准前臂中点，垂直射入探测器中心。

【标准影像显示】

（1）显示尺骨、桡骨、腕关节和（或）肘关节侧位影像。

（2）布局合理，图像包括腕关节和（或）肘关节，至少应包括一个关节，尺桡骨呈侧位影像。

（3）影像清楚显示骨小梁和周围软组织。

【相关疾病检查要点】 用于显示尺桡骨骨干骨质和前臂软组织的侧位形态，观察有无骨折、骨质破坏等；是前臂外伤及骨病的常用检查体位。

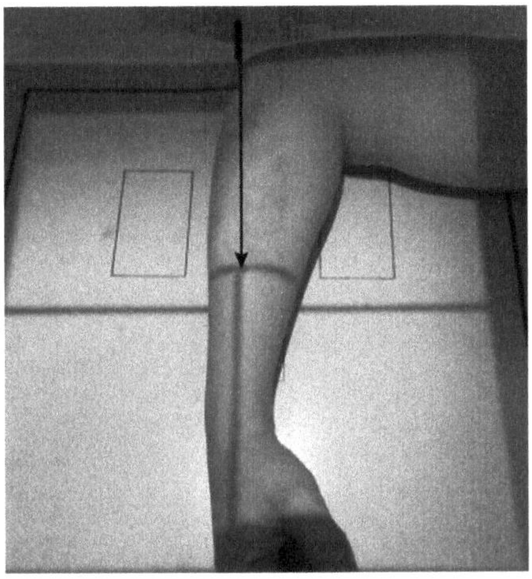

图 3-4-41 前臂侧位

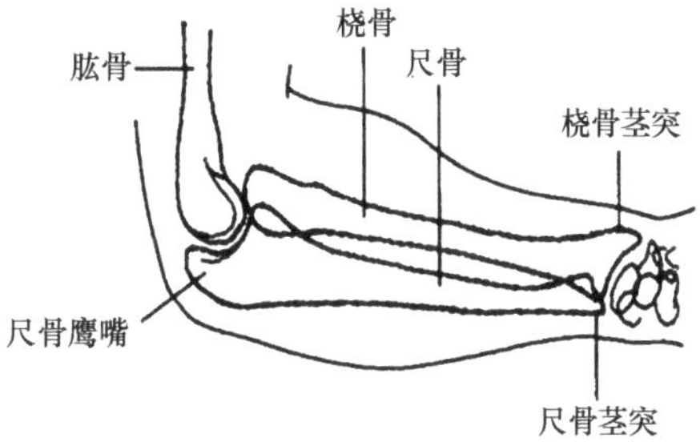

图 3-4-42 前臂侧位结构示意图

案例 3-4-11

女，8 岁，右侧前臂肿胀、疼痛月余，家长述无外伤史，低热，来院就诊，拍放射线片如案例图 3-4-11 所示，放射线片诊断结果是什么？

解答： 此为右侧尺桡骨正侧位片，患者前臂疼痛且接近关节，拍摄时以尺桡骨中点为拍摄中心，片内摄入腕关节，中心线垂直摄入尺桡骨全长中点；线片示右尺骨远端卵圆形透亮区，膨胀性骨破坏沿尺骨纵轴发展，无骨嵴、无骨膜新生骨，考虑骨囊肿；手术病理证实为尺骨远端黏液样骨囊肿。

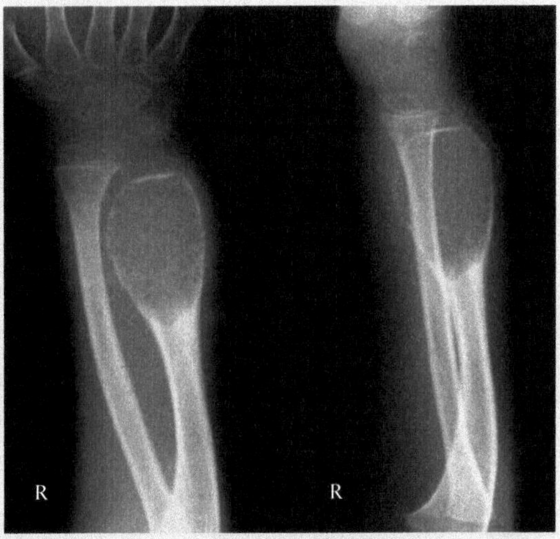

案例图 3-4-11

（十）肘关节正位

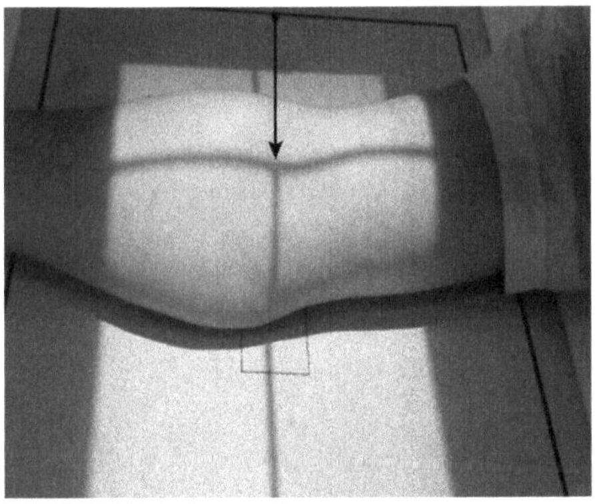

图 3-4-43 肘关节正位

【体位】

（1）患者面向摄影台一端就座，前臂伸直，掌心向上。

（2）尺骨鹰嘴突置于探测器中心并紧贴探测器中心。

（3）摄影距离为 90～100cm。

【中心线】 对准肘关节（肘横纹中点）垂直射入探测器中心。

【标准影像显示】

（1）照片包括肱骨远端及尺桡骨近端，其关节间隙位于照片正中显示（图 3-4-43～图 3-4-45）。

（2）肘关节面呈切线位显示，边缘锐利。

（3）鹰嘴窝位于肱骨内外髁正中稍偏尺侧。

（4）肘关节诸骨小梁及周围软组织清晰可见。

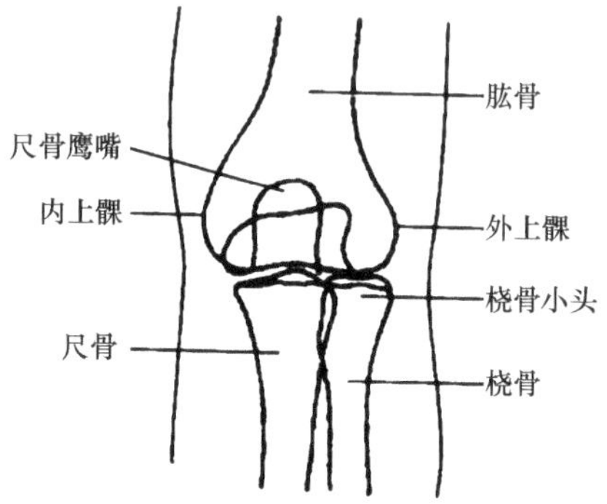

图 3-4-44　肘关节正位结构示意图

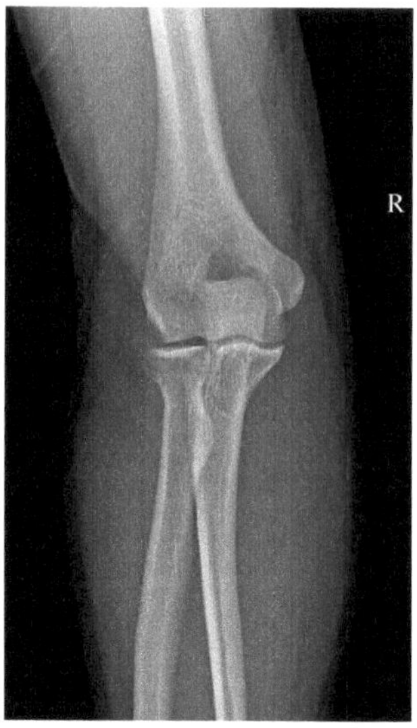

图 3-4-45　肘关节正位图

【相关疾病检查要点】　用于显示肘关节组列、骨质情况及肘关节位置情况，观察有无骨折、骨质增生、骨质破坏、关节脱位等；是外伤的常用检查体位。

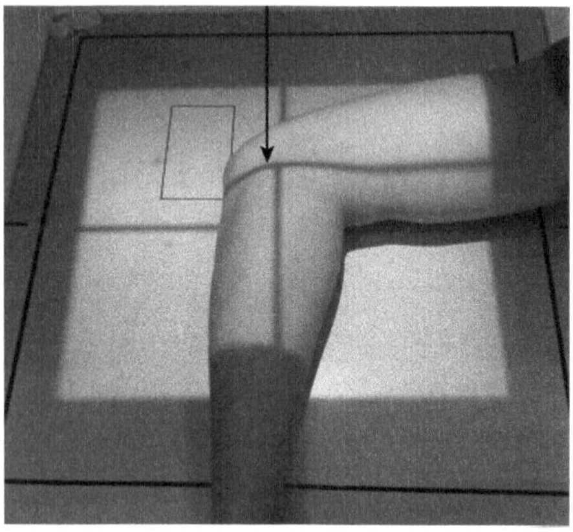

图 3-4-46　肘关节侧位

（十一）肘关节侧位

【体位】

（1）患者面向摄影台一端侧坐，屈肘成 90°角，肘关节内侧紧贴探测器中心。

（2）手掌心面对患者，拇指在上，尺侧朝下，成侧位姿势。

（3）肩部下移，尽量接近肘部高度。

（4）摄影距离为 90～100cm。

【中心线】　对准肘关节间隙，垂直射入探测器中心。

【标准影像显示】

（1）肱骨远端与尺桡骨近端成 90°～120°角（图 3-4-46～图 3-4-48）。

（2）尺骨与肱骨的关节间隙显示清晰、锐利。

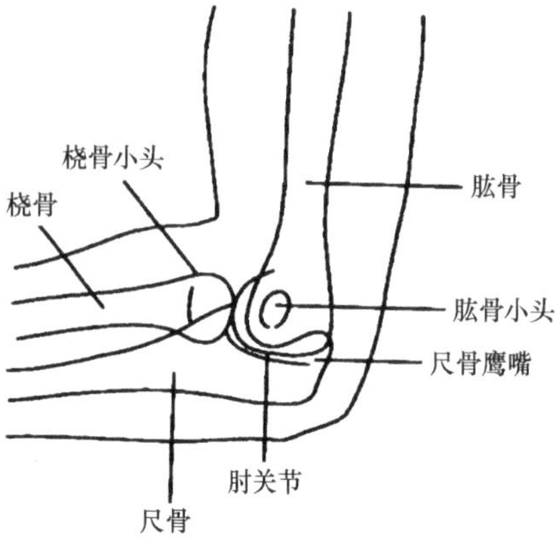

图 3-4-47　肘关节侧位结构示意图

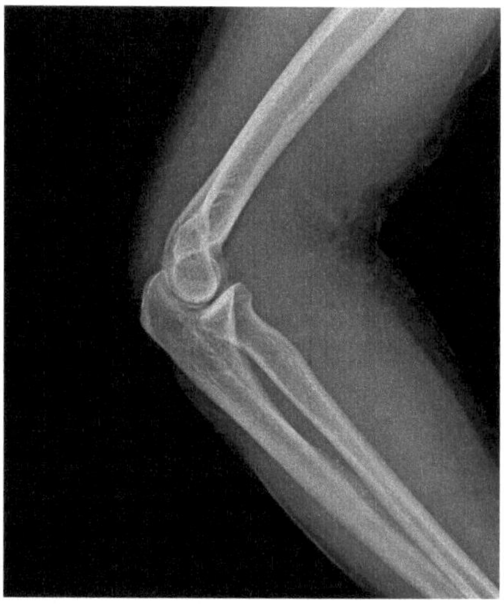

图 3-4-48　肘关节侧位

（3）肱骨外髁重叠，呈圆形投影。

（4）肘关节诸骨小梁清晰，周围软组织层次分明。

【相关疾病检查要点】 用于显示肘关节组列、骨质情况以及肘关节位置情况，观察有无骨折、骨质增生、骨质破坏、关节脱位等；是外伤的常用检查体位。

案例 3-4-12

女，56 岁，自述近年右肘部增粗，局部条索样包块，原无疼痛感，近日触之轻度压痛、手臂屈曲轻度受限来院就诊，拍片如案例图 3-4-12 所示，简析拍摄方法及诊断结果。

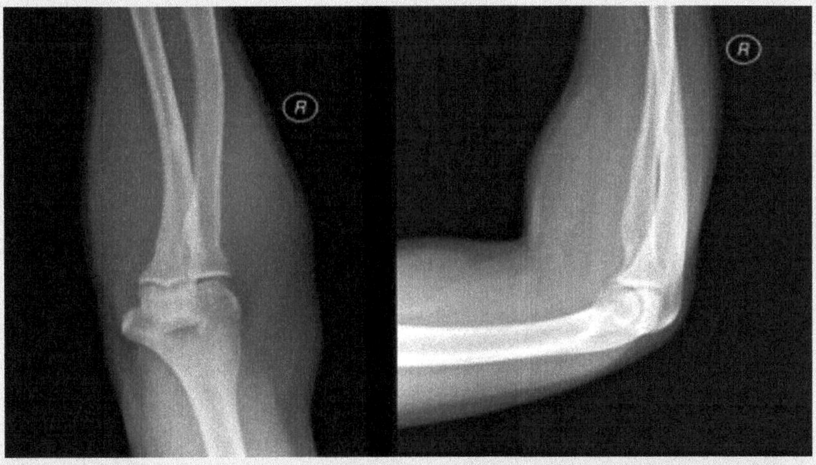

案例图 3-4-12

解答： 图示右肘正侧位片，右肘关节骨质结构完整，未见骨质破坏，肘关节及前臂外侧软组织增厚，呈条索样略低密度影，后经核磁扫描证实为右肘及前臂皮下脂肪瘤。由此病例可以看出，两个体位的拍摄对于软组织病灶的定位也很重要。

（十二）肱骨前后位

【体位】

（1）患者仰卧于摄影台上，手臂伸直稍外展，掌心朝上。对侧肩部稍垫高，使被检侧上臂尽量贴近探测器中心。

（2）肱骨长轴与探测器中心长轴保持一致，探测器中心上缘包括肩关节，下缘包括肘关节（图 3-4-49、图 3-4-50）。

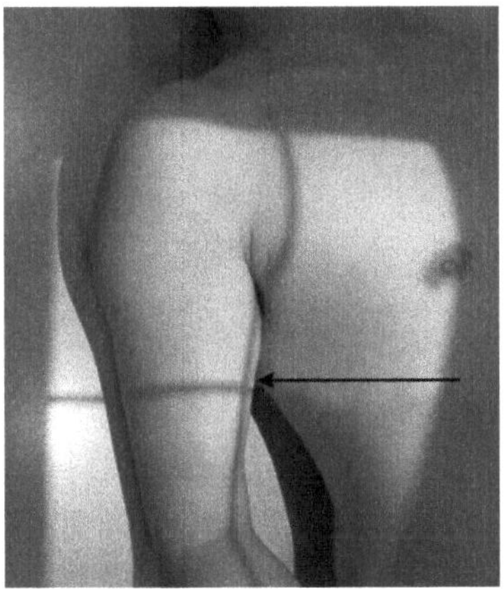

图 3-4-49　肱骨前后位

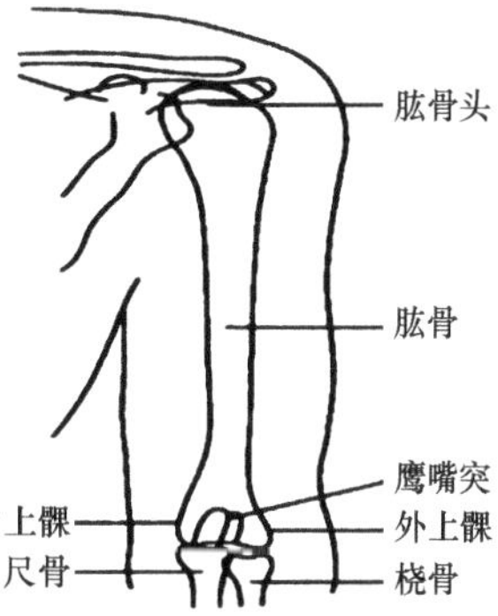

图 3-4-50　肱骨前后位结构示意图

（3）摄影距离为 90～100cm。

【中心线】 对准肱骨中点，垂直射入探测器中心。

【标准影像显示】

（1）显示肱骨正位影像。

（2）软组织影像显示良好。

【相关疾病检查要点】 用于显示肱骨组列及骨质结构和软组织影像，观察有无骨折、骨质增生及骨质破坏等；是外伤及骨病的常用检查体位。

（十三）肱骨侧位

【体位】

（1）患者仰卧于摄影台上，对侧肩部稍垫高，使被检侧上臂尽量贴近探测器中心（图 3-4-51、图 3-4-52）。

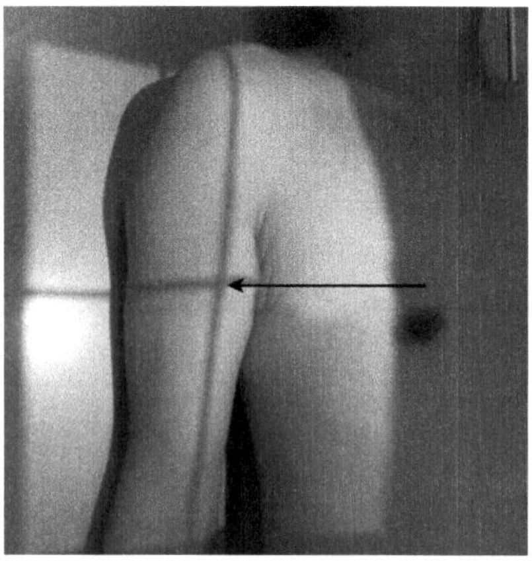

图 3-4-51 肱骨侧位

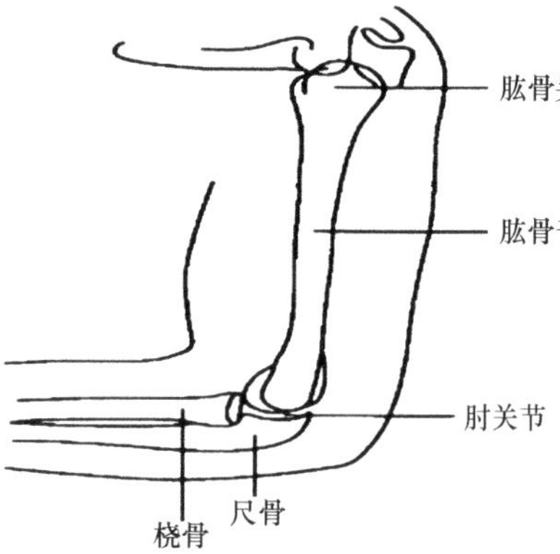

图 3-4-52 肱骨侧位结构示意图

（2）被检侧上臂与躯干稍分开，肘关节弯曲成 90°角，呈侧位姿势置于胸前。

（3）肱骨长轴与探测器中心长轴平行一致。

（4）探测器中心上缘包括肩关节，下缘包括肘关节。

（5）摄影距离为 90～100cm。

【中心线】 对准肱骨中点，垂直射入探测器中心。

【标准影像显示】

（1）显示肱骨侧位影像。

（2）软组织影像显示良好。

【相关疾病检查要点】 用于显示肱骨组列及骨质结构和软组织影像，观察有无骨折、骨质增生及骨质破坏等；是外伤及骨病的常用检查体位。

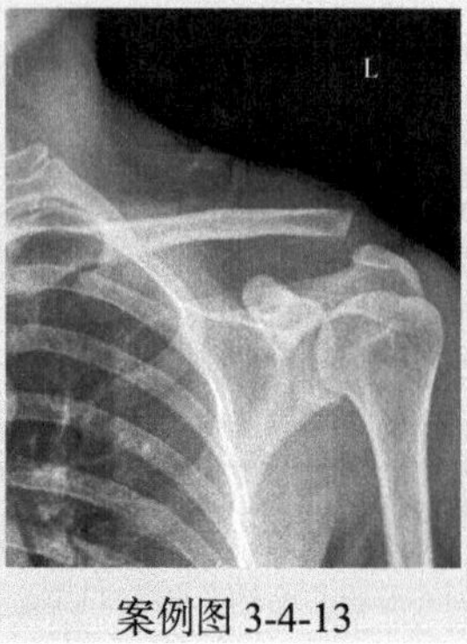

案例图 3-4-13

案例 3-4-13

女，57 岁，乳腺癌病史，近日感觉左侧上臂疼痛不适，无发热体征，拍 X 线片如案例图 3-4-13，诊断结果如何？

解答： 此患者左上臂疼痛，应拍摄左侧肱骨干正侧位片，图示左侧肱骨干中远段见椭圆形密度减低区，边界清楚，无硬化缘，结合病史诊断为溶骨型转移瘤。清晰的影像图片对于正确的诊断有相当重要的作用。

（十四）肩关节前后正位

【体位】

（1）患者仰卧于摄影台上，被检侧肩胛骨喙突置于台面正中线上。

（2）被检侧上肢向下伸直，掌心向上。对侧躯干稍垫高，使被检侧肩部紧贴台面。

（3）探测器中心上缘超出肩部，外缘包括肩部软组织。

（4）探测器中心置于滤线器托盘内，摄影距离为100cm。

【中心线】 对准喙突垂直射入探测器中心。

【标准影像显示】

（1）照片包括肩关节诸骨，其关节位于照片正中或稍偏外显示（图3-4-53～图3-4-55）。

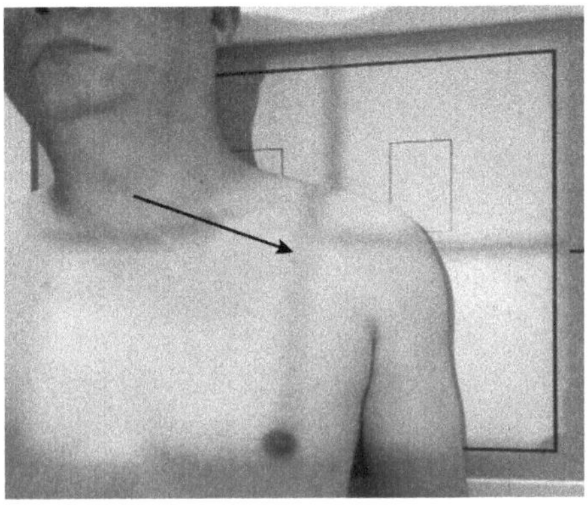

图3-4-53　肩关节前后正位

（2）肩关节盂前后重合，呈切线位显示，不与肱骨头重叠，关节间隙显示清晰明了。

（3）肱骨小结节位于肱骨头外1/3处。

（4）肱骨头、肩峰及锁骨小梁显示清晰，周围软组织层次可辨。

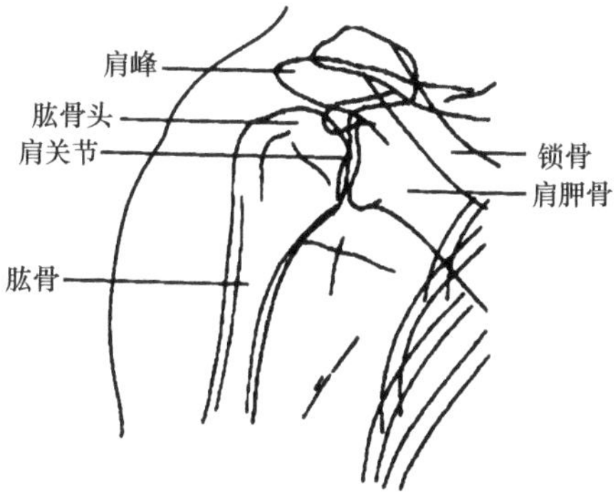

图3-4-54　肩关节前后正位结构示意图

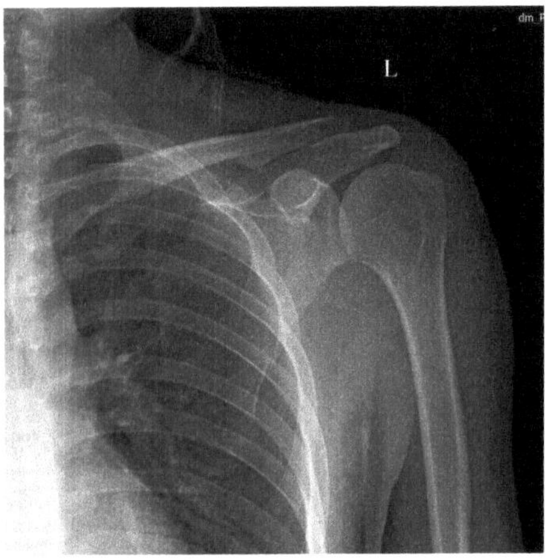

图3-4-55　肩关节前后正位图

【相关疾病检查要点】 用于显示肩关节组列、骨质情况及肱骨与关节盂的关节间隙，观察有无骨折、骨质增生、骨质破坏、关节脱位等；是外伤的常用检查体位。

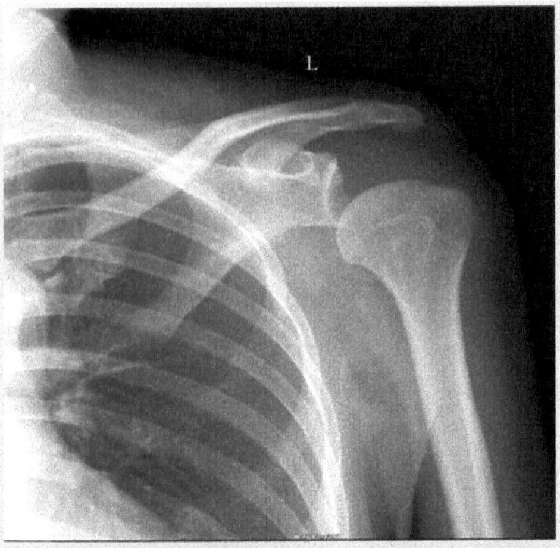

案例图3-4-14

案例3-4-14

男，39岁，打羽毛球时，左肩部受伤，来院就诊，拍摄X线片（案例图3-4-14）为何体位？诊断结果如何？

解答：拍摄的X线片为左肩关节正位片，骨小梁显示清晰，但由于患者活动受限，左肩关节盂不完全呈切线位，故摄片质量属良好；图示左肱骨头脱离关节盂，向下方移位，诊断为左肩关节脱位。对外伤受检者的摄片，应根据情况选用合适的摄影体位，尽量少搬动受检者，避免增加受检者的痛苦。

（十五）肩关节穿胸侧位

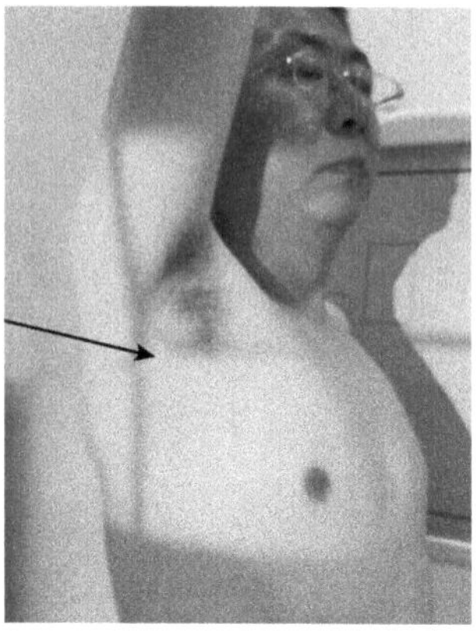

图 3-4-56　肩关节穿胸侧位

【体位】

（1）患者侧立于摄影架前，被检侧上臂外缘紧贴摄影架面板（图 3-4-56）。

（2）被检侧上肢及肩部尽量下垂，掌心向前，对侧上肢高举抱头。

（3）被检侧肱骨外科颈对准探测器中心。

（4）探测器中心置于滤线器托盘内，摄影距离为 100cm。

【中心线】　水平方向通过对侧腋下，经被检侧上臂的上 1/3 处，垂直射入探测器中心。

【标准影像显示】

（1）为肱骨近端侧位像，投影于胸骨与胸椎之间，有肺纹理与肋骨影像与其相重叠。

（2）图像包括肩部和肱骨中上端，显示被检侧肩关节骨质、关节面及周围软组织，肱骨长轴平行于检测器长轴。

（3）显示患侧肱骨上端和肩关节的轴位影像，骨小梁、周围软组织清晰显示。

【相关疾病检查要点】　用于显示肩关节肱骨的头、颈、骨干骨质及肩关节位置，主要是观察肱骨近端的骨折移位情况。

案例 3-4-15

男，45 岁，外伤后右肩关节活动受限，不能上抬，来院就诊（案例图 3-4-15），诊断结果如何？

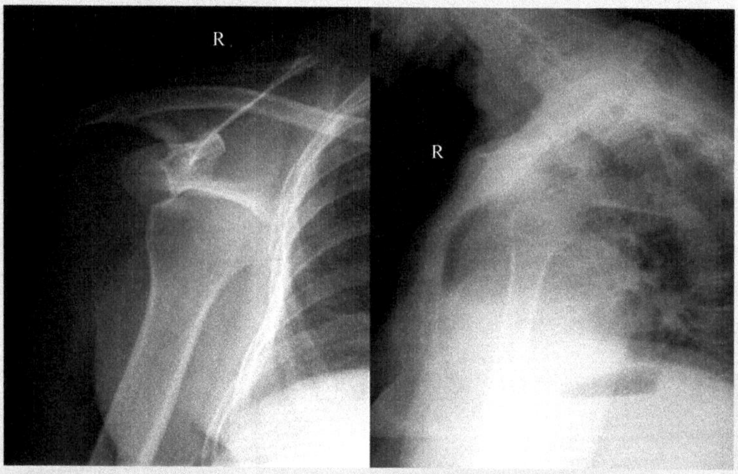

案例图 3-4-15

解答：此患者拍摄的是右肩关节正位片及右肩关节穿胸侧位片，正位示右肱骨头脱离关节盂，向内下方移位；侧位示肱骨头向正下方移位，无前后方移位，结合两张放射线片，诊断为右肩关节脱位，伴肱骨头向内下方移位。对外伤受检者的摄片，应根据情况选用合适的摄影体位，避免增加受检者的痛苦。

（十六）锁骨后前正位

【体位】

（1）患者俯卧于摄影台上，被检侧锁骨中点对准探测器中心上 1/3 横线中点。

（2）头面部转向对侧，使锁骨与台面贴近，被检侧手臂内旋，掌心向上。
（3）肩部下垂，使肩部与胸锁关节相平（图 3-4-57、图 3-4-58）。
（4）摄影距离为 90～100cm。

【中心线】 通过锁骨中点，向足侧倾斜 10°角。

【标准影像显示】

显示锁骨正位影像；肩锁关节及胸锁关节影像显示清晰。

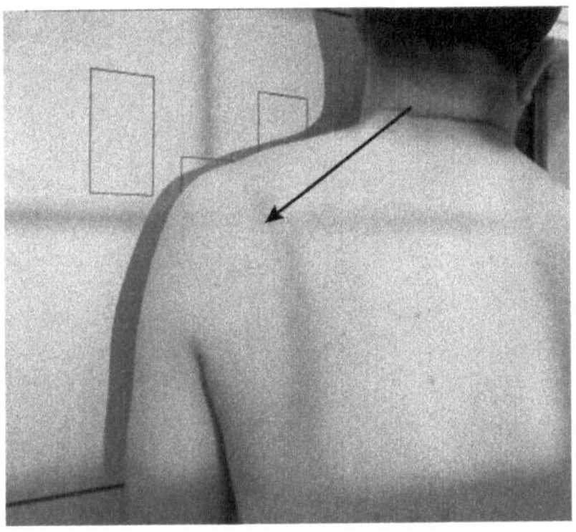

图 3-4-57　锁骨后前正位

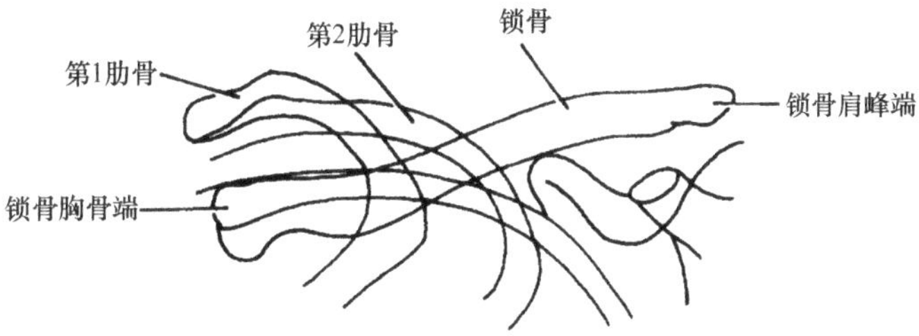

图 3-4-58　锁骨后前正位结构示意图

【相关疾病检查要点】 观察锁骨影像结构，是锁骨外伤的常用检查体位。

案例 3-4-16

男，48 岁，工地工人，3 天前外伤来院就诊，诊断为左锁骨中段骨折，手术后复查左锁骨正位片（案例图 3-4-16），请问拍摄质量如何？手术效果如何？

解答： 此为患者锁骨骨折术后复查片，以左锁骨中点为中心拍摄，图像显示左锁骨全部纳入片中，锁骨骨小梁显示清晰，片内无重影；骨折处对位、对线良好，金属板及金属钉固定良好，未见松动及移位。清晰的拍摄是明确诊断的基础。

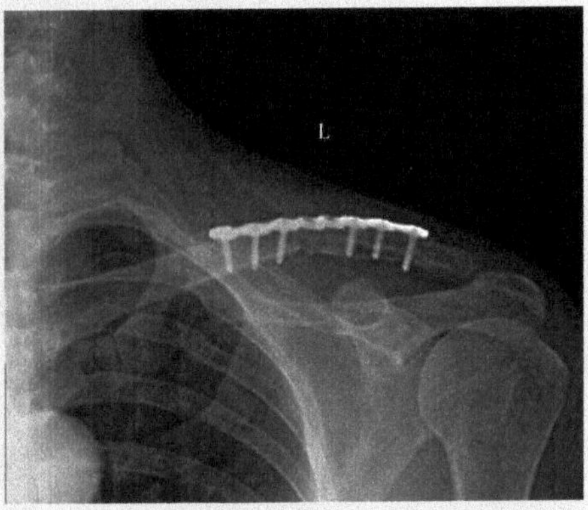

案例图 3-4-16

（十七）肩锁关节后前位

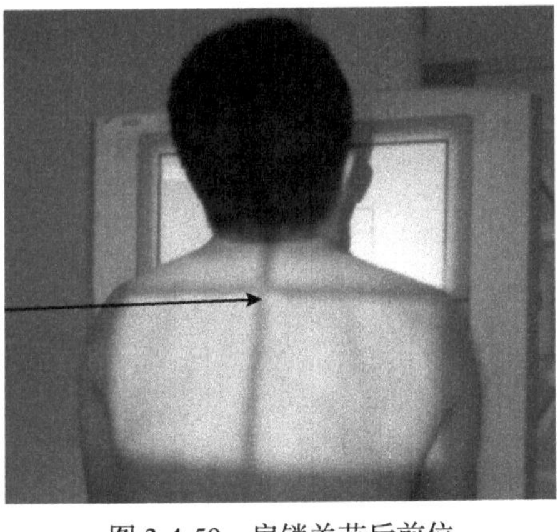

图 3-4-59　肩锁关节后前位

【体位】

（1）患者直立于摄影架前，面向探测器中心，两足分开，使身体站稳。

（2）两臂下垂，两侧肩锁关节对探测器中心横轴中线，人体正中矢状面对探测器中心纵轴中线（图 3-4-59）。

（3）两手各握重量相等的沙袋一只，使肩部下垂，锁骨成水平状。

（4）摄影距离为 90～100cm。

【中心线】 对准第 3 胸椎，水平方向与探测器中心垂直（深吸气后屏气曝光）。

【标准影像显示】 肩胛骨、锁骨及肩锁关节后前位影像。

【相关疾病检查要点】 观察肩锁关节的形态和骨质结构，用于肩锁关节外伤检查。

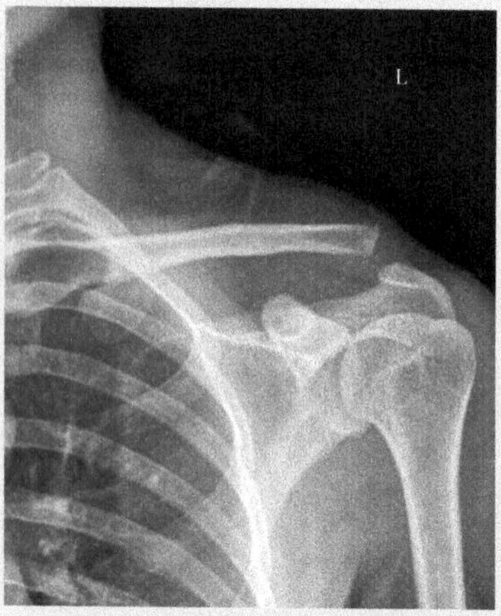

案例图 3-4-17

案例 3-4-17

患者，41 岁，外伤后左肩关节疼痛，活动轻度受限，拍摄 X 线片如案例图 3-4-17 所示，诊断结果如何？

解答： 此患者拍摄的是左侧肩锁关节正位片，图示左侧锁骨肩峰端与肩胛骨肩峰端间隙增宽，左锁骨及左肩关节骨质完整，未见骨折线，诊断为左侧肩锁关节脱位。诊断肩锁关节脱位时，如果单侧位不能定诊，可加照对侧对比。

（十八）足前后正位

【体位】

（1）患者仰卧或坐于摄影台上，被检侧膝关节弯曲，足底部紧贴探测器中心。

（2）探测器中心上缘包括足趾，下缘包括足跟，第 3 跖骨基底部放于探测器中心，并使探测器中心线与足部长轴一致。

（3）摄影距离为 90～100cm。

【中心线】 通过第 3 跖骨基底部，垂直（或向足跟侧倾斜 15°角）射入探测器中心。

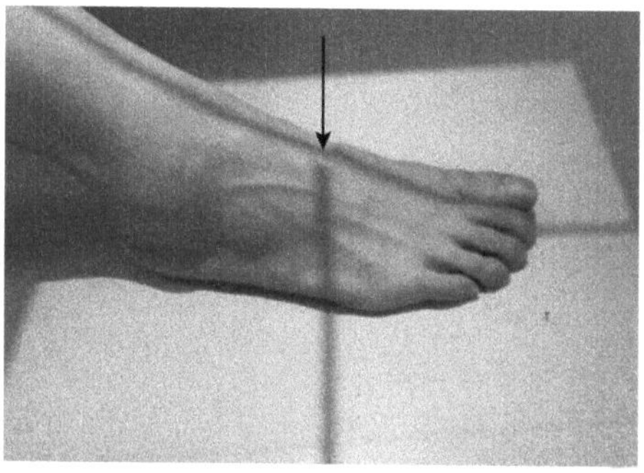

图 3-4-60　足前后正位

【标准影像显示】

（1）照片包括跖、趾及跗骨，第 3 跖骨基底部位于照片正中（图 3-4-60～图 3-4-62）。

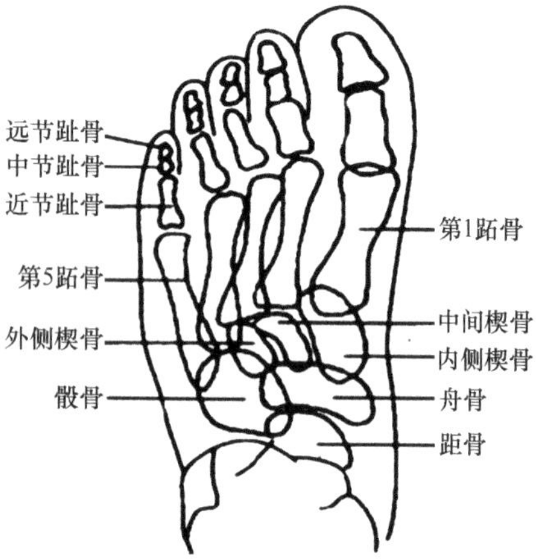

图 3-4-61　足前后正位结构示意图

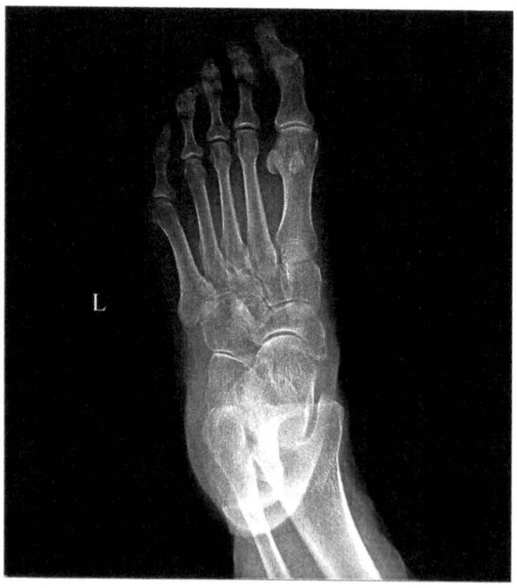

图 3-4-62　足前后正位图

（2）跗骨到趾骨远端密度适当，骨纹理清晰可见。

（3）舟距关节与跟骰关节间隙清晰可见。

【相关疾病检查要点】 用于显示足跖、趾骨组列及骨质情况，观察有无骨折、脱位及骨质增生、骨质破坏等；是足外伤、痛风、踇外翻畸形或足内异物等疾病的常规检查体位。

（十九）足内斜位

【体位】

（1）患者仰卧或坐于摄影台上，被检侧膝部弯曲，足底部紧贴探测器中心。

（2）探测器中心前缘包括足趾，后缘包括足跟。

（3）第3跖骨基底部放于探测器中心，将躯干和被检侧下肢向内倾斜，使足底与探测器中心成30°～50°角。

（4）摄影距离为90～100cm。

【中心线】 通过第3跖骨基底部，垂直射入探测器中心。

【标准影像显示】

（1）全足诸骨呈斜位，第3、4跖骨基底部位于照片正中（图3-4-63～图3-4-65）。

（2）第1、2跖骨部分重叠，其余均单独显示。

（3）距跟关节、楔舟关节及第3、4跗跖关节间隙显示明确。

（4）全足诸骨密度基本均匀，骨小梁清晰。

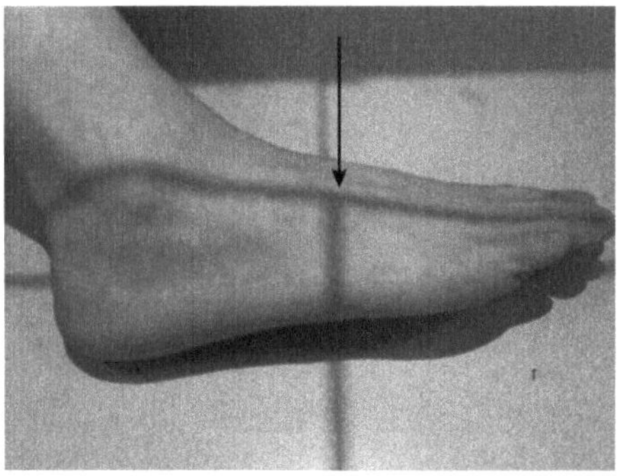

图3-4-63 足内斜位

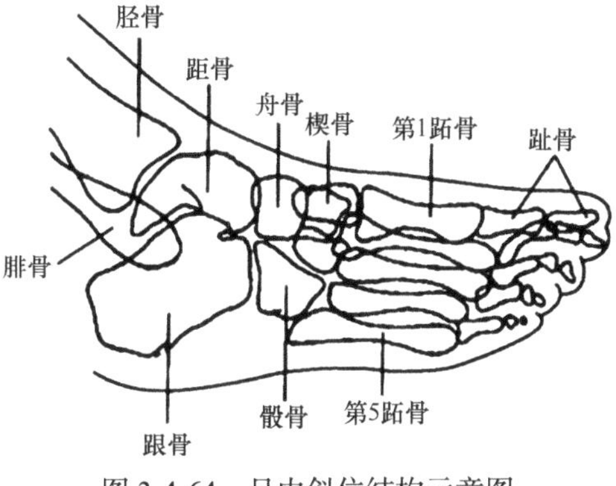

图3-4-64 足内斜位结构示意图

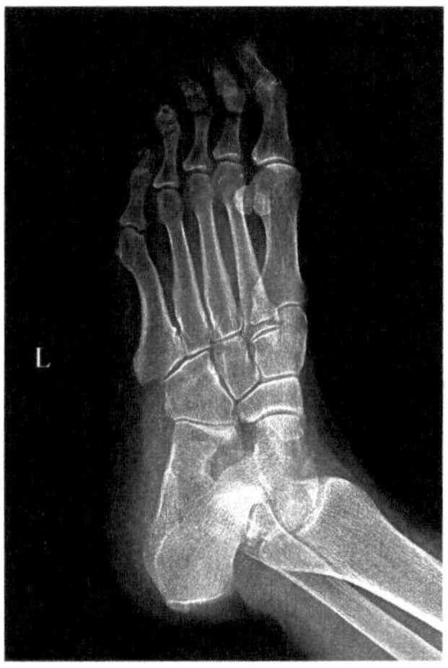

图3-4-65 足内斜位图

【相关疾病检查要点】 用于显示足跖、趾骨组列及骨质情况，观察有无骨折、脱位及骨质增生、骨质破坏等；是足外伤、足内异物等疾病的检查体位。

（二十）足侧位

【体位】

（1）患者侧卧于摄影台上，被检侧下肢外侧缘靠近台面，膝部弯曲。

（2）被检侧足部外侧缘紧贴探测器中心，足部呈侧位，使足底平面与探测器中心垂直（图3-4-66、图3-4-67）。

（3）探测器中心上缘包括足趾，下缘包括跟骨。

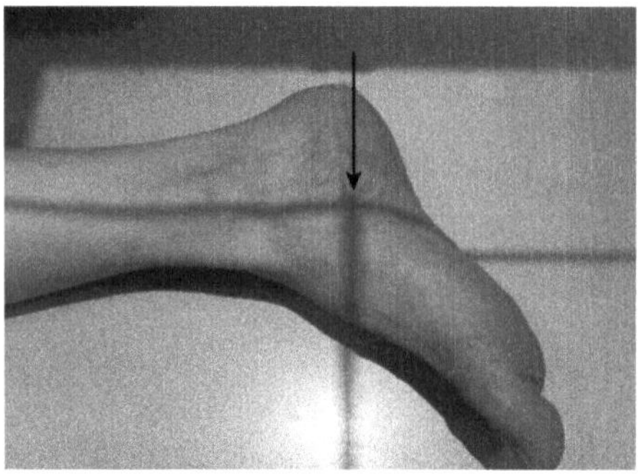

图 3-4-66 足侧位

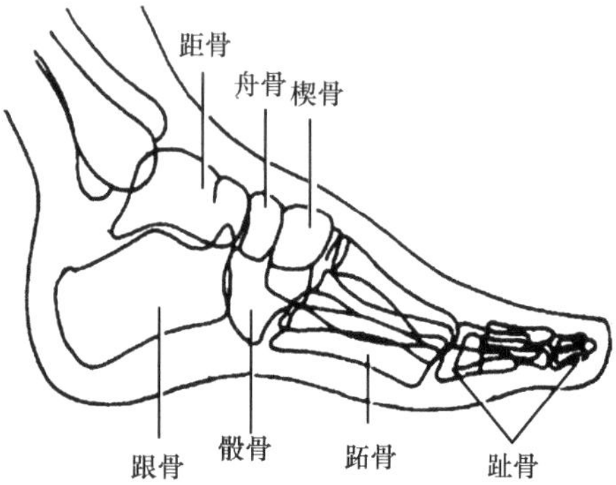

图 3-4-67 足侧位结构示意图

（4）摄影距离为 90～100cm。

【中心线】 通过足部中点，垂直射入探测器中心。

【标准影像显示】

（1）照片显示足部各骨侧位影像。

（2）跟、距骨侧位，足舟骨侧位显示清晰，趾、跖、楔骨大部分重叠。足底及足背软组织影像显示良好。

【相关疾病检查要点】 用于显示足跖、趾骨组列及骨质情况，观察有无骨折、骨质破坏等；是足外伤、畸形或足内异物等疾病的检查体位。

案例 3-4-18

女，61 岁。主诉：2 年前开始出现有踇趾关节处疼痛，疼痛逐渐加重，化验值部分为：血沉 7mm/h、CRP 0.613ma/dl、RF 181U/ml、抗 CCP 抗体 993RU/ml。拍摄右足正、斜、侧位 X 线片如案例图 3-4-18 所示，诊断结果是什么？

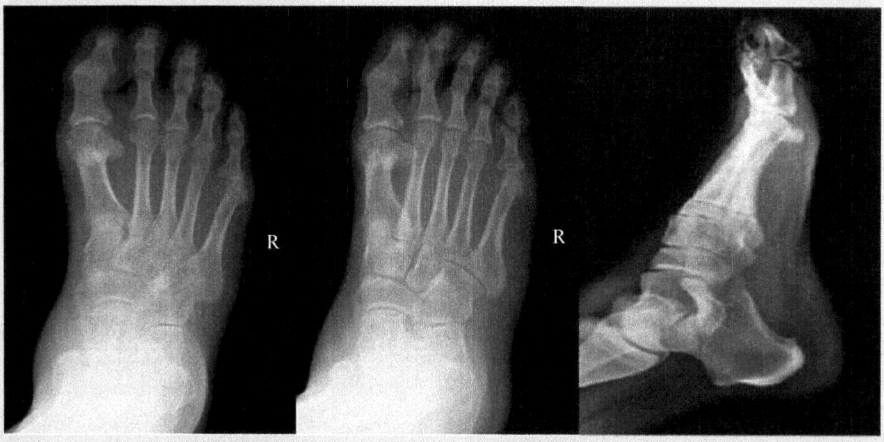

案例图 3-4-18

解答：案例图 3-4-18 为右足正、斜、侧位片，示右足踇趾、跖趾关节间隙变窄，关节边缘骨质见囊样低密度骨质破坏区，结合化验室检查，诊断为类风湿关节炎。

（二十一）跟骨侧位

【体位】

（1）患者侧卧于摄影台上，被检侧下肢外侧缘紧贴台面，膝部弯曲。

（2）被检侧足部外侧紧贴探测器中心，使足底平面垂直探测器中心。

（3）跟骨置于探测器中心。

（4）摄影距离为 90～100cm。

【中心线】 对准跟距关节，垂直射入探测器中心。

【标准影像显示】

（1）照片包括踝关节及部分距骨，跟骨位于照片正中，呈侧位显示（图 3-4-68～图 3-4-70）。

（2）距骨下关节面呈切线位显示，其关节间隙清晰可见。

（3）跟骨小梁显示清晰。

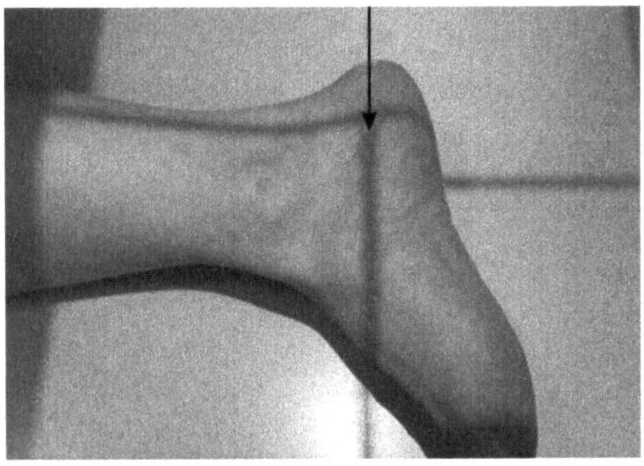

图 3-4-68　跟骨侧位

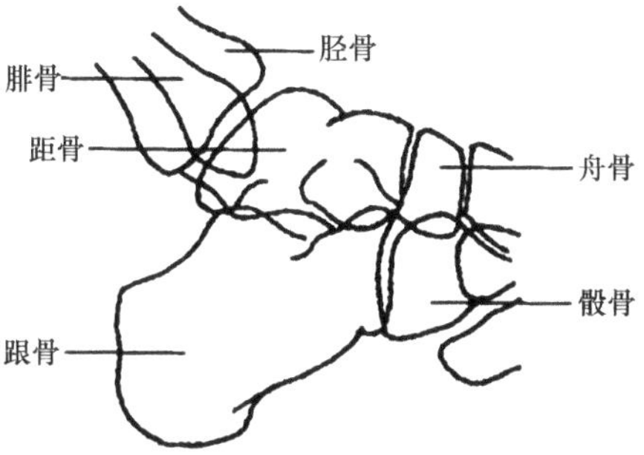

图 3-4-69　跟骨侧位结构示意图

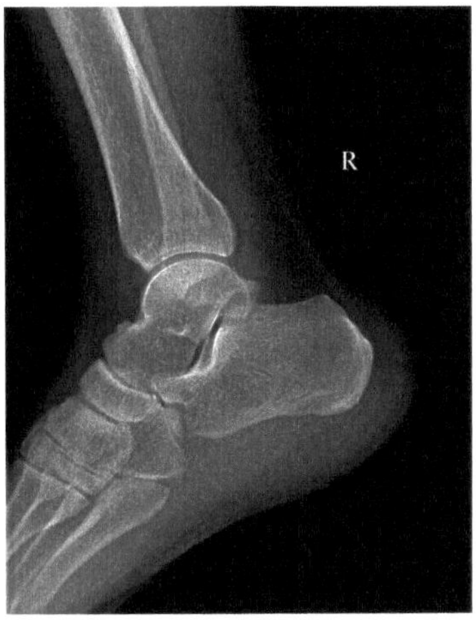

图 3-4-70　跟骨侧位图

【相关疾病检查要点】 常用于检查跟骨骨刺、外伤骨折及其他跟骨病变。

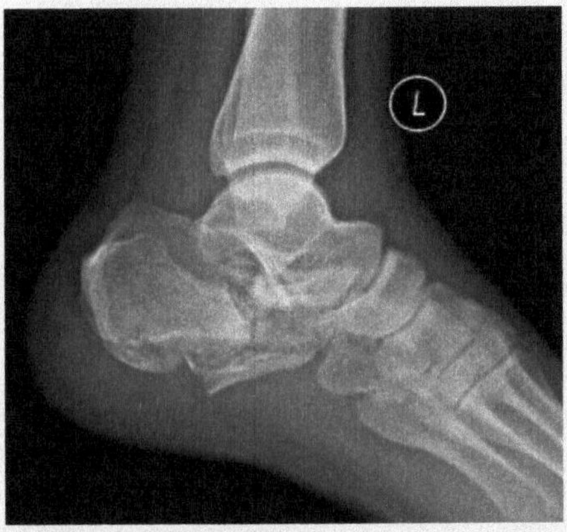

案例图 3-4-19

案例 3-4-19

男，41 岁，从高处跳下，左足活动受限，不能持重，来院就诊，骨科医生查体后拍摄足部 X 线片如案例图 3-4-19 所示，诊断结果是什么？

解答： 此患者拍摄的为左足跟骨侧位片，左足跟骨位于摄片中心，线片示左足跟骨见多条骨折线，诊断为左足跟骨粉碎性骨折。

（二十二）跟骨轴位

【体位】

（1）患者仰卧或坐于摄影台上，被检侧下肢伸直。

（2）小腿长轴与探测器中心长轴一致，踝关节置于探测器中心，踝部极度背屈（图 3-4-71、图 3-4-72）。

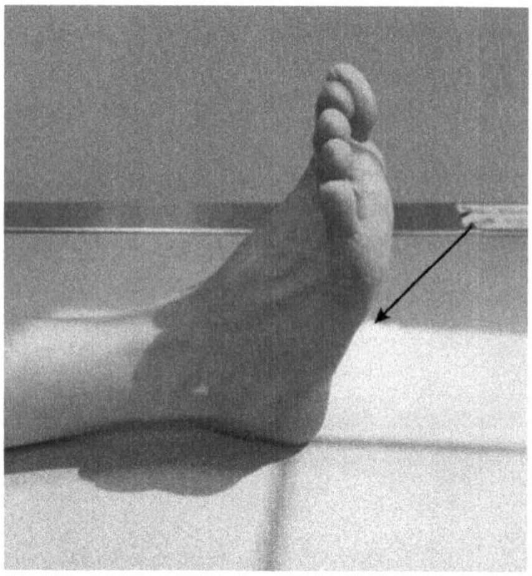

图 3-4-71　跟骨轴位

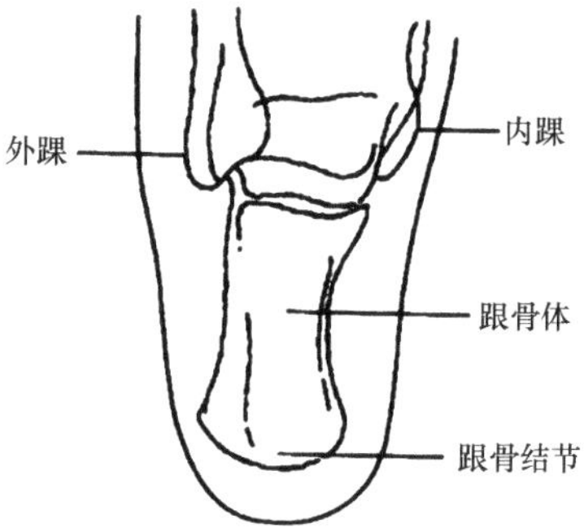

图 3-4-72　跟骨轴位结构示意图

（3）摄影距离为 90～100cm。

【中心线】　向头侧倾斜 35°～45°角，通过第 3 跖骨基底部射入探测器中心。

【标准影像显示】

（1）显示跟骨轴位影像，跟骨体和跟骨各骨性突起均显示清晰。

（2）全跟骨显示于图像正中，显示被检侧跟骨的骨质、关节面及周围软组织。

（3）骨小梁、周围软组织显示清晰。

【相关疾病检查要点】　观察跟骨轴位形态及骨质情况，是跟骨外伤及骨病的检查体位。

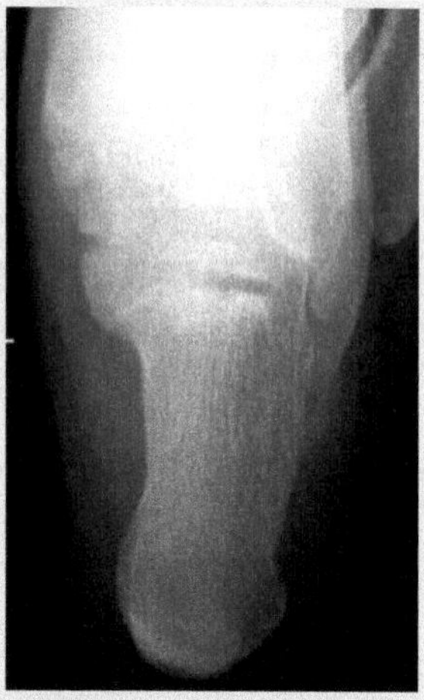

案例图 3-4-20

案例 3-4-20

女，29 岁，自述左足后跟部外伤 3 天，局部疼痛，无感染病史，体位正常，活动不受限，来院就诊，影像诊断是什么（案例图 3-4-20）。

解答：此患者拍摄的为左足跟骨轴位片，此体位对跟骨后缘骨小梁显示清晰，图示左足跟骨骨小梁清晰、骨质完整，诊断为左足跟骨未见骨折，建议 MRI 检查。

（二十三）踝关节前后位

【体位】

（1）患者仰卧或坐于摄影台上，被检侧下肢伸直，将踝关节置于探测器中心。

（2）小腿长轴与探测器中心中线平行，足稍内旋，足尖下倾。

（3）摄影距离为 90～100cm。

【中心线】　通过内、外踝连线中点上方1cm处，垂直射入探测器中心。

【标准影像显示】

（1）踝关节位于照片下1/3中央，关节面呈切线位，其间隙清晰可见（图3-4-73～图3-4-75）。

（2）下胫腓联合间隙不超过0.5cm。

（3）踝关节诸骨小梁清晰锐利，周围软组织层次可见。

【相关疾病检查要点】

用于显示踝关节组列、骨质情况以及关节位置情况，观察内外踝有无骨折、骨质增生、骨质破坏、关节脱位等；是外伤的常用检查体位。

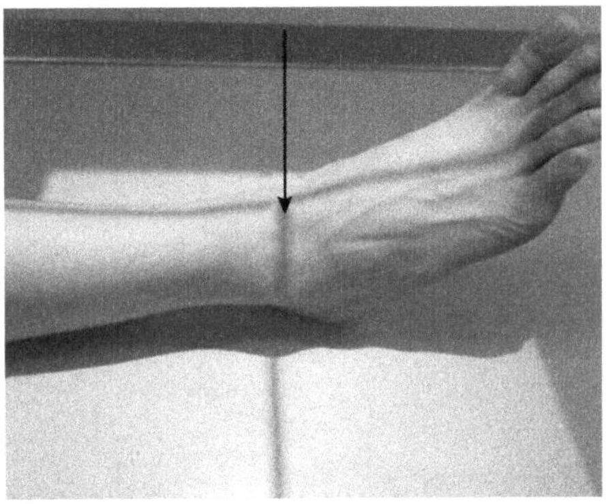

图3-4-73　踝关节前后位

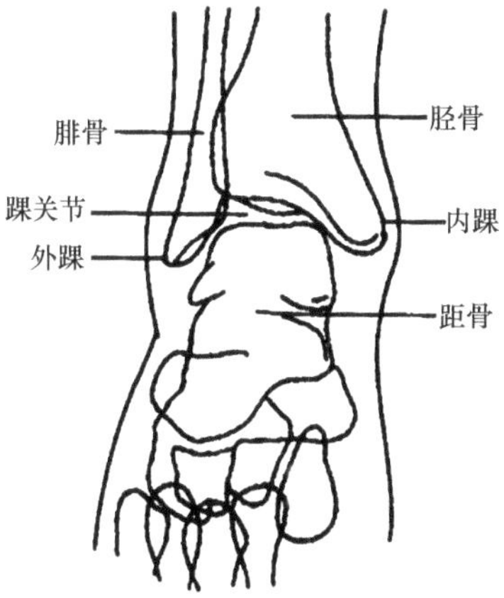

图3-4-74　踝关节前后位结构示意图

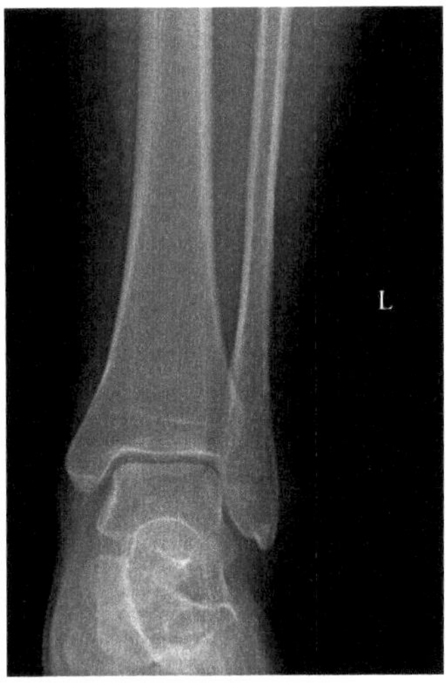

图3-4-75　踝关节前后位

（二十四）踝关节外侧位

【体位】

（1）患者侧卧于摄影台上，被检侧靠近台面。

（2）被检侧膝关节稍屈曲，外踝紧贴探测器中心，足跟摆平，使踝关节成侧位。

（3）小腿长轴与探测器中心长轴平行，将内踝上方1cm处置于探测器中心。

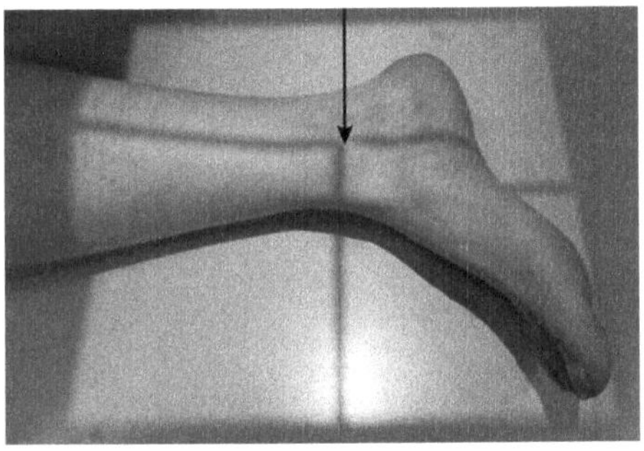

图3-4-76　踝关节外侧位

（4）摄影距离为90～100cm。

【中心线】　对准内踝上方1cm处，垂直射入探测器中心。

【标准影像显示】

（1）距骨滑车面内外缘重合良好。

（2）腓骨小头重叠于胫骨正中偏后。

（3）踝关节位于照片下1/3正中显示。

（4）踝关节诸骨小梁及周围软组织清晰可见（图3-4-76～图3-4-78）。

【相关疾病检查要点】　用于显示踝关节组列、骨质情况以及关节位置情况，观察前后踝有无骨折、骨质增生、骨质破坏、关节脱位等；是外伤的常用检查体位。

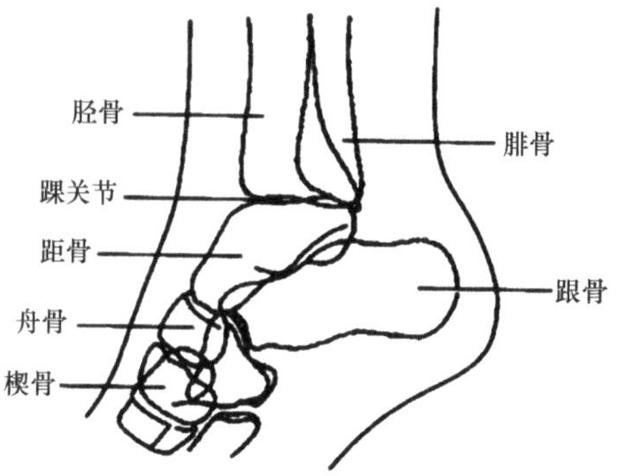

图 3-4-77　踝关节外侧位结构示意图

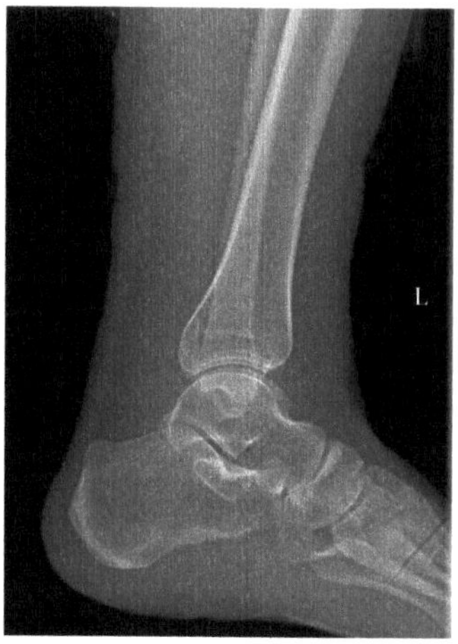

图 3-4-78　踝关节外侧位图

案例 3-4-21

男，49 岁，30 余年前出现活动后右侧踝关节疼痛，休息后可缓解，未予以重视。4 年前患者上述症状加重，伴右侧踝关节肿胀，近期患者出现右侧踝关节活动后疼痛，无关节肿胀等表现。彩超：右踝关节骨面结构紊乱，连续骨侵蚀及骨赘，并未见明显滑膜炎拍摄踝关节正侧位片（案例图 3-4-21）。问：此踝关节摄片方法是正确？如何诊断？

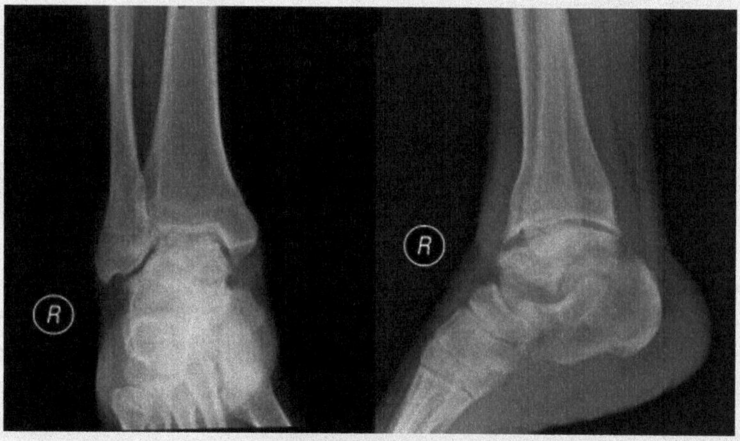

案例图 3-4-21

解答： 此为踝关节正侧位片，摄片方法正确；线片示：右足距骨变形、关节面硬化，距骨体塌陷，跟骨短缩，诊断为大骨节病。此病为原因未明，主要发生在儿童和少年，骨发育期中骺软骨、骺板软骨和关节软骨的变形、多发对称性变性、坏死，以及继发性退行性骨关节病。

（二十五）胫腓骨前后位

【体位】

（1）患者仰卧或坐于摄影台上，被检侧下肢伸直，足稍内旋。

（2）小腿长轴与探测器中心长轴一致，上缘包括膝关节，下缘包括踝关节（图 3-4-79、图 3-4-80）。

（3）摄影距离为 90～100cm。

【中心线】　对准小腿中点，垂直射入探测器中心。

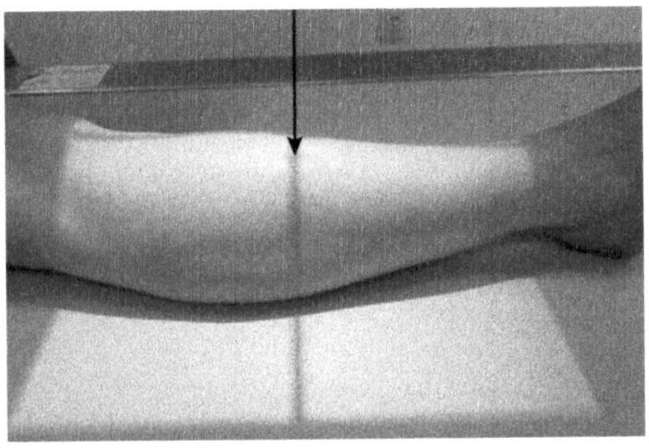

图 3-4-79 胫腓骨前后位

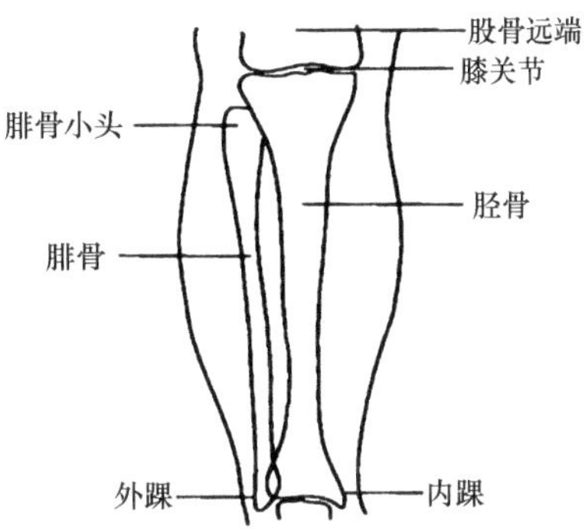

图 3-4-80 胫腓骨前后位结构示意图

【标准影像显示】

（1）显示小腿正位影像，胫骨在内，腓骨在外，平行排列，上下胫腓关节均有重叠，软组织阴影层次清晰。

（2）腓骨完整显示于图像正中，与探测器板长轴平行排列，并至少包括邻近一个关节。

（3）周围软组织和骨小梁清晰显示。

【相关疾病检查要点】 用于显示胫腓骨骨质情况，观察有无骨折、骨质增生、骨质破坏等；是外伤及观察小腿软组织大体影像的常用检查体位。

（二十六）胫腓骨侧位

【体位】

（1）患者侧卧于摄影台上，被检侧靠近台面。

（2）被检侧下肢膝关节稍屈，小腿外缘紧贴探测器中心。

（3）探测器中心上缘包括膝关节，下缘包括踝关节。小腿长轴与探测器中心长轴一致（图 3-4-81、图 3-4-82）。

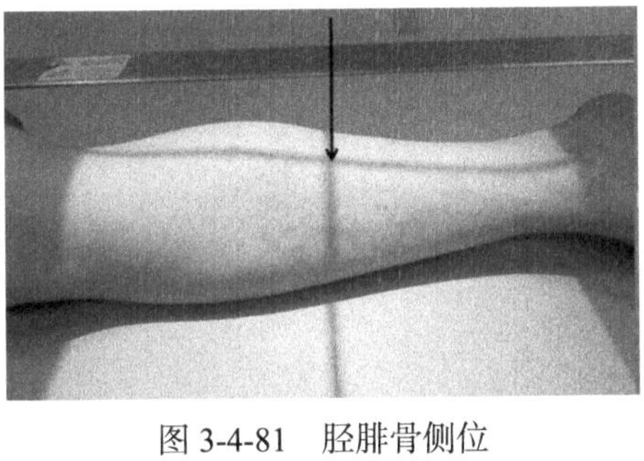

图 3-4-81 胫腓骨侧位

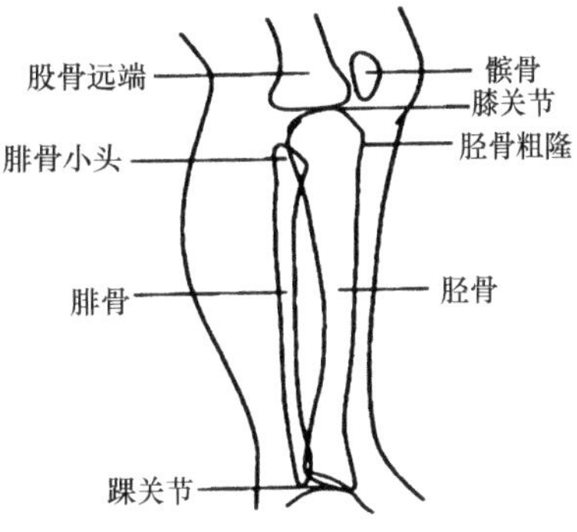

图 3-4-82 胫腓骨侧位结构示意图

（4）摄影距离为 90～100cm。

【中心线】 对准小腿中点，垂直射入探测器中心。

【标准影像显示】

（1）显示小腿侧位影像，胫骨在前，腓骨在后，平行排列，上胫腓关节重叠较少，可以看到关节面；下胫腓关节重叠较多，关节面隐蔽；膝关节、踝关节呈侧面影像，软组织层次丰富。

（2）胫腓骨完整显示于图像正中，与探测器板长轴平行排列，并包括至少邻近一个关节。

（3）周围软组织和骨小梁清晰显示。

【相关疾病检查要点】 用于显示胫腓骨骨质情况，观察有无骨折、骨质增生、骨质破坏等；

是外伤及观察小腿软组织如囊虫钙化的常用检查体位。

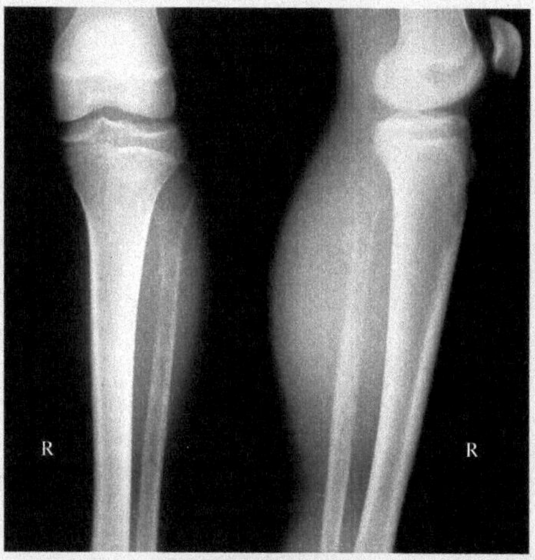

案例图 3-4-22

案例 3-4-22

女，16 岁，自觉右侧小腿上部疼痛数月余，体温正常、无外伤史，近日疼痛加剧，来院就诊，拍 X 线片如案例图 3-4-22 所示，X 线片诊断结果是什么？拍摄此部分检查需注意什么？

解答：此为右侧胫腓骨正侧位片，拍摄长骨平片必须摄入一侧关节以明确体位，由于患者为小腿上部疼痛，所以此片摄入关节为膝关节；片示右腓骨上段溶骨性骨质破坏，考虑溶骨性骨肿瘤，病理证实为溶骨性骨肉瘤。

（二十七）膝关节前后正位

【体位】

（1）患者仰卧或坐于摄影台上，下肢伸直，探测器中心放于被检侧膝下，髌骨下缘对准探测器中心。

（2）小腿长轴与探测器中心长轴一致。

（3）摄影距离为 90～100cm。

【中心线】 对准髌骨下缘，垂直射入探测器中心。

【标准影像显示】

（1）照片包括股骨两髁，胫骨两髁及腓骨小头，其关节面位于照片正中（图 3-4-83～图 3-4-85）。

（2）腓骨小头与胫骨仅有少许重叠。

（3）膝关节诸骨小梁清晰可见，周围软组织层次可见。

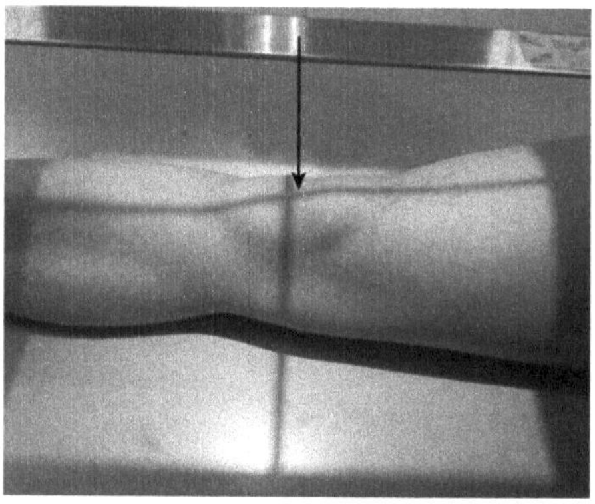

图 3-4-83 膝关节前后正位

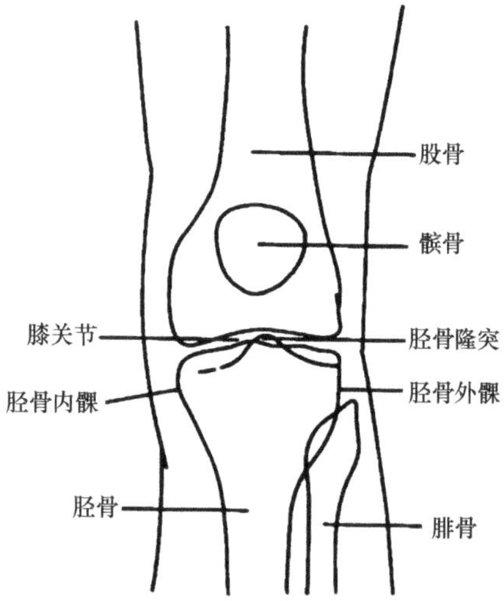

图 3-4-84 膝关节前后正位结构示意图

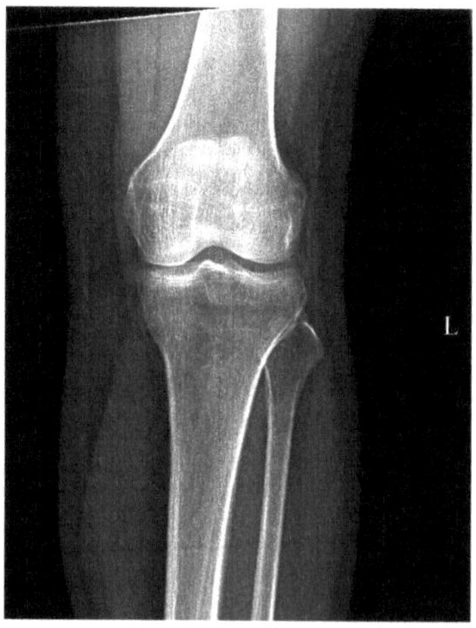

图 3-4-85 膝关节前后正位图

【相关疾病检查要点】 用于显示膝关节骨质情况以及关节位置情况，观察胫骨平台、腓骨小头、股骨远端有无骨折、骨质破坏，膝关节面及髁间嵴有无骨质增生，关节有无脱位等；是膝关节退行性变及膝关节外伤的常规检查体位。

（二十八）膝关节外侧位

【体位】

（1）患者侧卧于摄影台上，被检侧膝部外侧靠近台面。

（2）被检侧膝关节屈曲成120°～135°角。

（3）髌骨下缘置于探测器中心，前缘包括软组织，髌骨面与探测器中心垂直。

（4）摄影距离为90～100cm。

【中心线】 对准胫骨上端，垂直射入探测器中心。

【标准影像显示】

（1）膝关节间隙位于照片正中，股骨内外髁重叠良好。

（2）髌骨呈侧位显示，其与股骨间隙分离明确，关节面边界锐利，无双边。

（3）股骨与胫骨平台重叠极小。

（4）膝关节诸骨小梁清晰可见，周围软组织可以辨认（图3-4-86～图3-4-88）。

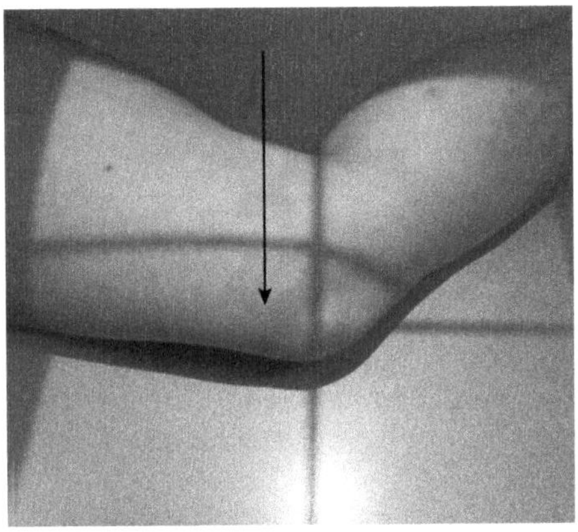

图3-4-86 膝关节外侧位

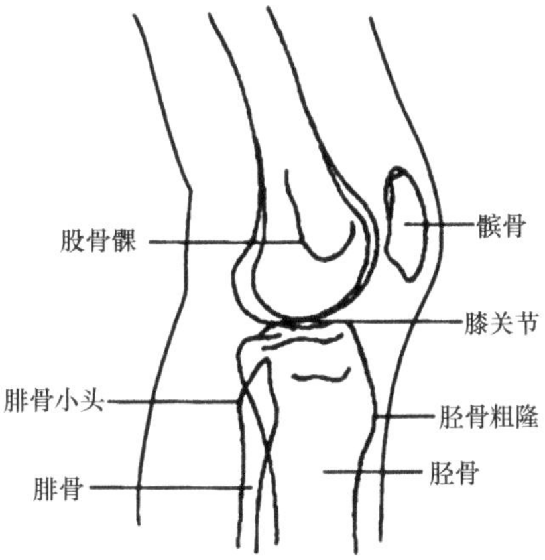

图3-4-87 膝关节外侧位结构示意图

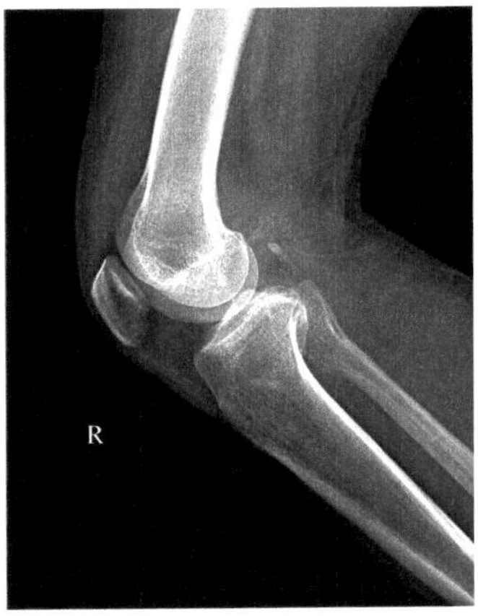

图3-4-88 膝关节外侧位图

【相关疾病检查要点】 用于显示膝关节骨质、位置及髌骨情况，观察有无骨折、骨质破坏，脱位等；是膝关节外伤的常规检查体位。

案例3-4-23

女，63岁，曾患退行性骨病，致行走困难，1个月前进行膝关节置换术后，现定期复查如案例图3-4-23所示，请问从片中分析膝关节现状如何？

解答：图示左膝关节正侧位片，由于术后1个月，金属未拆除，侧位片拍摄时膝关节角度不足，左侧人工膝关节置换术后，人工膝关节对位、对线良好，未见明显松动、移位。

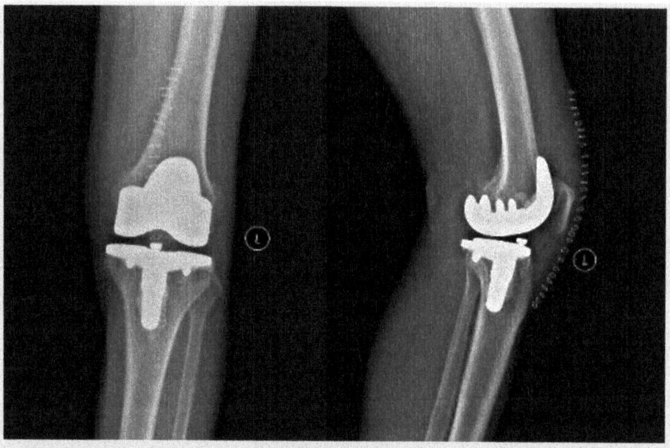

案例图 3-4-23

（二十九）髌骨轴位

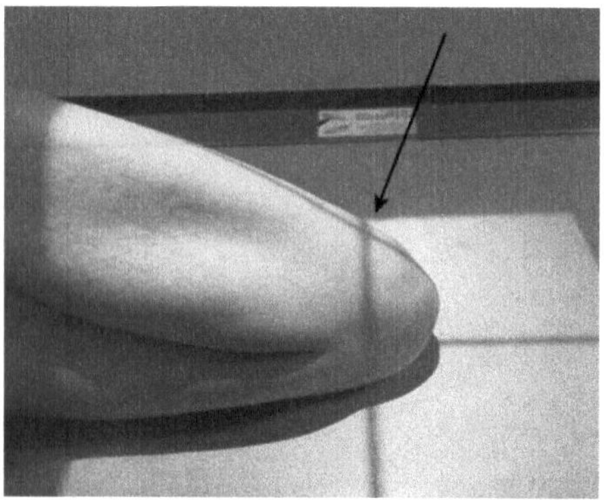

图 3-4-89 髌骨轴位

【体位】

（1）患者俯卧于摄影台上，被检侧膝部尽量弯曲，对侧下肢伸直（图 3-4-89）。

（2）被检侧股骨长轴与探测器中心中线一致。髌骨下缘置于探测器中心下 1/3 处。

（3）摄影距离为 90～100cm。

【中心线】 向头侧倾斜 15°～20°角，对准髌骨下缘射入探测器中心。

【标准影像显示】

（1）显示髌骨和股骨间关节面轴位影像。

（2）髌骨呈扁三角形，位于股骨两髁的对侧。

【相关疾病检查要点】 用于显示髌骨骨质情况，观察有无骨折及骨折后左右分离情况；是膝关节外伤的常规检查体位。

案例 3-4-24

男，23 岁，跑步时摔倒，左膝疼痛、活动轻度受限，来院就诊，拍 X 线片如案例图 3-4-24 所示，应如何诊断？

解答：此患者拍摄的为左膝髌骨轴位片，髌-股关节间隙清晰，未见狭窄，髌骨外侧份见线样低密度影，诊断为髌骨骨折。

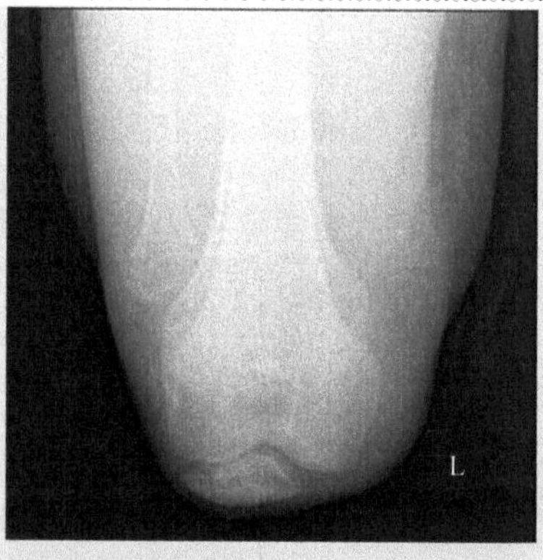

案例图 3-4-24

（三十）股骨前后正位

【体位】

（1）患者仰卧于摄影台上，下肢伸直足稍内旋，使两足趾内侧互相接触（图 3-4-90、图 3-4-91）。

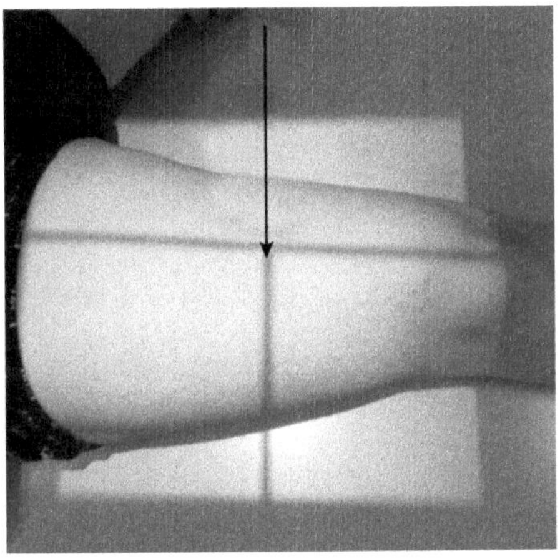

图 3-4-90 股骨前后正位

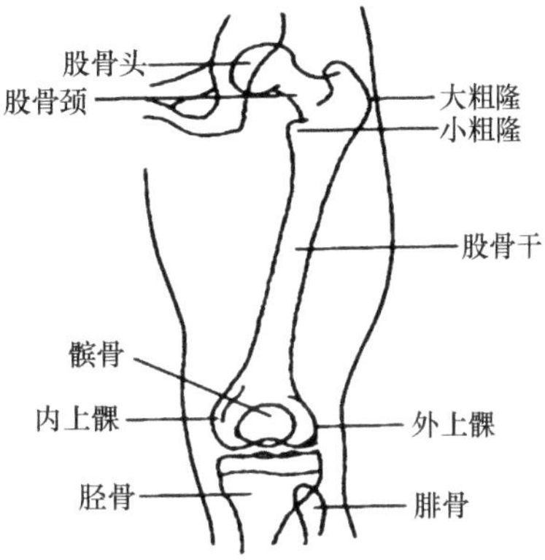

图 3-4-91 股骨前后正位结构示意图

（2）探测器中心置于被检侧股骨下面，股骨长轴与探测器中心线一致。

（3）探测器中心上缘包括髋关节，下缘包括膝关节。

（4）摄影距离为 90～100cm。

【中心线】 对准股骨中点，垂直射入探测器中心。

【标准影像显示】

（1）股骨呈正位显示于图像中央。股骨头、颈、干，髁部骨质、髋及膝关节、大腿软组织形态层次均显示清晰。

（2）股骨完整显示，并包括邻近一个关节。

（3）清晰显示股骨骨质、骨小梁和周围软组织。

【相关疾病检查要点】 用于显示股骨骨质情况，观察有无骨折、骨质增生、骨质破坏等；是外伤及观察股骨周围软组织大体影像的常用检查体位。

（三十一）股骨侧位

【体位】

（1）患者侧卧于摄影台上，被检侧贴近台面（图 3-4-92、图 3-4-93）。

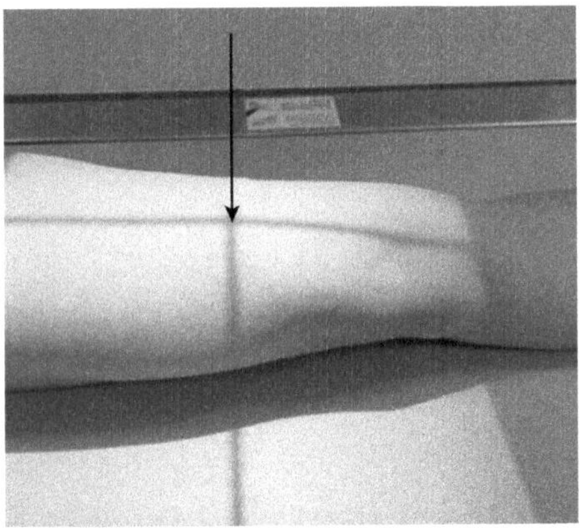

图 3-4-92 股骨侧位

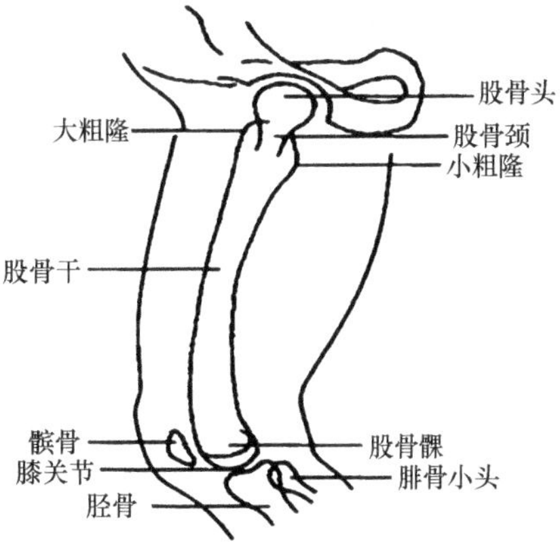

图 3-4-93 股骨侧位结构示意图

（2）被检侧下肢伸直，膝关节稍弯曲，探测器中心置于股骨外侧缘的下方，股骨长轴与探测器中心长轴一致。

（3）摄影距离为 90～100cm。

【中心线】 对准股骨中点，垂直射入探测器中心。

【标准影像显示】

（1）影像显示股骨头、颈、干、髁部、髌骨及膝关节骨质侧位像，髋关节为侧位稍斜，膝部的内、外髁难以全部重叠。软组织阴影层次清晰。

（2）股骨完整显示于图像正中，并包括邻近一个关节。

（3）清晰显示股骨骨质、关节面、周围软组织影像和骨小梁。

【相关疾病检查要点】 用于显示股骨骨质情况，观察有无骨折、骨质增生、骨质破坏等；是外伤及观察股骨周围软组织大体影像的常用检查体位。

案例 3-4-25

女，8岁，左大腿疼痛6个月，发现病变一天，来院就诊，为明确诊断，拍摄左股骨X线正侧位片及双侧髋关节核磁片（案例图 3-4-25），请问结果如何？

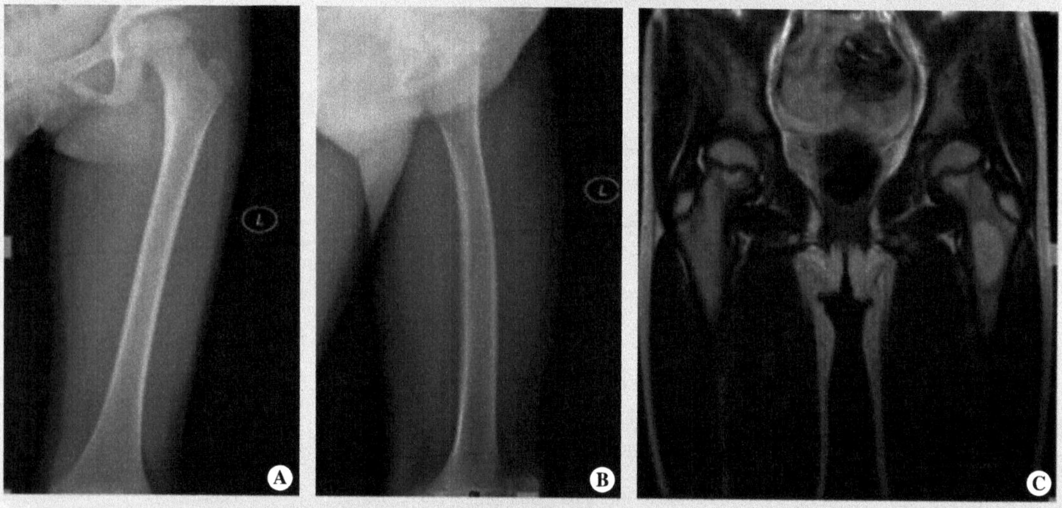

案例图 3-4-25

解答： 案例图 3-4-25A、B 为左股骨干正侧位片，示左股骨小粗隆片样高密度影，中心低密度灶，考虑骨样骨瘤可能。案例图 3-4-25C 为核磁影像之一，诊断为骨样骨瘤，此病是一种良性成骨性肿瘤，好发年龄：30岁以下青少年，好发部位最常见为股骨小粗隆、肱骨近端内侧皮质、胫骨远端 1/3。

（三十二）髋关节正位

【体位】

（1）患者仰卧于摄影台上，被检侧髋关节置于台面中线（图 3-4-94、图 3-4-95）。

（2）下肢伸直，双足跟分开，两侧足趾内侧相互接触。

（3）股骨头放于探测器中心，股骨长轴与探测器中心长轴平行。

（4）探测器中心上缘包括髂骨，下缘包括股骨上端。

（5）探测器中心置于滤线器托盘内，摄影距离为 100cm。

【中心线】 对准股骨头（髂前上棘与耻骨联合上缘连线的中点垂线下方 2.5cm 处），垂直射入探测器中心。

【标准影像显示】

（1）照片包括髋关节、股骨近端 1/3，同侧耻、坐骨及部分髂骨翼。

（2）股骨头大体位于照片正中，或位于照片上 1/3 正中，大粗隆内缘与股骨颈重叠 1/2，股骨颈显示充分。

（3）股骨颈及闭孔无投影变形，沈通氏线光滑锐利，曲度正常。

（4）髋关节诸骨小梁清晰锐利，坐骨棘明确显示，周围软组织也可辨认。

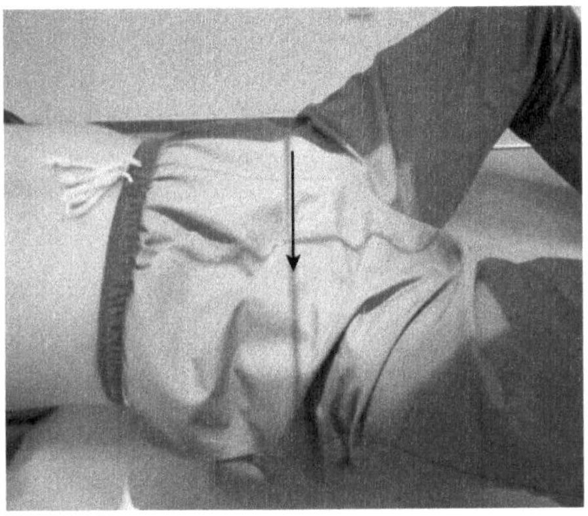

图 3-4-94　髋关节正位

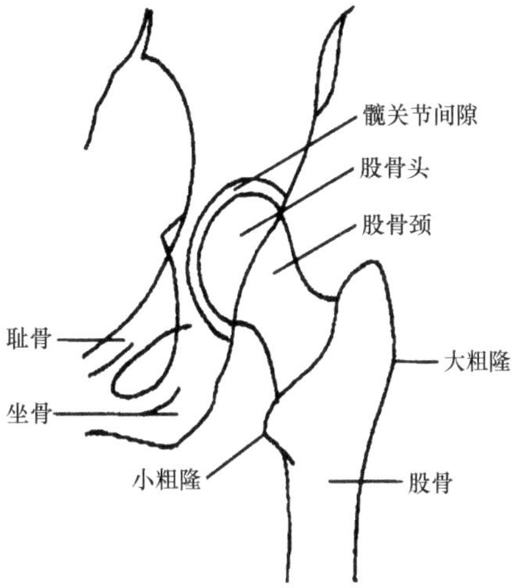

图 3-4-95　髋关节正位结构示意图

【相关疾病检查要点】　用于显示髋关节骨质以及关节位置情况，观察髋臼窝有无骨质增生、关节有无脱位等；是关节外伤、股骨头坏死及髋关节脱位等疾病的常规检查体位。

（三十三）髋关节水平侧位

【体位】

（1）患者仰卧于摄影台上，被检侧下肢伸直，足尖稍内旋。

（2）健侧髋关节和膝关节屈曲外展，避免遮挡 X 线束射入。

（3）探测器中心垂直台面竖放于被检侧髋部外侧，上缘紧贴髂骨嵴，下缘远离股骨，使探测器中心长轴与股骨颈长轴平行。

（4）固定滤线栅置于肢体与探测器中心间，并紧贴探测器中心。

（5）摄影距离为 100cm。

【中心线】　水平方向，向头侧倾斜，从被检侧股骨内侧向外上方垂直股骨颈射入探测器中心。

【标准影像显示】

（1）照片包括髋关节、股骨近端 1/3 及部分髂骨翼。

（2）股骨头大体位于照片正中，或位于照片上 1/3 正中，股骨头显示清晰，股骨颈重叠显示不清。

（3）髋关节间隙显示清晰，周围软组织也可辨认。

【相关疾病检查要点】　用于显示髋关节骨质以及关节位置情况，是观察股骨头后脱位的检查体位。

【小结】　本小节主要内容是四肢X线摄影技术，主要注意事项如下。①去除受检部位影响检查的物品，如饰品、膏药等。②向受检者说明检查情况，取得配合。③照射野：手、腕关节、肘关节、肩关节、锁骨、膝关节、踝关节、足等为 25cm×30cm；肱骨、尺桡骨、股骨、胫腓骨等长骨为 30cm×43cm。④SID 选择：100cm。⑤长骨摄影时应包括上下两个关节，病变局限在一端时，至少包括邻近病变一端的关节。⑥检测器应充分包括被检部位的软组织。⑦对外伤受检者的摄片，应根据情况选用合适的摄影体位，尽量少搬动受检者，避免增加受检者的痛苦或造成二次损伤。

四、胸部X线摄影

【临床概述】 胸部包括骨骼和软组织，肋骨位于胸椎两侧，锁骨位于胸廓上口附近，与第一肋前端相交，内段与胸骨柄构成胸锁关节。胸部X线摄影是临床胸部常规检查的最重要手段之一，也是最简捷、空间分辨力较高的检查方法。及时了解变化多端的胸部信息，便于临床医生掌握第一手资料。对于临床病变的早期发现、治疗方案的及时选用、临床治疗效果的判断及临床预后都有极其重要的作用。

【适应证】 胸部X线摄影适用于肺部及支气管病变、心脏及大血管病变、纵隔和横膈病变、胸膜和胸壁病变、肋骨骨折及骨质改变、常规体格检查等。

【相关解剖】 胸骨颈静脉切迹沿锁骨到肩锁关节，再从此连线向后到第7颈椎棘突为胸部上界。胸廓下口为胸部上界。胸部和上肢的界线为三角肌的前缘。肺位于胸腔内，左、右两肺分居膈的上方和纵隔两侧。肺野在胸片上表现为透明区域，肺叶由叶间胸膜分隔而成，右肺分为上、中、下三个肺野叶，左肺分为上、下两个肺叶。肺门位于两肺中野内带，左右肺门均可分为上、下两部。肺纹理自肺门向肺野中、外带延伸，且逐渐变细。纵隔位于胸骨之后、胸椎之前，介于两肺之间，其前界为胸骨，后界为脊柱胸段，两侧为纵隔胸膜，向上达胸廓上口，向下至膈。气管和主支气管含气而易于分辨，正常胸膜菲薄，一般不显影，膈内侧与心脏形成心膈角，外侧逐渐向下倾斜，与胸壁间形成尖锐的肋膈角。在侧位片上。膈前端与前胸壁形成前肋膈角。膈的后部明显向后、下倾斜，与后胸壁形成后肋膈角。

常见的胸部体表定位标志有：

1. 胸骨颈静脉切迹 后平第2、3胸椎水平。

2. 胸骨角 胸骨柄和胸骨体连接处微向前突形成，两侧连接第2肋骨，可作为计数肋骨的标志。相当于第4、5胸椎水平，后方对着气管分杈处。

3. 剑突末端 胸骨最下端，平第11胸椎水平。

4. 肋弓 构成胸部下口的前份，由第8～10肋软骨前端相连形成。其最低点平第3腰椎水平。

5. 锁骨中线 通过锁骨中点的垂线。

6. 腋前线 通过腋窝前缘的垂线。

7. 腋中线 通过腋窝中点的垂线。

8. 腋后线 通过腋窝后缘的垂线。

【检查前准备】

（1）对受检者做好解释工作，使其明白检查的必要性，消除其顾虑和紧张的情绪。

（2）对儿童受检者应尽量嘱其配合，不能配合的儿童可留家属配合做好检查；对不合作患者（包括小儿和意识障碍者），可根据情况给予镇静剂等药物以减少运动伪影的产生，或建议改换其他检查项目。

（3）受检者应在检查前去除检查区域内的物品，如内衣、项链、外套拉链等，防止此类物品成像后留下高密度影。

（4）呼吸气状态的训练准备。通常对于常规胸部检查采用深吸气后闭气模式，以心脏检查为目的时采取以平静吸气后闭气的模式。

（5）对未检查的辐射敏感部位及家属陪同人员做好辐射防护措施。

（6）常规X线检查一般无特殊禁忌证，对于准备怀孕或已怀孕的育龄妇女，若非特殊需要，一般不宜进行X线检查。

案例 3-4-26

女，39岁，体检行胸部X线正位摄片。胸部正位片如案例图3-4-26所示，该受检者检查前准备是否充分？为什么？摄影体位是否标准？

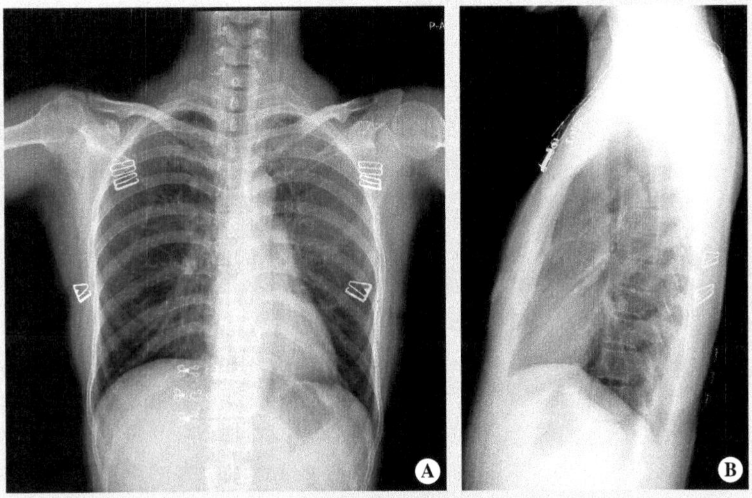

案例图 3-4-26

解答：该受检者检查前准备不充分。女性患者内衣及饰品未去除，遮盖后方肺野。双手未背屈置于腰间，双肩锁骨未处于同一水平面，双侧肩胛骨未旋出肺野外。

（一）胸部后前正位

【体位】

（1）患者面向摄影架站立，前胸紧靠探测器，两足分开，使身体站稳。

（2）人体正中矢状面对准探测器中线，头稍后仰，将下颌搁于胸片架上方，探测器上缘超过两肩 3cm。

（3）两手背放于髋部，双肘弯曲，尽量放平，并紧贴探测器。

（4）探测器置于滤线器托盘内，摄影距离为 180cm（观察心脏时，摄影距离为 200cm）。

（5）深吸气后屏气曝光。

【中心线】　水平方向，通过第 6 胸椎，垂直射入探测器。

【标准影像显示】

（1）肺门阴影结构可辨（图 3-4-96）。

（2）锁骨、乳房、左心影内可分辨出肺纹理。

（3）肺尖充分显示。

（4）肩胛骨投影于肺野之外。

（5）两侧胸锁关节对称。

（6）膈肌包括完全，且边缘锐利。

（7）心脏、纵隔边缘清晰锐利。

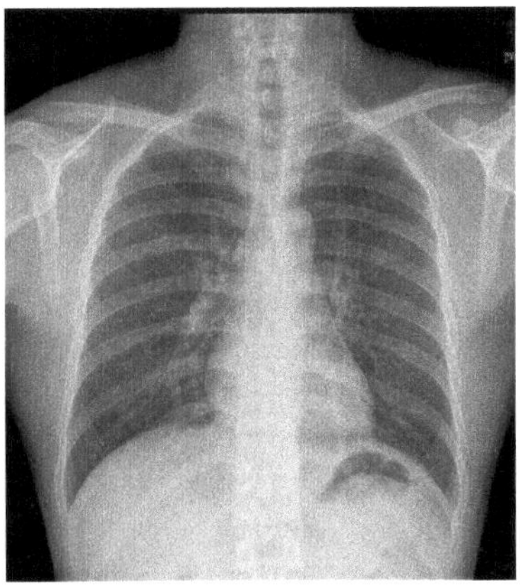

图 3-4-96　胸部后前正位 X 线片

【相关疾病检查要点】　观察胸部的病变情况及常规的体格检查。

（二）胸部侧位

【体位】

（1）患者侧立摄影架前，被检侧胸部紧靠探测器，探测器上缘应超出肩部。

（2）胸部腋中线对准探测器中线，前胸壁及后壁投影于探测器边缘等。

（3）两足分开、身体站稳，双上肢上举，环抱头部，收腹，挺胸抬头。

（4）探测器置于滤线器托盘内，摄影距离为 180cm（观察心脏时，摄影距离为 200cm）。

（5）深吸气后屏气曝光。

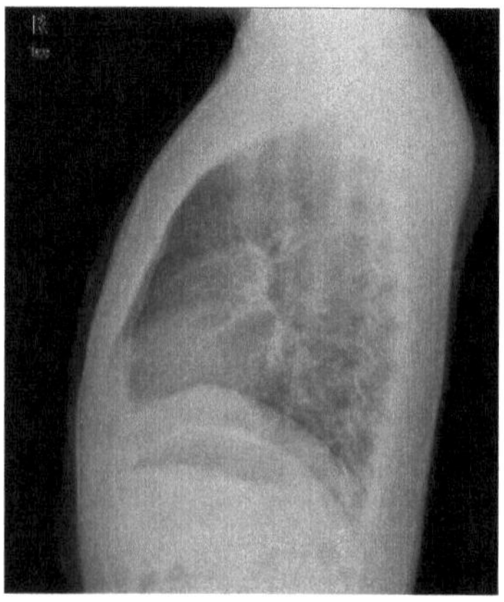

图 3-4-97 胸部侧位 X 线片

【中心线】 水平方向，经腋中线第 6 胸椎平面垂直射入探测器。

【标准影像显示】

（1）照片中无组织遮盖部分呈黑色（图 3-4-97）。

（2）第 4 胸椎以下椎体清晰可见，并呈侧位投影。

（3）从颈部到气管分杈部，能连续追踪到气管影像。

（4）心脏、主动脉弓移行部、降主动脉影像明了。

（5）胸骨两侧缘重叠良好。

【摄影质控相关要点】

（1）无体外金属物品或其他不相干高密度物质参与成像。

（2）不能配合检查的婴幼儿及危重患者，需家属陪同辅助检查，或在条件允许下服用镇静剂等药物后再行检查，避免运动伪影的出现。

（3）常规摄影：对于不同胖瘦、不同年龄段的患儿，应根据实际情况进行摄影条件的适当调节。小儿胸部薄而且脂肪多，肺含气少，不易配合，故尽量用高毫安、短时间投照，以保证肺纹理清晰。

（4）肺部摄影：肺部照片主要观察肺纹理和肺实质影像，因肺泡内充气，吸收 X 线量少，所需摄影条件较小。若两侧肺部密度相差悬殊较大或欲观察肋骨、心脏、锁骨等遮盖的肺组织及纵隔肿瘤等影像，可采用高 kV 值技术摄影。

（5）合理选择曝光条件：若曝光条件过大，会出现所得图像曲线变窄，图像偏黑，失去层次感，导致成像质量不佳，无法清晰展示肺部组织的各解剖结构。而当曝光条件过小时，会导致组织层次显示不佳，对比度下降，甚至还可形成噪声和光子斑点。因此应根据患者的实际情况正确调节投照剂量，才能有效提高图像质量。

（6）合理运用图像后处理功能：如对比度、亮度、增强、反转等功能的调节。合适的窗宽能够获得更多的图像细节，合适的窗位能够提升图像的对比度，清晰显示细微的结构。

【相关疾病检查要点】 观察胸部应变以确定病变的位置。

案例 3-4-27

患者，男，22 岁，体型偏瘦，有长期熬夜史，突发左侧胸痛，继而胸闷伴呼吸困难，并有刺激性咳嗽。叩诊鼓音，听诊呼吸音减弱或消失。请问应采取何种摄影方式？

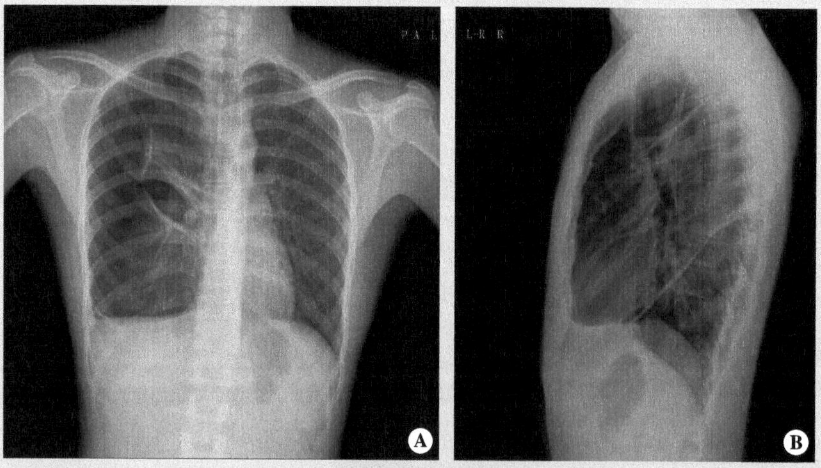

案例图 3-4-27

解答： 需行胸部正侧位摄影（案例图 3-4-27）。肺门阴影结构可辨。锁骨、乳房、左心影内可分辨出肺纹理。肺尖充分显示。肩胛骨投影于肺野之外。两侧胸锁关节对称。膈肌包括完全，且边缘锐利。心脏、纵隔边缘清晰锐利。

（三）膈上肋骨前后位

【体位】

（1）患者站立于摄影架前，背部紧贴摄影架面板，两足分开，使身体站稳。

（2）身体正中矢状面垂直摄影架面板并对准探测器中线，下颌稍仰，探测器上缘超出两肩。

（3）双肘屈曲，手背放于臀部，肘部尽量向前。

（4）探测器置于滤线器托盘内，摄影距离为100cm。

（5）深吸气后屏气曝光。

【中心线】 水平方向，通过第7胸椎垂直射入探测器。

【标准影像显示】

（1）影像显示左右第1～6前肋与第1～9后肋投影于照片中，包括两侧肋膈角（图3-4-98）。

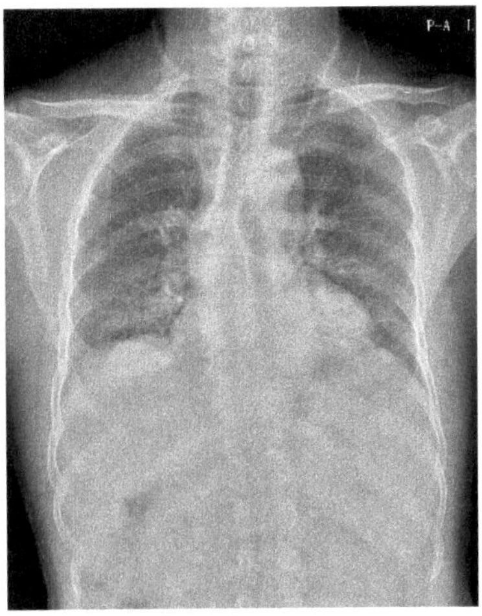

图3-4-98 膈上肋骨前后位X线片

（2）影像上有可靠的肋骨骨性定位标志，必须包括第7颈椎。肩胛骨显示为侧位影像并且不能与后段肋骨重叠。

（3）肋骨骨质清晰，骨皮质边缘锐利。

【相关疾病检查要点】 观察膈上肋骨，即第1～7前肋、第1～10后肋的情况。

案例3-4-28

患者，男，45岁，摔到5⁺h入院，自述左侧上段胸痛，深呼吸或咳嗽时疼痛加重，经查体局部外观无明显异常，存在轻度皮下淤血、肿胀。患侧按压痛，并伴有骨摩擦音，请问应采取何种摄影方式？

解答： 需行膈上肋骨位摄影。影像中左、右第1～6前肋与第1～9后肋投影于照片中，包括两侧肋膈角。影像上有可靠的肋骨骨性定位标志，必须包括第7颈椎。肩胛骨显示为侧位影像并且不能与后段肋骨重叠。

（四）膈下肋骨前后位

【体位】

（1）患者仰卧于摄影台上，身体正中矢状面垂直台面，并对准探测器中线。双上肢置于身体两侧，稍外展。

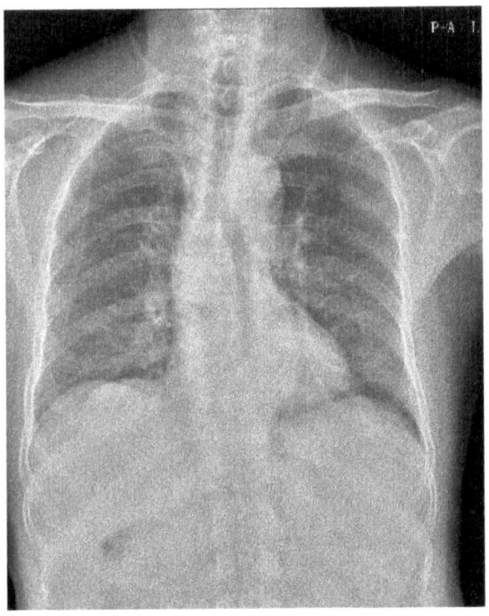

图3-4-99 膈下肋骨前后位X线片

（2）探测器上缘包括第5胸椎，下缘包括第3腰椎，两侧包括腹侧壁外缘。

（3）探测器置于滤线器托盘内，摄影距离为100cm。

（4）深呼气后屏气曝光。

【中心线】 通过脐孔上，向头侧倾斜10°～15°角射入胶片中心。

【标准影像显示】

（1）影像正位显示膈下肋骨正位，斜位影像（图3-4-99）。

（2）正位显示左右膈下肋骨对称显示在照片中，影像上有可靠的肋骨骨性定位标志，必须包括第3腰椎。

（3）肋骨骨纹理清晰，骨皮质边缘锐利。

【摄影质控相关要点】

（1）无体外金属物品或其他不相干高密度物质参与成像。

（2）不能配合检查的婴幼儿及危重患者，需家属陪同辅助检查，或在条件允许下服用镇静剂等药物后再行检查。避免运动伪影的出现。

（3）常规摄影：对于不同胖瘦、不同年龄段的患儿，应根据实际情况适当调节摄影条件。

（4）欲观察肋骨、心脏、锁骨等遮盖的肺组织及纵隔肿瘤等影像，可采用高 kV 值技术摄影。

（5）肋骨摄影：膈上肋骨与肺组织重叠，膈下肋骨与腹腔脏器重叠，两者对 X 线的吸收差异很大，摄影时应根据膈上肋骨深吸气、膈下肋骨深呼气的技术选择曝光条件分别进行摄片。

（6）合理选择曝光条件，若曝光条件过大，会导致所得图像曲线变窄，图像偏黑，失去层次感，导致成像质量不佳，无法清晰展示肺部组织的各解剖结构。而当曝光条件过小时，会导致组织层次显示不佳，对比度下降。甚至还可形成噪声和光子斑点。因此，应根据患者的实际情况进行投照剂量的正确调节，才能有效提高图像质量。

（7）合理运用图像后处理功能，如对比度、亮度、增强、反转等功能的调节。合适的窗宽能够获得更多的图像细节，合适的窗位能够提升图像的对比度，清晰显示细微的结构。

【相关疾病检查要点】 观察膈下肋骨的情况。

案例 3-4-29

患者，女，35 岁，重物压伤 5^{+}h 入院，自述右侧下段胸痛，深呼吸或咳嗽时疼痛加重，经查体检查，存在皮下淤血、肿胀。患侧按压痛，并伴有骨摩擦音，请问应采取何种摄影方式？

解答：需行膈下肋骨位摄影。影像中显示膈下肋骨正位，斜位影像。正位：左右膈下肋骨对称显示在照片中，影像上有可靠的肋骨骨性定位标志，必须包括第 3 腰椎。

五、腹部 X 线摄影

【临床概述】 腹部上侧界是胸廓下口，由剑突，肋弓、第 11 及 12 肋骨、第 12 胸椎围成。下侧界由耻骨联合上缘、耻骨棘、耻骨结节腹股沟韧带、髂嵴至第 5 腰椎下缘连线。腹部上方借膈与胸部相隔，下方经骨盆上口与骨盆相通。腹部解剖包括食管和胃肠道、肝胆胰脾、泌尿系统与肾上腺。

【适应证】 泌尿系结石、腹腔内脏器钙化、腹部异物、急腹症、腹腔内占位性病变、消化道穿孔、胃肠道梗阻、游走肾等。

【相关解剖】 腹部从前向后为胸骨剑突、肋弓、第 11 肋前端与第 12 胸椎。下界从前向后为耻骨联合下缘、耻骨结节、腹股沟韧带、髂嵴与第 5 腰椎下缘。腹壁在后方为脊柱的腰部。其前外侧壁均为扁平肌构成。腹部脏器体表定位常采用九区分法，即用两条水平线和垂直线将腹部划分为九个区。上水平线为两侧肋弓下缘最低点连线；下水平线为两侧髂嵴最高点连线；两条垂直线分别为左锁骨中线与左腹股沟韧带中点连线和右锁骨中线与右腹股沟韧带中点连线。Murphy 点为胆囊底的投影，即右侧肋弓与腹直肌外缘交界处。

【检查前准备】

（1）做好解释工作，让受检者明白检查的必要性，消除其顾虑和紧张的情绪。

（2）投照前应清除患者体外可造成影像伪影的衣物和饰物，如皮带、手机、钥匙、非棉质（内）外裤，以及检查服装上的高密度残留物，防止图像伪影出现。

（3）对儿童受检者应尽量嘱其配合，不能配合的儿童可留家属配合做好检查（同时做好放射线防护工作）；对不合作患者（包括小儿和意识障碍者），可根据情况给予镇静剂等药物，减少运动伪影的产生或改换其他检查项目。

（4）呼吸气训练，常规采用深呼气后闭气。

（5）休克患者不宜做立位腹平片；非特殊情况下，妊娠 3 个月内孕妇尽量避免做此种检查。

（一）腹部正位（泌尿系结石）摄影

【体位】

（1）患者仰卧于摄影台上，下肢伸直，人体正中矢状面垂直台面并于台面中心重合，两臂置于身旁或上举。

（2）探测器上缘超出胸骨剑突，下缘包括耻骨联合下2.5cm。

（3）探测器置于滤线器托盘内，摄影距离为100cm。

（4）深呼气后屏气曝光。

【中心线】 对准剑突与耻骨联合上缘连线中点垂直射入探测器。

【标准影像显示】

（1）腹部全部包括在照片内（图3-4-100）。腰椎序列投影于照片正中并对称显示。

（2）两侧膈肌、腹壁软组织及骨盆腔均对称地显示在照片内，椎体棘突位于照片正中。

（3）膈肌边缘锐利，胃内液平面及可能出现的肠内液平面，均可辨认明确。

（4）肾、腰大肌、腹膜外脂肪线及骨盆影像显示清楚。

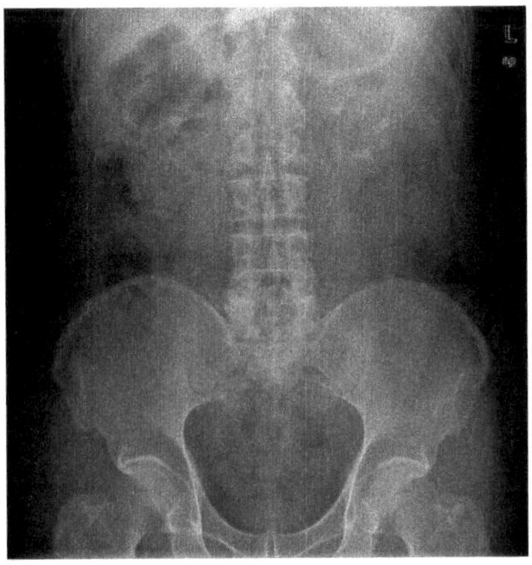

图3-4-100 腹部正位（泌尿系结石）X线片

【摄影质控相关要点】

（1）无体外金属异物干扰或其他不相干高密度物质参与成像。

（2）不能配合检查的婴幼儿及危重患者，需家属陪同辅助检查，或在条件允许下服用镇静剂等药物后再行检查，避免运动伪影的出现。

（3）需按照标准摄影体位进行摆放，投照应包括整个所需检查部位，清晰显示腹部各解剖结构。避免投照解剖部位不全，如未包全肾脏或耻骨联合。

（4）根据患者的实际体位情况，进行正确的摄影序列选择。如后前位（posteroanterior，PA）摄影，选择前后位（anteroposterior，AP）投照序列会导致图像反转，影响诊断。

（5）常规摄影：对于不同胖瘦、不同年龄段的患儿，应根据实际情况适当调节摄影条件。

（6）合理选择曝光条件，若曝光条件过大，会出现所得图像曲线变窄，图像偏黑，失去层次感，导致成像质量不佳，无法清晰展示肺部组织的各解剖结构。而当曝光条件过小时，会导致组织层次显示不佳，对比度下降。甚至还可形成噪声和光子斑点。因此，应根据患者的实际情况进行投照剂量的正确调节，才能有效提高图像质量。

（7）合理运用图像后处理功能，如对比度、亮度、增强、反转等功能的调节。合适的窗宽能够获得更多的图像细节，合适的窗位能够提升图像的对比度，清晰显示细微的结构。

【相关疾病检查要点】 观察泌尿系及腹腔脏器结石、钙化及腹部包块、异物存留等。

案例3-4-30

男，23岁，腰部酸痛1个月，加重3天，呈持续性，休息后可缓解，劳累或饮酒后加重，伴恶心、出汗，经B超发现左肾多发结石，肾区叩击痛（+），应采用何种摄影方式？

解答：结石患者的腹部正位图像，需包括双肾至耻骨联合，腰椎序列投影于照片正中并对称显示。两侧膈肌、双肾、腹壁软组织及骨盆腔均对称显示在照片内。

（二）腹部前后立位正位（泌尿系结石除外）摄影

【体位】

（1）患者站立于摄影架前，背部紧贴探测器面板，双上肢自然下垂稍外展。

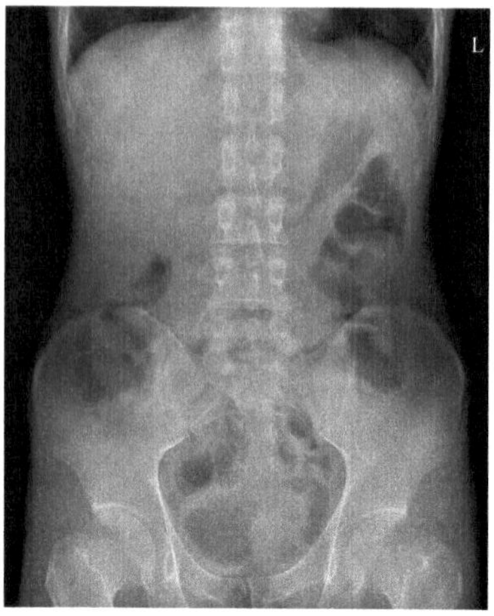

图 3-4-101 腹部前后立位正位（泌尿系结石除外）X 线片

（2）人体正中矢状面与摄影架面板垂直，并于探测器中心重合。

（3）探测器上缘包括横膈，下缘包括耻骨联合上缘。

（4）探测器置于滤线器托盘内，摄影距离为 100cm。

（5）深呼气后屏气曝光。

【中心线】 水平方向，经剑突与耻骨联合连线中点，垂直射入探测器。

【标准影像显示】

（1）两侧膈肌、腹壁软组织及骨盆腔均对称地显示在照片内，椎体棘突位于照片正中（图 3-4-101）。

（2）急腹立位，要求包括膈肌上 1～3cm，胃内液平面及可能出现的肠内液平面，均可辨认明确。

（3）肾、腰大肌、腹膜外脂肪线及骨盆影像显示清楚。

【摄影质控相关要点】

（1）无体外金属物品干扰或其他不相干高密度物质参与成像。

（2）不能配合检查的婴幼儿及危重患者，需家属陪同辅助检查，或在条件允许下服用镇静剂等药物后再行检查，避免运动伪影的出现。

（3）需按照标准摄影体位进行摆放，投照应包括整个所需检查部位，清晰显示腹部各解剖结构。避免投照解剖部位不全，如未包全肾脏或耻骨联合。

（4）根据患者的实际体位情况，进行正确的摄影序列选择。如前后位摄影，选择后前位投照序列，会导致图像反转，影响诊断。

（5）常规摄影：对于不同胖瘦、不同年龄段的患儿，应根据实际情况适当调节摄影条件。

（6）合理选择曝光条件，若曝光条件过大，会导致所得图像曲线变窄，图像偏黑，失去层次感，出现成像质量不佳，无法清晰展示肺部组织的各解剖结构。而当曝光条件过小时，会导致组织层次显示不佳，对比度下降，甚至还可形成噪声和光子斑点。因此，应根据患者的实际情况正确调节投照剂量，才能有效提高图像质量。

（7）合理运用图像后处理功能，如对比度、亮度、增强、反转等功能的调节。合适的窗宽能够获得更多的图像细节，合适的窗位能够提升图像的对比度，清晰显示细微的结构。

【相关疾病检查要点】 用于诊断胃肠道肿瘤、炎症、穿孔；腹腔脓肿、腹腔肿块；肠梗阻；脏器损伤；急腹症等。

案例 3-4-31

患者，女，35 岁，2 天前无明显诱因出现下腹部疼痛，为持续性绞痛，面色苍白，无冷汗，无放射痛，有恶心，无呕吐症状，伴肛门停止排便排气。饮水后腹痛加剧，向上腹部蔓延，为阵发性绞痛。常采用何种摄影方式？

解答： 肠梗阻患者的腹部正位图像，需包括膈肌以上至耻骨联合，胃内液平面及可能出现的肠内液平面应明确辨认。

（三）婴儿腹部倒立侧位摄影

【体位】

（1）利用立位摄影架，由协助者用一手提患儿的两腿，另一手拖住患儿头，使患儿成倒立姿势，肛门处放一密度较高的金属标记，如钢珠。

（2）矢状面平行于探测器，侧腹壁靠近探测器。

（3）探测器上缘超出肛门上方 5cm，包括前腹壁。

（4）探测器置于滤线器托盘内，摄影距离为 100cm。

（5）本体位主要用于观察小儿先天性肛门闭锁。

检查过程中一定要注意患儿的安全。婴幼儿摄影可根据实际情况减少曝光条件或给予适当的防护。

【中心线】 水平方向，通过腹部正中垂直探测器。

【标准影像显示】

（1）照片显示腹部倒立正侧位影像（图 3-4-102）。

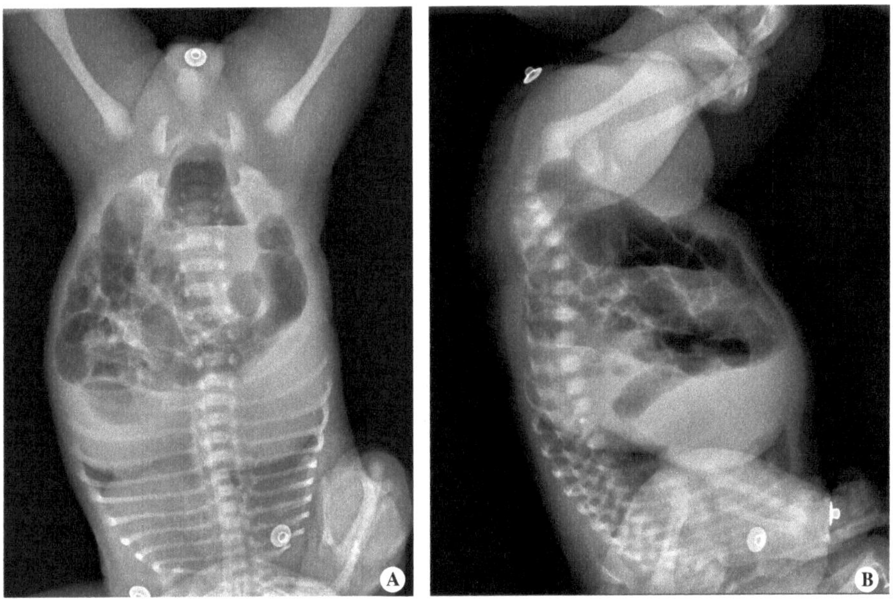

图 3-4-102 腹部倒立正侧位摄影 X 线片

（2）双侧椎弓根与髂骨翼对称性显示，照片上端应包括臀部皮肤、直肠肛管闭锁盲端。

（3）明显识别直肠肛管闭锁的盲端，能可靠测定金属标志到直肠气体最高的距离、直肠的宽度。

【摄影质控相关要点】

（1）无体外金属物品干扰或其他不相干高密度物质参与成像。

（2）该体位摄影需家属全程陪同辅助检查，或在条件允许下服用镇静剂等药物后再行检查，避免运动伪影的出现。

（3）需在患儿肛门处放置一金属标志物，按照标准摄影体位进行摆放，便于临床诊断医生观察。

（4）常规摄影：对于不同胖瘦、不同年龄段的患儿，应根据实际情况适当调节摄影条件。

（5）合理选择曝光条件，若曝光条件过大，会导致所得图像曲线变窄，图像偏黑，失去层次感，出现成像质量不佳，无法清晰展示肺部组织的各解剖结构。而当曝光条件过小时，会导致组织层次显示不佳，对比度下降，甚至还可形成噪声和光子斑点。因此，应根据患者的实际情况正确调节投照剂量，才能有效提高图像质量。

（6）合理运用图像后处理功能，如对比度、亮度、增强、反转等功能的调节。合适的窗宽能够获得更多的图像细节，合适的窗位能够提升图像的对比度，清晰显示细微的结构。

【相关疾病检查要点】 观察新生儿先天性肛门闭锁或畸形，测量直肠距肛门的距离。

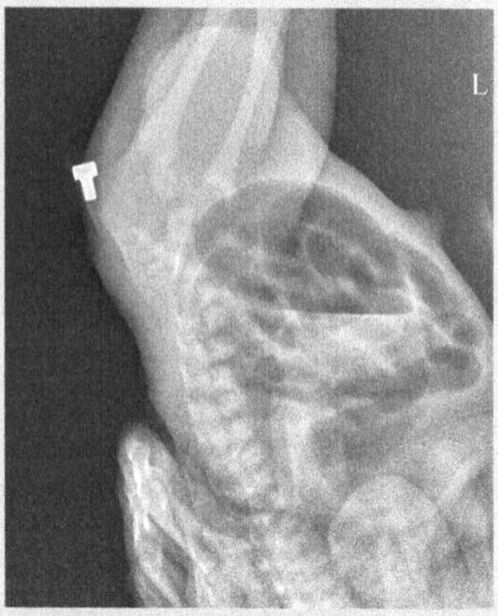

案例图 3-4-32

案例 3-4-32

患者，女，出生 38^{+}h，于当地医院出生 24h 后发现其肛穴处无肛门口，肛穴位置正常。患者腹部膨隆，未见胃肠型及蠕动波，出生至今无胎便排出。需采用何种摄影方式?

解答：肛门闭锁患者的腹部倒立侧位图像（案例图 3-4-32），需将金属标志物固定在肛门处，照片上端应包括臀部皮肤、直肠肛管闭锁盲端。

【小结】 本节主要内容为胸部正侧位摄影、膈上肋骨及膈下肋骨摄影、腹部泌尿系结石摄影、腹部泌尿系结石除外摄影、腹部倒立正侧位摄影。根据患者的不同病史选择正确的摄影方法及合理的摄影条件是达到诊断标准影像图像的前提。

第五节　乳腺 X 线检查技术

【临床概述】 乳腺癌如能早期发现和及时治疗，5 年生存率可达 70%以上。乳腺 X 线摄影因具有操作简便、准确度高、费用较低、可以显示乳腺内肿块和细小钙化的特点，是首选的乳腺疾病筛查方法，对于早期检出和早期诊断乳腺癌具有重要价值。但对于致密型乳腺，近胸壁处肿块显示不佳。传统的钼铑双靶乳腺 X 线摄影有其局限性，随着钨靶的回归、探测器的发展以及技术的不断革新，先后出现了乳腺融合体层技术（digital breast tomosynthesis，DBT）、光子计数乳腺 X 线摄影技术（PCT）、数字乳腺能谱对比增强技术（contrast enhanced spectral mammography，CESM），在乳腺疾病的定位和定性方面发挥了巨大作用。

【适应证】 适用于筛查性人群和诊断性患者的乳腺检查。

（1）有乳腺癌家族史。

（2）有乳腺疾病（尤其是乳腺癌）病史。

（3）有乳腺肿块、局部增厚、异常乳头溢液、皮肤异常、局部疼痛或肿胀症状。

（4）乳腺超声或其他相关检查发现乳腺异常。

（5）40 岁以上女性（尤其未生育及高龄生育）每 1～2 年例行体检，月经初潮年龄在 12 岁前、绝经年龄超过 55 岁及其他乳腺癌高危人群筛查起始年龄可适当提前。

【禁忌证】

（1）乳腺炎急性期、乳腺癌术后或外伤后伤口未愈。

（2）妊娠期（尤其是孕早期 3 个月）。

（3）巨大肿瘤难以压迫、恶性肿瘤皮肤破溃面积大的患者应根据临床权衡决定。

【检查前准备】

1. 患者准备

（1）检查前除去上衣（包括佩饰），充分暴露乳腺及腋窝，尤其需要清除乳腺或腋窝区域外敷的药物和黏附于皮肤上的污渍。

（2）了解乳腺检查的过程及注意事项。

（3）在病情允许的情况下，检查最佳时间是月经来潮后 7～10 天。

2. 技师准备

（1）技师要以亲切、专业的态度向患者解释压迫的必要性、拍摄的过程和注意事项，缓解患者紧张情绪，获得患者的信任。

（2）了解乳腺 X 线摄影机的性能、特点和各部件的使用注意事项。

（3）确保机房环境条件（温度、湿度等）符合设备要求。

（4）严格遵守操作规则，正确熟练地操作，确保人机安全。

（5）机房内（尤其是摄影台和乳腺压迫板）保持清洁。

（6）在曝光过程中，禁止临时调节各种技术按钮，以免损坏设备。

（7）定期对机器进行校准和保养，使图像各项指标符合要求。

【技师摆位注意事项】

（1）充分把握患者的体型和乳腺的解剖、生理特征等。特别是对可动性组织和固定组织的相对关系要有充分的理解。可动性组织是指乳腺外侧和下部组织，而固定性组织是指乳腺内侧和上部组织。把握的原则是将可动性组织充分地向固定组织方向移动（图 3-5-1）。

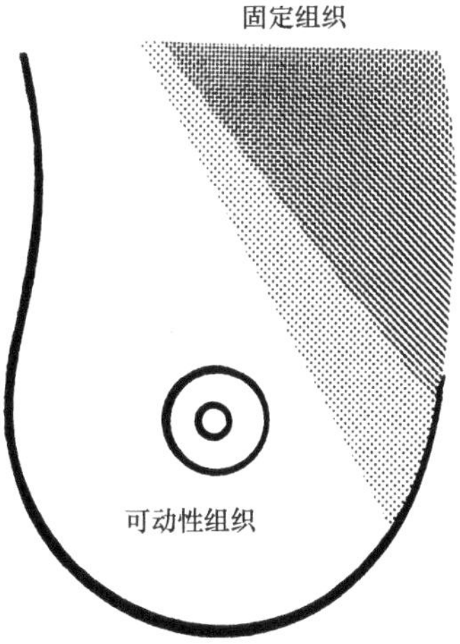

图 3-5-1　乳腺组织特性

（2）正确实施压迫，压迫的程度是以能承受的最大压迫力，又不会感到过大痛苦为宜。压迫的目的是分离乳腺的重叠部分，使乳腺密度均匀化，提高组织间的对比度和分辨力，降低辐射剂量，减少几何和运动模糊。

案例 3-5-1

患者，女，47 岁，体格检查。乳腺双侧对称，拍摄双侧乳腺常规头尾位和内外斜位（案例图 3-5-1）。A、B 两图中双侧乳腺有何差异？试说明其原因。

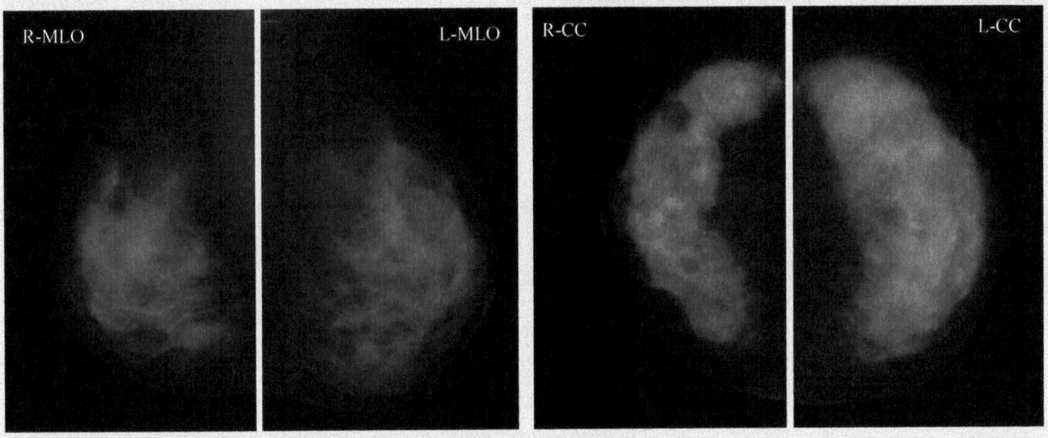

案例图 3-5-1

A. 内外斜位；B. 头尾位

解答：双侧乳腺拍摄压力不同，右侧（R）5 牛顿，左侧（L）15 牛顿，导致双侧乳腺大小、组织均匀性以及组织间的对比度和分辨力有差异。右侧明显小于左侧；左侧乳腺的组织分离度和均匀度、对比度均优于右侧，更易于观察。说明在乳腺 X 线摄影中要以尽可能大的力压迫乳腺。

（3）由于乳腺的特殊性，它会随重力向下垂，尤其是大乳腺。这就要求技师在摆位的整个过程中，特别是在侧位及斜位中，始终保持用手承托乳腺，直至乳腺组织紧张、被完全固定。同时技师要尽可能地贴近患者，确保其在施压过程中不要回撤移动。

（4）最后利用定位灯检查有无异影投照在视野内，然后嘱患者保持身体不动，平静呼吸中屏气曝光。

一、乳腺常规体位检查技术

根据乳腺的结构和拍摄方位，最能显示乳腺整体而且盲区少的是内外斜位（mediolateral oblique position，MLO position），以及作为其补充的头尾位（craniocaudal position，CC position），这两个是所有乳腺摄影常规采用的体位。常规体位不是把病变作为重点的摄影方法，当病变部位不能充分显示时，要进行附加摄影。患者的常规体位为立位，如不能站立，也可采取坐位。

（一）内外斜位

内外斜位是能够最广泛地显示出全体乳腺的体位，可以使乳腺上部外侧和腋窝深部的组织很好地显示，但乳腺上部内侧及下部的组织容易成为盲区，因此要多加注意。具体操作步骤如下：

（1）嘱患者侧对摄影设备站立，两足自然分开，探测器托盘平面与水平面成 30°～60°，使探测器与胸大肌平行，探测器上角高度平腋窝皱襞。

（2）为了确定胸大肌的角度，技师将手指放置在肌肉后方的腋窝处，患者肩部松弛，技师将胸大肌轻轻向前推移，使可移动的外侧缘更加明显。高瘦患者所需角度较低（为 50°～60°），矮胖患者以 30°～40°为宜，一般身高体重的患者所需角度为 40°～50°。探测器与胸大肌的角度不平行将导致乳腺成像组织减少。双侧乳腺的体位角度通常相同。

（3）患者成像乳腺侧的手放在手柄上，肘部弯曲以松弛胸大肌。运用可动性组织向固定组织运动原理，提升乳腺，然后向前、向内移动乳腺组织和胸大肌。

（4）向探测器托盘方向旋转患者，使托盘边缘替代技师的手向前承托乳腺组织和胸大肌，转角顶点正对患者被检侧腋窝尖，向上向外牵拉乳腺离开胸壁，避免组织相互重叠。

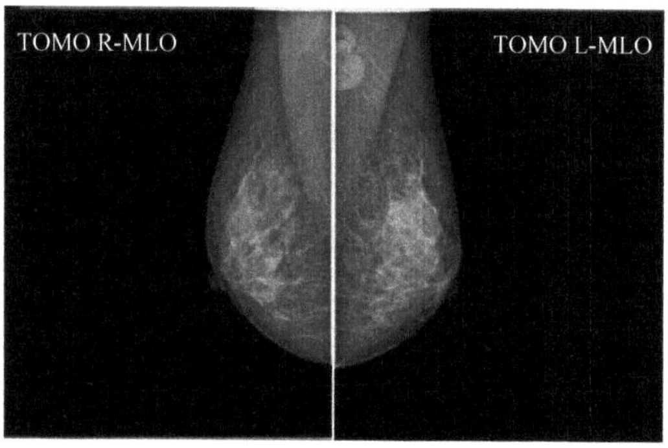

图 3-5-2 内外斜位
TOMO，螺旋断层放射治疗系统

（5）然后开始压迫，压迫板经过胸骨后，连续旋转患者使乳头呈切线位。压迫器的上角应稍低于锁骨。技师的手边加压边撤离，当手移开成像区域时，应该用手继续承托乳腺，直至有足够压力能保持乳腺位置。

（6）向下牵拉腹部组织以打开乳腺下皮肤皱褶，非检侧乳腺对检查有影响时，让患者用手向外推压。

影像显示要求：①胸大肌显示充分，其下缘能延续到乳头后线或以下；②乳腺内下角包括进来，不能被漏掉；③实质后部的脂肪组织充分显示；④乳腺无下垂，乳头呈切线位显示；⑤无皮肤皱褶；⑥左右对称（图 3-5-2）。

（二）头尾位

应确保在内外斜位中可能漏掉的内侧组织显示出来，同时应尽可能多地包含外侧组织。头尾位的乳腺上部组织容易成为盲区，所以一要尽量充分地托起乳腺以消除盲区。具体操作步骤如下：

（1）嘱患者正对探测器站立，两足自然分开，头转向非检侧。

（2）提高乳腺下皱褶，调节探测器托盘高度与提升的乳腺下缘接触。轻轻将乳腺组织牵拉远离胸壁，并将乳头置于探测器托盘中心。

（3）患者身体向前倾，为使乳腺内侧必须进入拍摄视野，嘱患者使其内侧胸壁贴近探测器前缘，同时也要尽可能地把乳腺外侧也包括进来。

（4）在进行压迫时，固定乳房的手向乳头方向移动，同时向前平展外侧组织以消除皱褶；用手牵拉锁骨上皮肤，以缓解在最后压迫过程中患者皮肤的牵拉感；最后患者成像一侧的手臂插在胯部，使肩部向后旋转。此种上臂摆位可以去除乳腺上部的皮肤皱褶。

影像显示要求：①包含乳腺的基底部，尽量显示部分胸肌前缘，实质后部的脂肪组织充分显示；②必须显示内侧乳腺组织，同时外侧也尽可能地包括进来；③乳头位于切线位，不与纤维腺体组织重叠；④无皮肤皱褶；⑤左右对称（图 3-5-3）。

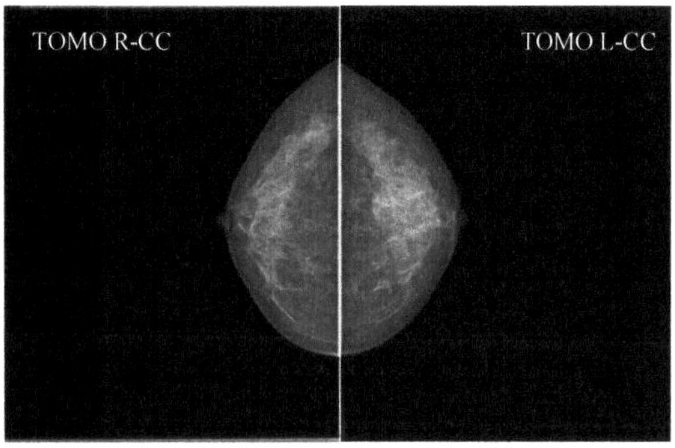

图 3-5-3　头尾位

TOMO，螺旋断层放射治疗系统

案例 3-5-2

女，57 岁，腹部术后 2 天，B 超提示左乳内侧 1cm 左右结节，申请乳腺 X 线摄影以明确诊断（案例图 3-5-2）。图 A 为第一次拍摄，在 MLO 中无发现，于 CC 中发现在近胸壁处疑似有一致密影，边界不全。图 B 为隔 3 天后第二次拍摄，肿块清晰显示，试解释其原因（不同机型拍摄因素除外）。

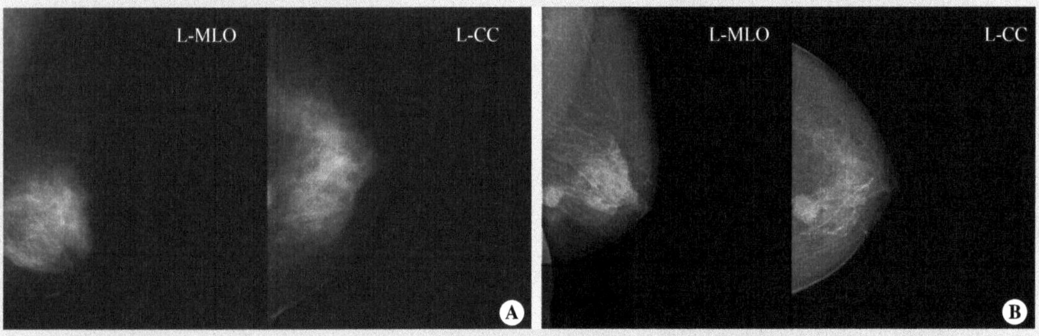

案例图 3-5-2

A. 第一次拍摄；B. 第二次拍摄

解答：乳腺 MLO 中最容易遗漏的部位是乳腺上部内侧和下部的组织。CC 中最容易遗漏的部位是乳腺上部。这个病灶位于乳腺下部。该患者术后 2 天拍片，由于伤口疼痛，技师未尽力将可动性组织向固定组织移动，造成 MLO 遗漏和 CC 部分显示该部位组织，隔 3 天后患者明显好转，疼痛缓解，拍摄体位更标准，故病灶完全显示。

二、乳腺附加摄影体位

对于用常规体位技术显示不良或不容易显示的部位，可根据感兴趣区的部位选择附加摄影体位。

（一）定点压迫位

定点压迫位（spot，S）特别有助于密集组织区域的模糊或不明确的发现物。与整体乳腺压迫不同，通过局部压迫，使压迫对乳腺组织的分离能力达到更高，同时由于厚度的降低，减少了辐射剂量。定点压迫位通常结合小焦点放大摄影来提高乳腺细节的分辨力。具体操作步骤如下：

1. 取下常规的全乳腺压迫板，换上定点压迫板。压迫板有方形或圆形，技师通过病变的具体位置和范围来选择压迫板（图 3-5-4）。

（2）按常规体位的乳腺影像确定本次摄影体位，以及拍摄范围。

（3）摄影中心线：从乳头垂直向后画线；在上、下或内、外方向上测量病变至这条线的垂直距离及从病变到皮肤表面的距离；用手模拟加压，将 3 个测量值在患者体表转换成标记，然后将中心的定点压迫装置放在病变上方加压。加压结束后轻柔地去处皮肤皱褶（图 3-5-5～图 3-5-9）。

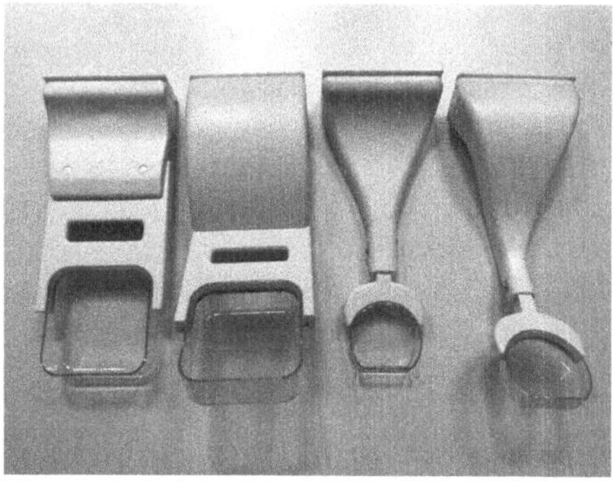

图 3-5-4 定点压迫板

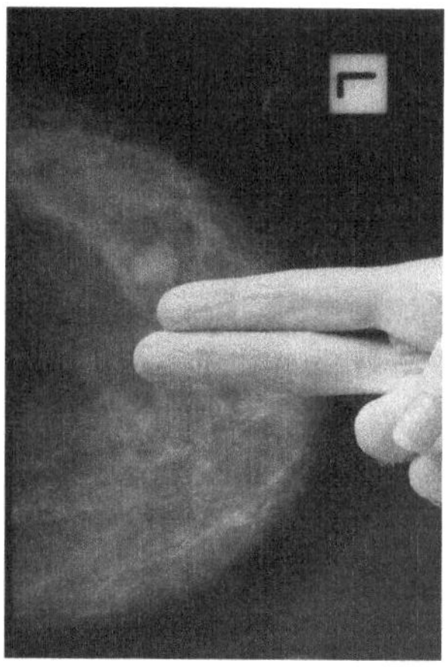

图 3-5-5 从乳头垂直向后画线

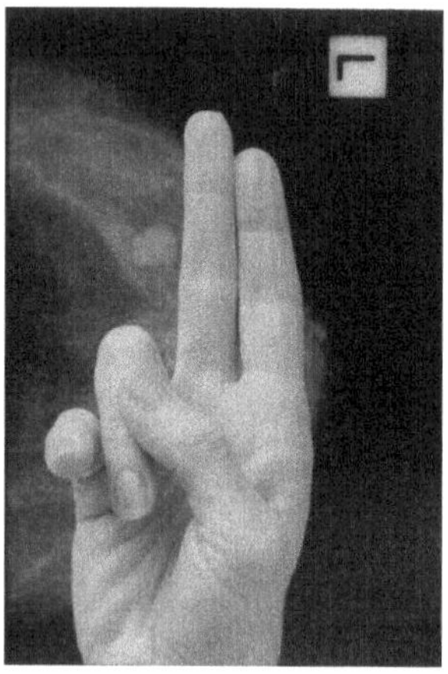

图 3-5-6 在上、下或内、外方向上测量病变至这条线的垂直距离及从病变到皮肤表面的距离

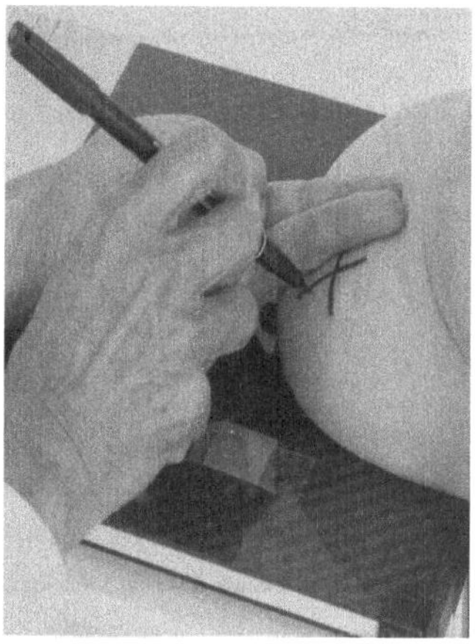

图 3-5-7 用手模拟加压，将 3 个测量值在患者体表转换成标记

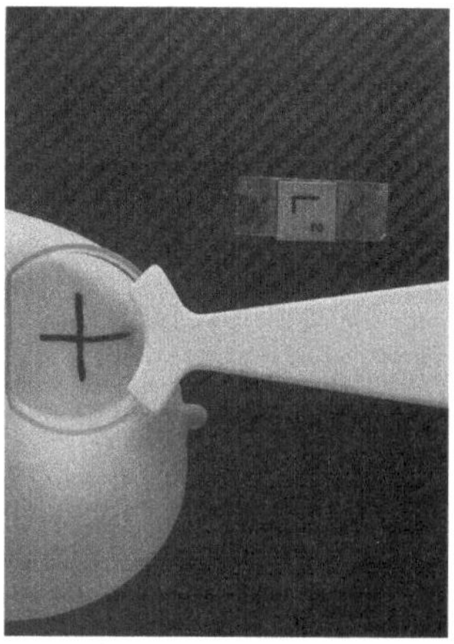

图 3-5-8 将中心的定点压迫装置放在病变上方加压

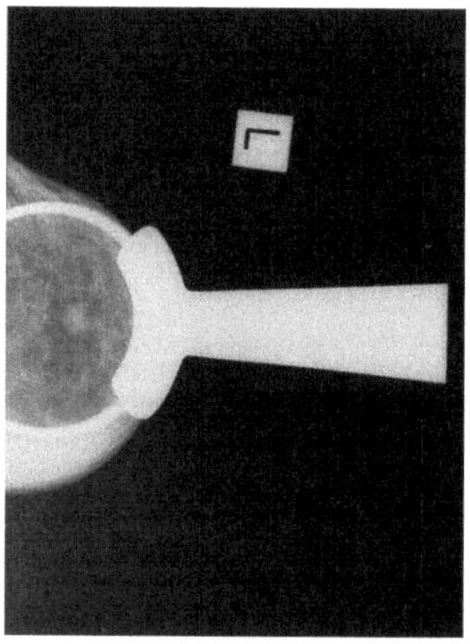

图 3-5-9 定点压迫位

（二）放大位

放大位（magnification，MAG）有助于对病灶密度或团块的边缘和其他结构特征进行更精确的评估，有利于对良恶性病变的区分。放大位还对钙化点的数目、分布和形态具有更好的显示。放大位要使用一放大平台，使探测器至乳腺的距离增加来达到放大摄影的目的，但会带来辐射剂量增加的问题（图 3-5-10）。同时放大位必须使用小焦点（0.1mm），以减少由于物片距增加而引起的几何模糊。

此技术还可用于在常规体位中不易发现的病变。对于某些局限微小病灶，放大摄影有时可结合小点压板，以获得更好的组织分离（图 3-5-11）。

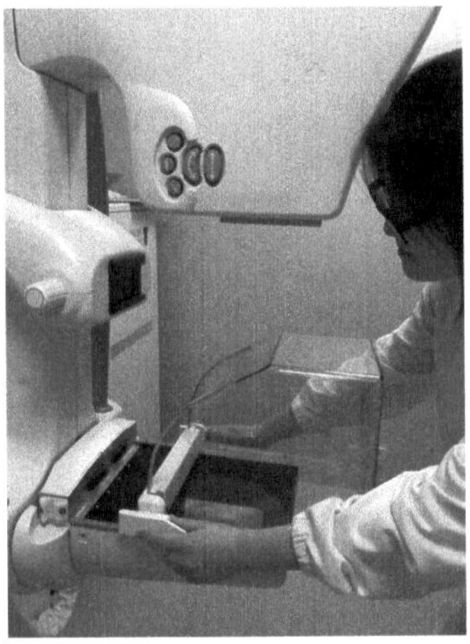

图 3-5-10　安装放大平台

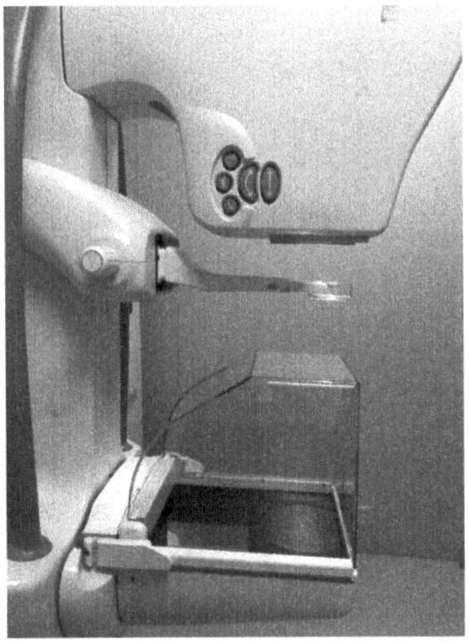

图 3-5-11　放大摄影结合小点压板摄影

（三）90°侧位

在常规体位上不能明确的异常可追加 90°侧位片，包括内外侧（mediolateral，ML）位和外内侧（lateromedial，LM），位是最常用的附加摄影体位。采用何种投照方式要根据把病变部位靠近探测器的原则来选择。另外，90°侧位可与常规体位结合成三维来确定乳腺病变的定位，也可用来证实沉淀性钙化。

1. 内外侧位　操作步骤：球管臂旋转 90°，患者手臂外展 90°跨越探测器顶部放置，探测器上角高度平腋窝皱襞。同样运用可动性组织向固定组织运动原理，向前向内牵拉乳腺组织和胸大肌，向上向外提升乳房，且轻轻牵拉使其离开胸壁，使患者身体向探测器旋转并开始压迫，此时技师的大拇指贴近患者胸壁，用掌弧承托乳腺。当压迫板经过胸骨后，继续使患者旋转直至乳腺成真正侧位位置，且位于探测器中央。过程中始终保持用手承托乳腺，直至乳腺组织紧张、固定。然后轻轻向下牵拉腹部组织打开乳房下皱褶（图 3-5-12）。

2. 外内侧位　操作步骤：球管臂旋转 90°，探测器顶部在胸骨上切迹水平。患者胸骨紧贴探测器边缘，颈部前伸，下颌放在顶部。患者双侧手臂抬起抓住手柄，肘部弯曲以松弛胸肌。向上牵拉可运动外侧和下部组织，使其离开胸壁，向探测器方向旋转患者，开始压迫。继续旋转患者直至乳腺呈真正侧位，且位于探测器中央。过程中始终保持用手承托乳腺，直至乳腺组织紧张、固定。向下轻轻牵拉腹部组织以打开乳房下皱褶（图 3-5-13）。

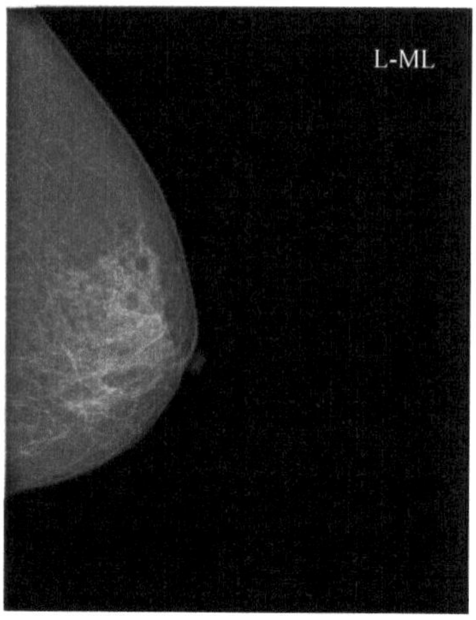

图 3-5-12　内外侧位

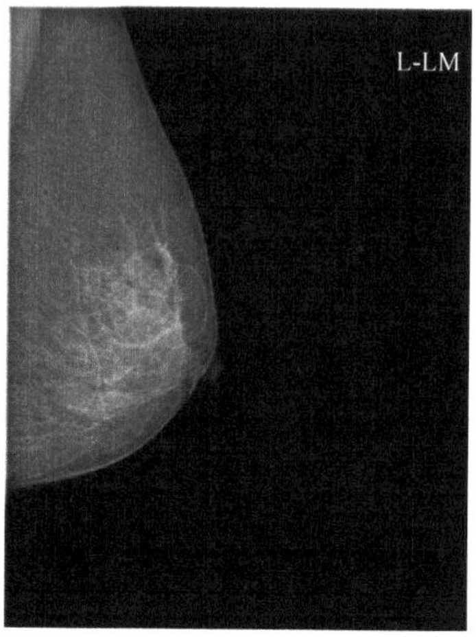

图 3-5-13　外内侧位

（四）夸大头尾位（exaggerated craniocaudel，XCC）

当常规头尾位不能完全显示乳腺内侧或外侧深部病变，根据需要可附加内侧夸大头尾（exaggerated craniocaudel medial position，XCCM）位或外侧夸大头尾（exaggerated craniocaudel lateral position，XCCL）位（图 3-5-14、图 3-5-15），它是在头尾位的基础上把乳腺内侧或外侧作为重点的摄影方法。有时在植入物的拍摄中需要拍摄这种体位，把假体往胸壁处推移，以分段显示乳腺组织。

图 3-5-14　内侧夸大头尾位

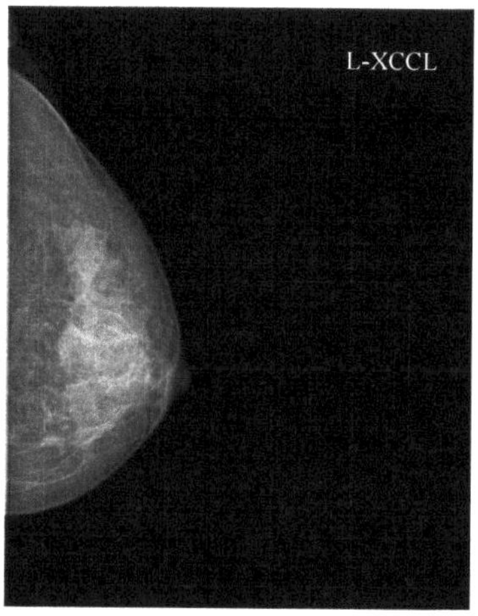

图 3-5-15　外侧夸大头尾位

（五）乳沟位

乳沟（cleavage，CV）位是显示乳腺后内深部病变的体位。患者头转向兴趣侧的对侧，技师可以站在患者背后，弯曲双臂环绕患者，双手触及患者双侧乳腺，也可以站在患者的侧前方。确保提升乳房下皱褶，将双乳放在探测器托盘上。向前牵拉双侧乳房的所有内侧组织，以便于乳沟成像（图 3-5-16）。

注意事项：如果探测器位于乳沟开放位置的下面，必须使用手动曝光技术。如果能将被检侧乳房放置在探测器上方，且乳沟轻微偏离中心，则可以使用自动曝光技术。

（六）人工置入物乳腺 X 线检查技术

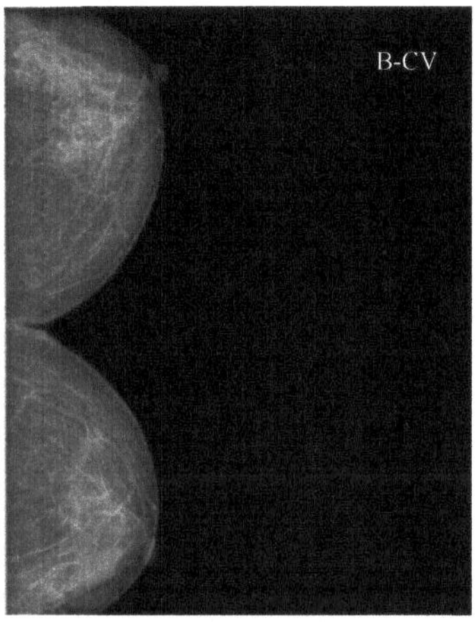

图 3-5-16　乳沟位

人工置入物乳腺 X 线检查技术（implant displaced，ID）可采取常规的头尾位和内外斜位，需要手动设置曝光参数，压迫程度受置入物的可压迫性限制。除常规体位外，人工置入物患者应该有修正的头尾位和修正的内外斜位，也就是避开假体拍摄。具体方法是将假体尽量向胸壁方向挤推，同时向外牵拉乳腺，使乳腺实质组织尽量充分显示于曝光野内，使用压迫板固定，有利于显示其中的病灶（图 3-5-17）。

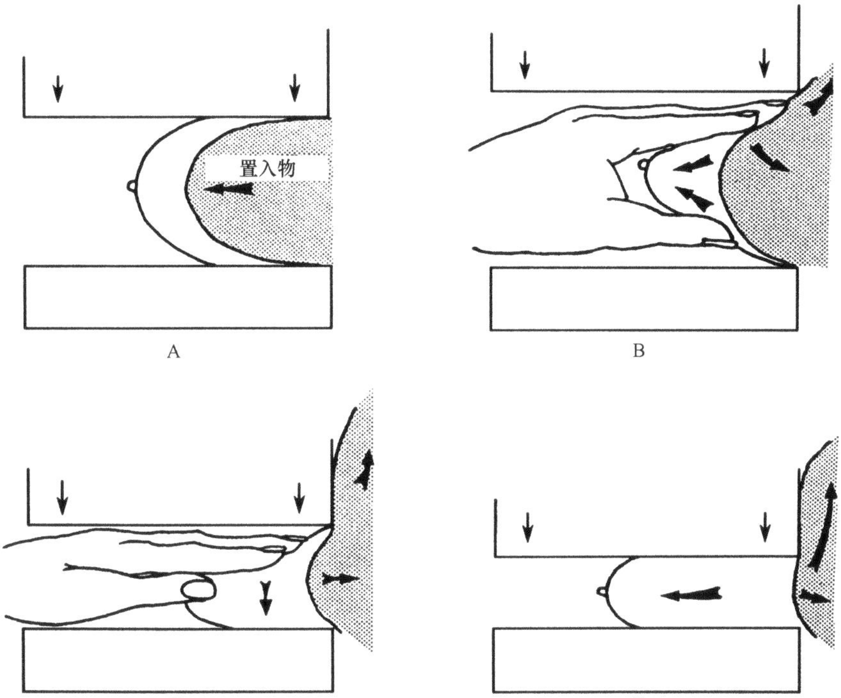

图 3-5-17　人工置入物修正体位示意图

三、乳腺 X 线导管造影与定位穿刺活检

（一）乳腺导管造影

乳腺导管造影（galactography）是经乳头上的导管开口，注入对比剂以显示乳腺导管形态及邻近组织结构改变的检查方法。

1. 适应证

（1）乳头溢液的患者。

（2）无乳头溢液的乳腺癌患者。

2. 禁忌证

（1）急性乳腺炎患者。

（2）乳腺脓肿。

（3）哺乳期。

（4）碘过敏者。

3. 造影前准备

（1）平头针。

（2）无菌注射器（2.5ml）。

（3）对比剂（可用水溶性碘对比剂，如 50%复方泛影葡胺，或相应浓度的非离子型对比剂）。

（4）0.9%氯化钠溶液，与对比剂 1∶1 稀释。

（5）消毒液、手套、纱布等（图 3-5-18）。

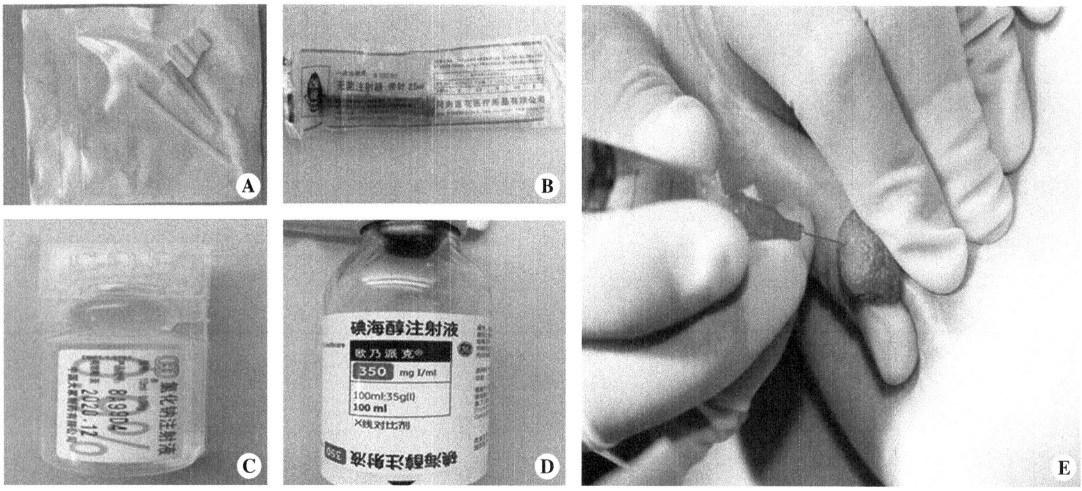

图 3-5-18　乳腺导管 X 线造影准备

A. 平头针；B. 无菌注射针筒；C. 0.9%氯化钠溶液；D. 对比剂；E. 导管造影进针

4. 操作步骤　患者取仰卧位或坐位，操作者取坐位。常规消毒乳头，仔细观察乳头，轻揉患侧乳头使溢液流出，直至明确异常导管开口。然后，将平头针顶端对准导管开口位置，缓慢竖直进针，进针时不要施加太大压力。如果进针过程中患者感到疼痛，应停止操作、调整位置。确定针头插入正确的导管后，注入 0.2～0.4ml 对比剂，同时压迫乳头以避免对比剂漏出。当对比剂反流时，擦净乳头并让患者自己压迫乳头。随后进行摄影，并查看图像，需要的话可将剩余对比剂注入后再摄片。

如果进针过程困难，可以采取以下措施：①在乳头部位热敷数分钟以助于乳头肌肉松弛。②酒精棉球擦拭乳头，特别是导管开口的角质物质。③轻轻将乳头上提，使乳晕区导管变直。④进针时让助手轻轻牵拉乳头。⑤改变进针角度。⑥用拇指和示指缓慢地旋转进针。

5. 摄影技术　摄影位置采用头尾位及 90°侧位，曝光条件要稍高于乳腺普通摄影。可以采用放大摄影，使用小焦点放大 1.5～2.0 倍，以利于小分支导管病变的显示（图 3-5-19、图 3-5-20）。

（二）乳腺 X 线立体定位穿刺活检

乳腺 X 线立体定位穿刺和活检技术是 20 世纪 90 年代在计算机辅助下开展起来的一种新的针对乳腺微小病变的穿刺活检方法。原理是 X 线在垂直于压迫平面时拍摄一张定位像，再分别于±15°拍摄 2 幅图像，根据所造成的投照偏移，数字乳腺机工作站可自动计算病灶深度，即穿刺深度，并可把深度值直接转换成与具体操作相关的数据（图 3-5-21），准确地定位病灶。目前的立体定位系统均采用立体坐标。计算机系统在 *X*、*Y* 和 *Z* 轴平面上，计算出病灶的精确位置，定位精度在 0.1～0.2mm，以获得精准的定位穿刺来指导临床手术，或者直接取出标本材料做出病理诊断。

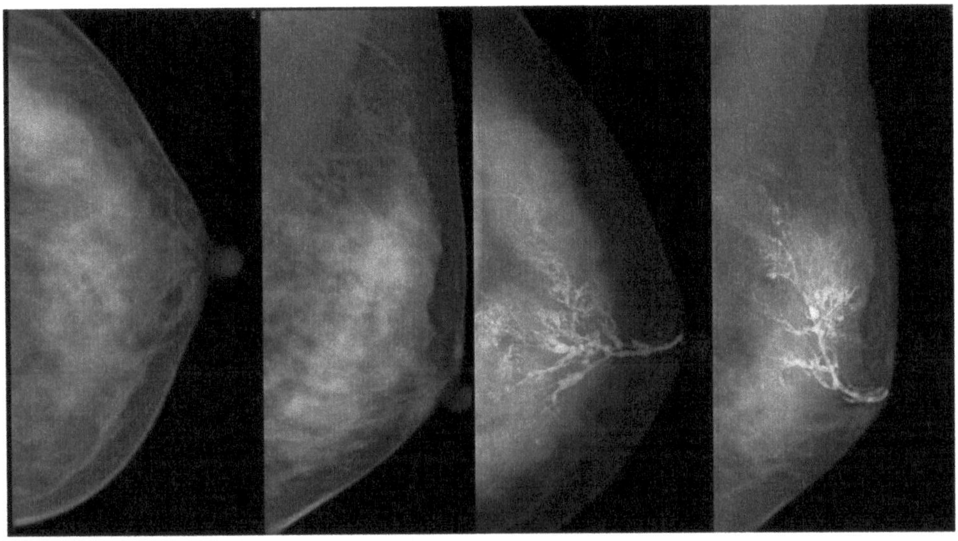

图 3-5-19　导管内乳头状瘤（周围型）

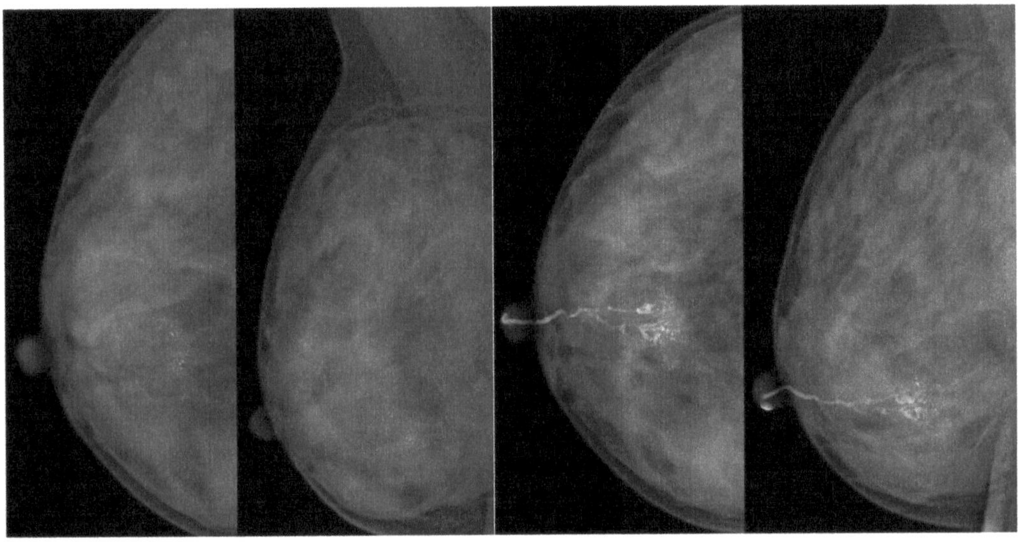

图 3-5-20　导管内癌

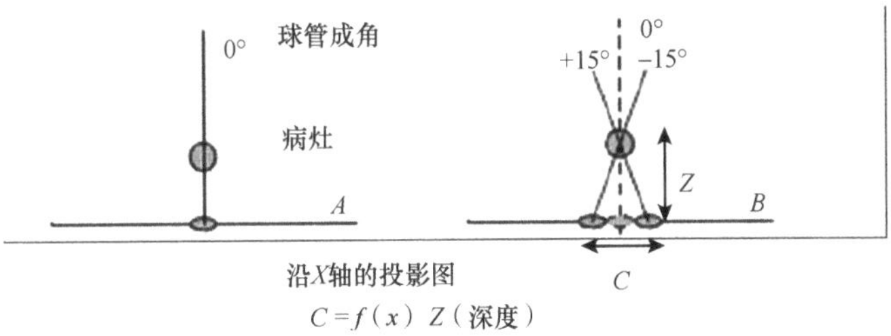

图 3-5-21　乳腺 X 线立体定位穿刺原理图

Z：病灶至探测器的距离，也就是 Z 轴的深度

C：病灶从+15° 至−15° 成角度，投照后，沿 X 轴的影像偏离长度

$f(x)$：三角函数在这里指 tan15° =（C/2）/Z，从而 C=2 Z tan15°

1. 适应证

（1）X 线摄影结果为乳腺影像报告和数据系统（breast imaging and reporting data system,

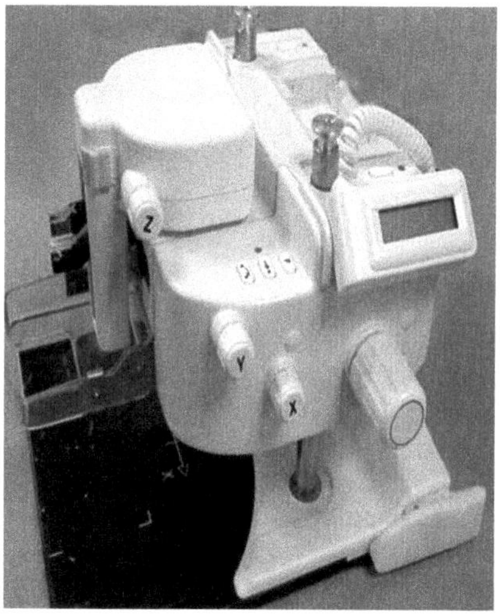

图 3-5-22 乳腺立体定位仪

BI-RADS）4 类和 5 类的乳腺病变，尤其是临床不能触及的微小病灶（包括钙化、肿块、非对称致密及结构扭曲等）。

（2）其他需要定位穿刺或活检的X线能显示的乳腺病灶。

2. 禁忌证

（1）有出血倾向、凝血机制障碍者。

（2）不能耐受穿刺活检的危重患者。

（3）乳腺假体患者。

（4）月经期、妊娠期、哺乳期妇女不建议行此项检查。

3. 定位前准备

（1）用于引导的乳腺 X 线图像必须能清晰显示病变（图 3-5-22）。

（2）根据病变位置选定进针方向，必须遵循的原则是选取距病变最短的路径进针，进针方向必须平行于胸壁。

（3）二维定位必须根据标准位乳腺影像计算出进针深度。

（4）设备准备：二维定位必须检查字母与数字混排的带坐标的有孔压迫板；三维定位必须提前校正立体定位引导装置以确保定位准确性（图 3-5-23、图 3-5-24）。

（5）患者准备：向患者解释整个操作过程，以及取样时穿刺枪发出的声音，以减轻受检者的恐惧感，并告知患者及家属检查过程中的注意事项、可能出现的意外及并发症，并签署手术知情同意书。

（6）器械和药物准备：无菌定位针或穿刺枪、标本盒及消毒液、局部麻醉药、急救药品等。

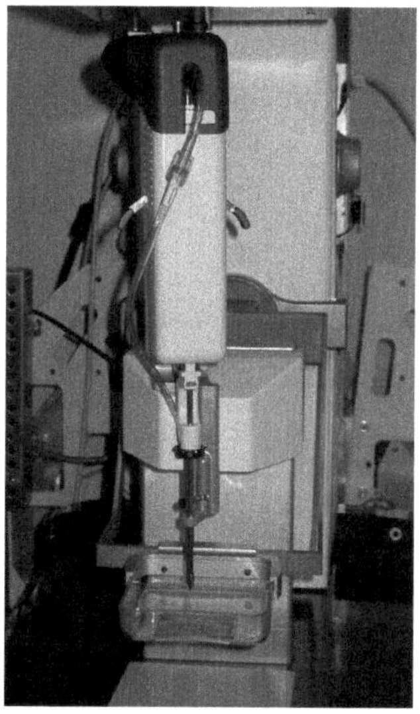

图 3-5-23 乳腺立体定位仪+穿刺枪（垂直方向）

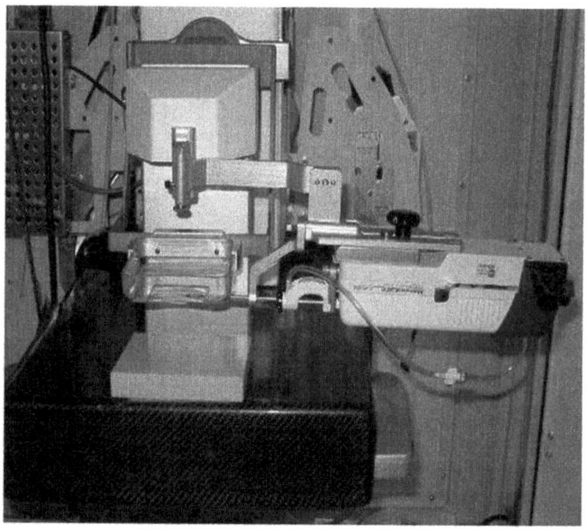

图 3-5-24 乳腺立体定位仪+穿刺枪（水平方向）

4. 操作步骤

（1）二维定位：将病变部位置于压迫板的中心，摄片后根据压迫板上的坐标确定进针位置，按照术前计算的深度进针后释放定位导丝，从垂直于进针方向的体位摄片以确认金属导丝的具体位置。

（2）三维定位：将病变部位置于压迫板中心，确保病变在整个摄片过程中都在曝光野内。分别拍摄 0°、±15°共 3 张定位像，在定位像上确定病变位置，由计算机计算出穿刺点的坐标以及进针

的深度，将数据传输到穿刺设备。在立体定位仪导引下将穿刺针放置于病变处，再次拍摄±15°定位像，检测穿刺针位置，确定针尖进入病灶后，进行释放定位导丝或钻取活检。病变切除后和活检后的标本都必须进行乳腺X线摄影，以确认病变已被完全取出（图3-5-25）。

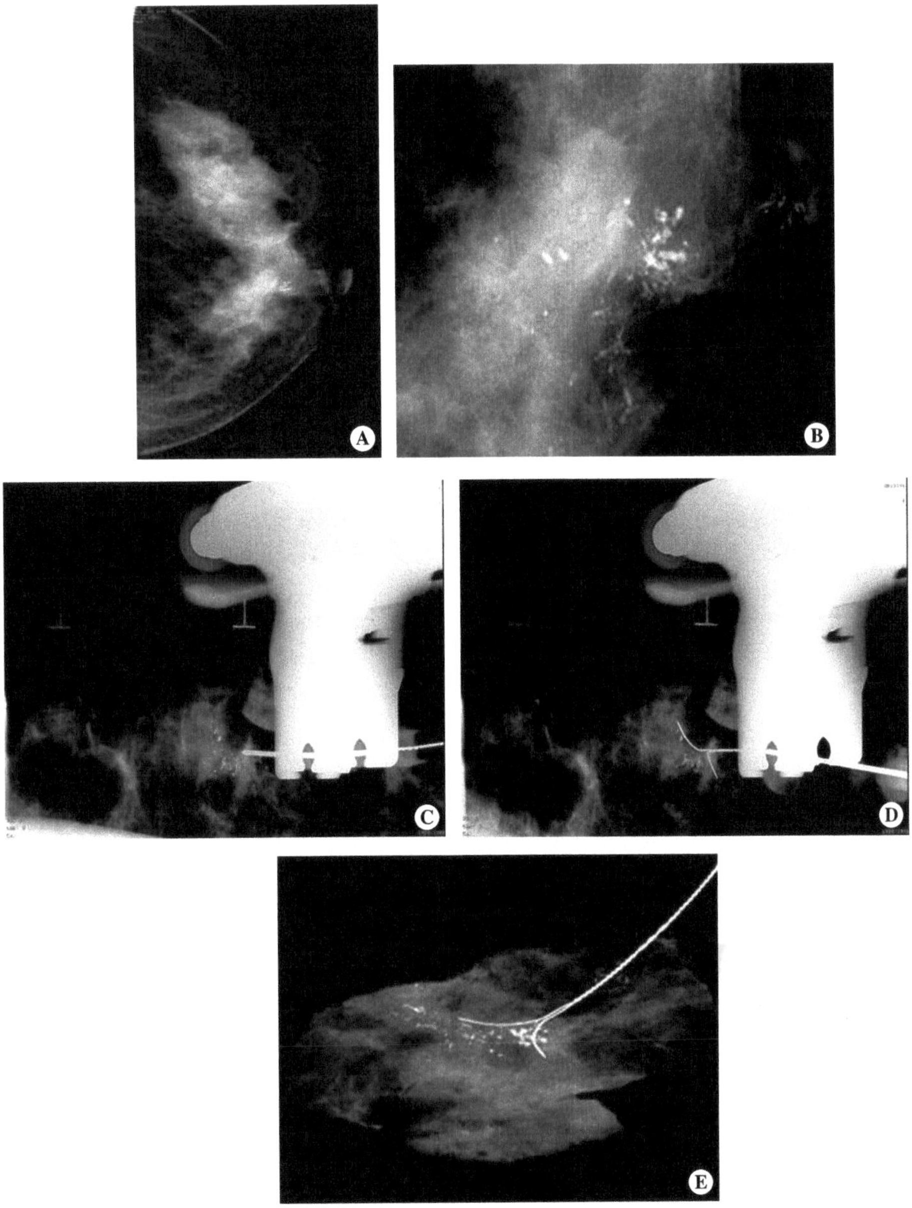

图3-5-25　立体定位穿刺图像

A. 乳头后显示成簇钙化影；B. 放大图像的钙化影；C. 定位穿刺进针；D. 确定位置正确后，释放定位导丝；E. 手术切除后的标本图像

四、乳腺融合体层技术

传统乳腺X线摄影是将乳腺的三维结构显示在二维平面图像上，斜位、侧位片上只能判断病变的上下方位，而不能显示内外方向的信息，因此须结合轴位片来观察。乳腺融合体层技术（digital breast tomosynthesis，DBT），通过一次乳腺三维断层扫描，可以得到乳腺所有方位的完整信息，显示病变的三维空间位置。

【原理】 X 线球管做弧形移动，探测器不动，不同角度对乳腺进行多点投照，获取不同投影角度下的投影数据，回顾性重建出与探测器平行的乳腺任意深度层面 X 线影像，每层可薄至 1mm 成像，亦可进一步处理以融合成二维图像（图 3-5-26）。避免正常乳腺组织重叠的干扰，可以更好地观察病灶，以及准确定位。它与传统体层摄影原理类似，再结合数字化后处理技术，从而应用于乳腺的 X 线成像技术。

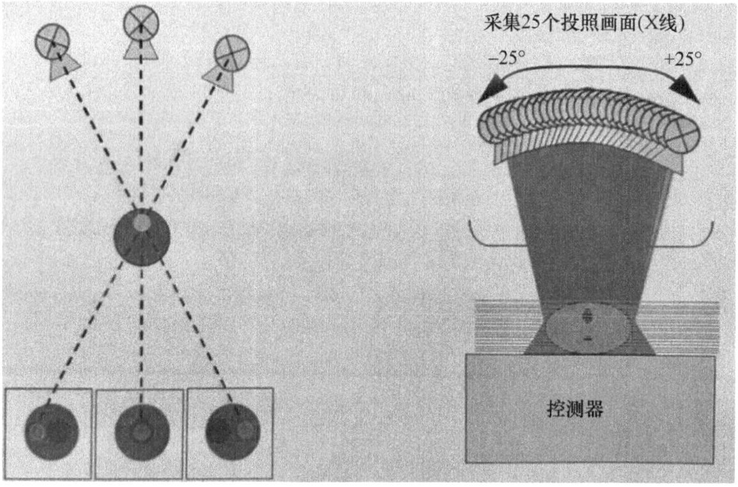

图 3-5-26　乳腺融合体层技术原理图

【临床应用】 特别适用于乳腺诊断性患者检查和诊断。数字乳腺 X 线图像上有可疑病灶，需明确诊断；乳腺超声或其他相关检查发现乳腺异常；致密型乳腺，常规数字乳腺图像上显示不清（图 3-5-27）。

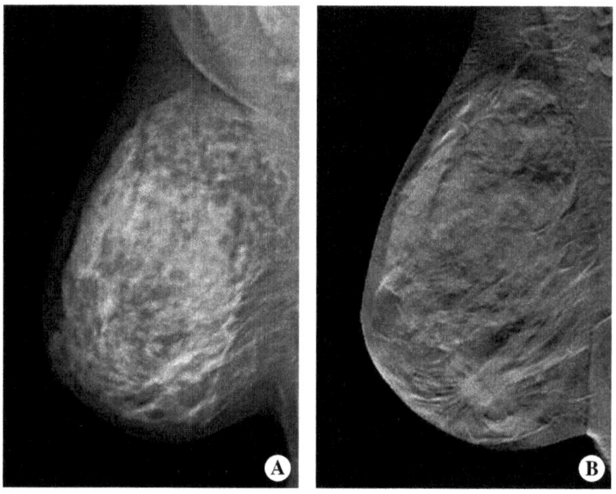

图 3-5-27　致密型乳腺

A. 数字乳腺 X 线摄影未发现明显异常；B. 融合体层图像，发现肿块，形态不规则，周围有毛刺形成。病理证实为浸润型导管癌

五、光子计数乳腺 X 线成像技术

常规数字化探测器是把 X 线转换为电子信号，在转换过程中每一步都可能增加噪声和减弱信号。2006 年光子计数探测器问世，它可以对每一个光子进行计数，正是根据探测器这一特点，再结合类 CT 扫描技术发展出光子计数乳腺 X 线成像技术（photon-counting mammography，PCM）。

【原理】 PCM 核心原理是光子计数探测器能够对每一个光子进行计数，因为没有信号的转换过程，降低了信号在传输过程中的损耗；通过计数方式检测信号，可通过设定一定的阈值，避免电子噪声对信号的干扰；同时可以很好地检出低能量的 X 线光子，大幅提高 X 线的利用率，降低辐射剂量；通过获得不同能量级 X 线光谱信息，实现一定的物质成分研究（图 3-5-28）。

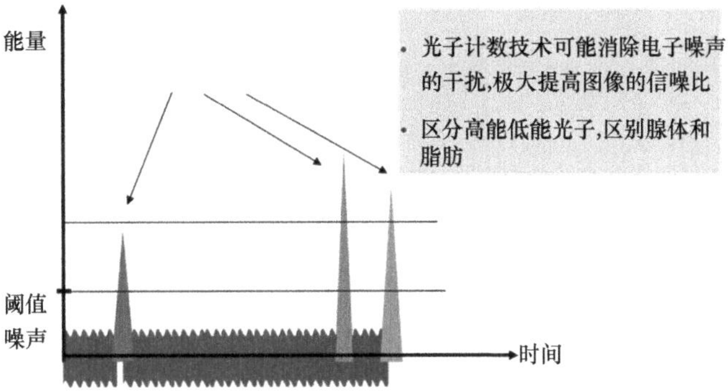

图 3-5-28 光子计数乳腺 X 线成像原理

【临床应用】 由于其超低的剂量，特别适用于乳腺 X 线筛检；计算乳腺密度，可以进行乳腺癌风险评估；具有一定的科研潜力，目前临床应用还不广泛。

六、对比增强能谱乳腺 X 线成像技术

在临床实践中，研究者们发现，随着乳腺密度的增加，罹患乳腺癌的风险也有所增加。2010 年 GE 公司根据对乳腺肿瘤形成相关的新生血管进行成像，对被检部位占位性和其他病变做出定位、定性诊断，开启乳腺 X 线摄影功能代谢成像，推出了对比增强能谱乳腺 X 线成像技术（contrast-enhanced spectral mammography，CESM）。

【原理】 CESM 利用碘对比剂在 33keV 水平的衰减呈明显的不连续性（K 缘效应），乳腺摄影前经静脉注射碘剂，在不同的能量曲线下（低能和高能）进行图像减影、融合与重建，有效消除背景及腺体组织，仅保留碘剂代谢异常的乳腺病变影像。该技术结合了数字化乳腺摄影与对比剂使用的优点来检测乳腺病变，可实现对实质肿块显示（图 3-5-29）。

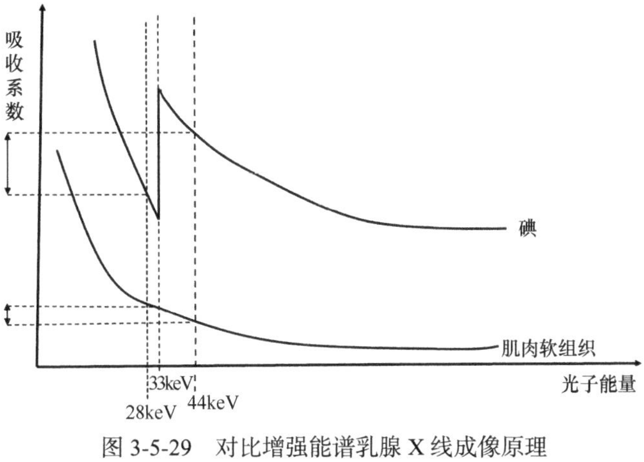

图 3-5-29 对比增强能谱乳腺 X 线成像原理

【检查过程】 上肢静脉注入对比剂（1.5ml/kg、3cc/s）2min 后选择 CESM，5min 内连续分别进行双侧乳腺头尾位、MLO 等共四个位置低能（28～32kV）和高能（45～49kV）的连续曝光（患者处于相同的压迫下采集），自动图像重建和融合后获得低能图像和减影图像。

【临床应用】 适用于乳腺诊断性患者检查与诊断；明确病灶，判断数量、范围、指导治疗；

治疗后评估，判断残留或复发；排除假阳性（图 3-5-30）。

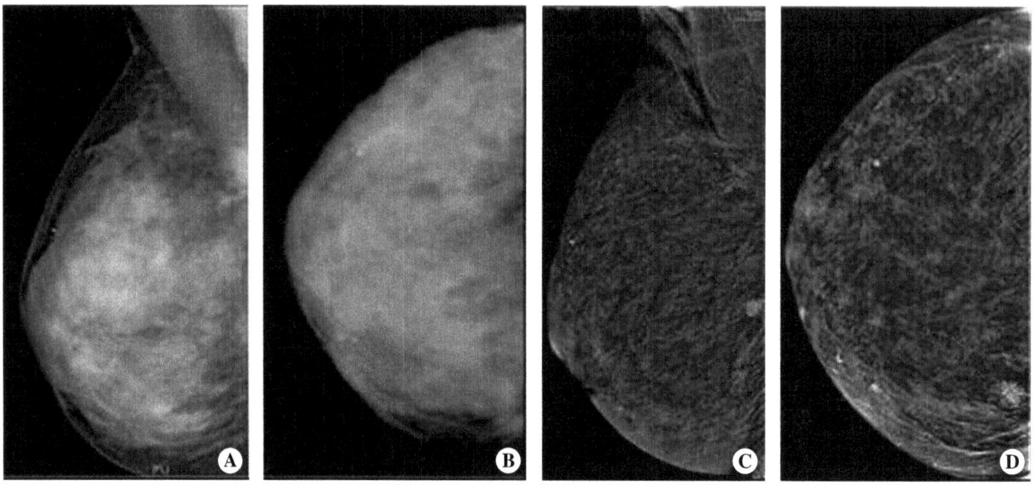

图 3-5-30 致密型乳腺

A、B. 数字乳腺 X 线摄影，未发现异常；C、D. CESM 的影像，靠近胸壁处不规则结节影，病理证实为浸润型导管癌

【小结】 本节内容为乳腺 X 线检查技术，包括检查前的各项准备、适应证、禁忌证和常规的体位技术。在特殊的情况下，针对病变不同的部位和诊断需求，可采用附加体位摄影，以及乳腺导管造影、融合体层摄影和对比增强能谱乳腺摄影。同时乳腺 X 线摄影也不仅仅是一种检查手段，通过乳腺定位穿刺和活检技术的应用，还可以参与乳腺疾病的诊疗。最后，随着科技的不断创新、光子计数探测器的出现，新的乳腺摄影技术有着广阔的科研和临床应用前景。本节部分内容参考国内相关专家发表的乳腺影像学检查技术的专家共识。

第六节　口腔 X 线检查技术

【临床概述】 牙齿是人体最坚硬的组织器官，主要由牙根、牙颈以及牙冠三部分构成。牙齿的主要结构包含：牙釉质、牙本质和牙髓。牙齿的主要功能为切断食物、捣碎食物以及磨碎食物，从而有效帮助人体吸收。牙齿还可以帮助人体进行发声。人体面部受到牙齿的支撑，牙弓咬合形态完整才会保持面部的丰满，如果人体牙弓发育不良，牙齿排序不整齐，则会导致人体面部不协调，影响美观。口腔 X 线摄影包括局部 X 线摄影和全景曲面体层摄影，对牙齿疾病及颌面部疾病的诊断起着重要的作用。

一、局部 X 线摄影

局部 X 线摄影是将专门制作的牙片放入口腔中，X 线从面部射入口中，经牙齿、牙龈及齿槽骨等组织到达牙片进行摄影的方法。牙片按摄影部位分为根尖片、咬翼片和咬颌片三种。

（一）根尖片

1. 适应证 主要用于龋病、牙髓钙化、牙内吸收、根尖周围病、牙发育异常、牙周炎、牙外伤、牙根断裂、较深大的修复体、种植体及某些系统病变累及牙周骨病变等的检查。

2. 禁忌证 无特殊禁忌证，但中度开口困难者、严重颅脑损伤及因严重系统病变或其他严重病情无法配合者不宜拍摄。

3. 操作程序及方法 最常应用的根尖片摄影方法为根尖片分角线技术，其具体操作方法如下。

（1）患者位置：患者坐在专用口腔治疗椅上，椅座呈水平位，背托呈垂直位，调节椅子高度，使患者口角与操作者腋部相平。患者呈直立坐姿，头部靠在头托上，矢状面与地面垂直。摄影上颌后牙时，听鼻线与地面平行。摄影上颌前牙时，头稍低，使前牙的唇侧面与地面平行。摄影下颌前牙时，头稍后仰，使前牙的唇侧与地面垂直。

（2）探测器分配：成年人进行全口牙齿检查时，需用 14 张 3cm×4cm 探测器，其分配法如图 3-6-1。儿童进行全口牙齿检查时，一般用 10 张 2cm×3cm 探测器（图 3-6-2）。

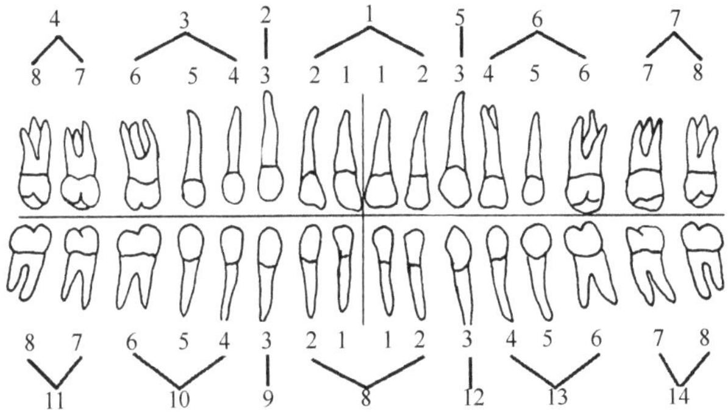

图 3-6-1　成人根尖片探测器分配示意图

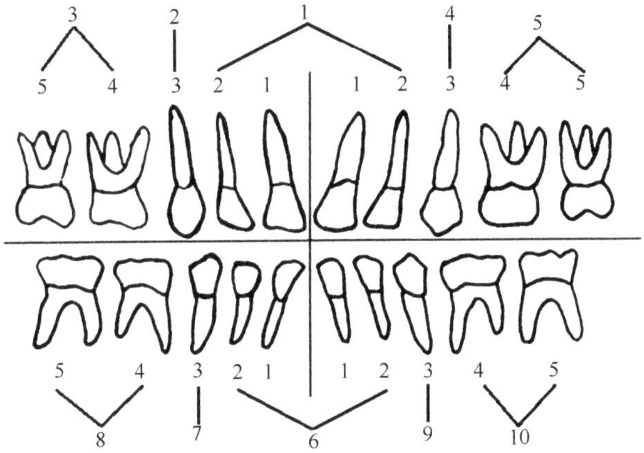

图 3-6-2　儿童根尖片探测器分配示意图

案例 3-6-1

男，30 岁。案例图 3-6-1 为该患者治疗中拍摄的根尖片，医生是如何进行探测器分配的？

解答：医生选择上颌 2112，即 1 号探测器进行的根尖拍摄。

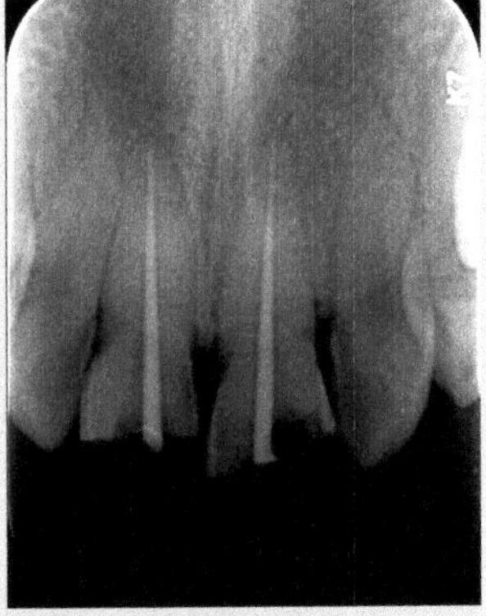

案例图 3-6-1

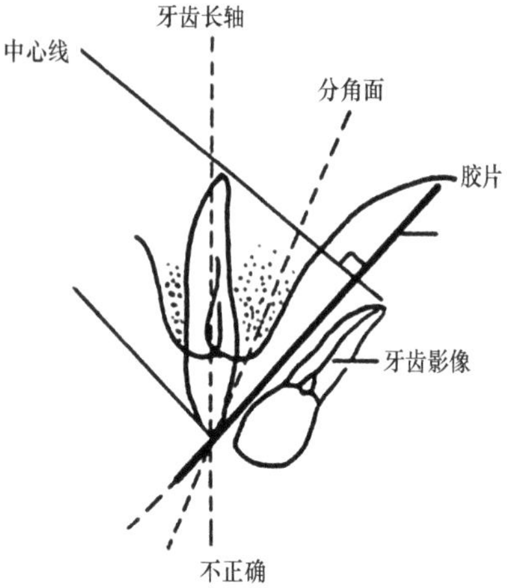

图 3-6-3 X 线中心线角度示意图

（3）探测器放置及固定：探测器放入口内应使探测器感光面紧靠被检牙的舌侧面。摄影前牙时，探测器竖放，边缘要高出切缘 7mm 左右，摄影 12 时，应以 1 的切缘为标准；摄影后牙时，探测器横放，边缘要高出𬌗面 10mm 左右。留有边缘的目的是使图像形成明显的对比度及避免牙冠影像超出探测器。探测器放好后，嘱受检者用手指固定或用持片夹固定。

（4）X 线中心线

1）X 线中心线角度：使 X 线中心线与被检牙的长轴和探测器之间的分角线垂直（图 3-6-3）。为了精确显示每个牙根的长度，应对每个牙根的情况采用不同的 X 线中心线摄影角度。表 3-6-1 为目前临床工作中最常应用的 X 线中心线摄影角度，可显示比较正确的牙影像。

表 3-6-1 摄影上下颌牙齿时 X 线倾斜平均角度（垂直角度）

部位	X 线倾斜方向	X 线倾斜角度
上颌切牙位	向足侧倾斜	+60°
上颌单尖牙位	向足侧倾斜	+65°
上颌双尖牙及第一磨牙位	向足侧倾斜	+40°
上颌第二、三磨牙位	向足侧倾斜	+35°
下颌切牙位	向头侧倾斜	−50°
下颌单尖牙位	向头侧倾斜	−55°～−50°
下颌双尖牙及第一磨牙位	向头侧倾斜	−15°～−10°
下颌第二、三磨牙位	向头侧倾斜	−5°

X 线中心线与被检牙长轴和探测器之间夹角的分角线的角度称为垂直角度，应尽量成直角摄影。X 线中心线向牙近、远中方向所倾斜的角度称为 X 线水平角度。由于个体之间牙弓形态可以有较大区别，X 线水平角必须随患者牙弓形态进行调整。其目的是使 X 线与被检查牙的邻面平行，以避免牙影像重叠。除水平角度摄影外，不同角度 X 线摄影，有助于临床医师发现下颌前牙、前磨牙多根管。

案例 3-6-2

女，30 岁。主诉：右下牙刺激性疼痛 6 天。到当地医院检查治疗，案例图 3-6-2 为患者治疗前后的两幅图，A、B 两图有何差别？分析其原因。

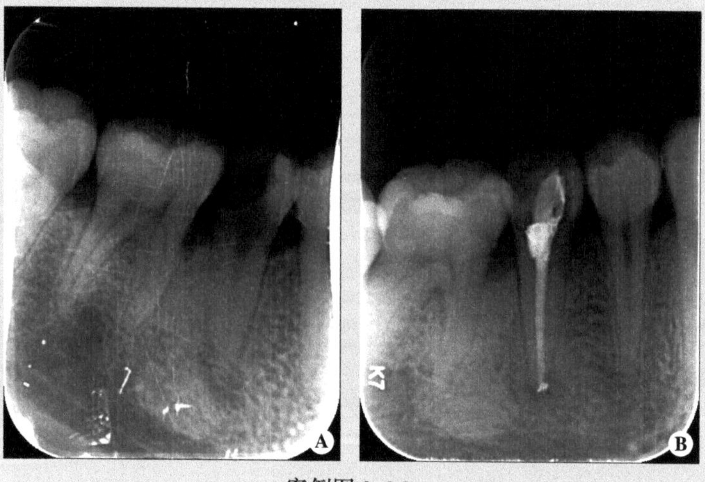

案例图 3-6-2

解答：图A纵轴倾斜，背景伪影大。原因是图A龋齿未在探测器中心，并且X线中心线未与被检牙长轴和探测器之间夹角的分角线垂直。图A探测器折叠、老化导致伪影。

2）X线中心线位置：摄影根尖片时，X线中心线需要通过被检查牙根的中部。摄影上颌牙时，听鼻线为假想线，X线中心线通过部位分别为摄影上中切牙通过鼻尖；摄影上单侧中切牙及侧牙通过鼻尖与摄影侧鼻翼连线中点；摄影上单尖牙时，通过摄影侧鼻翼；摄影上前磨牙及第一磨牙时，通过摄影侧自瞳孔向下的垂直线与听鼻线的交点；摄影第二磨牙和第三磨牙时，通过摄影侧自外眦向下的垂线与听鼻线的交点及颧骨下缘。在摄影下颌骨时，X线中心线均沿下颌骨下缘上1cm的假想线，然后对准被检查牙的部位射入。

（5）注意事项：如果牙列不整齐、颌骨畸形或口内有较大肿物妨碍将探测器放在正常位置上时，可根据牙的长轴和探测器所处的位置改变X线中心线倾斜角度。如遇腭部较高或口底较深的患者，探测器在口内的位置较为垂直，X线中心线倾斜角度应相应减少；而全口无牙、腭部低平、口底浅的患者，则探测器在口内放置的位置较平，X线中心线倾斜角度应增加。儿童因牙弓发育尚未完全，X线中心线倾斜角度应增加5°～10°。

案例3-6-3

女，35岁。主诉：右下后牙喝冷水疼痛1周，不敢咬物2天。现病史：1周前患者喝冷水后突然出现右下后牙疼痛，吐出冷水后疼痛立即缓解。患者未进行治疗。2天前患者进食时右下后牙再次疼痛，并且不敢再咬物。今来诊求治，口腔检查：右下6双尖牙远中咬合面窝沟可见深大龋洞，内含大量软腐及食物残渣。探针探入有轻微不适，未探及穿髓孔。冷诊同对照牙，叩诊（±），龈缘少量软垢，色红。余未见异常。该患者根尖片X线摄影方法是什么？

解答：①受检者坐于特制椅子上，头部正中矢状面与地面垂直，听口线与地面平行；②受检者口张大，IP置口内，紧贴右下颌磨牙舌侧，嘱患者用手固定探测器；③中心线与正中矢状面成80°～90°角且与牙齿下颌咬合面成−5°～0°角，经右下颌眼外眦与下颌骨下缘上1cm平行线交点射入。

（二）咬翼片

1. 适应证　主要用于检查邻面龋、髓室、牙髓腔的大小、邻面龋与髓室是否穿通及穿通程度、充填物边缘密合情况、牙槽嵴顶部病变及儿童滞留乳牙根的位置、恒牙胚的部位和乳牙根吸收类型等。

2. 禁忌证　同根尖片。

3. 操作程序及方法

（1）切牙位

1）患者体位：坐于牙科椅上，听鼻线与地面平行，头矢状面与地面垂直。

2）探测器放置及固定：由3cm×4cm根尖片改制而成。拍摄时请患者张口，将探测器长轴与切牙长轴平行，放于上下颌切牙舌侧，探测器长轴位于两中切牙之间，短轴在上颌切牙下缘，请患者用上下切牙缘咬住翼片。

3）X线中心线：以8°角对准两中切牙之间，通过上颌切牙缘上方0.5cm处射入，并使X线水平方向与被检查牙邻面平行。

（2）磨牙位

1）患者体位：坐于牙科椅上，听口线与地面平行，头矢状面与地面垂直。

2）探测器放置及固定：由3cm×4cm根尖片改制而成。拍摄时请患者张口，将探测器短轴与磨牙长轴平行，放于上下颌磨牙舌侧，将翼片放于被检查殆面上，请患者用正中殆位咬住翼片。

3）X线中心线：以8°角对准探测器中心，通过上颌磨牙面上方0.5cm处射入，并使X线水平角度与被检查牙邻面平行。

（三）咬颌片

1. 适应证 主要用于上、下颌骨骨质病损、骨折等的检查。

2. 禁忌证 同根尖片。

3. 操作程序及方法

（1）上颌咬合片摄影方法

1）患者体位：坐于牙科椅上，听鼻线与地面平行，头矢状面与地面垂直。

2）探测器放置及固定：使用6cm×8cm探测器。探测器长轴与头矢状面平行，放置于上、下颌牙之间，嘱患者于正中𬌗位咬住探测器。

3）X线中心线：向足侧倾斜65°对准头矢状面，由鼻骨和鼻软骨交界处射入探测器中心。

（2）下颌咬合片摄影方法：下颌咬合片摄影有口底咬合片摄影和颏部咬合片摄影，两者体位相同。

1）患者体位：坐于牙科椅上，头部后仰，头矢状面与地面垂直，使探测器与地面成55°角。

2）探测器放置及固定：使用6cm×8cm探测器，将探测器置于上、下颌牙之间且尽量向后放置，探测器长轴与头矢状面平行，并使探测器长轴中线位于两下中切牙之间，嘱患者于正中颌位咬住探测器。

3）X线中心线：中心线以0°对准头矢状面，由颏部射入探测器中心。

二、口腔全景曲面体层摄影

口腔全景曲面体层摄影（oral panorama tomography），即一次曝光就可在一张探测器上获得全口牙齿的体层影像。

案例 3-6-4

男，56岁。外伤后1天面部肿胀、张口困难。下面是患者术前及术后的口腔全景曲面体层摄影图（案例图3-6-4），分析其差别。

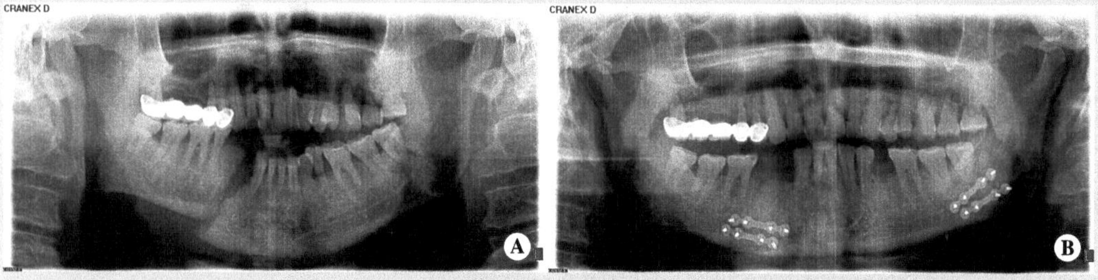

案例图 3-6-4

解答：图A由于下颌骨骨折，患者无法配合，导致患者矢状面未与中心线重合，导致患者左侧部分牙齿重叠，无法判断有无断裂。另外，患者听眶线与听鼻线的分角线未与地面平行，导致部分根尖与上颌窦重叠，显示不清。

（一）口腔全景曲面体层摄影的数字化

目前，口腔全景曲面体层摄影的数字化方式主要有直接数字化成像方式和间接数字化成像方式，前者以平板探测器为媒介，把X线直接转换成数字信号，后者以计算机X线摄影（CR）方式为代表。平板探测器采用电荷耦合器件（charge coupled device，CCD），故又称CCD系统。

（二）适应证

主要用于上下颌骨外伤、畸形、肿瘤、炎症及血管性病变、牙及牙周组织疾病（阻生牙、牙周炎等）、错颌畸形、颞下颌关节紊乱，以及观察牙发育及萌出状况。

（三）禁忌证

呼吸、循环障碍及严重颅脑损伤或存在其他危及生命体征的患者。

（四）成像原理

如图 3-6-4 两个大小相同的圆盘，以 O_1、O_2 为中心，沿箭头方向以相同的角速度 ω 旋转，自右方 X 线球管发出一束细的 X 线通过 O_1、O_2。在旋转圆盘的 O_1 到 γ 的 α_1 点处放置被照体，在 O_2 到 γ 的 α_2 点处放置探测器，则 α_1 点和 α_1 点的速度（V）相等。

即：$$V = 角速度\times到中心的速度=\omega\cdot\gamma \quad （公式 3-6-1）$$

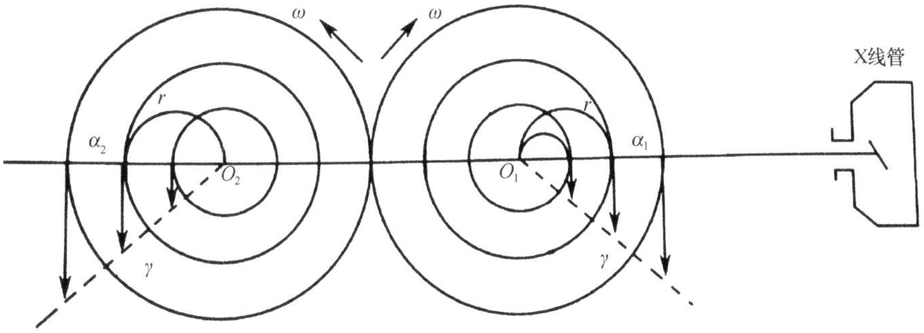

图 3-6-4 口腔全景曲面体层摄影原理

因为角速度相等，所以被检牙列部分与探测器的相对速度等于零。这样在 α_1 点的牙列部分能够清晰地显示在 α_2 点的探测器上，α_1 点以外的受检者的身体组织部分与探测器的速度不同，影像模糊（图 3-6-5、图 3-6-6）。

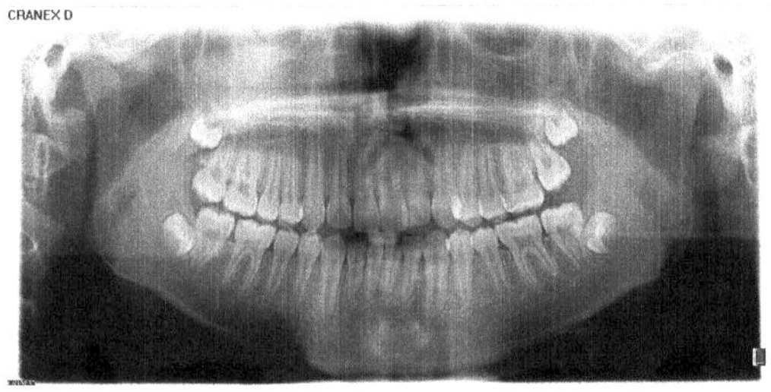

图 3-6-5 成人口腔全景曲面体层摄影图

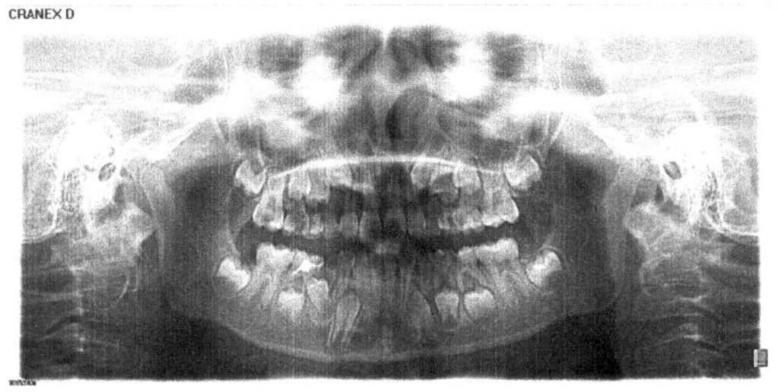

图 3-6-6 儿童口腔全景曲面体层摄影图

（五）成像方式

口腔全景曲面体层摄影有单轨旋转体层、双轴体层和三轴转换体层三种方式。目前多用三轴转换体层摄影，患者静止不动，探测器与 X 线机头做相对运动。

（六）摄影操作程序及方法

口腔全景曲面体层摄影可分为上颌、下颌及全口牙位三种，以全口牙位最为常用。

1. 全口牙位曲面体层 摄影时患者取立位或坐位，颈椎呈垂直状态或稍向前倾斜，下颌颏部置于颏托正中，用前牙切缘咬在𬌗板槽内，头矢状面与地面垂直，听眶线与听鼻线的分角线与地面平行，用额托和头夹将头固定。层面选择在颏托标尺零位。

2. 下颌骨位曲面体层 摄影时患者下颌颏部置于颏托正中，上、下切牙缘咬在𬌗板槽内，头矢状面与地面垂直，听鼻线与地面平行。层面选择在颏托标尺向前 10mm 处。

3. 上颌骨位曲面体层 嘱患者颏部置于颏托上，头矢状面与地面垂直，听眶线与地面平行。层面选择在颏托标尺向前 10～15mm 处。

4. 曝光条件 70～90kV，15mAs。数字全景曲面体层机选择程序后，根据患者个体差异适当增减默认曝光条件。

案例 3-6-5

患者，女，25 岁。主诉：右下后牙肿痛 1 周，开口困难 2 天。现病史：患者 1 周前右下后牙出现肿胀、疼痛，不敢刷患侧牙。自服头孢类消炎药后略有缓解，但仍有肿胀。2 天前疼痛加剧，并且无法大张口，右侧面部自觉略肿，吞咽口水困难而来诊求治。全身情况：患者神情较疲惫，但查体配合，对答确题。否认高血压、心脏病、糖尿病、肝炎及血液系统等疾病。口腔检查：右侧面颊部皮温稍高，略肿胀，未扪及波动感，无扪痛。开口度约一指半，双侧颞下颌关节动度一致。右侧颌下区可触及一 0.5cm×0.3cm 大小淋巴结，质软，无触压痛。右下 8 近中阻生，远中龈瓣覆盖，红肿，可探及 8mm 深盲袋。内含大量食物残渣，并可见黄色脓性分泌物，有探痛及触压痛。叩（–），松（–），7 牙体完整，远中未探及龋坏，叩（–），松（–），牙龈略红。余未见异常。全景曲面体层摄影：8 近中前倾阻生，8、7 之间牙槽骨已吸收。7 远中未见龋坏透影，余未见异常。该病诊断为何病？为明确诊断，口腔全景曲面体层摄影的方法是什么？

解答：该病诊断为近中阻生伴冠周炎。口腔全景曲面体层摄影的方法：受检者取立位或坐位，颈椎垂直或向前倾斜，下颌颏部置于颏托正中，前牙切缘咬在牙杆槽内，头矢状面与地面垂直，听眶线与听鼻线的分角线与地面平行。用额托或头夹将头固定。

【小结】 口腔 X 线摄影包括局部 X 线摄影和全景曲面体层摄影。局部 X 线摄影又包括根尖片、咬翼片和咬颌片。目前数字化口腔 X 线摄影已经全面取代传统口腔 X 线摄影，探测器已经取代传统胶片。本文分别从适应证、禁忌证、操作程序及方法对局部 X 线的 3 种方式进行介绍。其中，根尖片以其简单方便、辐射剂量小的特点被广泛应用，本文重点从患者位置、探测器分配、探测器放置及固定、X 线中心线、注意事项 5 方面对根尖片进行详细介绍。要拍摄好一张合格根尖片应掌握好以下关键要领：患者取适当体位，合适的投照角度（垂直角度），兼顾两侧（水平角度），注意个体差异。

口腔全景曲面体层摄影又包括全口牙位曲面体层、下颌骨位曲面体层和上颌骨位曲面体层。口腔全景曲面体层摄影可呈现整个牙列的影像，操作简便、省时。但是，口腔全景曲面体层摄影片在反映牙齿实际长度方面，不如根尖片的精确性好。

第七节 X 线造影检查技术

一、消化道造影检查技术

【临床概述】 食管和胃肠道属于空腔脏器，影像学检查多选择硫酸钡造影作为初查方法。硫酸钡（barium sulfate）为不溶于水的白色粉末，钡的原子序数高，不易被 X 线穿透，当充填食管、胃肠道内腔时，可与周围组织形成鲜明的对比，若同时用气体扩张内腔，则形成气钡双重对比，能清楚地勾画出食管、胃肠道内腔和内壁结构细节，从而达到疾病检出和诊断的目的。

【相关解剖】 见图 3-7-1。

食管：是一长条形的肌性管道，全长 25～30cm。食管有三个狭窄部，这三个狭窄部易滞留异物，也是食管癌的好发部位。食管的主要功能是运送食物入胃，其次有防止呼吸时空气进入食管及阻止胃内容物逆流入食管的作用。

胃：分为胃底、胃体和胃窦三部分，胃的总容量为 1000～3000ml。胃壁黏膜中含大量腺体，可以分泌胃液，胃液呈酸性。胃酸的主要成分有盐酸、钠和钾的氯化物、消化酶、黏蛋白等。胃液的作用很多，其主要作用是消化食物、杀灭食物中的细菌、保护胃黏膜及润滑食物，使食物在胃内易于通过等。

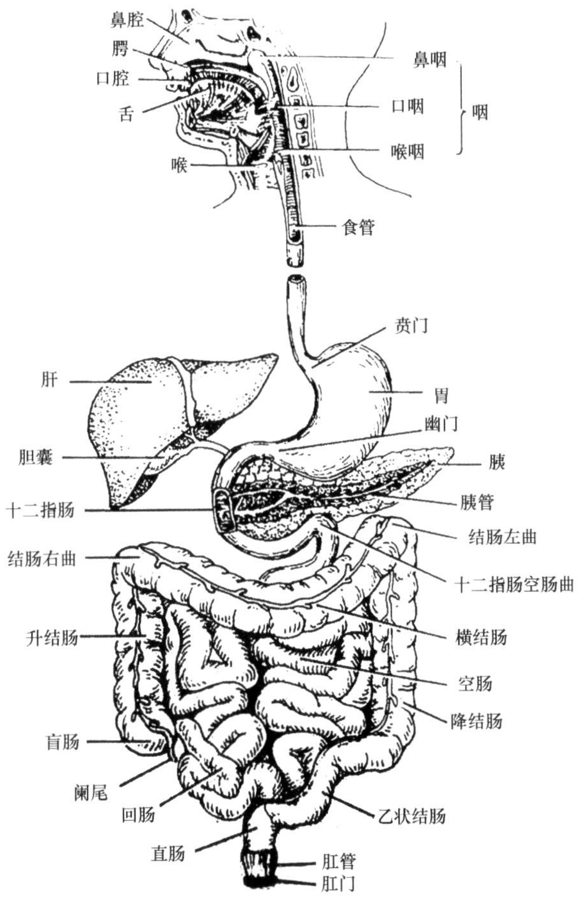

图 3-7-1 消化道解剖示意图

胃的主要功能是容纳和消化食物。由食管进入胃内的食团，经胃内的机械性消化和化学性消化后形成食糜，食糜借助胃的运动逐次被排入十二指肠。

十二指肠：为小肠的起始段。长度相当于本人十二个手指的指幅（25～30cm），因此而得名。十二指肠呈“C”形弯曲，包绕胰头，可分为球部、降部、横部（也称水平部）和升部四部分。其主要功能是分泌黏液、刺激胰消化酶与胆汁的分泌，为蛋白质的重要消化场所等。

空肠、回肠：空肠起自十二指肠空肠曲，下连回肠，回肠连接盲肠。空肠、回肠无明显界线，空肠占 2/5，回肠占 3/5，两者均属小肠。空肠、回肠的主要功能是消化和吸收食物。

大肠：为消化道的下段，包括盲肠、阑尾、结肠和直肠四部分。成人大肠全长 1.5m，起自回肠，全程结构形似方框，围绕在空肠、回肠的周围。大肠的主要功能是进一步吸收水分和电解质，形成、储存和排泄粪便。

案例 3-7-1

男，48 岁，因上腹痛 1 周就诊，自述近两日解少量柏油样稀大便，心率 82 次/分，血压 103/70mmHg；为明确诊断，医生开具急诊胃十二指肠造影检查单。患者以急诊为由到放射科要求马上检查，放射科检查室医生看过病史后让患者和临床医生核实是否有消化道出血的可能，是否能行此项检查？问：临床医生的检查医嘱是否存在不妥？

解答：临床医生的检查医嘱存在不妥，患者就诊前两日均有解柏油样稀大便的情况，可能存在消化道出血情况，临床医生应评估是否会出现消化道大出血的可能，而消化道大出血是胃十二指肠造影的禁忌证；胃十二指肠造影检查前，受检者需要禁食、禁水 6～12h，患者当日有进食早餐，因此是不符合此项检查条件的。

（一）食管造影

食管造影（esophagography）是检查食管病变的基本方法，通过透视、点片，观察其形态及运动功能是否异常，从而做出诊断。

1. 适应证 疑有食管癌、贲门痉挛、食管炎、食管静脉曲张、食管异物、食管先天性异常者；肺癌或食管癌不能从肺部摄片及症状方面鉴别者；观察是否有甲状腺块影压迫食管。

2. 禁忌证 食管气管瘘、食管胸膜瘘。

3. 造影方法

（1）检查前准备：无须特殊准备。

（2）对比剂：一般用比例为（3～4）：1 的钡糊，对有梗阻症状的患者，应按最近进食状况给予较稀的钡剂。

（3）操作技术：患者取站立位，先做常规胸部透视。在受检者吞钡的同时，透视观察者食管在不同充盈状况下显示出的轮廓和黏膜像及食管的蠕动、柔软度和通畅度，并需做多方位透视及点片。气钡双重对比造影对早期食管癌的发现有帮助，山莨菪碱-2 肌内注射 10～20ml 有利于早期食管静脉曲张的诊断。

4. 摄影技术 常规摄影左、右斜位片见图 3-7-2。

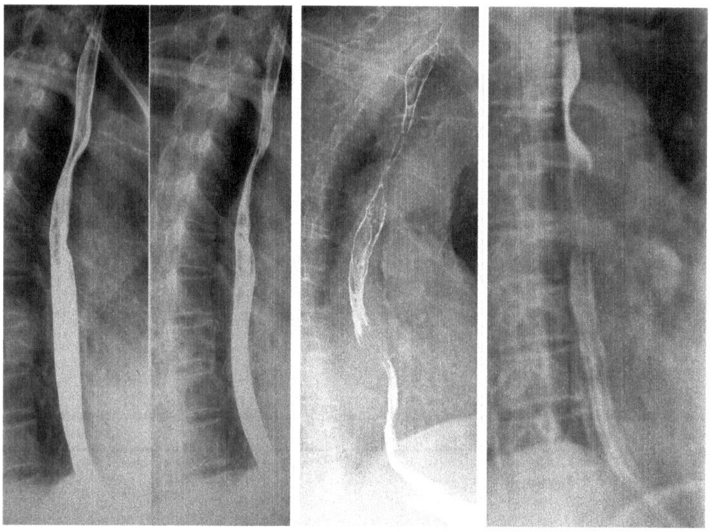

图 3-7-2 食管造影

（二）胃十二指肠造影

胃十二指肠造影（gastroduodenography）是指通过吞服钡剂来观察上消化道形态、功能的检查，常称为钡餐检查。

1. 适应证 疑有胃癌、胃溃疡、胃炎，十二指肠溃疡者；鉴别腹部包块与胃肠道的关系。必要时，消化道出血停止后 2 周，大便隐血试验阳性者也可检查。

2. 禁忌证 急性胃肠道穿孔、急性胃肠炎、急性上消化道大出血；肠梗阻时慎做吞钡检查。

3. 造影方法

（1）检查前准备：受检者需要禁食、禁水 6～12h。检查前 2 日禁服重金属类药物及影响胃肠功能的药物，如铁剂、碘剂、钙剂、阿托品及硫酸镁等。

（2）对比剂：50%～100%的硫酸钡，钡水比例为 1：（1～1.5）。

（3）操作方法：一般分为常规法和气钡双重对比法。①常规法：是患者先服一口稠钡剂观察食管，特别着重食管下段至贲门部的走向状态，如有无扭折、分流、僵直或喷射状。然后服中等稠度的钡剂，以机器手或右手按压，显示黏膜。按压方向是从大弯向小弯推去，然后从小弯回推至大弯以显示黏膜，逐渐向下由胃体、胃窦、幽门前区至十二指肠，并做多方位转动，观察各部的形态、轮廓、位置、张力及蠕动情况。②气钡双重对比法：是目前最常用的方法。患者先服 2.5～3.0g 产气剂使胃充气，然后口服钡剂 30～50ml 形成气钡双重对比剂，嘱患者 360° 转动，转三圈左右，使钡剂均匀地涂布在黏膜表面，以显示内腔表面的细微结构。在透视观察下，发现病变即可点片，获取双重对比相。其后嘱患者服更多的钡剂填充胃腔，在透视观察下选取合适的体位摄片以获得充盈相。

4. 摄影技术　根据需要选择拍摄某些位置的充盈相、黏膜相、压迫相和双重对比相。以气钡双重对比剂法上消化道造影为例，常规检查应包括以下体位：

（1）立位左、右前斜位：观察食管。

（2）仰卧前后位：观察胃体胃窦双对比相（图 3-7-3）。

（3）仰卧右前斜位：观察胃幽门前区双对比相（图 3-7-4）。

（4）仰卧左前斜位：观察胃体上部及胃底部双对比相（图3-7-5）。

（5）仰卧右后斜位：观察贲门正位相（图 3-7-6）。

（6）俯卧右后斜位：观察胃窦前壁双对比相（图 3-7-7）。

（7）俯卧左前斜位：观察胃体胃窦充盈相和十二指肠充盈相（图 3-7-8）。

（8）俯卧右前斜位：观察十二指肠双对比相（图 3-7-9）。

（9）立位前后位：观察胃窦及球部充盈加压相（图 3-7-10）。

（10）立体全胃充盈相（图 3-7-11）。

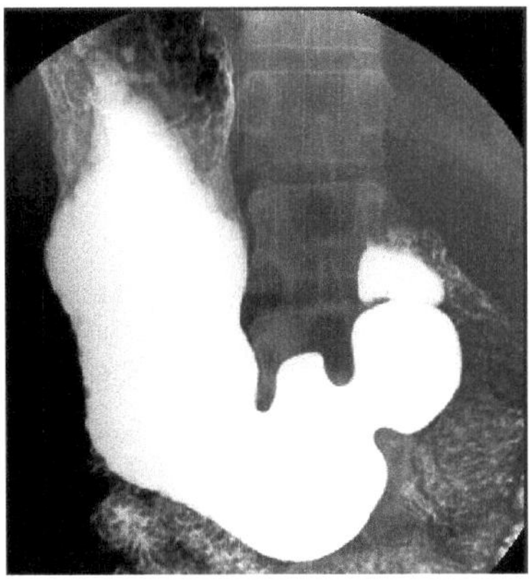

图 3-7-3　仰卧前后位

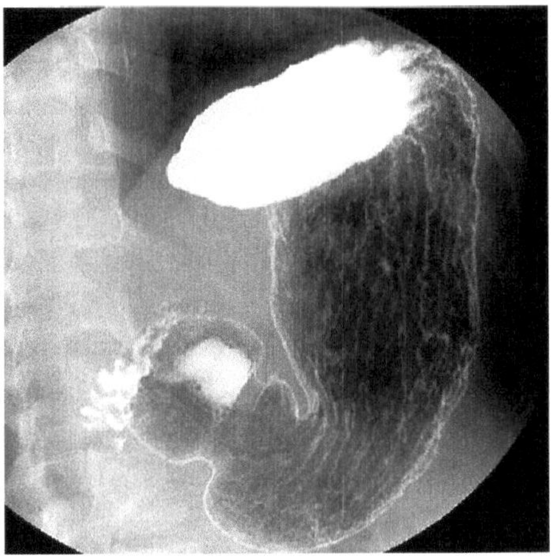

图 3-7-4　仰卧右前斜位

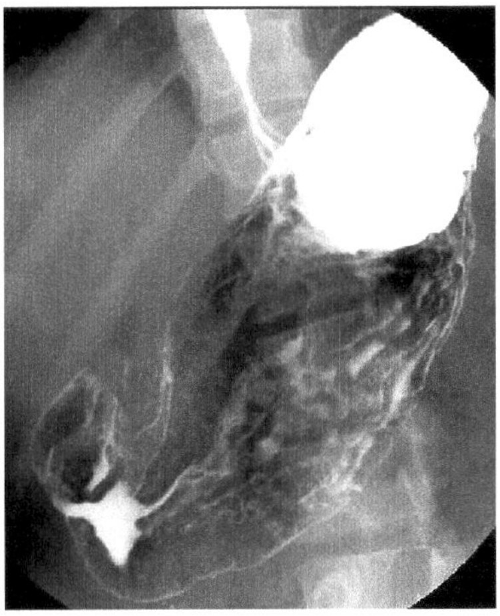

图 3-7-5　仰卧左前斜位

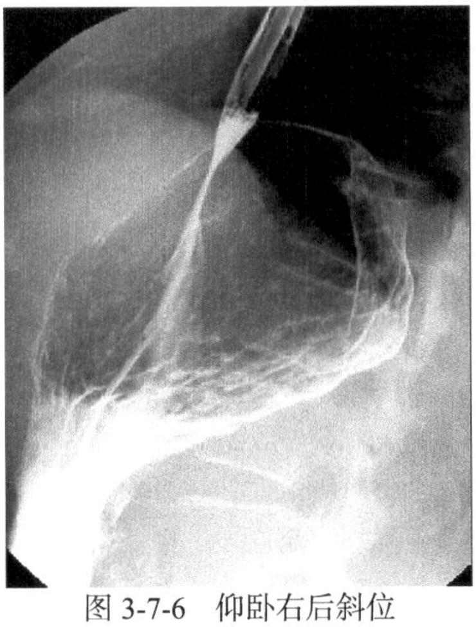

图 3-7-6　仰卧右后斜位

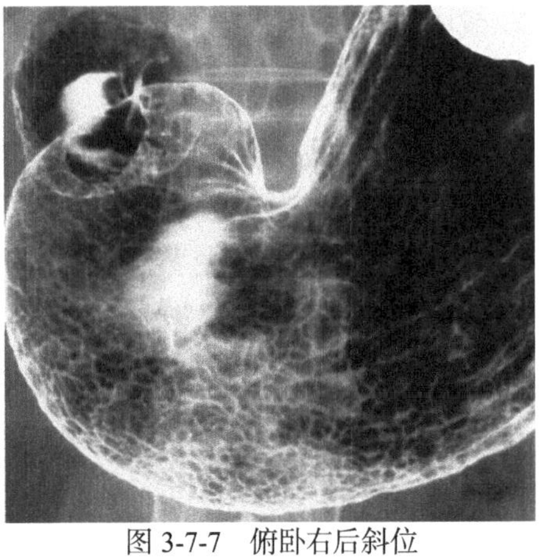

图 3-7-7　俯卧右后斜位

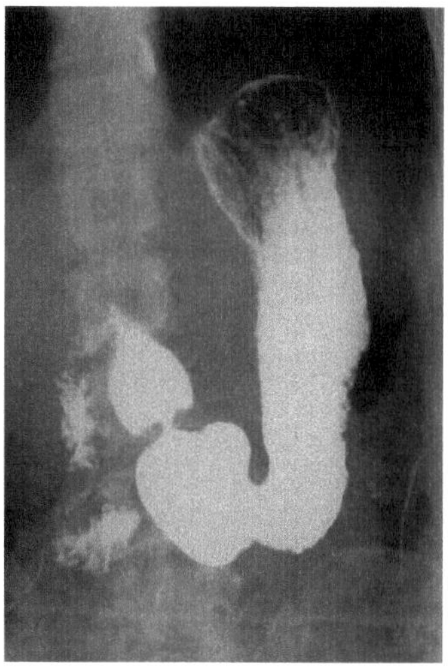

图 3-7-8 俯卧左前斜位

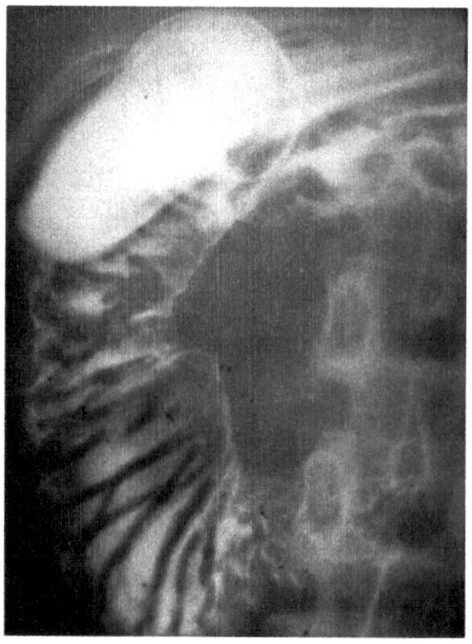

图 3-7-9 俯卧右前斜位

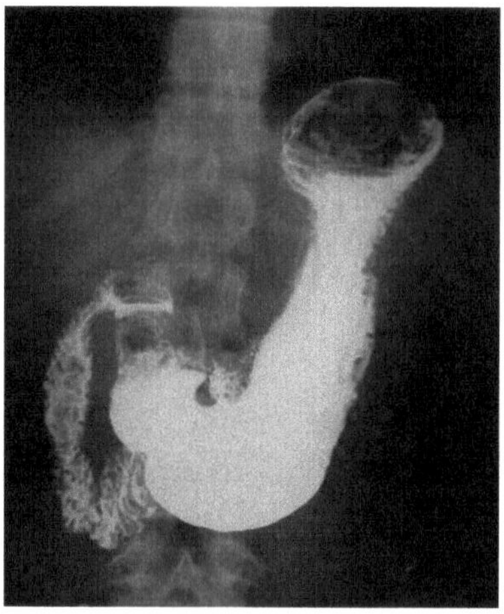

图 3-7-10 立位前后位

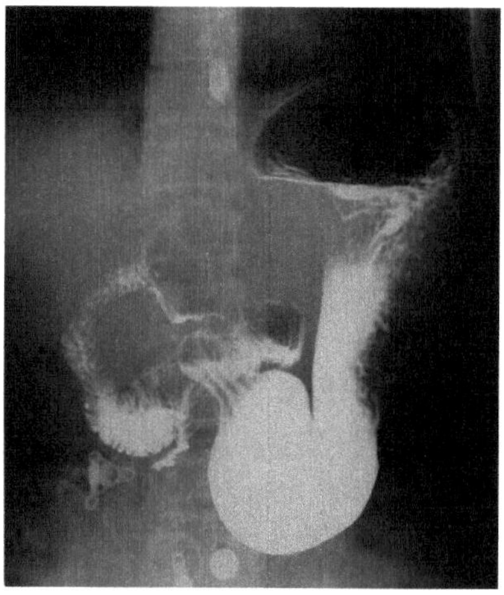

图 3-7-11 立位全胃充盈相

（三）小肠造影

小肠包括十二指肠、空肠和回肠。十二指肠属于胃肠造影检查的范围，小肠造影（small bowl imaging）主要检查空肠和回肠。

1. 适应证 肠梗阻；不明原因的腹痛、腹泻和腹胀者；疑有小肠炎症和肿瘤者。

2. 禁忌证 急性胃肠道大出血、肠穿孔。

3. 造影方法

（1）造影前准备：与胃肠造影相同。

（2）对比剂：40%稀钡。

（3）操作技术：包括口服法和气钡双重对比造影。①口服法：通常采用一次服钡法，口服 40%稀钡 600ml 后，每隔 30min 观察一次，直至钡剂到达回盲部。或采用多次服钡法，每次服钡 200ml，分 3～4 次服下，间隔 30min，最后一次服完后，观察全部小肠。一次大量服钡后，多次观察既可观察形态又可观察功能，小肠检查均需取仰卧位，检查顺序为左上、左中、右上、右中腹，继而下腹和盆腔。观察小肠的轮廓、黏膜及其分布情况和移动性。需多方位观察，结合加压推开大肠并使小肠散开，有利于观察，疑有病变即刻点片，最后拍一张全腹片。口服甲氧氯普胺 25mg 可促进肠蠕动，缩短造影检查时间。②气钡双重对比造影：是检查小肠病变最佳方法，在透视下观察，将导管经鼻腔或口腔插入，直达十二指肠空肠曲，注入 40%稀钡 600ml，充盈整个小肠，再经导管注入气体，使肠腔扩张即可，仔细观察小肠的细微结构和轮廓并摄片。

（四）结肠钡灌肠造影

结肠钡灌肠造影是透视下通过插管将钡灌注入结肠来观察其形态和功能的方法。

1. 适应证　结肠先天性疾病，结肠炎症、息肉和肿瘤等。

2. 禁忌证　急性结肠穿孔，结肠坏死，一般情况甚差者。

3. 造影方法

（1）造影前准备：检查前三日无渣饮食，检查前 8h 服腹泻药物清洁肠道，如肠道处理不佳需要做清洁灌肠，造影当日早上禁食、禁水。

（2）对比剂：一般使用较稀的钡剂，钡水比例为 1：（3～4）。

（3）操作技术：传统钡剂灌肠检查时灌注稀硫酸钡 1000～1500ml，使大肠充盈，观察其充盈相。然后使钡剂排出显示黏膜，观察其黏膜相。先左后斜位透视，分开直肠及乙状结肠，当钡剂从降结肠至脾曲时，将患者旋转为右后斜位使脾曲处重叠分开，钡剂前进至肝区时，患者又旋转成左前斜位使重叠的肝区分开。

灌肠过程中，观察钡柱前端有无受阻、分流及狭窄，结合转换体位和按压，了解各段大肠的轮廓、宽度、移动性及激惹征象。也可采用低张双重对比造影，注入的气体使肠管膨胀，钡剂均匀地涂布于肠壁，更清楚地观察大肠黏膜的细微结构和轮廓，有助于发现早期的病变。

4. 摄影技术　常规摄取充盈相和黏膜相，疑异常处即可点片，最后拍一张全腹片（图 3-7-12）。

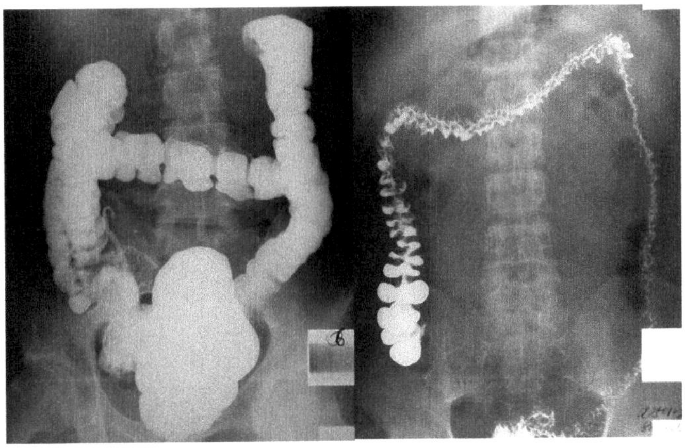

图 3-7-12　结肠钡灌肠造影

二、子宫输卵管造影检查技术

【临床概述】

子宫输卵管造影（hysterosalpingography，HSG）是了解输卵管是否通畅的常用检查方法，某些病例还可以通过注射压力使阻塞输卵管导通。

【相关解剖】　见图 3-7-13。子宫：是产生月经和孕育胎儿的器官，位于骨盆腔中央，在膀胱与直肠之间。子宫大小与年龄及生育有关，未产者约长 7.5cm、宽 5cm、厚 3cm，子宫可分为底、体与颈三个部分。子宫腔呈倒置三角形，深约 6cm，上方两角为子宫角，通向输卵管。下端狭窄为峡部，长约 1cm。峡部在妊娠期逐渐扩展，临产时形成子宫下段。子宫体与子宫颈比例因年龄而异，

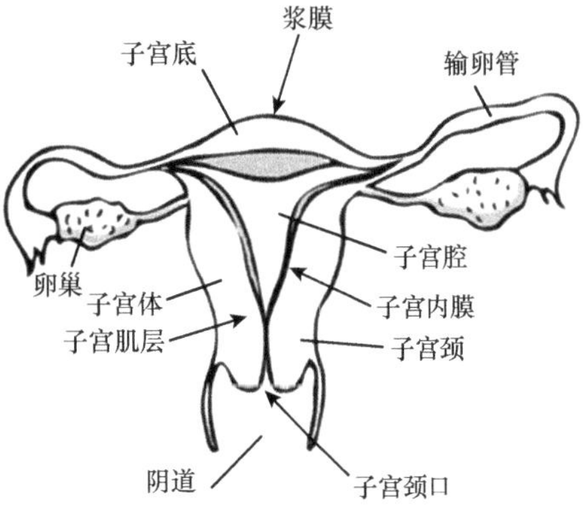

图 3-7-13　女性生殖系统解剖结构图

婴儿期为 1∶2，青春期为 1∶1，生育期为 2∶1。子宫正常稍向前弯曲，前壁俯卧于膀胱上，与阴道几乎成直角，位置可随膀胱直肠充盈程度的不同而改变。子宫壁由外向内为浆膜、肌层及黏膜（即内膜）三层。

输卵管：是女性内生殖器的组成部分，其外观是一对细长而弯曲的管，位于子宫阔韧带的上缘，内侧与子宫角相连通，外端游离，与卵巢接近，全长为 8～15cm。

【适应证】

（1）不孕症用以了解原发或继发不孕的原因，即由输卵管先天畸形引起的不孕或后天疾病引起的输卵管不畅，并可显示不通的具体位置。有些病例经子宫输卵管造影后，可促使不通畅的输卵管得以复通而受孕。

（2）下腹部手术史如阑尾炎切除术、剖宫手术；盆腔炎史；慢性阑尾炎或腹膜炎史，现患子宫内膜异位症等；因不孕而诊治，怀疑有输卵管堵塞者；观察邻近病变对泌尿系统有无侵犯。

（3）了解子宫腔形态，确定有无子宫畸形及其类型，有无子宫腔粘连、子宫黏膜下肌瘤、子宫内膜息肉及异物等。

（4）腹腔镜检查有输卵管外粘连，行子宫输卵管造影进一步提供输卵管腔内情况。

（5）多次孕中期自然流产史怀疑有子宫颈内口闭锁不全者，于非孕时观察子宫颈内口有无松弛。

【禁忌证】

（1）内、外生殖器急性或亚急性炎症。

（2）严重的全身性疾病，不能耐受手术。

（3）妊娠期、月经期。

（4）产后、流产 6 个月内和刮宫术后 30 天内。

（5）碘剂过敏者。

案例 3-7-2

女性，31 岁，已婚 6 年，因婚后至今未孕就医。行子宫输卵管造影检查，经注射非离子型对比剂，在透视下见子宫及输卵管充盈后摄片，患者完成检查，随即离去（案例图 3-7-2）。问：该项检查是否全部完成？

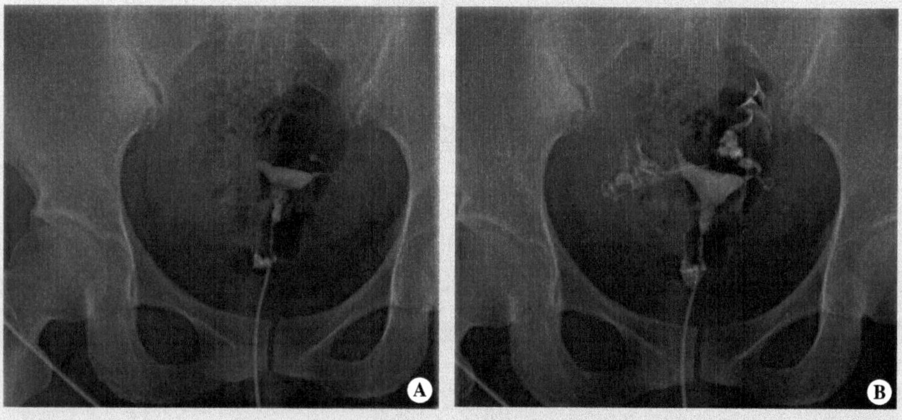

解答：该项检查未全部完成。还需要摄取盆腔弥散影像，以观察盆腔是否因慢性炎症造成输卵管粘连。因所使用对比剂为非离子型对比剂，弥散影像拍摄时间为造影后 20min，若对比剂为碘油，弥散影像摄取时间则为造影后 24h。

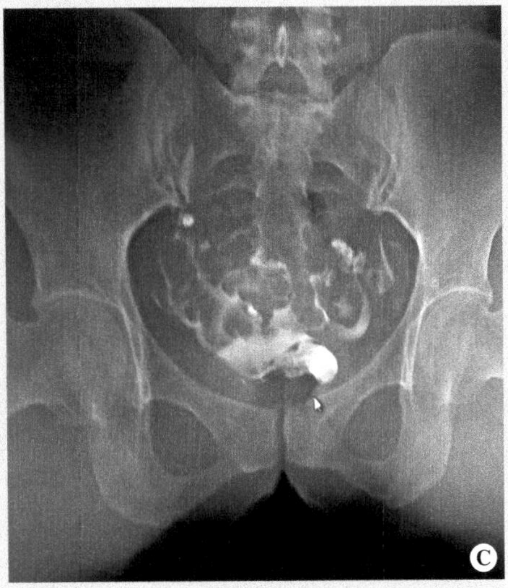

案例图 3-7-2

A. 子宫部分输卵管充盈；B. 子宫输卵管充盈相；C. 盆腔弥散相

【造影方法】

1. 造影前准备 造影时间以月经干净 7 ~ 10 天为宜。时间过早，则子宫内膜尚未完全修复，且增生内膜较薄，较易损伤。造影时间太迟，子宫及输卵管内膜肥厚，对比剂不易进入输卵管腔，并可影响宫腔形态。另外，内膜肥厚、血管扩张，导致易刺破内膜产生对比剂逆流。

做碘过敏试验，阴性者方可造影。

（1）术前半小时肌内注射阿托品 0.5mg 解痉，避免或减少子宫、输卵管痉挛造成插管困难或造成假象。

（2）术前排空膀胱，便秘者术前进行清洁灌肠，以使子宫保持正常位置，避免出现外压假象。

2. 对比剂 碘油（40%碘化钠）密度大，显影效果好，过敏少。但检查时间长，吸收慢，易引起异物反应，形成肉芽肿或形成油栓。

碘水（76%泛影葡胺或相应碘含量的非离子型对比剂）吸收快，检查时间短，刺激性小，不产生异物反应，且易于通过输卵管狭窄段，便于显示输卵管全貌，逆流入淋巴管系统和血管的机会少，逆入后副作用小，不必做特殊处理。显示子宫、输卵管细微结构明显优于碘油，有利于发现较小的病变。

3. 摄影技术 检查前排空膀胱。

受检者仰卧于检查床上，取膀胱截石位，正中矢状面垂直台面并与 X 线探测器长轴中线重合，两臂置于体侧。

常规消毒铺巾，窥阴器暴露阴道及子宫颈并消毒。

经宫颈口插入橡胶双腔管或金属管，固定后注入 76%泛影葡胺对比剂或非离子型对比剂 6～8ml，注入对比剂时压力不宜太大。

（1）注入对比剂的同时，在透视下动态观察对比剂进入子宫腔和输卵管的过程，影像重叠时可转动体位或者改变球管及床面方位，在透析下对合适图像进行摄片。

（2）20min 后（如用碘油则 24h 后）再摄盆腔平片，以观察对比剂在盆腔的弥散情况，从而判断盆腔是否因慢性炎症造成输卵管粘连而出现对比剂弥散不均匀或聚集。

三、静脉尿路造影检查技术

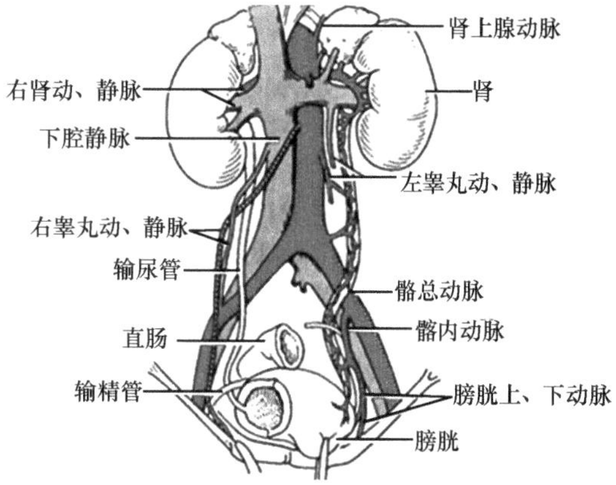

图 3-7-14 泌尿系统的解剖结构图

【临床概述】 静脉尿路造影（intravenous pyelography, IVP），是利用碘对比剂在静脉注射后，几乎全部经肾小球滤过排入肾盂肾盏而使之显影，不但能观察整个泌尿系统的解剖结构形态，而且可以了解肾脏分泌功能及尿路病变。IVP 简单易行，痛苦小，危险性低，是临床最常用的一种泌尿系统检查方法。

【解剖结构】 尿道（urethra）是动物体内泌尿系统的器官之一（图 3-7-14）。它从膀胱连通到体外，它的作用是将尿排出体外。在雄性哺乳动物中它还有将精液导出的作用，因此也是生殖器官之一。在胚胎发育过程中尿道是由泄殖腔腹面产生。

肾脏是人体的重要器官，它的基本功能是生成尿液，借以清除体内代谢产物及某些废物、毒物，同时经重吸收功能保留水分及其他有用物质，如葡萄糖、蛋白质、氨基酸、钠离子、钾离子、碳酸氢钠等，以调节水、电解质平衡及维护酸碱平衡。肾脏同时还有内分泌功能，生成肾素、促红细胞生成素、活性维生素 D_3、前列腺素、激肽等，又为机体部分内分泌激素的降解场所和肾外激素的靶器官。肾脏的这些功能，保证了机体内环境的稳定，使新陈代谢得以正常进行。

输尿管上接肾盂，下连膀胱，是一对细长的管道，呈扁圆柱状，管径平均为 0.5～0.7cm。成人输尿管全长 25～35cm，位于腹膜后，沿腰大肌内侧的前方垂直下降进入骨盆。输尿管有三个狭窄部：一个在肾盂与输尿管移行处（输尿管起始处），一个在越过小骨盆入口处，最后一个在进入膀胱壁的内部。这些狭窄是结石、血块及坏死组织容易停留的部位。女性输尿管则越过子宫颈外侧至膀胱。输尿管与膀胱连接处有一种特殊结构，即瓦耳代尔鞘，它能有效地防止膀胱内尿液反流到输尿管。

膀胱是一个储尿器官。在哺乳类动物中，它是由平滑肌组成的一个囊形结构，位于骨盆内，其后端开口与尿道相通。膀胱与尿道的交界处有括约肌，可以控制尿液的排出。膀胱为锥体形囊状肌性器官，位于小骨盆腔的前部。

【适应证】

（1）泌尿系统结石、结核、肿瘤、囊肿、肾盂和输尿管积液。

（2）泌尿系统先天性畸形、肾下垂。

（3）泌尿系统外伤。

（4）明确腹部肿块与泌尿系统关系。

（5）血尿、脓尿原因待查。

（6）无法进行逆行尿路造影者。

【禁忌证】

（1）碘对比剂过敏。

（2）急性尿路感染。

（3）严重的心、肝、肾功能不全及其他严重的全身性疾病。

案例 3-7-3

患者，男，65 岁，因早饭后无痛肉眼血尿急诊就医，医生查体后怀疑膀胱病变，要求立即行 IVP 检查，以明确诊断。经与放射科工作人员沟通后，按要求做好相关检查前准备后于第二天行 IVP 检查，注射对比剂 30min 后行全尿路摄片完成检查（案例图 3-7-3）。问：医生要求立即行 IVP 检查是否可行？该检查是否存在不足之处？

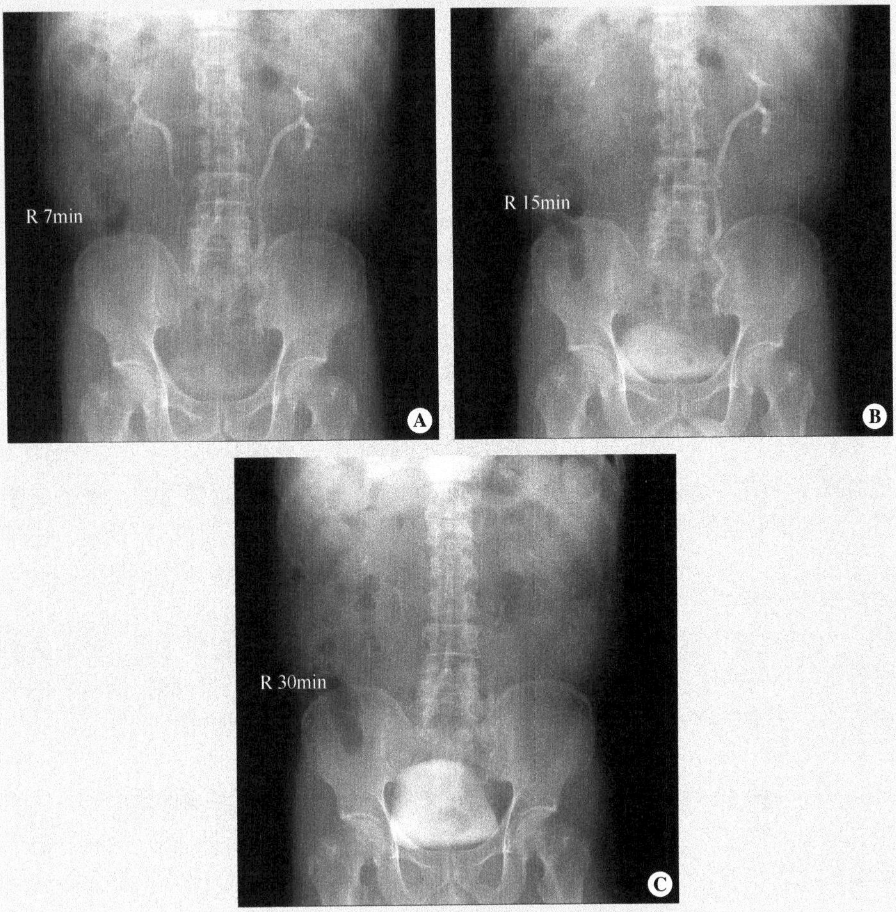

案例图 3-7-3

A. 7min；B. 15min；C. 30min

解答：该医生要求立即行 IVP 检查不可取。IVP 影像为二维影像，检查前不做肠道清洁准备，肠道内容物影像和尿路影像重叠，不利于尿路显示，给诊断带来干扰，可能出现漏诊或者误诊。该检查存在不足，临床考虑膀胱病变可能，注射对比剂 30min 后解压，未拍摄膀胱充盈后的膀胱局部影像。

【造影方法】

1. 造影前准备

（1）受检者准备

1）造影前 2～3 天禁口服不透射 X 线药物。

2）造影前 1 天进少渣饮食。

3）造影前清洁肠道，排空尿液。

4）造影前 6h 禁食、禁水。

（2）摄影准备

1）认真核对 X 线造影检查申请单，了解病情，明确检查目的，对检查目的不清的申请单，应与临床医师核准确认。

2）请受检者签署使用碘对比剂知情同意书。

3）开机预热，使用自动曝光条件或手动调整摄影条件。

4）清除受检者检查部位可能造成伪影的物品。

5）使用 76%离子型或相应碘含量的非离子型对比剂，其用量为 20～40ml。

2. 摄影技术

（1）受检者仰卧于摄影台上，双下肢伸直，正中矢状面垂直台面并与 X 线探测器长轴中线重合，两臂置于体侧。造影前先摄取腹部平片。如发现肾区钙化，加摄腹部侧位片。

（2）在相当于骶髂关节水平，利用肾盂造影压迫器、充气气囊或加压腹带，对下段输尿管进行压迫。输尿管加压压力视受检者的耐受能力调整。加压期间，若受检者出现迷走神经反应或下肢循环障碍，应立即减压或解压。若为输尿管压迫有困难者，可采用倾斜床面摄影的方法，使患者呈头低臀高 30°位，以减缓对比剂流入膀胱。

（3）对比剂注射后 7min、15min、30min 分别摄取双肾区造影片。双肾区造影片（影像）上缘包括第 11 肋骨，下缘包括第 3 腰椎。中心线垂直对准胸骨剑突于脐连线中点射入胶片（探测器）中心。

（4）解除腹部压迫，立即摄取全泌尿系统造影片。全泌尿系统造影片上缘包括膈肌，下缘包括耻骨联合。全泌尿系统造影片中心线经剑突与耻骨联合的中点垂直射入胶片（探测器）中心。

（5）遇对比剂注射 30min 后肾盂、肾盏仍显影不佳时，应延长摄影时间。疑肾下垂者，腹部压迫解除后，即刻同时摄取立位腹部前后位造影片。疑膀胱占位性病变者，解压后，待排尿前摄取膀胱造影片。

（6）摄影距离为 100cm；使用滤线器；平静呼吸状态下屏气曝光。

【小结】 本节主要内容为消化道造影技术的适应证、禁忌证及造影方法，分别从食管造影、胃十二指肠造影、小肠造影、结肠钡灌肠造影四个部分进行阐述；静脉尿路造影技术的适应证、禁忌证及造影方法；子宫输卵管造影检查技术的适应证、禁忌证及造影方法。

第八节　普通数字 X 线图像质量控制

影像质量是成像链的各个质量环节的综合体现，其中任何一个环节出问题都会影响最终的图像质量。

一、质量控制的内涵和方法

普通 X 射线图像影像质量是密度、对比度、模糊度、噪声、伪影等多种因素的综合体现，它取决于设备性能、摄影参数以及受检者配合等因素。在医学影像技术管理工作中，质量应包括三个层次的内容，即影像质量、工程质量和工作质量。

（一）影像质量

不同的设备成像方法各异，最终形成的影像要通过显示器或图像反映出来。对此，评价的内容和标准也不尽相同。如普通 X 射线图像的密度、对比度、清晰度、图像斑点等；CT 影像的密度分辨力、空间分辨力、噪声与伪影、容积效应与周围间隙现象等；MRI 影像的信噪比、空间分辨力、均匀度及畸变率、对比度与对比噪声比等；CR、DR 影像的分辨力、线性度、灵敏度、动态范围等；DSA 影像质量取决于减影方式、电视链特性、蒙片选择、采集帧率、造影参数等；PACS 虽然不直接产生影像，但它影响影像储存与传输的质量，取决于图像格式标准、存储设备容量、网络集成特性、系统的兼容性等。

总之，影像质量的确定和评价是建立在信息理论及多种学科基础上的复杂的系统工程。

（二）工程质量

“工程”是指为保证获得高质量影像而必须具备的全部条件和手段，工程质量则是指它们实际达到的水平，影响因素包括影像技术人员素质、影像设备性能、材料的选择、评价方法、检测手段和环境等，其中人的因素最重要。

（三）工作质量

工作质量就是指影像技术人员的技术工作、组织管理工作和思想工作对获得高质量影像的保证程度。影像质量管理应该运用组织行为学等科学管理手段，建立科学的影像技术人员综合素质评价体系。围绕影像质量这个中心，全面推进质量管理工作。

（四）建立质量保证体系

质量保证（quality assurance，QA）和质量控制（quality control，QC）是医学影像质量管理（quality management，QM）的两个重要组成部分，它们既有一定的分工，又有密切的联系。质量管理是为使质量保证计划得以贯彻实施，各种检测能正常进行，其结果得到评价，相关的校正行动得以实施而采取的管理活动。QA 是一个整体性概念，包含制定的所有管理实践，即通过有计划的系统活动，力求在尽可能减少 X 射线辐射剂量和医疗费用的同时，不断改进医学影像技术，以获得最佳影像质量来满足临床诊断的需要。QC 是质量保证的一个完整部分，是一系列独立的技术步骤，以确保影像质量的满意。即通过对 X 射线诊断设备的性能检测、维护和对 X 射线影像形成过程的监测和校正行动，以保证影像质量的过程。

1. 成立组织机构 为了有效地开展质量管理工作，应成立相应规模的质量管理组织。质量管理组织人员应包括：科室行政管理者、影像诊断医师、主管质量工作的技术人员、工程师和医学影像物理师等。QA 程序的首要部门是质量保证委员会，此组织负责 QA 程序的整体规划，制订目标和方向，决定政策，以及评估 QA 活动的效用等。

2. 建立质量信息系统 质量信息是质量保证体系的基础，据此做出决策、组织实施，并通过质量控制，达到提高影像质量的目的。信息反馈来源：日常评片的分析结果、影像设备的运行质量检测、有关影像质量管理和放射防护的文献、文件、法规等。

3. 制订质量保证计划 为执行 QA 所制订的一个详细计划，称 QA 计划（quality assurance plan，QAP），主要包括质量目标、功效研究、继续教育、质量控制、预防性维护、设备校准和改进措施等。

通过制订质量保证计划并组织实施，应达到以下目的：①改善影像诊断信息，确保影像质量符合临床诊断标准，提高诊断质量。②在达到医学诊断目的的情况下，确保患者和工作人员的辐射剂量达到规定的最低水平。③有效地利用资源，节约医疗费用，获得较好的经济效益。④确保有关影像技术质量管理及放射防护的各项法令、法规严格执行。

4. 实行管理工作的标准化、程序化 包括：①科室全体人员参与，根据岗位责任制的内容，明确各级各类人员的责任分工及职责和权限。②对各类诊断设备及其附件必须实行质量控制，包括质量参数的选定及参数的评价标准，测试方法和频率，允许误差限，使用测试工具和记录表格等。③购买新设备的程序及验收要求。④对设备使用期间的检测和维修计划。⑤技术资料档案的保存和各种数据的收集与汇总分析。⑥规定各类专业人员的培训与考核。⑦对检测结果的评价及采取的行动。⑧制定相关影像质量标准与受检者的辐射剂量限值。⑨对质量保证计划实施情况的检查和效果的最终评价。

（五）实施质量控制技术

质量控制的主要内容包括设备的检测、影像质量标准的监测、质量控制效果的评价三部分。

1. 设备的检测 主要包括以下三种检测。

（1）验收检测（acceptance test）：设备安装调试或大修后，应根据要求对设备的各项性能指标按设备的验收规范进行检测验收。

（2）状态检测（status test）：设备在使用过程中应对其基本性能进行确定，同时要进行状态检测，即对其现状定期进行各种性能指标的检测。

（3）稳定性检测（constancy test）：对设备在影响放射诊断以前性能改变的判断，即在使用期对其稳定性进行检测（一致性检测）。

每一种检测都有一定的具体要求和适用范围及所需的测试工具。检测后，必须对设备性能的劣化原因进行分析并加以校正。

2. 影像质量标准的监测 制定医学影像质量标准的目的，是以最优的成像技术条件为保证，达到合理的最低辐射剂量水平，为临床提供满足诊断要求的高质量影像。

X射线影像质量标准包括两部分内容：人体各部位影像质量标准和标准图像必须遵循的一般准则。

（1）人体各部位影像质量标准：包括影像显示标准、重要的影像细节显示标准、体位显示标准、患者剂量标准、图像影像特定点的密度值、成像技术标准等。

（2）标准图像必须遵循的一般准则：①影像显示必须能够满足临床的诊断学要求。②图像影像中的注释完整、齐全、无误，包括检查日期、影像序号、定位标志及单位名称等。③无任何技术操作缺陷，包括无划伤、污染、黏片、脱膜、指痕、漏光、静电及伪影等。④用片尺寸合理，分格规范，照射野大小控制适当。⑤影像整体布局美观，无失真变形。⑥对检查部位之外的辐射敏感组织和器官应尽可能加以屏蔽。⑦图像影像的诊断密度值范围应控制在0.25～2.00。

对于人体各摄影部位的影像应按照相应的标准进行检验，并和标准图像遵循的准则逐一核对，加以分析和总结。

3. 质量控制效果的评价 通过检测发现设备性能超过了所规定的误差限，必须及时维修、重新检测，并对检测结果加以评价，使设备保持良好的稳定状态。

通过对人体各摄影部位影像质量标准的检验并加以评价，进行分析和总结，找出工作中的失误并加以改进，不断提高影像质量。

（六）运用PDCA循环方法，实施全面质量管理

全面质量管理方法是由密切相关的四个阶段组成的，即计划（plan）、实施（do）、检查（check）、总结（action），简称PDCA循环方法，并把它应用于影像质量管理活动中，效果显著。

1. 计划（plan）阶段 包括工作目标、人员组织分工、设备材料购置方案、技术路线与方法、质量控制标准和目标管理项目等。计划的制订要保证可行性、科学性、稳定性、可定量性和严肃性。

2. 实施（do）阶段 按计划内容进行具体工作，形成惯性运行。必须做到：各级各类人员在整个计划中的任务、职责要明确具体，规章制度合理可行，人员任务配置合理，良好的工作作风。

3. 检查（check）阶段 利用客观的物理评价和统计学手段，将实施结果与计划相比较，了解进展情况，及时发现问题。

4. 总结（action）阶段 根据上一阶段提供的数据、图表及反映出的问题进行分析，找出问题的主次并加以纠正。对于暂时不能解决的问题，拟定改进措施向下一级PDCA转移，反馈到新的计划中去。按照PDCA循环方法，上一级PDCA是下一级的依据，而下一级PDCA又是上一级的具体化和落实。每循环一次，就向新的水平迈进一步，循序渐进，从而达到全面质量管理的目的（图3-8-1）。

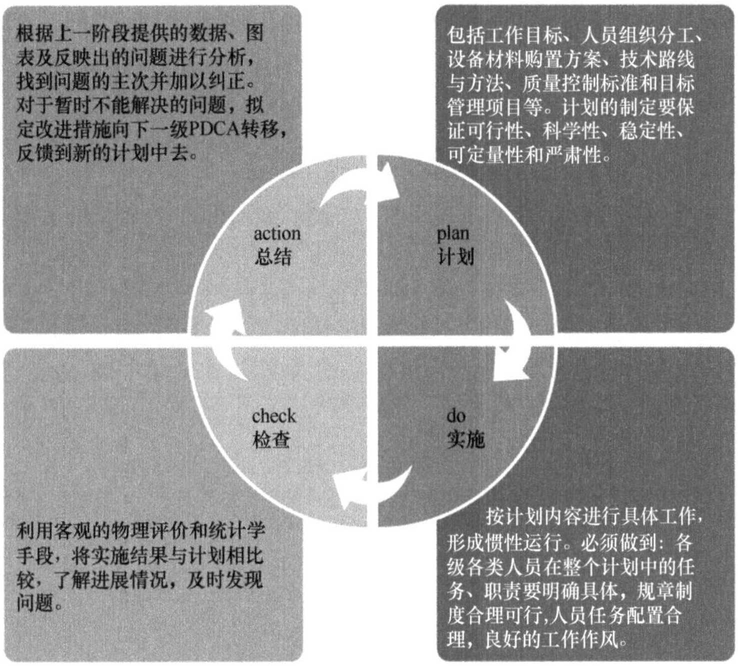

图 3-8-1　全面质量管理 PDCA 循环

案例 3-8-1

某医院放射科被临床科室投诉影像质量差。经医务处调查，发现该医院放射科质量管理组织由两名技术员组成，且无成文的质量保证计划、影像质量标准，质控结果仅通报批评，没有与绩效挂钩。问：该科室质量管理组织人员构成是否合理？该科室质量管理措施是否规范、有效？该如何改进？

解答：

1. 该科室质量管理组织人员构成不合理。质量管理组织人员应包括：科室行政管理者、影像诊断医师、主管质量工作的技术人员、工程师和医学影像物理师等。

2. 该科室质量管理措施欠规范、有效。质量管理组织要制订质量保证计划，主要包括质量目标、功效研究、继续教育、质量控制、预防性维护、设备校准和改进措施等。通过制订质量保证计划并组织实施，应达到以下目的：①改善影像诊断信息，确保影像质量符合临床诊断要求的标准，提高诊断质量。②在达到医学诊断目的的情况下，确保患者和工作人员的辐射剂量达到规定的最低水平。③有效地利用资源，节约医疗费用，获得较好的经济效益。④确保有关影像技术质量管理及放射防护的各项法令、法规严格执行。

二、CR 的图像质量控制

（一）评价 CR 图像质量的因素

1. 空间分辨力（spatial resolution）　是在规定的检测条件下，用目视可分辨的规定线组图形或最小空间频率线对组，单位符号为 lp/cm。

成像板的高对比（极限）分辨力取决于几个因素，物理因素方面的局限性包括荧光板的结构和厚度、激光点的尺寸、荧光体内由于调制而引起的可见光散射、“预采样”信号的损失。照在荧光体层上的激光点的有限直径以及光激励发光的扩散，尤其是在深度上的扩散，增加了模糊度。激光激励的荧光体有效面积取决于入射激光的直径、激光在荧光体中的扩散、光导装置采集光激励发光的分布。可见光的扩散减小了高频信号的调制度。数字影像像素尺寸为100～200μm，达到了成像板成分和激光点尺寸的物理极限，从而决定了系统的最大空间分辨力。数字采样精确地将输出影像的最大空间频率限定在由尼奎斯特频率所决定的最大值内，尼奎斯特频率等于 2 倍像素尺寸的倒数。与传统屏-片暗盒不同，CR 的较小荧光板通常比较大的能提供较高极限分辨力，原因是像素尺寸与成像板的尺寸有关。使用高分辨成像板时，较薄荧光体层可以增加分辨力（锐利度）。

混叠效应（尼奎斯特频率以上的预采样高频信号反射回到较低空间频率的影像中）会对成像板影像产生副作用，这种人为的信号由采样不足引起，分别受像素尺寸和数字影像矩阵的限制。例如，如果荧光板的固有分辨力极限为 5 lp/mm，像素采样率是 5 像素/mm 或 2.5 lp/mm，那么在信号频谱上超过 2.5 lp/mm 的空间频率将会反射回低于 2.5 lp/mm 的影像中。在快速扫描方向上用低通滤过可以减少或消除这些高频信号，从而降低混叠效应。频率响应得以改善的较小和（或）高分辨力成像板，将会受混叠信号的影响更严重。混叠的影响增加了影像噪声，降低了成像板的光子检出效能（表 3-8-1）。

表 3-8-1　常规几种品牌的成像板及其性能参数

公司名称	IP 尺寸/类型	矩阵大小	读取采样率（pixels/mm）	极限分辨力（lp/mm）	像素尺寸（mm）
Fuji	8"×10"ST	2000×2510	10	5	100
	10"×12"ST	1760×2010	6.7	3.4	149
	14"×17"ST	1760×2140	5	2.5	200
Kodak	8"×10"GP	1792×2392	10	5	100
	10"×12"GP	2048×2500	8.3	4.2	120
	14"×17"GP	2048×2500	5.8	2.9	172
Agfa	8"×10"	1721×2172	9	4.5	111
	10"×12"	2024×2458	8	4	125
	14"×17"	2048×2537	6	3	166

常规 CR 的最大分辨力为 5 lp/mm，实际的空间分辨力也会受到所使用的荧光板类型的影响“伪分辨力”的识别很重要，矩形波测试卡照片中较低频率的铅条组已经模糊，而较高频率的铅条却看得见，这是由于频率混叠造成的。如果将分辨力模体放置在 X-Y 矩阵的对角线上，测得的分辨力可能超出理论的采样分辨力极限。这时，分辨力模体的有效采样间隔由于夹角的正弦值（如 45°角时为 0.707）而变得较小，过高估计了实际垂直和水平的极限分辨力。

2. 低对比度分辨力（low contrast resolution）　是可从一均一背景中分辨出来的规定形状和面积的最低对比度，用百分比表示。

影像中数字像素间所表现出的“无噪声”信号的最小差异，依赖于编码值的总量（量化水平），还有相对于背景的目标信号幅度。在大多数 CR 系统中，像素值随着光激励发光的对数值改变，或等于成像板的辐射剂量对数值，因此像素值之间的数量差异就是对比度。CR 系统的对比感度（contrast sensitivity）或探测能力（detectability），不仅依赖于用于表达每一像素的位数，而且依赖于系统增益（如每个 X 射线光子对应的电子数，每个模数转换单元的 X 射线光子数）和相对于对比差异的整体噪声幅度。在影像中区分一个信号的能力，主要依赖于固有的物体对比度（kVp 值、散射线接收）、噪声量（X 射线、亮度、电子、固有噪声源）、影像观察条件、观察者辨别小尺寸低对比区域的局限性。

通常情况下，成像板影像提供的对比探测能力等同于屏-片影像。作为一个数字化探测器，CR 设备允许潜影采集和显示处理步骤分离开来。X 射线影像对比度的获得通过检查中使用特定灰度等级、色调或其他影像操作得以实现。由于大的曝光宽容度，没有数字增强的情况下，最终结果影像的视觉对比度会十分低。屏-片探测器的对比度受限于特定的摄影感度（传统探测器宽容度和胶片对比度的权衡），与之不同的是，CR 影像对比度受噪声限制。有几种噪声源作用于影像的整体噪声，成像板中所吸收X射线的随机变化决定了光子噪声（quantization noise）成分，在读出过程中激励发光的变化会引起输出信号的明显改变。在确定离散数字信号幅度值（这有赖于ADC的位深，当前系统的典型系统位深为 10～12）的过程中，光子噪声增加了不精确性，电子噪声（electronic noise）源引起输出信号的进一步改变。为了接近感度 400 胶片的典型影像噪声（可以得到等同的对比度探测能力），成像板（标准分辨力）需要大约为2倍的较高X射线光子数（如一个感度为200的系统）。由影像处理所决定的显示锐利度可能会影响噪声的显示。成像板相对于典型稀土双屏暗盒较低的探测效率，是噪声增加的一个主要原因。

3. 光子检出效率（detective quantum efficiency，DQE）　描述了与空间频率相关的信息探测效率，它依赖于荧光屏的光子检出效率和形成最终影像中每一步骤的噪声。这包含每吸收一个X射线光子所俘获的电子数、潜影激励和发射过程的噪声、电子信号的转换噪声、与数字化相关的噪声、最终输出影像显示时的噪声。存储荧光体的大区域、零频率DQE描述为（公式3-8-1）：

$$\mathrm{DQE_{PSP}} = \frac{X_{\mathrm{abs}}}{[1+\mathrm{CV_E}][1+\mathrm{CV_{el}}][1+\mathrm{CV_S}]+g^{-1}} \qquad \text{（公式 3-8-1）}$$

公式3-8-1中，X_{abs}是荧光层中吸收的入射X射线光子数；$\mathrm{CV_E}$是荧光层中吸收的X射线能量的变化系数；$\mathrm{CV_{el}}$是对于给定吸收能量的俘获电子数量的变化系数；$\mathrm{CV_S}$是对于给定俘获电子数量，从荧光体中形成的可见光信号的变化系数；g是每吸收一个X射线光子时在光电倍增管中探测到的光电子的平均数量（大区域响应函数）。

$\mathrm{CV_E}$依赖于钡的K边缘与频谱的交迭以及X射线的K特性逸脱。对于穿过患者的80kV的X射线束，估计值约为0.15，近似于影像增强器的CsI荧光体。一方面，每吸收一个X射线光子，荧光体F中心都会俘获数以百计的电子，使得$\mathrm{CV_{el}}$相对较小（＜0.05）。另一方面，荧光体中某一深度激励激光的变化以及发射可见光的相应变化会使得亮度噪声值$\mathrm{CV_S}$很高，估计值在0.8。荧光体中的大范围增益g约为10，导致DQE表达式中分母值约等于2，故而DQE（0）可以近似估计为（1/2）X_{abs}。穿过患者的典型X射线能谱在80kV时，标准分辨力荧光板的DQE（0）约等于0.25，高分辨力荧光板的DQE（0）约为0.13。荧光板技术的发展和作为空间频率函数的探测效率，两者的稳步改善已得到证实。最新一代成像板与屏-片探测器的比较，人们都喜欢从整体响应和影像质量方面入手。

4. 影像显示　激光胶片打印机将数字影像模仿传统屏-片摄影的模式转换成照片影像，通过透射方式进行观察。在一些CR系统中，影像的尺寸必须按照荧光板尺寸和输出胶片的格式，缩小到限定的大小范围。CR影像的硬拷贝方式向用户提供了一幅单一的照片影像，从而丢失了便利显示处理的主要优势。为了提供两幅不同的灰阶/边缘增强的影像，影像尺寸要进一步缩小以便在一张胶片中容纳两幅影像。这种二合一格式在小尺寸 CR 照片（约为 26cm×36cm）上，需要将35cm×43cm（14英寸×17英寸）的观察野减小50%。尺寸的减小使得照片上的直接测量复杂化，不同尺寸照片之间的对比更加困难。在35cm×43cm胶片上可以进行全视野打印，采样矩阵约可达到4000×4000像素（有一家生产商为3500×4300像素），也就是说在整个视野内可以提供5 lp/mm的高空间分辨力。对于网络激光打印机，大胶片打印模式可适用于数字影像数据内插和外插而得到的数字矩阵大小的范围。在此大格式胶片下，许多激光打印机稍微减小5%的尺寸。

阴极射线管（CRT）监视器应用于“软拷贝”显示。来自CR阅读仪的数字影像，出于不同目的显示在CRT监视器上，包括患者正确摆位的确认、质量控制检查和影像修正、最初诊断、临床参考。监视器性能、相关工作站中影像操作工具包及显示特性都根据显示功能的不同而改变。通常情况下，用于放射初步诊断的高分辨力、高亮度、多幅显示监视器，临床医师查阅影像所用的中等分辨力显示终端，以及常规彩色显示器/个人电脑系统，代表着监视器质量的三个等级。CRT监视器可在全院内提供影像的同时显示影像外观的实时改变。监视器具有一系列的特性，包括比标准灯箱低的发光水平、荧光发射产生影像而不同于照片的光线透射、固有的非线性显示传递函数、亮度消退、几何失真、散焦。如果将监视器与硬拷贝影像的产生连接起来，一定要充分重视监视器和照片影像外观的匹配。由于CRT较低的发光特性，高亮度周围可见光对影像外观的不利影响在CRT上要比透射照片明显得多。此外，CRT荧光体会产生不同的颜色，在变换影像时会有不同的荧光滞后现象。在显示监视器和观片条件的验收检测和质量控制时，一定要提高重视程度，以确保最优化的影像展示。

案例 3-8-2

某医院放射科CR工作站电脑显示器采用的普通液晶显示器，未经亮度、对比度校准调试，致使激光胶片打印效果与显示效果差异较大，胶片偏亮、对比度偏低。问题：普通显示器能否用于胶片打印工作站或者影像诊断工作站？如何解决该科室胶片偏亮、对比度偏低的问题？

解答：普通显示器不能用于胶片打印工作站或者影像诊断工作站，因为普通显示器未经认证，其亮度、对比度、色彩、分辨力等参数可能达不到要求，用于胶片打印工作站将导致胶片密度、对比度较差；用于影像诊断工作站将会影响诊断准确性。应使用专业灰阶显示器替代普通液晶显示器，并通过调试校准使显示器亮度、对比度等参数最优化。

（二）质量控制与定期维护

定期质量控制检测，对于检查系统性能和维持最优化影像质量是必需的。每天、每周、每月、每年的推荐检测步骤都是执行质量控制程序的一部分。大多数情况下，除了主要问题和年度检测外，指定技师还要执行大多数的检测任务。应该把专为CR设计的质量控制模体作为系统购置的一部分考虑到购置价格中去。此外，系统评估的自动质量控制方法、监视器的维护/安置和调整方法，都应该从生产商那里获取。

1. 操作人员的应用培训 即使销售方伴随设备的出售常规有一个标准等级的应用培训，实际上也应该有针对应用培训的特定参考内容的说明。技师需要至少一周的岗位培训，还应该在最初培训1～2个月后再经过1周的进一步强化培训。放射医师也应该在系统的最初使用过程中与应用专家沟通，按照自己的喜好进行特殊影像处理算法调整。物理师应该关注处理算法功能，指导自己如何去调整影像外观和创建检查算法。医院工程人员应该接受简单预防性维护任务和恢复最小限度错误的培训。

2. 每天的维护 在开始使用CR前，要全面检查整个系统的工作状况，各系统显示、连接是否正常，IP板的常规维护和残影的消除状态，检查打印机是否已经打开（有的打印机电源与阅读器的电源相连）、打印机内胶片所剩的数量和打印机的工作状态，存储系统的工作状态以及与HIS/RIS的连接状况等。

视察系统的运行情况，包括阅读仪、ID终端和影像观察监视器；制作激光成像感光测量胶片条并测量照片密度；检查胶片供给；检查激光相机运行状态。

3. 每周的维护 清洁CR系统和激光相机的过滤器和通风孔；擦除所有很少使用或没有流通的成像板；验证软拷贝观察工作站的监视器校准（SMPTE模体），对比度/亮度设定在0%～5%和95%～100%小斑块都可见；视察暗盒和成像板，有必要按照生产商的指导进行清洁；采集测试模体影像，并在计算机数据库中编入目录。当超出预设定的界限时，核查系统性能并采取措施。

4. 每月的维护 执行量化质量控制模体分析（如低对比、空间对比度、信噪比等的“抽查”）；检查照片重拍率，概观曝光指数，确定不可接受影像的产生原因；检查质量控制数据库，确定问题的原因并执行校正措施。对所有成像板执行线性/感度测试；视察/评估影像质量；抽查影像处理算法的适用性；执行验收检测步骤以确定和（或）重新建立基准值；检查重拍现象、患者曝光量趋向、质量控制记录和设备维修纪录。

除了定期检测外，所有的检查都应该在一个“视为需要”的原则下执行。指定的质量控制技师、物理师、维修人员都应该参与到预防性维护和质量控制程序中。CR系统的侵入性调整和校正的执行，仅能由“销售商许可”人员，具有相关知识的技师、物理师，以及负责质量控制的维修人员来完成。

使用成像板的CR，代表了当前投射影像数字化采集的技术水平。与屏-片成像经验可能存在不同的方面有很多，如大量的调整参数、不适当的曝光菜单、系统硬件和软件故障、成像板损坏、过多的光子斑点和患者摆位等。技师和医师对于CR放射技术的最初定位和继续教育是极其重要的，包括独特属性和影像采集原则（准直程度、自动范围控制、影像处理）。随着CR系统的型号和生产厂商的增加，除了光激励存储荧光体和光激励发光的普遍运行状态外，必须要考虑特定的系统性能、控制和测试程序。CR系统的验收检测和质量控制程序，是直接的且相对容易的评估方法。CR成像技术正在继续革新，验收检测和质量控制程序必须同时升级以确保最优的影像质量。

案例 3-8-3

某医院放射科根尖片影像中有大量伪影（案例图 3-8-3A）。经调查发现，该科室使用的柔性IP拍摄根尖片，目前在用的IP均超过6个月，表面有褶痕、破损（案例图 3-8-3B）。问：这些IP是否应该报损？该科室质量控制定期维护工作是否有效？

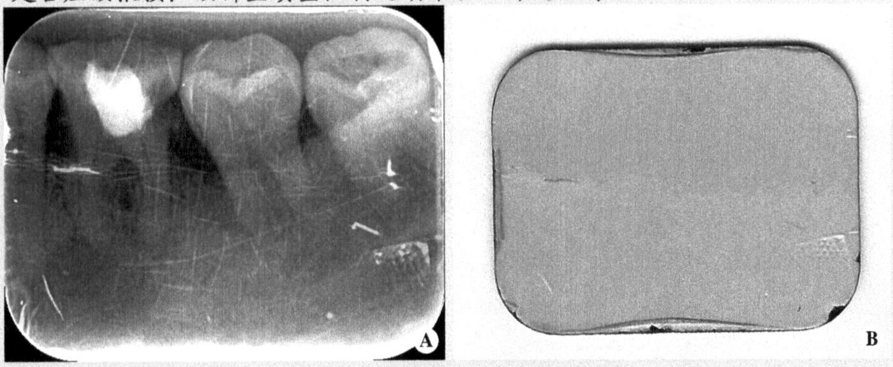

案例图 3-8-3

A. 根尖片；B. IP

解答：这些IP损伤太大，严重影响诊断，应该报损换新。该科室质量控制定期维护工作不到位，没有及时发现设备存在的问题，或者没有及时有效反馈问题并解决问题。

三、DR的图像质量控制

（一）影响图像质量的因素

影响图像质量的因素有很多，主要包括以下方面。

1. 设备的性能和稳定性 数字摄影图像质量的优劣与机器的性能和设备参数的稳定有关，除一般X线机共有的X线管焦点大小、机器机构的精度等因素影响图像质量外，对于数字图像的质量，与矩阵大小、图像基础模糊度、位深及噪声有关。如果矩阵小，则数字图像分辨力低。像素的密度由不同位数的二进制数位深表示，像素太少或位深太小都会影响图像的质量。探测器像素尺寸和矩阵尺寸确定了图像的最大空辨率。采用非晶硒材料的直接转换探测器，它的空间分辨力要比采用闪烁材料的间接转换探测器的空间分辨力高一些。

2. 人为因素 检查信息录入的错误、摆位不正确、不正确选择曝光野、中心线使用不当、标记错误等都会影响图像的质量。

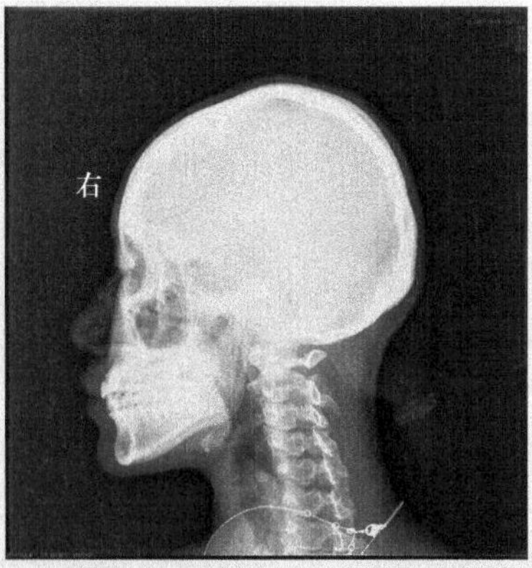

案例图 3-8-4

案例 3-8-4

某放射技师在拍摄鼻骨侧位时，选择了头部侧位的摄影条件，得到了案例图 3-8-4 的影像。问：此鼻骨 X 线影像存在哪些人为的失误？

解答：此鼻骨 X 线影像存在以下失误：①照射野太大，导致受检者辐射剂量增加，并且使影像出现异物影，影响美观；②中心线入射点偏移，可能导致鼻骨与颧骨重叠过多，显示不完整；③曝光条件过高（66kV，33mAs），鼻骨曝光过度，受检者辐射剂量过大。

3. 摄影条件 DR 系统图像具有动态调节的优越性，但其动态调节也具有一定的范围，如果摄影剂量过大或过小，超过一定的范围，都会使后处理技术的调整范围缩小，出现噪声甚至斑点及对比度下降，使图像质量下降。当曝光条件过大时，所得图像曲线就会变窄，图像偏黑并且失去层次感，即使调节也不能获得满意图像；当曝光条件过小时，图像颗粒感强、噪声大，病变部位不能清晰显示。

案例 3-8-5

某医院放射科进行 X 线摄影质量控制的时候，抽取到以下 3 张鼻骨侧位影像（案例图 3-8-5）。问：哪一张影像的曝光度比较恰当？另外两个的失误在哪里？

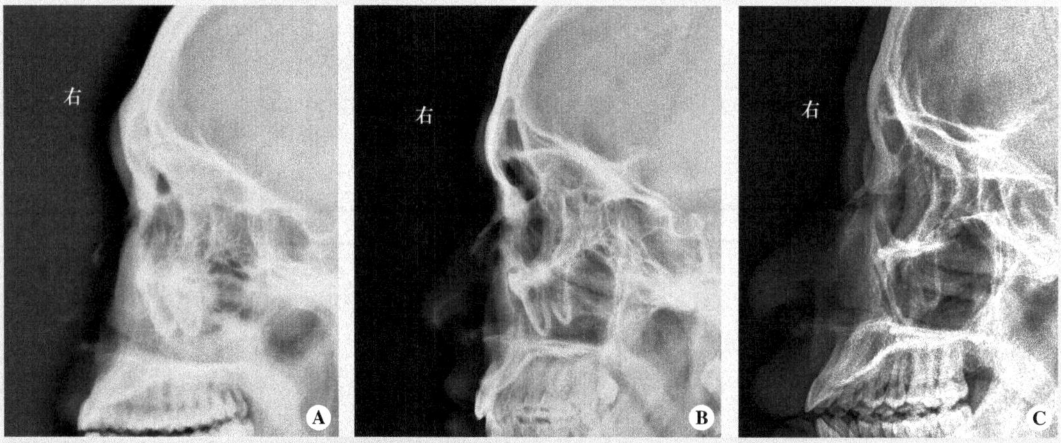

案例图 3-8-5

解答：图 B 曝光度比较恰当；图 A 曝光过度导致鼻骨诊断信息缺失，为废片；图 C 曝光度稍低，影像噪声稍大。

4. 后处理技术 图像后处理参数设置不恰当或调用不正确的参数组合，一定程度影响照片质量的好坏。

5. 伪影 包括异物、平板探测器伪影、激光打印机伪影、后处理伪影等。

6. 滤线栅 DR 设备一般都配有不同焦片距下使用的固定高密度滤线栅，使用不当可影响图像质量。

7. 屏幕一致性显示 一致性是医用电子显示系统的先决条件，临床工作要求医用电子显示系统中相同的图像在不同显示装置上必须显示一致或非常相似。

8. 激光打印机输出 激光打印机参数设置与屏幕显示存在差异，多棱镜的灰尘，热鼓过热损坏，胶片存放不当等可导致打印输出的图像质量下降。

此外，环境灰尘的污染、温度、湿度等对机器设备特别是平板探测器的影响都会不同程度地降低整个系统的性能，使图像质量的稳定性变差。

（二）图像质量控制措施

1. 提高技术员素质　提高操作者的思想素质和专业技术水平，定期培训，建立完善的管理制度和操作规范，严格按照操作规程进行操作。同时建立读片制度，及时纠正技术操作中的错误。

2. 曝光参数的选择　数字摄影曝光参数的合理选择和正确运用是提高照片质量的一项重要技术，参数的选择是以改变 kV 值、mA 值及曝光时间三个参数为基础，结合数字成像的特点进行参数调整，避免过度曝光和曝光不足。数字摄影 X 线曝光量宽容度虽然大，也可以通过窗宽窗位调整，但参数选择超出一定的限度，也难以得到优良的图像质量。

3. 后处理技术的运用　后处理技术是借助计算机功能对获取的原始影像作进一步的完善，只有在适宜的照射条件下，充分利用后处理功能，才能提高输出影像的信息量。DR 影像后处理技术是以增大诊断信息、弥补摄影中的不足为目的。通过改变影像的对比度和调节影像的整体密度，从而实现影像的最佳显示。图像处理程序在使用中有可能被人为修改，要定期检查和修正参数的设置与组合，在实际工作中不断探索和总结改进。

4. 消除伪影　伪影是影响 DR 影像质量的重要因素，除了加强操作者的责任心，在检查前除去受检者身上的金属物、毛衣等异物外，其他原因应针对伪影出现的情况进行分析和总结以及时纠正。

5. 显示器校准　软拷贝显像却存在诸多变数，包括最基本的黑白与彩色显示及电子显示技术的多样化，如阴极射线管和液晶显示等。电子显示技术的一个重要特点是：在不同显示系统中，从计算机中的数据资料到显示器的亮度都可能不同，定期调整和校准非常必要。一般专业显示器都配备外接控制器或内置校准软件，普通显示器则根据使用时间和衰减程度进行亮度和对比度的调整，以保证图像在不同地点的终端工作站上显示一致。

6. 激光打印机校准　激光相机的质量控制是得到优质图像的重要环节，应认真做好激光打印机的调试和校准。激光打印机与主机监视器图像的一致性尤为重要，需注意图像的输出与激光相机匹配问题，力求做到所见即所得。建立激光打印机验收检测及质量控制的概念，调整好激光打印机背景密度、灰阶响应、图形几何结构等指标，调整好最大密度值，而且还应该注意激光相机的密度调节与胶片的感光度相协调。同时每更换一批次胶片，必须进行一次自动校准。

7. 机器设备的日常维护和保养　实行合理的维护和保养措施可以使系统保持最佳的工作状态，从而能最大限度地减少系统可能出现的故障。平板探测器为高精密仪器，是 DR 系统的核心技术，对环境要求较高，机房内应配置空调和抽湿机，温度保持在 20～24℃，湿度在 40%～70%，要防灰尘，保持环境整洁，减少仪器静电对灰尘的吸附。定期给设备进行检测和校准，出现故障时记录故障的情况和代码，及时通知维修工程师。

总之，只有通过各种有效的措施和手段，才能保证获得最佳的图像质量和影像信息，为临床的诊断和治疗提供更可靠的帮助。

四、乳腺图像质量控制

案例 3-8-6

女，22 岁，去年体检钼靶提示左乳少量微小钙化，随访，今年来院体检，但今年拍摄的钼靶片上未见明显钙化，导致这一情况的技术原因可能是什么？

解答：可能原因是年轻女性，乳腺腺体较致密，检查时对腺体压迫不够，使得腺体结构重叠、纤维及腺体组织曝光不一致。曝光不足导致光学密度低的区域照片对比度降低，限制了特定细节，尤其是微小钙化和低对比病变的显示。

乳腺图像质量控制包括乳腺摄影机的质量控制以及乳腺摄影技术的质量控制。乳腺摄影质量控制是乳腺摄影质量管理的主要内容，它涉及乳腺摄影检查中所有的技术环节，是获得稳定的高质量的乳腺 X 线图像的前提条件。

（一）乳腺摄影机的质量控制

1. 监视器的清洁

频次：每日。

目的：维护不被灰尘、指纹等污染，确保最佳的观察条件。

2. 平面野测试

频次：每周。

目的：选择平面野测试后进行 5 次测试。该测试可检查亮度的非均匀性、高频调节，信噪比（signal to noise ratio，SNR）的非均匀性、不良 ROI（region of interest，感兴趣区）及不良像素验证。

3. 模型图像质量测试

频次：每周。

只有在成功执行平面野测试后才能执行此项测试。使用乳腺模型对影像质量的稳定性进行监测。ACR 推荐用 RMI-156 型乳腺体模，每周一次或在怀疑影像质量发生变化时，对乳腺影像的密度、对比度和一致性进行评估。

4. CNR 和 MTF 测量

频次：每周。

只有在成功执行平面野测试后才能执行此项测试。目的：旨在检查对比度–噪声比（contrast to noise ratio，CNR）的一致性，并确保在 2～4 lp/mm 的调制传递函数（modulation transfer function，MTF）估计值和 0～5 lp/mm 的空间频率范围内有充分的对比度。

5. 阅片箱和阅片条件测试

频次：每周。

目的：通过保持阅片箱没有灰尘、指纹和其他痕迹并保持阅片条件的最优化，以确保良好图像浏览条件。

6. AOP 模式和 SNR 检查

频次：每月。

目的：此项测试旨在检查系统操作，在自动参数优化（AOP）模式下选择正确的参数；图像具有正确的 SNR。

7. 目视检查

频次：每月以及每次执行乳腺成像 X 线系统的维修和维护后。

目的：确保乳腺成像 X 线系统的指示灯、显示器，以及机械锁和制动器工作正常，系统具有机械稳定性。

8. 重复曝光分析检查

频次：每季度。

目的：确保数字乳腺成像重复曝光的次数及原因。对这些数据的分析可帮助用户改善系统的效用，并减少数字图像的重复摄片次数及患者曝光次数。

9. 压迫力测试

频次：每半年。

目的：确保乳腺成像系统在电动模式以及手动模式下能提供充分的压迫力，并且不会提供超量的压迫力。

（二）乳腺摄影技术的质量控制

乳腺摄影技术是一种特殊的 X 线检查，因此影响其质量评价的因素除常规的曝光、对比度、清晰度、噪声及伪影外，还有一项重要因素——压迫。压迫技术是提高乳腺摄影质量的重要措施。恰当的压迫可以减少 X 线照射剂量，降低散射线，改善影像的对比度、锐利度及模糊度。

乳腺摄影常规体位需达到的影像要求如下。

1. 头尾位（图 3-8-2）

（1）包含乳腺的后内侧缘，尽可能显示胸大肌。

（2）乳头呈切线位显示。

（3）头尾位与内外斜位摄影的后乳头线长度差，应在 1cm 范围之内。

（4）腺体后的脂肪组织充分显示。

（5）无皮肤皱褶。

（6）双侧乳腺头尾位图像相对放置时，两侧乳腺呈球形。

（7）能显示 0.2mm 细小钙化。

（8）乳腺照片图像腺体组织光学密度不小于 1.0，脂肪组织光学密度不小于 1.2，胸壁肌肉组织光学密度不小于 1.0。无组织遮挡处光学密度大于 3.0。

2. 内外斜位（图 3-8-3）

（1）胸大肌显示充分，其下缘能显示到乳头线或以下。

（2）乳腺下皱褶分散展开，且能分辨。

（3）腺体后部的脂肪充分显示。

（4）乳腺无下垂，乳头呈切线位显示。

（5）不可显示皮肤皱褶。

（6）左右乳腺照片影像对称放置呈菱形。

（7）影像细节要求能显示 0.2mm 细小钙化。

（8）乳腺照片图像腺体组织光学密度不小于 1.0，脂肪组织光学密度不小于 1.2，胸壁肌肉组织光学密度不小于 1.0。无组织遮挡处光学密度大于 3.0。

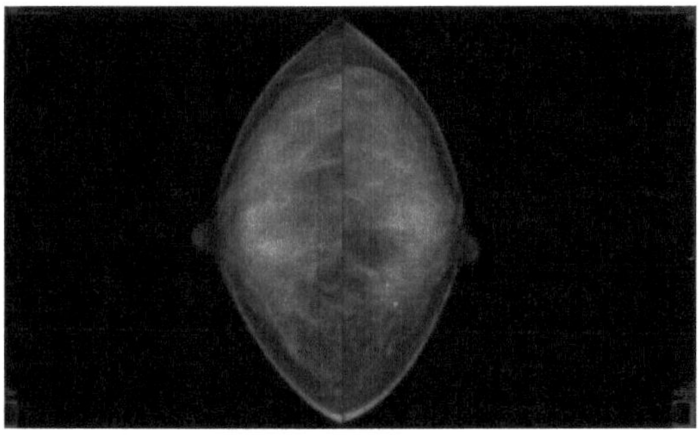

图 3-8-2 乳腺头尾位标准图像

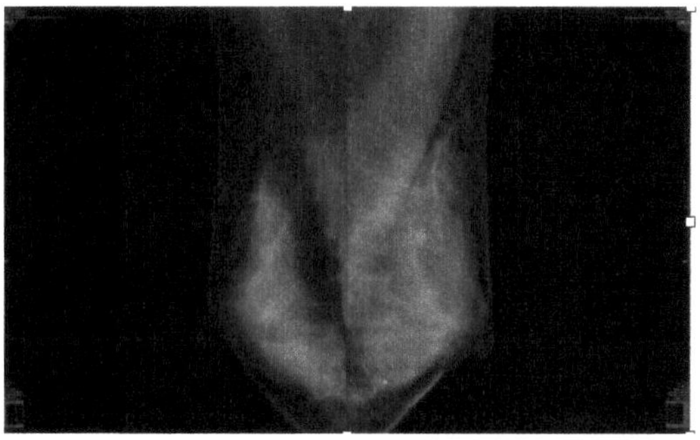

图 3-8-3 乳腺内外斜位标准图像

【小结】 本节介绍了普通数字 X 线、乳腺图像质量控制的内涵和方法，阐述了影响 CR、DR 和乳腺 X 线摄影图像质量的因素，以及 CR、DR 和乳腺 X 线摄影图像质量控制措施，对开展普通数字 X 线影像技术质量控制工作有指导意义。乳腺摄影机的质量控制分频次做，每日、每周、每月、每季度、每半年按要求做好检查及记录。乳腺摄影技术的质量控制是针对每个患者的图像，分头尾位和内外斜位，两者缺一不可。

第四章　CT 检查技术

第一节　检查前准备

一、设 备 准 备

（1）开启空调及除湿机，保证机房内温度及湿度适宜。

（2）严格按照开机程序开启 CT 机，开机后进行 X 线预热扫描。预热是对 X 线管从低千伏、低毫安到高千伏、高毫安多次曝光，使 X 线管逐渐升温，避免过冷和过热，以保护 X 线管。

（3）开启高压注射器和胶片打印机等辅助设备。

二、受检者准备

（1）检查前，受检者需携带相关影像学检查及其他临床检查资料，如 X 线片、B 超、MRI、心电图等以方便扫描及诊断时做参考。

（2）受检者及家属进入 CT 扫描室前，尽量换鞋或者穿鞋套，以防止灰尘进入机器内，而影响机器的正常运转。

（3）检查前去除被检部位的高密度饰品，以防止产生伪影。如头部检查时，去除活动性义齿、发夹、耳环等；胸部检查时，去除项链、玉佩、文胸、拉链等。

（4）婴幼儿及不能合作者，事先给予镇静或麻醉，以使检查顺利完成。急危重症者需临床相关科室医护人员陪同检查，以对病情的变化能给予实时监护和处理。

（5）做 CT 增强检查者，事先了解高压注射器注射对比剂的风险，以及过敏的相关风险，以取得良好的配合。同时需签署碘对比剂使用知情同意书。

（6）颈部及喉部检查者，检查时不能做吞咽动作。

（7）眼部检查者，检查时闭上双眼，保证眼球不动。不能闭眼者，眼睛盯住一目标，保持不动。

（8）胸部及腹部检查者，严格做好呼吸训练，以防止产生呼吸运动伪影。对于不能配合的急危重症者，通过调整扫描参数等方法，缩短扫描时间，以提高 CT 图像质量。

（9）腹部及盆腔检查者，根据需要做合适的胃肠道准备，如空腹、服用稀释的对比剂或者温水等。

（10）检查前一周内，做过食管、胃肠钡餐和钡剂灌肠的受检者不能做腹部 CT 检查，以防止高密度钡剂产生伪影影响诊断。

（11）冠状动脉 CT 检查者，根据设备性能等，控制心率达标后方可检查。

三、急救物品准备

CT 室应常规配备急救物品，包括急救药品和急救器械，如吸痰机、血压计、除颤仪等，以备在受检者发生对比剂过敏或者其他意外时急用。急救物品应由专人负责管理，定期更换急救药品，每日检查维护急救器械。所有工作人员都需经过严格培训，并掌握各种急救技术。常见急救药品如表 4-1-1 所示。

表 4-1-1　常见急救药品

序号	分类	名称	规格	单位
1	中枢兴奋药	洛贝林针	3mg	支
2		尼可刹米针（可拉明）	0.375g	支
3	抗休克血管活性药	多巴胺	20mg	支

续表

序号	分类	名称	规格	单位
4	抗休克血管活性药	间羟胺针（阿拉明）	10mg	支
5		去甲肾上腺素针	2mg	支
6		肾上腺素针	1mg	支
7	强心药	去乙酰毛花苷针（西地兰）	0.4mg	支
8	利尿药	呋塞米针（速尿）	20mg	支
9	抗心律失常药	2%利多卡因针	10mg	支
10	平喘药	氨茶碱针	0.5mg	支
11		异丙肾上腺素针	1mg	支
12	抗胆碱药	阿托品针	0.5mg	支
13	抗焦虑药	地西泮针（安定）	10mg	支
14	镇静催眠药	苯巴比妥钠针（鲁米那）	0.1mg	支
15	糖皮质激素	地塞米松针	5mg	支
16	抗组胺药	异丙嗪针（非那更）	50mg	支
17	钙盐	10%葡萄糖酸钙针	10ml	支
18	高渗糖	50%葡萄糖注射液	20ml	支

四、操作者准备

（1）必须经过 CT 上岗培训并获得合格证书。

（2）掌握 CT 机的性能和特点，能够识别并处理一些简单故障。

（3）认真核实申请单，在检查前，落实查对制度，包括受检者姓名、性别、年龄、检查部位等。

（4）检查前向受检者做好解释工作，并告知受检者出现异常情况时如何反馈给操作者，以取得受检者的配合。

（5）根据受检者特点、检查部位、检查目的、诊断需要等设置个性化扫描流程与参数，避免不必要的重新扫描及补扫描。

（6）对非检查部位的重要器官，如使用性腺专用防护用品防护，尤其要注意对儿童和女性受检者性腺区的防护，减少不必要的辐射。

（7）冠状动脉 CT 检查前，做好心电监护仪的准备，正确放置导联等。

（8）熟悉影像科室危急值的范围，及时通知临床科室及诊断医生。

（9）掌握心肺复苏技术，受检者发生意外时能及时参与抢救。

【小结】 本节主要内容为检查前准备，包括设备准备、受检者准备、急救物品准备和操作者准备四个方面。设备准备主要是 CT 机的准备，其中 X 线管预热是正式检查前的必需步骤，以此达到保护 X 线管及获得满意图像的目的。受检者准备中，检查部位金属异物的去除尤为重要。急救物品准备包括急救药品及急救器械两个方面，需专人负责管理。操作者准备中，制订合适的扫描计划至关重要，关系到 CT 检查是否能顺利完成及最终的图像质量。

第二节　CT 检查技术的基本知识

【临床概述】 CT 的基本概念和术语是 CT 扫描方法的前提和基石，扫描方法规范与否，直接影响成像质量，成像质量映衬影像精准。“影像精准，质量先行；质量精准，规范先行”，规范、质量、精准是 CT 成像的终极目标。只有正确理解和掌握 CT 的基本概念和术语，熟悉 CT 扫描方法，才能从真正意义上合理运用扫描参数，降低辐射剂量，规范人体各部位的操作流程，才能根据不同的疾病提供个性化扫描方案，提高图像质量。

一、CT的基本概念和常用术语

（一）基本概念

1. 密度分辨力（contrast resolution） 又称为低对比度分辨力，是指在低对比度情况下，图像对两种组织之间最小密度差别的分辨能力，常以百分单位毫米数（%/mm）或毫米百分单位表示（mm/%）。例如：0.2%/5mm，0.45Gy，表示物体的直径为 5mm，受检者接受 X 线剂量为 0.45Gy 时，CT 的密度分辨力为 0.2%，即相邻两种组织密度值差≥0.2 时，CT 图像可分辨。CT 图像密度值用灰阶表示。灰阶等级由 2^N 决定，N 是二进制的位数，称为比特，比特值大，表示信息量大，量化密度差别的精度高，反之则低。影响密度分辨力的主要因素有：层厚、X 线剂量、噪声、受检者体型、物体对比度及重建算法等。其中重建算法对密度分辨力和空间分辨力的影响相互矛盾，边缘增强算法使图像的边缘更清晰、锐利，但降低了图像的密度分辨力；而平滑算法提高了密度分辨力，边缘、轮廓表现不及边缘增强算法。增加体层层厚或 X 线剂量，减小噪声等，密度分辨力相应增加。CT 的优点是密度分辨力高，是衡量 CT 机性能的重要指标。

案例 4-2-1

患者，男，53 岁，主诉上腹部不适 1 个月，行上腹部 CT 检查（案例图 4-2-1）。A、B 两幅图像有无区别？肝右后叶是否有占位性病变？分析其原因。

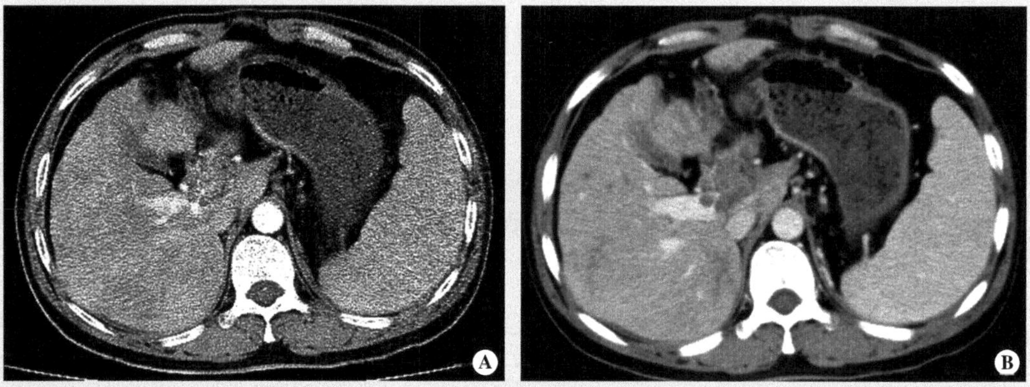

案例图 4-2-1

解答： A、B 两图均为肝脏增强扫描图像，图 A 层厚是 2mm，图 B 是 5mm，图 A 较图 B 噪声大，密度分辨力低。A 图未见确切病灶，B 图肝右后叶及网膜囊上隐窝可清楚显示病灶，门静脉右支内可见负性影（充盈缺损）。

2. 时间分辨力（time resolution） 是指影像设备单位时间内采集图像的帧数。时间分辨力是衡量影像设备性能的重要参数之一，它与每帧图像的采集时间、重建时间、螺距以及连续成像的能力有关。常分为图像时间分辨力（*X-Y* 轴时间分辨力）和扫描时间分辨力（*Z* 轴时间分辨力），图像时间分辨力指在扫描野内用于图像重建所需扫描数据的最短采集时间，代表了 CT 动态扫描能力，主要由机架旋转速度、扇区重建技术及球管数量决定。扫描时间分辨力即 X 线的准直宽度。另外，时间分辨力还包括在扫描野内用于图像重建所需要扫描数据的最短采集时间，如在心脏扫描中，并非所有 360°数据都用于图像重建，而是根据同步记录的 ECG 波形选取一定的心动周期重建图像，此时的时间分辨力是指分布在 ECG 波形相对位置上用于图像重建数据起始点到结束点的时间窗宽度。在心电门控重建中，当机架旋转速度不变时，可以螺旋扫描多个心动周期中同一时相获取的数据叠加来获得图像，这样时间分辨力就成了可变值，它随着用于重建图像的心动周期数的变化而变化。使用的心动周期数越多，时间分辨力越高，扫描 360°所需时间越长。

3. 空间分辨力（spatial resolution）　又称为高对比度分辨力，指在高对比度的情况下，即密度分辨力大于 10%时，图像对组织结构空间大小的分辨能力，即分辨相邻两种组织或病灶与组织细微结构最小距离的能力，常以每厘米内的线对数（lp/cm）表示。线对数越多，空间分辨力越高。换算关系为：

可辨最小物体直径（mm）=5÷（lp/cm）　　（公式 4-2-1）

以往的空间分辨力主要表示 CT 成像平面上的分辨能力（也称横向分辨力，即 *X*、*Y* 方向）。在多层螺旋 CT（MSCT）应用中增加了纵向分辨力，它的含义是扫描床移动方向或人体长轴方向（*Z* 轴）的图像分辨力，表示 CT 机多平面和三维成像的能力，即横断面图像堆叠后的剖面图像（矢状面、冠状面等）能否清晰显示的能力。这样就有了 *X*、*Y*、*Z* 三个方向的空间分辨力，当三个方向的空间分辨力基本相同时，又被称为各向同性。影响空间分辨力的主要因素有像素、探测器孔径、相邻探测器间距、图像重建算法、数据取样、矩阵、X 线管焦点尺寸和机器精度等。其中像素是最主要的因素，扫描图像矩阵中像素越多，横向分辨力就越高。但是层厚变薄，体素越小，噪声增加，密度分辨力会相应降低，宜适当增加辐射剂量。

案例 4-2-2

患者，女，48 岁，主诉咳嗽、咳浓痰 2 个月，加重伴咯血 3 天，行胸部 CT 检查（案例图 4-2-2），A 和 B 图有何差异？说明其原因。

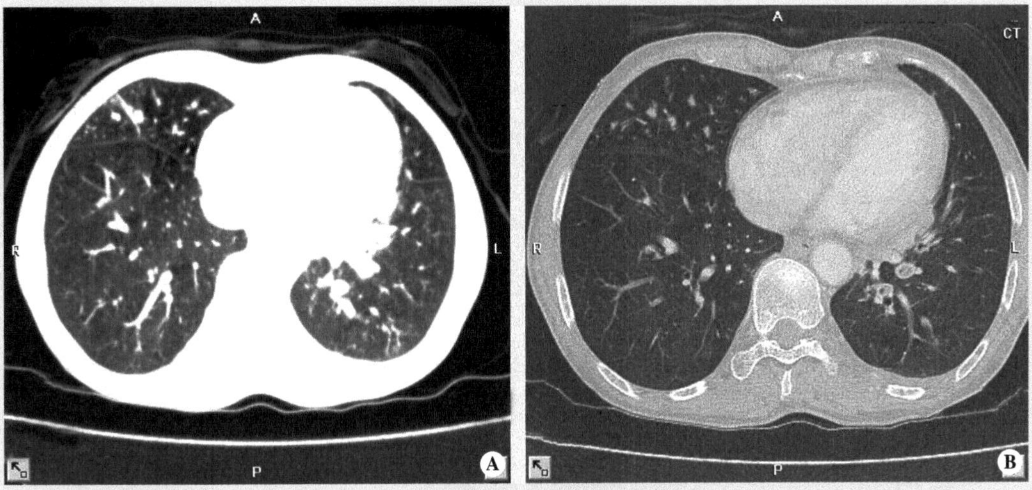

案例图 4-2-2

解答：A、B 两图扫描同一部位、同一扫描参数（扫描层厚/mm），仅重建算法不同。图 A 采用标准数学算法，图 B 采用骨算法，图 B 较图 A 空间分辨力高。图 A 示右肺中叶和左肺下叶后、前内基底段斑条片状高密度阴影：血管畸形？支气管扩张症？图 B 可见增厚的支气管壁及其内的黏液栓。

4. CT 值　是重建图像中像素对 X 线吸收系数的换算值，是衡量组织密度差异的统一计量单位，是测量 CT 图像中相对密度的简便指标。单位是亨氏单位（Hounsfield unit，HU）。当 X 线穿过人体不同组织后，由于 X 线的波长、组织的原子序数和组织的密度不同，人体内不同的组织具有不同的衰减系数。衰减系数 μ 值表示物质的相对密度。

Hounsfield 以水的 $\mu_{水}$作为标准，定义了 CT 值。某物质的 CT 值等于该物质的衰减系数 $\mu_{物}$与水的衰减系数 $\mu_{水}$之差，再除水的衰减系数 $\mu_{水}$的商，乘以分度系数 1000。其公式如下：

$$CT值=（\mu_{物}-\mu_{水}）/\mu_{水}\times 1000$$　　（公式 4-2-2）

若把人体组织的 CT 值界限划分为 2000 个单位，水的 CT 值为 0HU，空气和密质骨的 CT 值分别为–1000HU 和+1000HU。已知人体各组织的衰减系数，根据上述公式，即可得到各组织的 CT 值。从表 4-2-1 中可以看出，组织密度越大，CT 值越高。在分析 CT 图像时，用测量 CT 值的方法，可以大体估计组织器官的结构情况，如出血、钙化、脂肪或液体等；此外，还可以根据 CT 值选择阈值进行图像后处理，根据 CT 值进行实时增强监视和骨密度测定等。由于 CT 值会因 X 线硬化、电源状况、扫描参数、温度及邻近组织等因素发生改变，故 CT 值只能作为诊断的参考依据。

表 4-2-1 正常人体组织的 CT 值

组织与参照样	CT 值（HU）	组织与参照样	CT 值（HU）
空气	–1000	肝脏	50～70
水	0	脾脏	35～60
骨骼	+1000	肾脏	40～60
钙化	50～500	胰腺	30～55
血液	50～90	甲状腺	90～120
血浆	25～30	脂肪	–120～–90
渗出液	＞15	肌肉	30～50
漏出液	＜18	脑白质	25～34
脑脊液	3～8	脑灰质	28～44

5. 部分容积效应 又称体积平均值效应，指在同一扫描层面内，含有两种或两种以上不同密度的组织时，所测得的 CT 值是它们的平均值，因而不能真实地反映其中任何一种组织的 CT 值。此外，在同一扫描层面上，与该层面垂直的两种相邻且密度不同的组织，其边缘部分所测得的 CT 值也不能真实地反映其本身组织的 CT 值，称为周围间隙现象（peripheral space phenomenon），它是体积平均值效应中的一种。选择薄层扫描或重叠扫描可减轻体积平均值效应的干扰。

案例 4-2-3

患者，男，40 岁，主诉肝区隐痛 10 天，既往有乙肝病史，行上腹部 CT 检查（案例图 4-2-3），图 A 箭头所指是否是病变？说明其原因。

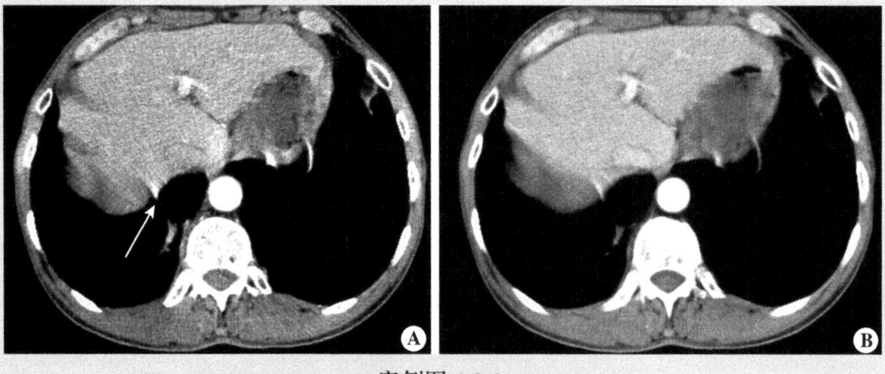

案例图 4-2-3

A. 扫描层厚 5mm；B. 扫描层厚 2mm

解答：图 A 示肝右后叶斑片状稍低密度影，是病灶或其他？图 B 示薄层重建后稍低密度影消失，密度与其他正常肝组织一致，图 A 箭头所示系部分容积效应所致。

6. 窗宽和窗位 CT 图像对 X 线吸收系数的测量精确度可达 0.5%以上，为了能观察到这样高的密度分辨力，引进了窗口技术，即窗宽（window width）和窗位（window level）。

窗宽 W 指 CT 图像的显示灰阶中所包含的 CT 值范围，即一幅 CT 影像上显示最低灰阶和最高灰阶所代表的 CT 值范围，此范围内的组织，可以用不同的灰阶来显示，此范围以外的组织，则没有灰度差别，无法显示，因此窗宽的大小直接影响 CT 影像对比度，窗宽越宽，组织显示的层次越多，组织分辨的 CT 值差越大。

窗位 C 是窗宽的中心位置，类似于坐标原点，表示 CT 值浮动的中心值，所以又称窗中心。通常根据计划观察组织的 CT 值来选择窗位，一般 CT 值大于窗位的组织为高密度组织，CT 值低于窗位的组织为低密度组织，既有高密度，又有低密度的组织则为混杂密度组织。

同样的窗宽，由于窗位不同，其所包含的 CT 值范围不同。例如，取窗宽为 100 HU，窗位为 0 HU 时，其包含 CT 值范围为±50HU；当窗位为 40HU 时，所包含 CT 值范围则为−10HU～+90HU。数学表达公式如下：

$$（下限）C-W/2 \sim C+W/2（上限） \qquad （公式 4-2-3）$$

调节窗宽、窗位能改变图像的灰度和对比度，能抑制或去除噪声和无用的信息，增强显示有用的信息，但不能增加图像的信息。由于正常或病变组织具有不同的 CT 值，范围波动在−1000HU～+1000HU 内，而人眼分辨能力相对有限，因此欲显示某一组织结构的细节时，应选择适合观察该组织或病变的窗宽及窗位，以获得最佳的对比显示。

7. 噪声和信噪比

（1）噪声：是指均匀物体的影像上其 CT 值在平均值上下的随机涨落，图像呈颗粒性，影响密度分辨力，与图像的质量呈负相关，噪声增加，图像密度分辨力降低，噪声产生的根本原因在于体素所接受的光子量不均衡。降低噪声的主要措施：增加 X 线曝光量、缩短球管-探测器距离、减小矩阵、增大像素、提高探测器质量、增加层厚、采用平滑算法等。噪声分为随机噪声和统计噪声。一般所指的噪声为统计噪声，用 CT 值的标准偏差来表示，以 w 表示体素的大小，h 表示体层厚度，d 表示辐射剂量，k 表示常数，σ 表示标准偏差，其数学表达式为：

$$\sigma^2=k/w^3hd \qquad （公式 4-2-4）$$

（2）信噪比：信号和噪声同时存在，其比值即信噪比。比值越大，噪声影响越小，信息传递质量越好。信噪比是评价机器性能的一项重要的技术指标。

案例 4-2-4

患者，男，65 岁，因头外伤 1h 行头颅 CT 检查，案例图 4-2-4。问题：图 A 箭头所指是否是病变？为什么？

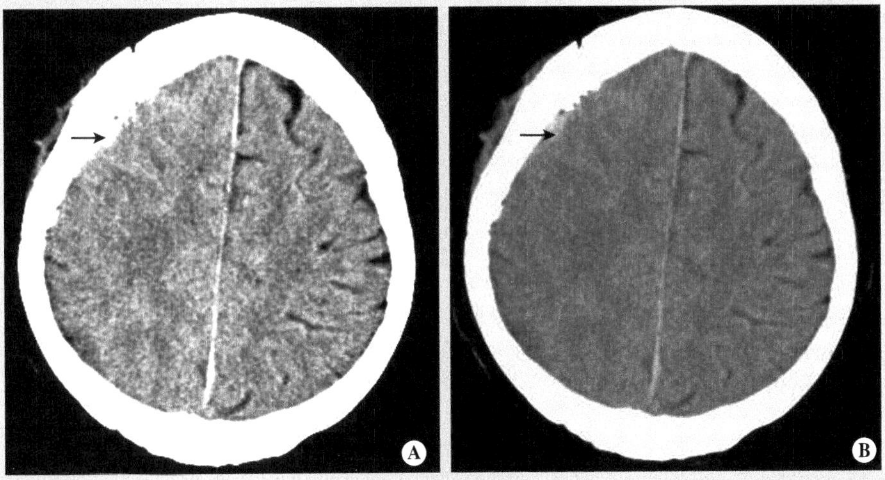

案例图 4-2-4

解答：A、B 两图是同一部位，不同的层厚，图 A 层厚为 2mm，图 B 为 5mm，图 A 未见确切病变，图 B 额部右侧可见少许硬膜下血肿，图 A 较图 B 噪声大，噪声图像表现为颗粒性，影响密度分辨力，增加层厚可降低噪声。

8. 伪影（artifact） 是CT图像中与被扫描组织结构无关的异常影像，即在CT成像过程中，由于设备或人体本身等因素造成与实际解剖结构不相符的影像，泛指影像失真。产生伪影的原因较多，如探测器、数据转换器损坏或传输电缆工作状态不稳定、接口松脱、CT机使用前未作校准、球管不在中心位置、球管极度老化及探测器敏感性漂移等。常见的有环状、条状、点状、同心圆状等。因扫描部位不固定产生的与扫描方向一致的条状低密度影；扫描范围内组织间密度差异较大产生的线束硬化伪影；金属异物、钡剂、碘油等可产生条状或星芒状伪影；颅底、肩部、扫描野外的肢体，胃肠道内的气体等亦可产生伪影；选用的扫描野和显示野与扫描部位大小不匹配、扫描参数设定过低等亦可产生伪影。

案例 4-2-5

患者，女，48岁，因突发头痛2h行头颅CT检查（案例图4-2-5）。问题：A图箭头所指是否是病变？分析其原因。

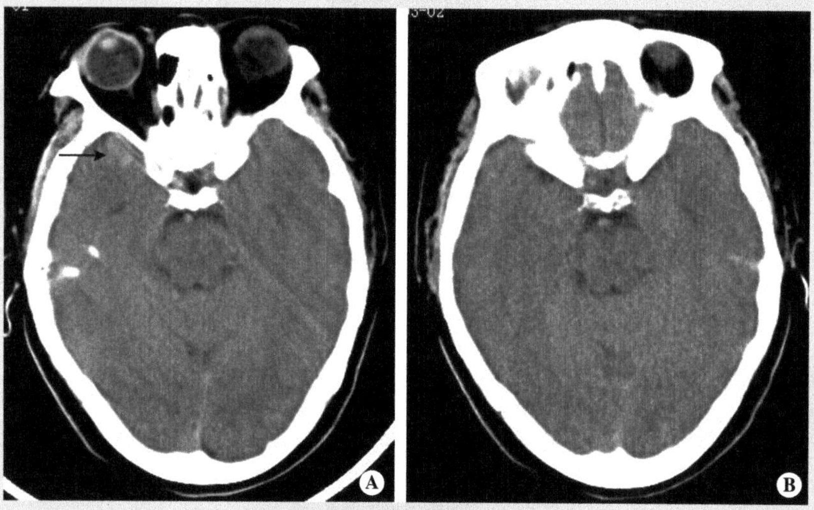

案例图 4-2-5

解答： 图A与图B为同一部位，不同层厚的扫描图像，图A层厚为5mm，图B为2mm，图A于右侧蝶骨大翼旁（颞部）可见小团块状高密度影：是病变或其他？图B减薄重建，高密度阴影消失。图A所示多系部分容积伪影。

（二）常用术语

1. 矩阵（matrix） 是像素以二维方式排列的阵列图，计算机所计算的人体横断面每一点（像素）的X线吸收系数按行和列排列，行和列对像素而言又起到识别和定位作用，与重建后的图像质量有关。目前CT机常用的矩阵有256×256、512×512、1024×1024等。在相同扫描野内，矩阵大小与像素的多少成正比，矩阵越大，像素越多，图像质量越高。矩阵分为显示矩阵和采集矩阵，为确保显示图像的质量，显示矩阵应等于或大于采集矩阵，如采集矩阵为512×512，显示矩阵则为512×512或1024×1024。

2. 像素与体素

（1）像素（pixel）：又称像元，是组成图像矩阵的基本单元，也是构成CT图像的最小单位，即矩阵中的一个小方格，等于观察野除以矩阵。如果CT像素单元为1mm×1mm，矩阵为512×512，则一幅图像有512×512=262 144个像素。像素是一个二维概念，是面积单位。

（2）体素（voxel）：是一个三维概念，是体积单位，是某组织一定厚度的三维空间的体积单元。如果以X线通过人体的厚度作为深度，那么，体素=像素×深度。例如，某组织的深度为10mm，像素为 1mm×1mm，体素=10mm×1mm×1mm。体素增加，层厚变厚，探测器接收到的 X 线光子的量相对增加，密度分辨力增加，噪声降低。CT 图像中，像素显示的信息实际上代表的是相应体素信息量的平均值。

3. 原始数据与显示数据　原始数据（raw data）是由探测器接收，经过放大和模数（A/D）转换后得到的数据。显示数据（image data）是将原始数据经权函数处理后所得到的构成组织某层面图像的数据。

4. 扫描方式

（1）非螺旋扫描方式，又称逐层扫描，X 线束轨迹呈不相连续的环形，数据采集不连续，是真正的断面影像，此时层厚等于准直宽度。

（2）螺旋扫描方式分单层螺旋和多层螺旋，单层螺旋为球管围绕被检体旋转一圈获得一幅图像，多层螺旋为球管围绕被检体旋转一圈获得多幅图像。X 线束为连续曝光，轨迹呈螺旋状，每层是一个不封闭的圆，扫描床匀速向扫描孔运行，采集数据需要插值、采样等方法重建图像。数据采集是容积数据，可以改变层厚和重建间距等进行回顾性重建图像。优化扫描方案可选择最小准直宽度、小螺距及尽可能薄层重建图像。

（3）电子束 CT 扫描方式扫描系统结构主要由电子枪、聚焦线圈、靶环、真空容器、探测器组、高速运动的检查床和控制系统等组成，有一定的触发方式和扫描体位。扫描速度较快，时间分辨力较高，但密度分辨力和空间分辨力不及多层螺旋 CT，主要用于心、血管检查。

（4）螺旋 CT 血管成像（spiral CT angiography，SCTA）指静脉内团注对比剂后，靶血管内的对比剂浓度快速达到峰值时，再进行螺旋扫描，显示数据经工作站后处理，重组出靶血管的二维或多维图像。螺旋 CT 血管成像包括 CT 动脉成像（CT angioraphy，CTA）、CT 静脉成像（CT venography，CTV）和 CT 微循环灌注成像（CT perfusion imaging，CTP）。SCTA 优点是微创检查，简便易行，可以从任意角度和方位去观察病变。常用后处理方法有曲面重组（curve planar reformation，CPR）、最大密度投影（maximum intensity projection，MIP）和容积再现技术（volume rendering technique，VRT）等。

5. 阵列处理机（array processor，AP）　是快速重建计算及数据处理用的专用计算机，它将原始数据重建成显示数据矩阵，其运算速度决定图像的重建时间，它受主控计算机的监控。

6. 重建与重组

（1）重建技术：是将原始数据经特定的算法处理后获得用于诊断的一幅横断面影像，该处理方法或过程被称为重建（reconstruction），重建技术可通过改变矩阵、视野、层厚等，选择不同滤波函数或改变算法等方式进行影像处理。例如，内耳骨算法扫描后，可改变为软组织算法重建图像，提高了组织间的密度分辨力，使图像更细致、柔和。一次扫描，能获得不同重建算法的数套影像，用不同窗值来观察，诊断信息更丰富。图像的重建常采取高对比分辨力放大重建、冠状面、矢状面及斜面重建，也可采取低对比分辨力放大重建。

（2）重组（reformation）技术：是将重建后的显示数据经不同计算机软件的进一步处理，重组是不涉及原始数据处理的一种影像处理方法，包括显示数据的获取、图像预处理、图像分割、二维或三维重组及显示等步骤。重组技术方法较多，如 MPR、MIP、SSD、VR、CTPI、CTVE 等。

7. 螺距（pitch，P）　是螺旋容积采集过程中，床速与 Z 轴方向总的准直器宽度之比。螺距是一个无量纲单位。在单层螺旋 CT 中，准直器宽度等于层厚，对于多层螺旋 CT，Z 轴方向总的准直器宽度等于 Z 轴方向上探测器的排数乘以单一探测器的宽度。多层螺旋 CT 的螺距派生出螺旋因子和容积螺距概念，螺旋因子为床速与总的准直器宽度之比，容积螺距为床速与单一探测器宽度之比。螺距越大，进床速度越快，扫描时间越短，但图像质量下降。

8. 间距　非螺旋扫描的间距为上一层面的上缘与下一层面的上缘之间的距离，它可以等于、小于或大于层厚，间距小于层厚的非螺旋扫描为重叠扫描。螺旋扫描的间距定义为：被重建的相邻图像间长轴方向（Z 轴方向）的距离，通过采用不同的间距，确定重建图像层面的重叠程度，如重建间距小于层厚即为重叠重建。重建间距的大小与重建图像的质量有关，即重建间距减小，图像的质量改善，重叠重建可减少部分容积效应和改善 3D 后处理的图像质量。

9. 采集时间与重建时间

（1）采集时间（acquisition time）：是指获取一幅图像所需要的时间。

（2）重建时间（reconstruction time）：是指计算机的阵列处理器，将扫描原始数据重建成图像所需要的时间。重建时间与重建矩阵的大小成正比，重建矩阵越大所需的重建时间就越长。同时还与计算机的运算速度和内存容量有关，运算速度越快，重建的时间越短；内存容量大，重建时间越短。重建时间与减少移动伪影无关。

二、扫 描 方 法

（一）普通扫描

普通扫描又称平扫或非增强扫描（routine scan or plain scan），即血管内未注射对比剂的单纯 CT 扫描。普通扫描主要适用于骨骼、肺等密度差异较大的组织，其次是急腹症，以及存在对比剂禁忌证的受检者，一般先进行常规扫描，然后根据病情的需要，再决定是否增强扫描及增强方式。

普通 CT（非螺旋扫描）常采用逐层扫描（sequential scan）方式进行横断面扫描或冠状面扫描。逐层扫描方式的特点：扫描层厚和层间距设定后，每扫描一层，检查床移动一定的距离，然后作下一次扫描，如此往复循环直至完成预定的扫描范围。

螺旋 CT（螺旋扫描）通常都采用容积扫描（volume scan）方式，它通常以人体部位的一个器官或一个区段为单位作连续的容积采集和回顾性重建。常采用多平面重组冠状面、矢状面或任意斜面。

普通 CT（非螺旋扫描）扫描的层厚和层间距常采用 7～10mm，特殊位置采用 5mm 或 3mm，螺旋 CT 扫描采集层厚 0.625～1.000mm，重建层厚和重建间距常为 5～10mm。

（二）增强扫描

静脉内注入对比剂后的 CT 扫描称增强扫描（enhancement scan）。目的是使血供丰富的组织和器官以及富血供的病灶内碘含量增高，而使血供较少的组织或病灶内碘含量相对降低，从而增加正常组织与病灶间的密度差；动态观察不同脏器或病灶中对比剂的分布与排泄情况，来发现平扫难以发现的小病灶、等密度病灶或显示不清的病灶，以及观察血管结构和血管性病变。根据不同病灶的强化类型、时间和特点，以及病灶大小、形态、范围与周围组织间的关系，有助于病变的定位、定量和定性诊断。增强扫描主要包括常规增强扫描和动态增强扫描。

1. 常规增强扫描 指静脉注入有机碘对比剂并延迟一定时间后的 CT 扫描。注入对比剂的方法有：静脉滴注法、快速加压静脉滴注法及静脉团注法，临床常采用静脉团注法（bolus injection）。常用的对比剂有两种：水溶性离子对比剂，如 60%～76%的泛影葡胺、碘葡胺、安其格纳芬等；非离子型对比剂，如碘海醇、碘普罗胺、钆喷酸葡胺、钆双胺等。非离子对比剂毒副作用少。

2. 动态增强扫描 是指团注对比剂后在一定时间范围内对感兴趣区进行快速连续扫描，用于观察病变血供的动态变化特征。有以下几种：

（1）进床式动态扫描（incremental dynamic scan）：扫描范围包括整个被检查器官，可根据被检器官或组织的血供特点，分别于强化的不同时期对检查的器官进行二期或多期扫描。

（2）同层动态扫描（single level dynamic scan）：是对同一感兴趣层面进行连续多次扫描，测定感兴趣区 CT 值并制成时间-密度曲线（time density curve，TDC），研究该层面病变血供的动态变化特点，帮助确定病变性质。同层动态扫描的关键在于感兴趣区的选择。

（3）“两快”“一长”扫描：是动态增强扫描的特殊形式，“两快”是指注射对比剂速度快和起始扫描时间快；“一长”是指延迟扫描，一般延迟时间为 10～15min 甚至更长。主要用于肝海绵状血管瘤、肝内胆管细胞型肝癌，肝局灶性结节性增生以及肺内孤立性结节的诊断和鉴别诊断。

案例 4-2-6

患者，男，年龄 61 岁，主述上腹疼痛不适 3 个月，行上腹部 CT 检查（案例图 4-2-6）。请问：A、B、C 三图有何不同？A 图能否诊断疾病？A、B、C 三图分别采用了哪种 CT 扫描方法？为什么？

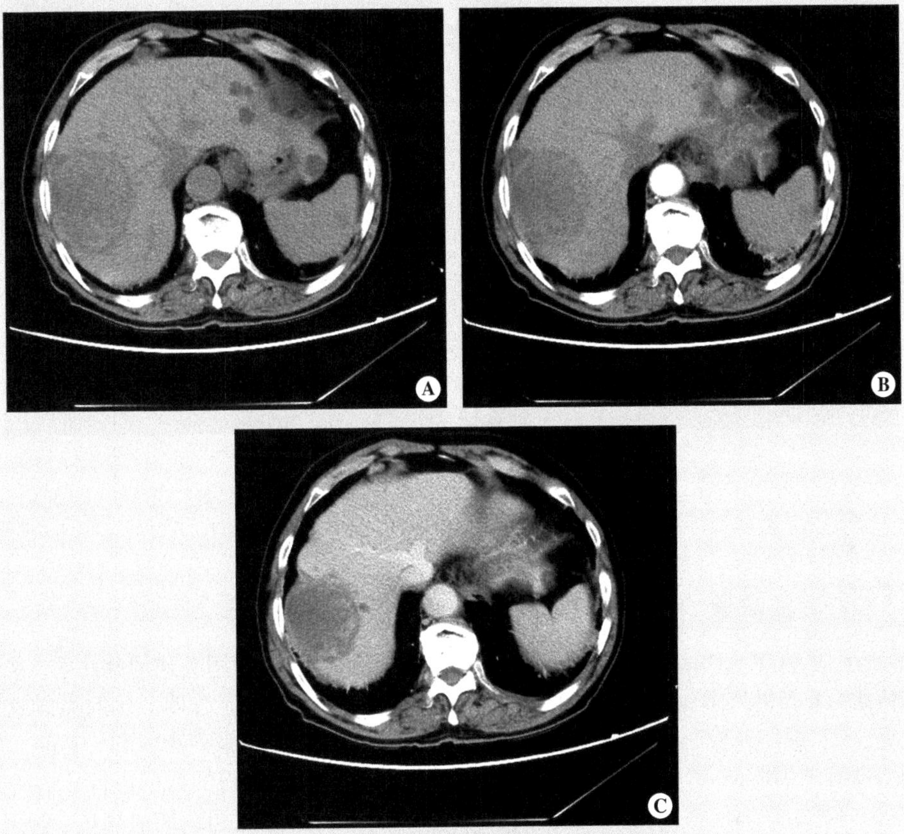

案例图 4-2-6

解答： A、B、C 三图为同一部位不同扫描方式，A 图是 CT 普通扫描（平扫），肝内多发病灶，不能对其病灶定性诊断；B、C 图分别为增强扫描中的动脉期和门脉期，可观察病灶有无强化及强化特征，常用于肝脏疾病（肝腺瘤、肝局灶性结节性增生、腺癌和肝血管瘤等）的诊断和鉴别诊断。

三、能 谱 成 像

能谱 CT 成像（spectral CT imaging）是利用组织在不同 X 线能量下产生的吸收系数差异来提供影像信息的成像方式，通过单球管高低双能（80kV 和 140kV）的瞬时切换（＜0.5ms 能量时间分辨力）获得时空上完全匹配的双能量数据，在原始数据空间实现能谱解析，可提供双能量减影、物质分离、物质定量分析、单能量成像和能谱曲线分析等功能。

四、高分辨力 CT

高分辨力 CT 扫描（HRCT）指通过薄层或超薄层、高的输出量、足够大的矩阵、骨算法和小视野等方式成像，在较短时间内即可获得有着良好的组织细微结构、极高的影像空间分辨力的 CT 扫描方法。主要用于小病灶内部结构的细微变化，如肺部弥漫性或结节性病变、内耳、颞骨乳突、肾上腺等小器官。高分辨力 CT 须具备以下几个基本条件：全身 CT 机的固有空间分辨力小于 0.5mm；采用超薄层扫描，层厚小于或等于 1.0mm；重建滤波采用高分辨力算法（骨算法）；矩阵大于或等于 512×512；采用高电流（200～220mA）和高管电压（120～130kV），降低影像噪声；扫描时间应尽量短，一般为 1～2s。影像特征：空间分辨力高；影像的细微结构清晰，边缘锐利度高；组织对比度好；噪声大，伪影较多。高分辨力 CT 不能替代常规 CT，只能作为常规 CT 的一种补充形式（图 4-2-1）。

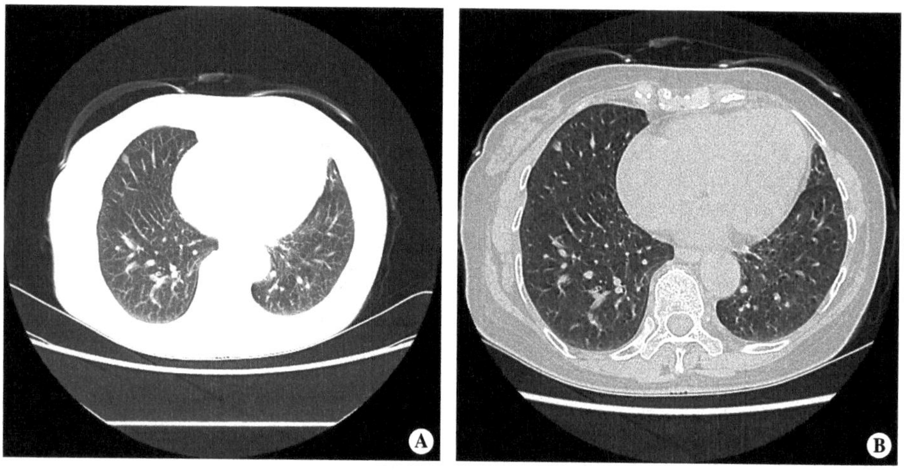

图 4-2-1　肺 CT

A. 常规 CT；B. HRCT

五、功 能 成 像

（一）CT 灌注成像

CT 灌注成像（CT perfusion imaging，CTP）属于功能成像，是利用高速静脉注射（4～12ml/s）对比剂和快速 CT 扫描技术而建立起来的一种成像方法，其核心是基于含碘对比剂类似放射性同位素弥散特点。CT 灌注成像时，需要在一段时间内记录待测层面的一系列影像和 CT 值，从而生成与对比剂浓度有关的时间-密度曲线。通过对兴趣组织和血管系统获得的数据进行合适的数学模型处理，计算出兴趣组织灌注参数值，如组织的血流量（blood flow，BF）、组织的血容量（blood volume，BV）、平均通过时间（mean transit time，MTT）及峰值时间（time to peak，TTP）等，并形成伪彩色图，从而对组织的血流灌注量及微血管生成密度情况做出评价。目前主要用于脑、心肌、肝、脾、肾及肿瘤等的诊断，同时还用于器官移植后移植血管的存活和移植器官血流灌注情况的评估。它有两个技术特点：一是对比剂团注的速度更快；二是时间分辨力更高。

（二）骨密度测量

骨密度测量（bone density measure）是利用单光子吸收法或双光子吸收法对骨矿物质含量进行定量测定，其中 CT 双效能定量测定法测量比较准确。

六、CT 血管成像

CT 血管成像指静脉内注入对比剂后，在靶血管内的对比剂浓度快速达到峰值时，进行螺旋扫描，经工作站后处理，重组出靶血管的多维图像。如何确定靶血管内的对比剂达到峰值的时间至关重要，通常经静脉内注射对比剂后，影响靶血管对比剂达到峰值的时间的因素包括以下几个方面：对比剂循环时间、扫描延迟时间、对比剂注射速度、对比剂浓度、对比剂团注形态、对比剂注射总量、扫描时间、受检者年龄及体重等。

（一）人体各脏器的对比剂循环时间及对比剂用量

通常情况下，经手背静脉或肘静脉高压注射器注射非离子型碘对比剂（浓度 300～370mgI/ml，注射流速 3.5～5.0ml/s），对比剂到达各部位的时间及各部位对比剂用量见表 4-2-2。

表 4-2-2 人体各脏器的对比剂循环时间及对比剂用量

人体部位	颈动脉	脑血管	肺动脉	胸主动脉	腹主动脉	下肢动脉
到达时间（s）	12～15	15～18	12～14	18～20	20～25	30～50
对比剂用量（ml）	50～55	50～60	35～40	60～70	70～80	90～100

（二）扫描延迟时间的确定方法

1. 经验延迟法 即根据对比剂在人体各脏器的循环时间来确定扫描的延迟时间，此方法受个体差异的影响，不能完全准确判断扫描延迟时间。

2. 对比剂自动跟踪技术 又称团注追踪，该技术通常是在靶血管或该血管附近设定一个感兴趣区，并设定 CT 增强阈值，注射对比剂后一定时间开始扫描，当靶血管密度增高达到阈值时，软件自动启动将扫描床移动到扫描位置开始扫描。使用该方法需要注意如下几点：①选择靶血管区域感兴趣血管作为获得启动扫描阈值获得区，该感兴趣血管最好选择靶血管或与靶血管邻近，而且直接与靶血管连接的血管。②设定的阈值通常比靶血管增强最佳 CT 值低 100～150HU。③感兴趣血管 CT 值达到阈值后，设备从感兴趣的血管扫描层面到正式开始扫描层面有一定移动扫描床的时间，通常为 1～2s。④在感兴趣血管 CT 值达到阈值，扫描床移动到开始扫描层面这个时间内，靶血管内对比剂仍然在发生变化。

3. 测试团注法 又称小剂量对比剂团注测试到达时间法，是指采用团注方法，将小剂量对比剂以一定速度注射后扫描靶血管，获得对比剂达到靶血管的峰值时间，通常使用同一批号、相同浓度对比剂 15～20ml。使用该方法的注意事项包括以下几点：①测试到达靶血管达峰时间的对比剂注射速度应与正式扫描注射对比剂速度一致。②确定正式扫描延迟时间的时候，一定要累加测试达到时间和扫描开始前的时间。③小剂量团注测试的时间分辨力可为 1～2s，只要能满足临床要求即可，可以减少受检者所接受的不必要的辐射，通常使用低剂量扫描，每次扫描时间为 2s（图 4-2-2）。

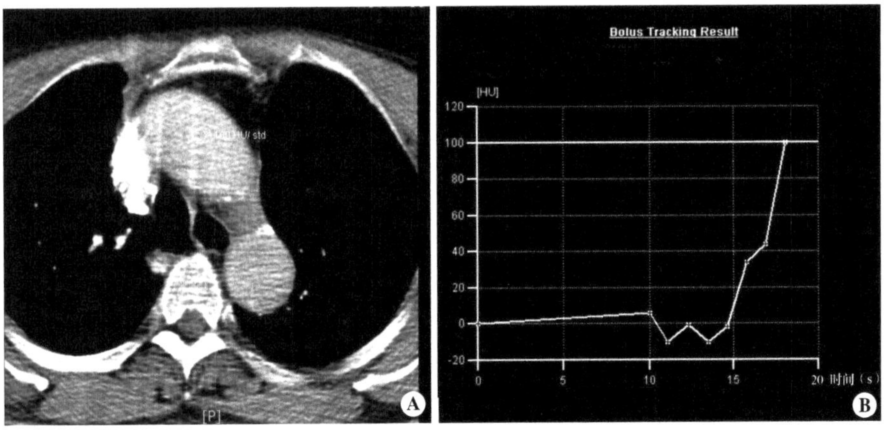

图 4-2-2 CTA 测试团注法

七、CT 导向穿刺活检

CT 导向穿刺活检（CT guide biopsy）是一种在 CT 引导下对全身各部位兴趣病灶（靶病灶）经皮穿刺取得病理标本而最终获得病理诊断的非血管介入技术。首先在常规 CT 扫描基础上，确定出病灶中心层面所对应的体表标志，确定进针点、进针深度和进针路径，常规消毒穿刺，抽出少许病灶组织。完毕后再次扫描，了解有无出血及其他并发症。CT 能清晰显示病变大小、形态、位置、坏死空洞区，明确显示与邻近血管、神经等的良好解剖关系，故可精准进针部位、角度和深度，避免损伤血管、神经和脊髓等，从而大大提高了介入操作的安全性、成功率和病理准确率。不足在于病变组织取材量较少，若经验不足或取材部位不当，未刺入靶病灶内取得有代表性的组织，则难于得出准确的结论。

案例 4-2-7

患者，男，48 岁，主诉咳嗽、咳痰半个月伴胸痛，行胸部 CT 检查（案例图 4-2-7）。问题：图 A、B 能否诊断明确？是否需要进一步检查？

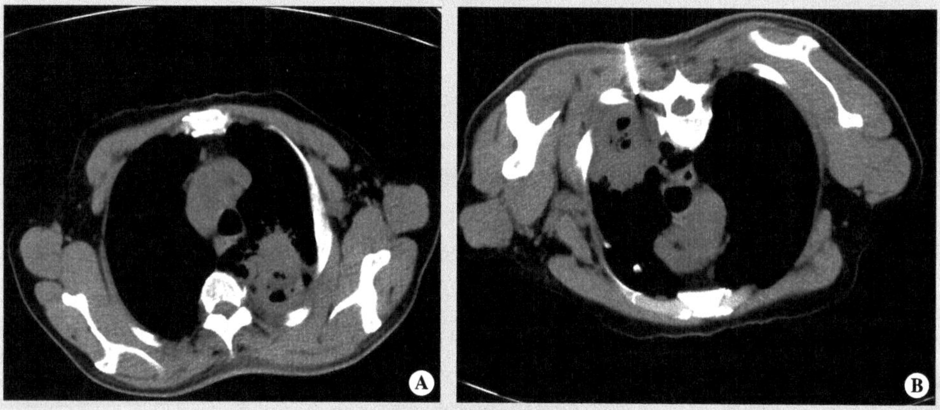

案例图 4-2-7

解答：图 A 示左下肺空洞影，其壁厚薄不均，肺癌？肺结核？肺脓肿？还需要行胸部 CT 增强扫描，但不一定能明确诊断；图 B 为 CT 导向穿刺活检，抽出少许病灶组织行病理活检，更有助于明确诊断。

八、低剂量扫描

低剂量扫描（low dose spiral CT，LDSCT）指在保证诊断要求的前提下，通过降低管电压、增加螺距、降低管电流及使用迭代重建等方法来降低辐射剂量的扫描。LDSCT 既能清楚地显示组织及组织内部的结构，又能降低 X 线球管及机器本身的消耗，同时可减轻受检者的 X 线接受剂量。主要用于肺癌高危人群的普查，可清晰显示肺内段与亚段支气管及肺内结构的变化，肺内微小病灶显示准确，同时辐射剂量较普通扫描降低 40%～60%。

【小结】 本节主要内容为密度分辨力、空间分辨力、时间分辨力、部分容积效应、噪声、伪影、矩阵及像素等基本概念和常用术语，增加层厚及辐射剂量，降低噪声等增加密度分辨力；增加像素，提高矩阵、减小层厚及骨算法等提高空间分辨力；球管的旋转时间和重建算法等改变时间分辨力；薄层采集或重组减小部分容积效应；增加辐射剂量、增大体素及增加层厚可降低噪声；伪影主要来源于机器和人的本身。

CT 的扫描方法包括普通扫描、增强扫描、能谱成像、HRCT、功能成像、血管成像及低剂量扫描等，不同的扫描方法其特点不同。同一部位可以采用单一或多种扫描相结合的方法来诊断疾病，同一种扫描方法并非适用于所有检查部位或疾病，应根据疾病的特征选择个性化扫描方案，保证图像质量，降低个人辐射剂量，提高疾病诊断准确率。

第三节　颅脑 CT 检查技术

一、临床概述与适应证

CT 是颅脑疾病的常用诊断检查方法，其适应证有：脑血管疾病（出血性脑血管病、缺血性脑血管病、脑血管瘤与瘤样病变、烟雾病等），颅脑外伤，颅内感染性疾病，颅内寄生虫感染，脑白质营养不良，脑先天性疾病，脑积水，脑萎缩，颅内肿瘤与囊肿等。

二、相关解剖及检查前准备

（一）相关解剖

颅脑由颅外软组织、脑颅骨、脑膜及其间隙、脑组织、血管、脑脊液等构成。颅骨分为 3 层，即外板、板障和内板。颅底内面借蝶骨嵴和颞骨岩部骨嵴分为颅前窝、颅中窝、颅后窝。脑的表面有三层被膜，内层为软脑膜；中层为蛛网膜；外层即硬脑膜，CT 不能直接辨认正常的脑膜三层结构。

脑（brain 或 encephalon）位于颅腔内，在成人其平均重量约 1440g。一般可分为六部分：端脑、间脑、中脑、脑桥、延髓和小脑。大脑主要包括左、右大脑半球（即端脑），大脑半球表面的灰质层，称大脑皮质（cerebral cortex），深部的白质又称髓质，蕴藏在白质内的灰质团块为基底核（basal nuclei），大脑半球内的腔隙为侧脑室（lateral ventricle）。左右大脑半球之间为纵行的大脑纵裂，纵裂的底面连接两半球宽厚的纤维束板，即胼胝体。大脑半球内有 3 条恒定的沟，外侧沟、中央沟、顶枕沟，将每侧大脑半球分为 5 叶，分别为额叶、顶叶、枕叶、颞叶及脑岛，沟之间形成脑回。脑室系统分侧脑室、第三脑室、中脑导水管（又称中脑室）、第四脑室。大脑和小脑之间为大脑横裂。小脑（cerebellum）位于颅后窝，浅表为灰质，称小脑皮质，小脑内部的白质称髓质。

脑的血液供应来自颈内动脉和椎动脉。颈内动脉依次发出眼动脉，后交通动脉，脉络膜前动脉，大脑前动脉，终末形成大脑中动脉。椎动脉分支包括：小脑后下动脉、脑桥动脉、小脑上动脉、大脑后动脉、颞后动脉、距状沟支、基底动脉环（Wills 环）。大脑半球静脉分为深、浅静脉两组。脑脊液（cerebrospinal fluid，CSF）位于脑室、椎管和蛛网膜下隙内。

（二）检查前准备

为获取高质量的颅脑 CT 图像，应进行必要的准备工作：

（1）做好解释工作，消除受检者的顾虑及紧张心理，取得其合作。

（2）核对受检者基本信息，包括姓名、性别、年龄、病史、检查部位等。

（3）检查前去除扫描区域表面（头颅表面）所有金属物及异物，以减少 X 线伪影的影响。

（4）告知受检者头部保持静止不动。不合作受检者可以在熟睡后或给予镇静剂后检查，以防止摔伤及运动伪影的产生。

（5）需使用对比剂时，检查前禁食 4h，不需禁水，签署知情同意书，并建立静脉通道。

（6）做好受检者非被检部位和陪护人员的辐射防护。

三、平扫与增强检查技术

（一）常规平扫

【扫描体位】 横断位扫描（图 4-3-1）。

受检者取仰卧位，头颅置于检查床头架内，头部正中矢状面与扫描中心线重合（体位摆正，以保证横断面影像双侧对称），以听眦线为基线，特殊情况可放宽摆位标准。

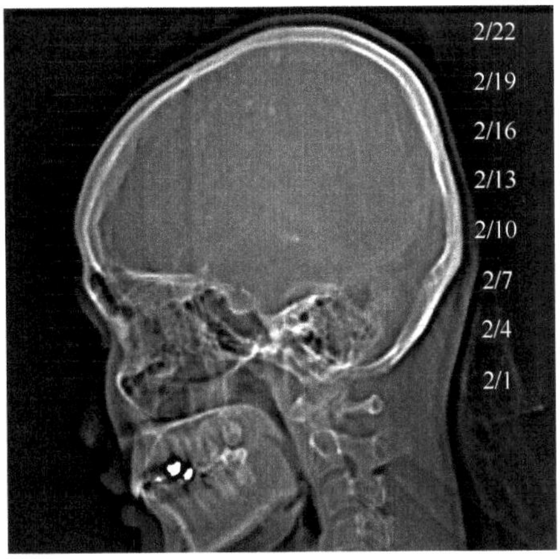

图 4-3-1 颅脑横断面扫描定位图

【扫描方案】

（1）定位像采用侧位像，范围包括第 3 颈椎至颅顶。

（2）扫描方式有非螺旋扫描和螺旋扫描，扫描基线为听眦线，扫描范围从颅底至颅顶，可适当倾斜机架角度（64 层及以下 CT 机型适用）。

【扫描参数】

1. 非螺旋扫描 管电压 120～140kV，管电流量 250～400mAs，层厚 5～10mm，层间距 5～10mm。

2. 螺旋扫描 管电压 120～140kV，管电流量 250～400mAs，探测器采用 0.5～1.0mm，螺距 0.3～0.8。重建层厚 5～10mm，层间距 5～10mm，扫描野（FOV）为 220～250mm，矩阵 512×512，软组织算法与骨算法重建。

（二）增强扫描

【对比剂注射方案】 高压注射器静脉团注法，碘对比剂浓度 300～350mgI/ml，用量 1.0～1.5ml/kg，注射速度 2～3ml/s；儿童用量 1.5～2.0ml/kg，注射速度 0.5～1.0ml/s。

【扫描体位】 横断位扫描。

受检者取仰卧位，头颅置于检查床头架内，头部正中矢状面与扫描中心线重合（体位摆正，以保证横断面影像双侧对称），以听眦线为基线，特殊情况可放宽摆位标准。

【扫描方案】

（1）定位像采用侧位像，范围包括第 3 颈椎至颅顶。

（2）扫描方式有非螺旋扫描及螺旋扫描，扫描基线为听眦线，扫描范围从颅底至颅顶。

【扫描参数】 常采用螺旋扫描方式，非螺旋扫描方式因为扫描时间较长，很难采集脑动脉、静脉期图像，很少采用。

扫描参数同常规螺旋 CT 平扫，扫描时间：常规增强扫描常采用对比剂团注跟踪法，动脉期是在到达阈值后 3～5s 启动扫描，扫描时间 3～6s，脑动脉期一般为注射对比剂后 15～22s，脑静脉期一般为注射对比剂后 40～55s（图 4-3-2）。

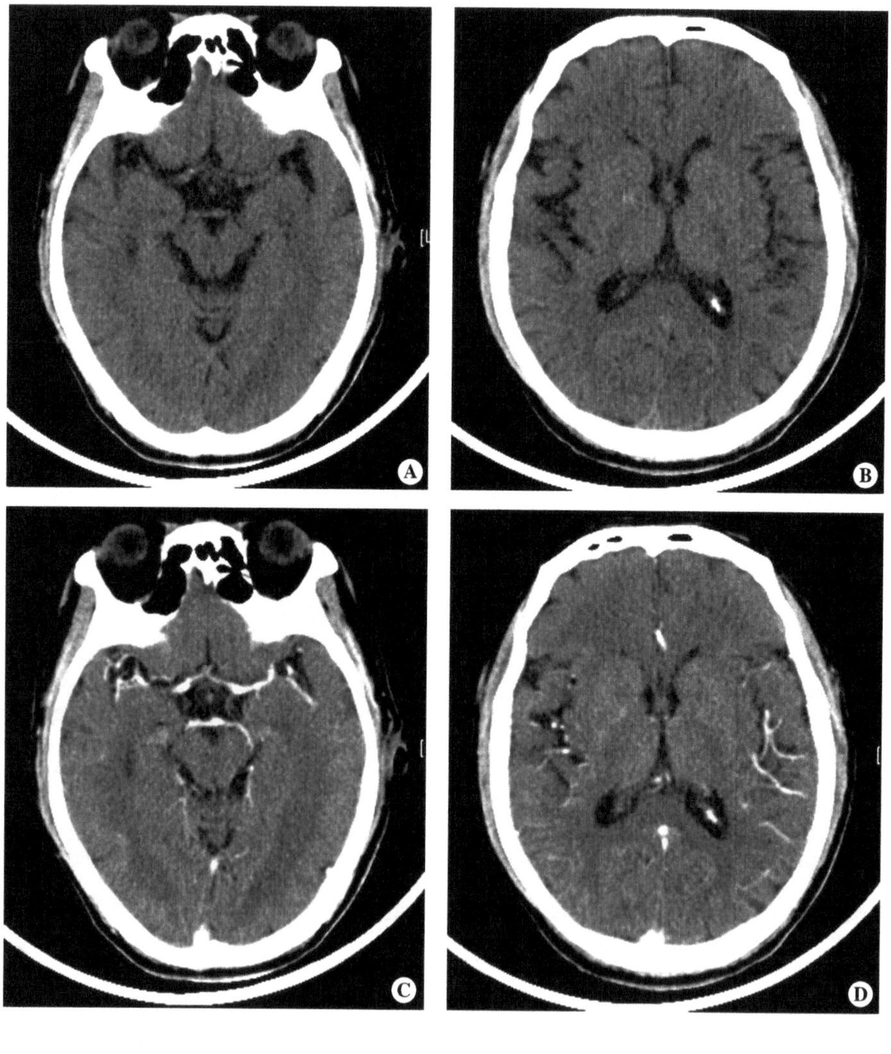

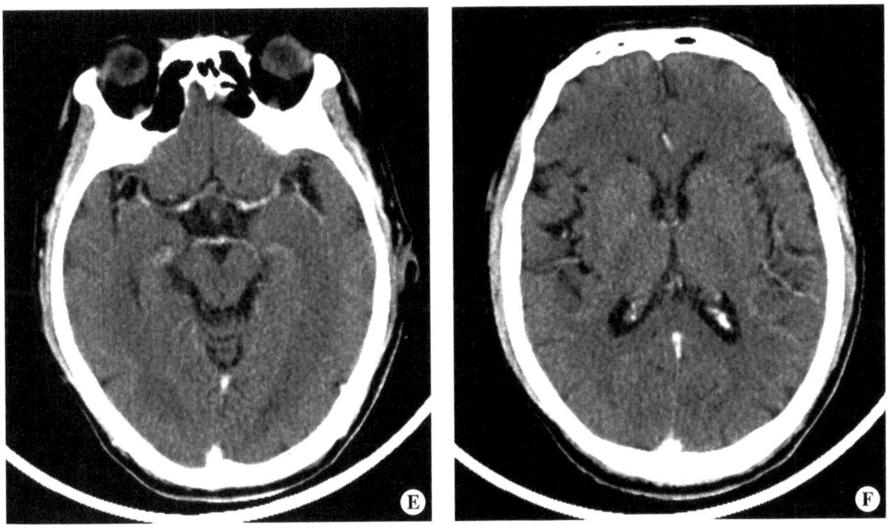

图 4-3-2 颅脑增强扫描（平扫、增强图像）

A. 脑 CT 平扫（鞍上池层面）; B. 脑 CT 平扫（内囊层面）; C. 脑动脉期增强（鞍上池层面）; D. 脑动脉期增强（内囊层面）; E. 脑静脉期增强（鞍上池层面）; F. 脑静脉期增强（内囊层面）

案例 4-3-1

患者，男，73 岁，自觉头部不适半月余，行颅脑增强检查（案例图 4-3-1）。问题：颅脑增强碘对比剂用量是多少？颅脑增强动脉期、静脉期检查时间是多少？

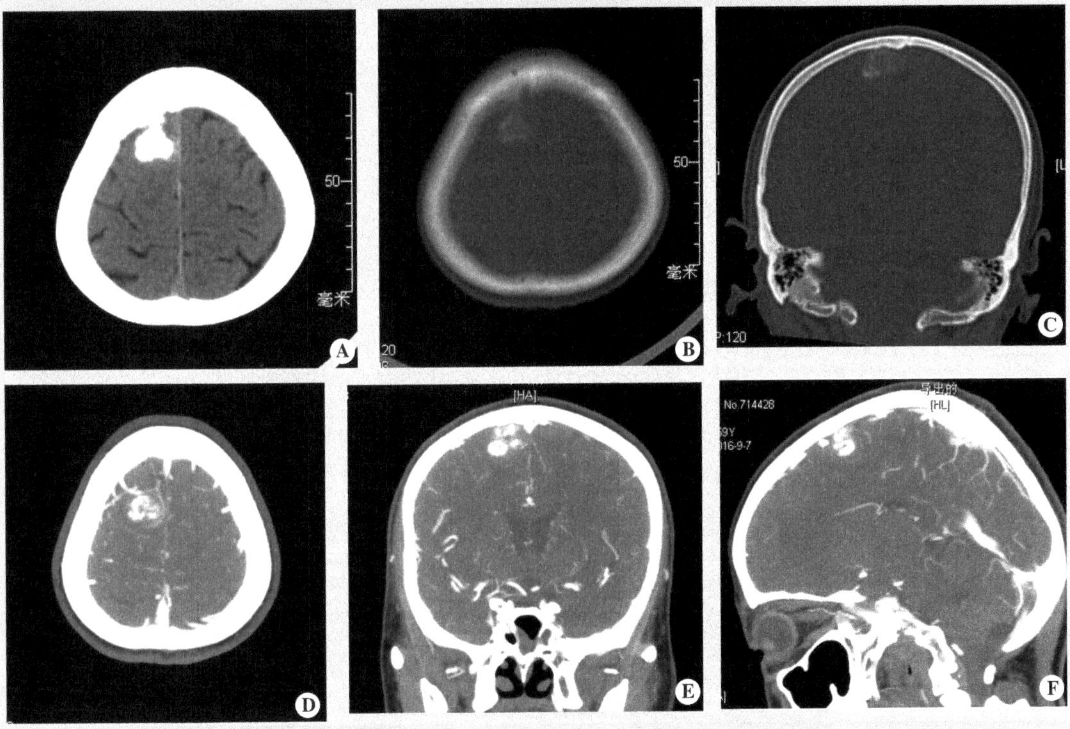

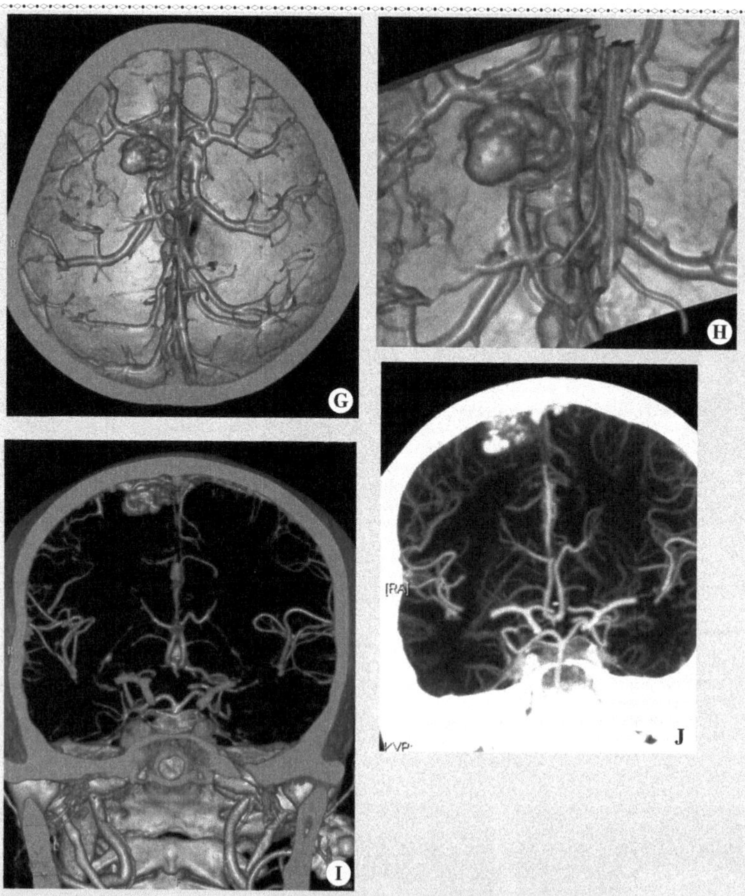

案例图 4-3-1

A. 脑 CT 平扫横断面（脑窗）右额部脑膜瘤；B. 脑 CT 平扫横断面（骨窗）右额部大脑镰旁脑膜瘤；C. 脑骨窗冠状面；D. 脑动脉期增强，右额部脑膜瘤明显强化；E. 脑增强冠状面，右额部脑膜瘤明显强化；F. 脑增强矢状面，脑膜瘤明显强化；G、H、I. 脑 VRT 图像，右额部脑膜瘤明显强化；J. 脑 MIP 图像

解答： 右额顶部脑膜瘤，病灶大部分钙化，供血动脉来自右大脑前动脉分支，经引流静脉回流至上矢状窦。病理诊断：混合型脑膜瘤（WHO Ⅰ级），出院诊断：右额部大脑镰旁脑膜瘤。颅脑增强碘对比剂用量 1.0～1.5ml/kg，脑动脉期一般为注射对比剂后 15～22s，脑静脉期为 40～55s。

案例 4-3-2

患者，男，56 岁，头痛 10 天，左下肢乏力 2 天，头痛呈持续性钝痛，经休息不能缓解，查体：左下肢肌力Ⅳ级，行影像学检查（案例图 4-3-2）。问题：颅脑 CT 检查扫描基线是什么？

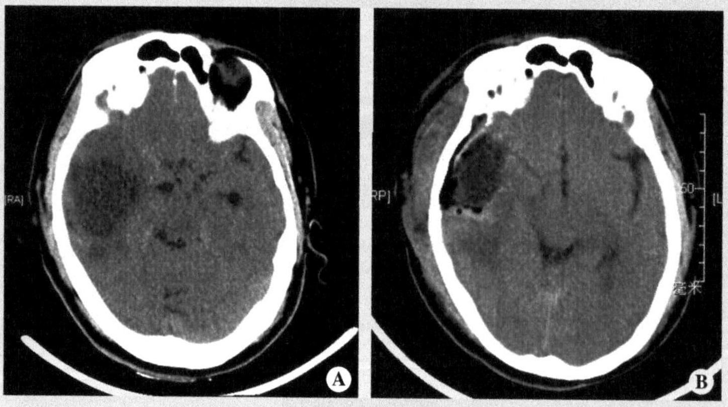

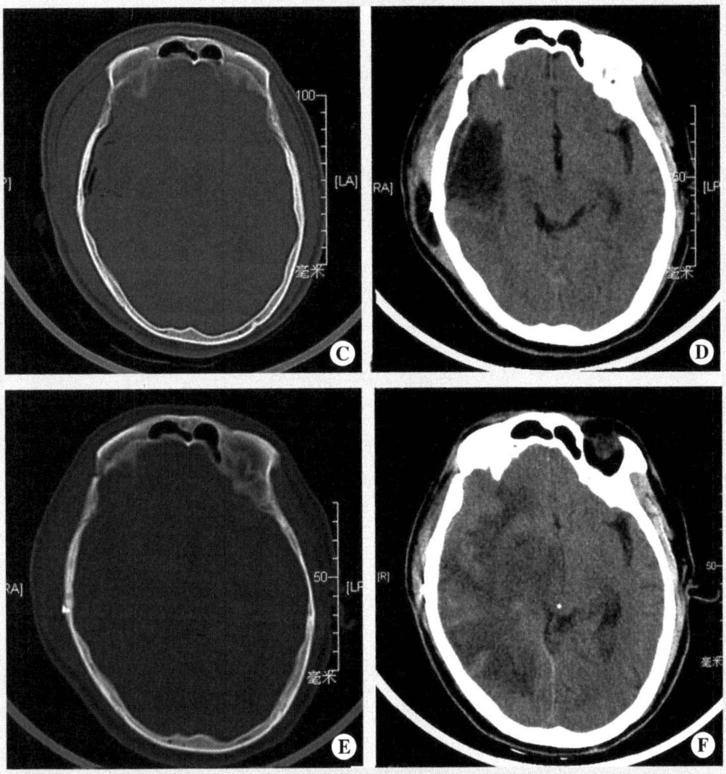

案例图 4-3-2

A. 脑 CT 术前平扫；B、C. 术后 5 天；D、E. 术后 19 天；F. 术后 8 个月

解答：右侧颞叶胶质瘤，行右额颞叶占位病变显微切除术，病理结果：胶质母细胞瘤（WHO Ⅳ级）。术前、术后的病情变化情况。颅脑 CT 检查扫描基线为听眦线。

四、灌注检查技术

血流灌注成像：利用动态 CT 扫描测量组织血流灌注量的理论基础来源于核医学数据处理技术，CT 灌注成像（CT perfusion image，CTP）是指经静脉注射对比剂的同时对选定层进行连续多次扫描，以获得图像像素的时间-密度曲线，其曲线反映组织器官灌注量的变化。目前，CT 增强所使用的等渗对比剂基本能满足人体血流动力学变化示踪剂的要求。所以，自 1980 年 Axel 首次提出设想以来，灌注成像技术得到了长足的发展。

CT 脑灌注成像在临床的应用也越来越广泛，头部 CTP 可显示病灶，定量分析颅内缺血性病变的程度、动态观察脑血流动力学变化以及病变的位置和范围等。在急性脑卒中、脑血管痉挛、脑外伤、脑肿瘤的评估与诊断中发挥重要的作用。其主要技术要点是：对比剂团注速度要快、时间分辨力要高。

（一）灌注成像的基本概念

1. 灌注（perfusion） 是指单位时间内流经 100g 组织的血容量。

2. 组织血流量（blood flow，BF） 为单位时间内流经某一体积（V）组织的血容量，单位为 ml/min。

3. 组织血容量（blood volume，BV） 为某一体积组织内血液的含量，单位是 ml。单位体积的含血量称为相对组织血容量（relative blood volume，rBV），没有单位，常以百分数表示。

4. 平均通过时间（mean transit time，MTT） 指血液流过毛细血管床所需的时间，该时间很短，一般仅为数秒，组织的血容量除以平均通过时间即为组织血流量。

5. 对比剂峰值时间（time to peak，TTP） 指对比剂开始出现到对比剂浓度达到峰值的时间，单位为秒（s）。

（二）灌注成像的影响因素

灌注组织强化的程度主要取决于三个因素，即组织的富血管化程度、血管对对比剂的通透性以及细胞外液量。富血管化程度决定着注射对比剂后组织早期强化的能力，血管壁对对比剂的通透性以及细胞外液量主要影响组织的后期强化。

在对比剂最初进入血管的过程中，含有高浓度对比剂的血液迅速取代不含对比剂的血液，并逐渐充盈毛细血管床，此时对比剂主要存在于血管内，血管内外的对比剂浓度差最大，评价此时增强密度的改变速度，能间接了解含有对比剂血液充盈毛细血管床的速度，即组织的血流灌注率。

从理论上讲，CT 机的时间分辨力越高，对比剂从血管内弥散到血管外的量就越少，密度改变受弥散因素的影响也就越小，对比剂团注的速度越快，对比剂集中到达某一靶器官组织的浓度也就越高，但在实际应用中受多种因素的影响，对比剂注射的速度多数控制在 5ml/s 左右或以上，而时间分辨力也大都在 1～3s。

（三）灌注成像的检查方法

【检查前准备】

（1）做好解释工作，消除受检者的顾虑及紧张心理，取得其合作。

（2）核对受检者基本信息，包括姓名、性别、年龄、病史、检查部位等。

（3）检查前去除扫描区域表面（头颅表面）所有金属物及异物，以减少 X 线伪影的影响。

（4）告知受检者头部保持静止不动。不合作受检者可以在熟睡后或给予镇静剂后检查，以防止摔伤及运动伪影的产生。

（5）使用对比剂时，检查前禁食 4h，不需禁水，签署知情同意书，并建立静脉通道。

（6）做好受检者非被检部位和陪护人员的辐射防护。

【对比剂注射方案】 高压静脉团注法，碘对比剂浓度 300～370mgI/ml，用量 1.0～1.5ml/kg，注射速度 4.0～6.0ml/s。可于注射碘对比剂之后注射 30～40ml 生理盐水，以减少静脉中残留对比剂的含量，提高其利用率。

【扫描体位】 横断位扫描。

受检者取仰卧位，头颅置于检查床头架内，头部正中矢状面与扫描中心线重合（体位摆正，以保证横断面影像双侧对称），以听眦线为基线，特殊情况可放宽摆位标准。

【扫描方案】

1. 扫描范围 颅底至颅顶，注意减少 X 线对人体敏感组织晶状体的损伤，扫描基线为听眦线。

2. 扫描参数 螺旋扫描，管电压为 80～120kV，管电流量为 70～250mAs。采集层厚为 5～8mm，层数 4～16 层。

3. 扫描时间 静脉团注对比剂后 4～8s 开始扫描，对设定区域作 10～15 次相同范围的扫描，持续时间 40～60s。

在保证灌注图像质量满足诊断需要的前提下采用低剂量扫描，采用 70kV 的低剂量灌注可大大降低受检者的辐射剂量。

五、CTA 检查技术

【对比剂注射方案】 高压静脉团注法，碘对比剂浓度 320～370mgI/ml，用量 1.0～1.5ml/kg，注射速度 3.5～5.5ml/s。可于注射碘对比剂之后注射 30～40ml 生理盐水以减少静脉中残留对比剂的含量，提高其利用率。

【扫描体位】 横断位扫描。

受检者取仰卧位，头颅置于检查床头架内，头部正中矢状面与扫描中心线重合（体位摆正，以保证横断面影像双侧对称），以听眦线为基线，特殊情况可放宽摆位标准。

【扫描方案】

1. 扫描范围 ①定位像采用侧位像，范围包括第7颈椎至颅顶，为精确扫描范围，可增加正位定位像；②扫描基线为听眦线，扫描范围包括第1颈椎至颅顶，顺血流方向从足侧至头侧扫描。

2. 扫描参数 螺旋扫描方式，管电压为100～120kV，能量减影时，使用80kV和120kV两种电压，管电流量为200～300mAs，探测器多采用0.5～1.0mm，螺距0.5～1.2，重建层厚为0.5～1.0mm，层间距应小于层厚的50%～80%，为0.5～1.0mm，扫描野220～250mm，矩阵512×512。

3. 扫描时间 因为脑血流速度相对较快，所以扫描时间一般控制在2～5s比较好，扫描时间越短，静脉污染越轻，脑血管CT扫描开始注射对比剂后的延迟时间是CT血管扫描成功的关键，有以下几种方法：

（1）经验法：注射对比剂后16～22s开始扫描，扫描时间2～5s。

（2）小剂量预试验法：应用小剂量对比剂注射后，动态监测靶血管CT值变化情况，计算出对比剂到达峰值的时间，以该时间作为延迟时间开始扫描。具体方法：碘对比剂总量20ml，生理盐水20ml，注射速度3.5～5.5ml/s，监测层面为第4颈椎水平的颈总动脉或鞍上池层面的大脑中动脉，推注对比剂12～25s靶扫描监测，计算出兴趣血管CT值的变化，以到达峰值的时间作为延迟扫描时间。

（3）对比剂团注跟踪法：为常用检查方法，监测层面为第4颈椎水平，触发阈值100～150HU，延时4～6s开始扫描，扫描时间2～5s（图4-3-3）。

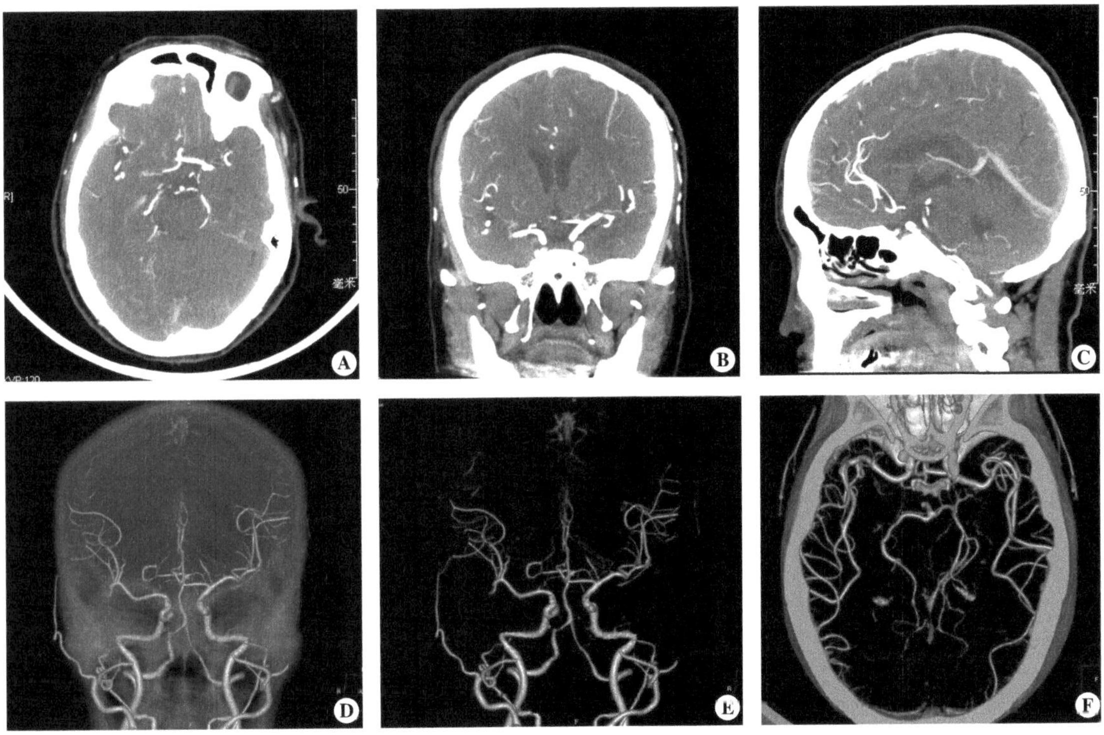

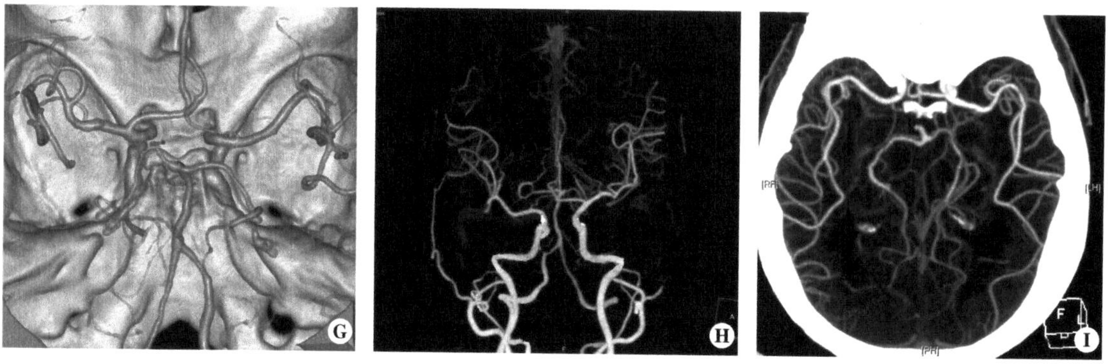

图 4-3-3　头部 CTA

A. 横断面；B.冠状面；C. 矢状面；D. VRT 脑血管前后位图像，背景透明化；E. VRT 脑血管前后位图像；F. VRT 薄层脑血管横断面图像；G. VRT 脑血管局部俯视图像；H. MIP 脑血管前后位图像；I. MIP 脑血管薄层横断面图像

案例 4-3-3

患者，男，35 岁，突发头痛伴呕吐 10 余天，持续性剧烈头痛、头晕，活动时明显，急诊头颅 CT 示脑室内出血，行头部 CTA 检查（案例图 4-3-3）。问题：脑血管 CTA 碘对比剂注射速度为多少?

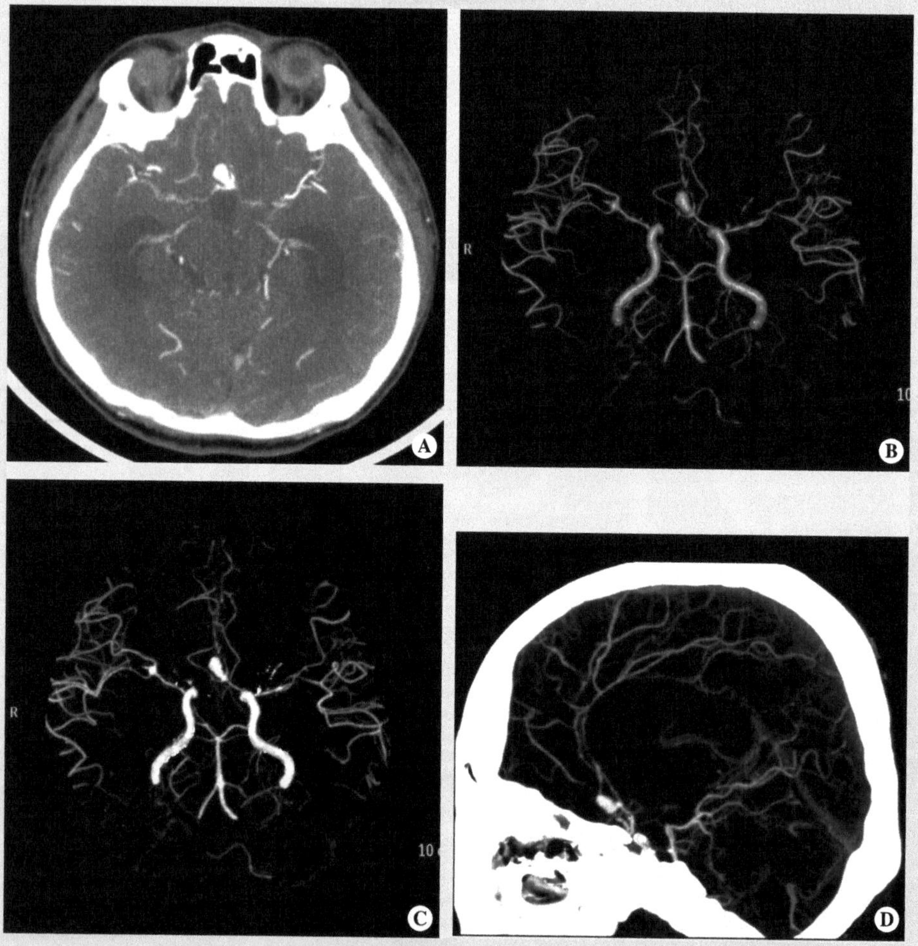

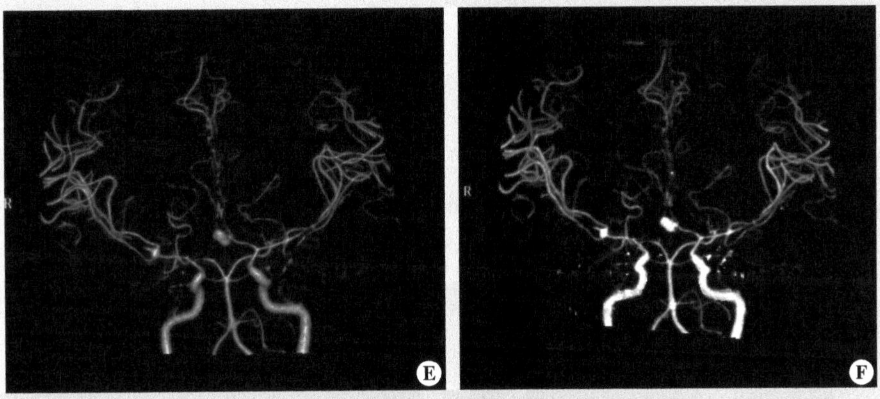

案例图 4-3-3　头部 CTA

A. 横断面；B. VRT 图像；C. MIP 图像；D. MIP 薄层矢状面图像；E. VRT 前后位图像；F. MIP 前后位图像

解答：CTA 检查示大脑前交通动脉、右大脑中动脉 M1 段动脉瘤。碘对比剂注射速度 3.5～5.5ml/s。

六、图像后处理技术

图像后处理是对扫描所获得的图像进一步加工，通过窗口技术、图像重组技术、图像测量等图像后处理技术获得组织与病灶的解剖及生理生化信息，为病变的准确定位、定性提供依据。

（一）窗口技术

颅脑 CT 图像的显示有脑组织窗和骨窗。脑组织窗主要观察脑组织解剖结构、形态、密度等，窗宽 70～80HU，窗位 30～35HU。骨窗主要用于高密度骨质结构、形态、密度，窗宽 1500～2500HU，窗位 600～800HU。

一些特殊病变，需对窗宽、窗位进行调整，以利于病变观察（图 4-3-4）。少量硬膜下血肿，调高窗宽至 100～120HU，增加图像层次，窗位 40～50HU；早期脑梗死，降低窗宽至 60～70HU，窗位增加至 40～45HU，以增加图像对比；囊性病变，增加窗宽至 100～120HU，窗位降低至-10～10HU，以观察囊壁或鉴别脂肪成分与液体；颅外病变（如头皮下血肿、脂肪瘤、血管瘤等）以窗宽 300HU、窗位 40HU 显示皮下组织和病变。

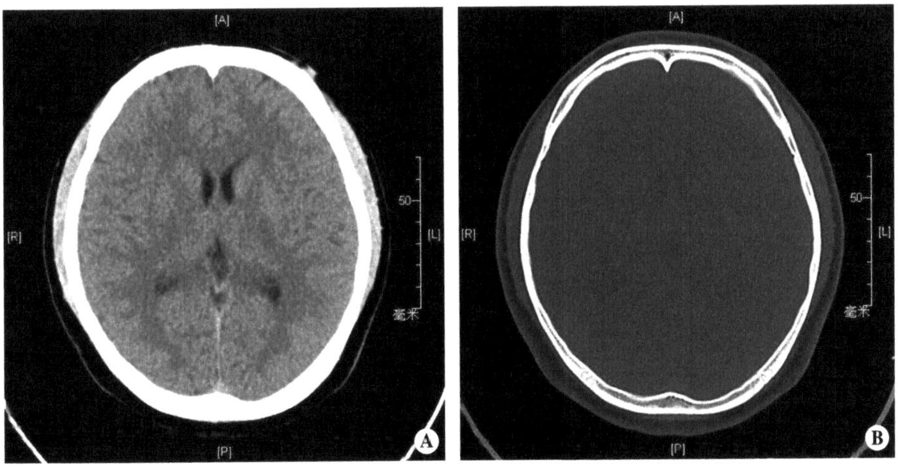

图 4-3-4　颅脑横断面图像

A. 脑窗：窗宽 80HU，窗位 35HU；B. 骨窗：窗宽 1500HU，窗位 600HU

（二）图像重组技术

1. 常规颅脑 CT 平扫及增强扫描

（1）多平面重组（multi planar reformation，MPR）：范围以病变或脑干为中心，重组层厚 5mm，重组间距 5mm。冠状面重组与脑干平行，且与正中矢状面垂直，以使左右结构对称；矢状面重组与颅脑正中矢状面平行。

（2）容积再现技术（volume rendering technique，VRT）或表面阴影显示法（shaded surface display，SSD）：重组三维立体图像，观察颅骨情况，更好地显示病变（图 4-3-5）。

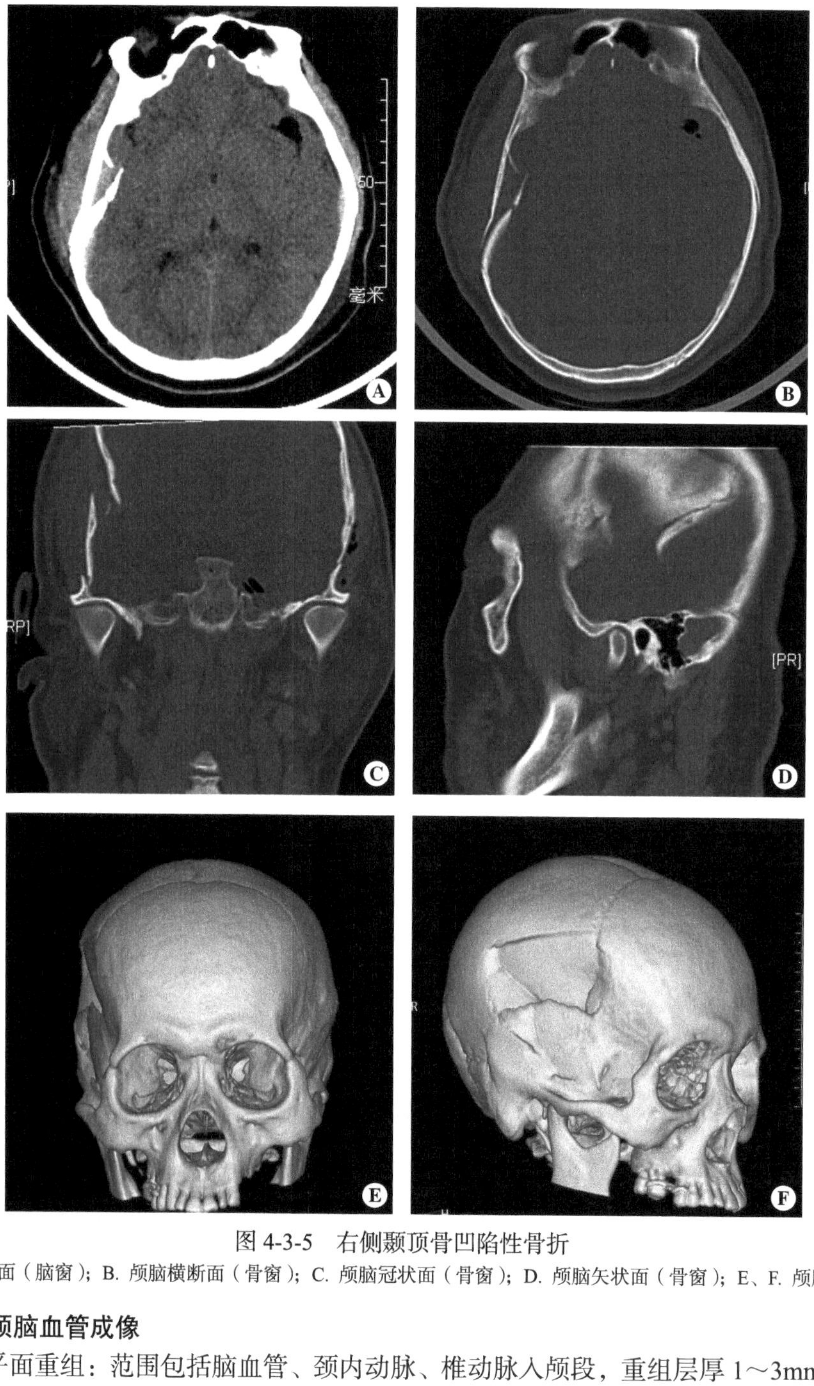

图 4-3-5　右侧颞顶骨凹陷性骨折

A. 颅脑横断面（脑窗）；B. 颅脑横断面（骨窗）；C. 颅脑冠状面（骨窗）；D. 颅脑矢状面（骨窗）；E、F. 颅脑 VRT 图像

2. CT 颅脑血管成像

（1）多平面重组：范围包括脑血管、颈内动脉、椎动脉入颅段，重组层厚 1～3mm，重组间距

1～3mm。横断面、冠状面、矢状面多平面显示。

（2）容积再现技术和最大密度投影法（maximum intensity projection，MIP）：重组三维立体图像，多角度观察脑血管情况（图 4-3-6）。

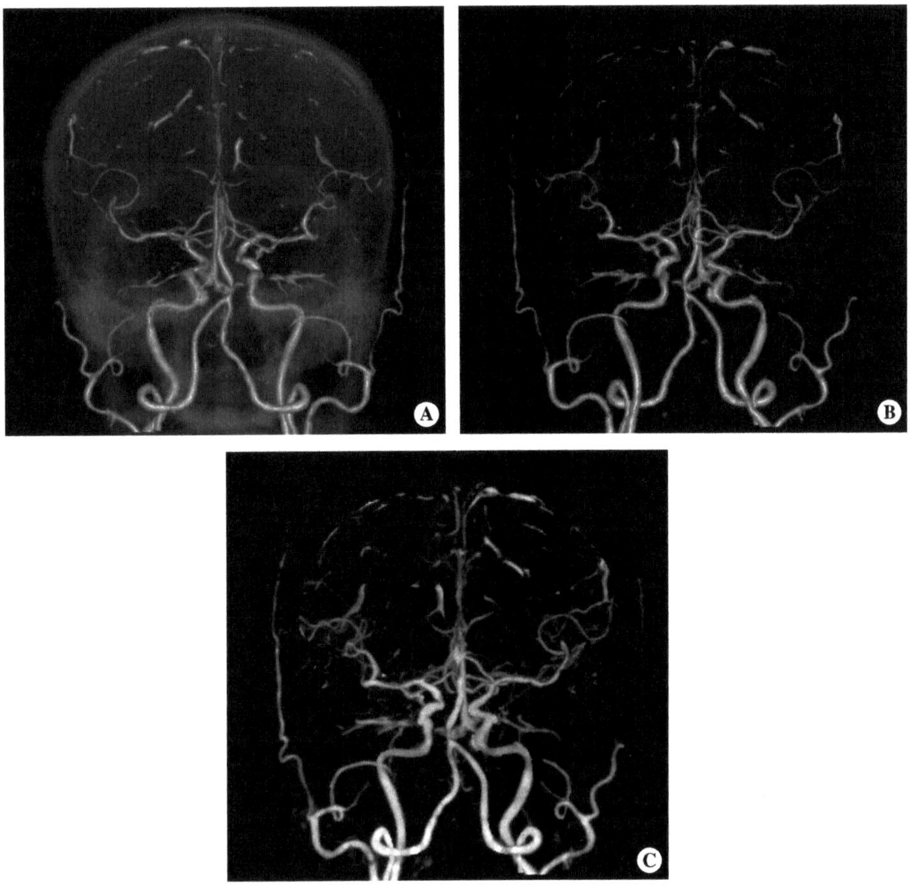

图 4-3-6 颅脑 CTA 图像

A、B. 脑动脉 VRT 前后位图像；C. 脑动脉 MIP 前后位图像

动脉瘤以容积再现后处理为主，重点显示动脉瘤位置、形态、瘤颈与载瘤动脉的关系等。动脉瘤的大小、瘤颈/瘤体比等径线测量应在多平面重组图像上进行；血管畸形以 MIP 后处理为主，重点显示畸形血管、供血动脉、引流静脉等；如了解肿瘤与血管关系时，以多平面重组和层块 MIP 后处理技术为主。

3. 脑灌注成像后处理 CT 灌注成像后处理软件根据组织的灌注值，重建出灌注图及灌注的分布情况。具体步骤：首先进行选择区的校正，调节阈值去除空气及骨的影响，动脉选用扫描层面内的较大动脉，静脉常选用上矢状窦，确定感兴趣区，获得灌注参数，但要尽量避免大血管的干扰。

CT 灌注成像可获得脑血流量（cerebral blood flow，CBF）、脑血容量（cerebral blood volume，CBV）、达峰时间（time to peak，TTP）和平均通过时间（mean transit time，MTT）等灌注参数，通常用伪彩色表示不同的灌注区。

案例 4-3-4

患者，男，33 岁，左侧肢体乏力伴言语不利 1 天，伴口齿不清、口角向右歪斜，行脑 CT 灌注成像（案例图 4-3-4）。问题：脑 CT 灌注成像常见参数有哪些？

解答：烟雾病。脑 CT 灌注成像可获得脑血流量、脑血容量、达峰时间和平均通过时间等灌注参数。

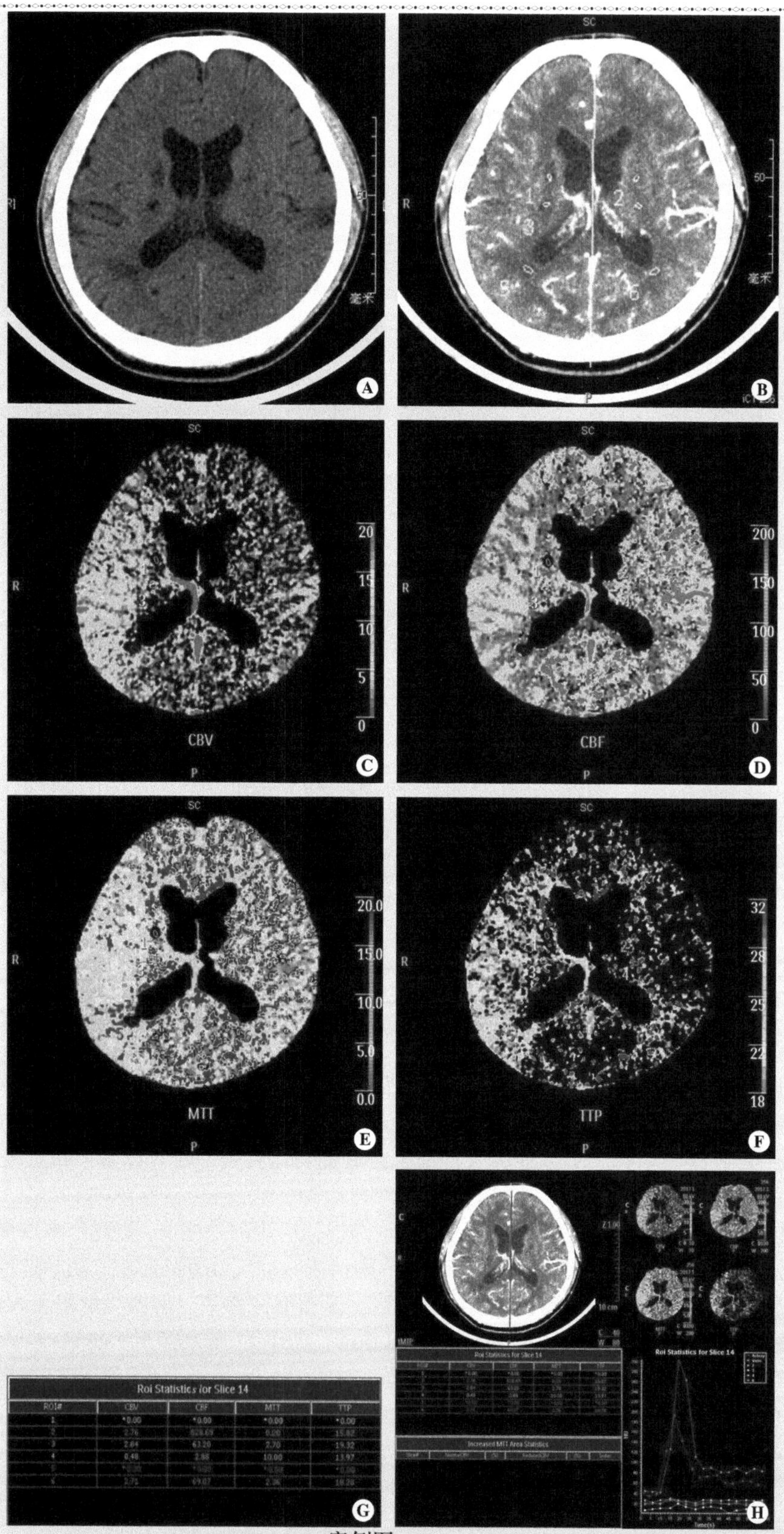

ROI#	CBV	CBF	MTT	TTP
1	*0.00	*0.00	*0.00	*0.00
2	2.76	828.69	0.00	15.82
3	2.64	63.20	2.70	19.32
4	0.48	2.88	10.00	13.97
5	*0.00	[illegible]	[illegible]	*0.00
6	2.75	69.07	2.36	18.26

案例图 4-3-4

A. 脑横断面平扫（基底节层面）；B. 脑横断面灌注成像；C. 脑血容量；D. 脑血流量；E. 平均通过时间；F. 达峰时间；G. 脑灌注具体参数；H. 脑灌注参数及曲线图

（三）图像打印

CT 图像打印在符合图像质量标准的前提下，选择合适的窗宽、窗位；包括需要的检查范围、定位像，图像居中、对齐。CT 打印图像多采用多幅排版方式，每张图像相对较小，在保证图像信息完整及病灶有效显示的情况下可以适当放大图像。

颅脑 CT 平扫、增强图像打印常规采用软组织窗和骨窗，首先包含定位像，以横断面为主，必要时为更好地显示病灶可以增加冠状面、矢状面或其他图像，范围包括颅底至颅顶。遇有病变需进行测量，标注其大小、长度、CT 值等。

（四）注意事项

（1）扫描体位要保证两侧对称。

（2）颅脑占位性病变后处理时应进行测量，标注病变大小、长度、CT 值等。

（3）颅脑增强扫描注意动、静脉期延迟时间。

（4）扫描过程中应注意辐射防护，尤其注意对育龄妇女、婴幼儿的防护。

（5）增强扫描时密切观察受检者反应，遇有过敏反应发生立即停止检查，并做好相关处理。

七、颅脑相关疾病 CT 检查要点与图像质量控制

CT 检查对颅脑疾病的诊断意义重大，尤其是脑血管疾病（出血性脑血管病、缺血性脑血管病、脑血管瘤等）、颅脑外伤、颅内感染性疾病、颅内寄生虫感染、脑先天性疾病、脑积水、脑萎缩、颅内肿瘤与囊肿等都能很好地做出定位和定性诊断。脑血管性病变除了常规的普通平扫及增强检查，还需行 CTA 检查，以了解血管结构、形态变化，为诊疗提供更丰富的手术路径。

CT 图像质量控制：在 CT 的成像过程中，影响 CT 图像质量还有诸多方面的因素，有设备因素和人为因素。在颅脑 CT 检查方面需要注意：检查前准备，控制伪影，合理选择 CT 扫描参数及对比剂的合理应用等，如体位对称，金属伪影及运动伪影的预防，曝光剂量、焦点及重建算法的合理选择，对比剂用量及速度的选择等。

【小结】 本节主要内容为颅脑 CT 检查技术，包括临床概述、适应证；相关解剖、检查前准备；平扫与增强检查技术，扫描基线的确定，扫描参数选择，增强对比剂用量、流速，动、静脉期时间等；灌注检查技术，对比剂用量、流速，理解各项灌注参数；颅脑 CTA 检查技术，对比剂用量、流速，扫描方案；图像后处理技术，窗口技术，图像重组技术，图像打印；检查要点与图像质量控制。结合具体情况，合理设置扫描方案，以获得高质量的图像。

第四节 鞍区 CT 检查技术

一、临床概述与适应证

鞍区 CT 检查常见适应证有：鞍内肿瘤；鞍区先天性发育异常；鞍区肿瘤术后复查；鞍区血管性疾病；鞍区感染；鞍区骨源性疾病；鞍区外伤等。鞍区常见疾病有垂体微腺瘤、泌乳素瘤、空蝶鞍以及蝶鞍区骨质破坏等，还有颅咽管瘤、颗粒细胞瘤和脑膜瘤等鞍区外肿瘤也会侵犯鞍区，当病变累及视神经时，患者会出现视力下降等症状。鞍区 CT 平扫适应于鞍区骨源性疾病，观察鞍区软组织病变原则上需做增强 CT 扫描，以内分泌功能异常为主要临床表现时，应首选 MRI 检查；由于鞍区 CT 检查横断位扫描时图像颅底伪影较多，常采用冠状位扫描，或者横断位扫描后冠状面重建。

二、相关解剖及检查前准备

（一）相关解剖

鞍区主要包括垂体、蝶鞍、海绵窦和鞍上池等部分。垂体位于颅底蝶鞍垂体窝内，正常大小：前后径约 1.0cm，横径为 1.0～1.5cm，高度约 0.5cm。

（二）检查前准备

（1）做好解释工作，消除受检者的顾虑及紧张心理，取得其合作。

（2）核对受检者基本信息，包括姓名、性别、年龄、病史、检查部位等。

（3）检查前去除扫描区域表面（头颅表面）所有金属物及异物，以减少 X 线伪影的影响。

（4）告知受检者头部保持静止不动。不合作受检者可以在熟睡后或给予镇静剂后检查，以防止摔伤及运动伪影的产生。

（5）需使用对比剂时，检查前禁食 4h，不需禁水，签署知情同意书，并建立静脉通道。

（6）做好受检者非被检部位和陪护人员的辐射防护。

三、平扫与增强检查技术

（一）常规平扫

【扫描体位】

1. 横断位扫描 受检者取仰卧位，头颅置于检查床头架内，头部正中矢状面与扫描中心线重合（体位摆正，以保证横断面影像双侧对称），以听眉线为基线，特殊情况可放宽摆位标准。

2. 冠状位扫描 有两种检查体位。

（1）仰卧位：头颅过度后伸向下悬吊于专用的冠状扫描头架内。

（2）俯卧位：下颌尽量前伸，头后仰，两手平放于扫描床上。

两种方法均应注意头颅中心线位于正中，两侧对称，以垂直听眉线为基线。

【扫描方案】 常规采用侧位定位像，能够观察到垂体窝形态，其是确定鞍区扫描范围的重要标记。扫描方式为螺旋扫描，横断位扫描基线多为听眉线，冠状位扫描基线垂直听眉线，可适当倾斜机架角度（64 层及以下 CT 机型适用）。扫描范围包括鞍区及相应病变范围。

【扫描参数】 螺旋扫描或非螺旋扫描：管电压 120～140kV，管电流量 200～250mAs。探测器采用 0.5～1.0mm，螺距 0.5～1.0。重建层厚 1.0～2.5mm，层间距 1.0～2.5mm，扫描野 200～250mm，矩阵 512×512，骨算法与软组织算法重建。

（二）增强扫描

鞍区增强首选 MRI 检查，CT 增强扫描视病情而定。

1. 常规增强扫描 常采用高压静脉团注法，碘对比剂浓度 300～350mgI/ml，用量 1.0～1.5ml/kg，注射速度 2.5～3.5ml/s，经上肢浅静脉注射对比剂，采用对比剂团注跟踪法，扫描参数同螺旋扫描方法，动脉期为 20～25s，静脉期 50～60s。怀疑垂体微腺瘤时，建议行鞍区 MR 扫描。

案例 4-4-1

患者，男，21 岁，突发头晕、头痛伴呕吐 2 天，自诉既往智力较同龄人差，起病以来视力减退，无泌乳，行 CT 检查（案例图 4-4-1）。问题：鞍区 CT 检查增强碘对比剂注射速度是多少？

解答： CT 检查显示鞍区占位，临床诊断为鞍区占位病变，即垂体腺瘤卒中。鞍区增强碘对比剂注射速度为 2.5～3.5ml/s。

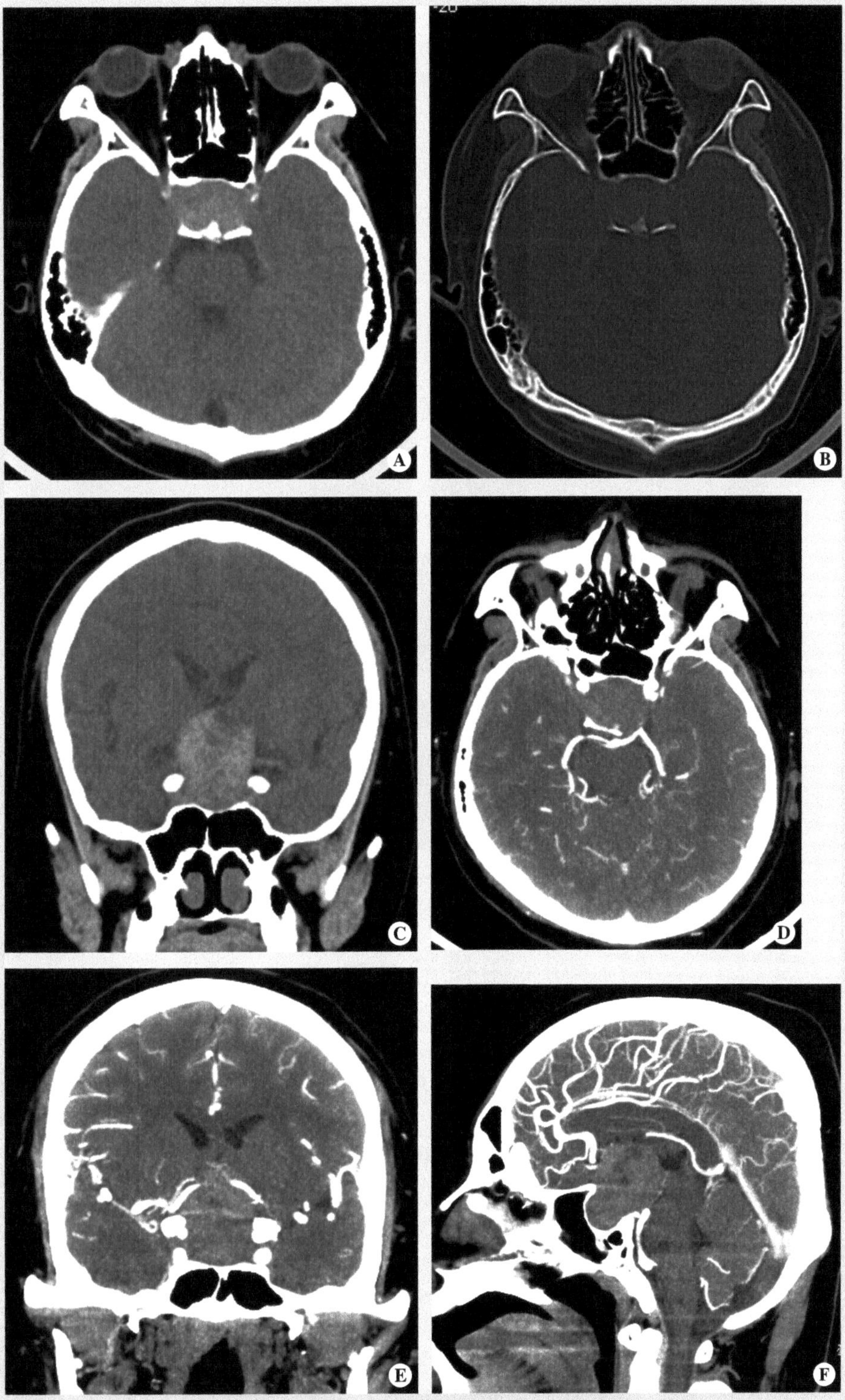

案例图 4-4-1 鞍区 CT 常规平扫加增强检查

鞍区平扫：A. 横断面软组织窗；B. 骨窗；C. 冠状面软组织窗

鞍区增强：D. 横断面软组织窗；E. 冠状面软组织窗；F. 矢状面软组织窗

2. 鞍区血管扫描 鞍区血管 CTA 主要观察鞍区血管形态与周围组织解剖关系，常用于鞍区各种占位性病变和颅内动脉瘤等诊断与鉴别诊断。

通常采用高压静脉团注法，碘对比剂浓度 300～370mgI/ml，用量 1.0～1.5ml/kg，注射速度 5.0～5.5ml/s，螺旋扫描方式，管电压 100～120kV，毫安秒 200～300mAs，探测器多采用 0.5～1.0mm，螺距 0.5～1.2，层厚 0.5～1.0mm，层距为层厚的 30%～50%，扫描野 200～250mm，矩阵 512×512（图 4-4-1）。

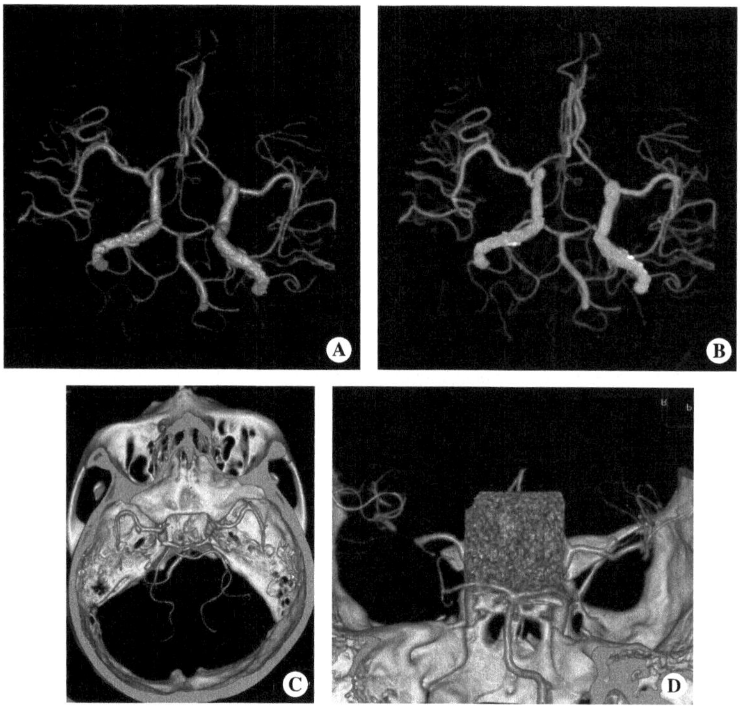

图 4-4-1 鞍区 CTA

A. VRT 图像；B. MIP 图像；C. VRT 图像；D. VRT 垂体大腺瘤伪彩染色融合图像

四、图像后处理技术

（一）窗口技术

鞍区窗口技术参数：骨窗窗宽 2500～3500HU，窗位 500～700HU；软组织窗窗宽 100～300HU，窗位 35～50HU，增强扫描时由于对比剂的影响，脑实质密度增高，可根据病变性质调整窗宽和窗位，参考值为：窗宽 100～300HU，窗位 50～100HU。

（二）图像重组技术

1. 多平面重组 鞍区的主要重组技术，横断面、冠状面、矢状面多方位更好地显示鞍区（图 4-4-2）。

2. 容积再现技术 重组三维立体图像，观察鞍区颅骨情况，更好地显示病变。

（三）图像打印

鞍区结构复杂、组织密度差异大，常采用三个平面图像进行打印，窗宽、窗位常采用软组织窗和骨窗，必要时可选择三维重建图像，以更好地显示鞍区周围影像。遇有病变需进行测量，标注其大小、长度、CT 值等。

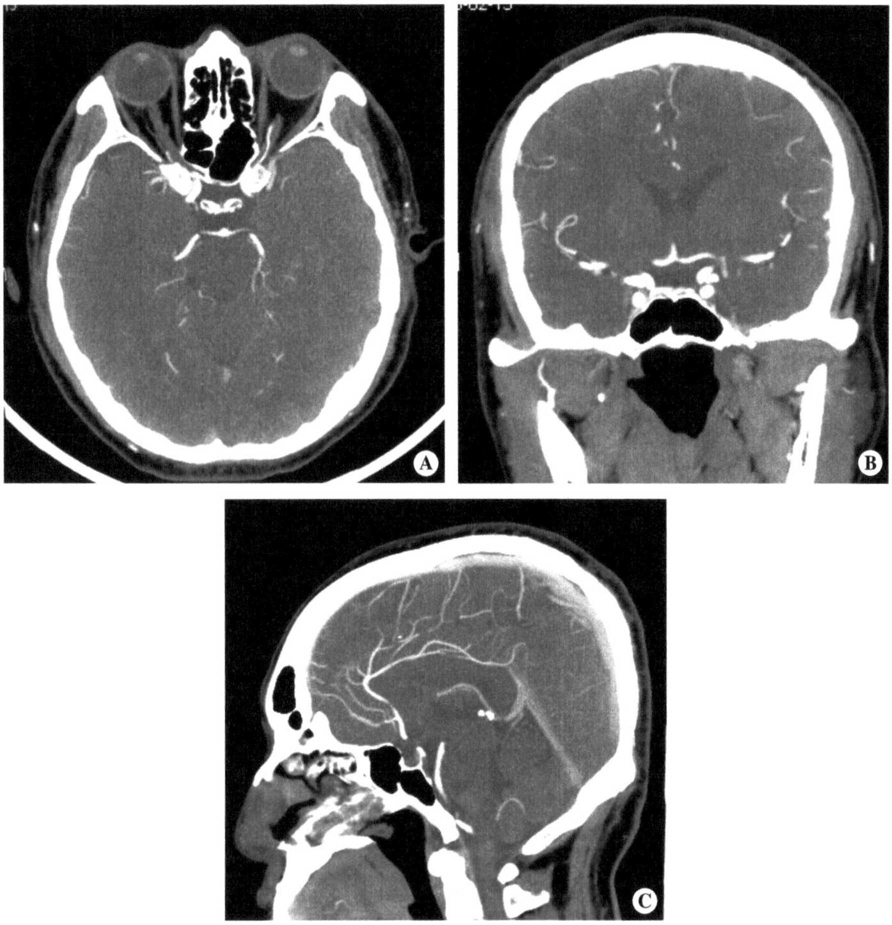

图 4-4-2 鞍区 MPR 图像

A. 横断面图像；B. 冠状面图像；C. 矢状面图像

（四）注意事项

（1）扫描基线听眉线，扫描体位保持双侧对称。

（2）鞍区占位性病变后处理时应进行测量，标注病变大小、长度、CT 值等。

（3）鞍区占位性病变增强扫描时应进行全颅扫描，以排除鞍区之外的颅内病变。

（4）扫描过程中应注意辐射防护，尤其注意对育龄妇女，婴幼儿的防护。

（5）增强扫描时密切观察受检者反应，遇有过敏反应发生立即停止检查，并做好相应处理。

五、相关疾病 CT 检查要点与图像质量控制

鞍区病变一般以 MRI 检查为主，如需要选择 CT 检查，一般需作平扫加增强扫描，对于垂体大腺瘤等需要了解周围血管情况时应行 CTA 检查。一般扫描后需做重建处理，根据临床和诊断需要可进行 MPR、VRT 等图像重建。图像质量控制需注意：检查前准备，控制伪影，合理选择 CT 扫描参数及对比剂的合理应用等。

【小结】 本节主要内容为鞍区 CT 检查技术，包括临床概述、适应证；相关解剖、检查前准备；平扫与增强检查技术，扫描体位、扫描参数选择，增强对比剂用量、流速，动、静脉期时间；鞍区 CTA 检查技术，对比剂用量、流速，扫描方案；图像后处理技术，MPR、VRT 等。

第五节 眼部CT检查技术

一、临床概述与适应证

眼部CT检查可显示眼部软组织和骨结构，同时可显示眶周结构。主要适用于：眶内肿瘤、眼眶炎性病变（Graves眼病、特发性眶炎症等），眼球内病变（视网膜母细胞瘤、葡萄膜黑色素瘤、脉络膜骨瘤、脉络膜血管瘤等），视神经病变，眼眶血管性病变，泪腺窝占位性病变，眼部外伤（眼部异物，眼眶穿通伤、骨折等），眼部先天发育性异常等。螺旋CT能够重建较高质量的三维影像，能准确地显示眼眶骨折的直接征象和间接征象，到目前为止是诊断眼眶骨折的最佳检查方法，眼球病变的诊断主要依靠临床表现和B超，但是对于视网膜母细胞瘤和脉络膜骨瘤等CT仍有其独特的优越性，CT能很好地显示球后病变的大小、位置和内部结构以及眶骨的细微改变，可以对一些眼部病变做出一定程度的定性诊断，CT和MRI联合应用使多数病变的定性诊断的准确率明显提高，大有发展前途。

二、相关解剖及检查前准备

（一）相关解剖

眼部由眼球、眼附属器和眼眶组成，其结构细致复杂，除眶骨外均为软组织。眼球由坚韧的球壁和球内容物组成。球壁由内至外依次为视网膜、脉络膜、巩膜，前部有睫状体、角膜，CT不能分清某一层结构，但是可显示发生在这些结构的病变。球内容物：包括晶状体、玻璃体和房水。眼附属结构有眼睑、结膜、泪器、视神经、眼球外肌、眶脂体和眶筋膜等结构，有保护、运动和支持眼球的作用。眼眶由额骨、颧骨、上颌骨、腭骨、泪骨、筛骨和蝶骨等七块颅面骨组成，位于颜面部中央垂直线的两侧，呈基本对称的四棱锥形眶腔，主要包括四个壁、两个裂和视神经管。

（二）检查前准备

（1）做好解释工作，消除受检者的顾虑及紧张心理，取得其合作。

（2）核对受检者基本信息，包括姓名、性别、年龄、病史、检查部位等。

（3）检查前去除扫描区域表面（头颅表面）所有金属物及异物，以减少X线伪影的影响。

（4）告知受检者闭眼，眼球及头部保持静止不动。不合作受检者可以于熟睡后或给予镇静剂后检查，以防止摔伤及运动伪影的产生。

（5）需使用对比剂时，检查前禁食4h，不需禁水，签署知情同意书，并建立静脉通道。

（6）做好受检者非被检部位和陪护人员的辐射防护。

三、平扫与增强检查技术

（一）常规平扫

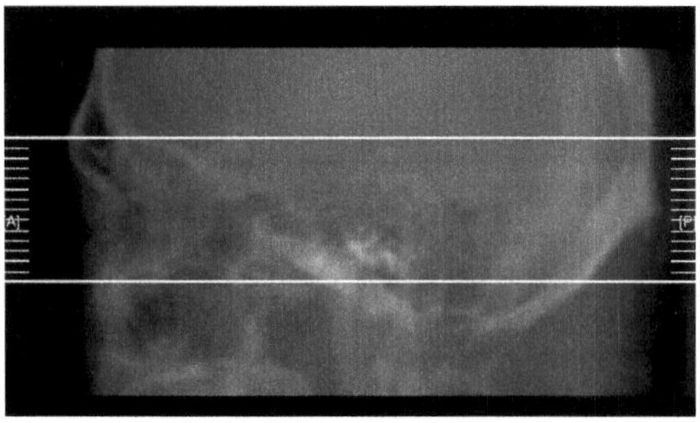

图4-5-1 眼部横断位定位像

【扫描体位】

1. 横断位扫描 受检者取仰卧位，头颅置于检查床头架内，头部正中矢状面与扫描中心线重合（体位摆正，以保证横断面影像双侧对称），以听眶线为基线，特殊情况可放宽摆位标准（图4-5-1）。

2. 冠状位扫描 有两种检查体位。

（1）仰卧位：头颅过度后伸向下悬吊于专用的冠状扫描头架内。

（2）俯卧位：下颌尽量前伸，头后仰，两手平放于扫描床上。

两种方法均应注意头颅中心线位于正中，两侧对称，以垂直听眶线为基线。

【扫描方案】 眼部扫描采用侧位定位像，横断位扫描基线为听眶线，扫描范围从眼眶上缘至眼眶下缘。冠状位扫描基线垂直听眶线，扫描范围从眼眶前缘至前床突。可适当倾斜机架角度（64 层及以下 CT 机型适用）。

【扫描参数】 螺旋扫描或非螺旋扫描：管电压 120～140kV，管电流量 200～250mAs。探测器采用 0.5～1.0mm，螺距 0.5～1.0。重建层厚 2～3mm，层间距 2～3mm，扫描野 200～250mm，矩阵 512×512，骨算法与软组织算法重建。

（二）增强扫描

眼部 CT 增强有助于病变的进一步显示，MRI 检查效果更好。

普通增强：常采用静脉高压团注法，碘对比剂浓度 300～350mgI/ml，用量 1.0～1.5ml/kg，注射速度 2.5～3.5ml/s；经上肢浅静脉注射对比剂，采用对比剂团注跟踪法，扫描参数同常规螺旋扫描方法，动脉期 20～30s，静脉期 60～65s（图 4-5-2）。

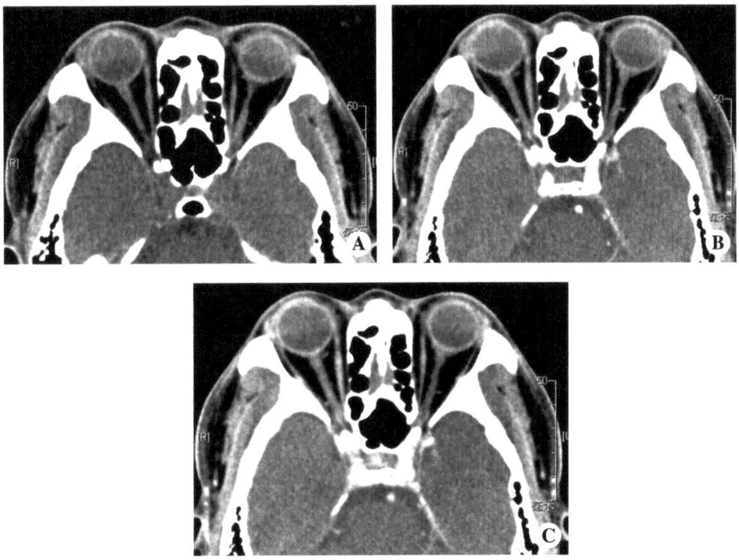

图 4-5-2　眼眶增强扫描（横断面）

A. 眼眶平扫；B. 动脉期，血管、软组织密度增高；C. 静脉期

四、图像后处理技术

（一）窗口技术

眼部窗口技术参数：软组织窗宽：150～300HU；窗位 35～50HU；怀疑有骨质病变（肿瘤、骨质破坏及外伤等）应选用骨窗，骨窗宽：1200～2000HU；窗位 450～600HU（图 4-5-3）。

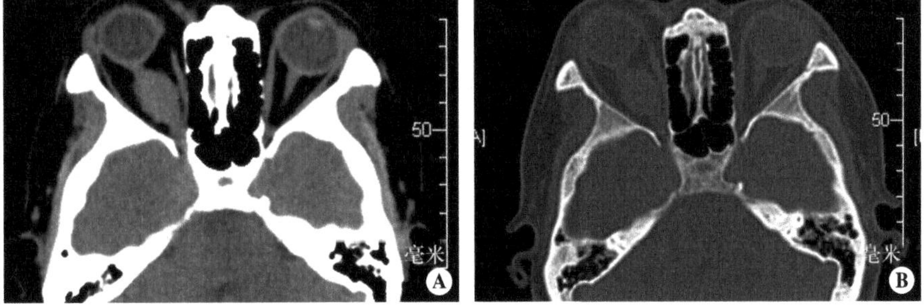

图 4-5-3　眼部横断面图像

A. 软组织窗：窗宽 200HU，窗位 50HU；B. 骨窗：窗宽 2000HU，窗位 600HU

（二）图像重组技术

1. 多平面重组 横断面、冠状面、矢状面可更好地显示眼部解剖结构、形态，如视神经在横断面、斜矢状面显示更佳（图 4-5-4）。

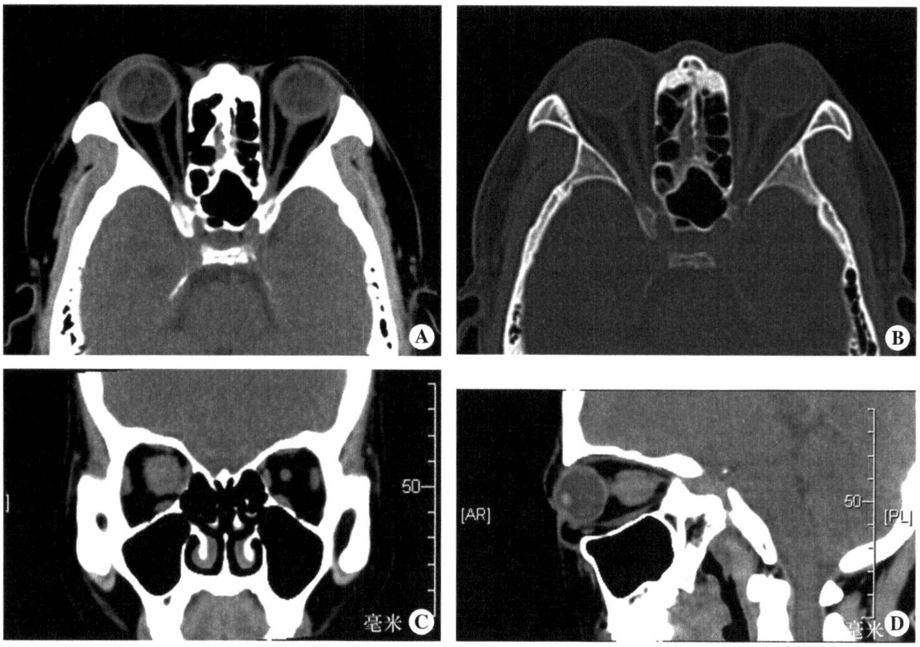

图 4-5-4 视神经肿瘤 MPR 图像

A. 眼眶横断面软组织窗；B. 眼眶横断面骨窗；C. 眼眶冠状面软组织窗；D. 眼眶斜矢状面软组织窗

2. 容积再现技术 能更好地观察眼眶骨质情况，提供精确的三维空间影像，与多平面重组相结合，可为眼部手术入路提供直观、可靠的定位图像，从而提高手术成功率。

案例 4-5-1

患者，男，30 岁，头面部爆炸伤伴疼痛流血 1h，行 CT 检查（案例图 4-5-1）。问题：眼部 CT 检查，MPR、VRT 说明什么？

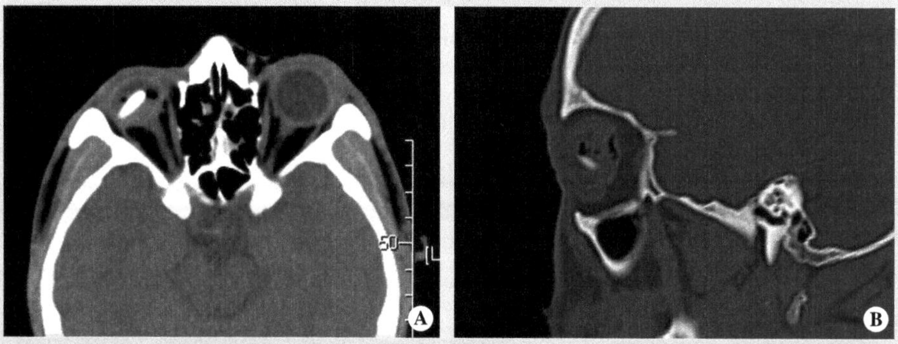

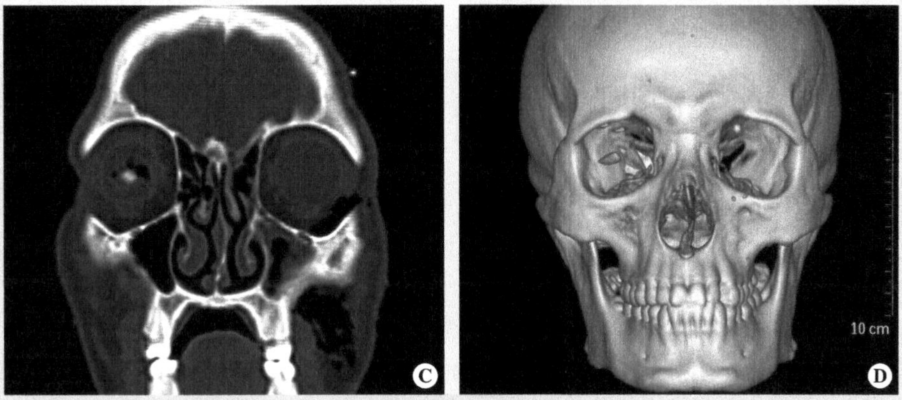

案例图 4-5-1

A. 横断面，右眼球内高密度条状影；B. 矢状面（MPR）；C. 冠状面（MPR）；D. VRT 图像

解答：MPR、VRT 显示右侧眼球破裂并眼球内积气、积血及异物存留。

（三）图像打印

眼眶内软组织病变常采用软组织算法，软组织窗、眶骨及周围骨病变选择骨算法及骨窗图像，横断面、冠状面、矢状面应相互结合，必要时可选择三维重建图像，以更好地显示眼眶周围影像。遇有病变需进行测量，标注其大小、长度、CT 值等。

（四）注意事项

（1）受检者眼球保持不转动，以免产生运动伪影、影响图像质量。

（2）眼球内异物应标注方位、与周围组织的关系。

（3）眼部组织结构对 X 线比较敏感，故不易短期行多次 CT 检查。

（4）扫描过程中应注意辐射防护，尤其注意对育龄妇女、婴幼儿的防护。

（5）增强扫描时密切观察受检者反应，遇有过敏反应发生立即停止检查，并做好相应处理。

五、相关疾病 CT 检查要点与图像质量控制

眼部肿瘤性病变、炎性病变或视神经病变需做增强检查，可使周围病变、血管等显示更清晰，有助于定位、定性诊断。图像质量控制需注意：检查前准备，尤其是检查时保持眼球不动；控制伪影，合理选择 CT 扫描参数及对比剂的合理应用等，根据临床和诊断需要进行 MPR、VRT 等图像重建。

【小结】　本节主要内容为眼部 CT 检查技术，包括临床概述、适应证；相关解剖、检查前准备；平扫与增强检查技术，扫描体位，扫描参数选择，增强对比剂用量、流速，动、静脉期时间；图像后处理技术，MPR、VRT 等。

第六节　耳部 CT 检查技术

一、临床概述与适应证

颞骨及耳部结构细微、复杂，毗邻结构众多，大部分为骨或骨气混合结构，高分辨 CT 适用于：耳部外伤，耳部炎性疾病，耳硬化症，颞骨部肿瘤及类肿瘤疾病（胆脂瘤、胆固醇肉芽肿、血管瘤、巨细胞瘤、听神经瘤、面神经瘤、外中耳癌、颞骨横纹肌肉瘤等），颞骨纤维异常增殖症、人工电子耳蜗植入术术前评估等。在显示正常解剖、诊断病变及指导手术方面均有重要价值。例如，颞骨 CT

是人工耳蜗术前评估的必不可少的检查方法，可客观地提供耳蜗内部结构、蜗窗、蜗窗龛以及手术入路和手术定位标志（如锥隆起、鼓岬等）的情况，是确定人工耳蜗手术适应证的重要依据之一。

CT 对软组织的分辨力不如 MRI，CT 和 MRI 联合应用能明显提高多数病变定性诊断的准确率。

二、相关解剖及检查前准备

（一）相关解剖

耳可分为外耳、中耳和内耳三部分。听感受器（听器）和位置觉感受器（平衡器）位于内耳；外耳和中耳是声波的传导装置，是前庭蜗器的附属器。外耳包括耳郭、外耳道和鼓膜三部；中耳由鼓室、咽鼓管、乳突窦和乳突小房组成，鼓室内含有三块听小骨，为锤骨、砧骨、镫骨，咽鼓管连通鼻咽部与鼓室，其作用是使鼓室的气压与外界的大气压相等，以保持鼓膜内、外两面的压力平衡。内耳又称迷路，全部位于颞骨岩部的骨质内，为听觉和位置觉感受器的主要部分。其形状不规则，构造复杂，可分为骨迷路和膜迷路两部。骨迷路包括耳蜗、前庭、骨半规管。膜迷路套在骨迷路内，是密闭的膜性管腔或囊；可分为位于前庭内的前庭迷路、位于骨半规管内的膜半规管和位于耳蜗内的蜗迷路。

（二）检查前准备

（1）做好解释工作，消除受检者的顾虑及紧张心理，取得其合作。

（2）核对受检者基本信息，包括姓名、性别、年龄、病史、检查部位等。

（3）检查前去除扫描区域表面（头颅表面）所有金属物及异物，以减少 X 线伪影的影响。

（4）告知受检者头部保持静止不动。不合作受检者可以采用熟睡后或给予镇静剂后检查，以防止摔伤及运动伪影的产生。

（5）需使用对比剂时，检查前禁食 4h，不需禁水，签署知情同意书，并建立静脉通道。

（6）做好受检者非被检部位和陪护人员的辐射防护。

三、平扫与增强检查技术

（一）常规平扫

耳部 CT 扫描常规采用高分辨力扫描（high resolution computed tomography，HRCT）加左右侧靶重建技术，其最大优点是具有良好的空间分辨力，可清楚显示耳部小病灶细微结构。

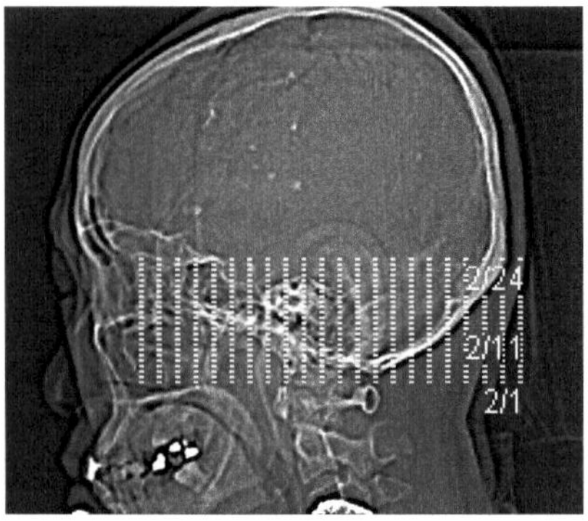

图 4-6-1　耳部定位像

【扫描体位】　横断位扫描。

受检者取仰卧位，头颅置于检查床头架内，头部正中矢状面与扫描中心线重合（体位摆正，以保证横断面影像双侧对称），以听眶线为基线，特殊情况可放宽摆位标准。

【扫描方案】　耳部扫描常规采用侧位定位像，能够观察到外耳道形态，以确定扫描范围。扫描基线为听眶线，扫描范围包括岩骨上缘至外耳道下缘（图 4-6-1）。

【扫描参数】　螺旋扫描：管电压 120～140kV，管电流量 200～250mAs。探测器采用 0.5～1.0mm，螺距 0.5～1.0。重建层厚 1.0～2.0mm，层间距 1.0～2.0mm，扫描野 200～250mm，矩阵 512×512，骨算法重建。

（二）增强扫描

耳部器官多为骨和软骨组成，增强常用 MRI 检查，一般较少采用 CT 检查。

增强扫描：常采用静脉高压团注法，碘对比剂浓度 300～350mgI/ml，用量 1.0～1.5ml/kg，注射速度 2.5～3.5ml/s；经上肢浅静脉注射对比剂，采用对比剂团注跟踪法，扫描参数同螺旋扫描方法，动脉期为 20～30s，静脉期 60～65s。

四、图像后处理技术

耳部组织器官解剖结构细微复杂，因此图像后处理技术较为复杂，常规采用靶重建技术处理，再结合 MPR、MIP、VRT 等图像后处理技术能更好地显示听小骨、前庭窗结构及面神经管走行方向。

（一）重建技术

重建技术指使用原始容积数据，经计算机采用各种特定的重建方法处理，得到横断面图像的一种技术。具体参数：重建范围、重建层厚、重建间距、显示视野、图像中心点、重建类型等。一次扫描通过不同的重建方法可以获得不同的耳部图像，使诊断信息更加丰富。

案例 4-6-1

患者，女，44 岁，突发左耳听力下降 20 天，查体：双耳外耳道光滑，无红肿，双耳鼓膜完整。CT 检查见案例图 4-6-1。问题：耳部 CT 检查诊断何病？

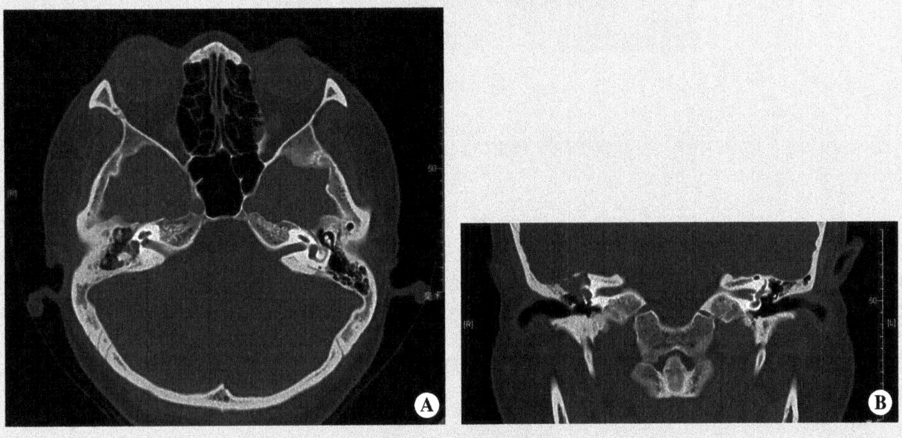

案例图 4-6-1　内耳高分辨重建及重组图像

A. 横断面重建骨窗；B. 冠状面重组骨窗

解答：临床诊断：右耳胆脂瘤性中耳炎。

为优化耳部组织结构显示，根据耳部横断面对左右侧可进行靶重建。具体方法：以两侧听小骨为中心，采用小视野 120mm，左右两侧分别重建，靶重建可清晰显示外耳道、鼓室、耳蜗导管、鼓膜、咽鼓管、颈动脉管、蜂窝状乳突气房、乙状窦、前庭窗、听小骨等。

（二）窗口技术

耳部颞骨骨窗：窗宽 1500～3000HU，窗位 400～600HU；软组织窗：窗宽 200～400HU，窗位 35～50HU。为便于耳部器官的显示，不论是骨窗还是软组织窗，窗宽、窗位的调节范围较大。

（三）图像重组技术

1. 多平面重组　横断面、冠状面、矢状面可更好地显示耳部解剖结构、形态。

案例 4-6-2

患者，男，54 岁，右耳流脓 3 个月，右耳外耳道可见脓性分泌物，鼓膜完整、充血。CT 检查见案例图 4-6-2。问题：耳部 CT 检查诊断何病，MPR 有哪些？

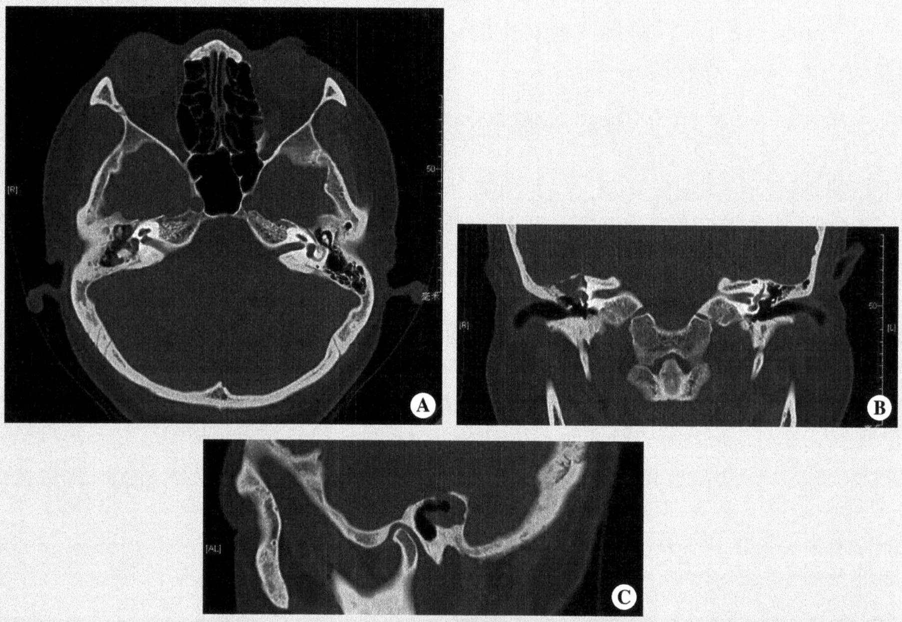

案例图 4-6-2

解答： 临床诊断：右侧中耳乳突炎症并胆脂瘤。MPR 有横断面（A 图）、冠状面（B 图）、矢状面（C 图）等。

2. 最大密度投影 可显示听骨链，最小密度投影（minimum intensity projection，MinIP）可显示内耳迷路三维图像。

3. 容积再现技术 能更好地观察骨质情况，如听骨链。

4. CT 仿真内镜（CT virtual endoscopy，CTVE） 可显示鼓室及骨迷路内腔。

（四）图像打印

耳部组织结构多为骨及软骨组成，常规用骨算法、骨窗图像打印，以横断面及冠状面为主，必要时可以靶重建图像，以提高图像质量。遇有病变需进行测量，标注其大小、长度、CT 值等。

（五）注意事项

（1）扫描体位要保证双侧对称。

（2）耳部靶重建图像较好，打印采用骨窗，以横断面及冠状面为主。

（3）耳部增强扫描时如发现病变累及颅内，应立即进行全颅扫描，防止遗漏耳部之外的病变。

（4）扫描过程中应注意辐射防护，尤其注意对育龄妇女、婴幼儿的防护。

（5）增强扫描时密切观察受检者反应，遇有过敏反应发生立即停止检查，并做好相应处理。

五、相关疾病 CT 检查要点与图像质量控制

耳部首选 CT 检查，因 CT 分辨力较高，对耳部炎症、肿瘤、外伤等组织结构显示清晰，在诊断方面有重要价值，对手术治疗提供重要依据，耳部检查常规需要进行 MPR、MIP、MinIP、VRT 等图像重建。图像质量控制需注意：检查前准备，控制伪影，合理选择 CT 扫描参数及对比剂的合理应用等。

【小结】 本节主要内容为耳部 CT 检查技术，包括临床概述、适应证；相关解剖、检查前准

备；平扫与增强检查技术，扫描体位，扫描方案，扫描参数选择，增强对比剂用量、流速，动、静脉期时间；图像后处理技术，MPR、VRT 等。

第七节　鼻与鼻窦 CT 检查技术

一、临床概述与适应证

鼻与鼻窦 CT 检查可直接显示骨和软组织及鼻旁窦周围的结构，显示的结构清楚、细致，对病变的部位和范围定位诊断准确全面，依据增强前后密度改变评估病变血供情况，对病变的定性诊断亦有很大帮助。适应证：鼻和鼻旁窦外伤（鼻骨骨折、鼻旁窦骨折等）、炎性病变、先天性疾病、良恶性肿瘤及囊肿等，特别是在疑有恶性肿瘤性病变时，可用 CT 确定肿瘤所累及的范围，决定采用何种治疗（手术、放疗或化疗），观察肿瘤对治疗的反应及确定肿瘤有无复发等具有重要意义。

二、相关解剖及检查前准备

（一）相关解剖

鼻包括外鼻、鼻腔和鼻旁窦三部分，它既是呼吸道的起始部，又是嗅觉器官。外鼻以鼻骨和软骨为支架，分为骨部和软骨部。鼻腔呈梨形，由鼻中隔分为左、右两半，每半侧鼻腔又分为鼻前庭和固有鼻腔，鼻中隔位置通常偏向一侧，其前下方血管丰富、位置浅表，外伤与干燥刺激均易引起出血。90%左右的鼻出血均发生于此区，故称为易出血区，即 Little 区或 Kiesselbach 区。鼻腔外侧壁自上而下可见上、中、下三个鼻甲突向鼻腔，上鼻甲与中鼻甲之间为上鼻道，中鼻甲与下鼻甲之间为中鼻道，下鼻甲下方为下鼻道。鼻旁窦是鼻腔周围含气颅骨开口于鼻腔的含气空腔，鼻旁窦有 4 对，左右对称排列，分别称额窦、筛窦、上颌窦和蝶窦，能温暖与湿润空气，对发音产生共鸣。

（二）检查前准备

（1）做好解释工作，消除受检者的顾虑及紧张心理，取得其合作。

（2）核对受检者基本信息，包括姓名、性别、年龄、病史、检查部位等。

（3）检查前去除扫描区域表面（头颅表面）所有金属物及异物，以减少 X 线伪影的影响。

（4）告知受检者头部保持静止不动。不合作受检者可以在熟睡后或给予镇静剂后检查，以防止摔伤及运动伪影的产生。

（5）需使用对比剂时，检查前禁食 4h，不需禁水，签署知情同意书，并建立静脉通道。

（6）做好受检者非被检部位和陪护人员的辐射防护。

三、鼻与鼻窦平扫与增强检查技术

（一）常规平扫

【扫描体位】

1. 横断位扫描　受检者取仰卧位，头颅置于检查床头架内，头部正中矢状面与扫描中心线重合（体位摆正，以保证横断面影像双侧对称），以听眶线为基线，特殊情况可放宽摆位标准。

2. 冠状位扫描　有两种检查体位：①仰卧位，头颅过度后伸向下悬吊于专用的冠状扫描头架内；②俯卧位，下颌尽量前伸，头后仰，两手平放于扫描床上。

两种方法均应注意头颅中心线位于正中，两侧对称，以垂直听眶线为基线。

【扫描方案】

1. 横断位扫描　采用侧位定位像，侧位像能够观察到鼻骨、额窦与上颌窦形态，以确定鼻与鼻窦扫描范围。扫描范围：鼻包括鼻根至鼻尖，鼻窦包括额窦上缘至硬腭。扫描基线为听眶线。

2. 冠状位扫描 采用头颅侧位定位像，鼻扫描范围为鼻骨前缘至泪骨，扫描基线平行于鼻骨长轴。鼻窦扫描范围从额窦前壁至蝶窦后壁，或以病变为中心确定范围。扫描基线垂直听眶线（或者平行于硬腭的垂线），可适当倾斜机架角度（64 层及以下 CT 机型适用）。

【扫描参数】 螺旋扫描或非螺旋扫描：管电压 120～140kV，管电流量 200～250mAs。探测器采用 0.5～1.0mm，螺距 0.5～1.0。重建层厚 2～5mm，层间距 2～5mm，扫描野 200～250mm，矩阵 512×512，骨算法与软组织算法重建（图 4-7-1）。

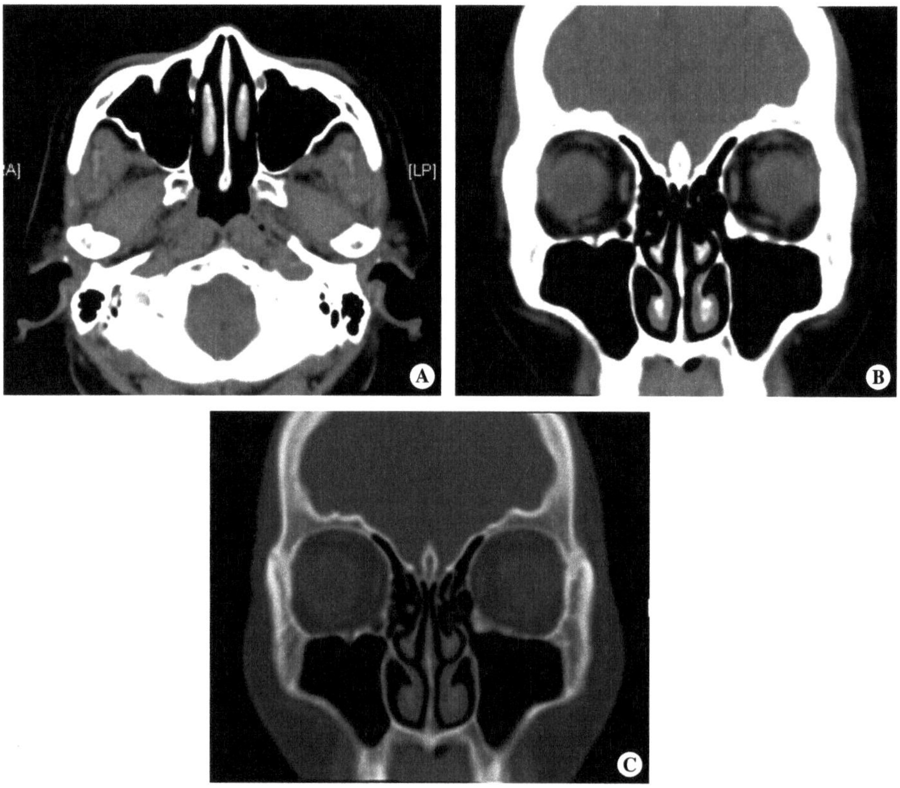

图 4-7-1 鼻窦平扫

A. 横断面软组织窗；B. 冠状面软组织窗；C. 冠状面骨窗

（二）增强扫描

常采用静脉高压团注法，碘对比剂浓度 300～350mgI/ml，用量 1.0～1.5ml/kg，注射速度 2.5～3.5ml/s；经上肢浅静脉注射对比剂，采用对比剂团注跟踪法，扫描参数同螺旋扫描方法，动脉期为 20～30s，静脉期 50～70s。

案例 4-7-1

患者，男，54 岁，诊断“右侧上颌窦癌”20 余天，外院手术；病理：右侧上颌窦。鼻腔鳞状细胞癌，低分化。行 CT 检查示：右上颌窦癌治疗后改变，多发骨质破坏。临床诊断：右侧上颌窦鳞状细胞癌（T4NOMO Ⅳ期）（案例图 4-7-1）。问题：鼻窦 CT 横断位扫描范围？

解答： 鼻窦 CT 横断位扫描范围是额窦上缘至硬腭。

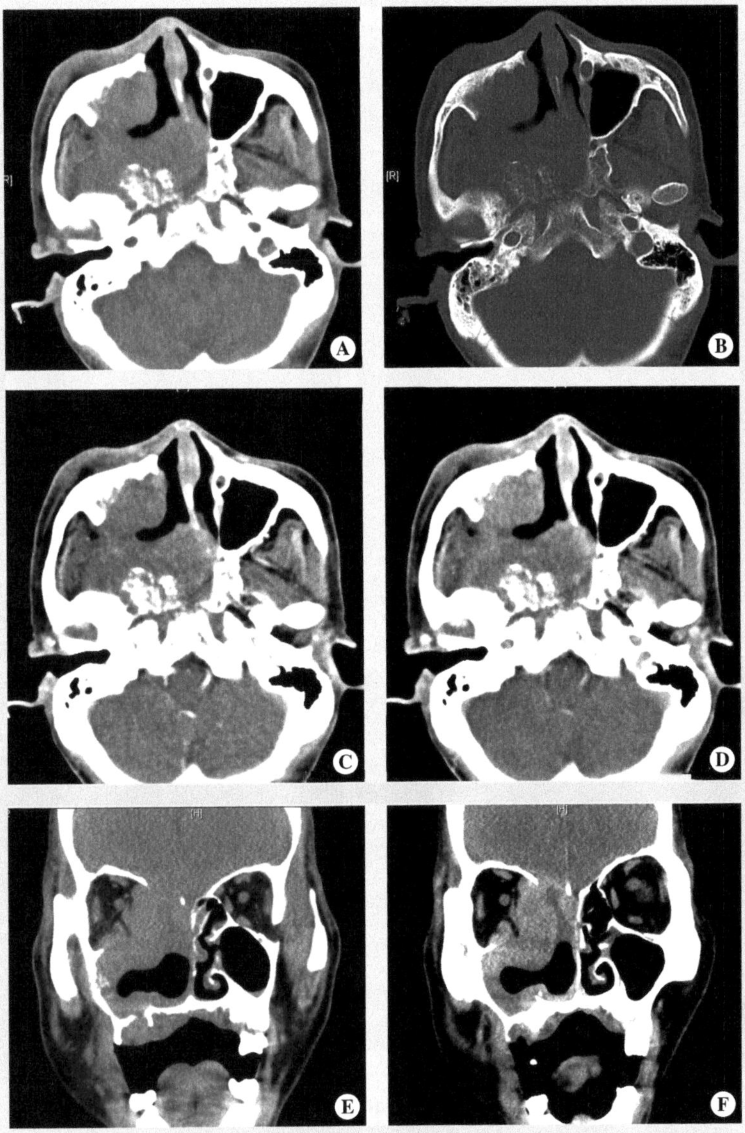

案例图 4-7-1 鼻窦平扫图像

A. 横断面软组织窗；B. 横断面骨窗；C. 动脉期横断面；D. 静脉期横断面；E. 冠状面软组织窗；F. 增强冠状面

四、图像后处理技术

（一）窗口技术

鼻与鼻窦窗口技术参数：软组织窗窗宽 200～400HU，窗位 40～50HU，骨窗窗宽 2000～3000HU，窗位 500～700HU；观察蝶窦、筛板及额窦有无分隔时，需调至窗宽 2000～3000HU，窗位−200～100HU。

（二）图像重组技术

1. 多平面重组 可进行冠状面、矢状面和任意角度斜位层面的重组，鼻骨冠状位需平行鼻骨走行方向，更好地观察鼻骨解剖结构。

2. 容积再现技术（VRT） 能更好地观察骨质情况，如上颌骨、鼻骨等。

案例 4-7-2

患者，男，16 岁，车祸伤致全身多处外伤伴疼痛、颌面部流血 5h，CT 检查示双侧额窦前后壁、右眼眶上壁、左眼眶外侧壁，筛窦筛板、右侧上颌窦内侧壁、左侧上颌窦前内外侧壁、鼻骨、鼻中隔、右侧下颌骨髁突、左侧下颌体骨折；全组鼻旁窦积血；左侧额颞部、右侧额颞顶部、颌面部软组织肿胀、积气。临床诊断：颌面部多发骨折。术后 26 天后复查 CT（案例图 4-7-2）。问题：鼻与鼻窦 CT 图像重组技术有哪些？

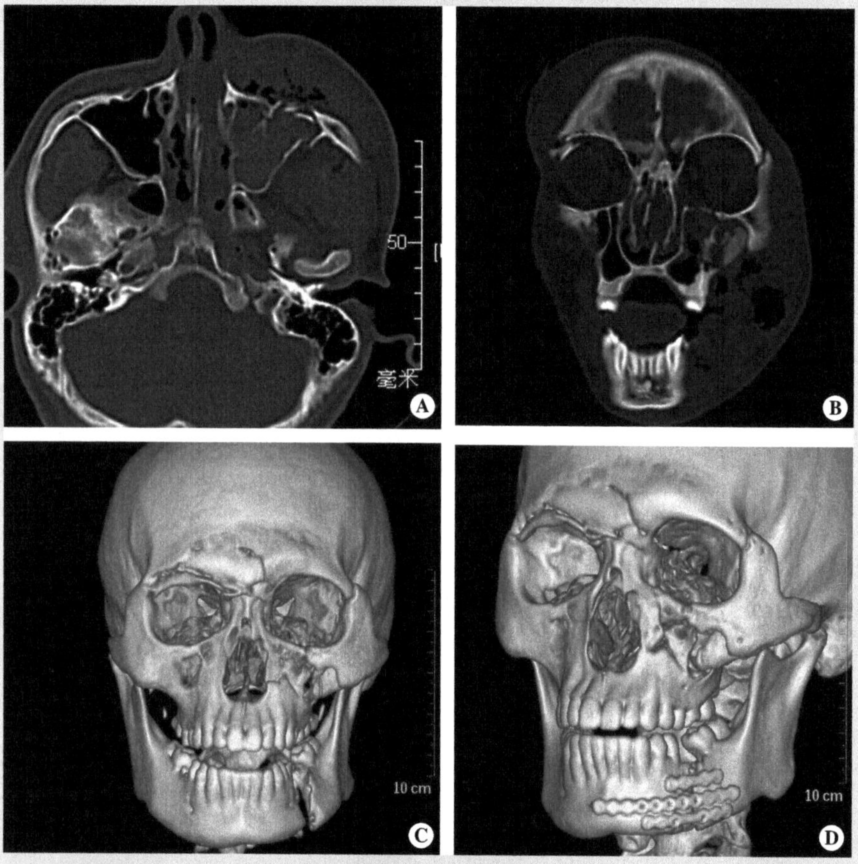

案例图 4-7-2

A. 横断面骨窗；B. 冠状面骨窗；C. 术前 VRT；D. 下颌骨钢板内固定术后 26 天复查 VRT 图像

解答：理解各种图像重组技术在疾病诊断中的重要意义。

案例 4-7-3

患者，男，74 岁，反复右耳痛 5 月余，加重 2 月余，右颈部扪及一肿物，无压痛，并逐渐增大，CT 增强检查示鼻咽右侧壁强化团块影，考虑鼻咽癌。临床病理提示：（右鼻咽部）非角化性癌，未分化型。问题：鼻与鼻窦 CT 检查（案例图 4-7-3）软组织窗窗宽、窗位是多少？

解答：诊断：右侧非角化性鼻咽癌。鼻与鼻窦软组织窗窗宽 200～400HU，窗位 40～50HU。

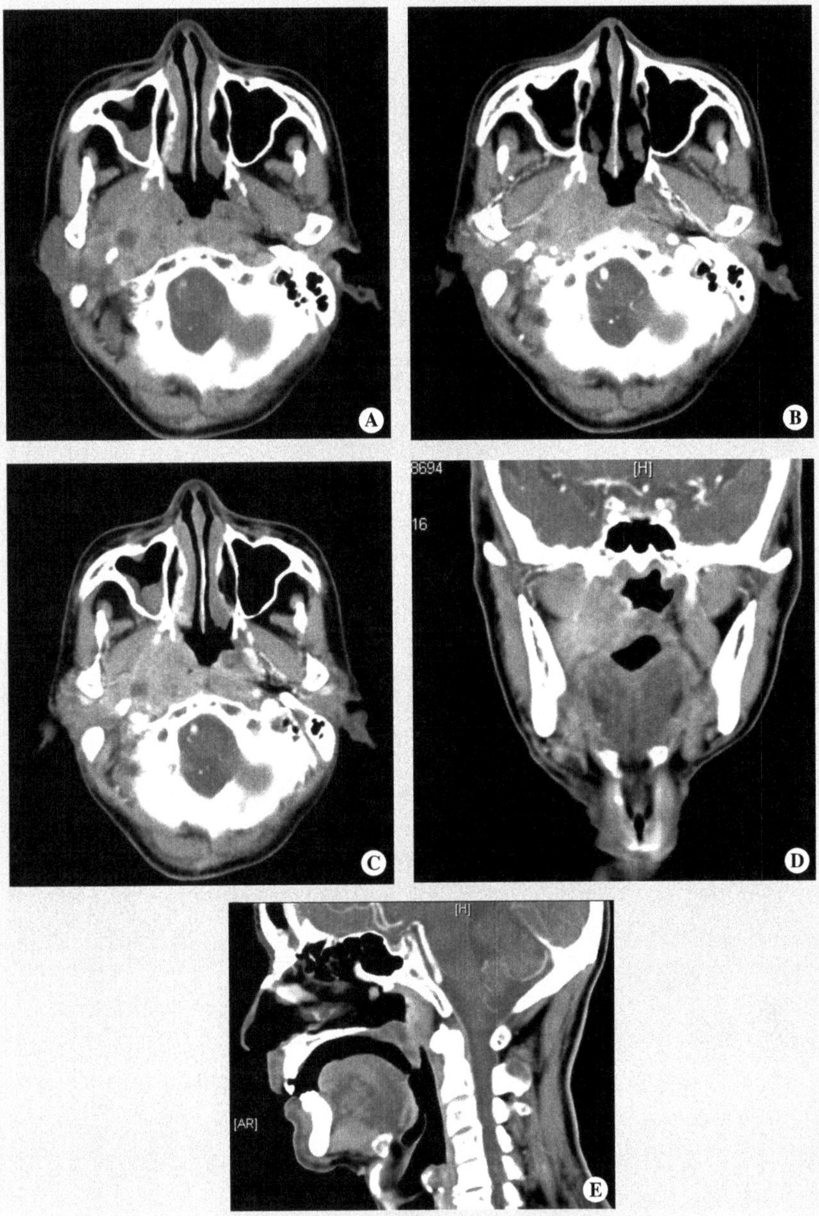

案例图 4-7-3

A. 鼻窦平扫横断面；B. 动脉期；C. 静脉期；D. 增强冠状面；E. 增强矢状面

（三）图像打印

常规采用软组织窗和骨窗，首先包含定位像，以横断面和冠状面为主，必要时可选择三维重组图像，以更好地显示鼻、鼻窦周围情况。遇有病变需进行测量，标注其大小、长度、CT值等。

（四）注意事项

（1）扫描体位保持两侧对称。

（2）常规应行软组织及骨算法重建，疑脑脊液鼻漏时应薄层扫描，冠、矢状面重建。

（3）扫描过程中应注意辐射防护，尤其注意对育龄妇女、婴幼儿的防护。

（4）增强扫描时密切观察受检者反应，遇有过敏反应发生时立即停止检查，并做好相应处理。

五、相关疾病CT检查要点与图像质量控制

CT作为鼻和鼻窦首选影像学检查方法，能更直观地显示组织结构、形态，对外伤、炎性病变、肿瘤及囊肿等有重要诊断价值。根据临床和诊断需要可以进行MPR、VRT等图像重建，图像质量控制需注意：检查前准备、控制伪影、合理选择CT扫描参数及对比剂的合理应用等。

【小结】 本节主要内容为鼻与鼻窦CT检查技术，包括临床概述、适应证；相关解剖、检查前准备；平扫与增强检查技术，扫描体位，扫描方案，扫描参数选择，增强对比剂用量、流速，动、静脉期时间；图像后处理技术，MPR、VRT等。

第八节 口腔颌面部CT检查技术

一、临床概述与适应证

本节内容涉及口腔、口咽、涎腺、上下颌骨、颞下窝及颞下颌关节等部位和结构的相关疾病。

口腔、口咽、涎腺等部位的良、恶性肿瘤和肿瘤样病变，对于范围较大、中心坏死或血供丰富的软组织病变，CT检查具有一定的诊断价值，尤其对于进展期的恶性肿瘤，在了解骨质受侵犯和颈部淋巴结转移等情况时，CT是主要的影像学检查方法。

颌面部外伤所致的骨折在临床上比较常见，CT检查快速、可靠，可作为首选的影像手段；随着三维重建技术的应用，CT已成为颌面部整形术前评估和手术设计的一种重要检查方法。

二、相关解剖及检查前准备

（一）相关解剖

口腔颌面部是在临床医学的发展进程中，随着口腔颌面外科学的兴起而出现的应用解剖分区。系统解剖学中，通常以眶上缘与外耳门的连线将头颅分为上部的脑颅和下部的颌面部。临床实际应用中，CT检查在该连线以下扫描得到的颌面部横断图像包括颅底、颞骨和耳、鼻和鼻窦、眼眶、口腔、鼻咽、口咽、涎腺、面颅诸骨与颞下颌关节等解剖结构。

（二）检查前准备

嘱受检者去除头颈部饰物及扫描范围内其他可能干扰图像的高密度异物（如活动义齿）；做好解释工作，消除受检者的紧张心理，取得受检者配合；对不能配合的患者，检查前应予以药物镇静；嘱受检者在扫描过程中头颈部保持不动，不要做吞咽动作；增强扫描者检查前建立静脉通道，签署注射对比剂知情同意书；用铅围裙遮盖非检查部位。

三、平扫与增强检查技术

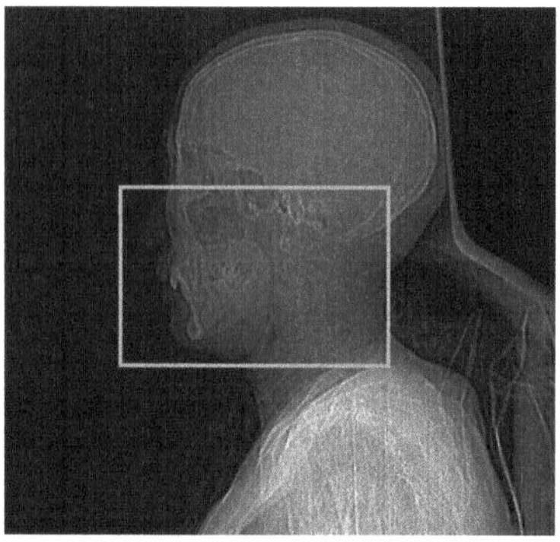

图4-8-1 口腔颌面部扫描范围示意图

1. 扫描体位 受检者仰卧于检查床上，头置于头托架内，下颌内收，听眶线与检查床面垂直，头颈部正中矢状面与纵向定位线重合，瞳间线与横向定位线平行，水平定位线齐耳平。

2. 定位扫描 范围从眉弓至颈静脉切迹水平，一般采用侧位定位像，必要时取正侧位双定位像。

3. 扫描范围与基线 非螺旋扫描，横断面基线与听眶线平行，冠状面基线与听眶线垂直；螺旋扫描无须倾斜机架，重组基线参照非螺旋扫描基线。扫描范围从舌骨水平（相当于第4颈椎下缘）至眶下缘，或以病变为中心确定范围（图4-8-1）。

4. 扫描参数 管电压为 110～130kV，管电流量为 200～300mAs 或自动管电流调制技术。非螺旋扫描，层厚 3～5mm。重建视野为 200～250mm，重建矩阵 512×512。颞下颌关节扫描，扫描/重建层厚 1～2mm，扫描/重建间距 1～2mm，其余参数同前。

5. 增强扫描 对于口腔颌面部脓肿、血管性病变、软组织肿瘤或肿瘤样病变，应考虑进行 CT 增强扫描。扫描技术参数参考平扫。对比剂注射方案：碘对比剂浓度 270～350mgI/ml，总量 0.8～1.2ml/kg，注射速度 3.0ml/s。

案例 4-8-1

患者，男，67 岁，因颈部肿物入院，行颌面部 CT 平扫，检查所见：左侧腮腺区见类圆形稍高密度影，CT 值约 43HU，大小约 2.5cm×1.8cm，边缘光滑，与周围分界较清（案例图 4-8-1）。问题：初步诊断是什么病？

解答：左侧腮腺区占位性病变，考虑良性可能性大，不除外多形性腺瘤。

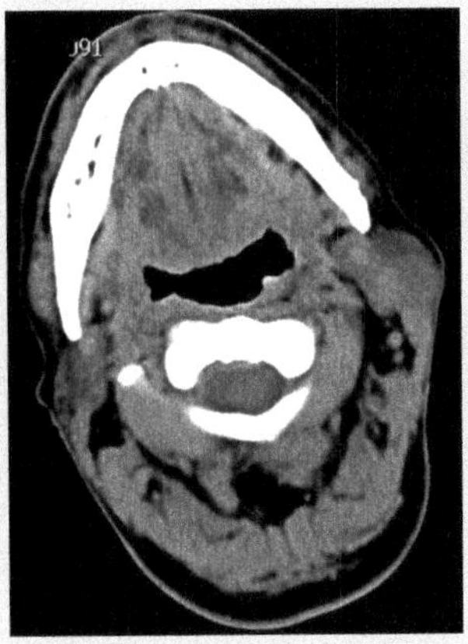

案例图 4-8-1

四、图像后处理技术

（一）窗口技术

口腔颌面部软组织病变的显示，采用软组织窗，窗宽 300～400HU，窗位 35～40HU，增强后可适当调高窗位至 50～80HU；对颌面部外伤的观察，采用骨窗，窗宽 1500～2000HU，窗位 300～400HU；必要时多种窗技术观察病灶。

（二）三维重建技术

口腔颌面部解剖结构复杂，组织重叠较多，三维重建技术是对横断图像的有效补充，有利于明确该区域病灶的空间定位，了解病变的累及范围。口腔颌面部 CT 检查常用的后处理方法：MPR 和 VRT 等。

1. MPR 在多层 CT 中，MPR 技术通常作为常规后处理方法，用来对口腔颌面部成像范围或感兴趣区进行冠状面或矢状面的批量的连续重组成像，重组基线、重组层厚与间距均可参考横断面图像（图 4-8-2）；口腔颌面部的肿瘤常可累及眼眶、鼻腔、上颌窦、颞下窝及颅底等部位，MPR 技术的多方位成像有助于了解病变与翼腭窝、神经管、颅底裂孔等重要解剖结构的毗邻关系，对疾病诊断及制订手术方案、计划有重要意义。

2. VRT VRT 常用于颌面部骨性结构的三维立体显示，如颌面部骨折、肿瘤侵犯骨质等，可以多角度多方位成像（图 4-8-3）。必要时行层块的 VRT 重组成像或适当裁剪图像，以显露被遮挡的目标结构。VR 图像能清晰立体显示骨折的部位形态、骨折线的长度走向、骨折移位距离以及骨折处毗邻的复杂空间关系，为治疗方案的制订提供重要的影像信息。

五、相关疾病的 CT 检查要点与图像质量控制

来自涎腺、舌、口腔、口咽以及颌骨的炎性、肿瘤性及肿瘤样等软组织病变，扫描时曝光条件应适当增加，以保证足够密度分辨力，提高软组织对比。考虑恶性肿瘤时，增强扫描应加大扫描范

围，上界包括颅底，下界达颈静脉切迹，以便于判断肿瘤的分期和治疗计划的选择。在图像后处理方面：观察颈部淋巴结时，以沿颈动脉走行的斜冠状面重组成像为主；观察舌体、软腭、会厌、口咽后壁等结构时，以正中矢状面重组成像为主。

【小结】 本节主要内容为口腔颌面部CT检查的临床概述及适应证、相关解剖、检查前准备，重点介绍了口腔颌面部CT的常用检查技术，即常规平扫及增强。难点是图像后处理技术，包括常规的图像重建和重组，MPR、VRT等常用三维图像重组技术。此外，还介绍了口腔颌面部CT检查要点与图像质量控制。

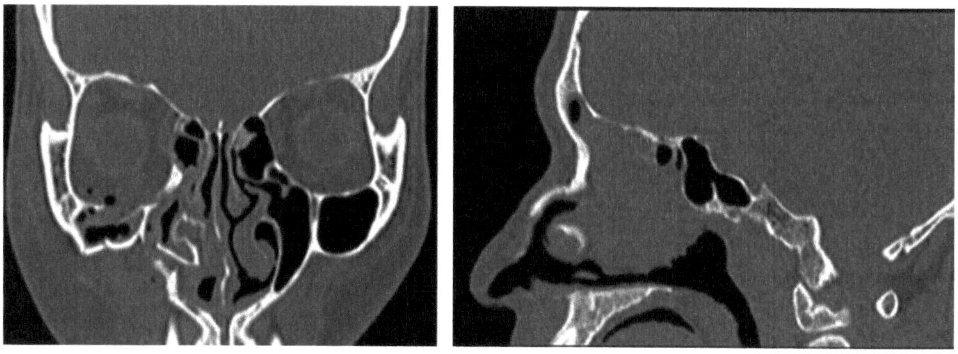

图 4-8-2 颌面部 MPR 图

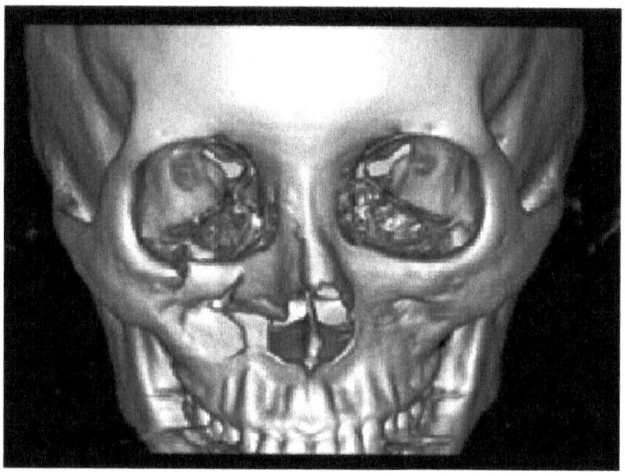

图 4-8-3 颌面部 VRT 图

第九节 咽喉部 CT 检查技术

一、临床概述与适应证

咽喉部CT检查通常包括鼻咽与口咽、喉、食管上部、颈部血管以及软组织等部位和结构的相关疾病。

咽、喉与颈部软组织等结构的良、恶性肿瘤和肿瘤样病变，因MRI在软组织成像上的优势，且无电离辐射，理论上MRI检查应作为首先考虑的影像学检查手段。但实际上，由于肿块造成的呼吸困难和吞咽动作，图像容易出现影响诊断的运动伪影，而CT因成像速度快，常作为检查颈部良、恶性肿瘤和肿瘤样病变的基本影像学方法。对于进展期的恶性肿瘤，在显示骨与软骨的侵蚀破坏方面，CT优于MRI。

CT检查对咽喉部异物，无论是不透X线还是透X线，只要存在一定的密度差异，CT检查均可显示，多层CT的应用更是提高了对细小异物的显示能力，且能行多方位成像，有助于异物的精确定位和了解异物与周围重要结构（如颈动脉）的关系。

二、相关解剖及检查前准备

（一）相关解剖

咽位于第 1～6 颈椎前方，为上宽下窄、前后略扁的漏斗形肌性管道，咽上方固定于颅底，向下续于食管。咽有前后壁及侧壁，后壁连于椎前筋膜，侧壁起于茎突并与颈部大血管和甲状腺侧叶等毗邻，前壁不完整，自上向下分别通入鼻腔、口腔和喉腔。喉位于颈前部中份，上与舌骨相连，下与气管相通，喉前面被舌骨下肌群覆盖，后方紧邻咽，喉的活动性较大，可随吞咽或发音而上、下移动。

（二）检查前准备

咽喉部 CT 检查前的相关准备：

（1）去除受检者耳环、发夹、义齿等金属物品。

（2）要求受检者在扫描过程中保持头颈部不动，不能做吞咽动作，对不合作的受检者可采用药物镇静。

（3）外伤受检者出血较多时，必须经临床对症处理后才行 CT 检查。

（4）做好受检者非检查部位和陪护人员的辐射防护。

三、平扫与增强检查技术

1. 扫描体位　受检者取仰卧位，使听眦线与床面垂直，两外耳孔与床面等距，正中矢状面与床面中线重合。

2. 定位扫描　定位扫描范围从眉弓至胸骨角，一般采用侧位定位像，必要时取正侧位双定位像。

3. 扫描范围　扫描基线分别与咽部或喉室平行。喉部和下咽扫描范围从会厌上缘至第 6 颈椎下缘（图 4-9-1A）；甲状腺扫描范围从第 3 颈椎下缘至第 7 颈椎下缘，胸内甲状腺的下界也可能到达主动脉弓水平；完整的咽喉部扫描范围从颞骨岩部上缘至胸骨颈静脉切迹（图 4-9-1B），也可根据实际情况在咽喉部病变处行局部范围的扫描。扫描范围依检查部位而定：鼻咽部从鞍底至硬腭平面，口咽部从硬腭至会厌游离缘，喉咽部从会厌游离缘或舌骨平面至环状软骨下缘，喉部从舌骨平面至环状软骨下 1cm。若发现肿瘤可扫描至颈根部，以了解淋巴结受累情况。

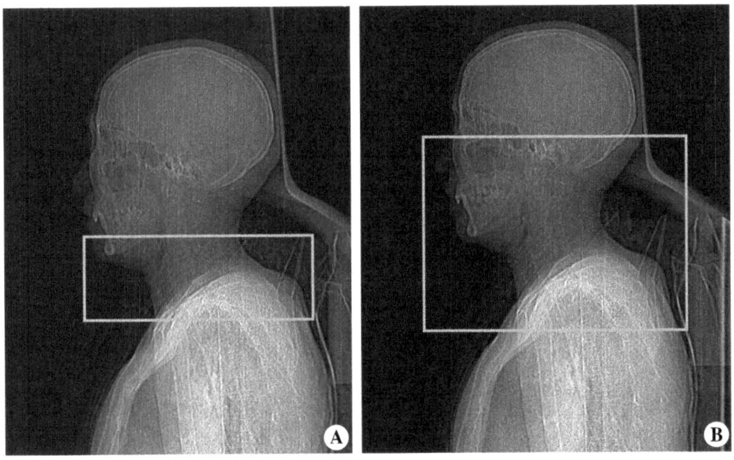

图 4-9-1　咽喉部扫描范围示意图

A. 下咽与喉的扫描范围；B. 完整的咽喉部扫描范围

4. 扫描参数　管电压 120～130kV，管电流量 150～300mAs，推荐使用自动智能毫安技术。采集层厚为 1.0mm，范围较大的病变，重建层厚 5～10mm，重建间隔 5～10mm；较小病变与声门区结构的显示，重建层厚 2～3mm，重建间隔 2～3mm。重建视野为 200～300mm，重建矩阵 512×512。

5. 增强扫描 考虑咽喉部感染性病变，肿瘤或肿瘤样病变时，应进行 CT 增强扫描。扫描技术参数参考平扫，怀疑恶性肿瘤应扫描完整的颈部范围。对比剂注射方案：碘对比剂浓度 270～350mgI/ml，总量 0.8～1.2ml/kg，注射速度 3.0ml/s。严重的甲状腺功能亢进患者，禁用碘对比剂行增强扫描。

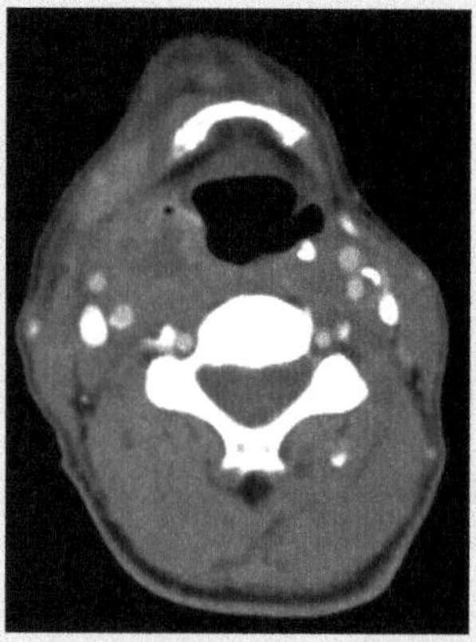

案例图 4-9-1

案例 4-9-1

患者，男，61 岁，自述 7 天前咽喉疼痛伴低热（37.8℃），否认颈部手术史。临床诊断：慢性咽炎，行咽喉部 CT 一期增强。检查所见：口咽及喉咽右侧壁软组织增厚，不均匀强化，其内可见斑片状低密度影及气体影，边缘明显强化，大小约 2.1cm×2.0cm，右侧梨状窝受压变浅（案例图 4-9-1）。问题：初步诊断是什么病?

解答： 口咽及喉咽右侧壁肿物。

四、图像后处理技术

1. 窗口技术 软组织窗窗宽 350～400HU，窗位 35～40HU。咽喉部外伤、肿瘤侵犯骨组织时需用骨窗显示，骨窗窗宽 2500～3000HU，窗位 350～550 HU。必要时多种窗口技术观察病灶。

2. 三维重建技术 咽喉部解剖结构，如喉、鼻咽、口咽、气管、颈部动静脉与淋巴结等，大致在人体长轴方向上走行。因此，一般情况下，应尽可能利用薄层横断图像，对咽喉部结构和病变行冠、矢状面上的三维重组观察和显示，有助于病变的精确定位和治疗计划的合理制订。

MPR 技术：是咽喉部软组织病变最为常用的后处理方法，一般以冠状面和矢状面重组为主（图 4-9-2）。通常会生成连续的冠、矢状面图像，冠状面重组基线与第 3～4 颈椎椎体后缘连线平行，矢状面重组基线与冠状面上的喉腔气道平行，重组层厚与间距均可参考横断面图像。

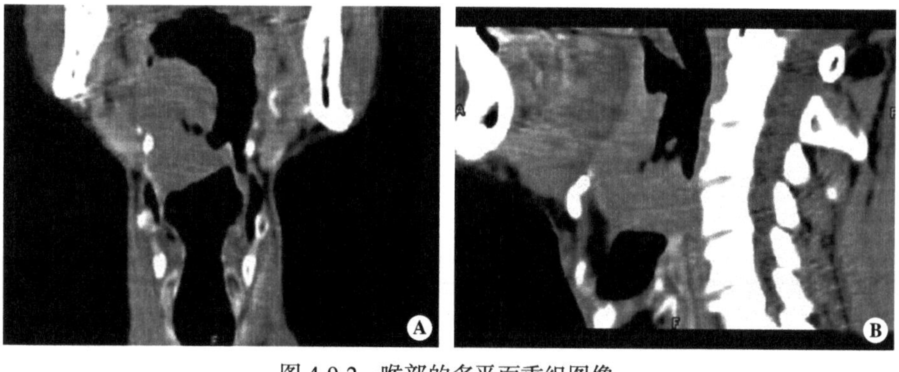

图 4-9-2 喉部的多平面重组图像

A. 冠状面重组；B. 矢状面重组

五、相关疾病的 CT 检查要点与图像质量控制

咽喉部上连头颅、下接躯干，结构密度差异大，体层厚度变化大，X 线透过该区域后衰减差异

显著。若使用恒定的管电流较小，颈肩交界部会产生严重的条状伪影，影响正常结构的观察和病变的显示；咽喉部的辐射敏感器官为甲状腺，若使用过大的管电流，可能会增加患者所受的辐射剂量。因此，只要设备具有自动管电流调节功能，均建议常规开启此功能，以降低辐射致癌风险，改善图像质量。还应充分利用高端 CT 的此类先进技术，如自适应性降噪声算法、迭代重建算法等。

【小结】 本节主要内容为咽喉部 CT 检查的临床概述及适应证、相关解剖、检查前准备，重点介绍了咽喉部 CT 的常用检查技术，包括常规平扫及增强。难点是图像后处理技术，包括常规的图像重建和重组、三维图像重组技术等。此外还介绍了咽喉部 CT 检查要点与图像质量控制。

第十节 颈部 CT 检查技术

一、临床概述与适应证

（一）临床概述

CT 是颈部的主要影像学检查手段，CT 较高的空间分辨力及密度分辨力对喉部肿瘤、甲状腺肿瘤、颈部肿块等病变有较好的定位、定性能力。颈椎 CT 检查在颈椎退行性疾病及颈椎损伤等方面有很高的实用价值。高分辨的 CT 能清楚显示脊椎的形态、结构、椎间盘病变、韧带钙化及黄韧带肥厚，也能较清楚显示颈神经根及脊髓的形态、结构。

（二）适应证

（1）颈部感染性病变，包括位于颈部各个间隙的各种特异性和非特异性感染。

（2）颈部囊肿和肿瘤，包括位于颈部各个间隙的良性肿瘤和恶性肿瘤。

（3）甲状腺病变，包括囊肿、良性肿瘤、恶性肿瘤、弥漫性甲状腺肿、结节性甲状腺肿。

（4）颈椎退行性疾病和外伤性病变。

（5）血管性病变，如颈总动脉狭窄或扩张、颈动脉体瘤、动脉畸形及大血管栓塞等。

二、相关解剖及检查前准备

（一）相关解剖

颈部的上界以下颌骨下缘、下颌角、乳突尖、上项线和枕外隆凸的连线与头部分界；下界以胸骨的颈静脉切迹、胸锁关节、锁骨上缘和肩峰至第 7 颈椎棘突的连线与胸部和上肢分界。标志性结构有舌骨、甲状软骨、环状软骨、颈动脉结节、胸锁乳突肌、锁骨上大窝、胸骨上窝。以胸锁乳突肌为界将颈部分为颈前三角及颈后三角。颈前三角由下颌骨下缘之下至胸锁乳突肌之前，颈后三角为胸锁乳突肌后缘至斜方肌，下缘为锁骨。

颈部筋膜分为颈浅筋膜和颈深筋膜，颈深筋膜的延伸将颈部结构分成许多间隙。筋膜在正常 CT 影像上不能显示，但在横断面上可清楚显示各间隙的主要内容，为病变定位提供准确依据。

（二）检查前准备

1. 平扫准备

（1）认真阅读申请单，明确检查部位，了解检查目的和要求。

（2）去除头颈部所有金属饰物及可能影响 X 线穿透力的物品。

（3）若有活动义齿应去除。

（4）扫描中受检者体位须保持不动，婴幼儿及不配合成人可给予镇静。

（5）向受检者说明检查中可能出现的情况，消除受检者紧张心理。

（6）嘱受检者在扫描时避免吞咽动作。

（7）做好受检者非被检部位和陪护人员的辐射防护。

2. 增强准备

（1）签署对比剂过敏反应告知书，并由护理人员建立静脉通道。

（2）需禁食 4h 以上，不需禁水。

（3）增强扫描时密切观察受检者，如出现过敏反应应立即停止检查，并按照对比剂过敏反应处理原则积极配合护士和临床医师进行抢救。

（4）其他同常规平扫。

三、平扫与增强检查技术

（一）常规平扫

1. 体位 仰卧位，头稍后仰，使颈部与床面平行，同时两肩放松，两上臂置于身体两侧，两外耳孔与床面等距。

2. 扫描范围 甲状腺扫描范围从第 5 颈椎下缘至第 1 胸椎。喉部扫描范围从第 4 颈椎向下扫描，或直接对准喉结扫描。鼻咽部扫描范围从海绵窦至口咽部。

3. 扫描参数 行螺旋扫描，螺距 0.600～1.000，管电压 120kV，有效管电流量 200mAs，矩阵 512×512，软组织算法，最薄层厚无间隔重建。

（二）增强扫描

体位、扫描范围、扫描参数同颈部平扫，对比剂用量成人 60.0～80.0ml，儿童为 2.0ml/kg。注射速度为 2.5～3.0ml/s，延迟扫描时间 35～40s。

四、CTA 检查技术

（一）体位

仰卧位，头后仰，使下颌支与扫描床面垂直。

（二）扫描范围

在颈部侧位定位像上，设定从主动脉弓上缘至颅底的扫描区域。

（三）扫描参数

常规螺旋扫描，管电压 120kV，有效管电流量 200mAs，矩阵 512×512，采集层厚 0.6～1.0mm，重建层厚 1.0mm，层间距 0.6～1.0mm。

（四）注射方案

对比剂注射流速为 4.0～5.0ml/s，对比剂注射完毕后再以相同流速注射生理盐水 20.0～30.0ml，延迟时间 15～18s。

五、图像后处理技术

（一）窗宽窗位

颈部图像常用软组织窗显示，一般取窗宽 250～350HU，窗位 30～50HU；若病变侵犯骨组织时，必须加骨窗像，窗宽 3500～4000HU，窗位 500～700HU。

（二）常规图像重建和重组

颈部扫描图像常规将横断面选用 3mm 层厚重建，冠状面选用 3mm 层厚重建。通常对茎突常规扫描图像进行三维重组，主要为临床诊断茎突过长提供依据。

（三）CTA 三维图像重组

较为常见的后处理重组技术有以下几种：

1. 多平面重组（multi planar reformation，MPR）**和曲面重组**（curved planar reformation，CPR）是利用计算机将感兴趣区各个不同层面的像素重新排列的技术，能连续组合各个层面的二维图像，包括冠状面、矢状面和任意斜位面。MPR 可较好地显示组织器官内复杂解剖关系，有利于病变的准确定位，可用于颈部血管、食管及气管管壁及管腔内外的多方位显示，如动脉、静脉、肿瘤、气管及食管异物等，在 MPR 图像上还可以进行 CT 值测量。CPR 是 MPR 的延伸和发展，可将扭曲重叠的血管伸展拉直显示在同一平面上，较好地显示其全貌。

2. 最大密度投影（maximun intensity projection，MIP） 是通过计算机处理，从不同方向对被观察的三维数据进行线束透视投影，每一线束所遇密度值高于所选阈值的像素被投影在与线束垂直的平面上重组成二维图像，其投影方向可任意选择。能够清晰立体显示血管走行、病变血供的来源及血管壁的改变等。可清晰显示颈部血管走行、管壁钙化斑块，以及血管、气道、食管内支架情况。

3. 表面阴影显示（shaded surface display，SSD） 是通过计算被观察物体的表面所有相关像素的最高和最低 CT 值，保留所选 CT 阈值范围内像素的影像，但超出限定阈值的像素被透明处理后重组成三维图像。此技术用于骨骼系统（颅面骨、骨盆、脊柱等）、空腔结构（支气管、增强后的血管等）、腹腔脏器（肝脏、肾脏等）和肿瘤的显示，其空间立体感强，表面解剖关系清晰，有利于病灶的定位。

4. 容积再现技术（VRT） 是利用螺旋 CT 容积扫描的所有体素数据，根据每个体素的 CT 值及其表面特征，使所有体素均有不同颜色和透明度，通过图像三维重组显示出具有立体效果的器官或组织结构的全貌，并且还可根据需要显示器官内部任意层次的形态。VRT 能清晰显示骨骼、血管及软组织，其三维解剖空间关系明确。

5. CT 仿真内镜成像术（CT virtual endoscopy，CTVE） 是利用计算机软件功能，将螺旋 CT 容积扫描获得的图像数据进行后处理，重建出空腔器官内表面的立体图像，类似纤维内镜所见。CTVE 多用于观察气管、支气管、鼻咽腔、喉和主动脉等。

案例 4-10-1

患者，男，47 岁，声嘶 1 年，加重 1 个月，临床疑喉癌。问题：如何选择影像学检查方法?扫描中需要特别注意的事项及如何进行图像后处理（案例图 4-10-1）？

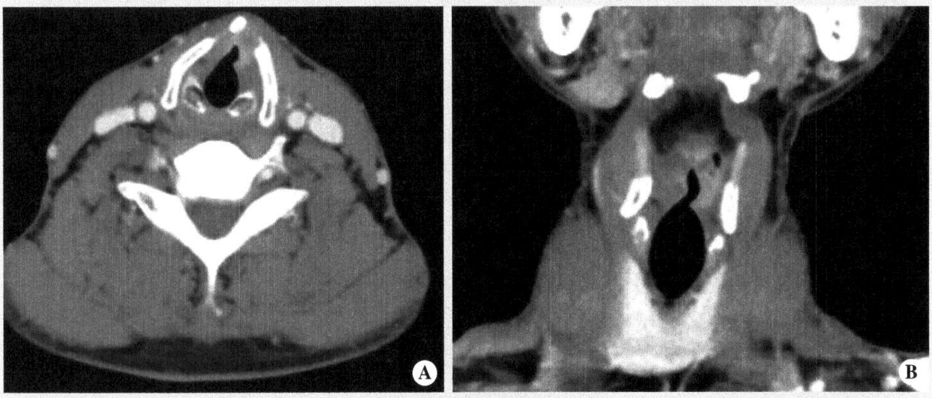

案例图 4-10-1

解答：疑喉癌者可选择颈部 CT 平扫及增强扫描，喉部扫描时嘱受检者连续发字母“E”音，MPR 重组可显示病灶侵犯的范围。图 A 为横断位增强图像，可见左侧声带至前联合不规则结节且明显强化。图 B 为增强后 MPR 冠状位图像重组，显示为声门型喉癌。

六、相关疾病 CT 检查要点与图像质量控制

（1）喉部扫描时嘱受检者连续发字母“E”音，使声带内收，梨状窝扩张，以便较好地显示声带、梨状窝、咽后壁及杓会厌襞的形态及病变。

（2）颈部的图像采用软组织窗重建，排版打印以横断面重建图像及冠状面重组图像为主要采集对象。

（3）颈部的占位性病变部位需标注病变大小、位置，测量平扫及增强 CT 值，测量相关径线。

案例 4-10-2

患者，男，36 岁，发现右颈部肿块 2 年余并逐渐增大。问题：如果选择 CT 检查，如何选择扫描方案，如何进行图像后处理（案例图 4-10-2）？

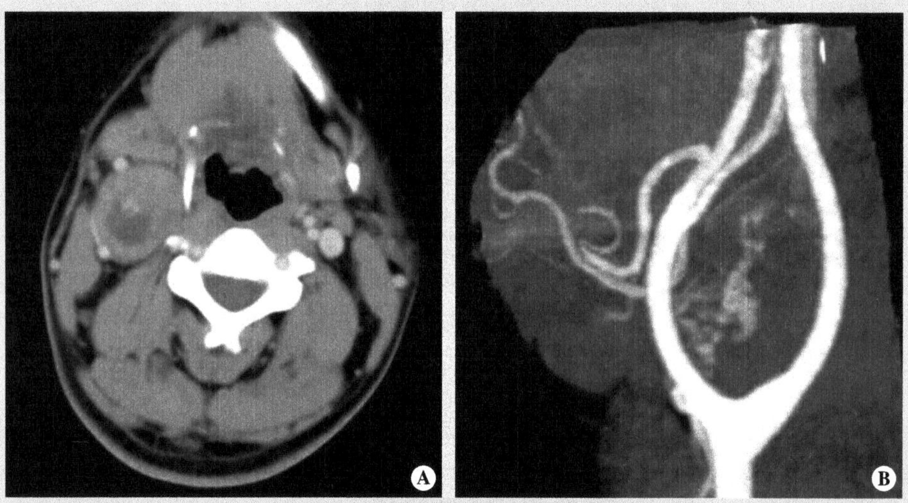

案例图 4-10-2

解答：颈部肿块可选择颈部 CT 平扫及增强扫描，MPR 重组可显示病灶侵犯的范围，如需显示肿块与血管的关系可进行 VRT 和 MIP 重建。图 A 为横断位增强图像，于右颈部颈内、外动脉之间可见椭圆形肿块，密度不均，增强后不均匀强化。图 B 为增强后 MIP 图像重组，显示颈内、外动脉分叉处虽然包绕肿块呈圆弧状，但是肿瘤供血来自于颈外动脉一只小的分支，考虑神经鞘瘤（病理证实），主要与颈动脉体瘤鉴别。

【小结】 本节主要内容为颈部 CT 检查的临床概述及适应证、相关解剖、检查前准备，重点介绍了颈部 CT 的常用检查技术，包括常规平扫及增强、颈部 CTA。难点是图像后处理技术，包括常规的图像重建和重组，MPR、MIP、SSD、VRT 等常用三维图像重组技术。此外还介绍了 CT 检查要点与图像质量控制。

第十一节　胸部 CT 检查技术

一、临床概述与适应证

（一）临床概述

随着高分辨力 CT 的应用，CT 日益显示出在肺部检查中的优越性。平扫是常规检查方法，能明确大多数病变诊断，对肺内间质、实质性病变也可以较好地显示。增强检查常用来明确纵隔和肺门有无肿块或淋巴结增大、支气管有无狭窄或阻塞，以及对纵隔肿瘤、淋巴结结核、中央型肺癌等

的诊断。CT 对 X 线片检查较难显示的部分，如心脏大血管重叠病变的显示，更具有优越性；对胸膜、膈、胸壁病变，也可清楚显示。但胸部 CT 检查也有一定局限：对于支气管狭窄、管壁增厚，CT 虽能明确显示，但有时无法准确定性，仍需做支气管内镜检查；横断位成像，空间分辨力低于常规 X 线片，软组织分辨力低于 MRI；对食管癌腔内累及和范围的显示不如食管吞钡 X 线检查。常规 CT 检查辐射剂量较高，选用时要注意，在肺部肿瘤筛查时尽量使用低剂量扫描方案。

（二）适应证

1. 纵隔 肿瘤、淋巴结肿大、血管病变等。

2. 肺 肿瘤、结核、炎症、间质性和弥漫性病变等。鉴别肺门增大的原因，区分血管性结构、淋巴结肿大和肿块。

3. 胸膜和胸壁 定位胸腹膜腔积液和胸膜增厚的范围与程度，鉴别包裹性气胸与胸膜下肺大疱，了解胸壁疾病的侵犯范围及肋骨和胸膜的关系，了解外伤后有无气胸、胸腔积液及肋骨骨折等情况。

4. 心包和心脏 明确心包积液、心包肥厚及钙化程度，鉴别心脏原发或继发肿瘤。

5. 大血管病变 胸部 CTA 增强检查可用来诊断各种胸部大血管病变，包括主动脉瘤、夹层动脉瘤、肺动脉栓塞、大血管畸形等。

二、相关解剖及检查前准备

（一）相关解剖

胸部由胸壁、胸腔及其内容物组成。胸腔两侧部容纳肺和胸膜囊，中部为纵隔，有心脏、出入心的大血管、食管和器官等组织结构。胸部上界自颈静脉切迹、锁骨上缘、肩峰至第 7 颈椎棘突的连线；下界自剑胸结合向两侧沿肋弓、第 11 肋前端、第 12 肋下缘至第 12 胸椎棘突的连线。标志性结构有颈静脉切迹、胸骨角、剑突、肋和肋间隙。

在肺部 CT 图像上，能明确肺叶的分界并可依据支气管及血管的走行大致判断肺段的位置，通常右肺分为 10 段，左肺分为 8 段。而 HRCT 能够显示次级肺小叶的结构，肺小叶由于边缘有不完整的小叶间隔结构而得以显示，常呈多边形，尖端指向肺门；构成小叶核心的小叶肺动脉呈点状；小叶间隔有时可见，呈细线状致密影，常见于胸膜下且垂直于胸膜。

（二）检查前准备

1. 平扫准备

（1）认真阅读申请单，明确检查部位，了解检查目的和要求。

（2）去除胸部所有金属饰物及可能影响 X 线穿透力的物品。

（3）训练受检者呼吸与屏气。对于耳聋及不配合屏气的受检者，在病情许可的情况下，可训练陪同人员帮助受检者屏气。

（4）扫描中受检者体位须保持不动，婴幼儿及不配合成人可给予镇静。

（5）向受检者说明检查中可能出现的情况，消除受检者紧张心理。

（6）做好受检者非被检部位和陪护人员的辐射防护。

2. 增强准备

（1）签署对比剂过敏反应告知书，并由护理人员建立静脉通道。

（2）需禁食 4h 以上，不需禁水。

（3）增强扫描时密切观察受检者，如出现过敏反应应立即停止检查，并按照对比剂过敏反应处理原则积极配合护士和临床医师进行抢救。

（4）其他同常规平扫。

三、肺部的CT平扫与增强检查技术

（一）常规平扫

1. 体位 仰卧位，头先进，两臂上举抱头，身体置于床面正中。驼背或不宜仰卧者、对少量胸腔积液和胸膜肥厚进行鉴别诊断者可采用俯卧位。

2. 扫描范围 从肺尖开始到肺底。

3. 扫描参数 行螺旋扫描，根据受检者BMI指数，管电压可选择100～120kV，有效管电流量200～300mAs，矩阵512×512，采集层厚≤1mm，重建层厚5～7mm，层间距5～7mm。对于呼吸困难不能屏气者或婴幼儿，扫描中应适当加大螺距，缩短扫描时间，以减少运动伪影。

（二）增强扫描

对比剂用量成人60.0～90.0ml，儿童为2.0ml/kg。注射速度为2.0～2.5ml/s，延迟扫描时间30～35s。扫描范围和扫描参数同平扫。

四、肺部HRCT与低剂量检查技术

（一）肺部HRCT扫描

1. 体位、扫描范围 同常规平扫。

2. 扫描参数 采用高管电压（140kV）和高管电流量（140～210mAs）。层厚1mm，重建间隔0.7～1.0mm，螺距1.5，矩阵512×512。图像重建采用高空间分辨力（锐利）算法。对细小病灶，必要时可采用靶扫描（target scan）或靶重建，靶扫描既能把感兴趣区放大又不影响图像的空间分辨力。

案例 4-11-1

患者，男，46岁，咯血查因，疑支气管扩张。下一步为明确诊断，问题：应首选何种影像学检查方法?如病灶细小，进一步如何处理（案例图4-11-1）?

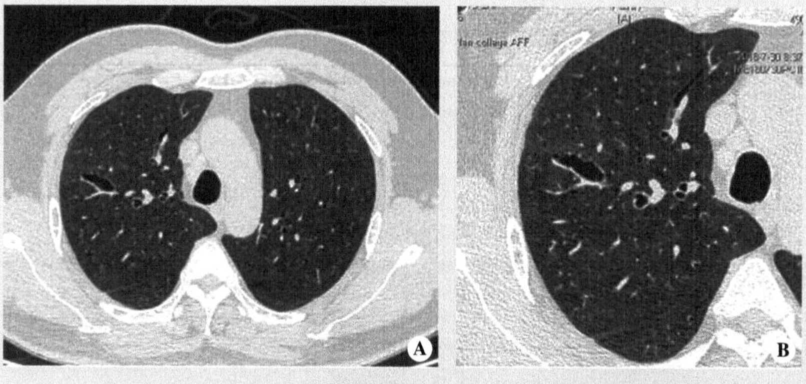

案例图 4-11-1

解答：疑支气管扩张首选肺部HRCT，如病灶较轻微或较局限进一步可选择靶扫描。图A为肺部HRCT图像，于右上肺前段见一小支气管扩张，沿水平方向走行呈轨道状。图B为进一步对病灶感兴趣区行靶扫描，能放大且更清晰地显示病灶细节。靶扫描与简单的靶重建不同，靶扫描不降低图像的空间分辨力。

（二）肺部低剂量扫描

常规胸部CT扫描管电流较高，HRCT更是使用高管电流扫描，虽提高了影像学诊断信息但同时也增加了受检者的受辐射水平。Naidich 于 1990 年首次提出了低剂量 CT 扫描的概念，既在其他参数不变的情况下降低管电流进行扫描。以往主要通过优化扫描参数，如降低管电流和管电压、增大螺距、缩短旋转时间、使用窄准直等，达到降低辐射剂量的目的。近几年随着自动曝光控制装置（automatic exposure control，AEC）、前瞻性心电门控、多种迭代重建算法等技术的出现，大幅降低了辐射剂量，同时又保证了图像质量。

但肺部低剂量扫描技术由于管电压及管电流较低，在一定程度上降低了图像分辨力，不利于纵隔和胸壁软组织结构及其病变的清晰显示，影响了诊断的准确性，目前主要用于肺癌高危人群的 CT 筛选和病例随访。

五、婴幼儿、儿童肺部 CT 检查技术

婴幼儿不能自主憋气且呼吸频率较快，易产生运动伪影而影响诊断，如何提高图像质量而又降低辐射剂量是婴幼儿及儿童肺部 CT 检查的关键，必要时要镇静后完成扫描。

依据受检者年龄及 BMI 指数适当调整管电流、管电压、扫描范围、螺距、层厚等。建议小于 1 岁时用 100mAs 曝光量，1～5 岁时用 110mAs 曝光量，6～9 岁时用 120mAs 曝光量，10～13 岁时用 130mAs 曝光量，14～16 岁时用 140mAs 曝光量；体型肥胖受检者曝光量增加 10%～20%，体型瘦小受检者曝光量大约减少 10%。

六、肺部肿瘤 CT 低剂量灌注扫描技术

肺部 CT 灌注成像（CT perfusion imaging，CTPI）有利于良恶性肿瘤的鉴别，还可反映肿瘤的微血管生成情况，评价肿瘤的疗效及预后。

先行肺部常规 CT 平扫，确定灌注扫描的层面，采用同层连续动态扫描电影模式进行灌注扫描。对比剂用量 40～50ml，流速 4～5ml/s，肘正中静脉给药。管电压 120kV，管电流根据受检者 BMI 可选择 70～150mAs，矩阵 512×512，层厚与层间距 5mm，注射对比剂后延迟 5～15s 开始扫描，同一层面连续扫描 35～40 次。获得的数据经过计算机处理，就可以得到感兴趣区（region of interest，ROI）被检组织的灌注时间-密度曲线（time-density curve），获取平均通过时间（mean transit time，MTT）、局部灌注达峰时间（time to peak，TTP）、血流量（blood flow，BF）、血容量（blood volume，BV）等参数。

七、图像后处理技术

（一）常规图像重建

胸部扫描图像常规将横断面分别选用 5mm 及 8mm 层厚重建，冠状面选用 5mm 层厚重建。

（二）常用三维图像重组

较为常见的后处理重组技术有以下几种：

1. 多平面重组（MPR） 是利用计算机将感兴趣区各个不同层面的像素重新排列的技术，能连续组合各个层面的二维图像，包括冠状面、矢状面和任意斜位面。MPR 可较好地显示组织器官内复杂解剖关系，有利于病变的准确定位，可用于胸部血管、食管及气管管壁及管腔内外的多方位显示，如胸主动脉、肺动脉、肿瘤、气管及食管异物等。

2. 最大密度投影（MIP） 是通过计算机处理，从不同方向对被观察的三维数据进行线束透视投影，每一线束所遇密度值高于所选阈值的像素被投影在与线束垂直的平面上重组成二维图像，其投影方向可任意选择。能够清晰立体显示血管走行、病变血供的来源以及血管壁的改变等。可清晰显示胸部血管走行、管壁钙化斑块，以及血管、气道、食管内支架情况。往往结合 MPR 进行后处理重组。

3. 最小密度投影（MinIP） 是对每一投影线束所遇密度值低于所选阈值的像素投影重组的二维图像，主要用于扫描范围内胃肠管、支气管等气道的显示。

4. 表面阴影显示（SSD） 是通过计算被观察物体的表面所有相关像素的最高和最低 CT 值，保留所选 CT 阈值范围内像素的影像，但超出限定阈值的像素被透明处理后重组成三维图像。此技术可应用于骨骼、支气管、血管和肿瘤的表面形态显示，其空间立体感强，表面解剖关系清晰，有利于病灶的定位和侵犯范围的判断。

5. 容积再现技术（VRT） 是利用螺旋 CT 容积扫描的所有体素数据，根据每个体素的 CT 值及其表面特征，使所有体素均有不同颜色和透明度，通过图像三维重组显示出具有立体效果的器官或组织结构的全貌，并且还可根据需要显示器内部任意层次的形态。可用于肋骨、脊柱等胸廓骨骼以及胸部心脏血管的显示。

6. CT 仿真内镜成像术（CTVE） 是利用计算机软件功能，将螺旋 CT 容积扫描获得的图像数据进行后处理，重建出空腔器官内表面的立体图像，类似纤维内镜所见。CTVE 多用于观察气管、支气管、胃肠道、鼻咽腔、喉和主动脉等。

案例 4-11-2

患者，女，1 岁，发热、咳嗽 5 天，疑花生米呛入。下一步为明确诊断，问题：应选何种影像学检查?要显示支气管异物进一步应如何重组图像（案例图 4-11-2）？

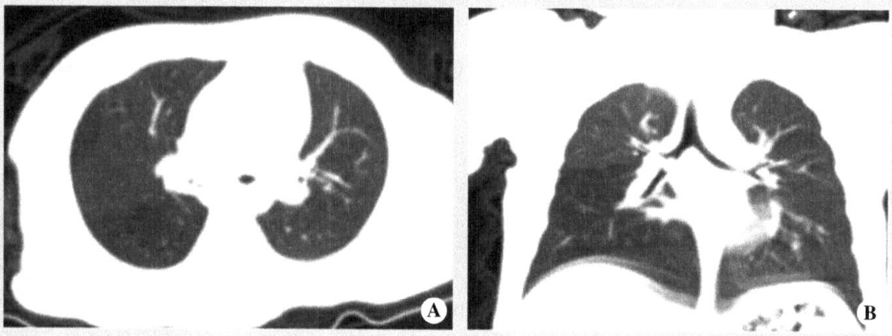

案例图 4-11-2

解答：婴幼儿疑支气管异物尤其是低密度异物，可选肺部 CT 薄层扫描，但要考虑辐射剂量。显示支气管异物形态、位置较好的重组方法是 MPR。图 A 为肺窗 CT 横断位图像，显示右主支气管内异常密度影，右主支气管明显狭窄。图 B 为肺窗 MPR 冠状面重组，显示右主支气管内于上叶支气管开口处可见一花生米状异物。

八、相关疾病 CT 检查要点与图像质量控制

（1）胸部的图像采用肺窗与纵隔窗重建，排版打印以横断面重建图像及冠状面重组图像为主要采集对象。

（2）胸部的占位性病变部位需标注病变大小、位置，测量平扫及增强 CT 值、测量相关径线。

（3）如遇呼吸困难不能屏气者或婴幼儿，扫描中应适当加大管电流，增加螺距，缩短扫描时间，以减少运动伪影。

【小结】 本节主要内容为胸部 CT 检查的临床概述及适应证、相关解剖、检查前准备，重点介绍了胸部 CT 的常用检查技术，包括常规平扫及增强、HRCT、肺部低剂量扫描、婴幼儿及儿童扫描技术、肺部肿瘤灌注。难点是图像后处理技术，包括常规的图像重建，MPR、MIP、MinIP、SSD、VRT、CTVE 等常用三维图像重组技术。此外还介绍了 CT 检查要点与图像质量控制。

第十二节　先天性心脏病 CT 检查技术

一、临床概述与适应证

先天性心脏病（简称先心病）是先天性畸形中最常见的一类，约占各种先天畸形的 28%，是指在胚胎发育时期由于心脏及大血管的形成障碍或发育异常而引起的解剖结构异常，或出生后应自动关闭的通道未能闭合（在胎儿属正常）的情形。根据血流动力学结合病理生理变化，先心病可分为发绀型或者非发绀型，也可根据有无分流分为三类：无分流类（如肺动脉狭窄、主动脉缩窄）、左至右分流类（如房间隔缺损、室间隔缺损、动脉导管未闭）和右至左分流（如法洛四联症、大血管错位）类。

先心病 CTA 检查技术适用于各种先天性心脏病，如房间隔缺损、单心房、单心室、左侧三房心、室间隔缺损、动脉导管未闭、主动脉-肺动脉间隔缺损、法洛四联症、完全性大动脉转位、先天性主动脉缩窄等。

二、相关解剖及检查前准备

（一）相关解剖

小儿心脏的位置随年龄增长而发生变化。2 岁以下幼儿心脏多呈横位，2 岁以后随着小儿的起立行走、肺及胸部的发育和横膈的下降等，心脏由横位逐渐转为斜位。小儿心脏的形状，婴幼儿期为球形、圆锥形或椭圆形；6 岁后跟成人心脏的形状相接近，为长椭圆形。小儿冠状动脉相对比成人粗，心肌供血充分。大血管方面，10～12 岁前肺动脉比主动脉粗，之后则相反。

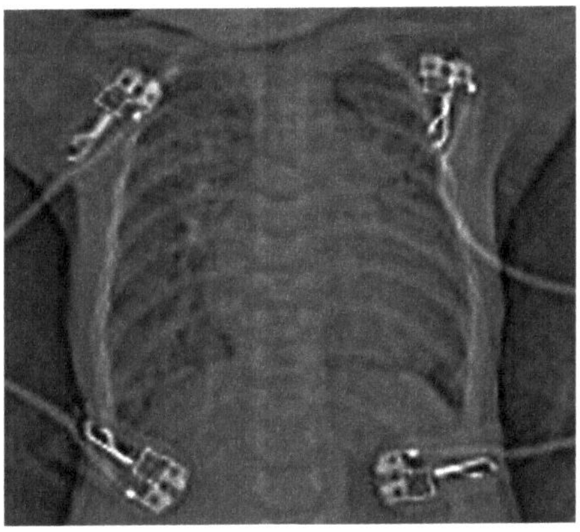

图 4-12-1　小儿心脏 CT 检查电极片的位置

（二）检查前准备

1. 镇静　新生儿或者不能配合的小儿留置 24G 套管针后给予口服 10%的水合氯醛 0.5～0.6ml/kg 镇静。

2. 心电门控准备　先心病患儿心脏普遍增大，电极片的粘贴位置应适当向外移，避免电极金属伪影影响心脏观察。新生儿及小儿的电极片也可以贴在四肢上，如图 4-12-1 所示。

案例 4-12-1

患者，男，1 岁，行先心病 CT 增强检查（案例图 4-12-1）。问题：图像有何问题？分析其原因。

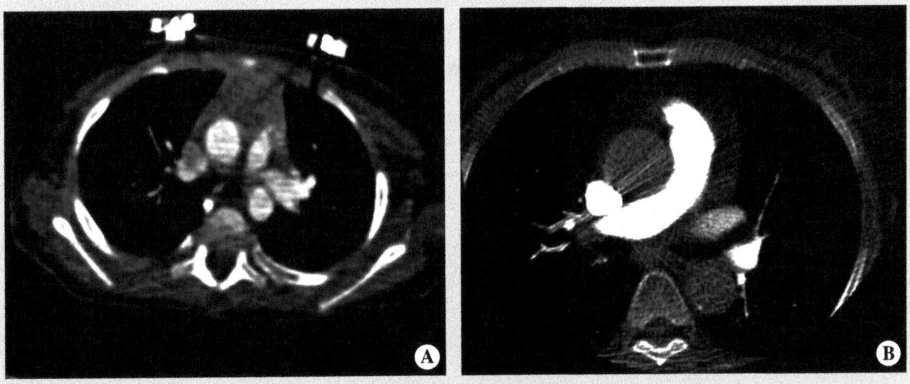

案例图 4-12-1

解答：图像存在明显的放射状伪影，因为小儿对射线较为敏感，为降低辐射剂量，小儿行先心病 CT 增强扫描时管电压较低，产生的 X 线线束的质较低，此时电极片贴于胸前，则会造成较为明显的放射状金属伪影，降低图像质量，影响图像观察。

3. 呼吸训练 需要对检查者进行呼吸训练，镇静的小儿可以通过捆扎胸部束带抑制胸式呼吸或者平静呼吸。

4. 辐射防护 对于心脏外的部位如头颅、颈部和盆腔分别用铅衣片进行防护。

三、检 查 技 术

（一）对比剂注射方案

1. 对比剂浓度 通常采用 300～350mgI/ml 即可达到良好的增强效果。

2. 对比剂用量 根据扫描方式不同：成人用量 30～80ml；婴幼儿用量按千克体重计算，根据分流量大小，可以选择 2.0～2.5ml/kg 体重。

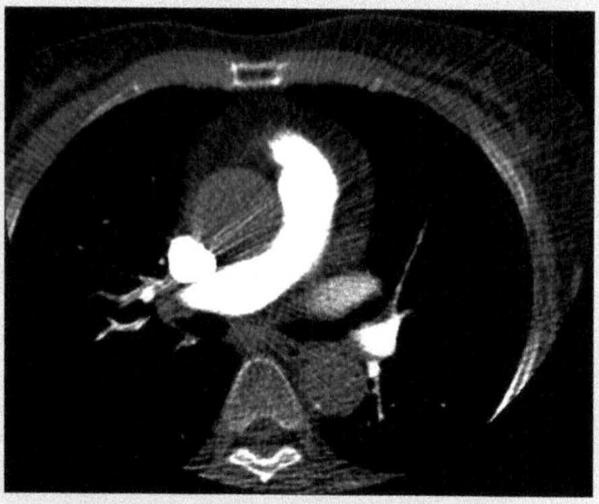

案例图 4-12-2

案例 4-12-2

患者，女，10 岁，行先心病 CT 增强检查（案例图 4-12-2）。问：图像有何问题？分析其原因。

解答：图像上腔静脉周围存在明显的射线硬化伪影，产生此类问题的原因是由于青少年的身材体型差异较大，增强时对比剂用量难以确切掌控，此案例由于过量的对比剂注入，导致在触发扫描时仍有较多的对比剂在上腔静脉残留，因此产生类似金属的放射状伪影，影响局部图像评估。

3. 对比剂速度 5 岁以下选择 1~2ml/s，5 岁以上选择 2～3ml/s。为避免无名静脉内高浓度对比剂干扰周围结构显示，可选择下肢静脉给药。

4. 扫描延迟时间的确定 扫描延迟时间是指从注射对比剂到开始曝光扫描的时间，它是获得良好增强扫描效果的关键，可通过三个方法确定扫描延迟时间。

（1）经验值法：2 岁以内患儿，若对比剂经头皮或手背静脉注射，延迟时间为 11～14s，经足外周静脉注射，延迟时间为 14～16s；2 岁以上患儿在上述基础上适当延长 2～5s。

（2）小剂量测定法（test-bolus）：自肘静脉注射小剂量碘对比剂，进行感兴趣区同层动态扫描，测量感兴趣区的时间-密度曲线（time-density curve，T-D 曲线），曲线峰值时间即为扫描延迟时间。对于复杂先心病的检查者，需要在肺动脉层面测量肺动脉和主动脉两个感兴趣区，都强化后即为扫描延迟时间。

（3）实时血流监测法（bolus-tracking）：设定主动脉根部层面作为连续曝光层面，并选择对比剂观察感兴趣区，注射对比剂后，实时观察感兴趣区 CT 值上升情况，当 CT 值达阈值后，手动或自动触发扫描。

对存在心内结构复杂畸形者（如心内膜垫缺损、单心室等）加扫第二期，扫描延迟时间为注药后 35～45s，即第一期扫描后的 8～15s。

（二）扫描体位与参数设置

1. 扫描体位 检查者仰卧，根据静脉针的位置选择头先进或足先进，两臂上举，身体置于床面正中，侧定位线对准人体正中矢状线。如果检查者系镇静后的小儿，为避免惊醒，可将小儿上臂自然放于体侧。

2. 扫描范围 由胸廓上口至左膈下 5cm。

3. 扫描参数 层厚 1.25～2.50mm，层间隔 1.25～2.50mm。由于儿童对辐射敏感，5 岁以下的儿童使用 100kV，5 岁以上使用 120kV；管电流可以使用自动管电流调制技术。

（三）图像后处理

后处理的方法有 VRT 显示，薄层 MIP 显示，多平面重组等，如图 4-12-2 所示。

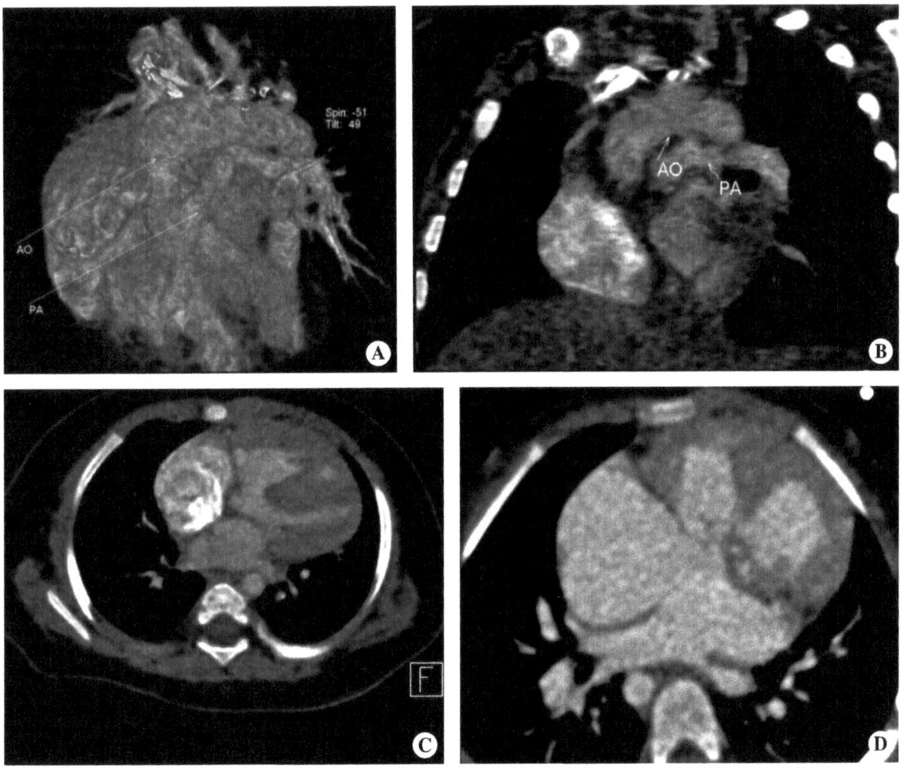

图 4-12-2 图像后处理

A. VRT 显示主动脉骑跨；B. 冠状位 MPR 显示整个肺动脉和主动脉的走行和动脉导管未闭的情况；C、D. 横断面薄层 MIP 图像，分别显示法洛四联症的室间隔缺损和房间隔缺损

1. VRT 显示 可以系统观察整个心脏和大血管的关系以及空间位置，显示直观立体，通过不同的体位可以观察到相应的血管变异，如长轴斜位（左前斜 60°～70°+足头位 20°～25°）用于观察室间隔缺损，房室瓣骑跨、大血管骑跨、心室大血管连接等。

2. 薄层 MIP 显示 可以观察局部的解剖结构和变异，层厚通常选择 5～10mm。例如，四腔位（左前斜 40°～45°+足头位 30°～40°）用于显示房室间隔缺损、房室瓣骑跨、单心室等。

3. 多平面重组后的图像

（1）横断位：断面图像与身体长轴垂直，显示人体横断面影像，是显示心脏大血管的常规体位。

（2）短轴位：断面图像与心脏长轴垂直，显示心脏短轴位影像，范围包括心尖至心底部。心脏短轴位可适于观察心室的前、侧、后壁及室间隔，也适于观察主动脉瓣。

（3）长轴位：断面图像与心脏长轴平行，显示心脏长轴位影像。心脏长轴位用于观察二尖瓣、左心室根部、主动脉流出道和心尖部病变。

4. 图像打印 以显示疾病病变为目的，彩色图像与黑白灰阶图像相结合，VRT、MPR 及 MIP 图像互相补充，排版整齐，结合实际情况打印 1～2 张胶片，推荐把原始图像及所有后处理图像刻入光盘，方便患者以后复诊及转诊。

四、相关疾病的CT检查要点与图像质量控制

小儿心脏解剖复杂，心率较快，尽量选择小儿安静状态时行先心病CT检查，检查时尽量让小儿双臂举过头顶，减少线束伪影的产生，合理选择管电压及管电流，注入对比剂要适量，避免对比剂过多导致上腔静脉产生严重的硬化伪影，同时也要避免对比剂过少导致的图像对比层次不清。根据不同的先心病类型，图像质量控制也不尽相同，以能清晰显示主要病变为主，如房间隔缺损及室间隔缺损的大小及位置、动脉导管未闭、肺静脉畸形引流、迷走右锁骨下动脉、腔静脉异位引流等的开口位置，获得的图像应具有丰富的层次对比，合理的信噪比及尽量少的伪影。

（一）心率过快的处理方案

1. 缓解心理紧张情绪 扫描过程中出现心率不稳定，心跳突然加快会导致冠状动脉成像质量欠佳，因此需要检查前与患儿充分沟通或镇静，缓解紧张情绪。

2. 尽量缩短检查时间 避免患者因屏气时间过长和对比剂用量过大造成心率增快。

3. 应用β受体阻滞剂 β受体阻滞剂可以适当降低心率，此方法应用于小儿时应经过相应临床医师评估后方可使用。

4. 心率预设的方法 根据小剂量试验和屏气训练时的心率变化预测患者在检查中可能出现的心率，找到可能获得最高时间分辨力的球管旋转时间，以获得最佳扫描效果。

5. 变速扫描技术 对于过快心率，可以使用变速扫描技术，即随心率的增快而增加螺距和床速，使扫描速度与心率匹配，得到最佳影像质量。

6. 清晰图像的时相选择 为了获得清晰的横断面图像，心脏成像均需要选择心脏舒张中期或收缩中末期进行成像。对于过快心率，需将扫描原始数据按心动周期的不同相位窗进行横断面重建，寻找显示最清晰的最佳相位窗，然后对相应横断面进行三维重组。

7. 多扇区重建技术 为了提高时间分辨力常常需要使用半扫描重建技术或多扇区重建技术，当扫描速度和心率达到最佳匹配关系时，应用多扇区重建算法能够得到最小的扇区角度，明显提高*X-Y*轴的时间分辨力，可以改善心率过快对图像质量造成的影响。

8. 后处理方法减少运动伪影 如通用公司的冠状动脉运动追踪冻结技术（snapshot freeze，SSF）使用相邻心动周期的图像信息补偿冠状动脉运动造成的伪影，从而改善图像质量。

（二）心律不齐造成图像质量下降的处理方法

1. 绝对延迟方法重建 由于R波后紧邻时相为收缩期，受心律变化影响较小，进行收缩末期重建可获得错层伪影较小的图像。

2. 冠状动脉进行分段分时相重建 这样可以获得冠状动脉各个分支不同相位窗的清晰图像。

3. 自动化最佳期相选择技术 通过计算各支冠状动脉的运动速度，从而自动化选择运动速度最低的2个时相进行重建，可以获得最佳收缩期和舒张期的冠状动脉图像。

4. 进行相应的心电图编辑

（1）单发期前收缩：可导致瞬时心脏运动加快，此时可以应用心电图编辑软件忽略或删除这一心动周期，用下一个心动周期的数据来补足加以纠正。

（2）代偿间歇：可以造成与其他心动周期运动状态不一致的现象，此时需要对其前一个R波进行人为调整，对缺失的信号进行人为插入，以保证其运动时相的一致性。

（3）心房颤动：此时的心动周期长度变化范围更大，心动周期更短，图像质量更差。舒张期重建方法已经无法满足时间分辨力的要求，只能进行收缩末期重建和绝对时间延迟重建。

（4）房室传导阻滞：可引起心动周期延长，改善方法是利用绝对时间延迟进行重建，或个体化心电图编辑，采用手动偏移R峰的办法纠正R—R间期不等造成的数据不匹配，尽量使重建数据保

持在心脏冲动的同一相位。

5. 使用宽体探测器单心率多次采集 宽体探测器由于单圈的扫描覆盖范围包括了整个心脏，快速的单圈旋转时间（≤0.3s），常规心率可以采用前瞻门控在一个心动周期采集到整个心脏的数据，所以不会出现节段伪影。如果出现心律不齐，可以采集多个心动周期，选择图像质量好的进行处理。

（三）其他因素对成像质量的影响

1. 运动伪影 检查时身体移动所造成的运动伪影，重建后出现图像模糊。

2. 右心房高密度对比剂伪影 缩短扫描时间、减少对比剂用量和采用双筒高压注射器，能有效消除右心房对比剂伪影对右侧冠状动脉显示的影响。

3. 呼吸运动伪影 检查前对配合的小儿进行屏气训练，镇静睡眠的小儿使用尽可能短的扫描时间，一般能大大减少呼吸运动伪影，或者采用宽体探测器进行一个心动周期采集整个心脏的图像数据。

4. 扫描时间及扫描延迟时间 扫描时间越短，图像质量受屏气后心率波动的影响越小；扫描延迟时间确定的越准确，则冠状动脉对比剂充盈的越好，图像质量就越高。

【小结】 本节主要内容为先心病及小儿先心病 CT 检查方法，在受检者配合的前提下应尽可能地做呼吸训练以减少运动伪影；选择合适的管电压及管电流可降低小儿所受的辐射剂量，搭配的合理的注射方案可以减少小儿对比剂用量，减少小儿的肾脏负担；根据心率选择合适的图像采集期相，减少运动伪影及上腔静脉硬化伪影对图像的影响；心电图编辑可作为补救措施改善心脏图像质量；VRT 可以系统观察整个心脏和大血管的关系以及空间位置，显示直观立体，通过不同的体位可以观察到相应的血管变异，薄层 MIP 可以观察局部的解剖结构和变异。

第十三节 冠状动脉 CT 检查技术

一、临床概述与适应证

（一）临床概述

冠状动脉粥样硬化性心脏病是冠状动脉血管发生动脉粥样硬化病变而引起血管腔狭窄或阻塞，造成心肌缺血、缺氧或坏死而导致的心脏病，常被简称为“冠心病”。但是冠心病的范围可能更广泛，还包括炎症、栓塞等导致管腔狭窄或闭塞。世界卫生组织将冠心病分为 5 大类：无症状心肌缺血（隐匿性冠心病）、心绞痛、心肌梗死、缺血性心力衰竭（缺血性心脏病）和猝死 5 种临床类型。临床中常常分为稳定型冠心病和急性冠状动脉综合征。

（二）适应证

冠状动脉 CT 检查技术适用于：

1. 冠心病筛查 对临床症状表现为不典型胸痛、典型缺血性心绞痛、心电图异常的患者，可先进行 CT 冠状动脉成像进行筛查。

2. 各种血管重建术的术前定位 如经皮冠状动脉腔内血管成形术（percutaneous transluminal coronary angioplasty，PTCA）及冠状动脉搭桥术（CABG）前，利用本技术可明确病变的位置和范围，观察其与周围结构的关系。

3. 术后复查 用于 PTCA 及 CABG 等术后复查，创伤小，易耐受，检查方便。

4. 其他方面 包括①其他非冠心病的心脏手术及瓣膜置换术前了解心脏的功能情况，排除冠状动脉狭窄性疾病。②心肌梗死患者稳定期的复查，了解冠状动脉解剖情况及受损害的血管数目，判断预后，指导治疗。③选择性冠状动脉对比前行 CT 冠状动脉成像，可以起到提示参考作用，减少选择性冠状动脉造影操作的危险性。

二、相关解剖及检查前准备

（一）相关解剖

冠状动脉是供给心脏血液的动脉，起于主动脉根部（升主动脉），分左、右两支，行于心脏表面。采用 Schlesinger 等的分类原则，将冠状动脉的分布分为三型：

1. 右优势型 右冠状动脉在膈面除发出后降支外，并有分支分布于左心室膈面的部分或全部。

2. 均衡型 两侧心室的膈面分别由本侧的冠状动脉供血，它们的分布区域不越过房室交点和后室间沟，后降支为左或右冠状动脉末梢，或同时来自两侧冠状动脉。

3. 左优势型 左冠状动脉除发出后降支外，还发出分支供应右室膈面的一部分。据调查我国居民人口中，右优势型约占 65%，均衡型约占 29%，左优势型约占 6%。

（二）检查前准备

1. 心理干预 由于心率会影响图像质量，消除患者的紧张情绪十分重要，检查前需要向患者简单介绍检查的过程和可能出现的正常反应，如注射对比剂后出现的灼热感等，以及呼吸屏气的重要性和需要屏气的次数和检查大概时间，消除患者的畏惧心理，有利于对心率的控制。

2. 心率控制 通常 64 层以上 CT 机型心率需要控制在 70 次/分以下，16 层 CT 需要控制在 65 次/分以下。对于 128 层以上的 CT 机型，由于具有较高的时间分辨力，可检查心率范围被极大的拓宽。对于基础心率过快的患者可使用 β 受体阻滞剂，如美托洛尔等，服用方法：于检查前 10～20min 口服 12.5～50mg，建议酌情逐渐加量服用，并对低血压患者密切监测血压，测量心率下降后再进行检查。

3. 呼吸训练 检查前训练患者做屏气及呼气动作。呼吸训练时需要确定检查者是否能屏住气，可通过观察腹部的运动或者用手放到检查者胸前确定。一般经过训练，患者的屏气时间可以大大延长，可在扫描过程中保持屏气不动。

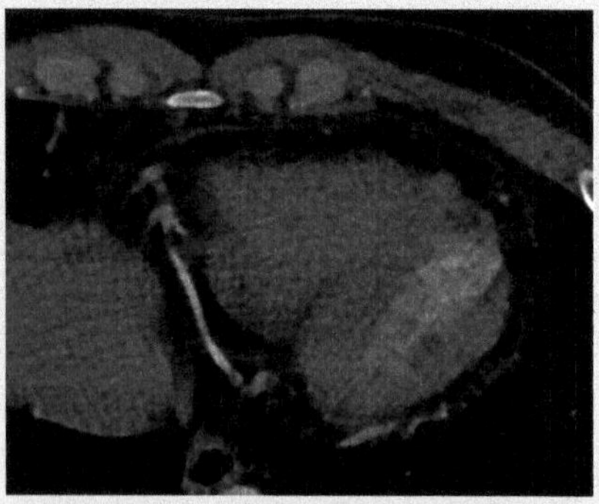

案例图 4-13-1

案例 4-13-1

患者，男，40 岁，因心绞痛行急诊冠状动脉 CTA 检查（案例图 4-13-1）。问题：图像有何问题？分析其原因。

解答： 图像所示右侧冠状动脉中远段存在错层伪影，由于患者心绞痛，屏气功能较差，屏气时间较短，导致在冠状动脉 CTA 图像采集时出现较为明显的冠状动脉错层伪影，以致右侧冠状动脉中远段局部无法评估。

4. 心电门控 冠状动脉 CT 扫描需与心电门控相结合，这样可获得清晰可靠的冠状动脉图像。心电极的安装如图 4-13-1 所示，使用四个导联，电极分别置于右侧和左侧的锁骨陷凹处及双侧肋下缘肋间隙上。电极片需要在上臂上举后粘贴，并且需要避开骨头，否则会降低心电信号或得到不稳定的心电信号。

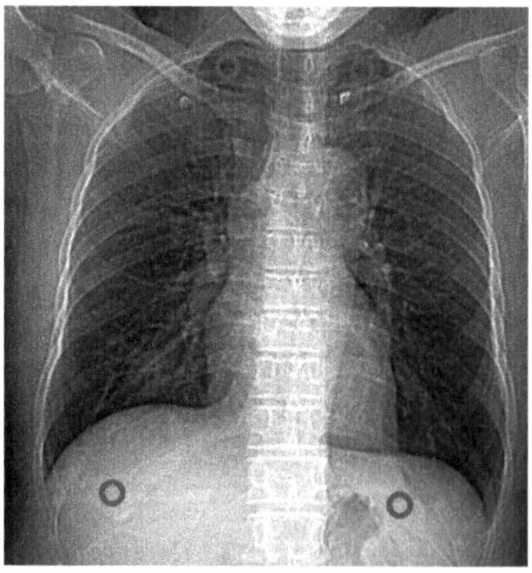

图 4-13-1 冠状动脉 CTA 检查电极体表位置图

三、冠状动脉 CTA 检查技术

（一）常规平扫及钙化积分

1. 扫描体位　患者仰卧，头先进，两臂上举抱头，身体置于床面正中，侧面定位线对准人体正中冠状面。

2. 定位像　常规扫描胸部前、后和侧位定位像，双定位有利于将心脏图像定位到显示野中心。

3. 扫描范围　根据检查需要设定扫描范围。①常规扫描从气管隆嵴下到心底，包括整个心脏。②CABG 术后复查，搭静脉桥的，扫描范围从主动脉弓向下到心底，包括整个心脏大血管。③CABG 术后复查，搭动脉桥的，扫描范围从锁骨上窝向下到心底，包括整个胸骨、心脏大血管。

4. 采集参数　120kV 固定管电压联合自动管电流调节技术，≤2.5mm 层厚，2.5mm 间距，选择 ECG 前瞻门控扫描，显示野固定不动。平扫可以解决三个问题：一是观察扫描范围是否合适，如果不合适，可在增强扫描时适当调整；二是进行钙化积分的计算或者进行冠状动脉钙化的观察和评价；三是观察检查者是否能配合屏气。

（二）增强扫描

早期 4 层螺旋 CT 由于扫描时间长，因此需要对比剂团注长时间维持，容易出现右心大量的对比剂聚集，影响右冠状动脉的观察。随后随着 CT 扫描层数的增加，冠状动脉 CTA 检查的时间不断减少，使用盐水团注可以消除右心伪影，但忽略了室间隔的显示。冠状动脉的增强值也不是越高越好，现在认为 300～350HU 是理想状态，既可以有效观察钙化又可以有效观察软斑块（图 4-13-2）。

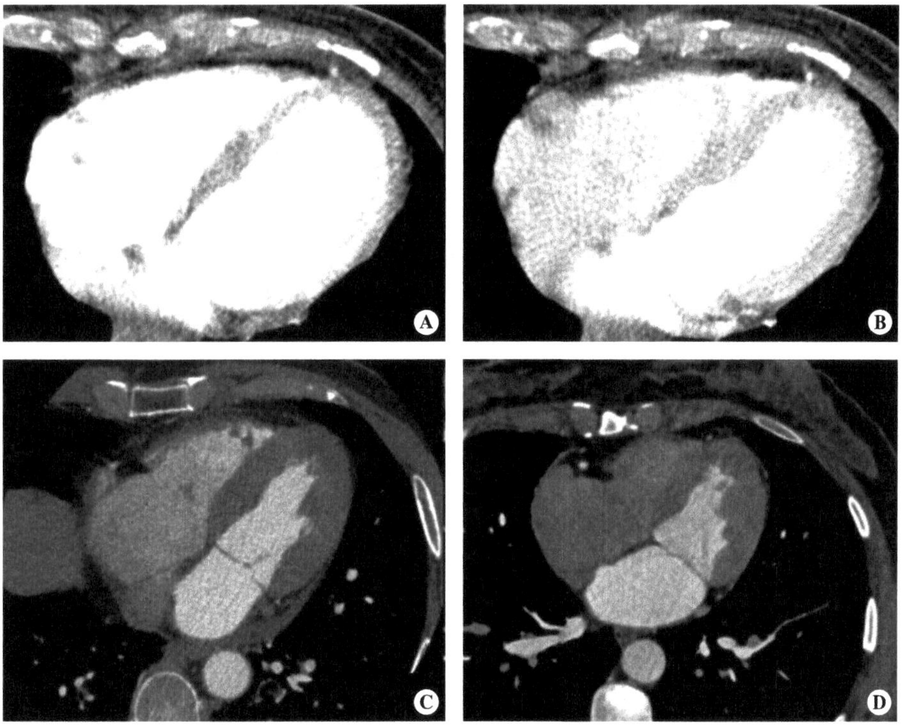

图 4-13-2　冠状动脉扫描对比剂增强效果的演变

A. 为 4 层螺旋 CT 检查时对比剂的增强效果，右心房和心室内有大量对比剂的高衰减伪影；B. 为 16 层螺旋 CT 扫描的心脏，由于使用了盐水推注，右心的高衰减伪影明显减少；C. 为早期 64 层螺旋 CT 的心脏图像，由于使用的对比剂更少，扫描时间更短，右心被盐水冲刷的更明显；D. 为现在认为的理想的心脏图像，左心强化明显，右心有适当强化，室间隔显示良好

1. 生理盐水的使用　盐水冲刷可以提高冠状动脉的强化以及维持团注时间。同时可以缩短肺

动脉增强时间，并减少上腔静脉的高衰减伪影。

2. 对比剂注射方案设定 对比剂含碘浓度可使用 320～370mgI/ml。要达到理想的冠状动脉 CTA 检查的增强效果，需要使用双筒高压注射器，配合盐水的使用，有两种对比剂注射方案即单流速三期和双流速。

（1）单流速三期：单流速 4～5ml/s，第一期对比剂 50～60ml，第二期，盐水 16～20ml，第三期使用对比剂-盐水混合（混合比为 60%：40%）。

（2）双流速：第一期以 4～5ml/s 的流速注射 50～60ml 的对比剂加 16～20ml 盐水，第二期以 2.5～3.5ml/s 的流速注射 5～7ml 对比剂加 25ml 盐水。总的来看，增强根据扫描时间需要 10s 的对比剂团注，但是随后的肺循环可以用盐水代替并且使肺动脉的增强效果降低，最后需要强化右心并且盐水冲刷上腔静脉，单流速使用盐水和对比剂混合注射，将对比剂在针管中稀释，而双流速是将对比剂流速减少，让对比剂在血管中稀释，即方法不同但效果一致。

3. 根据体重确定对比剂速度 根据体重来选择对比剂注射速度，体重＜60kg，速度选择 3.5ml/s，并适当减少对比剂的总量，可以减少对比剂渗漏、过敏样反应以及肾功能损伤的风险。体重＞60kg 且＜75kg，速度选择 4ml/s，体重超过 75kg，速度为 5ml/s。

4. 扫描延迟时间 冠状动脉 CTA 扫描延迟时间的确定非常重要，经验时间是延迟 25～30s 启动扫描。通常选择测定靶血管内对比剂峰值变化来选择适当的扫描启动时间，方式有两种。如果要进行 CABG 术后复查，扫描范围增大的扫描时，需要提前计算好延迟时间 2～3s 启动扫描。

（1）小剂量测定法（test-bolus）：经肘静脉以正式扫描时的流速注射 10～20ml 对比剂，注药后延时 8～12s 开始在升主动脉层面连续扫描，此时靶血管内对比剂的浓度由低向高迅速增加，连续扫描至目标血管的对比剂浓度下降到接近正常浓度时中止扫描。将所获得的连续图像用软件进行分析，得到靶血管的时间-密度曲线及平均峰值时间。根据平均峰值时间适当增加 3～4s，设定为扫描开始的延迟时间。

（2）实时血流监测法（bolus-tracking）：设定升主动脉根部层面（气管隆嵴下 1cm）作为连续曝光层面，并选择升主动脉作为观察感兴趣区，注射对比剂 8～10s 后连续曝光，实时观察感兴趣区 CT 值上升情况，当 CT 值达 150HU 预定值后，自动或手动触发扫描。

这两种方法都可以达到较好的增强效果，相比较小剂量测定法检查时间长，还需要计算，优点是比较可靠和准确，同时小剂量的注射可以观察检查者是否能配合增强检查。实时血流监测法简单省时，但只有一次机会，失败率相对略高。

（三）扫描体位与参数设置

1. 扫描体位 患者仰卧，头先进，两臂上举抱头，身体置于床面正中，测定位线对准人体正中矢状线。

2. 定位像 常规扫描胸部前、后位和侧位定位像，双定位有利于将心脏图像定位到显示野中心。

3. 扫描范围 根据检查需要设定扫描范围。①常规冠状动脉 CTA 扫描从气管隆嵴下到心底，包括整个心脏。②冠状动脉搭桥术后复查，搭静脉桥的，扫描范围从主动脉弓向下到心底，包括整个心脏大血管。③冠状动脉搭桥术后复查，搭动脉桥的，扫描范围从锁骨上窝向下到心底，包括整个胸骨、心脏大血管，如图 4-13-3 所示。

4. 扫描参数 根据受检者的体型不同，灵活选用管电压及联合智能管电流调制技术，图像重建参数推荐 0.5～1mm 层厚，0.5～1mm 间距。

（四）ECG 门控扫描方式

冠状动脉 CTA 检查是扫描不停运动的心脏，所以需要较高时间分辨力来“冻结”运动的心脏和冠状动脉。由于心脏是有节律的重复运动，可以根据 ECG 在相对静止的心脏时相来进行扫描。常规扫描方式有两种，ECG 前瞻门控扫描（序列扫描）和 ECG 回顾门控扫描（螺旋扫描）技术来完成检查。

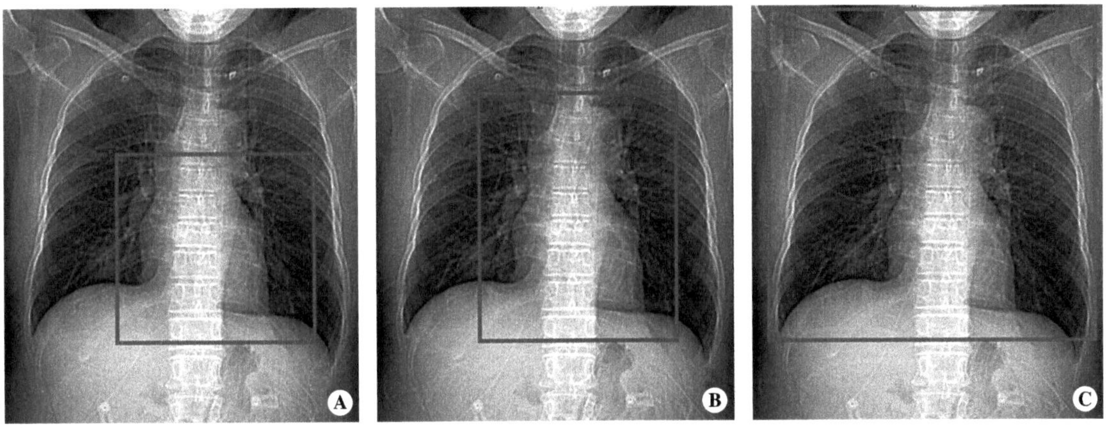

图 4-13-3 冠状动脉扫描的不同扫描范围设置

A. 为常规冠状动脉 CTA 扫描从气管隆嵴下到心底，包括整个心脏；B. 为冠状动脉搭桥术后搭静脉桥复查，扫描范围从主动脉弓向下到心底，包括整个心脏大血管；C. 为冠状动脉搭桥术后搭动脉桥复查，扫描范围从锁骨上窝向下到心底，包括整个胸骨、心脏大血管

1. ECG 前瞻门控扫描 根据前 3～5 个心动周期的搏动，可以预测下一个心动周期 R 波的位置并在相应的时相触发扫描。由于探测器宽度的限制，需要在下一个心动周期进行移床后扫描，扫描方式为步进式床移动（轴扫）。心脏容积通过"踩点触发"技术采集，患者的 ECG 信号用来启动序列扫描。由于 ECG 触发序列扫描需采用先前 R-R 间隔的平均值对患者下一个 R-R 间隔做出可靠的预测，该方法不应用于心律失常或心律不齐的患者。通常选择 70%时相为触发扫描时相。

2. ECG 回顾门控扫描 采用螺旋扫描方式，ECG 信号和原始数据被同时记录下来，根据心电图信号采用回顾式图像重建。CT 图像重建至少需要 180°扫描数据，即单扇区扫描，时间分辨力为 66～200ms，当心率较高时，心脏舒张期变短，多层 CT 180°的时间分辨力较长，采集时间长，图像会出现运动伪影。为了提高多层 CT 的时间分辨力，缩短采集时间，可将 2 个心动周期的采集数据重组为一幅图像，即双扇区重建，时间分辨力可减少 1/2。如果将 2 个以上的心动周期的数据重组为一幅图像，即多扇区重建，时间分辨力可减少为 1/*n*。对于 64 层螺旋 CT，心率超过 70 次/分，使用双扇区或多扇区重建的图像质量要好于单扇区重建。

（五）图像后处理

1. 心电图编辑 ECG 回顾门控扫描由于记录了 ECG 信号和原始数据，所以当 ECG 信号不理想时，可通过对 ECG 信号进行编辑来补救一些图像质量较差的扫描。多层螺旋 CT 心电图编辑方法有消除（delete）、忽略（disable）、插入（insert）、R 波偏移（shift r-peak）等。对于有严重心律不齐的患者，可联合使用多种心电图编辑技巧，最终获得理想的冠状动脉图像。

案例 4-13-2

患者，男，52 岁，因心悸多年行冠状动脉 CTA 检查，案例图 4-13-2A。问题：图像有何问题？分析其原因。

解答：A 图中图像模糊，冠状动脉伪影严重，无法评估。原因是患者心悸多年、心律不齐，图像重建时机器自动选择时相识别错误，导致图像模糊。因此，经心电图编辑后，重新选择重建时相，获得清晰的冠状动脉图像（B 图）。

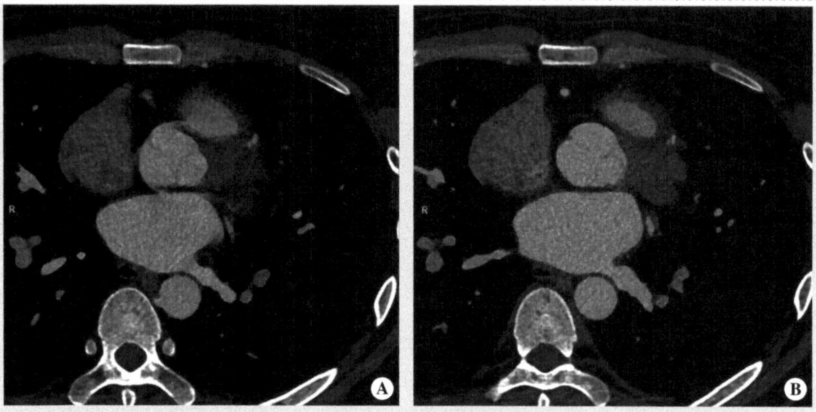

案例图 4-13-2

2. 图像的显示 平扫的窗宽为 250～350HU，窗位为 35～45HU，增强扫描的窗宽为 600～800HU，窗位为 300～400HU。总之，将增强的冠状动脉的 CT 值作为窗位，适当调整窗宽，达到冠状动脉为灰色，钙化为白色，软斑块为黑色。

3. 冠状动脉重建时相的选择 心率决定冠状动脉的重建时相，通常来说，对于 64 层螺旋 CT，由于时间分辨力有限，心率小于 65 次/分，在舒张末期即 75%～80%时相，右冠状动脉和左冠状动脉都可以得到很好显示。但当心率在 70～80 次/分时，右冠状动脉的最好时相为 45%～50%，而左冠状动脉为 75%。

4. 三维重组后处理 由于冠状动脉走行不规律，所以三维重组对于冠状动脉的诊断非常重要。常规三维重组的方法：①整个心脏冠状动脉的 VRT 重组，用于显示冠状动脉的开口、起源和大体解剖并帮助对冠状动脉进行命名。②冠状动脉树的 VRT 和 MIP，观察冠状动脉的走行、狭窄及钙化，也可使用薄层 MIP 来进行重组。③曲面重组（CPR），是观察冠状动脉狭窄情况的主要方法，配合横断位及长轴位可以较准确地评估狭窄的程度。特别是对于>50%的狭窄，与 DSA 相比，其准确性达到 98%，如图 4-13-4 所示。

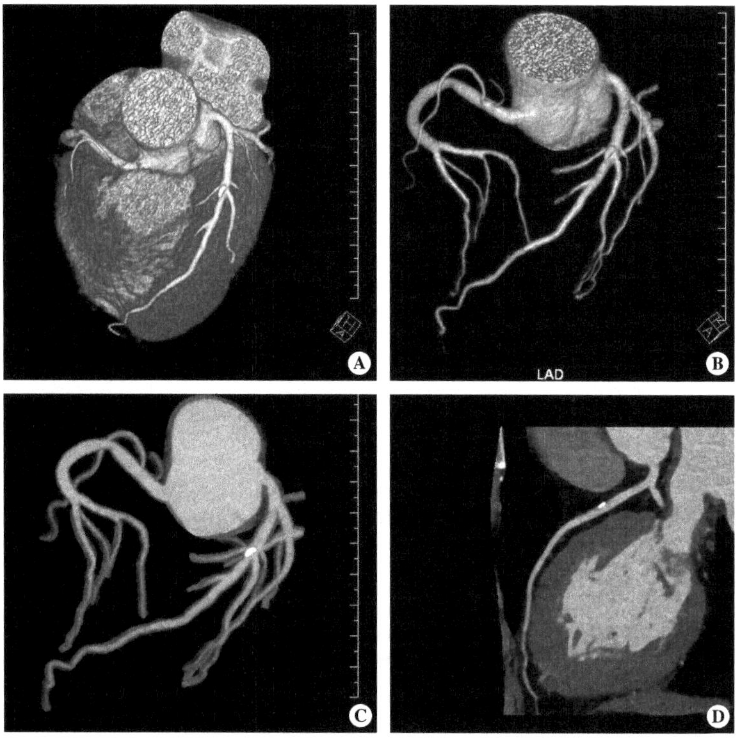

图 4-13-4 三维重组后处理

A. 显示整个心肌和冠状动脉的 VR；B. 显示冠状动脉树的 VR；C. 显示冠脉树的 MIP；D. 显示前降支的 CPR

5. 心肌灌注成像　扫描方式同冠状动脉 CTA，需要对比剂的总量超过 50ml，通过对增强后的心脏反复扫描得到心肌灌注的数据，在 CT 工作站上使用心肌灌注软件进行分析，软件在确定左心室内外膜边界后可自动计算出各个心肌节段的透壁灌注指数（transmittal perfusion ratio，TPR）。TPR 定义为每个节段心内膜下 1/3 心肌的 CT 值与相应层面整个心外膜下 1/3 平均 CT 值的比较。并可根据 TPR 自动生成彩色心肌灌注图，如图 4-13-5 所示。

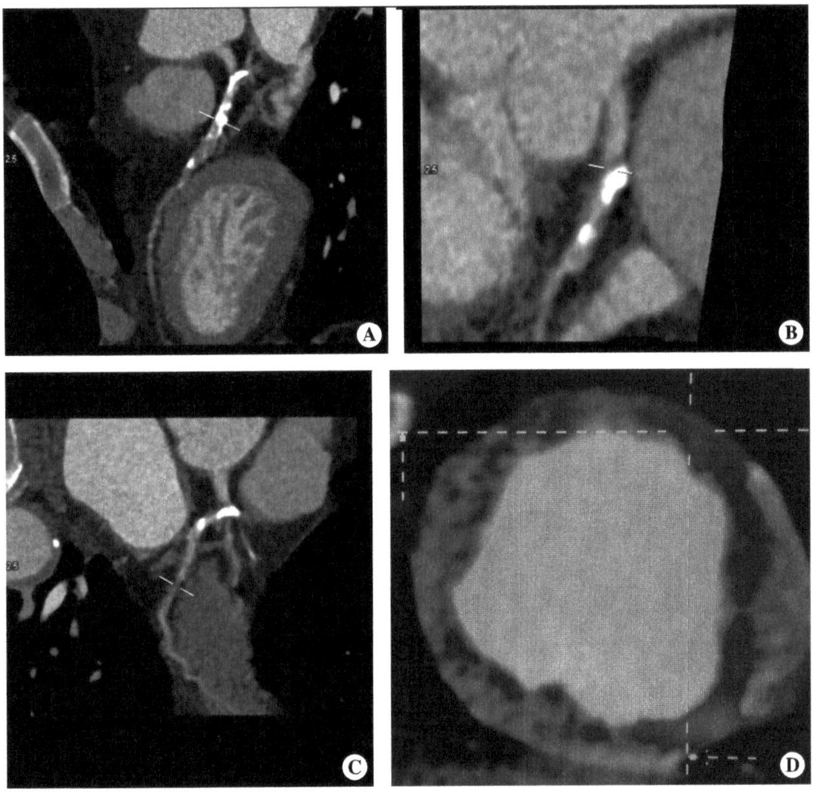

图 4-13-5　患者，男，68 岁，运动后胸痛就诊，有家族心血管病史

A. 前降支狭窄；B. 回旋支狭窄；C. 钝圆支狭窄；D. 前降支供血区域心肌灌注碘分布图，呈持续性缺血表现

6. 左心室的功能分析　通过回顾性心电门控扫描，可以重建出心脏舒张期和收缩期两个时相的图像。在 CT 后处理工作站，选出左心室容积最小的时相作为收缩期，左心室容积最大时相的作为舒张期，以主动脉瓣为界，选出左心室的容积，还需要人工确定左心室的边界。确定后可以计算出舒张末容积（end-diastolic volume，EDV）、收缩末容积（end-systolic volume，ESV）、每搏输出量（stroke volume，SV）和射血分数（ejection Fraction，EF），与超声心动图比较有较好的一致性。但超声心动图简单且无须使用对比剂，作为常规临床应用方面有不可替代的作用，如图 4-13-6 所示。

7. 钙化积分　冠状动脉钙化（CAC）的定性检测根据病变大小超过某一面积或体积阈值、密度超过规定的 CT 值阈值即可区分冠状动脉斑块内的病变是否为钙化。冠状动脉钙化积分（CACS）中传统的积分法定义面积阈值为 $1mm^2$、CT 值阈值为 130HU。CACS 是利用 CT 成像技术来判断冠状动脉钙化的一项指标。在 CT 图像里，钙化显示为高密度影，基于这样的原理，对 CTA 图像里的主要冠状动脉分别进行评分，并最终将得分相加，得出总的积分。通常来说，没有斑块或钙化的血管得分为 0。临床上认为积分超过 300，或经过年龄、性别与种族校正后超过第 75 百分位则为高危患者。CACS 与总体的动脉粥样硬化程度密切相关，而且比高敏 C 反应蛋白（CRP）等危险分层指标具有更好的灵敏度，能够进一步完善冠心病患者的危险分层。每个厂家图像后处理工作站的钙化积分处理方式不尽相同，但处理时严格按照各条主要冠状动脉（左冠前降支、左回旋支、右冠状动脉及它们的分支）分别进行钙化区域勾画及单独评分，应避免把非钙化区域勾选计算入内及错误地把不同的冠状动脉分支混淆计算。

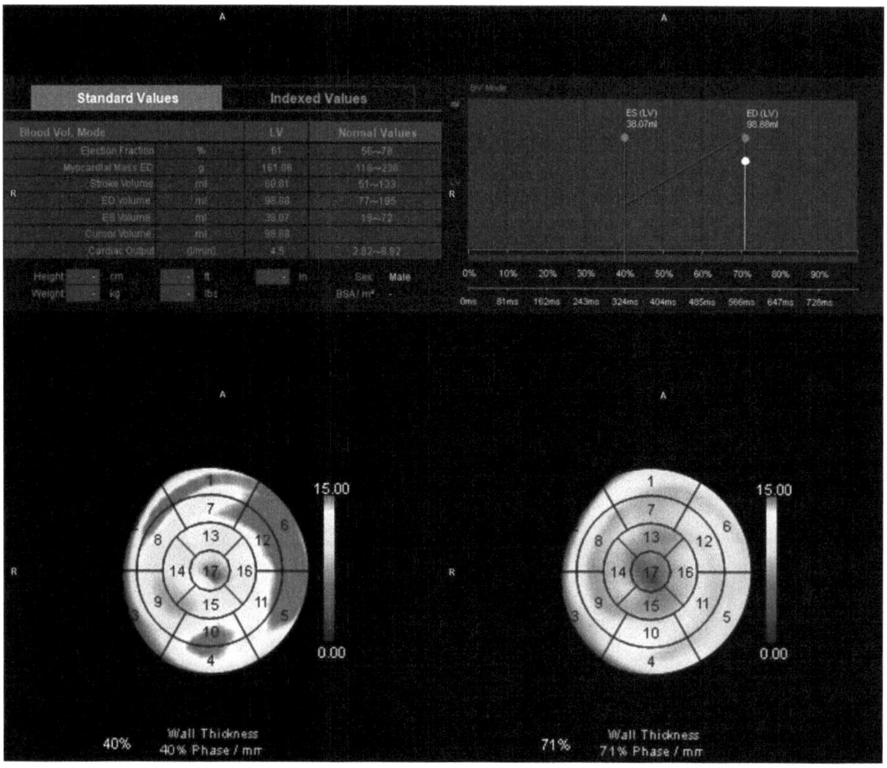

图 4-13-6　后处理软件自动计算出左心室的 EDV、ESV、EF 值及室壁运动度

8. 图像打印　以显示疾病病变为目的，彩色图像与黑白灰阶图像相结合，VR、MPR 及 MIP、CPR 图像互相补充，排版整齐，结合实际情况灵活打印胶片数量，根据临床需求与否决定是否打印钙化积分结果，推荐把原始图像及所有后处理图像刻入光盘，方便患者以后复诊及转诊。

四、冠状动脉 CTA 的图像质量控制

（一）心率过快的处理方案

1. 缓解心理紧张情绪　扫描过程中出现心率不稳定、心跳突然加快会导致冠状动脉成像质量欠佳，因此需要检查前与患者充分沟通，缓解紧张情绪。

2. 尽量缩短检查时间　避免患者因屏气时间过长和对比剂用量过大造成心率增快。

3. 应用 β 受体阻滞剂　β 受体阻滞剂可以适当降低心率。

4. 心率预设的方法　根据小剂量试验和屏气训练时的心率变化预测患者在检查中可能出现的心率，找到可能获得最高时间分辨力的球管旋转时间，以获得最佳扫描效果。

5. 变速扫描技术　对于过快心率，可以使用变速扫描技术，即随心率的增快而增加螺距和床速，使扫描速度与心率匹配，得到最佳影像质量。

6. 清晰图像的时相选择　为了获得清晰的横断面图像，冠状动脉成像均需要选择心脏舒张中期或收缩中末期进行成像。对于过快心率，需将扫描原始数据按心动周期的不同相位窗进行横断面重建，寻找显示最清晰的冠状动脉不同节段的最佳相位窗，然后对相应横断面进行三维重组。

7. 多扇区重建技术　为了提高时间分辨力常需要使用半扫描重建技术或多扇区重建技术，当扫描速度和心率达到最佳匹配关系时，应用多扇区重建算法能够得到最小的扇区角度，明显提高

X-Y 轴的时间分辨力，可以改善心率过快对图像质量造成的影响。

8. 后处理方法减少运动伪影 通用公司的冠状动脉运动追踪冻结平台（snap-shot freezing，SSF）使用相邻心动周期的图像信息补偿冠脉运动造成的伪影，从而改善图像质量。

（二）心律不齐造成图像质量下降的处理方法

1. 绝对延迟方法重建 由于 R 波后紧邻时相为收缩期，受心律变化影响较小，进行收缩末期重建可获得错层伪影较小的图像。

2. 冠状动脉进行分段分时相重建 这样可以获得冠状动脉各个分支不同相位窗的清晰图像。

3. 自动化最佳期相选择技术 通过计算各支冠状动脉的运动速度，从而自动化选择运动速度最低的 2 个时相进行重建，可以获得最佳收缩期和舒张期的冠状动脉图像。

4. 进行相应的心电图编辑

（1）单发期前收缩：可导致瞬时心脏运动加快，此时可以应用心电图编辑软件忽略或删除这一心动周期，用下一个心动周期的数据来补足加以纠正。

（2）代偿间歇：可以造成与其他心动周期运动状态不一致的现象，此时需要对其前一个 R 波进行人为调整，对缺失的信号进行人为的插入，以保证其运动时相的一致性。

（3）心房颤动：此时的心动周期长度变化范围更大，心动周期更短，图像质量更差。舒张期重建方法已经无法满足时间分辨力的要求，只能进行收缩末期重建和绝对时间延迟重建。

（4）房室传导阻滞：可引起心动周期延长，改善方法是利用绝对时间延迟进行重建，或个体化心电图编辑，采用手动偏移 R 峰的办法纠正 R—R 间期不等造成的数据不匹配，尽量使重建数据保持在心脏冲动的同一相位。

5. 使用宽体探测器单心率多次采集 宽体探测器由于单圈的扫描覆盖范围包括了整个心脏，快速的单圈旋转时间（≤0.3s），常规心率可以采用前瞻门控在一个心动周期采集到整个心脏的数据，所以不会出现节段伪影。如果出现心律不齐，可以采集多个心动周期，选择图像质量好的进行处理。

（三）其他因素对成像质量的影响

1. 冠状动脉钙化对图像的影像 钙化斑块明显者，产生明显伪影，影响冠状动脉的血管观察效果，钙化斑块的膨胀效果将会导致对于管腔狭窄程度的过度评价。

2. 运动伪影 检查时身体移动所造成的运动伪影，重建后出现图像模糊。

3. 右心房高密度对比剂伪影 缩短扫描时间、减少对比剂用量和采用双筒高压注射器，能有效消除右心房对比剂伪影对右冠状动脉显示的影响。

4. 呼吸运动伪影 检查前对患者进行屏气训练，使用尽可能短的扫描时间，一般能消除呼吸运动伪影。采用宽体探测器进行一个心动周期采集整个心脏的图像数据。

5. 扫描时间及扫描延迟时间 扫描时间越短，图像质量受屏气后心率波动的影响越小；扫描延迟时间确定的越准确，则冠状动脉对比剂充盈得越好，图像质量就越高。

【小结】 本节主要内容为冠状动脉 CT 检查技术，尽管超高端 CT 的应用使得呼吸对冠状动脉成像的影响作用越来越小，但仍推荐在冠状动脉 CT 检查前应尽可能地做呼吸训练以减少运动伪影；根据不同的机型、不同的硬件参数，应把心率控制在相应的机器可成像范围内；选择合适的管电压及管电流搭配的合理的注射方案可以减少患者所受辐射剂量及减轻肾脏负担；根据心率选择合适的图像采集期相及重建时相；心电图编辑可作为补救措施改善冠脉图像质量；VR 图像可以系统观察整个心脏、冠状动脉和大血管的关系以及空间位置，显示直观立体，通过不同的体位可以观察到相应的血管变异；薄层 MIP 可以观察局部的解剖结构和变异；CPR 图像是观察冠状动脉狭窄情况的主要方法，配合横断位及长轴位可以较准确地评估狭窄的程度；心肌灌注成像可获得各个心肌节段的透壁灌注指数；左心室的功能分析可以计算出舒张末容积、收缩末容积、每搏输出量和射血分数；钙化积分与总体的动脉粥样硬化程度密切相关，而且比高敏 CRP 等危险分层指标具有更好的灵敏度，能够进一步完善冠心病患者的危险分层。

第十四节 肺动、静脉与左心房 CT 检查技术

一、临床概述与适应证

肺动、静脉与左心房 CT 检查主要适用于发现肺动脉管腔及心房内栓子以及射频消融术前肺静脉走行的评估。

1. 肺动脉评估 评估肺动脉管腔通畅性，观察管腔内是否有血栓形成，以及栓子的位置、大小、数目以及肺动脉栓塞术后评价。

2. 射频消融术术前评价及术中引导 射频消融术需要通过电极，消融产生心房颤动的异常兴奋点。由于肺静脉的变异多样，术前可通过 CT 对肺静脉的情况进行评估，选择合适的手术方案，同时还可利用原始数据对射频消融术术中手术进行定位引导。

3. 射频消融术术后的评价 射频消融术术后的复查，观察射频后肺静脉的孔径变化。

4. 其他方面 包括①评估是否有肺动、静脉畸形。②评估是否有肺动静脉瘘。③评估左心房内是否有占位或栓子。

二、相关解剖及检查前准备

（一）相关解剖

1. 肺动脉 起于右心室，在主动脉之前向左上后方斜行，在主动脉弓下方分为左、右肺动脉，经肺门入肺。肺动脉干位于心包内，为一粗短的动脉干。起自右心室，在升主动脉前方向左后上方斜行，至主动脉弓下方分为左、右肺动脉。左肺动脉较短，在左主支气管前方横行，分两支进入左肺上、下叶。右肺动脉较长而粗，经升主动脉和上腔静脉后方向右横行，至右肺门处分为三支进入右肺上、中、下叶。在肺动脉干分叉处稍左侧有一短的纤维结缔组织索，连于主动弓的下缘，称动脉韧带，是胚胎时期动脉导管闭锁后的遗迹。

2. 肺静脉及左心房 左心房构成心底的大部分，有四个入口，一个出口。在左心房后壁的两侧，各有一对肺静脉口，为左右肺静脉的入口；左心房的前下有左房室口，通向左心室。由肺进行气体交换后的新鲜血液经肺静脉流入左心房，然后经左房室口流入左心室，在左房室口处有二尖瓣（左房室瓣）血液由左心房经此口流入左心室。

（二）检查前准备

1. 心理干预 由于心率会影响图像质量，消除患者的紧张情绪十分重要，检查前需要和患者简单介绍检查的过程和可能出现的正常反应，如注射对比剂后出现的灼热感等，以及呼吸屏气的重要性和需要屏气的次数和检查大概时间，消除患者的畏惧心理，有利于对心率的控制。

2. 心率控制 通常 64 层以上 CT 机型心率需要控制在 70 次/分以下，16 层 CT 需要控制到 65 次/分以下。对于基础心率过快的患者可使用 β 受体阻滞剂，如美托洛尔等，服用方法：于检查前 10～20min 口服 12.5～50.0mg，建议酌情逐渐加量服用，并对低血压患者时刻监测血压，测量心率下降后再进行检查。对于 128 层及以上的 CT 机型，由于较高的时间分辨力，可以不进行心率的控制。

3. 呼吸训练 检查前训练患者做深吸气、屏气及呼气动作。呼吸训练时需要确定检查者是否能屏住气，可通过观察腹部的运动或者用手放到检查者胸前确定。一般经过训练，患者的屏气时间可以大大延长，可在扫描过程中保持屏气不动。

4. 安装心电图电极 肺静脉与左心房 CT 检查也需要与心电门控相结合，这样可获得清晰可

靠的肺静脉与左心房图像。心电极的安装如图 4-14-1 所示。推荐使用四导联，分别置于双侧锁骨陷凹处及双侧肋下缘肋间隙上。电极片需要在上臂上举后粘贴，并且需要避开骨质，否则会降低心电波形或得到不稳定的信号。

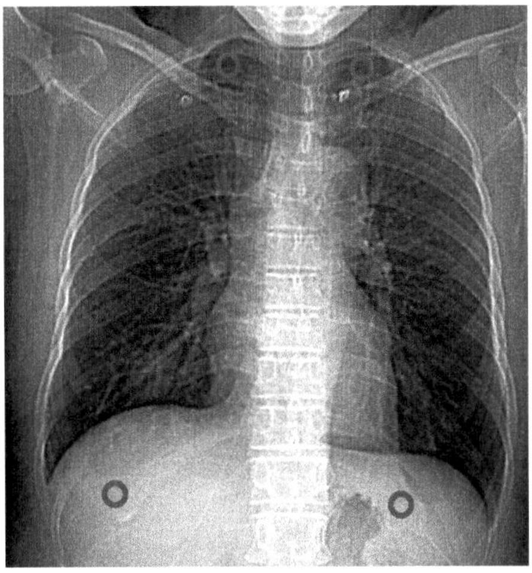

图 4-14-1 肺静脉 CTA 的电极位置体表图

三、肺动脉 CT 检查技术

（一）常规平扫

1. 扫描体位 患者仰卧，头先进，两臂上举抱头，身体置于床面正中，侧面定位线对准人体正中冠状面。

2. 定位像 常规扫描胸部前、后定位像。

3. 扫描范围 从胸廓上口向下到肺底。

4. 扫描参数 管电压 120kV 或使用自动管电压联合自动管电流调制技术选择最佳管电压及管电流。图像重建选择 1～2mm 层厚，1～2mm 层间距。

平扫可以解决三个问题：一是观察扫描范围是否合适，如果不合适，可在增强扫描时适当调整；二是观察检查者是否能配合屏气；三是可以观察肺部组织无强化时的改变。

（二）增强扫描

1. 对比剂注射方案设定 对比剂含碘浓度通常使用 320～370mgI/ml，需要使用高压注射器，配合盐水的使用，对比剂注射方案采用单流速二期即可满足。第一期对比剂 20～40ml，第二期盐水 25～40ml，4～5ml/s 的流速，盐水的作用是冲刷上腔静脉。

2. 扫描延迟时间 通常选择测定靶血管内对比剂峰值变化来选择适当的扫描启动时间，方式有两种。

（1）小剂量测定法：经肘静脉以正式扫描时的流速注射 10～20ml 对比剂，注药后延时 5s 开始在肺动脉层面连续扫描，以肺动脉为感兴趣区，此时靶血管内对比剂的浓度由低向高迅速增加，连续扫描至目标血管的对比剂浓度下降到接近正常浓度时中止扫描。将所获得的连续图像用软件进行分析，得到靶血管的时间-密度曲线及平均峰值时间。根据平均峰值时间适当增加 1～2s，设定为扫描开始的延迟时间。

（2）实时血流监测法：设定肺动脉层面（气管隆嵴下 2cm）作为连续曝光层面，并选择肺动脉作为观察感兴趣区，注射对比剂 3～5s 后连续曝光，实时观察感兴趣区 CT 值上升情况，当 CT 值达 150HU 预定值后，延迟 2～3s 自动或手动触发扫描。

3. 扫描体位与参数设置

（1）扫描体位：患者仰卧，头先进，两臂上举抱头，身体置于床面正中，侧面定位线对准人体正中冠状面。

（2）定位像：常规扫描胸部前、后定位像。

（3）扫描范围：从胸廓上口处至肺底。

（4）扫描参数：管电压 120kV 或使用自动管电压联合自动管电流调制技术选择最佳管电压及管电流。推荐选择使用螺旋扫描，1～2mm 层厚，1～2mm 层间距，适当调整螺距和旋转时间，以获得最快扫描方式。

（三）ECG 门控特殊扫描方式

肺动脉主干从右心室发出，肺动脉干受心脏冲动影响较大，因此，在重点观察肺动脉干是否有病变时需要较高时间分辨力来“冻结”运动的心脏，用以减少肺动脉主干运动伪影的干扰。但肺动脉的对比剂峰值持续时间较短，ECG 门控扫描的成像时间较长，故需加大对比剂用量以延长对比剂峰值平台期，但因此也会导致上腔静脉硬化伪影增多。ECG 心电扫描方式可分为两种，ECG 前瞻门控扫描（序列扫描）和 ECG 回顾门控扫描（螺旋扫描）。

四、肺静脉及左心房 CT 检查技术

（一）常规平扫

1. 扫描体位 患者仰卧，头先进，两臂上举抱头，身体置于床面正中，侧面定位线对准人体正中冠状面。

2. 定位像 常规扫描胸部前、后和侧位定位像，双定位有利于将心脏图像定位到显示野中心。

3. 扫描范围 常规扫描从气管隆嵴向下到心底，包括整个心脏。

4. 扫描参数 120kV 固定管电压联合自动管电流调节技术，≤2.5mm 层厚，2.5mm 层间距，选择 ECG 前瞻门控扫描，显示野固定不动。

平扫可以解决两个问题：一是观察扫描范围是否合适，如果不合适，可在增强扫描时适当调整；二是观察检查者是否能配合屏气。

（二）增强扫描

1. 对比剂注射方案设定 对比剂含碘浓度通常使用 320～370mgI/ml，肺静脉的增强不像冠状动脉 CTA 的增强效果，一般需要肺静脉强化，肺动脉增强值尽量低于肺静脉。需要使用双筒高压注射器，配合盐水的使用，对比剂注射方案采用单流速二期即可满足。根据患者不同的体型，灵活选择对比剂流速及对比剂用量，通常采用 4～5ml/s 的流速，第一期对比剂 30～70ml，第二期盐水 25～40ml。肺循环可以用盐水代替并且使肺动脉的增强效果降低，最后需要用盐水冲刷上腔静脉。

2. 扫描延迟时间 通常选择测定靶血管内对比剂峰值变化来选择适当的扫描启动时间，方式有两种：

（1）小剂量测定法：经肘静脉以正式扫描时的流速注射 10～20ml 对比剂，注药后延时 8～12s 开始在肺静脉层面连续扫描，以肺静脉为感兴趣区，此时靶血管内对比剂的浓度由低向高迅速增加，连续扫描至目标血管的对比剂浓度下降到接近正常浓度时中止扫描。将所获得的连续图像用软件进行分析，得到靶血管的时间-密度曲线及平均峰值时间。根据平均峰值时间适当增加 3～4s，设定为扫描开始的延迟时间。

（2）实时血流监测法：设定肺静脉层面（气管隆嵴下 4cm）作为连续曝光层面，并选择升主动脉作为观察感兴趣区，注射对比剂 8～10s 后连续曝光，实时观察感兴趣区 CT 值上升情况，当 CT 值达 150HU 预定值后，自动或手动触发扫描。

（3）在怀疑左心耳存在血栓时，应适当增加对比剂量，在常规增强扫描后再延迟 3～4s 加扫一期，用以观察心耳充盈情况。

3. 扫描体位与参数设置

（1）扫描体位：患者仰卧，头先进，两臂上举抱头，身体置于床面正中，侧面定位线对准人体正中冠状面。

（2）定位像：常规扫描胸部前、后定位像，双定位有利于将肺静脉图像定位到显示野中心。

（3）扫描范围：从气管隆嵴上 2cm 向下至心底，包括整个心脏。

（4）扫描参数：扫描范围同平扫，0.50～1.25mm 层厚，0.50～1.25mm 层间距。使用 ECG 门控的方式进行扫描。如果患者心律不齐或者屏气不良，可以选择使用螺旋扫描，0.50～1.25mm 层厚，0.50～1.25mm 层间距，适当调整螺距和旋转时间，使用快速扫描方式。

（三）ECG 门控扫描方式

肺静脉主干连接于左心房，因此肺静脉 CTA 检查同冠状动脉 CTA 一样，由于需要扫描不停运

动中的心脏，所以需要较高时间分辨力来“冻结”运动的心脏和冠状动脉。常规扫描方式有两种，ECG 前瞻门控扫描（序列扫描）和 ECG 回顾门控扫描（螺旋扫描）。

1. ECG 前瞻门控扫描 同冠状动脉 CTA 的门控扫描一样，由于 ECG 触发序列扫描需采用先前 R—R 间隔的平均值，对患者下一个 R—R 间隔作出可靠的预测。因此该方法不适应于心律失常的患者，特别是进行肺静脉检查的患者通常会伴有心房颤动，所以 ECG 前瞻门控扫描失败率较高。而且通常只能选择一个时相成像，或者选择肺静脉开口最大的时相 35%～45%，或者选择开口最小的时相 85%～95%。

2. ECG 回顾门控扫描 采用螺旋扫描方式，ECG 信号和原始数据被同时记录下来，根据心电图信号采用回顾式图像重建。CT 图像重建至少需要 180°扫描数据，即单扇区扫描，时间分辨力为 145～200ms，由于是肺静脉成像，对于心脏运动没有冠状动脉要求高，基本都采用单扇区重建。可以重建两个时相即肺静脉开口最大的时相 35%～45%和开口最小的时相 85%～95%。

因此，肺静脉扫描使用 ECG 回顾门控扫描更有效、更可靠。

五、图像后处理技术

1. 图像的显示 平扫的窗宽为 250～350HU，窗位为 35～45HU，增强扫描的窗宽为 600～800HU，窗位为 300～400HU。

2. 三维重组后处理

（1）肺动脉重组：由于肺动脉分支较多走行不规律，所以三维重组对于肺动脉的诊断非常重要。常规三维重组的方法：①整个肺动脉的 VRT 重组，用于显示肺动脉的大体解剖和直观观察肺动脉走行；②肺动脉树的 MIP，观察肺动脉的走行，以及粗略评估是否存在狭窄，也可使用薄层 MIP 来进行重组；③病变血管 CPR，是观察肺动脉病变情况的主要方法，可以清晰显示肺动脉管腔通畅情况，当存在栓塞时配合横断位及长轴位可以较准确地评估管腔狭窄的程度。

（2）肺静脉重组：用于显示肺静脉的开口、起源和大体解剖。可以在肺静脉后前位测量肺静脉开口处的宽度，多角度显示左、右肺静脉的开口，其变异对于临床手术非常重要。

（3）如果需要，可以测量肺静脉各分支起始处横轴位的最大径和最短径，如图 4-14-2 所示。

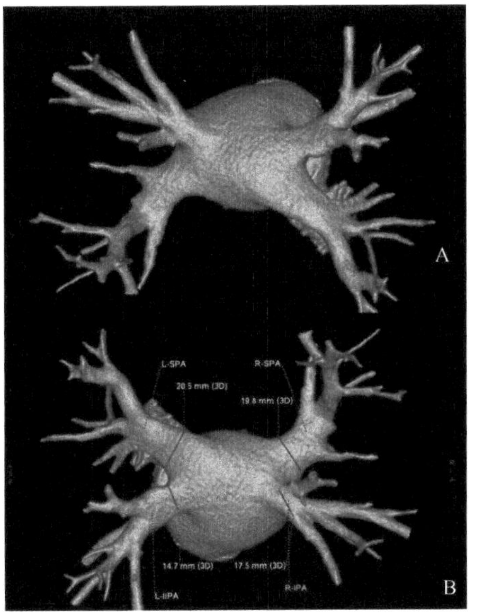

图 4-14-2 肺静脉开口处直径的测量
A. 肺静脉后前位显示的 VR 图像，可以清楚看到肺静脉的分支；B. 粗略测量肺静脉开口处的直径

3. 图像打印 以显示疾病病变为目的，彩色图像与黑白灰阶图像相结合，VR、MPR 及 MIP 图像互相补充，排版整齐，结合实际情况打印 1～4 张胶片，推荐把原始图像及所有后处理图像刻入光盘，方便患者以后复诊及转诊。

六、肺动脉、肺静脉及左心房的图像质量控制

（一）肺动脉的图像质量控制

肺动脉峰值到达时间早，峰值持续时间较短，因此需要在达到阈值后适量减少延迟扫描等待时间，以及扫描时应使用较快的扫描模式，合理选择管电压及管电流，注入对比剂应适量，避免对比剂过多导致上腔静脉产生严重的硬化伪影，同时也要避免对比剂过少导致肺动脉显示不清晰或肺动脉远段不显示，而导致肺动脉栓塞诊断假阳性。合理的肺动脉图像应具有较明显的肺动静脉对比、合理的图像信噪比以及尽量少的伪影。

（二）肺静脉及左心房的图像质量控制

1. 缓解心理紧张情绪 扫描过程中出现心率不稳定，心跳突然加快会导致冠状动脉成像质量欠佳，因此需要检查前与患者充分沟通，缓解紧张情绪。

2. 尽量缩短检查时间 避免患者因屏气时间过长和对比剂用量过大造成心率增快。

3. 应用β受体阻滞剂 β受体阻滞剂可以适当降低心率。

4. 心率预设的方法 根据小剂量试验和屏气训练时的心率变化预测患者在检查中可能出现的心率，找到可能获得最高时间分辨力的球管旋转时间，以获得最佳扫描效果。

5. 变速扫描技术 对于过快心率，可以使用变速扫描技术，即随心率的增快而增加螺距和床速，使扫描速度与心率匹配，得到最佳影像质量。

6. 清晰图像的时相选择 为了获得清晰的横断面图像，心脏成像均需要选择心脏舒张中期或收缩中末期进行成像。对于过快心率，需将扫描原始数据按心动周期的不同相位窗进行横断面重建，寻找显示最清晰的最佳相位窗，然后对相应横断面进行三维重组。

7. 多扇区重建技术 为了提高时间分辨力常常需要使用半扫描重建技术或多扇区重建技术，当扫描速度和心率达到最佳匹配关系时，应用多扇区重建算法能够得到最小的扇区角度，明显提高*X-Y*轴的时间分辨力，可以改善心率过快对图像质量造成的影响。

【小结】 本节主要内容为肺动、静脉与左心房CT扫描技术，主要适用于发现肺动脉管腔及心房内栓子以及射频消融术前肺静脉走行的评估；肺动脉到达阈值时间较快，平台持续期较短，因此应减少到达阈值后触发的采集等待时间，并且使用快速扫描方式采集图像；推荐使用小剂量测定法，此方法可以计算出肺动脉最佳成像时间，减少上腔静脉硬化伪影的影响；重点观察肺动脉主干病变时，采用心电门控法可减少心脏冲动导致的运动伪影对肺动脉主干的影响；肺静脉及左心房检查时应根据心率选择合适的图像采集期相及重建时相；心电图编辑可作为补救措施改善图像质量；VR图像可以系统观察整个心脏、肺静脉和大血管的关系以及空间位置，显示直观立体，通过不同的体位可以观察到相应的血管变异；薄层MIP可以观察局部的解剖结构和变异；CPR图像是观察肺动脉狭窄情况的主要方法，配合横断位及长轴位可以较准确地显示栓子及评估管腔狭窄的程度。

第十五节　腹部CT检查技术

一、临床概述与适应证

（一）临床概述

多层螺旋CT对腹部疾病的检查具有非常重要的意义，可对腹部各脏器肿瘤的治疗提供客观依据，包括术前评价及术后随访。其检查分：平扫、增强扫描、CTA检查、器官灌注成像和能谱成像等。平扫可以发现腹部各脏器的肿瘤、炎性病变、囊肿、先天性变异、泌尿系统结石和积水等；增强扫描可以加大腹部各组织间的密度差，有利于发现和鉴别病变；CTA检查就是将强化后的血管薄层图像通过图像后处理技术来清晰准确地显示动脉或静脉及所属分支；器官灌注成像和能谱成像（本节不对能谱成像技术做具体解读）是以器官及组织的功能性检查和定性检查为主要目的的检查技术。

（二）适应证

1. 肝脏、胆囊

（1）肝肿瘤、肝囊肿、肝脓肿、脂肪肝、肝硬化、胆道系统占位、胆管扩张、胆囊炎和胆结石等疾病。

（2）筛查和鉴别肝脏肿瘤。

（3）评估肝脏肿瘤的性质、大小、范围及转移情况（肝静脉、门静脉和下腔静脉内有无肿瘤栓子形成等）。

2. 脾脏

（1）确定脾脏的大小、形态、内部结构和先天性变异等。

（2）鉴别脾脏良、恶性肿瘤，炎症及外伤引起的出血等。

3. 胰腺

（1）确定急性胰腺炎的类型、炎症渗出的范围、有无假性囊肿形成及并发症等。

（2）显示慢性胰腺炎微小的钙化和结石。

（3）确定有无肿瘤及其来源、部位和范围。

（4）鉴别外伤后胰腺有无出血。

4. 肾和肾上腺

（1）确定肾脏肿瘤及其大小、范围、有无淋巴结转移等。

（2）确定有无肾脏的炎症、囊肿、脓肿及结石的大小和位置等。

（3）确定肾动脉有无血管狭窄、闭塞、异常分支及血管与病变的关系等。

（4）显示外伤后有无肾损伤及出血等。

（5）确定肾上腺腺瘤、嗜铬细胞瘤、神经节细胞瘤、肾上腺皮质增生、肾上腺结核、肾上腺转移瘤、肾上腺皮质腺瘤以及外伤等。

5. 胃和肠道

（1）胃

1）胃肿瘤术前评价、术后随访，胃穿孔。

2）不推荐单纯作为以诊断胃部肿瘤疾病为目的的检查手段。

（2）小肠：炎性肠病、小肠肿瘤、吸收不良综合征。

（3）结、直肠

1）肠梗阻、肠缺血、胃肠道出血。

2）炎性肠病、阑尾炎、结肠直肠癌、乙状结肠癌。

二、相关解剖及检查前准备

（一）相关解剖

1. 肝脏　是人体最大并有两套供血系统的消化腺，主要位于右季肋部和上腹部。按照 Glisson 系统将肝进行分叶、分段。目前按 Couinaud 法将全肝分成 8 段（图 4-15-1）。肝脏分 8 个段，主要被肝静脉系统和门静脉系统分割。肝中静脉将肝分成左、右两叶。肝右静脉将肝右叶分为右前、右后两部分。肝左静脉将肝左叶分为左内叶、左外叶。门静脉系统走行于肝段内。Ⅰ段为尾状叶，在门、腔静脉之间，Ⅱ段与Ⅲ段构成左外叶，Ⅳ段为方叶，也是左内叶，Ⅴ段与Ⅷ段构成肝右前叶，Ⅵ段与Ⅶ段构成肝右后叶。Ⅱ段与Ⅲ段、Ⅴ段与Ⅷ段、Ⅵ段与Ⅶ段的粗略分界方法是以肝内门静脉分支或肝门平面为分界标志，出现以上平面所显示的是靠上方的，Ⅱ段、Ⅶ段、Ⅷ段以下层面就是Ⅲ段、Ⅴ段、Ⅵ段。Ⅴ段与Ⅵ段、Ⅶ段与Ⅷ段之间以肝右静脉分界。

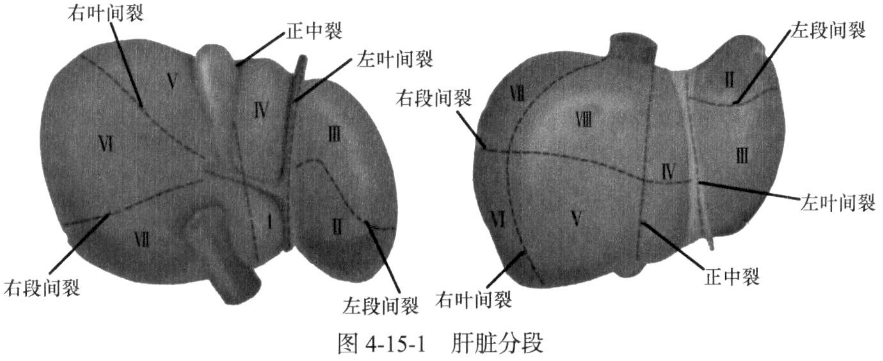

图 4-15-1　肝脏分段

2. 肝外胆道 胆汁由肝细胞产生，经肝内各级胆管收集，出肝门后再经肝外胆道输送到十二指肠。肝外胆道包括左右肝管、肝总管、胆囊管、胆囊和胆总管。

胆囊呈梨形，容量为 40～60ml，为储存和浓缩胆汁的器官。胆囊可分为 4 个部分：胆囊底、胆囊体、胆囊颈、胆囊管。

胆总管由肝总管与胆囊管汇合而成。胆总管分为十二指肠上段和后段、胰后段、十二指肠壁内段，即胆总管末段。长度很短，仅数毫米，管径变细，与主胰管汇合成肝胰壶腹，开口于十二指肠降部大乳头，在壶腹周围有肝胰壶腹括约肌（Oddi 括约肌）。

3. 胰腺 位于上腹部，横跨于第 1 腰椎或第 2 腰椎的前方，有时低至第 3 腰椎水平，分为头、颈、体和尾 4 个部分。胰腺中央有胰管横贯全长，开口于十二指肠大乳头。

4. 肾脏 位于第 12 胸椎至第 3 腰椎水平之间，右肾较左肾低约 2cm。双肾形似蚕豆，肾内缘凹处称为肾门，一般平第 1 腰椎，是肾动脉、肾静脉、肾盂、神经和淋巴管出入的部位。肾的表面有三层被膜包绕，由内向外依次为纤维囊、脂肪囊和肾筋膜。一般每侧肾脏有 7～8 个肾小盏，2～3 个肾小盏合并形成肾大盏，2～3 个肾大盏合并成肾盂。

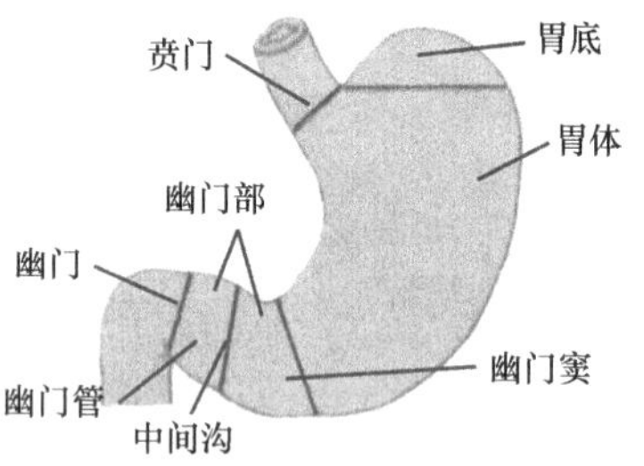

图 4-15-2 胃的分部

5. 胃 胃的大部分位于左季肋区，小部分位于腹上区。胃的上口接食管称为贲门，下口接十二指肠称为幽门。

（1）胃部解剖：胃分 4 部分（图 4-15-2）。靠近贲门的部分称为贲门部。从贲门口下缘做一水平线，水平线以上为胃底。立位时胃底常充气，在立位 X 线上称为胃泡。从胃底向下到胃小弯的角切迹部，称为胃体。胃体分为胃小弯、胃大弯、前壁和后壁。胃体的内侧缘称为胃小弯。胃体的外侧缘称为胃大弯。胃小弯的最低处，有一切迹称为角切迹。从角切迹到幽门的部分称为幽门部。幽门部的大弯侧，有一不明显的浅沟，即中间沟分幽门部为右侧的幽门管和左侧的幽门窦。

（2）胃的邻近脏器：胃的位置随体型、体位和充盈程度的不同而有所变化。在中度充盈时，胃大部分位于左季肋区，小部分位于腹上区。胃的前壁在右侧与肝左叶贴近，左侧与膈相邻，介于两者之间的胃前壁，直接与腹前壁相贴。胃后壁与胰腺、横结肠、左肾的上半部和左肾上腺相邻。

（3）胃的分型：根据胃的张力和形状分为四型（图 4-15-3）。由于张力的存在才能保持中空器官的一定形状、大小和位置，所以张力决定胃型，反之从胃型可知张力高低。牛角型胃，为高张力胃，胃泡宽大，胃穹隆部呈横置的弓状，胃角切迹宽钝。钩型胃，胃泡呈半球形，胃体垂直下行，角切迹为锐角或接近直角，幽门指向右后方，胃下极在脐和髂嵴连线之间。长型胃，胃泡呈球形或长椭圆形，胃体中部狭长，下部扩大，可坠至盆腔，角切迹深且夹角小，幽门指向上方，胃下极低于髂嵴连线。瀑布型胃，为高张力胃，胃泡大而后倾，角切迹难以确定，幽门指向后方，在胃体和胃底可见一个气液平面。

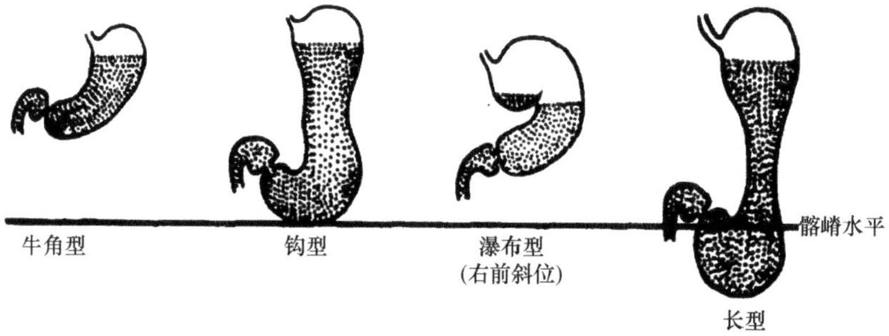

图 4-15-3 胃的分型

（4）胃黏膜皱襞：胃的黏膜和黏膜下层形成黏膜皱襞，随功能不断改变形态。贲门的收缩出现星芒状黏膜纹，向贲门四周放射。小弯侧为延续食管的纵行皱襞。胃底的皱襞可以是交叉的网状或平行的弧形条纹状。胃大弯黏膜皱襞较粗，常为扭曲的横行皱襞，宽约 1cm。胃前壁和后壁的黏膜皱襞常为斜行，互相交叉。

6. 小肠

（1）十二指肠：起自幽门，止于十二指肠空肠曲，是小肠中最短、最宽、最固定的部分，呈“C”形包绕胰头，称为十二指肠环。根据形态和位置，可分为球部、降部、水平部和升部 4 个部分。十二指肠球为其近侧部分，是十二指肠溃疡好发部位。降部走行于脊柱右侧，其内后侧壁有一纵行皱襞，称为十二指肠纵襞，纵襞的下端有十二指肠大乳头，是胰管和胆总管的共同开口。水平部在肠系膜上动脉和腹主动脉夹角内通过。升部走向左上方，连接空肠。

（2）空肠、回肠：通常近侧的 2/5 为空肠，位于左上腹部，起源于十二指肠空肠曲，与回肠无明确分界。回肠位于中腹部及右下腹部，比空肠长。

7. 大肠　始于右髂窝的盲肠，全长约 1.5m，可分为盲肠、阑尾、结肠、直肠和肛管 5 个部分。

（1）盲肠、阑尾：在回盲瓣口以下的一盲袋，称为盲肠，为大肠最短、最宽的一段，盲肠内侧缘中下部有阑尾开口。阑尾长为 5～10cm，有系膜，移动度大，但其根部位置固定，其体表投影常位于肚脐与右侧髂前上棘连续的中、外 1/3 处。

（2）结肠：分为升结肠、横结肠、降结肠和乙状结肠。升结肠内侧邻近小肠，在右侧结肠旁沟上升移行为横结肠，弯曲处称为结肠肝曲。横结肠起于结肠肝曲，止于结肠脾曲。降结肠从结肠脾曲向下，在左侧髂嵴处接乙状结肠，乙状结肠呈“乙”字形弯曲，至第 3 骶椎接直肠。

（3）直肠和肛管：直肠位于小骨盆的后方、骶骨前方。向下沿第 4、5 骶椎和尾骨前面下行穿过盆膈移行为肛管。直肠中部扩大称为直肠壶腹，壶腹部有 3 个横行的半月皱襞，称为直肠皱襞，距离肛门约为 7cm。

8. 输尿管　是一对细长的肌性管道，长 20～30cm，上端约于第 2 腰椎水平起于肾盂，下端接膀胱。输尿管有 3 个生理狭窄区：第 1 个狭窄区在肾盂与输尿管移行处；第 2 个狭窄区在越过髂血管和小骨盆上口处；第 3 个狭窄区为输尿管膀胱连接部，当尿路结石下降时，易嵌顿于狭窄处。

（二）检查前准备

1. 受检者准备

（1）需携带相关的影像学检查资料和实验室结果以供扫描时定位和诊断时参考。

（2）为了保持 CT 扫描室内的清洁，请受检者换鞋或戴鞋套进入室内。

（3）去除检查部位的金属物品，如钥匙、金属币和含有金属物质的纽扣等。

（4）受检者应充分做好胃肠道的准备（除急诊患者外）：检查前需空腹 4～6h，检查前 1 周之内不能做胃肠钡餐造影；检查前 2 日不能服用含金属成分的药物，少食易产气食物，目的是减少肠道内高密度物质和气体产生的伪影。上腹部 CT 检查，需在检查前 20～30min 口服 500～800ml 对比剂（通常口服清水），上检查床前再补充 300～500ml 清水，确保胃及十二指肠近段的充盈（肠梗阻和急性胰腺炎患者除外）。全腹部及盆腔检查，需在检查前 1h 内每间隔 10min 口服 200ml 清水，总口服清水量 1200～1500ml，等膀胱充盈后才进行检查；上检查床前再口服温开水 300～500ml，确保胃及十二指肠的充盈。

（5）小肠 CT 检查需前日晚进流食 4h 后再口服缓泻药进行肠道处理。检查前禁食，检查前 50min 每间隔 10～15min 口服 2.5%甘露醇等渗溶液 500ml，总口服量 1000～2000ml。

配置方法：1750ml 清水+20%甘露醇 250ml=2.5%甘露醇等渗溶液 2000ml。

（6）儿童或不合作的受检者需临床给予镇静剂或麻醉后才能检查。危重患者需临床相关科室的医生陪同检查，以对该患者的病情变化进行实时监护和处理。

2. 护士准备

（1）告知受检者检查流程，如检查过程中机器会发出响声、注射对比剂时会发生一过性的热感等，消除其紧张情绪。

（2）告知受检者需仔细阅读含碘对比剂使用知情同意书并由本人或家属签字后方能进行检查；告知受检者增强检查前后需大量饮水，这样可加快对比剂的代谢。

（3）检查前准备好抢救仪器和药物；检查中需密切观察受检者状况，随时准备对使用含碘对比剂所发生不良反应的受检者进行救治。

3. 技师准备

（1）需仔细查看 CT 及附属设备开机是否正常，室内温湿度是否正常，磁盘存储空间状况，防护用品扫描辅助用品是否齐全。

（2）认真核对受检者 CT 检查申请单上的基本资料，包括姓名、性别、年龄和 CT 检查号。

（3）了解受检者病情，明确检查目的和临床医生的检查要求，制订合理的检查方案（调整合理的扫描期相和最佳的扫描参数，注重低剂量技术的应用，选择合适的后处理技术和显示技术进行规范的图像处理和病灶的显示）。

（4）检查前需再次确认该受检者的肠道准备是否合格？是否签署好含碘对比剂使用知情同意书？同时做好受检者呼吸训练，防止呼吸运动伪影的产生。

（5）做好受检者检查部位以外敏感器官的辐射防护，如晶状体、甲状腺、性腺和女性乳腺等，应做好陪同人员的辐射防护。

三、腹部 CT 平扫与增强扫描技术

（一）肝脾、胰腺扫描技术

1. 平扫

（1）扫描体位：仰卧位，足先进，两臂上举；身体置于检查床正中间，水平线对准人体腋中线。

（2）定位像：通常采用腹部正位像。用于确定扫描基线和精准扫描范围。

（3）扫描基线：在定位像上设定：①肝脏、脾脏以膈顶为扫描基线；②胆囊和胰腺以肝门为扫描基线。

（4）扫描范围：通常设定（或根据临床需求和病变受累范围而定）：①肝、脾：从膈顶扫描至脾下角；②胆囊及胰腺：从肝门扫描至胰腺下缘。

（5）参数设置

1）扫描方式：螺旋扫描，螺距选择：0.984～1.375。

2）扫描参数：管电压 100～120kV，管电流 200～300mA（或自动管电流技术），转数 0.6～0.8 转。根据机型选择不同探测器组合，如 16×1.5、32×1.2、64×0.625、128×0.6、320×0.5 等，对于急诊受检者可尽量选择较宽的探测器组合以缩短扫描时间。肝脏、脾脏采用 5mm 层厚；胰腺采用 2～3mm 层厚。FOV=300～350mm（体部）。

3）重建参数：采用标准或软组织重建算法。肝脏和胰腺 CT 图像的显示一般用软组织窗，也可根据观察病情需要，适当调节窗宽和窗位。

4）窗口技术：①肝脏和脾脏扫描图像，窗宽 180～200HU，窗位 35～50HU；②胰腺窗宽 300～400HU，窗位 40～50HU。

我们对上述肝脏、胰腺的扫描参数进行了归纳和总结，见表 4-15-1。

表 4-15-1 肝脏、胰腺 CT 扫描参数表

扫描部位	扫描方式	螺距	管电压（kV）	管电流（mA）	扫描层厚（mm）	转数（转）	重建算法	扫描野（mm）	窗宽/窗位（HU）
肝脏	螺旋	1.375	100～120	200～300	5	0.6～0.8	标准或软组织	300～350	180～200/35～50
胰腺	螺旋	0.984	100～120	200～300	2～3	0.6～0.8	标准或软组织	300～350	300～400/40～50

2. 增强扫描

（1）增强目的：腹部各组织结构的密度相近，特别是一些病变的密度与正常结构差别不大，所以腹部脏器的检查通常是平扫结合增强扫描，增强扫描应在平扫后进行。这样检查有利于发现病变并做出定性诊断。

（2）增强原理：经静脉给予含碘对比剂后再进行扫描，使病变组织与邻近正常组织间的密度差增加，从而提高病变显示率。病变组织密度增加称为增强或强化，其机制是病变组织内血管丰富或血流缓慢。

（3）增强作用：①提高对病灶尤其是小病灶的检出率；②在已确定为恶性肿瘤的基础上，可提高肿瘤分期的准确性或判断肿瘤手术切除的可能性；③提高病灶的定性能力；④提高对血管性病变的诊断和显示。

（4）增强技术

1）对比剂应用：腹部增强扫描的对比剂注射方法均采用静脉内团注法，对比剂用量 80～100ml，流速 2.5～3.5ml/s，对比剂浓度 300～370mgI/ml。

2）扫描期相和延迟时间：①肝脏、脾脏增强通常采用三期扫描，动脉期延迟时间 26～35s，门脉期延迟时间 50～60s，实质期延迟时间 120～180s。若怀疑肝血管瘤，实质期的延迟时间为 3～5min 或更长，直到病灶内对比剂被充满为止。②胰腺增强扫描通常采用二期法，动脉期延迟时间 28～35s（也有专家建议采用肠道期扫描，肠道期延迟时间 40～45s），静脉期延迟时间 50～60s。

3）窗口技术：①肝脏和脾脏增强后扫描图像，窗宽 200～220HU，窗位 60～80HU；②胰腺增强后扫描图像，窗宽 300～350HU，窗位 35～40HU。为了便于同学们学习和掌握此项检查技术，我们进行了归纳和总结，见表 4-15-2。

表 4-15-2 肝、胆、脾、胰 CT 检查序列

序列名称	作用	范围（根据临床需要）	延迟时间
定位像	确定扫描范围	全腹	—
平扫	显示脂肪肝、钙化、结石、胰腺及胰周水肿	目标脏器	—
动脉期	显示动脉及病灶在动脉期的血供	目标脏器	28～35s
胰腺期	显示胰腺实质强化情况、胰腺外分泌肿瘤	胰腺	40～45s
门静脉期	显示静脉及病灶在门静脉期的血供	全腹	50～60s
平衡期	显示病灶血供的持续改变	目标脏器	120～180s
肝脏延迟期	显示肝血管瘤、胆管癌延迟强化	肝脏	＞10min

（二）肾和肾上腺扫描技术

1. 平扫

（1）扫描体位：仰卧位，足先进，两臂上举；身体置于检查床正中间，水平线对准人体腋中线。

（2）定位像：通常采用腹部正位像。用于确定扫描基线和精准扫描范围。

（3）扫描基线：①肾和肾上腺以肾上极为扫描基线；②腹膜后腔以肝门为扫描基线。

（4）扫描范围：通常设定（或根据临床需求和病变受累范围而定）：①肾脏：从肾上极扫描到肾下极；②肾上腺：从肾上腺上缘扫描到肾门；③腹膜后腔：从肝门扫描到髂前上棘。

（5）参数选择

1）扫描方式：常规螺旋扫描，螺距选择：0.984～1.375。

2）扫描参数：管电压 100～120kV，管电流 200～300mA（或自动管电流技术），转数 0.6～0.8

转。根据机型选择不同探测器组合，如 16×1.5、32×1.2、64×0.625、128×0.6、320×0.5 等，对于急诊受检者可尽量选择较宽的探测器组合以缩短扫描时间。肾脏及腹膜后采用 5mm 层厚；肾上腺采用 2～3mm 层厚。FOV=300～350mm（体部）。

3）重建参数：采用标准或软组织重建算法。腹部 CT 图像的显示一般用软组织窗，也可观察病情需要，适当调节窗宽和窗位。

4）窗口技术：①肾和腹膜后的扫描图像，窗宽 300～400HU，窗位 30～50HU；②肾上腺窗宽 350～450HU，窗位 30～40HU。

肾脏、肾上腺的扫描参数见表 4-15-3。

表 4-15-3　肾脏、肾上腺 CT 扫描参数

扫描部位	扫描方式	螺距	管电压（kV）	管电流（mA）	扫描层厚（mm）	转数（转）	重建算法	扫描野（mm）	窗宽/窗位（HU）
肾脏	螺旋	1.375	100～120	200～300	5	0.6～0.8	标准或软组织	300～350	300～400/30～50
肾上腺	螺旋	0.984	100～120	200～300	2～3	0.6～0.8	标准或软组织	300～350	350～450/30～40

2. 增强

（1）增强目的：腹部各组织结构的密度相近，特别是一些病变的密度与正常结构差别不大，所以腹部脏器的检查通常是平扫结合增强扫描，增强扫描应在平扫后进行。这样检查有利于发现病变并做出定性诊断。

（2）增强原理：经静脉给予水溶性碘对比剂后再进行扫描，使病变组织与邻近正常组织间的密度差增加，从而提高病变显示率。病变组织密度增加称为增强或强化，其机制是病变组织内血管丰富或血流缓慢。

（3）增强作用：①提高对病灶尤其是小病灶的检出率；②在已确定为恶性肿瘤的基础上，可提高肿瘤分期的准确性或判断肿瘤手术切除的可能性；③提高病灶的定性能力；④提高对血管性病变的诊断和显示。

（4）增强技术

1）对比剂应用：腹部增强扫描的对比剂注射方法均采用静脉内团注法，对比剂用量 80～100ml，流速 2.5～3.5ml/s，对比剂浓度 300～370mgI/ml。

2）扫描期相和延迟时间：肾脏增强扫描通常扫描皮髓质期（也有专家采用动脉期和早期皮髓质期的期相）、实质期和分泌期，皮髓质期延迟时间 28～35s，实质期延迟时间 80～110s，分泌期延迟时间 3～7.5min；肾上腺（尤其是鉴别良恶性肿瘤）增强扫描建议采用两期法扫描，延迟时间分别为 60s 和 10～15min。

3）窗口技术：①肾和腹膜后的扫描图像，窗宽 400～450HU，窗位 40～45HU；②肾上腺窗宽 350～450HU，窗位 30～40HU。

肾脏和肾上腺 CT 检查序列见表 4-15-4 和表 4-15-5。

表 4-15-4　肾脏 CT 检查序列

序列名称	作用	范围（根据临床需要）	延迟时间
定位像	确定扫描范围	全腹	—
平扫	显示肾脏钙化	双肾	—
皮髓质期	显示肾脏皮质及髓质；评估皮质厚度、肾脏形态、肾脏肿瘤、囊性占位、炎性强化特点	包括肾上腺、肾脏	28～35s
实质期	显示肾脏实质病变	包括肾上腺、肾脏	80～110s
分泌期	显示集合系统病变；肿瘤与集合系统的关系	全腹	≥3min

表 4-15-5 肾上腺 CT 检查序列

序列名称	作用	范围（根据临床需要）	延迟时间
平扫	显示钙化、脂肪/脂质及结石	全腹	—
动脉期	显示肿瘤、囊性占位、炎症、梗死等病变早期强化特点	肾上腺	28～35s
门静脉期	显示病灶中期强化特点	全腹	50～60s
延迟期	显示病灶晚期强化特点	肾上腺	≥3min
长延迟期（根据肿瘤特点选择）	少脂肪型腺瘤鉴别诊断	肾上腺	10～15min

（三）泌尿系成像扫描技术

检查前受检者需要憋尿，通常为增强后延迟 7.5～30min，甚至数小时，建议根据肾功能及肾盂积水情况来判定具体的延迟时间。在实际工作中可根据肾盂不同的积水程度来设定准确的延迟时间，这个方法很有实用价值，同学们在工作中可以参考表 4-15-6。

表 4-15-6 根据肾盂积水程度延迟时间设定表

肾盂积水程度	延迟时间	肾盂积水程度	延迟时间
正常	7.5～15min	中度	30～90min
轻度	15～30min	重度（包括肾功能不全者）	90 分钟至数小时

泌尿系成像（CTU）一站式扫描通常采集期相：双肾的皮髓质期+实质期+排泄期。对比剂 80～100ml，速度 2.5～3.5ml/s；对扫描后获得的薄层图像进行 MIP、SSD、VR、CPR 重组，有助于对病变的显示和诊断。下面将从以下几个方面来详细介绍 CTU 扫描的相关技术。

1. 泌尿系影像学比较 泌尿系的影像学检查方法很多，各有其优势和不足，CTU 检查优势比较明显，但辐射剂量不容小视。我们对各种影像学检查方法做了一个客观的比较，见表 4-15-7。

表 4-15-7 泌尿系影像学比较

影像学名称	优势	不足
膀胱镜	全面评价：膀胱黏膜表层、三角区、输尿管开口、颈和尿道	有不适感，患者不易接受
超声	发现肿块：26%的<1cm；60%的 1～2cm；82%的 2～3cm；85%>3cm。可鉴别肾囊肿和肿瘤、肾盂积水	无法显示输尿管全程，对肿块的检出不如 CT 敏感
静脉尿路造影（IVU）	价格低，应用广泛。可发现肾实质肿块和尿路收集系统与膀胱病变；可判断肾功能、评价梗阻程度等	不能区分囊性与实性肿块；相对于 CT 发现小肿块（≤3cm）敏感性低
逆行尿路造影	因不需静脉注射，几乎没有碘对比剂的不良反应。被认为是肾内收集系统和输尿管最敏感的方法	有不适感；大多数患者需要在全身麻醉下操作
MRI	不是主要方法；儿童、妊娠、碘对比剂过敏和肾功能不良者等可选用	肾盏小病变显示不佳；发现结石不如 CT 敏感
CT 尿路	简单、无创、可靠；目前为首选；可发现结石、肿瘤、尿路上皮异常等	有辐射。可通过迭代技术、低剂量技术、优化扫描方案来解决

2. 基本检查方案 一般来说，CTU 的基本扫描方案是平扫+增强。平扫范围是全腹部；增强皮髓质期+实质期，扫描范围是双肾；排泄期采集范围双肾上极到耻骨联合。由于 CTU 扫描期相较多且扫描范围长，所以，扫描时请注意低剂量技术的应用。具体检查方法见表 4-15-8。

表 4-15-8 泌尿系基本检查方案

方案名称	作用	范围及说明	延迟时间
定位像	确定扫描范围	全尿路；正位	—
平扫	显示集合系统结石、钙化，肾盂积水和膀胱轮廓	全尿路；低剂量技术	—
皮髓质期	双肾动脉情况（狭窄、闭塞、异常分支），输尿管壁及膀胱壁有无异常强化，病变强化性质	肾脏；低管电压技术	28～35s
实质期	显示病变强化性质	肾脏；低剂量技术	80～110s
分泌期	显示集合系统情况，有无梗阻、占位，显示腔内有无充盈缺损，膀胱形态改变	全尿路；低剂量技术	7.5～15min，甚至数小时

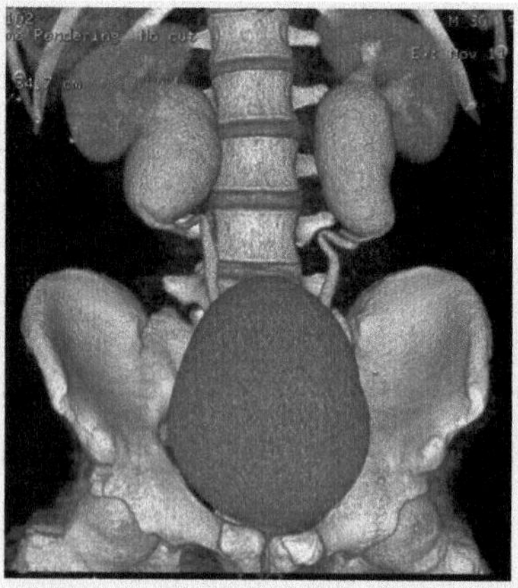

案例图 4-15-1

案例 4-15-1

患者，男，30 岁，体重 90kg。体检超声显示双肾中度积水，临床要求做 CTU 检查。延迟时间 60min 开始采集排泄期图像，扫描参数：对比剂 85ml，速度 3.5ml/s，螺距 0.984、管电压 120kV、管电流 300mA、转数 0.6 转；图像显示良好（案例图 4-15-1）。

问题：CTU 检查时排泄期的延迟时间选择？

解答： 对于 CTU 检查来说，排泄期的延迟时间选择很重要。通常情况选择方法：①双肾无积水且肾功正常，延迟时间为 15 分钟；②双肾中等程度积水，延迟时间为 30 分钟以上。

3. 特殊检查方案 CTU 检查方法的优势非常明显，能为临床解决很多实际问题，但辐射剂量也不容忽视，为了减少受检者的辐射剂量，近几年来，业内的专家学者们研究出很多降低辐射剂量的 CT 检查技术。分离团注技术就是其中之一，它降低辐射剂量的原理不是通过调整扫描参数或是通过迭代重建技术，而是通过有效的整合扫描期相来达到降低受检者辐射剂量的目的，我们对此方法进行了归纳和总结，具体方法见表 4-15-9。

表 4-15-9 泌尿系特殊检查方案

方案	方案名称	期相	范围	对比剂应用
1	传统 CTU（单次团注法）	平扫；皮髓质+实质+排泄	双肾上极至耻骨联合下缘水平	2.5～3.5ml/s；1.2～1.6ml/kg；300～370mgI/ml
2	分离团注技术（2 次团注法）。通过减少一次扫描，来降低辐射剂量	平扫；实质+排泄（一次采集完成）	双肾上极至耻骨联合下缘水平	第 1 次注射 30～50ml，延迟 10min；第 2 次注射 60～70ml；延迟 100s 开始采集
3	分离团注技术（3 次团注法）。通过减少二次扫描，来降低辐射剂量	皮髓质+实质+排泄（一次采集完成）	双肾上极至耻骨联合下缘水平	第一次注射 30～50ml、延迟 7min；开始第 2 次注射 50～60ml，延迟 40～60s；开始第 3 次注射 60～70ml，25～28s 后开始采集

（四）胃扫描技术

1. 平扫

（1）扫描体位：依病灶位置而定，常规检查采用仰卧位；胃窦部病变可采取右侧卧位或仰卧左前斜位；胃体胃大弯侧病变可采取俯卧位。

（2）定位像：通常采用腹部正位像。用于确定扫描基线和精准扫描范围。

（3）扫描基线：在定位像上设定，胃以膈顶为扫描基线。

（4）扫描范围：从膈顶扫描到髂前上棘（或根据临床需求和病变受累范围而定）。

（5）参数选择

1）扫描方式：常规螺旋扫描，螺距选择：0.984～1.375。

2）扫描参数：管电压 100～120kV，管电流 200～300mA（或自动管电流技术），转数 0.5～0.6 转。根据机型选择不同探测器组合，如 16×1.5、32×1.2、64×0.625、128×0.6、320×0.5 等，对于急诊受检者可尽量选择较宽的探测器组合以缩短扫描时间。胃部采用 5mm 层厚，重建 0.625～1.250mm。FOV=300～350mm（体部）。

3）重建参数：采用标准或软组织重建算法。

4）窗口技术：胃部 CT 图像的显示一般用软组织窗，窗宽 350～450HU，窗位 35～50HU。也可根据观察病情需要，适当调节窗宽和窗位。

胃 CT 扫描参数见表 4-15-10。

表 4-15-10　胃 CT 扫描参数表

扫描部位	扫描方式	螺距	管电压（kV）	管电流（mA）	扫描层厚（mm）	转数（转）	重建算法	扫描野（mm）	窗宽/窗位（HU）
胃	螺旋	0.984～1.375	100～120	200～300	5	0.5～0.6	标准或软组织	300～350	350～450/35～50

2. 增强

（1）增强目的：腹部各组织结构的密度相近，特别是一些病变的密度与正常结构差别不大，所以腹部脏器的检查通常是平扫结合增强扫描，增强扫描应在平扫后进行。这样检查有利于发现病变并做出定性诊断。

（2）增强原理：经静脉给予水溶性碘对比剂后再进行扫描，使病变组织与邻近正常组织间的密度差增加，从而提高病变显示率。病变组织密度增加称为增强或强化，其机制是病变组织内血管丰富或血流缓慢。

（3）增强作用：①用于检出胃腺癌并进行分期，能够精准描述肿瘤位置、评估周围结构的侵犯及淋巴结和远处转移；②在已确定为恶性肿瘤的基础上，可提高肿瘤分期的准确性或判断肿瘤手术切除的可能性；③提高病灶的定性能力；④提高对血管性病变的诊断和显示。

（4）增强技术：①对比剂应用：腹部增强扫描的对比剂注射方法均采用静脉内团注法，对比剂用量 80～100ml，流速 2.5～3.5ml/s，对比剂浓度 300～370mgI/ml；②扫描期相和延迟时间：胃部增强通常采用二期扫描，动脉期延迟扫描时间 28～35s，门静脉期延迟扫描时间 50～60s；③窗口技术：胃部 CT 增强图像的显示，窗宽 400～450HU，窗位 40～45HU。也可根据观察病情需要，适当调节窗宽和窗位。

胃 CT 扫描序列参考表 4-15-11。

表 4-15-11　胃 CT 扫描序列

序列名称	作用	范围（根据临床需要）	延迟时间
定位像	确定扫描范围	剑突到髂嵴	—
平扫	显示胃壁，肿瘤增强前状态	膈顶到髂嵴	—
动脉期	显示胃黏膜，丰富血供肿瘤，胃周动脉性强化特点	膈顶到胃下缘（包括胃、肝脏）	28～35s
门静脉期	显示胃肿瘤、胃周静脉、肝脏及腹部淋巴结	膈顶到髂嵴	50～60s
平衡期（根据疾病需求选择）	显示胃肿瘤、胃周静脉、肝脏及腹部淋巴结	膈顶到髂嵴（包括胃、肝脏）	≥180s

（五）小肠扫描技术

1. 检查前准备　检查前 1 日服用无渣半流食，晚餐后禁食，晚餐半小时后口服缓泻剂（硫酸镁或番泻叶）；检查当日早禁食，不禁水。

2. 检查方法 口服对比剂法（肠道造影法）和鼻-空肠管法（灌肠法）。

（1）肠道造影法：检查前45～50min开始分3～4次（每次间隔12～15min，目的是让小肠均匀一致地充盈，无肠管塌陷）口服2.5%等渗甘露醇（吸附能力强，排空速度慢）1500～2000ml；受检者上检查床再补充300～500ml（此次也可补饮清水）。完全性肠梗阻患者不宜服用。

（2）灌肠法：一般用13F顶端带球囊的Maglinte灌肠导管，能有效防止十二指肠-胃反流，灌注容量1500～3000ml不等，灌入速度80～150ml/min。

（3）检查前5～10min肌内注射山莨菪碱（654-2）20mg。可抑制胃肠蠕动，减少胃肠蠕动伪影。青光眼、前列腺肥大、心动过速等禁忌使用。

（4）扫描期相及相应检查目的

1）扫描方法：平扫+二期增强（通常为动脉期+门静脉期）。

2）扫描体位：通常采用足进仰卧位。

3）扫描范围：全腹部。

4）各期相扫描目的：①平扫：显示正常肠壁、肠道肿瘤增强前的状况。②动脉期：显示肠黏膜、丰富血供肿瘤、肠道周围动脉。③肠道期：肠道强化最佳期。④门脉期：显示肠壁、肿瘤、肠系膜、肝脏及腹部淋巴结。⑤平衡期：显示肝脏及肠道出血灶。

3. 参数选择

（1）延迟时间

1）动脉期：28～35s。

2）肠道期：40～45s。

3）门静脉期：50～60s。

4）平衡期：≥180s。

（2）扫描参数：建议采用固定或自动管电压、管电流技术：80～120kV、200～300mA，准直0.625mm，sFOV=体部，转数：0.6～0.8转，螺距≥1。

（3）重建参数：重建层厚≤5mm，重建间距≤5mm，dFOV=300～350mm。

（4）窗口技术：小肠CT图像的显示一般用软组织窗，窗宽300～400HU，窗位30～50HU。如观察腹水、瘘管、吻合口开裂或肠穿孔时要适当调整窗宽、窗位。

小肠CT扫描参数见表4-15-12。

表4-15-12 小肠CT扫描参数

扫描部位	扫描方式	螺距	管电压（kV）	管电流（mA）	扫描层厚（mm）	转数（转）	重建算法	扫描野（mm）	窗宽/窗位（HU）
小肠	螺旋	0.984～1.375	80～120	200～300	≤5	0.6～0.8	标准或软组织	300～350	300～400/30～50

案例4-15-2

患者，男，56岁，2016年10月来院做小肠CT，检查准备：检查前日晚餐30min后口服缓泻剂（硫酸镁或番泻叶）进行肠道处理，检查当日检查前45min开始分4次间隔12min口服2.5%等渗甘露醇溶液1500ml；上检查床后再补充500ml。检查前5min肌内注射山莨菪碱（654-2）20mg，扫描方案：平扫结合二期增强。螺距1.375、管电压120kV、管电流100mA、转数0.6转；延迟时间：动脉期30s、门静脉期60s（案例图4-15-2）。2.5%等渗甘露醇配制方法：20%甘露醇250ml（1瓶）加清水至2000ml。

问题：请归纳小肠CT检查肠道准备要点？

解答：小肠CT检查肠道准备要点如下，①检查前日晚餐30min后口服缓泻剂（硫酸镁或番泻叶）进行肠道处理。②检查当日即检查前45min开始分4次间隔12min口服2.5%等渗甘露醇溶液1500ml。③上检查床后再补充500ml。检查前5min肌内注射山莨菪碱（654-2）20mg。

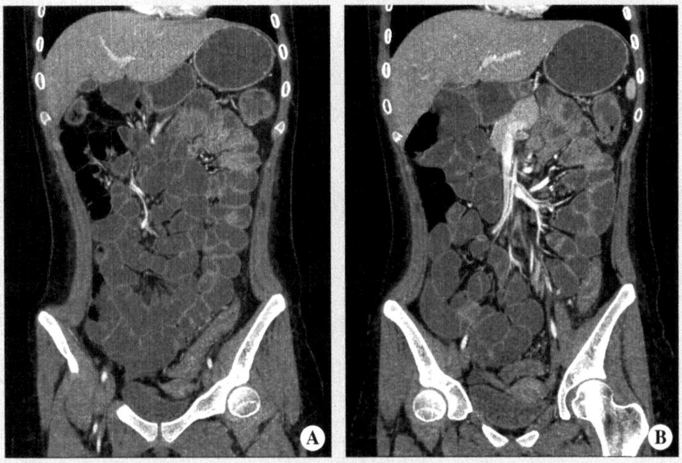

案例图 4-15-2

（六）结、直肠 CT 扫描技术

1. 检查前准备 检查前 2 日服用无渣半流食，检查前 1 日晚餐后禁食，晚餐半小时后口服缓泻剂（硫酸镁或番泻叶）或口服清洁胃肠道制剂复方聚乙二醇电解质散（“和爽”），使用方法具体见药品说明书，检查当日早禁食。

2. 检查方法

（1）水可经口服入也可经肛门注入，气体用空气或二氧化碳，扫描前经肛管注入（气体容量因人、气体类型而异，通常注入 800～1200ml）。需要做仿真内镜检查者，应以气体作为肠道对比剂。直乙肠检查：建议保留灌肠 300～400ml 中性对比剂（通常用温水）。

（2）充气实施过程中受检者应左侧卧位，充气完毕后让受检者依次转体（俯卧位、右侧卧位、仰卧位）并在各体位停留 10～15s 后再做扫描检查。

（3）检查前 5～10min 肌内注射（或静脉注射 30s 后扫描）山莨菪碱 20mg。青光眼、前列腺肥大、心动过速等禁忌使用。

（4）建议做二期增强扫描，延迟时间可参考肝脏的动脉和门静脉期。

（5）阳性对比剂使用，2%～3%含碘对比剂，可用于鉴别肠袢和潜在结肠外肿块以及各种并发症（如腹水、瘘管、吻合口开裂或肠穿孔）的检查。

3. 参数选择

（1）扫描方式：常规螺旋扫描，螺距选择：0.984～1.375。

（2）扫描参数：管电压 100～120kV，管电流 100～200mA（或自动管电流技术），转数 0.6～0.8 转。根据机型选择不同探测器组合，如 16×1.5、32×1.2、64×0.625、128×0.6、320×0.5 等，层厚 1.25mm。FOV=300～350mm（体部）。

（3）重建参数：采用标准或软组织重建算法。

（4）窗口技术：结肠 CT 图像的显示一般用软组织窗，窗宽 300～400HU，窗位 30～50HU。

结肠 CT 扫描参数见表 4-15-13。

表 4-15-13 结肠 CT 扫描参数表

扫描部位	扫描方式	螺距	管电压（kV）	管电流（mA）	扫描层厚（mm）	转数（转）	重建算法	扫描野（mm）	窗宽/窗位（HU）
结肠	螺旋	0.984～1.375	100～120	100～200	≤1.5	0.6～0.8	标准或软组织	300～350	300～400/30～50

（5）增强技术：①对比剂应用：腹部增强扫描的对比剂注射方法均采用静脉内团注法，对比

剂用量 80～100ml，流速 2.5～3.5ml/s，对比剂浓度 300～370mgI/ml；②扫描期相和延迟时间：通常采用二期增强方法进行扫描，动脉期延迟扫描时间 28～35s，门脉期延迟扫描时间 50～60s；③窗口技术：结肠 CT 图像的显示一般用软组织窗，窗宽 300～400HU，窗位 30～50HU。

小肠、结肠、直肠 CT 扫描基本序列见表 4-15-14。

表 4-15-14 小肠、结肠、直肠 CT 扫描基本序列

序列名称	作用	范围（根据临床需要）	延迟时间
定位像	确定扫描范围	全腹	—
平扫	显示正常肠壁、肠道肿瘤增强前的状态	全腹	—
动脉期	显示肠黏膜、丰富血供肿瘤、肠道周围动脉	全腹	28～35s
门静脉期	显示肠壁、肿瘤、肠系膜、肝脏及腹部淋巴结	膈顶到髂嵴	50～60s
延迟期	显示肝脏或肠道出血灶	根据病变范围	≥180s

案例 4-15-3

患者，男，61 岁，2012 年来院做 CTC 检查，检查结果正常。肠道处理及扫描参数：检查前 1 日口服番泻叶，检查当日早清洗肠，检查时注气 1000ml；螺距 1.375、管电压 120kV、管电流 100mA、转数 0.6 转。仰卧位和俯卧位各扫一次。案例图 4-15-3 是采用 VR 和 VR 透明后处理技术来显示 CTC 图像。

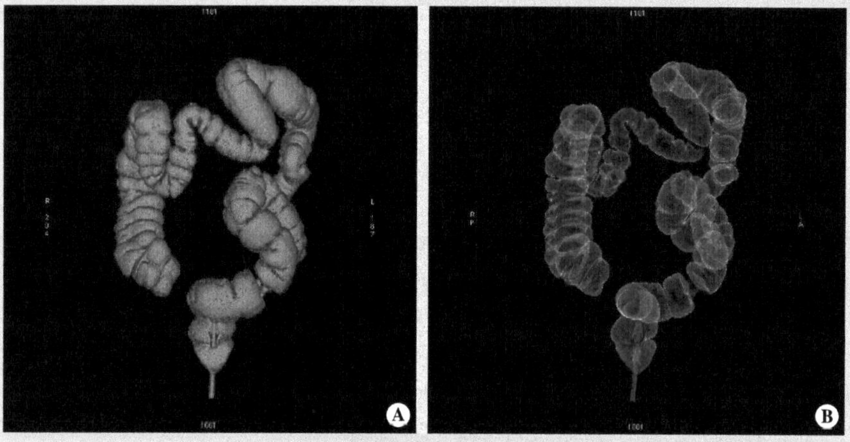

案例图 4-15-3

问题：结肠 CT 检查技术要点？

解答：①肠道处理技术。检查前 1 日口服泻药（番泻叶），检查当日早清洁洗肠，检查时采用患者左侧立位注气 800～1000ml。然后要求患者依次采用：仰卧、右侧立位、俯卧等体位，每个体位应停留 20 秒以上，其目的是让结肠均匀充气。②CT 扫描技术参数。（a）螺距 1.375：1、管电压 110～120、管电流 100mA、转数 0.5～0.6 转。（b）仰卧位和俯卧位各扫一次。③后处理技术：通常采用仿真内镜 CTVE 技术、容积再现 VR 技术和 VR 透明技术。

四、腹部血管 CTA 扫描技术

（一）腹部 CTA

通常用于腹主动脉及其分支的血管显示，也可用于诊断腹主动脉夹层、腹主动脉瘤；肝、胰和脾血管异常及动脉狭窄等。门静脉成像则常用于临床门脉高压症的病因诊断，包括慢性活动性肝炎、血吸虫、慢性酒精性肝硬化、门脉海绵样变及门静脉系统血栓形成及布-加综合征等。检查前不宜口服阳性对比剂（通常口服中性对比剂，如清水），以免干扰血管的显影。对比剂总量 80～100ml，流速 4～5ml/s。腹主动脉及所属分支成像的延迟扫描时间通常为 25～30s。对扫描后获得的薄层图像在工作站里进行重组，通常采用 MPR、MIP、SSD、VR 等后处理技术，这样有助于对病变的显示和诊断。

案例 4-15-4

患者，男，67 岁，体重指数（BMI）=27，2008 年 11 月 25 日就诊，做腹主动脉 CTA，扫描参数：管电压 120kV、管电流 300mA、转数 0.6 转，螺距 1.375；对比剂应用方案：浓度 350mgI/ml，对比剂用量 80ml，流速 4.5ml/s；延迟扫描时间：采用阈值法，阈值设置 120HU（案例图 4-15-4）。

问题：影像腹部 CTA 图像质量的因素有哪些？

解答：①检查前准备：肠道规范化处理和屏气训练。②扫描参数选择：通常选择为管电压 120kV、管电流 300mA、转数 0.5～0.6 转，螺距 1.375∶1 或 0.984∶1。③对比剂方案选择：通常选择浓度≥350mgI/ml，对比剂用量 60～80ml，流速 4～5ml/s；延迟扫描时间：采用阈值法，阈值设置 120～150HU。

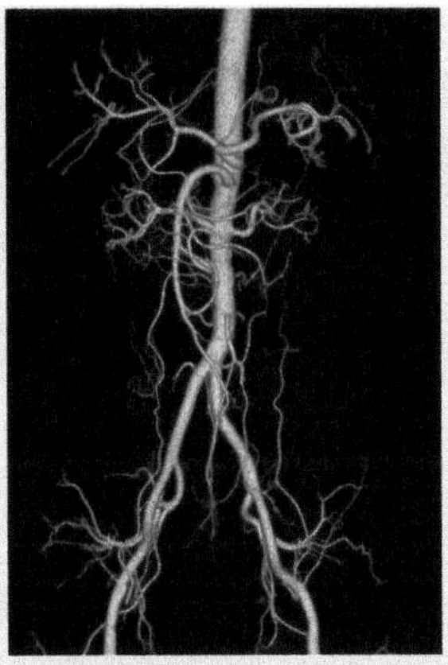
案例图 4-15-4

（二）活体肝、肾移植 CTA

1. 扫描方法 BMI<25 用 100kV，BMI>25 用 120kV。FOV 包全腹部。建议三期扫描，薄层重建。

（1）扫描体位、范围和方向：仰卧位；全腹部。

（2）扫描参数：100～120kV、160～210mA、层厚 3～5mm、层间距 3～5mm 薄层重建。

（3）重建算法：软组织算法。

（4）探测器组合：64×0.625，128×0.6，320×0.6。

2. 对比剂使用 常规对比剂用量为 70～90ml。小儿可采用手工推注。受检者体弱或 BMI<18，对比剂用量请酌情减少。长期化疗或心功能差的受检者，可适当降低对比剂的注射速度。

（1）对比剂注射方案：浓度 300～370mgI/ml、总量 80～100ml、流速 4～5ml/s、盐水总量 20～40ml。

（2）延迟时间：腹主动脉期为对比剂注入后 25～30s 采集，门静脉期为对比剂注射后 50～55s 采集，肝静脉期为对比剂注射后 70～75s 采集。

（三）肝门静脉 CT 扫描技术

门静脉及下腔静脉：对比剂用量 90～100ml，对比剂浓度 350～370mgI/ml，流速 4～4.5ml/s。门静脉延迟时间：50～55s；下腔静脉延迟时间：90～110s。对扫描后获得的薄层图像进行 MPR、MIP 重组。

案例 4-15-5

男，72 岁，BMI=25，2010 年 7 月 12 日来院做门静脉 CTA 检查（案例图 4-15-5）。扫描参数及对比剂注射方案：管电压 120kV、管电流 300mA、转数 0.6 转、螺距 0.984；对比剂用量 90ml，对比剂浓度 350mgI/ml，速度 4ml/s；门静脉延迟时间：55s。

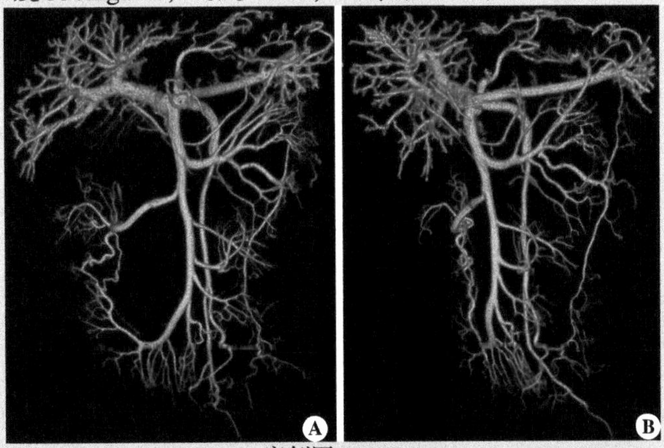

案例图 4-15-5

问题：门静脉 CTA 检查对比剂注射方案？

解答：对比剂注射方案，对比剂用量 80～90ml，对比剂浓度≥350mgI/ml，流度 4ml/s；门静脉延迟时间：55～65s。

五、腹部 CT 低剂量灌注技术

（一）CT 灌注成像的基本原理

CT 灌注成像（CT perfusion imaging）是在静脉团注对比剂后对选定层面行同层动态扫描，以获得该层面内每一像素的时间-密度曲线（time-density curve，TDC），根据该曲线利用不同的数学模型计算出血流量（blood flow，BF）、血容量（blood volume，BV）、对比剂的平均通过时间（mean transit time，MTT）、对比剂峰值时间（time to peak，TTP）、表面通透性（capillary permeability surface area product，PS）等参数，以此来评价组织器官的灌注状态。CT 灌注成像具有经济实用，无须使用放射性同位素，图像的空间、时间分辨力高，扫描设备简单，影响因素少，成像时间短等特点。

（二）肝脾、胰腺和肾脏灌注成像

CT 灌注成像不同于动态扫描，是在静脉快速团注对比剂时，对感兴趣区层面进行连续 CT 扫描，从而获得感兴趣区的时间-密度曲线，并利用不同的数学模型，计算出各种灌注参数值，因此能更有效并量化地反映局部组织血流灌注量的改变。一般情况下，以 4～5ml/s 的速度经静脉团注 50ml 对比剂，扫描延迟时间为 5～6s，灌注时间为 30～40s，以电影扫描方式采集。利用 Perfusion 软件包对扫描后获得的薄层图像进行计算，得到相应的灌注参数及灌注伪彩图。

（三）胃部灌注成像

CT 灌注成像不同于动态扫描，是在静脉快速团注对比剂时，对感兴趣区层面进行连续 CT 扫描，从而获得感兴趣区时间-密度曲线，并利用不同的数学模型，计算出各种灌注参数值，因此能更有效并量化反映局部组织血流灌注量的改变。一般情况下，以 4～5ml/s 的速度经静脉团注 50ml 对比剂，灌注时间为 30～40s，以电影扫描方式采集。利用 Perfusion 软件包对扫描后获得的薄层轴位图像进行计算，得到相应的灌注参数及灌注伪彩图。

六、图像后处理技术

（一）肝胆脾、胰腺 CT 图像后处理技术

1. 后处理方法 平扫、动脉期和门静脉期需薄层重建图像，一般采用多平面重组（MPR）技术和最大密度投影（MIP）技术，进行矢状面和冠状面重组。血管成像可采用表面阴影显示（SSD）和容积再现技术（VRT）。

2. 相应观察内容

（1）各脏器及病变范围。

（2）肿瘤大小的测量。

（3）腹腔动脉、静脉主干及所属分支；肿瘤与血管的关系。

肝胆脾、胰腺 CT 检查后处理规范见表 4-15-15。

表 4-15-15 肝胆脾、胰腺 CT 检查后处理规范

显示目的	使用图像	重组方法	显示内容
病灶	病灶与背景对比度最强的期相	MPR	病灶左右、前后、上下径
病灶与血管关系	动脉期、门静脉期、平衡期	MPR/VRT/MIP	同时显示病灶动脉（变异情况）；病变与门静脉、肝静脉、下腔静脉（是否存在静脉侵犯、血管栓塞情况）关系
肝脏体积测量	门静脉期	薄层	测量虚拟切除后剩余肝脏体积或肝脏各叶、段的体积
胆道梗阻的部位和原因	门静脉期	MPR	胆管扩张和狭窄、胆道结石、胆管癌、胆囊癌

（二）肾脏、肾上腺及输尿管、膀胱CT图像后处理技术

1. 后处理方法 平扫、皮髓质期、实质期和排泄期需薄层重建图像，一般采用MPR和MIP技术，进行矢状面和冠状面重组。血管成像可采用SSD和VRT。

2. 相应观察内容

（1）各脏器及病变范围。

（2）肿瘤大小的测量。

（3）腹腔动脉、静脉主干及所属分支；肿瘤与血管的关系。

肾脏、肾上腺及输尿管、膀胱CT检查后处理规范见表4-15-16～表4-15-18。

表4-15-16 肾脏CT检查后处理规范

显示目的	使用图像	重组方法	显示内容
肾占位	实质期	MPR	肾占位最大径；肾占位突出于肾轮廓的程度
肾占位与血管的关系	皮髓质期	VRT	显示肾占位和肾动脉的关系；显示肾动脉及副肾动脉

表4-15-17 肾上腺CT检查后处理规范

显示目的	使用图像	重组方法	显示内容
病灶	病灶与背景对比最明显的期相	MPR	病灶左右、前后、上下径
病灶与血管的关系	动脉期	MPR	显示病灶和肾上腺动脉的关系

表4-15-18 输尿管、膀胱CT检查后处理规范

显示目的	使用图像	重组方法	显示内容
病变	病灶与背景对比最强的时相	MPR，矢状位、冠状位重建	病变大小
集合系统全貌	排泄期	CPR，沿输尿管走行重建	病变部位、集合系统情况

（三）胃部CT图像后处理技术

1. 后处理方法 平扫、动脉期和静脉期需薄层重建图像，一般采用MPR和MIP技术，进行矢状面和冠状面重组。血管成像可采用SSD和VRT。

2. 相应观察内容

（1）各脏器及病变范围。

（2）肿瘤大小的测量。

（3）腹腔动脉、静脉主干及所属分支；肿瘤与血管的关系。

胃CT扫描后处理规范见表4-15-19。

表4-15-19 胃CT扫描后处理规范

显示目的	使用图像	重组方法	显示内容
胃肿瘤	动脉期和门静脉期	MPR	胃癌的浸润深度和范围；胃肿瘤的左右、前后、上下径
胃肿瘤与邻近脏器的关系	动脉期和门静脉期	MPR	胃周围脂肪间隙，胃肿瘤与邻近脏器，如肝、胰腺、横结肠、十二指肠、食管下段及脾之间的关系
胃周血管	动脉期和门静脉期	MPR/MIP	胃周血管（动静脉）；肿瘤与血管的关系
仿真内镜	平扫或增强胃充气像	Navigator（VRT/SSD、透明技术）	胃黏膜表面情况；胃肿瘤表面情况；胃内腔轮廓

（四）小肠CT图像后处理技术及相应观察内容

1. 后处理方法 动脉期和门静脉期需薄层重建图像，采用MPR技术，进行矢状面和冠状面重组。

2. 相应观察内容

（1）小肠肠壁及病变范围（正常管径：空肠 2～3cm，回肠 1.5～2.5cm。肠壁厚 1～3mm）。

（2）小肠肿瘤大小的测量。

（3）小肠周动脉、小肠周静脉；肿瘤与血管的关系。

（4）关注肠系膜上、下动脉及主要分支。

3. 摄片原则及主要内容 了解诊断医生书写报告格式和内容。

（1）小肠报告格式

1）小肠充盈扩张程度。

2）对病变描述。

3）小肠血管梳状征。

4）小肠系膜、肠系膜淋巴结及其他。

（2）病变：照片需要标记平扫及增强病灶 CT 值。

（3）细微病变：根据情况将病变部位单独放大照片。

（4）后处理情况：病变部位相应的冠状面及矢状面。显示好动、静脉和病变的关系；腹腔淋巴结的情况；邻近器官受累及情况等。

（五）结、直肠 CT 图像后处理技术

1. 后处理方法 平扫、动脉期和门静脉期需薄层重建图像，一般采用 MPR 和 MIP 技术，进行矢状面和冠状面重组。血管成像可采用 SSD 和 VRT。

2. 相应观察内容

（1）各脏器及病变范围。

（2）肿瘤大小的测量。

（3）腹腔动脉、静脉主干及所属分支；肿瘤与血管的关系。

结、直肠肿瘤后处理规范见表 4-15-20。

表 4-15-20 结、直肠肿瘤后处理规范

显示目的	使用图像	重组方法	显示内容
结、直肠肿瘤	肿瘤与背景对比最明显的图像	MPR	结、直肠癌的浸润深度和范围；肿瘤左右、上下、前后径
结、直肠肿瘤与邻近器官的关系	肿瘤与背景对比最明显的图像	MPR	结、直肠周围脂肪间隙；结直肠癌与邻近器官，如肝、胰腺、脾、肾、前列腺、子宫、腹膜间的关系；测量直肠肿物最下缘至肛门复合体的距离
结肠周围血管	动脉期和门静脉期	MPR/MIP	结、直肠血管（动静脉）；肿瘤与血管的关系
仿真内镜	平扫或增强结肠充气相	Navigator（VRT/SSD、透明技术）	结、直肠黏膜表面情况；肿瘤表面情况；结肠内情况

七、相关疾病的 CT 检查要点与图像质量控制

（一）肝脏、胰腺图像质量标准

1. 影像质量标准

（1）能够清晰分辨肝脏、胆囊、脾脏、胰腺与血管。

（2）能够清晰分辨胃及十二指肠、肾上极及肾周组织与血管的关系。

（3）能够清晰显示这些脏器周围的血管。

2. 照片要求

（1）常规照软组织窗（根据病变特点，可适当调整窗宽和窗位）。

（2）平扫第一幅建议照定位像，便于诊断参考。

（3）照片排版应按扫描起始顺序（扫描起始顺序通常是由器官的近心端向远心端扫描）及扫描序列顺序（平扫—增强—延迟扫描的图像）依次拍照。

（4）照片需要测量平扫及增强病变的大小和 CT 值。

（5）根据病变情况应加照病变部位放大像、相应的冠状面及矢状面。后处理情况：病变部位相应的冠状面及矢状面。显示好动、静脉和病变的关系；腹腔淋巴结的情况；邻近器官受累及情况等。

3. 注意事项

（1）对不能配合及躁动的受检者检查时，临床给予镇静药物以达到扫描要求。

（2）检查人员浏览图像时，应运用好窗宽、窗位技术，避免遗漏病变。

（3）中性对比剂具有与水相似的 X 线衰减，适用于大部分的临床疾病，特别适合增强检查。

（4）肝脏检查一般常规须进行增强扫描，也可根据影像诊断需要进行期相的增减：①脂肪肝、肝内钙化、肝癌经导管动脉栓塞化疗（TACE）术后近期复查了解碘油沉积情况等，建议只做平扫；②对临床怀疑肝脏肿瘤患者需采用三期增强扫描；③延时强化或廓清较慢（如血管瘤、胆管癌等）的肝内病灶需三期或多期扫描；④肝硬化患者，门静脉期需延后 5～10s，如临床怀疑布-加综合征患者，肝脏静脉期扫描延迟 80～100s，扫描范围需要包括下腔静脉、右心房部分。

（5）增强扫描成像质量控制要点

1）制订好个性化方案：如为临床怀疑小病灶受检者，应采用动脉晚期扫描技术或双动脉期扫描，肝硬化患者应适当增加对比剂的使用量；肝动脉期可采用低管电压技术等。

2）受检者相关因素和注射相关因素：都可以影响增强程度和时间。①影响对比剂强化程度的因素：体重、对比剂量、碘浓度、盐水冲洗等；②影响对比剂增强时间的因素：心输出量、对比剂注射持续时间和流速等。

3）准确的延迟时间：建议采用阈值法。

4）选择双筒高压注射器，采用盐水冲洗技术。

（二）肾上腺、肾脏图像质量标准

1. 影像质量标准

（1）能够清晰分辨肾上腺、肾脏及腹膜后组织与血管。

（2）能够清晰分辨肾盂、输尿管、小肠、结直肠及大网膜组织与血管的关系。

（3）能够清晰显示这些脏器周围的血管。

2. 照片要求

（1）常规照软组织窗（根据病变特点，可适当调整窗宽和窗位）。

（2）照两张定位像（有无定位线的图像各一张），便于诊断参考。

（3）照片排版应按扫描起始顺序（扫描起始顺序通常是由器官的近心端向远心端扫描）及扫描序列顺序（平扫—增强—延迟扫描的图像）依次拍照。

（4）照片需要测量平扫及增强病变的大小和 CT 值。

（5）根据病变情况应加照病变部位放大像、相应的冠状面及矢状面。后处理情况：病变部位相应的冠状面及矢状面。显示好动、静脉和病变的关系；腹腔淋巴结的情况；邻近器官受累及情况等。

3. 注意事项

（1）对不能配合及躁动的受检者检查时，临床给予镇静药物以达到扫描要求。

（2）检查人员浏览图像时，应运用好窗宽窗位技术，避免遗漏病变。

（3）中性对比剂具有与水相似的 X 线衰减，适用于大部分的临床疾病，特别适合增强检查。

（4）CTU 一站式扫描，通常采用肾脏三期增强扫描，也可根据影像诊断需要进行期相的增减。

（5）增强扫描成像质量控制要点

1）制订好个性化方案：临床只需观察结石位置和积水情况，可做不打药的 CTU（平扫）检查。小儿打药 CTU 检查，一般只扫排泄期（注意采用低剂量技术）。

2）受检者相关因素和注射相关因素：都可以影响增强程度和时间。①影响对比剂增强程度的因素：体重、对比剂量、碘浓度、盐水冲洗等；②影响对比剂增强时间的因素：心输出量、对比剂注射持续时间和流速等。

3）准确的延迟时间：建议采用阈值法。

4）选择双筒高压注射器，采用盐水冲洗技术。

（三）胃部图像质量标准

1. 影像质量标准

（1）能够清晰分辨胃及胃周组织与血管。

（2）能够清晰分辨胃及十二指肠与血管的关系。

（3）能够清晰显示这些脏器周围的血管。

2. 照片要求

（1）常规照软组织窗（根据病变特点，可适当调整窗宽和窗位）。

（2）照两张定位像（有无定位线的图像各一张），便于诊断参考。

（3）照片排版应按扫描起始顺序（扫描起始顺序通常是由器官的近心端向远心端扫描）及扫描序列顺序（平扫—增强—延迟扫描的图像）依次拍照。

（4）照片需要测量平扫及增强病变的大小和 CT 值。

（5）根据病变情况应加照病变部位放大像、相应的冠状面及矢状面。后处理情况：病变部位相应的冠状面及矢状面。显示好动、静脉和病变的关系；腹腔淋巴结的情况；邻近器官受累及情况等。

3. 注意事项

（1）胃癌术后怀疑内瘘患者应口服水溶性阳性对比剂后行平扫检查。

（2）检查人员浏览图像时，应运用好窗宽窗位技术，避免遗漏病变。

（3）中性对比剂具有与水相似的 X 线衰减，适用于大部分的临床疾病，特别适合增强检查。

（4）通常采用两期增强扫描，也可根据影像诊断需要进行期相的增减。

（5）增强扫描成像质量控制要点

1）制订好个性化方案：根据实际情况和疾病特点，采用不同的对比剂和扫描体位。

2）受检者相关因素和注射相关因素：都可以影响增强程度和时间。①影响对比剂增强程度的因素：体重、对比剂量、碘浓度、盐水冲洗等；②影响对比剂增强时间的因素：心输出量、对比剂注射持续时间和流速等。

3）准确的延迟时间：建议采用阈值法。

4）选择双筒高压注射器，采用盐水冲洗技术。

（四）小肠、结肠图像质量标准

1. 影像质量标准

（1）能够清晰分辨肝脏、胆囊、脾脏、胰腺、肾上腺及肾脏组织与血管。

（2）能够清晰分辨肾盂、输尿管、小肠、结直肠及大网膜组织与血管的关系。

（3）能够清晰显示这些脏器周围的血管。

2. 照片要求

（1）常规照软组织窗（根据病变特点，可适当调整窗宽和窗位）。

（2）照两张定位像（有无定位线的图像各一张），便于诊断参考。

（3）照片排版应按扫描起始顺序（扫描起始顺序通常是由器官的近心端向远心端扫描）及扫描序列顺序（平扫—增强—延迟扫描的图像）依次拍照。

（4）照片需要测量平扫及增强病变的大小和 CT 值。

（5）根据病变情况应加照病变部位放大像、相应的冠状面及矢状面。后处理情况：病变部位相应的冠状面及矢状面。显示好动、静脉和病变的关系；腹腔淋巴结的情况；邻近器官受累及情况等。

3. 注意事项

（1）对不能配合及躁动的受检者检查时，请临床给予镇静药物以达到扫描要求。

（2）检查人员浏览图像时，应运用好窗宽窗位技术，避免遗漏病变。

（3）中性对比剂具有与水相似的 X 线衰减，适用于大部分的临床疾病，特别适合增强检查。

（4）通常采用三期增强扫描，也可根据影像诊断需要进行期相的增减。

（5）增强扫描成像质量控制要点

1）制订好个性化方案：如对肝硬化及怀疑小病灶等患者应采用动脉晚期扫描技术。

2）受检者相关因素和注射相关因素都可以影响增强程度和时机：①影响对比剂增强程度的因素：体重、对比剂量、碘浓度、盐水冲洗等；②影响对比剂增强时间的因素：心输出量、对比剂注射持续时间和流速等。

3）准确的延迟时间：建议采用阈值法。

4）选择双筒高压注射器，采用盐水冲洗技术。

【小结】 本节主要内容为腹部 CT 检查技术，分别介绍了相关解剖、适应证、检查前准备、腹部平扫及增强扫描技术、腹部血管 CTA 扫描技术、腹部 CT 低剂量灌注技术、图像后处理技术及相关疾病的 CT 检查要点与图像质量控制。本节增加了泌尿系成像扫描技术、小肠扫描技术和灌注成像的基本原理等内容。为了便于同学们学习和掌握，我们把各项检查技术和后处理技术用表格的形式加以规范和总结。

第十六节　盆腔 CT 检查技术

一、适　应　证

（一）外伤

骨盆骨折多由外伤所致，半数以上伴有并发症或多发损伤，致残率高，最严重的是创伤性失血性休克及盆腔脏器、肌群合并伤，救治不当具有很高的死亡率。CT 是对于骨盆骨折最准确的检查方法。一旦受检者的病情平稳，应尽早行 CT 检查。CT 三维成像可以更真实地显示骨盆的解剖结构及骨折的位置关系，形成清晰的三维立体图像，对于判断骨盆骨折类型和治疗方案的确定均有很高的价值。CT 还可同时显示骨折伴发的盆腔脏器及肌肉的损伤。

（二）盆腔血管病变

盆腔 CTA 在髂血管疾病诊断中具有独到的优势。一次扫描成像，扫描范围大，扫描时间短；能清楚地显示病变的形状、大小、范围及动脉分支的情况，对动脉瘤破口及周围假性动脉瘤亦能清晰显示；强大的后处理功能可立体、直观、全方位地显示病变。

（三）盆腔骨骼病变

CT 检查对盆内病变的定位诊断有重要作用。骨盆结构复杂，重叠较多，髂骨区经常有肠道气体或肠内容物等因素，随着 CT 对骨病变诊断的广泛应用，CT 能发现一些平片不能发现或显示不清的征象，弥补平片的不足，提高诊断率。

CT 能较好地显示软组织肿块和内部结构，如软组织肿块内是否有钙化或肿瘤，增强时是否强化及其程度；能清楚显示骨质破坏情况及软组织肿块与周围组织结构的关系。随着螺旋 CT 的多平面重建图像的运用，能将骨质改变的范围，病变的大小、形态、位置以及骨和病变之间的解剖关系得以多平面、多方位显示，为病变空间定位及临床治疗提供更多的信息。

（四）膀胱病变

CT 检查是诊断膀胱肿瘤的重要手段，尤其是增强 CT 有助于病灶的检出和定性。但一般难以显示肿瘤浸润膀胱壁的确切程度，即对肿瘤的早期分期的准确性受到限制。CT 对周围脏器及远处转移的显示优于超声。

（五）男性生殖系统病变

应用螺旋 CT 薄层动态增强扫描，能够提高前列腺癌的显示率。CT 可显示前列腺内的钙化及骨骼转移增生骨情况。螺旋 CT 动态增强有助于观察前列腺分区及增生结节的范围。对于晚期前列腺癌，CT 检查多能做出诊断并可较准确显示肿瘤侵犯范围及是否有骨、淋巴结等部位转移。另外，螺旋扫描薄层重建及三维成像可提高显示能力，可提高检出率及分辨力，有助于诊断和鉴别。但是 CT 尤其是常规 CT 在前列腺癌的显示和分期有一定的限制。因前列腺病灶本身密度与正常腺体相似，因此常规 CT 往往无法显示局限在腺体内的病灶，只有当病灶足够大、引起前列腺形态异常时才能发现。

（六）女性生殖系统病变

CT 检查对女性生殖系统病变具有较高的诊断价值，可用于检查盆腔肿块，了解肿块与周围结构的关系，判断肿块的起源和性质；对于已确诊的恶性肿瘤，CT 检查还可进一步显示病变范围及是否转移，以利于肿瘤分期和治疗；还可用于恶性肿瘤治疗后随诊以观察疗效，判断病变有无复发。

CT 检查的电离辐射危害，对于育龄期女性及怀孕期间的女性应引起重视；对于某些病变的显示还有较大的限度，对于宫颈癌早期宫旁侵犯的肿瘤组织，不易与盆腔炎症区别；CT 虽能确切显示病灶，但对某些肿瘤定性困难。

二、相关解剖与检查前准备

（一）相关解剖

盆腔由髋骨、骶骨和尾骨合围而成，髋骨由髂骨、坐骨和耻骨合成，三块骨在幼年时借透明软骨结合，至 16 岁左右互相融合。盆腔内重要的器官有膀胱、男女生殖器官等。

（二）检查前准备

1. 检查前注意事项

（1）认真核对 CT 检查申请单，明确检查目的和要求。

（2）已行消化道钡剂检查的受检者应提前告知医生，确认钡剂排净或不影响诊断的情况下再行 CT 扫描。

（3）检查前 2～3 天进食少渣食物，检查当日禁食 6h 以上。

（4）检查前 3～6h 口服 1%～2%含碘对比剂水溶液 1000～1500ml，使远段及近段小肠和结肠充盈。扫描前饮水 600ml，憋尿以保持膀胱充盈。

（5）临床怀疑直肠疾病者，应给予受检者清洁灌肠，然后注入 300ml 阴性对比剂进行保留灌肠。

（6）对增强扫描受检者，应认真阅读对比剂注射知情同意书并签字。

2. 肠道准备 位于盆腔内的消化道主要包括回肠、乙状结肠、直肠等部分。受检者在清洁灌肠后口服稀释对比剂，只要受检者能够耐受，服用的量越多，小肠充盈扩张的情况就越满意，越利于病变的发现并且可避免假象。

（1）使用的对比剂溶液：①1%～2%含碘溶液；②生理盐水；③2.5%甘露醇，用甘露醇进行肠道准备为近年来使用的新方法，该溶液具有刺激小、不易被肠道吸收、对比性能佳等优点。配制方法：1 瓶（250ml）20%甘露醇+清水 1750ml=2.5%等渗甘露醇 2000ml。

（2）直肠和结肠准备：清洁灌肠后，于检查前 5～10min 用肠道对比剂 300～400ml 给受检者进行保留灌肠。直肠和乙状结肠检查取仰卧位，使病变部位肠腔内尽可能充盈对比剂。

3. 膀胱准备 盆腔 CT 检查要求受检者膀胱充盈时进行。膀胱充盈的具体方法有排泄法和逆行注入法，前者让受检者饮水，有尿液自然充盈；后者用于肾功能不全受检者，可用 Foley 管注入一定量的生理盐水。当膀胱内液体与盆腔内囊肿混淆时，让膀胱充盈阳性对比剂有助于两者区别。

4. 盆腔检查质量要求　CT 检查前做好盆腔的各项护理准备非常重要，准备质量直接影响着疾病的诊断。盆腔检查控制标准如下。

（1）清洁灌肠达标：直肠、结肠无较大粪块存留，无气体积聚，肠道充分清洁。

（2）保留灌肠达标：直肠中度充盈，内无粪块充盈缺损，对比剂充盈范围达乙状结肠远侧。

（3）口服对比剂达标：盆腔内小肠全面充盈对比剂，无对比剂填充肠管。

（4）膀胱充盈达标：膀胱内有较多尿液，膀胱形态呈类似方形，膀胱壁黏膜皱襞充分展开。

三、盆腔平扫和增强扫描技术

（一）检查前注意事项

扫描开始前请依照“相关解剖与检查前准备”中的相关内容做好相应准备。

（二）检查方法及扫描参数

1. 平扫

（1）扫描体位：头先进仰卧位，两臂上举抱头。

（2）扫描方式：螺旋扫描。

（3）扫描野（FOV）：450mm。

（4）扫描层厚：5mm。

（5）扫描参数：100～120kV；250～300mA 或自动管电流调节技术。

（6）重建算法：软组织算法。

2. 增强扫描对比剂注射方案

（1）对比剂浓度及用量：非离子型对比剂，270～350mgI/ml；0.8～1.2ml/kg 对比剂+30ml 生理盐水。

（2）注射方式：双筒高压注射器。

（3）注射速度：成人 3.0ml/s。

（4）延迟时间：三期扫描，动脉期 30～35s；静脉期 40～60s；延迟期 90～120s。

案例 4-16-1

患者，女，26 岁，行盆腔 CT 平扫，检查所见：膀胱充盈良好，壁不厚，腔内未见异常密度影。子宫未见异常，双侧附件饱满，密度欠均匀，可见片状低密度影，边缘见结节状钙化影。盆腔内见液体密度影（案例图 4-16-1）。

解答：①双侧附件区改变，请结合临床进一步检查。②盆腔积液；盆腔脂肪间隙浑浊。

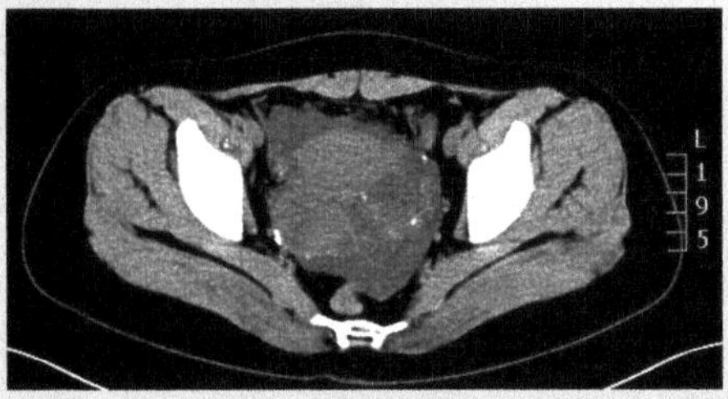

案例图 4-16-1

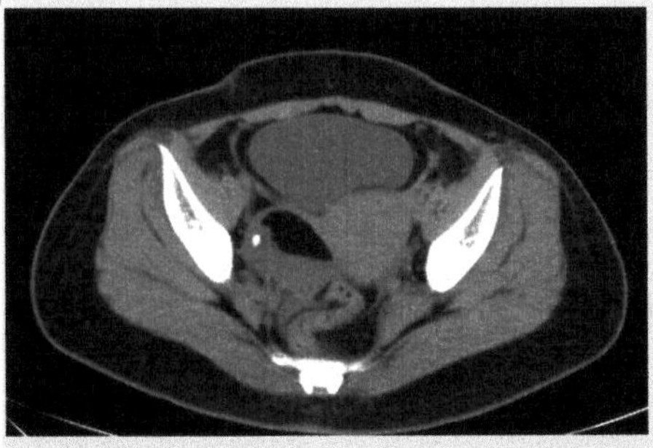

案例图 4-16-2

案例 4-16-2

患者，女，43 岁，既往病史考虑右侧附件为畸胎瘤，行盆腔 CT 平扫，检查所见：膀胱充盈尚可，壁不厚，腔内未见明确异常密度影。子宫不大，其内未见异常密度影。右侧附件区见团块状混杂密度影，大小约 5.7cm×4.0cm，内含结节状钙化影及脂肪密度影，左侧附件未见明显异常（案例图 4-16-2）。

解答：考虑右侧附件畸胎瘤。

四、盆腔CTA扫描技术

（一）检查前注意事项

请依照“相关解剖与检查前准备”中的相关内容做好相应准备。

（二）扫描体位及扫描参数

1. 扫描体位 仰卧位，足先进，两臂上举。
2. 扫描方式 螺旋扫描。
3. 扫描范围 盆腔动脉及其分支。
4. 扫描野（FOV） 450mm。
5. 扫描层厚 0.625～1.250mm。
6. 扫描参数 100～120kV；250～300mA或自动管电流调节技术。
7. 重建算法 软组织算法。

（三）CTA注射方案

1. 对比剂浓度及用量非离子型对比剂 270～350mgI/ml；1.0～1.2ml/kg对比剂+30ml生理盐水。
2. 注射方式 双筒高压注射器。
3. 注射速度 成人4.0ml/s。
4. 延迟时间 阈值法，阈值为150HU，监测平面为腹主动脉分叉上水平处（图4-16-1）。

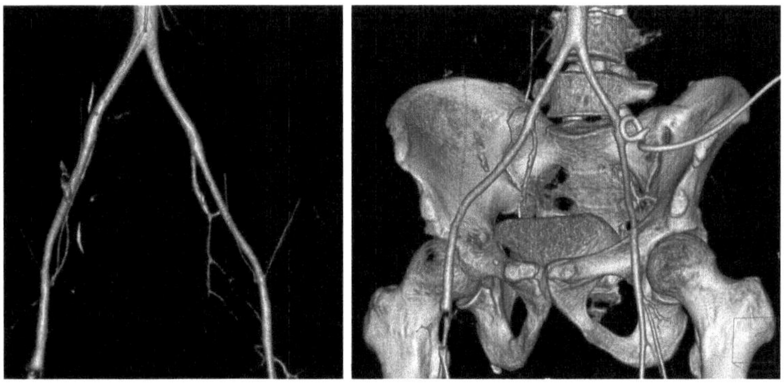

图4-16-1 盆腔动脉成像
显示盆腔动脉及所属分支

五、图像后处理技术

（一）盆腔图像

窗宽、窗位常用软组织窗：窗宽300～350HU，窗位35～40HU；增强后：窗宽400～450HU，窗位40～45HU。

（二）实质脏器图像

由于重建技术的需要，要把普通扫描的原始图像进行薄层重建，层厚0.625～1.000mm，层间距0.625～1.000mm。

实质脏器的多平面重建（MPR）技术可以更详细地显示肠管、子宫、前列腺、膀胱与肿瘤、炎性病变、血肿等病变的位置关系、相关联性及浸润情况。容积再现技术（VRT）可以立体地显示脏器与肿瘤、脏器与血管、脏器与脏器的空间立体位置关系（图4-16-2）。

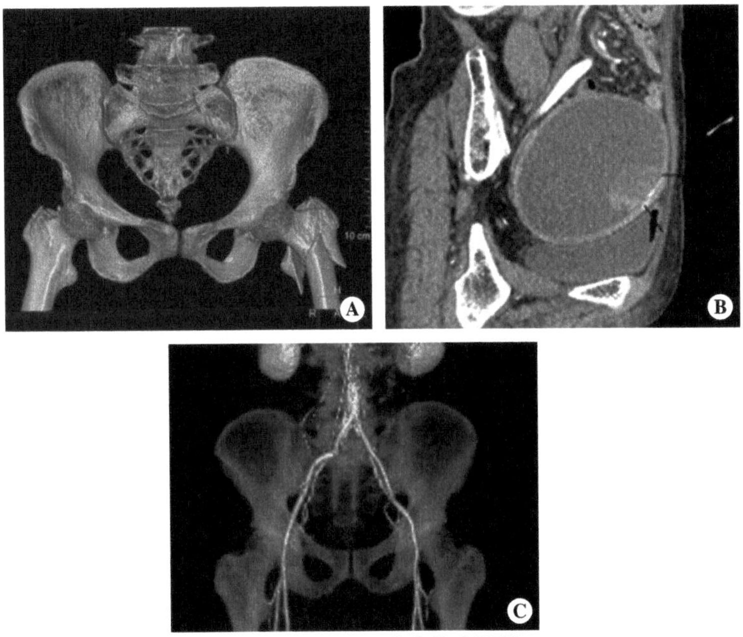

图 4-16-2　CT 重建技术图像

A. 容积再现技术（示骨折）；B. 矢状面重组图像；C. 容积再现技术（示血管）

六、相关疾病的 CT 检查要点与图像质量控制

CT 检查对盆腔疾病的发现和诊断敏感性较高，被公认为是一种较好的检查方法。盆腔脏器结构复杂，病变种类较多，组织间缺乏足够的对比，需进行规范化的盆腔准备。前列腺病变检查应在空腹状态下，于检查前 2～3h 或更早时间分次口服含碘 1%～3%对比剂 1000ml，同时尽量憋尿，使膀胱处于充盈的状态，有利于前列腺和精囊腺的显示。

为了提高扫描图像质量，应尽可能使盆腔内的肠管充盈对比剂和液体，以便与软组织结构及病变如淋巴结、肿物等鉴别。彻底的清洁灌肠作为 CT 检查前的准备十分重要，残留的粪块可能被误认为腔内肿块。只有保证肠腔的清洁，再使肠管充盈足够的浓度、适当的对比剂溶液和水样密度的溶液，才能提高盆腔肠道疾病诊断的准确率。所以检查前的注意事项、肠道准备、膀胱准备等对图像质量影响很大。

【小结】　本节主要介绍了盆腔 CT 检查技术的适应证、相关解剖、检查前准备、盆腔平扫及增强扫描技术、盆腔 CTA 扫描技术、图像后处理技术及相关疾病的 CT 检查要点与图像质量控制。

第十七节　脊柱 CT 检查技术

一、临床概述与适应证

（一）临床概述

车祸、体育运动和高空坠落是脊柱外伤的常见原因，脊柱 CT 检查有助于确定是否椎体骨折及骨折的范围，结合临床体征分析脊髓是否伴随损伤。脊柱 CT 可利用多平面重组技术帮助显示椎体肿瘤的骨内范围及对骨外软组织如肌肉组织与神经血管束的侵犯程度，对脊柱发育畸形及椎间盘病变亦很有帮助。

（二）适应证

1. 脊柱外伤　CT 检查能够避免椎体与附件结构重叠，对于显示椎体、小关节的纵行骨折以及脱位的形态和解剖关系是很有优势的，特别是观察碎骨片的情况和金属异物的位置及脊髓的损伤，对于脊髓损伤的具体情况，MRI 优于 CT。

2. 脊柱肿瘤 脊柱肿瘤的 CT 检查是在平片基础上的延伸，对肿瘤累及范围、邻近组织尤其是神经、重要血管等显示良好，并有助于良、恶性骨肿瘤的鉴别，如椎体血管瘤、软骨瘤、骨髓瘤及转移性肿瘤等。

3. 脊柱发育畸形 脊柱生理曲度有无异常，如先天性侧弯畸形、前后凸畸形等。对于脊柱畸形伴发有脊椎朝向曲线的凹面旋转时,CT 的多平面重组对脊柱外科手术术前评估的优势尤为显著。

4. 脊柱结核 脊柱、骨盆、髋关节和膝关节是最易发生结核的部位，好发于脊柱结核的部位以胸、腰椎为多见。结核通常侵及椎体前、侧方的韧带和软组织，椎旁脓肿范围局限或广泛。

5. 强直性脊柱炎 是成人常见的一种类风湿性疾病，脊柱与骶髂关节是最常见的受累部位。CT 平扫可见椎间盘周围韧带钙化，早期椎体边缘韧带附着处出现小的骨侵蚀与骨硬化，逐渐发展为脊柱韧带竹节样钙化。胸椎受累时可见肋椎关节面与肋横突关节面模糊，甚至融合。

6. 椎间盘病变 多见于腰椎和颈椎，其次为胸椎。CT 平扫能通过多平面重组，显示椎间盘高度的变化，椎间盘的膨出、突出和脱出，椎间盘的真空变性及髓核的压迹。

二、相关解剖及检查前准备

（一）相关解剖

脊柱分为颈、胸、腰、骶、尾五部分。除第 1 颈椎（寰椎）、第 2 颈椎（枢椎）及骶尾椎外，各部分组成大致相同，主要由骨性脊柱的前组成部分与椎间盘，后组成部分的椎弓、关节柱与小关节、椎板以及韧带，硬膜外脂肪和静脉丛构成的软组织与神经组织，包括脊髓、马尾、神经根、硬膜囊等构成。

（二）平扫准备

（1）认真阅读申请单，明确检查的部位，了解申请单的目的与要求。

（2）去除受检部位的高密度异物及各种饰物。

（3）嘱受检者检查中保持静止，可借助辅助棉垫、绷带及器材等固定体位，颈椎扫描时避免吞咽动作，如遇婴幼儿或不配合受检者可予适当镇静处理。

（4）对受检者的非受检部位及陪护人员进行必要的防护。

（三）增强准备

（1）签署增强检查知情同意书。

（2）一般情况需禁食 4h 以上。

（3）应详细询问病史，确定有无对比剂过敏史及禁忌证。

（4）由护理人员做好增强前的准备工作。

（5）其他同平扫准备。

三、脊柱 CT 平扫与增强扫描技术

（一）常规平扫

1. 扫描体位 受检者仰卧于检查床上，身体置于检查床中间，进床方向一般选择头先进，腰椎 CT 检查时也可以选择足先进。

（1）颈椎及椎间盘：采用仰卧位，头先进床，人体冠状面及矢状面置于检查床及扫描机架定位线中心，两肩尽量下垂，下颌微仰，颈部两侧可采用棉垫固定，防止位移。

（2）胸椎及椎间盘：采用仰卧位，头先进床，人体矢状面置于检查床及扫描机架定位线中心，扫描机架水平线位于人体冠状面腋后线水平。

（3）腰椎及椎间盘：采用仰卧位，头先进或足先进，人体矢状面置于检查床及扫描机架定位线中心，扫描机架水平线位于人体冠状面腋后线水平，双膝屈曲 35°～40°并固定。

（4）骶椎：采用仰卧位，头先进床或足先进床，人体矢状面置于检查床及扫描机架定位线中心，扫描机架水平线高于人体冠状面 3～5cm。

2. 扫描参数　螺旋扫描，管电压 120～140kV，管电流 200～300mA，层厚和层间距以扫描椎体的大小而定。

（1）颈椎椎体扫描采用 3～5mm 层厚，3～5mm 层间距；颈椎椎间盘扫描采用 2mm 层厚，2mm 层间距。

（2）胸椎扫描采用 5mm 层厚，5mm 层间距。

（3）腰椎椎间盘扫描采用 2～3mm 层厚，2～3mm 层间距；腰椎及骶尾椎椎体扫描采用 5mm 层厚，5mm 层间距。

（二）容积扫描方案

脊柱检查往往因为多种原因临床无法判断疼痛的来源是椎体还是椎间盘，只能凭经验判断，所以通过容积数据采集，进行三维后处理可以重组椎间盘的图像，冠状面、矢状面以及容积再现的图像，可以更有效地诊断疼痛的来源及病变的部位和性质，但对于只进行椎间盘轴扫的检查来说，辐射剂量会有所增加，但是可以获得更有效和准确的图像信息。层厚和层间距通常使用 1.00～1.25mm。

（三）增强扫描

脊柱常规不做增强扫描，若平扫发现软组织感染、血管性病变及良恶性肿瘤等占位性病变，可行增强扫描以确定病变性质、范围、大小及与周围组织的关系和血供情况。对比剂一般选用 300～370mgI/ml，成人用量 1.5～2.0ml/kg（婴幼儿用量不超过 1.5ml/kg），静脉团注给药，注射流速为 3.0～3.5ml/s。脊柱软组织感染及良恶性肿瘤等情况，在注射对比剂后 40～45s 扫描，静脉期为 60～90s，延迟期为 90～120s。对于血管性病变，可采用团注追踪或测试团注扫描方式，团注追踪的阈值设置为 100～120HU，监测层面选择脊柱病变所对应的供血动脉和静脉属支。

四、图像后处理技术

（一）三维后处理

1. 椎间盘图像重组　对于容积数据采集的检查，需要重组椎间盘图像，使用 MPR，重组层面平行椎间隙，颈椎间盘扫描采用 2mm 层厚，2mm 层间距；胸腰椎间盘扫描采用 2～3mm 层厚，2～3mm 层间距。

2. 图像三维重组　颈椎、胸椎、腰椎，可以通过容积再现技术重组三维立体骨结构图像，利于观察椎体及其附件等骨性结构的病变等情况，整体观清楚明确，可准确定位骨折的对位对线关系，对手术方案的选择具有指导价值；通过骨、软组织算法分别薄层重建，利用 MPR 可显示脊柱冠状面、矢状面及任意斜面的图像，显示病变周围关系，确定有无侧弯及前后凸畸形等；CPR 可显示病变不在同一平面的毗邻及受侵关系；MIP 可显示脊柱动静脉与病灶的关系以及有无动静脉畸形等。

案例 4-17-1

患者，女，83 岁，主诉胸腰部疼痛 3^+天。询问病史，3 天前有外伤史。行胸部 CT 平扫检查（案例图 4-17-1）。问题：初步诊断是什么？

解答： MPR 及横断面定位所示，第 1、2 腰椎压缩变扁并脊柱向前成角。双侧胸腔内见液性密度影。考虑第 1、2 腰椎压缩性骨折；双侧胸腔少量积液。

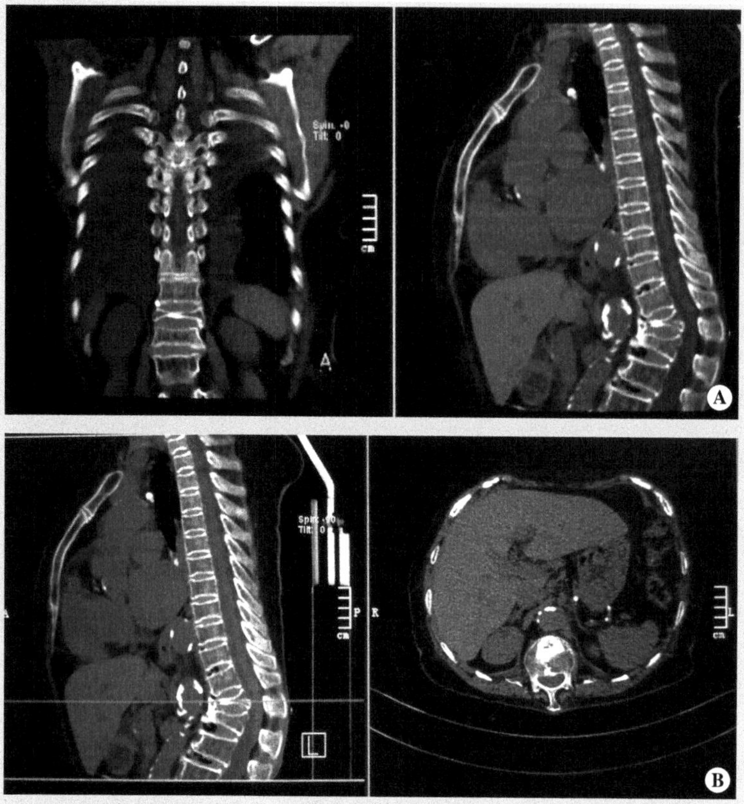

案例图 4-17-1

A. MPR 的冠状面、矢状面；B. 通过矢状面定位第 1 腰椎横断面

（二）图像显示及打印

脊柱的显示和摄影需同时采用软组织窗和骨窗。软组织窗：窗宽 240～350HU，窗位 35～45HU；骨窗：窗宽 800～1500HU，窗位 400～700HU。椎间盘采用软组织窗显示，窗宽 250～300HU，窗位 35～40HU。目的是清晰显示椎体、椎间盘及椎旁组织。脊柱的图像打印，应有一幅含定位线的定位像，便于计数椎体和椎间盘，对于所有图像均要求行骨窗和软组织窗的摄影，并要求按解剖顺序，不能颠倒，图像的视野应包含一定范围的椎旁组织。

五、相关疾病的 CT 检查要点与图像质量控制

1. 脊柱外伤 外伤脊柱 CT 检查务必了解外伤病史，仔细查体，小心移动摆位，防止检查过程的二次伤害及截瘫风险，特别是对颈椎、胸椎及腰椎上段的检查。可通过骨、软组织算法分别薄层重建，利于获取更多的图像信息。

2. 脊柱肿瘤 脊柱肿瘤的 CT 检查在显示肿瘤病灶内结构、钙化、细小骨质破坏及病理性椎体骨折等方面优于其他检查，但由于 CT 检查对肿瘤的软组织变化显示逊于 MRI，对于没有安装 MR 的医院，必须应用 CT 增强扫描，加强对软组织病变的显示。

3. 脊柱发育畸形 对于侧弯及前后凸畸形受检者，位置不易固定，为避免运动伪影，应尽量采用辅助设备帮助受检者处于舒适的位置，必要时可采用侧卧位或俯卧位扫描。

4. 脊柱结核 有软组织算法和骨算法两种重建方式。软组织算法观察病变周围肿胀的软组织，椎管内或椎体两侧有无脓肿形成；骨算法可更清晰地显示骨质破坏，易于发现死骨及病理性骨折碎片。结合脊柱 CT 增强检查，可以更好地了解软组织内脓肿的范围及蔓延方向。

5. 强直性脊柱炎 扫描范围尽量包括一端具有特征或易于辨认的椎体，利用 MPR 及窗宽窗位

技术观察椎体边缘韧带附着处出现小的骨侵蚀、骨硬化及脊柱韧带竹节样钙化表现等。

6. 椎间盘病变 一般采用螺旋扫描方式重建，为了降低图像噪声，增加密度分辨力，在辐射防护许可范围内，在螺旋扫描时可适度增加管电流或减小螺距等。椎间盘扫描也可使用轴扫描方式，由于扫描层面需平行椎间隙，故需倾斜扫描机架逐个椎间盘扫描，相对螺旋扫描方式烦琐及耗时且无法 MPR 处理，优点是辐射剂量较低。

【小结】 脊柱的常规 CT 检查为横断扫描，层厚的选择应考虑重点观察部位。以观察椎间盘为主时，扫描时应选择较小的层厚和层间距，范围应包括整个椎间孔。为了更好地观察脊柱平扫影像，椎间盘、硬膜囊、脊髓、椎旁软组织及骨性结构，常用软组织窗与骨窗分别观察。多层螺旋 CT 扫描后处理影像实现了各向同性，可获得高质量的冠状面、矢状面、任意斜面、曲面等多平面重组的图像，能够更好地观察椎管、椎间盘与脊髓的关系、病变的范围等。观察较大弧度弯曲脊柱的椎间盘时，MPR 影像可与椎间盘完全平行，克服因扫描层面与椎间盘不平行引起的测量误差。

第十八节 四肢骨关节及软组织 CT 检查技术

一、临床概述与适应证

（一）临床概述

CT 检查在骨关节系统简便易行，效果显著。CT 检查可通过断面图像确定骨折或移位的存在及范围，发现软骨损伤、骨软骨体等关节内异常，又可利用其密度分辨力高的优点来确定软组织病变的部位、大小、形态及与周围组织的关系。

（二）适应证

1. 四肢骨折 CT 扫描对四肢骨折可以显示碎片及移位情况，同时还能显示出血、血肿、异物及相邻组织的有关情况，CT 的三维重组图像对上述情况的显示清晰、明确。

2. 骨肿瘤 CT 平扫及增强可显示肿瘤病变的部位、形态、大小、范围、密度及血供等情况，有助于对肿瘤进行定性诊断。

3. 骨结核 好发于脊柱，其次是四肢骨关节。长骨结核常发生在骨骺，容易侵及邻近关节。CT 平扫及增强可观察和显示骨质破坏的程度、脓肿的位置及邻近组织受累情况。

4. 骨髓炎病变 可见于全身各骨，好发于长骨骨干，如股骨、胫腓骨、肱骨、尺桡骨。CT 平扫及增强更易发现骨内小的溶骨性破坏区、沙粒样死骨，骨周软组织肿胀，骨质硬化和骨膜反应。

5. 类风湿骨关节炎 以对称性侵犯手足小关节为特征，CT 扫描易于观察关节软骨边缘的骨侵蚀、小关节的骨质破坏、骨的囊性病变、小关节周围的软组织肿胀等。

6. 膝关节半月板损伤 膝关节的 CT 扫描可显示半月板的形态、密度等，有助于对半月板损伤的诊断。CT 对半月板损伤的显示与诊断价值有限，随着影像技术的高速发展，半月板损伤的诊断逐步被 MRI 所取代。

二、相关解剖及检查前准备

（一）相关解剖

1. 肩关节 由肩胛盂与肱骨头组成，又称盂肱关节。

2. 肘关节 由肱骨、尺骨和桡骨组成，包括肱尺关节、肱桡关节和上尺桡关节三个关节。

3. 腕关节 包括桡腕关节、腕中关节和腕掌关节三个部分。

4. 髋关节 由髋臼与股骨头、股骨颈及大小粗隆构成。髋臼呈球窝形，由髂骨、耻骨、坐骨体部构成。

5. 骨盆 由髋骨和骶尾骨构成，髋骨上部为髂骨，前下部为耻骨，后下部为坐骨，这些骨借助两个滑膜关节（即左、右骶髂关节）和两个纤维软骨性联合（即耻骨联合与骶尾联合）及一些韧带互相连接成骨盆。

6. 骶髂关节 由骶骨耳状面和髂骨耳状面构成，两个关节面凹凸不平但互相嵌合。

7. 膝关节 由股骨髁、胫骨髁和髌骨组成，诸骨的关节面都覆有关节软骨，上胫腓关节不参与膝关节构成。

8. 踝关节 由胫骨、腓骨下段及距骨滑车组成。胫骨下段内侧为内踝，腓骨下端构成外踝，外踝较内踝低。

（二）平扫准备

（1）认真阅读申请单，明确检查的部位，了解申请单的目的与要求。

（2）去除受检部位的高密度异物及各种饰物。

（3）嘱受检者检查中保持静止，如遇婴幼儿或不配合受检者可予适当镇静处理。

（4）对受检者的非受检部位及陪护人员进行必要的防护。

（三）增强准备

（1）受检者及其家属签署增强检查知情同意书。

（2）一般情况需禁食 4h 以上。

（3）应详细询问病史，确定有无对比剂过敏史及禁忌证。

（4）由护理人员做好增强前的准备工作。

（5）其他同平扫准备。

三、四肢骨关节 CT 平扫与增强扫描技术

（一）常规平扫

1. 扫描体位 四肢和关节 CT 检查体位，上肢通常选择头先进，下肢通常选择足先进。扫描四肢骨折或占位时，以病变部位为中心扫描范围包括邻近的一个关节。

（1）双手及腕关节：采用俯卧位，头先进，双臂上举平伸，双手间隔 5cm，手指并拢，手心向下，两中指末端连线与检查床中轴线垂直。

（2）肘关节及尺桡骨：可采用仰卧位，头先进，患侧上臂上举，手心向上，上臂可向床面正中靠拢。如果受检者无法上举，可采用双上臂自然平伸置于身体两侧，双手手心向上，身体置于床面正中，并且扫描期间需要受检者屏气。双臂上举可以避开心、胸、腹等活动器官对成像的影响，扫描的剂量可以有效地降低；如果双臂下垂，需要在扫描时进行屏气，否则呼吸及心跳会带来运动伪影。

（3）肩关节、胸锁关节、锁骨及肱骨：采用仰卧位，头先进床，双上臂自然平伸置于身体两侧，双手手心向上，身体置于床面正中。

（4）髋关节、骶髂关节及股骨：采用仰卧位，头先进床，双足跟略分开且足尖向内侧旋转并拢，双上肢向头侧上举。

（5）膝关节、胫腓骨及踝关节：采用仰卧位，足先进床，双下肢伸直并拢，足尖向上，双足跟连线与检查床中轴线垂直，双上肢向头侧上举。

（6）双足：采用仰卧位，足先进床，双下肢弯曲，双足平踏于检查床面，双足纵轴相互平行且均平行于检查床纵轴。

2. 扫描参数 螺旋扫描，120kV。

（1）双手及腕关节的扫描常规采用 80～100mA，2～3mm 层厚，2～3mm 层间距。

（2）肘关节及尺桡骨扫描采用 300～360mA，2～3mm 层厚，2～3mm 层间距。

（3）肩关节、胸锁关节、锁骨及肱骨扫描采用 300～500mA，3～5mm 层厚，3～5mm 层间距。

（4）髋关节、骶髂关节及股骨扫描采用 300～500mA，3～5mm 层厚，3～5mm 层间距。

（5）膝关节、胫腓骨及踝关节扫描采用 250～400mA，5mm 层厚，5mm 层间距；观察半月板则应采用 1mm 层厚，1mm 层间距。

（6）双足扫描采用 200～300mA，2mm 层厚，2mm 层间距。

以上扫描均采用标准算法。若观察骨骼的细小结构或者细微骨折，可以采用高分辨力算法。

（二）增强扫描

骨关节及软组织的增强扫描，主要目的是了解病变组织的血供情况及周围血管与病变组织的位置和形态，可以显示骨骼、病变组织与邻近血管的关系。增强扫描常规用静脉内团注法，对比剂总量为 60～80ml，注射速度为 2～2.5ml/s，动脉期扫描延迟时间为 25～35s，实质期延迟扫描时间为 60～70s。

四、上肢、下肢血管 CT 扫描技术

上肢、下肢的 CTA 及 CTV 检查常用于显示肢体血管病变及血管与软组织肿块之间的关系等。

（一）上肢 CTA 方法

1. 扫描前准备 ①严格掌握适应证与禁忌证，详细询问受检者是否有过敏史；②签署对比剂过敏反应告知书；③去除扫描区域表面所有金属物与饰物；④嘱受检者扫描时保持体位不动，不配合受检者可采取适当镇静；⑤耐心向受检者做好解释，告知扫描所需时间，以消除受检者紧张心理，配合检查；⑥针对受检者不同病理生理基础，选择适合的对比剂类型、注射总量及注射速度，实现个体化扫描；⑦制订完善的过敏反应抢救程序，备齐抢救药物及器械。

2. 受检者体位 如果受检者上臂可以上举，首先采用仰卧位，可将患侧上臂上举，如果受检者无法上举双臂，需要将上臂自然放到身体两侧，双手手心向上，身体置于床面正中。

3. 对比剂的使用

（1）对比剂注入路径一般选择健侧的肘正中静脉，以避免留置针产生的伪影和静脉血管内碘剂对动脉血管的影响。如果需要检查双上臂，选择从足部注射对比剂。

案例 4-18-1

患者，女，46 岁，主诉右上臂包块 6^+个月。行右上肢 CTA 检查（案例图 4-18-1）。问题：检查结果是什么病？

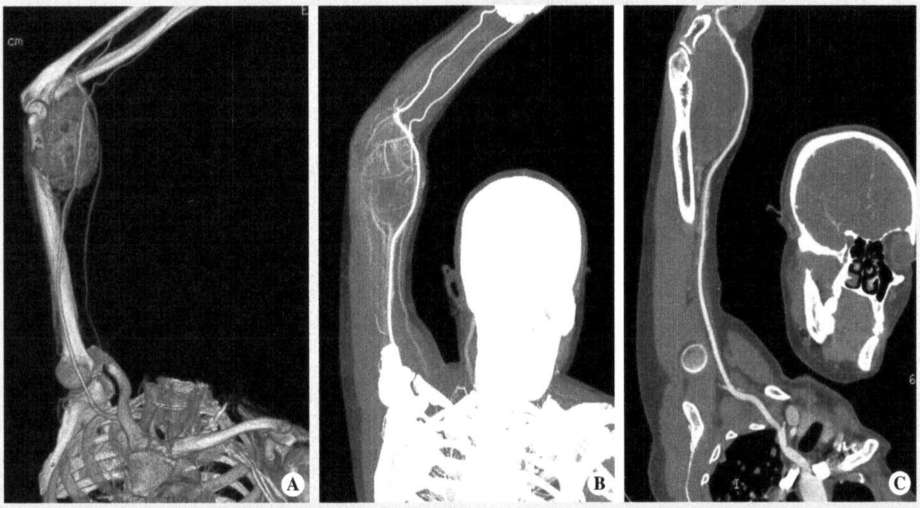

案例图 4-18-1

A. VR；B. MIP；C. CPR

解答：右上肢 CTA，对比剂注入路径选择左侧的肘正中静脉。考虑宫颈癌术后右上臂软组织转移。

案例 4-18-2

患者，男，46 岁，行双上肢 CTA 检查（案例图 4-18-2）。问题：检查结果是什么？

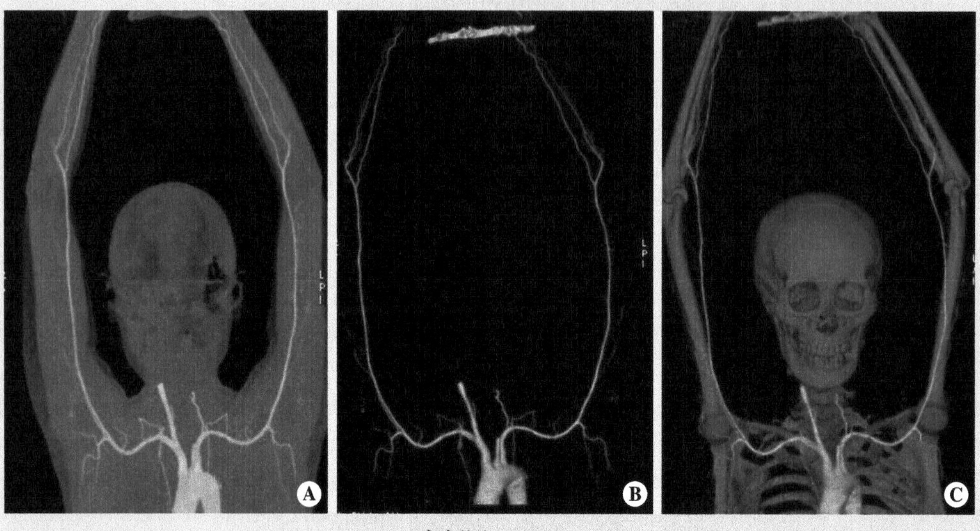

案例图 4-18-2

A. 去骨 MIP；B. 去骨 VR；C. 带骨融合 VR

解答：双上肢 CTA，对比剂注入路径选择足背静脉，为正常双上肢 CTA 表现。

（2）对比剂用肘静脉团注，对比剂含碘浓度 300～370mgI/ml，总量 60～80ml，速度 3～4ml/s。

（3）双筒注射可使用生理盐水推注，20ml 生理盐水用于测试注射，30ml 生理盐水用于冲刷注入对比剂后对手臂静脉血管内对比剂，使对比剂在目标血管内保持高浓度和较长时间，同时可避免上臂 CTA 扫描时静脉内高浓度碘剂的影响。

（4）扫描延迟时间的经验值为 23～25s。

（5）实时血流监测法，监测层面选择主动脉弓层面，监测区域选择主动脉弓，阈值为 100～150HU，扫描时需要注意扫描的方向，扫描方向一定是从血管的近心端到血管的远心端，即扫描方向一定是沿着目标血管的血流方向进行扫描。如果出现感兴趣区置于组织外时，需密切观察 CT 透视扫描层面内血管亮度的变化，一旦血管变亮，立即启动 CTA 扫描。

4. 扫描参数 使用螺旋扫描，标准算法；层厚 1.0～1.5mm，层间距 0.7～1.2mm。扫描范围需包含病变组织和一个相邻关节。

（二）上肢 CTV 方法

1. 间接法

（1）检查者体位：如果受检者上臂可以上举，首先采用仰卧位，可将患侧上臂上举；如果受检者无法上举双臂，需要将上臂自然放到身体两侧，双手手心向上，身体置于床面正中。

（2）扫描参数：使用螺旋扫描，标准算法；层厚 0.50～1.25mm，层间距 0.500～0.625mm。扫描范围因病变范围而定，一般需包括上腔静脉、锁骨下静脉及病变范围。

（3）对比剂的使用

1）对比剂注入路径一般选择健侧的肘正中静脉，以避免留置针产生的伪影和静脉血管内碘剂对动脉血管的影响。如果需要检查双上臂，选择从足部注射对比剂。

案例 4-18-3

患者，女，56 岁，主诉左上肢肿痛 1^{+}年。行左上肢 CTV 检查（案例图 4-18-3）。问题：检查结果是什么病？

解答：左上肢 CTV 检查，间接法，对比剂注入路径选择右侧的肘正中静脉。同 DSA 对比，影像学表现吻合。考虑左锁骨下静脉线样狭窄。

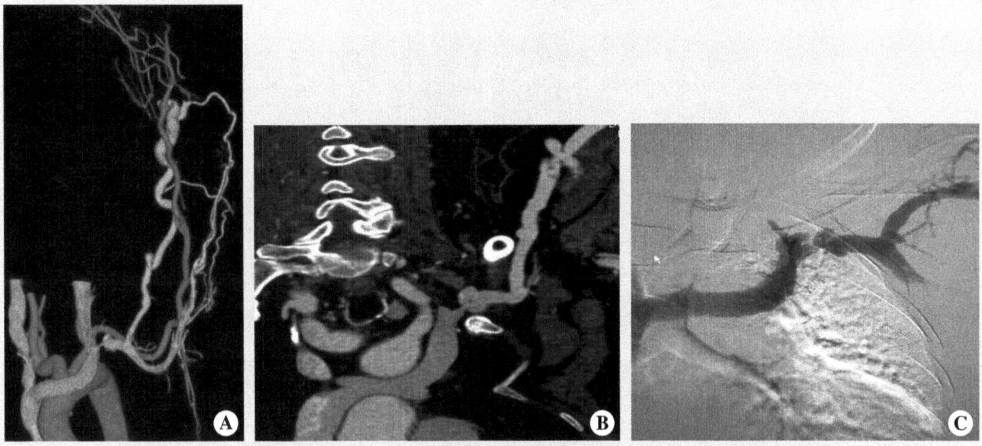

案例图 4-18-3

案例 4-18-4

患者，男，53 岁，动静脉内瘘术后 1^+个月，主诉左上胸前壁肿胀 1^+个月。行左上肢 CTV 检查（案例图 4-18-4）。问题：检查结果是什么？

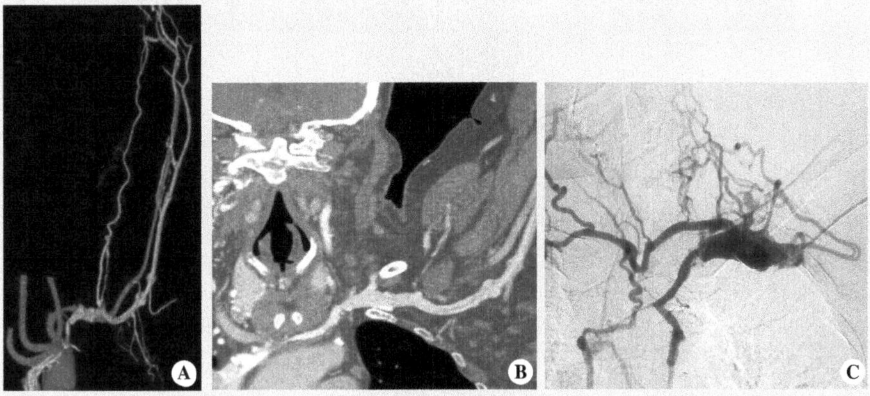

案例图 4-18-4

解答： 左上肢 CTV 检查，间接法，对比剂注入路径选择右侧的肘正中静脉。同 DSA 对比，影像学表现吻合。考虑左头臂静脉狭窄。

案例 4-18-5

患者，女，52 岁，右颈内静脉长期透析导管置入，主诉头颈部肿胀 2^+年。行双上肢 CTV 检查（案例图 4-18-5）。问题：检查结果是什么？

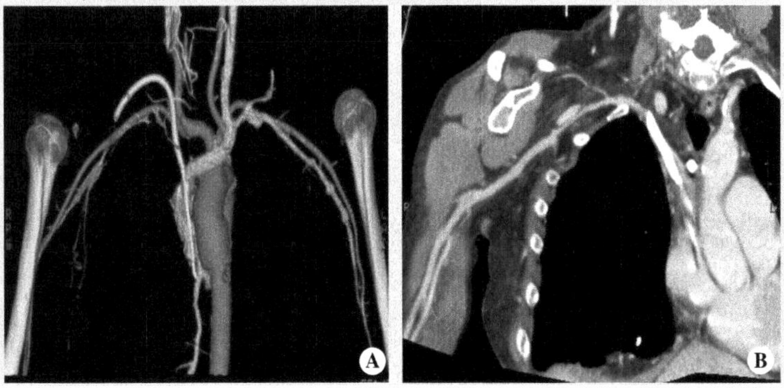

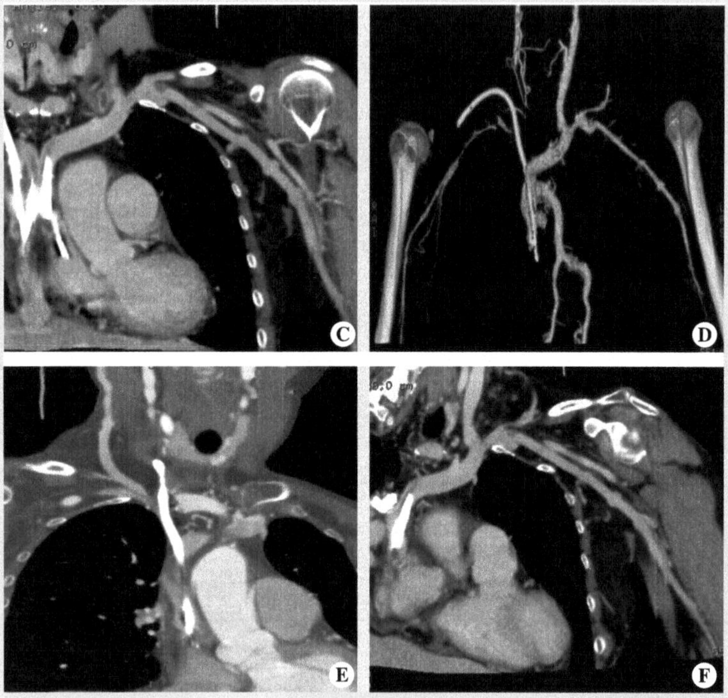

案例图 4-18-5

解答：双上肢 CTV 检查，间接法，对比剂注入路径选择足背静脉。评估结果：左侧中心静脉通畅，右侧中心静脉狭窄。

2）对比剂用肘静脉或足背静脉团注，对比剂含碘浓度 300～370mgI/ml，对比剂总量 100～120ml，流速 2～3ml/s。

3）双筒注射可使用生理盐水推注，20ml 生理盐水用于测试注射，30ml 生理盐水用于对手臂静脉血管内对比剂进行冲刷，使对比剂在目标血管内保持高浓度和较长时间，同时可避免上臂 CTV 扫描时静脉内高浓度碘剂的影响。

4）扫描延迟时间的经验值为 45～50s。

2. 直接法

（1）检查者体位：如果受检者上臂可以上举，首先采用仰卧位，可将患侧上臂上举；如果受检者无法上举双臂，需要将上臂自然放到身体两侧，双手手心向上，身体置于床面正中。

（2）扫描参数：使用螺旋扫描，标准算法；层厚 0.50～1.25mm，层间距 0.500～0.625mm。扫描范围因病变范围而定，一般需包括上腔静脉、锁骨下静脉及病变范围。

（3）扫描方向：自手臂远心端向近心端扫描。

（4）对比剂的使用

1）对比剂注入路径一般选择患侧手背静脉。如果需要检查双上臂，则双侧手背静脉同时注入对比剂。受检侧腕部轻度压迫捆扎，以减少深静脉压低而导致的假阳性。

案例 4-18-6

患者，女，48 岁，主诉左上肢肿胀 1^{+}年。行左上肢 CTV 检查（案例图 4-18-6）。问题：检查结果是什么病？

解答：左上肢 CTV 检查，直接法，对比剂注入路径选择左侧手背静脉，腕部轻度压迫捆扎。左锁骨下静脉流入左头臂静脉处狭窄。

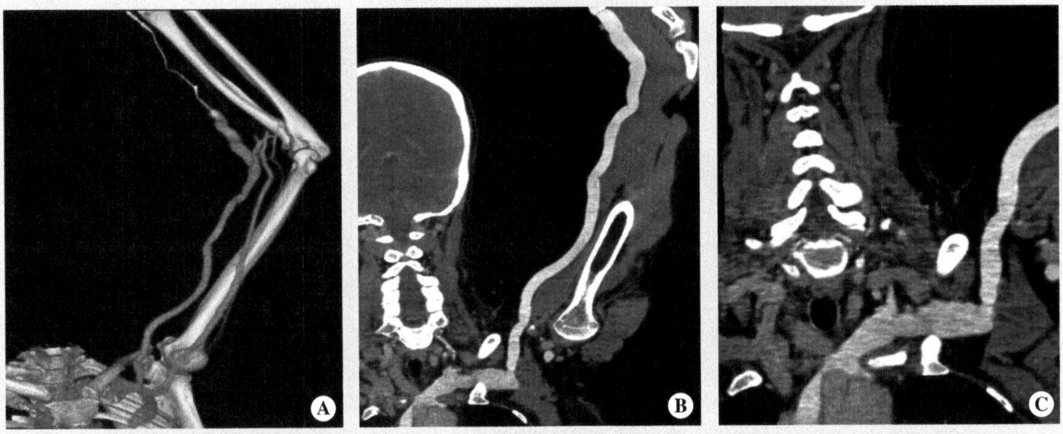

案例图 4-18-6

2）对比剂用手背静脉团注，对比剂含碘浓度 300～370mgI/ml，经生理盐水稀释后使用，稀释按 1：5 比例进行配制（一般用 25ml 对比剂与 125ml 生理盐水混合稀释），注入总量 150ml，流速 1.5～2.5ml/s。

3）双筒注射可使用生理盐水推注，20ml 生理盐水用于测试注射，确认静脉通道通畅后注入稀释对比剂 150ml。

4）扫描延迟时间的经验值为 50s。

（三）下肢 CTA 方法

1. 检查者体位 仰卧位，足先进，需要将上臂上举或自然放置在身体两侧，整个躯干置于检查床面正中。

2. 扫描参数 螺旋扫描，标准算法；层厚 1.0～1.5mm，层间距 0.7～1.2mm。扫描的范围为腹主动脉下段到足背，通过设置球管的旋转时间和扫描螺距，将曝光时间控制在 20～25s，为了方便浏览和排版打印图像，可以重建出 5mm 层厚的图像。

3. 对比剂的使用

（1）选择肘正中静脉团注，对比剂含碘浓度 300～370mgI/ml，总量 80～100ml。

（2）双筒注射可使用双流速对比剂方案，20ml 生理盐水用于测试注射，不建议在推注对比剂后用生理盐水对手臂静脉血管进行冲刷，因为扫描范围内没有静脉对比剂的影响，通常使用对比剂推注，即双流速的方法。第一期 3.0～4.0ml/s 注射对比剂 60ml，第二期 2.0～3.0ml/s 注射对比剂 30～40ml，这样既能保证长时间扫描在下肢远端对比剂的团注效果，又能有效地控制对比剂使用的总量。

（3）扫描延迟时间的经验值为 30～35s。

案例 4-18-7

患者，男，53 岁，外伤后股骨骨折，足背动脉搏动消失。行双下肢 CTA 检查（案例图 4-18-7）。问题：检查结果是什么？

解答： 双下肢 CTA 检查，对比剂注入路径选择肘正中静脉。诊断左侧股动脉损伤。

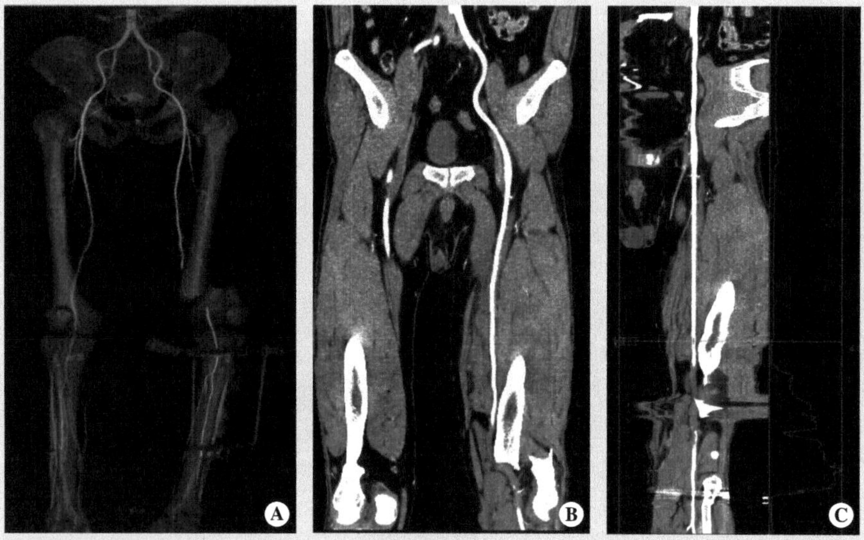

案例图 4-18-7

（4）实时血流监测法：监测层面选择腹主动脉下段、髂总动脉分叉以上层面，监测区域选择腹主动脉，设置阈值为 100～150HU，扫描启动延迟时间选为 7s，扫描方向为头侧至足侧，即扫描方向为目标血管的血流方向进行扫描。当出现实时监测层面内感兴趣区置于组织外时，需密切监测扫描层面内血管亮度的变化，一旦血管变亮，立即启动 CTA 扫描。

（5）小剂量对比剂测定法：自肘正中静脉以 20ml 小剂量注射碘对比剂，在腘动脉水平进行同层动态扫描，测量腘动脉的时间-密度曲线，曲线峰值时间即为扫描延迟时间。此方法对于循环障碍的受检者可以有效地探测出强化时间，但测量花费的检查时间较长，且如果受检者为腘动脉栓塞，就无法计算出扫描延迟时间。

案例 4-18-8

患者，男，60 岁，右侧股动脉血栓形成，行支架植入。行双下肢 CTA 检查（术前、术后 CTA 对比）（案例图 4-18-8）。请作出检查评估结果。

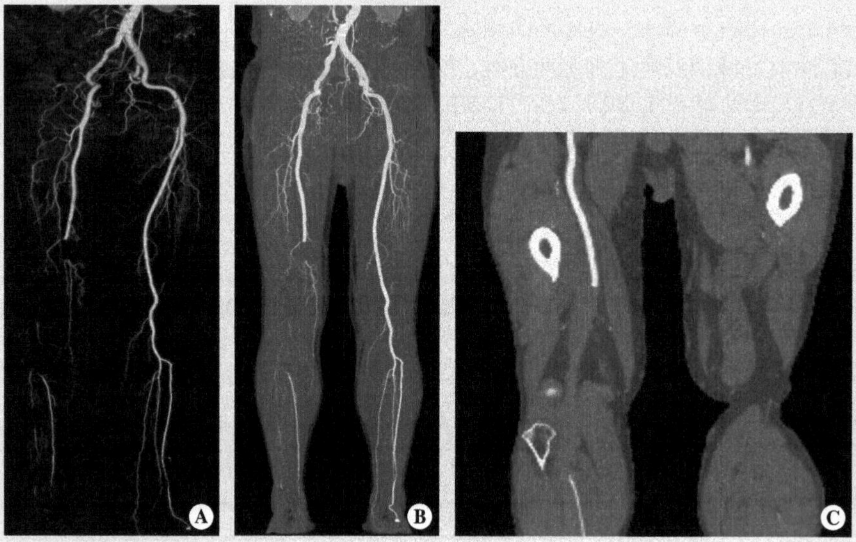

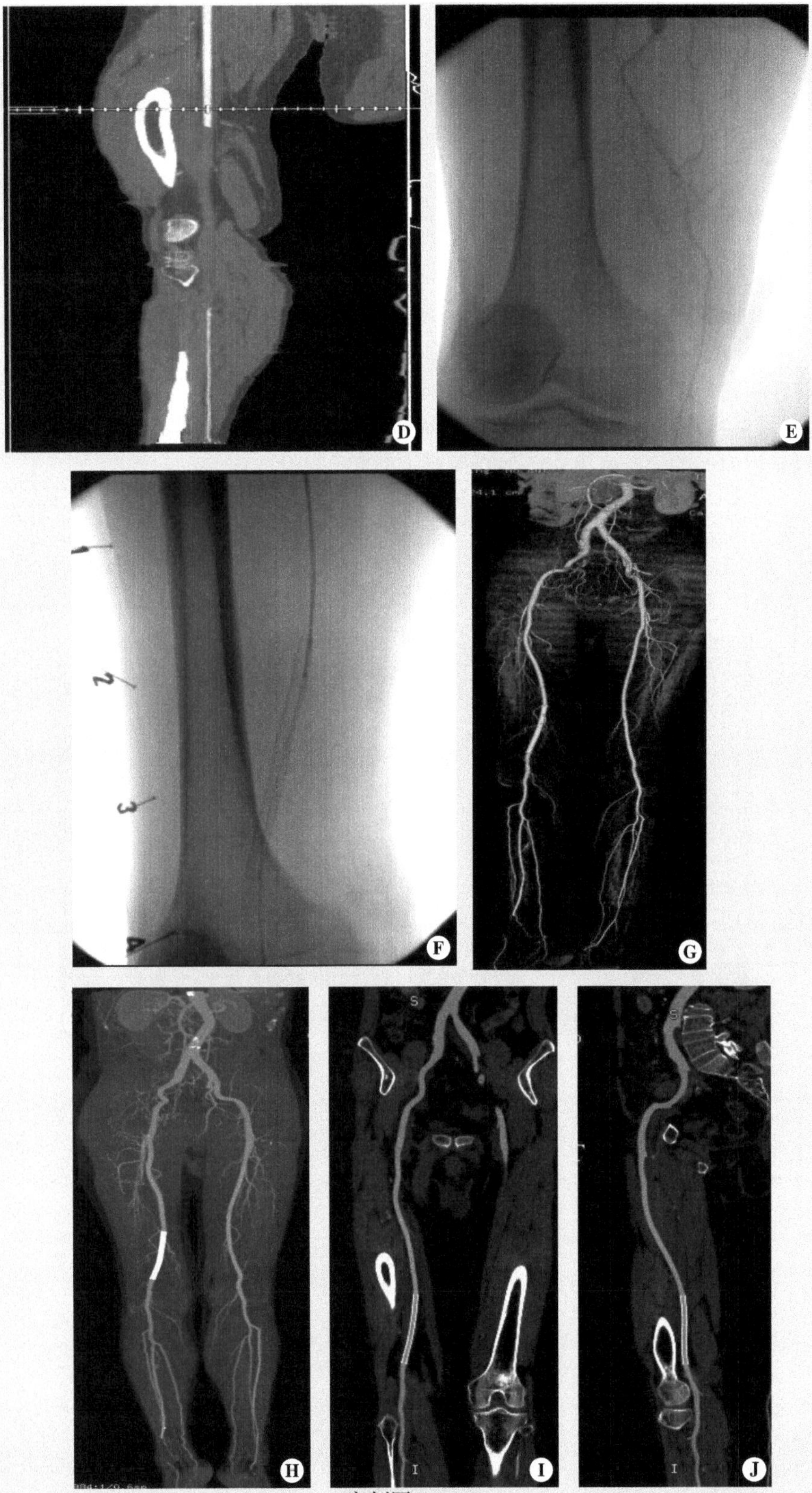

案例图 4-18-8

解答：双下肢 CTA 检查，对比剂注入路径选择肘正中静脉。图 A～F 为术前 CTA，图 G～J 为术后 CTA。评估结果：右股动脉以下闭塞，支架植入术后血管再通。

（四）下肢 CTV 方法

1. 间接法

（1）检查者体位：仰卧位，足先进，需要将上臂上举或自然放置在身体两侧，整个躯干置于检查床面正中。

（2）扫描参数：使用螺旋扫描，标准算法；层厚 0.50～1.25mm，层间距 0.500～0.625mm。扫描范围自腹主动脉远端至踝关节。

（3）对比剂的使用

1）对比剂注入路径一般选择肘正中静脉。

2）对比剂用肘静脉团注，对比剂含碘浓度 300～370mgI/ml，对比剂总量 120～150ml，流速 3～4ml/s。

3）双筒注射可使用生理盐水推注，20ml 生理盐水用于测试注射，30ml 生理盐水用于对手臂静脉血管内对比剂进行冲刷，使对比剂在目标血管内保持高浓度和较长时间。

4）扫描延迟时间的经验值为 90～160s（延迟时间个体化）。

案例 4-18-9

患者，男，35 岁，左下肢骨折外固定术后 2^{+}周，主诉左下肢肿胀 1^{+}周。行左下肢 CTV 检查（案例图 4-18-9）。问题：初步诊断是什么？

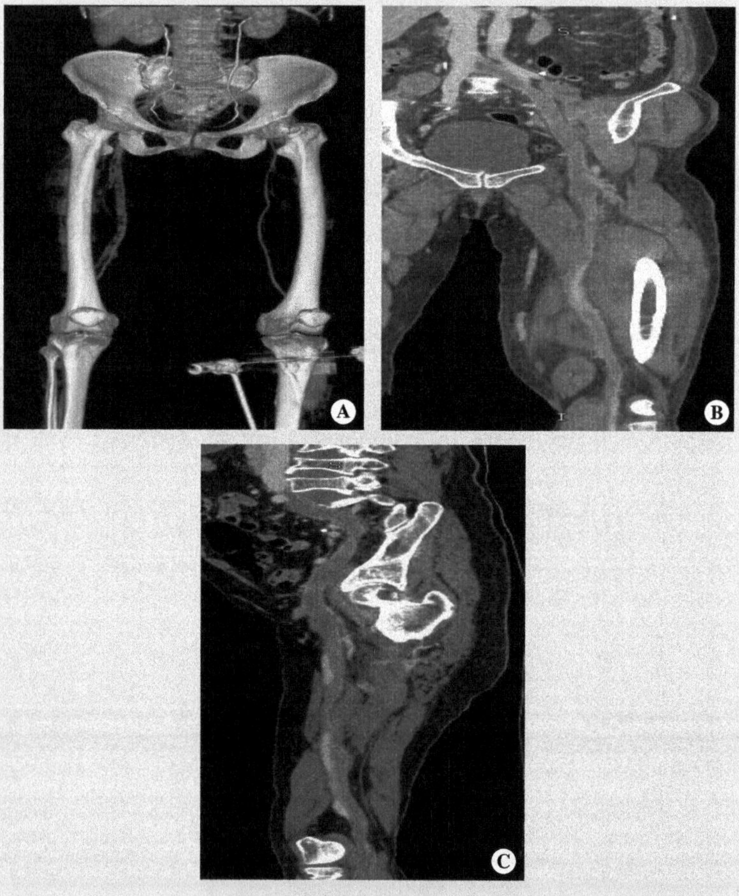

案例图 4-18-9

解答：左下肢 CTV 检查，间接法，对比剂注入路径选择肘正中静脉。诊断：左下肢深静脉血栓形成，左髂静脉、股静脉血栓。

2. 直接法

（1）检查者体位：仰卧位，足先进，需要将上臂上举或自然放置在身体两侧，整个躯干置于检查床面正中。

（2）扫描参数：使用螺旋扫描，标准算法；层厚 0.50～1.25mm，层间距 0.500～0.625mm。扫描范围自足跟至髂骨上缘（下腔静脉）。

（3）扫描方向：由足侧至头侧。

案例 4-18-10

患者，男，36 岁，志愿者。行左下肢 CTV 检查（案例图 4-18-10）。问题：检查结果是什么？

解答： 左下肢 CTV 检查，直接法，对比剂注入路径选择左足背静脉，左踝部轻度压迫捆扎，左大腿根部中度压迫捆扎，以减少深静脉压低而导致的假阳性。此为正常左下肢 CTV 表现。

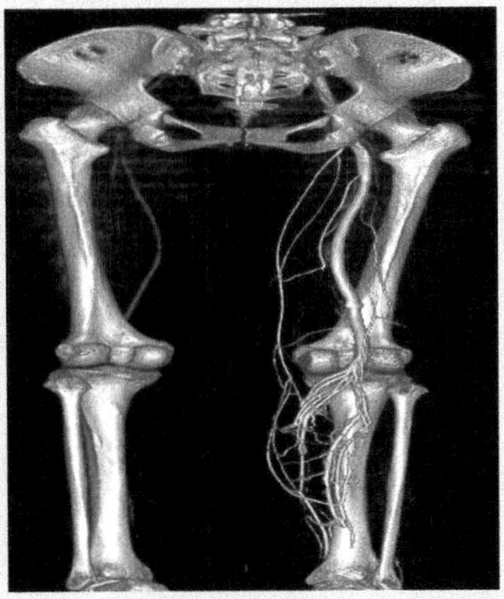

案例图 4-18-10

（4）对比剂的使用

1）对比剂注入路径一般选择患侧足背静脉。如果需要检查双下肢，则双侧足背静脉同时注入对比剂。受检侧踝部轻度压迫捆扎，大腿根部中度压迫捆扎，以减少深静脉压低而导致的假阳性。

案例 4-18-11

患者，男，70 岁，主诉左下肢肿胀 3^{+}年，抬高下肢症状改善。行左下肢 CTV 检查（案例图 4-18-11）。问题：检查结果是什么？

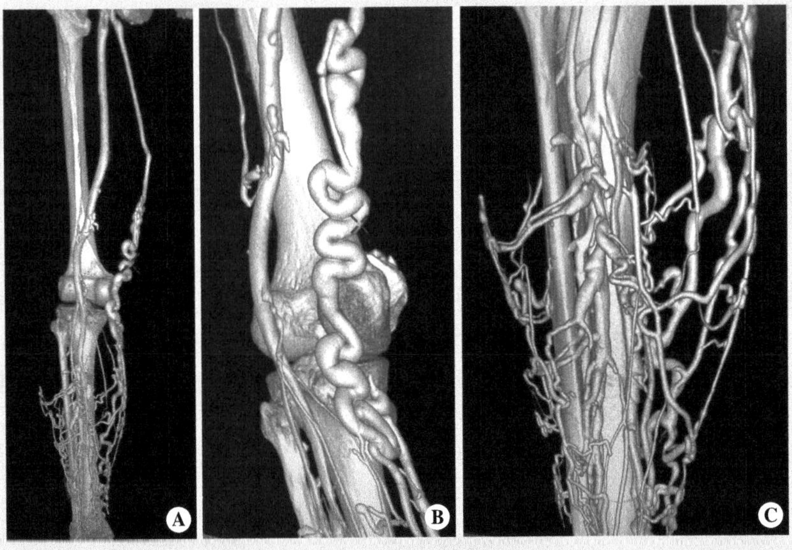

案例图 4-18-11

解答： 左下肢 CTV 检查，直接法，对比剂注入路径选择左足背静脉，左踝部轻度压迫捆扎，左大腿根部中度压迫捆扎，以减少深静脉压低而导致的假阳性。考虑左下肢静脉曲张。

案例 4-18-12

患者，女，51 岁，志愿者。行双下肢 CTV 检查（案例图 4-18-12）。问题：检查结果是什么？

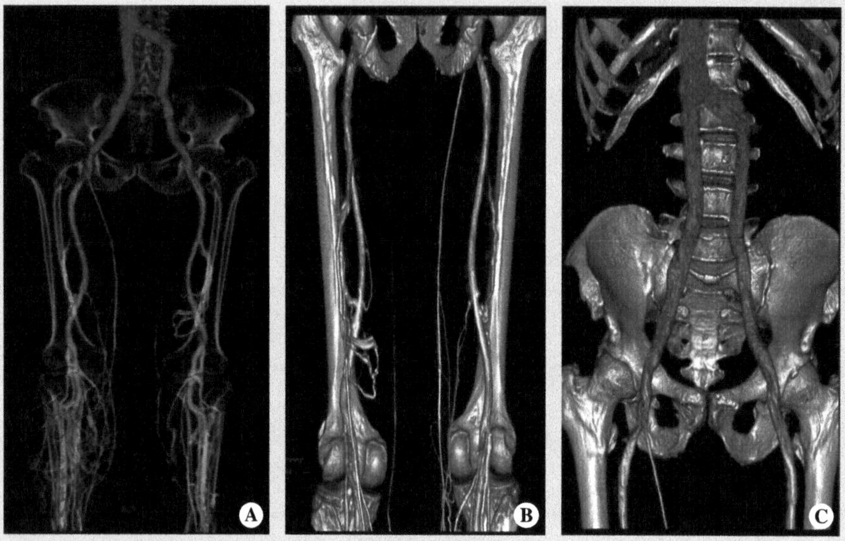

案例图 4-18-12

解答：双下肢 CTV 检查，直接法，双筒双流，对比剂注入路径选择双足背静脉，双踝部轻度压迫捆扎。此为正常双下肢 CTV 表现。

2）对比剂用足背静脉团注，对比剂含碘浓度 300～370mgI/ml，经生理盐水稀释后使用，稀释按 1∶5 比例进行配制（一般用 35ml 对比剂与 175ml 生理盐水混合稀释），注入总量 190ml，流速 1.5～2.5ml/s。

3）双筒注射可使用生理盐水推注，20ml 生理盐水用于测试注射，确认静脉通道通畅后注入稀释对比剂 190ml。

4）扫描延迟时间的经验值为 60～70s。

五、图像后处理技术

软组织窗窗宽 200～400HU，窗位 40～50HU；骨窗窗宽 1000～1500HU，窗位 300～400HU，根据扫描部位的不同和病变的情况选择合适的窗宽、窗位。

1. 手 软组织窗窗宽 200～400HU，窗位 20～40HU；骨窗窗宽 2000～3000HU，窗位 100～400HU。

2. 腕关节 软组织窗窗宽 200～400HU，窗位 20～40HU；骨窗窗宽 2000～3000HU，窗位 100～400HU。

3. 尺桡骨 软组织窗窗宽 200～400HU，窗位 20～40HU；骨窗窗宽 2000～3000HU，窗位 100～400HU。

4. 肘关节 软组织窗窗宽 200～400HU，窗位 20～40HU；骨窗窗宽 2000～3000HU，窗位 100～400HU。

5. 肱骨 软组织窗窗宽 200～400HU，窗位 20～40HU；骨窗窗宽 2000～3000HU，窗位 100～400HU。

6. 肩关节 软组织窗窗宽 200～400HU，窗位 20～40HU；骨窗窗宽 2000～3000HU，窗位 100～400HU。

7. 骨盆　骨窗窗宽 2000～3000HU，窗位 200～500HU。

8. 骶髂关节　骨窗窗宽 2000～3000HU，窗位 200～500HU。

9. 髋关节　软组织窗窗宽 300～500HU，窗位 30～60HU；骨窗窗宽 2000～3000HU，窗位 200～500HU。

10. 股骨　软组织窗窗宽 300～500HU，窗位 30～60HU；骨窗窗宽 2000～3000HU，窗位 200～500HU。

11. 膝关节　软组织窗窗宽 300～500HU，窗位 30～60HU；骨窗窗宽 2000～3000HU，窗位 200～500HU。

12. 胫腓骨　软组织窗窗宽 200～400HU，窗位 20～40HU；骨窗窗宽 2000～3000HU，窗位 100～400HU。

13. 踝关节　软组织窗窗宽 300～500HU，窗位 30～60HU；骨窗窗宽 2000～3000HU，窗位 200～500HU。

14. 足　软组织窗窗宽 200～400HU，窗位 20～40HU；骨窗窗宽 2000～3000HU，窗位 100～400HU。

四肢骨关节的 CT 平扫或增强检查通常需要进行 MPR、CPR、MIP 及 VRT 等重组处理，VRT 适用于多数为外伤或肿瘤受检者检查，有利于显示病变的全貌，如骨质破坏的情况，骨折对位对线的情况等。CPR 和 MRP 二维成像能显示病变与周围组织的关系，CPR 还能较好地显示脊柱冠状面、骶髂关节冠状面等。

图像排版打印时需有定位线的定位图像一幅。调节窗宽窗位，适当放大或者缩小图像，使图像位于打印窗格的中央位置，根据图像总数计算窗格的行、列数量，先将定位像输入打印窗格，然后依次输入平扫图像、增强图像、后处理图像。外伤病史的受检者应将窗宽窗位调为骨窗再依次排版打印。必要时需测量病灶层面的 CT 值或病变大小，测量病灶层面增强前后 CT 值的变化。平扫和增强测量 CT 值时，原则上应选择在同一层面上测量，以便分析和对照。

六、相关疾病的 CT 检查要点与图像质量控制

1. 四肢骨折　CT 检查务必了解外伤病史，仔细查体，小心移动摆位，防止检查过程的二次伤害。通过 MPR、VRT 或 CPR 清晰显示骨折的情况。

2. 骨肿瘤　骨肿瘤的 CT 检查是在 X 线片基础上的延伸，密度分辨力明显优于 X 线片，其诊断敏感性和特异性均较好，对于发生在关节处或邻近关节处的肿瘤，能够很好地显示关节骨质的细微变化及周边组织的改变。

3. 骨结核　建议 CT 平扫及增强检查。通过冠状位、矢状位或任意斜位，多角度观察和显示骨质破坏的程度、脓肿的位置及邻近组织受累的情况。

4. 骨髓炎　一般可结合 X 线片，确定 CT 平扫及增强的扫描范围。通过窗宽窗位技术，易于发现骨内小的溶骨性破坏区、沙粒样死骨、骨周软组织肿胀、骨质硬化和骨膜反应等。

5. 类风湿骨关节炎　薄层小螺距扫描，分别用软组织算法和骨算法重建图像，这样利于观察关节软骨边缘的骨侵蚀、小关节的骨质破坏、骨的囊性病变、小关节周围的软组织肿胀等。

6. 膝关节半月板损伤　半月板解剖结构较薄，层厚 0.500～0.625mm；层间距 0.500～0.625mm 薄层重建容积图像能显著提高空间分辨力，随着层厚变薄，密度分辨力有所下降。为了弥补密度分辨力的下降，建议扫描时适当提高管电流，使用更小的螺距，以此提高组织密度分辨力。利用各项同性的特点，以 1～2mm 层厚重组冠状面及矢状面影像。

【小结】　CT 对于骨关节创伤的作用是显著的。通常，CT 可确定骨折或移位的存在及其范围，发现软骨损伤、骨软骨炎等关节内异常，评估邻近的软组织。对于脊柱、骨盆、盂肱关节、胸锁关节及中足、后足等解剖结构复杂部位的创伤，CT 检查尤为重要。

第十九节 多部位“一站式”CT检查技术

一、多部位“一站式”CT检查概述及适应证

多部位“一站式”CT检查，指在一次注射对比剂的时间内完成多个不同项目或多个不同部位的CT检查，包括相同或不同部位的动脉成像、静脉成像、常规增强检查或灌注检查，以及不同项目之间的相互组合。合理的“一站式”检查，可以方便地完成多项检查任务，缩短检查时间、减少对比剂用量、降低辐射剂量、减轻患者的经济负担。

病变累及全身多个部位，或临床上需要多部位影像信息时，需要行多部位“一站式”CT检查。包括冠状动脉与其他部位的动脉血管成像，如心脑血管“一站式”CTA检查、胸痛三联征“一站式”CTA检查、经导管主动脉瓣植入术（TAVI）术前“一站式”CTA检查；灌注与CTA“一站式”检查，如心肌灌注与冠状动脉CTA“一站式”检查、脑灌注与头颈部CTA“一站式”检查、腹部实质脏器灌注与增强/CTA“一站式”检查；颈、胸、全腹部“一站式”检查；动静脉畸形“一站式”检查；CTA与多期相增强“一站式”检查等。

二、检查前准备

（1）检查前签署对比剂使用知情同意书。

（2）去除检查部位的金属异物。

（3）建立合适的静脉通道。

（4）需要配合上举双臂或放下双臂的受检者，提前告知并做相应的训练。

（5）做好必要的呼吸训练。

（6）做好心电监护仪的准备，正确放置导联等。

三、心脑血管“一站式”CTA检查技术

动脉粥样硬化是一种全身性疾病，可同时累及脑动脉、颈动脉、主动脉、冠状动脉及下肢动脉等，其中冠状动脉及头颈部动脉的粥样硬化所引起的疾病对患者生命威胁最大。冠状动脉粥样硬化引起的冠心病与头颈动脉粥样硬化引起的脑卒中密切相关，两者存在共同的病理变化基础。因此，全面准确地评价头颈、心血管动脉粥样硬化程度及其关系，对临床早期干预、降低心脑血管疾病的发生具有重要意义。

由于时间分辨力的限制，冠状动脉和头颈部动脉的常规CTA检查需要两次注射对比剂，分两次进行扫描，对比剂用量大，辐射剂量高，操作相对费时。后64排CT时代，特别是宽体探测器CT以及双源CT，覆盖宽度大，时间分辨力高，为心脑血管“一站式”CTA检查提供了可能。

1. 扫描体位 受检者取仰卧位，头先进或足先进，身体置于检查床正中，头颈平扫时双臂置于身体两侧，冠状动脉钙化积分扫描时双臂置于头两侧。心脑联合增强扫描时双臂置于头两侧。

2. 扫描方案 根据设备性能采用头颈冠状动脉全程心电门控一次扫描方案，或者先行冠状动脉心电门控扫描后再行头颈非心电门控两次扫描方案。

3. 扫描参数 根据机型选择不同探测器组合，如64×0.625、128×0.6、320×0.6等。管电压：100～120kV或自动管电压。管电流：200～250mA或自动管电流。扫描方向：足头向。扫描范围：一次扫描时，扫描范围为心脏膈面至颅顶；两次扫描时，头颈CTA扫描范围为主动脉弓至颅顶，冠状动脉CTA扫描范围为气管隆嵴下至心脏膈面。

4. 重建参数 重建层厚0.6～1.0mm，层间距0.3～0.5mm。滤波函数：标准或软组织函数。

5. 对比剂注射方案 根据受检者的年龄、体重、心功能、扫描方案、设备性能等设置个性化的对比剂注射方案。常注射高浓度对比剂，静脉团注法，对比总量70～90ml，流速4～5ml/s，对比剂注射完成后，以同样流速注射生理盐水30～50ml。自动触发扫描，感兴趣区置于气管隆嵴下

水平升主动脉或降主动脉，阈值 100～150HU，触发后最短移床时间开始扫描。

四、胸痛三联征“一站式”CTA 检查技术

急性胸痛是临床上常见的急诊症状，常常起病急、发病快，病情进展迅速。引起急性胸痛的病因有很多，主要有主动脉夹层动脉瘤、肺动脉栓塞以及冠状动脉硬化狭窄引起的冠心病等，常常需要多种检查方法才能做出正确诊断。

主动脉、肺动脉以及冠状动脉的 CT 检查方法存在一定的差异，常常需要分多次进行，在一定程度上会延长术前检查时间、可能会加重病情，而且会增加对比剂的用量以及受检者的辐射剂量，同时也增加了检查费用。胸痛三联征“一站式”CTA 检查，在一次注射对比剂后，可同时完成肺动脉、冠状动脉和主动脉的成像，同时获得更多有价值的信息，广泛应用于急性胸痛的诊断与鉴别诊断。

1. 扫描体位　受检者取仰卧位，头先进或足先进，身体置于检查床正中，双臂上举置于头顶。

2. 扫描方案　根据设备性能，考虑冠状动脉的显示、扫描时间、辐射剂量等因素，采用不分段扫描方案或分段扫描方案。为了更好地显示冠状动脉，以及减少主动脉根部和升主动脉的搏动伪影，无论采用哪种扫描方案，胸段均需采用心电门控扫描模式，根据设备性能选择前瞻性或回顾性心电门控。不分段扫描即全程采用心电门控扫描模式，分段扫描方案即胸段采用心电门控扫描模式，而腹段采用非心电门控扫描模式。

3. 扫描参数　胸段扫描参数参考冠状动脉扫描参数。腹段扫描参数参考腹部扫描参数。扫描方向：头足向。扫描范围：胸廓上口至耻骨联合水平或根据临床需求而定。

4. 重建参数　胸段参考冠状动脉重建参数。腹段参考腹部扫描参数。

案例 4-19-1

男，53 岁，急性胸痛就诊，行主动脉 CT 检查（案例图 4-19-1），图 A 是动脉期图像，图 B 是延迟期图像。问题：两图相比有什么不同？是什么原因造成这种情况？有什么解决方法？

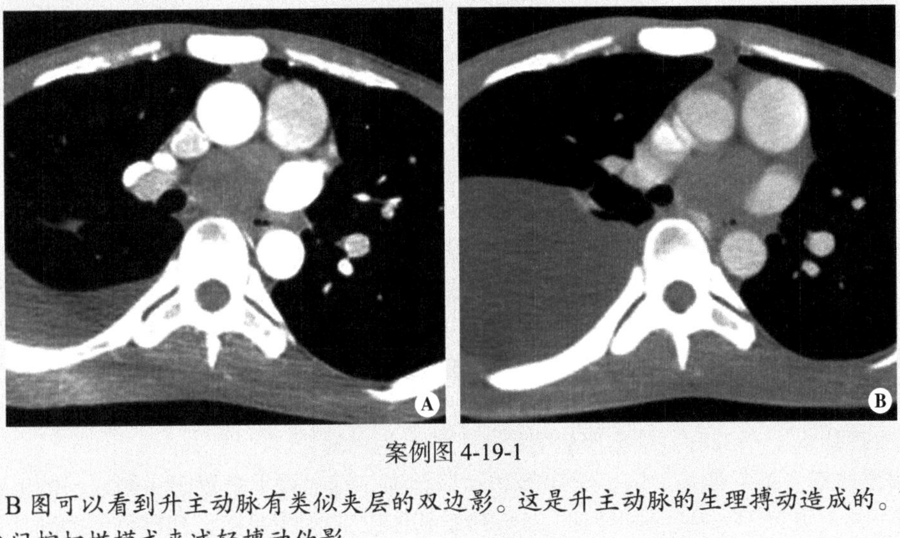

案例图 4-19-1

解答： B 图可以看到升主动脉有类似夹层的双边影。这是升主动脉的生理搏动造成的。可以采用心电门控扫描模式来减轻搏动伪影。

5. 对比剂注射方案　根据受检者的年龄、体重、心功能、扫描方案、设备性能等设置个体化对比剂注射方案。常注射高浓度对比剂，静脉团注法，对比剂总量 80～100ml，流速 4～5ml/s，对比剂注射完成后，以同样流速注射生理盐水 30～50ml。自动触发扫描，感兴趣区置于气管隆嵴下水平升主动脉或降主动脉，阈值 100～110HU，触发后以最短移床时间开始扫描。

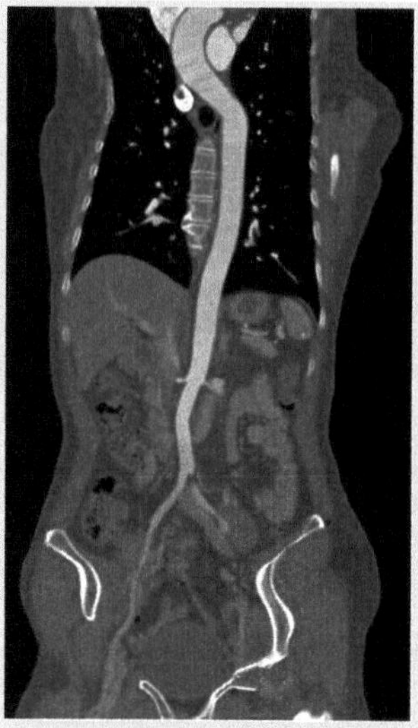
案例图 4-19-2

案例 4-19-2

急性胸痛就诊，行主动脉 CTA 检查(案例图 4-19-2 冠状位重组图像)，可以看到髂总动脉远端对比剂充盈逐渐减弱。问题：造成这种现象的可能原因是什么？

解答：对比剂量不足，扫描时间太长。

五、颈、胸、全腹部 CTA 增强检查技术

对于一些疾病，如肺癌、直肠癌等，如怀疑全身转移时，想要了解病变转移情况等就需要做多部位检查，通常需要做颈、胸、全腹部 CT 增强检查。

颈部和胸部通常做二期扫描，动脉期和实质期，而腹部通常做二期或三期扫描，动脉期、门脉期和平衡期。在设置扫描计划时，需要考虑不同部位、不同期相之间的衔接问题，主要涉及扫描方向、延迟时间、移床时间和扫描时间等。

1. 扫描体位 受检者取仰卧位，头先进或足先进，身体置于检查床正中，为减轻双上臂在肝脏区域引起的射线束硬化伪影，平扫时可将双上臂置于头两侧或者一侧上臂置于身体侧而另一侧上臂置于头侧。增强扫描时，根据不同扫描部位和扫描期相，听指令上举或下放双臂。

2. 扫描方案 常规螺旋扫描。

3. 扫描参数 根据机型选择不同探测器组合，如 64×0.625、128×0.6、320×0.6 等。管电压：100～120kV 或自动管电压。管电流：200～350mA 或自动管电流。扫描方向：头足向或足头向。扫描范围：根据不同期相及部位具体设置。

4. 重建参数 重建两组图像，即厚层和薄层，分别用于整体观察和细节观察。厚层：重组层厚 5mm，层间距 5mm。薄层：重组层厚 0.70～1.25mm，层间距 0.70～1.25mm。滤波函数：标准或软组织。

5. 对比剂注射方案 根据受检者的年龄、体重、心功能、设备性能等设置个体化对比剂总注射方案。一般根据体重 1.5～2ml/kg，静脉团注法，流速 2.5～3.5ml/s，对比剂注射完成后，以同样流速注射生理盐水 15～30ml。根据经验值设定扫描延迟时间。

6. 增强扫描 第一期颈、胸、全腹部动脉期扫描，双上臂上举置于头侧或一侧上臂置于身体侧，另一侧上臂置于头侧，延迟时间 25～30s，扫描方向为头足向，扫描范围为外耳孔上缘至耻骨联合水平。第二期颈、胸部实质期扫描，延迟时间 45～50s，扫描方向足头向，扫描范围为外耳孔上缘至耻骨联合水平肋膈角下缘。第二期扫描后，嘱受检者双上臂置于头两侧。第三期全腹部门脉期扫描，延迟时间 60～70s，扫描方向为头足向，扫描范围为肝上缘至耻骨联合水平。根据需要做或不做上腹部延迟期扫描，延迟时间 120～180s，扫描方向为头足向，扫描范围为肝上缘至肝下缘。

案例 4-19-3

女，60 岁，腹痛查因，行颈、胸、全腹部 CT 增强扫描，如案例图 4-19-3 所示。问题：造成黑白相间暗带条纹的原因是什么？如何改善？

解答：此暗带条纹属于射线束硬化伪影。是 X 线穿透区域，骨性结构增多，密度差异大，X 线衰减不均匀造成的。可以通过改变扫描体位，如双上臂上举至头侧，或双侧上臂置于身体两侧而且一高一低等方式，同时增加扫描条件等来减轻硬化伪影。

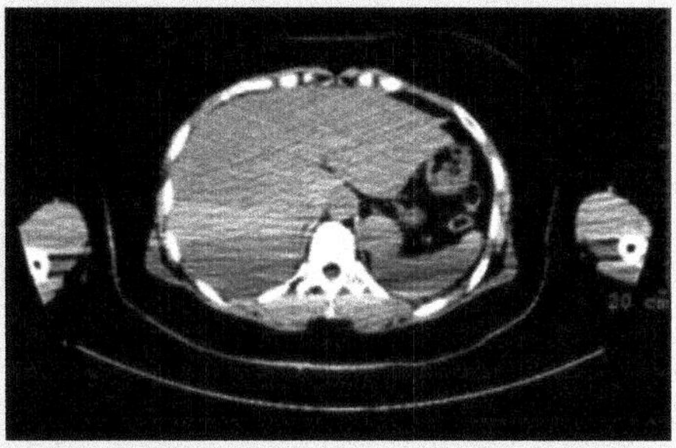

案例图 4-19-3

六、图像后处理技术

多部位“一站式”CTA 检查需综合应用多种后处理技术，才能使病变部位、形态、范围、程度等准确显示，根据血管及病变类型分别做针对性后处理，尽可能显示临床所需的信息。

1. MIP　能真实地显示血管走行和分支、异常改变和管壁的钙化以及分布范围。能够从不同角度、不同平面对其进行观察，发现病变，同时可利用相对层面的方法结合轴位图像对可疑病变的部位进行观察。

2. VR　能真实地显示复杂血管的完整形态、走行、分支和病变，同时可观察管壁及管腔内情况，图像立体感强，能够从多角度直观地显示病变与血管、血管之间以及血管与周围器官之间的三维空间解剖关系，但对较小的血管分支显示较差。

3. VE　能直观地显示管腔内情况、管壁的钙化，同时可协助寻找管腔狭窄原因。通过对阈值的调节，辅以伪彩技术，可显示狭窄段血管内壁的斑块，并能直接观察到血管支架置入后血管是否再狭窄。

4. SSD　能形象逼真地显示血管，血管、骨骼及脏器的重建可同时进行，可利用透明法分割显示血管、骨骼及脏器，并显示血管在各脏器中的走行与分布及其与周围组织脏器的关系。

5. CPR　能完整地在一幅图像上展示迂曲复杂的结构，同时可显示血管支架或者钙化情况。

七、多部位“一站式”CTA 检查要点与图像质量控制

多部位“一站式”CTA 检查涉及不同部位或不同项目，相互之间存在很多不同，如血流动力学、对比剂达峰时间、扫描体位、扫描参数、对比剂注射方案等。因此，在多部位“一站式”CTA 检查中，要综合考虑各种影响因素，才能得到满意的图像。需要特别注意以下几点：

1. 检查前准备　多部位“一站式”CTA 检查前，除常规去除被检部位的高密度异物，并做严格的呼吸训练之外，还应提前告知受检者双上臂的摆放位置以及摆放时间，并做必要的训练。对不能配合的受检者，应考虑家属陪同，同时做好对家属的辐射防护。

2. 扫描参数　多部位“一站式”CTA 检查中，应特别注意扫描时间及不同部位、不同项目之间的衔接时间。合理调整扫描参数，如螺距、旋转时间、扫描方向、扫描模式等，取得合适的扫描时间和衔接时间，以免影响血管及脏器的强化。采用非标准扫描体位时，应根据实际情况适当增加管电压及管电流。

3. 对比剂注射方案　多部位“一站式”CTA 检查中，一般采用高浓度、高流速对比剂注射方案，对细小血管显示佳，但存在对比剂外渗风险。在满足诊断需求的前提下，采用合理的、个体化的对比剂注射方案，有助于降低对比剂带来的风险。当扫描时间长时，可适当增加对比剂用量，延长对比剂的维持时间，以保证远端血管及实质脏器的强化。

4. 辐射剂量 多部位“一站式”CTA 检查中，检查项目及部位多，多数扫描范围大，扫描时间长，在实际工作中，要特别注意辐射剂量的控制，在保证图像质量的前提下尽量降低辐射剂量。

5. 图像后处理 图像后处理时，应根据病变做针对性处理，采用多种方式，尽可能地显示临床所需要的信息。

【小结】 多部位“一站式”CTA 检查，有赖于 CT 设备性能的提升，特别是探测器 *Z* 轴覆盖范围的增加以及时间分辨力的提高。合理的“一站式”CTA 检查，可以方便地完成多项检查任务，缩短检查时间、减少对比剂用量、降低辐射剂量、减轻受检者的经济负担。

第二十节 CT 介入检查技术

CT 介入诊疗是在 CT 引导下经皮穿刺活检，获取细胞学资料和病理诊断，或对病灶进行介入性治疗。经皮穿刺活检始于 1883 年，Leyden 在无任何导向设备下盲穿了一例肺病患者，经活检诊断为肺炎。1976 年 Haaga 等最先应用 CT 引导开展胸部穿刺活检，从此开创了 CT 引导下的介入技术。在我国由张雪哲于 1985 年首先应用于临床。随着 CT 设备和技术的飞速发展，穿刺针的结构和性能不断改进，该技术的准确性大大提高，操作更简单易行，并发症的发生率大为降低，活检准确率可达 86%～95%，极大地提高了病变诊断的准确性，对疾病治疗方案的制订、患者预后的评价具有重要的参考价值。经过数十年的发展，目前几乎可以借助该项技术从人体的任何部位、组织器官获取标本，进而进行病理诊断。CT 引导下经皮穿刺活检技术，因其具有定位精确、安全、快速、成功率高、微创、并发症少等优点，越来越受到临床医师的重视。

一、适应证与禁忌证

（一）适应证

1. 病变诊断 CT 引导穿刺活检已广泛应用于颅脑、脊髓、甲状腺、胸部（包括肺、纵隔和胸壁）、腹部（包括肝、胆、胰、肾、肾上腺和腹部淋巴结）、盆腔、肌肉和骨骼等。例如，肺部孤立性或多发性结节病灶的定性诊断；纵隔良、恶性肿瘤的鉴别；胸膜或胸壁肿块定性困难者；肿瘤治疗前取得细胞学、组织学诊断，作为治疗依据。除此之外，CT 引导穿刺活检还包括椎间盘造影术或术前定位技术，如肺内小结节术前置入定位簧圈或导丝。

2. 病变治疗 CT 引导介入治疗具有定位准确、创伤小、疗效高、见效快、并发症低以及可重复性强等特点。目前主要用于肿瘤、脓肿、囊肿的介入治疗；经皮腹腔神经丛阻滞术；椎间盘突出症以及骨关节病变的介入性治疗和颅内血肿抽吸术等。上述治疗方法都是通过 CT 引导下穿刺后注射一些治疗药物或进行手术操作来实现。

（二）禁忌证

（1）临床有严重出血倾向者。

（2）一般情况差，不能耐受穿刺者。

（3）血管性病变，如动静脉畸形、动脉瘤等。

（4）严重的肺气肿、肺纤维化、肺源性心脏病或心肌梗死者。

（5）受检者不能保持安定或无法控制咳嗽。

二、相关解剖及检查前准备

（一）相关解剖

CT 介入诊疗术前，必须深入了解术区的解剖结构，避免损伤神经结构或血管。术前行 CT 检查以明确病变部位、性质及周围重要结构关系，特别是预定进针路径相关的重要解剖结构，如病变邻近血管、心脏等重要解剖结构时，应做 CT 增强扫描，以充分了解病变与重要解剖结构的位置关系，找准穿刺活检路径和深度。这是确定理想穿刺路径和监测介入手术过程的先决条件。熟悉解剖结构和精确制订操作计划，对避免发生并发症是必要的。

（二）检查前准备

1. 患者准备 检查凝血时间、血小板计数和凝血酶原活动度等，以及局麻药物过敏试验等。

2. 器械准备 除 CT 扫描机外，还有穿刺活检包（包括消毒手术孔巾、穿刺针、手术刀片、5 ml 和 30ml 注射器、无菌试管、标本瓶）及载玻片等。

如何选择穿刺针直接影响到穿刺操作的安全性和取材的满意程度，特别是骨骼肌系统病变涉及骨性结构时，应根据病变部位、病变破坏骨质的程度和范围以及病变本身是否钙化、骨化等来选择不同穿透力的穿刺针。CT 穿刺针一般分为抽吸针和切割针两大类，有粗针和细针之分，将 14～19G 称为粗针，20～23G 称为细针，24～25G 称为超细针。抽吸针多为细针，主要用于获取细胞学标本，常应用于肺内小病灶，距胸膜较远的病灶和纵隔病变；切割针为粗针，主要用于获取组织学标本。临床常用的还有另一类穿刺针，称为同轴穿刺针，由内外针管和针芯共同构成，该针经一次穿刺即可反复取材，与常规穿刺针相比，减少了反复 CT 扫描确定穿刺针位置的次数，并降低了并发症的发生率和曝光剂量。

3. 药物准备 局麻药物、肝素、组织标本固定液（10%甲醛水溶液，又称福尔马林）。

案例 4-20-1

患者，男，73 岁，肺部阴影性质待查，拟行 CT 引导下穿刺活检。观察案例图 4-20-1，请回答术前尚需完善哪些检查，并详述原因。

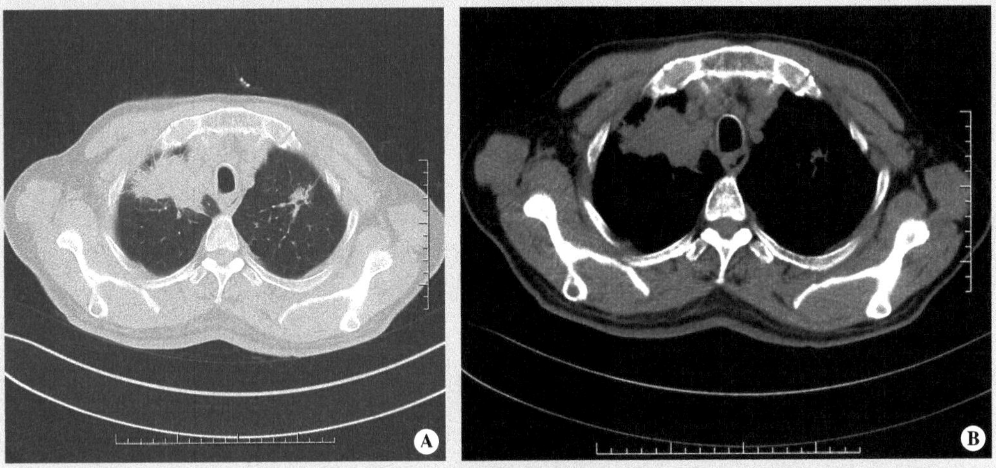

案例图 4-20-1

解答： 该患者行 CT 引导下穿刺活检术前需行胸部 CT 增强检查。原因：该患者右肺上叶肿块体积较大，毗邻头臂干、左右无名静脉，上腔静脉，需行增强 CT 以进一步了解肿块与动静脉的位置关系及累及程度，以做好穿刺路径计划。

三、检 查 技 术

CT 介入诊疗术前患者体位选择原则：根据病灶的位置，最大限度方便操作，最大限度充分显示入路解剖，最大限度减少患者的不舒适感。为选择安全的进针路线，不损伤重要组织结构，可将扫描机架倾斜一定角度。

穿刺活检术前应训练患者呼吸，选择好穿刺体位，放好体表标记，根据病变的大小选择适当的层厚和层间距后行 CT 扫描，确定穿刺点、进针路径及进针深度，再行常规消毒及局部麻醉。穿刺路径选择原则：以最小的角度和最短的穿刺路径，避开神经、血管、肺和空腔脏器，选择损伤最小的穿刺器材以达到预期目标。进针时，患者的呼吸状态应与定位扫描时一致，以保证病灶位置的相对固定。可以在平静呼吸状态下屏气，或于深吸/呼气后屏气时进针。当针尖到达预定深度后，在穿刺针的上下以 3～5mm 层厚、3～5mm 层间距作 CT 扫描，观察针尖与病灶的关系。确认穿刺针的位置正确后，拔出针芯。嘱患者屏气后，用活检枪进行多点取材，取样完毕后拔针时应停止负压。

活检标本进行涂片作细胞学检查，组织条块置于 10%甲醛溶液中作病理学检查。如疑为感染性病变，可选取适当标本作病原学检查（涂片或培养查找致病菌）。术后行穿刺部位常规 CT 扫描以了解有无出血和（或）气胸，并留观 1～4h。

通常前、中纵隔病变，为避开主动脉，选择胸骨旁或胸骨上进针，多从胸骨左缘进针。后纵隔病变应采用椎体旁、肋骨上缘进针，以避免损伤肋间血管。此外，可采用经皮胸膜外途径穿刺活检。

四、并　发　症

穿刺的准确性和并发症取决于目标的大小及位置、穿刺路径所经过的解剖结构和目标周围的解剖结构、穿刺的次数、所选择的器材及穿刺技术、患者的配合程度等。常见并发症有气胸、出血。

（一）气胸

为胸部穿刺活检最常见的并发症，其发生率为 0～60%，平均为 15%，气胸的发生率与穿刺针的粗细、病灶的位置和穿刺的次数等因素有关。

1. 影响气胸的发生因素

（1）慢性阻塞性肺疾病（肺纤维化、肺气肿）。

（2）病灶距胸壁之间的距离、病灶的大小。

（3）经胸膜腔穿刺的次数。

（4）穿刺针过粗，操作者不够熟练。

（5）穿刺过程中或术后剧烈咳嗽。

2. 气胸的处理原则

（1）少量气胸，患者无明显临床症状，一般无须特殊处理，但应卧床休息，严密观察。

（2）气胸＞30%，患者症状有加重趋势时可采取即时抽气疗法，方法是在锁骨第 2 肋间行胸膜穿刺排气。

（3）大量气胸、血气胸或张力性气胸时，需进行胸腔闭式引流。

（二）出血

出血也是较为常见的并发症，一般发生在穿刺过程中或穿刺活检完成后，多数患者是轻微咯血，一般无须特殊处理即可自行好转，咯血较多时可适当应用止血药物。肺门附近病灶、使用大口径切割针容易引起出血，多表现为咯血，较为严重，须严密观察出血情况，观察生命体征变化，采取积极治疗措施，必要时采取手术治疗。

（三）种植转移

多数研究者认为穿刺介入技术不会导致肿瘤播散和种植转移。

【小结】 CT 介入诊疗的适应证分为病变诊断和病变治疗两方面；了解 CT 介入诊疗禁忌证；术前准备包括详细研究患者影像学资料，制订精确计划，了解患者血常规情况，以及做好相关器械准备、药物准备等方面。检查技术包括患者体位、呼吸配合、穿刺路径、操作步骤、注意事项等。了解 CT 穿刺活检的常见并发症。

第二十一节 CT 图像质量控制

一、图像质量控制内容

根据欧共体工作文件（EUT16260EN.1996.6《欧共体放射诊断影像质量标准导则》），CT 图像质量控制内容（contents of image quality control）包括以下四个方面：

（一）诊断学标准

诊断学标准（diagnostic standards）包括影像解剖学标准和物理学影像标准两个方面，影像解剖学标准必须满足临床提出的诊断学要求，这些标准可通过解剖特征的“可见度”和“清晰显示”来表述。以解剖学标准为依据的 CT 影像质量评价，应考虑病理改变时检查区域的解剖结构与不同组织间的对比状况；物理学影像标准是通过客观方法进行测试，可用物理参数的术语来表征，如一致性、线性 CT 值、层厚、空间分辨力、密度分辨力、伪影和噪声等，它依赖于 CT 设备的技术性能和扫描参数。可通过体模测试对以上参数进行量化测定，通过伪影的显现来评估。为了保证 CT 设备性能的一致性，必须按常规对设备的性能等进行测试校准，它是优良 CT 影像质量的保证。

（二）成像技术条件

成像技术条件（image technique conditions）包括螺距、采集层厚、层间距、视野、滤波函数、机架倾斜角度、曝光参数、体层厚度、重建方法、窗宽、窗位等参数。

（三）临床和相关的性能参数

临床和相关的性能参数（clinical and relative function indexes）在 CT 检查的正当化和成像最优化方面起着重要作用。为了确保 CT 检查规范进行，并在合理的辐射剂量下提供满意的诊断质量，其性能参数包括：针对临床的问题回答、患者准备（包括合作、交流、禁食、体位、运动、对比剂的服用、防护屏蔽等）、扫描方法、影像观察条件等。

（四）受检者辐射剂量

CT 检查的辐射剂量（radiation dose of patients）与普通 X 线摄影相比较高，检查中对受检者辐射剂量的防护应加以重视，应遵循辐射剂量防护原则。在不影响单次检查的诊断价值前提下，应低于正常参考值水平，接受适度噪声。

二、影响 CT 图像质量的因素

CT 的成像过程复杂，影响 CT 图像质量的因素很多，涉及整个成像链中的各个环节。

（一）设备因素

CT 设备性能直接影响 CT 图像质量，性能指标是衡量 CT 机工作状态的重要参数，包括机器的扫描时间、重建时间、扫描周期、分辨力、噪声、辐射剂量及伪影等。技术人员应定期对 CT 设备的软硬件进行常规检测和维护，以确保获得优良精准的 CT 成像。CT 性能检测的主要技术参数：CT 值的准确性、CT 值的均匀性、噪声、空间分辨力、密度分辨力、层厚、采集层厚、辐射剂量分布、横断面有效剂量、床移动精度、定位指示灯精准性、机架倾斜精确性及机器的安装与调试等。

（二）患者因素

受检者的本身机体情况及受检者配合程度直接影响 CT 图像质量，如受检者的身高、体重、BMI、脂肪肌肉比例等因素的差异产生 X 线在受检者体内的衰减程度差异，从而影响 CT 图像质量。管电流调制技术的应用，将受检者个体间差异产生的 X 线衰减程度均一化，以获得相同噪声水平的图像。受检者的机体循环情况，静脉通路状态等直接影响组织强化效果及血管的团注效果。受检者呼吸屏气配合、体位情况及静息状态配合等也会影响 CT 图像质量，受检者配合良好，图像伪影小。

案例 4-21-1

患者，男，83 岁，胸痛来诊，行主动脉 CTA 检查。观察案例图 4-21-1 箭头所指处，有何质量差错？请分析原因。

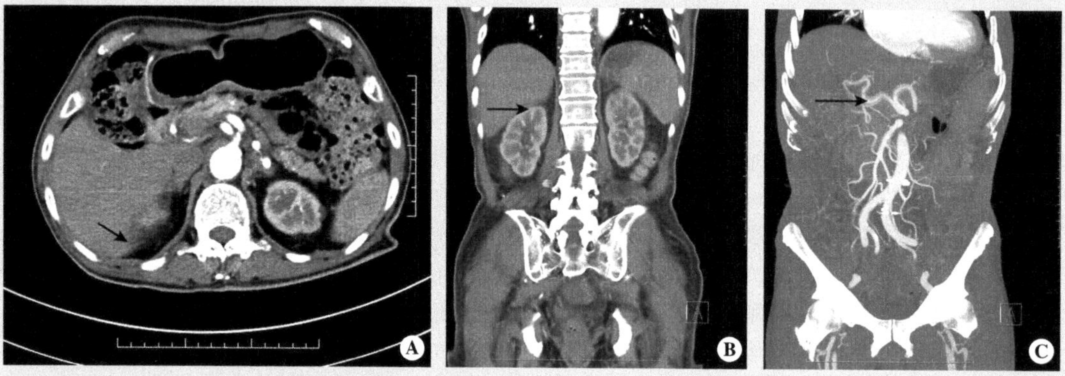

案例图 4-21-1

解答： 图 A、B 中箭头所指肝脏边缘不清晰，图 C 中肠系膜动脉边界不清，分析原因为受检者呼吸屏气配合不好所致。

（三）扫描参数与重建参数的影响

CT 检查方案中扫描参数和重建参数是否恰当直接决定了 CT 图像质量。螺旋 CT 扫描方案中扫描参数主要包括管电压、管电流、准直器宽度、螺距，重建参数主要包括重建层厚、重建间距、过滤函数等。扫描方案应以满足诊断要求为原则，无须一味追求过高图像质量。高管电压的使用能够提高射线的穿透力，提高图像的密度分辨力；增加管电流，能够有效降低图像噪声，提高信噪比。小准直，小螺距，可用于微小结构的精细采集。

根据实际需求选择不同的过滤函数进行图像重建，标准算法使图像的密度分辨力和空间分辨力相均衡，常用于对密度要求不高的组织，即对分辨力没有特殊要求的部位而设定的重建算法，常用于脑组织和脊髓的重建；软组织算法更强调图像的密度分辨力，常用于密度差别不大的组织，图像显示柔和平滑，如肝、脾、胰、肾和淋巴结等；骨算法更强调图像的空间分辨力，常用于密度相差较大的组织及组织细节特征的显示，图像显示边缘锐利、清晰，如内耳、肺和骨盆等。

冠状动脉 CT 检查中采用心电门控技术，采集一个或多个心动周期数据，横断原始图像根据患者心率情况选择不同 R—R 间期进行重建，如心率＜70 次/分，一般选择舒张期如 70%～80% R—R 间期重建；心率＞70 次/分，一般选择收缩期如 30%～40% R—R 间期重建。

（四）对比剂注射方案的影响

对比剂注射方案直接影响增强扫描及血管成像的图像质量，主要包括对比剂浓度、对比剂用量、对比剂注射速度、扫描延迟时间等。增强 CT 及 CTA 成像的最佳扫描时间应选择在靶器官对比剂达到峰值时刻，以使病变组织与邻近正常组织间密度差增加，从而提高病变显示率。如肝脏三期增强扫描：静脉快速注射对比剂后，短时间内肝动脉、门静脉和肝实质内对比剂浓度先后上升，并保持一段时间的峰值，分别为动脉期、门静脉期和肝实质期。动脉期通常为对比剂开始注射后 20～25s，门静脉期 60～70s，实质期为门静脉期结束后延迟 2～3min 扫描。

（五）部分容积效应和周围间隙现象

部分容积效应（partial volume effect）和周围间隙现象是影响图像质量的重要因素，周围间隙现象是部分容积效应的特殊表现。CT 图像上各个像素的数值代表相应单位体积 CT 值的平均数，同一层面中含两种或两种以上不同密度的组织，感兴趣区的 CT 值不能真实地反映其中任意一种组织的 CT 值，它是该感兴趣区组织的平均 CT 值，这种现象称为部分容积效应。它主要与层厚和周围组织的密度有关，层厚越薄，所测组织与周围组织的密度差越小，CT 值越接近真实组织的 CT 值；相反，层厚越厚，所测组织与周围组织的密度差越大，CT 值就不能反映真实组织的 CT 值。如果感兴趣区组织高于周围组织，所测得的 CT 值比实际 CT 值低；反之，如果感兴趣区组织低于周围组织，所测得的 CT 值比实际 CT 值高。减少部分容积效应的方法：一是正确设置标准的体位；二是对小于层厚的病灶，必须采用薄层扫描；三是力求在病灶中心测量 CT 值，感兴趣区面积要小。

周围间隙现象是扫描线束在两种结构的邻接处相互重叠所造成的。在同一扫描层面上，与该层面垂直的两种相邻且密度不同的结构，其边缘分辨不清，CT 值也不准确，密度高者其边缘的 CT 值低于本身 CT 值，密度低者其边缘的 CT 值高于本身 CT 值。减少它的办法同减少部分容积效应的方法一样，主要是采用薄层扫描和较小的准直，从而对组织边缘进行更精细的数据采样。

（六）图像重组方式的影响

CT 图像重组是利用横断面图像数据重新构建图像的一种处理方法，如 MPR、CPR、VRT、MIP、SSD 等。实际应用中 MPR、MIP 等技术层厚、层间距及重建角度的设置应根据病变位置及大小灵活调整。如面神经管双斜位 MPR 是显示面神经管的最佳角度，该角度可以全面、直观地观察面神经管行程、管径及周围毗邻。SSD 及 VRT 能够显示空间结构和密度信息，对病变的空间关系显示良好，但不能作为径线测量、疾病诊断的独立工具，仅为参考。

案例 4-21-2

患者，男，42 岁，胸痛来诊，行主动脉 CT 检查诊断为主动脉夹层，DeBakey 三型。请分析案例图 4-21-2A、B 两图有何区别，分析原因。

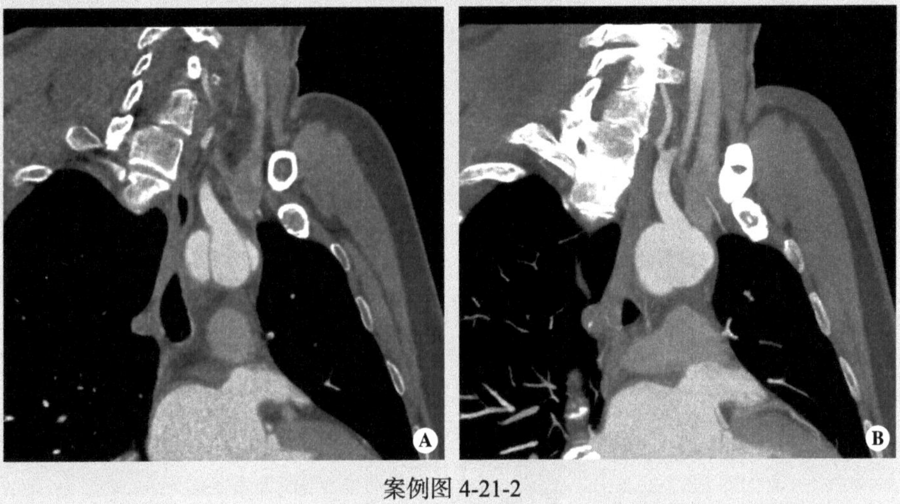

案例图 4-21-2

解答：图 A 所示图像重组方式为 MPR，可见主动脉夹层病变内膜开口处；图 B 所示图像重组方式为 MIP，主动脉夹层内膜开口未能显示。分析原因：MIP 方式保留了投影路径上密度最大的像素信息，而主动脉夹层内膜开口处 CT 值低，MIP 重组遮掩了主动脉夹层内膜开口信息。

三、图像质量控制方法

CT 图像质量的影响因素纷繁复杂，同时各因素间相互影响，必须掌握图像质量控制方法，以确保 CT 图像能够真实反映解剖结果和诊断信息。

（一）保证 CT 值准确性

CT 值是重建图像中像素对 X 线吸收系数 μ 的换算值，是衡量组织密度差异的统一计量单位。CT 值的大小与组织的衰减系数有关，每一个对应的数值都可用相应的灰阶表示。在 CT 的实际应用中，将各种组织的衰减系数与水比较，从而产生了一个相对吸收系数标尺。然而，组织对 X 线的衰减系数受射线能量大小和其他一些因素的影响：射线能量、周围组织、容积效应、设备稳定性等。射线能量改变，光子穿透能力改变，组织对 X 线的衰减系数发生变化，如射线能量在 60keV、84keV 和 122keV 时，水的线性衰减系数分别为 0.206、0.180 和 0.166，因此组织的 CT 值也随射线能量的改变而发生变化。

案例 4-21-3

患者，男，66 岁，肾脏占位性病变性质待查，行能谱腹部增强 CT 检查，案例图 4-21-3A、B、C、D 四图为不同能量级别下肝脏实质同一兴趣区 CT 值情况，请说明肝脏实质 CT 值随能量级别的变化规律。

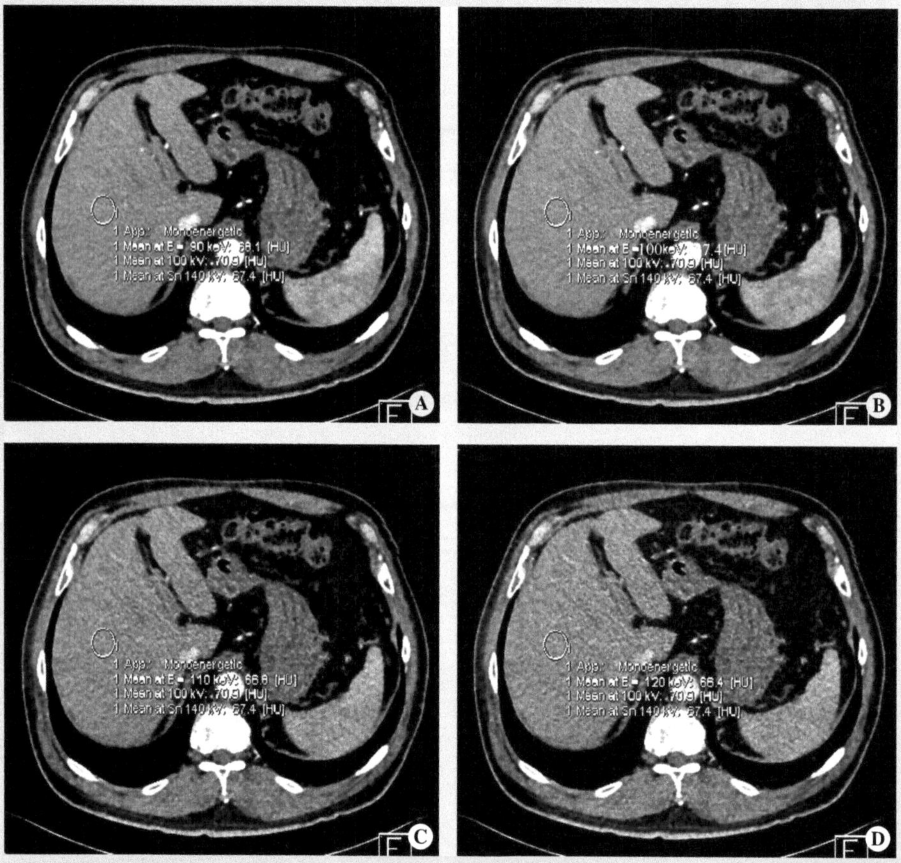

案例图 4-21-3

解答： A、B、C、D 四图中 CT 能量级别分别为 90keV、100keV、110keV、120keV，肝脏实质同一兴趣区 CT 值分别：68.1HU、67.4HU、66.8HU、66.4HU，可以看出随着能量级别的提升，肝脏实质的 CT 值呈轻微下降趋势。

（二）提高空间分辨力

空间分辨力是 CT 扫描系统在高对比度状态下分辨组织细微结构的能力，即鉴别物体几何尺寸大小的能力。其影响因素有像素大小、探测器宽度及其相邻间距、矩阵、数据取样、X 线焦点的尺寸、卷积滤波函数的形式和机器的精度等，其中扫描图像矩阵越大，显示视野越小，像素越小，图像的空间分辨力越高，显示图像细节也就越多。提高空间分辨力，临床常通过减小像素尺寸、增大矩阵、缩小显示视野、使用边缘增强算法等来提高空间分辨力。

（三）增加密度分辨力

密度分辨力是 CT 扫描系统在低对比度状态下分辨组织密度差异的能力，即区分密度差别的能力。其影响因素有 X 线剂量、噪声、探测器灵敏度、层厚及体素大小等，其中噪声是最主要的影响因素。临床常通过提高管电压、管电流和曝光时间、增大体素、增加层厚、使用软组织函数、增大被检组织的几何尺寸等来提高密度分辨力。

空间分辨力和密度分辨力密切相关并相互制约。增大矩阵，像素增多，可以提高空间分辨力，但在 X 线剂量不变的情况下，像素增多势必造成每个单位容积所获得光子数量按比例减少，噪声加大，最终导致密度分辨力下降，与组织结构密度相近的病灶显示欠佳或不显示。若要保持密度分辨力不变，必然要适当增加 X 线光子数量，使每个像素所获得的光子数量不变。但势必增加受检者的辐射剂量。

案例 4-21-4

患者，男，52 岁，咳嗽、咳痰 3 个月，行胸部 CT 平扫。案例图 4-21-4A、B 有何区别，请说明原因。

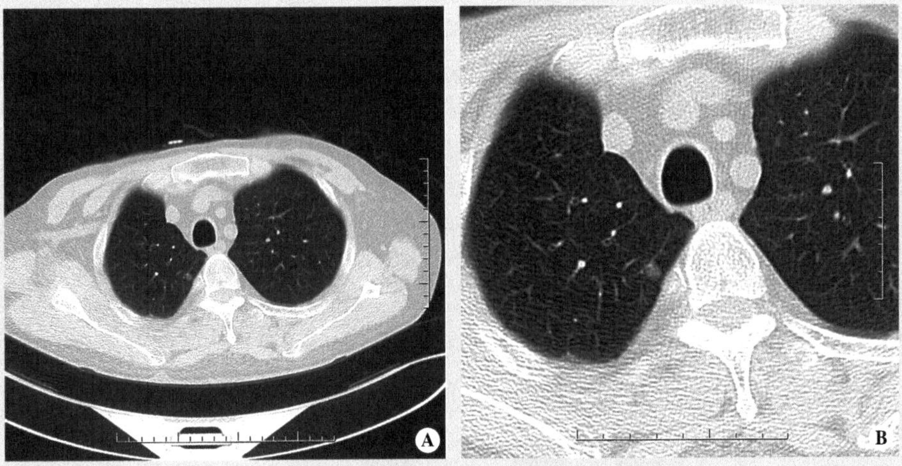

案例图 4-21-4

解答： A、B 两图均可见右肺上叶磨玻璃结节，区别在于图 A 显示视野为 36cm，图 B 为 16cm，图 B 中磨玻璃结节边界较图 A 清晰，图 B 空间分辨力高于图 A，但图 B 噪声大于图 A，信噪比低，密度分辨力低。

（四）提高时间分辨力

时间分辨力是评价影像设备性能的重要参数，即单位时间内采集图像的帧数。时间分辨力是相邻两次数据采集最短的时间间隔，与球管转速、螺距、重建时间及系统连续成像的能力有关。时间分辨力越高，数据采集越快，CT 动态扫描能力越强，血管成像（如冠状动脉）的成功率越高。临床上常通过增大螺距、提高球管单圈转速等方式提高图像采集的时间分辨力。冠状动脉 CT 心电门控技术采用多扇区采集的方式提高图像的时间分辨力。

（五）降低图像噪声

噪声是均匀物质 CT 成像中各点 CT 值在平均值上下的随机涨落，即标准偏差，其主要原因是单位体积（体素）内光子量的不均衡，导致采样过程中接收到的某些干扰正常信号的信息。检测标准为信噪比（signal noise ratio，SNR）。噪声表现为图像的均匀性差，呈颗粒性，密度分辨力降低。

降低扫描噪声主要通过提高曝光条件来改变，如提高管电压、增加管电流和扫描时间来实现。X线管电流增加，光子量增多，噪声减小；管电压增高，X线波长缩短，能量增大，穿透力增强，衰减减小，相应的探测器接收到的光子数增多，图像噪声减小。增大像素尺寸，提高单位体积光子量可以降低图像噪声。此外，采用恰当的滤波算法（标准算法或软组织算法）可有效降低噪声。

（六）控制辐射剂量

X线辐射剂量（X-ray dose）在CT扫描过程中，对不同的患者以及同一患者的不同部位，应根据组织的厚度、密度、个体因素及不同疾病等选择不同的X线剂量，X线剂量主要是通过改变管电流、扫描时间及不同算法等来决定。管电流大，扫描时间长，相应地X线剂量大；相反，管电流小，扫描时间短，迭代重建等，相应地X线剂量小。选择剂量大小遵循尽可能合理降低辐射剂量原则（as low as reasonably achievable，ALARA）：在保证图像质量的前提下，尽可能降低患者所接受的X线剂量。对于密度较大的组织或微小的结构，为了保证图像质量，必须加大剂量，以提高图像的密度分辨力和空间分辨力。

（七）消除伪影

伪影（artifact）是指在CT成像过程中，由于种种原因影响而产生的受检体中不存在，但在图像中显示出来的假像。主要来源于两个方面：一是设备；二是受检者本身。

设备方面的伪影主要是由设备制造不良、调试不当或设备本身的故障而造成。安装CT设备后，必须进行调试、空气校准，以及定期进行设备稳定性检测，定期进行维护保养，使设备处于良好的运行状态。同时保证设备客观环境稳定：专线稳压装置、机房温度、湿度适宜等。

受检者方面的伪影主要是由受检者自主或不自主运动、被检组织相邻部位密度差太大及被检部位的高密度异物等导致数据采集前后不一致而造成。对于受检者人为伪影，应针对原因予以去除，不合作受检者给予镇静处理，生理运行性伪影采用呼吸屏气训练和缩短扫描时间的方法解决。

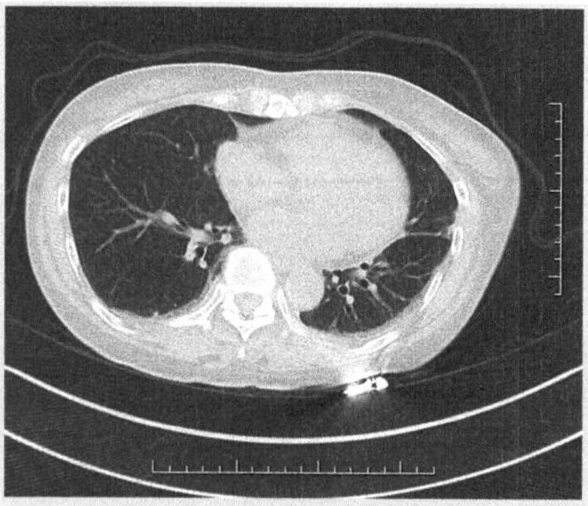

案例图 4-21-5

案例 4-21-5

患者，女，70岁，因咳嗽、咳痰就诊，行胸部CT检查。请指出案例图4-21-5中问题。

解答：图像中可见患者左侧背部高密度放射状伪影，为患者检查时异物进入扫描野所致。

总之，图像质量控制的方法很多，X线剂量、扫描层厚、扫描野、算法、窗口技术等任意一个或多个参数的改变，图像的质量将随之改变。只有真正了解单个或多个参数对图像质量的影响，才能真正掌握图像质量控制的方法。另外，熟悉人体解剖，掌握各系统疾病的影像诊断知识，对图像质量控制的改进有很大的帮助。

【小结】 本节的主要内容为CT图像质量控制内容：诊断学标准、成像技术条件、临床和相关的性能参数、受检者辐射剂量。影响CT图像质量的因素：设备因素、患者因素、扫描参数和重建参数、对比剂注射方案、部分容积效应和周围间隙现象、图像重组方式等。图像质量控制方法：保证CT值准确性、提高空间分辨力、增加密度分辨力、提高时间分辨力、降低图像噪声、控制辐射剂量、消除伪影。

第五章　MRI 检查技术

第一节　MRI 检查技术的概述

【临床概述】　MRI 检查是根据临床医生的目的要求，结合病变特点，凭借 MRI 设备，精确选择合适检查技术，获得受检者体内形态学和功能学 MRI 信息的实用技术。为了更好地开展 MRI 检查，我们除了应具备 MRI 的基础知识外，还必须了解 MRI 检查的安全性、熟悉 MRI 检查的适应证与禁忌证、掌握 MRI 检查原则及方法，并掌握 MRI 检查步骤。

一、MRI 检查安全性

MRI 检查时受检者需要暴露于静磁场、梯度磁场及射频磁场的辐射之中，从理论上讲上述各种磁场都将产生相关的生物学效应，而这种生物学效应有无临床意义，以及 MRI 是否安全等问题一直受到人们的密切关注。

（一）MRI 检查安全性

MRI 检查安全性包括铁磁性物体的投射效应、体内植入物的安全性、梯度场噪声、孕妇婴儿 MRI 检查安全性及受检者的不良心理反应等。

1. 投射效应（missile effect 或 projectile effect）　是指在强磁场作用下铁磁性物体从磁体以外的地方以一定速度投向磁体的现象。受到铁磁性效应的物体称为铁磁性投射物（projectiles）。它可以从远处，甚至从毫无准备的受检者、家属或医务人员手中快速“飞”向磁体，从而造成人员或设备的伤害。其伤害程度与磁体的场强，铁磁性投射物大小、形状、磁性及其与主磁体的距离等有关。随着超导磁体技术的日益成熟，场强不断提高，强磁场的潜在危险性首先来自投射效应。铁磁性投射物既可以是缝衣针、别针、螺丝刀、扳手、指甲刀、钢笔（圆珠笔）、钥匙、硬币、饰物、发卡、手表等小物体，也可能是轮椅、氧气瓶、吸尘器、工具箱等大物体。投射效应是 MRI 系统最重要的安全性问题之一。如误将强铁磁性的氧气钢瓶推入磁体室，可能会发生灾难性的事故。因此，为了避免投射物伤害事故的发生，MRI 室应建立一整套安全防范措施，并在磁体室入口处安装可调阈值的金属探测器。

2. 体内植入物及其安全性　除了磁体附近的铁磁性物体会因投射效应造成某种程度的伤害外，MRI 受检者体内的各种铁磁性物体也会在磁力的作用下发生移位或倾斜，甚至因射频电磁波作用使植入体内的某些电子设备温度升高、过热或失灵。体内植入物（implants and devices）泛指通过各种渠道进（置）入体内并长期停留体内的异物（包括某些具有特殊功能的机械或电子器件），如弹片、铁砂、假牙、动脉夹、人工股骨头、人工血管、心脏起搏器、心脏除颤器、人工心脏瓣膜、人工耳蜗、神经刺激器、骨增长刺激器、植入性药物泵、探查电极和避孕环等为最常见的体内植入物。根据它们在磁场中的表现，一般将其分为铁磁性和非铁磁性两大类。非铁磁性植入物又有金属性和非金属性之分。体内具有非铁磁性植入物的受检者是可以接受 MRI 检查的。但是如果这类非铁磁性植入物为金属，在 MRI 中会形成金属伪影而干扰 MRI。图像被扰乱的程度取决于置入物的磁化率、几何形状、处于体内的位置及所用的扫描序列。

MRI 对具有铁磁性的体内植入物的影响主要表现为：①位置变化，即在静磁场的强磁力及磁扭矩作用下体内植入物的转向或移位，甚至出现组织拉伤和内出血；②功能紊乱，即电子植入器件受到射频场的干扰而失去全部或部分功能；③局部升温，即梯度场感应电流使植入物发热。因此，在对受检者体内植入物的磁性缺乏了解的情况下，进行 MRI 检查必须非常慎重。一般来说，这类受检者是不宜接受MRI检查的，否则有可能造成严重后果。

随着MRI技术的发展和广泛应用，MRI专业工作人员和临床医师必须认识磁场对带有置入物的患者的潜在危害，掌握体内植入物的MRI安全性，严格控制MRI检查的适应证和禁忌证，使这项技术既不危害受检者安全，又能充分发挥它的临床价值。

3. 梯度场噪声 MRI设备的噪声主要指梯度场噪声，即扫描过程中因梯度场的不断开启或关闭而形成的特殊噪声。系统的静磁场越高、梯度上升速度越快或梯度脉冲的频率越高，它发出的噪声就会越大。这种噪声不仅影响医患之间的通话联络，还可对受检者造成一定程度的心理或生理伤害。这种伤害主要表现为暂时性（可逆性）听力下降，严重的有可能造成永久性听力损害或其他精神效应。目前临床应用的MRI检查的安全噪声一般在65～95dB，但不少受检者无法忍受这种噪声。噪声的控制主要包括以下两个方面：①被动噪声控制，即所有进行MRI检查的受检者均应佩戴耳塞或MRI专用耳罩，这是最简单最经济的预防噪声的方法，但会造成医患之间的语言交流障碍；②主动噪声控制，即通过主动应用噪声消除技术或抗噪技术来显著减弱噪声的方法，这有利于MRI检查过程中医患之间的语言交流。降低梯度噪声的静音技术有：梯度线圈真空隔绝腔技术、缓冲悬挂技术、噪音固体传导通路阻断技术和静音扫描序列技术等。

4. 孕妇MRI检查安全性 MRI一直被认为是一种安全的检查手段，尽管还没有足够的证据认为MRI对胎儿存在不良影响，但它对妊娠妇女的安全性仍然是一个有争议的话题。为此，FDA至今未对孕妇（胎儿）、婴儿接受MRI检查的安全性予以肯定，英国国家放射保护委员会（the National Radiology Protection Board，NRPB）也建议妊娠3个月内的孕妇谨慎应用MRI检查。为避免孕期医务人员接受MRI产生的小剂量慢性辐射，要求其活动范围应在1mT线（10高斯线）以外。

5. 不良心理反应 在MRI检查中，由于磁体孔洞的尺寸较小，加之梯度场噪声较大，有些受检者可能出现焦虑、压抑、恐慌等严重反应，感到明显而持久的过度恐惧，即幽闭恐惧症。MRI受检者的上述不良心理反应一般很短暂，但是常常导致检查延缓、图像质量下降甚至检查失败。为此，需要采取以下措施来降低其发生率：①检查前让受检者充分了解MRI的相关信息，如磁体孔洞的大小、梯度场噪声、医患对讲系统等；②改变检查体位，如仰卧位改为俯卧位、头先进改为足先进等；③使用MRI专用耳机为受检者播放音乐以分散其注意力；④允许一名受检者的亲属进扫描间陪同检查；⑤提高MRI系统内的照明强度等。

（二）MRI生物效应

恒定或变化的磁场对人体的影响，称为磁场的生物效应或称生物磁效应（biological effect of magnetic field）。在MRI检查过程中，主磁场、梯度磁场及射频磁场等对受检者产生的各种生物学影响则称为MRI生物效应。

1. 静磁场的生物效应 包括温度效应、磁流体动力学效应及中枢神经系统效应等。

（1）温度效应（temperature effect）：是指静磁场对哺乳动物体温的影响。根据1989年富兰克（G.S.Frank）等采用荧光温度计在精确的实验和环境条件下对1.5T磁场中人体温变化的测量，证明静磁场对人的体温没有影响。

（2）磁流体动力学效应（magneto hydrodynamic effect）：是指在静磁场环境下，心血管系统中的血流及其他流动液体（如脑脊液）所产生的生物效应。如它能使血液中红细胞的沉积速度加快（静态血磁效应）、感应出生物电位（动态血磁效应）及心电图（electrocardiograph，ECG）发生改变等。对于静态血磁效应，因血液的流动可以完全阻止血细胞的沉降，或理解为它足以抵消红细胞微弱磁性所致的沉降加速度，所以单纯在静磁场环境中，静态血磁效应可以忽略不计。动态血磁效应可能导致受检者在超高场MRI过程中容易出现心律不齐或心率降低等变化。而静磁场引起的ECG变化并不伴随其他心脏功能或循环系统的功能不全，因此一般认为没有生物风险。但是对于有心脏疾病的受检者，必须在MRI检查中全程监测其ECG的变化。

（3）中枢神经系统效应：研究结果表明受检者急性、短期地暴露于3.0T及以下的静磁场中时，中枢神经系统无明显的不良反应和生物学影响。但是超高场磁体和静磁场环境可导致人体某种显著的神经电生理变化，如在4.0T以上的超高场MRI设备中，大多数志愿者会出现眩晕、恶心、头痛、口中有异味等感觉。为此，目前FDA将临床人体成像的最高场强限制在3.0T以内，并明确规定：因场强超过规定限值而造成的一切后果由MRI制造商承担。在静磁场的生物效应明确之前，超高场强MRI（如7.0T和9.4T MRI设备的人体成像）只能严格限制在实验室和研究机构中进行。

2. 梯度磁场的生物效应 MRI过程中，高速切换的梯度磁场导致磁场强度的剧烈变化。变化的磁场将诱导受检的人体组织感应出电流，感应电流在人体内部构成回路。感应电流的大小与梯度场的切换率、最大磁通强度（梯度场强度）、平均磁通强度、谐波频率、波形参数、脉冲极性、体内电流分布、组织细胞膜的电特性和敏感性（导电性）等诸多因素相关。梯度场脉冲的各种参数都是由序列进行编码的，因而不同序列产生的感应电流大小不同，随之而来的生物效应也就不同。越是靠近机体外周的组织电流密度越大（作用半径大），而越接近身体中心的组织电流越小。当机体外周的组织感应电流密度达到一定值时，有可能出现误动作，如皮肤感觉神经或外周骨骼肌神经受到感应电流的强刺激会发生抽搐、收缩，或呈现沿背部爬行感、鼻侧缘跳动感及皮肤被抚摸等，即周围神经刺激效应。因此，MRI设备中梯度磁场强度和切换率的工程数值是有阈值限制的。

此外，梯度磁场产生的感应电流会直接刺激血管和心肌纤维等电敏感性细胞，使其发生去极化过程，引起心律不齐、心室或心房颤动等；在4.0T及以上超高场MRI设备的静磁场环境中，梯度感应电流作用于中枢神经系统可导致视觉磁致光幻视（magneto phosphene），又称光幻视或磁幻视，即在梯度场作用下受检者眼前出现闪光感或色环的现象。

3. 射频磁场的生物效应 MRI检查中，激励脉冲“蕴藏”的电磁波功率将全部或大部分被人体组织或器官等吸收。组织吸收的射频（RF）电磁能大部分转换为热能释放出来。因此，温度效应是RF场最主要的生物效应。RF脉冲辐射引起的实际组织温度还决定辐射时间、环境温度、受检者自身的温度调节能力（表浅血流量、出汗率）和受检组织的尺寸等。当组织的尺寸大于波长时，射频能量大部分在组织表面被吸收；当组织的尺寸小于波长时，RF脉冲的穿透增多，同时射频功率的吸收减少；当组织的尺寸等于波长的一半时，RF脉冲功率的吸收量最大，这一峰值对应的RF频率就是共振频率。

为衡量MRI过程中射频辐射剂量的大小，引入了特殊吸收率（specific absorption rate，SAR）这一量化指标。SAR是指每秒单位质量生物组织中RF功率的吸收量或RF功率的沉积值，单位为瓦每千克体重（W/kg）。SAR又有局部SAR（local SAR）和全身SAR（global SAR或whole body SAR）之分，它们分别对应于局部组织和全身组织平均的射频功率吸收量。其大小与质子共振频率（静磁场强度）、脉冲序列类型和参数、线圈效率、成像组织容积、组织类型（电特性）、解剖结构等许多因素有关。FDA制定的医疗用途RF电磁场安全标准：全身平均SAR≤0.4W/kg，或者每克组织的SAR空间峰值≤8.0W/kg。

对于老年受检者、各种原因所致的发热患者、糖尿病患者、心血管病患者及肥胖患者等的体温调节功能有可能受损，在接受高SAR值扫描时的生理反应过程和安全性需要认真评价。此外，由于钙阻断剂、β受体阻断剂、利尿药和血管舒张剂等药物有可能影响机体的体温调节功能，当这些药物的使用者进行MRI检查时必须特别注意观察其体温的变化。人体中散热功能不好的器官，如睾丸、眼等对温度的升高非常敏感，因此，这些部位容易受到MRI中RF脉冲的辐射损伤，需要尽量避免对其进行长时间、高SAR值的MRI检查。

二、适应证与禁忌证

（一）适应证

MRI能对人体几乎全部部位的肿瘤性、感染性、血管性、代谢性、先天性及外伤性等疾病进行诊断。这些部位包括颅脑、耳、鼻、咽、喉、颈部、心脏、肺、纵隔、乳腺、肝脾、胆道、肾及肾上腺、膀胱、前列腺、子宫及附件、脊柱、脊髓、骨与关节及外周血管等。

（1）MRI的多参数、多方位倾斜层面对中枢神经系统病变的定位和定性诊断极其优越。在对中枢神经系统疾病的诊断中，除对颅骨骨折及颅内急性出血不敏感外，其他如对脑部肿瘤、颅内感染、脑血管病变、脑白质病变、脑发育畸形、脑退行性病变、脑室及蛛网膜下腔病变、脑挫伤、颅内亚急性血肿及脊髓的肿瘤和感染、血管性病变、外伤的诊断中，均具较大优势。

（2）MRI 不产生骨伪影，对颅后窝及颅颈交界区病变的显示优于 CT。MRI 具有软组织高分辨力的特点及血管流空效应，可清晰显示咽、喉、甲状腺、颈部淋巴结、血管及颈部肌肉。

（3）由于纵隔内血管的流空效应及纵隔内脂肪的高信号特点，形成了纵隔 MRI 的优良对比。它对纵隔、肺门淋巴结肿大和占位性病变的诊断具有较高的价值，但对肺内钙化及小病灶的检出不敏感。运用心电门控触发技术，MRI 可显示心脏大血管，对心肌、心包病变、某些先天性心脏病及心脏大血管的形态学与动力学的研究可在无创检查中完成。特别是心脏的功能成像、MR 电影、MR 血管成像（MR angiography，MRA）的应用，可以显示某支冠状动脉闭塞后相应供血区的心肌活性及治疗后恢复情况，使得 MRI 检查在对心血管疾病的诊断方面具有良好的应用前景。

（4）多参数技术在肝脏病变鉴别诊断中具有重要价值。有时不需对比剂即可通过 T_1WI 和 T_2WI 直接鉴别肝脏局灶性肿块。MR 胰胆管成像（MR cholangiopancreatography，MRCP）对胰胆管病变的显示具有独特的优势。胰腺周围有脂肪衬托，采用抑脂技术可使胰腺得以充分显示。肾与其周围脂肪囊在 MRI 上形成鲜明的对比，肾实质与肾盂内尿液也可形成良好对比。MR 泌尿系成像（MR urography，MRU）可直接显示尿路，对输尿管狭窄、梗阻具有重要诊断价值。

（5）MRI 多方位、大视野的成像可清晰显示盆腔的解剖结构。它尤其对女性盆腔疾病诊断有重要价值，对盆腔内血管及淋巴结的鉴别较容易，是盆腔肿瘤、炎症及子宫内膜异位症、转移癌等病变的最佳影像学检查手段。同时，MRI 也是诊断早期前列腺癌的有效方法。

（6）MRI 对四肢骨骨髓炎、四肢软组织内肿瘤及血管畸形具有较好的显示效果，可清晰显示软骨、关节囊、关节液及关节韧带，对关节软骨损伤、韧带损伤、关节积液等病变的诊断具有其他影像学检查所无法比拟的价值，在关节软骨的变性与坏死诊断中，早于其他影像学方法。

（二）禁忌证

由于 MRI 的生物学效应，MRI 检查具有绝对禁忌证和相对禁忌证。

1. 绝对禁忌证 指受检者进入磁体室扫描区域后，会出现生命危险或伤害的情况。这些情况包括：

（1）装有心脏起搏器、心脏磁性金属瓣膜或冠状动脉磁性金属支架者。

（2）体内有铁磁性血管夹者。

（3）铁磁性异物者，如眼内有金属异物。

（4）电子耳蜗者。

2. 相对禁忌证 指受检者进入磁体室的扫描区域后，会出现潜在伤害，但通过去除金属物品等处理后仍能进行检查的情况。这些情况包括：

（1）扫描野内或附近含有铁磁性物品：①检查部位有金属植入物（如血管夹人工关节、固定钢板等）；②有金属假牙者不能做鼻咽、口腔检查；③体内有金属药泵者忌行相应部位检查；④有宫内节育器者不能做盆腔及下腰椎检查。

（2）幽闭恐惧症患者。

（3）妊娠 3 个月以内的早孕受检者。

（4）不能平卧 30min 以上、神志不清、严重缺氧、烦躁不安需要抢救的患者。

（5）高热受检者。

三、MRI 检查原则

在 MRI 检查时，为了能在安全、经济的前提下获得优质 MRI，选择 MRI 技术时，必须遵循其检查原则。这些原则包括受检者检查体位的选择、射频线圈的选择、MRI 中心的选择、检查平面的选择、扫描序列的选择及相位编码方向的设置等内容。

（一）受检者检查体位的选择原则

合理安置 MRI 检查体位是影像技术人员的基本技能。跟其他医学检查技术一样，MRI 检查时受检者体位多采用仰卧位、俯卧位、左侧位或右侧位等。由于 MRI 检查时间较长，故应以其舒适、能够配合检查为原则。对于被动体位者，影像技术人员要采用使其舒适、持久的体位，并注意让被检查部位贴近线圈或位于线圈成像范围以内。在大多数部位进行 MRI 检查时，我们均以标准解剖姿势将受检者安置于检查床，并保持检查部位或脏器的长轴与静磁场方向平行。这样能很好地显示人体内部的标准正交平面结构，并有助于减少图像伪影。但是对于一些特殊解剖部位，为了清晰显示某些结构的全貌，我们会将受检者的检查体位作些调整，如膝关节 MRI 检查时，要求受检侧外旋 10°～15°角，以清晰显示交叉韧带。

（二）射频线圈的选择原则

射频线圈的形状、大小、敏感性及检查部位与线圈间的距离均能影响其 SNR。线圈的 SNR 越高就越有利于增加 MRI 的分辨力或提高系统的成像速度。大范围线圈，能检测大区域肢体，但图像 SNR 较低；小范围线圈，检测肢体的区域较小，但图像 SNR 较高。线圈的穿透深度大约为线圈直径的一半，线圈越小，SNR 越佳，但覆盖率和（或）穿透深度越小。线圈分为体线圈、头线圈及各种表面线圈。由于体线圈包含的组织体积大，产生的噪声量也大，同时成像组织与线圈之间的距离较大，减弱了信号强度，所以它的 SNR 最低。各种表面线圈尺寸比较小，距离检查部位又较近，能最大限度地接收 MR 信号，因此表面线圈的 SNR 最高。在选择线圈时，应充分考虑检测范围、检测深度与图像信噪比的关系，应用合适的表面线圈以提高图像的 SNR。对于一些特殊脏器检查必须选择专用表面线圈，如乳腺 MRI 检查。

案例 5-1-1

患者，男，50 岁，主诉头痛伴四肢乏力 1 天，行 MRI 检查。案例图 5-1-1A、B 图像均为 T_2 FLAIR，分别用 16 通道和 32 通道头颅线圈扫描。问：两图有什么区别？分析以上现象产生的原因。

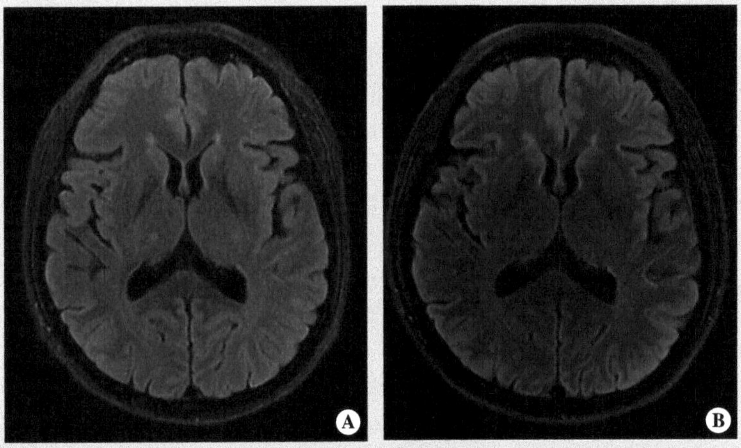

案例图 5-1-1

解答： A 图与 B 图相比，有明显差别。A 图的噪声高于 B 图，B 图的层次更加丰富。以上现象的主要原因是 32 通道头颅线圈能采集更多的数据，提高了图像的信噪比。

（三）MRI 检查中心的选择原则

磁场中心的利用十分重要。磁场强度在主磁场的磁体中心直径 50cm 的球形内最均匀，离中心越远，磁场均匀度越差，采集的信号也弱。所以体位设计时要注意将被检查部位的中心与线圈中心重合，并放置于主磁场中心。

案例 5-1-2

患者，男，60 岁，上腹不适、食欲缺乏、乏力 1 个月。案例图 5-1-2A，行 B 超检查提示肝脏占位；案例图 5-1-2B 为行 MRI 检查图，两图均为定位像。问：两图有什么区别？分析以上现象产生的原因。

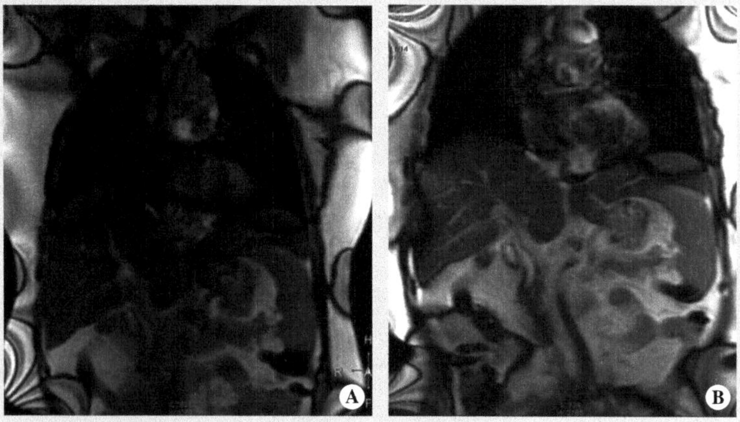

案例图 5-1-2

解答： A 图与 B 图相比，有明显差别，前者肝区有明显磁敏感伪影。以上现象的主要原因是前者把定位中心设置在剑突下 5cm，膈肌偏离磁场中心造成了其局部磁场的不均匀，进而出现了磁敏感伪影。

（四）MRI 检查平面的选择原则

由于 MRI 有任意方向均可成像的优势，在进行 MRI 检查时一般要求选择两个以上的扫描平面。这两个扫描平面应符合观察习惯，便于显示解剖结构，其中横断面扫描是大部分脏器最常用的扫描平面。当病变位于脏器边缘部分时，为辨认两者的解剖关系，扫描平面必须垂直于病变与脏器的接触界面，并确保 MRI 能显示病变及相应的正常组织。为显示长条状或管状结构的全貌，扫描平面应尽量平行于其走向。为了显示管腔内液体的流动效应，扫描平面应尽量垂直于液体的流动方向。观察左右对称的结构，扫描平面多选择横断面和冠状面。当两个扫描平面都能清晰显示病变时，则应选择扫描时间较短的平面。

（五）MR 扫描序列的选择及相位编码方向的设置原则

人体组织的 MRI 特征是通过 MRI 来表达的，MRI 信息是由成像过程中使用的各种脉冲序列控制的，丰富、理想的 MRI 信息又是通过选择适当的扫描参数实现的。适当的成像序列和图像信号的加权参数是获取良好的 SNR 和 CNR 的基本条件。因此，典型的、符合观察习惯的成像平面的影像必须要通过适当的脉冲序列进行扫描才能得到。

在典型成像平面方向上，我们应根据具体的检查目的和检查部位选择两个或两个以上的扫描序列。这些序列既要有能显示脏器解剖结构的 T_1WI 序列、PDW 序列，又要有能反映其信号特征的 T_2WI 序列，必要时，还要有能提供组织血流动力学特点的 MRA 序列和增强序列等，以尽可能多地显示组织特性参数。如进行颅脑 MRI 检查时，重点选择横断面的 T_1WI 序列、T_2WI 序列、T_2WI FLAIR 序列加上矢状面或冠状面的 T_1WI 序列和 T_2WI 序列等进行扫描，必要时增加横断面的 DWI 序列、MRA 序列及增强序列；垂体 MRI 检查时，重点选择冠状面的 T_1WI 序列、T_2WI 序列等进行扫描，必要时增加冠状面的动态增强序列和矢状面的 T_1WI 增强序列。而一些特殊的扫描序列如 PWI、MRS、SWI 及 DTI 等仅用于特定的疾病检查，其中有些扫描序列在特定疾病以外的应用还处于临床研究和探索阶段。它们对疾病的诊断价值尚无定论。

由于相位编码数与扫描时间存在正相关关系，因此在 MRI 扫描序列选择时，还应正确设置相位编码方向。为减少卷积伪影，采用矩形 FOV 缩短扫描时间，选择解剖径线较短的方向为相位编码方向。如常规颅脑横断面扫描，相位编码方向为左右方向；体部横断面扫描，相位编码方向为前后方向。同时还应充分考虑减少伪影对影像分析的影响。由于运动伪影出现在相位编码方向上，当解剖经线与伪影对图像的影响产生矛盾时，优先选择减少伪影的方向为相位编码方向，如进行颅脑 EPI 序列扫描时，相位编码方向为对称轴方向，即前后方向。

四、MRI 检查方法

在 MRI 检查中，常用的检查方法有定位扫描、常规扫描、增强扫描和特殊扫描等。

（一）定位扫描

定位扫描是采用快速成像序列，同时获得冠状面、矢状面和横断面的定位图。在定位图上，确定扫描基线、扫描方法和扫描范围。为了定位方便并符合观察习惯，我们要求受检者以标准解剖姿势进入磁场中心，并得到正交平面的定位图。这对减少某些特殊成像序列 MRI 伪影具有积极意义。当然，现在有些高档 MRI 仪配备了 MRI 透视软件。我们可以在透视 MRI 上做扫描计划，如心脏长轴位的 MRI 检查定位。

（二）常规扫描

跟 CT 检查一样，MRI 常规扫描又称 MRI 平扫。它是按定位图上所确定的成像方向和扫描范围，在预设了扫描参数后，操作序列按照“扫描开始”指令所完成的扫描方法。一般采用 T_1WI 序列及 T_2WI 序列检查，根据组织或病变的 T_1WI、T_2WI 信号特点判断组织特性。例如，脑脊液或囊性病变具有长 T_1 和长 T_2 特点，T_1WI 低信号、T_2WI 高信号，脂肪组织在 T_1WI 和 T_2WI 均表现为高信号。一般来讲，T_1WI 显示组织器官的解剖结构，T_2WI 显示病变及其内部的信号变化，有利于发现病变。

用于 T_1WI 序列的有 SE 序列、FSE 序列、SPGR 序列、T_1 准备超快速 GRE 序列等。由于 SE 序列成像速度慢，MRI 又存在运动伪影及其所致的部分容积效应，也不能用于动态增强扫描，所以除了在旧机型或对 MRI 的 CNR 要求较高，本身受运动影响又较小的器官外，现在很少应用该序列。因 FSE 序列能够进行快速成像，且对磁场的不均匀敏感性不高，故它常用于除胸、腹部以外的大多数器官 MRI 检查的 T_1WI 首选序列。

在选择该序列参数时，要注意回波链长（ETL）的大小要恰当。不能为追求成像速度过分增大 ETL，否则会因 ETL 过大而造成 SNR 下降、CNR 减少、SAR 增加及图像严重模糊。在分析该序列 MRI 时，也要注意 ETL 变化对图像的影响。与 SE 序列相比，FSE 序列 MRI 中脂肪组织的信号强度要高得多。

对于受呼吸运动影响较大的器官，如胸部、腹部及盆腔等，在 MRI 检查时必须尽量减少呼吸所致的 MRI 质量下降。减少其影响的途径有两条：训练受检者呼吸；提高成像速度。因 SPGR 序列成像速度快、图像 CNR 高，并能用于动态增强扫描，现在该序列作为受呼吸运动影响较大器官 MRI 检查的 T_1WI 首选序列。在选择该序列时，需要注意受检者的配合及成像方式对图像质量的影响。除了动态增强扫描序列外，应用 2D 成像方式优于 3D 成像方式，前者的 CNR 大于后者。如果受检者不能很好地配合，我们应用 T_1 准备超快速 GRE 序列。该序列属单层成像，采集速度更快（<1s），且无运动伪影，但 CNR 差，只能用于前述序列的补充。

用于 T_2WI 序列的有 SE 序列、FSE 序列、FRFSE 序列、SS-TSE 序列、HASTE 序列、SE-EPI

序列及 Trufisp 序列等。现在常用 FSE 序列作 T_2WI 序列。在选择该序列参数 ETL 时，应结合其大小、受检者配合情况、受检器官特点及与 MRI 的质量关系进行综合考虑。除了受呼吸运动影响较大的器官，如胸部、腹部、盆腔等除外，以选择中短 ETL（7～16）为佳；①对于受呼吸运动影响较大的器官，应根据其呼吸情况而决定；②如果受检者可以均匀呼吸，首选呼吸触发中短 ETL（7～16）的 FSE-T_2WI 序列；③如果受检者不能控制均匀呼吸，但可以很好屏气，我们选择长 ETL（>20）屏气 T_2WI 序列。但是该序列 T_2 权重较重（有助于鉴别诊断）、T_2 对比较差、屏气不配合者有伪影。如果受检者既不能很好屏气，又不能控制均匀呼吸，则选择 HASTE T_2WI 序列或 SE-EPI T_2WI 序列。该序列能快速成像（<1s）、几乎无伪影、有效回波时间（TE）较短而利于肝脏成像，但 T_2 对比差。

由于 Trufisp 序列（也称 FIESTA 或 Balance FFE）软组织对比极差，不可用于肝胰实质性病变的检出，可以作为结构序列显示胆管或血管的情况。T_2WI 序列能否反映组织的信号特点及病变的信号变化，关键是 TE 的选择。T_2 权重由 TE 来决定，需要注意的是并非 T_2 权重越重，图像的 T_2 对比越好。为了检出病变，T_2WI 序列的 TE 应在病变组织与正常组织的 T_2 值之间较为合适。

MRI 常规扫描时，我们还应根据受检器官的解剖、生理、病理特点，选择相应的脉冲序列。例如，进行颅脑 MRI 检查时，为将 T_2WI 中自由水（脑脊液）高信号抑制掉，除了选择 T_2WI 序列外，通常还选择 T_2 FLAIR 序列。它能敏感检测脑白质病变，如多发性硬化、腔隙性脑梗死、脑肿瘤及炎性病变；肝脏 MRI 检查时，由于肝脏本身生理性含脂，这些脂质成分在 MRI 上呈高信号而掩盖某些肝脏疾病，加之皮下脂肪成分因腹壁、膈肌运动又造成了高信号的运动伪影，在进行肝脏 MRI 检查时，一般均应用脂肪抑制技术。中高场 MRI 仪采用频率选择脂肪饱和法，而低场 MRI 仪采用 STIR 序列。当然，以上这些序列不仅仅应用在上述部位，如椎管内占位，T_1WI、T_2WI 均为高信号时，则应增加脂肪抑制序列；T_1WI 为明显低信号、T_2WI 为明显高信号，则应增加 T_2 FLAIR 序列。

（三）增强扫描

增强扫描是静脉注入 MRI 对比剂后，按预定序列参数进行扫描的方法。MRI 增强扫描的应用价值在于：

1. 增加病变信息

（1）提高病变发现率，发现不易或不能发现的小病灶。

（2）增加病变与周围组织对比，提高病变对比，使病变显示更清晰，如病灶周围水肿时，平扫不能区分病灶与周围水肿，增强即能发现病灶。

2. 有利于病灶定量、定性诊断。

3. 有利于随访观察，通过增强扫描，对病灶治疗（或手术）后疗效的观察，能提供定量和客观的评价。

4. 对比增强血管成像，在磁共振对比增强血管成像检查中，可以提高血管的信号强度，增加血管和背景组织的对比，有助于小血管和静脉系统的显示，尤其有助于对引流静脉的判断。

除肝脏磁共振增强因特殊鉴别诊断需要外，均使用细胞外间隙对比剂 Gd-DTPA，如马根维显、磁显葡胺及欧乃影等。通常注射速度为 1.5～3.0ml/s，剂量为 0.1mmol/kg。增强扫描序列的设计应兼顾空间分辨力和时间分辨力两方面的要求。高空间分辨力有利于显示病变结构，尤其适用于发现小病变；高时间分辨力能更准确地评价动态增强扫描前后病变的时间-信号强度曲线变化。动态增强检查多采用 3D 快速成像序列，进行薄层（<3mm）无间距扫描。根据受检器官及病变特点，结合 MRI 序列数据采集方式设置恰当的扫描时机。将得到的原始图像经重组后，可以获得更多的信息。具体的扫描时机将在人体各部位 MRI 技术中分别介绍。对于时间分辨力要求不高的器官进行增强扫描时，应注意扫描平面及成像参数至少要有一个跟增强之前的 T_1WI 相同。

（四）特殊扫描

磁共振特殊扫描包括 MR 弹性成像、MR 血管造影、MR 灌注成像、MR 弥散成像、MR 各向异性弥散张量成像、磁共振波谱分析（MRS）、磁敏感性加权成像（SWI）及基于血氧水平依赖法（BOLD 法）的脑功能成像（fMRI）等。它们仅用于对特定组织器官、特定疾病的成像，是定性诊断的重要补充。其中有些序列尚处于临床研究和探索阶段，它们对疾病的诊断价值还无定论，我们可以在实践中依据需要和可能逐步摸索。

五、MRI 检查前准备

MRI 检查是成像时间长、相关影响因素多的成像技术。为了获得优良的 MRI 影像质量、发挥 MRI 设备最佳性能，并保证 MRI 检查过程中受检者的配合，在 MRI 检查前必须进行充分准备。

（一）MRI 设备的准备

1. MRI 设备环境温度及湿度要求 温度要保持在 18～22℃；湿度应控制在 60%左右，但不超过 70%。

2. MRI 设备检查 保证 MRI 设备处于完好运行状态，并定期做好 MRI 设备的预防性维护（设备状态维护）。

（二）受检者的准备

1. 认真阅读 MRI 检查申请单 为了了解 MRI 检查的目的和要求，检查前必须认真阅读 MRI 检查申请单。对检查目的和要求不明确的申请单，应主动与临床申请医师联系。

2. 确认受检者无禁忌证

（1）详细询问病史，询问是否体内有植入物、植入物类型及植入时间等，并填写磁共振安全筛查表。如果无法确定植入物是否安全而且病情需要 MRI 扫描时，应尽量在磁场强度较低的 MRI 设备上进行扫描，以减少风险。

（2）通过询问、填写 MRI 安全筛查表确认受检者无禁忌证，并嘱其认真阅读 MRI 检查注意事项，按要求准备。

3. 详细介绍 MRI 检查过程

（1）告知受检者所需检查时间及扫描时系统噪声，消除其恐惧心理。

（2）着重向受检者介绍，检查过程中如遇不适时医患对讲系统的使用方法。

4. 认真训练受检者 按检查部位要求，认真训练受检者呼吸状态，以便最大限度地取得受检者配合并减少运动伪影。

5. 确保磁体室安全 进入磁体室前，嘱受检者及陪同家属除去随身携带的任何金属物品，如手表、手机、别针、饰物、发卡、指甲刀、钢笔（圆珠笔）、钥匙、硬币、磁卡等，严禁铁磁性物品进入磁体室。

6. 做好增强检查前准备 包括高压注射器的准备和受检者静脉通道的准备等。

7. 特殊受检者的处理

（1）对于婴幼儿、烦躁不安及幽闭恐惧症受检者，为提高检查成功率，应给予适量的镇静剂或麻醉药（由麻醉师用药并陪同）。

（2）对于急危重受检者，确需做 MRI 检查时，应由临床医师陪同观察。所有抢救器械、药品备齐在磁体室外。一旦发生紧急情况，应迅速将受检者移至磁体室外抢救。

8. 其他相关特殊准备 为了提高某些部位 MRI 影像质量，在这些部位 MRI 检查前常常需要一些特殊准备。如小肠 MRI 检查前，除了要求受检者检查前 8h 禁食，开水送服番泻叶将肠道内容物排空外，在检查前 45min 还需口服 2.5%的等渗透甘露醇溶液 1200～1500ml，并在检查前 15min 肌内注射低张药物（如 654-2）20mg 等。

案例 5-1-3

患者，女，40 岁，主诉上腹部不适、1 周食欲缺乏，行 MRI 检查。案例图 5-1-3 为定位图。问：两幅定位图有什么信息？分析以上现象产生的原因。是否可以继续 MRI 检查？怎么处理？

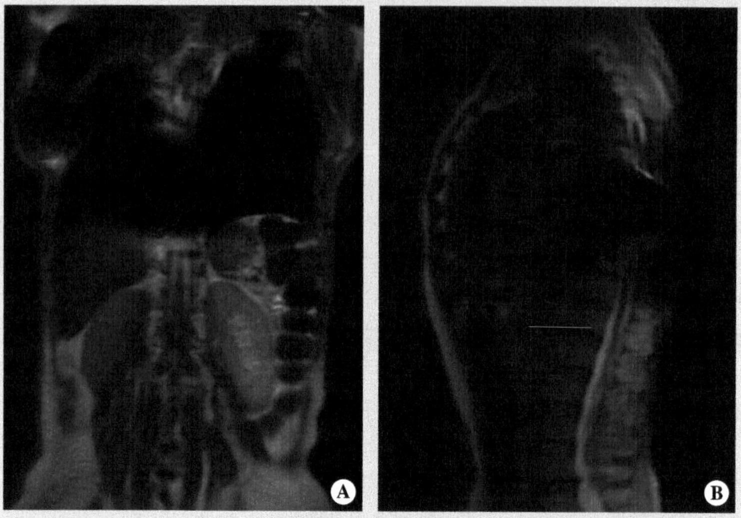

案例图 5-1-3

解答： A、B 两图均显示金属伪影。产生以上金属伪影系患者胸罩所致，主要因 MRI 检查前准备不充分而造成。不可以继续 MRI 检查。遇到该情况时，需要把受检者移出磁体室，重新准备并确认无禁忌证后再行 MRI 检查。

六、MRI 检查步骤

1. 认真核对 MRI 检查申请单　了解受检者病史及相关检查资料（包括影像资料和生化资料），明确检查目的和要求。

2. 选择合适的线圈与表面线圈的连接　按照不同的检查部位、检查范围和检查目的应用相应的线圈。

3. 受检者的定位　根据受检者的舒适并考虑到与线圈的关系，人体大多数 MRI 检查时采用仰卧位，但一些特殊部位则采用其他体位，如乳腺 MRI 检查时采取俯卧位、腕关节 MRI 检查时采用侧卧位。

4. 扫描方案的确定　在确定具体扫描方案时，影像技术人员需要注意：

（1）在选择受检者的定位方式时，必须按照其标准解剖姿势如实输入受检者的真实体位和进床方向，绝不允许发生错误。

（2）在选择扫描序列和检查平面时，必须遵循 MRI 检查原则，做到既能显示正常异常结构，又能反映病变特点。

（3）在设置扫描序列时，必须选择实际连接的线圈，严禁选择的线圈与其不匹配。

（4）在修改扫描参数时，注意从与所选脉冲序列兼容的成像中选择对应选项，使 SNR、空间分辨力及层数达到最优化，并减少运动伪影。

5. MR 预扫描及扫描　每个受检者都是一个唯一的质子集合，需要唯一的 RF 频率和功率组合来进行 MRI。为了优化每个受检者和受检区域的系统发射和接收增益，改进磁场均匀性，在 MRI 扫描前必须进行预扫描。预扫描的程序有自动预扫描和手动预扫描两种。前者用于大多数有效、精确和一致的预扫描，通过自动预扫描自动调节中心频率、发射增益和接收增益。如果自动预扫描发生故障、信号过强或过弱而超出系统的自我调节能力时，就需要影像技术人员通过手动预扫描设置中心频率、发射增益和接收增益（包括模拟增益和数字增益）。

在预扫描完成后则按照检查计划进行 MR 扫描。在 MR 扫描过程中，影像技术人员必须密切关注受检者的检查情况和 MRI 设备的工作状态。对于生命体征不稳定的、注射对比剂后的受检者尤要注意观察，并保持与受检者通话畅通。同时，我们还需倾听扫描时磁体室的各种声音。对于自动预扫描未能完成的序列，要特别注意观察 MRI 仪控制面板上的信息提示。在确认达到相应的检查要求后，结束扫描。

6. 扫描后处理　是在无须增加额外扫描时间的情况下，利用磁共振处理工作站将获得的原始图像或数据进行重组或重建的过程。它有两个目的：一是将不同的后处理软件应用于图像处理中以便获得更多的信息，如颅脑 DWI 后 ADC 值的计算与测量，便于临床更精确地了解受检者的颅脑分子弥散状态；二是去除不需要的信息，将有用的信息更好地显示出来，如三维增强磁共振血管造影时，采集的原始数据有较多的背景信号重叠，尤其当背景脂肪抑制不满时，会影响 MIP 图像质量。我们在注入对比剂前先采集一组原始数据作为蒙片，注入对比剂后再采集增强数据。利用工作站软件，把后者减去前者，再经 MIP 后处理，即能得到减影后的三维 MR-DSA 图像。MIP 图像能作任意方向旋转，有利于病变显示。这在血管性病变和与血管有关的肿瘤性病变的 MRI 检查时经常用到。一般来说，特殊扫描序列或 3D 扫描序列采集的数据或图像都应进行扫描后处理。

7. 帮助受检者离开检查床并安全撤离磁体室　如果受检者保持卧位姿势时间较长，起来后可能头晕，因此，在受检者离开检查床时，MRI 检查技术人员必须提供帮助。

案例 5-1-4

患者，男，70 岁，主诉上腹部不适，黑便 4 天，行上腹部 MRI 检查。案例图 5-1-4A、B 分别为横断面 T_1WI、T_2WI。问：分析患者有何特殊临床症状？结合病史，两幅图像提示什么信息？是否可以继续 MRI 检查？分析其原因，怎么处理？

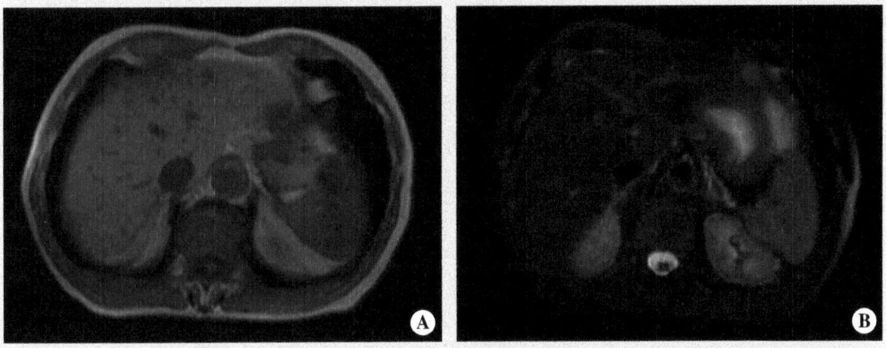

案例图 5-1-4

解答：提示上消化道（胃及十二指肠）出血可能。A、B 两图分别显示上腹部的 T_1WI、T_2WI，但胃影挛缩。因胃影挛缩，无法显示其清晰影像，应终止该检查。这主要因 MRI 检查前未详细阅读申请单而造成。先把受检者移出磁体室，嘱其饮温水 300ml，以充盈胃腔，然后再进行 MRI 检查。

【小结】　本节主要内容包括 MRI 检查安全性、适应证与禁忌证、检查原则、检查前准备及检查步骤等。安全性和适应证是能否正常进行 MRI 检查的前提；检查原则是选择检查方法、确定检查技术的依据，也是确保 MRI 质量的基础。耐心、细致的检查前准备不但体现了对受检者的人文关怀，而且也是得到满意像质的必要条件。只有通过严格的检查前准备和规范的检查步骤，才能获得优质的 MRI 影像。

第二节　MRI 应用技术

【临床概述】　为了减少 MRI 伪影、增强 MRI 对比度、提高 MRI 分辨力并将其运动最小化，MRI 中必须采用一些应用技术。这些 MRI 应用技术包括磁共振血管成像技术、磁共振组织抑制技术、磁共振水成像技术、磁共振功能成像技术、磁敏感成像、磁共振波谱成像技术、磁共振辅助成像技术等。

一、磁共振血管成像技术

磁共振血管成像（magnetic resonance angiography，MRA）技术是利用 MRI 描绘解剖组织中血流路径，仅产生血管影像的方法。近年来，随着 MRI 设备的更新和扫描序列的开发优化，MRA 技术日趋成熟，不但可以提供血管的形态学信息，而且可以进行血流的方向、流速和流量的定量测量。目前，常用的 MRA 技术有非对比增强法 MRA（non-contrast enhancement MRA，NCE MRA）和对比增强法 MRA（contrast enhancement MRA，CE MRA）两种。前者包括时间飞跃法 MRA（time of flight MRA，TOF 法 MRA）、相位对比法 MRA（phase contrast MRA，PC 法 MRA）和基于动脉自旋标记的 MRA 等。

（一）血流模式

利用血液的流动效应进行成像是多数 MRA 技术的基础。虽然有些 MRA 并不直接利用血液的流动效应进行成像，但是血流的流动特性也会影响血液信号的采集。所以血液的流动形式将直接影响 MRA 的质量，常见的血流形式主要有：

1. 平流　是一种理想化的血流形式。它是指血流各质点的运动方向都和血管长轴平行，并且管腔内不同位置的血流质点的流动速度都是相同的。这种流动形式在人体血管中其实是不存在的。

2. 层流　指血流各质点的运动方向均与血管长轴平行，且没有血管轴向流动，但血流各质点的流动速度存在差异，越靠近血管壁流速越慢，越接近血管腔中心血流速度越快（图 5-2-1A）。

3. 湍流　也称为涡流，是指血流各质点除了沿血管长轴流动外，还在其他方向进行不规则的运动，即形成一种类似漩涡状的运动（图 5-2-1B）。

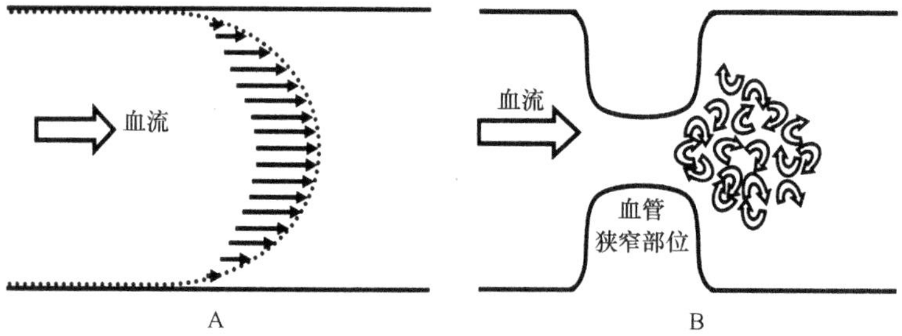

图 5-2-1　血流模式
A. 层流；B. 湍流

（二）流动补偿

1. 流体的相位变化　在梯度磁场中，运动的自旋都会发生相位变化，包括自旋质子的相位位移、流动效应和分子的扩散运动等引起的相位改变。这种单个自旋在梯度磁场中的相位改变称为相位漂移。流体的相位与 MR 信号强度直接相关，如果同一流体内的自旋具有不同的相位漂移，其信号强度就会下降，当质子间的相位差达到或超过 360°时信号就会完全消失。

2. 梯度运动与流体的相位变化　在双极梯度场中，流动自旋相位漂移的大小与梯度场强度、持续时间、双极梯度正反相之间的间隔时间及流体的流速有关。

双极梯度场是指两个大小和持续时间完全相同，但方向相反的梯度场。自旋质子在两次梯度切换中运动，自旋质子相位弥散和相位重聚现象会持续交替出现。对于静态组织的质子群，第一个梯度场造成的相位变化会被第二个梯度场完全纠正，这样在 TE 时刻静态组织由双极梯度引起的相位变化等于零。对于流动的自旋，在两次梯度场施加过程中质子群的位置发生了改变，因此它们在 TE 时刻流动的质子群就会存在相位差别，称为净相位（图 5-2-2），运动自旋的流速越大其产生的相位变化越大。

$$\Phi = \gamma VTA \qquad \text{（公式 5-2-1）}$$

式中，Φ 为净相位，γ 为旋磁比，V 表示流体在双极梯度场方向的流速，T 为双极梯度的间隔时间，A 为梯度面积。

从公式 5-2-1 可知，运动自旋的净相位与其流速、梯度面积、正反梯度间隔时间成正比。因此，可以通过净相位的大小来检测流体的流速。我们把能够使某一特定流速自旋的净相位为 180°的双极梯度称为流速编码梯度（velocity encoding，Venc）。

流动的质子群在双极梯度运动中产生的净相位可以通过一组大小相等的“反向”双极梯度的“对抗”作用使流动质子群的净相位为零，这种方法称为流动补偿（flow compensation，FC），所使用的这种梯度场称为流动补偿梯度。

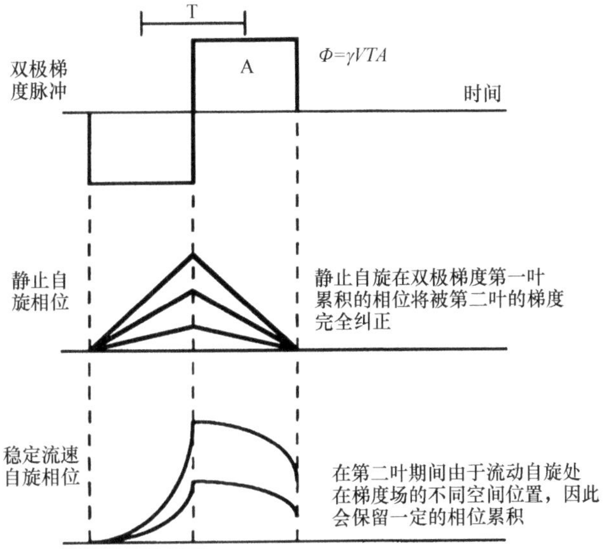

图 5-2-2 双极梯度对自旋的影响

3. 流动补偿技术 是通过施加流动补偿梯度，经其作用后使静止的和流动的氢质子在某一时刻（采集 MR 信号的时刻）出现一致的相位，以克服同一体素氢质子因相位差而造成的信号下降。

常规 MRI（含下面即将介绍的 TOF 法 MRA 和 PC 法 MRA）中，流动补偿技术应用广泛。但它对流速有一定限制，最有效的作用是对缓慢匀速流动的血液和脑脊液。使用时注意：血流必须与所应用的流动补偿梯度方向一致。

（三）TOF 法 MRA

1. 基本原理 是基于流体的流入相关增强效应。采用较短 TR（20～30ms）的 FSPGR-T_1WI 序列，由于血管信号采集中所使用脉冲序列的 TR 值远远小于组织的 T_1 值，成像层面内的静态组织经过射频脉冲的连续多次激发，其纵向磁化矢量不能够完全恢复而处于部分饱和状态，在每次 MR 信号采集时，静态组织所产生的 MR 信号强度都很弱。但是，成像层面以外的血液由于没有受

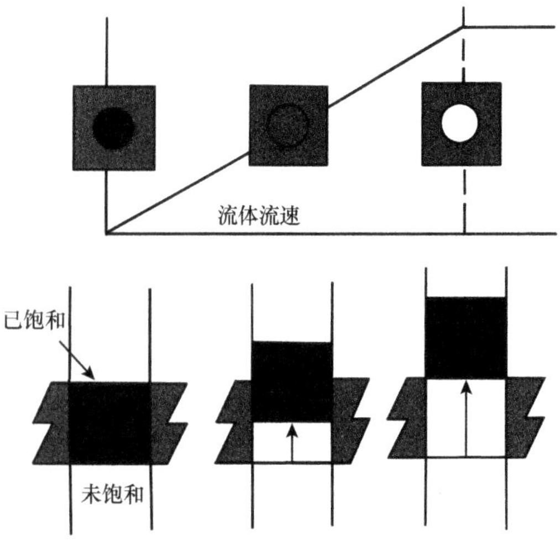

图 5-2-3 流体的流入效应

到射频的激发而保有很高幅值的纵向磁化矢量，当血液以一定的流速流入成像层面后，受到射频激发就会产生比静态组织高得多的 MR 信号，这样就形成了血液与周围静态组织之间的信号对比。我们把这种高速流动的自旋质子流进饱和容积被激发而产生比静态组织高的 MR 信号现象，称为流入相关增强（flow-related enhancement）效应或时间飞跃（time of flight，TOF）（图 5-2-3）。

2. 影响因素 由成像原理可以看出，流入相关增强效应与血管走形、血流速度及采集层面的厚度和采集时刻（即 TE）等有关。如果血管走形完全在成像层面内就无法产生流入增强效应；只有当血管走形与成像层面垂直时，流入增强效应才最明显，这时的成像效果最好。由于射频脉冲激发与 MR 信号采集有一定的时间间隔，如果快速流动的血液受到射频激发后，进行信号采集时，受到激励的血液已经流出了采集层面，就采集不到 MR 信号，这样就会产生流空效应。采集层面过厚或血流速度过慢，流入成像层面的新鲜血液不能完全取代已受激励处于饱和状态且仍未流出成像层面的血液，这时流入增强效应就会减弱（图 5-2-4）。

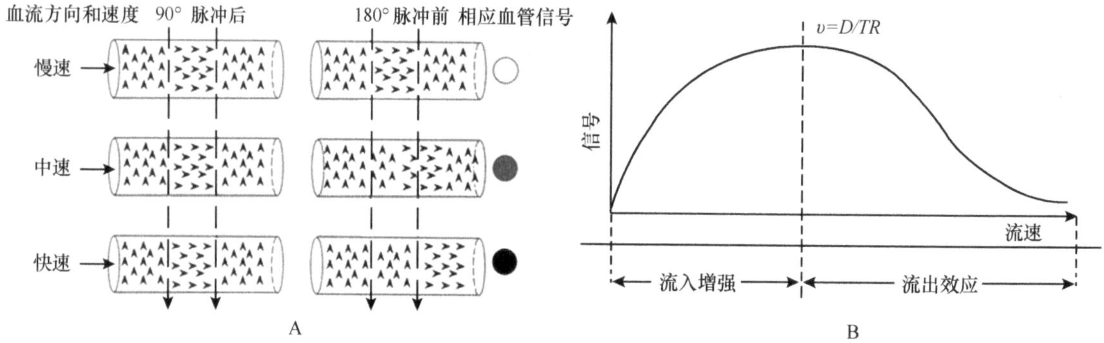

图 5-2-4 流速和层厚对流入效应的影响

3. 常用技术 TOF 法 MRA 技术有二维成像和三维成像两种。二维 TOF 法 MRA 由于采用单层采集，层面内血流的饱和现象较轻，有利于静脉慢血流的显示；同时扫描速度快，背景组织的信号抑制效果较好。但是，该成像方式易受到湍流的影响出现假象，且原始图像变形会引起层面间配准错误，导致血管影扭曲而产生误诊断。三维 TOF 法 MRA 使用三维采集技术可以提高图像的空间分辨力和图像信噪比，且受湍流影响较小。但是由于采用容积扫描，容积内的饱和效应较为明显，不利于慢血流的显示。为了解决这个问题，通常采用多个 3D 块部分重叠的方式进行扫描，这样既扩大了扫描范围，又控制了容积内的饱和效应，如脑动脉 MRA 就是采用这种方法。

4. 临床应用 TOF 法 MRA 是临床广泛应用的 MRA 技术，主要用于颅脑、头颈部及四肢血管的显示。颅脑动脉多采用 3D-TOF-MRA，颈部动脉采用 2D 或 3D-TOF-MRA 技术，下肢血管多采用 2D-TOF-MRA 技术，而静脉成像则可选用 2D-TOF-MRA。在 2D-TOF-MRA 时，尽量保证血流方向与成像层面垂直，以最大限度地利用流入增强效应。3D-TOF-MRA 对成像容积内任何方向的血流均比较敏感，适用于走行迂曲的颅内血管成像。对于扫描范围较大的区域，如颈动脉和四肢血管的成像，因 3D-TOF-MRA 的容积内血流饱和现象过于明显，则选用 2D-TOF-MRA。为了选择性显示动脉或静脉，通常采用预饱和带技术。

（四）PC法MRA

1. 成像原理 PC法MRA技术是另一显示血管的方法。它与TOF-MRA的重要区别在于像素的信号强度代表磁化矢量的相位或相位差，而不是组织的磁化强度。其原理基于流动自旋在梯度磁场中的相位效应。PC-MRA过程中，首先施加流动补偿梯度，使所有流动自旋的净相位都为零；然后再施加一个适当流速的编码梯度，使得特定流速的流动自旋产生一定的净相位。在这两次梯度场施加完成后，对于静态组织的自旋质子，其相位没有发生改变，其净相位为零；而对于流动自旋则产生了一定大小的净相位，如果流速编码梯度选择恰当，某一特定流速的流动自旋净相位刚好为180°，对于需要采集的特定流速的血流信号也就最强。

需要指出的是PC-MRA所能够反映的最大相位变化为180°。如果超过180°将会被误认为是相位的反向变化，就是说，产生超过180°相位变化的血流会被误认为是反向血流，从而造成假象。如流速编码为60cm/s，对于流速正好是60cm/s的血流，其信号最强；而对于流速小于60cm/s的血流，信号相对较弱；但对于流速超过60cm/s的血流，如流速是70cm/s的血流，则被误认为是反向血流而呈现低信号。因此，PC-MRA的关键在于流速编码梯度的选择。

由于仅仅沿着编码方向的自旋运动才产生相位变化，对于垂直于编码方向的血管，在PC-MRA上则无法显示。因此，为了观察三个方向的血流，要求操作者选择三个编码梯度分别成像，才能使血管满意显示。

2. 常用方法 PC-MRA技术有二维PC-MRA、三维PC-MRA和电影（cine）等三种。2D-PC-MRA具有扫描速度快、信号强度直接与血流速度相关的优点，但仅能提供血管的二维影像，不能进行血管结构多角度观察。它常用于显示动静脉畸形和动脉瘤。3D-PC-MRA具有图像空间分辨力高、血管周围静态组织的信号抑制效果好、经最大密度投影后处理的血管图像可以进行多角度观察等优点。它可用于评估颅内动静脉畸形和动脉瘤、显示颅内静脉畸形和静脉闭塞、进行全脑大范围静脉血管成像、评估外伤后的颅内血管损伤等。电影（cine）PC则是以2D-PC为基础，利用心电或脉搏门控技术，分别获取心动周期不同时刻（时相）2D-PC图像的成像方法，它在评价搏动血流和病理流动状态等方面具有很大价值。

（五）三维动态增强MRA（3D-CE-MRA）

1. 成像原理 3D-CE-MRA是团注MRI对比剂同时进行快速薄层原始资料采集的成像方法。成像原理与常规血管造影和螺旋CT血管成像相似，采用三维扰相梯度回波（3D-SPGR）序列，由于选择TR/TE（5/3ms）极短，一方面可减少运动伪影和磁敏感伪影，另一方面对比剂的快速注入又显著地缩短了血流的T_1值至低于背景组织，从而在T_1WI序列直接成像为高信号。该技术能在目标血管走行平面内用少数扫描层面最大限度地覆盖视野内的血管结构，获得的原始数据可采用多种后软件处理得到不同的信息，如MIP可以优化血管的显示。因此，它具有较高的时间分辨力和空间分辨力，能真实显示血管结构，并在一次注射对比剂后即能完成动脉、静脉血管成像。

2. 影响因素 能否获得高质量的血管图像，与对比剂的剂量和注射速度的选择、采集时间的确定、对比剂到达各级血管的首过时间及扫描参数的设置等有关。

注射速度＞3ml/s时，T_2^*效应使信号增加的程度与注射速度不成正比。因此，屏气扫描时以1.5～2.5ml/s的速度注射对比剂可获得较高的动脉信号。该技术最大的难度是采集时间的设定。最简单的扫描延迟时时间可计算如下：

扫描延迟时间=（对比剂到达时间—成像时间）÷2　　（公式5-2-2）

扫描延迟时间为开始注射和开始扫描之间的延迟。据此计算，对比剂在采集K空间中心数据时到达我们感兴趣的血管结构。这里最困难的部分是对比剂到达时间。因其个体差异较大，可以在扫描前先通过额外测试得到。测试时，使用1～2ml对比剂和10～15ml生理盐水按计划的速度注射，在成像血管区域使用快速 GRE 序列进行单层面扫描，以 1～2s/层的速度扫描约 1min。通过肉眼观察或 ROI 分析确定动脉增强峰值时间。但要注意的是该方法会带来静脉显示污染，另外少量对比剂测试获得的强化峰值时间与实际注射情况下会有轻微差异，因此目前多使用监测扫描法来决定启动扫描的时机。在使用椭圆形中心排序时，扫描延迟时间即对比剂到达时间。

3. 3D-CE-MRA 的临床应用 3D-CE-MRA 能清楚显示血管解剖结构和均匀增强的血流信号，结合原始图像分析，可以观察到血管壁及其周围组织的改变，对临床诊断和治疗计划的制订有很大帮助。其临床应用包括对血管性疾病和肿瘤性疾病诊断的价值。

（1）对血管性疾病的诊断价值：①用于显示脑部和颈部动脉狭窄或闭塞、动脉瘤、血管畸形等病变；②可以显示肺静脉瘘和亚段以上的肺动脉栓塞；③用于显示主动脉瘤、主动脉夹层、主动脉畸形等病变；④用于肾动脉狭窄、动脉瘤的检查；⑤用于肢体血管的狭窄、动脉瘤、血栓性脉管炎和血管畸形等病变的检查。

（2）对肿瘤性疾病的诊断价值：对肿瘤受检者常规增强扫描前或扫描过程中，对病变区行 3D-CE-MRA 扫描，在无须增加其经济负担的情况下可以显示肿瘤的供血信息及有无肿瘤染色。

二、磁共振水成像技术

（一）成像原理

磁共振（MR）水成像是利用静态液体具有长 T_2 的特性，采用重度 T_2WI 技术使实质器官和流动血液呈低信号，而流动缓慢或相对静止的液体呈高信号。由于采集到的 MR 信号主要来源于水样结构，所以称为 MR 水成像。该技术应用 FSE 序列，通过选择长 TR（＞3000ms）、长 TE（＞200ms）实现三维采集重度 T_2WI；应用 SFSE 序列，通过选择长 TR（＞5000ms）、长 TE（＞200ms）还可以直接实现二维采集重度 T_2WI。

（二）临床应用

MR 水成像具有安全、无创、无需对比剂、可以获得多层面多方向高对比 MRI 等优点，在临床上应用广泛。目前，MR 水成像包括 MR 胰胆管成像、MR 尿路成像、MR 脊髓成像及 MR 内耳水成像、MR 输卵管成像等。

1. MR 胰胆管成像（MR cholangiopancreatography，MRCP） 是临床最常用的水成像技术，在许多方面已取代诊断性的内镜逆行胰胆管造影。它能显示胰胆管结构，用于胆道结石、胆道肿瘤、胰腺肿瘤、慢性胰腺炎、胰胆管变异或畸形等病变的检查（图 5-2-5）。

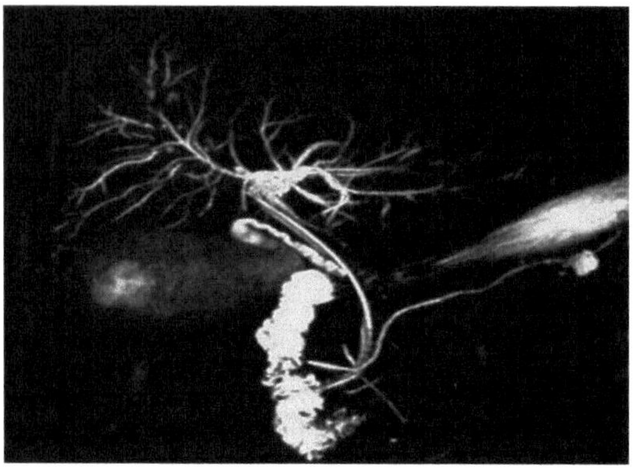
图 5-2-5 MRCP

2. MR 尿路成像（MR urography，MRU） 对尿路梗阻性病变的梗阻部位、程度的显示具有很高的敏感性和特异性。对于因肾功能差而造成静脉肾盂造影中尿路不能显示的受检者，具有较高的临床实用价值。

3. MR 脊髓成像（MR myelography，MRM） 可显示椎管和神经根鞘内的脑脊液，对于椎管梗阻范围、硬膜囊受压的程度和脊膜膨出具有一定的诊断价值。

4. MR 内耳水成像（MR inner ear hydrography） 内耳迷路由膜半规管、蜗半规管、椭圆囊和球囊组成，其内部含有淋巴液，外有骨迷路包绕，内耳道内充满脑脊液。使用 MR 内耳水成像技术，可突出膜迷路和内耳道的影像。

三、磁共振组织抑制技术

组织抑制技术是采用一些特殊技术，选择性地抑制特定组织所产生的信号而进行人体某组织器官成像的应用技术。这种抑制技术可以改变正常组织的固有对比，提高来自于更感兴趣组织（如病变组织）的信号强度。在 MRI 中，主要抑制两种组织：脂肪和水，最常使用的方法是饱和技术。饱和技术包括区域饱和技术、磁化传递技术和脂肪抑制技术等。

案例 5-2-1

患者，男，60 岁，左髋部外伤伴行走困难半天，行影像学检查。案例图 5-2-1A 为 DR 图像，B、C 为 MR 的图像。问：三幅图显示信息是否相同？分析以上结果的原因。该病例，有什么提示？

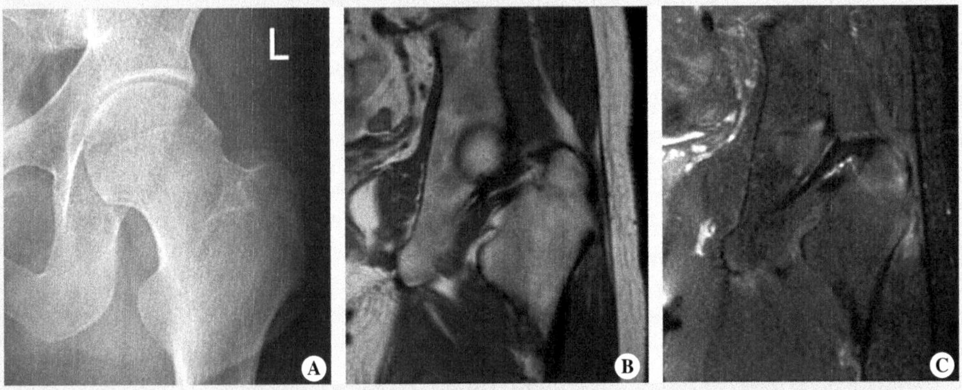

案例图 5-2-1

解答：三幅图显示信息不相同。A、B 两图分别为左髋 DR、T_1WI，均未显示异常；C 为左髋 T_2WI，显示左髋粗隆间骨折。这主要因脂肪抑制技术的使用能突显骨髓的变化而造成。该病例提示在进行骨骼 MRI 检查时，必须应用脂肪抑制技术。

（一）区域饱和技术

区域饱和技术又称预饱和（presaturation）技术，是在成像序列的激发脉冲之前，对一个或多个选定的空间区域预先施加一组非频率选择性的预饱和脉冲，使这些区域内的所有组织都被饱和。在真正的成像脉冲到来时，这些区域内的组织都不能再产生 MR 信号。而饱和区域的选定方法与成像过程中层面选择相类似，其位置和厚度跟选层梯度场的方向、强度及饱和射频脉冲的频率、带宽等有关。临床上，该技术是通过在非兴趣区设置预饱和带来降低非兴趣区的信号强度，以消除非兴趣区组织对兴趣区组织影像造成的影响，主要应用于以下几个方面：

1. 减少运动伪影　如颈椎扫描时，在颈前方咽喉部放置空间饱和带可减少吞咽运动造成的伪影；胸、腰椎扫描时，在胸、腰椎前方放置空间饱和带可消除血管搏动伪影、减少肠管运动伪影；胸部和腹部扫描时，在胸壁和腹壁处放置空间饱和带可减少呼吸运动伪影。

2. 减少卷褶伪影　扫描视野小于解剖部位时，可利用空间饱和带抑制视野以外组织的信号，以消除卷褶伪影。

3. 消除非目标血管的信号　在进行血管成像时，欲采集动脉血管的信号，在扫描层面的远心一侧（即静脉血流的上游）放置空间饱和带以抑制静脉血流的信号；欲采集静脉血流的信号，则在扫描层面的近心一侧（即动脉血流的上游）放置空间饱和带以抑制动脉血流的信号。空间饱和带一般都平行于扫描层面。

4. 应用于磁共振波谱成像　磁共振波谱成像时，在兴趣区周围放置多个空间饱和带，有助于减少兴趣区周围组织对成像区域的信号干扰、提高兴趣区内的磁场均匀度，以保证波谱成像的质量。

（二）磁化传递技术

磁化传递（magnetization transfer，MT）技术是另一种选择性组织抑制技术。它通过抑制大分子蛋白质的结合水，增加图像对比并获得更多组织结构信息。

1. MT 的原理 生物体中的水分子存在两种不同的状态，即自由运动的游离态的水分子（自由水）和与蛋白质等大分子结合状态的水分子（结合水），有时也把这两种状态的水分别称为自由水和结合水。由于结合水的氢质子 T_2 值特别短，通常小于 1ms，在 MRI 信号采集时很难检测到结合水的信号，因此 MRI 的信号主要来源于自由水，但结合水的氢质子又可以影响 MR 信号。

自由水的进动频率范围较小，而结合态的水质子的进动频率范围则较大，要明显大于自由水的进动频率范围。MT 技术是施加一个偏离组织中心共振频率的预饱和脉冲，其中心频率一般偏离自由水共振频率 1000～2000Hz。这样的预饱和脉冲施加给组织后，只有组织中的结合水能够被激发而产生饱和，自由水几乎不受影响。但是结合水的氢质子和自由水质子通过一种特殊的机制始终进行着快速的化学传递。当结合水被饱和时，它就会把从 MT 的预饱和脉冲获得的能量部分传递给自由水质子，从而导致自由水也被部分饱和。当成像脉冲到来时，由于自由水也被部分饱和了，所以产生的 MR 信号就会减弱。这个过程实际上就是结合水把自己的饱和磁化状态传递给自由水的过程，因此称为磁化传递（图 5-2-6）。由于磁化传递效应而引起的组织间信号对比的改变称为磁化传递对比（magnetization transfer contrast，MTC）。

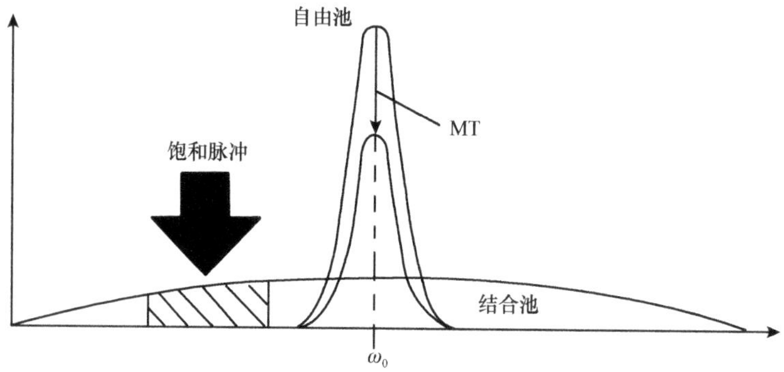

图 5-2-6 MT 原理图

2. MT 技术的临床应用 磁化传递对富含大分子结构的组织（即结合水含量较丰富的组织），如脑组织和肌肉组织效应明显，使用 MT 技术会使这些组织的信号明显衰减。但对于大分子含量少的组织，如血液、脂肪组织、脑脊液和骨髓组织，磁化传递效应则很弱。

（1）在 TOF-MRA 中的应用：在不影响血流信号前提下，可降低血管周围背景组织的信号，从而提高血流和周围组织间的对比。

（2）在 MR 增强检查中的应用：因为被 MRI 对比剂强化的组织信号不受 MTC 的影响，所以增强检查时应用该技术可以提高强化组织与周围组织间的对比。

（3）在多发性硬化病变检查中的应用：能更好地显示硬化斑的脱髓鞘程度。

（4）在骨与关节检查中的应用：能增大透明软骨和关节内滑液之间的对比。

（三）脂肪抑制技术

脂肪组织是人体组织中含量较大的组织。脂肪组织具有 T_1 值很短、T_2 值较长的特性，在 T_1WI 和 T_2WI 上都表现为高信号。这种特性可能为病变的检出提供很好的对比，但有时又会掩盖邻近的高信号病灶。另外，脂肪组织还会引起水脂交界区的化学位移，降低对比剂的强化效果。因此，合理使用脂肪抑制技术不仅可以改善图像质量、提高病变检出率，而且可以为鉴别诊断提供重要的信息。目前，脂肪抑制技术有很多种，常用的脂肪抑制方法有幅度选择饱和技术、化学频率选择性预饱和技术、频率选择反转脉冲脂肪抑制技术、选择性水或脂肪激发技术、化学位移水-脂反相技术、水-脂分离技术等。

1. 幅度选择饱和技术 是一种选择性饱和技术。针对不同组织具有不同的纵向弛豫时间，在180°磁化反转脉冲作用下，所有组织的纵向磁化都被转移至 *Z* 轴负向，脉冲停止后，各种组织的纵向磁化开始弛豫，负向磁化逐渐缩短，并向 0 值接近，通过 0 值后进一步向 *Z* 轴正向增长。由于各种组织的纵向弛豫时间不同，其纵向磁化到 0 值的时刻也各不相同。如果在某种组织的纵向磁化矢量到 0 值时刻施加 90°脉冲激励，并进行信号采集，此时该组织就没有横向磁化矢量产生，该组织就不能产生信号，即被饱和。利用这一特点，通过设定不同的反转时间（TI）值可以选择性地抑制各种不同组织。临床上常用的是 STIR、FLAIR 两种成像技术。

2. 化学频率选择性预饱和技术 也称频率选择饱和法，是利用水和脂肪的化学位移效应实现脂肪抑制的应用技术。由于化学位移现象的存在，脂肪中的质子进动频率比水分子慢 3.5ppm。如在成像序列的激发脉冲之前，预先连续施加数个高度频率选择性的射频脉冲，其频率与脂肪中质子的进动频率完全一致，那么脂肪组织就会因连续激发致其纵向磁化矢量消失（即饱和），而水分子中的质子因进动频率不同则不能被激发；在施加真正的成像脉冲序列后，脂肪组织因被饱和而不能产生 MR 信号，即抑制了脂肪信号。

该技术一般在 1.0T 以上的 MRI 设备上才能获得满意的脂肪抑制效果，但容易受磁场不均匀性影响，如使用扫描野较大时，视野周边区域脂肪抑制效果一般较差。

3. 频率选择反转脉冲脂肪抑制技术 既考虑了脂肪的进动频率，又兼顾了脂肪组织的短 T_1 特性。其方法是在真正射频脉冲激发前，先对三维成像容积进行预脉冲激发，这种预脉冲的带宽很窄，中心频率为脂质子的进动频率，仅有脂肪组织被激发。由于该射频脉冲略大于 90°，这样脂肪组织将出现一个较小的反向宏观纵向磁化矢量，预脉冲结束后，脂肪组织发生纵向弛豫，其纵向磁化矢量将发生从反向到零，然后正向恢复并逐渐增大，直至最大值（平衡状态）。因预脉冲仅略大于 90°，因此从反向到零恢复的时间很短，如果选择很短的 TI（10～20ms），则仅需要一次预脉冲激发就能对三维扫描容积内的脂肪组织进行很好的抑制，因此采集时间延长不明显，也不增加人体射频的能量沉积。但对静磁场大小及其均匀度的要求较高，在低场扫描机上不能进行。

4. 选择性水或脂肪激发技术 可以选用水激发或脂肪激发，水激励属于选择性水或脂肪激发技术的一方面。选择性激发技术通常采用频率和空间选择的二项脉冲，这种脉冲实际上是偏转角和偏转方向不同的多个脉冲的组合。如一个 90°的二项脉冲可以由一个 22.5°、一个 45°和一个 22.5°脉冲组合而成。

下面就以这种组合模式的二项脉冲来介绍水激发技术的原理。第一个 22.5°脉冲激发后水和脂肪的宏观磁化矢量 M 处于同相位，由于这两种成分中的氢质子进动频率存在差别，两者相位差逐渐增大；当两者处于反相位（相差 180°）时，施加 45°脉冲，这样这两种宏观磁化矢量 M 又在同一平面且处于同相位，但他们与主磁场的交角不同，脂肪的 M 为 22.5°，水的 M 为 67.5°；过了一段时间后，这两种宏观磁化矢量又处于反相位，这时给予第二个 22.5°脉冲，这个脉冲把脂肪的 M 打回到主磁场方向，因为没有信号，而把水的 M 打到 X-Y 平面，因此只有水的信号可以采集到，这样就完成了脂肪抑制的水激发。

该技术可用于 SE 序列、FSE 序列及梯度回波序列中，既可以用于 2D 采集模式，也可用于 3D 采集模式，对磁场均匀度要求很高，所以需要添加局部匀场。临床上主要应用于关节软骨成像。

5. 化学位移水-脂反相技术 由于化学位移效应，水中的氢质子要比脂肪氢中的质子进动频率快，在 1.5T MRI 设备上两者进动频率相差约 220Hz。对于同时含有水和脂肪成分的组织，射频脉冲激发后，因水分子中氢质子比脂肪中氢质子进动频率快，原本同相位的两质子经过一定时间后，会出现水中氢质子的相位正好与脂肪氢质子的相位相反，这时总的横向磁化矢量最小（即两者之差），采集到的图像即反相位图。再经过一定的时间，水中氢质子的相位又会逐渐赶上脂肪氢质子的相位，两者相位相同，这时总的横向磁化矢量最大（即两者之和），采集到的图像即同相位图。相位一致和相位相反呈周期性变化。因此，对于同时富含有水和脂肪的组织，在组织的同相位图中组织信号会相对较高，而在其反相位图上组织信号则会相对降低。这种技术常用于诊断肝脏的脂肪浸润（图 5-2-7）及腺瘤性疾病等。

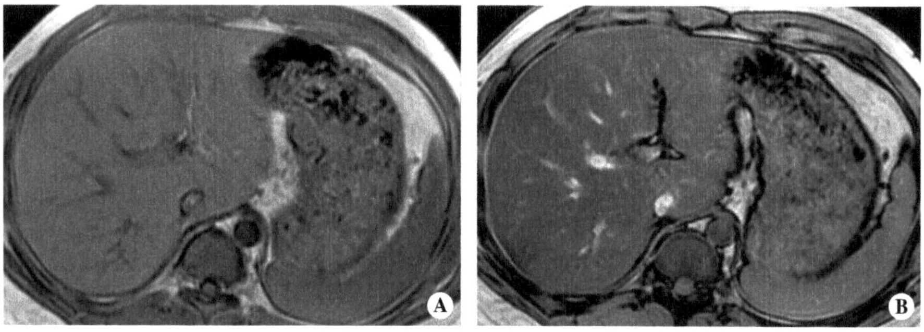

图 5-2-7 化学位移水-脂反相位饱和成像技术

A. 同相位；B. 反相位

6. 水脂分离技术 是 1984 年由 Thomas Dixon 首次提出。在 SE 序列中，通过调整 TE，可以获得水脂相位一致（同相位）的图像和水脂相位相反（反相位）的图像。把同相位图加上反相位图后再除以 2，即得到水质子图像（S_W）；把同相位图减去反相位图后再除以 2，将得到脂质子图像（S_F）。这种方法使用了两个不同的 TE 成像，被称为两点 Dixon 方法：

$$S_W = (S_{IP} + S_{OP}) \div 2 \quad \text{（公式 5-2-3）}$$

$$S_F = (S_{IP} - S_{OP}) \div 2 \quad \text{（公式 5-2-4）}$$

与传统的反转恢复（STIR）和脂肪饱和（fatsat）等抑脂技术相比，Dixon 方法对静磁场具有不均匀性和不敏感性。该技术目前在临床上主要应用于腹部（图 5-2-8）、关节和脊椎。

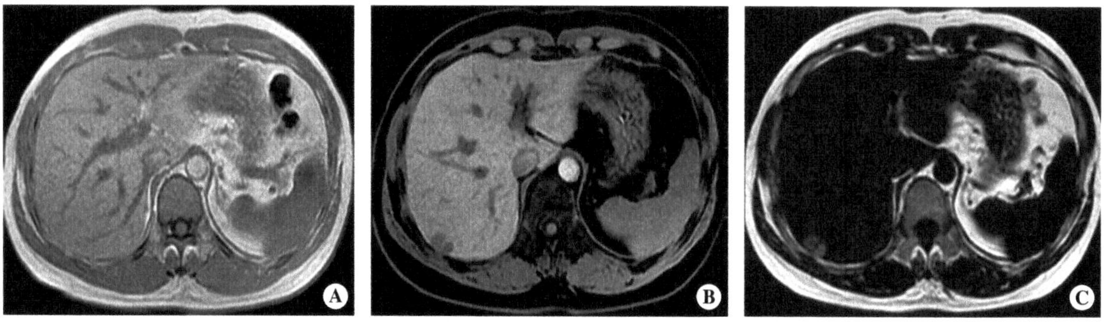

图 5-2-8 Dixon 成像

A. 同相位；B. 水像（肝右后叶低信号）；C. 脂像（病灶内脂肪信号）

然而，上述方法忽略了 T_2 的影响，对脂肪的估计不够准确，技术上也更易产生水脂互换伪影。为了获得更准确的水脂分离结果，研究人员提出了各种改进方案。三点 Dixon 方法是对两点 Dixon 方法的一个重要改进。三点 Dixon 方法最初由 Glover 和 Schneider 于 1991 年提出。该方法通过三幅具有不同水、脂相位差的图像实现分离运算，能够消除 T_2 影响，获得更准确的分离结果。

改进的三点法 Dixon 成像，即三点法非对称回波水脂分离成像（iterative Dixon water-fat separation with echo asymmetry and least-squares estimation，IDEAL），其主要原理是采集信号时间点偏移为 $-\pi/6$、$\pi/2$、$7\pi/6$。这种非对称的采集方式可以充分克服传统三点 Dixon 方法的缺点。保证水脂分离的完全性和结构的清晰性。不但不受主磁场不均匀及体素内水脂比例影响，而且一次扫描可以得到四种不同对比度图像（图 5-2-9）。同时，采用专门的软件，可以对病灶内脂肪信号进行定量分析。

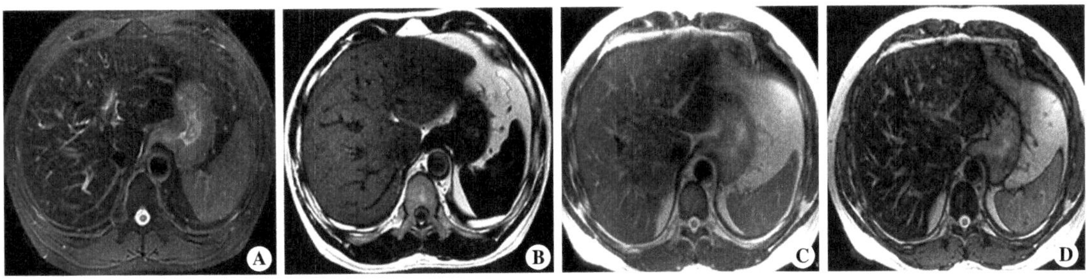

图 5-2-9 IDEAL 成像

A. 水像；B. 脂像；C. 同相位；D. 反相位

四、磁共振功能成像技术

磁共振功能成像（functional magnetic resonance imaging，fMRI）是近十余年来在常规 MRI 基础上迅速发展起来的一种新的成像技术。理论上讲，以反映器官功能为成像目标的 MRI 技术都称为 fMRI。fMRI 相对于磁共振形态学而言，具有较广泛的含义，包括弥散加权成像、灌注加权成像、血氧水平依赖 MRI 技术等。其中脑 fMRI 或称磁共振脑功能定位图（functional brain mapping）的研究是目前开发应用最广泛的领域之一。

（一）弥散加权成像

弥散加权成像（diffusion weighted imaging，DWI），是研究水分子微观运动的成像方法。与传统的 MRI 技术不同，它主要依赖于水分子的运动而非组织的自旋质子密度、T_1 值或 T_2 值，为组织成像对比提供了一种新的方向。它利用对扩散运动敏感的脉冲序列检测组织的水分子扩散运动状态，并用 MRI 方式显示出来。扩散运动是分子无规律的布朗运动（Brown motion），又称分子的热运动，其运动方向是随机的，产生一个以运动轨迹为密度的“密度空间”。这个“密度空间”的范围在各个方向会逐渐增大，在一定方向上，其增大的距离（扩散距离）与相应扩散时间的算术平方根之比为一个常数，这个常数即为扩散系数 D。在均匀介质中，任何方向的 D 值都相等，这种扩散称为各向同性扩散（isotropic diffusion）；在非均匀的介质中各方向的 D 值不同，这种扩散称为各向异性扩散（anisotropic diffusion）。

1. 成像技术 常规 MRI 序列中水分子扩散运动对信号的影响非常微小。DWI 是在常规 MRI 序列基础上，在 X 轴、Y 轴、Z 轴三个互相垂直的方向上施加扩散敏感梯度，从而获得反映体内水分子扩散运动状况的 MRI。其计算公式为：

$$A = e^{-bD} \quad （公式 5-2-5）$$

式中，A 代表扩散运动引起的 MR 信号衰减；D 为扩散系数（diffusion coefficient），反映扩散运动的快慢，单位为 mm^2/s；b 为扩散因子，单位为 s/mm^2，b 值与施加的扩散敏感梯度场强、持续时间和间隔、幅度、形状等有关。在 DWI 中通常以表观扩散系数（apparent diffusion coefficient，ADC）描述组织中水分子扩散的快慢，而不直接采用扩散系数，其原因是 DWI 所观察到的扩散效应除反映水分子自身扩散运动之外，还与使用的 b 值及患者呼吸、脉搏等运动的影响有关。ADC 的计算公式为：

$$\text{ADC} = (\ln S_1 / \ln S_2)/(b_2 - b_1) \quad （公式 5-2-6）$$

式中，S_1、S_2 分别代表两个扩散加权的信号强度，b_1、b_2 为两个不同的扩散因子。通常 b_1 值为 0，b_2 值在不同的部位有不同的选择，颅脑 DWI 中一般设为 $1000s/mm^2$。将每一像素的表观扩散系数值进行自然对数运算后即可得到 DWI 图，因此同一像素在表观扩散系数图和 DWI 图中的信号强度通常是相反的，即扩散运动快的像素，其 ADC 值高，在 DWI 上呈低信号，反之亦然。

2. 临床应用 DWI 在临床上最初用于颅脑疾病的诊断和研究，近期在其他方面得到了进一步应用。

（1）缺血性脑梗死的早期诊断：DWI 已被临床广泛接受，并取得满意效果。急性脑梗死早期没有形态学变化，常规 MRI 为阴性，但由于大量细胞外水分子进入细胞内，引起细胞内水分子增加、细胞外水分子的减少，细胞外间隙扭曲变形，引起水分子扩散受限，DWI 上可表现为高信号，而 ADC 图上为低信号。

（2）其他疾病的诊断和鉴别诊断：DWI 可根据信号强度和 ADC 值的变化来鉴别各种肿瘤成分，有助于判断肿瘤囊实性。依据液体与实性组织的扩散特性之间的差异，DWI 有助于肿瘤及一些囊性病变的鉴别诊断，如脓肿与肿瘤囊变坏死、胆脂瘤与蛛网膜囊肿等之间的鉴别。

（3）对体内如前列腺疾病、肝胆胰脾疾病、乳腺疾病、肾缺血性疾病、胃肠道等病变的诊断及鉴别诊断中也有较多的应用和研究。

案例 5-2-2

男，85 岁，突发头晕、右侧肢体乏力，行头颅 MRI 检查（案例图 5-2-2）。分析下图。

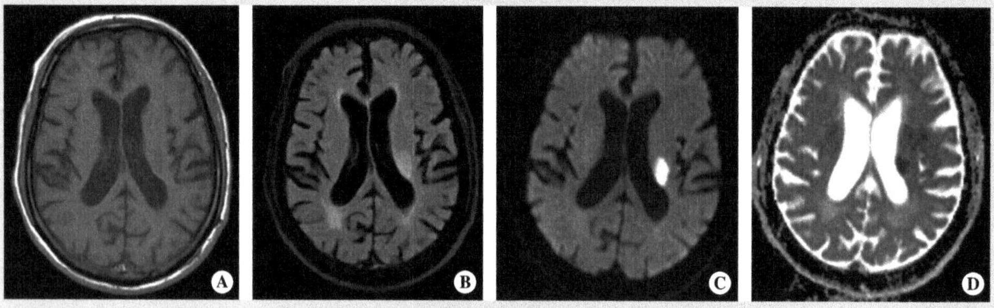

案例图 5-2-2

解答：可见左侧放射冠区类圆形病灶，图 A T_1WI 为低信号，图 B T_2WI FLAIR 为稍高信号，图 C DWI 图呈明显高信号，图 D ADC 图为低信号，提示亚急性脑梗死。

（二）灌注加权成像

灌注加权成像（perfusion weighted imaging，PWI）是建立在流动效应基础上的成像方法。它可以描述血流通过组织血管网的情况，通过测量一些血流动力学参数，来无创地评价组织的血流灌注状态。目前临床上在全身多数脏器都有 PWI 的研究，但最常用的是脑部 PWI。

1. 成像技术

（1）对比剂首过法：利用团注顺磁性对比剂，当血-脑屏障完整时，首过的对比剂仅位于血管内，不向血管外间隙扩散，符合单室模型。位于血管内的对比剂产生强大的、微观上的磁敏感梯度，引起周围组织局部磁场的短暂变化，这种局部磁场的变化可以通过 MRI 上信号强度的变化测得。快速的成像技术如 EPI 和螺旋成像技术，有足够高的时间分辨力，可以准确测量这种团注对比剂造成的磁场信号的快速变化。在一定范围内，组织对比剂浓度与 T_2（或 T_2*）弛豫率的改变大致呈线性关系，应用梯度回波 EPI（GRE-EPI）序列，信号强度与横向弛豫率呈指数关系，通过公式可将信号强度-时间曲线转化为组织对比剂浓度-时间曲线。公式为：

$$Ct(t) = -k \cdot \log\left[S(t)/S(t_0)\right]/\mathrm{TE} \qquad \text{（公式 5-2-7）}$$

式中，$Ct(t)$ 为某时间点上组织中对比剂的浓度；$S(t)$ 为注射对比剂后某时间点上组织的信号强度；$S(t_0)$ 为注射对比剂前组织的信号强度；k 为常数；TE 为回波时间。

团注对比剂经过脑组织的时间很短，通常在 18s 左右，为了监测团注对比剂在脑组织的首过效应，临床上脑部 PWI 通常采用 EPI 的 T_2（T_2^*）加权序列。GRE-EPI 序列获得 T_2^*加权对比，几乎对所有管径血管中的对比剂引起的信号变化均敏感，因此，GRE-EPI T_2^*WI 是目前脑部首过法 PWI 最常用的序列。脑部 PWI 常用的参数为脑血容量、脑血流量和平均通过时间。

（2）动脉自旋标记法（arterial spin labeling，ASL）：该技术无须引入外源性对比剂，是一种利用血液作为内源性示踪剂的磁共振灌注成像方法。ASL 技术把感兴趣的层面称为扫描层面，而扫描层面的血流上游需要进行流入血液标记的层面称为标记层面，流入的动脉血可被连续或间断标记，ASL 根据标记方法的不同可分为两大类：连续动脉自旋标记（continuous ASL，CASL）和脉冲动脉自旋标记（pulsed ASL，PASL）。随着 MRI 技术的发展，特别是 3D ASL 技术的出现，使其在临床上的应用愈加广泛，因有非对比剂依赖的优势，特别适用于儿童、肾功能不全及过敏体质患者。

2. 临床应用 PWI 技术是脑血管病与一些其他疾病的诊断和治疗中很重要的手段，用于评价急性卒中后仍有缺血危险的脑组织、肿瘤、变性疾病，还可用于评价这些疾病的疗效。

（1）脑卒中：在急性脑血管闭塞造成组织坏死后的几分钟至几小时内，区分梗死和可挽救的脑组织直接关系到患者的预后，在慢性可逆的缺血时，判断脑组织存活对治疗方法的选择至关重要。目前对于脑卒中评价多采用对比剂首过法 PWI。在梗死后早期，准确地区分可恢复的及不可逆梗死的脑组织，不仅可以帮助选择最合适的治疗方法，还可预测患者是否能从晚期再通或神经保护治疗中收到疗效。

（2）脑肿瘤：肿瘤的血管特性通常用脑血容量来反映，磁共振灌注可估计胶质瘤的分级，通常高级别胶质瘤较低级别胶质瘤有更高的脑血容量及通透性；磁共振灌注有助于指导立体定位活检；磁共振灌注可用于鉴别放射损伤或肿瘤复发。

（3）脑功能研究：许多研究应用 ASL 测量神经活动改变引起的局部血流变化。一般来说，ASL 技术检测到的信号变化只有血氧合水平依赖技术的一半，因此大部分脑功能的研究仍应用血氧合水平依赖技术。

（4）其他应用 PWI 方法还用于评价癫痫、阿尔茨海默病等疾病。

案例 5-2-3

女，36 岁，胶质瘤术后 1 年复查，案例图 5-2-3A T_1WI+C 可见类圆形强化灶，案例图 5-2-3B T_2WI FLAIR 见手术区域周围高信号，案例图 5-2-3C PWI 显示病灶高灌注，提示肿瘤复发。

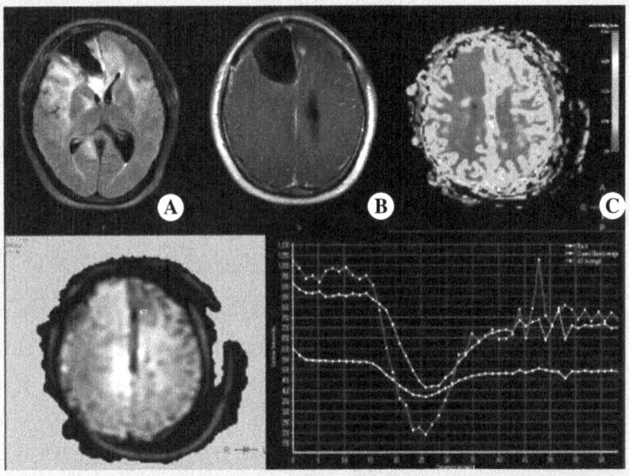

案例图 5-2-3

（三）血氧水平依赖 MRI 技术

血氧水平依赖 MRI 技术是基于血氧合水平依赖（blood oxygenating level dependent effect，BOLD）效应的脑 fMRI 技术。它是利用与脑活动生理过程中，脑血流、脑血流容积、血液氧含量等微弱的能量代谢过程来成像。

1. 主要检查技术 近年来的研究表明大脑的神经元活性时，相关部位的局部脑血容积发生变化，对此可以用 fMRI 进行定位。

（1）成像原理：人体各种生理活动都受相应的大脑皮质控制，脑活动是快速的神经元生理和生化变化，是大量消耗能量的过程，脑组织不能储存能量，只能从葡萄糖中获取，通过脑灌注到达毛细血管床供给活动的神经元。因此，区域脑活动的增加将伴随脑局部灌注和代谢的增加，脑组织血流、血流容积及血氧消耗均增加，血流量增加超出了氧耗量的增加。这种差异导致脑活动区域静脉血氧和血红蛋白增加，脱氧血红蛋白相对减少。脱氧血红蛋白主要缩短 T_2 弛豫时间，引起 T_2WI 信号降低。当浓度降低时导致 T_2^*或 T_2时间延长，在 T_2^*或 T_2WI 上信号增强，使脑功能成像时激活区表现为高信号。

（2）成像技术：fMRI 需要高场强结合高梯度场及快速梯度切换率的 MRI 设备，目前临床科研多采用 3.0T 设备。此外，要求高性能计算机系统进行图像重建、数据传输和 fMRI 处理，需要选择对磁化率变化最敏感的扫描序列。常用 GRE-EPI 序列，具有时间分辨力高、运动伪影少的优点，可在几分钟内完成一次 fMRI 试验，并获得较高的空间分辨力。fMRI 信号强度与矩阵大小、偏转角、重复时间、回波时间、层厚等有关，选择合适的 fMRI 序列参数能获得脱氧血红蛋白诱发的磁化敏感的最佳对比，得到最佳的 fMRI 结果。

fMRI 的步骤可分为确定实验系统、优化扫描序列、制订刺激方案、定位像扫描、功能像采集、数据的获取与处理、受激发区可视性显示等。通过外在有规律的刺激或内在执行某种认知任务与对照状态交互进行，将同一状态下反复获得的多幅图像叠加平均得到的图像，称为均值图像，两种状态下产生的均值图像进行匹配减影，获得功能图像，再应用图像动态处理功能，将功能图像叠加在解剖图像上，得到脑功能活动定位图，使解剖与功能定位达到统一。

实验数据的处理和分析是 fMRI 研究的关键，可以使用一些软件系统来对图像进行预处理及对一个实验进行统计分析。常用的数据处理软件有 SPM 和 AFNI。预处理包括层面采集时间校正、运动校正、结构-功能图像对齐、空间位置标准化和空间过滤平滑处理等过程。统计分析通常包括两个步骤：对单个受试者的一般线性模型分析及根据整个实验样本对总体进行统计推论。

2. 临床应用

（1）神经外科学：最大程度切除肿瘤而同时使感觉、运动、语言等重要的功能区得以保留，延长患者的生存时间并提高生存质量是外科手术的最终目的。fMRI 已能对初级感觉运动皮层、辅助运动区、运动皮层、语言运动中枢等功能区做出准确判定，可显示肿瘤对功能区的侵犯及肿瘤周围功能区发生的变形和移位。可在术前行 fMRI 检查协助神经外科医师制订手术计划，避免术中损伤皮层。术后 fMRI 可显示病侧功能区残留和对侧功能区代偿情况，对功能恢复提供参考。

fMRI 在癫痫手术中的应用已较成熟，在致癫性放电时 fMRI 可发现异常活动脑区。fMRI 能准确定位癫痫灶和周围的功能区皮层，指导癫痫手术方式及癫痫灶的切除范围。

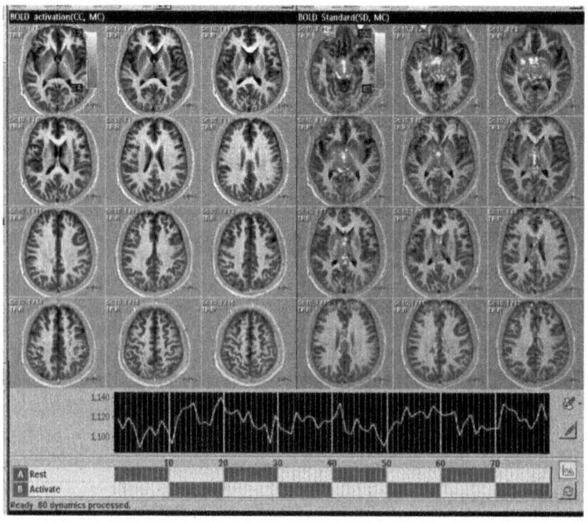

图 5-2-10　BOLD-fMRI 脑功能图

fMRI 还可应用于脑动静脉畸形、海绵状血管瘤等颅内血管畸形和结节性硬化等手术前后功能定位。

（2）神经病学：fMRI 对神经病学研究相对较多。多发性硬化累及顶叶运动皮层导致肢体运动障碍，受累肢体运动时双侧运动皮层活动区域增加，而神经炎患者活动皮层的范围减小。fMRI 可用于评价脑卒中患者的中枢损害及功能重组情况，在指导康复治疗中起重要作用。

（3）精神病学：fMRI 在精神病学领域的应用开展得较少，对疾病的早期诊断和鉴别诊断、皮层功能重组的观察、治疗和预后研究可能有重要作用（图 5-2-10）。

五、磁敏感加权成像

1. 成像原理 磁敏感加权成像（susceptibility weighted imaging，SWI）是利用三维薄层采集，并进行完全流动补偿的梯度回波序列，充分显示组织之间内在的磁敏感特性差别，如显示静脉血、出血（红细胞不同时期的降解成分）、铁离子等的沉积等造成的成像技术。在采集原始数据时，将强度数据与相位数据分开排列，得到两组图像即强度图和相位图。在工作站上进行数据的进一步后处理，对相位数据进行高通（highpass）滤波，中心矩阵常选择 96×96 或 64×64，形成校正的相位图像，用校正的相位图像作为相位加权因子也称为相位蒙片（phase mask），叠加在强度数据上（如进行 4 次加权），形成最终的 SWI 图像，更加强调组织间的磁敏感差异。物质的磁敏感性是物质的基本特性之一，可用磁化率表示，磁化率越大，物质的磁敏感性越大。某种物质的磁化率是指该物质进入外磁场后的磁化强度与外磁场的比率。反磁性物质的磁化率为负值，顺磁性物质的磁化率为正值，但一般较低，铁磁性物质的磁化率为正值，比较高。无论是顺磁性还是反磁性的物质，只要能改变局部磁场，导致周围空间相位的改变，就能产生信号去相位，造成 T_2^*减小。去相位的结果不取决于物质是顺磁性还是反磁性，而取决于物质在一个体素内能多大程度地改变磁场。如钙在脑内的结合状态是弱反磁性物质，但大多数情况下它可以产生局部磁场，导致信号去相位，造成 T_2^*缩短，信号减低。SWI 对去氧血红蛋白等顺磁性成分敏感，因此在小静脉的显示上有其独到的优势，目前临床上主要应用于中枢神经系统，包括脑创伤的检查、血管畸形尤其是小血管及静脉畸形的检查、脑血管病、退行性神经变性病及脑肿瘤的血管评价等。SWI 在体部疾病的运用还处于研究阶段，如定量评估病变铁含量、腹膜后肿瘤出血情况、乳腺癌、前列腺癌、盆腔出血性病变等。

2. SWI 成像注意事项

（1）设备选择：SWI 为场强依赖性技术，外加静磁场越高的 MRI 设备，理论上 SWI 的信噪比和分辨力越好。目前临床上 SWI 只能在 1.5T 及以上场强的设备上实现，且需要特殊的软件支持，包括序列的设计和后处理软件。

（2）线圈选择：正交头线圈及多通道相控阵线圈均可用于 SWI，相应的后处理算法有所不同。与正交头线圈采集相比，采集相同层厚及范围的 SWI，多通道相控阵线圈获得的数据量大，图像后处理所需时间长，图像的信噪比更好。

（3）受检者情况：与常规头部 MRI 检查要求一致，在成像过程中要保持患者头部不动。患者头部金属异物会严重影响图像质量，造成图像扭曲变形。

（4）成像方位与相位编码方向：采用横断面扫描，可选择矩形视野或正方形视野，相位编码方向一般选择左右方向。由于 SWI 为三维采集，可以进行最小密度投影（minimum intensity projection，MIP），以显示脑部整体的小静脉。

（5）层厚及范围的选择：在神经核团的结构观察上，首先考虑更好的空间分辨力，可选择更薄的层厚（1.0～1.5mm）；其他病变的检出均应更多地考虑充分的覆盖范围，因此在层厚与层数及采集时间上需要做权衡选择（可选择 2.5～3.0mm 层厚）。

案例 5-2-4

患者，男，64 岁，突发右侧肢体乏力 5 天入院，从 DWI、SWI 图可以看到左侧放射冠区弥散受限且合并低信号（案例图 5-2-4），分析可能的病症。

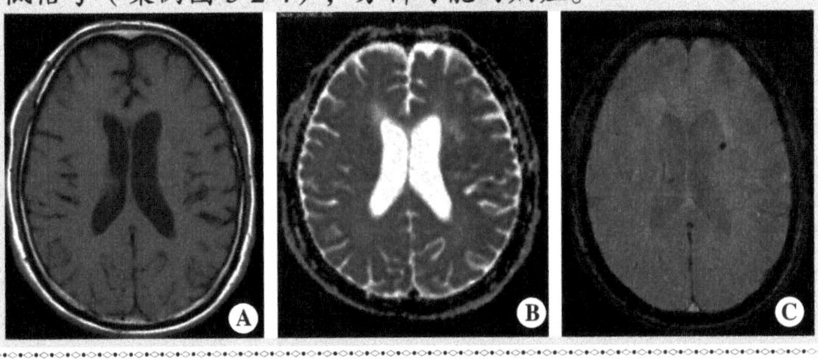

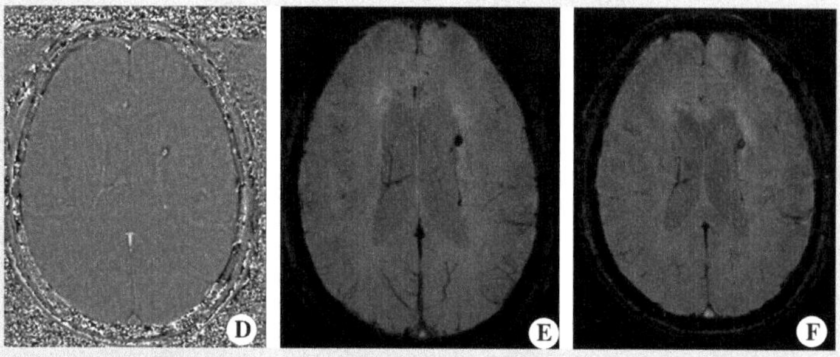

案例图 5-2-4

解答：提示亚急性脑梗死合并微出血。

六、磁共振波谱成像

磁共振波谱（magnetic resonance spectroscopy，MRS）成像是利用质子在化合物中共振频率的化学位移现象，测定化合物组成成分及其含量的检测技术。随着高场强 MRI 设备的应用及相关技术的快速发展，MRS 在活体应用日渐广泛，成为目前唯一无创性检测活体器官和组织代谢、生化、化合物定量分析的技术。

1. 成像原理 MRS 成像与常规 MRI 的基本原理大致相同，都遵循 Larmor 定律，由于氢质子（^1H）的旋磁比最大（42.58MHz/T），在生物体内最丰富，产生的 MRS 信号最强，且与常规 MRI 所有的激发及接收频率一致，临床应用技术最成熟。化学位移是 MRS 成像的基础，自旋耦合现象是原子核之间存在共价键的自旋磁矩相互作用形成的耦合，化学位移和自旋耦合两种现象形成了波谱的精细结构。

MRS 需要良好的磁场均匀性，要求短的射频脉冲激励原子核需要一段采集信号的时间，再将收集到的自由感应衰减信号（FID）通过傅里叶变换成波谱。由于化学位移，不同化合物中相同原子的进动频率不同，在 MRS 频率编码不同位置形成不同的峰（图 5-2-11）。化学位移以外加磁场共振频率的百万分比（parts per million，ppm）作单位，同一原子核在不同外加磁场中的化学位移 ppm 值相同。

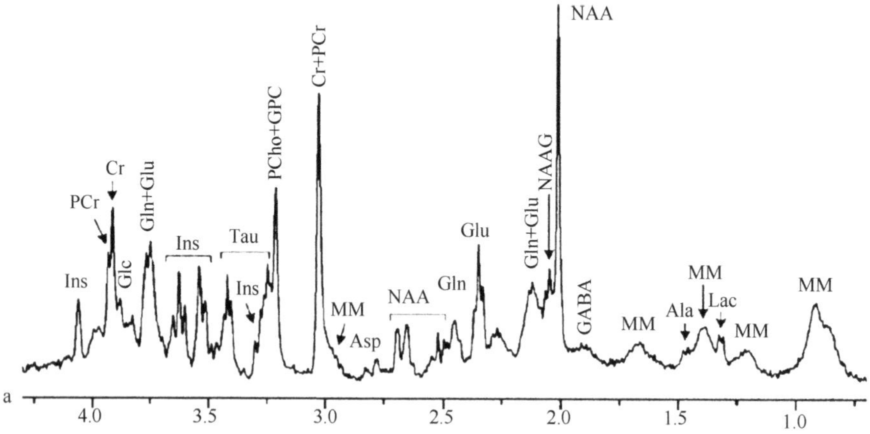

图 5-2-11 不同代谢物的谱线图

2. 成像方法

（1）MRS 成像技术：目前，临床研究多采用 3T（或 1.5T）的 MRI/MRS 一体化装置。目前最常应用于临床的是 ^1H-MRS。在 ^1H-MRS 技术中，影响氢质子在不同化合物中磁共振频率的因素包括以下几种。

1）化学位移（chemical shift）：质子在不同分子中或在相同分子中的不同空间位置上受外电子的影响，其共振频率略有差异。因此，在外磁场不变的情况下，相同的原子核在不同分子中具有不同的共振频率，这就是化学位移。一般质子的化学位移为数十至数百赫兹。利用化学位移原理获取成像容积中单一化学成分的图像称为化学位移成像。

2）自旋耦合（spin coupling）或 J 耦合（J-coupling）：由于氢质子存在高能级与低能级的自旋方式，加之多个氢质子不同能级的组合方式不同，自旋耦合可在原共振频率上产生分裂，造成双峰、三峰甚至更多的锯齿峰。自旋耦合与化学位移不同，它的大小与外磁场强度无关，而与参与自旋耦合的共价键数目成正比。在大多数情况下，自旋耦合产生的频率变化要远小于化学位移产生的频率变化。尽管如此，自旋耦合的作用可使波形中的波峰发生融合，常需要采用去耦合技术得到较好的谱线。去耦合技术利用自旋方式的快速变化来消除自旋方式不同造成的影响。

3）与时间相关的影响因素

弛豫（relaxation）：为了减少饱和效应，选择较长的 TR 时间，使氢质子弛豫过程中 J 耦合相应不受 180°射频脉冲的影响。

化学交换（chemical exchange）：交换发生较慢时，两种物质的波峰彼此接近，波峰变宽，当交换足够快时，两种物质只产生一个波峰，当交换速度加快时，波峰变窄。

（2）MRS 空间定位技术：是将产生 MR 信号的组织控制在一定容积内。目前临床应用比较广泛的在体 MRS 定位技术有深部分辨表面线圈波谱分析法、在体成像选择波谱分析法、激励回波探测法、点分辨波谱法、化学位移成像定位方法等。在体磁共振波谱的空间定位技术一般分为单体素技术和多体素技术。

1）单体素技术：基本原理是应用三个互相垂直的层面选择脉冲，采集与三个层面均相交点（体素）内的回波信号。目前常用的单体素（single voxel，SV）空间定位技术包括活体影像选择波谱（image selected in-vivo spectroscopy，ISIS）、激励回波采集模式（stimulated echo acquisition mode，STEAM）和点分辨波谱（point resolved spectroscopy，PRESS）三种，ISIS 主要用于磷谱，STEAM 主要应用于氢谱。

2）多体素技术：该技术可测量所选择兴趣区内多个邻近体素的磁共振成像信息，也称化学位移成像（chemical shift imaging，CSI）或磁共振波谱成像（MRSI），分为二维及三维的多体素采集。其优点：一次采集覆盖的范围较大，在选定的空间分布中，可以得到多体素的代谢物谱线，比单体素的方法效率更高。但由于采集范围大，容易受到磁场不均匀的影响，谱线质量及稳定性不如单体素技术可靠，谱线的校正也更复杂，对硬件和软件的技术要求更高。

3. 临床应用 在许多疾病发展过程中，代谢改变先于病理形态改变，而 MRS 对这种代谢改变的潜在敏感性很高，故能提供早期病变检测信息。MRS 提供定量的化学信息，一般以数值或图谱来表达。MRS 目前多应用于神经系统、前列腺和乳腺疾病的诊断和评价，对其他系统器官如肝脏、肾脏、心脏、肌肉等也正在开展和研发。图 5-2-12 为正常脑组织的波谱图。

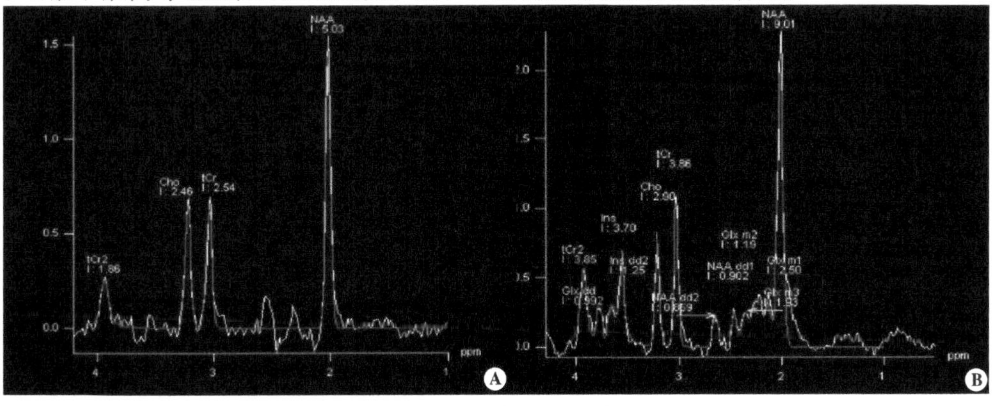

图 5-2-12 正常脑组织的波谱图

A. TE 为 135ms；B. TE 为 30ms，可见 TE 越短检测到的代谢物越多，对波谱曲线的判断也更复杂

案例 5-2-5

患者，男，66 岁，无诱因出现下肢乏力、麻木，行 MRI 检查，发现左侧额叶病灶，加扫单体素自旋回波 MRS 序列，TE 选择为 144ms，案例图 5-2-5A 感兴趣区为病变区域，案例图 5-2-5B 感兴趣区为对侧脑组织谱线作为对照，分析可能的病症。

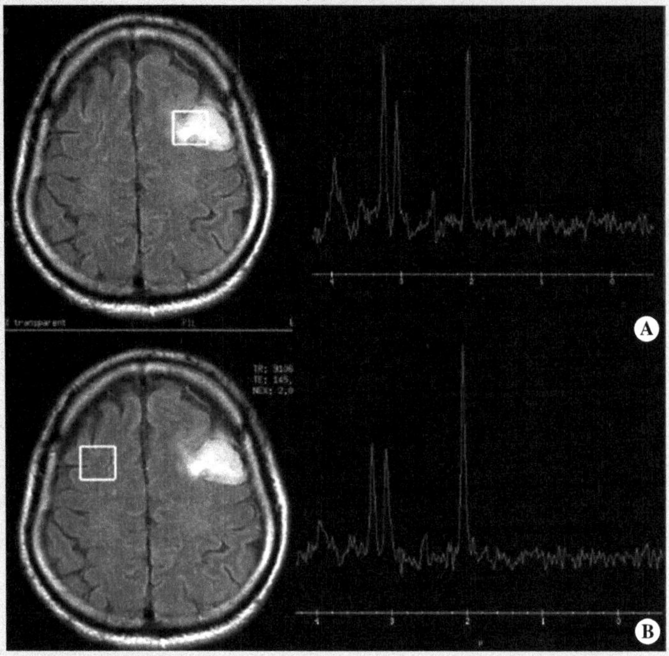

案例图 5-2-5

解答： A 图谱线显示病灶区 Cho 峰升高，NAA 峰降低，提示肿瘤性病变，B 图为正常脑组织谱线。

七、磁共振辅助成像技术

在 MRI 中，为了达到理想的成像效果，经常使用一些特殊的技术在特定部位辅助成像，可获得优良的图像效果。

（一）磁共振电影成像技术

磁共振电影成像（magnetic resonance cine）技术是利用磁共振快速成像序列对运动的脏器实施快速成像，从而达到“冻结”运动的目的，并产生一系列运动过程中不同时段（时相）的静止图像。

对于具有固定周期运动的脏器，将其运动周期平均分成若干时段，每一时段又称为一个时相，每个时相产生同一个层面的一幅图像，全部时相对应的图像呈连续显示，即为电影图像。

运用梯度回波序列，可在一个运动周期内的每个时相采集多行 K 空间数据（一个 K 空间段），从而提高成像速度，这种方法又称节段电影技术（图 5-2-13）。这种方法的心脏电影成像在心功能评价、心瓣膜病变、先天性心脏病诊断中具有重要价值。

对于无固定周期运动的脏器，如膝关节、颞颌关节等，其电影成像的方法是将其运动的最大范围分成若干相等的空间等份，然后按照一定的顺序，每次运动一个等份。在每一个等份点采集一幅图像，直至所有图像采集完毕。然后将每个空间位置的图像放在一个序列内连续显示，即成为关节运动功能的电影图像，这种方法的成像时间很长。随着超快速序列的发展，磁共振实时成像技术将使运动功能的显示成为常规。

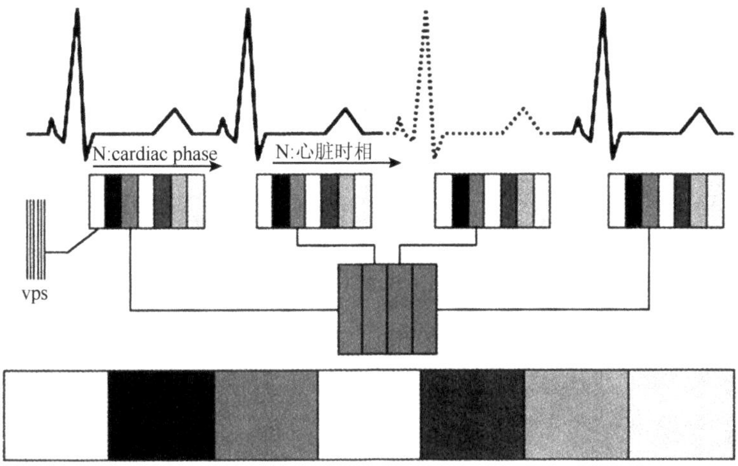

图 5-2-13 磁共振心脏节段电影原理

（二）磁共振生理同步采集技术

1. 心电门控（ECG gating）技术

（1）基本知识：心电门控技术包括回顾性心电门控和前瞻性心电门控。前者在整个心动周期内连续进行 MRI 射频激发和信号采集，同时把心电信息融入 MRI 系统中，将每个心动周期中相似时相的 MRI 信号重建一幅图像，明显减少了运动伪影；后者又称心电触发技术，其在 R 波的波峰被探测后，经过一个延时，相当于进入心室舒张中期时刻，启动 MRI 序列，直到下一次心室收缩前被暂停。

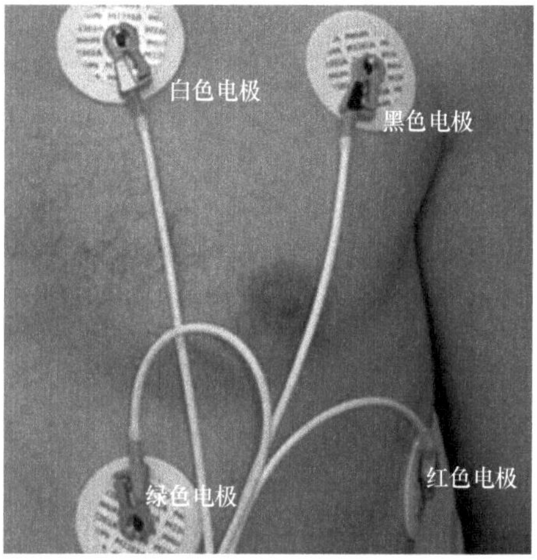

图 5-2-14 心电电极安放位置

（2）心电图导联的安放：心电电极放置有多种方式，有胸前导联和胸后导联，这里主要介绍胸前导联的准备方式，放置方式见图 5-2-14，基本原则是最大程度获取心电信号和减少干扰，具体措施：局部皮肤清洁，避免将电极放置在阻抗较高的组织如肋骨和乳腺体，避免将白色电极放置在主动脉走行区域以降低水磁效应带来的高 T 波干扰，各电极之间不要大于 15cm，以减少磁场切换带来的噪声干扰等。4 个电极分别放置左锁骨中线第 5 肋间隙（红色）和第 2 肋间隙（黑色），胸骨左缘第 5 肋间隙（绿色）和第 2 肋间隙（白色）。

（3）参数设定：序列参数与心动周期（HP）或心动频率（HF）必须协调，否则影响成像质量及成像时间，心动周期与心动频率的关系如下所示：

$$HP = 60 \times 1000 / HF \quad (公式 5\text{-}2\text{-}8)$$

触发延迟时间（TD），即 R 波至开始采集的间隔时间，在 T_1 加权成像时，有效 TR 为一个心动周期，序列 TR 一般应设定为较 HP 小 10%左右，以减少心律不齐的影响。在 T_2 加权成像时，TR 应为两个或三个心动周期。触发延迟时间（TD）则应根据观察心脏的运动时相而设定。

（4）应用：心脏大血管的 MRI，肺及纵隔 MRI，PC-MRA，流量分析技术等。

2. 脉搏门控（pulse trigger）技术 与心电门控相似，所不同的是，前者一般利用指脉探测夹或指套来探测脉搏随心动周期的变化波，作为门控信息来替代心电门控。

3. 呼吸门控技术

（1）基本知识：呼吸门控技术包括呼吸补偿技术（respiratory compensation）和呼吸触发技术（respiratory triggering）。前者在整个呼吸周期中，MR 信号采集一直在进行，对呼吸周期中相似时间点的 MR 信号采用相似的相位编码。这样原来呼吸运动引起的随机相位偏移，因与呼吸信号整合并进行相位重新编排后变成规律性变化；后者属于前瞻性呼吸门控技术，其一般以呼气末为触发点开始采集，至下一次吸气前停止采集，这样信号采集发生于呼吸运动相对停止的平台期，呼吸运动伪影明显减少（图 5-2-15）。

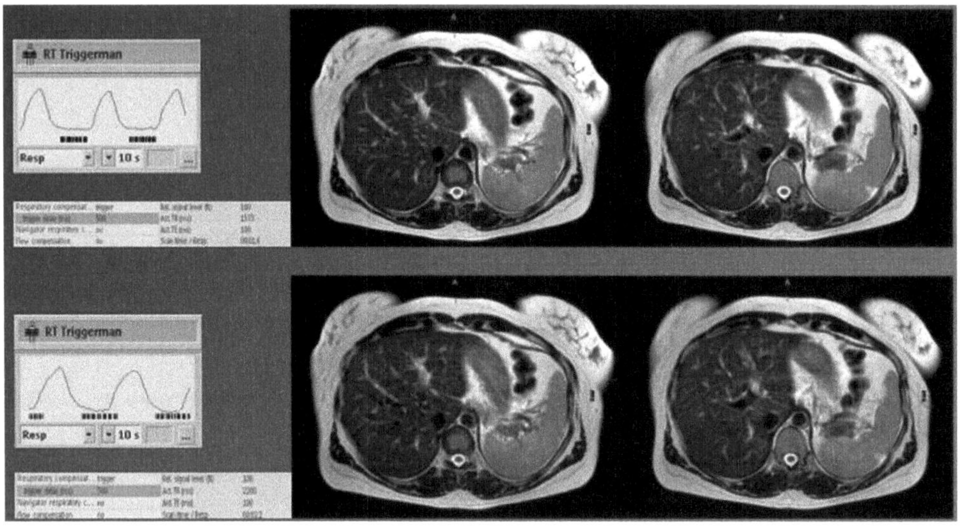

图 5-2-15　触发延迟时间的设置

（2）呼吸感应器的安放：呼吸感应器用于感应呼吸状态产生呼吸运动幅度的波。由于男女的呼吸方式不同，男性应将呼吸感应器安放于上腹部，感应器两端围绕患者腹部系带的松紧度要适中，过紧、过松都会导致感应信号变形。女性患者则应安放在下胸部。

4. 导航回波技术（navigator echo）

（1）基本知识：导航回波技术可采用一维、二维或三维采集，目前临床上应用较多的是二维导航回波技术。导航回波是膈面位置随呼吸运动变化的信息，其波形正好与呼吸门控得到的曲线相反，最高点为呼气末，最低点为吸气末。信号采集则同呼吸门控一样，在呼气末以后的相对平台期进行。

（2）导航条的放置：使用导航回波技术时，导航条的放置非常重要。其长轴方向垂直于膈面，上下径的中点放置在膈面水平，这样导航条上半截位于右肺，下半截位于肝脏（图 5-2-16）。

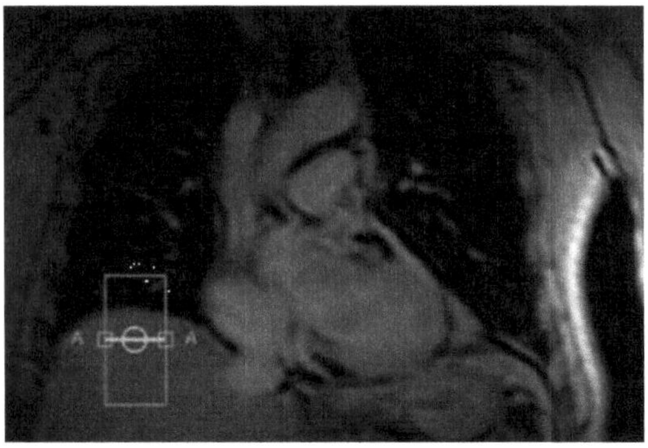

图 5-2-16　导航条的放置

（3）临床应用：导航回波技术目前在临床上主要有两个用途，①自由呼吸的心脏成像特别是冠脉成像；②自由呼吸的上腹部成像，作用相当于呼吸触发。

【小结】　本节主要内容包括增强某组织结构显示的血管成像与水成像技术、抑制某组织结构显示的区域抑制技术、脂肪抑制技术及水抑制技术、磁共振功能成像技术、磁敏感加权成像技术、磁共振波谱成像及其磁共振辅助成像技术等。磁共振功能成像技术包括磁共振扩散成像技术、灌注成像技术及血氧水平依赖 fMRI 技术等，磁共振辅助成像技术包括磁共振电影成像技术、磁共振生理同步采集技术等。这些应用技术贯穿于所有的 MRI 检查，掌握这些应用技术的成像原理及其相关影响因素既是学会各种应用技术的前提，也是提高相应应用技术水平的基础。

第三节 颅脑MRI检查技术

一、临床概述

脑组织结构特殊，自然对比差。MRI具有较高的软组织分辨力，非常适合颅脑MRI检查。脑MRI检查不仅能够显示颅脑病变，而且有助于了解病变与毗邻组织结构的空间关系，为临床制订治疗计划和预后评估提供有价值的信息，可广泛应用于颅脑外伤、脑血管性疾病、颅内占位性病变、颅内感染与炎症性病变、脑退行性病变及脑白质病变，脑先天性发育异常、脑积水、脑萎缩及颅骨骨源性病变等多种疾病的诊断及脑功能分析。

1. 颅脑外伤 MRI对外伤引起的脑挫裂伤、脑淤血、脑水肿、脑出血异常信号的检出均较敏感，但常规序列对24h内脑出血的检出是盲点。临床上，对颅脑外伤急诊，一般沿用CT检查，对于24h后CT检查阴性者，MRI检查具有优势，因此，常规MRI检查尤其适合颅脑外伤24h后CT检查结果阴性者。

2. 脑血管性疾病 MRI有多种序列可对脑梗死、脑出血、脑血管畸形作出明确诊断。以磁共振扩散加权序列为代表的功能成像序列能在器质性改变出现之前的功能改变期较早地发现病变，间接反映脑细胞的功能状态，使缺血性脑梗死的诊断有了突破性的进展。磁共振弥散加权成像可检出发病6h的早期脑梗死病灶，甚至于发病后2h即可于DWI序列发现直径5mm以内的腔隙性梗死灶。动脉自旋标记灌注成像序列（ASL）无须注射对比剂，也可以获得信噪比较高的脑血流灌注图，其诊断价值优于注射对比剂的灌注成像序列，对早期脑梗死、脑出血等血管功能状态作出早期诊断，有助于指导临床早期干预治疗。

MRI对脑出血可作出明确诊断，甚至对细小出血点、早期点状出血也能用特殊序列检出。磁敏感序列成像（SWI）不仅能显示静脉血管（低信号），同时能检出T_1WI、T_2WI等普通序列呈阴性的早期及超早期出血、少量出血、微小出血点、机化陈旧性出血灶。

颅脑MRA、MRV序列，无须注射对比剂，即可获得颅内动脉、静脉影像，对脑血管瘤、血管狭窄和闭塞、脑动静脉瘘等脑血管畸形疾病的筛查具有重要意义；能显示肿瘤血管的血供情况及肿瘤压迫邻近血管结构的移位情况，为外科手术方案的制订提供影像学依据。

3. 颅内占位性病变 良恶性肿瘤、囊肿等病变，除了应用颅脑常规序列及增强序列扫描外，还可以应用功能成像序列对肿瘤进行定性分析、定量分析及功能评估。

DWI序列对鉴别良恶性肿瘤具有一定辅助意义。DTI对评估神经束破坏受损、挤压移位等情况可提供分子水平影像学信息。ASL可评估脑肿瘤的血流灌注情况。BOLD-fMRI序列主要用于功能皮层中枢的定位，包括视觉、运动、听觉、感觉、语言等皮层中枢的定位研究，可间接反映大脑皮层中枢的功能，为外科手术提供指导性定位信息并评估术后情况。BOLD-fMRI的应用已扩展至类似于记忆等认知功能的研究领域，以及对化学刺激研究、抑郁症等的评价。MRS序列通过测定兴趣区组织代谢化合物的波谱信息，间接反映脑内病变组织代谢物的变化情况，为诊断提供了分子水平的辅助信息。

4. 颅内感染与炎症性病变 MRI平扫和增强扫描可提供形态学影像信息，应用MRS可获得病变组织化学代谢物质的相关信息。

5. 脑部退行性病变及脑白质病变 常规颅脑平扫，必要时增强可提供形态学影像信息，同样，应用MRS及DTI序列可获得有价值的分子水平研究信息。

6. 脑先天性发育异常、脑积水、脑萎缩 先天性中枢神经系统畸形种类繁杂，分类方法多，常见多种畸形并存，常规颅脑平扫即可。

7. 颅脑骨源性疾病 一般应用颅脑平扫，必要时进行增强扫描。目前功能成像序列在颅骨的成像质量较差，临床应用价值有限。

二、颅脑MRI检查技术

1. 适应证 ①颅脑外伤（CT检查阴性者）；②脑血管疾病，如脑梗死、脑出血、脑血管畸形；

③颅内占位性病变，良、恶性肿瘤；④先天性发育异常；⑤颅内压增高、脑积水、脑萎缩等；⑥颅内感染；⑦脑白质病；⑧颅骨骨源性疾病。

2. 射频线圈 头部正交线圈，头部多通道相控阵线圈或头颈部联合线圈。

3. 受检者体位及成像中心 仰卧位、头先进，眉间作为成像中心。

4. 扫描技术

（1）常规扫描：颅脑以横断面为主，扫描序列包括 SE 或 FSE-T_1WI 序列、FSE-T_2WI 序列、T_2WI-FLAIR 序列等，并配合矢状面或冠状面 T_1WI 或 T_2WI 序列。横断面与胼胝体前、后联合连线平行，中心位于脑干前缘，扫描方向为由下至上，成像范围为从枕骨大孔至颅顶（图 5-3-1）；矢状面与大脑矢状裂平行，扫描方向为由右至左（图 5-3-2）；冠状面与大脑矢状裂垂直，扫描方向为由前至后（图 5-3-3）。相位编码方向：横断面采用左右方向，矢状面采用前后方向，冠状面采用左右方向。在扫描层面下方设置预饱和带。

（2）增强扫描：采用钆对比剂（如 Gd-DTPA），剂量为 0.1mmol/kg 或遵照对比剂使用说明书，静脉注射速度为 0.5～2.5ml/s。注射完对比剂后即开始增强扫描。扫描序列应针对病灶并兼顾横断面、冠状面、矢状面 T_1WI 扫描。

（3）推荐颅脑 MRI 参数（表 5-3-1）。这些参数包括：重复时间（ repetition time，TR）；回波时间（echo time，TE）；反转时间（reversion time，inversion time，TI）；翻转角（flip angle，FA）；视野（field of view，FOV）；矩阵（matrix）；层厚（slice thickness）；激励次数（number of excitation，NEX）；回波链长度（echo train length，ETL）。

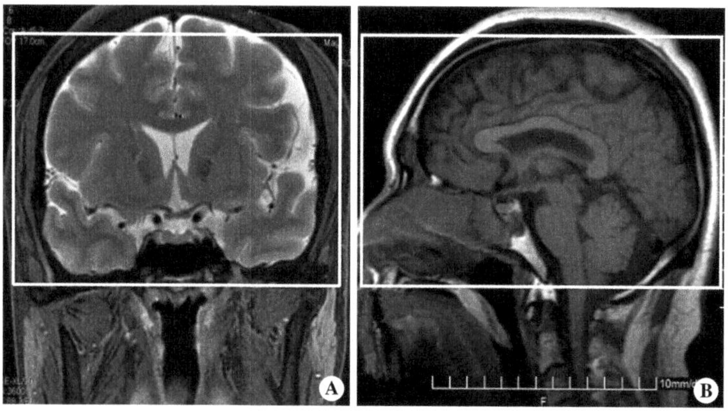

图 5-3-1 颅脑横断面成像

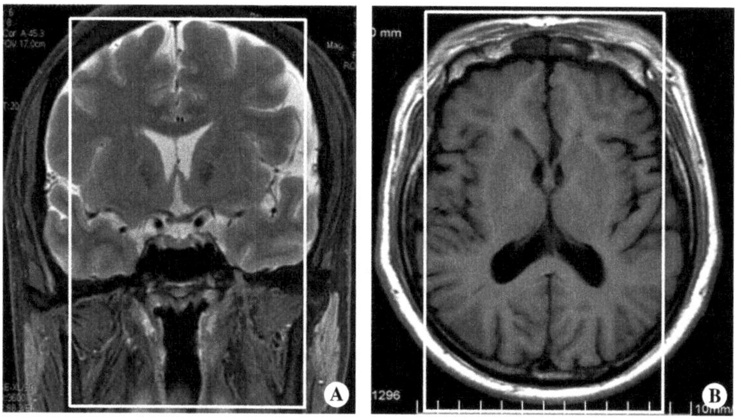

图 5-3-2 颅脑矢状面成像

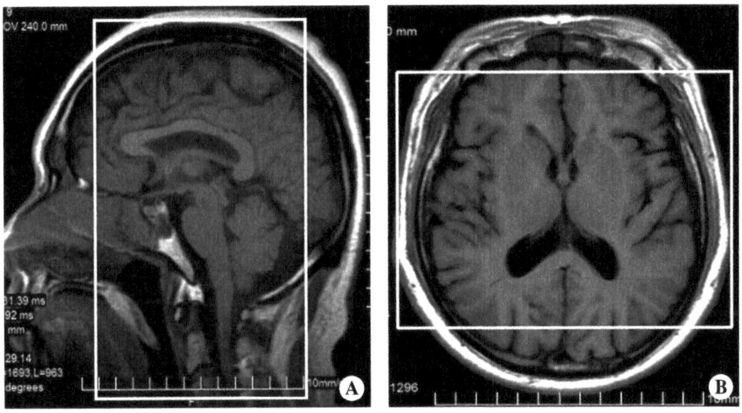

图 5-3-3 颅脑冠状面成像

表 5-3-1 颅脑 MRI 参数

脉冲序列	TR（ms）	FA	TI（ms）	TE（ms）	ETL	矩阵	FOV（cm）	层厚/间隔（mm）	NEX
FSE-T_1WI	300～600	90°		10～25	2～4	256×192	22～24	5～6/1～2	2～4
T_1WI-FLAIR	1500～2000	70°	700～900	10～25	6	256×192	22～24	5～6/1～2	2
FSE-T_2WI	2000～4000	90°		90～120	8～32	256×192	22～24	5～6/1～2	2～4
T_2WI-FLAIR	8000～9000	90°	2000～2500	90～120	8～32	256×192	22～24	5～6/1～2	2

5. 图像要求

（1）全脑双侧结构尽量对称显示。

（2）无明显运动伪影。

（3）覆盖全脑。

（4）颅脑 MRI 如图 5-3-4。

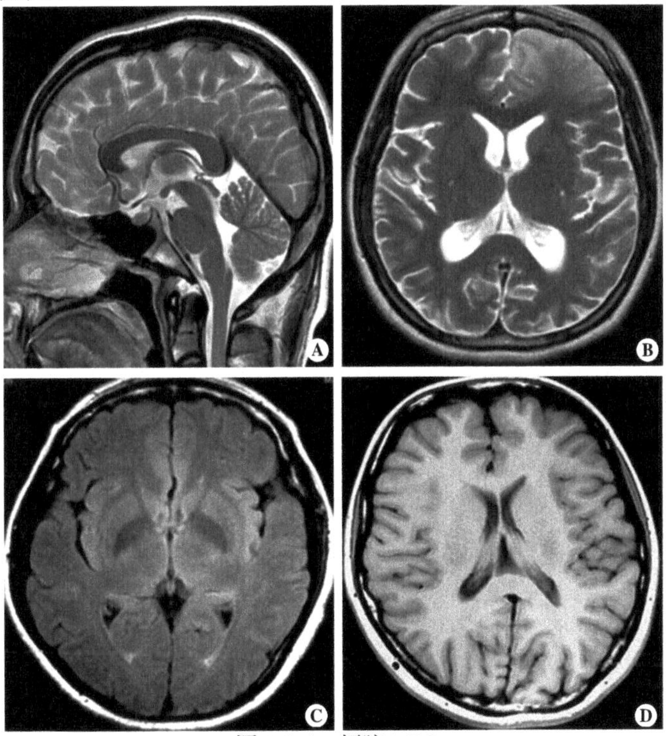

图 5-3-4 颅脑 MRI

A. 矢状面 T_2WI；B. 横断面 T_2WI；C. 横断面 T_2WI-FLAIR；D. 横断面 T_1WI

6. 注意事项

（1）高场强颅脑 MRI 检查时，应用 T_1W-FLAIR 序列代替 SE-T_1WI 序列，TI 的选择随场强改变而变化。

（2）婴幼儿 MRI 检查时，为达到头颅中心与线圈中心一致，需在其枕背部加软垫，同时注意保暖。

（3）婴幼儿颅脑含水量多、灰白质对比度较差，推荐采用 IR 序列。

（4）意识不清及运动无法控制受检者，宜采用快速扫描序列或其他能减少运动伪影的扫描技术。

（5）增强扫描时，至少应有一个扫描序列参数与常规扫描相同，并采用脂肪抑制技术。

（6）增强扫描时，如病变紧邻颅底或颅盖骨，应采用脂肪抑制技术。

（7）常规 MRI 扫描一般不做图像后处理。为了评价强化效果，可以在增强扫描时，与常规扫描相同序列参数的两组图像数据做减影处理。

案例 5-3-1

患者，男，73 岁，头部外伤半个月，一直头痛。案例图 5-3-1A、B 为 CT 图像，案例图 5-3-1C、D 为 MRI。问：四幅图像显示信息是否相同？分析以上现象产生的原因。

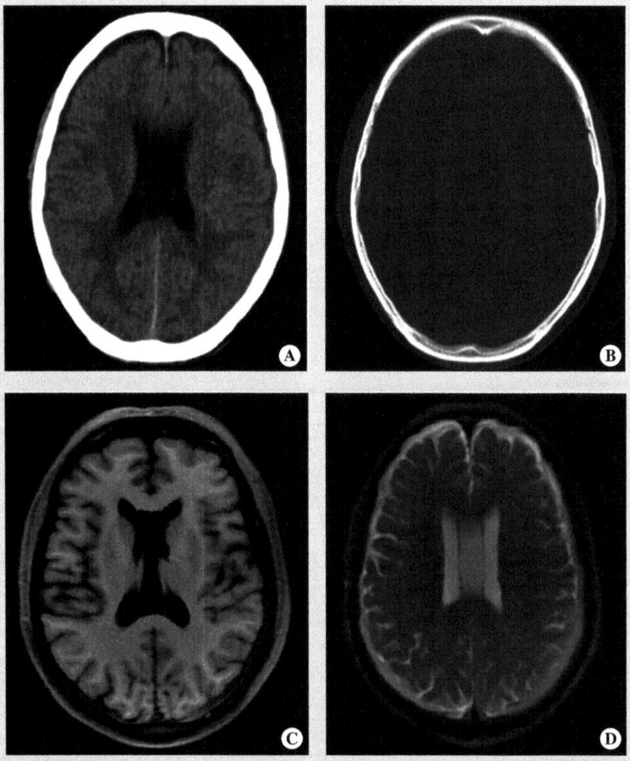

案例图 5-3-1

解答：四幅图像显示信息不相同。A、B 图分别为 CT 软组织窗和骨窗，未见异常；C、D 图为 T_1WI 和 T_2WI，均显示慢性硬膜下血肿。这主要因为慢性硬膜下血肿 CT 值跟脑组织相近，而 T_1、T_2 值跟脑组织不同，在 T_1WI 和 T_2WI 均为高信号。

三、颅脑 MR 血管成像技术

颅脑 MR 血管成像技术属于非介入性的成像方法。根据采集目标血管的不同，颅脑 MR 血管成像技术可分为颅脑动脉成像和颅脑静脉成像。根据成像原理的不同，颅脑 MR 血管成像技术可分为时间飞跃法 MRA（TOF-MRA）、相位对比法 MRA（PC-MRA）、平衡式稳态自由进动法 MRA、基于动脉自旋标记的 MRA 和对比剂增强血管成像等。这里主要介绍前两种颅脑 MR 血管成像技术。

（一）颅内动脉 3D-TOF-MRA

1. 适应证 ①血管瘤；②动静脉畸形；③脑出血；④脑梗死；⑤烟雾病等。

2. 射频线圈 头部正交线圈，头部多通道相控阵线圈或头颈部联合线圈。

3. 受检者体位及成像中心 仰卧位、头先进，眉间作为成像中心。

4. 扫描技术

（1）常规扫描：采用横断面（纯轴位或斜位均可）3D-TOF 快速梯度回波序列。扫描平面与多数颅内动脉走向成角；扫描方向由上至下；扫描范围以 Willis 环为中心，一般从枕骨大孔至胼胝体上缘。在矢状面定位像上定位横断面三维多个扫描块，冠状面调整左右角度，横断面调整旋转角度。层块之间重叠范围应相当于其厚度的 25%（图 5-3-5）。相位编码方向：左右方向。在扫描层面上方设置预饱和带以消除静脉信号。

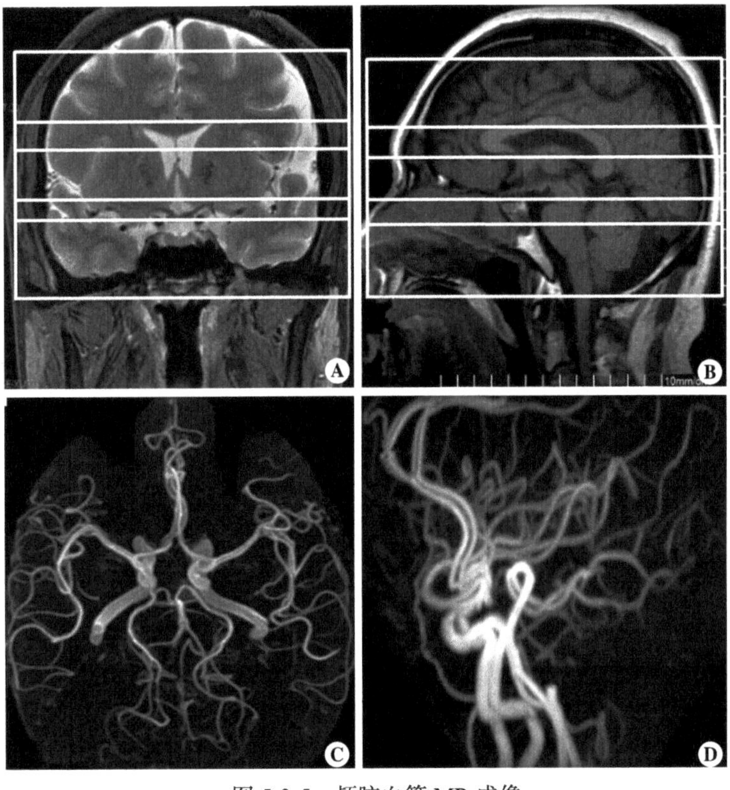

图 5-3-5 颅脑血管 MR 成像

A、B. 定位像；C、D. 3D-TOF

（2）增强扫描：一般不进行增强扫描。

（3）推荐颅内动脉 3D-TOF-MRA 参数见表 5-3-2。

表 5-3-2 颅脑 MR 血管成像参数

脉冲序列	TR（ms）	FA	TE（ms）	矩阵	FOV（cm）	层厚/间隔（mm）	NEX
3D-TOF-MRA	20～40	15°～25°	1.4～2.4	220×256	20～24	1.0～1.4/0	2～4
2D-TOF-MRV	20～40	50°～70°	2.4～6.0	256×192	20～24	0.5～2.0/0	2
3D-PC-MRA	20～60	10°～20°	5.0～10	256×256	20～24	1.0～1.2/0	1～2

5. 图像要求与显示

（1）显示颅内大脑前、中、后动脉血管及 Willis 环血管。

（2）三维动脉 MIP 血管影像清晰。

6. 注意事项

（1）设置 TR 需要平衡血流速度。为减轻饱和效应，应适当增加 TR 值。

（2）当 TE 设置为反相时间时，能降低背景信号强度。

（3）大部分情况下，应采用流动补偿技术、脂肪抑制技术、磁化传递技术和层面内插技术；如有脑梗死或金属假牙时，则建议不用脂肪抑制技术和磁化传递技术。

（4）在条件允许情况下，为缩短扫描时间，建议采用并行采集技术。

（5）在颅内血管壁做 MRI 时，除了按正常剂量静脉注入对比剂后的 T_1WI 或 PDWI 序列增强扫描外，可考虑加入增强 TOF-MRA 序列，尤其是遇到严重动脉狭窄或动脉扩张的患者。

（6）图像需经过三维后处理。将原始图像做 MIP 处理产生三维血管图像，实现任意方向旋转、任意角度显示。必要时，还可以做 MPR 处理产生任意方向的二维血管图像，以便观察血管与周围组织结构的关系。

（二）颅内静脉 2D-TOF-MRA

1. 适应证 ①脑静脉窦先天变异；②静脉窦损伤；③静脉栓塞；④肿瘤性病变压迫、侵袭静脉系统等。

2. 射频线圈 头部正交线圈，头部多通道相控阵线圈或头颈部联合线圈。

3. 受检者体位及成像中心 仰卧位、头先进，眉间作为成像中心。

4. 扫描技术

（1）常规扫描：采用冠状面（或斜矢状面）2D-TOF 快速梯度回波序列。扫描方向由后至前逆向静脉血流方向，扫描范围超过窦汇，最前至上额窦。斜矢状面扫描时，在横断面上定位，扫描平面与颅脑正中矢状面成 10°～20°夹角，确保大部分静脉走行与成像层面教程成角而产生流入增强效应，扫描范围应包括双侧乙状窦外缘。相位编码方向：左右方向。在扫描层面下方设置预饱和带以消除动脉信号。

（2）增强扫描：一般不进行增强扫描。

（3）推荐颅内静脉 2D-TOF-MRA 参数见表 5-3-2。

5. 图像要求与显示

（1）显示矢状窦及其引流静脉，乙状窦、横窦、直窦等静脉血管。

（2）三维静脉 MIP 血管影像清晰。

（3）颅内静脉 2D-TOF-MRA 见图 5-3-6。

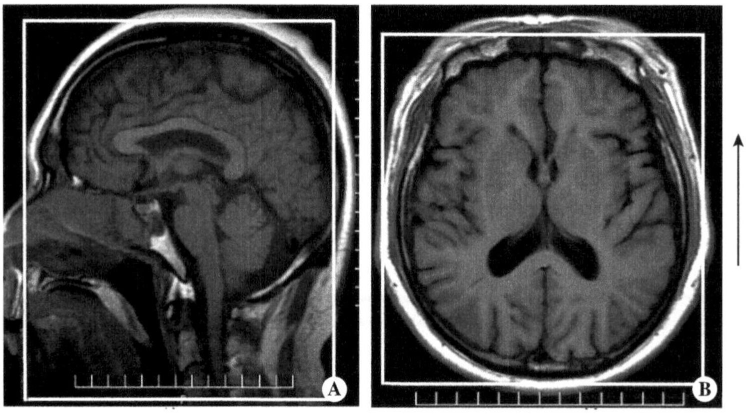

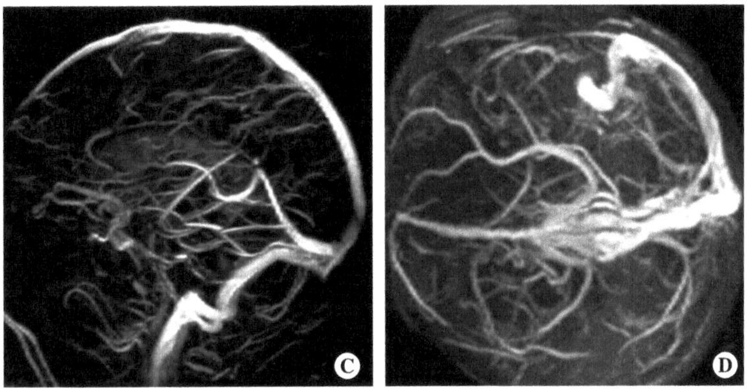

图 5-3-6 颅内静脉 2D-TOF-MRA

A、B. 定位像；C、D. 2D-PC

6. 注意事项

（1）该序列扫描时间与扫描层数成正比。为缩短扫描时间，可以采用矩形扫描野。

（2）为了增加血管亮度，可以将偏转角增大至 70°以上。

（3）采用流动补偿技术、磁化传递技术及脂肪抑制技术。

（4）需经过三维后处理。将原始图像做 MIP 处理产生三维血管图像，实现任意方向旋转、任意角度显示。绝大多数情况下，左右横窦静脉血液流动不对称，必要时可以做增强扫描。

（三）颅内血管 3D-PC-MRA

1. 适应证 同颅内动脉 3D-TOF-MRA 及静脉 2D-TOF-MRA。

2. 射频线圈 头部正交线圈，头部多通道相控阵线圈或头颈部联合线圈。

3. 受检者体位及成像中心 仰卧位、头先进，眉间作为成像中心。

4. 扫描技术

（1）常规扫描：采用横断面、矢状面、冠状面三维 PC 快速梯度回波序列。一般采用矢状面扫描，扫描范围包括全颅外缘。根据显示目标血管的不同，设置预饱和带和流速编码值。相位编码方向：左右方向。

（2）增强扫描：一般不进行增强扫描。

（3）推荐颅内血管 3D-PC-MRA 参数见表 5-3-2。

（4）颅内血管 3D-PC-MRA 见图 5-3-7。

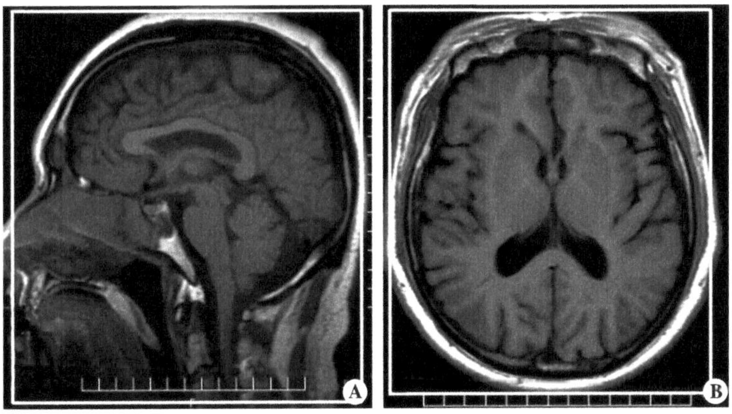

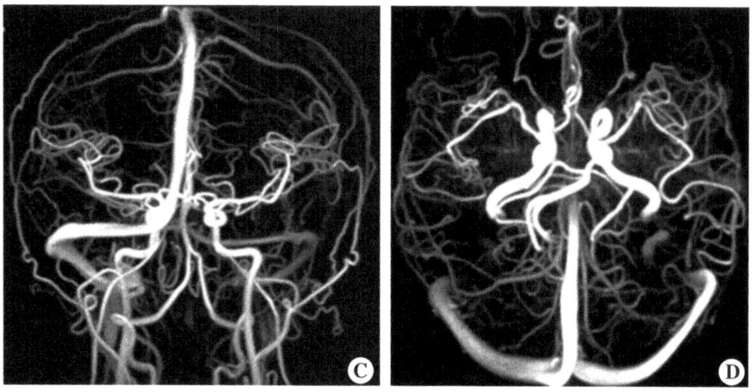

图 5-3-7 颅内血管 3D-PC-MRA

5. 注意事项

（1）流速编码值的设置应比目标血管最大流速高出 20%。颅内动脉成像时，流速编码值为 70cm/s；颅内静脉成像时，流速编码值为 30cm/s。

（2）颅内动脉成像时，应在扫描层面上方设置预饱和带以消除静脉信号；颅内静脉成像时，应在扫描层面下方设置预饱和带以消除动脉信号。

（3）采用流动补偿技术、脂肪抑制技术、并行采集技术及层面内插技术。

（4）由于 PC 法图像中动脉与静脉流速重叠，因此 MRA 成像中无法完全消除静脉信号。

（5）需将原始图像做 MIP 处理产生三维血管图像。

四、鞍 区

1. 适应证 ①鞍区肿瘤；②鞍区血管性疾病；③颅脑外伤累及鞍区；④鞍区先天性发育异常；⑤鞍区肿瘤术后复查；⑥鞍区感染；⑦鞍区骨源性疾病等。

2. 射频线圈 头部正交线圈，头部多通道相控阵线圈或头颈部联合线圈。

3. 受检者体位及成像中心 仰卧位、头先进，眉间作为成像中心。

4. 扫描技术

（1）常规扫描：鞍区行矢状面 SE 或 FSE-T_1WI 序列、冠状面 SE 或 FSE-T_1WI 序列、FSE-T_2WI 序列。矢状面与正中线平行（图 5-3-8）；冠状面在矢状面上定位，一般垂直于垂体窝以保证垂体高度测量准确（图 5-3-9），部分医院选择平行于垂体柄，以便于观察垂体柄的侧偏。成像范围从前床突至后床突。

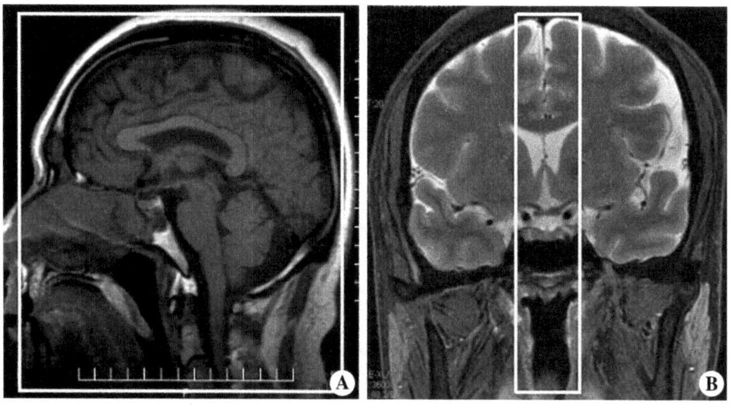

图 5-3-8 垂体矢状面成像

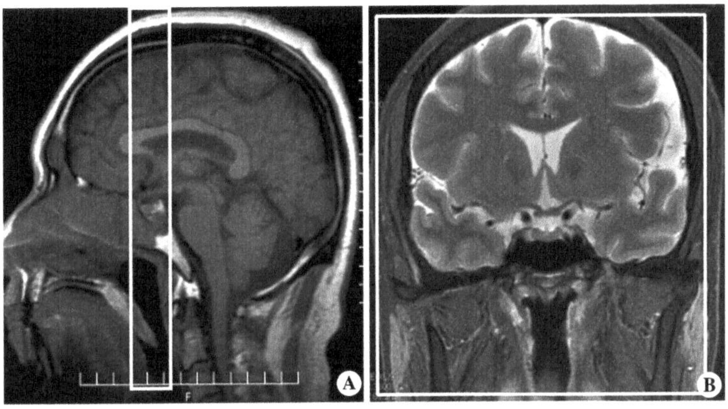

图 5-3-9 垂体冠状面成像

（2）增强扫描：采用钆对比剂（如 Gd-DTPA），剂量为 0.05～0.10mmol/kg，静脉注射速度为 1.5～2.5ml/s。注射完对比剂后即开始增强扫描，成像程序一般与增强前 T_1WI 程序相同。常规做矢状面 T_1WI、冠状面 T_1WI，必要时加横断面 T_1WI。

垂体微腺瘤受检者，采用半剂量对比剂（剂量为 0.05mmol/kg）行垂体冠状面 T_1WI 动态增强技术。该技术单次采集时间 15～25s，动态采集 8～10 次，总扫描时间＞2min。扫描时，先采集蒙片，注射对比剂后，立即采用冠状面连续成像。动态增强扫描完成后，再行矢状面 T_1WI、冠状面 T_1WI 常规增强扫描或 3D-T_1WI。

（3）推荐鞍区 MRI 参数见表 5-3-3。

表 5-3-3 鞍区 MRI 参数

脉冲序列	TR（ms）	FA	TI（ms）	TE（ms）	ETL	矩阵	FOV（cm）	层厚/间隔（mm）	NEX
FSE-T_1W	300～500	90°		15～20	4	288×224	18～20	2～5/0.5～1	4
FSE-T_2W	2000～4000	90°		90～150	10～20	256×224	18～20	2～5/0.5～1	2～4
Dyn	200～300	90°		6～10	4	224×224	18～20	2～3/0.5～1	2

注：Dyn（dynamic），即动态扫描（FSE-T_1WI）。

5. 图像要求与显示

（1）清晰显示蝶鞍、垂体、垂体柄、视交叉、下丘脑、海绵窦、颈内动脉、大脑前动脉主干等结构，矢状面及冠状面最大化显示垂体柄长度。

（2）无明显运动伪影，磁敏感伪影不影响鞍区影像诊断。

（3）垂体 MRI 见图 5-3-10。

6. 注意事项

（1）不建议层厚设置过薄，一般选择层厚为 2～3mm，如果病灶较大则增加层厚。

（2）为了消除蝶骨磁敏感伪影，常规 T_1WI 序列扫描时，平均采集次数（NEX）设置为 4。

（3）为了减轻血管搏动伪影，冠状面扫描时，应在扫描野左、右添加预饱和带；矢状面扫描时，应在扫描野前、后方添加预饱和带。

（4）为了观察病变与周围毗邻结构关系，T_1WI 时不使用脂肪抑制技术。

（5）增强扫描、鉴别鞍区出血性病变或脂肪成分时，采用脂肪抑制技术。

（6）根据病变大小及病理情况选择增强类型：①动态增强，如微腺瘤及垂体＜1cm^2，选择垂体 T_1WI 动态增强扫描；②普通增强，如垂体占位性病变及鞍区病变＞1cm^2，选择垂体普通增强，注意增加横断面 T_1WI 序列扫描。

（7）动态增强扫描后的原始图像需要应用后处理软件进行动态增强后处理，得到正常垂体及病变的时间-信号强度曲线，以确定病变性质。

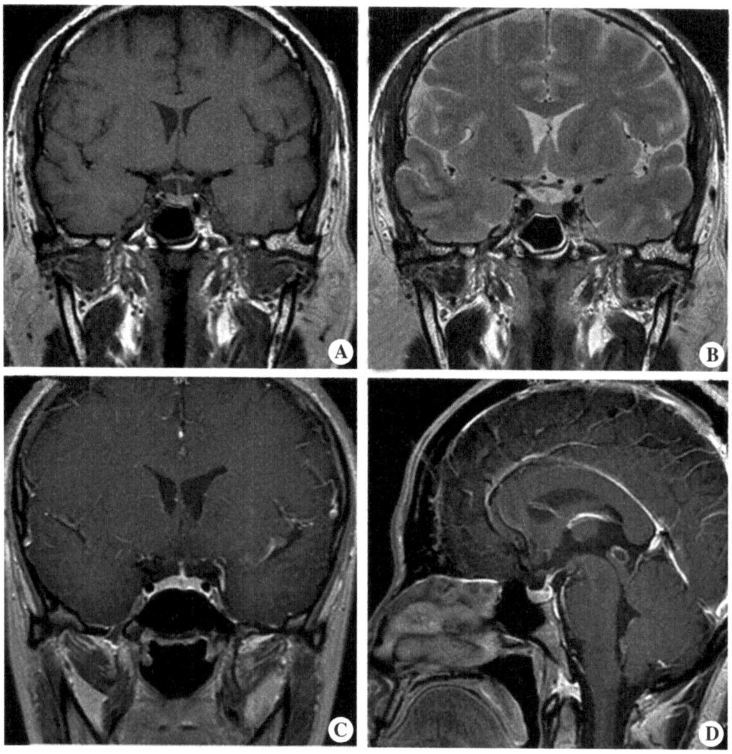

图 5-3-10 垂体 MRI

A. 冠状面 T_1WI；B. 冠状面 T_2WI；C. 冠状面 T_1WI 增强图像；D. 矢状面 T_1WI 增强图像

五、脑桥小脑角区 MRI 技术

1. 适应证 ①面瘫；②脑桥小脑角区肿瘤及肿瘤样病变；③颅脑外伤累及小脑角区；④脑桥小脑先天性发育异常；⑤脑桥小脑区肿瘤术后复查；⑥内听道骨源性疾病；⑦内耳发育畸形等。

2. 射频线圈 头部正交线圈，头部多通道相控阵线圈或头颈部联合线圈。

3. 受检者体位及成像中心 仰卧位、头先进，眉间作为成像中心。

4. 扫描技术

（1）常规扫描：行冠状面 SE 或 FSE-T_1WI 序列、横断面 SE 或 FSE-T_1WI 序列、FSE-T_2WI 序列，必要时行矢状面 SE 或 FSE-T_1WI 序列、FSE-T_2WI 序列。横断面与前颅底平行，成像方向自颅底向下，扫描范围包括脑桥上界至延髓枕骨大孔水平；冠状面与脑干上下长轴线平行，扫描范围包括脑桥小脑三角区；矢状面平行于颅脑正中矢状裂，扫描范围包括双侧颞骨外缘或病变区（图 5-3-11）。临床要求观察颅内脑神经与血管关系的患者，采用横断面 3D-TOF 序列、3D-FIESTA 序列或 3D-T_1WI 序列扫描。

（2）增强扫描：采用钆对比剂（如 Gd-DTPA），剂量为 0.1mmol/kg，静脉注射速度为 1.5～2.5ml/s。注射完对比剂后即开始增强扫描，成像序列一般与增强前 T_1WI 序列相同。常规做横断面 T_1WI 序列、冠状面 T_1WI 序列或 3D-T_1WI 序列，必要时加矢状面 T_1WI 序列扫描。

（3）推荐脑桥小脑角区 MRI 参数见表 5-3-4。

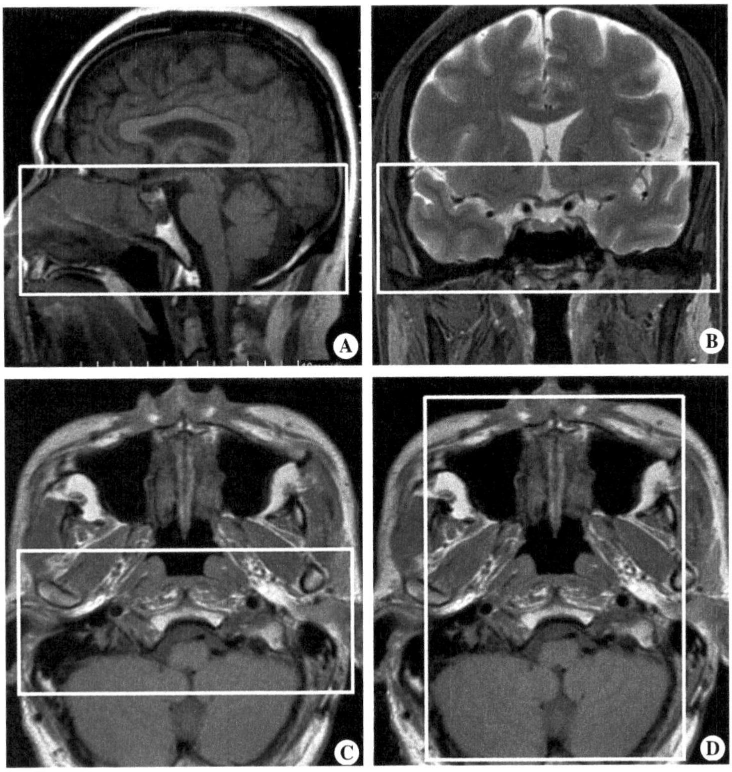

图 5-3-11 脑桥小脑角区 MRI

A、B. 横断面定位像；C. 冠状面定位像；D. 矢状面定位像

表 5-3-4 脑桥小脑角区 MRI 参数

脉冲序列	TR（ms）	FA	TE（ms）	ETL	矩阵	FOV（cm）	层厚/间隔（mm）	NEX
FSE-T_1WI	300～800	90°	10～20	2～4	256×224	20～25	2～5/0.3～1	2
FSE-T_2WI	2000～4000	90°	90～150	5～20	256×224	20～25	2～5/0.3～1	2～4
3D-TOF	20～30	15°	1.2～2.4		320×224	20～25	0.8～1.6/0	2
3D-FIESTA	4～6	60°	1～3		512×512	18	0.8～1.2/0	4

5. 图像要求与显示

（1）脑干、延髓、部分脑神经（如三叉神经、面听神经颅内段）、细小血管等结构显示清晰。

（2）无明显运动伪影，磁敏感伪影及血管搏动伪影不影响影像诊断。

（3）脑桥小脑角区 MRI 如图 5-3-12。

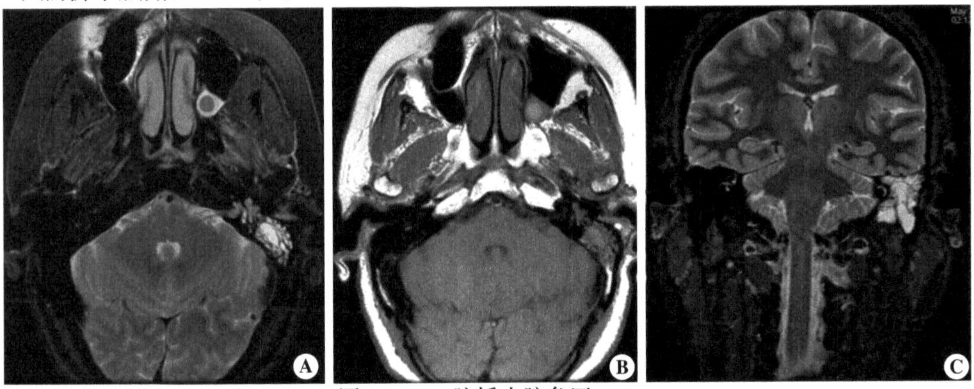

图 5-3-12 脑桥小脑角区 MRI

A. 横断面脂肪抑制 T_1WI；B. 横断面 T_1WI；C. 冠状面脂肪抑制 T_2WI

6. 注意事项

（1）临床高度怀疑后组脑神经病变的受检者，可采用 3D-TOF 序列或 3D-FIESTA 序列，其成像参数见表 5-3-4。

（2）为了减轻血管搏动伪影，应在 T_2WI 时添加上、下饱和带。

（3）为了突出显示病灶，T_2WI 序列扫描时应用脂肪抑制技术。

（4）3D-TOF 序列、3D-FIESTA 序列和 3D-T_1WI 序列扫描后，在工作站进行图像后处理，分别采用 MPR、MIP 技术，并结合轴位原始图像，观察更多信息，如后组脑神经与周围血管的空间关系。

（5）后处理图像应清晰显示靶神经与血管的毗邻关系。

六、MR 脑弥散加权成像技术

案例 5-3-2

患者，男，73 岁，头痛伴四肢乏力半个月，头痛加剧半天，行 MRI 检查。案例图 5-3-2A、B、C 图分别为 T_2WI、FLAIR 和 DWI。问：三幅图像中左右两侧基底节病变性质是否一样？分别是什么病变？分析以上现象产生的原因。

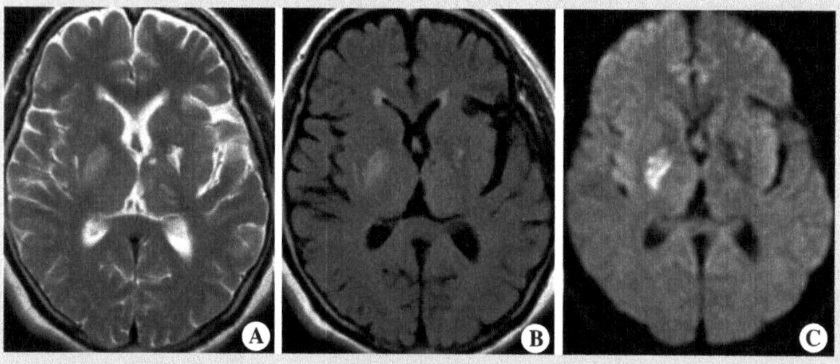

案例图 5-3-2

解答： 左右两侧基底节病变性质不一样。A、B 图右侧基底节区 T_2WI 和 T_2WI-FLAIR 片状高信号，边缘模糊，无明显占位效应，DWI 图像上呈典型高信号，提示急性脑梗死；而左侧基底节区的高信号影，在 DWI 上信号下降，呈软化灶表现。因为急性脑梗死存在细胞毒性水肿而引起 DWI 高信号。

MR 脑弥散加权成像技术属于功能 MRI 技术。根据其成像方法的不同，该技术包括脑弥散加权成像技术、脑弥散张量成像技术和脑扩散峰度成像技术等。这里着重介绍前两种成像技术。

（一）脑弥散加权成像技术

1. 适应证 ①急性期及亚急性期脑梗死的诊断；②表皮样囊肿及蛛网膜囊肿鉴别诊断；③脑肿瘤及转移瘤的鉴别诊断；④脑肿瘤恶性级别的评估等。

2. 射频线圈 头部正交线圈，头部多通道相控阵线圈或头颈部联合线圈。

3. 受检者体位及成像中心 仰卧位，头先进，眉间作为成像中心。

4. 扫描技术

（1）常规扫描：行横断面 DWI 序列。横断面尽量避开颅底界面，与胼胝体前、后联合连线平行，扫描方向为由下至上，成像范围为从枕骨大孔至颅顶。频率编码方向：左右方向。不需要添加上下饱和带。

（2）推荐脑弥散加权成像参数见表 5-3-5。

表 5-3-5　脑弥散加权成像参数

脉冲序列	TR（ms）	FA	TE（ms）	*b* 值（s/mm^2）	矩阵	FOV（cm）	层厚/间隔（mm）	NEX
DWI	5000～8000	90°	90～100	0，1000～1500	192×192	20～25	4～5/1～2	2～6
DTI	8000～10 000	90°	90～100	0，1000	192×192	20～25	4～5/0	2～6
DKI	4000～8000	90°	90～100	0，1000/2000	192×192	20～25	2～5/1～2	1～2
3D-T_1WI	5～10	15°	2.1～4.5		256×224	20～25	0.8～1.6/0	1

注：DKI 设定弥散敏感梯度方向数目大于 15。

5. 图像要求与显示

（1）显示全脑两侧结构尽量对称显示。

（2）无明显磁敏感伪影和 N/2 伪影。

（3）覆盖全脑，脑扩散加权图像如图 5-3-13。

6. 注意事项

（1）DWI 定位时可以直接复制 T_1W 或 T_2W 横断面定位线。

（2）*b* 值一般取 $0s/mm^2$、$1000～1500s/mm^2$，如临床怀疑肿瘤时，可采用更高的 *b* 值。

（3）因脑实质水分子表现为各向异性弥散，因此需施加三个方向（上下、左右、前后）的弥散梯度。

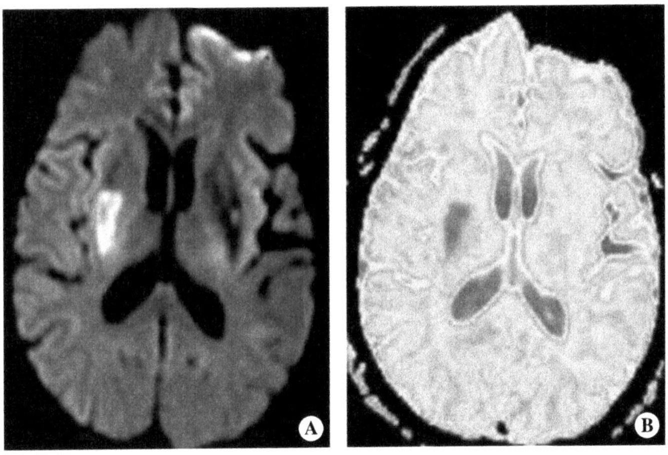

图 5-3-13　脑扩散加权图像

A. DWI；B. ADC 图

（4）为了缩短扫描时间及 TE，并减轻图像变形及颅底区磁敏感伪影，需要采用并行采集技术。

（5）扫描完成后，在工作站经 DWI 后处理软件进行图像后处理，获得受检组织 ADC 值及 ADC 图。

（二）脑弥散张量成像技术

1. 适应证　①脑外伤；②脑灰质异位症；③放射性脑炎；④脑梗死；⑤脑白质变性；⑥脑肿瘤等。

2. 射频线圈　头部正交线圈，头部多通道相控阵线圈或头颈部联合线圈。

3. 受检者体位及成像中心　仰卧位、头先进，眉间作为成像中心。

4. 扫描技术

（1）常规扫描：先行全脑横断面 3D-T_1WI 序列扫描，再行全脑纯轴位 DTI 序列扫描。频率编码方向：左右方向。

（2）推荐脑弥散张量成像参数见表 5-3-5。

（3）脑弥散张量图见图 5-3-14。

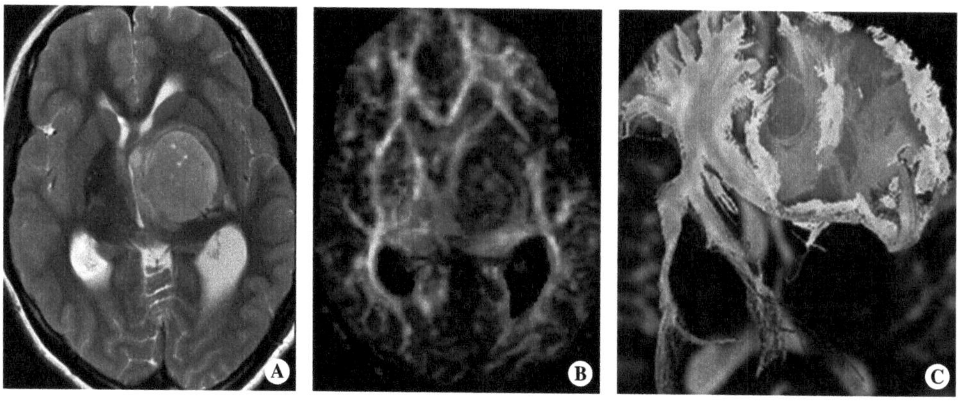

图 5-3-14 脑弥散张量图

A．内囊平面 FA 图（脑膜瘤）；B．彩色弥散张量图（二维码）；C.白质纤维束追踪

5. 注意事项

（1）b 值一般取 0s/mm^2、800～1000s/mm^2。

（2）设定弥散敏感梯度方向数目为 6～55 个。

（3）为了改善图像质量，可以通过增加采集次数、弥散敏感梯度方向数目，并缩短 TE 来实现。

（4）弥散敏感梯度方向数越多，白质边界越清楚，但扫描时间越长。

（5）扫描完成后，在工作站经 DTI 后处理软件进行图像后处理，将 3D-T_1WI 与 DTI 融合，并计算出受检组织平均扩散系数（average diffusion coefficient，ADC）、部分各向异性指数（fractional anisotropy，FA）、相对各向异性指数（relative anisotropy，RA）、容积比（volume rate，VR）等，并得出其相应的 ADC 图、FA 图、RA 图、VR 图。

（6）白质纤维束追踪成像：利用最大本征向量对应纤维束传导方向将大脑中枢神经纤维束轨迹描出来，实现直观查看和研究活体中枢神经及周围神经系统的神经通路的连接和连续性走行。

（7）为了准确评价某些疾病的早期组织微结构变化，显示精细的中枢神经系统的病灶内部不均质的组织微结构，可以进行扩散峰度成像（diffusion kurtosis imaging，DKI），推荐其成像参数如表 5-3-5。

七、MR 脑灌注成像技术

MR 脑灌注成像技术是通过测量血流动力学参数来反映脑组织血流灌注及微血管渗透情况的一种功能性成像方法。根据其成像原理的不同，该技术分为动态对比增强 MRI（DCE-MRI）、动态磁敏感对比增强 MRI（DSC-MRI）和动脉自旋标记（ASL）灌注成像等。这里着重介绍后两种成像技术。

（一）动态磁敏感对比增强 MRI（DSC-MRI）

1. 适应证 ①脑血管性病变，如脑梗死、脑血管畸形等；②颅内肿瘤和转移瘤鉴别诊断；③脑胶质瘤级别鉴定；④放射性脑病；⑤其他疾病如癫痫、抑郁症及阿尔茨海默病等。

2. 射频线圈 头部正交线圈，头部多通道相控阵线圈或头颈部联合线圈。

3. 受检者体位及成像中心 仰卧位、头先进，眉间作为成像中心。

4. 扫描技术

（1）常规扫描：横断面 SE 或 FSE-T_1WI 序列或 T_1WI-FLAIR 序列。横断面与胼胝体前、后联合连线平行或平行于颅底，中心位于脑干前缘，扫描方向由下至上，成像范围从枕骨大孔至颅顶。

相位编码方向：左右方向。在扫描层面下方设置预饱和带。

（2）增强扫描：复制横断面 T_1WI 序列定位线。采用钆对比剂（如 Gd-DTPA），剂量为 0.1mmol/kg，静脉注射速度为 3.0～8.0ml/s。先启动该序列扫描，在 2～3 时相扫描后快速注射对比剂，完成扫描后再针对病灶并兼顾横断面、冠状面、矢状面作 T_1WI 延时增强扫描。

（3）推荐脑 DSC 成像参数如表 5-3-6。

表 5-3-6 脑灌注成像参数

脉冲序列	TR（ms）	FA	TI（ms）	PLD（ms）	TE（ms）	ETL	矩阵	FOV（cm）	层厚/间隔（mm）	NEX
FSE-T_1WI	300～600	90°			10～25	2～4	256×192	22～24	3～6/1～2	2～4
DSC-MRI①	1500～2000	90°			30		128×128	22～24	3～6/1～2	1
2D-ASL	800	90°	1200		20～25		96×96	22～24	5～6/1～2	1
3D-ASL②	2500～4000	90°		1500～2500	10～20		64×64	22～24	3～6/0	3

注：①设定扫描时相为 40；②螺旋状 K 空间填充。

（4）脑 DSC 图见图 5-3-15。

5. 注意事项

（1）脑灌注成像对磁敏感伪影非常敏感，需去掉假牙等影响因素。

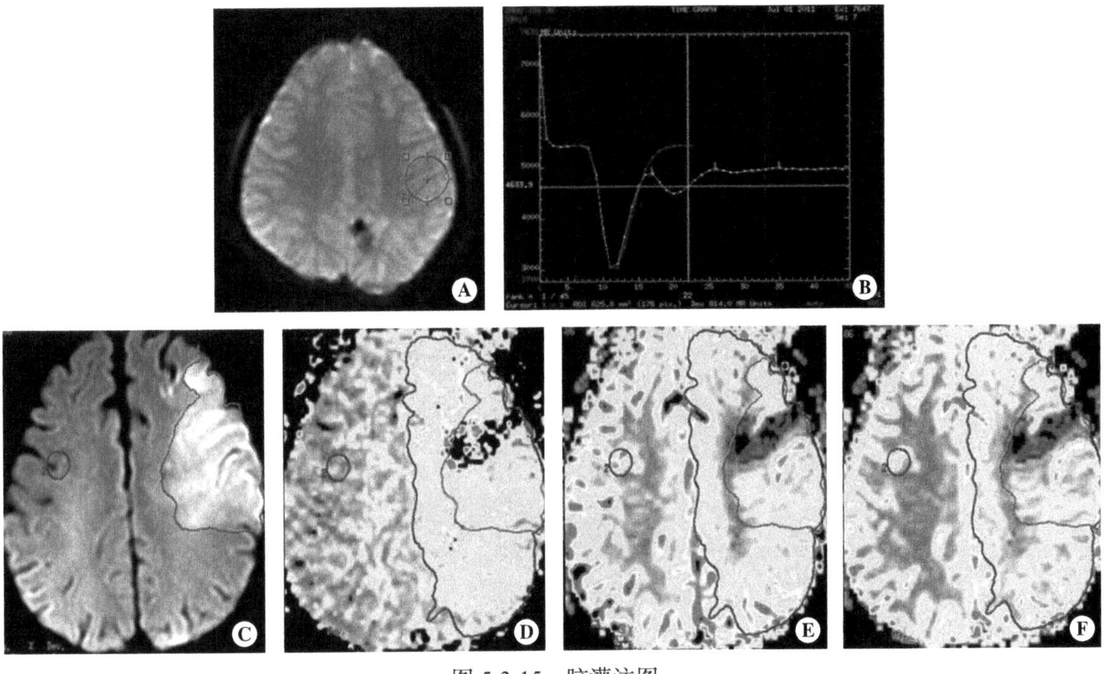

图 5-3-15 脑灌注图

A. 横断面 PWI；B. 后处理得到时间-信号强度曲线；C. 横断面 DWI；D～F. 分别得出 MTT、CBV、CBF 参数

（2）灌注成像时，不需添加上下饱和带。

（3）为了提高图像质量，并确保后处理数据准确性，应尽量缩短 TR 及 TE。

（4）先启动 DSC 序列扫描，后注射对比剂。图像出现后，需观察图像质量是否满意，再决定是否注射对比剂。

（5）扫描完成后，在工作站经时间-信号强度后处理软件进行分析，得出局部相对脑血容量（γCBV）、局部血流平均通过时间（MTT）、达峰时间（TTP）和局部脑血流量（γCBF）等参数。

（二）动脉自旋标记（ASL）灌注成像

1. 适应证 除了 DSC-MRI 的适应证外，还用于儿童、新生儿、胎儿的脑血管疾病，感染、炎症性疾病及随访。

2. 射频线圈、受检者体位及成像中心同 DSC-MRI。

3. 扫描技术

（1）2D-ASL：对流入动脉血进行脉冲式反转动脉自旋标记，基于二维激励梯度回波序列采集。理论上可以得到脑血流量 CBF（用于临床定量指标）、血容量（科研理论）及平均通过时间 MTT（科研理论）等三个血流动力学参数。

（2）3D-ASL：对流入动脉血进行连续式反转动脉自旋标记，基于三维全脑激励快速自旋回波序列采集。在三维全脑定位后，先行非标记成像，再采集标记图像，最后将两组图像进行减影，则得到血流灌注图像。频率编码方向：左右方向。

（3）推荐脑 ASL 成像参数见表 5-3-6。

（4）脑 3D-ASL 见图 5-3-16。

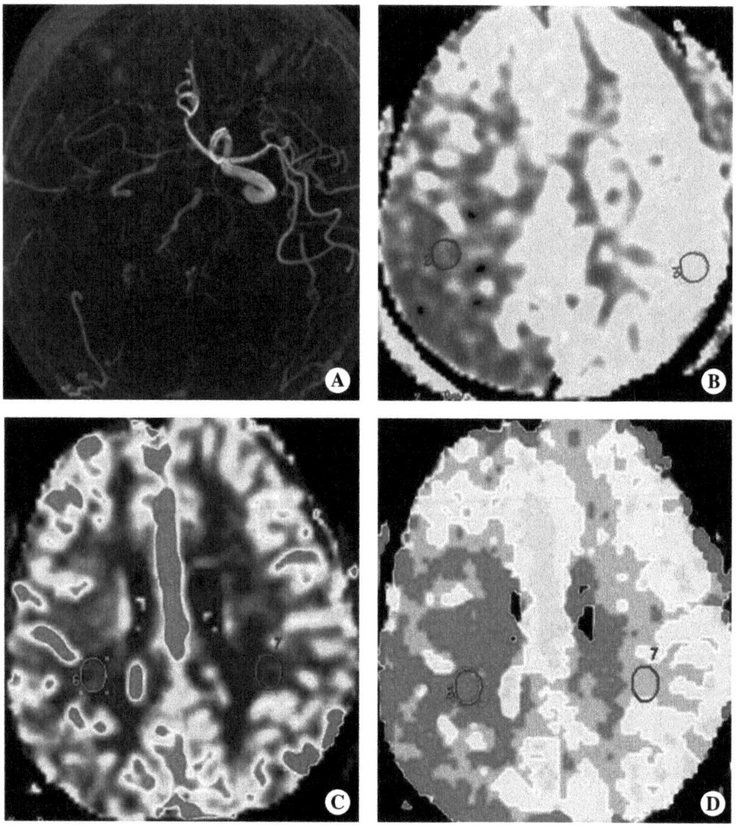

图 5-3-16 脑 3D-ASL 图

A. MRA；B. 3D-ASL；C. PWI（CBF）；D. PWI（ATT）

4. 注意事项

（1）ASL 灌注成像对运动伪影敏感。有时运动所导致的像素信号改变会远远大于灌注所导致的信号改变。

（2）脉冲式标记信噪比低但能减少 SAR 值，连续式标记信噪比高但对于系统硬件要求高。

（3）3D-ASL 序列基于 FSE 序列，图像伪影小。

（4）3D-ASL 序列中，随着 PLD 延长，图像 SNR 会下降。脑血流速度快，选用 PLD 时间为

1.0～1.5s；脑血液速度慢，延长 PLD 时间，选用 1.5～2.5s。

（5）扫描完成后，在工作站经 ASL 后处理软件进行分析，得出脑血流量。

八、脑 fMRI 技术

脑 fMRI（functional magnetic resonance imaging，fMRI）是利用 MR 技术探测人脑在不同条件及不同区域，与神经活动相关的生理变化的实验方法。血氧水平依赖（blood oxygenation level dependent effect，BOLD）技术是脑 fMRI 的基础。它是基于局部脑组织内氧合血红蛋白和脱氧血红蛋白的相对含量变化所导致的局部脑组织磁化率的改变，通过 MRI 中一些特殊成像序列来显示这种对比改变的成像技术。其成像过程包括实验设计、数据采集和数据处理等三个阶段。

1. 适应证 ①获得实验设计下的皮层活动状态；②观察功能区的活动程度；③术前功能区定位及术后随访；④目前已扩展至类似于记忆等认知功能的研究领域。

2. 射频线圈 头部正交线圈，头部多通道相控阵线圈或头颈部联合线圈。

3. 受检者体位及成像中心 仰卧位、头先进，鼻根或眉间作为成像中心。

4. 扫描技术

（1）常规扫描：首先行横断面（纯轴位）GRE-EPI 序列 BOLD 成像。扫描方向为由上至下，成像范围从大脑顶叶至颅底。频率编码方向：左右方向。不需要添加上下饱和带，一般不使用并行采集技术，行横断面 FSE-T_1WI 序列成像或 3D-T_1WI 序列成像。为保证 T_1WI 定位像能与脑功能定位线融合，T_1WI 序列需复制脑功能定位线。3D-T_1WI 序列成像需全脑覆盖，扫描范围超出颅脑范围。定位完成后，按照扫描方案进行扫描。

（2）推荐脑 BOLD 成像参数见表 5-3-7。

表 5-3-7 脑 BOLD 成像参数

脉冲序列	TR（ms）	FA	TI（ms）	TE（ms）	ETL	矩阵	FOV（cm）	层厚/间隔（mm）	NEX
FSE-T_1WI	1500～2000	90°	720～860	10～20	2～4	256×224	20～25	5～6/0.3～1	2
BOLD	3000	90°		30～40		64×64	20～25	5～6/0.3～1	1～2
3D-T_1WI	5～10	15°		2.1～4.5		256×224	20～25	0.8～1.6/0	1

5. 注意事项

（1）扫描前的充分准备：①根据临床要求，结合所观察神经中枢，配备适当的刺激工具、设计相应刺激模式；②向受检者详细介绍并充分讨论检查过程。

（2）脑 BOLD 成像对头部运动非常敏感，因此对头部固定要求更高，并注意把受检者头部放置在磁场中心。

（3）优化扫描参数：①BOLD 扫描分辨力不宜过高，3.0T 设备可设置为 96×96；②为了减少磁敏感伪影，可增加平均采集次数；③为了提高信噪比、减少变形失真，可使用斜波脉冲、增加激励脉冲带宽；④BOLD 扫描层数受 TR 影响而有限制，当扫描层数有限时，可以增加扫描层厚以符合临床扫描范围需要。

（4）大部分脑功能激活区位于顶叶，因此，要求 BOLD 最上面层面包括顶叶灰质结构。

（5）参考扫描方案：①TR=3000ms，即扫描一期的时间为 3s，也根据不同实验进行调整；②扫描 128 期，共 6 分 24 秒；③开始 8 期为静息状态（共 24s），10 期刺激状态（共 30s），10 期静止状态（共 30s）；④一动一静为一组（共 6 组）。即：一共 6 分 24 秒，前面 24s 为静息状态，然后 30s 刺激状态、30s 休息，反复 6 次。

（6）扫描完成后，在工作站经 BOLD 后处理软件处理，即实现功能像与解剖像的融合（图 5-3-17），也能显示信号与刺激方案之间的相关性曲线。

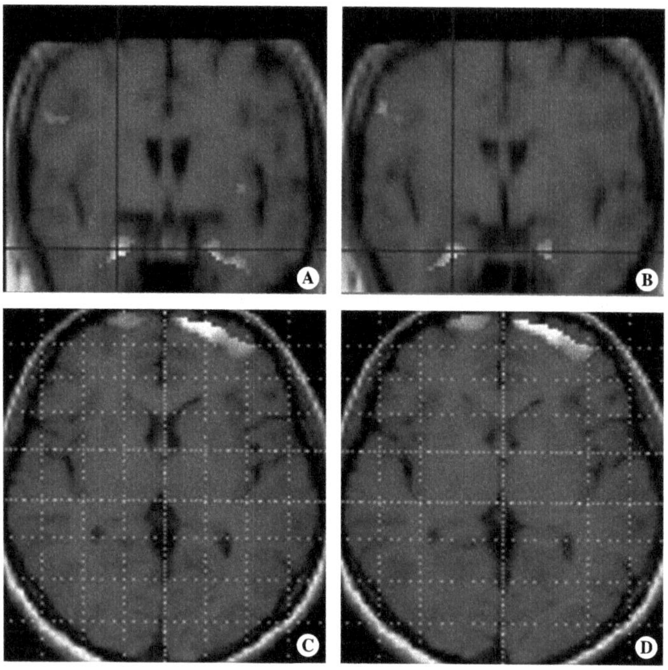

图 5-3-17 脑 fMRI 与解剖像融合

A、B. 悲伤面孔（双侧杏仁核及海马旁回）；C、D. 快乐面孔（双侧额极区）

九、MR 脑波谱成像技术

目前临床应用最多的是氢质子磁共振波谱（proton magnetic resonance spectroscopy，^{1}H-MRS）。与常规 MRI 不同，MRS 主要应用激励回波脉冲法（stimulated echo acquisition mode，STEAM）和定点分辨选择波谱法（pointed resolved selective spectroscopy，PRESS）。前者只能进行单体素成像，信噪比较低，短 TE 成像时图像质量最佳；后者信噪比相对较高，最适合长 TE 成像。因此，PRESS 采集为首选的 MRS 序列。

1. 适应证 ①脑梗死；②脑肿瘤，尤适用于脑内肿瘤与脑外肿瘤的鉴别、脑肿瘤与非肿瘤性病变的鉴别、脑肿瘤良恶性鉴别、恶性肿瘤的分级、肿瘤术后复发与坏死的鉴别、原发与转移瘤的鉴别等；③颅咽管瘤与垂体瘤的鉴别；④脑白质和脑灰质疾病；⑤癫痫和代谢性疾病等。

2. 射频线圈 头部正交线圈，头部多通道相控阵线圈或头颈部联合线圈。

3. 受检者体位及成像中心 仰卧位，头先进，鼻根或眉间作为成像中心。下颌内收，必要时垫高枕后，以减少图像伪影。

4. 扫描技术

（1）常规扫描：行横断面（纯轴位）全脑 FSE-T_1WI 序列或 FSE-T_2WI 序列无间隔成像。扫描方向由下至上，频率编码方向：前后方向。添加上下饱和带。

（2）空间定位：准确的空间定位是 MRS 采集成功的前提。确定 MRS 扫描感兴趣区时，应避开干扰组织，如颅骨、空气、脂肪、硬膜、脑脊液等。若无法避免干扰组织，在其周边呈切线位放置饱和带并添加局部匀场，以保证其局部磁场的绝对均匀。如肿瘤病灶位于脑表面，采集信号的矩形定位框就会部分位于脑外，对信号的采集会产生影响；肿瘤结节不明显而表现为大量水肿信号时，准确定位也存在相当的难度。这就需要事先结合平扫图像仔细鉴别病灶所在。

（3）推荐脑 MRS 成像参数见表 5-3-8。

表 5-3-8 脑 MRS 成像参数

脉冲序列	TR（ms）	FA	TI（ms）	TE（ms）	ETL	矩阵	FOV（cm）	层厚/间隔（mm）	NEX
FSE-T_1WI	1500～2000	90°	720～840	10～20	2～4	256×224	20～25	5～6/0	2
PRESS	1500～3000	90°		35，144，288		18×18	20～25	10/0	128
STEAM	1500～3000	90°		30～35			20～25	20/0	128

5. 注意事项

（1）波谱成像对运动比较敏感，需严格制动，否则谱线质量较差。

（2）所有方向定位像均需覆盖全脑大范围扫描（一般层厚为 5mm），以利于波谱定位，观察波谱定位区域周围结构是否会影响谱线质量。

（3）单通道和多通道线圈均可进行 MRS，但多通道线圈扫描多体素波谱时需要针对病变区域作偏中心校准扫描。

（4）为了避免体素选择带来的误差，在做 MRS 前，主张先进行 MR 增强扫描以确定体素是否来自肿瘤组织。也有学者认为，因 Gd-DTPA 与肿瘤组织中细胞外的胆碱化合物（Cho）发生相互作用，会引起 T_2 值缩短、基线增宽，从而导致 ^{1}H-MRS 可探测到的 Cho 峰降低。因此，为了避免 MR 增强扫描对 ^{1}H-MRS 代谢物波峰的影响，MRS 应在平扫后、增强前进行检查。

（5）自动预扫描后出现波谱预扫描结果，其结果直接影响谱线质量。一般要求：①单体素波谱预扫描水峰半高线宽（LnWidth）＜7；②二维多体素波谱预扫描水峰半高线宽（LnWidth）＜10；③三维多体素波谱预扫描水峰半高线宽（LnWidth）＜15。

（6）MRS 需要自动水抑制优化，以改善波谱扫描水抑制的效果。但如果使用多通道线圈，建议关闭该技术。

（7）扫描完成后，在工作站经 MRS 后处理软件处理，可以得到成像区域各种标志物的相对含量（图 5-3-18）。

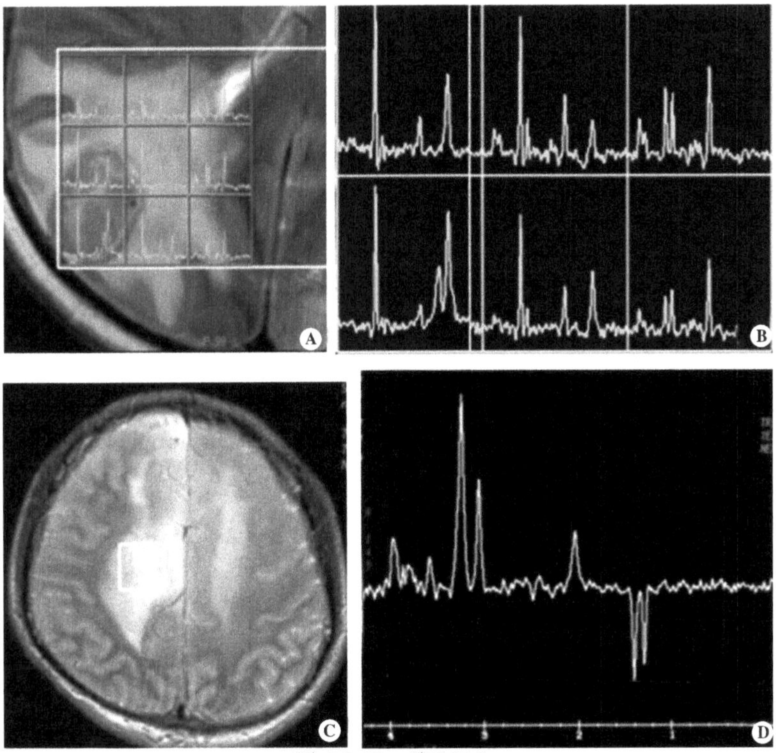

图 5-3-18 脑 MRS

A、B. 各个体素对应的波谱；C、D. 单体素对应的波谱（包括相对含量）

十、相关疾病 MRI 检查要点

MRI 检查已经成为诊断和鉴别诊断颅脑疾病最重要的检查方法。我们应在掌握其基本原理的基础上，针对不同疾病，采用合适的检查技术。

1. 脑血管性疾病 MRI 检查要点 对于脑血管性疾病，如脑出血的急性期，CT 是首选检查，无须行 MRI 检查。但在脑梗死超急性期需行 MRI 检查，并在常规 MRI 检查基础上，行弥散加权成像（DWI）；同时进行 MR 灌注成像（ASL 或 DSC），以判断和鉴别梗死的脑组织（即缺血半暗带）。对于脑卒中亚急性期、慢性期及缺血后出血，MRI 检查明显优于 CT。对于颅内动脉瘤、静脉发育异常及血管畸形等，除了常规 CT、MRI 外，MRA 可显示大部分血管病变。CE-MRA 适合于动脉夹层的无创性筛查。MRI 的 GRE 序列可于早期诊断脑出血，同时在诊断新发或陈旧微出血灶方面，明显优于 CT。在诊断脑静脉窦血栓方面，MRI 及 MRV 是目前准确、敏感的首要检查方式，也是随访的主要检查方式。但对于单独静脉血栓又无静脉内血栓影像改变的患者，仍需进一步 DSA 检查。

2. 颅内肿瘤 MRI 检查要点 对于颅内肿瘤，多选用 CT、MRI 检查，并在常规扫描基础上行增强扫描。当 CT 诊断困难，或肿瘤位于大脑表面、颅底、鞍上或颅后窝时，需行 MRI 平扫加增强扫描，并行 MRI 新技术（如 DCE、DSC、ASL、MRS、BOLD、DWI、DTI、DKI 等）。MRI 新技术在脑肿瘤的诊断和鉴别诊断方面具有重要价值。如 MRS 可根据脑内不同代谢物峰值的变化对鉴别诊断提供帮助；ASL 有利于评价肿瘤的血供，特别是增强扫描未强化肿瘤的良恶性鉴别；fMRI 检查用以确定脑组织的功能定位，以鉴别诊断并对功能区加以保护。

3. 颅脑外伤 MRI 检查要点 对于急性颅脑外伤，直接行 CT 检查。但对于急性颅脑外伤 CT 检查阴性，临床怀疑迟发行脑挫裂伤的患者，可行 MRI 检查。对于弥漫性轴索损伤（diffuse axonal injury，DAI）的患者，在常规 MRI 检查基础上，应行 MRI 新技术（如 SWI、DTI、DKI 等）。

4. 颅脑先天性畸形 MRI 检查要点 对于颅脑先天性畸形，应首选 MRI 检查。通过 MRI 检查，能多平面显示畸形的形态学改变，为畸形的准确诊断和分类提供可靠证据。

5. 颅脑炎性病变 MRI 检查要点 对于颅脑炎性病变，CT 平扫和增强扫描能帮助做出大部分颅内炎性病变的影像诊断。但对于 CT 无法明确或颅后窝的炎性病变，需行 MRI 检查。在 MRI 平扫和增强扫描基础上行 DWI、MRS，不但能显示炎性病变的范围及周围组织变化，还能显示病变内部的改变，尤其对炎症基础上并发的梗死具有一定的诊断价值。

6. 脑白质和脱髓鞘性病变 MRI 检查要点 对于脑白质和脱髓鞘性病变，需要行 MRI 检查。除常规 MRI 序列外，必须加 T_2WI-FLAIR 序列。该序列不但能显示脑白质病和脱髓鞘性病变的分布、范围及病变的发展阶段，还能显示脑室旁病变。MRS 有利于脑白质病变的诊断和鉴别诊断；DTI 有利于观察病变对白质纤维束的侵袭情况，为判断其预后提供帮助。

总之，随着 MRI 技术的发展，多模态 MRI 将会提供更多信息。ASL 及 DTI 有助于评价脑小血管病（cerebral small vessel disease，cSVD）患者脑灌注及早期隐匿性脑白质损伤。在评估脑胶质瘤血流灌注方面，体素内不相干运动成像（intravoxel incoherent motion imaging，IVIM）与三维动脉自旋标记（3D-ASL）具有较好的相关性。在胶质瘤的诊断、分级及预测肿瘤增殖程度上，DKI 能对量化组织细微结构的复杂程度进行分析，并提供更多参数，是对传统扩散成像技术的良好补充。此外，DKI 还用于评价早期阿尔茨海默病脑组织改变、脑梗死的分期等。拉伸指数模型弥散加权成像中的 α 值有可能作为评价指标来鉴别 HIV 阳性和 HIV 阴性，并对 HIV 阳性的诊断提供有价值的参考。

【小结】 本节从形态学和功能学方面介绍了颅脑 MRI 检查技术。T_1WI 和 T_2WI 序列是大多数脑部疾病诊断的最基本和最常用序列。T_2WI-FLAIR 序列和 DWI 对病变检出更敏感，且能提供病变组织中水分子的状态，可作为常规序列的补充。对比剂增强扫描检查、MRA 及其他特殊功能成像技术，应根据病情需要酌情选择。选择扫描层面时，应将横断面 T_1WI 和 T_2WI 作为基本扫描

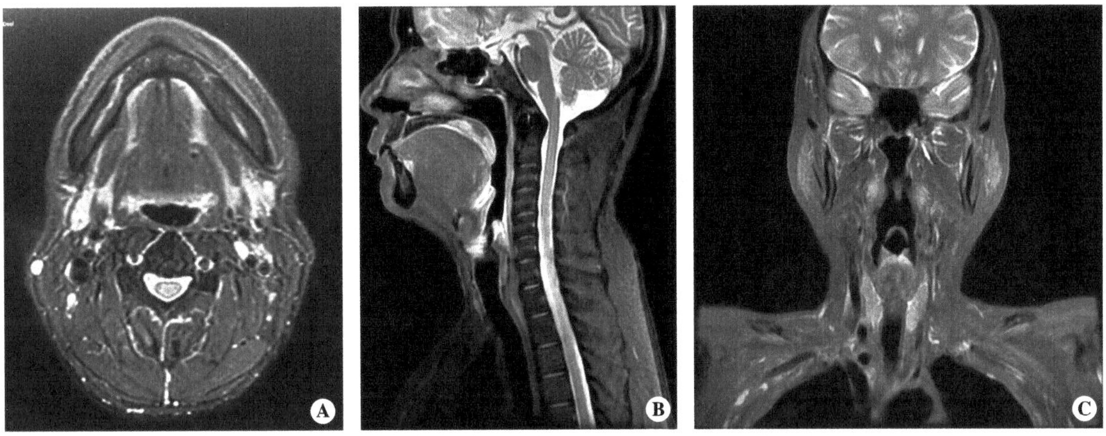

图 5-4-8 咽喉部及颈部 MRI

A. 横断面 T_2WI；B. 矢状面 T_2WI；C. 冠状面 T_2WI

五、耳部及内听道 MRI 检查技术

1. 适应证 ①听神经瘤；②颈静脉球瘤；③耳、颞骨部同时累及颅底和颅内的病变；④乳突胆脂瘤及中耳炎等；⑤耳部和颞部其他良恶性肿瘤；⑥内耳先天性异常、人工耳蜗移植术前检查等。

2. 射频线圈 采用头部正交线圈或环型软线圈。

3. 受检者体位及成像中心 仰卧位、头先进。定位中心位于鼻根或眉间。

4. 扫描技术

（1）常规扫描：以横断面和冠状面 FSE-T_1WI 序列、FSE-T_2WI 序列为主，辅以横断面内耳水成像（3D-FIESTA 序列）。

横断面：在三平面冠状面定位像上定位横断面，可先使用一条横断面定位线，平行于左右内听道结构，再增加扫描层数。扫描方向为由下至上，范围包括蝶窦和左右乳突结构，相位编码方向采用左右方向。

冠状面：在横断面 T_2 图像上定位冠状面，可先使用一条冠状面定位线，平行于左右内听道结构，再增加扫描层数。扫描方向为由前至后，范围包括蝶窦和覆盖左右乳突结构。相位编码方向采用左右方向。

内耳水成像（内耳膜迷路造影）：其原理主要是利用水的长 T_2 特性成像，在内耳薄层成像的基础上行内耳膜迷路 3D-T_2WI 序列或 3D-FIESTA 序列。在冠状面图像上定位，内听道上下范围要合适，包括耳蜗、半规管，扫描层面平行并经过两侧面听神经干连线。内耳膜迷路 MR 水成像应重视层面设定为两侧对称（图 5-4-9）。

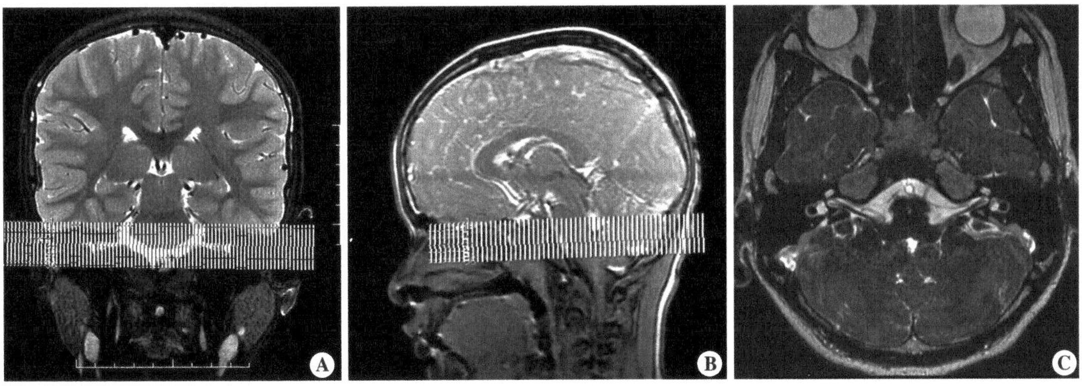

图 5-4-9 内耳水成像扫描

A、B. 内耳水成像定位；C. 内耳原始图像

（2）增强扫描：对于耳蜗先天发育异常及人工耳蜗植入者的术前检查一般不需增强扫描。其他病变根据具体情况在注射对比剂之后分别进行横断面和冠状面的脂肪抑制 T_1WI 增强扫描。

（3）扫描参数见表 5-4-4。

表 5-4-4　耳部及内听道 MRI 参数

脉冲序列	TR（ms）	FA	TE（ms）	ETL	矩阵	FOV（cm）	层厚/间隔（mm）	NEX
FSE-T_1WI	300～600	90°	10～25	2～4	256×224	20～24	2～4/1	2～4
FSE-T_2WI	3000～5000	90°	90～120	8～32	256×224	20～24	2～4/1	2～4
3D-FIESTA	4～6	60°	1～3		320×320	16～20	0.8～1.0/0	2～4

5. 图像要求

（1）面听神经在 T_2WI、重 T_2WI 图上呈软组织等信号，在脑脊液高信号衬托下，显示神经结构清晰，血管呈低信号。

（2）多角度显示半规管及膜迷路的立体结构（图 5-4-10）。

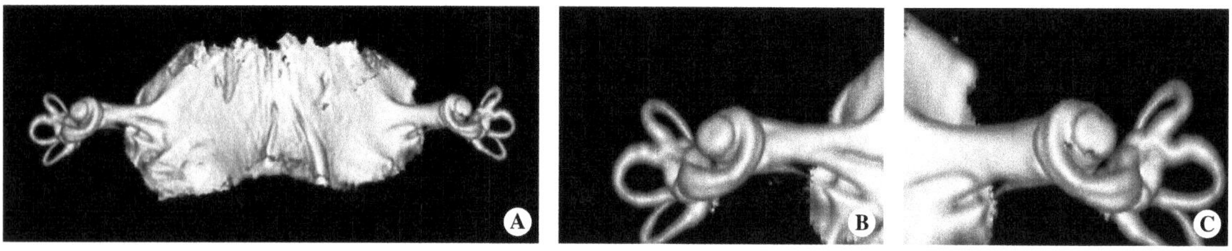

图 5-4-10　内耳水成像 MIP 重建及多视角旋转

A. 内耳水成像 MIP 重建图；B、C. 左右侧耳蜗、半规管重建放大图

6. 注意事项

（1）体位设计时，肩部尽量靠近线圈，头顶部左右居中，头部不能旋转，用海绵垫固定头部，确保患者头颅中心与线圈中心一致。

（2）横断面、冠状面 T_2WI 扫描可添加上下饱和带以减轻血管搏动伪影。选择脂肪抑制技术以突出显示病灶。

（3）3D-FIESTA 序列可使用薄层高分辨力扫描，要求 NEX 为偶数。

（4）内耳水成像 3D 重 T_2WI 序列的原始图像经 MIP、MPR 重建，显示内耳的立体解剖形态。原始图像的 MIP 重建非常重要，通常要进行靶 MIP，将内耳无需的背景剪除、多角度旋转，最大程度、最佳状态地显示内耳半规管及膜迷路的立体结构。

六、颈部 MRA 技术

颈部 MRA 技术，根据采集目标血管的不同，可分为颈部动脉成像和颈部静脉成像。根据成像原理的不同主要分为：①时间飞跃法 MRA（TOF-MRA）；②相位对比法 MRA（PC-MRA）；③对比剂增强血管成像（3D-CE-MRA）。

（一）颈部动脉 3D-TOF-MRA

1. 适应证　①动脉瘤；②动静脉畸形；③动脉狭窄或闭塞；④动脉斑块等。

2. 射频线圈　采用头颈部联合线圈或颈部表面线圈。

3. 受检者体位及成像中心　仰卧位、头先进，定位中心位于下颌下缘或颈部中点。

4. 扫描技术

（1）颈部 3D-TOF-MRA 常规采用横断位，由于颈部血管大致与横断面垂直，快速采集流入增强效应最强，所以 TOF 法采用横断位扫描。扫描范围一般从垂体至主动脉弓处，层块间需有足够层面的重叠图（图 5-4-11A、B），相位编码采用左右方向。

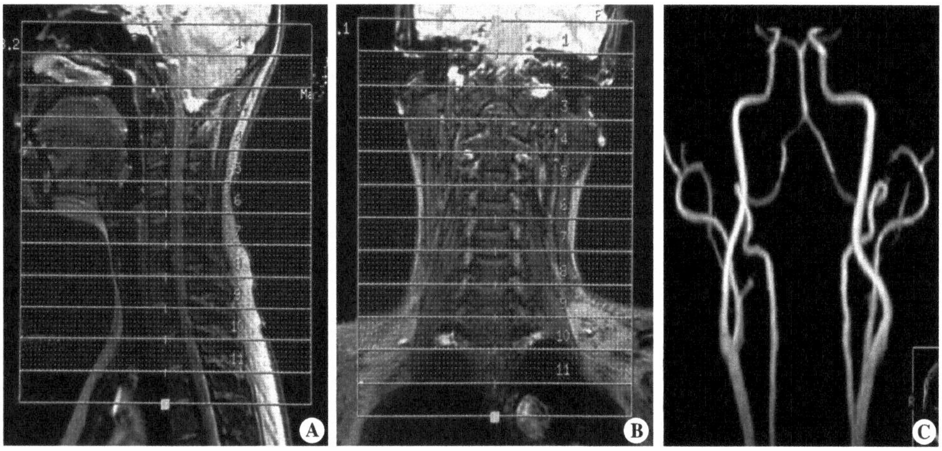

图 5-4-11 颈部 3D-TOF 横断面扫描

A、B. 3D-TOF 横断面扫描定位；C. 3D-TOF 重建图

（2）增强扫描：一般不进行增强扫描。

（3）推荐颈部血管 3D-TOF-MRA 参数见表 5-4-5。

表 5-4-5 颈部 MRA 参数

脉冲序列	TR（ms）	FA	TE（ms）	矩阵	FOV（cm）	层厚/间隔（mm）	NEX
3D-TOF-MRA	20～40	15°～25°	2～4	384×192	24～28	1.0～2.0/0	1～2
3D-PC-MRA	20～40	15°～25°	3～10	384×192	24～28	1.0～2.0/0	1～2
3D-CE-MRA	4～5	30°	1～2	384×224	24～32	1.0～2.0/0	0.75

5. 图像要求与显示

（1）颈部 3D-TOF-MRA 可显示正常颈动脉及其分叉、椎动脉、基底动脉，亦可显示 Willis 环。

（2）三维动脉 MIP 血管影像清晰（图 5-4-11C）。

6. 注意事项

（1）在扫描层面上方设置预饱和带以消除静脉信号。

（2）3D-TOF 常采用流动补偿技术及脂肪抑制技术。

（3）图像需经过三维后处理，将原始图像做 MIP 处理产生三维血管图像，实现任意方向旋转、任意角度显示，使病灶显示更加清楚。

（二）颈部血管 3D-PC-MRA

1. 适应证 ①颈部静脉栓塞；②颈部血管先天变异；③颈部肿瘤性病变累及血管系统等。

2. 射频线圈 采用头颈部联合线圈或颈部表面线圈。

3. 受检者体位及成像中心 仰卧位、头先进，定位中心位于下颌下缘或颈部中点。

4. 扫描技术

（1）常规扫描：因颈部前后径较小，所需扫描层数较少，血流与层面平行，颈部 3D-PC-MRA 通常采用冠状面扫描。3D-PC 扫描前先采用 2D-PC 取矢状面扫描，所获图像作为颈部 3D-PC-MRA 冠状位成像的定位参考像（图 5-4-12A、B）。扫描范围包括整个颈部大血管；相位编码采用左右方向。

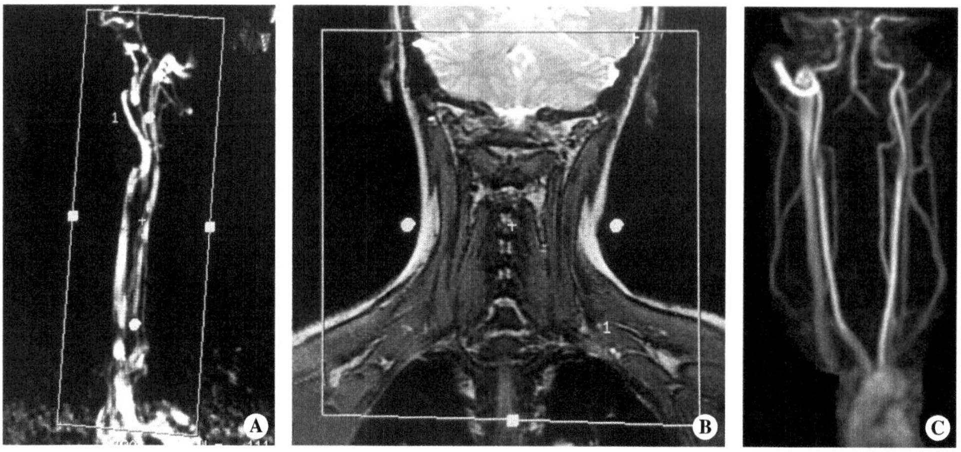

图 5-4-12 颈部 3D-PC 冠状面扫描

A、B. 在 2D-PC 像上做 3D-PC 冠状面扫描定位；C. 颈部 3D-PC-MRA

（2）增强扫描：一般不进行增强扫描。

（3）推荐颈部血管 3D-PC-MRA 参数见表 5-4-5。

5. 图像显示

（1）颈部 3D-PC-MRA 可显示正常颈部动静脉及其分支、椎动脉等，三维 MIP 血管重建影像清晰。

（2）颈部血管 3D-PC-MRA 见图 5-4-12C。

6. 注意事项

（1）成像关键在于选择流速编码值，流速编码值的设置应比目标血管最大流速高出 20%。

（2）颈部动脉成像时，应在扫描层面上方设置预饱和带以消除静脉信号；颈部静脉成像时，应在扫描层面下方设置预饱和带以消除动脉信号。

（3）采用流动补偿技术、脂肪抑制技术。

（4）图像分为速度图像、流动图像。速度图像信号强度与流速呈正相关；流动图像也称相位图像，信号与流速、方向有关。

（5）需将原始图像做 MIP 处理产生三维血管图像。

（三）3D-CE-MRA（对比增强 MRA）

1. 适应证 ①动脉瘤；②动静脉畸形；③动脉狭窄或闭塞；④颈部肿瘤性病变累及血管系统等。

2. 射频线圈 采用头颈部联合线圈或颈部表面线圈。

3. 受检者体位及成像中心 仰卧位、头先进，定位中心位于下颌下缘或颈部中点。

4. 扫描技术

（1）扫描定位：颈部 3D-CE-MRA 扫描通常采用冠状面成像，定位的方法和颈部 3D-PC-MRA 定位方法相同，以矢状位 2D-PC 图像作为定位像，于冠状面定位像上调整上下位置，扫描野下缘要包括主动脉弓，保证冠状位成像范围覆盖颈部大血管（图 5-4-13）。

（2）增强扫描：使用双筒高压注射器，采用钆对比剂，剂量 0.1～0.2mmol/kg，静脉注射速度＞3.0ml/s，注射完毕后以同样流速注入等量的生理盐水。增强血管序列包括蒙片和增强。

（3）推荐颈部血管 3D-CE-MRA 参数见表 5-4-5。

（4）颈部血管 3D-CE-MRA 见图 5-4-14。

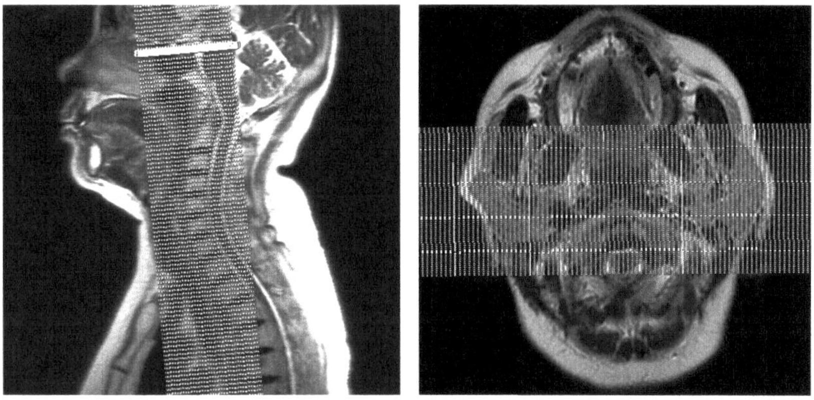

图 5-4-13 颈部 3D-CE-MRA 冠状面成像定位

5. 注意事项

（1）为了避免动脉图像受到静脉显影的污染，CE-MRA 扫描时间的控制是成功的关键。

（2）通常采用透视触发的方式，即在注射对比剂的同时以冠状位的方式连续采集类似于透视的图像，实时观察注射对比剂后血管的信号增强变化，在对比剂到达颈部动脉时即刻启动 3D-CE-MRA 序列。

（3）原始图像可做 MIP 重建并可多视角旋转观察。CE-MRA 可分别重建动脉期及静脉期图像。

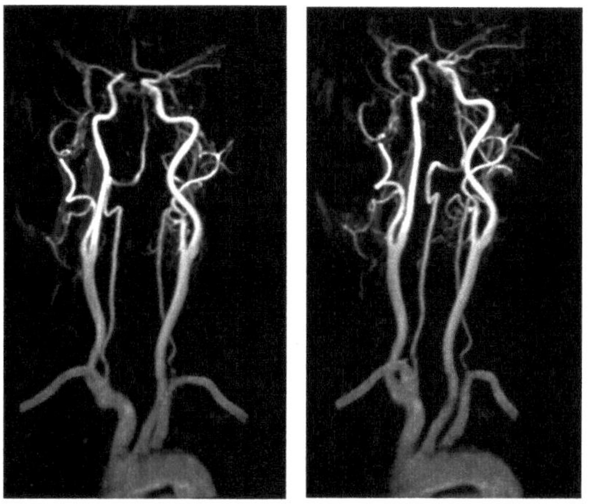

图 5-4-14 颈部 3D-CE-MRA 经 MIP 重建不同视角旋转观察

七、相关疾病 MRI 检查要点

1. 眼部肿瘤性病变 MRI 检查要点 MRI 为直接多断面成像，对眶内容、视神经及视交叉等软组织的分辨力优于 CT。但 MRI 对骨及钙化显示不尽如人意。CT 和 MRI 对眼眶疾病诊断作用互相补充。对于眼部肿瘤性病变 MRI 检查，一般在常规扫描基础上行增强扫描，MR 横断面、斜矢状面 T_2WI 应与视神经平行，结合脂肪抑制技术，显示视神经更加清晰。当肿瘤累及视神经或视交叉，这些结构在 MRI 上表现为视神经增粗或肿瘤压迫，MRI 在显示肿瘤侵犯方面要优于 CT。MRI 增强检查使眼和眼眶肿瘤性病变的检出率提高。

传统磁共振主要提供视觉系统形态学的改变，弥散张量成像及锰增强磁共振主要用于观测更微观的视觉系统结构的改变，功能磁共振可以反映视觉系统病变所引起的视觉功能反应的改变，MRS 对深入研究眼部疾病的脑内代谢改变有很重要的意义。这些技术的单独或联合应用对于视觉系统相关疾病的诊断、随访监测及疗效评估方面有着重要的价值。

2. 鼻咽癌 MRI 检查要点 鼻咽癌属于常见的恶性肿瘤之一，其邻近组织较多，且结构相对复杂，甚至与颅脑相通，因此 MRI 检查已被广泛应用到鼻咽癌的影像诊断中，MRI 检查需行平扫和增强扫描。增强扫描可选用 T_1WI-FSGPR 序列，此时血管搏动伪影比较轻微。由于颈部解剖结构的复杂性，常规平扫冠状面压脂序列不建议采用化学饱和法，建议使用 STIR 序列压脂。MRI 新技术在鼻咽癌的诊断和鉴别诊断方面具有重要价值，如 DWI、MRS、DTI 检查，DWI 结合测定 ADC 值对鼻咽癌 T 分期的诊断价值较高，并有助于对鼻咽部良恶性病变的鉴别诊断。

3. 甲状腺良恶性病变 MRI 检查要点 超声和 CT 已广泛应用于甲状腺疾病的检查诊断中，但是良恶性病变的定性诊断仍存在许多问题。对于超声、CT 无法明确甲状腺病变性质，需行 MRI

检查，由于颈部结构及成分复杂，磁场极不均匀，易产生磁敏感、化学位移及运动等伪影，因此甲状腺横断面、冠状面 T_2WI 抑脂成像可采用 IDEAL-FRFSE T_2WI 序列扫描。此外，在 MRI 平扫基础上采用动态增强扫描、DWI 结合测定 ADC 值，对甲状腺良恶性病变鉴别诊断价值较高。

【小结】 本节主要内容为五官及颈部 MRA 技术，由于 MRI 具有软组织分辨力高的特点及血管流空效应，可清晰显示五官及颈部血管的各类病变。在颈部 MRA 中，显示慢流血管（静脉血管）宜采用 2D-TOF 或 2D-PC 技术；显示快流血管（动脉血管）宜采用 3D-TOF 或 3D-PC 技术，3D-TOF 图像的信噪比高，缺点是扫描时间长，背景抑制效果不如 2D-TOF。3D-PC 的优点是可进行血流定量分析，平行于扫描层面的血管显示较好，背景组织信号抑制较好，信噪比高。缺点是成像时间比 TOF-MRA 长。3D-CE-MRA 序列的优点是一次增强扫描可显示动脉及静脉，显示血管较 TOF 法、PC 法更可靠；缺点是需使用对比剂，不能提供血流动力学分析。

第五节　胸部 MRI 检查技术

一、肺部 MRI 检查技术

（一）临床概述

肺部病变 MRI 显示不及 CT。正常肺部组织在 MRI 上常呈极低信号，MRI 可作为肺部病变的辅助检查手段。对气管及支气管异物或新生物、肺部肿瘤性病变、肺部渗出性病变、肺栓塞、血管畸形等的诊断有一定的帮助。

1. 肺部肿瘤性病变 MRI 可用于肺部良恶性结节的鉴别及肺癌的筛查，并可用于非小细胞肺癌的 TNM 分期。MRI 对纵隔受侵的诊断优于 CT，且能区分肿瘤与肺不张或肺实变，有助于肺癌放射治疗的靶区勾画，用于术前分期及判断手术切除的可行性。

2. 肺部渗出性病变 脂肪抑制 T_2WI 和 T_2WI 可显示肺部渗出性病变的结构、大小及周围组织的毗邻关系，结合 DWI 序列和 T_1WI 序列可为渗出性病变的分类及治疗方案提供指导。

3. 血管畸形 MRA 序列可显示肺部血管的位置、形态及分支。结合黑血的 T_1WI 和 T_2WI 序列可对血管结构特征做出更为准确的判断，为血管畸形的治疗及预后提供参考。

（二）MRI 检查技术

1. 适应证 ①对 CT 难以确定性质的病变进一步检查；②评估病灶是否含有液性成分；③评估病变是否含有脂质成分；④引导穿刺活检；⑤评估局部肿瘤的侵袭情况，确定病变与相邻结构的关系；⑥对病灶进行术前评估，用于制订手术计划。

2. 射频线圈 采用体部相控阵线圈或心脏线圈、脊柱线圈。

3. 受检者体位及成像中心 仰卧位，头先进。背部躺于脊柱线圈上。呼吸门控感应器绑于受检者腹部或胸部随呼吸动作起伏最明显部位。前片线圈覆盖于胸前，长轴与人体及检查床长轴一致。成像中心位于胸部中心。

4. 扫描技术

（1）常规扫描：肺部 MRI 常规序列以横断面为主，扫描序列包括：横断面和冠状面 T_2WI 序列、横断面 T_2WI 抑脂序列、横断位 T_1WI 同反相位序列、DWI 序列。针对不同位置的病灶，必要时可以加做矢状面成像（图 5-5-1）。

（2）增强扫描：钆对比剂常规剂量为 0.1mmol/kg 体重，以 1.5～3.0ml/s 速度静脉注射后。采用梯度回波 T_1WI+抑脂-闭气序列行横断面和冠状面扫描，必要时加矢状面扫描。亦可采用 3D-VIBE-T_1WI、3D-LAVA-T_1WI、3D-eTHRIVE-T_1WI 或 Dixon 序列做多期动态扫描，分别在动脉晚期（20～30s 延迟），平衡期（3min 延迟）延迟采集。

（3）肺部 MRI 参数：因 MRI 设备场强、机型等不同，肺部 MRI 参数根据各扫描序列及检查要求而定，推荐胸部 MRI 参数见表 5-5-1。

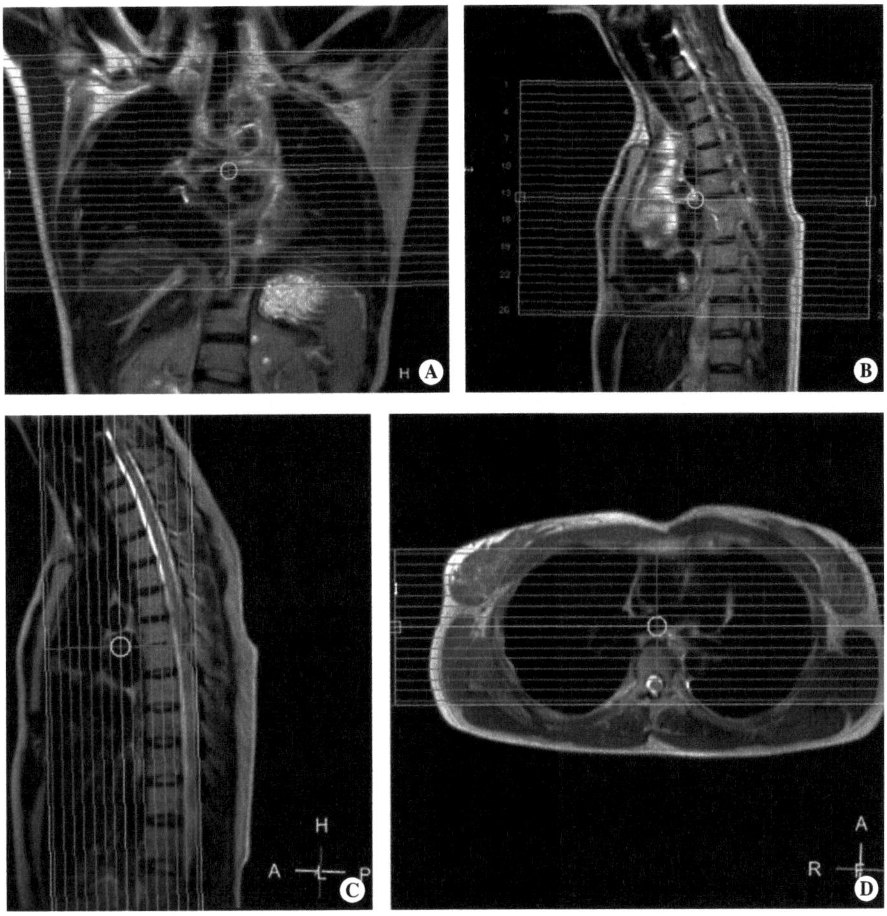

图 5-5-1 胸部横断面和冠状面定位图

A、B. 横断面扫描定位；C、D. 冠状面扫描定位

表 5-5-1 胸部 MRI 推荐参数

脉冲序列	TR（ms）	TE（ms）	ETL	矩阵	FOV（cm）	层厚/间隔（mm）	NEX
FSE-T_2WI	1200	80	80	280×256	30～45	5～8/0.5～1	1
FSE-T_2WI fs	1200	70	70	280×256	30～45	5～8/0.5～1	1
bSSFP	3.5	1.7		280×256	30～45	5～8/0.5～1	2
mDixon	4.2	1.5/2.7		320×256	30～45	4/-2	1
DWI	1500	66	48	128×192	30～45	5～8/0.5～1	22

5. 图像要求

（1）显示完整肺及纵隔结构。

（2）呼吸运动伪影、血管搏动伪影及并行采集伪影不影响影像诊断。

（3）三维 T_1WI 容积扫描提供 MPR 图像。

（4）肺部 MRI 见图 5-5-2。

6. 注意事项

（1）肺部 MRI 检查前，应做好呼吸训练，保证扫描过程中患者屏气以减小呼吸运动伪影。如果有条件，建议结合心电门控同时减小心脏搏动伪影。如果患者无法配合屏气，建议使用呼吸门控序列。

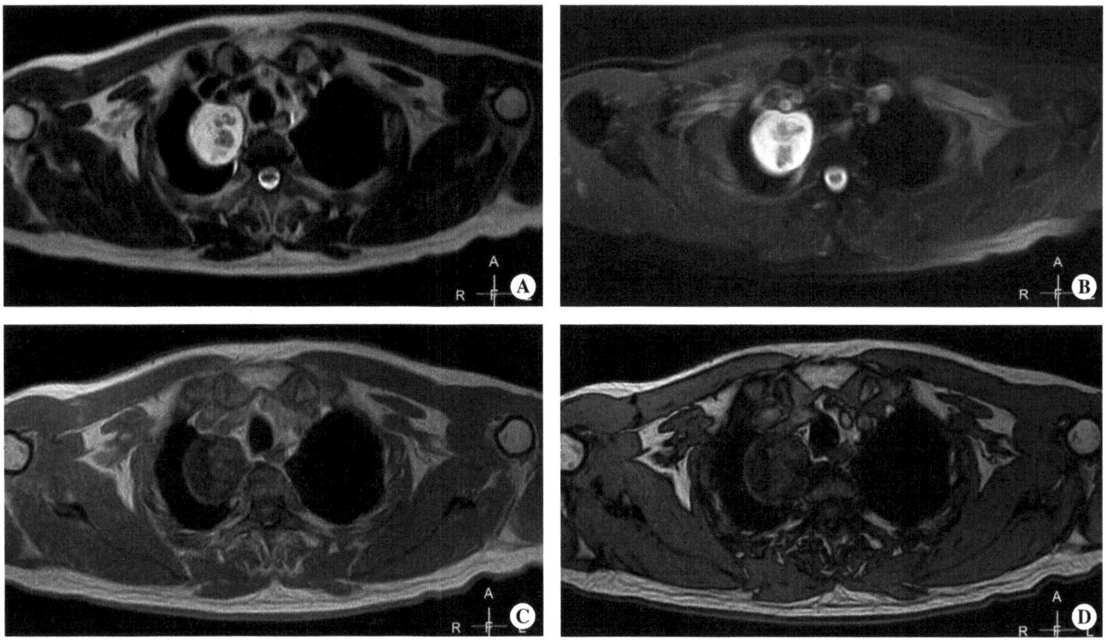

图 5-5-2 肺部 MRI

A. 横断面 T_2WI；B. 横断面 T_2WI fs；C. 横断面 T_1 Dixon 同相位；D. T_1WI Dixon 反相位

（2）如果病变靠近心脏大血管，为了更好地观察病变和血管的关系，建议使用双翻转 IR 序列以便达到更好的黑血效果。

（3）同反相位序列和增强序列层厚建议薄至 3mm，用于评估较小的纵隔结构。

（4）DWI 序列中，推荐 b 值 0s/mm^2、100s/mm^2 和 800s/mm^2，同时获得表观扩散系数图。

（5）常规成像不需要特殊后处理。多期动态扫描序列，如 3D-VIBE-T_1WI、3D-LAVA-T_1WI、3D-eTHRIVE-T_1WI 或 Dixon 序列可进行时间-信号强度曲线分析，并行 MPR、MIP 等后处理。

案例 5-5-1

患者，男，63 岁，主诉胸痛、咳痰，偶见痰中带血。请判断病变囊实性，是否是含脂病变？是否有大血管侵犯（案例图 5-5-1）？

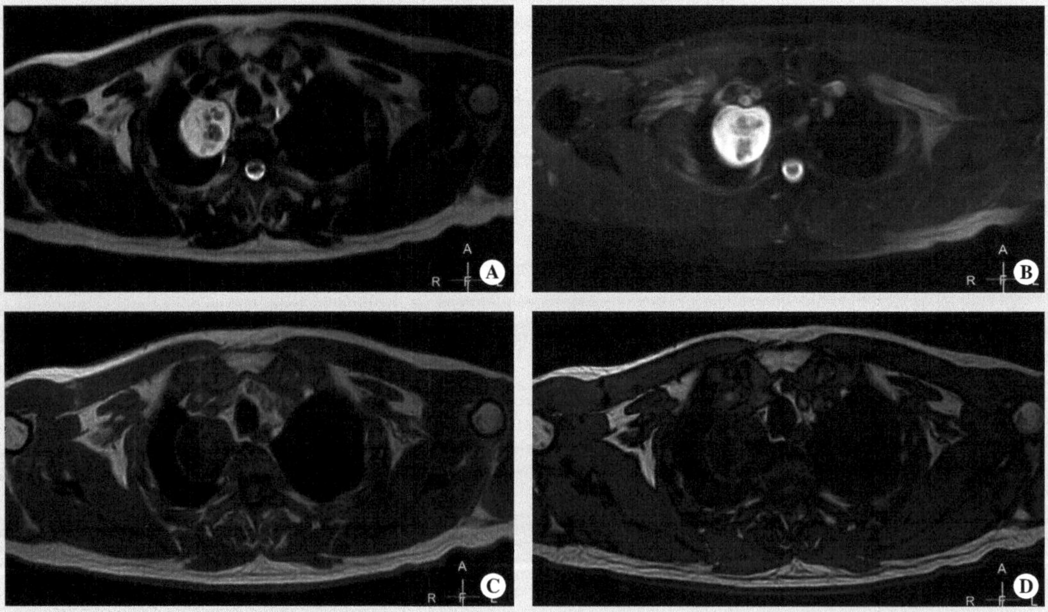

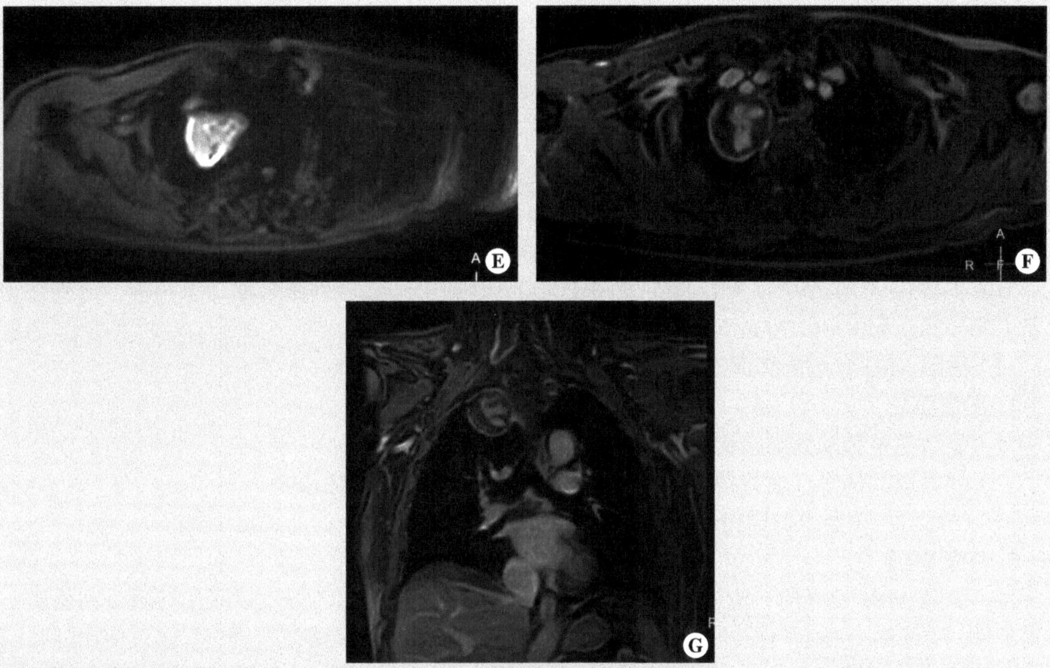

案例图 5-5-1

A、B. T_2WI-TSE；C、D. T_1WI；E. DWI（b=800）；F、G. eTHRIVE

解答：病灶在 T_1WI 图像上呈混杂低信号、T_2WI 抑脂和 T_2WI 图像上呈高信号混杂低信号，可以判断病灶是囊实性混合病变；病灶在同反相位图像信号无显著变化，可判断出病变不含脂质，结合其他序列可以发现病变没有大血管侵犯，病变增强有强化。临床诊断肺结核瘤。

二、纵隔 MRI 检查技术

（一）临床概述

纵隔是左右两肺之间包括两侧纵隔胸膜在内的区域。纵隔 MRI 相比纵隔 CT 组织对比度高。肺动静脉在自旋回波序列由于流空效应呈管状无信号影，而在快速梯度序列中，动静脉表现为高信号；纵隔内的淋巴结在 MRI 上较易显示，淋巴结的 T_1 值比脂肪长，所以在短 TR 序列上更易显示。因此纵隔 MRI 对纵隔肿瘤性病变和血管性病变的诊断有很大帮助。

1. 纵隔肿瘤性病变 MRI 可用于纵隔良恶性病变的鉴别，利用 T_1WI 和 T_2WI 图像判断病变的囊实性；利用横断位 T_1WI 同反相位序列可以评估病灶是否含有脂质成分；利用 DWI 序列，为病灶的良恶性倾向判断提供帮助。结合亮血的 SSFP 序列和黑血 T_2WI 序列可以判断病灶与纵隔大血管之间的关系。

2. 纵隔血管性病变 MRA 序列可显示血管的位置、形态及分支。结合黑血的 T_1WI 和 T_2WI 序列对血管结构特征做出更为准确的判断，为血管畸形的治疗及预后提供参考。

（二）纵隔 MRI 检查技术

1. 适应证 ①对 CT 难以确定性质的病变进一步检查；②评估病灶是否含有液性成分，如纵隔囊肿或扩张的淋巴结的鉴别诊断；③评估病变是否含有脂质成分，如良性残余胸腺组织或胸腺增生的鉴别诊断；④引导穿刺活检；⑤评估局部肿瘤的侵袭情况，确定病变与相邻结构的关系；⑥对病灶进行术前评估，用于制订手术计划。

2. 射频线圈、受检者体位及成像中心 同肺部 MRI。

3. 扫描技术

（1）常规扫描：纵隔 MRI 常规序列以横断面为主，扫描序列包括：横断面和冠状面 T_2WI 序列、横断面 T_2WI 抑脂序列、平衡稳态 SSFP 序列、横断位 T_1WI 同反相位序列、DWI 序列。相比与肺部 MRI，建议使用心电门控与呼吸门控结合的方法，以便减小心脏与呼吸运动伪影。另外针对不同位置的病灶，必要时可以加做矢状面成像。

（2）增强扫描：钆对比剂常规剂量为 0.1mmol/kg 体重，以 1.5～3.0ml/s 速度静脉注射后。采用梯度回波 T_1WI+抑脂-闭气序列行横断面和冠状面扫描，必要时加矢状面扫描。亦可采用 3D-VIBE-T_1WI、3D-LAVA-T_1WI、3D-eTHRIVE-T_1WI 或 Dixon 序列做多期动态扫描，分别在动脉晚期（20～30s 延迟）和 3min 延迟采集。

（3）纵隔 MRI 参数同肺部 MRI。

4. 图像要求

（1）显示完整肺及纵隔结构。

（2）呼吸运动伪影、血管搏动伪影及并行采集伪影不影响影像诊断。

（3）三维 T_1WI 容积扫描提供 MPR 图像。

5. 注意事项

（1）纵隔 MRI 检查前，应做好呼吸训练，保证扫描过程中患者屏气以减小呼吸运动伪影。如果有条件，建议结合心电门控同时减小心脏搏动伪影。如果患者无法配合屏气，建议使用呼吸门控加心电门控的扫描序列。

（2）为了更好地观察病变和血管的关系，纵隔 T_2WI 抑脂序列建议使用双翻转 IR 序列以便达到更好的黑血效果。

（3）为了评估较小的纵隔结构，建议同反相位扫描序列和增强序列层厚选择在 3mm 以下。

（4）纵隔检查建议增加扫描 SSFP 序列，此序列包括血池和血管在内的液体是高信号，可以利用这一特性进行大血管成像，观察病变与血管的关系。

（5）DWI 序列中，推荐 b 值为 0s/mm^2、100s/mm^2 和 800s/mm^2，并经后处理获得表观扩散系数（ADC）图。

（6）多期动态扫描序列，如 3D-VIBE-T_1WI、3D-LAVA-T_1WI、3D-eTHRIVE-T_1WI 或 Dixon 序列可进行时间-信号强度曲线分析，并行 MPR、MIP 等后处理。

案例 5-5-2

患者，女，53 岁，主诉胸部不适，CT 发现纵隔肿块，建议行 MRI 检查。请判断病变囊实性，是否有大血管侵犯？是否有强化（案例图 5-5-2）？

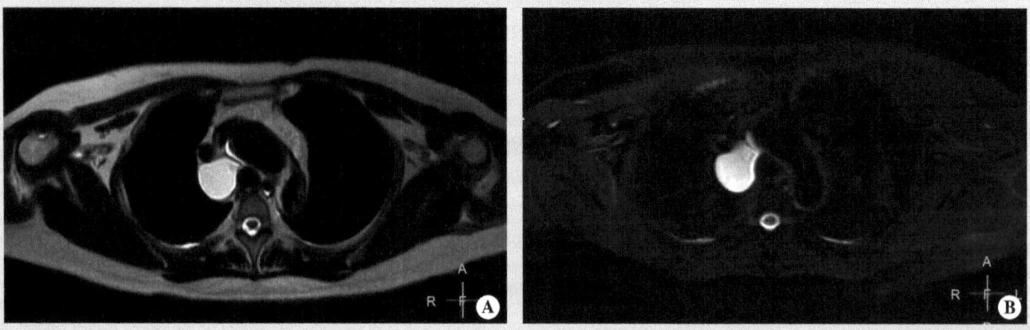

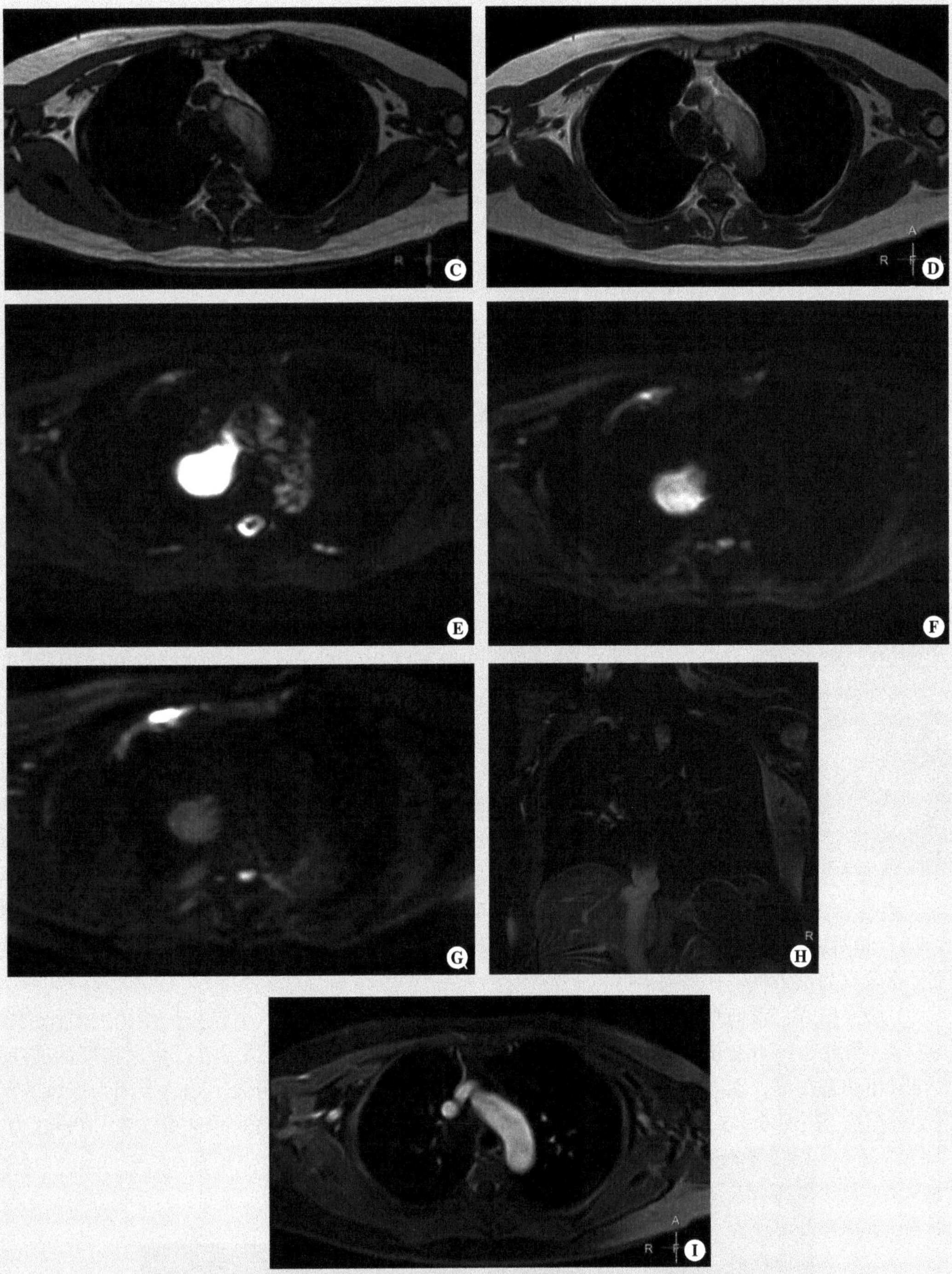

案例图 5-5-2

A、B. T_2WI-TSE；C、D. T_1WI；E. DWI（b=0）F. DWI（b=100）；G. DWI（b=800）；H、I. eTHRIVE

解答： 病灶在 T_1WI 同相位图像上呈低信号、T_2WI 抑脂和 T_2WI 图像上呈高信号，可以判断病灶是囊性病变；病灶在同反相位图像信号无显著变化可判断出病变不含脂质，病灶在 DWI 图像上弥散不受限，病灶无强化。结合不同平面的序列可以发现病变没有大血管侵犯。临床诊断纵隔囊肿。

三、乳腺MRI检查技术

（一）临床概述

传统的乳腺影像学检查包括钼靶X线摄影及B超检查，但都有一定的局限性。MRI具有无辐射损伤、软组织分辨力高，多参数多方位成像的优势，对发现乳腺病变有较高的敏感性，是乳腺影像学检查的重要手段。尤其适合对致密性乳腺的检查或乳腺癌术后局部复发、乳房成形术后乳腺组织内有无肿瘤的观察。但鉴于MRI对微小钙化的检查不敏感，加上检查时间较长、费用较贵，乳腺MRI并未大面积地普及使用。

（二）乳腺MRI检查技术

1. 适应证 ①对临床触诊、超声和乳腺X线摄影不能诊断或诊断意见不一致的病灶进一步明确诊断；②对高危乳腺癌患病因素的群体筛查；③对腋窝出现淋巴结转移而超声、钼靶未能确定病变的隐匿性病例进行排查；④引导活检；⑤对乳腺病灶进行术前评估，尤其是评估保乳手术的可行性；⑥评估乳腺疾病治疗后的改变。

2. 射频线圈 采用单侧或双侧乳腺专用相控阵线圈。

3. 受检者体位及成像中心 患者俯卧位，头先进，两侧乳房悬垂于支架孔（线圈）内中心。乳房自然下垂于线圈中心，如乳房受到挤压，会影响腺体组织观察和压脂效果。下颌垫于软垫上，两臂上举支撑于软垫上，利用沙袋、头托提高患者舒适度，力求体位舒适，以减少检查过程中患者因体位不适造成的运动。定位线对准支架孔（线圈及乳腺）中心（图5-5-3）。

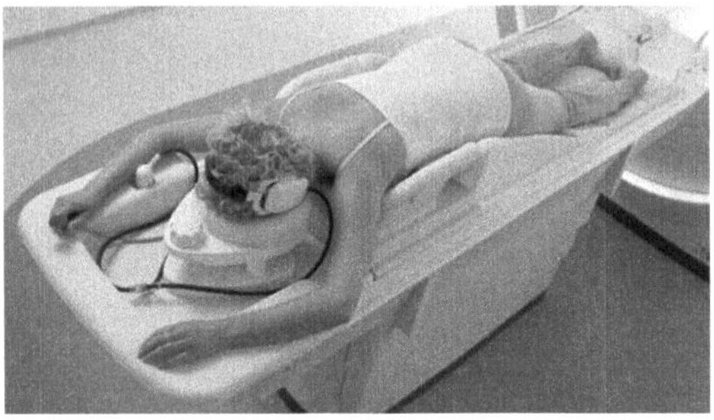

图5-5-3 乳腺MRI检查体位

4. 扫描技术

（1）常规扫描：先行三平面定位像扫描。利用获得的横、矢、冠三平面定位像进行单侧或双侧乳腺横断面、矢状面及冠状面扫描。其中横断面和矢状面要求至少有一层经过乳头。成像序列包括：T_1WI、T_2WI、T_2WI抑脂及DWI序列，定位图见图5-5-4。如所用设备允许，可加做MR波谱成像检查。相位编码方向：横断面成像取左右方向，矢状面成像取前后方向。

（2）增强扫描：动态增强扫描（DCE）是乳腺MRI检查的关键。增强扫描使用的对比剂多为Gd-DTPA，剂量0.1～0.2mmol/kg，注射速度2～3ml/s，静脉团注，在增强后进行快速梯度回波T_1WI的不同时相动态扫描。动态增强扫描共6期，其中第一期多为增强前图像，随后5期为连续的增强多期动态扫描，如图5-5-5所示。其中，单次扫描时间应≤2min，扫描总延迟时间以8～10min为宜。

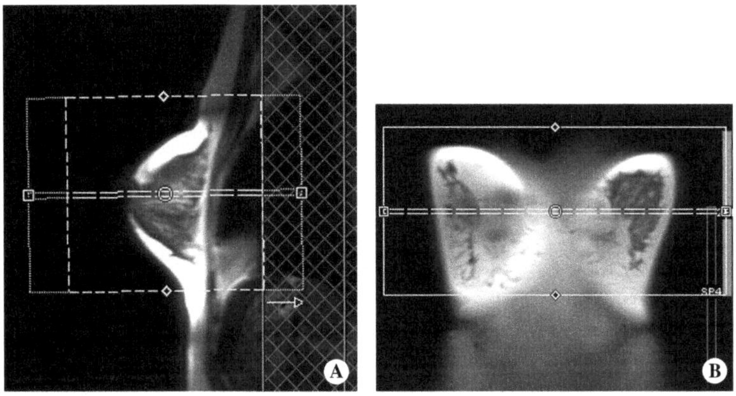

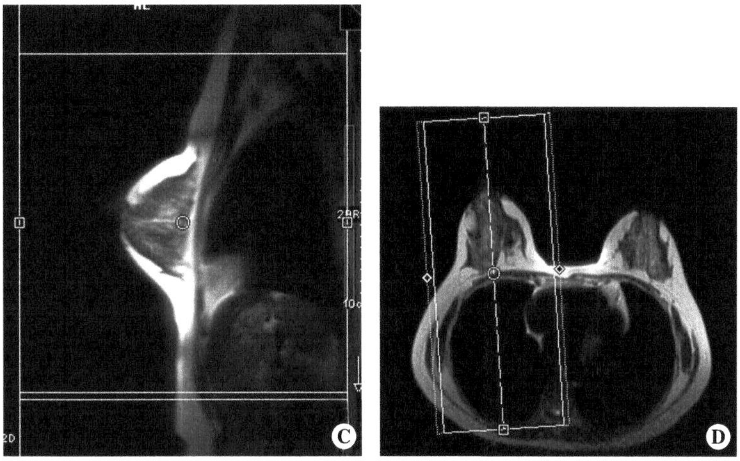

图 5-5-4 乳腺扫描面定位图

A、矢状面；B. 冠状面；C、矢状面；D. 横断面

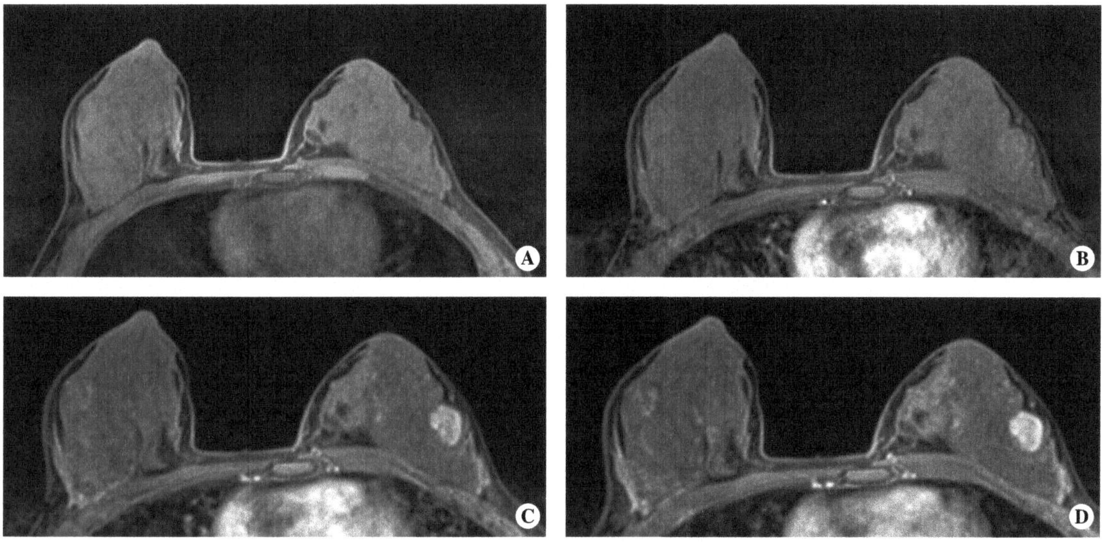

图 5-5-5 乳腺动态增强图像

A. 增强前图像；B、C、D. 连续动态增强图像

（3）推荐乳腺 MRI 参数：因场强、机型等而有所不同，根据各扫描序列及检查要求而定。推荐的乳腺 MRI 参数见表 5-5-2。

表 5-5-2 乳腺 MRI 推荐参数

脉冲序列	TR（ms）	TE（ms）	ETL	矩阵	FOV（cm）	层厚/间隔（mm）	NEX
T_1WI	400	10	5	320×320	26～35	4/0.4	1
T_2WI	4040	70	21	280×320	26～35	4/0.4	1
T_2WI-SPAIR	3620	70	21	280×256	26～35	4/0.4	1
DWI	6300	75	45	128×128	26～35	4/0.4	2

5. 图像要求

（1）显示完整的乳腺，同时为了观察淋巴结的情况，T_2WI 和 T_1WI 序列的扫描范围在必要时包括腋窝。

（2）呼吸运动伪影、心脏搏动伪影及并行采集伪影不影响影像诊断。

（3）三维 T_1WI 容积扫描提供 MPR 图像。

（4）常规乳腺 MRI 见图 5-5-6，乳腺 DWI 见图 5-5-7。

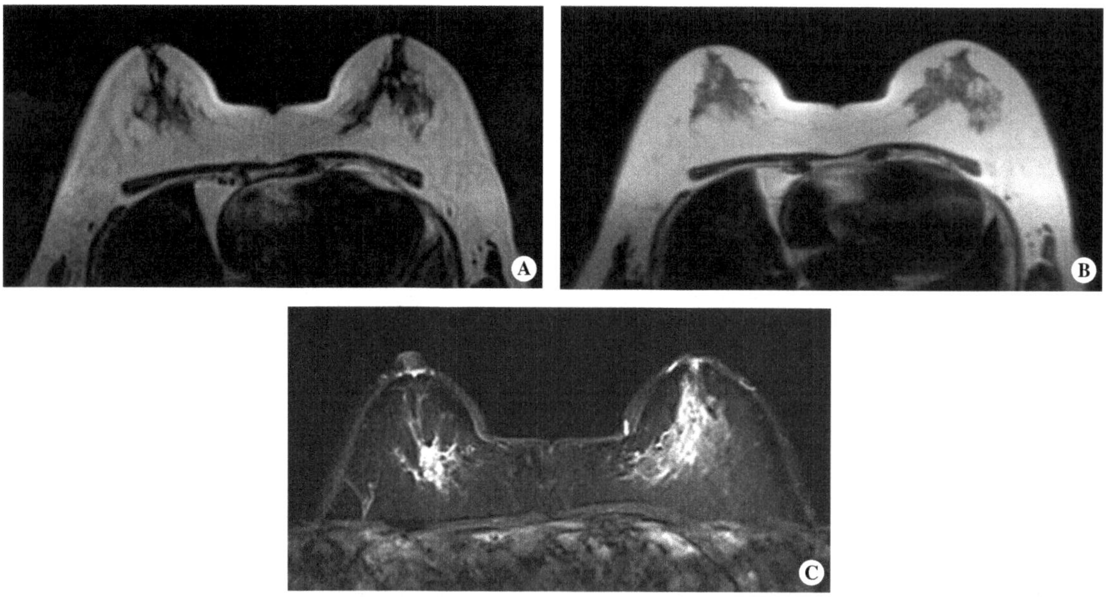

图 5-5-6　不同序列的乳腺横断面图像

A. 横断面 T_1WI；B. 横断面 T_2WI；C. 横断面压脂 T_2WI

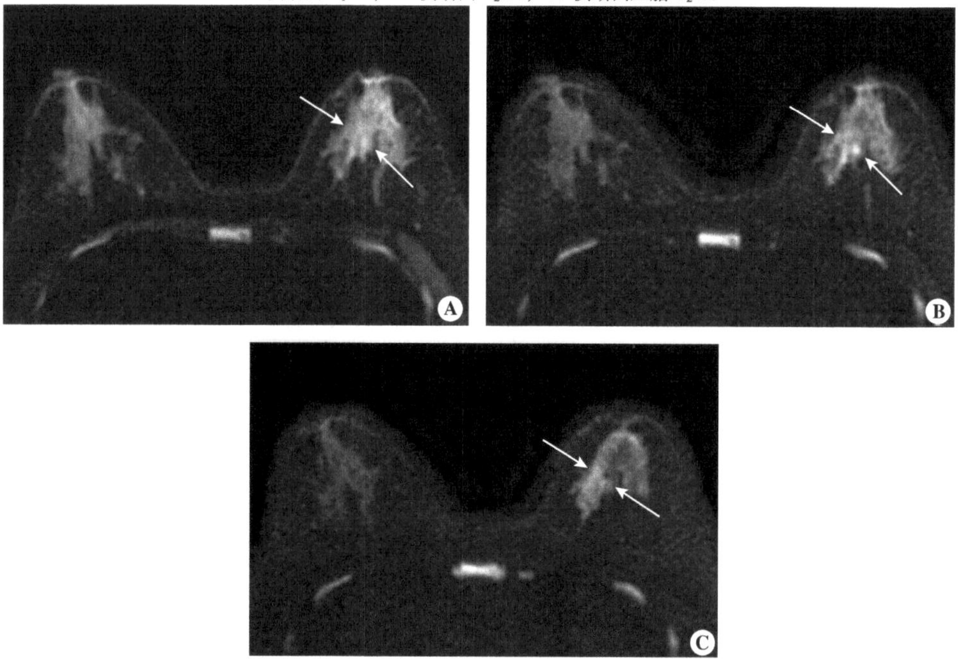

图 5-5-7　不同 *b* 值的 DWI 序列的横断面图像

A. *b*=500；B. *b*=0；C. *b*=1500；箭头所指为乳腺病灶，可见随着 *b* 值增加，背景和腺体组织信号降低，病灶信号不变

6. 注意事项

（1）乳腺腺体组织随月经周期变化而有所变化，因此乳腺 MRI 检查最佳时间为月经后 1 周。

（2）因为乳腺压迫会明显影响乳腺癌的强化特征及乳腺 DCE MRI 的诊断准确性。因此乳腺 MRI 检查时，乳房要自然下垂于线圈中心，避免乳房受到挤压。同时力求体位舒适，以减少检查过程中患者因体位不适造成的运动。

（3）DWI 序列 b 值推荐 0s/mm^2、1000s/mm^2 和 1500s/mm^2。有些设备可以采用分段采集的 DWI 序列（如 RESOLVE-DWI），以提高 DWI 分辨力并减小磁化率伪影。

（4）乳腺假体成像时应分别使用 TI=120ms 的人体脂肪抑制，以及 TI=400ms 的硅树脂抑制序列作对比，并使用无脂肪抑制序列对照显示假体及隔膜。

（5）多期动态扫描序列，如 3D-VIBE-T_1WI、3D-LAVA-T_1WI、3D-eTHRIVE-T_1WI 或 Dixon 序列可行 MPR、MIP 等后处理（图 5-5-8），并进行时间-信号强度曲线分析（图 5-5-9）。

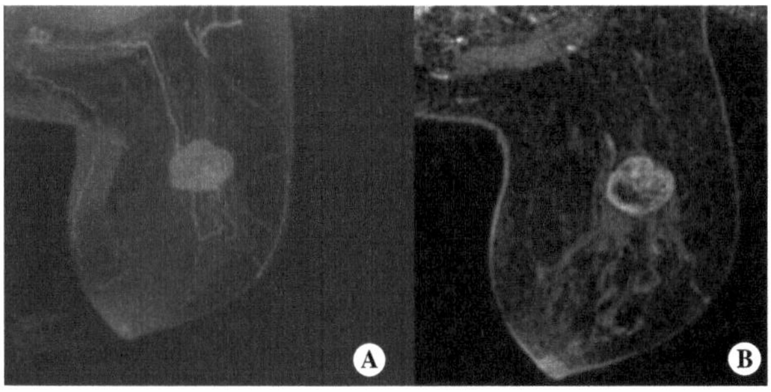

图 5-5-8　乳腺 MRI 后处理

多期动态扫描图像进行血管 MPR（A）及 MIP（B）后处理，可提供直观的病变位置、形态及血供信息

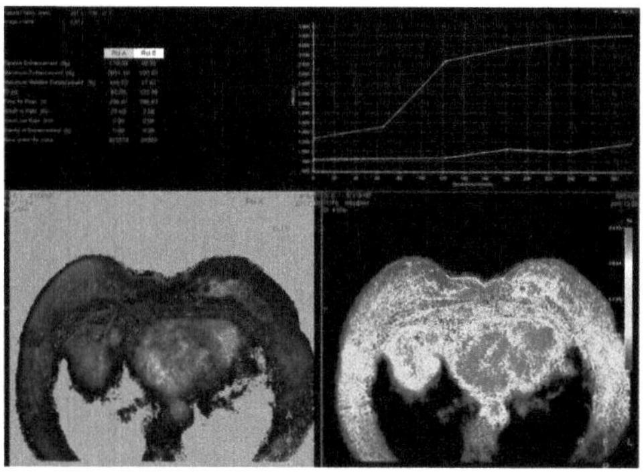

图 5-5-9　乳腺 T_1 灌注时间-信号强度曲线分析

四、相关疾病 MRI 检查要点

（一）胸部 MRI（肺和纵隔）疾病 MRI 检查要点

1. 肿瘤性病变检查要点　增强扫描是 MRI 诊断肿瘤性病变的关键。尤其是多期动态增强扫描，可进行 T_1 灌注时间-信号强度曲线分析，分析肿瘤的药代动力学可判断出肿瘤的良恶性倾向。DWI 序列提供了组织细胞构成的信息，可用于病变表征的识别，根据病变 ADC 值的大小评估出病变的良恶性倾向。因此，MRI 多期动态增强扫描和 DWI 序列对判断肿瘤性病变有着关键性的作用。同时结合反相位图像、T_2WI 抑脂和 T_2WI 图像可判断肿瘤性病变是否含有脂质成分和液性成分，对肿瘤性病变的鉴别诊断发挥着重要作用。

2. 血管性病变检查要点　黑血技术和亮血技术是 MRI 诊断血管性病变的关键，也是相比 CT 的优势之一。CE MRA 序列可显示血管性病变的位置、形态及邻近血管分支。黑血的 T_1WI 和 T_2WI 序列可以对血管壁的结构、成分做出更为准确的判断。增强后的 T_1 加权黑血序列则可以判断病变活动情况，因此黑血与亮血结合扫描可为血管性病变的治疗及预后提供参考。

（二）乳腺疾病 MRI 检查要点

1. 乳腺增生检查要点　由于经前期乳腺组织失去激素的支持，会出现组织水肿，所以最好在月经开始后 7～10 天（增殖早期）进行影像学检查。诊断乳腺增生的临床意义，最重要的不是为了治疗乳腺增生本身，而是因为乳腺增生与乳腺癌的临床表现和影像学改变有部分重叠，容易混淆，造成相互误诊。因此要认真学习乳腺影像诊断报告和数据系统（BI-RADS），按照影像征象提出诊断和进一步处理意见。

2. 乳腺炎症性病变检查要点　MRI 是鉴别急性乳腺炎与炎性乳腺癌的首选检查方法，因为可以免除压迫之苦，避免炎症扩散和加重。T_1WI 和 T_2WI 可以显示出病变的范围与毗邻关系。动态增强时间-信号强度曲线可以有效鉴别急性乳腺炎与炎性乳腺癌。

3. 乳腺肿瘤病变的检查要点　动态增强的时间-信号曲线是区别乳腺良恶性病变最好的特征，乳腺恶性病灶的强化较良性病灶早。对于肿瘤性病变，强化越迅速其肿瘤组织学分级较高的可能性越大；DWI 序列可提高乳腺癌诊断的特异性，根据其 ADC 值可评估出病变的良恶性倾向；MRS 对乳腺疾病的诊断有较高的特异性，乳腺癌的胆碱峰会显著增高，但其敏感度和稳定性还有待提高。如果设备允许，建议加做乳腺波谱成像。

【小结】 本节主要内容为肺部、纵隔和乳腺的磁共振扫描方法。针对每个部位从临床概述与适应证、相关影像解剖、MRI 检查技术、MR 定位图示和注意事项（含图像后处理）五个方面阐述了 MRI 的扫描方法。其中由于肺部先天的解剖生理特征及 MRI 的基本原理决定了 MRI 在大多数肺部疾病诊断中价值有限，但在纵隔和乳腺病变的诊断与鉴别中 MRI 很有价值，尤其是在鉴别病变的囊实性、良恶性及评估肿瘤范围与相邻结构的侵犯，MRI 的价值越来越得到大家的认可。

第六节 心脏大血管 MRI 检查技术

一、临床概述

MRI 无电离辐射，可任意方向成像，心脏大血管 MRI 检查可了解心脏大血管的形态、功能、灌注等，实现心血管的“一站式”成像，应用于缺血性心肌病、非缺血性心肌病、心脏占位、先天性心脏大血管疾病等，在心脏大血管疾病的影像学检查中应用前景广泛。

1. 心肌病变 磁共振心脏电影可观察心室运动、有无室壁瘤形成、有无附壁血栓，并测定心功能。T_2 加权像可显示心肌水肿区位置及大小，T_1 加权像可用于脂肪病变的显示，心肌灌注可显示缺血区域大小，延时强化可判断心肌活性，确认心肌瘢痕部位及大小，为确认心肌病变种类及治疗方案提供指导。

2. 先天性心脏病 心脏电影可测定心功能，电影结合相位对比（PC）法的血流测定可观测血流方向、反流、分流、流速及流量。由于成像视野大，可同时观察房室及大血管连接，对于全面评估有重要作用。

3. 心脏占位 心脏电影可用于心功能测定，观察流入流出道有无梗阻。黑血 T_1 及 T_2 加权像结合脂肪抑制技术有助于病变性质的判定。三维全心成像有利于各个方向观测占位病灶。

4. 瓣膜病变 心脏电影可用于心功能测定，并观察反流。PC 法流量测定可测定流量、反流量，判断狭窄程度。

5. 主动脉瘤与主动脉夹层 MRA 可显示动脉瘤与夹层全貌，清晰显示瘤体位置、大小、附壁血栓及邻近主要血管分支。主动脉夹层可显示内膜片、壁间血肿及内膜破口，可准确判断真假腔。

二、心脏大血管形态学 MRI 检查技术

1. 射频线圈 采用心脏专用相控阵线圈或体部相控阵线圈。

2. 受检者体位及成像中心 受检者仰卧，头先进或足先进，双手置于身体两侧。按要求贴好心电门控或心电向量门控电极，确认心电信号良好。按需求于指尖夹好脉搏门控，确认脉搏信号良好。固定好呼吸门控感应器，应将其固定于腹部呼吸幅度最大部位，调节好固定带松紧，确认获得的呼吸信号良好。线圈中心水平应于受检心脏大血管中心一致，心脏检查摆位时可适度调节左右方向，尽量使心脏靠近线圈中心。

3. 扫描技术

（1）心脏大血管成像序列：为了充分区分心肌与血池、血管壁与管腔，序列基于快速自旋回波（FSE）或梯度回波（GRE），采用黑血技术（black-blood technology）或亮血技术（bright-blood technology）。序列常需配合心电或脉搏门控，采用 K 空间节段填充或单次激发填充，结合屏气或呼吸门控自由呼吸技术。

1）黑血成像：利用多反转快速自旋回波（DIR-FSE/TIR-FSE）序列来抑制血液信号获得黑血对比的 T_1 加权像和 T_2 加权像。T_1 加权像主要用于观察解剖结构，T_2 加权像用于观察病变如心肌水肿等，可结合脂肪抑制技术用于确认及突出病变对比。

2）亮血成像：基于梯度回波序列，常用真实稳态自由进动（Trufisp）和毁损梯度回波（Flash）序列。

根据需要结合脂肪抑制技术，应采用局部匀场，结合受检者的心率调整重复时间及反转时间。心脏结构成像一般采用前瞻性心电门控（prospective electrocardiogram gating），又称心电触发技术（electrocardiogram trigger，ECG trigger），心脏电影成像一般采用回顾性心电门控（retrospective electrocardiogram gating）。

（2）常规扫描：心脏本身有解剖长轴与短轴，常规扫描除横断面、冠状面及矢状面外，对于心脏 MRI，更常应用心脏专用成像方位。常用心脏专用成像平面包括：长轴两腔心、短轴两腔心、三腔心、四腔心、左心室流出道、右心室流出道、主动脉瓣、肺动脉瓣、二尖瓣、三尖瓣等平面。

1）左心室长轴两腔心平面（平行于室间隔的左心室长轴位）成像：扫描层面过二尖瓣中点和心尖，在短轴方向与室间隔平行（图 5-6-1）。相位编码取前后方向，可观察左心房、左心室及二尖瓣。

2）四腔心平面成像：在长轴两腔心及短轴两腔心上定位，扫描层面穿过二尖瓣、三尖瓣中点及心尖（图 5-6-2）。相位编码取前后方向。层面上同时显示左心房、左心室、右心房、右心室、二尖瓣及三尖瓣。

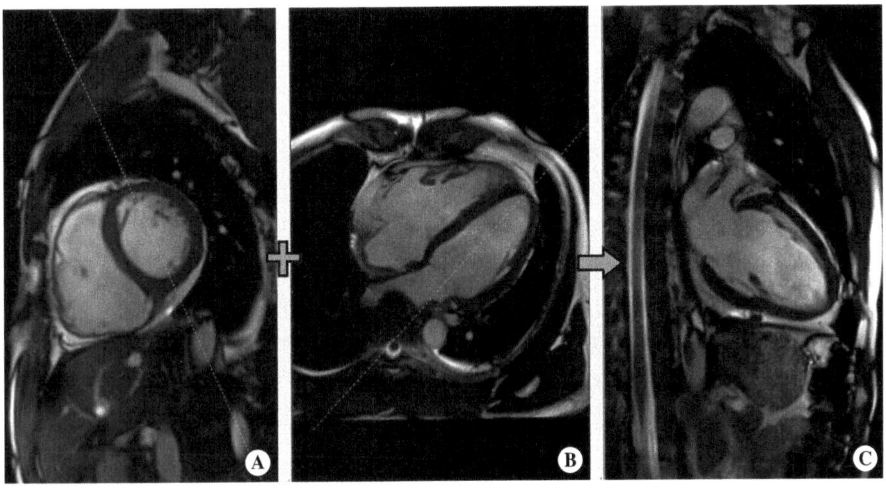

图 5-6-1　长轴两腔心平面定位

A. 短轴两腔心平面；B. 长轴四腔心平面；C. 长轴两腔心平面

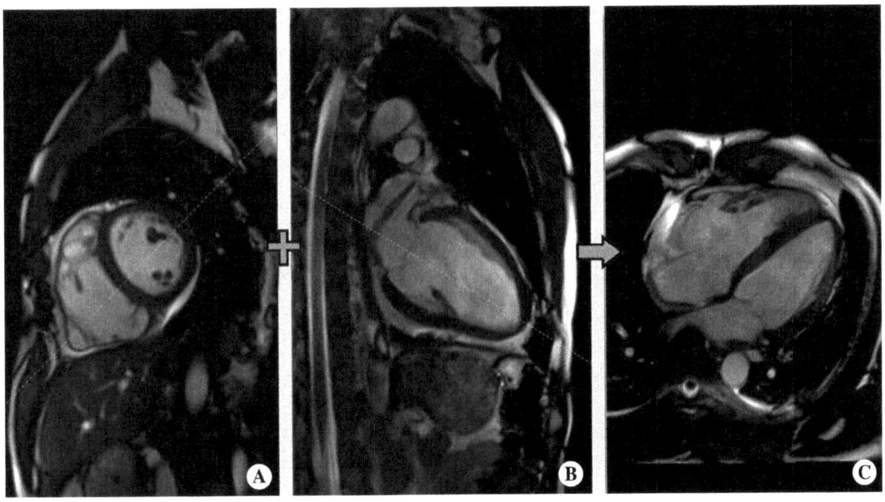

图 5-6-2　四腔心平面定位

A. 短轴两腔心平面；B. 长轴两腔心平面；C. 四腔心平面

3）短轴两腔心平面成像：取长轴两腔心和四腔心为定位像，成像层面垂直于左心长轴（图 5-6-3），平行于二尖瓣。相位编码取前后方向。可观察心室壁、室间隔、乳头肌等。

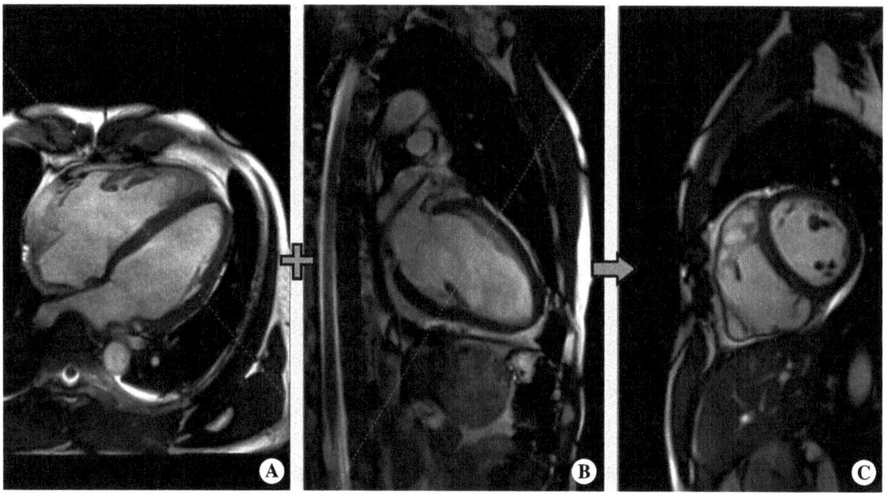

图 5-6-3 短轴两腔心定位

A. 四腔心平面；B. 长轴两腔心平面；C. 短轴两腔心平面

4）三腔心平面（左心室流入、流出道平面）成像：在左心室短轴位基底层面，同时显示主动脉瓣及左心室像上，取扫描线穿过左心室和主动脉中心，同时穿过二尖瓣中点与心尖（图 5-6-4）。相位编码取前后方向。可观察左心室流入道、流出道及对应瓣膜的情况。

5）左心室流出道冠状面成像：垂直于三腔心左心室流出道及主动脉瓣中心做冠状位左心室流出道像。相位编码取左右方向（图 5-6-5）。可观察左心室、左心室流出道及主动脉瓣、升主动脉。

6）主动脉瓣横断面成像：三腔心与冠状位左心室流出道像两个位置上同时平行穿过主动脉瓣环做主动脉瓣成像（图 5-6-6）。可观察主动脉瓣开闭情况。

7）右心室流出道斜矢状面成像：在横轴面定位，斜矢状面平行穿过肺动脉主干中心及右心室流出道（图 5-6-7）。相位编码取前后方向。可观察右心室流出道和肺动脉瓣。

8）肺动脉瓣横断面成像：做垂直于右心室流出道斜矢状面像的斜冠状位像，穿过肺动脉瓣与右心室流出道中心，所得图像与右心室流出道斜矢状面像联合定位，取两个方向上同时平行穿过肺动脉瓣环做肺动脉瓣横断面成像（图 5-6-8）。可观察肺动脉瓣开闭情况。

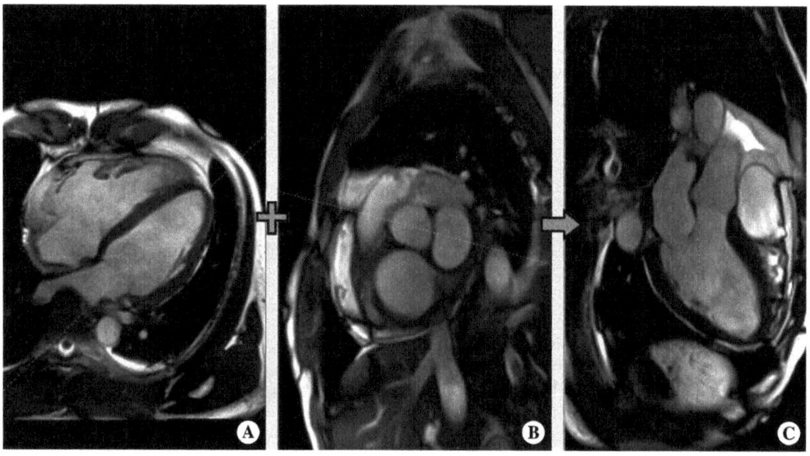

图 5-6-4 三腔心平面（左室流入流出道像）定位

A. 四腔心平面；B. 短轴两腔心平面心底主动脉根部；C. 三腔心平面

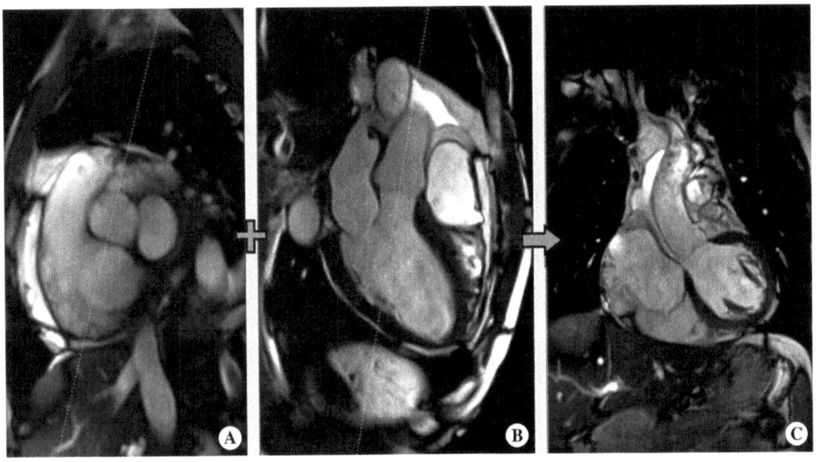

图 5-6-5 左心室流出道冠状面成像定位

A. 短轴两腔心平面心底主动脉根部；B. 三腔心平面；C. 左心室流出道冠状面

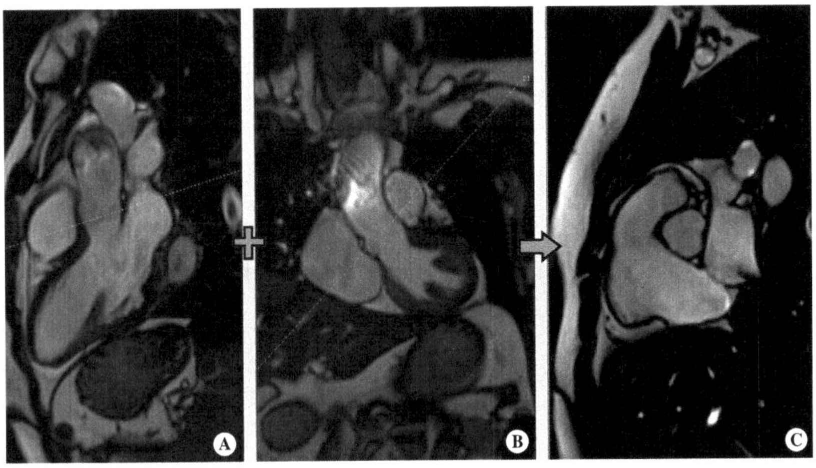

图 5-6-6 主动脉瓣横断面定位

A. 三腔心平面；B. 左心室流出道冠状面；C. 主动脉瓣横断面

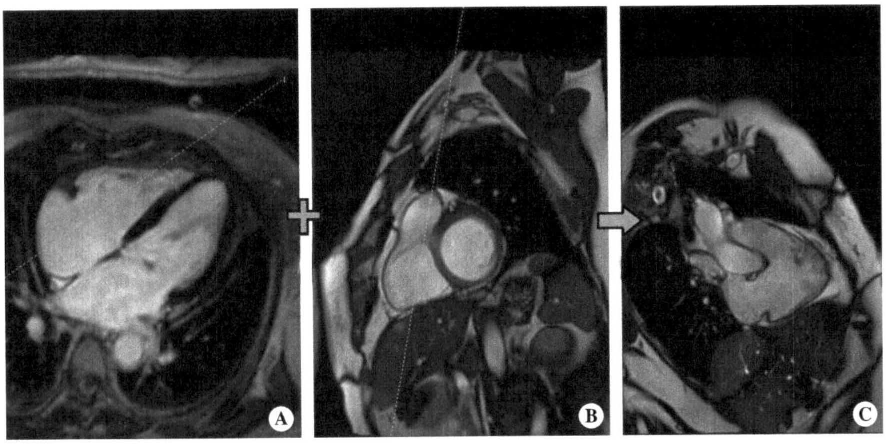

图 5-6-7 右心室流出道斜矢状面定位

A. 四腔心平面；B. 短轴两腔心平面；C. 右心室流出道斜矢状平面

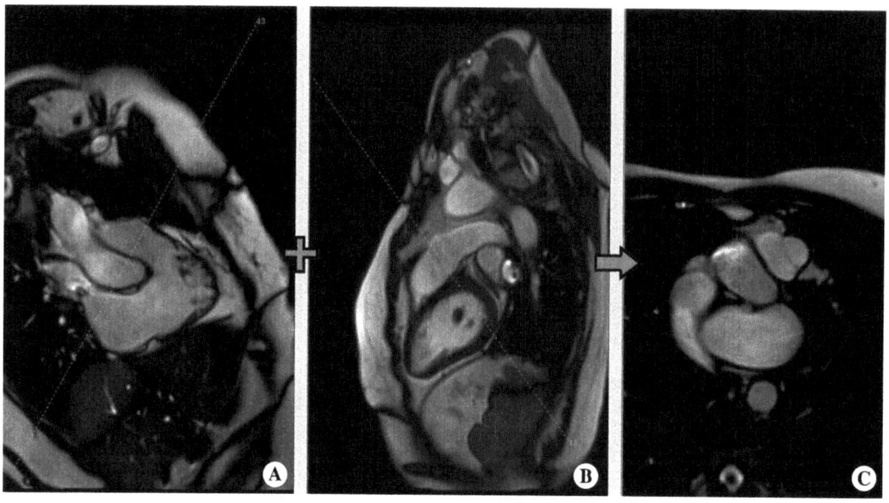

图 5-6-8 肺动脉瓣横断面定位

A. 右心室流出道斜矢状平面；B. 垂直于右心室流出道斜矢状平面的右心室流出道斜冠状面；C. 三尖瓣横断面

9）主动脉弓成像：在横断面上同时穿过升主动脉、降主动脉及主动脉弓做斜矢状位，也可利用三点定位取升主动脉中心、主动脉弓中心、降主动脉中心三点定位。相位编码取前后方向。可观察主动脉弓全程。

（3）推荐心脏 MRI 参数见表 5-6-1。

表 5-6-1 心脏 MRI 参数

脉冲序列	TR（ms）	FA	TI（ms）	TE（ms）	ETL	矩阵	FOV（cm）	层厚/间隔（mm）	NEX
Trufisp	39	65°		1.4		208×166	34	6/2	1
T_1-TSE-db	700	180°		27	9	256×256	34	5/2	1
T_2-TSE-db	800	180°		71	17	256×256	34	5/2	1
T_2-tirm-db	800	180°	160	50	15	256×256	34	6/2	1
Dynamic-tfl	149	10°	95	0.98		192×142	36	8/10	1
DE-tfl	750	20°	300	1.55		256×166	35	8/2	1
Flow	37	20°		2.47		192×173	34	6	1

4. 增强扫描 心脏大血管的增强扫描常用于增强法磁共振血管造影（CE-MRA）、心肌灌注成像及心肌延迟强化成像。

5. MRI 要求与显示 横断面图像上右心房位于右侧方，呈不规则四边形，右心室位于右侧及前部，呈三角形，左心房位于后方呈长方形，左心室位于左侧及前部。心外膜相对光滑，右心室内有较多肌小梁，内壁较粗糙，左心室内壁小梁较少。心肌呈中等信号与骨骼肌信号类似。黑血序列心腔呈极低信号，亮血序列心腔呈高信号。心包呈线状低信号。

（1）平扫：无严重呼吸运动伪影、心脏血管搏动伪影及磁敏感伪影，清晰显示心肌、心腔、瓣膜、心包、血管壁、血管腔等结构。

（2）功能电影成像：可显示心脏的全心功能和心肌局部功能。

（3）心肌灌注成像：短轴面成像方位角度标准，无呼吸运动和心脏搏动伪影。

（4）心肌延迟强化成像：以短轴面、四腔心面为主，成像方位角度标准，正常心肌信号显示准确（低信号），无明显呼吸运动及心脏血管搏动伪影。

6. 注意事项

（1）心脏扫描大多需受检者呼吸配合，屏气一般采用吸气-呼气后屏气，以保证每次屏气状态下心脏大血管位置一致，获得良好的呼吸制动效果。

（2）心脏扫描需结合心电门控，T_1 加权像常采用每个 R—R 间期触发，T_2 加权像为了获得足够的 TR 时间，常采用两个以上 R—R 间期触发。

（3）心脏扫描常采用梯度回波及脂肪抑制技术，局部匀场技术能更好地提高成像中心区域磁场均匀性，减少伪影，提高脂肪抑制效果。

案例 5-6-1

Trufisp 左心室短轴两腔平面心脏电影，心肌上出现暗带伪影（案例图 5-6-1）。问：如何避免？

解答：此为磁敏感伪影，由局部磁场不均匀造成，可采用局部匀场方式，缩小匀场区域与心脏大小匹配，采用心脏专用匀场方式可获得更好的匀场效果。

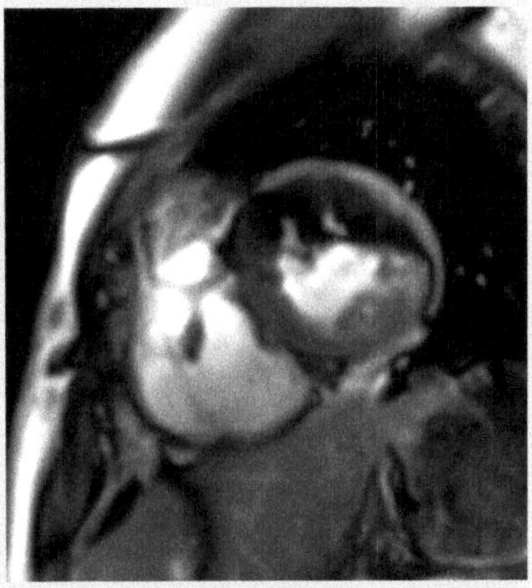

案例图 5-6-1

三、MRI 功能分析技术

1. 适应证 用于评估心功能。

2. 成像序列及参数

（1）成像序列：心功能分析采用亮血心脏电影成像，序列常用真实稳态自由进动或毁损梯度回波序列。真实稳态自由进动序列心肌与血池对比度好，但容易受局部磁场不均匀干扰产生伪影。自由进动或毁损梯度回波序列心肌与血池对比较真实稳态自由进动序列差，但受磁场不均匀干扰小，常用于 3T 机器扫描。

（2）成像参数：扫描层厚 6～8mm，间隔 2mm 或采用无间隔扫描。扫描野 300～400mm，并根据受检者体型适度调整，以使观察区不受卷褶伪影干扰。扫描范围应由所有心动周期完全覆盖心底至心尖。

3. 成像平面 采用左心室二腔短轴平面像，于舒张期心室最大状态下从心底覆盖至心尖（图 5-6-9），并辅以四腔心、左心室两腔长轴位及三腔心像。

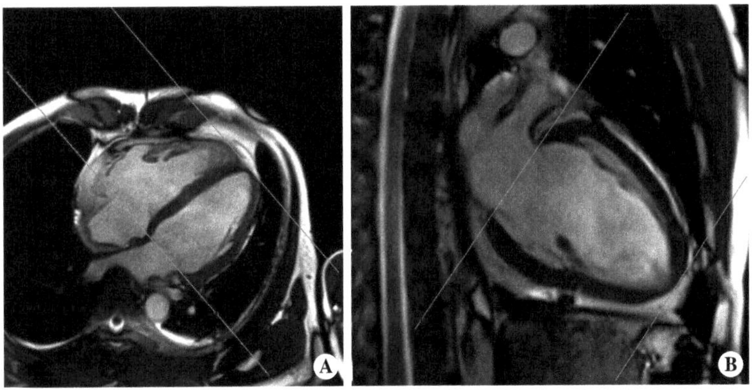

图 5-6-9 心功能成像扫描定位

A. 舒张末期四腔心平面；B. 舒张末期长轴两腔心平面

4. 图像后处理心功能分析 主要为心室功能分析，包括左心室功能和右心室功能。心功能分析需要在专用的分析软件上运行。图像处理可选用全自动、半自动和手动方式进行，临床常用半自动方式即软件自动识别心室内外膜，人工修正确认后计算结果，这样兼顾了处理效率及准确性。心功能软件调入心功能分析电影图像后软件可自动识别收缩末期与舒张末期，修正或确认后软件可进一步识别心室内外膜，修正或确认后可计算得到心功能参数，如射血分数（EF）、舒张末期容积、收缩末期容积、心搏量、心输出量、平均心肌质量等（图 5-6-10）。注意基底段应包括左心室流出道部分，最高至主动脉瓣水平。

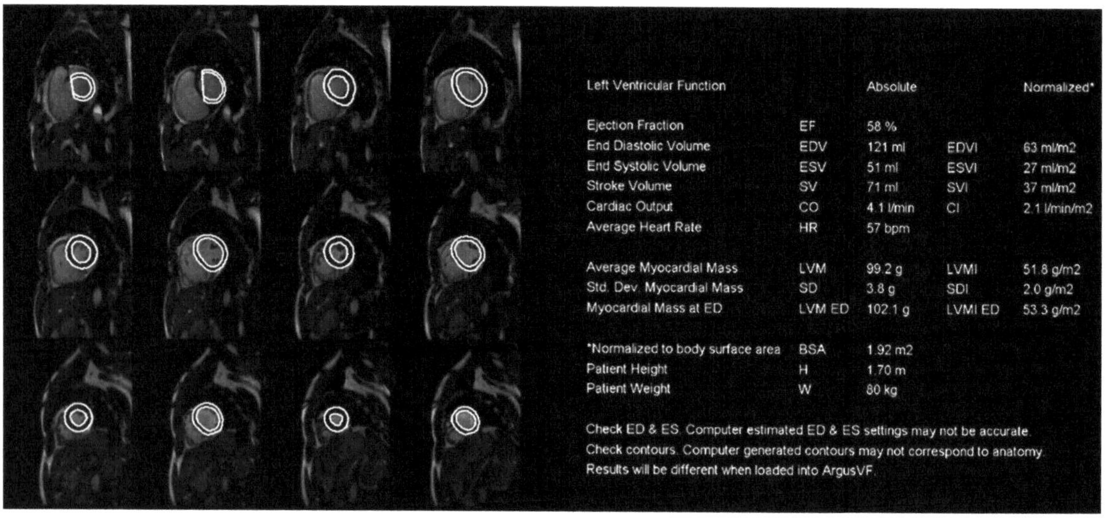

图 5-6-10 心功能后处理

案例 5-6-2

正常志愿者心功能分析扫描定位范围如案例图 5-6-2 所示，心功能分析显示射血分数明显低于正常值，请分析原因及解决方法。

解答：由于采用心室收缩期定位，扫描范围没有覆盖舒张期心室，以致部分心室容积未并入分析。应于心室舒张期最大径向时定位，覆盖全心动周期心室容积。

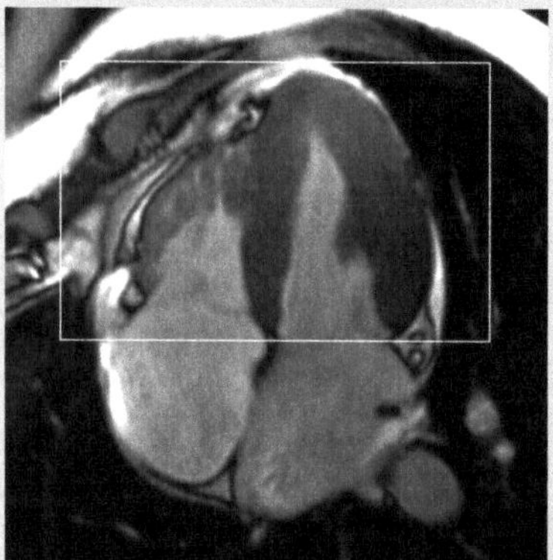

案例图 5-6-2

四、MRI 心肌活性评价

（一）MR 心肌灌注成像

1. 适应证 心肌血供评估。

2. 成像平面灌注成像 以左心室两腔短轴平面为主，一般扫描 3～4 层，包括心底、中部、心尖层面，如果序列许可，可以辅以四腔心像及长轴两腔心平面。

3. 成像序列及参数序列 采用超快速梯度回波 T_1 加权序列，层厚 8～10mm，结合心电门控于每个心动周期采集。对比剂剂量为 0.1mmol/kg，流速 4～5ml/s，注入对比剂后以同流速生理盐水冲管。对比剂注入后采 50～60 个心动周期。灌注成像包括静息灌注和负荷灌注，负荷灌注可采用多巴酚丁胺或腺苷药物负荷，亦可采用运动负荷。

4. 注意事项

（1）由于灌注需较大流速注射对比剂，建议选择肘静脉等较大静脉注射。

（2）训练受检者吸气-呼气后屏气，由于灌注时间较长，嘱受检者尽量延长屏气时间，在无法屏气时尽量减小呼吸幅度。

（3）可于打药前试扫几期，调整图像方位减少卷褶。

（4）心功能较差的受检者应增加采集时相，以保证对比剂在心肌的灌注。

（5）如果心内膜下出现可疑黑环伪影（吉布斯伪影），可适度提高空间分辨力，降低对比剂浓度或切换相位编码方向，之后黑环伪影会出现在新的相位编码方向。

（6）观察心肌灌注图像时应调节窗宽窗位，保持所有图像在统一窗宽窗位，所有图像上心肌血池信号均可观测（图 5-6-11）。

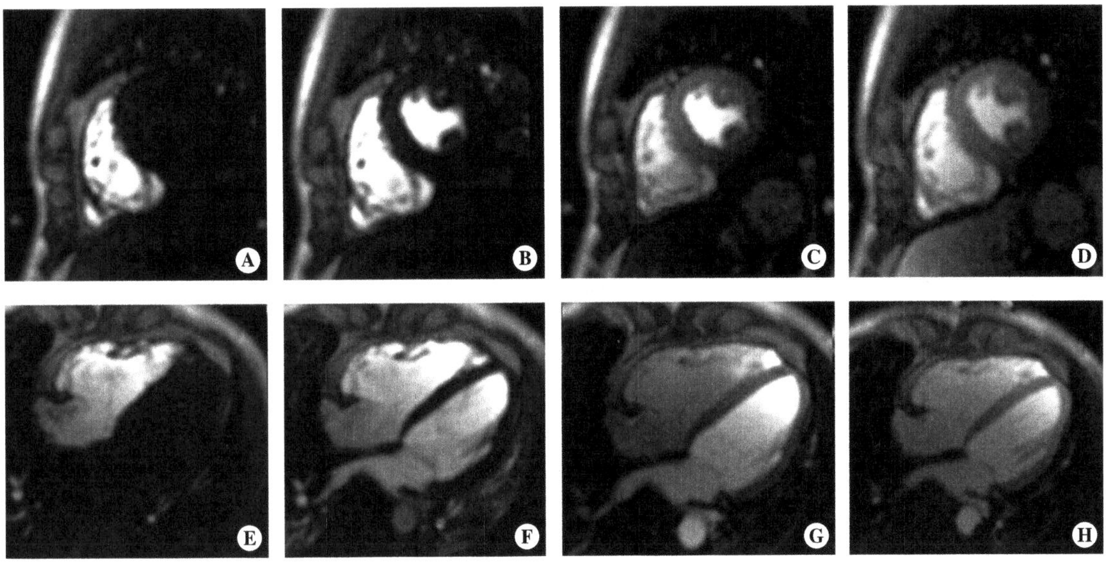

图 5-6-11 心肌灌注显示对比剂进入心肌过程

A～D. 短轴两腔心平面心肌灌注过程；E～H. 四腔心平面心肌灌注过程

案例 5-6-3

无心肌缺血受检者，静息状态下心肌灌注可见左心室心内膜下低信号环带（案例图 5-6-3），是心肌病变吗？如果不是，那是如何造成的？如何判定及避免？

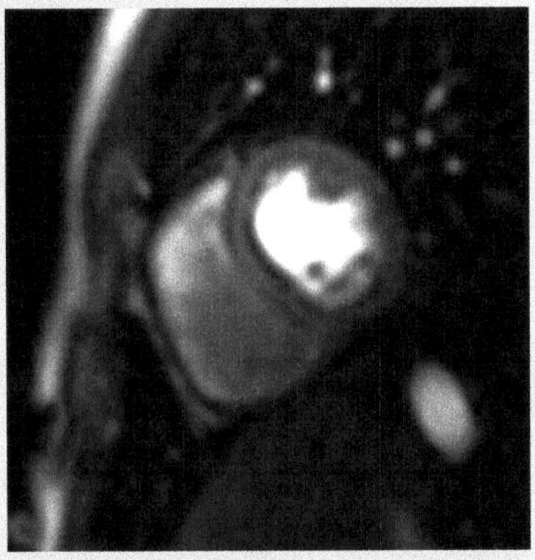

案例图 5-6-3

解答：这不是心肌病变，是由于空间分辨力不足造成的吉布斯伪影。由于灌注扫描减低相位编码数来提高时间分辨力，相位编码方向分辨力低于频率编码，同时运动及磁化率效应也参与了伪影形成。可通过提高相位编码分辨力减小伪影，改变相位编码方向后伪影亦改变方向。

（二）MR 心肌延迟强化成像

1. 适应证 心肌活性评估。

2. 成像序列及参数

（1）延迟强化成像主要利用受损心肌细胞廓清对比剂障碍，选择带反转脉冲的快速梯度回波 T_1 加权序列扫描如 Turbo Flash 序列，反转脉冲用于抑制正常心肌信号，突出病变心肌对比剂存留。

（2）成像参数：扫描层厚 6～8mm，间距 2～4mm 或无间距，视野 300～350mm。采用心电门控或外周门控，屏气状态下扫描，如受检查无法屏气也可选用单激发超快速序列自由呼吸下扫描。对比剂通常在心肌灌注后以正常流速追加半剂量或单倍剂量，总剂量为 1.5～2.0 倍剂量。

3. 成像平面 以短轴两腔心为主，覆盖全心室，必要时结合长轴位两腔心、三腔心、四腔心等。

4. 注意事项

（1）需等待 10～15min，让正常心肌廓清对比剂后扫描，心肌淀粉样变患者应提早至 5min 内扫描。

（2）为了抑制正常心肌信号，应选择适当的反转时间（TI），反转时间可用专用反转时间选择电影序列，如无专用选择序列，可用测试法，1.5T 一般在 200～300ms，3T 在 250～350ms，确认适当 TI 时间后再开始正式扫描。相位敏感反转恢复技术，可在一定范围自动确定 TI 值，获得高质量延迟强化图像（图 5-6-12）。

（3）对于屏气困难及心律不齐的受检者，可选用单次激发超快速序列或带运动校准的序列来提高图像质量。

（4）图像处理分为自动法、半自动法、全手动法。半自动法以阈值确定延迟强化区域大小，同时结合手工修正，兼顾处理效率与准确性。

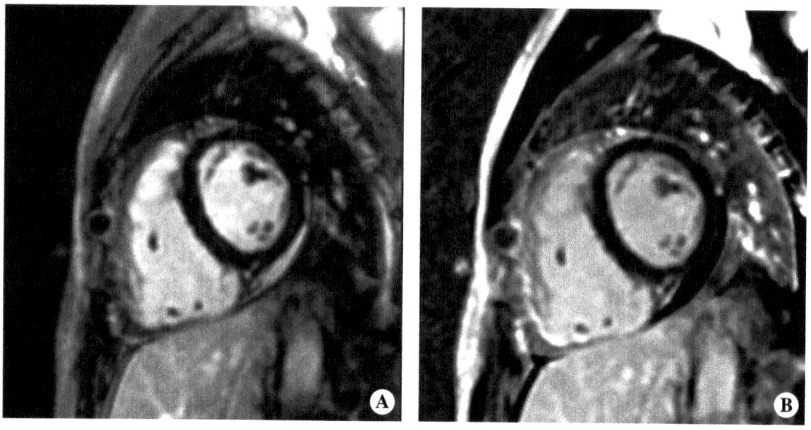

图 5-6-12 心肌延时强化

A. 心肌延时强化 PSIR 序列幅度图；B. PSIR 序列相位校准图

案例 5-6-4

给予对比剂后 15min 行心肌延迟强化扫描，心肌显示对比欠佳，正常心肌信号未被良好抑制（案例图 5-6-4）。解决方法是什么？

解答： 由于采用反转恢复（IR）脉冲来抑制正常心肌信号，反转时间如果不正确，心肌信号不能良好抑制，与病变及心脏信号不能良好区分。采用 CINE-IR 序列预扫描后选择正确 IR 时间或采用相位敏感反转恢复（PSIR）技术采集。调整 IR 时间后得到正确图像。

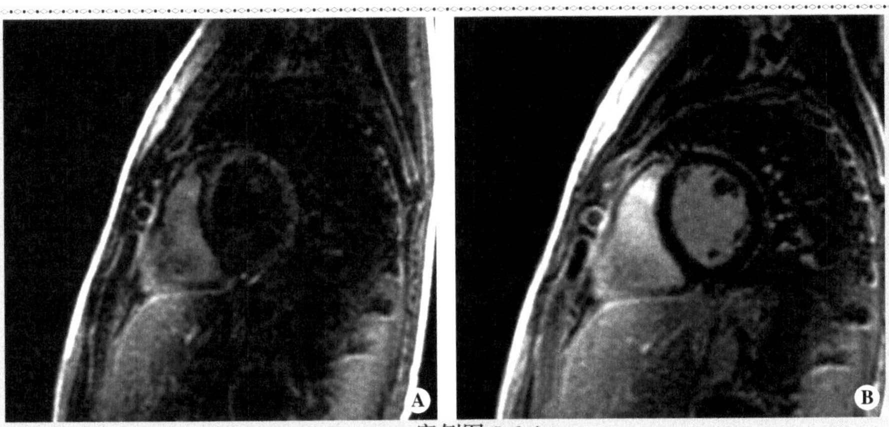

案例图 5-6-4

五、心血管 MRA 技术

（一）心脏大血管 MRA 技术

1. 适应证　心脏大血管病变如先天畸形、夹层、动脉瘤、肿瘤侵犯等。

2. 检查技术

（1）成像序列：MRA 根据是否使用对比剂分为非对比增强磁共振血管造影（NC-MRA）或对比增强磁共振血管造影（CE-MRA）技术。

1）非对比增强血管造影技术：包括亮血技术和黑血技术（black-blood technology）。亮血技术多采用梯度回波序列，对于近心大血管病变，建议结合心电门控扫描。黑血技术多采用快速自旋回波序列结合反转脉冲或弥散梯度。

2）对比增强血管造影技术：采用 T_1 加权快速三维梯度回波序列，如 3D-Flash 等。静脉注射对比剂可显著缩短血液 T_1 值，与周围组织信号形成显著差异，可以克服血液饱和效应及失相效应引起的信号丢失，结合屏气扫描图像伪影少，可靠性高。对比增强血管造影技术可以行多期扫描，动态观察对比剂到达各血管情况，可进行多期减影，分离动静脉（图 5-6-13）。

（2）成像平面：采用横断面、冠状面及矢状面扫描。原则上以显示病变与周围结构关系最清晰及最少层面覆盖所检心脏大血管的方位为宜，以期缩短采集时间或提高空间分辨力。

（3）成像参数见表 5-6-2。

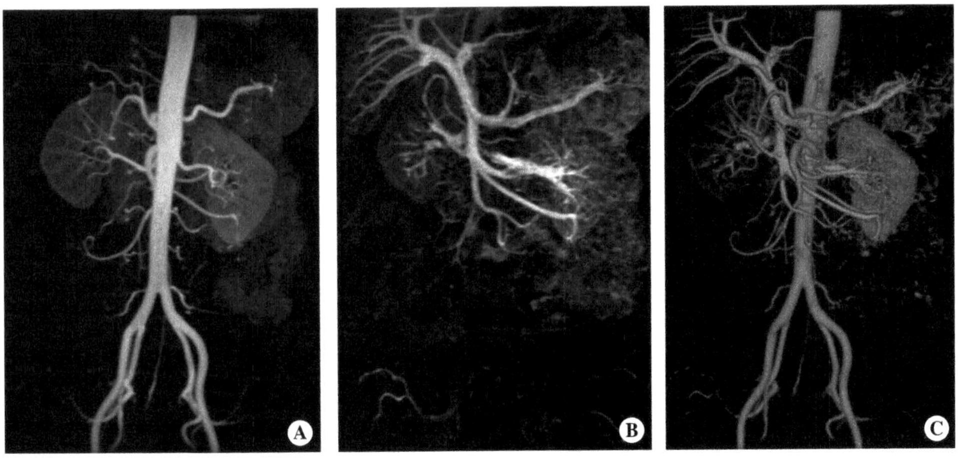

图 5-6-13　腹部 CE-MRA（快速多期扫描实现动静脉分离）

A. 动脉像；B. 静脉像；C. 动静脉融合像

表 5-6-2　大血管 CE-MRA 参数

脉冲序列	TR（ms）	FA	TI（ms）	TE（ms）	矩阵	FOV（cm）	层厚/间隔（mm）	NEX
3D-Flash	2.99	25°		1.06	384×315	45	1.1/0	1

3. 注意事项

（1）非对比增强血管造影：多采用流入性增强效应，扫描时扫描层面尽量避免与扫描血管内血流方向平行。非对比增强血管造影技术为了减小血液饱和效应，可采用多层块部分重叠采集。

（2）对比增强血管造影技术：一般采用透视触发法确认扫描开始时间，序列采用 K 空间中心填充方式采集。图像根据观测需要可采用 MIP、MinIP、MPR、CURVE、VRT、SSD 等后处理方式处理。

（二）冠状动脉 MRA 技术

1. 适应证　碘对比剂应用禁忌者及不适合行 CT 冠状动脉成像者，可用于检测冠脉狭窄、动脉瘤、夹层及先天变异等。

2. 检查技术

（1）成像序列：根据是否使用对比剂可分为非对比增强冠状动脉造影及对比增强冠状动脉造影。

1）非对比增强冠状动脉造影：一般采用呼吸导航心电门控真实稳态自由进动序列，对比增强冠状动脉造影采用呼吸导航心电门控三维分段采集扰相梯度回波序列。呼吸导航心电门控冠脉成像，应在自由呼吸状态下扫描四腔心，观察右冠状动脉相对静止的时相，调整扫描参数，使采集窗落在冠状动脉相对静止期。

2）对比增强冠状动脉造影：采用慢速滴注法给予对比剂，注入速度 0.5ml/s，剂量为双倍剂量（0.2mmol/kg），并给予等量等速生理盐水冲管。开始给药 30～60s 后开始扫描。

（2）成像平面：全心采集法采用横断面 3D 扫描覆盖全心，靶血管法可根据所采集血管走行长轴行斜位扫描。全心采集由于成像范围大，成像可靠，临床应用较多。

（3）成像参数见表 5-6-3。

表 5-6-3　冠状动脉 MRA 参数

脉冲序列	TR（ms）	FA	TI（ms）	TE（ms）	矩阵	FOV（cm）	层厚/间隔（mm）	NEX
ECG-triggered navigator gated 3D T_2-prep FLASH	314	20°		1.48	256×256	32	1/0	1
Flash-IR-nav-Whole-Heart	338	20°	200	1.16	256×256	32	0.9/0	1

3. 注意事项

（1）冠状动脉 MRA 由于需要采集多个心动周期图像，因此严重心律不齐的受检者无法行此检查。

（2）扫描时嘱患者保持平静呼吸，使每次呼吸幅度一致，必要时加腹带限制呼吸运动幅度。

（3）应仔细观察自由呼吸下四腔位心脏电影图像，确认冠状动脉相对静止期，大多数人位于舒张中晚期，采集窗要小于等于相对静止期。

（4）图像后处理包括最大密度投影（MIP）、多平面重建（MPR）、曲面重建（CURVE）、容积再现（VR）等（图 5-6-14）。

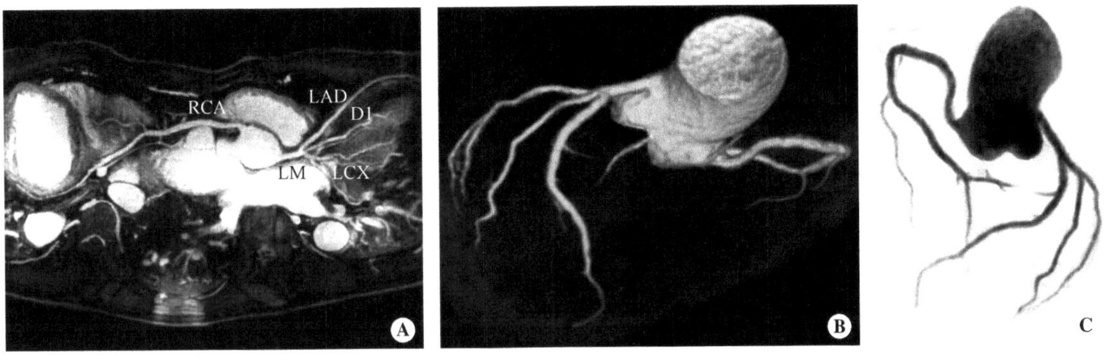

图 5-6-14 全心冠状动脉 MRA

A. 冠状动脉 MRA 曲面重建；B. 冠状动脉 MRA、VR 重建；C. 冠状动脉 MPA、MIP 重建

案例 5-6-5

案例图 5-6-5 为两组冠状动脉 MRA 采集时的心电信号记录图，波形下方亮色节段为采集信号时间窗，与上方的心动周期对应，哪组心电信号显示的采集时间窗正确？为什么？

解答： 第二组正确。因为冠状动脉 MRA 图像采集时间较长，每次心动周期中应于心脏相对静止期采集，可以避免冠状动脉运动导致的运动伪影，第二组图采集窗于收缩中晚期，一般心脏相对静止期多于收缩中晚期。

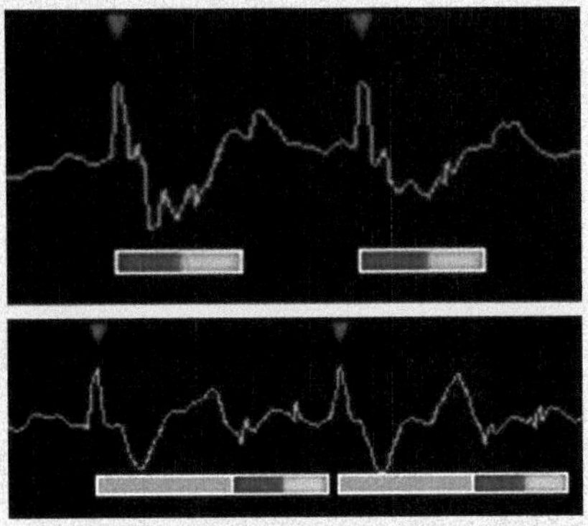

案例图 5-6-5

六、心血管系统 MRI 血流定量分析技术

1. 适应证 各种病变引起的血流方向及速度异常，如瓣膜病变引起狭窄导致的射流或关闭不全导致的反流，先天性心脏病的异常分流。

2. 检查技术 血流定量分析扫描方位以垂直所检测血管长轴的短轴平面为主，辅以平行于血管长轴平面。短轴测量图像应在血管长轴冠、矢状两个平面上定位，以确保短轴平面完全垂直于所检测血管长轴。瓣膜检测扫描平面应垂直于冠、矢状长轴，平行于瓣环，在瓣膜以上及以下 5mm 处扫描。血流定量分析采用相位对比成像技术，扫描层厚 5～6mm。扫描前要先确认靶血管流速，流速编码设定为局部血流速度的 1.1 倍。

3. 注意事项

（1）流速测定要设定适合的靶血管流速编码，可采用经验法结合测试法寻找合适的血流编码，编码过低或过高均会导致失相信号丢失。检测血流信号的长轴与短轴相一定要在相互垂直的两个位置上确认方位，以使扫描层面为真长轴与真短轴。

（2）所得图像导入流速测定软件，画出所测感兴趣区后，软件可计算出最大流速、前向血流量、反向血流量、单位时间流量、平均流量、血流断面面积等（图 5-6-15）。通过瓣前瓣后峰值流速，用 Bernoulli 方程计算跨瓣压力阶差。根据前向血流量和反向血流量结合心率计算反流指数，评估反流程度。

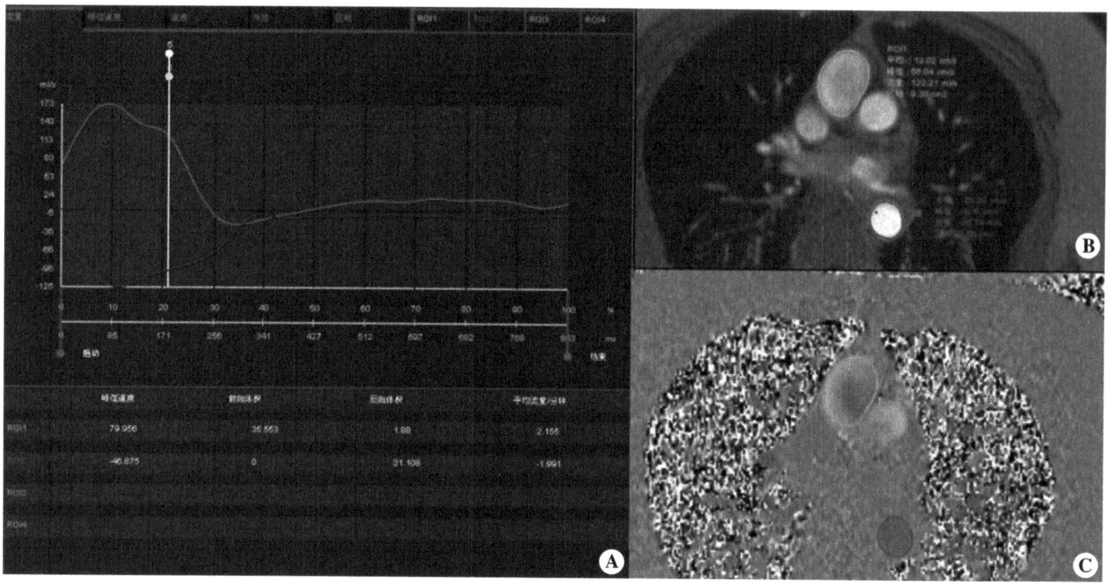

图 5-6-15　血流分析

A. 血流速度；B. 血流幅度；C. 血流相位

案例 5-6-6

主动脉血流定量测定图，主动脉内出现信号缺失（案例图 5-6-6），是什么原因导致的？如何避免？

解答： 主动脉内出现信号缺失是由于血管内血流速度远超扫描序列设定的流速，导致失相信号丢失，表见为局部图像信号缺失，应采用预扫描的方法得到局部正确的血流速度，根据实际流速修正扫描序列的流速编码。

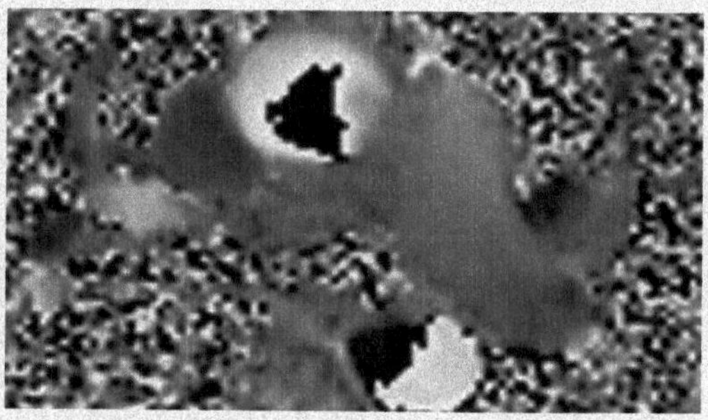

案例图 5-6-6

七、相关疾病 MRI 检查要点

1. 缺血性心肌病扫描要点　检查过程中应监测受检者心率及呼吸等，对于负荷灌注受检者，须全程心电、血压、血氧监护，并备好急救药物及人员。药物负荷试验应严格按照入选标准进行受检者筛选，给药应在有资质医师指导下严格遵循药物停止标准。心脏分析采用美国心脏学会 17 节段分析法，扫描时尽量减小间隔。

2. 非缺血性心肌病扫描要点

（1）肥厚梗阻型心肌病，应观测流出道情况，并用血流分析序列和软件对左心室流出道梗阻情况做定量分析。

（2）心尖肥厚型心肌病，应选择四腔心、长轴两腔心及三腔心观察心尖有无受挤压闭塞等。

（3）右室心肌病需观察右室流出道，心肌信号有无脂肪替代，心肌有无异常隆起，心尖有无闭塞等。

（4）心肌炎应扫描 T_2 压脂黑血短轴相，以明确水肿范围，延时强化有助于受损心肌显示。

3. 先天性心脏病扫描要点　先天性心脏病应根据受检者情况做横轴位、冠状面、矢状面及长短轴切面扫描，重点方位应行薄层无间隔或负间隔亮血及黑血序列扫描。重点展示房室连接，心室与大血管连接，瓣膜形态与功能，房室间隔完整度，并分析房、室、大动脉分流情况。

4. 心脏占位病变扫描要点 应根据占位的特点，扫描重点展示病变的部位及与邻近组织的关系，如占位影响心脏及瓣膜功能时应予评价。怀疑脂肪性病变时应扫抑脂相与非抑脂相对照。首过灌注扫描层面应穿过占位，必要时增加特征性断面。于首过灌注后行 T_1 加权增强中，晚期动态扫描，10～15min 后行心肌延迟扫描。

5. 瓣膜性心脏病扫描要点 应在常规心脏扫描基础上扫病变瓣膜长短轴像，并在瓣上瓣下测量血流，定量评价瓣膜病变程度。

6. 主动脉夹层扫描要点 扫描范围应包括受累血管全程，如果为Ⅰ型夹层应包括受累动脉及主分支，Ⅱ型夹层应包括头臂动脉，Ⅲ型夹层应尽量扫至髂总动脉。应多方位角度，亮血、黑血序列结合电影成像观察内膜破口位置、大小，真假腔情况、主要分支血管起源，有无附壁血栓等。Ⅰ、Ⅱ型夹层合并主动脉瓣关闭不全时，应评价心功能及瓣膜活动情况。

7. 动脉瘤扫描要点 应多方位、多角度扫描，显示邻近血管分支情况，测量瘤体、瘤颈及与邻近分支的距离。常规快速自旋回波 T_1 加权，T_2 加权结合脂肪抑制技术有助于血栓及血肿判断。

8. 大动脉炎扫描要点 根据病变累及部位及范围行大范围扫描，常规扫描后可行增强扫描，CE-MRA 可用于大体管腔的观察，T_1 及 T_2 加权黑血序列用以判断管壁病变情况，增强扫描 T_1 加权黑血序列用以判断病变活动情况。

【小结】 本节主要内容为心脏大血管 MRI 检查技术，包含心脏大血管的常规扫描平面，专用四腔心、短轴两腔心、长轴两腔心、三腔心、主动脉瓣、肺动脉瓣等平面，成像序列可分为静态与动态电影，根据血流信号序列可分为亮血与黑血序列，动态电影可用于分析心功能。心电门控可控制扫描采集时相克服心脏搏动干扰，呼吸门控及屏气可克服呼吸运动。心肌灌注分为静息与负荷灌注。判断心肌活性采用心肌延时强化扫描。血流分析采用 PC 法。冠脉 MRA 采用非对比增强与对比增强法，以 3D 采集局部或全心。大血管 MRA 多采用 CE-MRA 法，3D 采集。

第七节 腹部 MRI 检查技术

一、临床概述

腹部 MRI 扫描内容包括肝脏、胆道、胰腺、脾脏、肾脏和腹膜后等。磁共振对软组织的多参数、多方位成像及高密度分辨力等优势在运动度小的组织器官检查中发挥得较好。MR 多参数成像有助于腹腔肿块成分的分析，对肝脏、胆道、胰腺及肾脏病变的鉴别诊断有着较高的应用价值，特别是磁共振胰胆管成像（MRCP）和尿路成像（MRU），大大拓宽了磁共振在腹部的应用范围，在无需对比剂的情况下即可得到与内镜逆行胰胆管造影和静脉肾盂造影相媲美的图像。

1. 肝海绵状血管瘤 是肝脏最常见的良性肿瘤，有典型的 MRI 特征形态学表现。在重 T_2WI 上（TE 120～150ms）信号极高，俗称“灯泡征”。T_2WI 为高信号，T_1WI 为略低信号，病灶较小时需与肝癌、转移瘤、肝囊肿进行鉴别。在肝脏动态增强时，肝海绵状血管瘤周边强化逐渐填充，延迟像上仍是高信号。

2. 脂肪肝 是肝各种疾病和代谢变化的一种可复性反应。引起脂肪肝的病因主要有肥胖、酒精性肝病、长期营养不良、糖尿病等。MRI 显示脂肪肝不敏感，在 SE-T_1WI 无异常表现，脂肪肝在 T_2WI 呈稍高信号，信号强度与脾脏相等或稍高于脾脏，用 T_1WI 同、反相扫描可诊断脂肪肝。

3. 肝局灶性结节增生 是一少见的肝良性肿瘤，可发生于肝脏任何部位，以包膜下多见，可突出于肝外，肿瘤很少发生出血、坏死和恶变。肝局灶性结节增生的 MRI 表现较为复杂，结节在 T_1WI 上可为等或高信号，也可为低信号，T_2WI 可为等或略低信号，可能与中心瘢痕及其包容肝小叶组织、肝实质小结节结构不同有关，致使 MR 信号多变和结构复杂。结节病灶呈圆形，可为单个结节或多个结节相融合，外形可为分叶状，病情发展缓慢，数月至数年复查无较大改变。

4. 原发性肝癌 包括巨块型、结节型、弥漫型三种，组织分型包括肝细胞型、胆管细胞型、混合型，可发生肝内、肝外转移。MRI 在发现肝癌、鉴别诊断和肿瘤分期上有重要意义。肝癌瘤

体组织呈长 T_1、长 T_2 信号，其信号强度不随 T_2 时间延长而升高，在 T_1WI 呈低信号，部分病例原有肝硬化的为等信号，肝癌有明显占位效应，表现为肝内胆管移位或消失，巨块型肝癌瘤体较大者，其内可呈多个结节融合状，边缘可辨，若癌瘤生长较快常可出现瘤周片状的长 T_1、长 T_2 水肿带，弥漫性肝癌呈浸润性生长，病灶与正常组织分辨不清，肝癌瘤块内可有脂肪变性、坏死、囊变、出血和纤维间隔。因此，在 T_1WI、T_2WI 上表现为不均匀高低混杂信号，增强扫描肝组织和癌瘤均明显强化，而最新应用于临床的肝特异性对比剂对发现小肝癌和鉴别诊断有较大作用。

5. 肝转移癌 其诊断主要依赖影像学和原发病史。结肠癌、乳腺癌、肺癌的肝转移多见。MRI 表现为肝内发现多个类圆形病灶，大小不等，T_2WI 呈高信号，T_1WI 呈低信号，信号特点与原发肝癌同，边缘大多不清，“牛眼征”（target sign）是肝转移瘤的一大特点，表现为转移结节中央坏死处为最低信号，外周瘤壁呈中等信号，最外周为水肿带包绕的低信号，形如牛眼故称为“牛眼征”。若来源于胃肠道肿瘤的转移，可伴有肝门区或后腹膜淋巴结肿大。

6. 胰腺病变 主要有慢性胰腺炎、胰岛细胞瘤、胰腺癌等。

（1）慢性胰腺炎：大多由急性胰腺炎迁延而来，常发生于胰腺体尾部，炎性变后腺体组织含水量增多，在 T_2WI 可见胰腺病变区呈斑片状高信号，可有胰管增粗，信号略低于正常腺体组织。部分细胰管堵塞形成囊性变者，可见小囊状长 T_2、长 T_1 信号灶，炎性囊肿需与囊性腺癌相鉴别，后者好发于胰头部，囊壁较厚，内可有瘤结节，增强扫描囊壁及瘤结节明显强化。

（2）胰岛细胞瘤：多为良性，边界锐利，T_1WI 呈低信号，T_2WI 呈高信号、信号均匀，有些肿瘤较小，其密度与腺体相等，在 T_2WI 易被发现。

（3）胰腺癌：多发生于胰头部，亦可见于体尾部，MRI 可见胰腺局限性增大，局部轮廓不规则，T_1WI 上肿瘤信号稍低于正常胰腺和肝，坏死区信号更低，T_2WI 上肿瘤呈高信号或不均匀高信号，坏死区囊液呈明显高信号，肝内外胆管扩张和胰管扩张是诊断胰头癌的重要依据。

7. 泌尿系统常见疾病

（1）肾囊肿：多发生于皮质或皮髓交界处，部分可突出皮质外，囊灶呈圆形或卵圆形，边缘光滑，MR 信号均匀，T_1WI 呈低信号，T_2WI 呈高信号，合并有出血者信号可有相应改变，囊内信号不均匀，囊液出现液-液平面，约 3.1%的出血者囊肿发生恶变。

（2）多囊肾：是遗传性疾病。MRI 是诊断多囊肾的最佳检查方法，表现为肾脏明显增大，轮廓不规则，肾实质内有较多大小不等的囊性信号灶，囊灶信号大多均匀，T_1WI 呈低信号，T_2WI 呈高信号，部分囊肿合并有出血或炎症时囊内信号混杂，T_1、T_2 信号欠均匀。

（3）肾血管平滑肌脂肪瘤：也称错构瘤，是最常见的肾良性肿瘤。肿瘤可单发或多发。肿瘤信号不均，以脂肪成分为主者呈大囊或分房多囊状，典型的短 T_1、长 T_2 高信号，肌肉血管组织成分常位于旁边，呈混杂中等信号，可见流空血管信号。MRI 对脂肪、血管、肌肉的分辨优于 CT。本病应与脂肪瘤和脂肪肉瘤相鉴别，脂肪瘤以脂肪成分为主，无血管、肌肉组织信号，分化好的脂肪肉瘤肿瘤常大于 5cm，分化差的脂肪肉瘤无脂肪成分信号，以软组织信号为主。

（4）肾癌（肾细胞癌）：是最常见的肾实质恶性肿瘤。肾癌易发生于肾上极，形态不规则，边缘分叶，膨胀性浸润生长，有明显占位效应，肾轮廓异常；肾实质受侵犯，皮髓质分辨界线消失、相邻肾盂肾盏受压移位或受侵犯，正常肾组织受推压，形成低信号环之假包膜征。大多数肾癌 T_1WI 呈低信号，T_2WI 呈高信号，少数肾癌的信号恰好相反。较大的肿瘤可发生坏死、囊变和出血。注射对比剂后肿瘤有不同程度增强，但不如肾实质强化明显；肿瘤可分为不规则周边强化，中心斑片状强化或不强化。MRI 对肾癌侵犯周围血管、血管内癌栓形成、淋巴结增大等方面优于 CT，有助于肿瘤的临床分期做出诊断。

8. 腹膜后肿瘤 通常指原发于腹膜后组织的肿瘤。不包括来自腹膜后器官（肾、肾上腺、胰腺）的各种肿瘤，其中 70%～80%为恶性，良性肿瘤中最常见的为纤维瘤、良性畸胎瘤、脂肪瘤；恶性肿瘤以纤维肉瘤、神经纤维肉瘤、恶性鞘瘤和恶性淋巴瘤为多见。MRI 可清晰显示腹膜后的解剖结构，能明确肿瘤的起源，对肿瘤的诊断有着重要的意义。

（1）脂肪瘤：好发于脊柱及肾周，有完整包膜，具有脂肪组织特征性的长 T_1、长 T_2 高信号特点，信号均匀，边界清晰。

（2）畸胎瘤：好发于儿童及婴儿，瘤内含脂肪、骨骼、钙化或牙齿等多种成分，MRI 的信号特征可分辨各种成分，T_1WI 呈混杂低信号，T_2WI 呈混杂高信号。

（3）淋巴瘤：肿块 T_1WI 信号强度略低于肌肉组织；T_2WI 高于肌肉组织，多数信号均匀，伴有坏死、出血及囊变者信号可不均匀；增强扫描明显强化，肿块包埋血管和组织是淋巴瘤的一大特点。临床需鉴别原发性淋巴瘤和转移性淋巴瘤两种。转移性淋巴瘤肿大，由单个或多个增大淋巴结相互融合呈串状，多有原发病变；而原发性淋巴瘤则为巨大肿块，边缘分叶，多包埋血管、邻近组织和器官，并可侵犯脊柱。

二、肝胆脾MRI检查技术

1. 适应证 肝脏疾病，如肝海绵状血管瘤、脂肪肝、肝局灶性结节增生、原发性肝癌、肝转移癌等。

2. 线圈选择 体部相控阵列线圈。

3. 患者体位及成像中心 仰卧位，足先进，剑突作为定位中心。

4. 扫描技术

（1）常规扫描：扫描范围自膈顶至肝下缘（图 5-7-1）。主要成像平面有横轴位、冠状位；辅助检查方位为矢状位。扫描方案包括了三平面定位像；屏气相位校准图像；呼吸触发 T_2WI 脂肪抑制；屏气双回波 T_1WI 序列；呼吸触发弥散加权成像 b=600～800mm^2/s；呼吸触发冠状位脂肪抑制 T_2WI。

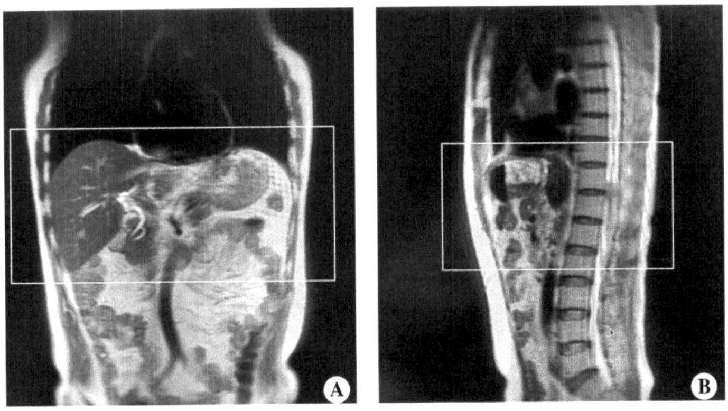

图 5-7-1 肝脏冠状面（A）、矢状面（B）上轴位的定位方法

（2）增强扫描：MRI 对比剂 GD-DTPA 0.1mmol/kg 或 0.2ml/kg，2ml/s 团注。先扫屏气横轴位 LAVA 蒙片，注入对比剂后进行屏气横轴位 LAVA 三期动态增强，然后是屏气冠状位 LAVA。如果有必要则需进行屏气横轴位 LAVA 延迟扫描。

（3）推荐肝脏 MRI 参数见表 5-7-1。

表 5-7-1 1.5T 肝脏扫描参数

序列名称	TR	TE	层厚/层间距	FOV（cm）	矩阵	NEX	频率编码
T_2WI	3500	102	7/1	36～38	384×224	2～4	R/L
DWI	3750	70	7/1	36～38	128×128	4	R/L
GRE-T_1WI	220	2.1/4.4	7/1	36～38	256×170	1	R/L
LAVA 增强	3.2	2.0	4.8	38	320×224		R/L

5. 图像要求

（1）图像显示范围上至膈顶、下至肝下缘，包括胆囊、第一肝门和第二肝门附近的所有组织。

（2）图像上无明显呼吸运动伪影。

（3）提供肝脏准确时相的血流动力学信息（包括动脉期、门脉期和平衡期）。

（4）肝脏 MRI 见图 5-7-2。

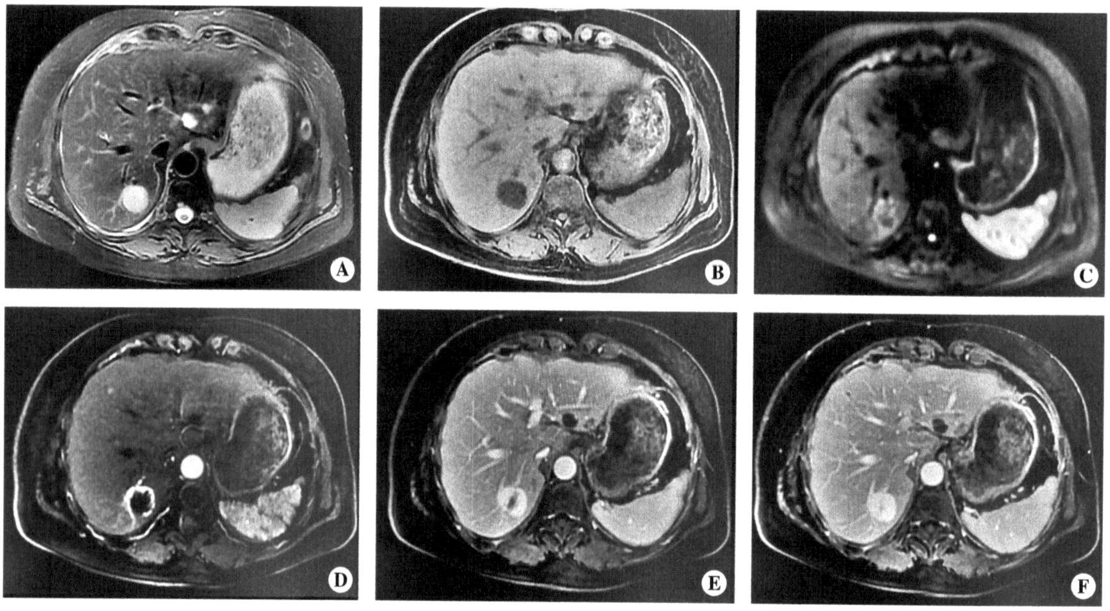

图 5-7-2 肝脏 MRI

A. 横断面 T_2WI；B. 横断面 T_1WI；C. 横断面 DWI；D～F. 横断面 LAVA 多期增强

6. 注意事项

（1）检查前 4h 禁食禁水。训练患者均匀呼吸及屏气，以取得患者的配合。

（2）腹部相控阵线圈上、下两片摆放应对齐，并注意将肝脏摆于线圈中心。

（3）选用加速因子。相位编码 FOV 应为 1。

（4）使用呼吸门控、流动补偿等辅助优化技术；横轴位检查层面上、下方加饱和带；肝脏横轴位流动补偿方向应在频率编码方向。

（5）横断面 T_2WI 需加脂肪抑制。

（6）在正常循环状态下，肝动脉期的时间为打药后 23～25s，门脉期 50～60s，平衡期 3～4min。采集时须严格掌控时间。

（7）可选取任意一个增强的时相，进行矢状面或冠状面图像 MIP 重建。

案例 5-7-1

患者，男，57 岁，胃癌病史，行上腹部 MRI 检查（案例图 5-7-1）。请分析肝占位性病变性质。

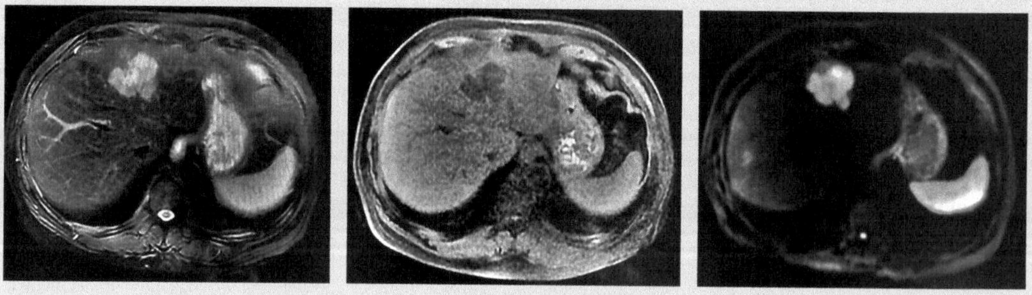

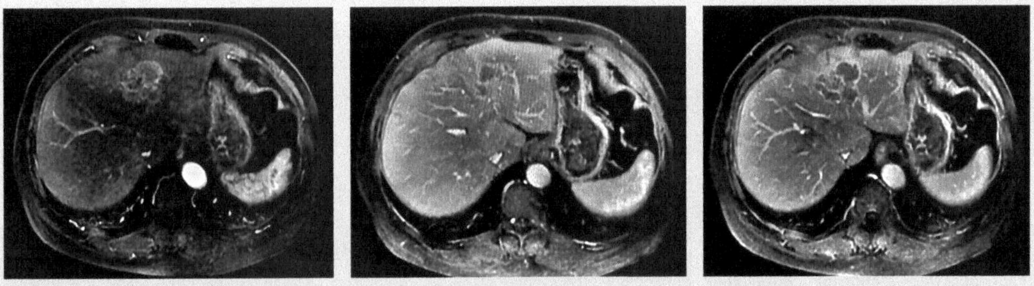

案例图 5-7-1

解答：肝左叶内侧段可见稍长 T_1、长 T_2 信号肿块，DWI 呈明显坏死高信号，增强扫描动脉期及其他各期病灶呈环形强化，典型多发肝转移瘤。

三、胰腺、胃肠和腹膜后 MRI 检查技术

（一）胰腺的 MRI 检查技术

1. 适应证 胰腺主要病变有慢性胰腺炎、胰岛细胞瘤、胰腺癌等。

2. 线圈选择 体部相控阵列线圈。

3. 受检者体位及成像中心 仰卧位，足先进，剑突作为定位中心。

4. 扫描技术

（1）常规扫描：扫描范围自胃顶至肾门下缘（图 5-7-3）。主要成像平面有横轴位、冠状位，辅助检查方位为矢状位。扫描方案包括了三平面定位像；屏气相位校准图像；呼吸触发 T_2WI 脂肪抑制；屏气抑脂 FSPGR-T_1WI 序列（胰腺为高信号，多数病变为低信号）；呼吸触发弥散加权成像 b=600～800mm^2/s；呼吸触发冠状位 T_2WI 脂肪抑制像。

（2）增强扫描：MRI 对比剂 GD-DTPA 0.1mmol/kg 或 0.2ml/kg，2ml/s 团注。先扫屏气横轴位 LAVA 蒙片，注入对比剂后进行屏气横轴位 LAVA 三期动态增强，然后是屏气冠状位 LAVA。如果有必要需进行屏气横轴位 LAVA 延迟扫描。

（3）推荐胰腺 MRI 参数见表 5-7-2。

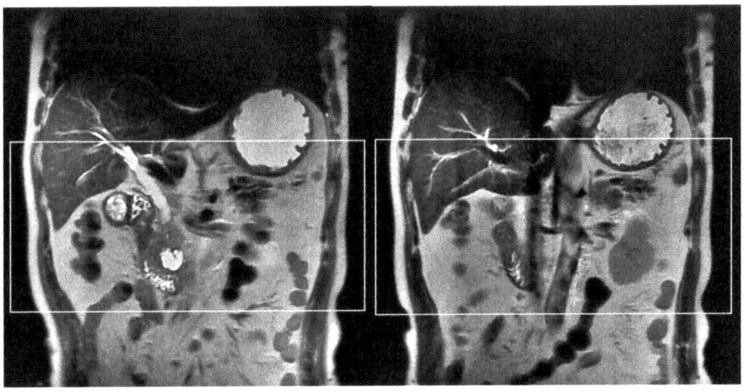

图 5-7-3 胰腺横轴位定位方法

表 5-7-2 1.5T 胰腺扫描参数

序列名称	TR（ms）	TE（ms）	层厚/层间距（mm）	FOV（cm）	矩阵	NEX	频率编码
FSE-T_2WI	3500	102	5/1	36～38	384×224	2～4	R/L
DWI	3750	70	5/1	36～38	128×128	4	R/L
FSPGR-T_1WI	220	2.1	5/1	36～38	256×170	1	R/L
LAVA 增强	3.2	2.0	4	38	320×224		R/L

5. 图像要求

（1）图像显示范围上至胃顶、下至右肾门下缘，包括胰头、胰体、胰尾及邻近的胆总管下段、十二指肠等所有组织。

（2）图像上无明显呼吸运动伪影。

（3）提供胰腺准确时相的血流动力学信息（包括动脉期、胰腺期和延迟期）。

（4）胰腺 MRI 见图 5-7-4。

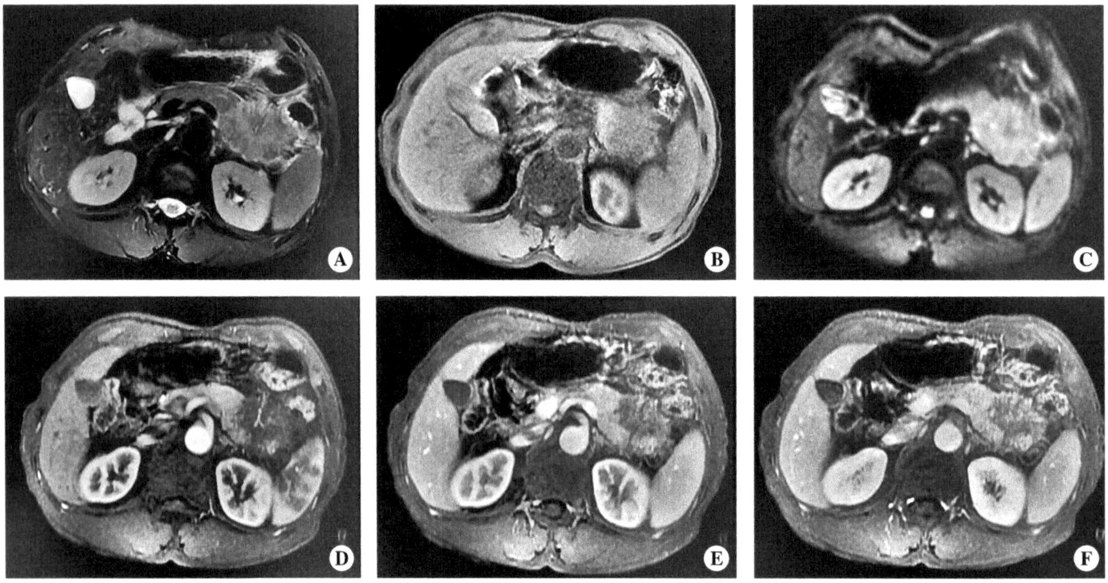

图 5-7-4 胰腺 MRI

A. 横断面 T_2WI；B. 横断面 T_1WI；C. 横断面 DWI；D～F. 横断面 LAVA 多期增强

6. 注意事项

（1）检查前 4h 禁食禁水。训练患者均匀呼吸及屏气，以取得患者的配合。

（2）腹部相控阵线圈上、下两片摆放应对齐，并注意将胰腺摆于线圈中心。

（3）选用加速因子。相位编码 FOV 应为 1。

（4）胰腺在 DWI 及 FSPGR-T_1WI 脂肪抑制序列中表现为高信号，有利于对胰腺病变的观察。

（5）胰腺病变（如慢性胰腺炎、胰腺癌等）造成胰管扩张时，应做 MR 胰胆管成像（MRCP）以帮助诊断。

（6）胰腺在 LAVA 序列上呈现较高信号，而绝大多数病变在高信号的胰腺背景下呈现低信号，因此 LAVA 序列是发现胰腺病变的重要序列之一。

（二）胃 MR 检查技术

1. 适应证 胃溃疡、胃癌及胃内相关占位性病变。

2. 线圈选择 体部相控阵列线圈。

3. 受检者体位及成像中心 仰卧位，足先进，两手上举放于头侧，剑突作为定位中心。

4. 扫描技术

（1）常规扫描：扫描范围覆盖整个胃腔。主要成像平面有横轴位、冠状位；辅助检查方位为矢状位。扫描方案包括了三平面定位像；屏气相位校准图像；Cor 屏气 FIESTA；Ax 呼吸触发 T_2WI；Sag 呼吸触发 T_2WI；Ax 屏气 T_1 GRE；Ax 呼吸触发 DWI b=600～800mm^2/s。

（2）增强扫描：MRI 对比剂 GD-DTPA 0.1mmol/kg 或 0.2ml/kg，2ml/s 团注。先扫屏气横轴位 LAVA 蒙片，注入对比剂后进行屏气横轴位 LAVA 三期动态增强，然后是屏气冠状位 LAVA。

（3）推荐胃 MRI 参数见表 5-7-3。

表 5-7-3 1.5T 胃磁共振扫描参数

序列名称	TR（ms）	TE（ms）	层厚/层间距（mm）	FOV（cm）	矩阵	NEX	频率编码
FIESTA	4.2	1.6	5/1	38～40	384×224		R/L
FSE-T_2WI	3000	102	5/1	36～38	384×224	2	R/L
DWI	4000	70	5/1	36～38	128×128	4	R/L
GRE-T_1WI	220	2.1/4.4	5/1	36～38	256×170	1	R/L
LAVA 增强	3.2	2.0	4	40	320×224		R/L

5. 图像要求

（1）显示范围上至膈顶、下至胃下缘，包括附近血管和淋巴结等所有组织。

（2）图像上无明显呼吸运动伪影及胃的蠕动伪影。

（3）提供胃准确时相的血流动力学信息（包括动脉期、门脉期和延迟期）。

6. 注意事项

（1）检查前 12h 禁食，检查前一日晚餐吃半流食，晚 22 点后禁食。检查前 1h 饮水 1000ml，上检查床前饮用纯水 600～1000ml，使胃肠腔充盈。

（2）嘱患者平静有规律地呼吸，训练患者屏气，以取得患者配合。

（3）检查前 5～10min 肌内注射山莨菪碱 20mg（2 支），抑制胃肠蠕动，有严重心脏病、青光眼、前列腺肥大及胃肠道梗阻者禁用此药。

（4）局部磁敏感伪影明显的受检者使用局部匀场提高图像质量。

（5）横轴位 T_2WI 脂肪抑制在层面上下方使用饱和带。

（6）LAVA 序列使用 ASSET，因此扫描野不宜过小，相位编码方向应为 1。增强后，可选取任意一个增强的时相，进行矢状面或者冠状面图像 MIP 重建。

（三）小肠和结肠 MRI 检查技术

1. 适应证 十二指肠溃疡、结肠癌及肠腔内相关占位性病变。

2. 线圈选择 体部相控阵列线圈。

3. 受检者体位及成像中心 仰卧位，足先进，两手上举放于头侧。

（1）小肠：线圈中心对准剑突与脐连线中上 1/3 交点的位置。

（2）结肠：线圈中心点置于剑突与脐连线的中点。

4. 扫描技术

（1）常规扫描：扫描范围覆盖整个中下腹部。主要成像平面有横轴位、冠状位；辅助检查方位为矢状位。扫描方案包括了三平面定位像；屏气相位校准图像；Cor 屏气 FIESTA；Cor+Ax 屏气 SSFSE；Ax 呼吸触发 FRFSE-T_2WI；Cor 屏气 T_1 FSPGR；Ax 呼吸触发 DWI b=600～800mm^2/s。

（2）增强扫描：MRI 对比剂 GD-DTPA 0.1mmol/kg 或 0.2ml/kg，2ml/s 团注。先扫屏气横轴位 LAVA 蒙片，注入对比剂后进行屏气横轴位 LAVA 三期动态增强，然后是屏气冠状位 LAVA。

（3）推荐小肠和结肠 MRI 参数见表 5-7-4。

表 5-7-4 1.5T 小肠和结肠磁共振扫描参数

序列名称	TR（ms）	TE（ms）	层厚/层间距（mm）	FOV（cm）	矩阵	NEX	频率编码
FIESTA	3.0～5.0	1.5～2.3	5/1	36～40	320×192	1	S/I
FRFSE-T_2WI	3500	102	5/1	36～40	288×224	4	R/L
FSPGR-T_1WI	110～250	2.1	5/1	36～40	256×170	1	R/L
SSFSE-T_2WI	1800	60～90	5/1	36～40	320×192	0.57	S/I
LAVA 增强	3.2	2.0	4	36～40	320×224	0.75	R/L

5. 图像要求

（1）显示范围上至肝下缘、下至两侧髂前上棘，包括中下腹部的所有组织。

（2）图像上无明显呼吸运动伪影及肠蠕动伪影。

（3）提供小肠和结肠的准确血流动力学信息（含动脉期、门脉期和平衡期）。

（4）小肠和结肠 MRI 如图 5-7-5 和 5-7-6 所示。

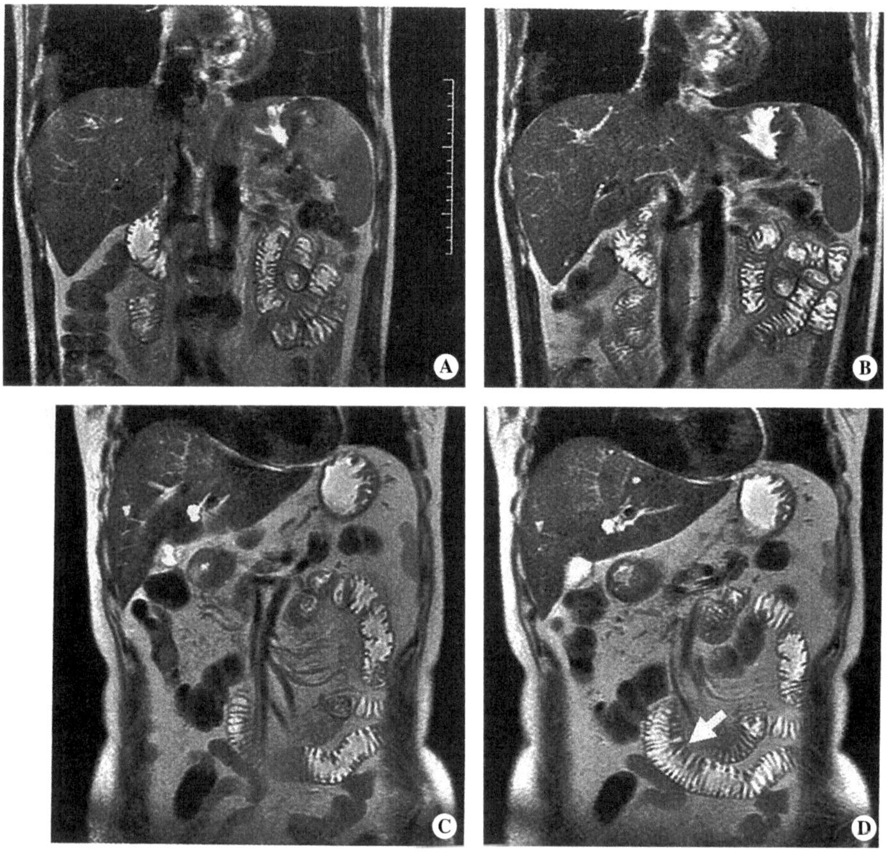

图 5-7-5　小肠 SSFSE-T_2WI

A～D 均为 SSFSE-T_2WI 冠状面图像，显示小肠黏膜，图像清晰，无明显伪影

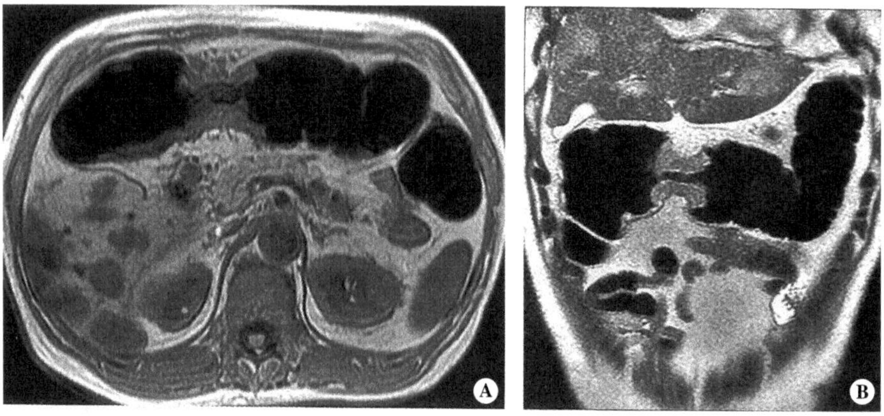

图 5-7-6　结肠 FSPGR-T_1WI

A. FSPGR-T_1WI 横断面图像，增厚的结肠壁显示清晰，很好地显示病变形态，伪影轻，T_1 对比较好；B. SS-FSE T_2WI 冠状面图像

6. 注意事项

（1）检查前准备：①小肠：扫描前禁食禁水 12h，扫描前 1h 内分段口服 2%～4%安其格纳芬（angiografin）水溶液 1000～1500ml，具体视受检者耐受能力而定；②结肠：一般应在检查前一天给予泻药清洁肠道。经肛注入空气或等渗生理盐水，以受检者可以耐受为标准，1000～1500ml 较为合适，为在扫描时同时显示小肠及回盲部情况，可在检查前 2h 分两次口服纯水 400～800ml。

（2）尿液排空以消除膀胱蠕动伪影。

（3）药物准备：检查前 5～10min 肌内注射山莨菪碱 20mg，抑制肠蠕动，有严重心脏病、青光眼、前列腺肥大及胃肠道梗阻者禁用此药。

（4）呼吸训练：嘱患者平静有规律地呼吸，训练患者屏气取得患者配合。

（5）为减轻呼吸运动伪影，横断面 T_1WI 及 T_2WI 时频率编码选择前后方向并加 NPW 选项。

（6）横断面 DWI 频率编码为左右方向，并需调节扫描野，以超过盆腔体径。

（7）LAVA 序列使用 ASSET，因此扫描野不宜过小。增强后，可选取任意一个增强的时相，进行矢状面或者冠状面图像 MIP 重建。矢状位有助于判断肠道前壁或后壁肿瘤对邻近结构的侵犯。

（四）腹膜后 MRI 检查技术

1. 适应证 良性畸胎瘤、脂肪瘤、神经纤维肉瘤和恶性淋巴瘤等。

2. 线圈选择 腹部相控阵线圈。

3. 患者体位及成像中心 仰卧位，足先进，身体左右居中，两手上举，肚脐作为定位中心。

4. 扫描技术

（1）常规扫描：扫描范围上至第 12 胸椎、下至腹主动脉分叉。主要成像平面有横轴位、冠状位；辅助检查方位为矢状位。扫描方案包括了三平面定位像；屏气相位校准图像；横轴位 T_2WI 脂肪抑制；横轴位屏气 T_1 GRE 序列；横轴位 DWI b=600～800mm^2/s；冠状位 T_2WI 脂肪抑制。

（2）增强扫描：MRI 对比剂 GD-DTPA 0.1mmol/kg 或 0.2ml/kg，2ml/s 团注。先扫屏气横轴位 LAVA 蒙片，注入对比剂后进行屏气横轴位 LAVA 三期动态增强，然后是屏气冠状位 LAVA。

（3）推荐腹膜后 MRI 参数见表 5-7-5。

表 5-7-5 1.5T 腹膜后扫描参数

序列名称	TR（ms）	TE（ms）	层厚/层间距（mm）	FOV（cm）	矩阵	NEX	频率编码
FSE-T_2WI	3000	102	7/1	36～38	384×224	2～4	R/L
DWI	4000	70	7/1	36～38	128×128	2	R/L
GRE-T_1WI	220	2.1/4.4	5/1	36～38	256×170	1	R/L
LAVA 增强	3.2	2.0	4	36	320×224		R/L

5. 图像要求

（1）显示范围上至第 12 胸椎、下至腹主动脉分叉，包括中下腹部所有组织。

（2）图像上无明显呼吸运动伪影及胃肠蠕动伪影。

（3）腹膜后由于脂肪组织较多，需要做脂肪抑制序列，以消除脂肪高信号。

（4）提供腹膜后各脏器准确血流动力学信息（含动脉期、门脉期和平衡期）。

6. 注意事项

（1）检查前 4h 禁食禁水，训练患者均匀呼吸及屏气，以取得患者的配合。

（2）腹部相控阵线圈上、下两片应对齐。

（3）屏气 T_1WI 因使用 ASSET，相位编码方向 FOV 应为 1。

（4）扫描呼吸触发序列前先更新呼吸频率。

（5）辅助优化技术，使用呼吸门控，横轴位 T_2WI 脂肪抑制在层面上、下方使用饱和带，使用局部匀场图像质量更好。

（6）增强后，可选取任意一个时相进行矢状面或者冠状面图像 MIP 重建。

四、MR 胰胆管造影检查技术

1. 适应证 胆管癌、胆囊癌及胰头癌等各种原因引起的胆道狭窄及梗阻。

2. 线圈选择 腹部相控阵线圈。

3. 患者体位及成像中心 仰卧位，足先进，两手上举，剑突作为定位中心。

4. 扫描技术

（1）常规扫描：扫描范围自膈顶至肝下缘（图 5-7-7）。

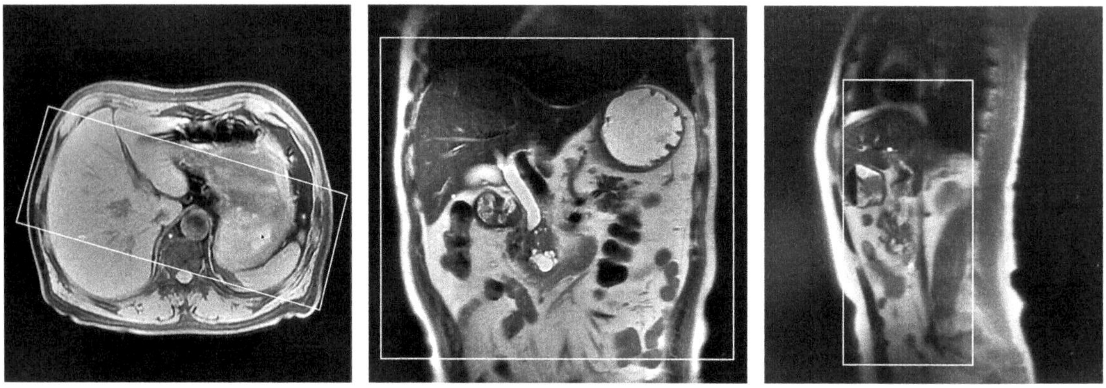

图 5-7-7 3D-MRCP 定位方法

扫描方案包括三平面定位像；屏气相位校准图像；呼吸触发 T_2WI 脂肪抑制；呼吸触发弥散加权成像 b=600～800mm^2/s；呼吸触发冠状位薄层 T_2WI 脂肪抑制；呼吸触发斜冠状位 3D 重 FSE-T_2WI 序列，定位线平行于胰管走行方向；屏气 2D-SSFSE 序列，放射状扫描 9 层；图像 3D-MIP 后处理重建。

（2）推荐 MRCP 成像参数见表 5-7-6。

表 5-7-6 1.5 胰胆管水成像扫描参数

序列名称	TR（ms）	TE（ms）	层厚/层间距（mm）	FOV（cm）	矩阵	NEX	频率编码
T_2WI	3500	102	7/1	36～38	384×224	2	R/L
DWI	3750	70	7/1	36～38	128×128	4	R/L
FIESTA	5200	102	8/1	38～40	320×224	1	S/I
SSFSE-T_2WI	6000	800	40～50（厚块）	32	480×256	1	S/I
3D-MRCP	2750	730	2	35	384×224	1	S/I

5. 图像要求

（1）显示范围上至膈顶、下至肝下缘，胆管树及胆囊。

（2）左右肝管走行方向在人体的左前向右后的平面上，胆总管下段及壶腹部的走行方向一般也是从左前向右后。

（3）胆总管中下段及胆囊与周围肠道关系密切，MRCP 上后者可能会重叠于胆管上。

（4）图像需无明显呼吸运动伪影及胃肠蠕动伪影。

6. 注意事项

（1）检查前 4h 禁食禁水。训练患者均匀屏气，以取得患者的配合。

（2）相控阵线圈上、下两片摆放应对齐，并注意将肚脐摆于线圈中心。

（3）选用加速因子，相位编码 FOV 应为 1。

（4）肝外胆管及胆囊周围有多量脂肪，在 T_2WI 及增强扫描的 T_1WI 上可能会影响降低图像对比，所以均需采用压脂技术。

（5）使用呼吸门控，横轴位 T_2WI 脂肪抑制在层面上、下方使用饱和带。

（6）扫描呼吸触发序列前先更新呼吸频率。

（7）原始图像需经 MIP 重建，根据需要剪切、删除与胆道重叠结构，以提高图像质量，多视角旋转观察胰胆管树。

五、肾脏及肾上腺 MRI 检查技术

（一）肾上腺

1. 适应证 肾上腺腺瘤、肾上腺转移瘤等。

2. 线圈选择 腹部相控阵线圈。

3. 患者体位及成像中心 仰卧位，足先进，剑突与肚脐连线中点为定位中心。

4. 扫描技术

（1）常规扫描：扫描范围自左肾上腺上极至右肾门（图 5-7-8）。

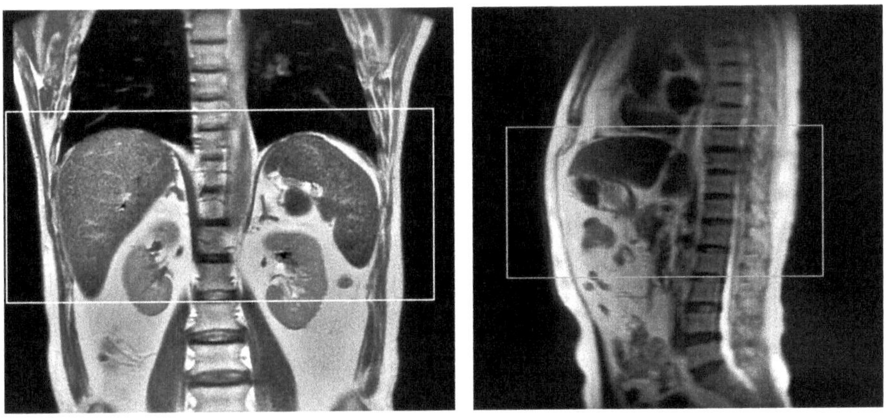

图 5-7-8 肾上腺横轴位定位方法

主要成像平面有横轴位、冠状位；辅助检查方位为矢状位。扫描方案包括了三平面定位像；屏气相位校准图像；呼吸触发 FSE-T_2WI 序列，不加脂肪抑制；屏气双回波 T_1WI 序列；呼吸触发弥散加权成像 b=600～800mm²/s；呼吸触发冠状位 FSE-T_2WI。

（2）增强扫描：MRI 对比剂 GD-DTPA 0.1mmol/kg 或 0.2ml/kg，2ml/s 团注。先扫屏气横轴位 LAVA 蒙片，注入对比剂后进行屏气横轴位 LAVA 三期动态增强，然后是屏气冠状位 LAVA。

（3）推荐肾上腺 MRI 参数见表 5-7-7。

表 5-7-7 1.5T 肾上腺扫描参数

序列名称	TR（ms）	TE（ms）	层厚/层间距（mm）	FOV（cm）	矩阵	NEX	频率编码
T_2WI	3500	102	5/1	36～38	384×224	2～4	R/L
DWI	3750	70	5/1	36～38	128×128	4	R/L
GRE-T_1WI	220	2.1/4.4	5/1	36～38	256×170	1	R/L
LAVA 增强	3.2	2.0	4	38	320×224		R/L

5. 图像要求

（1）显示范围上至左肾上极、下至右肾门，包括两侧肾上腺及附近的肾周间隙内所有组织。

（2）图像上无明显呼吸运动伪影及胃的蠕动伪影。

（3）提供肾上腺准确时相血流动力学信息（含皮质期、髓质期和平衡期）。

6. 注意事项

（1）检查前训练患者均匀呼吸及屏气，以取得患者的配合。

（2）使用呼吸门控，在扫描层面上、下方置饱和带。

（3）均匀呼吸至关重要，扫描呼吸触发序列前先更新呼吸频率。

（4）有肾上腺周围脂肪的衬托下肾上腺显示更加清晰，因此 T_2WI 不加脂肪抑制，如疑有占位性病变，T_2WI 应加脂肪抑制。

（5）疑有肾上腺腺瘤等病变需与肾上腺恶性肿瘤如转移瘤或原发性肾上腺皮质癌鉴别时要加做同、反相位的双回波序列，以明确诊断。因肾上腺腺瘤含有一定量的脂肪成分而恶性肿瘤含有极少量脂肪成分。

（6）肾上腺肿块与周围组织信号强度的比值在确定肿块性质方面有一定的价值。在平扫的横轴位 T_2 中不需要压脂，而冠状位 T_2 则需压脂。注射 Gd-DTPA 后显示，良性病变中除肾上腺腺瘤及嗜铬细胞瘤有强化外，其余多不强化，而恶性肿瘤则显示为强化，尤其 MRI 能显示肿瘤对静脉和淋巴结的侵犯。

（二）肾脏

1. 适应证 肾囊肿、肾血管平滑肌脂肪瘤、肾癌等。

2. 线圈选择 体部相控阵线圈。

3. 患者体位及成像中心 仰卧位，足先进，剑突与肚脐连线中点为定位中心。

4. 扫描技术

（1）常规扫描：扫描范围自左肾上极至右肾下极（图 5-7-9）。主要成像平面有横轴位、冠状位；辅助检查方位为矢状位。扫描方案包括了三平面定位像；屏气相位校准图像；呼吸触发 FSE-T_2WI 脂肪抑制序列；屏气双回波 T_1WI 序列；呼吸触发弥散加权成像 b=600～800mm^2/s；呼吸触发冠状位 FSE-T_2WI 脂肪抑制。

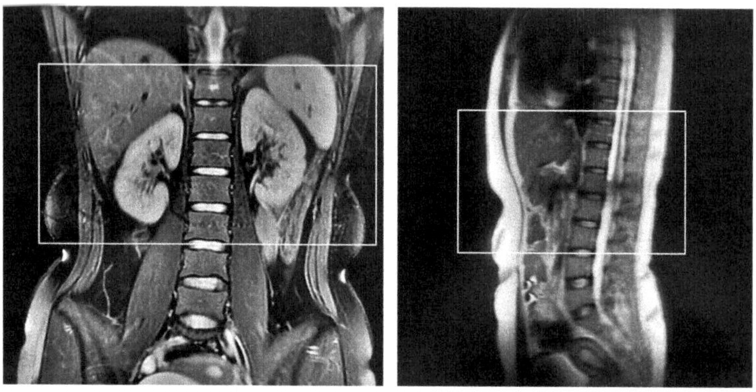

图 5-7-9 肾脏横轴位定位方法（定位线包全两侧肾脏）

（2）增强扫描：MR 对比剂 GD-DTPA 0.1mmol/kg 或 0.2ml/kg，2ml/s 团注。先扫屏气冠状位 LAVA 蒙片，注入对比剂后进行屏气冠状位 LAVA 三期动态增强，随后是屏气横轴位 LAVA，最后为屏气冠状位 LAVA 延迟扫描。

（3）推荐肾脏 MRI 参数见表 5-7-8。

表 5-7-8 1.5T 肾脏扫描参数

序列名称	TR（ms）	TE（ms）	层厚/层间距（mm）	FOV（cm）	矩阵	NEX	频率编码
FSE-T_2WI	3000	102	6/1	36～38	384×224	2	R/L
DWI	4000	70	6/1	36～38	128×128	4	R/L
GRE-T_1WI	220	2.1/4.4	6/1	36～38	256×170	1	R/L
LAVA 增强	3.2	2.0	4	36	320×256		S/I

5. 图像要求

（1）显示范围上至左肾上极、下至右肾下极，包括两侧腹膜后间隙内的肾脏及其周围脂肪成分。

（2）图像上无明显呼吸运动伪影及胃肠蠕动伪影。

（3）提供肾脏准确时相的血流动力学信息（含皮质期、髓质期和平衡期）。

（4）肾脏 MRI 见图 5-7-10。

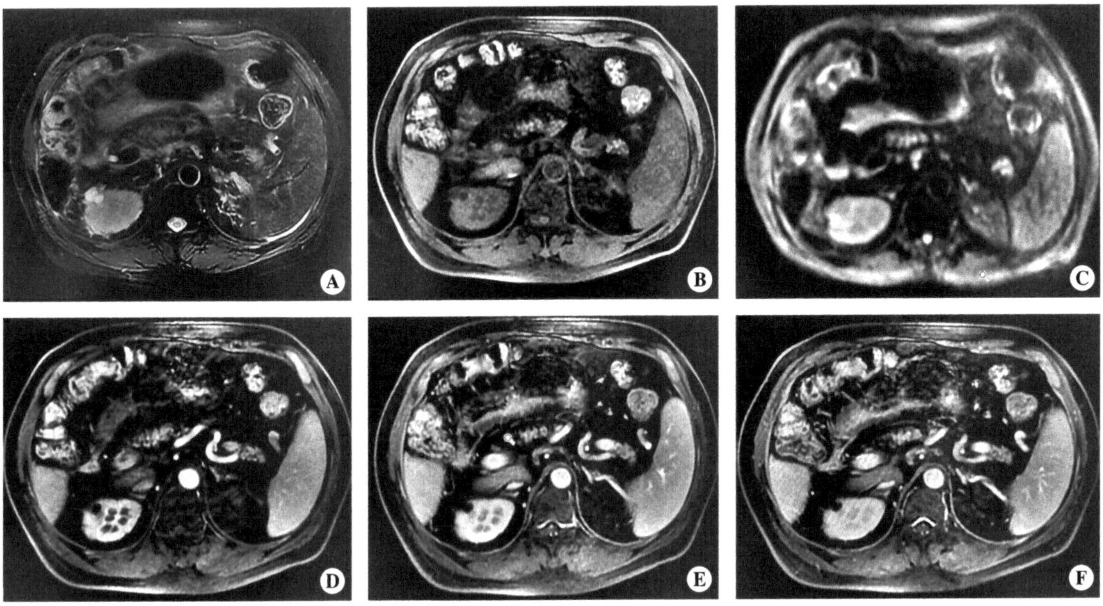

图 5-7-10 肾脏 MRI

A. 横断面 T_2WI；B. 横断面 T_1WI；C. 横断面 DWI；D～F. 横断面 LAVA 多期增强

6. 注意事项

（1）检查前训练患者均匀呼吸及屏气，以取得患者的配合。

（2）使用呼吸门控，在层面上、下方加饱和带。

（3）均匀呼吸至关重要，扫描呼吸触发序列前先更新呼吸频率。

（4）肾脏轴位频率编码方向为前后向，以减少腹部运动伪影的干扰。

（5）肾脏占位性病变疑脂肪成分时（如血管平滑肌脂肪瘤），还要做 T_1WI 加脂肪抑制技术，或做同、反相位序列以帮助诊断。

（6）MRI 技术空间分辨力和组织分辨力均较高，可以进行多平面、多参数成像，不仅对肾脏实质病变和血管病变的显示优势明显，而且随着 MRI 技术的进步，灌注、扩散成像、BOLD、PC 及 MRS 等多种功能成像在肾脏中的应用逐渐受到重视，MRI 对肾脏功能的评价越来越重要。

案例 5-7-2

患者，女，61 岁，体检时发现左肾占位，行肾脏 MRI 检查（案例图 5-7-2），试分析为何种病变。

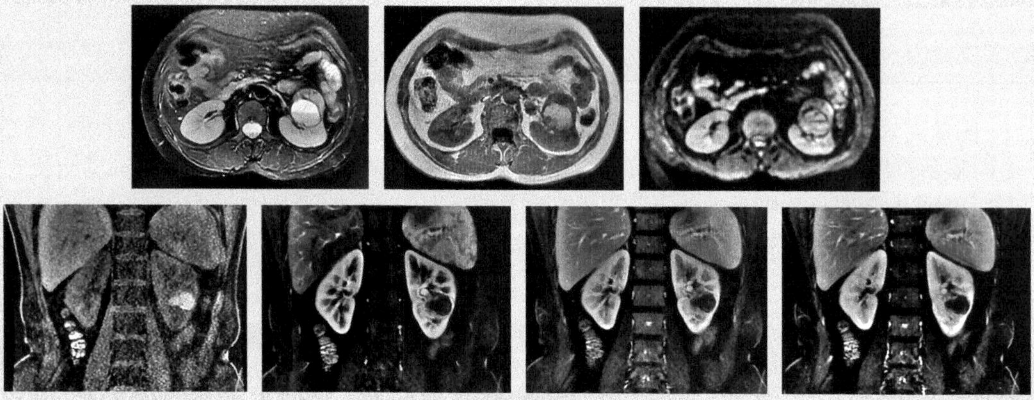

案例图 5-7-2

解答：腹腔内左肾区见一规则囊状混杂信号病灶，正常肾实质信号未见异常，病变周围见包膜，DWI 病变呈混杂稍高信号；增强扫描病变周围及包膜见轻度渐进性强化，病变内大部分强化不明显，经病理证实该病变为左肾癌。

六、腹部血管（肾动脉）检查技术

1. 适应证 主要用于观察肾动脉有无狭窄及先天性异型。

2. 线圈选择 体部相控阵线圈。

3. 患者体位及成像中心 仰卧位，足先进，双手放于身体两侧，剑突下缘作为定位中心。

4. 扫描技术

（1）常规扫描：扫描范围包括整个腹主动脉、双侧肾动脉及两侧肾脏。扫描方位为斜冠状位。扫描方案包括了三平面定位像；屏气相位校准图像；2D-TOF-MRA 三平面定位像；横轴位 T_2WI 脂肪抑制，范围包括双侧肾脏（定位同肾脏横轴位扫描）；屏气冠状位 SSFSE，范围包括双侧肾脏。

（2）增强扫描：MRI 对比剂钆喷酸葡胺 1.5ml/s 团注，共 15ml。屏气斜冠状位透视触发 CE-MRA，范围前面包括腹主动脉，后面包括双侧肾脏，动态定位四腔心（图 5-7-11）；屏气 LAVA 序列（包括双侧肾脏）。

（3）特殊扫描：IFIR 非对比剂序列（图 5-7-12）。

（4）推荐腹部 MRA 成像参数见表 5-7-9。

表 5-7-9 1.5T 肾动脉 CE-MRA 及 IFIR 成像参数

序列名称	TR（ms）	TE（ms）	层厚/层间距（mm）	FOV（cm）	矩阵	NEX	频率编码
FSE-T_2WI	3500	102	5/1	36～38	320×224	2	A/P
3D-CE-MRA	3.4	1.7	2.0	35	272×192	0.75	S/I
SSFSE T_2	5200	102	7/1	38～40	320×192	2	S/I
LAVA 增强	3.2	2.0	4	38	320×256		S/I
IFIR	4.5	2.2	2	35	256×256		R/L

5. 图像要求与显示

（1）扫描范围包括整个腹主动脉、双侧肾动脉及两侧肾脏。

（2）两侧肾动脉对称显示。

（3）无明显运动伪影。

（4）腹部血管 MRA 如图 5-7-11 和图 5-7-12。

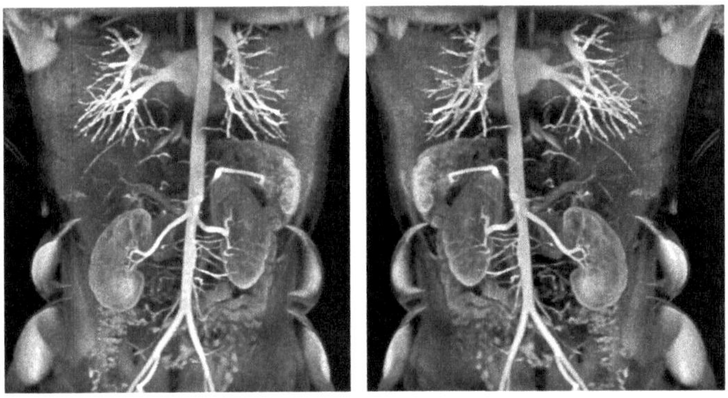

图 5-7-11 肾动脉 CE-MRA 图像

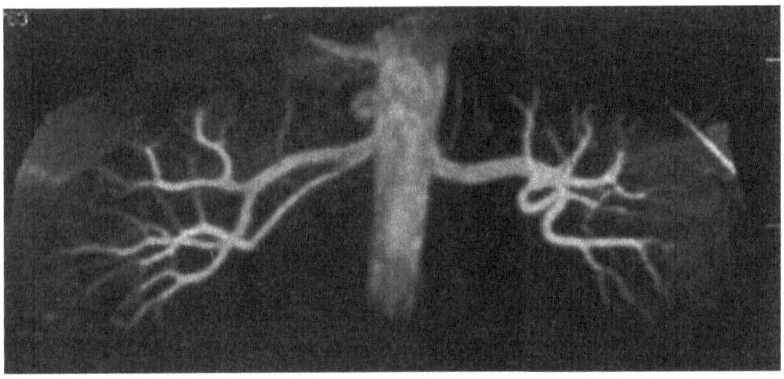

图 5-7-12 非对比剂肾动脉图像

6. 注意事项

（1）检查前训练患者均匀呼吸及屏气，以取得患者配合。

（2）采用透视触发门控技术。

（3）采用 SPECIAL 压脂抑制背景组织信号，因此不需要扫描蒙片。

（4）实时动态增强扫描见左心室有对比剂后嘱患者屏气扫描，连扫 2 个时相。

（5）将原始图像作 MIP 重建，多视角观察评价，亦可进行靶血管的 MIP 重建，可明显增加血管与周围背景组织的对比，血管的相互重叠较少。

七、尿路 MRI 检查技术

1. 适应证 主要用于观察尿路狭窄、梗阻及先天性异型。

2. 线圈选择 体部相控阵线圈。

3. 患者体位及成像中心 仰卧位，足先进，以肚脐作为定位中心。

4. 扫描技术

（1）常规扫描：扫描范围上包肾脏、下包膀胱。扫描方位为斜冠状位。扫描方案包括了三平面定位像；屏气相位校准图像；横轴位呼吸触发 T_2WI 脂肪抑制序列，包括双侧肾脏；横轴位呼吸触发 DWI 序列包括双侧肾脏；斜冠状位呼吸触发 3D 重 T_2WI-MRU 序列，后包肾脏，前包膀胱（图 5-7-13）；斜冠状位屏气 2D-MRU 扫描；3D-MIP 图像重建。

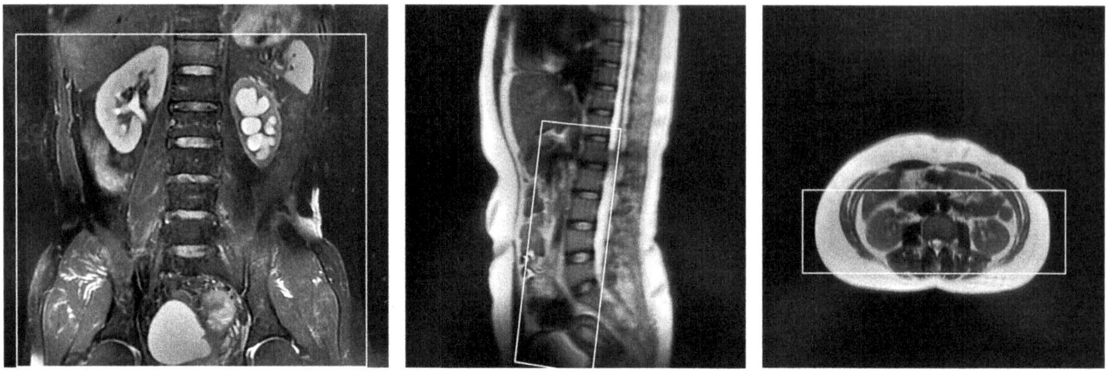

图 5-7-13　MRU 斜冠状位定位方法

（2）推荐腹部 MRU 成像参数见表 5-7-10。

表 5-7-10　1.5T 尿路 MRU 成像扫描参数

序列名称	TR（ms）	TE（ms）	层厚/层间距（mm）	FOV（cm）	矩阵	NEX	频率编码
T_2WI	3500	102	7/1	36～38	384～224	2	R/L
DWI	3750	70	7/1	36～38	256～320	4	R/L
FIESTA	5200	102	8/1	38～40	320～224	1	S/I
SSFSE T_2	6000	800	40～50（厚块）	32	480～256	1	S/I
3D-MRU	2750	730	2	35	384～224	1	S/I

5. 图像要求与显示

（1）扫描范围上包肾脏、下包膀胱，整个尿路完整显示。

（2）两侧肾盂及输尿管对称走行。

（3）膀胱饱满，显示清晰。

（4）无明显运动伪影及胃肠蠕动伪影。

6. 注意事项

（1）做 MRU 的当日早晨禁食禁水（6h 以上），防止胃肠道内液体太多而影响病变的显示和观察。检查前 30min 服用枸橼酸铁铵（ferric ammonium citrate，FAC）（胃肠道阴性对比剂）一包，以抑制胃肠道内液体信号或检查前 15min 喝红茶（内含锰）使胃肠道内液体呈低信号。

（2）检查前 6h 禁食禁水，训练患者均匀呼吸及屏气，以取得患者的配合，使用呼吸门控。

（3）均匀呼吸至关重要，扫描呼吸触发序列前先更新呼吸频率。

（4）冠状位扫描所得原始图像经 MIP 重建，采用多方位、多角度旋转成像，以避免尿路重叠，有利于病变检出。亦可对兴趣区行靶 MIP 重建。

八、相关疾病 MRI 检查要点

1. 肝脏疾病 MRI 检查要点　常规横轴位 T_2WI 应加脂肪抑制技术，这样可以增加病灶与肝实质的对比。肝脏病变怀疑含有脂肪成分时应加同、反相位扫描。肝脏部分疾病如布卡综合征，需做冠状位扫描，包括下腔静脉、门静脉及肝静脉。有肝、脾脏肿瘤或肿瘤样占位性病变不能确诊时行动态增强扫描，可增加病变的检出率，且对于病变的定性诊断也有帮助。肝海绵状血管瘤动态增强特点是环形强化，逐渐填充，因此动态增强扫描应加扫延迟期，以便与其他肿瘤鉴别。肝癌的血供特点是快进快出，因此采集好动态增强图像非常重要。

2. 胰腺疾病 MRI 检查要点　胰腺扫描 T_2WI 需加脂肪抑制技术，T_1WI 像上有高信号病变时应扫 T_1WI 加脂肪抑制技术。疑有慢性胰腺炎、胰腺癌伴胰管扩张应加扫屏气厚层 MRCP。胰腺占位性病变必须做动态增强扫描，动态增强扫描要做横轴位加脂肪抑制技术，并加做冠状位屏气扫描。

3. 肾及肾上腺疾病 MRI 检查要点　肾盂、输尿管的病变与膀胱病变同时发生，必要时行横轴位膀胱扫描。肾脏平扫必须做冠状位 FSE-T_2WI。当怀疑有肾癌时检查范围应大些，要注意对腹膜后淋巴结及肾静脉、下腔静脉瘤栓的显示。

由于肾上腺较小，周围脂肪能在图像中衬托出肾上腺，因此，无论是 T_1WI 还是 T_2WI 均不使用脂肪抑制技术。疑有肾上腺腺瘤及肾血管平滑肌脂肪瘤时应加同、反相位扫描。

【小结】　本节主要内容为腹部 MRI 检查技术，包括临床概述与适应证，相关的影像解剖，重点阐述了腹部各个脏器 MRI 检查的使用线圈、检查体位、扫描参数、示意图及注意事项，还涉及腹部 MRA 和尿路 MRU 的扫描方法及腹部相关疾病的检查要点，希望能对今后的学习和工作有指导意义。

第八节　盆腔 MRI 检查技术

一、临床概述

盆腔 MRI 具有多方位多序列成像、大范围结合小视野靶扫描、软组织分辨力高、无放射辐射等优势，能够清楚显示盆腔器官及骨盆结构，有利于盆腔疾病的检出与诊断，尤其对膀胱、输尿管、前列腺、精囊腺、子宫附件、直肠、骨盆等发生的肿瘤、炎症、变异等疾病更有价值。其价值有：①对盆腔病灶的定位、定量、定性诊断提供丰富的影像学依据；②显示肿瘤病变的形态学改变及周围结构的关系，判断与评价肿瘤侵犯范围、远处转移与分期；③随访复查疾病的动态变化、疗效及复发情况；④显示术后并发症、血管、淋巴结病变等。

盆腔 MRI 较其他检查方法如超声、CT 在形态学与定性诊断方面具有更多的优势，但其成像速度慢、禁忌证较多，对盆腔急重症有一定的局限性。

二、膀胱 MRI 检查技术

1. 适应证　①膀胱与输尿管肿瘤性病变；②炎性病变；③膀胱与输尿管结石；④先天畸形或变异；⑤膀胱周围结构的肿瘤、血管及淋巴结病变等。

2. 射频线圈　采用体部相控阵线圈。

3. 受检者体位及成像中心

（1）体位：仰卧位，头或足先进，受检者身体置于检查床正中。

（2）成像中心：耻骨联合上 3～5cm，线圈上、下范围包全盆腔。

4. 扫描技术

（1）常规扫描：①成像方位：常取横断位、矢状位、冠状位，根据需要结合其他方位。②成像序列：基本序列（T_1WI、T_2WI）采用自旋回波序列（SE）和快速自旋回波序列（TSE），最常用 TSE。根据需要应用其他序列，如脂肪抑制、弥散加权成像（DWI）等。③定位图像：膀胱横断面定位依据冠状面与矢状面图像（图 5-8-1A、B），横断面图像辅助定位；冠状面定位依据横断面与矢状面图像（图 5-8-1C、D），冠状面图像辅助定位；矢状面定位依据冠状面与横断面图像（图 5-8-1 E、F），矢状面图像辅助定位。

（2）增强扫描：通常采用多期动态增强方式，参考序列为 3D-FS-VIBE。增强扫描在于更好地显示病灶轮廓、分析病灶血供、观察强化方式等，为病变定位、定量、定性分析获得丰富的信息。膀胱肿瘤平扫增强一站式完成更有临床意义。

（3）推荐参数见表 5-8-1，具体参数根据 MRI 机型适当调整。

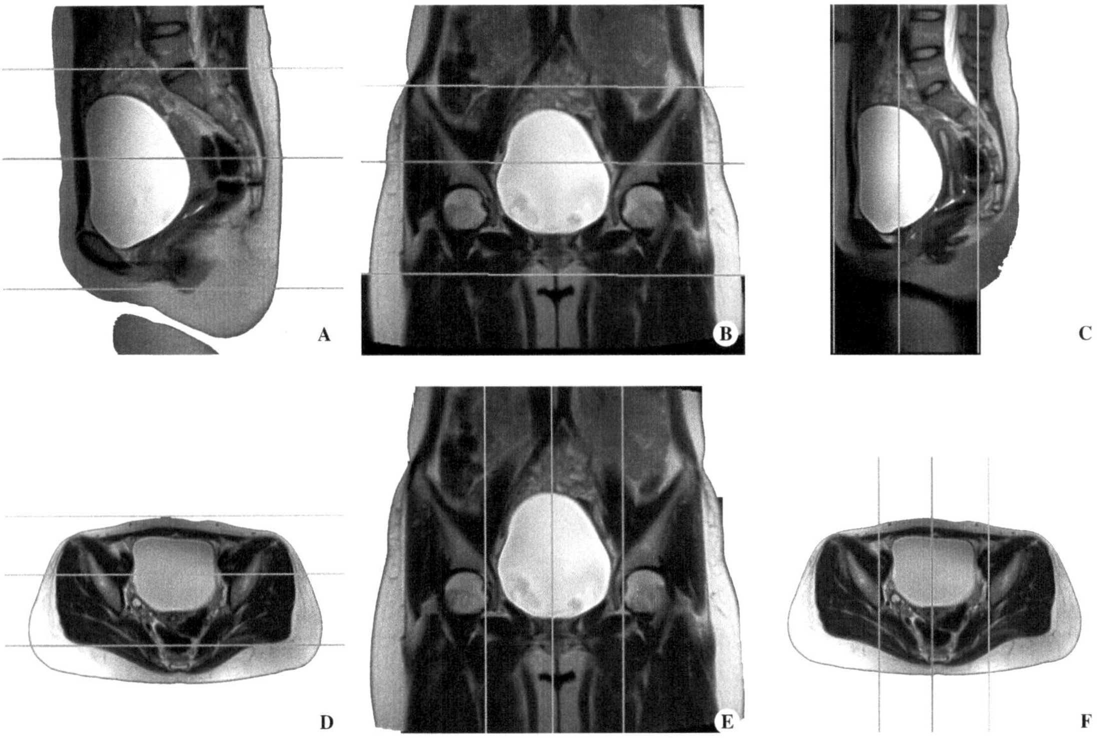

图 5-8-1 膀胱 MRI 定位图

A、B. 膀胱横断面扫描定位像；C、D. 膀胱冠状面扫描定位像；E、F. 膀胱矢状面扫描定位像

表 5-8-1 膀胱扫描参数

脉冲序列	TR（ms）	TE（ms）	ETL	层厚/层间距（mm）	矩阵	NEX
TSE-T_2WI	3000～3500	100～120	2～4	3～5/1	224×320	2～4
TSE-T_1WI	300～500	10～20	2～4	3～5/1	269×384	2～4
3D-FS-VIBE	5	2		3～5/0	269×384	1～2

5. 图像要求与显示

（1）大范围图像显示盆腔全部结构，膀胱在各个方位清楚完整显示。小视野靶扫描图像，对膀胱结构及病变显示更为清楚、完整。

（2）膀胱居盆腔前部，位于耻骨联合与直肠之间。膀胱形态与充盈程度有关，充盈的膀胱为圆形、椭圆形、四角圆钝的类方形。膀胱内尿液 T_1WI 低信号，T_2WI 高信号，膀胱壁为厚度一致的薄环状中等信号。增强后膀胱腔内存在对比剂时，T_1WI 可以表现为高信号。

（3）无伪影干扰。

（4）膀胱 MRI 平扫见图 5-8-2。

6. 注意事项

（1）检查前受检者饮水或适当憋尿，保持膀胱中等充盈，以更好地显示膀胱壁及壁内病变。

（2）膀胱在盆腔内位置较低，呼吸运动不会造成明显的运动伪影，扫描时一般不用呼吸门控，也不需要对受检者进行呼吸训练或屏气训练。

（3）怀疑膀胱肿瘤性病变，常规序列扫描后应作脂肪抑制、弥散加权成像和增强扫描，更好地显示病灶及邻近结构，以明确诊断。

（4）增强扫描图像后处理，通常进行动脉期、延迟期横断面重建，根据诊断需要或病灶显示重建其他断面图像。重建层厚 3～5mm。

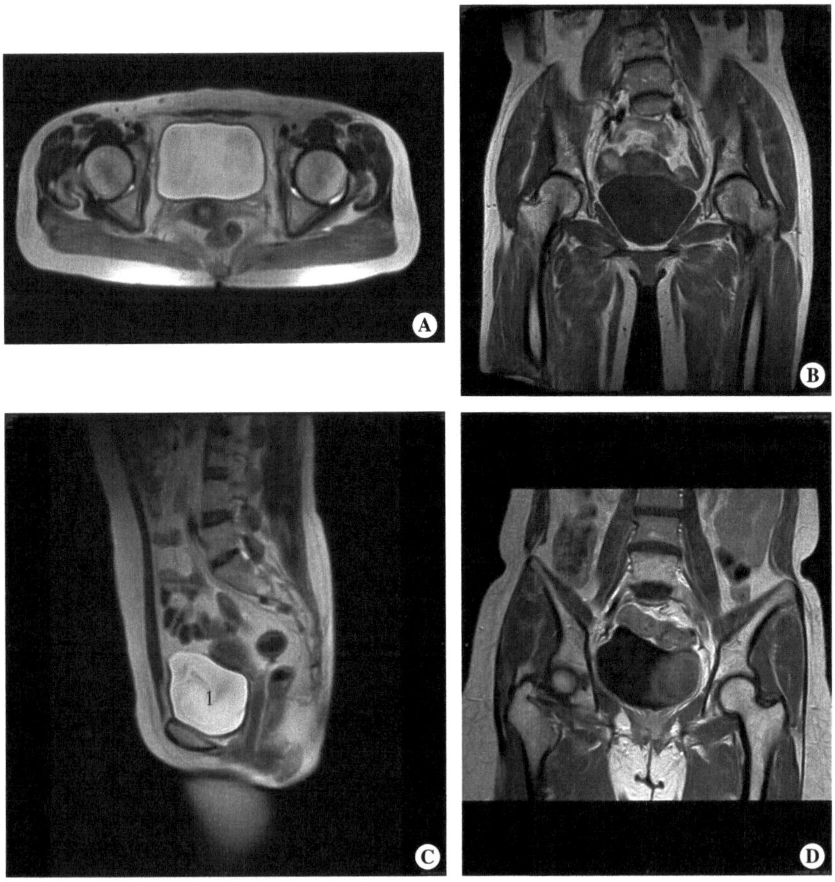

图 5-8-2　膀胱 MRI

A. 冠状面 T_1WI；B. 横断面 T_2WI；C. 矢状面 T_2WI；D. 冠状面 T_2WI；1.尿液

案例 5-8-1

患者，男，56 岁。血尿 5 天。案例图 5-8-1A、B 为 MRI。请分析哪个器官有病变？应用什么扫描技术对病灶显示和诊断更有帮助，为什么？

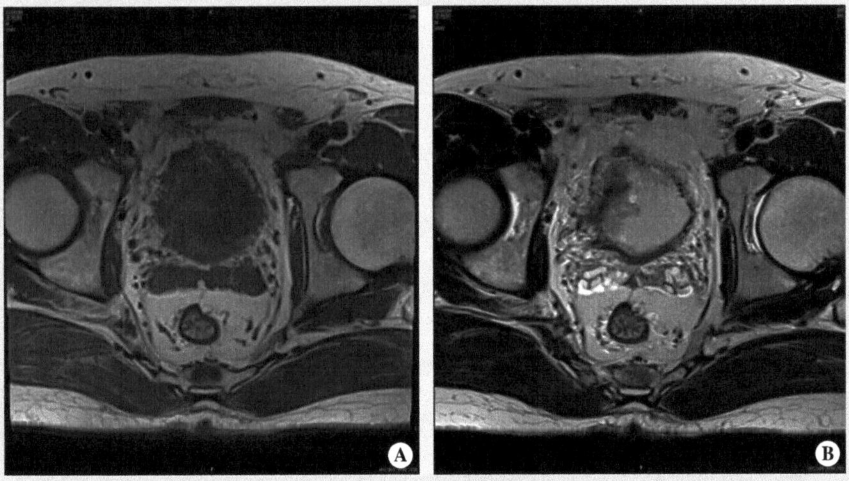

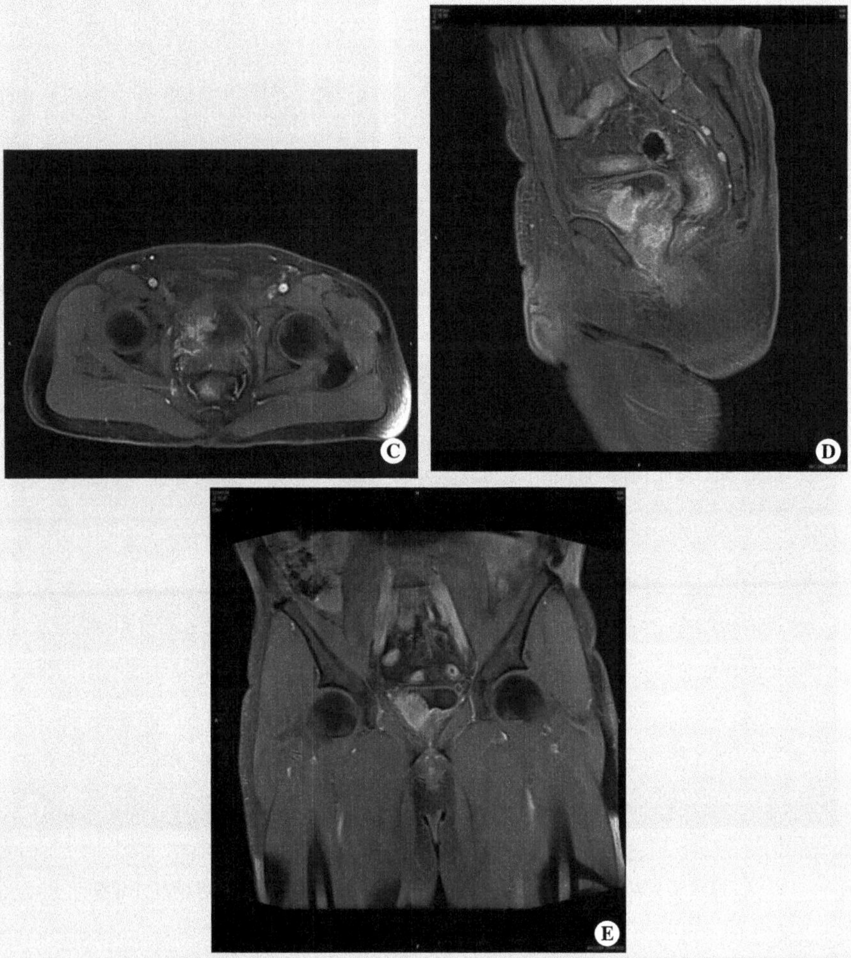

案例图 5-8-1

A. T_1WI 横断面；B. T_2WI 横断面；C. T_1WI 压脂增强横断面；D. T_1WI 压脂增强矢状面；E. T_1WI 压脂增强冠状面

解答： 本例病理证实为膀胱癌。A、B 为 T_1WI 和 T_2WI 图像，膀胱右侧壁增厚并向腔内突入结节状肿块（箭头）。可以采用增强扫描更好地显示膀胱病灶与邻近结构情况，提供更多的影像诊断信息。C、D、E 为增强图像。

三、前列腺 MRI 检查技术

1. 适应证 前列腺与邻近结构病变，包括前列腺增生、前列腺癌、精囊腺静脉曲张、精囊腺肿瘤、睾丸肿瘤等。

2. 射频线圈 采用体部相控阵线圈。

3. 受检者体位及成像中心

（1）体位：仰卧位，头先进，受检者身体正中矢状面垂直于检查床并与中线重合，双侧上肢置于身体两侧或上举至头两侧。

（2）成像中心：耻骨联合置于线圈中心，定位横向连线对准线圈中心。

4. 扫描技术

（1）常规扫描：①成像方位：常规取横断位、矢状位、冠状位，根据需要结合其他方位。②成像序列：常用 TSE-T_2WI 序列、TSE-T_1WI 序列、TSE-FS-T_2WI 脂肪抑制序列。需要鉴别前列腺增生与前列腺癌，可以采用 DWI 和 MRS 扫描。③定位图像：前列腺横断面扫描定位像（图 5-8-3A、B），冠状面扫描定位像（图 5-8-3C、D），矢状面扫描定位像（图 5-8-3E、F）。

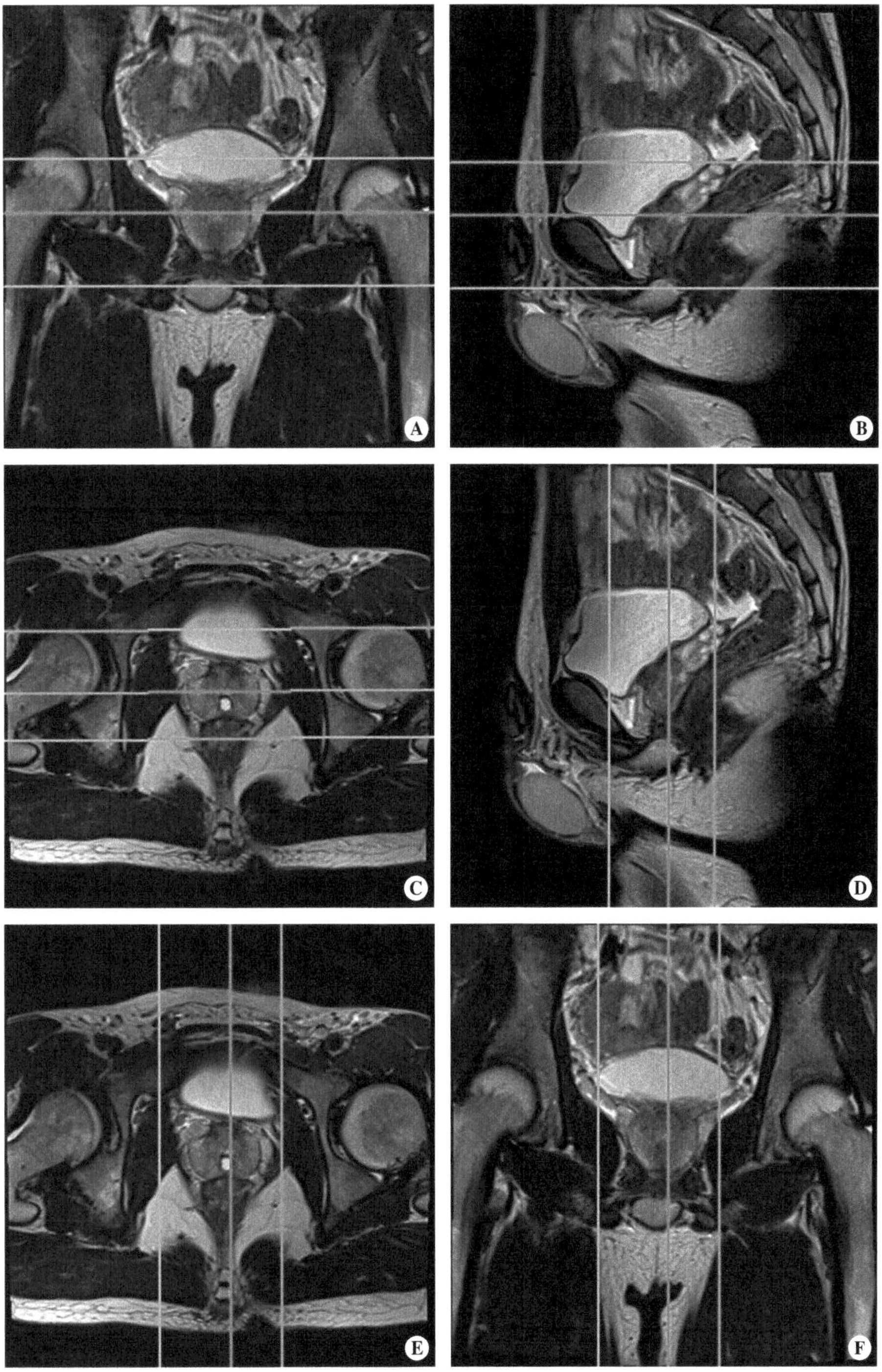

图 5-8-3　前列腺 MR 定位图

A、B. 前列腺横断面扫描定位像；C、D. 前列腺冠状面扫描定位像；E、F. 前列腺矢状面扫描定位像

（2）增强扫描：通常采用 2D-T_1-Dixon 序列行多期动态增强。增强目的在于更好地对前列腺病变进行定位、定量及定性分析，尤其对前列腺增生与前列腺癌的鉴别更有临床意义。

（3）推荐参数见表 5-8-2，具体参数根据 MRI 机型适当调整。

表 5-8-2　前列腺扫描参数

脉冲序列	TR（ms）	TE（ms）	ETL	FOV（cm）	层厚/层间距（mm）	矩阵	NEX
TSE-T_2WI	4000	100	10～20	20～30	3～5/1	320×224	2～4
TSE-T_1WI	500	20	2～4	20～30	3～5/1	320×224	2～4
DWI	5000	90		20～30	3～5/1	320×224	2～4
3D-FS-VIBE	5.08	1.74		20～30	3～4/0	192×160	1

5. 图像要求与显示

（1）大范围图像全面显示盆腔结构，前列腺在各个方位清楚完整显示。小视野靶扫描图像对前列腺及其病变显示更为清楚。

（2）前列腺位于膀胱颈和尿生殖膈之间似板栗状外观。T_1WI 低信号，T_2WI 能够区分中央叶和周围叶，中央叶与周围叶含水量差异而呈不同信号。精囊腺位于前列腺的后上方，为两个分叶状或长形的囊状影，T_1WI 低信号，T_2WI 高信号。

（3）无伪影干扰。

（4）前列腺平扫见图 5-8-4。

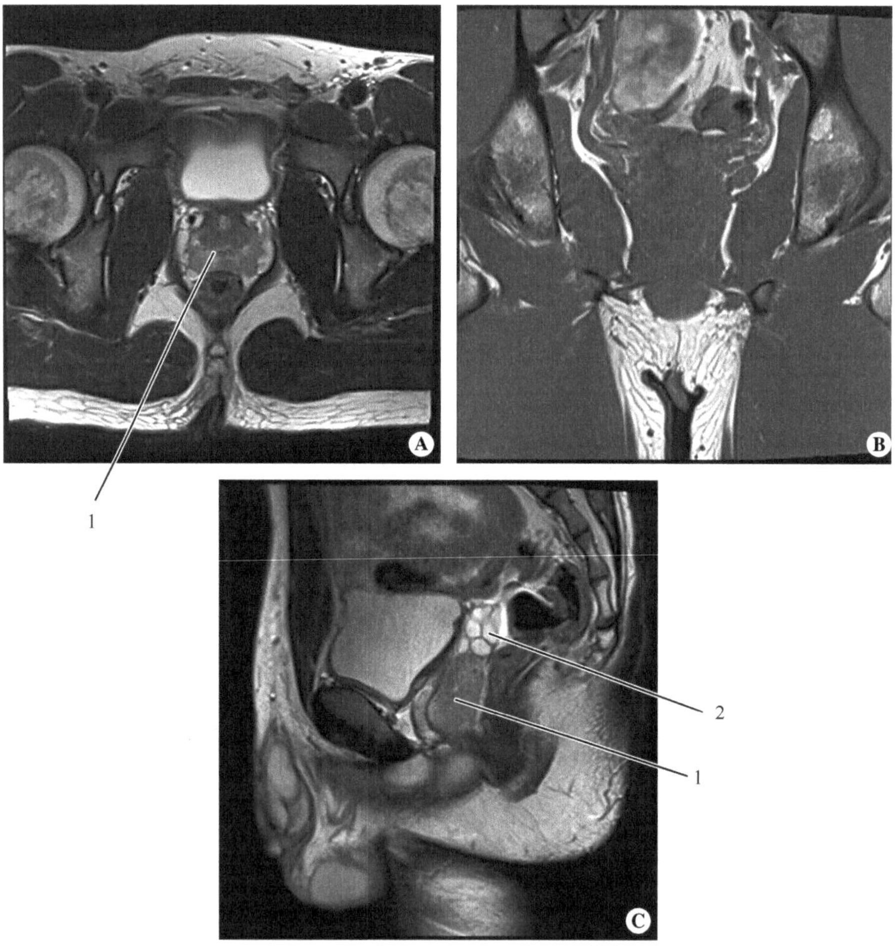

图 5-8-4　前列腺 MRI 平扫图

A. 冠状面 T_1WI；B. 横断面 T_2WI；C. 矢状面 T_2WI

1. 前列腺 2. 精囊腺

6. 注意事项

（1）检查前受检者排空大便以减少图像干扰。保持膀胱中等充盈以衬托膀胱轮廓，利于观察前列腺病变与膀胱壁的关系。膀胱过度充盈会导致膀胱壁紧压前列腺，影响前列腺及膀胱壁的观察，过度充盈的膀胱容易产生运动伪影。

（2）增强扫描图像后处理，通常对动脉期、静脉期、延迟期三期图像重建。绘制动态增强曲线图，兴趣区应包括病变、病变周围组织及正常前列腺组织。

（3）鉴别前列腺癌和前列腺增生，需要盆腔大视野与前列腺小视野靶扫描相结合，更好地观察前列腺病变、盆腔淋巴结及骨盆结构情况；需要结合 DWI、MRS、增强扫描为鉴别诊断提供更可靠的依据。

案例 5-8-2

患者，男，63 岁。反复排尿困难 2 年，加重 1 周。案例图 5-8-2A、B 为 MRI。前列腺正常吗？进一步应采用什么序列对病变显示和定性诊断更有帮助，为什么？

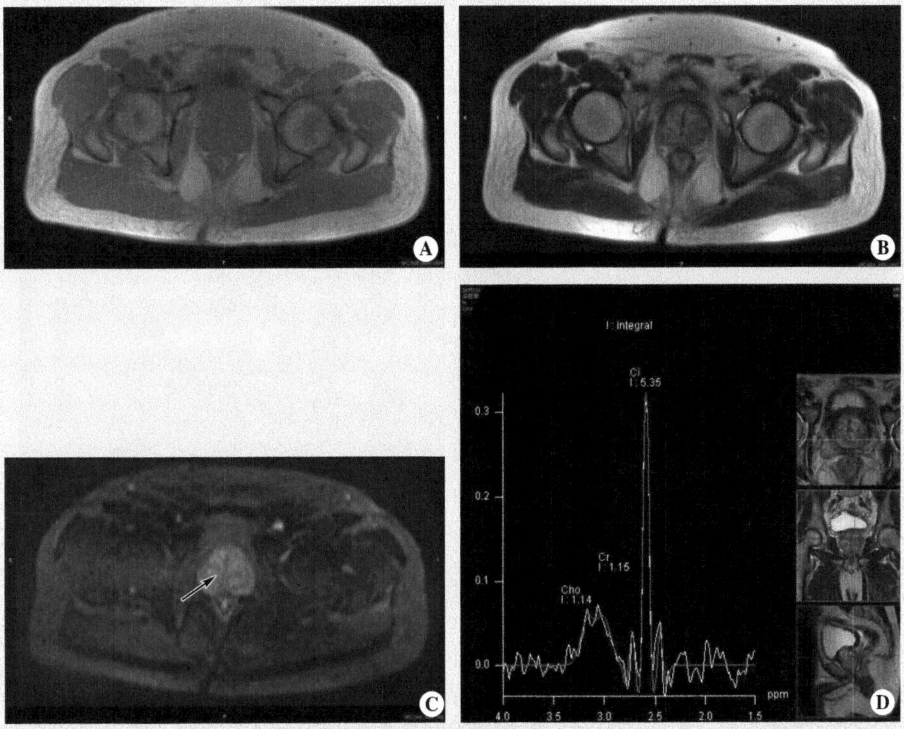

案例图 5-8-2

A. T_1WI 横断面；B. T_2WI 横断面；C. DWI 横断面；D. 前列腺 MRS

解析： 本例为前列腺增生。A、B 为 T_1WI 和 T_2WI 图像，前列腺体积增大，以中央叶增大为主（箭头）。需要进行 DWI 与 MRS 扫描显示更多信息以帮助诊断。DWI 前列腺信号均匀增高，MRS 枸橼酸盐 Ci（Cit）峰值明显升高，提示前列腺增生。C 为 DWI 图像，MRS 为波谱图像。

四、子宫附件 MRI 检查技术

1. 适应证　女性生殖系统疾病，尤其是肿瘤等占位性病变和子宫畸形，如宫颈癌、子宫内膜癌、子宫内膜异位症、子宫腺肌症、子宫肌瘤、卵巢良恶性肿瘤、卵巢囊肿、卵巢扭转等。

2. 射频线圈 采用体部相控阵线圈。

3. 受检者体位及成像中心

（1）体位：采用仰卧位，头先进，受检者身体正中矢状线与检查床中线重合，双侧上肢置于身体两侧或上举至头两侧。

（2）成像中心：髂前上棘连线中点置于线圈中心，扫描定位纵向中心线与身体长轴中心重叠，横向连线对准线圈中心。

4. 扫描技术

（1）常规扫描：①成像方位：常用横断位、矢状位、冠状位，必要时结合其他方位。②成像序列：常用 TSE-T_2WI 序列、TSE-T_1WI 序列，根据需要采用脂肪抑制、DWI 等序列。③定位图像：子宫附件横断面扫描定位像（图 5-8-5A、B），冠状面扫描定位像（图 5-8-5C、D），矢状面扫描定位像（图 5-8-5E、F）。

（2）增强扫描：通常采用 2D-T_1-Dixon 序列进行多期动态增强，其目的在于更好地对子宫附件病变进行定位、定量、定性分析，平扫增强一站式完成对肿瘤性病变诊断应用更有价值。

（3）推荐参数见表 5-8-3，具体参数根据 MRI 机型适当调整。

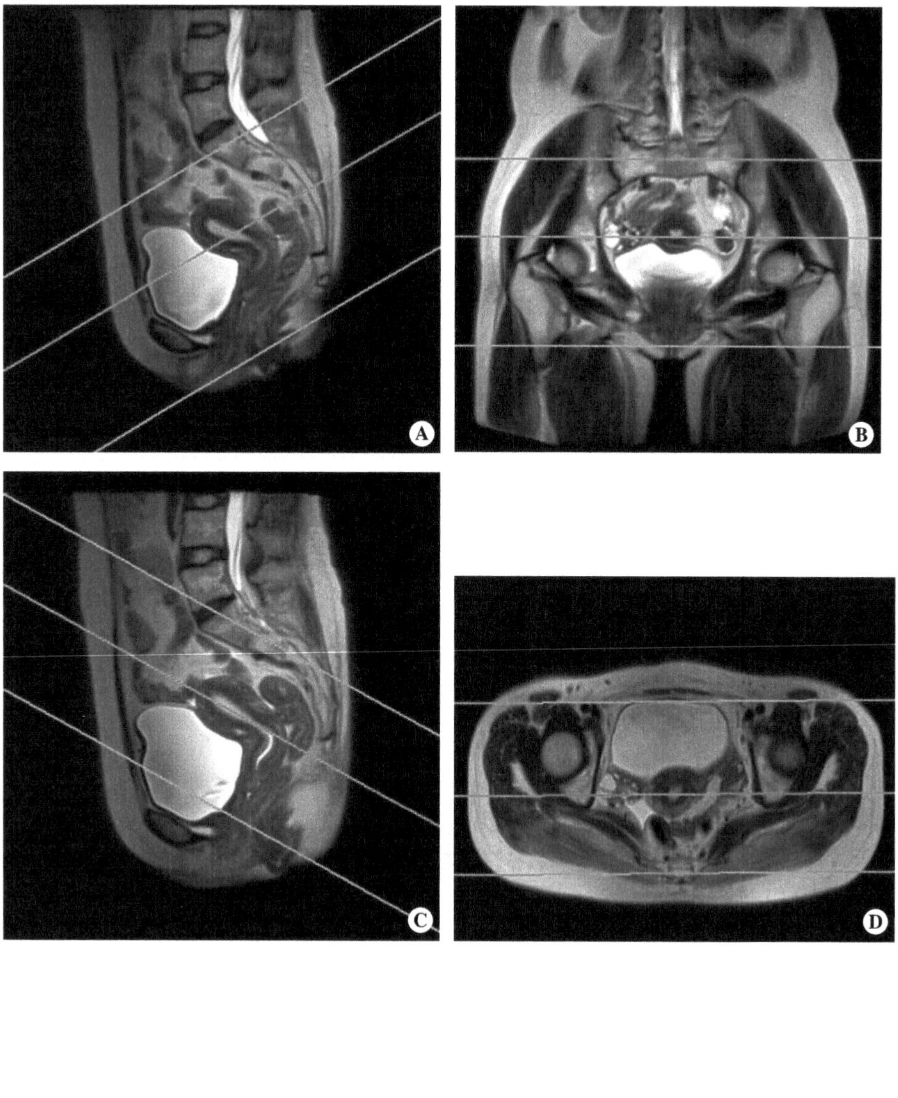

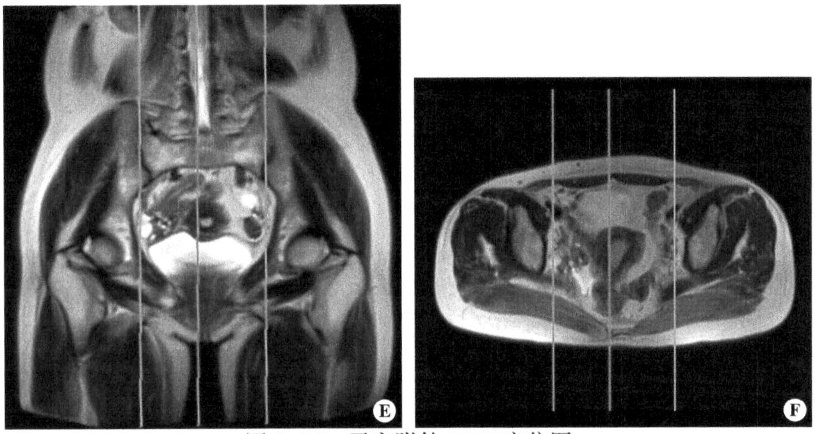

图 5-8-5 子宫附件 MRI 定位图

A、B. 子宫附件横断面扫描定位像；C、D. 子宫附件冠状面扫描定位像；E、F. 子宫附件矢状面扫描定位像

表 5-8-3 子宫附件扫描参数

脉冲序列	TR（ms）	TE（ms）	ETL	FOV（cm）	层厚/层间距（mm）	矩阵	NEX
TSE-T_2WI	3000	110	10～20	30～40	4～6/2	320×192	2～4
TSE-T_1WI	500	20	2～4	30～40	4～6/2	320×192	2～4
3D-FS-VIBE	5.08	1.74		30～40	3～4/0	192×160	1

5. 图像要求与显示

（1）大视野图像全面显示盆腔结构，子宫在各方位清楚完整显示。靶扫描图像对子宫结构及病变显示尤为清楚完整。

（2）子宫位于膀胱与直肠之间，两侧毗邻卵巢和输卵管，下接阴道。子宫形态通常似前后略扁的倒置梨形。T_1WI 子宫为中等信号，T_2WI 矢状位对子宫形态显示尤佳，子宫三层结构（内膜、结合带、肌层）清楚显示；子宫内膜为线状高信号、结合带为低信号、肌层为中等信号。

（3）无伪影干扰。

（4）子宫附件平扫见图 5-8-6。

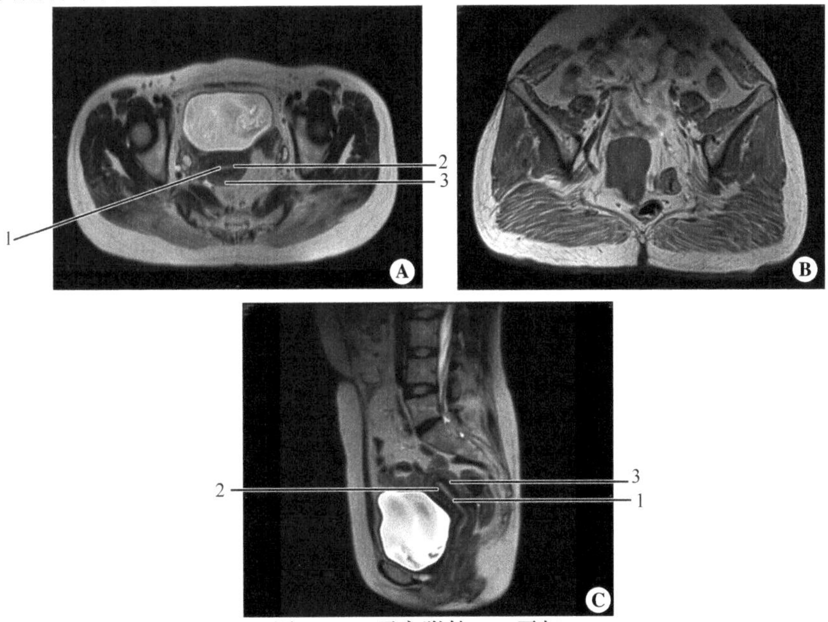

图 5-8-6 子宫附件 MR 平扫

A. 冠状面 T_1WI；B. 横断面 T_2WI；C. 矢状面 T_2WI；

1. 内膜 2. 结合带 3. 肌层

6. 注意事项

（1）受检者如果带有金属节育环，需要取出节育环 3 天后检查，以避免取环时子宫内膜损伤的信号干扰导致误诊。

（2）检查前排空大便以减少图像干扰；膀胱内存留中等量尿液以衬托膀胱轮廓。

（3）对于肥胖患者，扫描时前腹壁和背部需要施加饱和带达到抑脂均匀。

（4）疑似畸胎瘤，采用脂肪抑制扫描明确病灶的脂肪成分。疑似肿瘤性病变，运用 DWI、增强检查获得更多信息。

（5）增强扫描图像后处理，依据动脉期、静脉期、延迟期重建横断位、矢状位、冠状位三方位图像。

案例 5-8-3

患者，女，23 岁。彩超发现盆腔囊肿 3 年，下腹部疼痛不适 2 天。案例图 5-8-3A、B 为 MRI。有病变吗？采用什么序列才能说明病灶内存在脂肪成分，为什么？

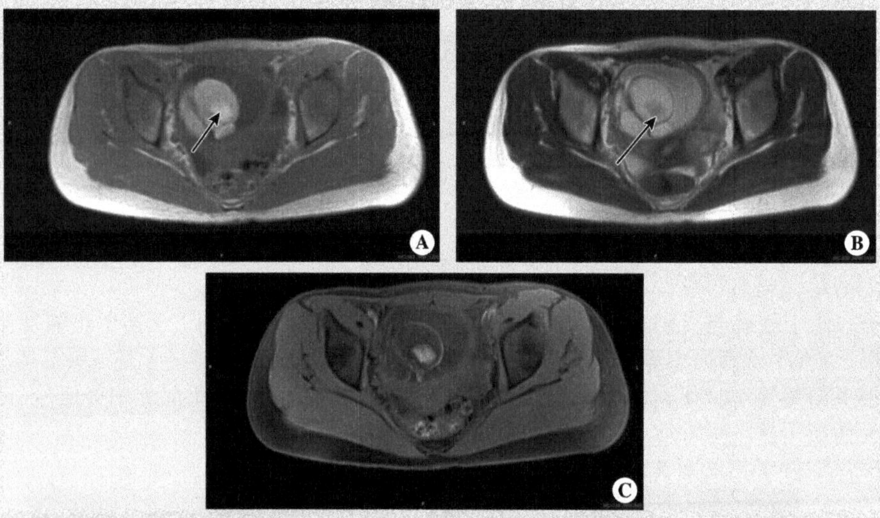

案例图 5-8-3

A. T_1WI 横断面；B. T_2WI 横断面；C. T_1WI 压脂+C 横断面

解答： 本例病理证实为畸胎瘤。A、B 为 T_1WI 和 T_2WI 图像，盆腔内不规则囊实性肿块（箭头），两个序列病灶内有高信号。采用脂肪抑制序列扫描，病灶内高信号被抑制为低信号，说明存在脂肪成分，有助于畸胎瘤的诊断。C 为脂肪抑制图像。

五、直肠 MRI 检查技术

1. 适应证 直肠及周围结构病变，包括感染性、肿瘤性病变等。

2. 射频线圈 采用体部相控阵线圈或直肠专用线圈。

3. 受检者体位及成像中心

（1）体位：仰卧位，头或足先进，受检者身体正中矢状线与检查床中线重合，双侧上肢置于身体两侧或上举至头两侧。

（2）成像中心：耻骨联合上缘，直肠置于线圈中心。

4. 扫描技术

（1）常规扫描：①成像方位：常用横断位、矢状位、冠状位，必要时结合其他方位。②成像序列：常用 TSE-T_2WI 和 TSE-T_1WI 序列，根据需要应用脂肪抑制和 DWI 扫描。③定位图像：直肠横断面扫描定位像（图 5-8-7A、B），冠状面扫描定位像（图 5-8-7 C、D），矢状面扫描定位像（图 5-8-7E、F）。

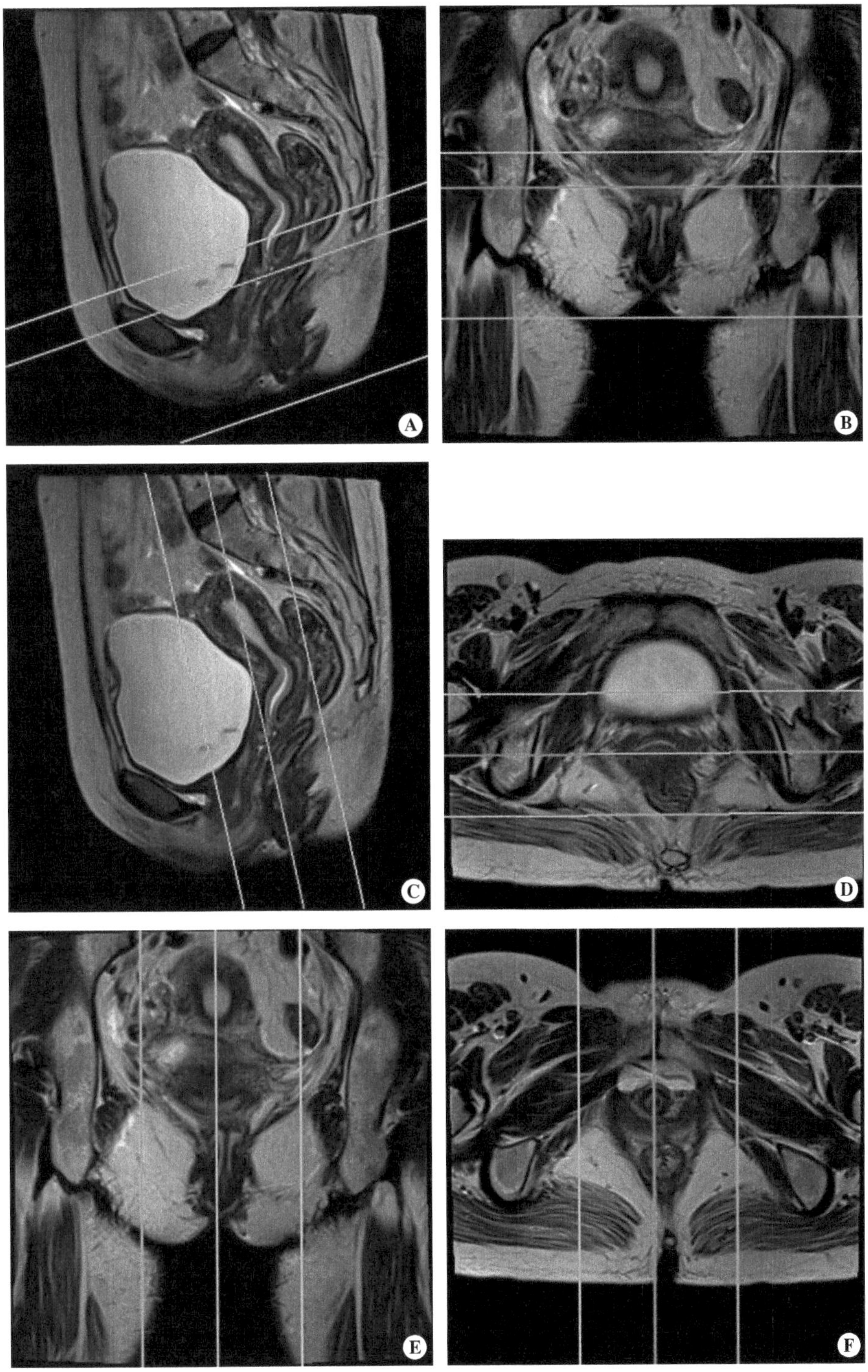

图 5-8-7 直肠 MR 定位图

A、B. 直肠横断面扫描定位像；C、D. 直肠冠状面扫描定位像；E、F. 直肠矢状面扫描定位像

（2）增强扫描：平扫增强一站式检查，有利于显示直肠病变的血供及病灶与周围结构的关系。通常采用三期（动脉期、静脉期、延迟期）动态增强方式。采用快速 T_1WI 序列先行局部直肠多期

扫描，再行大范围盆腔扫描。扫描方位先取直肠斜轴面，再取斜冠状面及矢状面。如果 MRI 设备支持，可以采用动态灌注增强方式。

（3）推荐参数见表 5-8-4，具体参数根据 MRI 机型适当调整。

表 5-8-4　直肠扫描参数

脉冲序列	TR（ms）	TE（ms）	ETL	FOV（cm）	层厚/层间距（mm）	矩阵	NEX
TSE-T_2WI	3000	110	10～20	22～40	3～4/0.5	288×224	2～4
TSE-T_1WI	500	20	2～4	22～40	3～4/0.5	288×224	2～4
3D-FS-VIBE	5.08	1.74		22～40	3～4/0.5	192×160	1

5. 图像要求与显示

（1）大视野图像全面显示盆腔及盆底结构，直肠结构在各方位清楚完整显示。靶扫描图像对直肠结构及病变显示更为清楚。

（2）直肠位于骶骨前方，表现为管状影，直肠壁 T_1WI、T_2WI 为中等信号。

（3）无伪影干扰。

（4）直肠平扫见图 5-8-8。

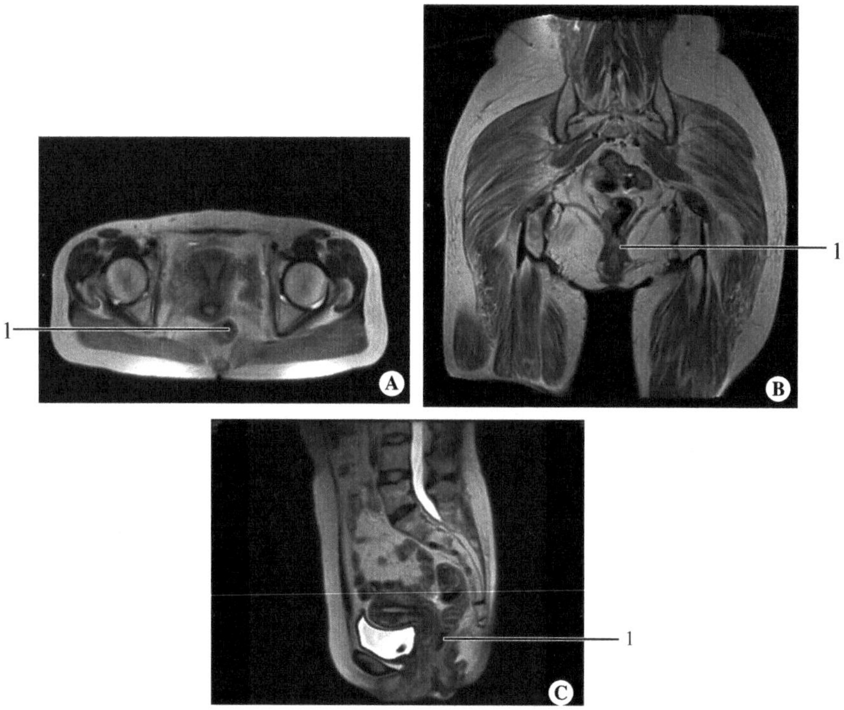

图 5-8-8　直肠 MR 平扫

A. 冠状面 T_1WI；B. 横断面 T_2WI；C. 矢状面 T_2WI；1. 直肠

6. 注意事项

（1）检查前准备：为了充分显示膀胱和直肠的关系，应保持膀胱中等充盈。可以使用对比剂充盈肠道，对比剂可用空气、等渗生理盐水、水、水脂类，前两者更常用。经肛门注入对比剂，以受检者耐受量为准，一般以 1000～1500ml 较为合适。

（2）扫描注意：直肠横断面定位，为了避免容积效应的产生，扫描层面需与病灶轴线垂直。直肠扫描可以不采用脂肪抑制技术，一是直肠周围高信号的脂肪组织与中等信号的淋巴结形成对比，有利于淋巴结的检出；二是直肠周围高信号的脂肪组织与中等信号的肠壁肌层形成对比，有利于显示病变的浸润。

六、盆底肌肉 MRI 检查技术

1. 适应证 盆底肌肉与软组织病变，临床坠痛，包括肿瘤性、损伤性、感染性病变等。如盆底器官脱垂，排便功能障碍，肛瘘等。

2. 射频线圈 采用体部相控阵线圈。

3. 受检者体位及成像中心

（1）体位：采用仰卧位，头或足先进，受检者身体正中矢状线与检查床中线重合，双侧上肢置于身体两侧或上举至头两侧。

（2）成像中心：耻骨联合上缘，线圈上下范围包全整个盆腔。

4. 扫描技术

（1）常规扫描：①成像方位：通常取横断位、冠状位，矢状位相对较少。②成像序列：常用 TSE-T_2WI 序列、TSE-T_1WI 序列、TSE-FS T_2WI 脂肪抑制序列。必要时采用 DWI 扫描。③定位图像：盆底肌肉横断面扫描定位像（图 5-8-9A、B），冠状面扫描定位像（图 5-8-9C、D），矢状面扫描定位像（图 5-8-9 E、F）。

（2）增强扫描：增强以显示正常盆底肌肉和病变组织的血供及其相互之间关系，对病变定位、范围显示、定性诊断有重要价值。注射对比剂后一般延迟 15～20s 扫描，以待对比剂均匀灌注盆底。通常采用 T_1WI 脂肪抑制序列增强扫描。以薄层图像三方位重建，重建层厚和层间距与平扫保持一致。

（3）推荐参数见表 5-8-5，具体参数根据 MRI 机型适当调整。

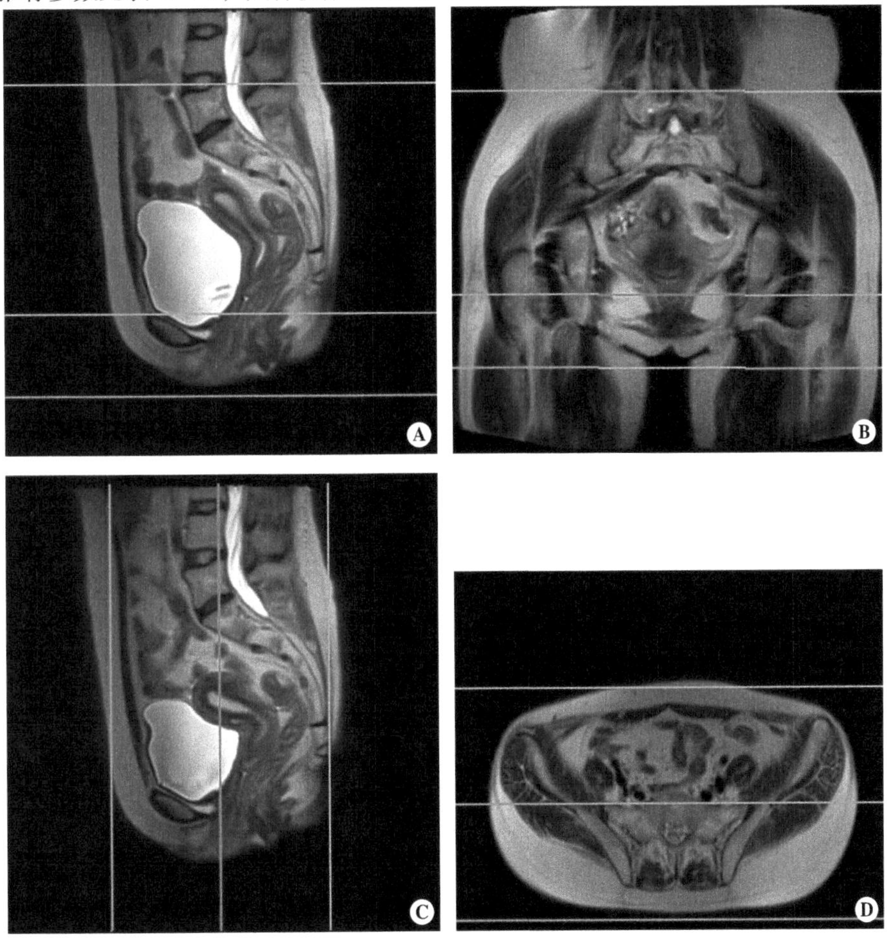

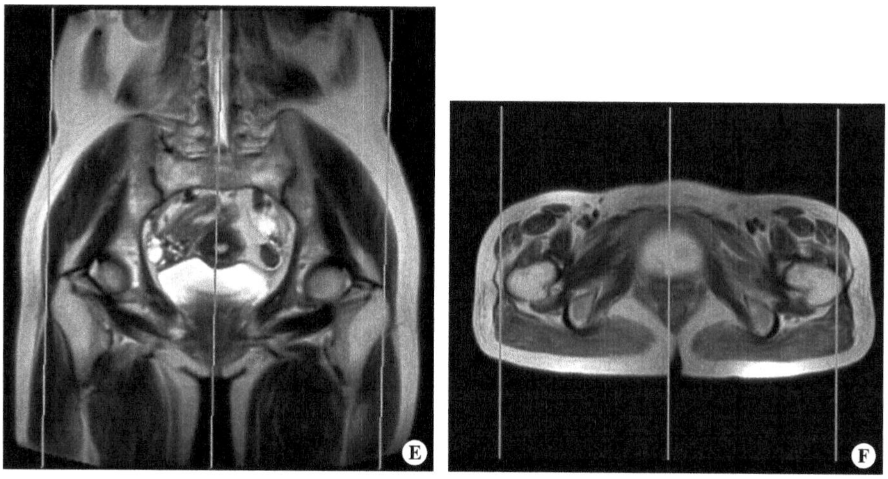

图 5-8-9　盆底肌肉 MRI 定位图

A、B. 盆底肌肉横断面扫描定位像；C、D. 盆底肌肉冠状面扫描定位像；E、F. 盆底肌肉矢状面扫描定位像

表 5-8-5　盆底肌肉扫描参数

脉冲序列	TR（ms）	TE（ms）	ETL	FOV（cm）	层厚/层间距（mm）	矩阵	NEX
TSE-T_2WI	3500～4000	100～120	10～20	30～40	4～6/1	269×384	2～4
TSE-T_1WI	700～900	10～20	2～4	30～40	4～6/1	269×384	2～4
3D-FS-VIBE	5	2		30～40	3～5/0	269×384	1～2

5. 图像要求与显示

（1）大范围图像包括盆腔与盆底结构，小视野靶扫描图像完整显示盆底肌肉结构。

（2）盆底脂肪结构 T_1WI 高信号、T_2WI 中等信号，肌肉中等信号。

（3）无伪影干扰。

（4）盆底平扫见图 5-8-10。

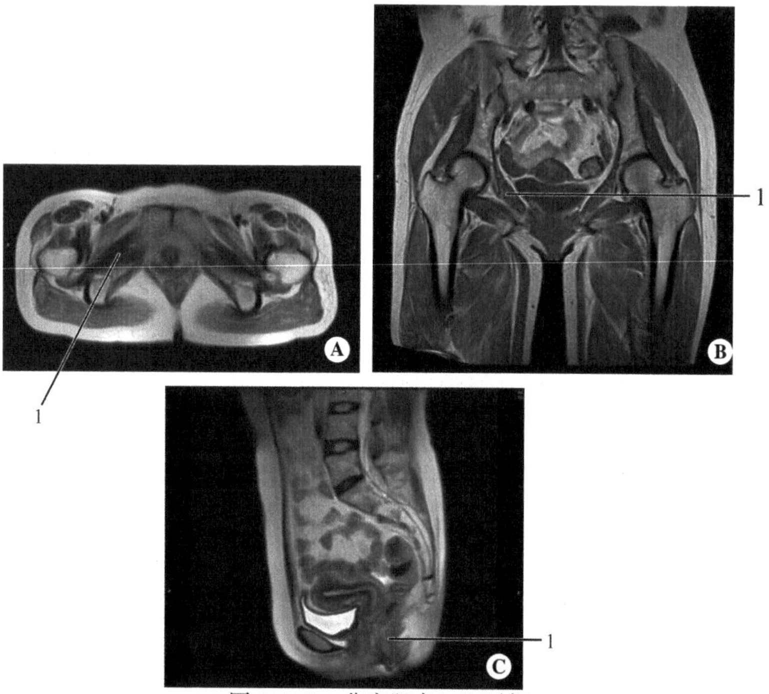

图 5-8-10　盆底肌肉 MR 平扫

A. 冠状面 T_1WI；B. 横断面 T_2WI；C. 矢状面 T_2WI；1. 肌肉

6. 注意事项

（1）检查前受检者排空大便，减少图像干扰。检查时保持受检者体位舒适，下肢自然伸直，若不能伸直可用海绵垫将双腿垫高。

（2）扫描定位注意两侧肌肉保持对称，便于诊断对比观察。盆底肌肉受呼吸伪影影响不大，一般不采用门控技术。如有明显呼吸伪影，可适当对受检者进行腹部加压或嘱咐其进行浅式呼吸。

（3）首先取冠状面扫描，以观察病灶的范围，再取横断面扫描和局部靶扫描。靶扫描层厚根据病灶范围可适当进行增减，以包完病灶为宜。

（4）如需观察肛瘘的细小瘘管，可使用 3D-Truefisp 序列扫描。

七、盆腔疾病MRI检查要点

盆腔疾病 MRI 检查，应注意以下要点：

1. 受检者检查前准备 通常保持膀胱中等充盈，排空大便，子宫检查去除金属节育环 3 日后进行。

2. 伪影的防范和处理 化学位移伪影与卷褶伪影比较常见，应该有预见性，采取相应措施避免或解决。

3. 大范围与小视野靶扫描结合应用 大范围显示盆腔整体解剖结构，小视野靶扫描针对某个器官或病变清楚显示，如膀胱、前列腺、直肠等。

4. 合理选取扫描方位 通常取横断位、矢状位、冠状位，子宫、直肠病变往往需要结合斜位。子宫扫描矢状面很重要，有利于子宫内膜癌、宫颈癌、子宫肌瘤、子宫畸形等显示。

5. 合理组合扫描序列 除基本序列（T_1WI、T_2WI）外，通常需要结合脂肪抑制、DWI、MRS 等序列。对前列腺增生和前列腺癌的鉴别，MRS 有重要价值，显示尿路积水可以结合 MRU-2D 或 MRU-3D 成像序列。

6. 充分应用增强检查 增强扫描有利于病灶边界、血供、数目等观察，平扫、增强一站式进行利于疾病诊断。通常取 T_1WI 脂肪抑制序列行多期动态增强扫描。对比剂常用顺磁性钆剂 Gd-DTPA，遵照说明书使用，如膀胱癌、前列腺癌、宫颈癌、子宫内膜癌、卵巢肿瘤、子宫肌瘤、睾丸肿瘤等都应增强检查。

案例 5-8-4

患者，女，5 岁。超声提示双肾积水。案例图 5-8-4A、B 为 3D-MRU 图像。这种成像技术能够显示泌尿系积水，为什么？

解答：MRU 即磁共振尿路水成像，主要成像原理是利用泌尿系管腔内自身水的重 T_2 信号，将水的信号放大优化并显示为高信号（白色），背景组织信号被抑制为低信号（黑色），黑白对比分明易于显示泌尿系积水扩张。MRU 对泌尿系显示整体观好，多方位观察有益于泌尿系积水原因的筛查。特别是儿童、对比剂过敏的患者显示尿路结构，MRU 是得天独厚的检查方法。

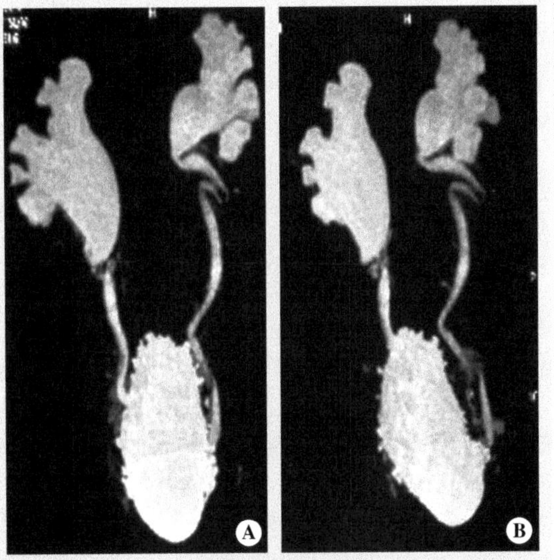

案例图 5-8-4

A. MRU 冠状面图像；B. MRU 旋转图像

案例 5-8-5

患者，男，84 岁。进行性排尿困难 4 年余，加重 8 天。案例图 5-8-5A、B 为 MRI。问题：图 A 有什么伪影，由什么原因造成？解决伪影的方法是什么？

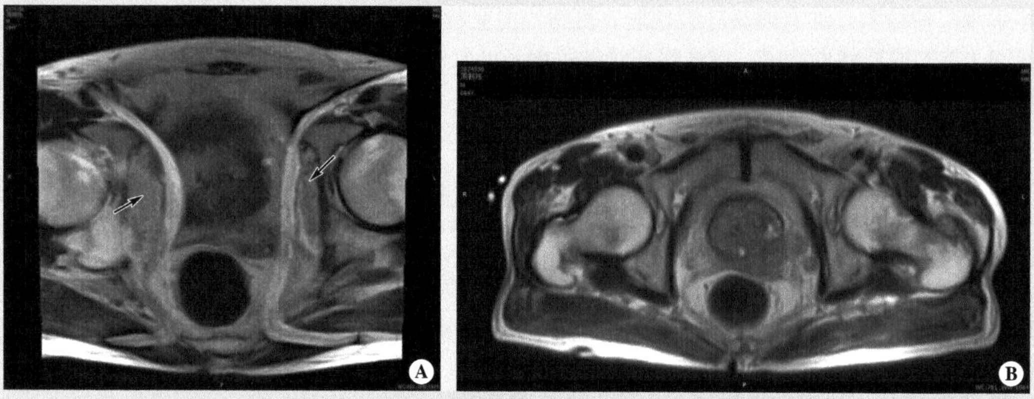

案例图 5-8-5

A. 盆腔小视野 T_2WI 图像；B. 盆腔适中视野 T_2WI 横断面

解答： A 是卷褶伪影（箭头），造成原因是扫描时采用的视野过小了。只要增大视野为适中范围，就可以消除卷褶伪影。B 是合适视野图像。

【小结】 本节讲述盆腔 MRI 检查技术，包括膀胱、前列腺、子宫附件、直肠、盆底肌肉扫描的介绍。从适应证、射频线圈、体位及成像中心、扫描技术、图像要求与显示、注意事项等方面进行比较详细的阐述。盆腔扫描各个环节标准化、规范化是获得优质图像的保证。MRI 设备不同，扫描参数可有不同的名称和要求，需要根据 MRI 设备机型适当调整，不能生搬硬套。

第九节　脊柱与脊髓 MRI 检查技术

一、临床概述

MRI 对椎体病变及椎管内脊髓病变有良好的解剖显示及对病变特异性显示，目前脊柱及脊髓 MRI 已成为评估病变的主要影像学检查手段之一。

MRI 对脊柱外伤、椎体挫伤、脊髓及神经根受压损伤、椎间盘突出、韧带损伤、硬膜外血肿及椎旁软组织肿胀引起信号改变的判断，以及急性骨折与陈旧性骨折鉴别，都优于其他影像学检查；转移瘤、血管瘤、多发性骨髓瘤、神经纤维瘤、肿瘤组织及周围水肿显示明显。

椎管内脊膜瘤、星形细胞瘤、室管膜瘤、神经鞘瘤在 T_1WI 呈低信号、T_2WI 呈较高信号；椎体血管瘤在 T_1WI 呈低信号、T_2WI 呈高信号；脊柱感染性改变及脊柱结核常为 T_1WI 呈低信号、T_2WI 呈高信号；MRI 对急性骨折及骨挫伤引起的水肿敏感，脂肪抑制技术 T_2WI 呈高信号，可辨别急性骨折与陈旧性骨折；脊髓空洞积水症在 T_1WI 呈均匀低信号，T_2WI 呈片状高信号；MRI 对于脊柱畸形侧凸、脊柱裂、病理性及退变性脊椎畸形等也是最好的检查方法之一。MRI 对于骨质破坏、脱位、骨质硬化、骨赘、骨桥形成钙化及椎体形态的显示不如 X 线。对于骨骼结构的分辨力不如 CT，整体观察不如 CT 重建。

二、脊柱与脊髓 MRI 检查技术

1. 适应证 脊柱外伤、脊柱肿瘤、脊柱结核、椎间盘突出、脊柱炎性病变、脊柱畸形、脊柱与脊髓手术前评估及手术后复查。

2. 射频线圈　脊柱表面相控线圈，颈椎检查也可选择头颈部联合线圈。

3. 受检者体位及成像中心　受检者仰卧检查床线圈上，身体长轴平行中心，双上肢置于身体两侧。下颌内收，使颈椎不会过度弯曲，必要时垫高背部。颈椎 MRI 时，下颌角下缘或第 4 颈椎水平置于线圈中心；胸椎检查时，胸骨中段、胸骨角或第 6 胸椎置于线圈中心；腰椎 MRI 时，双膝腘窝处用大三角软垫把膝部垫高，使腰椎尽量贴近线圈，髂前上棘连线或脐上 3cm 置于线圈中心。

4. 扫描技术

（1）常规扫描：常规以矢状面 T_1WI、T_2WI 或 T_2WI-FS 序列及横断面 T_2WI 序列为主，必要时加冠状面 T_2WI 序列。矢状面在冠状面上设扫描线平行于椎体正中，确保中间一层面完整从脊柱或脊髓正中通过。颈椎以第 4 颈椎的后缘为中心，扫描范围上含部分延髓、下含第 2 胸椎（图 5-9-1）；胸椎扫描范围包含全部胸椎结构，上至第 7 颈椎下至第 1 腰椎（图 5-9-2）；腰椎扫描范围上至第 12 胸椎、下至第 1 骶椎（图 5-9-3）；骶尾椎扫描范围上至第 5 腰椎、下至尾骨下缘。在颈椎前缘设置预饱和带，频率编码为前后方向，消除颈部大血管搏动及喉部吞咽动作造成的运动伪影；在胸椎前方设置预饱和带，消除胸部呼吸、心脏及大血管搏动伪影；腰椎及骶尾椎前方设置预饱和带，消除腹部运动及大血管搏动伪影。

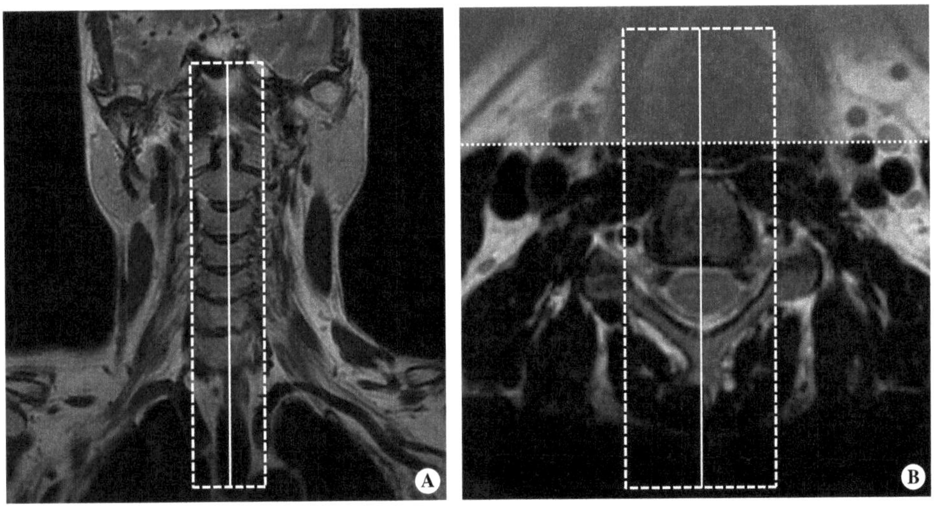

图 5-9-1　颈椎矢状面定位

A. 冠状面上设扫描线；B. 横断面上设扫描线

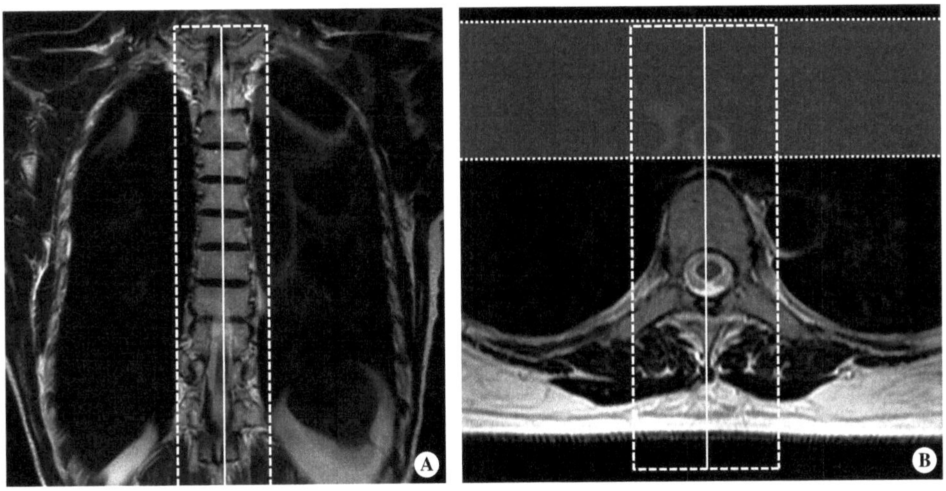

图 5-9-2　胸椎矢状面定位

A. 冠状面上设扫描线；B. 横断面上设扫描线

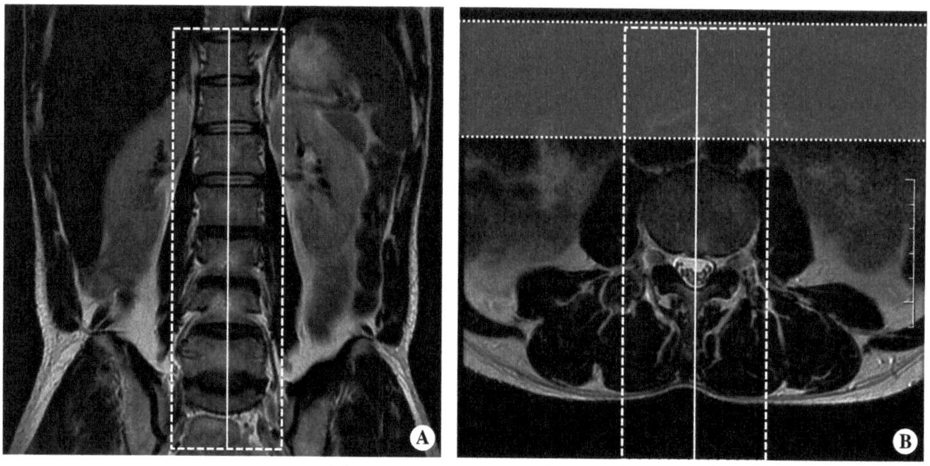

图 5-9-3 腰椎矢状面定位
A. 冠状面上设扫描线；B. 横断面上设扫描线

横断面在矢状面上根据病变部位设定扫描范围。病变部位局限时，扫描范围包含病变部位，连续设定扫描线；椎间盘病变时，以椎体后缘为中心，扫描线平行于椎间盘第 3～4 层；脊髓病变，设扫描线垂直于脊柱或脊髓，上下扫描范围包含病变区域。颈椎前方设置预饱和带可消除吞咽动作引起的运动伪影（图 5-9-4）；胸椎前方设置预饱和带可消除主动脉及心脏搏动产生的伪影；腰椎前方设置预饱和带，可消除腹主动脉及腹部运动引起的伪影（图 5-9-5）。

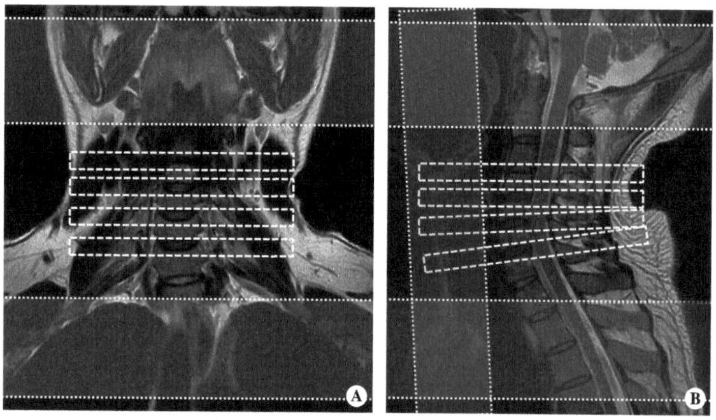

图 5-9-4 颈椎横断面定位
A. 矢状面上设扫描线；B. 冠状面上设扫描线

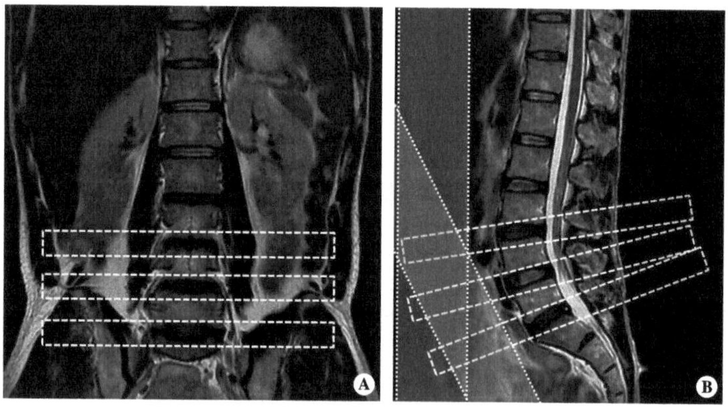

图 5-9-5 腰椎横断面定位
A. 矢状面上设扫描线；B. 冠状面上设扫描线

脊柱侧弯、脊椎肿瘤及椎旁软组织等病变时需要加扫冠状面，在横断面和矢状面上定位（图 5-9-6）。扫描线平行于检查部位的脊柱或脊髓，扫描范围包含椎体，从椎体后缘至椎管前缘，采用 T_2WI 成像序列。

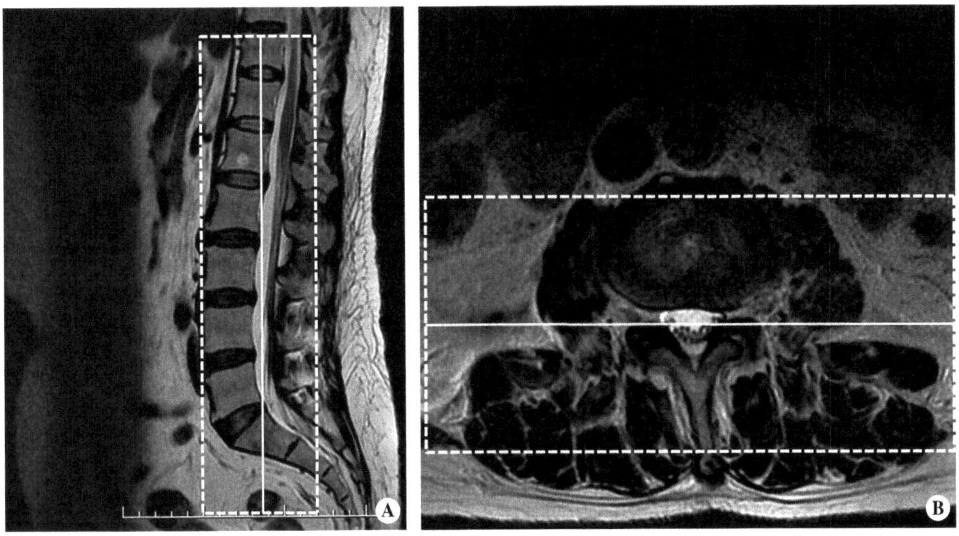

图 5-9-6 腰椎冠状面定位

A. 矢状面上设扫描线；B. 横断面上设扫描线

（2）增强扫描：脊柱与脊髓增强检查，选择 MRI 对比剂钆剂（Gd-DTPA）0.1mmol/kg，采用静脉注射，注射完对比剂后即开始增强扫描。增强成像面与相对应平扫的矢状面、横断面及冠状面，采用 T_1WI-FS 序列。

（3）推荐脊柱扫描参数见表 5-9-1。

表 5-9-1 脊柱 MRI 参数

脉冲序列	TR（ms）	FA	TI（ms）	TE（ms）	ETL	矩阵	FOV（cm）	层厚/间隔（mm）	NEX
FSE-T_1WI	350～600	110°		20	2～4	320×224	24～34	3～4/0.3～0.5	2
FSE-T_2WI	3600	142°		80～120	8～20	320×224	24～34	3～4/0.3～0.5	2～4
T_2WI-FS	2500	140°		80～120	8～20	320×224	24～34	3～4/0.3～0.5	2～4
STIR	3600～6000		170	50～110	8～16	320×224	24～34	3～4/0.3～0.5	2～4
T_1WI-FS+C	350～600	90°		20	2～4	320×224	24～34	3～4/0.3～0.5	2

5. 图像要求

（1）显示全部被检查椎体、椎间盘及两侧附件、椎旁软组织等结构。

（2）无明显吞咽运动伪影、血管搏动及脑脊液流动伪影。

（3）颈椎 MRI 如图 5-9-7。

（4）胸椎 MRI 如图 5-9-8。

（5）腰椎 MRI 如图 5-9-9。

6. 注意事项

（1）设置受检者体位时，要求其正中矢状面垂直于检查床并对准床面中线。不能平躺时，可在双膝关节下加三角垫，使被检查段脊柱贴近线圈，必要时加固定带固定。

（2）胸椎和腰椎检查根据受检者的实际情况，选择检查部位相应的表面线圈单元。

（3）T_1WI 有高信号病灶时，需加扫 T_1WI-FS 序列。

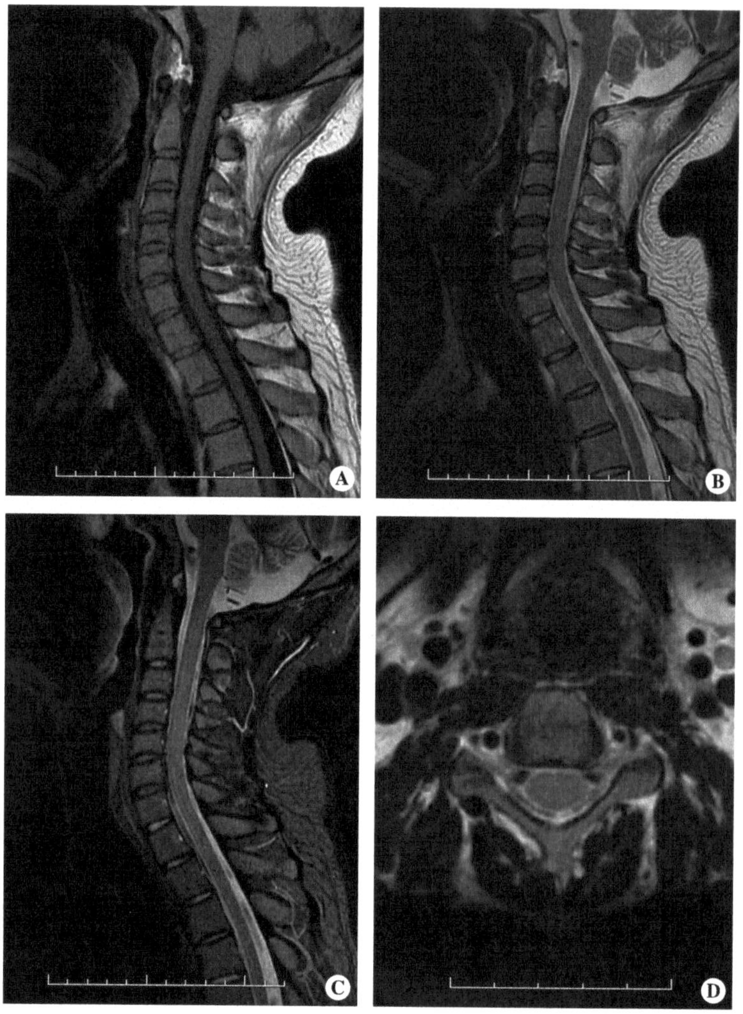

图 5-9-7　颈椎 MRI

A. 矢状面 T_2WI；B. 矢状面 T_1WI；C. 矢状面 STIR；D.横断面 T_2WI

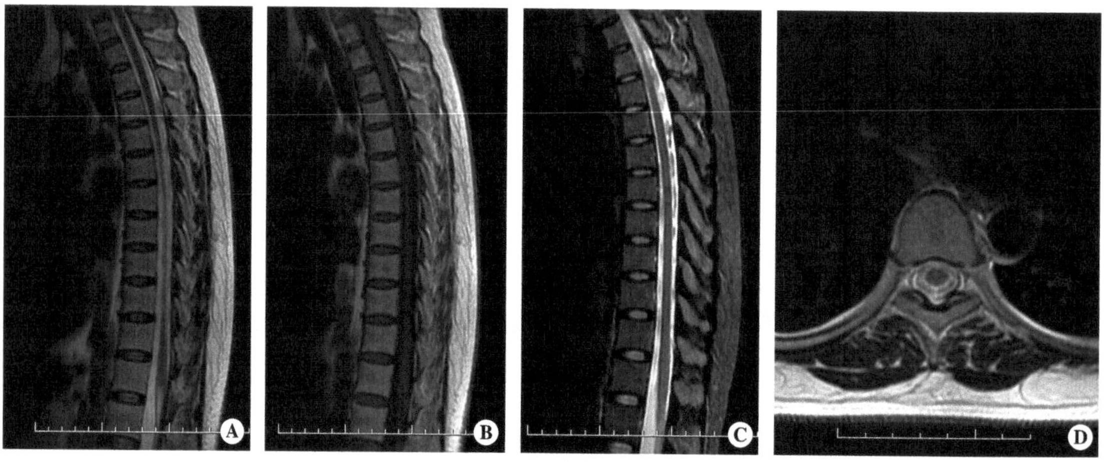

图 5-9-8　胸椎 MRI

A. 矢状面 T_2WI；B. 矢状面 T_1WI；C. 矢状面 STIR；D. 横断面 T_2WI

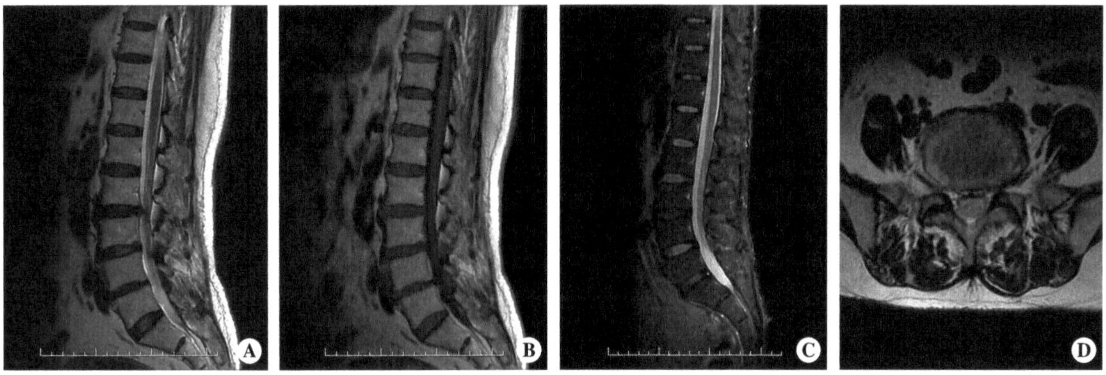

图 5-9-9 腰椎 MRI

A. 矢状面 T_2WI；B. 矢状面 T_1WI；C. 矢状面 STIR；D. 横断面 T_2WI

（4）观察骨折或肿瘤以及在 T_2WI 显示高信号病灶时，需加扫 T_2WI-FS 序列。

（5）脑脊液搏动伪影一般在颈椎和胸椎较明显，可以采用流动补偿采集技术。在横断面扫描时，由于脑脊液流动方式复杂，易产生脊髓周围流动伪影，可以采用层面选择方向流动去相位技术，改善此类伪影，或在扫描范围上下设置预饱和带，也可消除脑脊液流动伪影。

（6）为了了解脊神经根及椎管内病变，如寰椎畸形或椎弓根、椎管内有空洞、占位、脊柱畸形及显示神经根等病变时，可选择性加扫冠状位 T_2WI 序列。

三、MR 脊髓水成像技术

1. 检查适应证 神经源性肿瘤、椎管神经纤维瘤、神经根囊肿等椎管内病变，椎间盘突出，椎管狭窄占位等。

2. 射频线圈 采用全脊柱相控表面线圈。

3. 受检者体位及成像中心 受检者仰卧于线圈上，身体长轴保持与线圈长轴平行，而且身体正中线置于检查床中心。被检查脊柱部位身体尽可能地贴近线圈且设为成像中心。

4. 扫描技术

（1）3D-MR 脊髓水成像（MR mammography，MRM）在矢状面图像上平行于椎管定扫描冠状面，扫描范围包含椎体和椎管，在冠状面图像上平行于椎管定扫描矢状面，在横断面上调整中心及扫描野大小（图 5-9-10）。

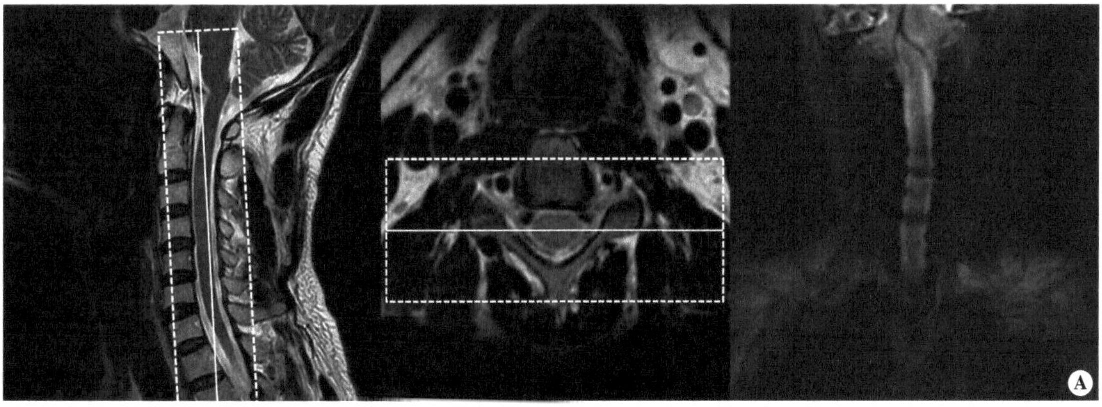

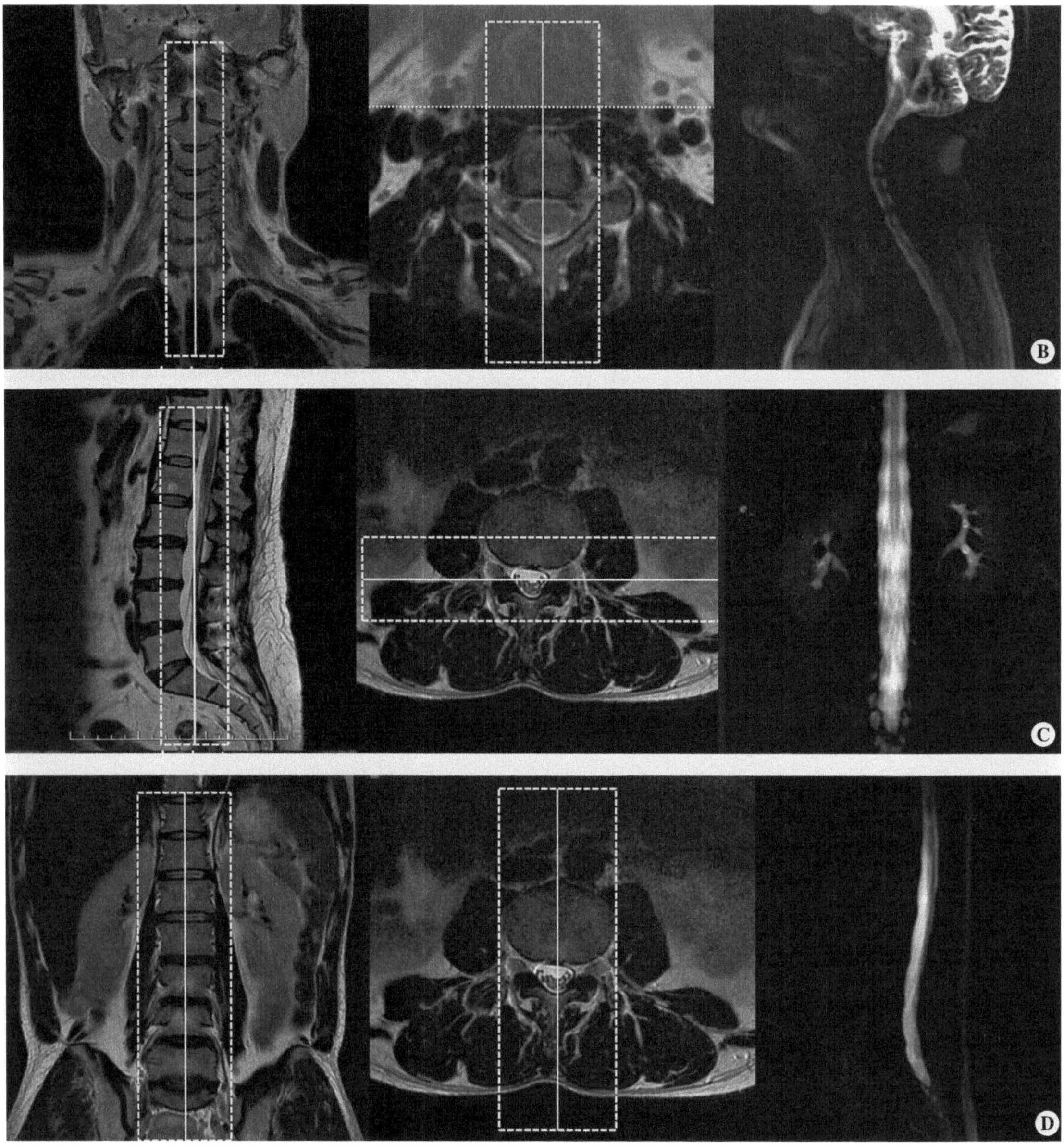

图 5-9-10 3D MRM 扫描定位
A、B.3D 颈髓 MRM 扫描定位；C、D.3D 腰髓 MRM 扫描定位

（2）推荐成像参数见表 5-9-2。

表 5-9-2 MR 脊髓水成像参数

脉冲序列	TR（ms）	FA	TE（ms）	ETL	矩阵	FOV（cm）	层厚/间隔（mm）	NEX
3D-MRM	3000	90°	1400	160	288×224	24～34	1/0	1

5. 图像处理 3D 序列是多层薄层扫描，图像需要采用最大密度投影、多曲面重组或容积再现重建处理，并保存重建的 MRM 图像。

6. 注意事项

（1）MRM 是抑脂序列，对磁场均匀性敏感，需要增加局部匀场。

（2）检查前禁水并排空膀胱，重建效果受容积效应或椎管狭窄程度的影响。

（3）颈椎和胸椎的MRM由于脑脊液的流速较快，信号流失影响，可使用流动补偿。

四、相关疾病MRI检查要点

（1）椎体病变（含占位和感染性病变）以矢状面T_1WI、T_2WI及T_2WI-FS序列为主。横断面及冠状面T_2WI序列，检查范围包含病变椎体。

（2）椎间盘病变以矢状面T_1WI、T_2WI序列为主，T_2WI或STIR序列为辅。T_2WI序列能较好地显示脊髓的改变，横断面T_2WI序列检查范围包含病变椎间盘。

（3）脊椎外伤以T_1WI、T_2WI及T_2WI-FS序列为主。横断面采用T_2WI序列，检查范围包括受损椎体。

（4）脊柱侧弯、发育变异以矢状面T_1WI及T_2WI序列为主。辅助冠状面及横断面T_2WI序列。

（5）椎管肿瘤（含脊髓病变）以T_1WI、T_2WI及T_2WI-FS序列为主。冠状面及横断面采用T_2WI序列，必要时加增强检查、脊髓造影，检查范围包含病变段椎管。

案例 5-9-1

患者，男，50岁，头痛、头晕，颈肩部疼痛及上肢麻木。请根据临床症状及申请部位设定扫描面及扫描序列、横断面的定位及检查范围是什么？

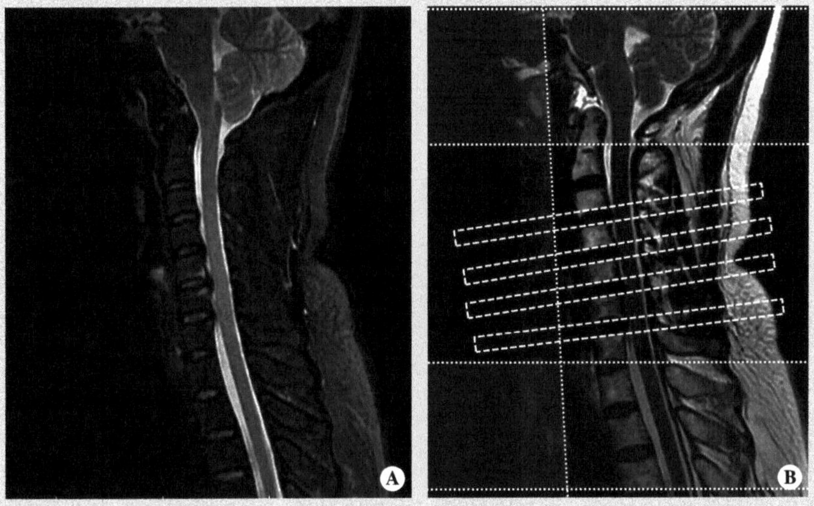

案例图 5-9-1

A. 矢状面T_2WI-FS；B. 颈椎椎间盘定位

解答：颈椎病MRI检查，矢状面T_1WI、T_2WI为主的扫描，T_2WI-FS为补充序列。矢状面见第3～4颈椎、第4～5颈椎、第5～6颈椎、第6～7颈椎椎间盘突出压迫颈髓明显（案例图5-9-1A），在矢状面设定相应椎间盘横断面T_2WI序列（案例图5-9-1B）。要点提示：在颈椎前缘设置预饱和带，减少大血管及咽喉部的运动伪影。横断面扫描范围包含病变椎间盘，观察脊髓及神经根受压情况。

案例 5-9-2

患者，女，81岁，外伤致胸背部疼痛1月余，加重1天。临床诊断：胸椎骨折。申请胸椎MRI平扫。请问在胸椎MRI检查矢状面不同序列病变的区别（案例图5-9-2）？椎体骨折MRI检查注意哪些？

解答：先扫颈椎，使用大视野矢状面T_2WI定位图，在矢状面确定胸椎的位置，扫描范围上含第7颈椎、下至第1腰椎。此患者显示第6、7胸椎体病变，在矢状面T_2WI序列图像上呈不均匀等信号（案例图5-9-3A），矢状面T_1WI序列图像呈低信号（案例图5-9-3B），矢状面

T_2WI-FS 序列图像呈水肿高信号（案例图 5-9-3C）。要点提示：胸椎 MRI 的检查至少需要有一个能定位的颈椎序列图；以矢状面 T_2WI、T_1WI，横断面 T_2WI 为常规扫描序列，椎体骨折选 T_2WI-FS 序列，可辨别陈旧性骨折、新鲜骨折及骨挫伤；矢状面及横断面可在胸椎前缘设预置饱和带，减少心脏及大血管的搏动伪影。

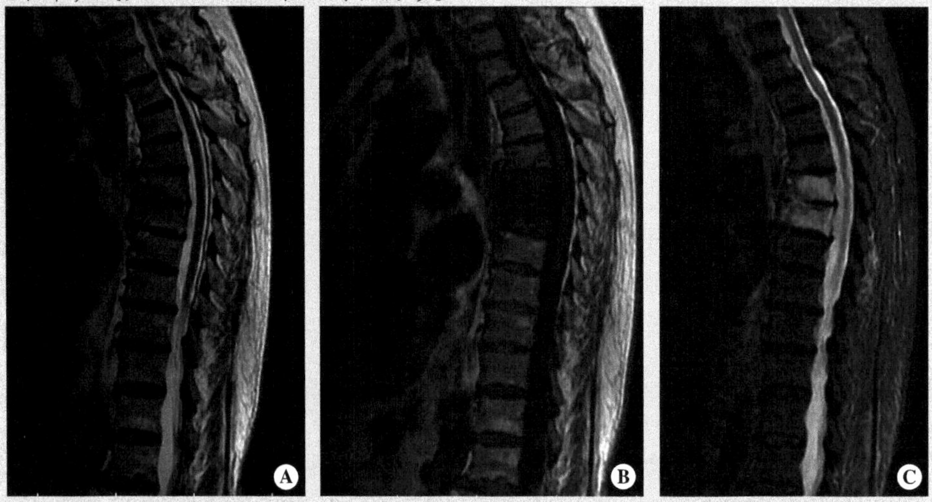

案例图 5-9-2

案例 5-9-3

患者，男，60 岁。腰痛伴反复发热 1 年。腰椎增强 MRI 检查序列及成像面有哪些？平扫检查与增强检查图像有何区别（案例图 5-9-3）？

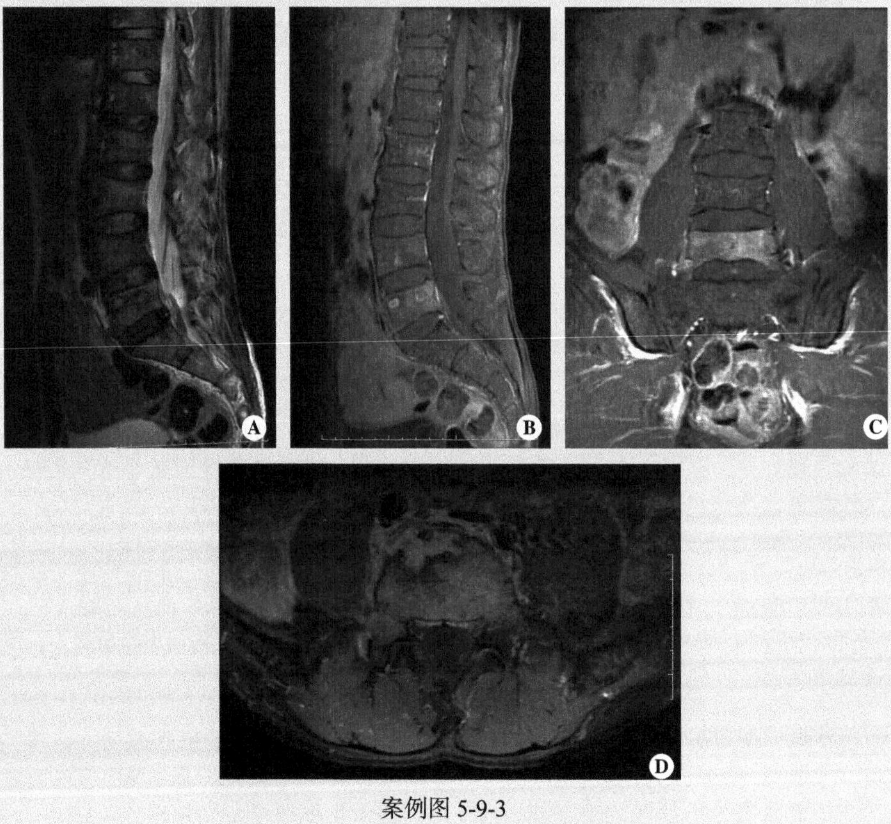

案例图 5-9-3

解答： 以矢状面 T_1WI 及 T_2WI 序列为主，冠状面及横断面 T_2WI 为平扫成像序列。此患者在 T_2WI 图像第 5 腰椎呈不均匀信号（案例图 5-9-3A），进行腰椎增强检查，矢状面、冠状面及第 5 腰椎横断面 T_1WI-FS+C 为成像序列（案例图 5-9-3B～D），第 5 腰椎椎体病变显示清楚。

案例 5-9-4

患者，男，56 岁，腰痛。脊髓造影的适应证有哪些？MRM 检查方法有哪几种？

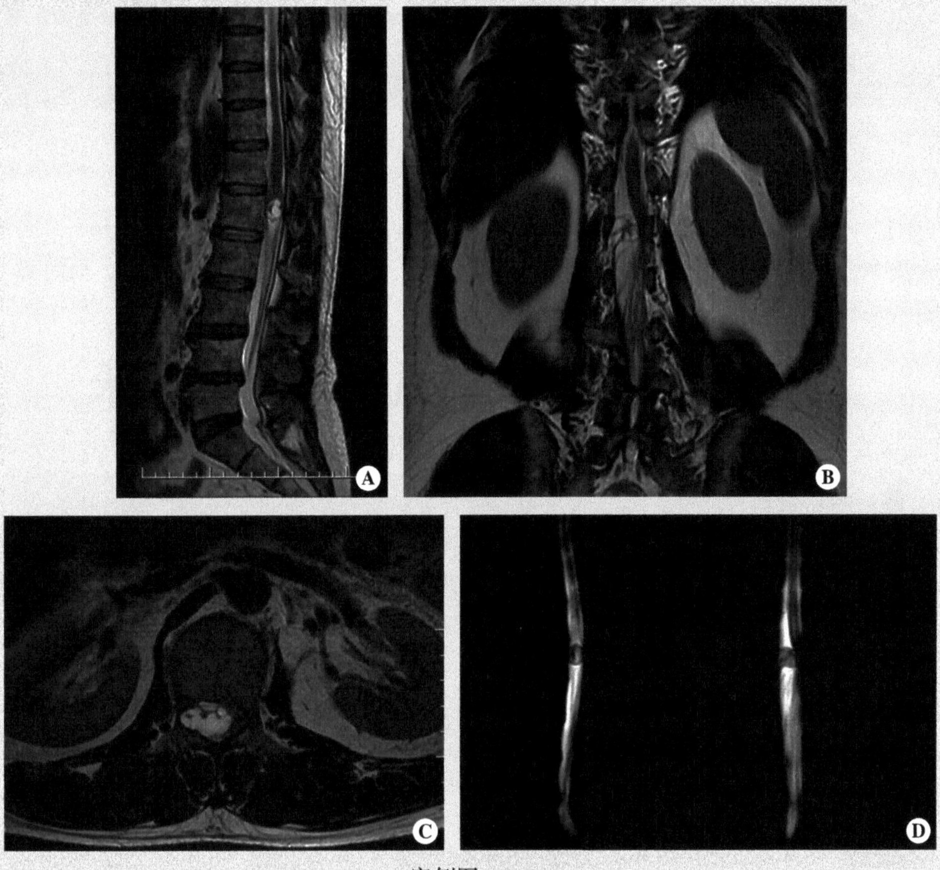

案例图 5-9-4

解答： 椎管内病变，椎管狭窄占位可选择 MRM 先做矢状面 T_2WI 序列以确定病变位置，此患者在 T_2WI 矢状面、冠状面及横断面上可见第 1 腰椎节段椎管内占位（案例图 5-9-4A、B、C），在矢状面上设定冠状面 T_2WI 序列。以第 1 腰椎脊髓为中心定 3D-MRM 成像。用原始薄层图像数据以椎管为纵轴以不同角度重建，MRM 见第 1 腰椎脊髓圆孔卵圆形占位病变（案例图 5-9-4D）。

案例 5-9-5

患者，女，55 岁，腰痛半月余。X 线腰椎退行性改变。椎体 X 检查与 MRI 检查特点有哪些（案例图 5-9-5）？

解答： 腰椎 X 线正侧位图未见骨质破坏（案例图 5-9-5A），矢状面 T_1WI 序列图像见第 5 腰椎信号不等的低信号（案例图 5-9-5B），矢状面 T_2WI-FS 序列见第 5 腰椎信号不等的高信号（案例图 5-9-5C）。X 线对于椎体压缩骨折及骨骼形态表现良好，MR 对椎体肿瘤、感染、破坏等病变显示明显。

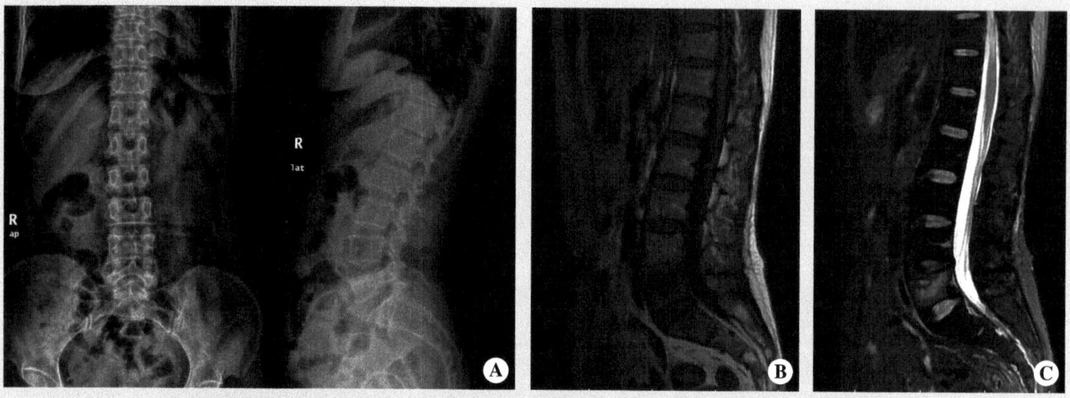

案例图 5-9-5

【小结】 本节介绍了颈椎、胸椎、腰椎及骶尾椎的 MRI 常规检查技术，各部位的线圈选择，位置摆放及中心设置，脊柱检查序列的选择及推荐参数，检查注意事项，相关病变 MRI 检查要点，脊柱疾病典型案例分析。

第十节　四肢关节与软组织 MRI 检查技术

一、临床概述

MRI 能清晰显示关节韧带、关节面及关节软骨等解剖结构和病变范围，对四肢关节退行性病变、关节软骨缺血坏死、关节韧带损伤、关节周围软组织病变及肿瘤性病变等有较高的诊断价值。目前 MRI 检查技术在临床上已广泛应用于各个关节病变的检查。但 MRI 对含氢质子少的密质骨、钙化及骨化灶表现为低信号或无信号，缺乏特异性；对有金属置入的部位容易产生伪影，检查受到限制。

二、肩关节 MRI 检查技术

1. 适应证　肩关节退行性病变，关节感染性病变，肿瘤病变，外伤引起的盂唇撕裂、肌腱撕裂及韧带损伤等疾病。

2. 射频线圈　肩关节专用线圈，关节包绕式软线圈或体部线圈。

3. 受检者体位及成像中心　受检者仰卧，身体对侧垫高 30°～40°，被检侧尽量靠近成像中心，被检侧前臂放平、手掌向上并用沙袋固定，肩关节或肱骨大结节置于线圈中心。

4. 扫描技术

（1）常规扫描：先行较大视野三平面定位扫描，再行肩关节小视野三平面定位像。以横断面、斜冠状面 T_1WI、PDWI-FS 或 T_2WI-FS 序列为主，辅以斜矢状面 T_1WI、PDWI-FS 或 T_2WI-FS 序列。横断面在冠状面上定位，扫描线垂直于关节盂，扫描范围为上包肩锁关节、下至关节盂下缘，在矢状面上调整扫描线，并垂直于肱骨干（图 5-10-1）。斜冠状面在横断面上定位，扫描线平行于冈上肌腱或垂直于关节盂，在矢状面上调整中心及扫描角度，并平行于肱骨干，扫描范围包括整个肩关节或病变区域（图 5-10-2）。斜矢状面在横断面上定位，扫描线于垂直冈上肌腱或平行于关节盂，在冠状面上调整中心及扫描角度，并平行于肱骨干，扫描范围内侧包含关节盂，外侧包含肱骨头外侧软组织或病变区域（图 5-10-3）。矢状面及横断面相位编码为前后方向，冠状面相位编码采用上下方向。

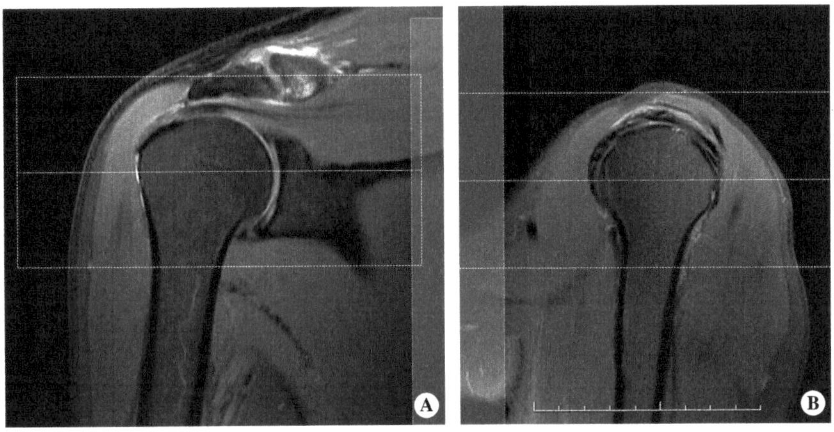

图 5-10-1　肩关节横断面定位

A. 冠状面上设扫描线；B. 矢状面上设扫描线

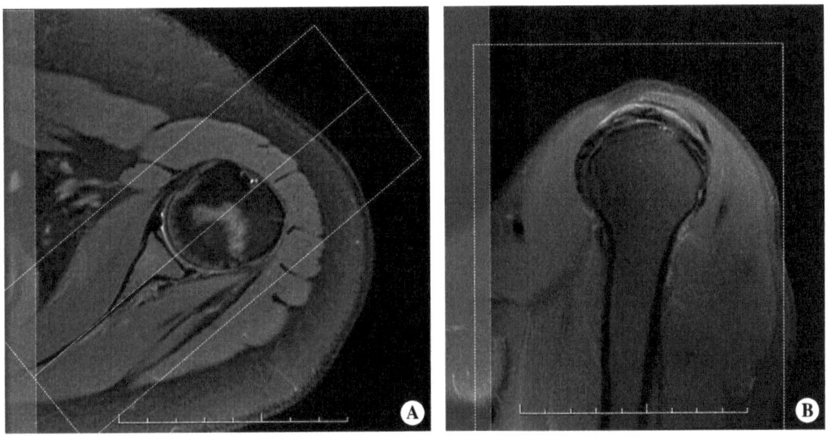

图 5-10-2　肩关节斜冠状面定位

A. 横断面上设扫描线；B. 矢状面上设扫描线

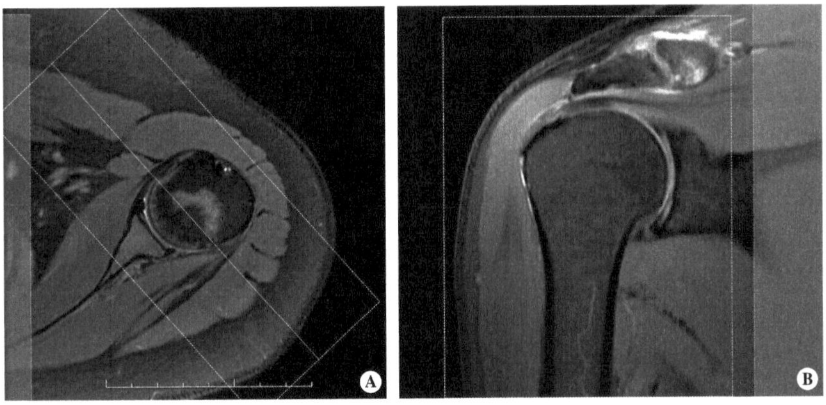

图 5-10-3　肩关节斜矢状面定位

A. 横断面上设扫描线；B. 冠状面上设扫描线

（2）增强扫描：选择 MRI 对比剂钆剂（Gd-DTPA）0.1mmol/kg，采用静脉注射，注射完对比剂后即开始增强扫描。扫描序列包含病灶区域横断面、冠状面、矢状面 T_1WI-FS 序列。

（3）推荐肩关节 MRI 参数见表 5-10-1。

表 5-10-1　肩关节 MRI 序列及成像参数

脉冲序列	TR（ms）	FA	TI（ms）	TE（ms）	ETL	矩阵	FOV(cm)	层厚/间隔（mm）	NEX
FSE-T_1WI	300～600	90°		10～30	2～4	320×224	16～18	3～4/0.5	1～2
FSE-T_2WI	3000～6000	150°		80～120	18	320×224	16～18	3～4/0.5	2～4
T_2WI-FS	3000～6000	150°		50	12	320×224	16～18	3～4/0.5	2～4
PDWI-FS	4000～5000	110°		10～30	8	256×224	16～18	3～4/0.5	2～4
T_1WI-FS+C	300～600	90°		10～30	2～4	288×224	16～18	3～4/0.5	1～2

5. 图像要求

（1）肩关节位置标准，关节唇、肱骨头、肩锁关节、冈上肌腱、冈下肌腱、肱二头肌长头肌腱等软组织解剖结构显示清晰。

（2）抑脂图像信号均匀，无明显运动伪影。

（3）范围内侧包括关节盂，外侧要超过肱骨头外软组织。

（4）肩关节 MRI 见图 5-10-4。

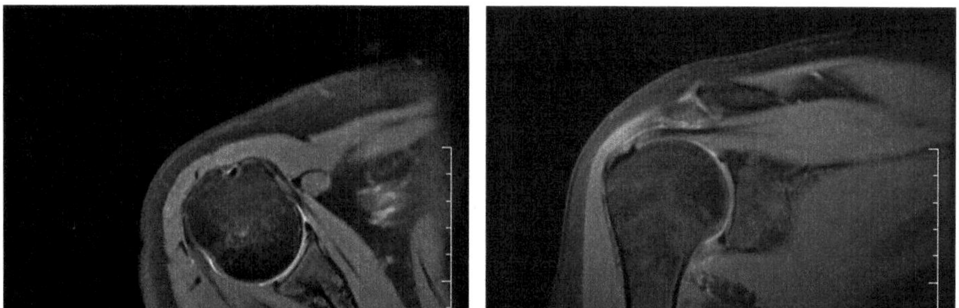

图 5-10-4　肩关节 MRI

A. 横断面 PDWI-FS；B. 斜冠状面 PDWI-FS；C. 斜冠状面 T_1WI；D. 矢状面 PDWI-FS

6. 注意事项

（1）肩关节检查要用固定带固定被检肢体，被检侧肩关节尽量靠近磁场中心，以获得最大的信噪比。

（2）扫描面定位时尽可能远离或避开胸腔，在靠近胸心处设预饱和带，以减少心脏及大血管搏动伪影。

（3）横断面上 PDWI-FS 有利于关节盂唇病变及肩胛上下肌腱的诊断。抑脂序列添加局部匀场技术，以获得更好的抑脂效果。

三、肘关节 MRI 检查技术

1. 适应证　肘关节损伤，肿瘤病变，退行性关节病及感染性疾病。

2. 射频线圈　采用包绕式软线圈或肘关节专用线圈。

3. 受检者体位及成像中心　采用仰卧位时，被检侧上肢伸直，掌心向前并固定肢体，身体可斜卧靠对侧使被检侧肘关节尽量靠近磁场中心；采用俯卧位时，上臂向头侧伸直，在胸前胸骨处加三角垫以支持身体，使受检者保持舒适状态，掌心向下并固定肢体。肘关节中心置于线圈中心。

4. 扫描技术

（1）常规扫描：以横断面、冠状面 T_1WI、PDWI-FS 或 T_2WI-FS 序列为主，辅以矢状面 PDWI-FS 序列。横断面在冠状面上定位，扫描线平行肱桡关节，矢状面上调整扫描角度，并垂直于尺骨和桡骨长轴，扫描范围上自肱骨干骺端，下至桡骨结节（图 5-10-5）。冠状面在横断面上定位，扫描线平行于肱骨内外上髁的连线，在矢状面上调整扫描角度，并平行于尺骨和桡骨长轴（图 5-10-6）。矢状面在横断面上定位，扫描线垂直于肱骨内外上髁的连线，冠状面上调整扫描线，并平行于肱骨和尺骨长轴，扫描范围内侧包含肱骨内上髁，外侧包含肱骨外上髁（图 5-10-7）。矢状面及冠状面相位编码为上下方向，并加防卷褶技术，横断面相位编码采用前后方向。

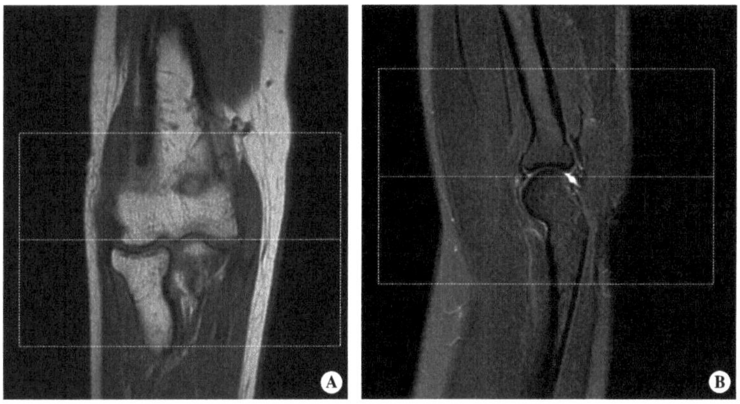

图 5-10-5　肘关节横断面定位

A. 冠状面上设扫描线；B. 矢状面上设扫描线

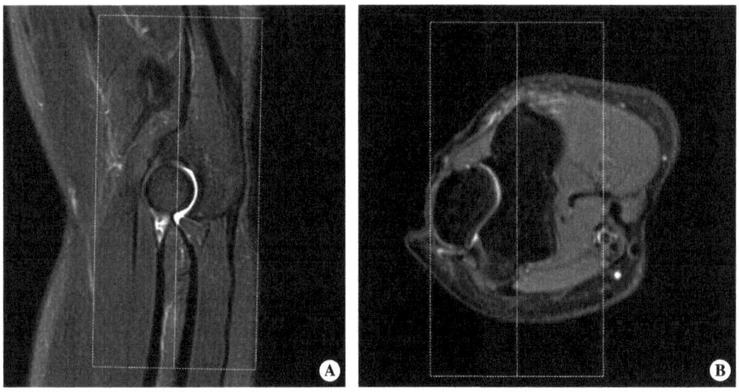

图 5-10-6　肘关节冠状面定位

A. 矢状面上设扫描线；B. 横断面上设扫描线

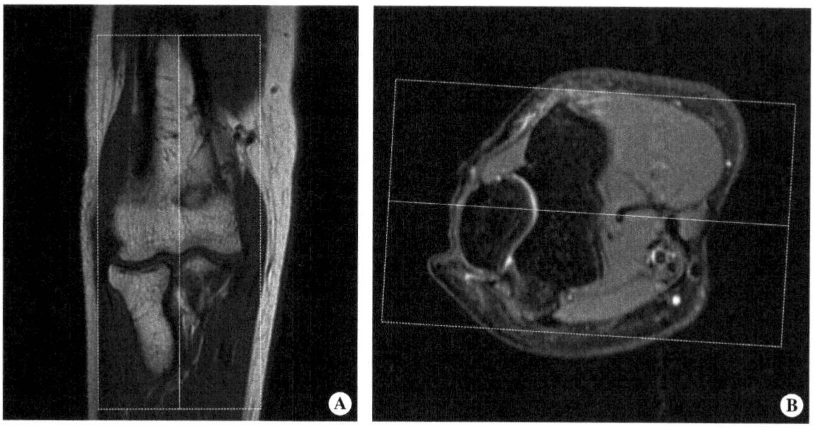

图 5-10-7　肘关节矢状面定位

A. 冠状面上设扫描线；B. 横断面上设扫描线

（2）增强扫描：肘关节增强检查同肩关节。

（3）推荐肘关节 MRI 参数见表 5-10-2。

表 5-10-2　肘关节 MRI 序列及成像参数

脉冲序列	TR（ms）	FA	TI（ms）	TE（ms）	ETL	矩阵	FOV（cm）	层厚/间隔（mm）	NEX
FSE-T_1WI	300～600	90°		10～30	2～4	320×224	12～16	3～4/0.5	1～2
FSE-T_2WI	3000～6000	90°		80～120	18	320×224	12～16	3～4/0.5	2～4
T_2WI-FS	3000～6000	90°		80～120	12	320×224	12～16	3～4/0.5	2～4
PDWI-FS	4000～5000	110°		10～30	8	256×224	12～16	3～4/0.5	2～4
T_1WI-FS+C	300～600	90°		10～30	2～4	288×224	12～16	3～4/0.5	1～2

5. 图像要求

（1）显示肘关节的解剖结构，包含肱骨远端的内外上髁、尺骨小头、尺骨鹰嘴、尺侧副韧带、桡侧副韧带、桡骨环状韧带等附属韧带及肌肉等软组织，结构显示清晰。

（2）无明显运动伪影。

（3）图像包括肱骨远端及尺桡骨近端。

（4）肘关节 MRI 见图 5-10-8。

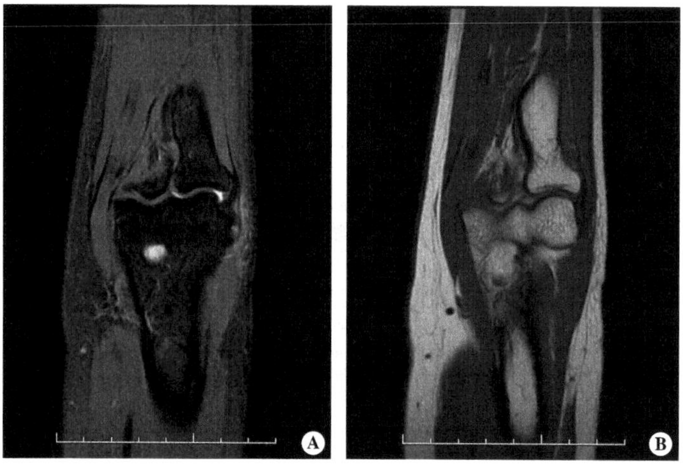

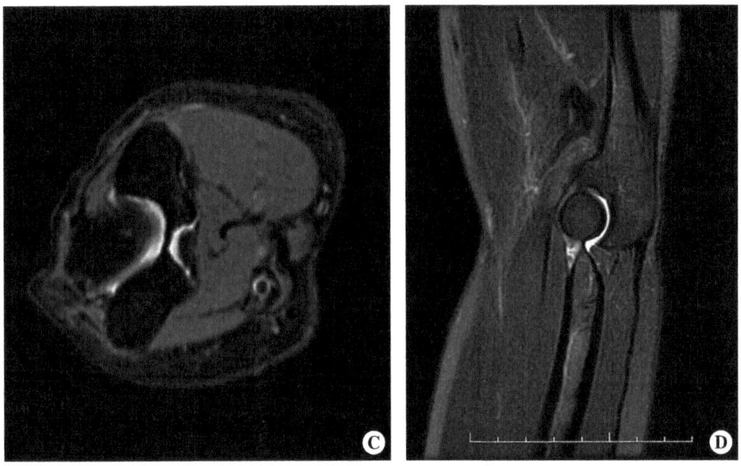

图 5-10-8 肘关节 MRI

A. 冠状面 T_2WI-FS；B. 冠状面 T_1WI；C. 横断面 PDWI-FS；D. 矢状面 PDWI-FS

6. 注意事项 被检侧前臂用沙袋或固定带固定。手臂向下时在扫描范围上下及靠近胸腹部一侧添加预饱和带，以减少血管波动、呼吸运动对图像的影响，加防卷褶技术。显示关节软骨选 PDWI-FS 序列。抑脂序列添加局部匀场技术，以获得更好的抑脂图像。

四、腕关节 MRI 检查技术

1. 适应证 腕关节外伤引起韧带撕裂、腕部骨折、类风湿关节炎及肿瘤病变等。

2. 射频线圈 采用包绕式软线圈、头线圈或膝/腕关节专用线圈。

3. 受检者体位及成像中心 使用腕关节专用线圈，受检者俯卧，上臂举向头侧，掌心向下，身体靠向对侧，手腕尽量靠近成像中心，胸部以三角软垫垫高，桡骨茎突或腕关节中心置于线圈中心；取仰卧位时，手臂自然伸直，掌心向上，身体靠向对侧，桡骨茎突或腕关节中心置于软线圈中心，用软垫垫平并固定肢体。

4. 扫描技术

（1）常规扫描：以横断面、冠状面 T_1WI、PDWI-FS 或 T_2WI-FS 序列为主，辅以矢状面 PDWI-FS 序列。横断面在冠状面和矢状面上定位，扫描线垂直于尺、桡骨长轴，扫描范围上至桡骨茎突、下含掌骨近端（图 5-10-9）。冠状面在矢状面上定位，扫描线平行于尺骨和桡骨长轴，在横断面上调整扫描角度，并平行于尺、桡骨茎突的连线（图 5-10-10）。矢状面在横断面上定位，扫描线垂直于尺、桡骨茎突的连线，在冠状面调整扫描角度，并平行于肱骨和尺骨长轴，扫描范围内侧包含尺骨茎突、外侧含桡骨茎突（图 5-10-11）。矢状面及冠状面相位编码为上下方向，横断面相位编码采用右左方向。

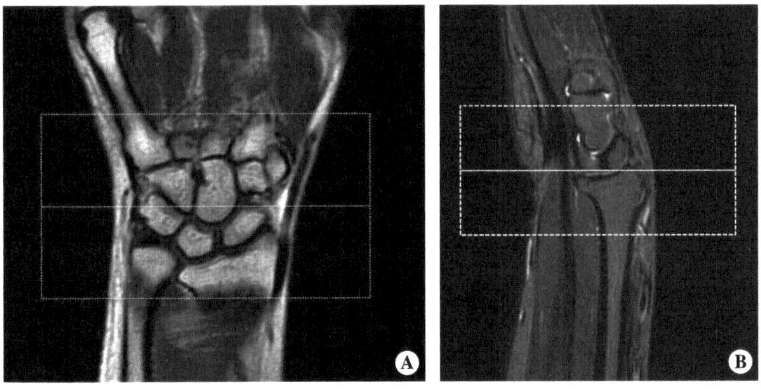

图 5-10-9 腕关节横断面定位

A. 冠状面上设扫描线；B. 矢状面上设扫描线

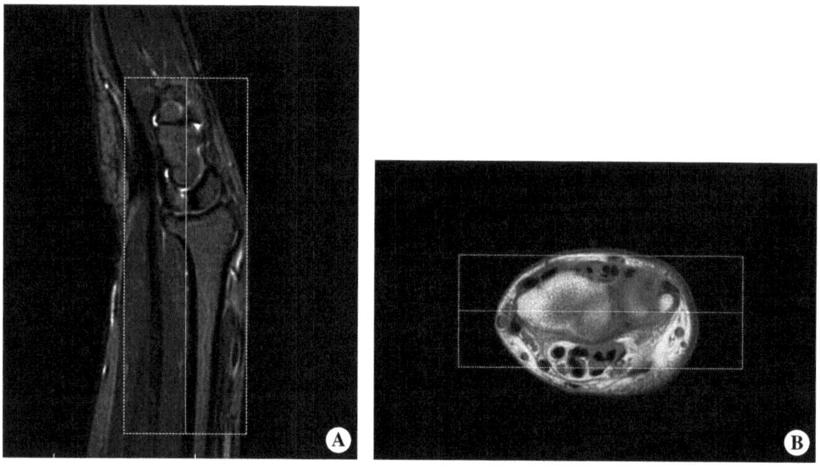

图 5-10-10　腕关节冠状面定位
A. 矢状面上设扫描线；B. 横断面上设扫描线

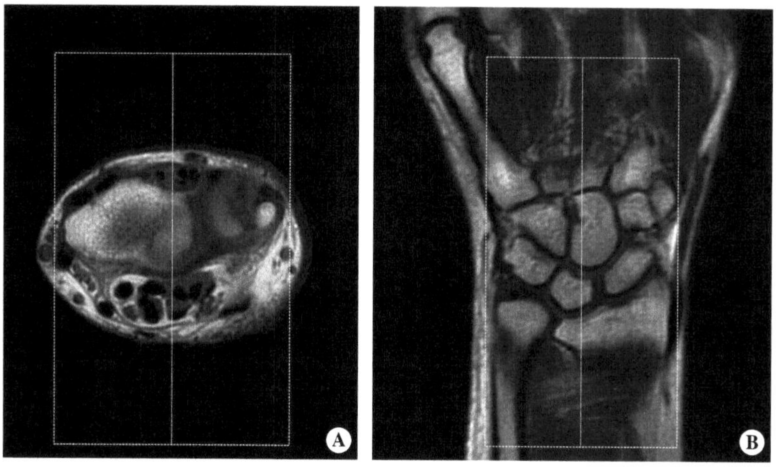

图 5-10-11　腕关节矢状面定位
A. 横断面上设扫描线；B. 冠状面上设扫描线

（2）增强扫描：腕关节增强检查同肩关节增强检查。

（3）推荐腕关节 MRI 参数见表 5-10-3。

表 5-10-3　腕关节 MRI 序列及成像参数

脉冲序列	TR（ms）	FA	TI（ms）	TE（ms）	ETL	矩阵	FOV（cm）	层厚/间隔（mm）	NEX
FSE-T_1WI	300～600	90°		10～30	2～4	320×224	12～14	3～4/0.5	1～2
FSE-T_2WI	3000～6000	90°		80～120	18	320×224	12～14	3～4/0.5	2～4
T_2WI-FS	3000～6000	90°		80～120	12	320×224	12～14	3～4/0.5	2～4
PDWI-FS	4000～5000	110°		10～30	8	256×224	12～14	3～4/0.5	2～4
T_1WI-FS+C	300～600	90°		10～30	2～4	288×224	12～14	3～4/0.5	1～2

5. 图像要求

（1）图像显示腕关节的解剖结构，包括腕骨、尺桡骨茎突、掌骨近端及其附属韧带、肌肉等软组织，腕管结构显示清晰。

（2）图像包括尺桡骨远端及掌骨近端结构。

（3）无明显运动伪影。

（4）腕关节 MRI 见图 5-10-12。

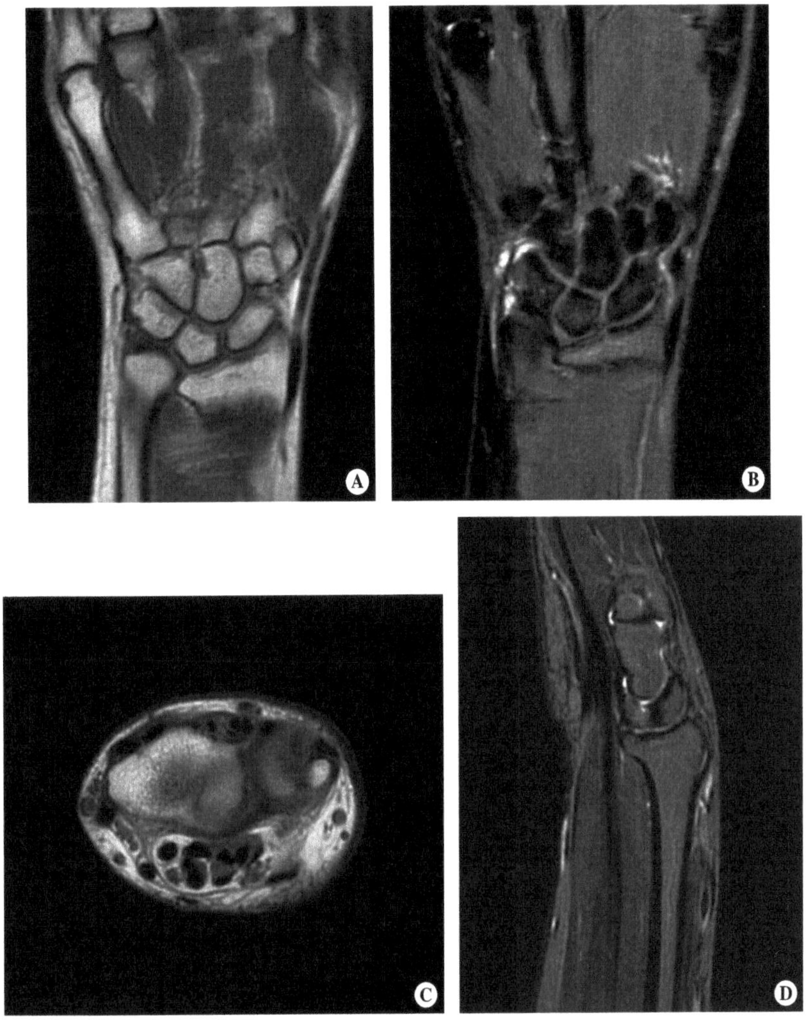

图 5-10-12　腕关节 MRI

A. 冠状面 T_1WI；B. 冠状面 PDWI；C. 横断面 PDWI；D. 矢状面 PDWI-FS

6. 注意事项　被检侧肢体用沙袋或固定带固定。注意加去卷褶技术，预防卷褶伪影出现。抑脂序列添加局部匀场技术，以获得更好的抑脂效果。

五、手及手指关节 MRI 检查技术

1. 适应证　外伤引起掌指部骨折、类风湿关节炎、肿瘤病变、肌腱及滑膜病变。

2. 射频线圈　采用手掌专用线圈或包绕式软线圈。

3. 受检者体位及成像中心　受检者仰卧，被检侧上肢伸直举向头侧，掌心向前，身体向对侧偏移使被检查手掌尽量靠近检查床中心并固定上肢，手掌置于线圈中心。受检者俯卧，被检侧上肢伸直举向头侧，掌心向前，身体向对侧偏移，使被检查手掌尽量靠近检查床中心，手背置于线圈中心。

4. 扫描技术

（1）常规扫描：以横断面、冠状面 T_1WI、PDWI-FS 或 T_2WI-FS 序列为主，辅以矢状面 PDWI-FS 序列。横断面在矢状面上定位，扫描线垂直于掌骨、指骨长轴，扫描范围包含病灶，在冠状面上调整扫描角度，并垂直于掌骨、指骨长轴（图 5-10-13）。冠状面在矢状面上定位，扫描线平行于掌骨、

指骨长轴，扫描范围包含病灶，在横断面上调整扫描线，并平行于掌骨和指骨连线（图 5-10-14）。矢状面在横断面上定位，扫描线垂直于掌骨连线，在冠状面上调整扫描线，并平行于掌指骨长轴，扫描范围包括手掌或病灶区域（图 5-10-15）。矢状面及冠状面相位编码为上下方向，横断面相位编码采用右左方向。

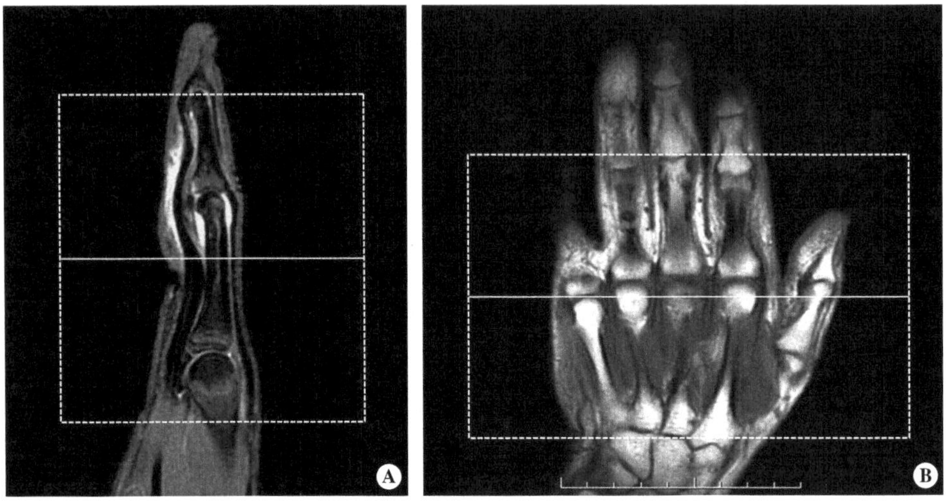

图 5-10-13 手掌横断面定位

A. 矢状面上设扫描线；B. 冠状面上设扫描线

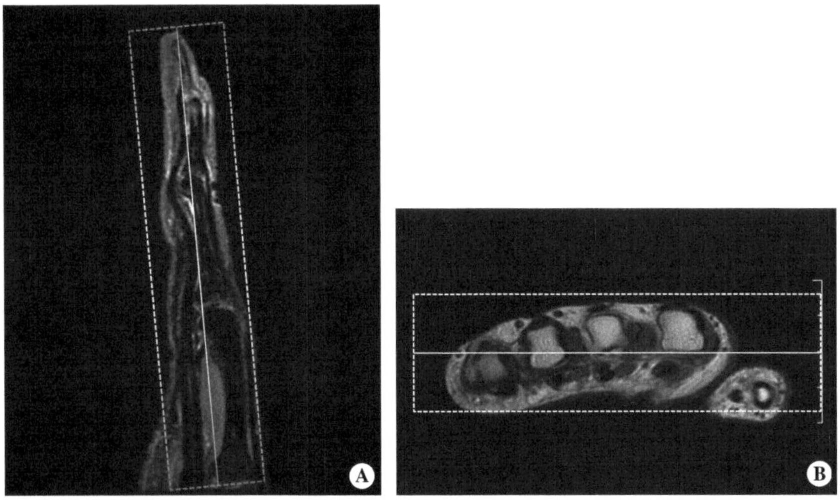

图 5-10-14 手掌冠状面定位

A. 矢状面上设扫描线；B. 横断面上设扫描线

（2）增强扫描：手掌部增强检查，选择 MRI 对比剂钆剂（Gd-DTPA）0.1mmol/kg，采用静脉注射，增强成像序列采用与平扫相应的矢状面、冠状面及横断面 T_1WI-FS 成像序列。

（3）推荐手掌 MRI 参数同腕关节扫描序列及参数，适当调整扫描野大小。

5. 图像要求

（1）掌指骨和掌指关节、附属韧带和软组织、屈肌腱、滑车系统及侧副韧带显示清晰。

（2）图像无明显运动伪影。

（3）图像应显示全部掌指骨及腕关节解剖结构。

（4）腕关节 MRI 见图 5-10-16。

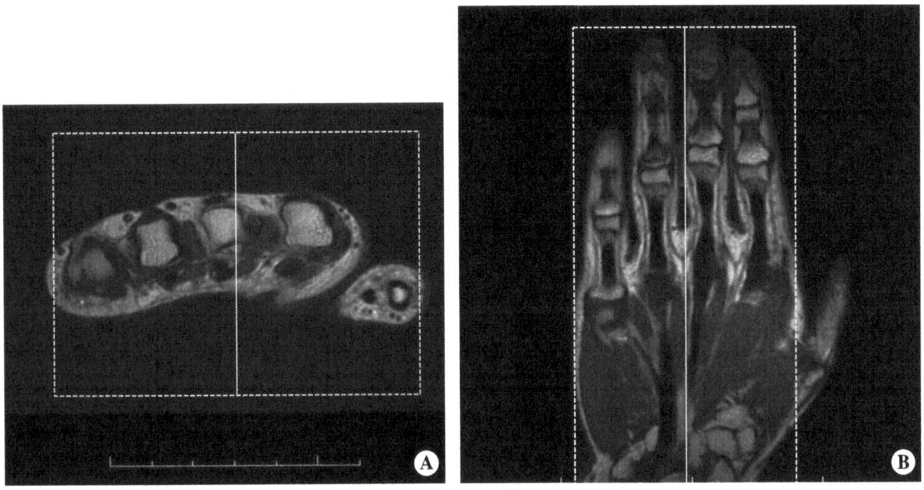

图 5-10-15 手掌矢状面定位

A. 横断面上设扫描线；B. 冠状面上设扫描线

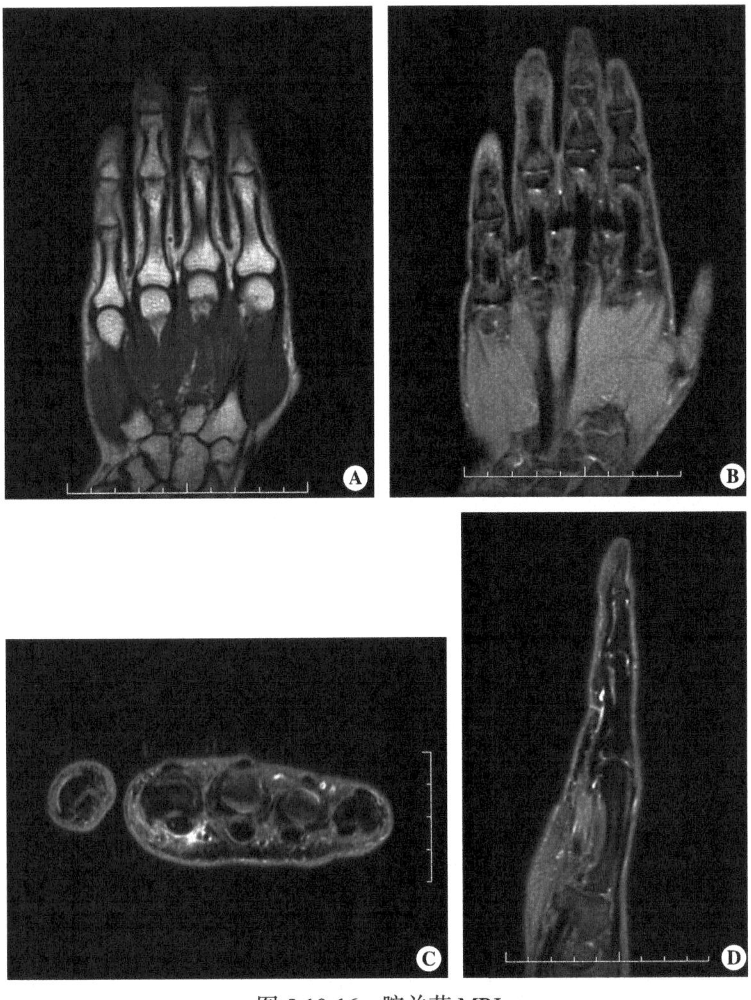

图 5-10-16 腕关节 MRI

A. 冠状面 T_2WI；B. 冠状面 PDWI；C. 横断面 T_2WI-FS；D. 矢状面 PDWI-FS

6. 注意事项 被检侧前臂用沙袋或固定带固定，手掌并拢伸直平放，以获得较好的矢状面及冠面的图像。尽量采用小视野成像，最大程度清晰显示手指和指间关节细节。

评价类风湿关节炎双手掌对比患者时，可采用俯卧位，双手头上位，使用大的线圈，双侧同层面检查。

六、髋关节及骨盆MRI检查技术

1. 适应证 股骨头坏死，盂唇缘撕裂，髋关节周围软组织病变等。

2. 射频线圈 采用体部线圈或盆腔专用线圈。

3. 受检者体位及成像中心 受检者仰卧，双手向头侧举起，或放于胸前避免交叉接触，身体长轴与检查床面平行，身体平躺保持冠状面与床面平行，双足并拢足尖向前，固定肢体，耻骨联合和髂前上棘连线中心或股骨大粗隆置于线圈中心。

4. 扫描技术

（1）常规扫描：以横断面、冠状面 T_1WI、PDWI-FS或 T_2WI-FS序列为主，检查股骨头、股骨颈时辅以斜冠状面PDWI-FS序列。横断面在冠状面上定位，扫描线平行于两侧股骨头中心连线，在矢状面上调整扫描线，并垂直于身体长轴，扫描范围上包髋臼、下包股骨大转子；骨盆扫描范围上包髂嵴、下包坐骨结节（图5-10-17）。冠状面在横断面上定位，扫描线平行于两侧股骨头中心连线，扫描范围前含股骨头前缘、后至股骨大转子后缘（图5-10-18）。观察关节髋臼唇和股骨头坏死的病变时，可选择斜冠状面扫描，在横断面定位，扫描线平行于股骨颈长轴，在冠状面调整扫描面角度，并平行于股骨长轴，扫描范围包含关节盂（图5-10-19）。冠状面相位编码为上下方向，横断面相位编码采用右左方向。

（2）增强扫描：髋关节增强检查，选择MRI对比剂钆剂（Gd-DTPA）0.1mmol/kg，采用静脉注射，注射完对比剂后即开始增强扫描。扫描序列包含病灶区域横断面、冠状面 T_1WI-FS+C序列。

（3）推荐髋关节MRI参数见表5-10-4。

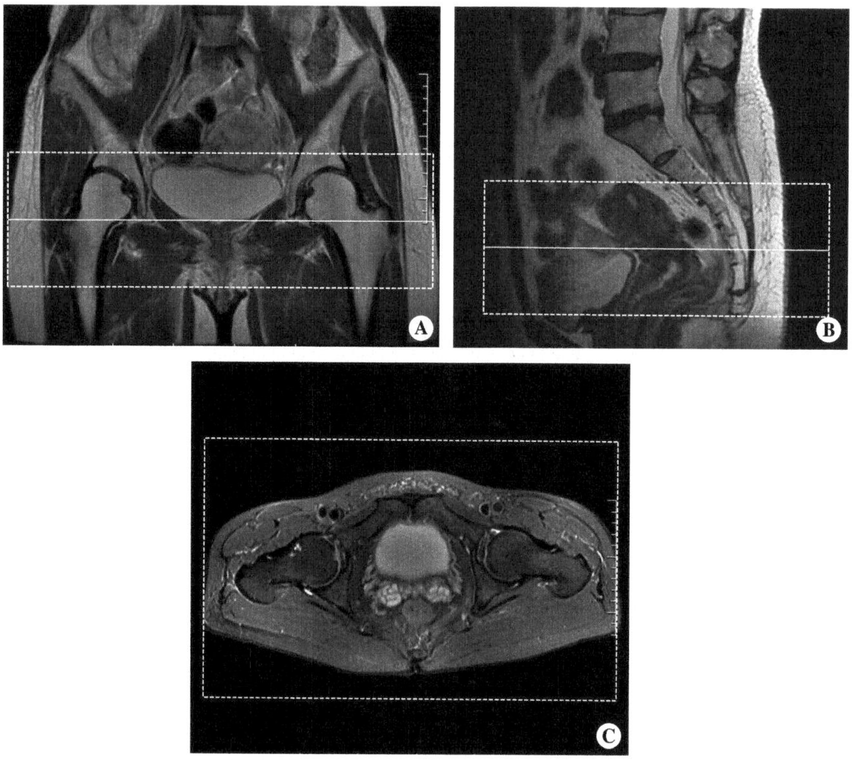

图5-10-17 髋关节横断面定位

A. 冠状面上设扫描线；B. 矢状面上设扫描线；C. 横断面上调整视野

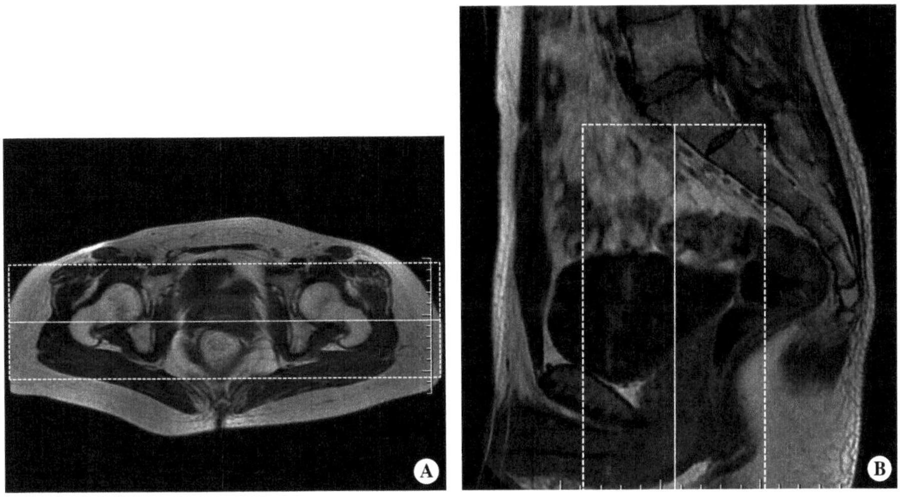

图 5-10-18 髋关节冠状面定位

A. 横断面上设扫描线；B. 矢状面上调整视野

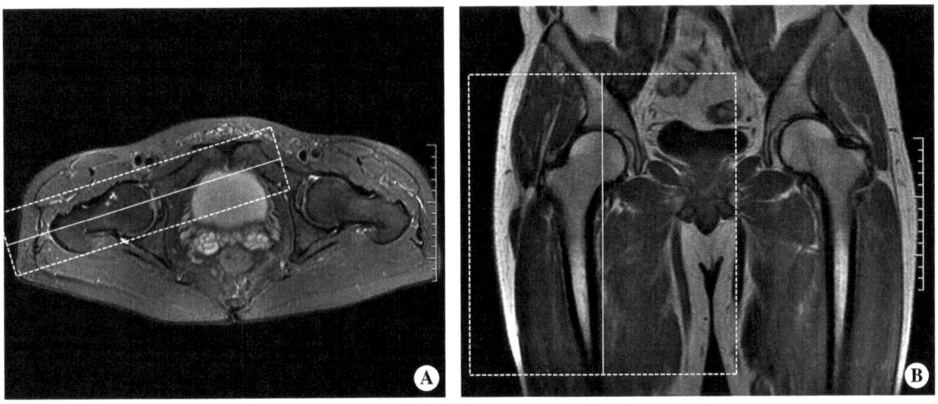

图 5-10-19 髋关节斜冠状面定位

A. 横断面上设扫描线；B. 冠状面上调整视野

表 5-10-4 髋关节 MRI 序列及成像参数

脉冲序列	TR（ms）	FA	TE（ms）	ETL	矩阵	FOV（cm）	层厚/间隔（mm）	NEX
FSE-T_1WI	600	90°	10～20	3	322×224	32	3/0.5	1～2
PDWI-FS	2000	90°	30	8	322×224	32	3/0.5	2～4
FSE-T_2WI	3600	90°	80	18	322×224	32	3/0.5	2～4
PDWI-FS	4000	150°	30	8	322×224	34	3/0.5	2
T_1WI-FS+C	350	90°	10～20	3	322×224	34	3/0.5	1

5. 图像要求

（1）髋关节和骨盆的解剖结构，股骨颈、股骨头、关节盂及髋关节周围软组织结构显示清晰。

（2）图像包括髋关节、近端股骨、同侧耻坐骨及部分髂骨翼。

（3）图像无明显运动伪影。

（4）髋关节 MRI 见图 5-10-20。

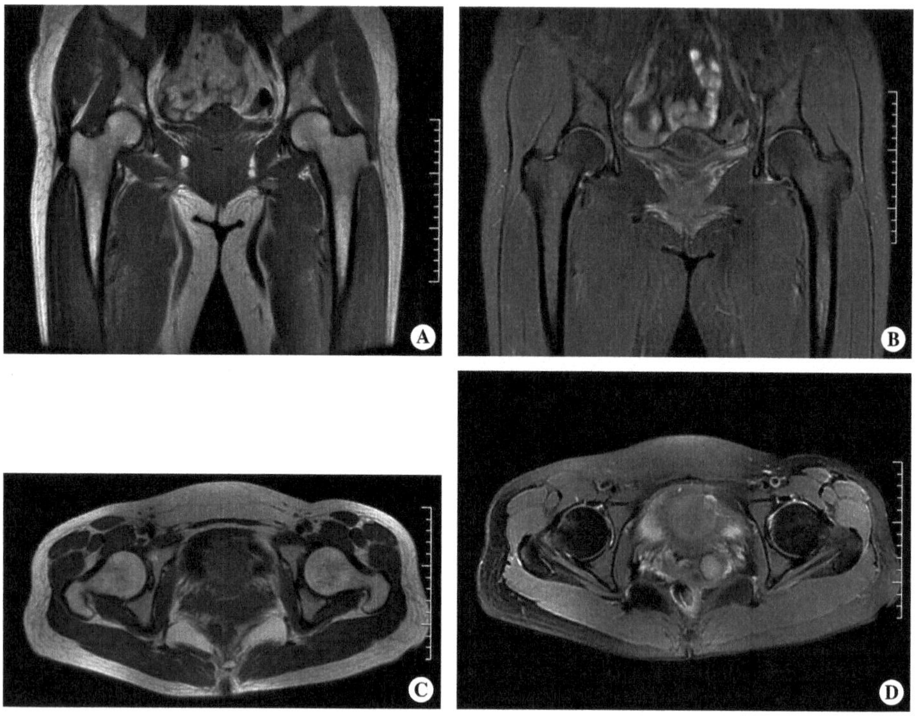

图 5-10-20　髋关节 MRI

A. 冠状面 T_2WI；B. 冠状面 T_2WI-FS；C. 横断面 T_2WI；D. 横断面 PDWI-FS

6. 注意事项　在横断面扫描上可在髋关节前方添加预饱和带，以减少下腹部运动伪影。在冠状面扫描时注意扫描范围及视野大小，防止产生卷褶伪影。髋臼唇及髋关节软骨病变选 PDWI-FS 序列，股骨头坏死的定量测量选矢状面 T_2WI-FS、T_1WI 序列。

七、骶髂关节 MRI 检查技术

1. 适应证　强直性关节炎、骨髓炎、良恶性骨肿瘤及外伤引起的关节损伤。

2. 射频线圈　采用体部线圈或盆腔线圈。

3. 受检者体位及成像中心　受检者仰卧，双手向头侧举起，或放于胸前避免交叉接触，身体长轴与检查床面平行，身体平躺保持两侧髂前上棘与床面平行，髂嵴置于线圈中心。

4. 扫描技术

（1）常规扫描：以斜冠状面 T_1WI、PDWI-FS 或 T_2WI-FS 序列为主，辅以斜横断面 PDWI-FS。斜冠状面在矢状面上定位，扫描线平行于骶骨长轴，扫描范围包含骶髂关节前缘至后缘，在横断面上调整扫描线，并平行于左、右骶髂关节（图 5-10-21）。斜横断面在冠状面上定位，扫描线平行于两侧骶骨翼连线，在矢状面上调整扫描线角度，并垂直于骶骨长轴，扫描范围上含骶髂关节上缘、下含骶髂关节下缘（图 5-10-22）。斜冠状面相位编码为上下方向，斜横断面相位编码采用右左方向。

（2）增强扫描：骶髂关节增强检查，选择 MR 对比剂钆剂（Gd-DTPA）0.1mmol/kg，采用静脉注射，注射完对比剂后即开始增强扫描。扫描序列包含病灶区域横断面及冠状面 T_1WI-FS+C 序列。

（3）推荐骶髂关节 MRI 参数见表 5-10-5。

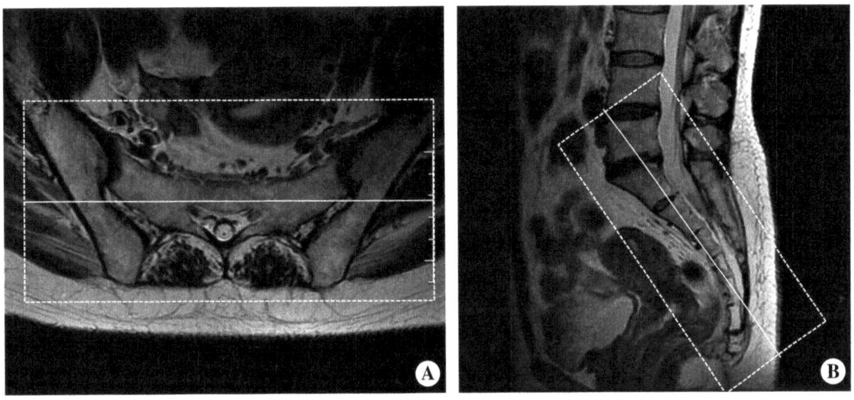

图 5-10-21 骶髂关节斜冠状面定位

A. 横断面上设扫描线；B. 矢状面上设扫描线

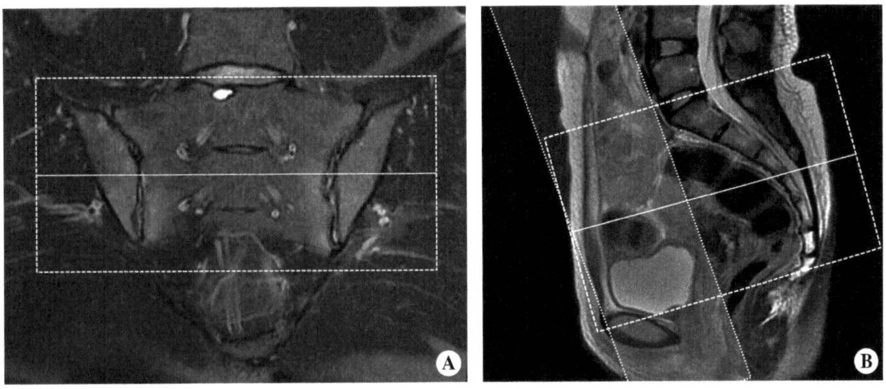

图 5-10-22 骶髂关节斜横断面定位

A. 冠状面上设扫描线；B. 矢状面上设扫描线

表 5-10-5 骶髂关节 MRI 序列及成像参数

脉冲序列	TR（ms）	FA	TE（ms）	ETL	矩阵	FOV（cm）	层厚/间隔（mm）	NEX
FSE-T_1WI	360	90°	10～30	3	288×224	20～24	4/0.4	1～2
T_2WI-FS	4000	110°	80～120	16	288×224	20～24	4/0.4	2～4
PDWI-FS	3600	90°	30～40	6	256×192	20～24	4/0.4	2～4
T_1WI-FS+C	360	90°	10～30	3	320×256	20～24	4/0.5	1～2

5. 图像要求

（1）能清晰显示骶髂关节髂骨面和骶骨面及滑膜结构。

（2）图像范围包括髂骨上缘，下缘包括耻骨联合。

（3）伪影不影响诊断。

（4）骶髂关节 MRI 见图 5-10-23。

6. 注意事项 在横断面扫描上可在骶髂关节前方添加预饱和带，减少下腹部运动伪影。观察骶髂关节面的病变选 PDWI-FS 序列。

八、膝关节 MRI 检查技术

1. 适应证 外伤致半月板损伤，关节韧带损伤，骨折；关节软骨及滑膜病变，腘窝囊肿；退行性关节病变、感染性病变、骨髓及肿瘤病变。

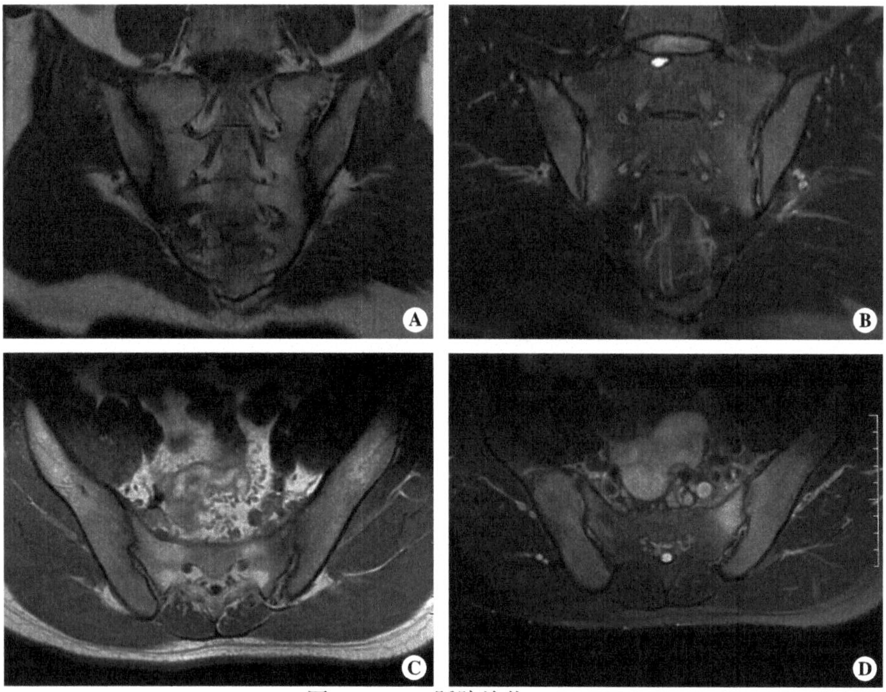

图 5-10-23 骶髂关节 MRI

A. 斜冠状面 T_2WI；B. 斜冠状面 T_2WI-FS；C. 横断面 T_2WI；D. 斜横断面 PDWI-FS

2. 射频线圈 采用膝关节专用线圈或包绕式软线圈。

3. 受检者体位及成像中心 仰卧位，双手自然放置于身体两侧，身体长轴平行于检查床，保持足尖向前，髌骨下缘置于线圈中心，并固定被检侧膝关节及下肢。

4. 扫描技术

（1）常规扫描：以横断面、矢状面、冠状面 T_1WI、PDWI-FS 或 T_2WI-FS 序列为主。横断面在矢状面上定位，扫描线平行于股骨、胫骨关节间隙，且垂直于股骨、胫骨长轴，在冠状面调整扫描线，并垂直于股骨、胫骨长轴，扫描范围上包含髌骨、下至胫骨粗隆（图 5-10-24）。冠状面在横断面上定位，扫描线平行于股骨内外侧髁的连线，在矢状面上调整扫描线，并平行于股骨、胫骨长轴，扫描范围前包含髌骨前缘、后至股骨内外侧髁连线（图 5-10-25）。矢状面在在横断面上定位，扫描线垂直于股骨内外侧髁的连线；前后交叉韧带损伤时，斜矢状面扫描线平行于股骨外侧髁外缘。在冠状面上调整扫描线，并平行于股骨、胫骨长轴，扫描范围内侧包含股骨内外侧髁（图 5-10-26）。冠状面及矢状面相位编码为上下方向，横断面相位编码采用右左方向。

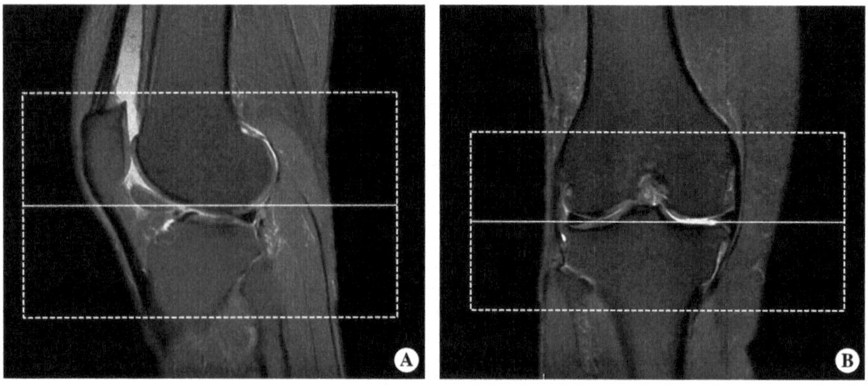

图 5-10-24 膝关节横断面定位

A. 矢状面上设扫描线；B. 冠状面上设扫描线

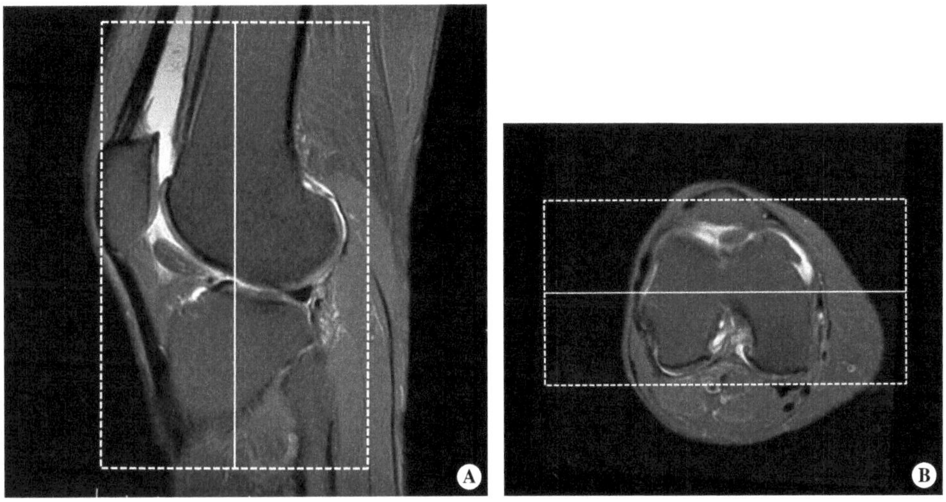

图 5-10-25　膝关节冠状面定位

A. 矢状面上设扫描线；B. 横断面上设扫描线

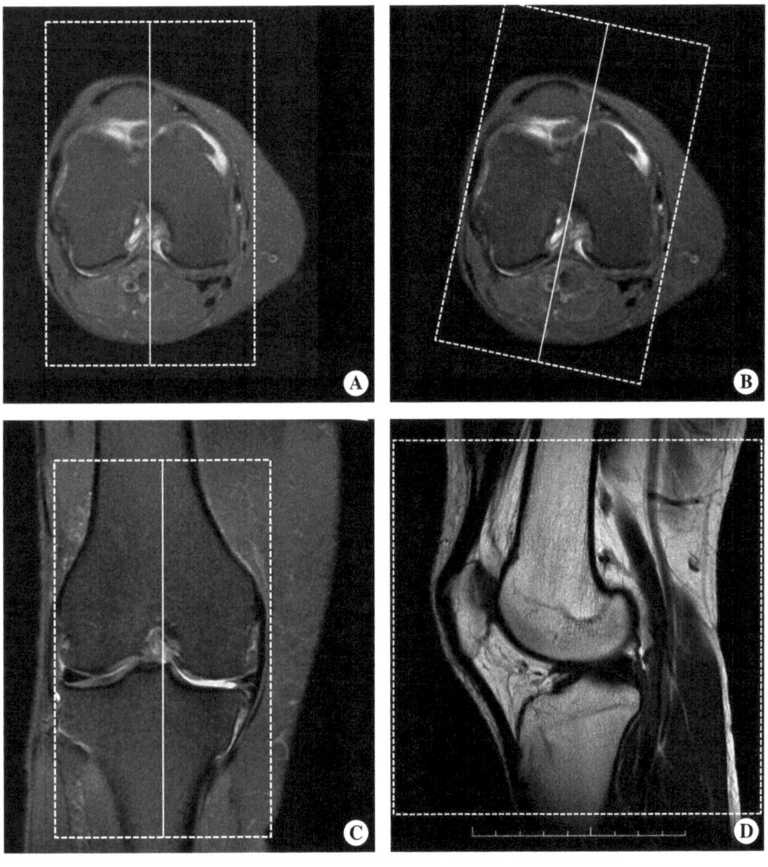

图 5-10-26　膝关节矢状面定位

A. 横断面上设矢状面扫描线；B. 横断面上设斜矢状面扫描线；C. 冠状面上设扫描线；D. 矢状面上调整扫描面

（2）增强扫描：膝关节增强检查，选择 MRI 对比剂钆剂（Gd-DTPA）0.1mmol/kg，采用静脉注射，增强成像序列采用与平扫相应的矢状面、冠状面和横断面 T_1WI-FS 成像序列。

（3）推荐膝关节 MRI 参数见表 5-10-6。

表 5-10-6 膝关节 MRI 序列及成像参数

脉冲序列	TR（ms）	FA	TE（ms）	ETL	矩阵	FOV（cm）	层厚/间隔（mm）	NEX
FSE-T_1WI	320	90°	12	3	320×256	16～18	3～4/0.5～1	1～2
T_2WI-FS	3600	142°	60	16	288×224	16～18	3～4/0.5～1	2～4
PDWI-FS	2800	142°	30	6	320×256	16～18	3～4/0.5～1	2～4
T_1WI-FS+C	350	90°	12	3	320×256	16～18	3～4/0.5～1	1～2

5. 图像要求

（1）显示膝关节的解剖结构，股骨下端、胫骨上端、腓骨头、髌骨、前后交叉韧带、内外侧副韧带、半月板等软组织结构显示清晰。

（2）显示范围上包括髌骨，下达胫骨粗隆。

（3）图像无明显运动伪影。

（4）膝关节 MRI 见图 5-10-27。

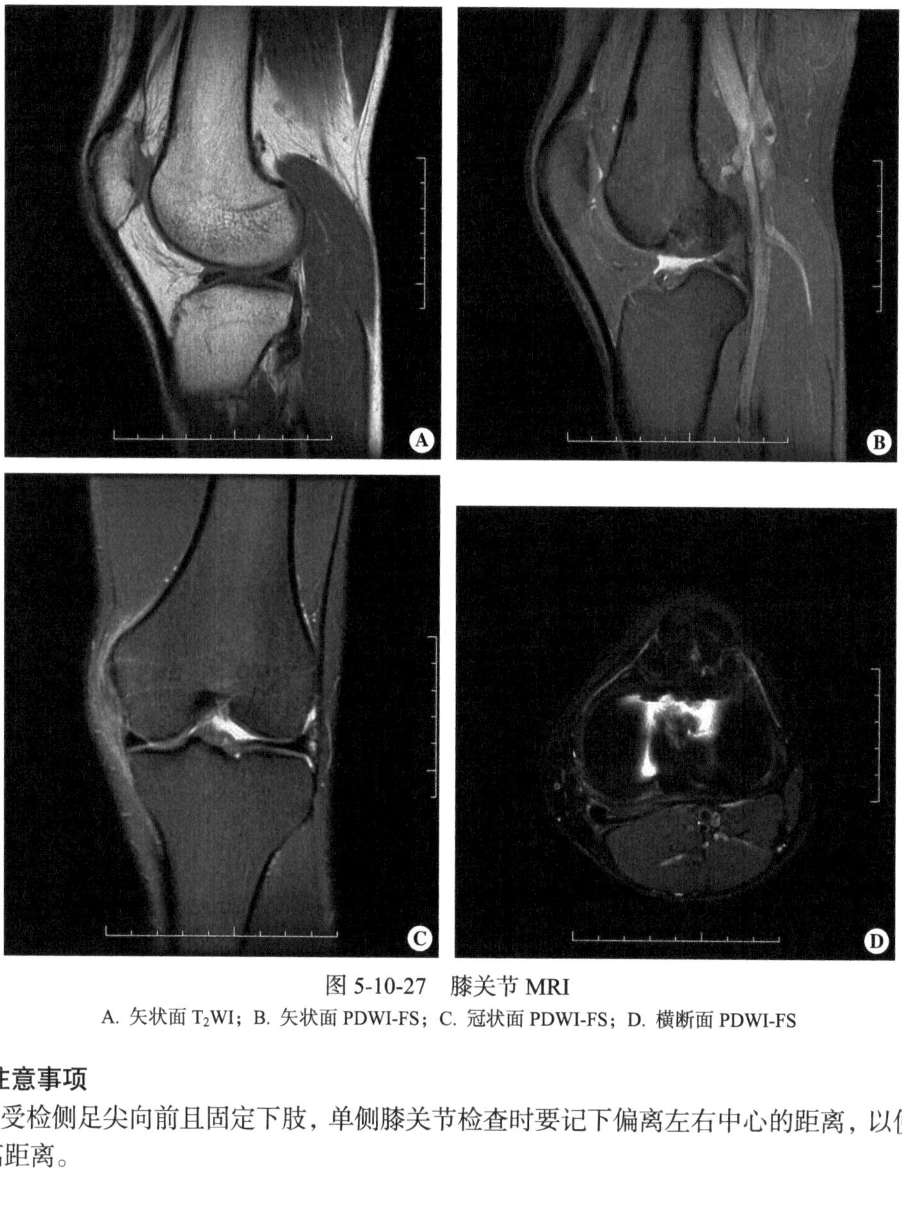

图 5-10-27 膝关节 MRI

A. 矢状面 T_2WI；B. 矢状面 PDWI-FS；C. 冠状面 PDWI-FS；D. 横断面 PDWI-FS

6. 注意事项

（1）受检侧足尖向前且固定下肢，单侧膝关节检查时要记下偏离左右中心的距离，以便定位时设定偏离距离。

（2）扫描范围上下添加预饱和带，以减少血管搏动伪影，抑脂序列添加局部匀场，以获得更佳的抑脂效果。

（3）怀疑半月板及韧带损伤，可采用 2mm 薄层扫描。观察半月板及关节软骨，可采用矢状面 PDWI-FS 序列。

九、踝关节 MRI 检查技术

1. 适应证 关节外伤骨折，跟腱撕裂损伤，韧带损伤，软组织病变。

2. 射频线圈 踝关节专用线圈或包绕式软线圈。

3. 受检者体位及成像中心 受检者仰卧，双手自然放于身体两侧，身体长轴与检查床平行，足尖向前且固定肢体，内外踝连线置于线圈中心。

4. 扫描技术

（1）常规扫描：以横断面、冠状面、矢状面 T_1WI、PDWI-FS 或 T_2WI-FS 序列为主。横断面在矢状面上定位，扫描线平行于胫骨、距骨关节间隙，在冠状面上调整扫描线，并平行于内外踝连线或关节间隙，且垂直于股骨长轴，扫描范围上包含胫腓关节、下至跟骨（图 5-10-28）。冠状面在横断面上定位，扫描线平行于内、外踝连线，在矢状面上调整扫描线，并平行于胫骨长轴，扫描范围前含距骨前缘、后至跟骨中部（图 5-10-29）。矢状面在横断面上定位，扫描线垂直于内、外踝连线，在冠状面上调整扫描线，并平行于胫骨长轴，扫描范围内侧包含内、外踝（图 5-10-30）。冠状面及矢状面相位编码为上下方向，横断面相位编码采用右左方向。

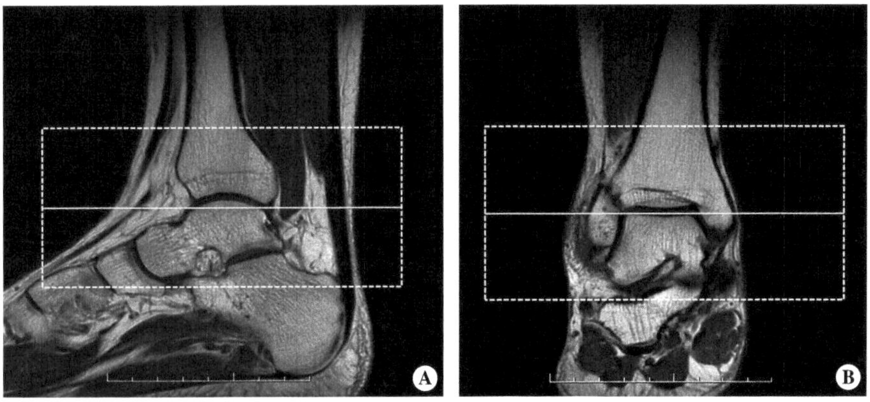

图 5-10-28 踝关节横断面定位

A. 矢状面上设扫描线；B. 冠状面上设扫描线

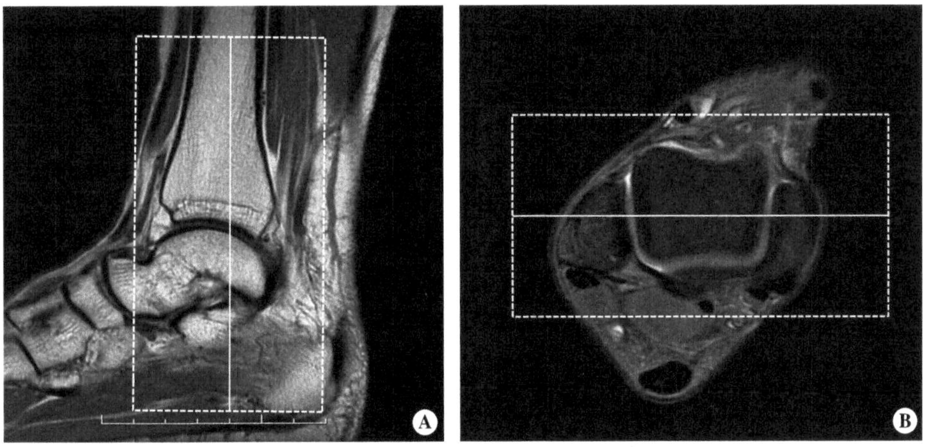

图 5-10-29 踝关节冠状面定位

A. 矢状面上设扫描线；B. 横断面上设扫描线

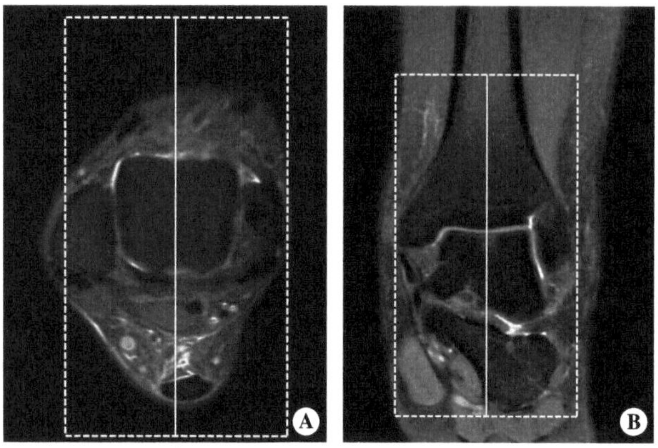

图 5-10-30　踝关节矢状面定位

A. 横断面上设扫描线；B. 冠状面上设扫描线

（2）增强扫描：踝关节增强检查，选择 MRI 对比剂钆剂（Gd-DTPA）0.1mmol/kg，采用静脉注射，增强成像序列采用与平扫相应的矢状面、冠状面和横断面 T_1WI-FS+C 成像序列。

（3）推荐踝关节 MRI 参数同膝关节 MRI 参数。

5. 图像要求

（1）胫腓骨下端、跟骨、距骨、跟腓韧带、胫腓前后韧带等及跟腱等软组织等踝关节的解剖结构显示清晰。

（2）图像无明显运动伪影。

（3）踝关节 MRI 见图 5-10-31。

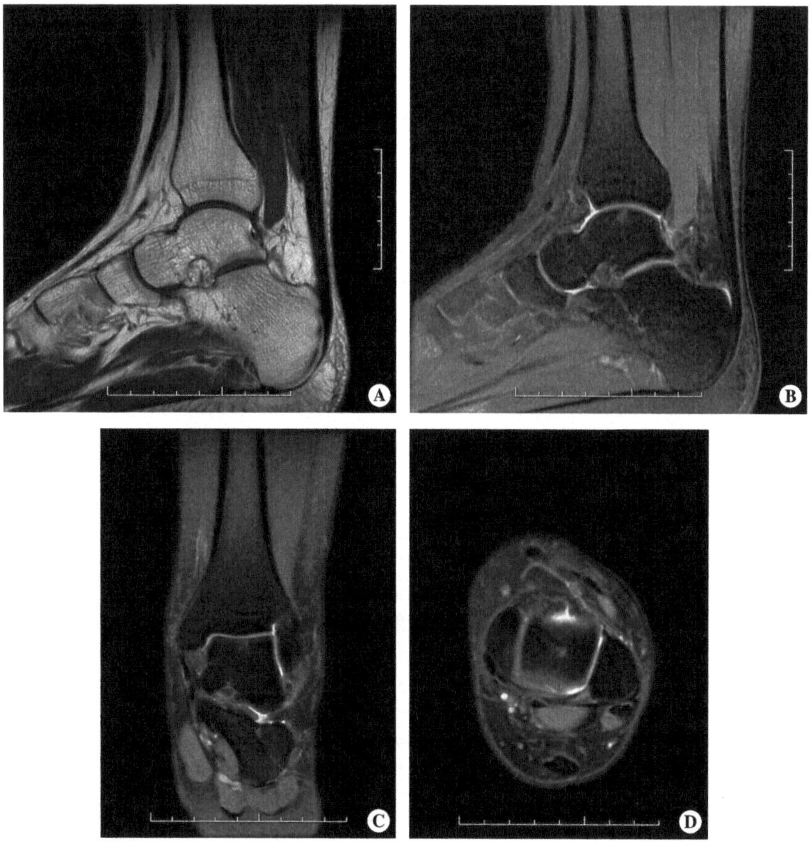

图 5-10-31　踝关节 MRI

A. 矢状面 T_2WI；B. 矢状面 PDWI-FS；C. 冠状面 PDWI-FS；D. 横断面 PDWI-FS

6. 注意事项　受检侧足尖向前且固定下肢。单侧踝关节检查时要记下偏离左右中心的距离，以便定位时设定偏离距离。扫描范围上下添加预饱和带，以减少血管搏动伪影。韧带或关节软骨的病变选 PDWI-FS 序列。抑脂序列需添加局部匀场技术。

十、足 MRI 检查技术

1. 适应证　外伤引起骨折，肌腱、韧带及关节软骨损伤。退行性病变，风湿性关节炎，感染及肿瘤病变。

2. 射频线圈　采用足部专用线圈或包绕式软线圈。

3. 受检者体位及成像中心　受检者仰卧，双手自然放于身体两侧，身体长轴与检查床平行，足尖向前自然放直，用固定带或沙袋固定下肢。足中部置于线圈中心。

4. 扫描技术

（1）常规扫描：以横断面、冠状面 T_1WI、PDWI-FS 或 T_2WI-FS 序列为主，辅以矢状面 PDWI-FS 序列。横断面在冠状面上定位，扫描线垂直于足长轴，在矢状面上调整扫描线，并垂直于足长轴，扫描范围包含足部或病变区域（图 5-10-32）。冠状面在横断面上定位，扫描线平行于跖骨连线，在矢状面上调整扫描线，并平行于足长轴，扫描范围包含足部或病变区域（图 5-10-33）。矢状面在横断面上定位，扫描线垂直于第 2～5 跖骨连线。在冠状面上调整扫描线，并平行于第 2～5 跖骨，扫描范围包含足部病灶区域（图 5-10-34）。矢状面及冠状面相位编码为前后方向，横断面相位编码采用上下方向。

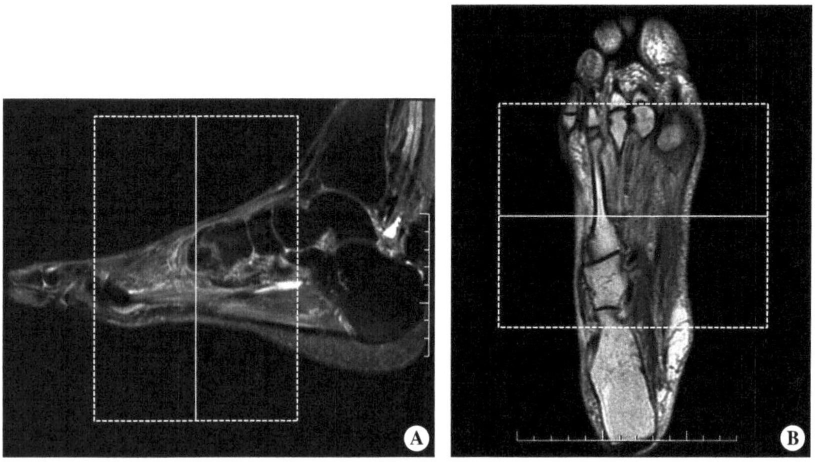

图 5-10-32　足横断面定位

A. 矢状面上设扫描线；B. 冠状面上设扫描线

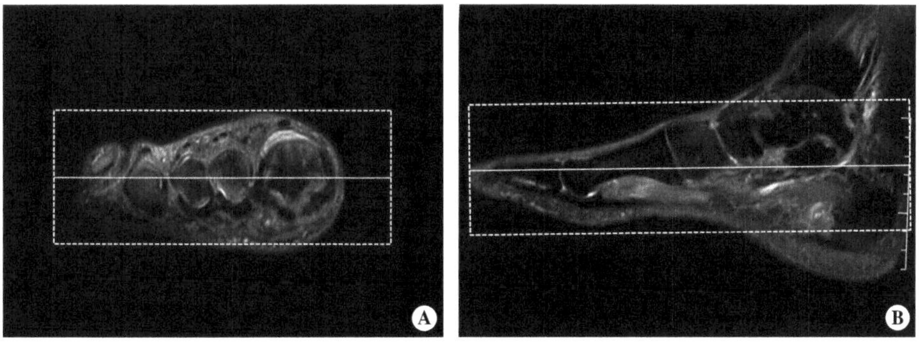

图 5-10-33　足冠状面定位

A. 横断面上设扫描线；B. 矢状面上设扫描线

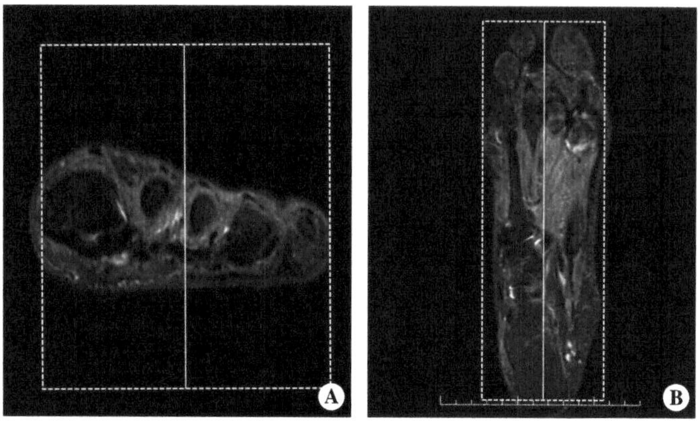

图 5-10-34 足矢状面定位
A. 横断面上设扫描线；B. 冠状面上设扫描线

（2）增强扫描：足关节增强检查参考膝关节增强检查。
（3）推荐足部 MRI 参数同膝关节 MRI 参数。

5. 图像要求

（1）根据病灶大小及部位不同，足部病灶图像结构显示清晰。
（2）图像无明显运动伪影。
（3）足部 MRI 见图 5-10-35。

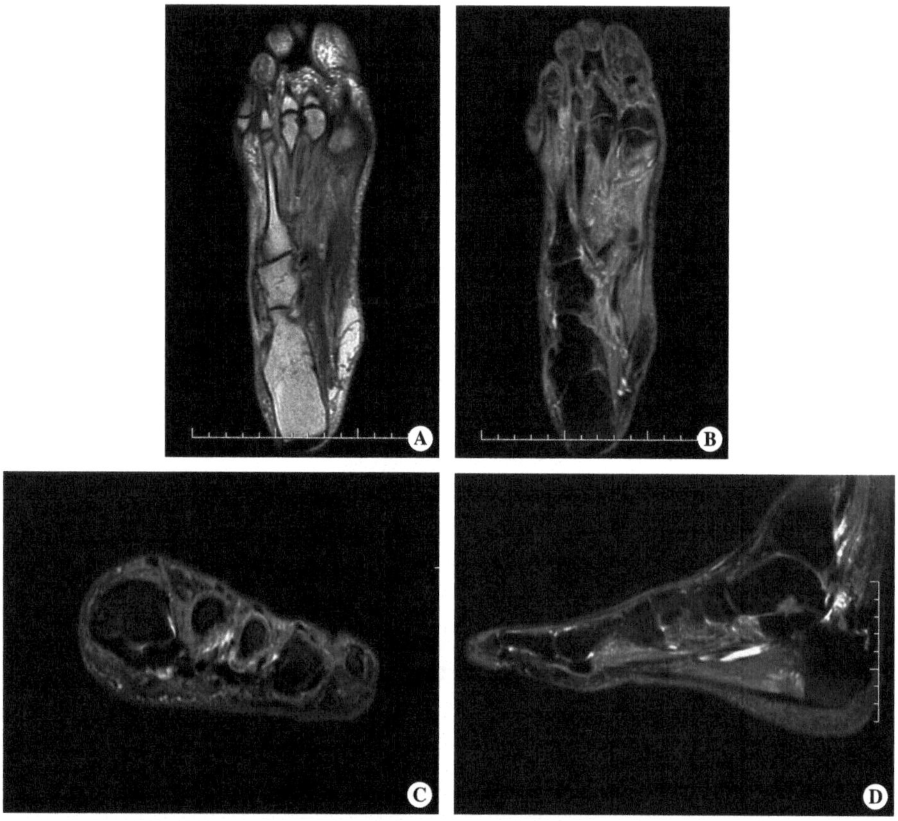

图 5-10-35 足部 MRI
A. 冠状面 T_2WI；B. 冠状面 PDWI-FS；C. 横断面 PDWI-FS；D. 矢状面 PDWI-FS

6. 注意事项 固定被检侧下肢，单侧足部关节检查记下偏离左右中心的距离，以便定位时设定偏离距离。扫描范围上下加预饱和带，以减少血管搏动伪影。韧带及关节软骨的病变采用 PDWI-FS 序列。如病灶局限可采用薄层，高分辨力，小视野扫描，使足部诸骨及相应软组织结构显示清晰。抑脂序列需添加局部匀场技术。

十一、上下肢长骨 MRI 检查技术

1. 适应证　长骨肌肉及软组织损伤，肌腱损伤，感染性病变，骨髓及肿瘤病变等。

2. 射频线圈　选择相控阵体部线圈或正交体部线圈，检查范围小，可选择包绕式软线圈。

3. 受检者体位及成像中心　受检者仰卧，身体偏向对侧，被检肢体尽量靠近磁场中心，肢体中段置于线圈中心。

4. 扫描技术

（1）常规扫描

1）前臂 MRI 常规扫描：以横断面、冠状面 T_1WI、T_2WI-FS 或 PDWI-FS 序列为主，辅以矢状面 T_2WI-FS 或 PDWI-FS 序列。横断面在冠状面和矢状面定位，扫描线垂直于尺、桡骨长轴，扫描范围包含病变区域（图 5-10-36）。冠状面在矢状面定位，扫描线平行于尺、桡骨长轴，在横断面上调整扫描线角度，并平行于尺、桡骨连线，扫描范围根据病变大小，包含病变区域或一个邻近关节（图 5-10-37）。矢状面在冠状面上定位，扫描线平行于病变尺、桡骨长轴，在横断面上调整扫描线，并垂直于尺、桡骨连线，扫描范围根据病变大小，至少包含一端邻近关节及病变区域（图 5-10-38）。矢状面及冠状面相位编码为上下方向，横断面相位编码采用前后方向。

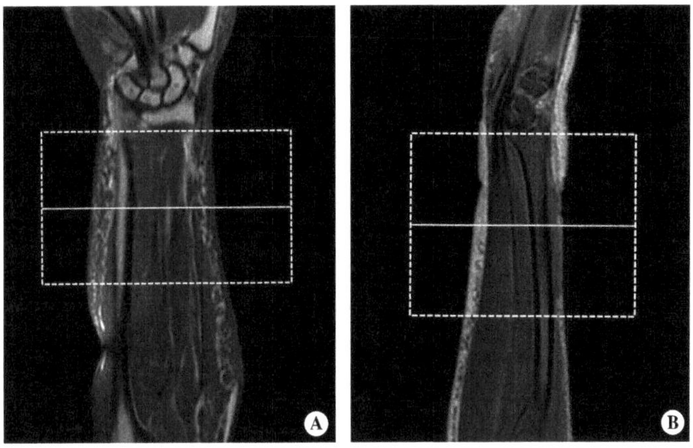

图 5-10-36　前臂横断面定位

A. 冠状面上设扫描线；B. 矢状面上设扫描线

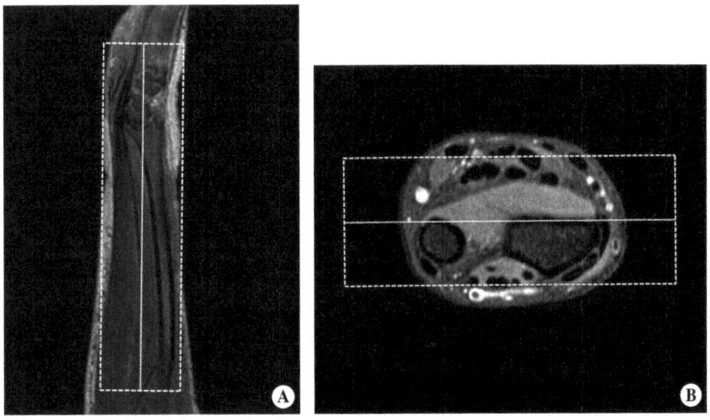

图 5-10-37　前臂冠状面定位

A. 矢状面上设扫描线；B. 横断面上设扫描线

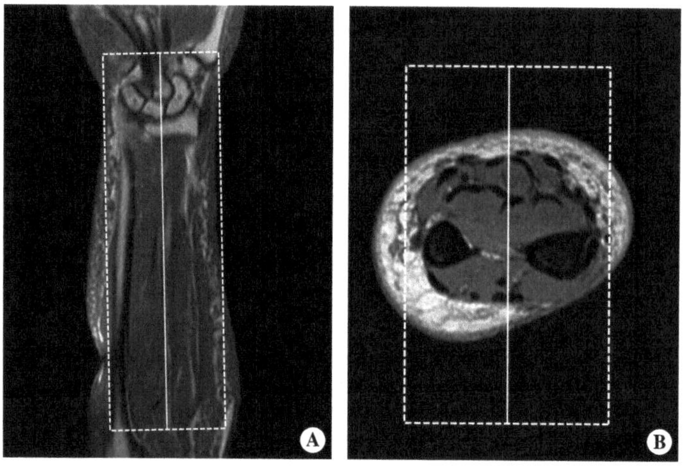

图 5-10-38 前臂矢状面定位

A. 冠状面上设扫描线；B. 横断面上设扫描线

2）大腿 MRI 常规扫描：以横断面、冠状面 T_1WI、T_2WI-FS 或 PDWI-FS 序列为主，辅以矢状面 T_2WI-FS 或 PDWI-FS 序列。横断面定位，在扫描线冠状面和矢状面上垂直于股骨长轴，扫描范围包含病变区域（图 5-10-39）。冠状面在矢状面定位，扫描线平行于股骨长轴，在横断面上调整扫描线，并平行于两侧股骨连线，扫描范围包含两侧大腿、病变区域或一个邻近关节（图 5-10-40）。

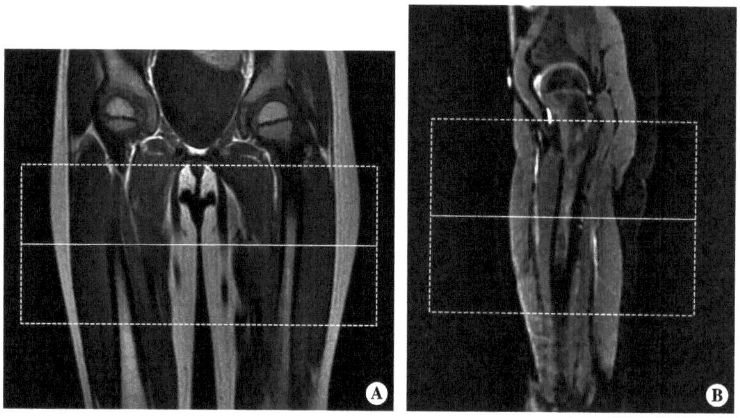

图 5-10-39 大腿横断面定位

A. 冠状面上设扫描线；B. 矢状面上设扫描线

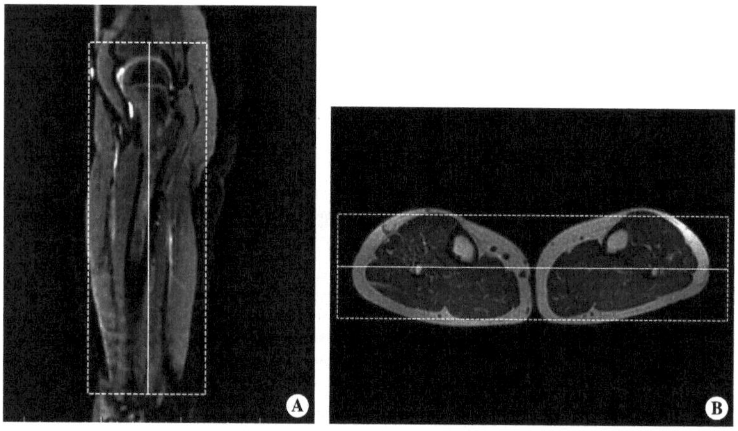

图 5-10-40 大腿冠状面定位

A. 矢状面上设扫描线；B. 横断面上设扫描线

矢状面在冠状面上定位，扫描线平行于病变股骨长轴，在横断面上调整扫描线，并平行于病变股骨长轴，扫描范围包含邻近关节及病变区域（图 5-10-41）。矢状面及冠状面相位编码为上下方向，横断面相位编码采用前后方向。

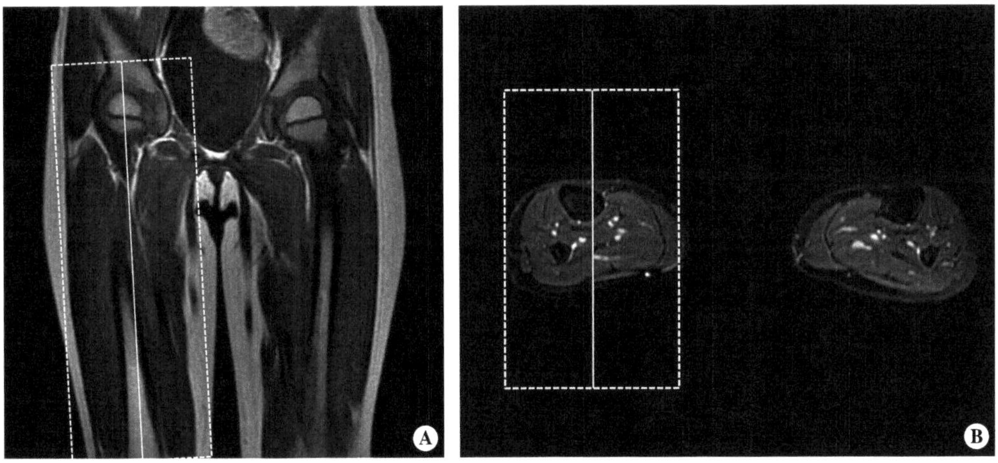

图 5-10-41 大腿矢状面定位

A. 冠状面上设扫描线；B. 横断上设扫描线

（2）增强扫描：上下肢增强检查，选择 MRI 对比剂钆剂（Gd-DTPA）0.1mmol/kg，采用静脉注射，增强成像序列采用与平扫相应的矢状面、冠状面和横断面 T_1WI-FS+C 成像序列。

（3）推荐上下肢长骨扫面 MRI 参数见表 5-10-7。

表 5-10-7 上下肢长骨 MRI 序列及成像参数

脉冲序列	TR（ms）	FA	TI（ms）	TE（ms）	ETL	矩阵	FOV（cm）	层厚/间隔（mm）	NEX
FSE-T_2WI	2600	90°		68	16	320×224	34～40	5/2	1～2
FSE-T_1WI	325	90°		15	3	320×224	34～40	5/2	1～2
PDWI-FS	2100	90°		30	6	320×224	34～40	5/2	2～4
STIR	5000		210°	50	16	320×224	34～40	5/2	2～4
T_1WI-FS+C	350	142°		15	3	320×224	34～40	5/2	1～2

5. 图像要求

（1）长骨及软组织包括皮肤、皮下脂肪、肌肉、肌间隙、血管和神经，显示清晰。

（2）相应长骨、附属组织及全部病灶区显示清晰，矢状面或冠状面需包括邻近关节。

（3）图像无明显运动伪影。

（4）四肢长骨 MRI 见图 5-10-42。

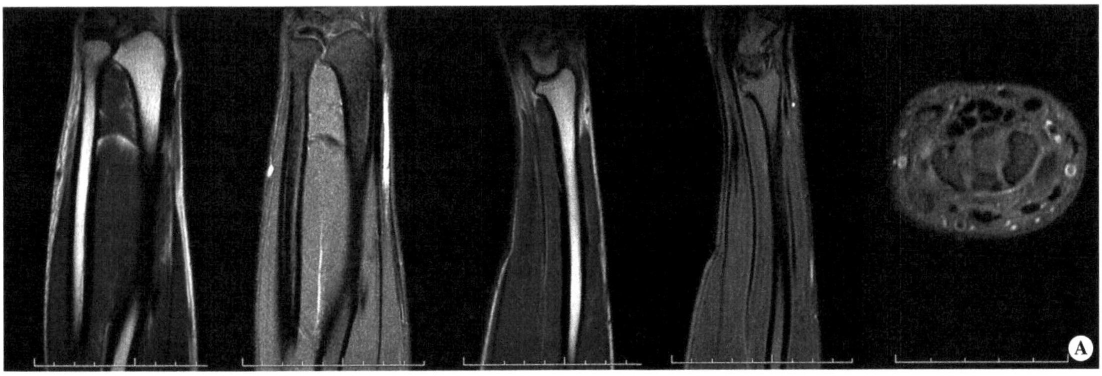

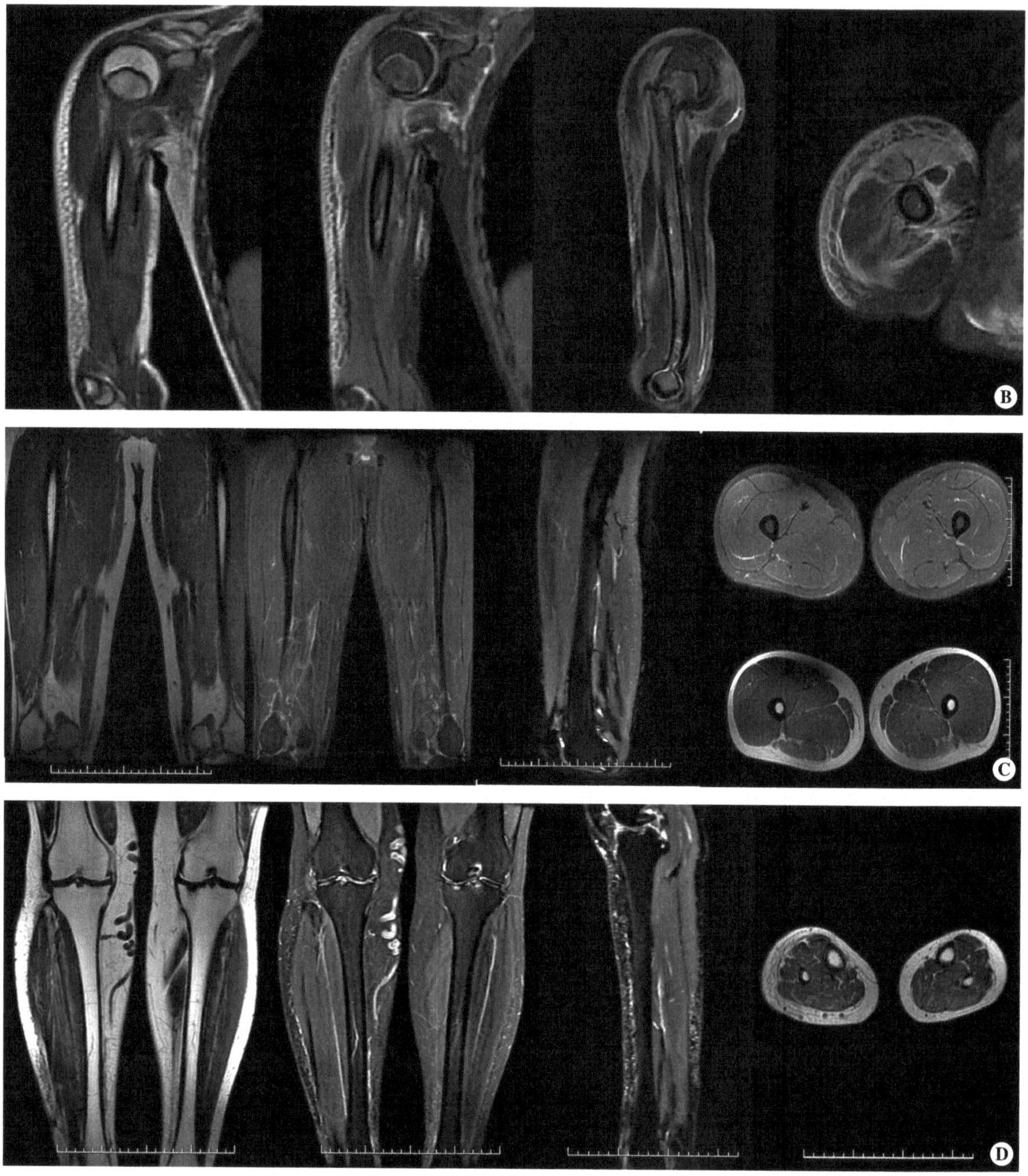

图 5-10-42 四肢长骨 MRI

A. 前臂 MRI；B. 上臂 MRI；C. 大腿 MRI；D. 小腿 MRI

6. 注意事项

（1）四肢长骨检查范围应该包含邻近的一个关节，以确定病变位置。

（2）上下肢长骨 MRI 检查时，被检侧肢体尽量靠近检查床中心，用软垫垫平肢体使被检侧肢体平行于检查床，并用沙袋或用固定带固定相应肢体。

（3）病灶范围较小并靠近关节端，可采用相应的关节线圈，病灶范围较大时可选用体部线圈。

（4）长骨 MRI T_2WI-FS 采用 STIR 序列抑脂，邻近关节如有损伤选 PDWI-FS 序列。对能显示关节结构及表现病变优势的成像面，设定为主要成像面。

（5）抑脂序列需添加局部匀场，以改善抑脂效果。

十二、相关疾病 MRI 检查要点

（1）滑膜、骨骼及软骨病变选择 T_1WI、T_2WI、PDWI 或 PDWI-FS 序列。
（2）肌肉软组织病变、感染性病变选择 T_1WI、T_2WI、T_2WI-FS 或 STIR 序列。
（3）肿瘤病变选择 T_1WI、T_2WI、T_2WI-FS 序列，T_1WI-FS+C 序列用于病变的性质辨别。

案例 5-10-1

患者，男，57 岁，外伤致右肱骨外科颈骨折，案例图 5-10-1A、B 各有什么特点？肩关节损伤应选哪些扫描序列？

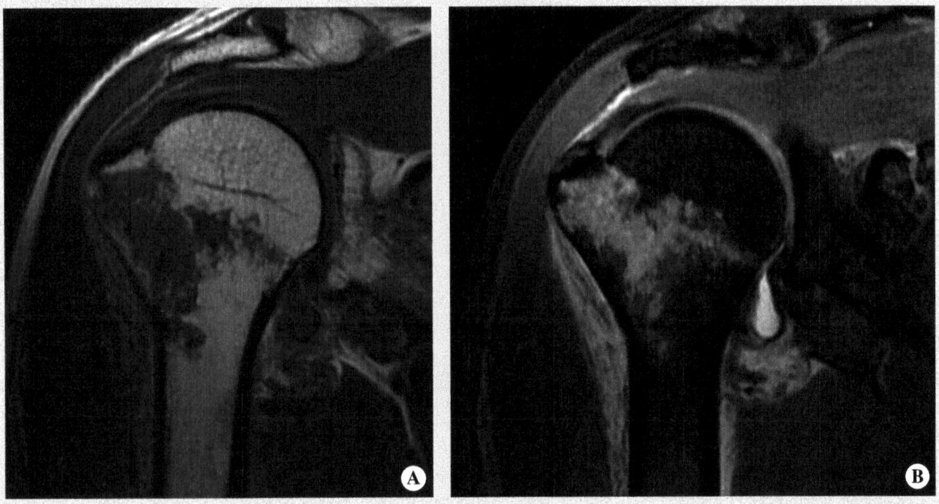

案例图 5-10-1

解答： 图 A 为 T_1WI 序列图像，显示右肱骨外科颈骨折；图 B 为 PDWI-FS 图像，显示右肱骨外科颈骨挫伤，关节腔内积液，肩关节盂唇撕裂。肩关节损伤检查可选对骨骼、软骨、骨膜、滑膜等病变显示有优势的 PDWI-FS 扫描序列，软组织损伤选 T_2WI-FS 为主要成像序列。

案例 5-10-2

患者，男，56 岁，右膝关节扭伤，案例图 5-10-2A 为 X 线图像，B 图为 MRI 矢状面 PDWI-FS 序列图像。膝关节病变首选的影像学检查是哪种？成像面及扫描序列怎么选择？

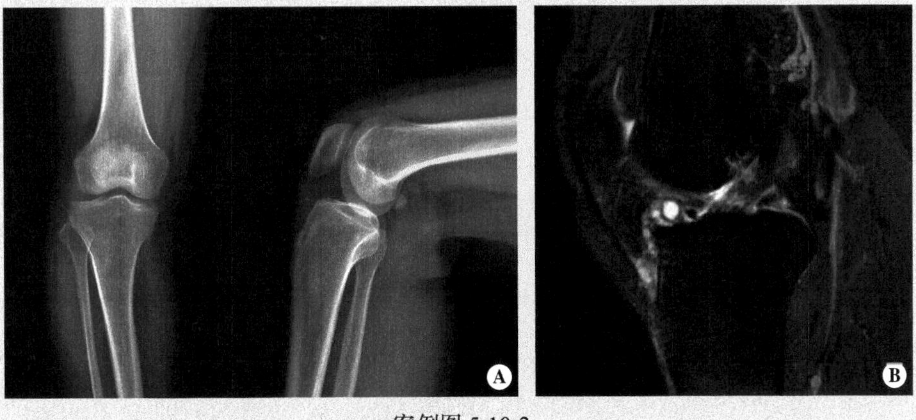

案例图 5-10-2

解答： A 图为 X 线图像，未见明显骨、关节病变，B 图为 MRI，见右外侧半月板信号异常，前交叉韧带形态信号异常。膝关节损伤 MRI 检查为首选。膝关节 MRI 检查主要成像面为矢状面，扫描序列为 T_1WI、T_2WI-FS 或 PDWI-FS，辅助成像面为冠状面及横断面，扫描序列为 PDWI-FS。

案例 5-10-3

患者，女，53 岁，案例图 5-10-3A 为双髋关节正位 X 线图像，B 图为 T_2WI-FS 序列 MRI。分析两幅图像的有何特点，分析 X 线检查与 MRI 在骨骼系统的优点。

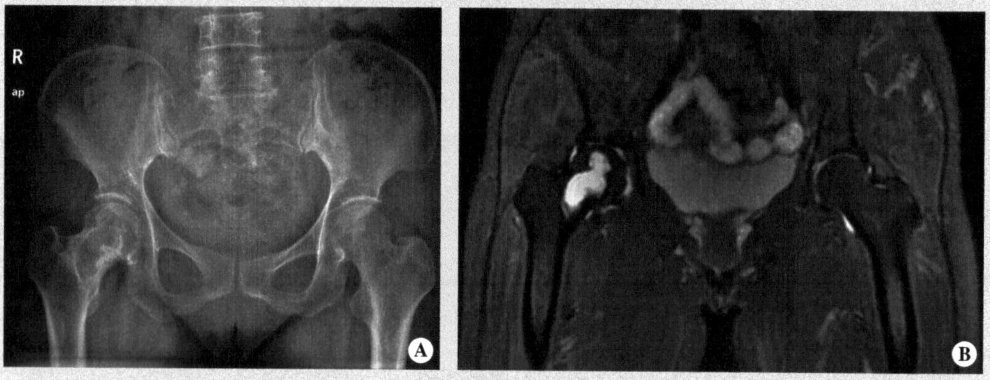

案例图 5-10-3

解答： A 图显示右侧股骨头颈骨结构异常改变；B 图显示右侧股骨头颈区囊性改变。X 线检查对于骨化、骨折、钙化、骨愈合、骨破坏、骨坏死、骨增生、骨肿瘤等骨结构的改变显示突出；MRI 对骨骼、软骨、骨髓、骨骺、软组织、骨肿瘤等病变诊断明显。

案例 5-10-4

患者，男，74 岁，案例图 5-10-4A 为右小腿 X 线图像，B 图为双下肢 MRI 横断面 T_2WI-FS 序列图像。分析两幅图像有何特点，分析 MRI 在软组织检查中的特点。

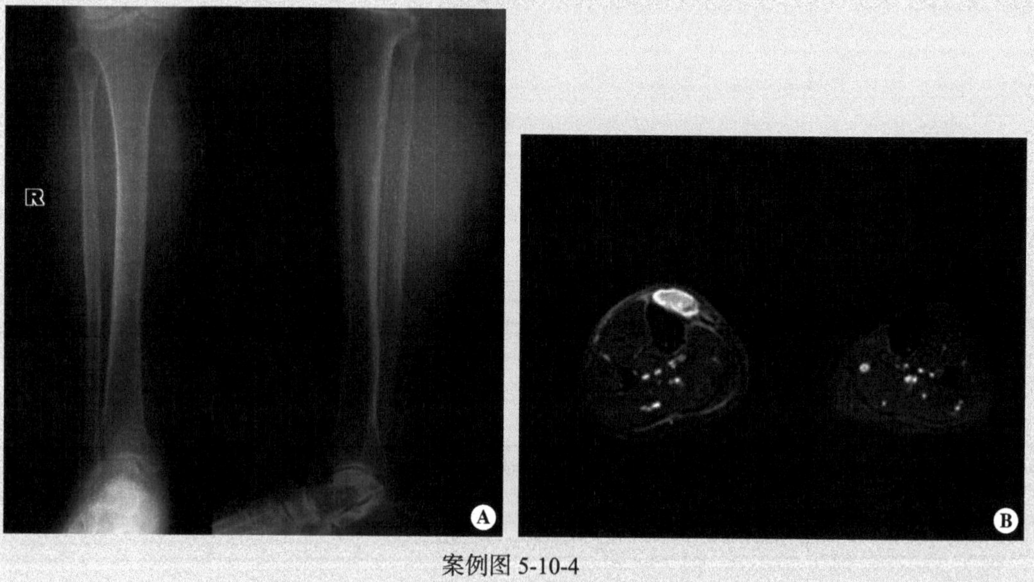

案例图 5-10-4

解答： A 图显示右小腿 X 线未见明显改变，B 图显示在右小腿中上 1/3 处，胫骨前内缘显示软组织占位改变。MRI 对软组织脂肪瘤、血管瘤、平滑肌肿瘤等病变诊断明显。

【小结】 本节介绍了四肢关节及长骨的 MRI 检查方法。不同关节和不同病变部位选择合适的射频线圈。介绍了四肢关节及长骨的位置摆放标准，但要根据情况以患者的舒适度为主，尽量接近标准体位，被检肢体尽可能置于磁场中心。各部位成像面的设定，扫描序列的选择，根据不同的部位和不同的病变性质选择相应的扫描序列。各部位图像的要求及检查的注意事项。

第十一节 外周神经与外周血管 MRI 检查技术

一、临床概述

（一）周围神经磁共振成像

周围神经磁共振成像称为磁共振神经成像（magnetic resonance neurography，MRN）。随着硬件与成像序列的进展，MRN 已应用于临床检查。MRN 有助于神经外伤、卡压、炎症、肿瘤及系统性病变的定位与定性诊断。

1. 外周神经损伤 臂丛神经损伤可分为神经节前损伤、神经节后损伤和混合型损伤，MRN 能够显示损伤的位置，判断神经是部分还是完全断裂，同时能够显示局部软组织损伤水肿及其神经支配肌群的水肿 T_2 信号，有助于临床治疗方案的制订。

2. 外周神经肿瘤 神经鞘瘤、神经纤维瘤、淋巴瘤、转移瘤等原发或继发性肿瘤可累及外周神经的不同部位。MRN 能明确肿瘤位置、大小、形态、与周围组织的关系，有助于肿瘤的定位与定性，并为手术或放化疗提供指导。

3. 外周神经炎 MRN 能够直观显示神经炎所致的神经增粗、T_2 信号增高及肌肉去神经支配信号改变，有助于诊断与鉴别诊断，有助于评估炎症的程度及治疗效果。

（二）血管磁共振成像

动脉粥样硬化、糖尿病、大动脉炎等疾病可引起血管腔狭窄或阻塞，可并发动脉瘤，病变累及全身动脉，全身血管 MRA 有助于这类病变的诊断。四肢血管 MRA 可用于四肢血管局部病变的诊断，如动脉粥样硬化、血管畸形、动脉瘤等。

二、臂丛神经 MRI 检查技术

1. 射频线圈 采用头颈联合一体化线圈或头颈联合线圈，必要时结合体部一体化线圈。

2. 受检者体位及成像中心 受检者仰卧，头先进，双手置于身体两侧。定位中心定于第 6～7 颈椎。嘱受检者尽量保持静止不动，平静呼吸，避免频繁吞咽动作。

3. 扫描技术

（1）序列及参数：常规成像可用快速自旋回波（FSE/TSE）序列，可结合反转恢复技术（STIR）。

1）在常规扫描上臂从神经与周围结构缺乏对比或是空间分辨力欠佳，现在临床常用特殊序列进行 MRN：SPACE-STIR/CUBE-IR T_2 加权成像，非选择反转脉冲用于抑制脂肪及肌肉信号，具有较高空间分辨力，图像可行较高质量三维后处理，最新结合 MSDE 弥散梯度技术，可在平扫时较好抑制血管内信号。静脉给予对比剂后扫描，由于缩短 T_2 值效应，可更好地抑制血管及淋巴组织信号（图 5-11-1）。

2）背景信号抑制扩散成像（diffusion weighted imaging with background body signal suppression，DWIBS）：利用弥散加权序列，由于神经纤维在弥散像上弥散受限呈高信号，在较高弥散梯度场作用下背景被充分抑制，图像有较高对比，但空间分辨力及信噪比较低，且因使用弥散序列，图像畸

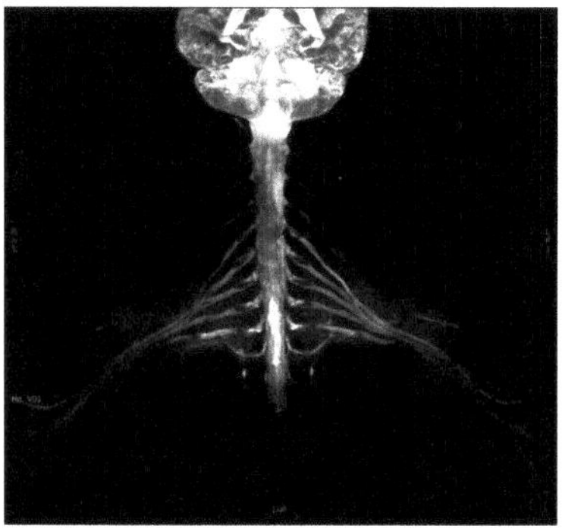

图 5-11-1 臂丛神经 MRN

变较大。

3）水脂分离技术（Dixon/IDEAL）T_2 加权成像：利用多回波技术，不同回波水与脂肪内氢质子存在相位差异，计算出水图、脂图与各回波图像。水像与常规扫描脂肪抑制像类似，此技术受磁场均匀性影响较小，去除脂肪信号更均匀，可进行 2D 或 3D 扫描。

4）臂丛神经 MRI 参数见表 5-11-1。

（2）扫描定位：节前神经以冠状位结合轴位成像显示为佳，节后神经以斜冠状位显示为佳。扫描上下范围至少应包括第 4 颈椎至第 2 胸椎，前后应包括胸锁关节后缘至椎管后缘，左右侧建议包括腋窝（图 5-11-2）。

表 5-11-1 臂丛神经 MRI 参数

脉冲序列	TR（ms）	FA	TI（ms）	TE（ms）	ETL	矩阵	FOV（cm）	层厚/间隔（mm）	NEX
T_2WI-TSE-STIR	5200	160°	230	61	13	384×288	25	3/0.3	2
T_1WI -TSE	474	160°		9.5	3	384×288	25	3/0.3	2
T_2WI -SPACE-STIR	3000	180°	230	250	150	448×403	35	1.7/0	1
T_2WI -TSE-Dixon	5460	126°		90	21	384×288	36	2.5/0	2

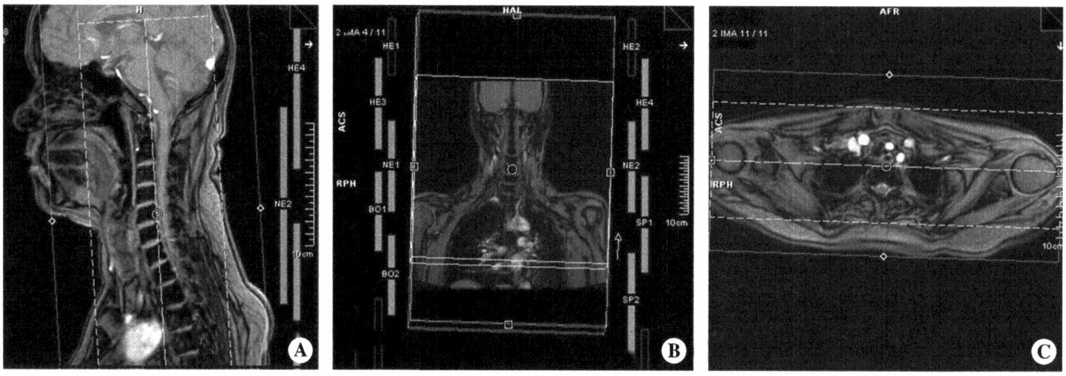

图 5-11-2 臂丛神经 MRN 定位

A. 矢状面定位；B. 冠状面定位；C. 横断面定位

4. 图像要求与显示 MRN 图像上神经束呈连续走行的线条样结构，断面呈类圆形，T_1 加权像呈等信号，T_2 加权像上呈等或稍高信号，神经外膜正常不显示。外周神经常与血管伴行，流空或流入增强效应有助于区分血管与神经。

臂丛神经穿行于斜角肌间隙进入腋窝，干股段位于锁骨下动脉的上后方，束段附近开始与锁骨下动脉伴行，与血管肌肉相邻，斜冠状位成像可相对大范围全景成像。良好的臂丛 MRN 图像应清晰显示组成臂丛的各神经根、干、股、束段及远端主分支。正常臂丛神经应连续显示，边缘锐利，与邻近血管及组织分界清晰或邻近血管及组织信号被良好抑制。

5. 注意事项

（1）T_2 加权结合 STIR 技术有利于臂丛神经与周围组织的信号区分，扫描时采用局部匀场以正确抑制脂肪信号。

（2）新技术的应用有利于更好地展示臂丛神经。在受检者可耐受的检查时间内尽可能优先选用 3D 序列高质量成像。

（3）图像可进行最大密度投影、多平面重建、曲面重建等后处理，结合常规图像及血管造影成像，多方位角度展示臂丛神经解剖形态、信号变化及与周围组织关系（图 5-11-3）。

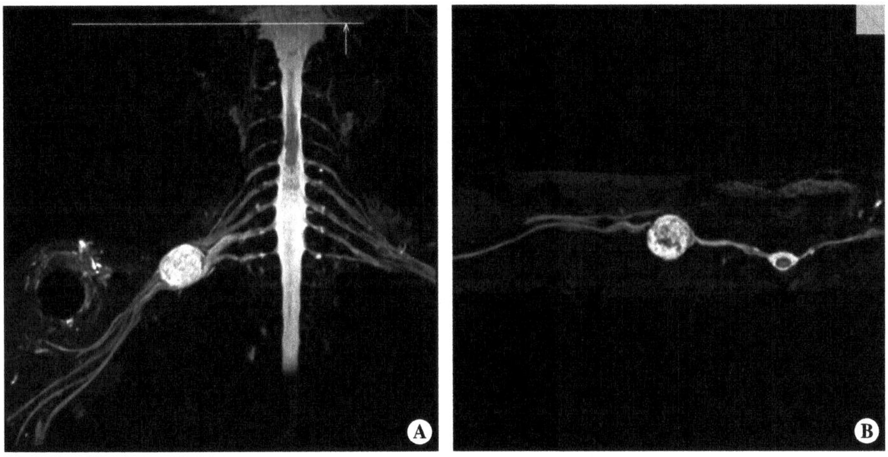

图 5-11-3　臂丛神经 MRN（清晰显示臂丛神经及与肿瘤关系）

A. 冠状面 MIP；B. 薄层曲面重建

案例 5-11-1

臂丛神经 3D-STIR-SPACE T_2WI（案例图 5-11-1），神经与周围分界不清，如何改进？

解答：图像上局部脂肪信号没有被正确抑制，并且局部神经信号缺失，因而成像质量较差。由于是用反转恢复技术来抑制脂肪，可选择正确反转时间来抑制脂肪。颈根部磁场均匀性较差，容易造成中心频率偏移过大，造成局部信号缺失，因而采用局部匀场或颈部匀场方式来改善重点区域匀场效果，使神经良好显影。

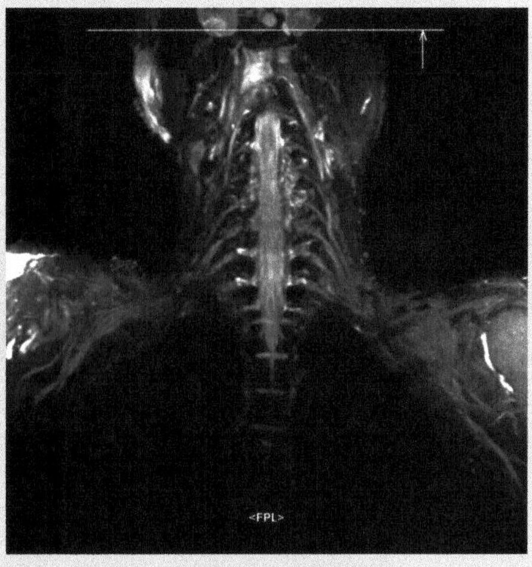

案例图 5-11-1

三、腰骶丛神经的 MRI 检查技术

1. 射频线圈　采用体部阵列线圈或脊柱阵列线圈。

2. 受检者体位及成像中心　受检者仰卧，头先进或足先进，双手置于身体两侧。如果腰椎曲度过大，可使用软垫置于膝后使双膝屈曲。定位中心定于第 3 腰椎水平。嘱受检者尽量保持静止不动，平静呼吸，避免大幅度呼吸导致的腹壁过度运动。

3. 扫描技术

（1）序列及参数：扫描序列及参数类似臂丛神经，由于扫描范围较大，可适度增加层厚及降低空间分辨力。

（2）扫描定位：节前神经以冠状位结合轴位成像显示为佳，节后神经以斜冠状位为佳。腰丛由 L_1～L_4 脊神经组成，骶丛由 L_4～S_4 脊神经组成，因此扫描时应包括对应神经根，斜冠平面成像时向下应包括盆底，向后应包括棘突前部，向前视重点所观察神经走行，一般包括椎体前缘（图 5-11-4）。

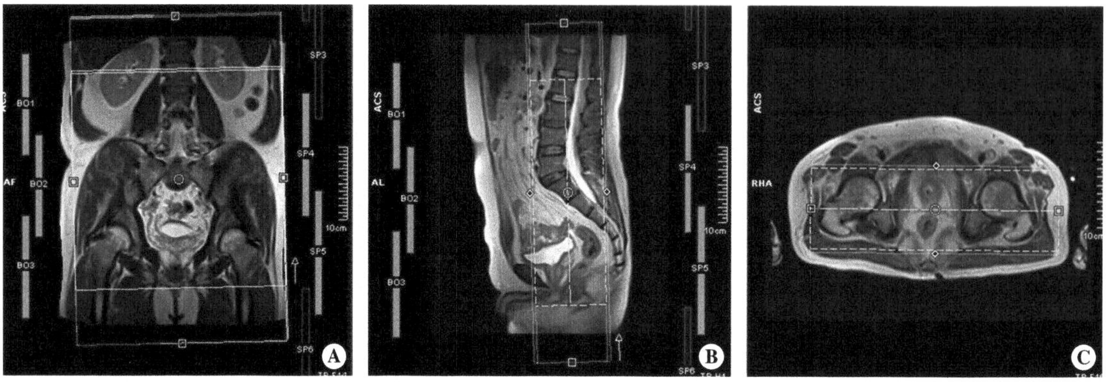

图 5-11-4 腰骶丛 MRN 定位
A. 冠状面定位；B. 矢状面定位；C. 横断面定位

4. 图像要求与显示 腰骶丛神经于 MRN 上呈连续线状 T_2 高信号，双侧对称，穿行于肌肉与脂肪组织间。良好的腰骶丛 MRN 应清晰显示双侧神经节、神经根及主要分支；神经周围的肌肉、脂肪及小血管信号应被良好抑制，与神经信号形成明显信号差别。三维图像应可进行高质量的三维重建，可追神经根及主分支，并可获得对应部位脊柱或邻近盆腔结构三维重建图像。

5. 注意事项

（1）腰骶丛神经扫描范围包括部分腹盆结构，受呼吸运动及肠道内容物干扰较大，检查前可嘱患者保持小幅度平稳呼吸，必要时检查前行肠道准备。

（2）由于扫描序列时间相对较长，检查范围较大，可适度降低空间分辨力以减少扫描时间减少伪影，或对于重点区域行局部高分辨成像。新技术的应用有利于更好地展示腰骶丛神经。

（3）尽可能优先选用 3D 序列高质量成像。

（4）图像可进行最大密度投影、多平面重建、曲面重建等后处理，结合常规图像及血管造影成像，多方位角度展示臂丛神经解剖形态、信号变化及与周围组织关系（图 5-11-5）。

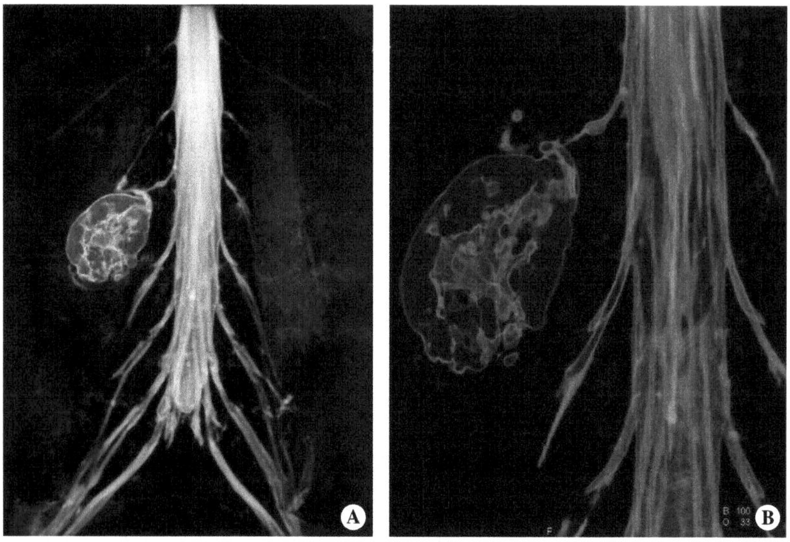

图 5-11-5 腰丛 MRN（神经鞘瘤与神经根关系显示清晰）
A. 腰丛 VR 重建；B. 腰丛肿瘤局部 VR

四、全身血管 MRA 技术

1. 射频线圈 全身 MRA 成像使用全身一体化相控阵线圈或大体线圈。相控阵线圈信噪比优于大体线圈，可以缩短成像时间，提高空间分辨力。

2. 受检者体位及成像中心 受检者仰卧，头先进，双手置于身体两侧，双腿并拢。为保持身体中轴与磁体中心平行，可适度垫高腿部。定位中心于小腿中部。全身 MRA 分段采集后拼接，扫描至胸腹段时应嘱受检者于呼气末屏气，以避免呼吸运动及不同采集段重叠部分空间定位保持相对一致。

3. 扫描技术

（1）全身 MRA 一般采用对比增强血管造影法，分段采集，拼接重建。一般可将全身血管分成头颈段、胸腹段、大腿段、小腿段，依次行冠状位扫描。

（2）血管 CE-MRA 参数见表 5-11-2。

表 5-11-2 血管 CE-MRA 参数

脉冲序列	TR（ms）	FA	TI（ms）	TE（ms）	ETL	矩阵	FOV（cm）	层厚/间隔（mm）	NEX
3D-FLASH	2.99	30°		1.06		384×315	45	0.5-1.2/0	1

4. 图像要求与显示

（1）MRA 图像上血管短轴断面呈类圆形，长轴呈管状，血管壁呈中等信号，血管腔内呈高信号，一般正常动脉由近心端向远心端逐级分支变细。

（2）良好的全身 MRA 图像动脉边缘清晰，血管全程连续显示，主干及分支显示良好，无明显静脉或组织信号干扰，多段拼接对位良好，各段 MRA 间无明显信号差异，血管可进行全身或局部三维重建。

5. 注意事项

（1）为使图像拼接良好及减少扫描层数，摆位时应注意身体中轴与磁场中心线及床平行。

（2）扫描时各段倾斜角及偏中心距离尽量减小，每段图像与邻近图像重叠 5cm 以上。

（3）胸腹段扫描时屏气扫描，可显著减少运动伪影。

（4）对于不同身高受检者，可适度增大扫描范围，以减少分段数，缩短整体扫描时间。

（5）胸腹段及大腿段血管较粗大，可适度降低分辨力；头颈及小腿段血管较细小，可适度调高分辨力。

（6）综合考虑分段及每段分辨力，合理控制扫描时间，避免静脉干扰。

（7）扫描一般采用透视触发法，以颈动脉显影作为第一段（头颈段）扫描触发时间点，序列采集应采用 K 空间中心填充。

（8）图像后处理可先将同段造影前后图像进行减影，以去除血管以外组织的干扰，后将所得图像拼接后行 MIP 处理，图像可多方位角度旋转观察并摄片，对于局部病变可重建局部图像、突出病变信息（图 5-11-6）。

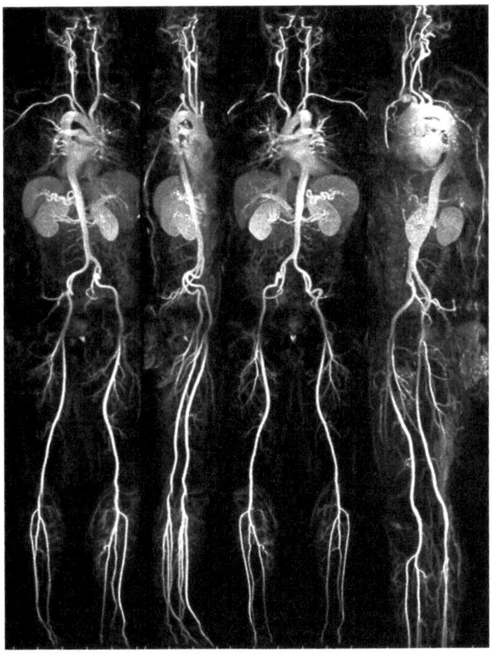

图 5-11-6 全身 CE-MRA

五、四肢血管 MRA 技术

1. 射频线圈 四肢 MRA 使用体部相控阵线圈、关节线圈或柔性线圈。关节线圈信噪比较好，但成像范围较小，体部相控阵线圈成像范围大，但信噪比较多通道关节线圈低。按线圈信噪比与成像范围，根据病变大小及所需观察范围合理选择线圈。

2. 受检者体位及成像中心 受检者取仰卧、俯卧或侧卧，头先进或足先进，受检部位尽量靠近磁体中心，如双侧对称部位同时检查，双侧应保持对称排列，如双腿并拢与磁体中心线平行。全下肢成像时可适当垫高小腿，使下肢动脉与扫描床长轴及磁体中心线平行。成像中心定于扫描野的中心。

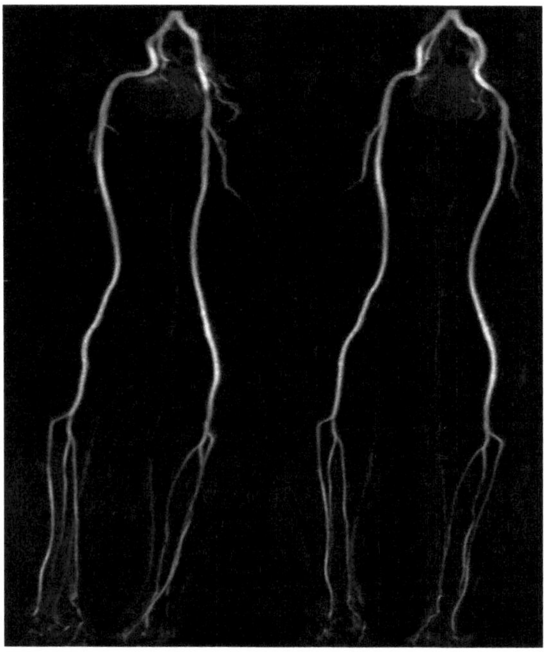

图 5-11-7 下肢不打对比剂法 MRA（Delta-flow）

3. 扫描技术 四肢 MRA 有对比增强方式与非对比增强方式，非对比增强方式有 TOF 及 PC 法、NATIVE SPACE（Delta-flow）方法等。

（1）TOF 及 PC 法：成像法与头部成像类似，但四肢 TOF 法受血流方向影响较大，PC 法需设定靶血管正确流速，病变区血流复杂，因而可靠性较低。

（2）NATIVE SPACE（Delta-flow）方法：采用舒张期 SPACE 序列图像减收缩期 SPACE 序列图像获得动脉信号，扫描以四肢冠状面采集，扫描时需预先采集心电/脉搏门控不同延时像来确定心电门控延迟时间，对于四肢血管病变，成像优于 TOF 及 PC 法（图 5-11-7）。

（3）对比增强法：磁共振血管造影（CE-MRA）采用 T_1 加权快速三维梯度回波序列，如 3D-FLASH 等。静脉注射对比剂可显著缩短血液 T_1 值，与周围组织信号形成显著差异，可以克服血液饱和效应及失相效应引起的信号丢失，可靠性高，临床应用广泛。CE-MRA 可单节段采集，也可多节段采集后拼接。因为冠状位可以最少层面覆盖最大扫描范围，一般采集方向以冠状位为主，单节段采集最大视野限制在 400～500mm，多节段采集应保持层节段间重叠 5cm 以上。由于四肢血管相对较细小，采集层厚在 0.5～1.0mm，层面内分辨力应高于或与层间分辨力相同，以利于血管显示及三维后处理。单节段扫描时间视扫描部位及病变种类应控制在 1min 以内，以减少静脉污染；多节段应考虑移床及血流速度，适度改变扫描时间。单节段扫描对比剂用量 0.1mmol/kg（单倍剂量），注射速度 2.0ml/s，多节段扫描可于单倍剂量对比剂注入后追加一倍剂量，追加剂量以 0.5ml/s 流速给予，对比剂注入后以等量等速生理盐水冲管。扫描临床常用透视触发法，当观察到目标血管明确显影后立即采集血管造影序列。序列采集应选用 K 空间中心填充方式，以保证动脉对比。扫描序列使用最小 TE，TR 尽量减小，激发角一般在 30°～50°。

（4）四肢血管 MRA 如表 5-11-3。

表 5-11-3 四肢血管 MRA 参数

脉冲序列	TR（ms）	FA	TE（ms）	ETL	矩阵	FOV（cm）	层厚/间隔（mm）	NEX
NATIVE SPACE	450	180°	82	60	384×292	45	1/0	1.4
3D-FLASH	2.99	30°	1.06		384×315	45	0.5～1.2/0	1

4. 图像要求与显示 良好的四肢 MRA 图像动脉边缘清晰，血管全程连续显示，主干及分支显示良好，无明显静脉或背景组织信号干扰，手及足部动脉弓网显示清晰，血管可进行三维重建。

5. 注意事项

（1）全下肢扫描时应覆盖髂动脉分叉至足背动脉，腹段采集为避免呼吸运动伪影应屏气扫描，屏气时间应控制在 15～20s。

（2）多节段采集时，各段倾斜角及偏中心距离尽量减小，每段图像与邻近图像重叠 5cm 以上，以保证高质量的拼接。

（3）扫描一般采用透视触发法，以靶血管明确显影作为扫描触发时间点，序列采集应采用 K 空间中心填充。

（4）图像后处理可先将同段造影前后图像进行减影，以去除血管以外组织的干扰。

（5）对于血管闭塞或严重狭窄病例，应适度延迟扫描时间，以观测血管充盈及侧支血管。

（6）对于动静脉瘘患者，可采用 Trick/Twist 技术，增强后只采 K 空间中心数据，显著缩短采集时间，多期动态采集，可观察供血动脉、引流静脉及血管巢。

（7）图像采用 MIP 重建，结合 MPR 及 CURVE 重建，如需显示周围组织结构，CE-MRA 可采用非减影图像重建，以利于邻近组织显示（图 5-11-8）。

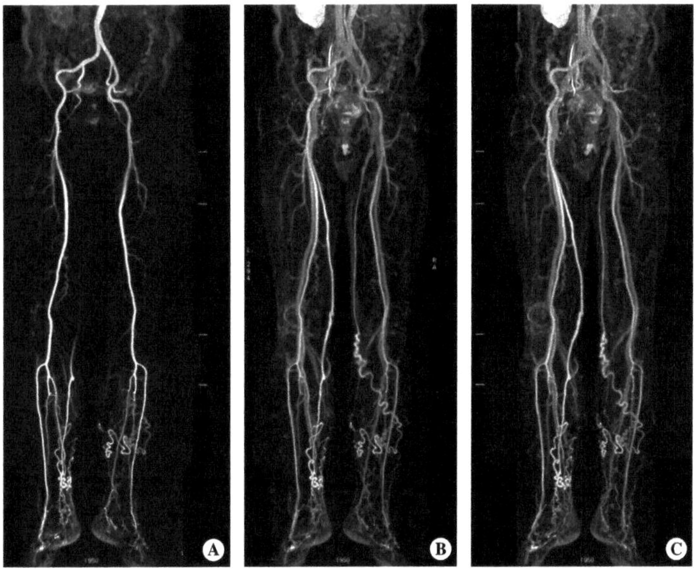

图 5-11-8 下肢 CE-MRA 多时相

A. 动脉期相；B. 静脉期相；C. 延时期相

案例 5-11-2

如案例图 5-11-2 下肢血管造影时，A 图较 B 图上段血管边界显示模糊，背景较杂乱，如何改进？

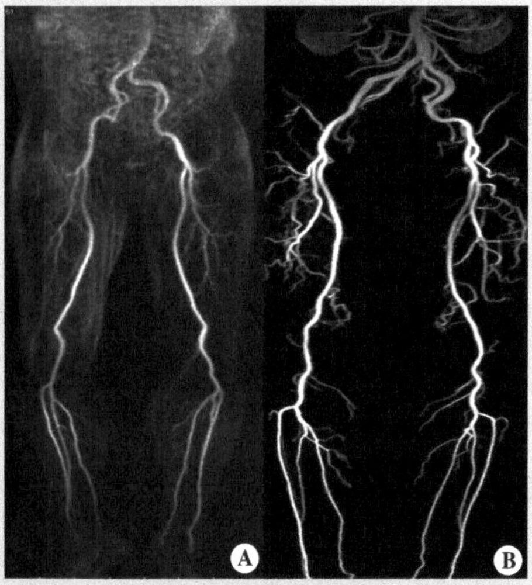

案例图 5-11-2

解答：腹段 CE-MRA 时应嘱受检者屏气，以克服呼吸运动的干扰。因为在行 CE-MRA 时常先平扫采集蒙片图像，增强后图像与蒙片图像减影，以减少背景信号、突出血管，所以在多段采集过程中应避免身体移动，需屏气采集的图像应都统一于呼气末状态下采集，以免蒙片与增强后图像位置变动，背景减影不良。

六、相关疾病MRI检查要点

1. 系统性疾病 MRI 检查要点 系统性疾病引起的外周神经病变，应大范围成像进行双侧对照。

2. 外周神经疾病 MRI 检查要点

（1）外周神经卡压性病变：应结合常规扫描了解卡压区组织情况，水脂分离技术有助于一次扫描同时了解神经及周围组织情况。

（2）外周神经肿瘤性及炎性病变：如用对比剂抑制背景，应考虑病变区强化导致的缩短 T_2 效应引起的信号丢失。扫描应包括常规平扫及增强。

（3）外周神经急性外伤：局部软组织挫伤水肿明显，病情许可下可待水肿减退后再行检查或复查。

3. 骶丛病变 MRI 检查要点 检查前应排空膀胱，避免尿液信号干扰。

4. 血管性疾病 MRI 检查要点

（1）血管 MRA 对于血管狭窄或闭塞病例，应适度延迟扫描，以利于靶血管充盈。

（2）动脉瘤行 MRA 应包括载瘤血管瘤前、瘤后主要分支，并应选择合适时机避免过早采集、对比剂充填不足而影响血栓判定。

（3）动静脉瘘病例可采用 Trick/Twist 法造影，给予对比剂后扫描只采集 K 空间中心数据，可显著缩短采集时间，动态观察血管灌注情况。

（4）假性动脉瘤病例可不做减影处理，结合常规扫描，便于观察外周血肿。

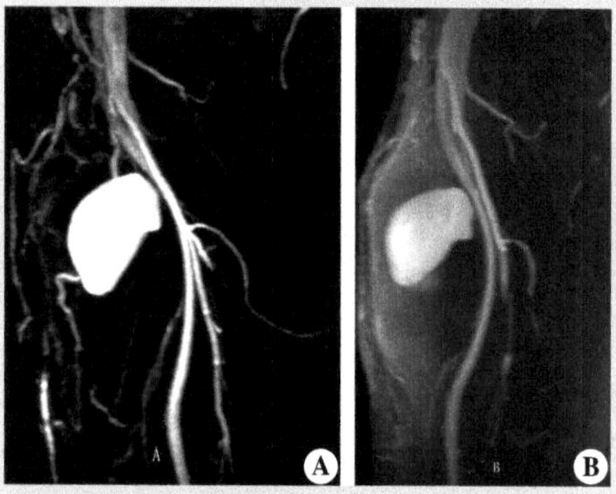

案例图 5-11-3

案例 5-11-3

案例图 5-11-3A 股动脉假性动脉瘤，MRA 显示动脉瘤远小于体检所测大小，如何显示假性动脉瘤全貌？

解答： 图 A 为减影后 CE-MRA，由于假性动脉瘤为血管破裂后形成，局部除了瘤腔外还有血肿，减影后的图像去除了背景的血肿影像，只显示瘤腔与血管，所以显示的假性动脉瘤比实际要小。如图 B 非减影 MRA 图重建，可观察瘤腔外血肿全貌。

【小结】 外周神经成像主要包括臂丛、腰丛及骶丛成像。成像方法分为 2D 与 3D 法，常用序列为 2D-STIR-T_2WI、SPACE-STIR-T_2WI、DWIBS、DWI。成像平面多以斜冠状面覆盖所检查区域。全身血管 MRA 采用多段拼接 CE-MRA 法，扫描平面为冠状面，对比剂用量 0.1～0.2mmol/kg，应用透视触发扫描，并采用 K 空间中心填充。四肢血管 MRA 可采用对比增强或非对比增强法，对比增强法扫描类似全身 MRA。

第十二节　胎儿胎盘 MRI 检查技术

一、临 床 概 述

胎儿胎盘常规检查首选超声，MRI 作为补充手段。MRI 无放射辐射、高软组织分辨力、大视野、多角度成像，不受气体、骨骼、母体体型（肥胖）、羊水等干扰，对胎儿胎盘检查很有优势：①清楚显示胎儿、胎盘等结构；②显示胎儿部分器官发育异常或畸形，如中枢、心脏、胸部、胃肠、肾脏、骨骼等异常；③母体盆腔器官和骨盆结构等显示；④可以获得较超声更为丰富的信息。

MRI 由于速度慢、禁忌证较多等局限性，不作为胎儿胎盘的常规或首选方法。

二、胎儿MRI检查技术

1. 适应证 超声检查的补充；超声检查疑似胎儿胎盘等异常；产前超声检查不能清楚显示胎儿胎盘等结构；母体肥胖、羊水过少、胎位观察、产前检查、终止妊娠、胎头颅骨骨化等；家族遗传病或前一胎有异常、多胎等情况。

2. 射频线圈 采用体部相控阵线圈。

3. 受检者体位及成像中心

（1）体位：方便摆位，减少孕妇紧张感，保持孕妇体位舒适，头先进或足先进均可。仰卧位，身体置于检查床正中。

（2）成像中心：孕妇存在个体差异，通常取髂前上棘为中心，线圈上下范围包全盆腔。

4. 扫描技术

（1）常规扫描：①成像方位：常用横断位、矢状位、冠状位，根据需要结合其他方位。②成像序列：以快速自旋回波 T_2WI 为主、T_1WI 为辅；可以结合平衡式自由稳定进动序列（B-TFE）更好地显示胎儿和羊水。③定位图像：首先行母体腹盆腔大范围扫描，再依据观察胎儿具体部位定位。胎儿解剖部位横断面定位，依据矢状面和冠状面（图 5-12-1 A、B）；冠状面定位，依据横断面和矢状面（图 5-12-1 C、D）；矢状面定位，依据横断面和冠状面（图 5-12-1 E、F）。

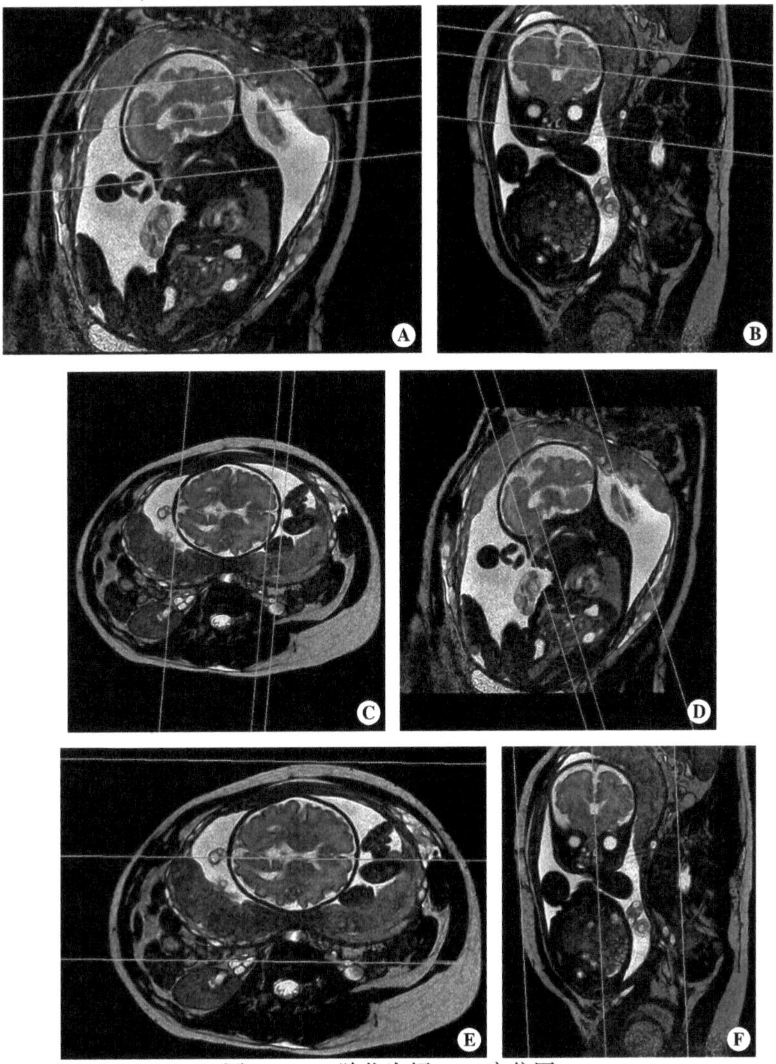

图 5-12-1 胎儿头颅MRI定位图

A、B. 横断面扫描定位像；C、D. 冠状面扫描定位像；E、F. 矢状面扫描定位像

（2）推荐参数见表 5-12-1，具体参数根据 MRI 机型适当调整。

表 5-12-1 胎儿头颅扫描参数

脉冲序列	TR（ms）	TE（ms）	ETL	FOV（cm）	层厚/层间距（mm）	矩阵	NEX
TSE-T_2WI	2500～5000	60～90	10～20	30～40	4～6/1	256×224	2～4
TSE-T_1WI	100～250	8～20	2～4	30～40	4～6/1	256×224	2～4
稳态进动	3.5～5.0	1.5～3.2		30～40	4～6/1	256×224	0.75～2.00

5. 图像要求与显示

（1）图像包括母体腹盆腔全部范围。母体膀胱、子宫、直肠、骨盆等结构清楚显示，母体子宫随胎龄增加而增大，子宫壁结构（蜕膜层、肌层、浆膜层）逐渐变薄。胎儿胎位、胎头、脊柱、四肢、脐带、胎盘、羊水等清楚显示。

（2）基本序列（T_1WI、T_2WI），胎头脑实质表现为中等信号，脑脊液及羊水均为长 T_1、长 T_2 信号。

（3）无伪影干扰。

（4）胎儿头颅 MRI 见图 5-12-2。

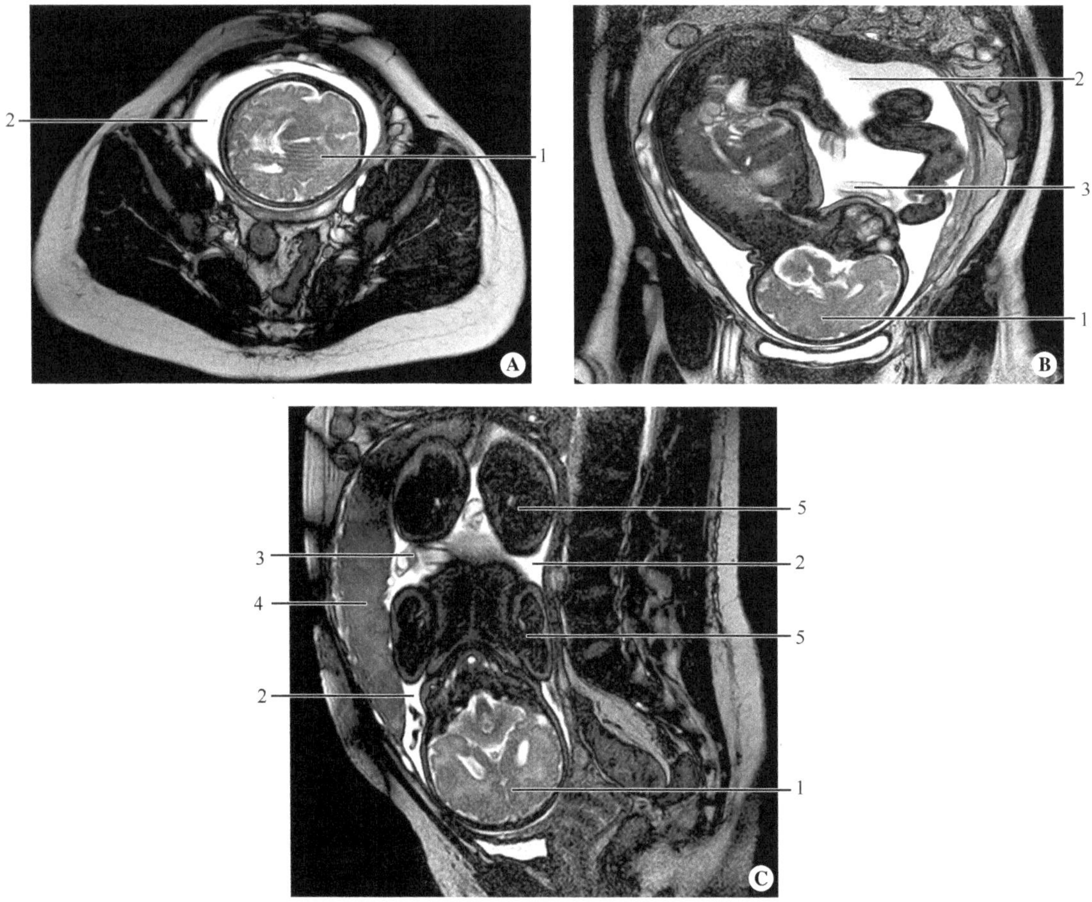

图 5-12-2 胎儿头颅 MRI

A. 胎儿横断面；B. 胎儿冠状面；C. 胎儿矢状面

1. 胎头；2. 羊水；3. 脐带；4. 胎盘；5. 四肢

6. 注意事项

（1）检查前孕妇排空大便，保持膀胱适当充盈。检查时保持孕妇体位舒适。

（2）妊娠期 12 周以前不建议作胎儿 MRI 检查，20 周以后检查更适合。

（3）磁共振 1.5T 或 3.0T 设备均可作胎儿检查，1.5T 更有优势。

（4）胎儿存在个体差异，没有统一固定的扫描基线及频率方向，根据所需观察胎儿的部位合理定位。扫描时应选取合适的视野及频率编码方向。

（5）通常选用快速序列扫描，以减少胎儿运动造成的伪影。

（6）注意控制 SAR 值，建议＜3W/kg。

（7）检查时不使用对比剂、镇静剂、门控技术，禁止要求孕妇长时间屏气。

三、胎盘 MRI 检查技术

1. 适应证 超声检查的补充；胎盘、脐带异常，如前置胎盘、胎盘植入、脐带绕颈等；产前检查；终止妊娠等。

2. 射频线圈 采用体部相控阵线圈。

3. 受检者体位及成像中心

（1）体位：仰卧位，头先进或足先进，身体置于检查床正中，尽量保持孕妇体位舒适。

（2）成像中心：根据孕妇个体差异而定，约以髂前上棘为中心，线圈上下范围包全盆腔。

4. 扫描技术

（1）常规扫描：①成像方位：常取横断位、矢状位、冠状位，根据需要结合其他方位。②成像序列：以快速自旋回波 T_2WI 为主、T_1WI 为辅。可以结合平衡式自由稳定进动序列（B-TFE）更好地显示胎盘结构。③定位图像：胎盘横断面扫描定位像见图 5-12-3 A、B，冠状面扫描定位像见图 5-12-3 C、D，矢状面扫描定位像见图 5-12-3 E、F。

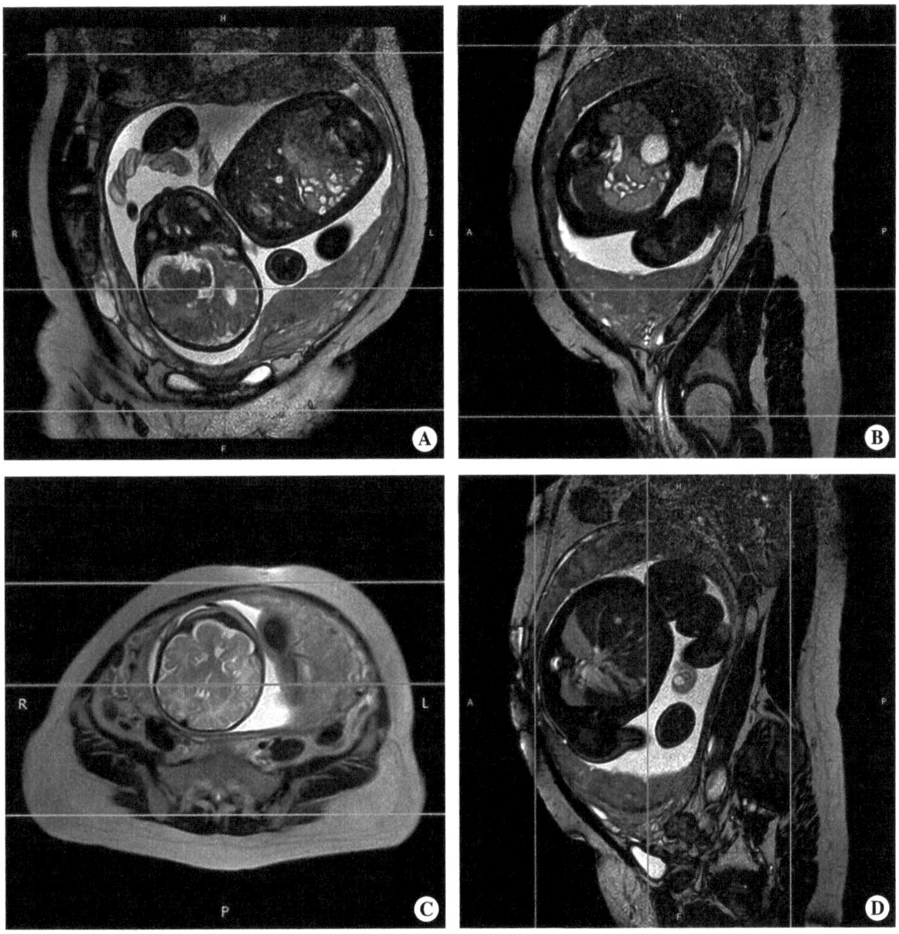

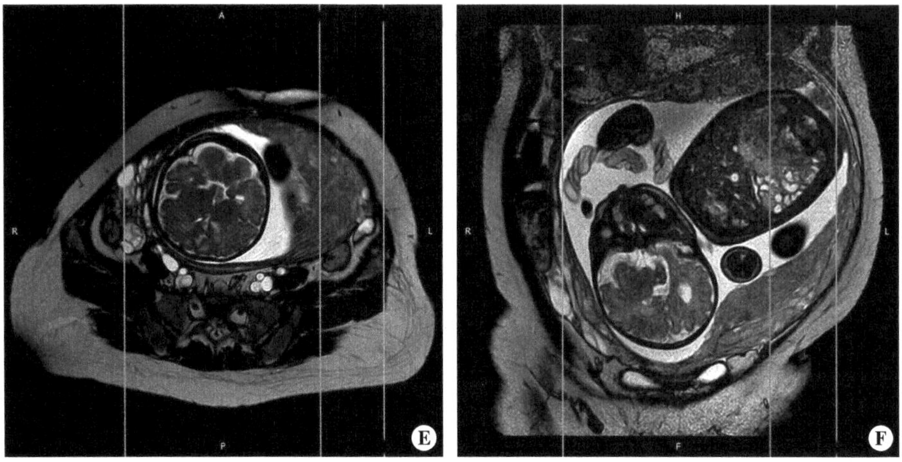

图 5-12-3　胎盘 MRI 定位图

A、B.横断面扫描定位像；C、D.冠状面扫描定位像；E、F.矢状面扫描定位像

（2）增强扫描：有明确临床需要或终止妊娠等可行增强扫描，一般在产后胎盘植入应用较多。增强检查能够更好地显示子宫肌层和胎盘的界面，对胎盘植入深度有更精确的评估。通常取横断面、矢状面、冠状面扫描。对比剂选用钆剂，按照说明书使用。

（3）推荐参数见表 5-12-2。具体参数根据 MRI 机型适当调整，视野根据扫描部位调整。

表 5-12-2　胎盘扫描参数

脉冲序列	TR（ms）	TE（ms）	ETL	FOV（cm）	层厚/层间距（mm）	矩阵	NEX
TSE-T_2WI	2500～5000	60～90	10～20	30～40	4～6/1	256×224	2～4
TSE-T_1WI	100～250	8～20	2～4	30～40	4～6/1	256×224	2～4
稳态进动	3.5～5.0	1.5～3.2		30～40	4～6/1	256×224	0.75～2.00

5. 图像要求与显示

（1）图像完全包括母体腹盆腔整体结构。胎盘附着于子宫壁，形态各异。胎盘等结构在横断面、矢状面、冠状面清楚完整显示。

（2）T_2WI 显示胎盘尤佳。妊娠 19～24 周，胎盘为均匀中等信号；妊娠 24 周以后，胎盘内可见分叶、分隔低信号线；脐带为圆形、椭圆形、长柱状中等信号。

（3）无伪影干扰。

（4）胎盘 MRI 见图 5-12-4。

6. 注意事项

（1）检查前作好医患沟通，详细了解病史，了解需要检查的目的。

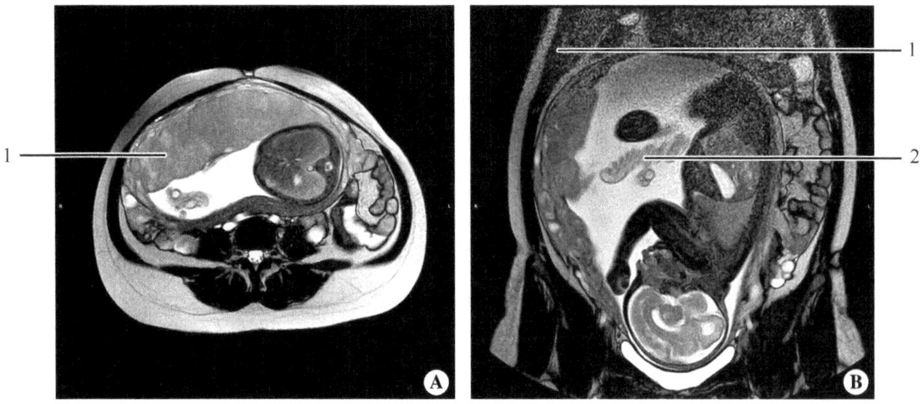

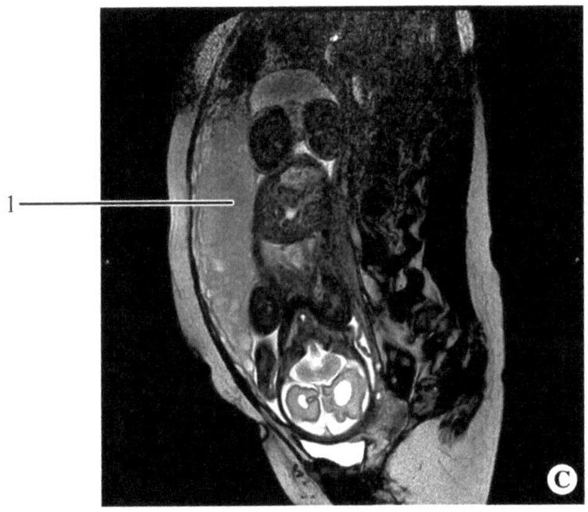

图 5-12-4 胎盘 MRI

A. 冠状面 T_1WI；B. 横断面 T_2WI；C. 矢状面 T_2WI

1. 胎盘；2. 脐带

（2）哺乳期母亲如果需要进行增强扫描了解残存胎盘植入等情况，嘱咐增强检查后 3 天才能哺乳。

（3）扫描技师对胎盘植入或前置胎盘 MRI 征象应有一定的认识，利于更好地定位扫描。胎盘植入常见于子宫下段前壁，MRI 表现为胎盘内信号不均，T_2WI 上胎盘内条带状低信号；胎盘植入子宫肌层，可见子宫三层结构与周边脏器分界不清，子宫局部不规则或向外凸起等。前置胎盘是指妊娠 28 周后胎盘附着于子宫下段，胎盘下缘达到或覆盖子宫颈内口，其位置低于胎儿的先露部。

四、胎儿胎盘 MRI 检查要点

胎儿胎盘 MRI 检查，应注意以下要点：

（1）检查前准备。掌握适应证，作好医患沟通，了解检查目的。

（2）扫描定位的灵活性。胎儿在母体内不停地运动，需要根据胎儿在母体的位置进行定位，通常需要上一个序列图像作为下一个扫描序列的定位标准。

（3）扫描序列的合理性。通常采用快速成像序列，缩短扫描时间，减少胎儿运动干扰。获得水和软组织对比好的图像，可以采用平衡式自由稳态进动序列（B-TFE），如前置胎盘检查。观察胎儿颅脑损伤或胎盘植入等，可以结合 DWI。

（4）严格增强检查。原则是遵循临床需要进行增强检查。

案例 5-12-1

女，35 岁。妊娠 37^{+4} 周，彩超提示前置胎盘。案例图 5-12-1A、B 为 MRI 矢状面、冠状面图像。为什么采用这种序列扫描，有何意义？

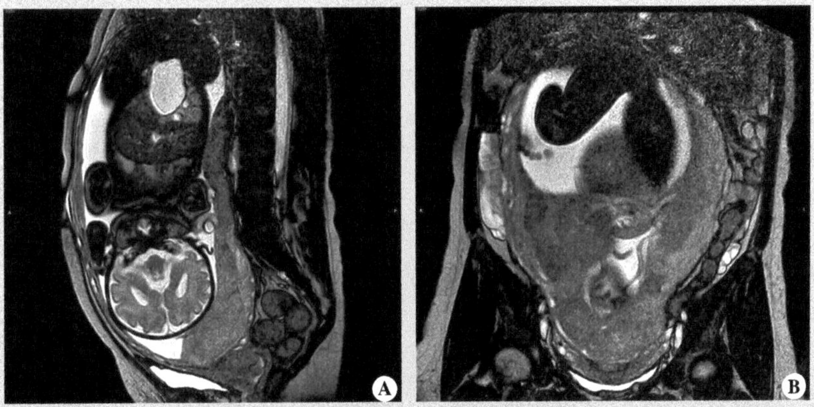

案例图 5-12-1

解答：本例为前置胎盘。A、B 为平衡式自由稳定进动序列（B-TFE）图像，采用这种序列扫描，可以很好地显示软组织结构，利于观察胎盘位置、范围、胎盘下缘与母体子宫内口关系，明确前置胎盘的诊断。

【小结】 本节在介绍胎儿胎盘 MRI 临床概述的基础上，从检查适应证、射频线圈选择、受检者体位及成像中心设计、扫描方式与扫描参数设置等方面详细阐述了其检查技术。在检查过程中，必须严格掌握检查适应证，灵活应用扫描序列。

第十三节 MRI 技术新进展

近年来，随着超导磁体技术、电子和计算机技术的不断发展，高场强 MRI 设备广泛应用，新的成像技术不断涌现，成像质量和成像速度不断提高，临床应用范围不断扩大，并逐渐由形态学成像向功能学成像过渡，在早期发现疾病、全面评估疾病、疾病疗效评估等全方位临床应用与科学研究中显示了越来越大的优势。

一、扩散磁共振成像

扩散是指因分子的热运动（即布朗运动）所致的组织中水分子的运动方向及位置不断发生随机改变的现象。扩散磁共振成像（diffusion MRI，dMRI）技术利用对称双极弥散梯度（即扩散敏感梯度）对水分子扩散进行量化，从而无创性地反映活体组织内部的微观结构。扩散 MRI 技术最早应用在中枢神经系统，随着多种模型的实现及其扫描技术的发展，对全身的应用也逐渐成熟。这些技术包括弥散加权成像、全身类 PET 成像、扩散张量成像、扩散峰度成像等。

（一）弥散加权成像

DWI 通过测量组织细胞内、外及跨膜水分子的布朗运动，从分子水平上反映组织内部水分子的扩散程度，从而检测出与组织改变有关的早期功能学病变。该技术临床应用较广，主要用于评估水分子扩散是否受限，如超急性脑梗死、细胞毒性水肿、血肿及肿瘤等的诊断和鉴别诊断。DWI 与常规的 T_1WI、T_2WI 相比，当水分子扩散受限时，则表现为高信号。常用的 DWI 计算模型有单指数成像模型、双指数成像模型和拉伸指数成像模型等。

1. 单指数成像模型 单指数弥散加权成像，即常规 DWI，是基于体素内水分子的布朗运动具有各向同性的假设，采集的数据运用单指数函数拟合的扩散成像技术。为增加对扩散的敏感性，在 SE-EPI 序列 180°相位重聚脉冲前后施加一对位置对称、大小相等的扩散敏感梯度场。采集的数据运用单指数函数：

$$S(b)/S_0=(-b)\times(\mathrm{ADC}) \quad \text{（公式 5-13-1）}$$

式中，b 为扩散敏感梯度因子；S（b）代表扩散敏感梯度因子为 b 时的平均信号强度；S_0 代表没有扩散敏感梯度时的信号强度；ADC 是表观扩散系数，表征水分子扩散的平均强度，是应用最为广泛的定量参数，它可以鉴别良恶性组织，一定程度上反映恶性肿瘤级别的高低。随着磁共振设备硬件和软件的提升，单指数弥散加权成像已被广泛运用于全身各系统。

单次激发 DWI 有良好的对比分辨力，但空间分辨力低，且单次激发 DWI 易受磁敏感伪影、T_2^*效应和长 TE 影响，出现图像的低信噪比和畸变。高分辨力 DWI 技术，能显著降低其图像变形，并提高其空间分辨力，在研究包括大脑、脑干、脊髓高分辨力水分子弥散受限情况等方面有着极大的潜力，并使丘脑及灰质核团的细微结构研究成为可能。

2. 双指数成像模型 DWI 对组织内的水分子布朗运动非常敏感，一定程度上可以反映细胞密度。但单指数模型最大的问题在于没有把微循环中的血流与细胞间隙的水分子弥散区分开，这样将导致定量结果的较大误差。就人体组织而言，水分子运动除了单指数成像模型中检测的水分子自由扩散，即布朗运动外，还有毛细血管网中的血液微循环，即灌注。毛细血管网缺少空间定位，呈随机分布，即具有各向同性，其微循环灌注也具有水分子的自由扩散特性，可看作假性扩散，因此信号衰减不再遵循单指数行为。这个值反映的是灌注信息，又称灌注系数。

为了区分组织内水分子的自由扩散和毛细血管微循环灌注，Le Bihan 等提出了体素内不相干运动成像（intravoxel incoherent motion imaging，IVIM）理论，假设在每个体素内有两个扩散速度不同的质子池，导致信号按 b 值的双指数形式弛豫，产生的信号衰减符合双指数函数：

$$S(b)/S_0=(1-f)\exp(-b\cdot D)+f\cdot\exp\left[-b\left(D+D^*\right)\right] \quad （公式 5\text{-}13\text{-}2）$$

式中，D 代表体素内反映的是真实的弥散信息，又叫实际弥散系数，主要代表真实弥散对弥散图像信号衰减的贡献；D^*代表体素内毛细血管微循环灌注，称为假性扩散系数或快速扩散系数，主要代表灌注对弥散图像信号衰减的贡献；f 为灌注分数，代表体素内毛细血管微循环灌注效应占总体扩散效应的百分比，反映了血流量。

基于双指数模型的信号衰减，通过 b 值的选择把组织中扩散速度不同的信息区分开。当选用高 b 值（b>200s/mm^2）时，灌注效应所产生的信号绝大部分已经衰减完毕，此时信号衰减基本与体素内单纯的水分子扩散相关；当选用低 b 值（0～200s/mm^2）时，DWI 信号对微循环灌注效应更为敏感，所测信号衰减同时反映了组织内水分子的扩散和毛细血管微循环灌注效应。IVIM 双指数模型能够很好地解释 b 值与增大的 ADC 值之间的关系，证实了双指数模型弥散加权成像能够真实反映组织的实际扩散和灌注效应。

IVIM 广泛应用于腹盆部肝脏、肾脏、胰腺、前列腺等血供丰富的脏器。在肝脏中，主要用于肝脏良恶性肿瘤的鉴别、肝细胞肝癌分级和疗效评估等；在肾脏中，IVIM 可以鉴别肾脏肿瘤的良恶性，评估肾动脉狭窄对肾脏皮髓质结构和功能的影响，对于肾癌的分型也有一定的帮助，以及反映移植肾功能的变化等；在前列腺中，用于前列腺癌、良性前列腺增生和正常前列腺外周带的鉴别，以及分析前列腺癌的病理分级等。对于宫颈癌而言，肿瘤血供灌注及其异质性可以作为疗效评价和预后的指标。另外，还有 IVIM 在中枢神经系统、胰腺、脊髓等方面的应用研究。

3. 拉伸指数成像模型 单指数和双指数成像模型在单或双质子池信号中具有一定的物理基础，但是还必须考虑体素内多个质子池的扩散速度连续分布的可能性，这样就假定扩散发生在一个或两个特定质子池中。Bennett 等假设每个体素包含连续分布的扩散速度，开发了拉伸指数成像模型（也称为 Kohlrausch-Williams-Watts 模型）。

拉伸指数函数为：

$$S(b)/S_0=\exp\{-(b\cdot \mathrm{DDC})^{\alpha}\} \quad （公式 5\text{-}13\text{-}3）$$

式中，α 是异质性指数，表征信号衰减与单指数方式的偏差，其值介于 0 和 1 之间。α 值接近 1 表示扩散的高度同质性，即高度的单指数衰减；α 值接近 0 表示扩散的高度异质性，表示体素内多个单独的质子池引起的非指数行为。DDC 值可以被认为是 ADC 的近似值，表示扩散速度连续分布质子池中水的体积分数加权值。

拉伸指数模型具有如下优势：①克服了双指数模型人为假设体素内存在快速和慢速两种扩散成分及它们之间的交换很慢的缺点；②对比双指数和拉伸指数模型在相同质量的拟合条件下，拉伸指数模型的稳定性更好。体素内异质性的两种类型：即流体黏度异质性和扩散受限异质性，对扩散相关的信号衰减产生不同的影响。如果扩散时间短，前者效应主导异质性，但随着扩散时间的延长，后者逐渐占据主导地位。目前，已有关于拉伸指数在前列腺癌、宫颈癌、2 型糖尿病慢性脑损伤等方面的研究报道。

（二）全身类 PET 成像

全身背景抑制弥散加权成像技术（whole-body diffusion weighted imaging with background body signal suppression，WB-DWIBS）是一种近年研发的可用于全身检查的 MRI 技术，由日本学者

Takahara 等于 2004 年首次提出，因其成像效果与 PET 类似，故又有“类 PET”之称。

WB-DWIBS 采用扩散加权、脂肪抑制技术及多信号叠加技术进行成像。背景信号抑制采用 STIR 技术，能够很好地屏蔽体部的背景信号，包括脂肪、肌肉、骨髓、血管、部分脏器等。扩散加权成像通过检测组织细胞间隙水分子扩散运动的强弱来间接反映组织细胞的生理病理状态。在病理状态下，细胞内外的大分子分布发生改变以及细胞膜结构破坏等一系列变化，导致水分子扩散状况发生改变，继而引起 DWI 中的信号异常，清晰显示淋巴结、肿瘤等多种病变，使病变组织尤其是恶性肿瘤及其转移瘤的显示率明显增加。该技术可以在自由呼吸状态下完成人体从颅脑到足部的大范围扫描，并得到高信噪比和高对比度的图像。

扫描获得的原始数据由 3D-MIP 重组成全身立体图像，经图像黑白翻转技术得到类似 PET 图像的效果。双肺、纵隔、脂肪、肌肉、骨髓、肝脏、胰腺等在黑白翻转图像上呈高信号，而脑实质、淋巴结、脾脏、双肾、胆囊、子宫、附件、充盈的膀胱和肠道、前列腺、睾丸、椎间盘、椎管等在黑白翻转图像上呈低信号。

WB-DWIBS 的临床应用目前主要集中在恶性肿瘤及其转移灶的检出、淋巴结转移筛查、恶性肿瘤临床分期、抗肿瘤治疗疗效评估等方面，有研究表明与 PET-CT 方法相比，WB-DWIBS 对肿瘤性病变有较高的敏感性。

（三）扩散张量成像

弥散是一个三维过程，扩散张量成像（DWI）理论的前提是假设水分子在组织内的扩散是所有方向均匀一致的，即各向同性。然而，由于人体组织结构的复杂性，水分子在各方向上的扩散程度不同，具有方向依赖性，即各向异性。DTI 是在 DWI 的基础上，通过施加 6 个以上扩散敏感梯度场并采集相应信号，利用水分子扩散的各向异性检测组织微观结构，分析组织内水分子随机运动方向特性的技术。经过后处理合成而获得扩散张量图像。

基于扩散张量中，本征向量（eigenvector）和本征值（eigenvalue）用于描述单个体素中纤维束主要走行的方向及相应方向上的扩散幅度，通常用 v 和 λ 表示，每个本征向量对应一个本征值。目前主要应用 3 个相互垂直的本征向量即 v_1、v_2、v_3，分别表示单个体素内主要纤维束的主要走行方向；3 个本征值为 λ_1、λ_2、λ_3。

扩散张量图像主要参数包括：

1. 分数各向异性（fractional anisotropy，FA） 扩散张量的各向异性成分与整个扩散张量之比，定量测量的单个体素内的各向异性值，其计算公式如下：

$$FA = [3(\lambda_1 - \lambda^2 + (\lambda_2 - \lambda)^2 + (\lambda_3 - \lambda)^2]^{1/2} / [2(\lambda_1{}^2 + \lambda_2{}^2 + \lambda_3{}^2)]^{1/2} \quad （公式 5-13-4）$$

在完全各向同性的介质中，FA＝0°，在圆柱状对称的各向异性的介质中，FA 接近于 1，如锥体束的 FA 值为 0.93，脑脊液的 FA 值仅为 0.02。

2. 平均扩散率（mean diffusivity，MD） 代表单个体素内平均扩散，其计算公式如下：

$$MD = (\lambda_1 + \lambda_2 + \lambda_3) / 3 \quad （公式 5-13-5）$$

MD 只表示扩散的大小，与扩散的方向无关。MD 越大，则表示组织内所含自由水分子越多。

3. 相对各向异性（relative anisotropy，RA） 为本征值的变量与其平均值的比，其计算公式如下：

$$RA = [(\lambda_1 - \lambda)^2 + (\lambda_2 - \lambda)^2 + (\lambda_3 - \lambda)^2]^{1/2} / (3\lambda)^{1/2} \quad （公式 5-13-6）$$

RA 值范围为 0～$\sqrt{2}$，0 表示最大各向同性，$\sqrt{2}$ 表示最大各向异性。对于完全各向同性的介质来说，RA＝0。

4. 容积比（volume ratio，VR） 椭球体的体积与半径为平均扩散球体的体积之比，其计算见公式：

$$VR = (\lambda_1 \lambda_2 \lambda_3) / \lambda^3 \quad （公式 5-13-7）$$

其中，$$\lambda = (\lambda_1 + \lambda_2 + \lambda_3)/3$$ （公式 5-13-8）

VR 的值为 0～1，0 为最大各向异性，1 为完全各向同性。

在中枢神经系统，脑白质纤维由于髓鞘的存在，水分子在沿神经纤维走行方向的扩散系数显著大于垂直方向，即各向异性明显，所以 DTI 主要用于追踪脑白质纤维束的走行，也应用 DTI 显示脑肿瘤与周围白质纤维束关系判断肿瘤良恶性，并有助于胶质瘤的分级；还有 DTI 关于帕金森病、多发性硬化、精神分裂症等方面的研究。随着该技术的成熟，DTI 在其他组织器官的应用研究，如心肌纤维、前列腺等也逐渐增多。

（四）扩散峰度成像

扩散峰度成像（diffusion kurtosis imaging，DKI）技术是假定水分子完全自由扩散，即符合高斯分布模型，实际上，水分子的扩散由于受细胞器、细胞膜、细胞外间隙等限制，其扩散位移及分布将偏离高斯分布，称为非高斯分布。而且在 b 值较大（b>1000s/mm^2）时，水分子的扩散位移呈非高斯分布，此时单指数模型将不再适用。Jensen 等提出扩散峰度成像，用于量化组织内非高斯分布水分子扩散特性。该技术以传统的扩散成像技术为基础，在同一类型的脉冲序列基础上增大 b 值，同时要求至少施加 15 个方向的扩散敏感梯度。非高斯分布模型更接近于人体的真实情况，对于描绘脑组织微观结构具有独特优势。

DKI 除了能提供常规 DTI 参数外，还能提供 MK（平均峰度）、K‖（平行峰度）、K⊥（垂直峰度）和 FAk（峰度各向异性），这些参数对大脑灰质的成分结构变化比 DTI 参数更为敏感，是当前中枢神经 MRI 研究的热点。其中，平均弥散峰度（MK）是目前 DKI 临床科研应用中最常用的弥散峰度参数。它是组织沿空间各方向弥散峰度的平均值，MK 值越大表明弥散受限越严重，成分结构越复杂。

DKI 在中枢神经系统，主要应用于肿瘤的分级、早期阿尔茨海默病脑组织改变的判断、脑梗死的分期，目前还有关于 DKI 在帕金森病、多发性硬化、特发性全身癫痫、亨廷顿病等的研究应用。随着技术的进展与研究的深入，在腹部脏器的应用研究也逐渐增多，应用不同 b 值观察正常肝脏和肾脏组织的影像表现，有利于肝纤维化和肾脏病变的早期发现；在前列腺中的应用，能提高良性和恶性前列腺组织鉴别能力。DKI 应用非高斯分布水分子进行成像，能够更真实地反映人体正常和病变组织的扩散特性，已经越来越多地应用于其他各组织器官。

案例 5-13-1

患者，男，65 岁，主诉头痛伴左侧肢体无力 1 天，行 MRI 检查。案例图 5-13-1A、B、C、D 为 MRI 检查所得四幅图像。这四幅图分别做什么检查得到的？各显示什么信息？这四幅图显示病变有无区别？

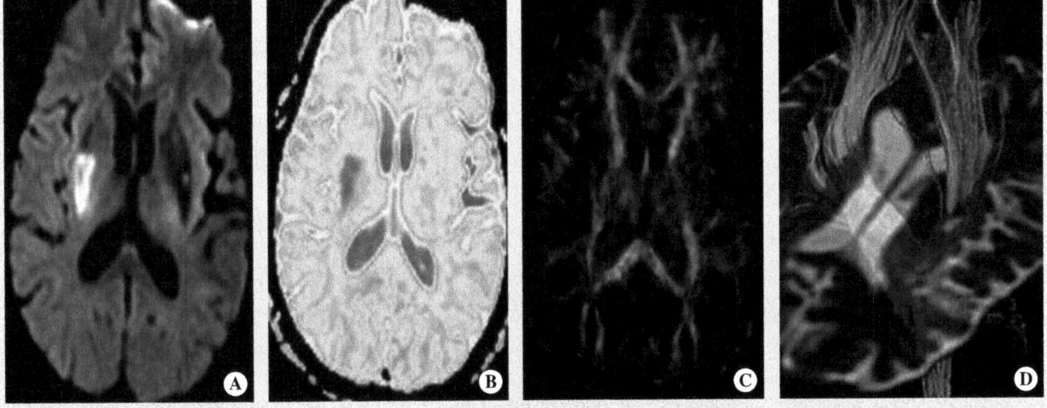

案例图 5-13-1

解答：A 图是 DWI 所得图像，B 图是 DWI 后处理得到的 ADC 图，C、D 图分别是 DTI 后处理得到的 FA 图和白质纤维束追踪。A 图显示右侧内囊区局灶性高信号，B 图显示 ADC 值下降（脑梗死），C 图未见明显的白质纤维束受损，但 D 图白质纤维束追踪三维图像上可见相应区域白质纤维束中断减少。这四幅图显示病变有区别，白质纤维束追踪三维图像能更准确地显示白质纤维束情况。

二、灌注加权成像

MR 灌注加权成像（perfusion weighted imaging，PWI）用来反映组织的微血管分布和血流灌注情况，可以提供血流动力学方面的信息。磁共振反映灌注的方法主要有两种，一种是使用外源性示踪剂，常用的是动态磁敏感对比增强（dynamic susceptibility weighted contrast enhanced，DSC）；另一种是利用内源性示踪剂的动脉自旋标记技术（arterial spin labeling，ASL）。

（一）动态磁敏感对比增强

动态磁敏感对比增强灌注加权成像（DSC PWI）多采用高压注射器将顺磁性对比剂（如 Gd-DTPA）快速注入周围静脉，采用高时间分辨力的快速 MRI 序列对目标器官进行连续多时相扫描。依赖顺磁性对比剂产生的 T_2^*缩短效应，观察组织内血流动力学的改变，以判断组织情况。T_2^*WI 中，对比剂通过时，组织信号强度下降，而对比剂通过后，信号会部分恢复。忽略 T_1 效应，则 T_2^*WI 的信号强度变化率与局部对比剂浓度、脑血容量成正比。根据反复扫描得到的图像，可后处理计算得到 rCBV、rCBF、MTT、TTP 图。目前 DSC PWI 临床应用于早期发现急性脑缺血灶，观察血管形态和血管化程度的血供情况，评价颅内肿瘤的不同类型。该技术是基于血-脑屏障完整的情况下提出的，当病变破坏了血-脑屏障引起对比剂渗漏，会导致定量评价准确性下降。在血-脑屏障破坏情况下，可通过延长回波时间、减小偏转角以及动态增强前先注入少量对比剂等方法来降低短 T_1 效应对信号强度的影响。此外，DSC PWI 还可用于早期发现心肌缺血及其他器官的血流灌注情况。

（二）动脉自旋标记技术

动脉自旋标记技术（ASL）不需要引入外源性对比剂，是一种完全无创性的灌注方法。该技术利用动脉血中的水分子作为内源性示踪剂，对成像平面的上游血流进行标记使其自旋状态改变，待血对组织灌注后进行成像。ASL 依标注方法分为连续式 ASL（CASL）和脉冲式 ASL（PASL）。新的准连续 ASL（pcASL）结合了 CASL 与 PASL 优点，减低了对设备的要求，减弱了标注层与成像层间的磁化传递效率，提高了图像信噪比并减小了伪影，使 CBF 测量的准确性得到提高。ASL 依采集方式分为 2D 与 3D 采集，3D 采集由于具有更高的信噪比并可后期重建，现为主流采集方式。

目前 ASL 采用的多为单时相成像，采集固定的标记延迟时间，如果组织的实际动脉通过时间大于标记延迟时间，则采集图像过早，所得 CBF 低于真实 CBF。脑部双侧前循环供血动脉内流速度不一致或血管路径长度不一致时采用单时相 ASL 技术有可能导致误判，以往采用分次标注采集不同标记延迟时间来解决这一问题，现多时相 ASL 技术于一次标注后采集多个不同的延迟时间点，可较好地解决单时相 ASL 的这一问题，提高了采集效率及准确性。常规 ASL 标记的是标记层面内所有血管，获得全脑的 CBF 灌注图像。新的选择性 ASL 技术可选择性的标记某支或某个区域内几支血管，从而观察标记血管供血区域的情况，判断变异、侧支代偿等情况（图 5-13-1）。

ASL 技术在神经系统应用较广泛，如脑血管疾病；在其他组织器官灌注的应用也在逐渐增加。与 DSC PWI 比较，虽然 ASL 技术安全性较高，但由于序列自身原因带来较多的不良因素，图像信噪比、空间分辨力及测量准确性均较低，所以有关 ASL 的研究仍需进一步的完善。

三、血氧水平依赖功能磁共振成像

血氧水平依赖功能磁共振成像（blood oxygenation level dependent functional MRI，BOLD fMRI）是狭义上的磁共振功能成像（fMRI），是探讨大脑神经元活动动态模式的一种方法。该方法的原理是当神经元活动时，局部氧耗量和脑血流量的受影响程度不同，从而改变了局部脑区去氧-氧合血红蛋白的相对含量，引起局部磁场均匀性变化，以上结果导致了磁共振信号的轻微改变即产生了BOLD 效应。BOLD 效应最先由 Ogawa 等于 1990 年提出，突破了传统放射学单纯解剖观察的概念，可以直接对人脑进行反复的非入侵性观察测量，引起了放射学科和神经学科的革命性进步，目前已广泛应用到脑功能的研究。fMRI 技术可直接显示脑区的激活部位及激活程度，并具有高图像空间分辨力及时间分辨力等优点，fMRI 技术主要包括任务状态下成像和静息状态下成像两种方法。

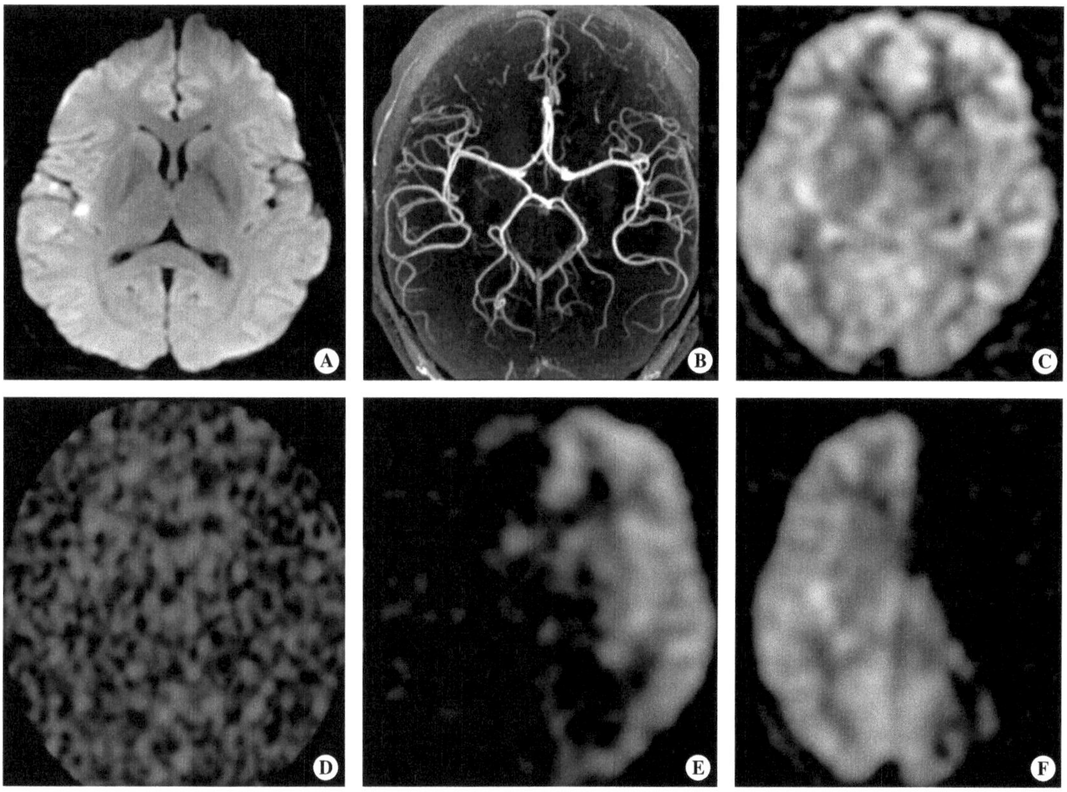

图 5-13-1　右侧颈内动脉闭塞患者 3D 选择性标记 ASL

A. DWI；B. MRA；C. 3D ASL；D. tASL 选择性标记右侧颈内动脉，右侧大脑半球前循环供血区未显影；E. tASL 选择性标记左侧颈内动脉，左侧大脑半球前循环供血区显影；F. tASL 选择性标记双侧椎动脉，显示右侧大脑半球改由后循环供血，与 MRA 示右侧后交通动脉粗大吻合

（一）任务态功能磁共振成像

任务态 fMRI（task-based fMRI）方法需要受检者在 MRI 扫描时接受某种特定的任务或刺激，以检测受检者参与任务或刺激的脑区神经元的活动情况。该方法对受检者要求高，若受检者的配合度差，则同类研究结果重复性差。task-based fMRI 的任务有两种基本设计，组块设计（block-design）与事件相关设计（event related design），前者是指每一个组块内连续呈现同一种刺激，具有良好的检测激活能力，后处理简单；后者是指一次只给一个短暂的刺激，间隔一段时间后再进行下一次相同或者不同的刺激，具有良好的血流动力学模型估计能力，并能对不同脑区的反应特征进行精细的区分。目前 task-based fMRI 的研究，刺激任务可为视觉、听觉及嗅觉等，观察刺激下相应脑区神经元的活动。

（二）静息态功能磁共振成像

静息态 fMRI（resting state fMRI，rs-fMRI）不需要任务刺激，不需要复杂精细的实验设计，要求受检者在安静、闭眼及不作思考的状态下进行扫描。一方面，该技术相对于任务态 fMRI 对受检者要求较低，可重复性高；另一方面，研究者容易操作和控制扫描任务；同时该技术具有无创、无辐射及安全性较高等优点，故应用较广泛，尤其在对精神疾病的研究中具有不可替代的优势。静息态 fMRI 的研究常见于阿尔茨海默病、精神分裂症、抑郁症、注意缺陷多动症及意识障碍患者脑功能的评估等。应用 rs-fMRI 研究发现，静息状态下人脑的大量神经元仍处于活动状态，且特定脑区具有很强的一致性和很强的功能连接，这些具有相似功能的特定脑区构成默认模式网络（default mode network，DMN）。默认模式网络与任务诱导的脑区激活成动态平衡状态，这种动态平衡的破坏也许可以解释患者行为学的异常改变。

四、磁共振波谱成像

磁共振波谱成像（MRS）是目前唯一在活体组织内，无创性检测人体正常和病变组织细胞代谢变化的技术，需结合 MRI 形态学定位。该技术利用磁共振现象和化学位移作用，对特定的原子核及其化合物进行量化分析。根据测量不同代谢物的水平，临床上对 MRS 的应用不同，包括评价大脑发育程度、肿瘤性病变成分、感染性病变及缺铁性病变等。常测量的代谢物有 *N*-乙酰天门冬氨酸（NAA）、肌酸（Cr）、胆碱（Cho）及乳酸（Lac）等。由于人体谷氨酸复合物（Glx）和 γ-氨基丁酸（GABA）含量低，且在常规波谱序列中与其他代谢物波峰重叠，故以往波谱对 Glx 和 GABA 研究较少，新的磁共振波谱技术即 MEGA-PRESS，可对谷氨酸复合物和 GABA 进行定量测量。

1. *N*-乙酰天门冬氨酸峰 是正常脑组织 ^{1}H 磁共振波谱的第一大峰，位于 2.02～2.05ppm 处，是脑内 *N*-乙酰基化合物的特征。NAA 主要存在于神经元及其轴突，可作为神经元的内标物，其含量可反映神经元的功能状态。在脑组织受到疾病损害时，其波峰降低，浓度出现下降。其含量降低见于脑炎、脓肿、肿瘤、缺血、缺氧及脱髓鞘等疾病。将来可以利用 NAA 和谷氨酸的浓度作为阻滞兴奋性氨基酸保护脑组织治疗方案的监测指标。

2. 肌酸（Cr）峰 是正常脑组织 ^{1}H 磁共振波谱的第二大峰，位于 3.03ppm 处，由于其在脑组织浓度较稳定，常用作参照物，其他代谢产物与 Cr 的比值可反映这些代谢产物的变化。作为脑组织能量代谢的提示物，Cr 在低代谢状态下增加，而在高代谢状态下（如缺血、缺氧的环境下）降低。因为多数脑内病变，尤其是脑内肿瘤性病变中的 Cr 峰有不同程度降低，特别是恶性程度较高的肿瘤性病变，所以利用代谢物的比值作解释时应该慎重一些。

3. 胆碱（Cho）峰 出现于 3.2ppm，包括磷酸胆碱、甘油磷酸胆碱和磷脂酰胆碱的作用，因而反映脑内总胆碱的贮藏量。Cho 主要存在于细胞膜，其含量变化反映细胞膜代谢变化，在细胞膜降解或合成旺盛时其含量增加。其含量升高见于婴儿、肿瘤疾病者；含量降低见于脓肿、结核及肝性脑病等。Cho 峰是评价脑肿瘤的重要共振峰之一，对于脑肿瘤，常有 Cho 升高和 NAA 降低，因此 Cho/NAA 升高，尤以恶性肿瘤更为明显。

4. 乳酸（Lac）峰 位于 1.32ppm，具有一种特殊的形状，由两个独特的共振峰组成，称为双重线（doublet），是相邻质子 J 偶联间磁场相互作用所致。它的第二个峰位于 4.1ppm，十分接近水的共振峰，因而常被抑制不易显示。正常情况下，脑组织以有氧代谢为主，脑 ^{1}H MRS 检测不到 Lac 峰或仅能检测到微量。Lac 的出现通常提示正常细胞内氧化呼吸抑制而糖酵解过程加强。Lac 为糖酵解的终产物，含量升高见于缺氧、梗死、出血、感染、脓肿、肿瘤坏死及脱髓鞘等病变。无氧糖酵解过程加速被认为是肿瘤性病变生物学行为向恶性方向发展的特征，所以 Lac 的出现说明病变的恶性程度较高。例如，Lac 常见于多形性胶质母细胞瘤中，但是 Lac 也可以积聚在无代谢的囊肿和坏死区内。这种情况发生于细胞增殖过快和高代谢性疾病而使血供相对不足或者脑缺血性病变中。改变 TE 可以证实 1.32ppm 处的波峰为 Lac 峰。TE 为 272ms 时，Lac 峰曲线凸出于基线上，而 TE 为 136ms 时，Lac 峰双重线倒转于基线下。

5. 谷氨酸和谷氨酸复合物 包括谷氨酸（Glu）和谷氨酰胺（Gln），Glu 峰和 Gln 峰相邻很近，位于 2.1～2.5ppm，Glx 对维持大脑正常功能具有重要作用。含量升高见于脑膜瘤、缺氧及肝性脑病等疾病。

6. γ-氨基丁酸（GABA） 是 Glu 的重要产物，是中枢神经系统氨基酸类神经递质，具有抑制神经元兴奋性活动、减少能量消耗的作用，含量降低见于帕金森病、癫痫、精神分裂症及运动障碍等神经、精神疾病。

正常人脑内代谢物浓度随年龄、部位不同而有较大的差异。健康新生儿脑内 NAA 峰比 Cho 峰和 Cr 峰低，可能是神经元发育不成熟的表现。而至 16 岁后，脑内 NAA/Cr 值增加而 Cho/Cr 值降低，可能与神经元成熟和轴突、树突以及突触在数量上增加有关。

五、MR 分子成像

MR 分子成像是建立在传统 MRI 技术基础上，将传统的非特异性物理成像转变为特异性分子成像，无创地研究生物细胞内分子变化过程的新型成像技术。MR 分子成像以组织特异性表达产物为成像靶点，并提供影像对比，利用 MR 分子探针在细胞和分子水平了解生物体内生理和病理过程，为疾病诊断、治疗及相关基础研究提供更为完善的生物学和影像诊断信息。

（一）基本原理

与其他分子成像方式相比，MR 分子成像具有极好的空间分辨力，可同时获得解剖和生理信息，缺点为敏感性较低，较核医学成像技术低几个数量级。

进行 MR 分子成像，首先要选择合适的成像靶点。成像靶点一般是某些特殊状态下特异性表达或高表达的物质，主要涉及肽类、受体、特异性的酶、抗原甚至特定的细胞；确定成像靶点后，MR 分子成像需要与靶点特异性结合并兼具 MR 信号放大作用的分子探针。MR 分子探针是指与靶组织具有较强亲和力，能与体内细胞和组织特异性结合，并产生 MR 信号的对比剂或标志物的分子联合体。根据不同成像要求有不同的分子探针，这些探针可以是基因片段，也可以是受体配体等小分子或者抗体蛋白质等大分子。探针与成像靶点充分结合后，最终通过 MRI 设备获得检测目标的相关分子信息。

（二）MR 分子成像的分类

1. MR 基因成像 是指在活体状态下应用 MR 技术，在 DNA、RNA 或蛋白质水平无创显示基因及其表达产物的功能、动力学改变，从而进行临床诊断或疗效评价。

2. MR 受体-配体成像 是利用分子探针标记的配体与靶组织中的受体特异性结合的原理，借助 MRI 设备精确显示受体的空间分布、密度及亲和力大小的无创性 MR 分子成像方法。

3. MR 干细胞示踪成像 磁性标记的干细胞可在 MR 示踪成像上呈现明显的低信号，且被标记的干细胞的活性、增殖和多向分化潜能不受影响。为干细胞移植疗法提供了评价方式。

4. MR 新生血管成像 是指应用 MRI 设备对肿瘤等疾病的相关新生血管进行靶向 MRI。

5. MR 巨噬细胞成像 利用超顺磁性氧化铁纳米颗粒标记免疫分子和巨噬细胞，通过巨噬细胞进行成像，从而使炎症可视化。

6. MR 凋亡成像 近年来随着分子成像的发展，尤其是凋亡过程中特异性靶点的发现及磁性纳米探针的大量应用，MR 分子成像为活体内动态监测细胞凋亡提供了一条全新的、无创且有望向临床转化的研究手段。

7. MR 分子开关成像 即利用 MRI 设备，可激活探针对兴趣组织、活细胞进行靶向 MR 成像。可激活探针是一类可根据环境变化而改变的 MR 分子探针，该类探针可根据组织细胞内不同的 pH、温度、血氧及酶的变化而发生改变，因此可特异性靶向成像具有上述特征的组织。

8. 化学交换饱和转移（chemical exchange saturation transfer，CEST）**成像**　是一种新的细胞和分子成像方法，是利用选择性的脉冲饱和目标质子，目标质子和水质子发生能量交换，通过 MRI 设备探测水信号的变化，形成对比度。CEST 的交换址包括内源性的胺、羟基及外源性顺磁性对比剂。饱和目标质子的不同，CEST 成像分为多种，如探测脑和脑瘤中可移动蛋白质的酰胺质子转移（amide proton transfer，APT）成像、酸碱度成像、温度成像、探测肌肉和肝糖原的 glycoCEST 成像、探测膝关节中黏多糖的 gagCEST 成像等。

分子影像是当代医学的重要领域，是影像学的里程碑，吸引了众多的研究者。分子影像是多学科的结合，是传统影像技术和现代生物学研究的结合，是现代医学影像学技术的革命。

六、MRI 定量分析

MRI 定量分析是指利用 MRI 得到的数据来分析人体组织器官或病变的成分、组织含量、血流动力等科学研究方法。目前用作定量分析的 MRI 技术有 DCE-MRI、T_2 mapping、T_1 mapping、MRS 等。

（一）动态增强磁共振成像

动态增强磁共振成像（dynamic contrast-enhanced MRI，DCE-MRI）是在静脉注射钆类顺磁性对比剂后，利用快速 T_1 加权成像序列对感兴趣部位进行连续动态扫描，获得感兴趣区域所有像素点的时间-信号强度曲线，运用假定的药代动力学模型对时间-信号强度曲线进行分析，计算出感兴趣区组织或病变的组织灌注或微循环渗透性的血流动力学参数。

DCE-MRI 可对组织的血流灌注及微血管渗透性的血流动力学状态进行定性、半定量和定量分析。DCE-MRI 定量分析需要获取以下三种数据：①注射对比剂前组织本身的 T_1 值；②在较高时间分辨力下获取能够反映对比剂进出组织的动力学特征的 T_1 加权图；③获得对比剂在血浆中浓度的时间变化率 Cp（t），即所谓的动脉输入函数（arterial input function，AIF）。DCE-MRI 作为一种无创地评价组织和病变微循环特性的功能性成像方法，得到临床普遍的重视及认可，已广泛用于多种器官如乳腺、前列腺、甲状腺、胰腺、中枢神经系统等实体肿瘤的早期诊断、良恶性鉴别诊断（图 5-13-2）。

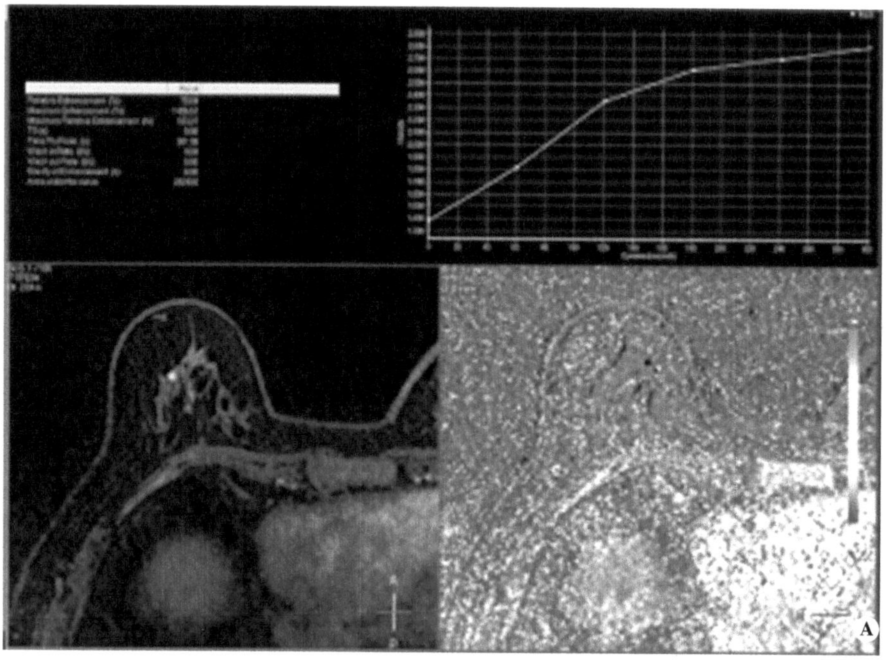

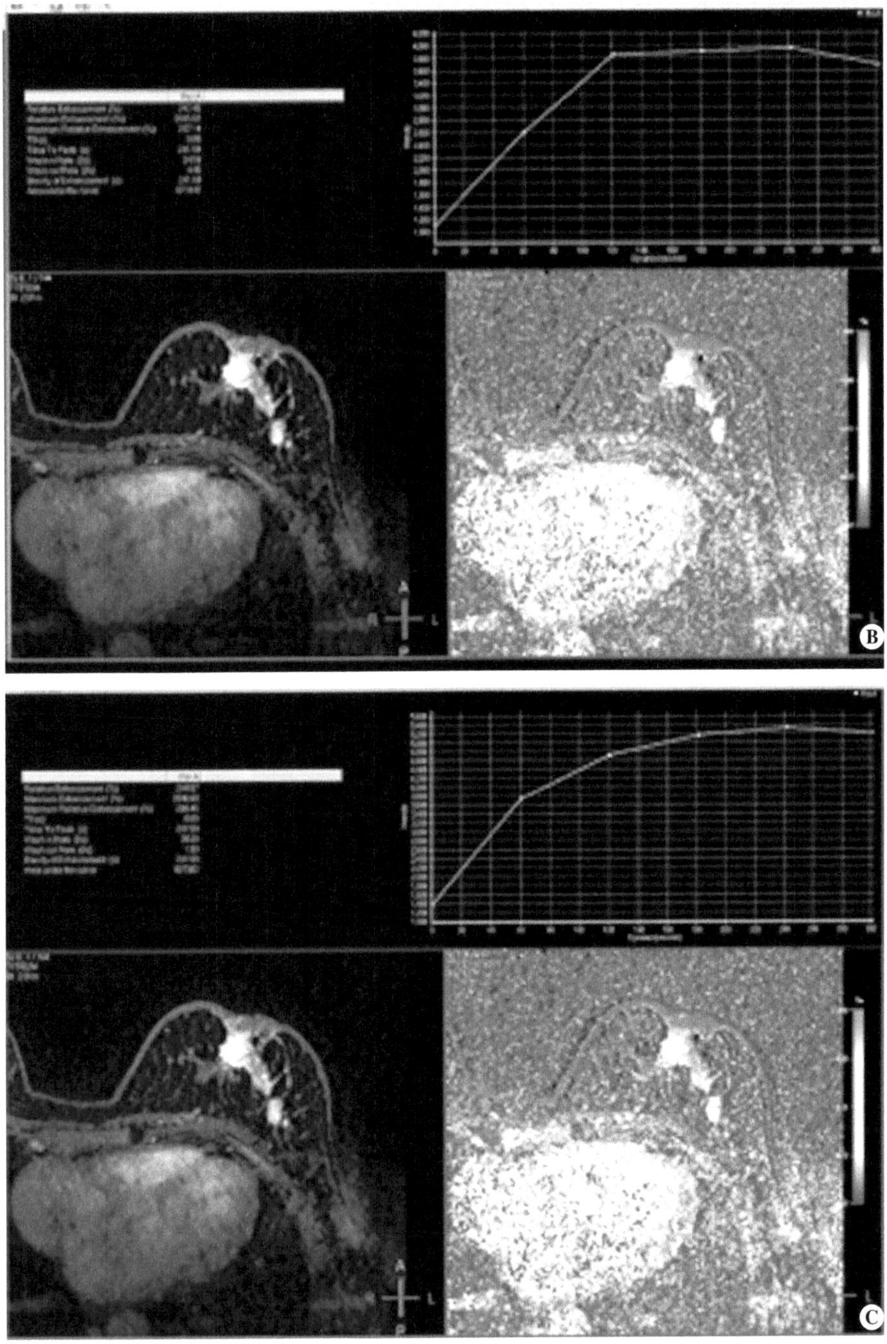

图 5-13-2 乳腺动态增强曲线

右侧乳腺肿块呈线性上升型，考虑为良性病变；左侧乳腺肿块动态增强曲线呈平台型及轻度流出型，考虑恶性病变

（二）T_2 mapping 成像技术

T_2 mapping 成像采用多回波自旋回波序列，测量不同回波时间的 MR 信号强度，由公式计算得出 T_2 值，T_2 值反映了水、质子胶原等分子受到各向异性影响，其大小与胶原含量、排列方式、水含量及蛋白多糖有关。T_2 mapping 作为定量评价组织 T_2 值的 MRI 技术已展开广泛的研究，如软骨的退变与损伤、心肌损伤等（图 5-13-3）。

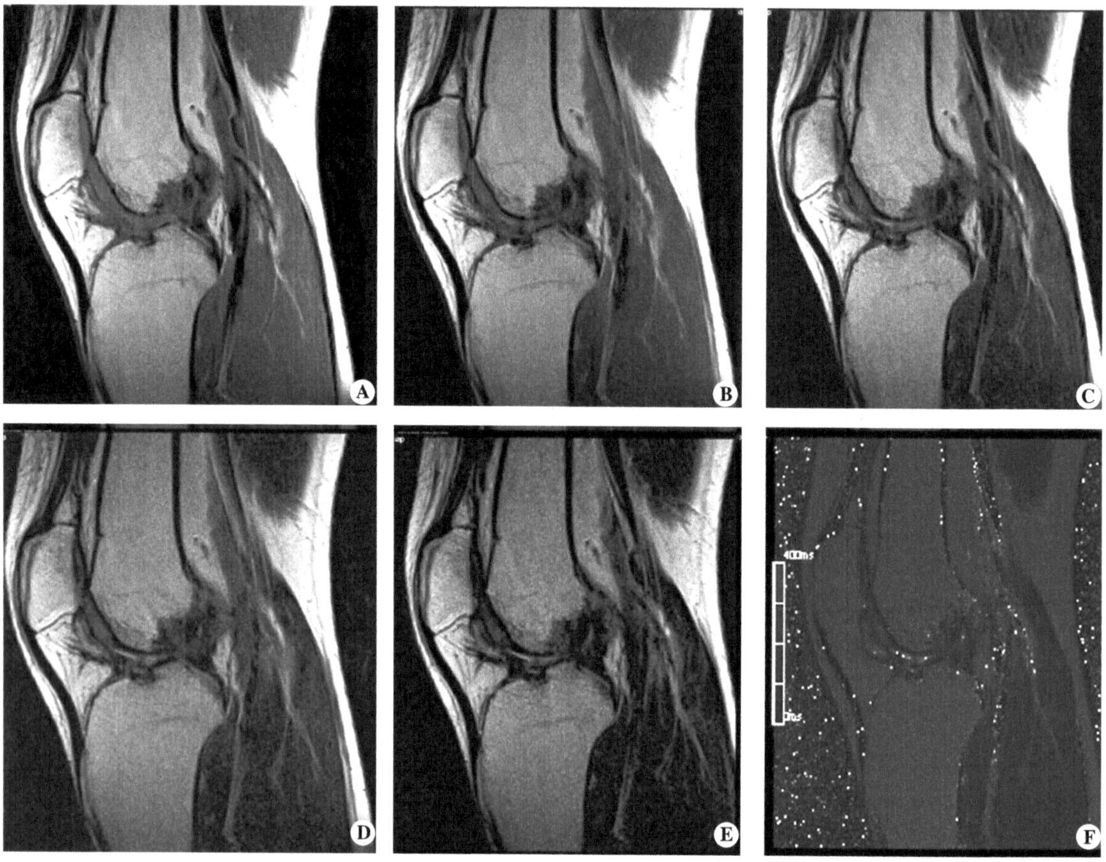

图 5-13-3 膝关节软骨 T_2mapping 成像

一次扫描得到 TE 分别为 A. 20.3ms；B. 40.6ms；C. 60.9ms；D. 80.2ms；E. 101.5ms 的 5 组图像，然后由软件生成 T_2 mapping 图（F），我们可以测量 T_2 mapping 图的信号得到 T_2 值做定量分析

（三）T_1 mapping 成像技术

心脏磁共振（cardiac magnetic resonance，CMR）T_1 mapping 技术是评估心肌组织特征的一种无创性影像学检查方法，能够直接定量心肌组织的 T_1 值，从而可以定量评估心肌组织结构和成分的一系列改变。大多数 CMR T_1mapping 均采用平衡稳态自由进动（balanced steady-state free precession，BSSFP）技术，在反转（或饱和）恢复脉冲进行激发后，经过一系列的反转时间（或饱和时间）多次采集磁共振信号，然后通过相应的函数来计算 T_1 恢复曲线，从而得到目标心肌的 T_1 值。其可以无创评估心肌梗死、非缺血性心肌病、心肌淀粉样变等疾病（图 5-13-4）。

（四）MRS

MRS 对肝脏脂肪量化具有良好的准确性和一致性，但其分析步骤烦琐、采集时间较长，易受呼吸运动伪影干扰，且不能大范围采集肝脏测量区域等因素限制了该技术在临床的广泛应用。

IDEAL-IQ 技术是基于 IDEAL 基础上结合快速三维多回波梯度回波成像的新技术，包含了多回波水脂分离技术、区域增长技术，能获得组织脂肪定量分数值与 R_2^*弛豫率等参数。一次屏气扫描采集 6 个不同 TE 时间回波信号，经过计算机重建可获得同/反相位、水相、脂相及脂肪分数图、R_2^*图 6 种对比图像。在剔除外界因素影响下可进行全肝多点脂肪百分比定量测量，其可重复性及准确性均较高，发展前景广阔。

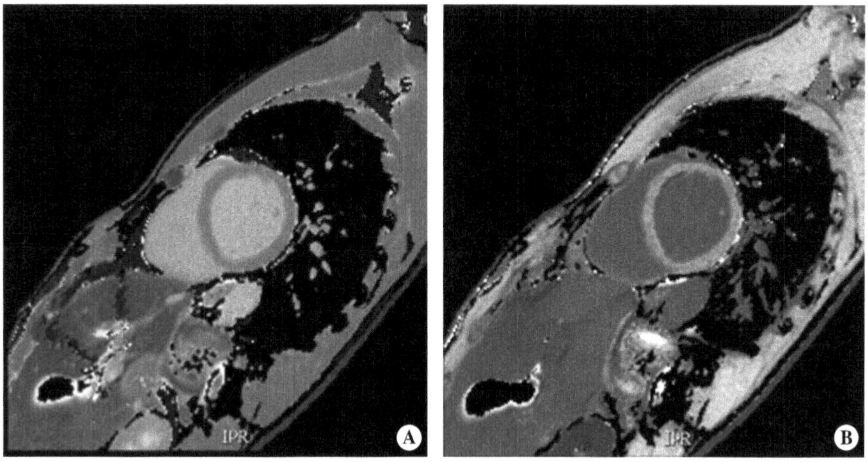

图 5-13-4 心肌梗死 T_1 mapping 成像

七、磁共振弹性成像

磁共振弹性成像（magnetic resonance elastography，MRE）是一种无创伤的量化活体组织力学特性的 MRI 技术。自 1995 年提出以来，MRE 被应用于多个器官，包括肝脏、脑、甲状腺、肺、乳腺、心脏、骨骼肌等。MRE 在肝脏疾病，特别是肝硬化和肝脏纤维化的评价上最为成熟。多个研究表明，MRE 是一种安全、可靠评价肝脏纤维化的新技术，可代替肝脏活检。

MRE 通过施加周期性的可探测微米级振幅的运动编码梯度序列，探测活体组织或器官在外力作用下的质点位移，生成相位图；通过模型计算得到组织或器官各点的弹性系数分布图。因此，MRE 技术主要包括三个步骤：①引入外源性的剪切波；②获得反应剪切波传播情况的相位图；③对相位图进行处理得到弹性图。

肝脏 MRE 中产生剪切波的装置置于磁场外，产生一定频率的压力波，通过软管连接放置在受检者身前的被动压力驱动器上（图 5-13-5）。

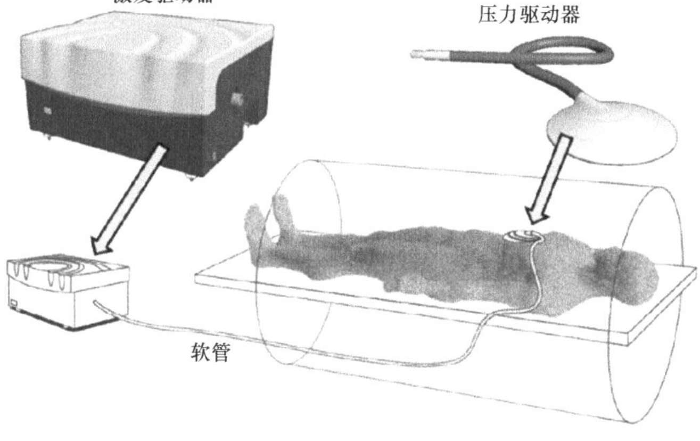

图 5-13-5 肝脏 MRE 装置

案例 5-13-2

MRE 探测早期的肝脏纤维化：两位乙型病毒性肝炎的患者 A、B，常规磁共振扫描均未见明确异常，之后接受 MRE 检查，（1）结果图 A、图 B 提示什么？（2）两位肝脏肿瘤患者 C、D，接受 MRE 检查（图 C、图 D）检查结果提示什么？

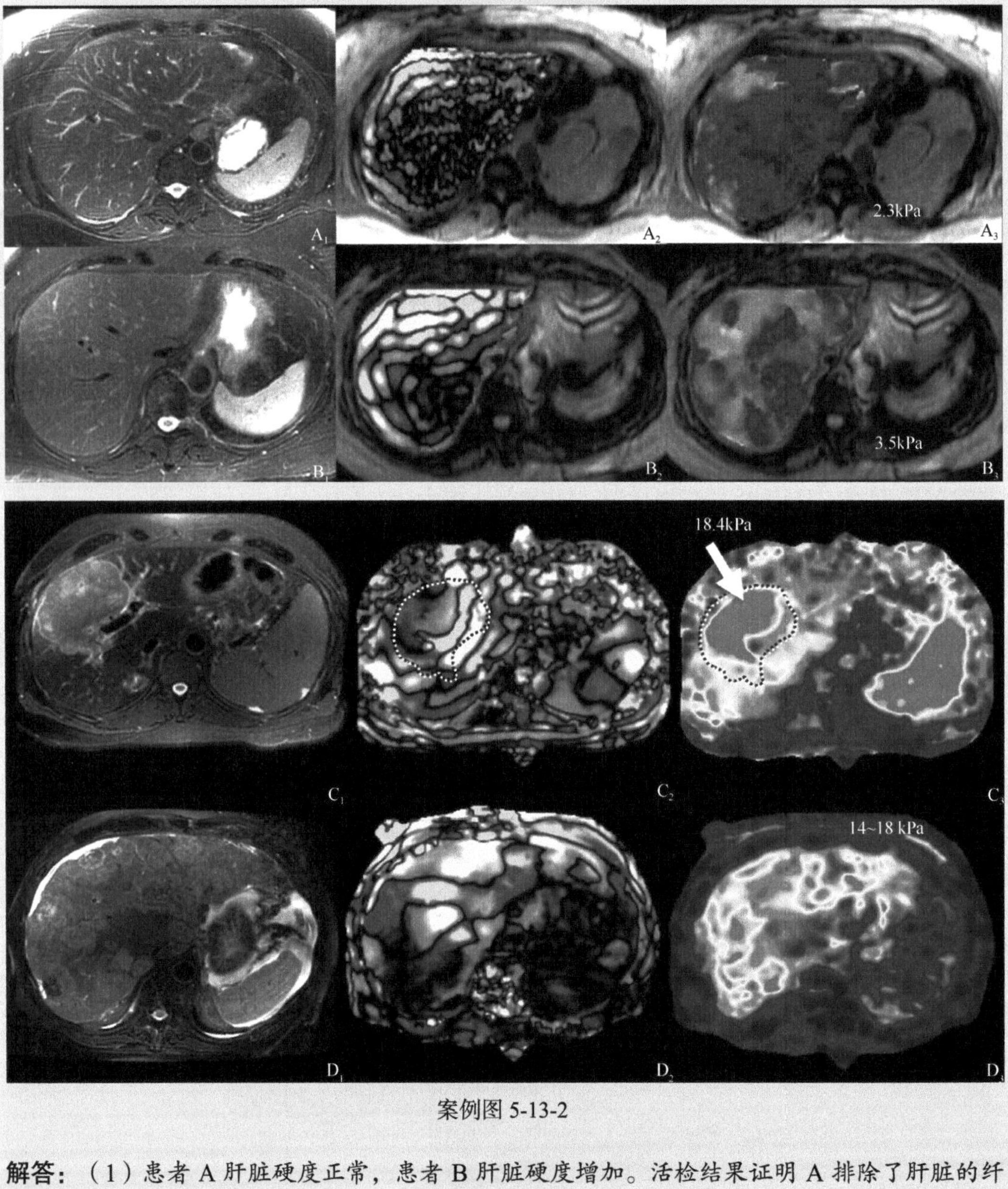

案例图 5-13-2

解答：（1）患者 A 肝脏硬度正常，患者 B 肝脏硬度增加。活检结果证明 A 排除了肝脏的纤维化，患者 B 具有轻度的纤维化。

（2）弹性图 C_3、D_3 提示肿瘤的硬度增加，弹性图 C_3 与 T_2WI-FS 图 C_1 对比具有良好的一致性。

八、MR 介入技术

MR 介入技术是以 MRI 为基础，配合光学导引系统对一些疾病明确病变性质或进行治疗并监控穿刺治疗全过程的新技术。相对于其他影像介入技术，MR 介入技术具有多方位成像、多切面定位、组织分辨力高、无电离辐射、不用对比剂即可显示血液流动、可测评温度变化等优点。

（一）MR 介入系统的组成

MR 介入系统由 MR 系统、光学定位系统、手术导航控制主机及显示设备和磁兼容手术器械与治疗设备等几部分组成（图 5-13-6）。现在临床应用的 MR 系统主要有开放式中场 MR 系统、开放式低场 MR 系统和高场 MR 系统。光学定位系统，由红外导航相机、定位示踪器、配有导航光球的穿刺针、磁兼容电源和通信电缆、导航功能软件等部分组成。由于磁场环境的存在，用于磁共振介入的手术器械须具有磁兼容性，这些手术器械不仅包括常规的手术刀、穿刺针、导管等，还包括患者的生命监测及麻醉器械、治疗传递系统如射频、冷冻消融导管探头等（图 5-13-7）。

图 5-13-6　高场 MR 系统

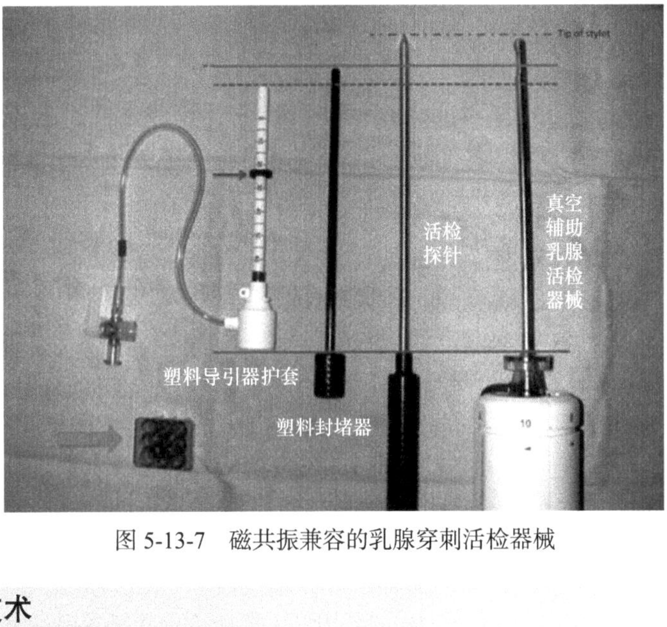

图 5-13-7　磁共振兼容的乳腺穿刺活检器械

（二）成像技术

MR 介入技术需实时显示图像，才能满足介入手术的需求，因此快速成像技术也是其中的关键部分。MR 介入技术中使用的快速成像序列与诊断用 MRI 序列不同，采用独特的 K 空间取样步骤，如 keyhole、local look（LoLo）微波编码数据接收技术等。

手术流程：

（1）术前 MRI 采集通过导航软件设置靶点、规划进针路径，确定手术方案。

（2）术中导航软件接收 MRI 利用光学定位系统实时跟踪手术器械的方位信息，实现患者解剖结构与术前图像之间的配准，得到 MRI 扫描系统和光学定位系统坐标系的相对关系。

（3）信息显示：导航软件将手术器械的定位系统坐标转化为扫描系统坐标，并与患者 MRI 共同实时显示在屏幕上。

（4）导向与评估：医生以显示的实时图像为导向完成手术操作，并对治疗效果进行评估。

（三）临床运用

MR 引导的介入手术，主要是病理活检、穿刺引流、肿瘤消融与近距离放化疗综合治疗、神经阻滞与损毁、颈腰间盘旋切与臭氧治疗等诸多方面，手术部位涉及神经系统、呼吸系统、泌尿生殖系统、骨骼肌肉软组织及乳腺、肝、肾、前列腺等诸多器官，成功率高。

（1）神经外科脑部肿瘤穿刺活检、放疗离子植入术、脑胶质瘤基因治疗术、脑脓肿抽吸引流术、神经丛阻滞术等介入手术，不仅能提供术中的三维解剖图像，还能结合多模态影像如 PWI、MRS、DTI、血氧水平依赖成像等，通过代谢及功能信息优化靶点选择，提高肿瘤切除率，并能防止重要神经、血管损伤，延长患者生存期。

（2）冷冻消融治疗 MRI 具有温度敏感成像功能，在脑瘤消融中能对消融区的温度及范围进行监控，且具有无电离辐射、良好的空间分辨力和软组织对比成像等优点，使得 MR 介入技术在氩氦刀冷冻消融术中具有独特优势。

（3）导管治疗经皮心脏介入术现在常用的方法是 X 线导航，MR 介入技术常应用于动物实验中，主要的原因是缺少磁兼容并安全的导管装置。

（4）磁共振导航高能聚焦超声（MR-guided high intensity focused ultrasound，MRgHIFU）是一种无创治疗的新方法，高强度聚焦超声将超声能量聚集于特定靶区并消融靶区组织，由于 MRI 能提供优于 B 超和 CT 的软组织对比度，可检测组织的特征和功能信息，同时能实时监控治疗区和周围组织在治疗过程中的温度变化，可保证治疗的安全性和有效性。

（5）器官穿刺活检如乳腺、前列腺、肝脏等。

【小结】 MRI 技术主要集中在功能学方面的进展及其临床应用。本节简要阐述了 MR 扩散成像、灌注加权成像的原理及其应用，详细介绍了 MR 定量分析的常用方法、MR 波谱成像代谢产物及其变化的临床意义，交代了弹性成像的具体步骤和有关 MR 介入技术的内容。这些最新 MRI 技术不但能够用来检出早期病变，而且有助于病变的定性、定量，可作为常规序列的有益补充。

第十四节　MRI 质量控制

一、概　　述

MRI 质量的好坏，直接关系到影像诊断的准确性，而图像质量与多种因素有关，做好图像质量控制对提高 MRI 的临床应用价值非常重要。影响 MRI 参数众多，相互影响、互相关联。成像参数可以分成两大类，一类是在扫描序列中可以直接定义的参数，称为初级参数，如视野（FOV）、重复时间（TR）、回波时间（TE）、反转时间（TI）、偏转角（Flip）、矩阵、层数、层厚、层间距、平均次数（NEX）、相位编码步数等，这些可以在序列中由用户定义的参数（可控参数），它们都直接或间接地影响图像质量与扫描时间。另一类参数称为二级参数，由一级参数决定，如信噪比、对比度及对比噪声比、空间分辨力、成像时间，影响图像质量的另一类问题则是伪影。

（一）信噪比

信噪比（signal noise ratio，SNR）是图像中感兴趣区域的平均信号强度与背景平均噪声的比值，是衡量图像质量最重要的指标。其公式：

$$SNR=S/N \quad \text{（公式 5-14-1）}$$

式中，S 为平均信号强度；N 为背景平均噪声强度。一般讲，信噪比越大越好。提高信号强度、降低噪声可提高信噪比。信噪比受多种因素影响，这些因素如磁场强度、像素大小、TR、TE、

TI、信号平均次数等。噪声（noise）是图像背景的随机信号。主要来源于人体的分子热运动、系统的电子元器件电气特性及外界杂散信号耦合进电路，是 MRI 中应尽量避免的信号。

（二）对比度及对比噪声比

1. 对比度（contrast，C） 是指不同兴趣区域的相对信号强度差。其公式：

$$C=(S_1-S_2)/(S_1+S_2) \quad \text{（公式 5-14-2）}$$

式中，C 为对比度；S_1、S_2 表示不同两点信号强度。对比度越大，病变越容易区分。与对比度有关的序列参数主要有 TR、TE、TI 和 Flip。此外，组织本身特性（如质子密度、流动血液、脑脊液等）及对比剂的使用也在相当程度上决定着图像对比度的强弱。

2. 对比噪声比（contrast to noise ratio，CNR） MRI 的对比度因严重的噪声影响，不能真实反映图像质量时，以对比噪声比来评价图像质量。其公式：

$$\text{CNR}=(S_A-S_B)/N \quad \text{（公式 5-14-3）}$$

式中，CNR 为对比度噪声比；S_A、S_B 表示 A、B 两种组织的信号强度。

（三）空间分辨力

空间分辨力（spatial resolution）指一定对比度影像能够分辨相邻组织结构的最小距离。MRI 体素越小，图像的空间分辨力就越高，物体的细节越清晰。影响空间分辨力的因素主要有 FOV、矩阵、层厚等。

（四）采集时间

采集时间（acquisition time）也称扫描时间，指整个脉冲序列完成信号采集所需要的时间。不同的序列扫描时间差别很大，一副图像可以在数十毫秒内完成，也可以用时数分钟。

二、MRI 参数及其相互影响

影响 MRI 信噪比、空间分辨力、对比度及采集时间的因素很多，这些因素互相联系、相互制约。例如，增加相位编码方向像素值，可以提高空间分辨力，但增加了检查时间，同时也降低了信噪比。

（一）初级参数（可控参数）的影响

主要有 TR、TE、TI、Flip、FOV、层数、层厚、层间距、NEX、矩阵之间的相互影响及其对图像质量的影响。

1. 重复时间（repetition time，TR） 是指脉冲序列执行一次所需要的时间。SE 序列的 TR 是指上一个 90°射频脉冲至下一个 90°射频脉冲之间的时间间隔，即相邻两个 90°脉冲中点间的时间间隔；梯度回波的 TR 是指相邻两个小角度脉冲中点之间的时间间隔；反转恢复序列中 TR 是指相邻两个 180°翻转预脉冲中点间的时间间隔；在单次激发序列（包括单次激发快速自旋回波和单次激发 EPI）中，由于只有一个 90°脉冲激发，TR 无穷大。SE 序列的 T_1WI 中 TR 取 400～500ms；T_2WI 中 TR 取 1800～3000ms。TR 与扫描时间、信噪比和对比噪声比成正比。

2. 回波时间（echo time，TE） 是指产生宏观横向磁化矢量的脉冲中点到回波中点的时间间隔。SE 序列的 TE 是指 90°射频脉冲到自旋回波中点的时间间隔；梯度回波的 TE 指小角度脉冲中点到梯度回波中点的时间间隔。SE 序列的 T_1WI 中 TE 取 10～30ms；T_2WI 中 TE 取 90～120ms。在 SE 序列中 TR 和 TE 共同决定图像权重。

3. 反转时间（inversion time，TI） 为翻转恢复序列中 180°翻转脉冲中点与 90°激励脉冲中点之间的时间。大多数组织 TI 值在 400ms 左右。改变 TI，可以获得不同的脉冲序列图像。

（1）短反转时间翻转恢复序列（short TI inversion recovery，STIR）可达到抑制脂肪的目的。短 TI（TI 为 80～120ms）可使脂肪信号为零。

（2）中等反转时间反转恢复序列：TI 200～800ms，可以获得灰白质对比度高的图像。

（3）长反转时间反转恢复脉冲序列：TI 为 1500～2500ms，即液体衰减反转恢复脉冲序列（fluid attenuated inversion recovery，FLAIR）。

4. 偏转角（Flip） 是在射频脉冲作用下，组织的宏观磁化矢量偏离平衡状态的角度。偏转角的大小取决于射频脉冲的能量，能量越大偏转角越大。而射频脉冲的能量取决于脉冲的强度和持续时间，增加能量可通过增加脉冲的强度和（或）持续时间来实现。

MRI 常用的偏转角为 90°、180°和梯度回波序列的小角度。偏转角越小，所需要的能量越小，激发后组织纵向弛豫所需要的时间越短。

在梯度回波脉冲序列里，使用小角度脉冲激励，组织的纵向弛豫仅有小部分被偏转到横向平面，纵向磁化大部分被保留，从而大大缩短了纵向磁化恢复所需要的时间。GRE 序列采用小于 20°偏转角，可以得到倾向于 SE 的 T_2 加权像，Flip 60°～90°可以得到 T_1 加权像。由于梯度回波序列 TR 和 TE 明显缩短，扫描时间随之也明显缩短。偏转角越小，图像信噪比越低。

5. 视野（FOV） 也称扫描野或为观察野，是指扫描时采集数据的范围。采集矩阵不变时，FOV 越小，则体积单元（体素）越小，空间分辨力越高，但信号强度减低，信噪比越低。检查部位超出 FOV 时，会产生卷褶伪影。因此，选择 FOV 时要根据检查部位决定。

6. 矩阵（matrix） 为组成每幅 MRI 的像素方格，它包括采集矩阵（原始资料矩阵）和显示矩阵（影像矩阵）。

（1）显示矩阵：是经过傅里叶变换显示在显示屏上。MR 系统为了提高显示屏上图像的分辨力，一般显示矩阵大于采集矩阵。目前，显示矩阵可达到 512×512。

（2）采集矩阵：是指频率编码采样数与相位编码步数的乘积。FOV 不变时，矩阵越大，体素就越小，图像的分辨力高。在频率编码方向增加采样点，可以增加空间分辨力，而不增加扫描时间；在相位编码方向增加编码数，空间分辨力增加、信噪比下降、扫描时间延长。采集矩阵一般用 256×256，最高可用 512×256。

7. 层厚（slice thickness） 取决于射频的带宽和层面选择梯度场强。层厚越厚，激发的质子数量越多，信号越强，图像的信噪比越高，空间分辨力减小；但层厚越厚，采样体积增大，容易造成组织结构重叠，而产生部分容积效应。层厚越薄，空间分辨力越高，而信噪比降低。扫描时要根据解剖部位及病变大小来决定扫描层厚。

8. 采集次数（number of excitations，NEX） 也称激励次数或信号平均次数，是指数据采集的重复次数，即在 K 空间里每一相位编码步级被重复采样的次数。增加采集次数，重复采样，可减轻周期性运动伪影及流动伪影，提高图像信噪比，但会增加扫描时间。扫描时间正比于激励次数。SNR 大小与 NEX 的平方根成正比，当 NEX 从 1 提高到 4 次时，SNR 可提高到 2 倍，而扫描时间要增加到 4 倍。

9. 接收频带（bandwidth，BW） 是指 MR 系统采集 MR 信号时所接收的信号频率范围或称采样频率。它决定了采样时间，与信噪比呈负相关，即 SNR 与 BW 的平方根成反比。BW 减少可以提高图像的信噪比，但可导致图像对比度下降。同时，减少扫描层数，扫描时间延长，并增加化学位移伪影。BW 增大，可提高回波采集速度、缩短回波间隔、减轻化学位移伪影，但也会采集更多频率的噪声，使 SNR 下降。

10. 回波链（echo train length，ETL） 为每个 TR 周期中一次 90°激发后所产生和采集的回波数目。主要用于 FSE、IR 和 GRE 序列。

FSE 序列在一次 90°脉冲后施加多次 180°相位重聚脉冲，即一个 TR 周期内，由多次 180° 脉冲组成的回波链，用不同相位编码梯度场幅度值各产生一个回波，在一个 K 空间每次填充多条线，使成像时间成倍缩短。回波链越长，扫描时间越短，但信噪比也越低，允许扫描的层数也减少。

（二）各种成像参数的意义与影响因子

1. T_1 对比度及影响因子 T_1 值是指射频脉冲停止后，纵向磁化矢量从最小值恢复至平衡态的

63%所经历的弛豫时间。组织固有的 T_1 对比取决于组织中水分子的存在状态，不同状态下自由运动频率不同，如游离液体、黏性液体、固体分子的自由运动频率不同。质子进动频率差不同，T_1 值就不同，从而形成组织之间 T_1 对比。不同序列中影响 T_1 对比的因素不同。

SE 序列中 T_1 对比取决于 TR、TE 和 BW。T_1WI 应设置最短 TE 时间，去除 T_2 弛豫污染，增加 T_1 对比和扫描层数。TR 理论上选择与组织 T_1 值相近，可得最大 T_1 对比，如肝脏 SE-T_1WI 序列，TR 最好为 450～550ms，实际应用中 TR 选择在 350～650ms 即可。一定范围内增加 TR，可增加扫描层数，但会降低 T_1 对比。但 TR 太短，如小于 400ms，会降低信噪比。增加 BW，可缩短最小 TE，降低化学位移伪影，但会降低信噪比。

FSE 序列中，影响 T_1 对比的除了上述 TR、TE、BW 外，还有 ETL 长度，由于 ETL 增加会使最大 TE 延长，直接影响 T_1 对比，一般设置小于 5。

GRE 序列中，影响 T_1 对比的有 TE、TR 和 Flip。常用的扰相梯度回波序列中，为减少 T_2^* 对图像对比的污染，TR 在 2D-T_1WI 中，TR 取 80～250ms、Flip 60°～90°，TR 延长，Flip 应适当增大；3D-T_1WI 中，TR 取 20～45ms、Flip 取 50°～60°。

总之，T_1WI 时，TR 与 TE 是决定图像对比度的基本参数，也是决定扫描层数的基本参数。

2. T_2 对比度及影响因子 T_2 值是指射频脉冲停止后，横向磁化矢量衰减至其最大值的 37%时的时间。组织的 T_2 值较短，一般在数十毫秒到一百多毫秒。T_2 对比取决于不同组织中水分子的排列。影响 T_2 对比的因素：ETL、BW 和某些成像参数选项，基本参数还有 TR 与 TE。在 FSE 序列中，由于多个 180°聚焦脉冲的存在，组织的 T_2 值会延长，因此，选择 TE 值应该比该组织 T_2 值偏高 30%左右为宜。例如，肝脏的 T_2 约为 50ms，TE 应设为 65～90ms，而前列腺 TE 应设为 110～140ms，骨骼的 TE 一般为 45～70ms。

在 FSE、FRFSE、STIR 序列中，均涉及 ETL 的使用。ETL 增加，可缩短成像时间，T_2 权重加大，但由于回波数增多，图像模糊效应增大。应依据不同部位、对图像的不同要求进行调整。ETL 的范围一般在 15～30ms 为好。增大 ETL，应同时适当增大 BW 以减轻模糊效应。在 MRCP 中，为获得足够的 TE，ETL 常设定的很长，这是一个特例。

3. 信噪比与空间分辨力 MRI 的信噪比受多种因素影响，如磁场强度、检查部位、TR、TE、TI、层厚、层间距、FOV、矩阵、信号平均次数及接收线圈等。

图像空间分辨力取决于体素的体积。体素的体积等于像素的大小乘以层厚，像素的大小由 FOV 和矩阵控制。图像的信噪比正比于体素的体积，空间分辨力与体素的体积成反比。增加矩阵，体素减小，空间分辨力增加，但降低了信噪比，增加了检查时间；减少矩阵可缩短检查时间、增加信噪比，但降低了空间分辨力。给定矩阵时，像素随 FOV 的减小而减小，空间分辨力增加，信噪比下降。层面厚度增加使检查部位范围增大，体素增大，信噪比增加，空间分辨力降低；当层厚减薄时，减小了信号所代表的组织厚度，降低了信噪比，但体素减小，空间分辨力增加。

4. 扫描时间（acquisition time，AT） 也称采集时间，指整个脉冲序列完成信号采集所需要的时间。采集时间之所以成为制约图像质量的因素，是因为它决定了序列采集期间患者保持静止不动的时长。

（1）二维 MRI 的采集时间：

$$T = TR \times Np \times NEX \qquad （公式 5\text{-}14\text{-}4）$$

式中，T 为采集时间；TR 为重复时间；Np 为相位编码数；NEX 为激励次数。

对于快速回波序列如 FSE 或 FIR 等序列，采集时间与 ETL 长度成反比。ETL 的存在成比例减少 TR 的重复次数，缩短扫描间。

（2）快速回波序列（如 FSE、FIR）：

$$T = (TR \times Np \times NEX) / ETL \qquad （公式 5\text{-}14\text{-}5）$$

式中，ETL 为回波链长度。

（3）三维 MRI 的采集时间：

$$T=TR\times Np\times NEX\times S \quad \text{（公式 5-14-6）}$$

式中，S 为容积范围的分层数，S 越大，TR 重复的次数越多，采集时间越长。

三、MRI 伪影及其控制

伪影是指 MRI 中与实际解剖结构不相符的信号，表现为图像变形、重叠、缺失、模糊等。绝大多数情况下，伪影掩盖病灶，出现假病灶，从而引起漏诊与误诊。伪影的存在会降低 MRI 质量。

根据伪影产生的原因不同，可将伪影分为图像处理相关的伪影、患者相关的伪影、操作相关的伪影。

（一）图像处理相关的伪影

图像处理相关的伪影包括卷褶伪影、化学位移伪影、截断伪影、部分容积伪影、鬼影。

1. 卷褶伪影

（1）伪影特点：一般出现在相位编码方向；一侧视野以外的信号叠加在另一侧的视野内；最后一层可叠加到第一层。3D 成像也可出现在层面选择方向（图 5-14-1）。

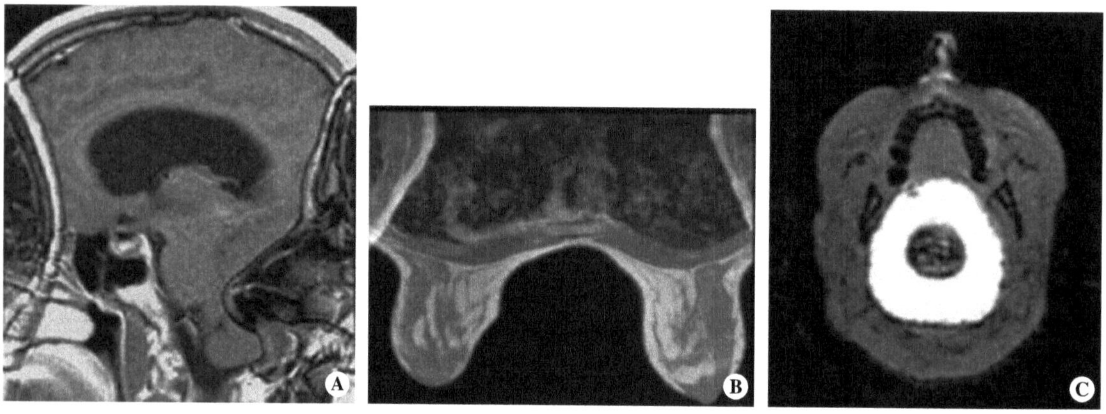

图 5-14-1 卷褶伪影

A、B. 2D 图像卷褶伪影；C. 3D 图像卷褶伪影

（2）产生原因：当采集范围超过视野范围时，视野外结构将会产生一个超过视野内最大（小）频率的频率。计算机不能识别超大（小）频率，误认为带宽以内频率，较高频率被误识别为所选择带宽内较低频率。

（3）解决办法：增加视野或过采样，通过增加相位编码方向的采样数目实现相位过采样。目前 MRI 仪均采用频率方向超编码技术，用于消除在频率编码方向上采样不足所造成的卷褶；应用饱和脉冲饱和来自视野以外的信号；交换相位编码和频率编码方向：把扫描层面中径线最短方向设置为相位编码方向；如果在 3D 成像中，在层面选择方向上出现此影（图 5-14-1C），重建时放弃开始及最后几层即可。

2. 化学位移伪影

（1）伪影特点：伪影一般出现在频率编码方向上，脂肪组织与其他组织的交界面；在频率编码梯度场强较低的低频率的方向出现一条亮带，而较高频率的方向出现一条暗带。化学位移伪影多见于眼眶、椎体终板、肾和其他任何脂肪结构与水结构相邻的部位（图 5-14-2）。

（2）产生原因：化学位移伪影主要发生在高场强 MRI 设备中，与主磁场强度有关，系统施加频率编码梯度场后，组织的进动频率按其位置发生线性变化。但由于处于不同化学环境下的质子进动频率会发生改变，脂质子的进动频率低于水质子的进动频率，导致水和脂肪接触面上的质子进动频率差异，它们的空间位置沿梯度场的方向就会偏移几个像素（场强越高，位移的像素越多）。位移导致在较低频率发生重叠，而较高频率处信号衰减。

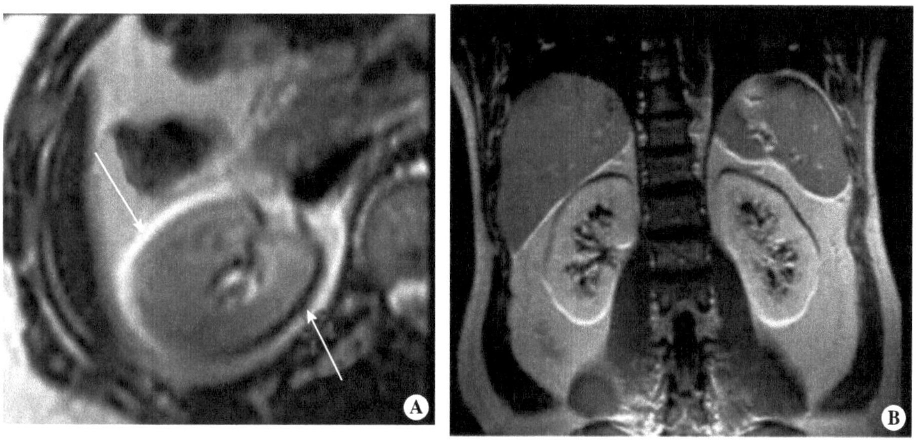

图 5-14-2　化学位移伪影

（3）解决办法：使用脂肪抑制技术去除脂肪信号，没有脂肪信号就没有了化学位移；增大接收带宽；交换相位编码和频率编码方向，改变伪影投射方向。

3. 截断伪影

（1）伪影特点：相位编码方向常见，出现在高对比度界面（颅骨/脑、脊髓/脑脊液、半月板/液体等）并形成交替的亮带和暗带（图 5-14-3）。

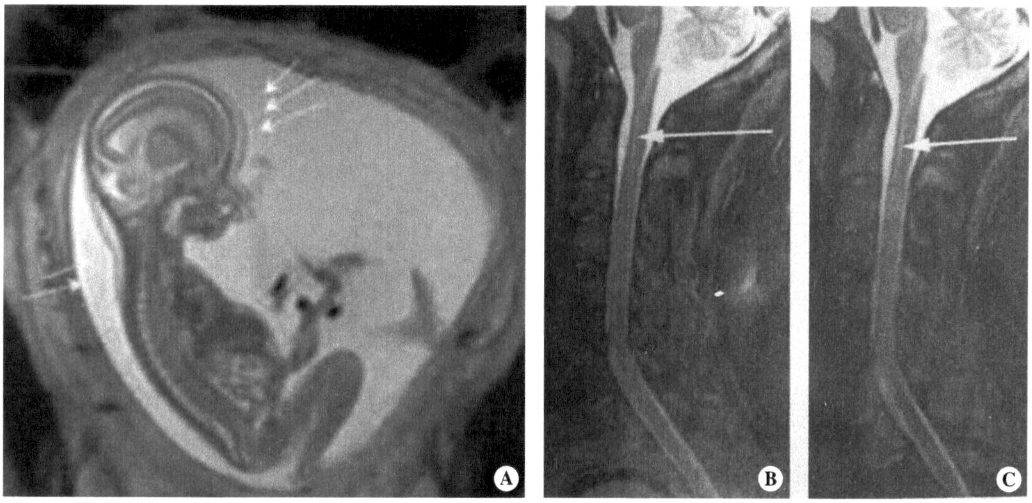

图 5-14-3　截断伪影

（2）产生原因：有限的采样次数和采样时间，不能准确描述一个阶梯状信号的强度变化。

（3）解决办法：增加采样时间（减小带宽）以减小波纹；降低像素大小即增加相位编码数或减小视野。

4. 部分容积伪影

（1）伪影特点：同一像素中显示多种组织，易对临床诊断造成混淆（图 5-14-4）。

（2）产生原因：由于体素过大，导致体素内信号平均，使一个体素内混合多种组织对比，分辨力降低。

（3）解决办法：减薄层厚。

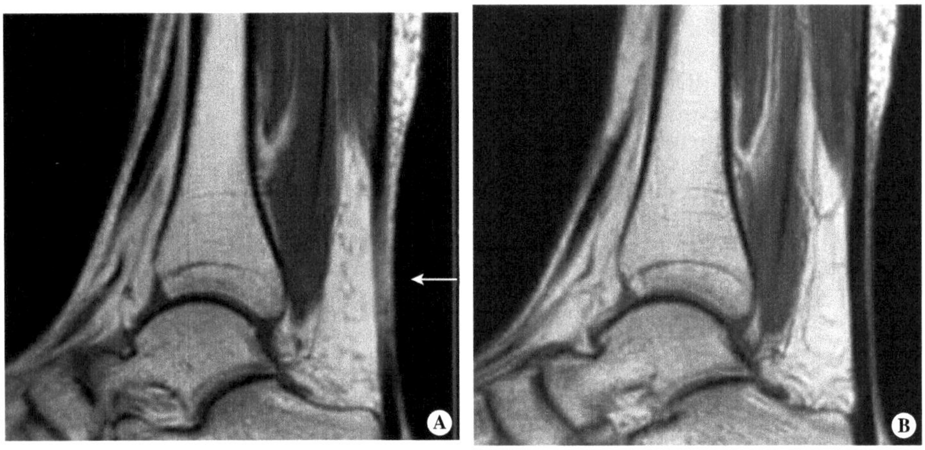

图 5-14-4 容积伪影

A. 部分容积伪影；B. 无部分容积伪影

5. 鬼影

（1）伪影特点：往往出现在相位编码方向。由于患者运动的伪影只出现在运动的部位，而系统原因的伪影可在整个视野中出现伪影（图 5-14-5）。

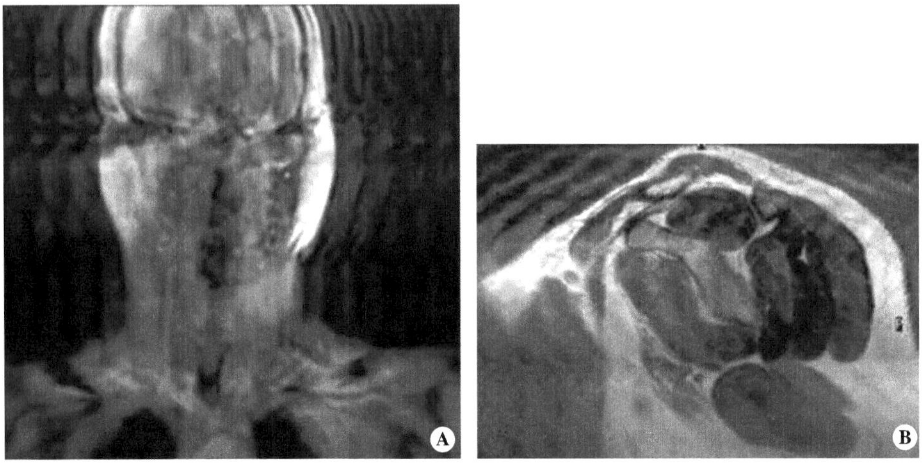

图 5-14-5 鬼影

（2）产生原因：回波中心偏移、持续相位编码偏移，或回波幅度不稳定。往往可由于系统不稳定或患者运动所致。

（3）解决办法：患者制动；请工程师帮助检修。

案例 5-14-1

患者，男，56 岁，面部肌肉抽搐 1 周，3 年前有头颅外伤史，申请 MRI 检查（案例图 5-14-1）。检查前已去除患者身上所有金属物品，但有固定假牙未能去除。A 图上的伪影属于何种伪影？B 图左侧侧脑室旁弧形高信号是否为出血性病变？如不是出血，应考虑是何种原因引起？为何 B 图的同层面 C 图上未见此异常信号？如果 B 图上弧形高信号是伪影造成，请问如何减轻此伪影干扰？

解答：①是假牙中的金属引起的金属伪影；②不是出血性病变；③是金属引起，金属可使图像变形，或明显异常高、低、混杂信号，在不同层面上伪影位置发生改变；④因 C 图使用的是 FSE-T_2WI 序列，对金属伪影不如 B 图 T_1WI 敏感；⑤尽量选择在低场强磁共振设备上做检查，使用 FSE 序列成像，增加带宽，改变频率编码与相位编码方向，可使伪影避开需要观察的组织，对改善金属伪影的影响有一定效果。

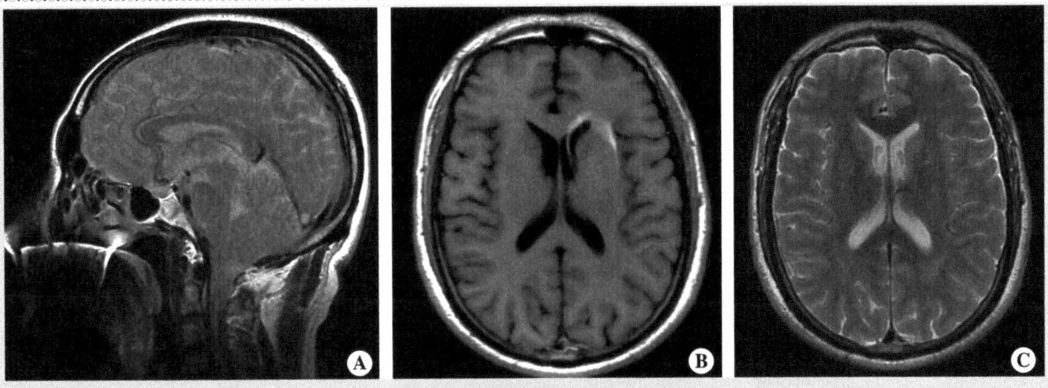

案例图 5-14-1

A. 矢状面（定位使用）；B. 横断面 T_1WI；C. 横断面 T_2WI（FSE）

（二）患者相关的伪影

患者相关的伪影包括运动伪影、金属伪影、磁敏感性伪影。

1. 运动伪影

（1）伪影特点

1）周期性运动：伪影出现在相位编码方向，等距出现。伪影信号可高可低，取决于搏动结构相位相对于背景相位的关系（同相位则亮，反相位则暗）。

2）随机运动：图像较模糊，也可能在相位编码方向得到很多平行条带。血液/脑脊液流动效应：病灶有时候类似一个病变（图 5-14-6）。

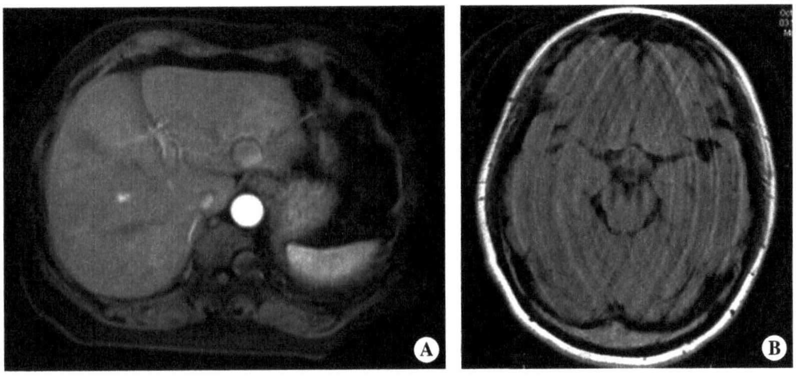

图 5-14-6 运动伪影

A. 周期性大血管搏动伪影；B. 随机性运动伪影

（2）产生原因：由患者（自主或不自主）运动（随机性的）或者血管的搏动性流动（周期性的）而造成的。伪影见于相位编码方向上，一方面，由于沿任何方向的运动都会造成异常相位积累，它们都会导致信号在相位编码方向上错误编码；另一方面，在数据空间内存在着明显的不对称，所以，在频率编码方向对信号采样时间要明显短于进行一次相位编码时间。

（3）解决办法：空间预置饱和；增大 TR，增加相位编码步级数和（或）激励次数；采用心电、呼吸门控、呼吸补偿技术；患者制动、镇静、止痛；采用快速的扫描序列。

2. 金属伪影

（1）伪影特点：图像变形，或明显异常高/低混杂信号，在不同层面上伪影位置往往会改变（图 5-14-7）。

（2）产生原因：铁磁性物质具有很大的磁化率，可导致明显的磁场变形，磁场均匀性破坏。不同的序列，金属伪影大小不同。

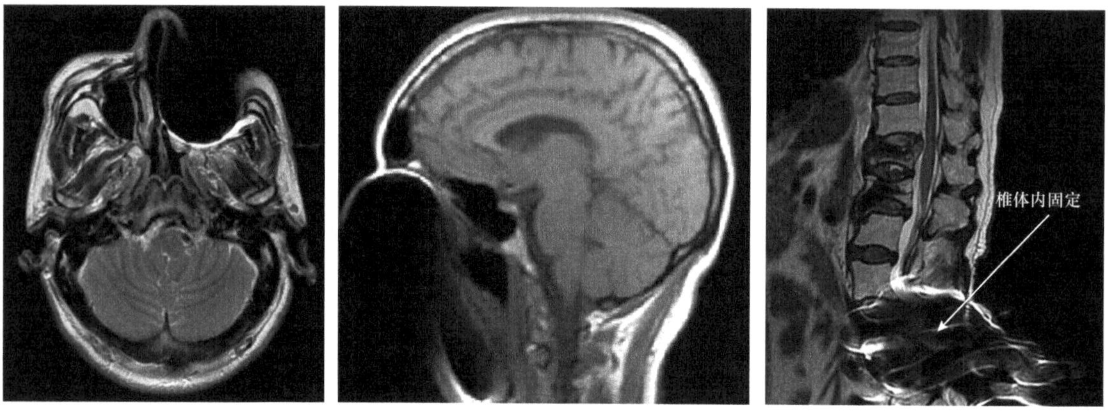

图 5-14-7 金属伪影

（3）解决办法：去掉患者身上或磁孔内的金属物品；尽量使用低磁场均匀性敏感序列（FSE序列）、增加带宽、改变频率编码与相位编码的方向，可以使伪影避开需要观察的组织。对改善金属伪影的影响有一定的效果。

3. 磁敏感性伪影

（1）伪影特点：在组织/空气、软组织/骨组织界面（包括鼻旁窦、颅底、蝶鞍等部位）出现异常信号（图 5-14-8）。

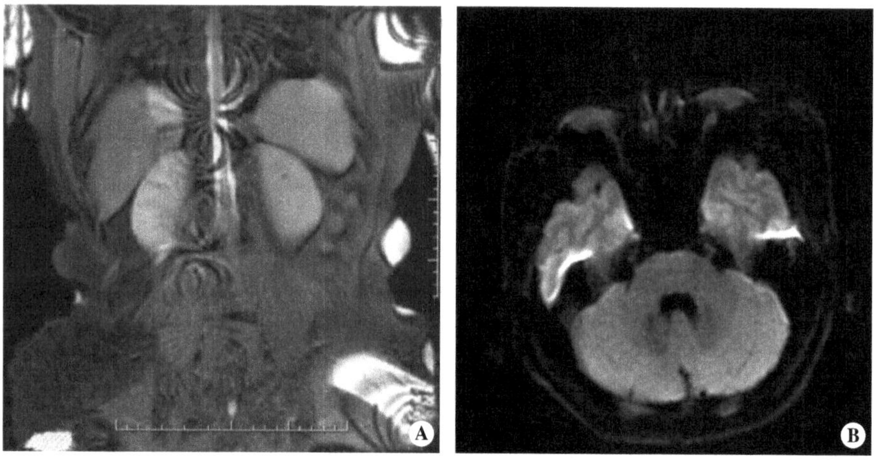

图 5-14-8 磁敏感性伪影

（2）产生原因：不同磁化率物质的交界面，磁化率不同会导致局部磁场环境的变形，造成自旋失相位，产生信号损失或错误描述。

（3）解决办法：扫描时尽量避开这些部位；增加层厚、层间距；减小人为的磁化界面；加局部匀场。

（三）操作相关的伪影

操作相关的伪影包括交叉伪影、ASSET 伪影。

1. 交叉伪影

（1）伪影特点：定位线交叉部位（或有饱和脉冲的部位）低信号或信噪比非常低（图 5-14-9）。

（2）产生原因：层面内组织受到其他层面/额外的射频脉冲激发，提前饱和，不能产生信号。往往在斜位定位时出现。有时预置饱和也可能带来同样的伪影。

（3）解决办法：定位时注意层面交叉让开要观察的部位，视野内预置饱和注意手动调整位置，让开要观察的部位。

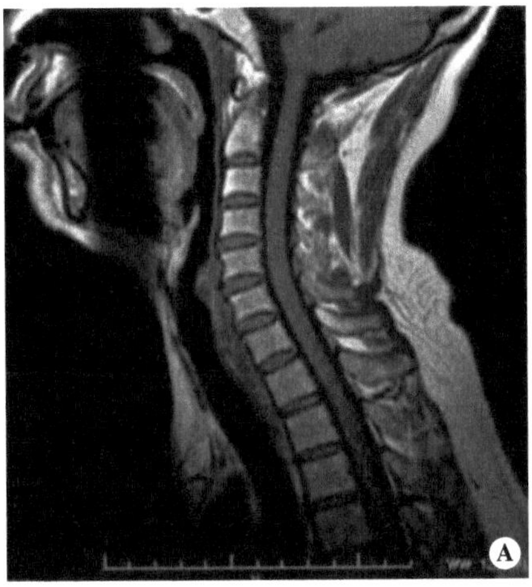

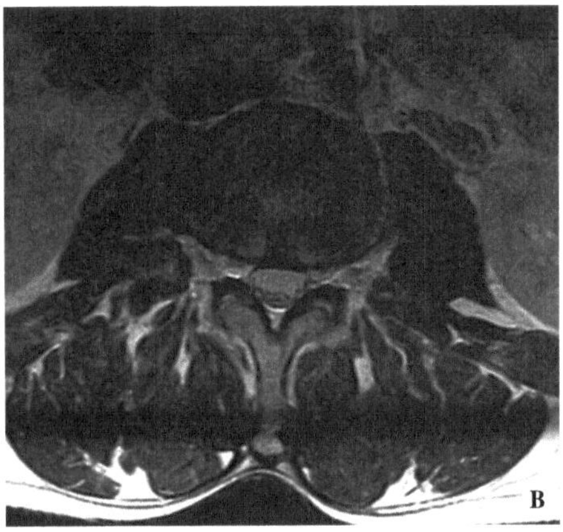

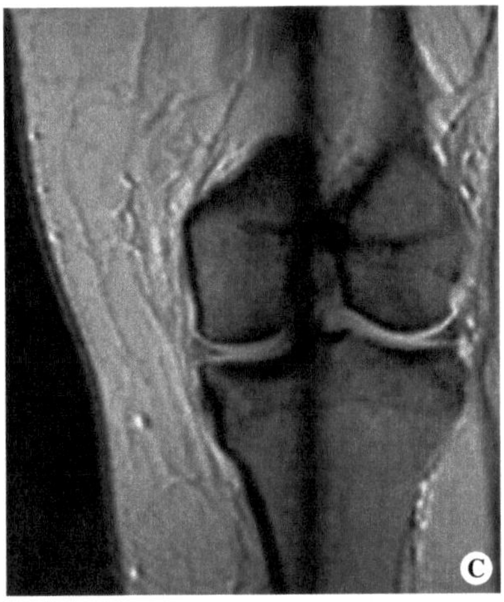

图 5-14-9 交叉伪影

2. ASSET 伪影

（1）伪影特点：类似卷褶伪影，但多出现在图像中心。图像中心条带状伪影，信噪比明显降低。常见伪影为半弧形伪影、校准不当伪影和线圈错位伪影（图 5-14-10）。

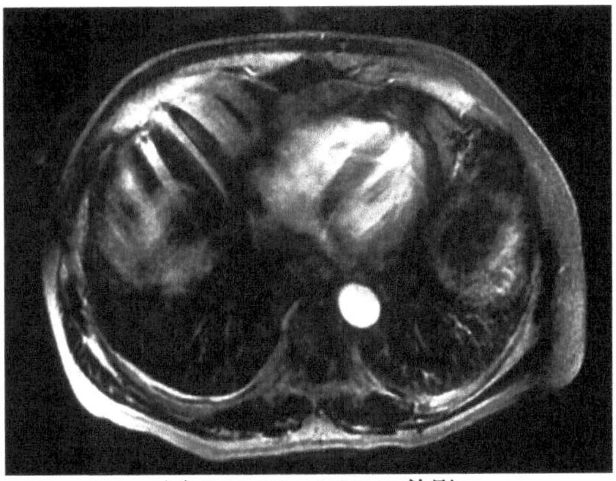

图 5-14-10 ASSET 伪影

（2）产生原因：ASSET 是一种并行采集技术，只适用于空间对称排列的相控阵线圈。ASSET 采集 K 空间时，在相位方向上隔行采集，通过减少相位编码数而缩短扫描时间。每一个线圈单元采集一半的相位方向的信息，因此存在明显的相位卷褶，需要利用线圈敏感性数据重建图像并去掉卷褶。所以，当校准的信息与采集的信息不匹配时将导致伪影出现。

（3）解决办法：ASSET 技术要求正式扫描前必须进行校准扫描；线圈摆放正确；增大扫描视野。

【小结】 本章叙述了 MRI 的质量控制，理想的 MRI 应为高 SNR、高 CNR、高空间分辨力、不存在伪影，并且是在较短扫描时间内获得的。信噪比是控制 MRI 质量最主要的因素。图像的信噪比和对比度足够高时，提高空间分辨力才有意义。MRI 时，需要操作人员掌握图像特征参数及其参数间的相互影响，在信噪比、对比度、空间分辨力及扫描时间之间找到最优的折中，正确认识伪影并掌握相应对策。

第六章　DSA检查技术

第一节　检查前准备

一、适应证、禁忌证及并发症

数字减影血管造影（DSA），是通过人工的方法将对比剂注射到血管内，通过X线的照射，利用计算机处理数字化的影像信息，以消除骨骼和软组织的影像，使血管影像清晰显示的成像技术。其特点是血管图像清晰、分辨力高，是目前诊断血管疾病最可靠的影像技术，是诊断血管疾病的金标准，是介入治疗不可缺少的影像工具。但DSA的检查与治疗是有创的，需要进行血管穿刺插管、注射碘对比剂，导管留置在血管内的时间比较长，在检查中有出血、栓塞及梗死等风险。在DSA检查前要掌握其适应证、禁忌证，防止并发症的发生。

（一）适应证

1. 血管性疾病　动脉瘤、海绵状血管瘤、血管畸形、血管狭窄、血管闭塞、血栓形成等；血管疾病的介入治疗；血管手术后随访等。

案例 6-1-1

患者，男，52岁，头痛、呕吐，意识不清。考虑脑出血，行CTA、DSA检查，案例图6-1-1A为CTA图像，B为DSA的3D图像，提示前交通有动脉瘤。比较A、B两图的优势。

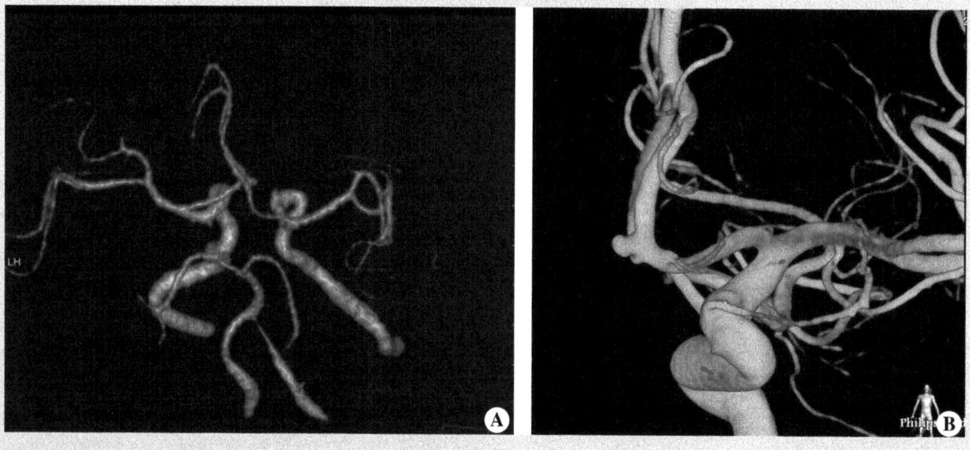

案例图 6-1-1

A. CTA提示前交通动脉瘤；B. DSA检查

解答：CTA可显示前交通动脉瘤，但动脉瘤与载瘤动脉的关系显示不清晰。DSA检查并3D重建，造影可进行动态观测，是脑血管病变诊断的“金标准”，3D重建可显示瘤体大小、形态及与载瘤动脉的关系，同时进行介入治疗。

案例 6-1-2

患者，男，80岁，间歇性跛行，临床考虑下肢动脉闭塞症。行CTA检查，右股动脉中段有闭塞现象，需进行DSA检查（案例图6-1-2）。请比较这两者的优势。

解答：CTA检查初步明确病变部位及范围，而下肢股动脉造影可证实股动脉中段有一处闭塞，可行股动脉球囊扩张并支架植入，使闭塞的血管再通。

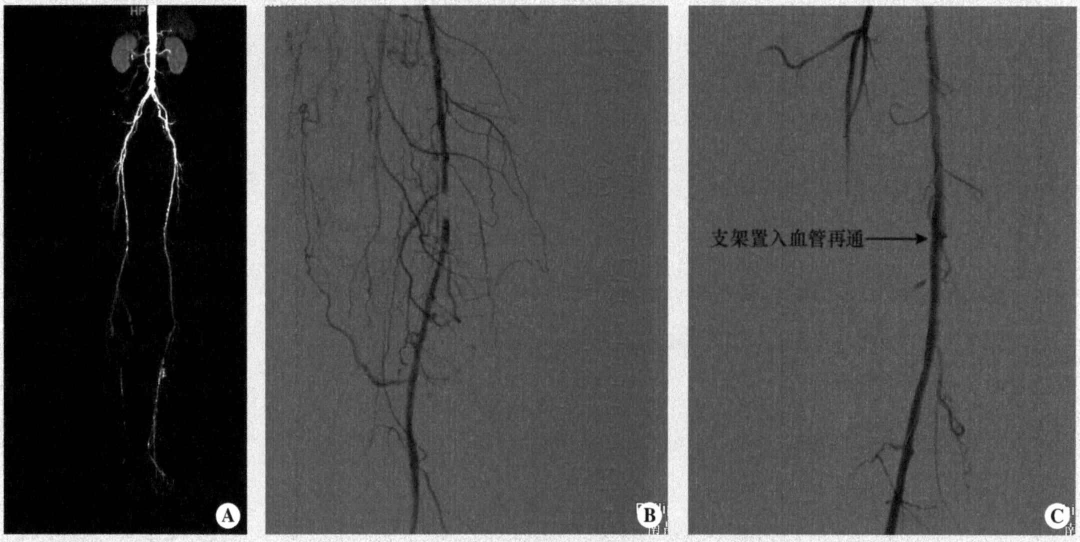

案例图 6-1-2

A. CTA；B. 治疗前 DSA；C. 介入治疗后 DSA

2. 肿瘤性疾病 了解肿瘤的血供、范围、转移与否等生物学特征及肿瘤的介入治疗；根据肿瘤对碘染色的情况，判断肿瘤的大小、范围，有利于进一步的栓塞治疗。

案例 6-1-3

某肝癌患者，3 个月前行 TACE 治疗，近期出现食欲减退，乏力，AFP 明显增加，复查 CT 可见肿瘤周边有再生灶出现，考虑肿瘤复发（案例图 6-1-3）。为进一步明确诊断并进行治疗，行 DSA 检查和 TACE 治疗。

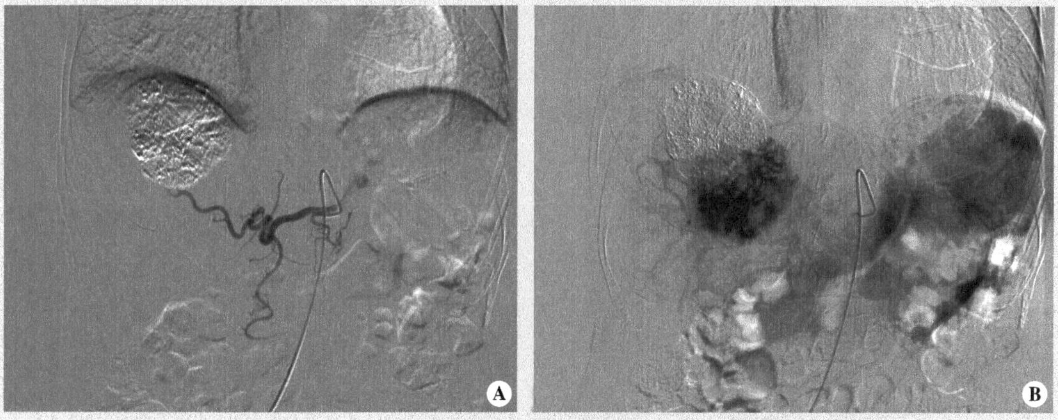

案例图 6-1-3

A. DSA 检查；B. 肿瘤复发

解答： DSA 检查发现原栓塞病变处有大量的对比剂染色，图 A 可见原来肿瘤栓塞的情况，图 B 可见在原肿瘤的边缘出现较多的对比剂染色，考虑肿瘤病变的复发，并可见肿瘤的大小、供血情况，同时进行介入栓塞治疗。

3. 结构性心脏病、冠状动脉疾病 冠心病和心肌缺血的诊断；冠状动脉疾病的介入治疗；结构性心脏病的诊断与介入治疗等。在冠状动脉造影的基础上发现冠状动脉的狭窄或某分支的闭塞，可通过球囊扩张及支架的植入进行治疗；可通过心房、心室的造影，对结构性心脏病及获得性心脏病进行明确诊断；也可通过封堵术及球囊扩张术进行心脏疾病的治疗。

4. 血管外伤的诊断与介入治疗 血管外伤有开放性或闭合性之分，尤其内脏血管的外伤对开放性手术治疗是复杂的，通过 DSA 的造影可发现外伤血管的部位、出血的情况。通过栓塞术可有效对靶血管进行栓塞，以达到止血治疗的目的。

（二）禁忌证

（1）碘过敏者。

（2）严重的心、肝、肾功能不全者。

（3）严重的凝血功能障碍，有明显出血倾向，严重的动脉血管硬化者。

（4）高热、急性感染及穿刺部位感染者。

（5）恶性甲状腺功能亢进、骨髓瘤者。

（6）女性月经期者。

（三）并发症

1. 穿刺插管所致并发症

（1）穿刺部位血肿：是 DSA 检查的常见并发症，主要是穿刺不当、反复穿刺致血管损伤或拔管后压迫止血不当，导致血液外渗至血管外的组织间隙。血肿累及盆腔、腹膜腔时，若包膜破裂，则出现大出血，严重时危及生命。

案例 6-1-4

患者，男，65 岁，行左下肢动脉闭塞症的介入手术，手术后各方面体征正常，心率 85 次/分，呼吸 23 次/分，血压 135/90mmHg。拔鞘，压迫穿刺点 15min，包扎后送回病房。同日晚 23 时，患者家属告知，患者血压下降，脸色苍白，有低血容量表现。心率 152 次/分，血压 56/30mmHg。紧急输液，并输血，查看穿刺点，有血肿。考虑出血量大，采用超声检查股动脉穿刺点及周边情况，超声提示后腹膜腔有大量积液，考虑出血性液体。

解答：拔管后压迫止血不当，患者没有完全制动造成出血，同时损伤向深层渗透，进入后腹膜腔，引起大出血。

（2）动脉痉挛：多因导丝、导管反复运动，刺激血管壁或在血管内停留时间过长所致。

案例 6-1-5

在肝癌的栓塞治疗中，进行肝动脉造影，显示肝 7 段有一明显的肿瘤染色。进行超选择插管后造影，不见肿瘤影像（案例图 6-1-5），分析其原因。

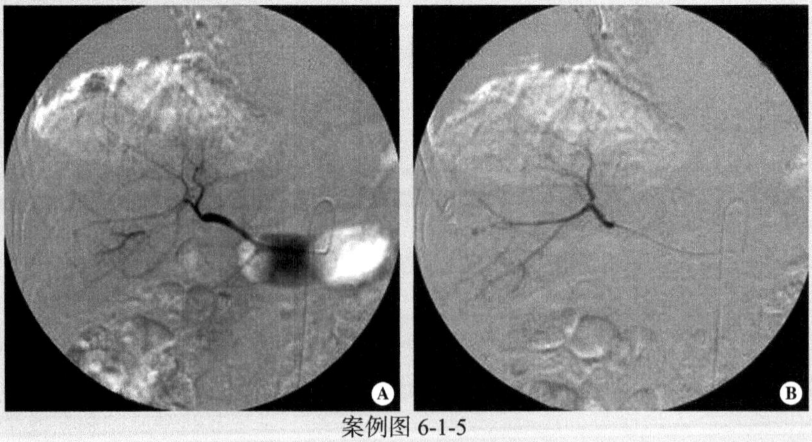

案例图 6-1-5

A. 正常造影；B. 血管痉挛

解答： 图 A 为肝总动脉造影，血管显示纤细，血流正常。图 B 为微导管反复插管后造影图像，没有显示肿瘤影像。在插管过程中，因肿瘤供血动脉纤细，反复插管致血管痉挛，致使再次造影不能显示肿瘤供血的血管，不见肿瘤显示。

（3）假性动脉瘤、动脉夹层、动静脉瘘的形成：由于操作不当或导管、导丝过硬致使有动脉壁粥样斑块的血管内膜受损，插入的导管或导丝进入血管内膜而导致假性动脉瘤或动脉夹层的形成；若穿破动脉进入邻近的静脉则形成动静脉瘘。

案例 6-1-6

患者，男，79 岁，行下肢动脉造影，诊断为股动脉远端闭塞，行介入治疗，尝试顺行不能通过血管闭塞段，再逆行穿刺股动脉，出现血管破裂，并动静脉瘘形成（案例图 6-1-6），分析其原因。

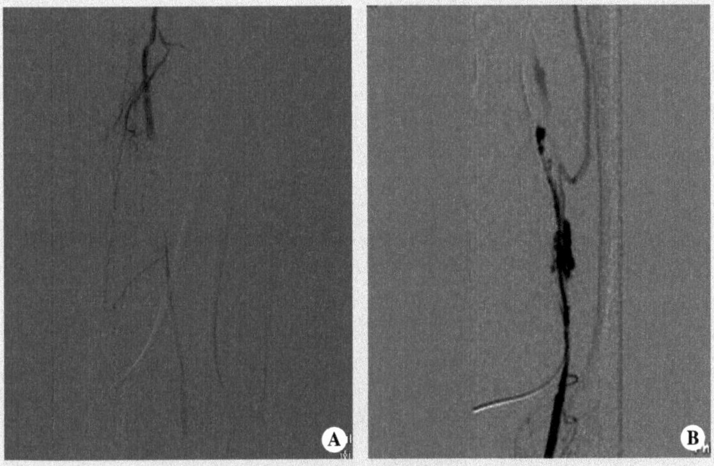

案例图 6-1-6

A. 股动脉闭塞；B. 动静脉瘘形成

解答： 血管闭塞，尝试顺行不能通过血管闭塞段，逆行穿刺，反复插管，导管穿破血管内膜，造成血管破裂。同时穿破邻近的静脉，形成动静脉瘘。

（4）动脉切割、血管破裂：①动脉切割。导管穿破血管进入非血管区，进行血管造影时靶血管消失。②血管破裂。因外界因素导致血管破裂，造影时对比剂进入血管腔外，一般为球囊选择过大或扩张压力过高导致的血管破裂，若为重要血管破裂，严重时危及患者生命。

案例 6-1-7

患者，男，62 岁，临床及 CTA 诊断前交通动脉瘤，行介入栓塞治疗过程中，动脉瘤破裂出血（案例图 6-1-7），分析其原因。

解答： 栓塞前进行旋转造影并进行 3D 重建，测量动脉瘤大小。选择合适大小的弹簧圈栓塞并辅以支架。在栓塞过程中调整弹簧圈时，动脉瘤破裂。患者心率加快，血压升高。对症治疗后，继续进行栓塞至出血停止。破裂原因是瘤体壁薄，弹簧圈填塞时破裂。

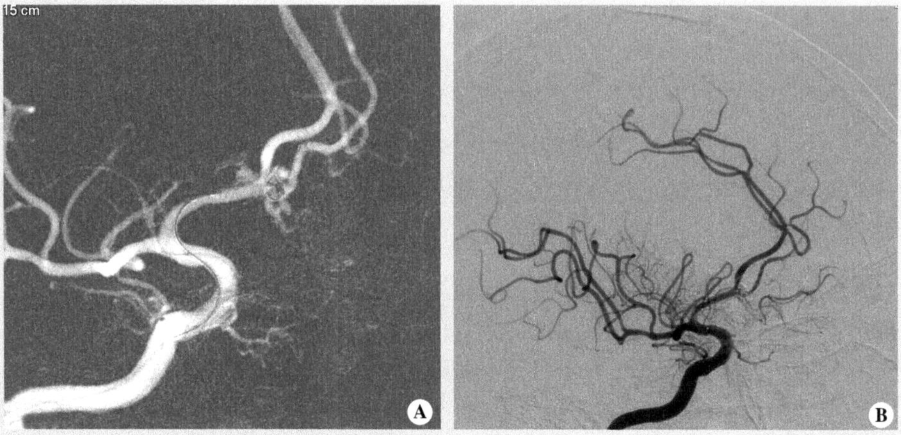

案例图 6-1-7

A. 破裂出血 B. 栓塞后

（5）异位栓塞、血栓、气栓的形成：①异位栓塞是栓塞剂通过其他渠道进入非靶血管或组织，对其进行栓塞。②血栓是来自导管及导丝表面血液凝块、动脉壁斑块脱落的小块。因导管、导丝反复移动而致斑块脱落，脱落的血块、斑块随血流的运动进入某个血管而致血管栓塞，引起组织或器官的缺血坏死。③气栓形成有两个方面因素：一方面是插管时导管及血管鞘未进行排气；另一方面为注射药液及对比剂时未排气或排气不充分使气体进入血管内，形成气栓。严重的气栓，可引起血管闭塞，若脑血管闭塞则会引起脑梗死。

案例 6-1-8

急诊消化道出血，行介入治疗、DSA，可见胃十二指肠下动脉有明显的出血征象。用弹簧圈进行栓塞。但在非栓塞处可见弹簧圈影像（案例图 6-1-8），为什么？

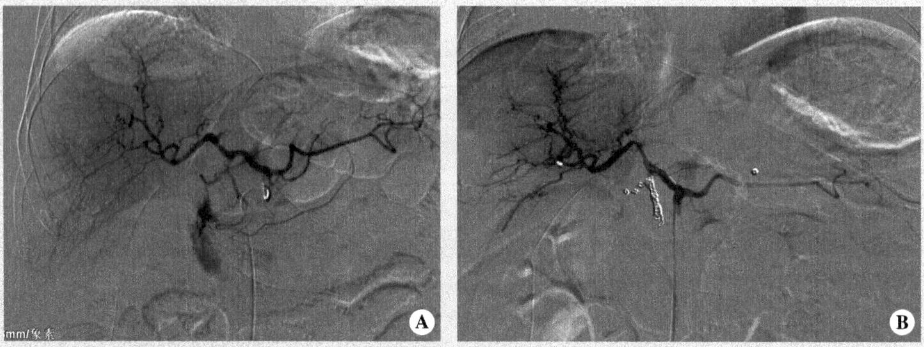

案例图 6-1-8

A. 腹腔动脉造影；B. 异位栓塞

解答：根据血管的直径大小，选择弹簧圈。弹簧圈送至胃十二指肠下动脉，因弹簧圈大于胃十二指肠动脉，可脱离控制，流入右肝动脉的一小分支血管，栓塞肝动脉小分支血管。因不是目的血管的栓塞，称为异位栓塞。在栓塞过程中应特别注意。

案例 6-1-9

患者，男，73 岁，髂动脉支架置入后再闭塞。再行介入手术时出现健侧髂动脉血栓形成（案例图 6-1-9）。为什么？

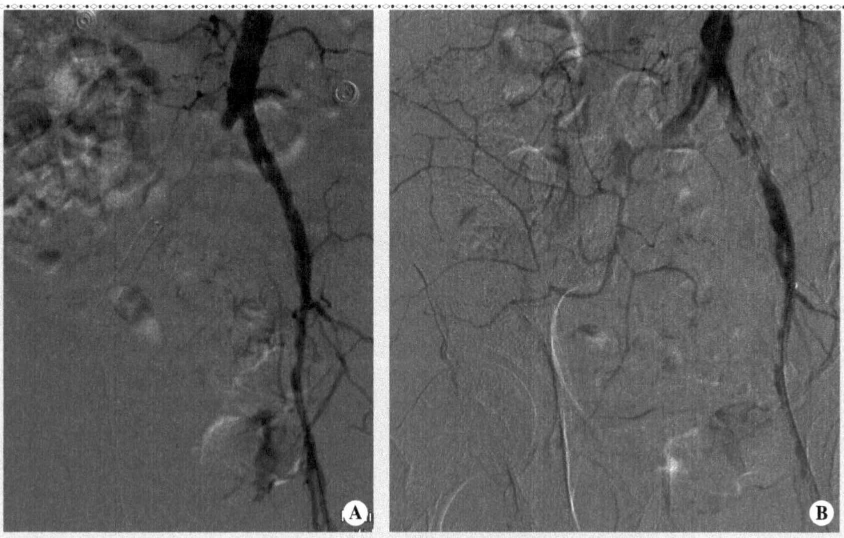

案例图 6-1-9

A. 正常造影；B. 血栓形成

解答：血栓来自导管及导丝表面血液凝块、动脉斑块的脱落。导管停留在血管内时间过长，同时没有有效的肝素化，导致血管内血栓形成。图 A 为治疗前的造影，左侧髂动脉显示正常，图 B 为治疗过程中造影，髂总动脉有充盈缺损，表示动脉内有血栓。

（6）导管、导丝在动脉内打结或折断：主要是操作不当、导管的质量问题，或拔管时没有进行导丝的引导而直接拔管所致。

案例 6-1-10

患者，男，73 岁，下肢动脉闭塞，行股动脉穿刺插管，至髂动脉插入导管时，不能顺利通过，改从肱动脉穿刺，进入导管，再引入导丝，术中发现导丝有折断现象（案例图 6-1-10），分析其原因。

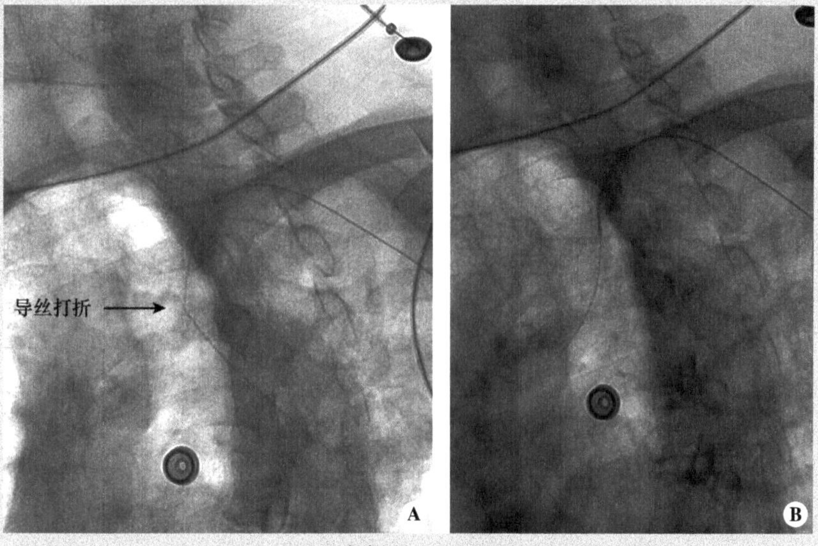

案例图 6-1-10

A. 导丝折断；B. 更换导丝后

解答：患者为下肢动脉闭塞症，行股动脉穿刺插管，采用导丝引导，不能穿过闭塞动脉。改肱动脉穿刺，将导丝插入胸主动脉，发现导丝前端软头与支持导丝折断，应及时更换导丝，防止头端断开、进入其他部位时造成危险。

（7）栓塞后综合征：是指对任何组织或器官进行栓塞后2～3天内，因局部和周围组织缺血而引起的炎性反应。临床表现为发热（一般不超过38.5℃）、局部疼痛、恶心、呕吐、乏力等。

（8）化疗药物不良反应：尽管动脉插管灌注化疗不良反应比全身用药要轻，但由于它是一次性给药，剂量大，故对受检者仍有不同程度的毒副作用，应引起医护人员的重视。

（9）感染：操作时消毒不严格或无菌观念不强，加上受检者抵抗力低下，可能发生局部或全身感染，严重者引起败血症。

（10）皮肤硬结：最常见是臀部及骶尾部硬结，由于髂内动脉的后支被栓塞，使臀部的肌肉和皮肤血供受阻，同时术后长时间平卧使臀部持续受压等，导致局部组织营养障碍，引起皮肤红肿、硬结伴明显触痛。

（11）严重的心律失常：冠状动脉造影及心脏各房、室的检查，由于导管进入心室刺激房室的异位起搏点而导致心律失常。

（12）心脏压塞：冠状动脉介入治疗所致的心脏压塞均为器械损伤引起。后果多比较凶险，需要紧急心包穿刺引流，甚至紧急外科手术等措施。

（13）神经损害：与化疗药物的毒性、营养神经血管的堵塞有关，导致感觉和运动障碍。表现为下肢（尤其是大腿）麻木、乏力、疼痛、感觉过敏等。

（14）术后下肢深静脉血栓形成：手术后需要长时间的制动，下肢血流速度减慢，若引起血栓形成，易发生肺动脉栓塞，严重者危及生命。

2. 对比剂过敏所致严重并发症

（1）碘过敏反应或特异质反应：特异质反应就是个体过敏反应，一般与使用剂量无关。主要为过敏性休克、荨麻疹、血管神经性水肿、喉头水肿、急性肺水肿、急性肾衰竭、横断性脊髓炎、癫痫和急性脑水肿。

（2）剂量依赖或物理化学反应：与对比剂用量、注入方式和速度有关。因对比剂具有高渗性、离子性和化学毒性，注射后会产生如恶心、呕吐、心动过速或心动过缓甚至心搏骤停等一系列反应。

案例 6-1-11

患者，男，65岁，行下肢静脉造影。用碘海醇300mgI/ml，用1∶1稀释，下肢静脉注射造影。当注射30ml时，患者主诉全身瘙痒，呼吸困难。接着出现脸色苍白，大汗淋漓。立即停止造影，进行心电监护，心率46次/分，血压53/30mmHg，血氧饱和度82%。紧急抢救，给氧，注射多巴胺20mg，阿托品2mg，建立静脉通道，快速补液。5min后，患者生命体征逐渐平稳。心率93次/分，血压70/40mmHg，血氧饱和度100%。抢救成功。

解答：这种反应为重度碘过敏反应，与注射对比剂的量无关，抢救快速及时才能保证患者的生命安全。

二、术前准备

DSA检查虽然是一种创伤性很小的手术，但也具有一定的并发症，而且使用的器械或耗材比较昂贵，且一次性使用，这就要求手术前应做好充分的准备，具体准备包括患者准备、器械准备和药物准备等。

（一）患者准备

（1）碘过敏和麻醉药过敏试验。

（2）检测心电图、肝功能、肾功能及出凝血时间、血小板计数等。

（3）术前4～6h禁食。

（4）谵妄、意识不清且不能配合手术的患者，可术前半小时肌内注射镇静剂。

（5）向患者和家属简述造影目的、手术过程，消除顾虑及紧张心理。同时告知术中、术后可能发生的意外情况和并发症，争取患者和家属理解合作，并签署手术知情同意书。

（6）儿童及不合作者应提前通知麻醉科，必要时施行全身麻醉。

（7）建立静脉通道，便于术中给药和急救。

（二）器械准备

1. 手术器械准备 消毒手术包、穿刺针、导管鞘、导管、导丝、注射器等。

2. 造影设备准备 对 DSA 设备和高压注射器在术前检查运行状况，确保手术正常进行，并备好必要的抢救设备。

（三）药物准备

1. 常规药物 配备肝素、利多卡因、生理盐水及各类抢救药。

2. 对比剂 浓度为 300～370mgI/ml 的非离子型对比剂。对比剂用量依据不同造影部位、目的、方式而不同。

三、注射参数设定

（一）注射流速

注射流速指单位时间内经导管注入的对比剂的量，一般以 ml/s 表示。对比剂流速的选择依据导管前端所在的靶血管的血流速度，一般流速应等于或略大于其血流速度，若流速过低，对比剂将被血液较多稀释；若流速过大，将增加血管内压力，有血管破裂的危险。在选择对比剂流速时，还应考虑血管病变性质，如夹层动脉瘤、室壁瘤或脑出血等病例，应采用较低的对比剂流速。对比剂流速大小与导管的半径四次方成正比、与导管长度成反比，导管半径的微小变化将会引起对比剂流速的显著变化。

案例 6-1-12

为了观察双肾动脉的起始位置，需行腹主动脉造影，选择适当的流速能更好地显示血管的开口、靶血管及其分支情况。注射流速不够，会导致肾动脉开口显示不清。

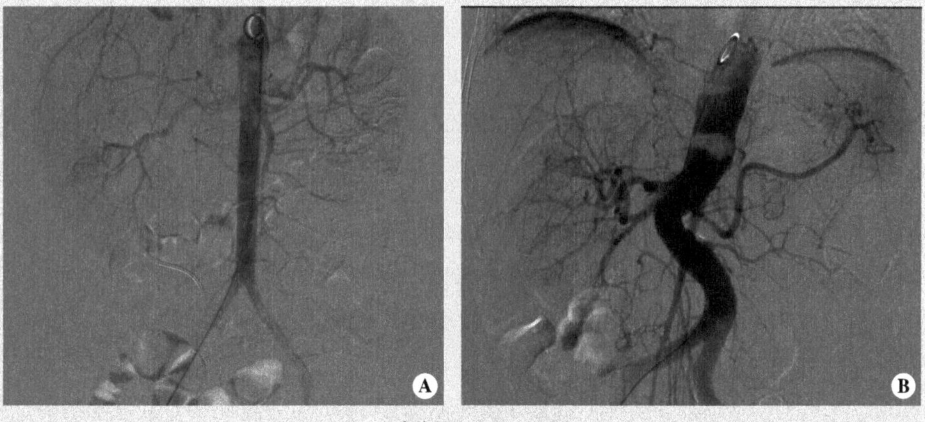

案例图 6-1-12

A 流速不够；B. 流速正常

解答：案例图 6-1-12 造影均采用“猪尾”导管，至于腹主动脉的起始端，图 A 采用的造影参数：10ml/s、15ml、600PSI；图 B 采用的造影参数：15ml/s、20ml、600PSI，结果显示差异大。

（二）注射剂量

为获得优质的DSA图像，在造影时应根据不同的造影方法选择不同的浓度和剂量。一般静脉DSA（intra-venous digital subtraction angiography，IVDSA）每次采集所需对比剂剂量较大、浓度较高，为40～50ml对比剂；动脉DSA（intra-arterial digital subtraction angiography，IADSA）每次所需对比剂剂量较IVDSA低，特别是行选择性IADSA检查时对比剂剂量明显降低。DSA信号随血管直径增大而信号增强，即血管显影所需对比剂最低含碘量与血管直径成反比。因此，对直径大的血管进行检查时，增加对比剂剂量与浓度无助于血管的显示；而对直径小的血管进行检查时，增加对比剂浓度及剂量将改善血管的显示效果。

案例 6-1-13

主动脉弓部造影，常需要显示主动脉弓及分支血管的影像，造影时对比剂的总量要大，注射压力要高。当注射剂量不足时将产生什么现象？

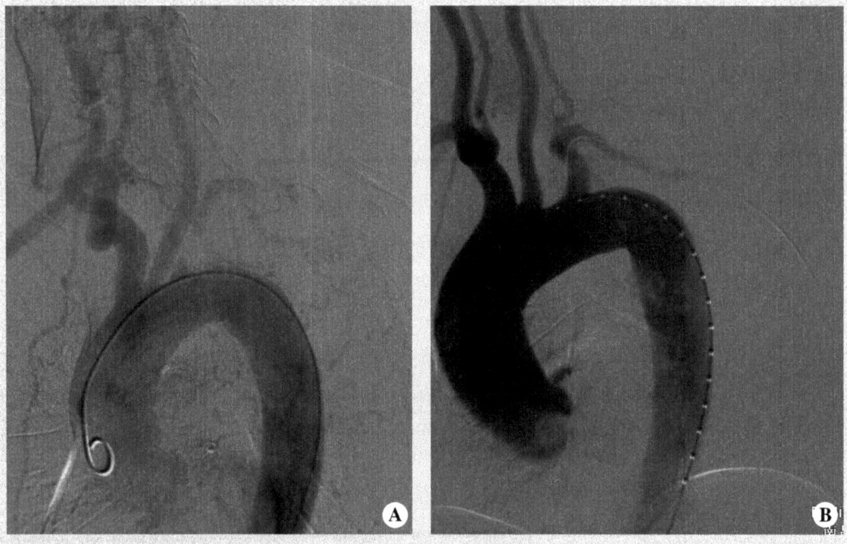

案例图 6-1-13

A. 造影显示不足；B. 造影显示充分

解答：采用案例图6-1-13造影，图A造影参数为15ml/s、20ml、900PSI，主动脉弓显示较好，但3个分支血管显示欠佳；图B造影参数为20ml/s、30ml、900PSI，主动脉弓显示较好，3个分支血管显示也很好。

（三）注射压力

注射所需压力与注射速度、对比剂浓度、对比剂温度、导管尺寸等因素有关。选择注射速度越快，所需压力越大。对比剂浓度越高，所需压力越大。同一对比剂在不同温度下所需压力不同，25℃温度比 30℃温度所需压力要大。导管越长或越细，产生的阻力均越大，所需的压力也就越大。

案例 6-1-14

患者，女，68岁，下肢静脉血栓，行滤器置入术。置入滤器后发现下腔有大血栓存在，置溶栓管，手推造影，下腔静脉显示不充分（案例图6-1-14），不能充分显示血栓情况。

解答：手推造影，注射压力低，对比剂在血管内分布量少，不能充分显示血栓情况，如图A显示。改用高压注射器注射，血管显示清晰，可见下腔内有血栓，进行溶栓后再复查。

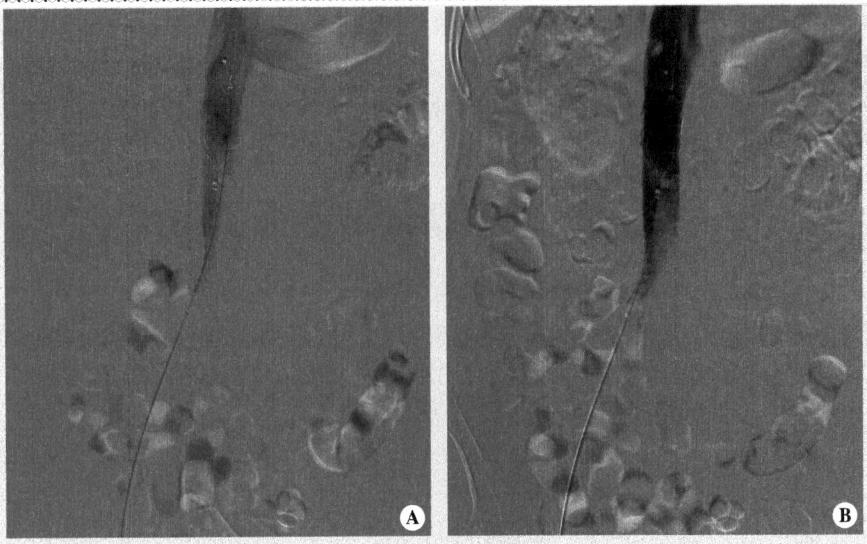

案例图 6-1-14

A. 注射压力不够；B. 注射压力正常

（四）注射时机

DSA 检查时，根据造影要求设定曝光延迟或注射延迟。IADSA 特别是选择或超选择性造影，常采用注射延迟，便于摄制蒙片，达到减影的目的。IVDSA 或导管顶端距兴趣区较远时，应选用曝光延迟，因为机器的曝光时间长，后期的采集速度低，显示效果差。造影时还须设定对比剂上升速度，即注射的对比剂达到设定的注射流速所需要的时间，一般上升速度时间设定在 0.5s 较合适。对比剂注射维持时间依检查部位血管及诊断需求而定。

案例 6-1-15

患者，男，80 岁，下肢缺血，下肢远端皮肤缺血表现，踇趾坏死征象。CTA 诊断股动脉远端闭塞。DSA 检查，下肢动脉造影，穿刺插管，将单弯导管插入至髂外动脉近端造影，造影参数为 5ml/s、8ml、300PSI。若注射时机选择不当，则图像显示效果不同。

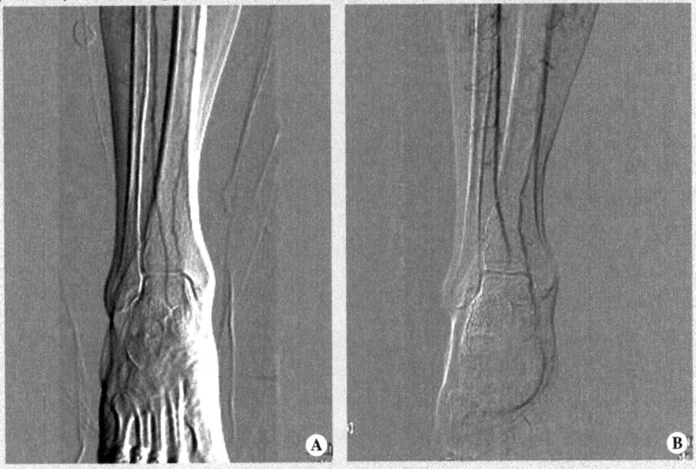

案例图 6-1-15

A. 无延时造影；B. 延时造影

解答：采用案例图 6-1-15 造影，图 A 无延时造影，血管显示差，同时有运动伪影。图 B 采用曝光延时 15s，胫腓动脉远端血管显示很好。

【小结】 本节的主要内容为DSA检查的适应证、禁忌证及并发症，DSA检查的术前准备和造影参数的设置。了解血管性疾病适应证的内容，肿瘤的介入治疗；结构性心脏病及冠状动脉的介入治疗、禁忌证及并发症。DSA检查前的准备工作，患者准备、器械准备和药物准备。注射参数的设定，注射速度、注射量，注射压力及注射时机的选择在检查中的重要性。

第二节 DSA成像方式与时间减影方式

一、静脉DSA

发展DSA最初的动机是希望经外周静脉注射对比剂，显示全身动脉系统，这种方法称为静脉DSA（IVDSA）。通过临床验证，这种方法产生的图像质量难以满足诊断和介入治疗的要求。由于IVDSA对比剂团注特性曲线的峰值与注射碘的总量成正比，与心输出量成正比，与中心血量成反比，动脉显影的碘浓度是静脉所注射对比剂浓度的1/20，每次检查需要多次注入大量对比剂，多次序列曝光才能显示感兴趣区血管的全貌。

所以，IVDSA是一种高对比剂用量和高辐射剂量的造影检查，成像质量受诸多因素的影响，如个体差异、运动状况及受检部位的距离、导管顶端及对比剂注射部位等。目前IVDSA基本废弃，仅用于门静脉、髂静脉、四肢静脉的检查。

案例 6-2-1

下肢静脉造影，一般不采用DSA的减影方式，为什么？

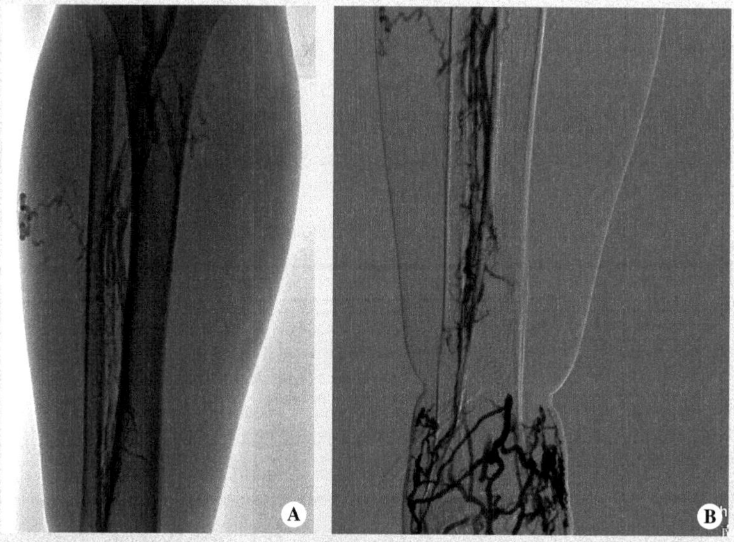

案例图 6-2-1

A. 数字采集；B. 减影检查

解答：因静脉血管紊乱，血管重叠。注射对比剂剂量大，不能准确显示血管的形态，常采用数字采集的方式进行（案例图6-2-1）。

二、动脉DSA

动脉DSA（IADSA）是将对比剂直接注入兴趣区动脉或接近兴趣区动脉处，来显示靶血管的一种检查方式。对比剂稀释较IVDSA要轻微得多，对比剂团注不需要长时间的传输与涂布，使用的对比剂浓度低，并在注射参数的选择上有许多灵活性。同时影像重叠少，成像质量高，成像时受患者的影响减少，辐射剂量也低。IADSA应用广泛。但需要穿刺插管，有一定的损伤。

案例 6-2-2

下肢动脉造影。穿刺插管至股动脉近端，造影参数：4ml/s、8ml、300PSI。显示血管丰富，图像分辨力高。为什么？

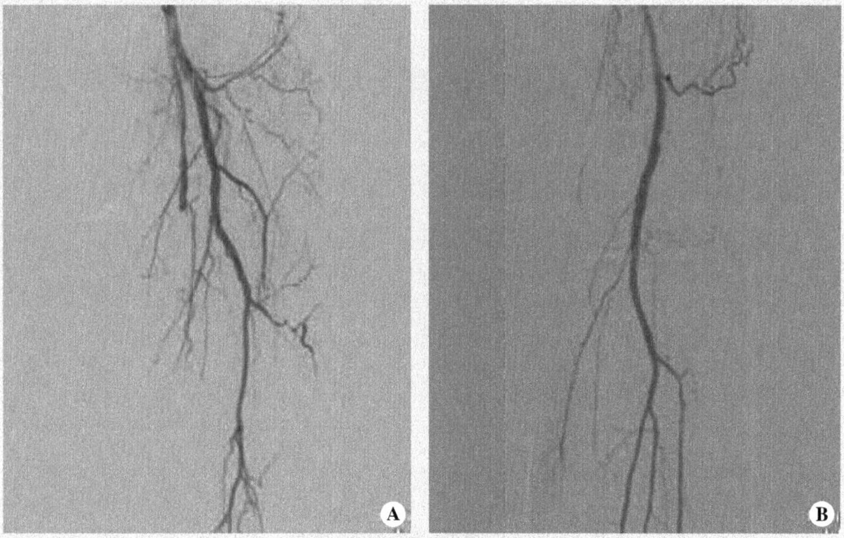

案例图 6-2-2

A. 股动脉造影；B. 腘动脉造影

解答： DSA 成像时，由于 DSA 显示血管的能力与血管内碘浓度和曝光量平方根的乘积成正比，若想使一直径 2mm 的血管及其内径 1mm 的狭窄，与一直径 4mm 的血管及其内径 2mm 的狭窄成像一样清晰，可将血管内的碘浓度加倍或将曝光量增强到 4 倍。从设备的负荷与患者的辐射剂量方面考虑，采用提高血管内碘浓度的方式更为可取（案例图 6-2-2）。

三、动态 DSA

在 DSA 成像过程中，球管、人体和探测器在规律运动的情况下，获得 DSA 图像的方式，称为动态 DSA。常见的动态 DSA 有旋转 DSA 和步进 DSA。旋转 DSA 的优点是可获得不同角度的血管造影图像，增加了影像的观察角度，能从最佳的位置观察血管的正常解剖和异常改变。步进 DSA 是一个观察全程血管结构的方法，常应用于双下肢血管病变的诊疗。

四、DSA 的减影方式

（一）脉冲减影方式

脉冲减影方式为每秒进行数帧摄影，采用间隙 X 线脉冲曝光，持续时间（脉冲宽度）在几毫秒到几百毫秒之间。可得到一系列连续的减影图像。脉冲减影方式以一连串单一曝光为特点，射线剂量较强，所获得的图像信噪比较高，图像质量好，是一种普遍采用的方式。这种方式主要适用于活动较少的部位，如头、颈、四肢和盆腔等。

案例 6-2-3

颈外动脉造影，不同采集帧数，图像效果不同，为什么？

解答： 采集帧数对图像的影响很大，采集帧数多，图像数据多，血管连续性好，细节增加（案例图 6-2-3）。

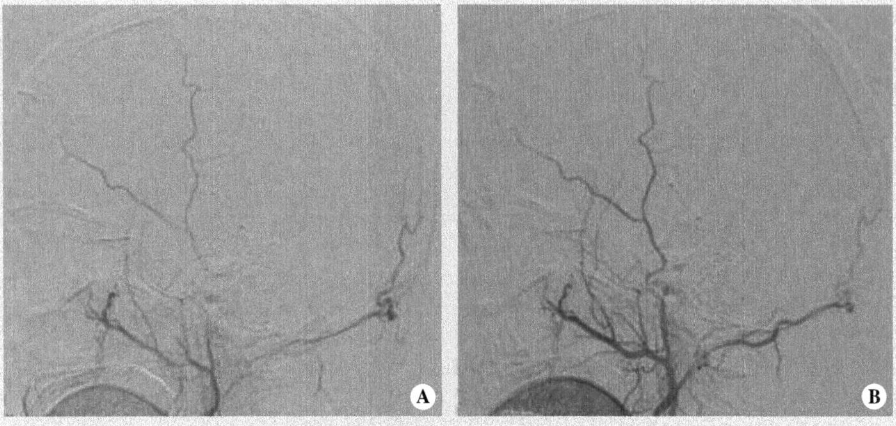

案例图 6-2-3
A. 2 帧/s；B. 6 帧/s

（二）超脉冲减影方式

超脉冲减影方式：短时间内进行 6～30 帧/s 的 X 线脉冲采像，然后逐帧高速重复减影，具有图像频率高、脉宽窄的特点，可以连续观察数字影像或减影图像，具有动态成像功能。这种方式的优点：能适应心脏、冠状动脉、主动脉等搏动快的部位，图像的运动模糊小。

（三）心电触发脉冲减影方式

心电触发 X 线脉冲与固定频率工作方式不同，它与心脏大血管的搏动节律相匹配，以保证系列中所有的影像在其节律同相位的时间点上释放曝光，获得清晰的图像，以便掌握最小的心血管搏动、时刻采集图像。外部心电图信号以三种方式触发采像：连续心电图标记、脉冲心电图标记、脉冲心电图门控。心电触发方式能最大限度地避免心脏搏动产生的运动性图像模糊，在图像采集频率低时也能获得对比度和分辨力较高的图像。此方式主要用于心脏、大血管和冠状动脉的 DSA 检查。

【小结】 本节的主要内容为静脉 DSA、动脉 DSA、动态 DSA 和 DSA 的减影方式（包括脉冲减影方式、超脉冲减影方式和心电触发脉冲减影方式）。阐明各种 DSA 的特点、临床应用，各种减影方式的特点、主要应用范围。

第三节　特殊 DSA 检查技术

一、旋转 DSA 技术

旋转 DSA 技术是利用血管造影机的 C 臂旋转来达到检查要求的新技术，它可以多方位显示兴趣区的解剖结构。在进行旋转 DSA 成像时，血管造影机的 C 臂做两次旋转运动，第一次旋转采集获得不含对比剂的序列图像，作为蒙片像，第二次旋转时采集含有对比剂影像，在相同运动轨迹采集的两帧图像进行减影，以获取序列减影图像。

旋转 DSA 技术的优点是可获得不同角度的多维空间血管造影图像；增加了血管影像的观察角度，从多方位观察血管的正常解剖和异常改变，提高病变血管的显示率。该技术实际上是对正侧位 DSA 检查的重要补充，而旋转起始位置、方向、角度的设定及对比剂注射参数与旋转速度等都影响兴趣区的显示效果，而图像质量与旋转速度有关。

案例 6-3-1

患者，男，74岁，突发头痛，昏迷。CT诊断蛛网膜下腔出血，考虑脑动脉瘤破裂出血，需行DSA检查，以明确诊断。常规DSA见案例图6-3-1A、B，正、侧位造影发现颈内动脉瘤显示不明确。行旋转造影（案例图6-3-1C、D）可见颈内动脉与动脉瘤的关系。请说明旋转造影的优势？

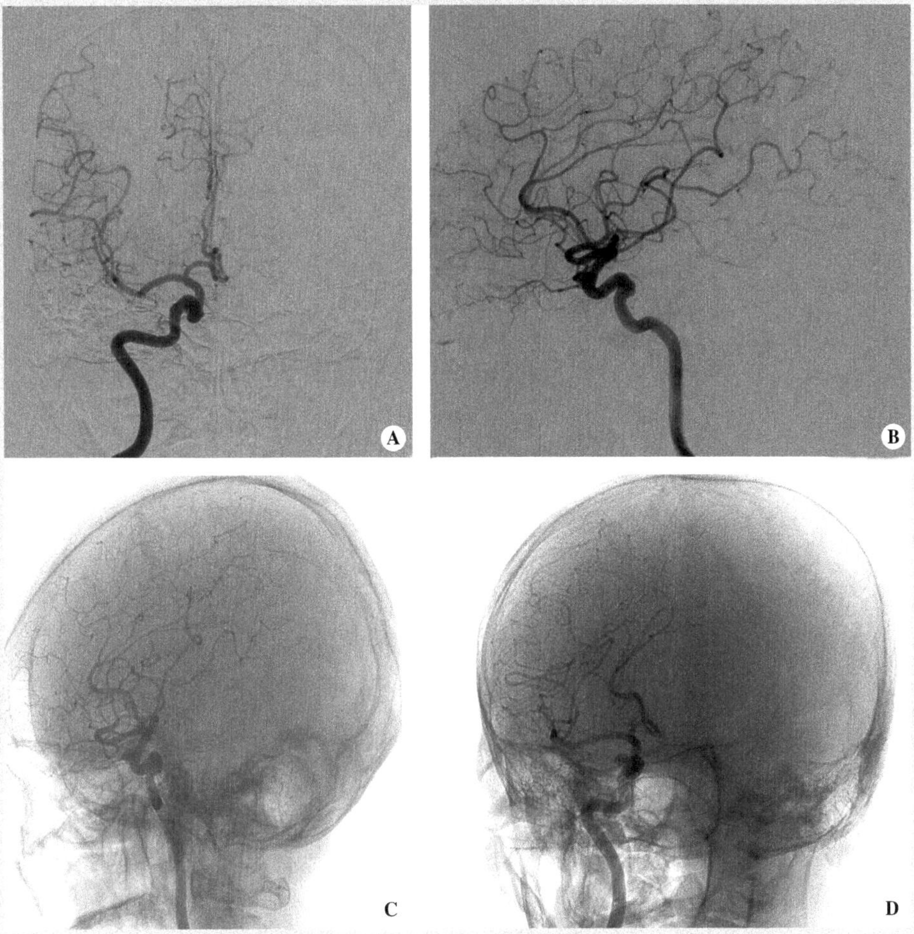

案例图 6-3-1

A. 正位造影；B. 侧位造影；C. 旋转造影；D. 旋转造影左前斜 32°

解答： 旋转DSA技术的优点是可获得不同角度的多维空间血管造影图像；增加了血管影像的观察角度。本例通过旋转造影可获得左前斜32°，显示动脉瘤的形态、大小。如进行3D重建，更能显示动脉瘤的大小、形态及与载瘤动脉的关系。

二、3D-DSA技术

3D-DSA技术是近几年在旋转DSA技术上发展起来的一项新技术，是旋转血管造影技术、DSA技术及计算机三维图像处理技术相结合的产物。其作用原理为通过二次旋转DSA采集图像，再将图像传至3D工作站进行容积重建，获得三维图像，同时可进行容积再现（VR）、多平面重建（MPR）和最大密度投影（MIP）等，这些后处理方法主要是为了对兴趣区的病变进行任意角度观察，以便提供较常规DSA更丰富的信息，在一定程度上克服了血管结构重叠的问题，可任意角度观察血管及病变的三维关系。3D重建与旋转造影有密切关系，旋转造影参数选择不当时，重建的3D效果较差。

案例 6-3-2

常规脑血管旋转造影为股动脉穿刺，导管头端置入颈内动脉。造影参数：3ml/s、18ml、150PSI，延时 2s。3D 重建图像不清晰，不能显示前交通动脉瘤（案例图 6-3-2），为什么？

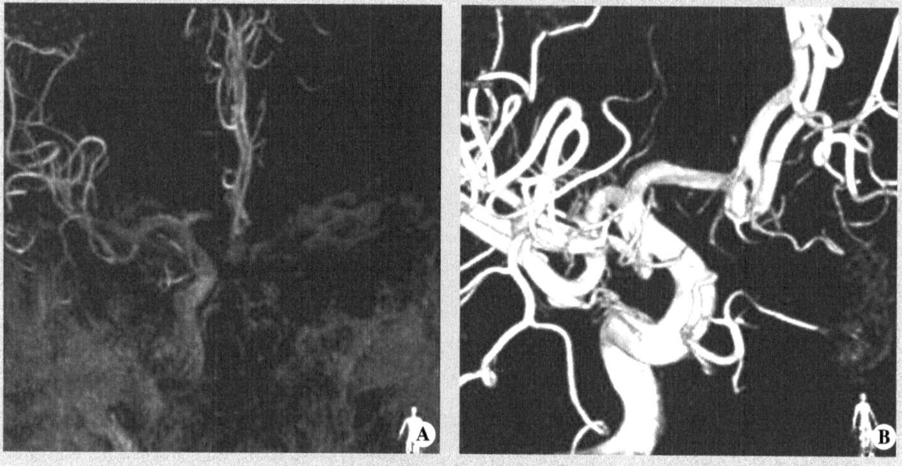

案例图 6-3-2

A. 3D 效果差；B. 3D 效果好

解答：3D-DSA 是通过二次旋转 DSA 采集图像，再将图像传至 3D 工作站进行容积重建。产生图 A 效果差，动脉瘤不能显示，可能与造影参数选择有关，改变造影参数：3ml/s、18ml、150PSI，延时 1s。再次进行旋转造影 3D 重建图像清晰，前交通动脉瘤显示清楚。

三、岁差运动 DSA 技术

岁差运动 DSA 技术是旋转 DSA 技术的另一种运动形式，利用 C 臂支架两个方向的旋转，精确地控制 C 臂支架转动方向和进度，形成了 X 线焦点在同一平面内的四周运动，探测器则在支架的另一端做相反方向圆周运动，从而形成岁差运动。在运动中注射对比剂、曝光采集，形成系列减影像。它对于观察血管结构的立体关系十分有利。

岁差运动 DSA 技术在临床上主要用于观察腹部和盆腔重叠的血管，以显示血管的立体解剖图像。在肝脏肿瘤的治疗中，应用岁差运动可清晰显示肿瘤的供血动脉、肿瘤染色，并利于指导超选择性插管。

四、实时平滑蒙片 DSA 技术

实时平滑蒙片（real-time smoothed mask，RSM）技术是 DSA 的另一特殊功能，它是利用间隔很短的两次 DSA 曝光，第一次曝光时影像增强器适当散焦，获得一帧适当模糊的图像，间隔 33ms 再采集一帧清晰的造影图像，两者进行减影可以获得具有适当骨骼背景的血管图像。它可以在运动中获得减影图像，免除了旋转 DSA 需要两次运动采集的麻烦和两次采集间受检者移动造成失败的可能。由于蒙片像随时更新，且相间隔仅为 33ms，因此不会产生运动性伪影。RSM 可用于盆腔部出血的诊断，尤其适合如下几种情况：

1. 腹盆部出血 受检者处于休克前期，不能屏气而需要进行 DSA 检查者。

2. 腹盆部出血 受检者因其他特殊情况如高龄、婴儿等，不能屏气而必须进行 DSA 检查者。

3. 下肢血管性病变 DSA 检查室不能控制下肢抖动者。

4. 胸部疾病 受检者不能屏气而必须进行 DSA 检查者。

案例 6-3-3

在患者运动情况下，怎样避免运动性伪影?

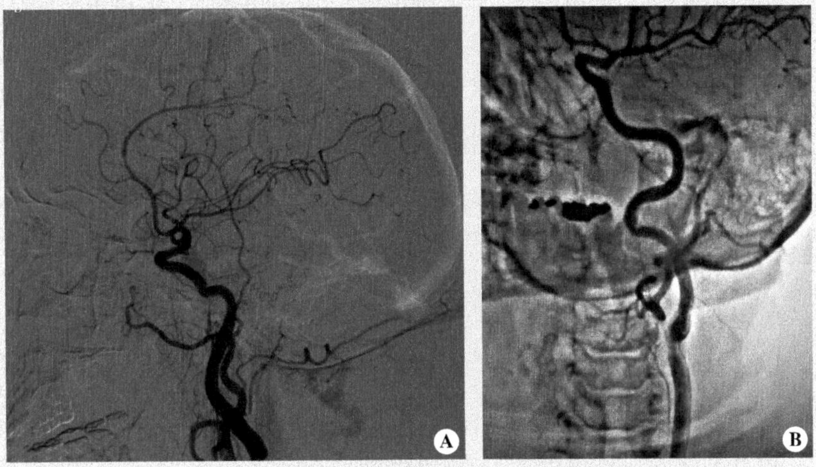

案例图 6-3-3

A. 传统减影模式；B. 实时平滑蒙片

解答： 在常规减影中由于患者的运动，减影效果差，甚至不能完成血管造影，如案例图 6-3-3A 前一次造影的静脉血管影与当前的血管减影像重叠，减影不清晰。采用实时平滑蒙片技术，在患者运动的情况下，可显示血管的影像，不会产生运动性伪影（案例图 6-3-3B）。

五、步进 DSA 技术

步进 DSA 技术采用快速脉冲曝光采集，实时减影成像。在注射造影前摄制该部位的蒙片，随即采集造影图像进行减影，在脉冲曝光中，X 线管组件与探测器保持静止，导管床携人体自动向前移动，以此获得该血管的全程减影图像，即为下肢血管造影的跟踪摄影。

该技术提供了一个观察全程血管结构的新方法，解决了以前的血流速度与摄影速度不一致，出现血管显示不佳或不能显示的问题。该技术在不中断实时显示血管对比剂中进行数据采集，在减影或非减影方式下都可实时地观察摄影图像。操作者可采用自动控制速度进行造影跟踪摄影，或由手柄速度控制器人工控制床面的移动速度，以适应对比剂在血管内的流动速度。

特点是对比剂用量少，一次序列曝光显示全程下肢血管影像，尤其适用于不宜多用对比剂的受检者。目前应用于临床的步进 DSA 有单向的，即从头侧至足侧；亦有双向的，既能从头侧向足侧，也可以从足侧向头侧观察受检者。该技术适用于双下肢血管性病变的诊疗。

六、自动最佳角度定位技术

自动最佳角度定位是目前血管造影系统必备的功能之一，主要作用是方便医生根据自己的操作习惯存储相应的位置，节省操作机架运动的时间，减少辐射剂量，提高了操作精准度。自动最佳角度定位包括床面位置高度、床面前后和左右位置，以及 C 臂倾斜、成角角度和球管焦点到平板表面的距离（SID），能够自动到达预设的位置。

随着技术的发展，尤其是 3D 技术的广泛应用，自动位置存储发展到自动位置跟踪。不仅能存储理想的投照角度，也能让机架与 3D 图像或 C 臂 CT 图像之间同步自动跟踪，即医生观察到合适位置的 3D 图像后，可以一键把机架旋转到图像的投照角度，也可以让 3D 图像随着机架运动而转动到符合投照角度的位置。

七、C 臂 CT 技术

DSA 的 C 臂 CT 技术是平板探测器 DSA 与 CT 结合的产物。它们是利用 DSA 的 C 臂快速旋转采集数据，然后重建成像，一次旋转可获得多个层面的图像。

该技术图像采集与旋转血管造影基本类似，旋转角度一般大于 180°，图像采集过程中也可注射对比剂。所采集到的系列图像存放在存储单元中，在后处理工作站上由技术人员根据要求重建不同断面的 CT 图像。也可选择不同处理技术获得不同三维图像，可以任意角度观察，或获取去骨血管三维图像，或只有骨骼与血管的图像，或只有骨骼的图像，还有虚拟内镜、导航等诸多技术，使过去只能在 CT 实现的许多功能，现在能在 DSA 成像设备上实现，又称类 CT 成像技术。

由于平板探测器每个像素的面积很小，采集数据的信噪比差，其空间分辨力优于 CT，但密度分辨力不及 CT 图像，可与 3D 血管图像相重叠，观察更直观。目前临床上主要用于头部，它可以观察栓塞效果，尤其是在脑动脉瘤栓塞中，可观察有无再次出血及显示微弹簧圈的位置、有无逸出动脉瘤腔等。该成像技术与导航技术结合应用，解决了介入治疗过程中需进行 CT 检查的不便。

C 臂 CT 的图像也受平板探测器的影响，在检查前需进行空气校正，否则会产生环形伪影。

案例 6-3-4

男，56 岁，前交通动脉瘤，介入栓塞中动脉瘤破裂，紧急行 C 臂 CT 检查，发现有大量出血，同时出现环状伪影，案例图 6-3-4A 应如何消除？

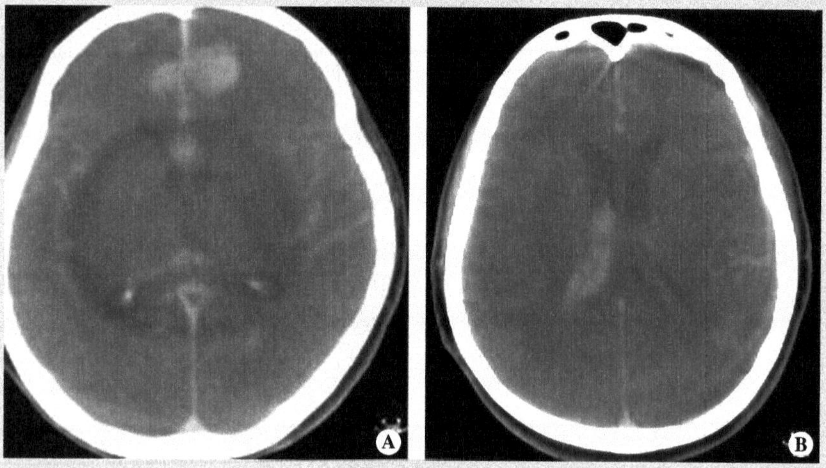

案例图 6-3-4

A. 有伪影；B. 无伪影

解答：C 臂 CT 为容积扫描，图像也受平板探测器的影响，在检查前需进行空气校正，清除平板内部电子信号的影响，去除环形伪影（案例图 6-3-4B）。

八、3D 路径图 DSA 技术

3D 路径图 DSA 技术是对检查部位的血管进行旋转造影，进行血管重建，形成三维血管图像。选择三维路径图后，随着 C 臂的旋转，三维图像自动跟踪，自动调整所需的角度，使透视图像与三维图像重合，以便最大限度地显示血管的立体分布，利于指引导管或导丝顺利地进入目标血管内。

采用三维路径图技术，图像显示更直观，操作者更容易将导管或导丝选择性地插入病变区。如颅内动脉瘤栓塞时，可清晰地显示瘤颈与载瘤动脉的关系，便于确定微导管进入瘤腔内的角度；指导操作者对微导管前端进行弯曲塑形，使导管更容易进入动脉瘤内，并可在载瘤动脉内形成最大的支撑力。这样，在送入微弹簧圈时，弹簧圈才不易弹出，使之容易致密地填塞动脉瘤。

除此之外，还有实时动态 3D 路径图功能。它是将重建的 3D 容积图像与实时透视 2D 数据集相套叠，就如同一个立体的路径图一般。该技术对神经放射临床起到了重大意义，如实时导管头导航和监视输管过程中的缠绕。3D 路经图功能是完全动态的，操作医师可在术中自由改变视野、机架旋转参数等。

案例 6-3-5

在进行脑动脉瘤的栓塞过程中，需要反复调整导管或导丝，或不断改变显示位置，以便能顺利将导管送进动脉瘤体内。2D 路径图需要反复重做路径图，这样操作繁杂，对比剂用量增加，X 线辐射剂量增加，采用实时 3D 路径图技术可以克服上述问题（案例图 6-3-5）。

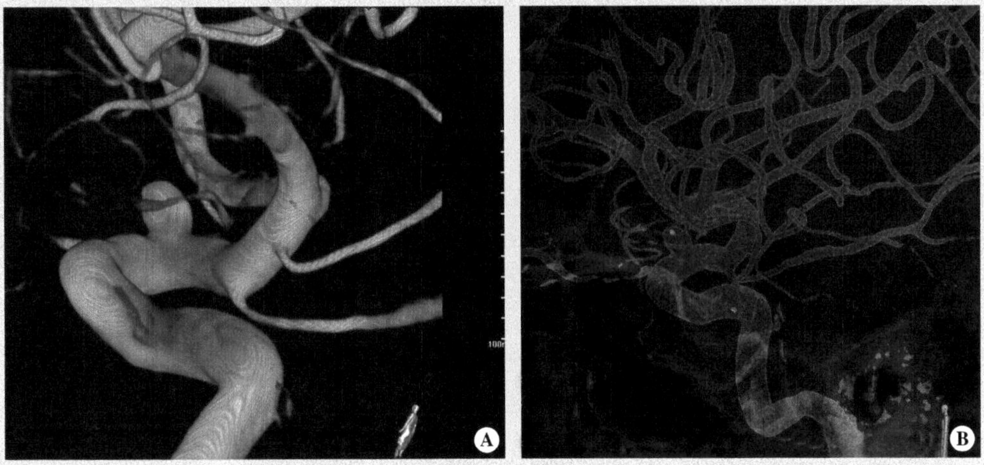

案例图 6-3-5

A. 3D 图像；B. 3D 路径图

解答： 三维路径图 DSA 技术是对检查部位进行选择造影，血管重建，形成三维血管图像。当选择实时 3D 路径图 DSA 技术时，调节机架运动的旋钮，3D 图像随机架运动而显示不同位置的血管形态。

九、虚拟支架植入术

应用血管内介入治疗技术可使狭窄或闭塞的血管再通，在治疗大动脉瘤方面也有很大优势，创伤小，恢复快，并发症少，死亡率低，其治疗效果可与传统的外科手术相媲美。但要取得手术的成功，关键是正确选择合适的植入支架，对于大动脉的动脉瘤，支架的选择一般根据 CT 测量的数据而定。而对脑动脉和头颈部动脉的狭窄性病变，支架的选择则主要依据血管造影的测量结果，但不管是 CT 测量还是血管造影的测量，两者都受到主观因素的影响。

根据临床上的实际需要，虚拟支架植入系统应运而生，该系统可在有待进行支架植入的病变血管部位，形象地展示支架植入的效果，可清晰地模拟显示支架植入后的情况，包括支架植入的位置、大小及支架贴壁情况、封闭部位。

另外，对于颅内动脉瘤，尤其是宽颈动脉瘤，在虚拟支架植入系统操作下，除了可以显示支架植入后的情况，还可以利用图像工作站的处理，清晰显示瘤腔的大小，这样更容易确定第一次微弹簧圈植入的大小。因为微弹簧圈过小不能充分成篮，过大则可挤压支架使之变形。因此，利用虚拟支架系统可达到事半功倍的效果。

从临床应用认为虚拟支架植入系统，在提高有待植入支架的几何学数据方面具有有效、快速和可观性等优点，能更好地指导临床血管内介入治疗的操作。另外，该系统还可用于神经介入治疗的医师培训，尤其是对在颈动脉狭窄性疾病的血管内支架植入术和脑动脉瘤的填塞术。

案例 6-3-6

在进行脑动脉瘤的栓塞过程中，动脉瘤的瘤颈较宽，采用弹簧圈栓塞时弹簧圈向血管腔内凸出，容易把载瘤动脉栓塞。为了避免正常血管不被栓塞，需要植入支架以保护正常血管。问：如何选用支架？怎么评价？

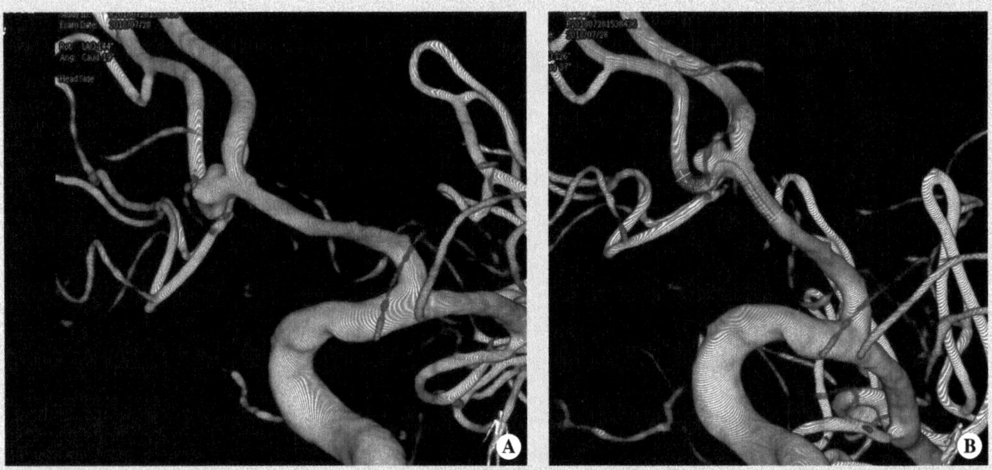

案例图 6-3-6

A. 3D 图像；B. 虚拟支架

解答：在 3D 显示的基础上，采用虚拟支架技术，可清晰地模拟显示支架置入后的情况，包括支架植入的位置、大小及支架贴壁情况、封闭部位，如不合适可再次更换支架，直至欲植入支架十分适合，再选择同样支架植入体内，就会取得一个良好的治疗效果（案例图 6-3-6）。

十、DSA 图像融合技术

图像融合（image fusion）是指将各种影像设备获得的数字影像信息，关于同一目标的图像数据经过计算机及图像处理技术的计算、处理等，最大限度地提取各自数字影像的有效信息，最后融合成高质量的图像，提高图像信息的利用率，以形成对目标清晰、完整、准确的信息描述。DSA 图像融合技术是将 CT、MR 等图像与 DSA 采集三维图像或是 DSA 采集的不同类型的三维图像之间融合在一起的技术。其弥补了单一成像模式的局限性，可以更直观地显示解剖及病变结构，提高治疗的精准性。

DSA 图像显示血管具有较大优势，但无骨性标记对病变部位及手术的精确指导具有很大的局限性。三维影像融合技术是利用计算机技术将各种影像设备获得的数字影像信息通过 DICOM 接口传输到一个特定的工作站进行数字化综合处理，并进行空间配准，获得全新的影像。也就是说将各自单一的影像融合成一个影像，显示更多的具有各自特点又在一个图像上显示的一种特殊成像技术。其既能显示解剖结构，又能显示功能、提高影像诊断的精准度，也能更准确地指导手术。

案例 6-3-7

在进行脑动脉瘤的栓塞过程中，尤其对前交通动脉瘤，双侧颈内动脉造影都可见前交通处有动脉瘤，如何确认？

解答：通过图像融合技术进行处理，把两侧的大脑前动脉融合在一起，明确动脉瘤来自哪支大脑前动脉（案例图 6-3-7A）。值得注意的是，双侧造影体位不能改变，否则，融合效果差，甚至不能作出判断（案例图 6-3-7B）。

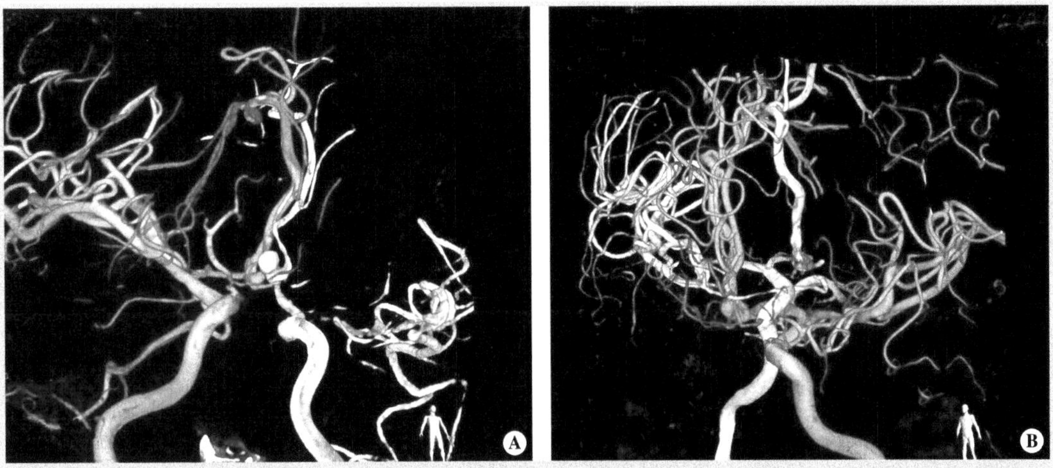

案例图 6-3-7
A. 准确融合；B. 错位融合

【小结】 本节主要介绍 DSA 的一些特殊检查技术和功能，旋转 DSA 技术的优点是可获得不同角度的多维空间血管造影图像；增加了血管影像的观察视度，从多方位观察血管的正常解剖和异常改变，提高病变血管的显示率。3D-DSA 技术通过旋转造影、计算机重建获得 3D 图像，有利于观察血管的三维立体图像，更能明确动脉瘤与载瘤动脉的关系。阐明岁差运动 DSA 技术、实时平滑蒙片 DSA 技术、步进 DSA 技术、自动最佳角度定位技术的原理及临床应用。对 C 臂 CT 技术、3D 路径图 DSA 技术、虚拟支架植入术及 DSA 图像融合技术在临床应用范围作了说明，使这些功能或软件在实际工作中能更好地应用。

第四节 DSA 图像处理

一、再 蒙 片

再蒙片是重新确定 mask 像，是对患者自主或不自主运动造成减影对错位的后处理方法。通过观察造影的系列图像，在原始图像中任选一帧图像作为蒙片与其他图像相减以形成理想的减影图像。再蒙片的局限性是替换的蒙片中含有一定量的对比剂，这就会使减影后的差值信号降低。

案例 6-4-1

DSA 减影过程中，当再蒙片选择不当时，出现一个高密度的负像减影图像，这是什么原因？

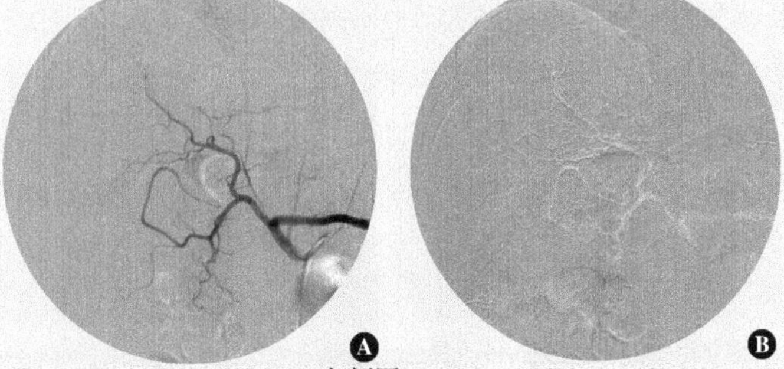

案例图 6-4-1
A. 正常减影；B. 峰值蒙片

解答： 一般蒙片造影时未注射对比剂的图像，后续含对比剂的图像与之相减，获得减影图像。重新选择一张蒙片即再蒙片，就可能为含有对比剂的图像。当再蒙片选择不当时，反而会影响减影效果。如再蒙片选择在注射对比剂最高峰值时，整个减影图像将被减去，留下无血管的图像（案例图 6-4-1）。

二、像素移位

像素移位（pixel shift）是通过计算机内算法程序来消除移动伪影的技术。主要是用于消除患者移动引起的减影图像中的配准不良。为了改善减影对的配准，可以将蒙片的局部或全部像素向不同方向移动一定的距离，使之与对应的像素更好地配准，从而消除伪影。但像素移位对影像的改善能力是有限的。

三、图像的合成或积分

在 DSA 检查的序列曝光中，可采集十几帧至几十帧的影像，而用作减影的仅为其中一对或几对，其他帧幅都被浪费掉了，从 X 线曝光的利用来考虑是低效率的。若将多帧蒙片像积分，并作一个负数加权，若干含对比剂的帧幅积分，并作一个正数加权，将经积分和加权后得到的影像作减影，则可得到积分后的减影像。

图像的合成或积分是一种空间滤过处理，即将图像中的部分像素值累加，以形成一个新的像素值，实践运用中是将全部或部分蒙片像和含对比剂充盈像分别叠加。积分图像越多，图像噪声越低，图像积分能有效地平滑图像，减少噪声。新形成的两组合成图像，经减影后可获得一幅低噪声减影图像。积分法实质是在一定时间内对一系列图像的平均过程。

四、补偿滤过

补偿滤过是在 X 线管与患者之间放入附加的衰减材料，在视野内选择性地衰减特定的辐射强度区域，以便提供更均匀的 X 线的衰减。

在 DSA 检查过程中，为了达到理想的减影效果，必须调整成像部位的 X 线衰减范围与 DSA 系统的动态范围相吻合，以免产生饱和状伪影。在影像增强器型 DSA 成像系统中，决定系统动态范围的关键部件是 TV 摄像机系统，若成像部位衰减值的动态范围超出了摄像机可精确复制的信号范围，就产生影像饱和，减影图像中出现均匀灰度值的无组织结构的盲区，即饱和状伪影，该区域内的诊断信号会不可逆转地失去。

用于降低物体动态范围的方法：增加 kVp 值；附加滤过材料；降低摄像机的电增益。补偿滤过是在 X 线管与患者之间放入附加的衰减材料，选择性地衰减特定的辐射强度区域，以提供更均匀的 X 线衰减。

案例 6-4-2

常规心脏透视、冠状动脉造影时，为什么需要采用补偿滤过？

解答：常规心脏透视时，射线中心以脊柱为准，X 线透过椎体，显示心脏影像，但肺部影像饱和。调整成像部位的 X 线衰减范围与 DSA 系统的动态范围相吻合，以免产生饱和状伪影（案例图 6-4-2）。

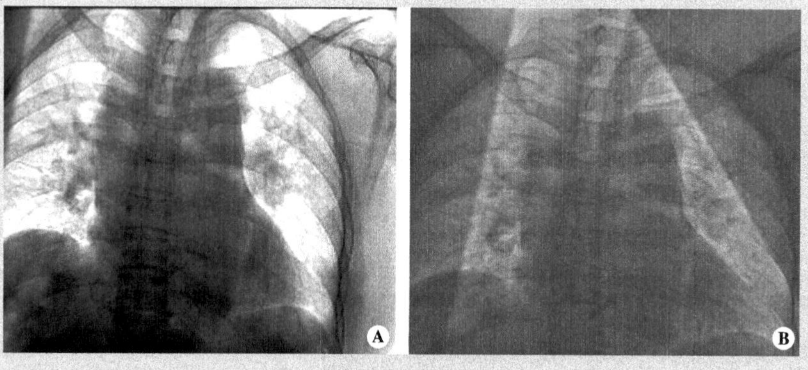

案例图 6-4-2

A. 无补偿滤过；B. 扇形补偿滤过

五、界标与感兴趣区的处理

1. 界标（land mark） 主要是为 DSA 的减影图像提供一个解剖学标志，对病变区域血管进行准确的解剖定位，为疾病诊断或外科手术作参考。减影图像是一种只含有对比剂的血管影像，无骨性标记，不能明确血管所处的解剖位置，定位不明显。

案例 6-4-3

下肢动脉闭塞症的介入治疗中，常需要界标功能，为什么？

解答：下肢动脉闭塞症的介入治疗中，需要使用骨性标记。因减影图像不能显示导管头端、股动脉分叉点的位置，采用界标后，血管与骨性标记显示明确，有利于导管的前行（案例图 6-4-3）。

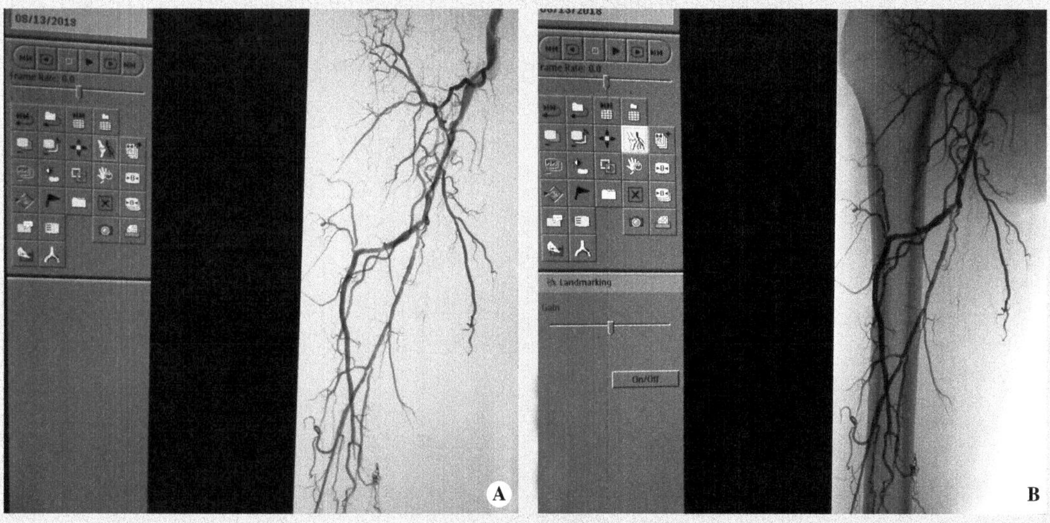

案例图 6-4-3

A. 减影图像；B. 界标

2. 感兴趣区处理 对病变部位的处理方法：①对病变区进行勾边增强，建立图像的轮廓，突出病灶，便于诊断和测量。②对病变区进行系列放大，灰度校准及转换，附加文字说明。③对病变区进行数字运算，图像换算，以观察图像的细致程度。④对病变区的计算统计，包括图像密度统计，计算两个感兴趣区的密度比率，建立病变区直方图，计算直方图密度统计曲线。⑤建立时间-密度曲线，规定在作总的密度曲线时，病变区作为时间的函数，X 轴是采像时间，Y 轴是所选病变区内的总密度。⑥病变区曲线的处理。⑦确定心脏功能参量，测定心室容积、射血分数、室壁运动的位相和振幅。⑧研究对比剂流过血管的情况，从而确定血管内的相对流量、灌注时间和血管限流，同时可以测出血管内狭窄的程度、大小、相对百分比，以及狭窄区的密度改变和百分比等。

【小结】 本节主要讲述了 DSA 图像处理，蒙片、再蒙片、像素移位、图像的合成或积分的原理，补偿滤过是在 X 线管与患者之间放入附加的衰减材料，在视野内选择性地衰减特定的辐射强度区域，以便提供更均匀的 X 线衰减，减少饱和伪影对图像质量的影响。界标技术主要是为 DSA 的减影图像提供一个解剖学标志，对病变区域血管准确的解剖定位，为疾病诊断或外科手术作参考。本节也对感兴趣区的处理内容作了分析。

第五节　头颈部DSA技术与介入治疗

一、血管解剖

（一）动脉系统

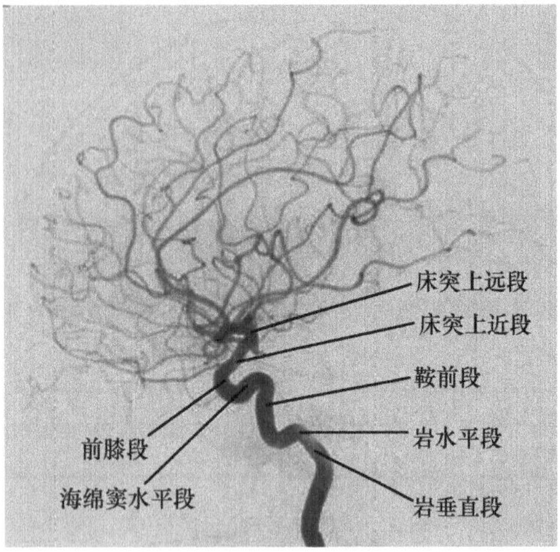

图6-5-1　颈内动脉侧位

1. 颈内动脉　主动脉弓发出无名动脉、左颈总动脉和左锁骨下动脉，右颈总动脉始于无名动脉。双侧颈总动脉于甲状软骨水平（第4颈椎水平）分别发出颈内动脉和颈外动脉。颈内动脉起自颈总动脉的分叉部，先居颈外动脉的外后方，继而转向颈外动脉的内后方，经颈动脉孔入颅，穿过海绵窦，于前床突上方发出大脑前动脉和大脑中动脉。其行径以岩骨的颈动脉管外口为界分为颅外段和颅内段。颅外段没有分支，呈垂直方向走行。

颈内动脉分四段：颈段、岩段、海绵窦段和脑内段；也可以细分成七个段：岩垂直段、岩水平段、鞍前段、海绵窦水平段、前膝段、床突上近段和床突上远段，见图6-5-1。

内动脉在颈段一般没有分支，在岩段有些小分支，主要分支在脑段，即颈内动脉颅内段发出5个主要分支（图6-5-2）。

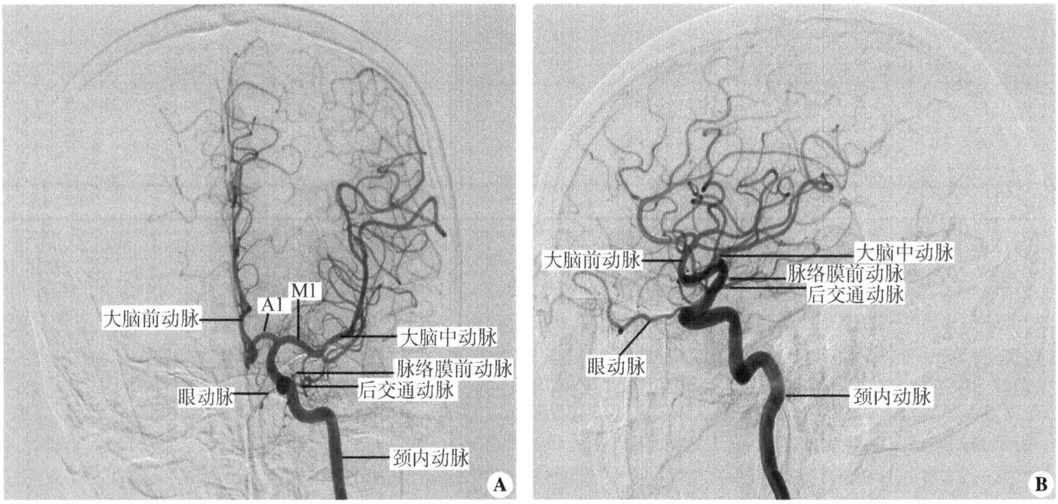

图6-5-2
A. 颈内动脉正位；B. 颈内动脉侧位

（1）眼动脉：是颈内动脉出海绵窦后的第一分支，起自颈内动脉的前膝段与床突上段之间，常发自颈内动脉床突段的内侧缘，向前进入眼眶。

（2）后交通动脉：起于颈内动脉的床突上段，向后与大脑后动脉沟通，构成Willis环的外侧面。

（3）脉络膜前动脉：起于颈内动脉的床突上段附近，后交通动脉以远2～4mm，在鞍上池和脚间池内向后内方行走，从外向内跨过视束走向外侧膝状体，然后经膜络裂进入侧脑室下角向膜络丛供血。

（4）大脑前动脉：起自床突上远段，主干在胼胝体沟内走行，发出分支分布到大脑半球的内侧面、顶枕裂之前和大脑半球外侧面的上缘。大脑前动脉主要分支有前交通动脉、胼周动脉、胼缘动脉、眶顶动脉和额极动脉。

（5）大脑中动脉：是颈内动脉的直接延续，起始部横过前穿质向外，在蝶骨小翼附近进入大脑外侧裂，沿岛叶外侧面上行，并向后发出分支，然后转向后上沿脑表面后行。

2. 颈外动脉 起始于颈总动脉，于甲状软骨水平（约第 4 颈椎水平）与颈内动脉分开，位于颈内动脉的前内侧，然后跨过其前方绕至前外侧上行，穿腮腺实质，达下颌颈高度分为颞浅动脉和颌动脉两个终支。颈外动脉有 8 个分支，由近端至远端分别为（图 6-5-3）：

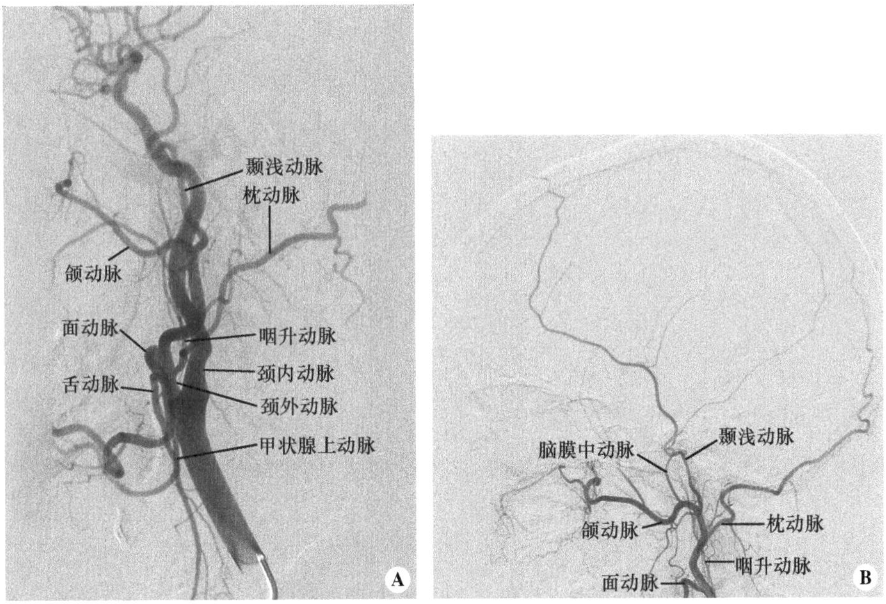

图 6-5-3

A. 颈外动脉侧位；B. 颈外动脉远端分支

（1）甲状腺上动脉：于颈外动脉起始处发出，向前下方行于颈总动脉与喉之间，向前下方达甲状腺侧叶上端，分支至甲状腺上部和喉等器官。

（2）舌动脉：平舌骨大角处，起自颈外动脉，经舌骨肌深面进入舌内，分支营养舌、腭扁桃体及舌下腺等。

（3）咽升动脉：自颈外动脉起端的内侧壁发出，沿咽侧壁上升达颅底，分支至咽、腭扁桃体、颅底和颈部深层肌。由于动脉较细小，常规造影不易显影。

（4）面动脉：于舌动脉末梢上方起始，经下颌下腺深面至咬肌止点前缘绕过下颌骨体下缘到面部，又经口角和鼻翼至内眦，易名为内眦动脉，面动脉沿途分支至下颌下腺、面部和腭扁桃体。

（5）枕动脉：与面动脉同高度发自颈外动脉后壁行向后上方，在斜方肌和胸锁乳突肌止点之间穿出至枕部皮下，分支分布于枕顶部。

（6）耳后动脉：在枕动脉的稍上方，向后上方行走，分布于枕耳后部、腮腺和乳突小房。

（7）颌动脉：经下颌颈深面（腮腺内）入颞下窝，沿途分支分布于外耳道、中耳、硬脑膜、颊部、腭扁桃体、上颌牙齿和牙龈、下颌牙齿和牙龈、咀嚼肌、鼻腔和腭部等（图 6-5-4）。

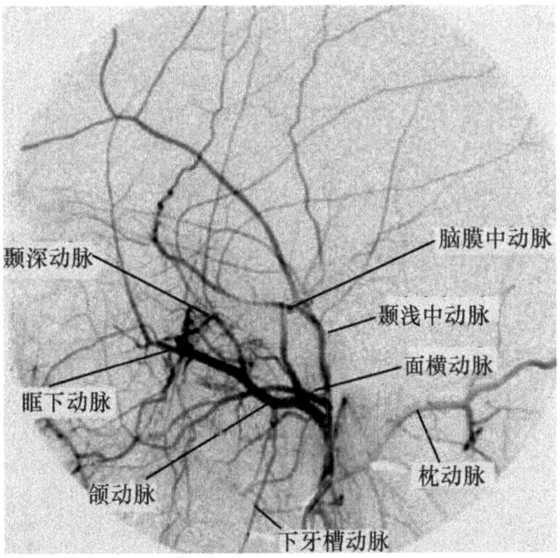

图 6-5-4 颌动脉分支

（8）颞浅动脉：跨颧弓根至颞部皮下，分布于额、颞、顶部的软组织及腮腺和眼轮匝肌等。

3. 椎动脉 起自锁骨下动脉，很少发自主动脉弓，经第 6 至第 1 颈椎横突孔上行，从枕骨大孔的椎动脉孔入颅，入颅后由延髓外侧转向腹侧走行，两侧椎动脉在脑桥下缘汇合成基底动脉。椎动脉在颈段发出脊髓支和肌支，比较细小，一般血管造影不能看到。椎动脉在颅内段的主要分支有脊髓前动脉、脊髓后动脉和小脑后下动脉。小脑后下动脉（posterior inferior cerebellar artery，PICA）于延髓橄榄体下端向后绕行，至脑干背侧，末端分两支，一支至小脑下蚓部，一支至小脑半球下面（图 6-5-5）。

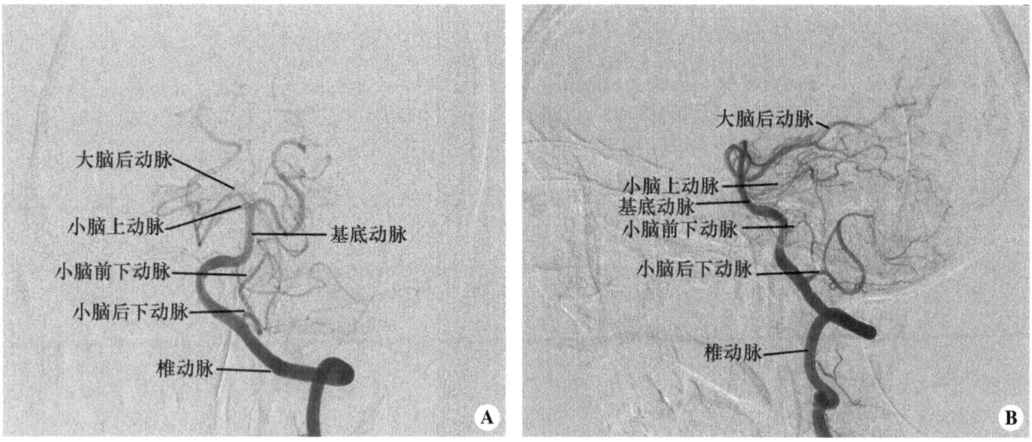

图 6-5-5

A. 椎动脉正位；B. 椎动脉侧位

4. 基底动脉 由双侧椎动脉在脑桥下缘汇合而成。主要分支：左右大脑后动脉、小脑上动脉和小脑前下动脉。于脑干腹侧面中线上行终于脚间池，末端分为两个终支（左、右大脑后动脉），它起自脑桥中缘附近、两侧动眼神经之间，发出分支分布于颞叶、顶叶、中脑、第三脑室和侧脑室的脉络丛及室管膜。

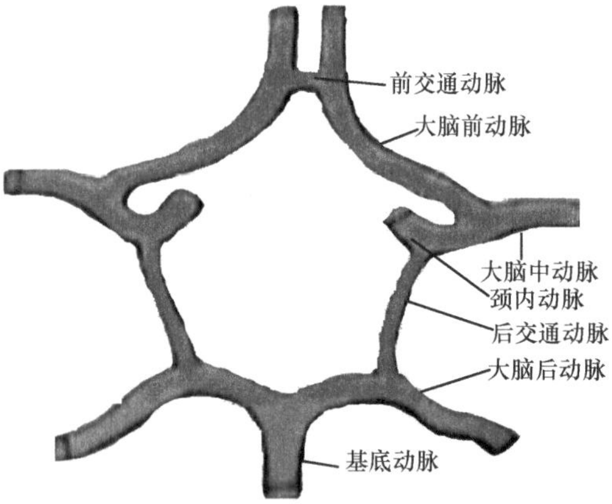

图 6-5-6 基底动脉环

小脑上动脉自基底动脉末端的稍下方发出，从中脑外侧绕大脑脚，再经小脑前缘至四叠体后部，分布于小脑蚓部上面和小脑背后侧。

基底动脉发出的左、右大脑后动脉与前交通动脉、双侧后交通动脉、双侧颈内动脉颅内段、双侧大脑前动脉构成一个基底动脉环，当颅内某一血管发生病变时可以通过基底动脉环的血管形成代偿（图 6-5-6）。

（二）静脉系统

颅脑的静脉主要由颅内静脉、颅外静脉组成。脑及脑膜的静脉回流由板障静脉、脑膜静脉、硬脑膜窦、脑的深静脉和浅静脉组成。

1. 板障静脉 是由小而不规则的内皮覆盖的血管管道组成，行走于内外板之间，与颅外静脉、脑膜静脉、硬脑膜窦相通，造影不显影。

2. 脑膜静脉 存在于硬膜内，引流大脑镰、小脑幕、硬脑膜的静脉血流，行走于内板的静脉沟内，与硬脑膜窦或颅外深部的翼丛、颈椎周围的椎静脉丛相通。

3. 硬脑膜窦 是内皮覆盖的管道，位于硬膜的两层之间，没有瓣膜，呈小梁结构，是收集颅内静脉的主要通道。主要包括上矢状窦、下矢状窦、直窦、横窦、岩窦、乙状窦、海绵窦。

4. 大脑的深、浅静脉（图 6-5-7）

（1）大脑深静脉：主要收集脑深部血液，包括丘脑纹状体静脉、膈静脉、大脑内静脉、大脑大静脉和基底静脉。丘脑纹状体静脉接受丘脑、纹状体、胼胝体及侧脑室血液，在侧脑室侧壁尾状核和丘脑之间的沟内向前、向下、向内走行，在室间孔后壁与膈静脉混合，转折后成为大脑内静脉。

左右大脑半球各一条大脑内静脉，沿第三脑室顶向后下，在胼胝体压部下汇合成大脑大静脉，大脑大静脉还接受四叠体、松果体和小脑蚓部上面的血液，其后方与下矢状窦汇合成直窦。基底静脉接收前穿质、基底节和岛叶的血液，沿大脑脚向后上汇入大脑大静脉。

（2）大脑浅静脉：主要收集大脑皮质血液。大脑上静脉每侧数条，经大脑表面注入上矢状窦。大脑中静脉由数分支汇合成一条，位于外侧裂，注入海绵窦。此外，还有大脑下静脉位于大脑底面，注入海绵窦岩上窦。交通吻合静脉为各种静脉之间的连接。

（3）椎静脉：根据静脉引流的方向，可分为 3 个主要引流系统。

上组：向上引流至 Galen 系统的静脉，其中小脑中央前静脉和上蚓静脉引流小脑上部和前部的血流，中脑后静脉和中脑前静脉引流脑干的血流。

前组：引流至岩上窦的静脉，主要为岩静脉，它由引流小脑半球前部及引流脑桥和延髓前外面的多个尾支组成。

后组：向后外引流入窦汇及邻近直窦或侧窦的静脉，这组静脉引流小脑半球和扁桃体的后下面，主要为蚓下静脉和半球下静脉。

（4）颅外静脉：主要有面总静脉、枕静脉、耳后静脉等。面总静脉中的面前静脉收集颜面大部分血流，面后静脉由颞浅静脉和上颌静脉汇合而成。枕静脉和耳后静脉都汇入颈外浅静脉，面总静脉注入颈内静脉，而颈外浅静脉则注入锁骨下静脉。

颅内静脉回流的总体情况：

大脑表浅静脉→大脑上静脉→上矢状窦→横窦→乙状窦→颈内静脉

大脑深部静脉、丘脑纹状体静脉、膈静脉、丘脑体静脉、纹状体、胼胝体、侧脑室静脉→大脑大静脉→下矢状窦→直窦→横窦→乙状窦→颈内静脉

眼静脉、大脑中浅静脉、中央沟静脉、Lable 静脉→海绵窦→岩上窦（岩下窦）→横窦→乙状窦→颈内静脉

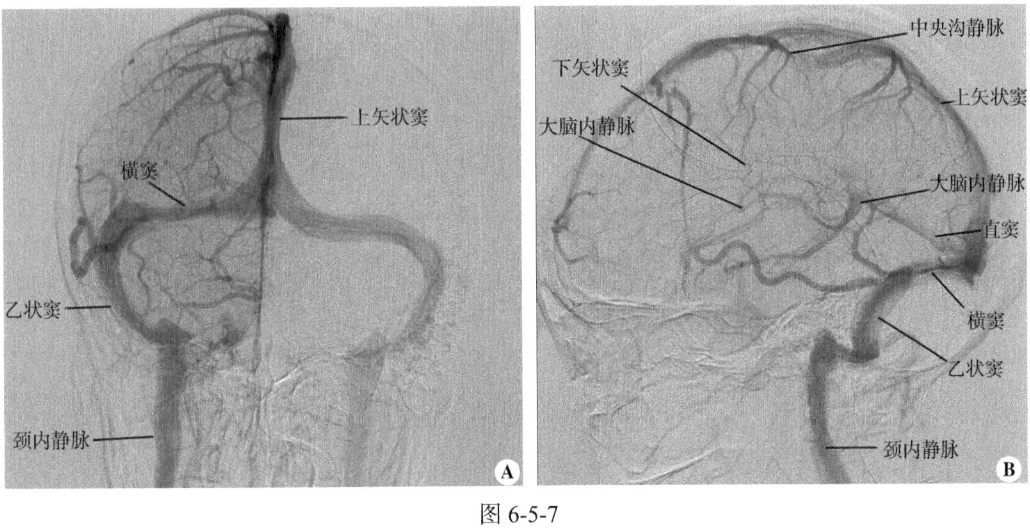

图 6-5-7

A. 脑静脉回流正位；B. 脑静脉回流侧位

二、造影技术

（一）手术操作

1. 颈动脉 包括颈总动脉、颈内动脉、颈外动脉。

应用 Seldinger 技术进行股动脉穿刺插管，将单弯导管插至升主动脉弓，先常规行右侧颈动脉及分支的造影，再行左侧颈动脉及椎动脉造影。将导管送至主动脉弓处，使导管的尖端向上，缓慢地向后拉，使导管尖端抵达无名动脉开口处，然后旋转导管使导管尖端指向内侧，继续在导丝的引导下推进，使其进入右颈总动脉。转动 C 臂，使颈部呈侧位像，将导管插至第 4～5 颈椎平面时，根据造影目的将导管送入颈外或颈内动脉，然后试注入少量对比剂，证实导管在靶血管后进行造影。左颈总动脉自主动脉弓发出，其主干与主动脉弓约成锐角，旋转导管使其尖端向上，然后缓慢向后拉动导管，使导管头端进入左颈总动脉开口，并利用回抽和推动等操作技巧，使导管进入左颈总动脉，采用同样的方法将导管送入颈外或颈内动脉进行相应的造影。颈外动脉分支较多，常用超选择性插管进行造影。

2. 椎动脉 任何一侧椎动脉的造影均可获得椎-基底动脉血管像。左椎动脉的开口部与左锁骨下动脉的上行段平行，导管容易进入左椎动脉，也是常用左椎动脉插管造影的原因。将导管推进至主动脉弓部，使导管尖端指向外上方，直指左锁骨下动脉，略向上推进，并旋转导管 180°，使其尖端指向内上方进入左椎动脉，继续向前插进 3～4cm，注射对比剂后证实为椎动脉，再进行造影。

右椎动脉插管较左侧困难，导管经主动脉弓进入无名动脉后，在导丝的引导下将导管插入右锁骨下动脉，再扭动导丝，使其进入椎动脉后具有一定的张力再向上推送，然后输送导管，使导管头端进入右椎动脉开口，撤回导丝，注射对比剂后证实为椎动脉，继续向前插进 3～4cm 后进行定位造影。

（二）造影参数选择

对比剂常规选用 280～370mgI/ml 非离子型对比剂。常用造影参数见表 6-5-1。

表 6-5-1 头颈部动脉造影参数

部位	每次对比剂量（ml）	流速（ml/s）	压限（PSI）
主动脉弓	25～40	15～25	800～1200
颈内动脉	6～8	4～6	150～400
颈外动脉	5～6	3～4	150～400
颈外动脉分支	3～5	2～3	150～200
椎动脉造影	5～6	3～4	150～300

（三）造影体位

颈内动脉造影常规采取头颅侧位和汤氏位，必要时加左、右前斜位或者采用旋转造影并 3D 重建。侧位为水平侧位，使两外耳孔重合，前颅底骨重叠；汤氏位，透视下观察要使双侧岩骨与眼眶内上缘重叠。颈外动脉造影取正侧位，必要时加左、右前斜位。椎动脉造影的常规体位是标准侧位和汤氏位。若颈内、外动脉分支不明显，可采用 15°～30°斜位显示颈内、外动脉的根部。若要了解颈动脉及椎动脉的起始点分布情况，可采用主动脉弓造影，即左前斜位 45°～60°，使主动脉弓、头臂干、左颈总动脉及椎动脉显示清晰。

三、图像处理与重建

（一）3D-DSA 技术

三维旋转数字减影血管造影（3-dimensional rotational digital subtraction angiography，3D-DSA）

技术，是利用血管造影机的 C 臂快速旋转对感兴趣区进行造影，再通过三维重建对血管进行重建的技术，能提高动脉瘤的诊断准确性，特别是对瘤体形态、大小、瘤颈及与载瘤血管关系的显示优于 2D-DSA 和旋转 DSA，同时也可提高动脉瘤、动脉狭窄和动静脉畸形在治疗时的准确性、安全性，缩短手术时间，减少患者和操作者的 X 线辐射剂量。3D-DSA 的主要重建技术有：

1. 最大密度投影（MIP） 重建图像时，图像中密度最大的像素被保留，并被投影到一个二维平面上，从而形成 MIP 重建图像，主要用于血管直径和动脉瘤直径测量，可精确显示血管之间的解剖关系，不会使微弹簧圈产生伪影。MIP 还可以显示动脉瘤微弹簧圈栓塞后形成的钢圈与血液的界面，确认栓塞的程度与效果。

2. 表面阴影显示（SSD） 在 MIP 重建的基础上，设置适当的图像阈值而形成的立体感较强的图像，主要用于整体血管三维重建。选择适当的图像阈值，可以提高图像细节的显示。

3. 容积再现技术（VRT） 是血管壁在一定程度上透明化，使血管表面与深部结构同时立体地显示，血管图像清晰、逼真。VRT 可以发现血管内壁上的硬化斑块及透视出血管壁上动脉瘤或其分支的开口。

4. 仿真内镜（VE） 根据 3D 图像，选取病变血管，通过仿真内镜，可以观察血管腔内情况，显示动脉瘤瘤颈在载瘤动脉的开口，有无动脉瘤瘤腔内起源的正常动脉及其某些动静脉瘘的瘘口。

5. 虚拟支架植入术 对于颅内动脉瘤，尤其是宽颈动脉瘤，既要植入支架，同时又需要弹簧圈的栓塞，应用虚拟支架植入系统，除了可以显示支架植入后的情况，还可以利用工作站的处理，清晰显示瘤腔的大小，便于确定第一次微弹簧圈植入的大小。

（二）3D 路径图功能

在旋转造影并 3D 重建后，可以根据工作站选定最佳投照角度，进入实时 3D 模式，当需要旋转至某个图像对应的角度时，机器可自动旋转至相应的位置。3D 路径图既可引导微导管及导丝的进入，又可以随机架运动而动态变化，为脑部血管病变的治疗提供方便。

四、相关病变的介入治疗

（一）颅内血管病变介入治疗

1. 颅内动脉瘤 颅内动脉瘤未破裂时，可不出现蛛网膜下腔出血的临床症状，会在其他的检查中偶然被发现。当颅内动脉瘤破裂时，以蛛网膜下腔出血为主要临床症状，若不及时治疗则危及生命。动脉瘤好发在血管的分叉部，以粗血管分叉处最多。动脉瘤的治疗方法，以往以外科手术为主，采用阻断动脉瘤的血供，即用动脉夹对动脉瘤进行夹闭，对人体的损害比较大。目前越来越多的动脉瘤都趋向介入的微创手术。这就要求在 DSA 的造影中不但要发现动脉瘤的形态、大小、位置等，更重要的是要对瘤体与载瘤动脉的关系、瘤颈的大小进行测量与评估，以决定介入手术方案。对蛛网膜下腔出血者行 CTA、MRA 进行初步诊断，最后行 DSA 检查。DSA 检查时要进行多血管、多部位的造影，尤其对病变侧的血管，以便显示动脉瘤与周围血管的关系及瘤体的大小、形态。

介入治疗的具体流程：①疑有脑动脉瘤者先行 CTA 或 MRA 检查，既可进行预先诊断，也可以初步检查瘤体的位置、形态、大小及与载瘤动脉的关系。②全脑血管造影：进一步确诊，确定治疗的方法。③栓塞治疗：在全身麻醉下根据不同位置的动脉瘤，将微导管超选择性地进入动脉瘤内，依据瘤体形态、大小，选用不同形态与大小的弹簧圈，通过手控的方式将弹簧圈送入动脉瘤内进行栓塞治疗。若为宽颈动脉瘤者，需要支架辅助技术。最后通过造影确认栓塞的程度与效果。

（1）前交通动脉瘤栓塞治疗：前交通动脉瘤在汤氏位上与大脑前动脉重叠，同时又是 A1 与 A2 的交界处，在侧位上与大脑中动脉重叠，通过正侧位或斜位及瓦氏位可以显示出来。根据瘤体的偏向采用不同的倾斜方向与角度，一般斜位角度不宜太大，约 15°。通过旋转及 3D 重建可显示动脉瘤与载瘤动脉的关系，选择最佳投照角度，依据瘤体的形态与大小选择合适大小的弹簧圈，进行动脉瘤的栓塞。栓塞后进行造影复查，评估栓塞的效果。

案例 6-5-1

患者，女，47 岁，因突发剧烈头痛 3h，神志不清 2h 入院。家属代诉患者缘于当日凌晨 2 时左右无明显诱因突发头痛，由家属送至县人民医院就诊，急诊行颅脑 CT 提示蛛网膜下腔出血，随后出现神志不清，唤之不醒，再行 CTA 检查诊断为前交通动脉瘤。

建议行介入栓塞治疗。栓塞前血管造影如案例图 6-5-1A、B，为了明确动脉瘤与载瘤动脉的关系，进行旋转造影并 3D 图像重建。案例图 6-5-1C、D 根据 3D 显示的情况，进行栓塞治疗，栓塞后结果如案例图 6-5-1E、F。

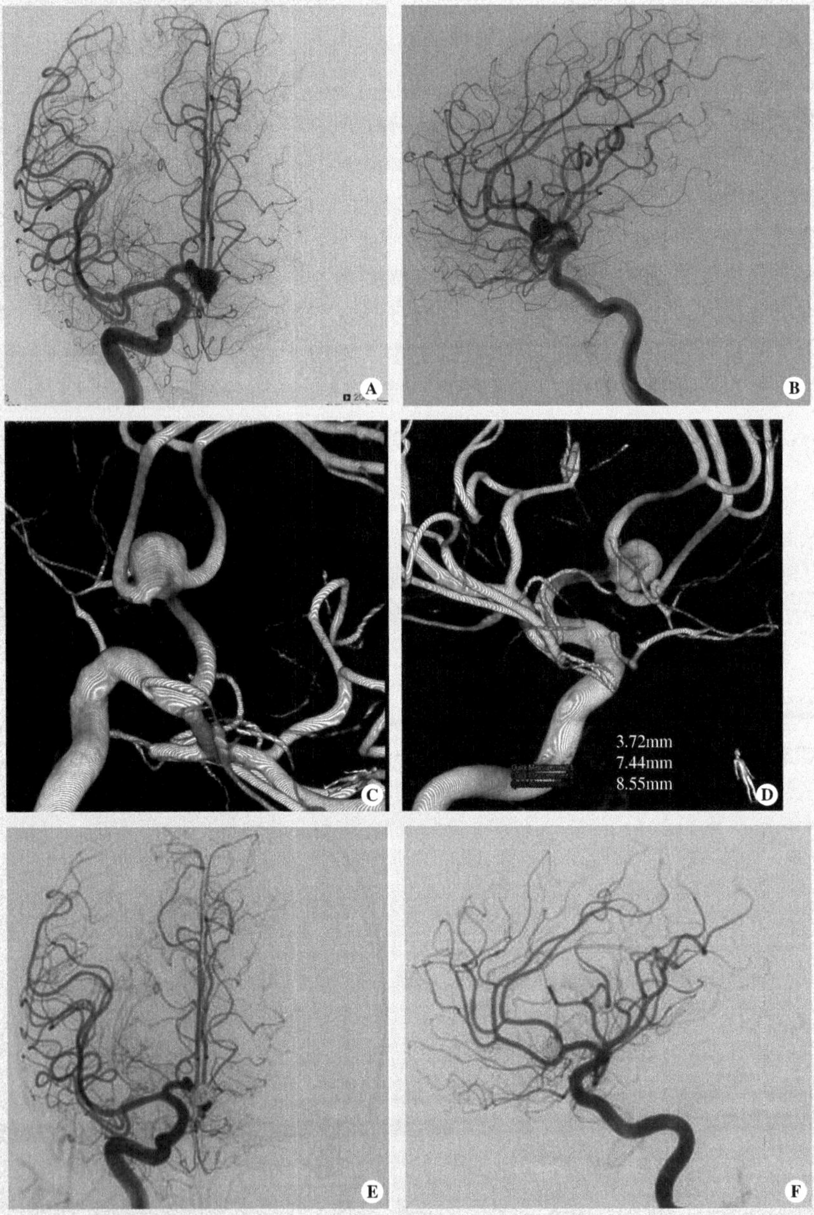

案例图 6-5-1

A. 前交通造影正位；B. 前交通造影侧位；旋转造影，3D 重建；C. 前交通动脉瘤 3D；D. 前交通动脉瘤测量；E. 前交通动脉瘤栓塞后正位；F. 前交通动脉瘤栓塞后侧位

解答：由于前交通动脉瘤由双侧大脑前动脉相连，动脉瘤与前交通动脉相互重叠，不易显示瘤颈与载瘤动脉的关系，3D 图像能明确显示前交通动脉与动脉瘤的关系。

（2）后交通动脉瘤栓塞治疗：颈内动脉-后交通动脉（IC-PC）动脉瘤，多数在正位像与颈内动脉重叠，但大多数情况用侧位像可以作出诊断。在标准侧位上可显示动脉瘤的颈部、后交通动脉分叉部及其他分支血管。若不能清晰显示时，可采用侧位加头位或足位及其他投照角度进行造影。进行旋转DSA，通过 3D 重建，可充分显示动脉瘤的瘤颈与载瘤动脉的关系。选择最佳投照角度，依据瘤体的形态与大小选择相应的弹簧圈，进行动脉瘤的栓塞。栓塞后进行造影复查，评估栓塞的效果。

案例 6-5-2

患者，男，55 岁，蛛网膜下腔出血，CTA 提示后交通动脉瘤，建议行介入栓塞治疗。栓塞前血管造影如案例图 6-5-2A、B，为了明确动脉瘤与载瘤动脉的关系，进行旋转造影并 3D 图像重建。案例图 6-5-2C、D 根据 3D 显示的情况，进行栓塞治疗，栓塞后结果如案例图 6-5-2E、F。

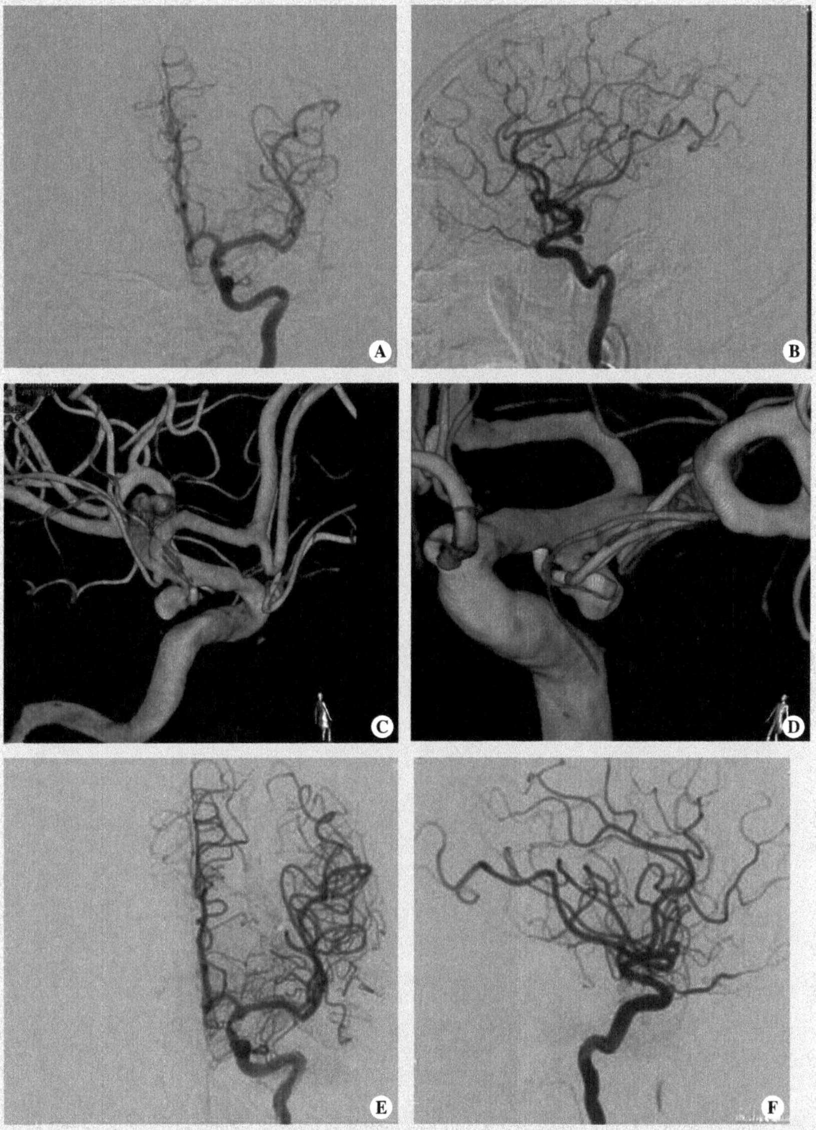

案例图 6-5-2

A. 造影正位；B. 造影侧位；C、D. 后交通动脉瘤 3D； E. 栓塞后正位；F. 栓塞后侧位

解答：由于后交通动脉瘤旁边有细小血管与后交通动脉瘤相互重叠，不易显示瘤颈与载瘤动脉的关系，3D 图像能明确显示后交通动脉与动脉瘤的关系。

（3）大脑中动脉瘤栓塞治疗：大脑中动脉分叉部的动脉瘤采用正位像可以显示出来，侧位像与大脑前动脉重叠，右或左前斜位更能显示瘤颈与载瘤动脉的关系。右（左）侧动脉瘤采用左（右）前斜位。由于大脑中动脉分叉部的动脉瘤在分叉血管处，血管容易相互重叠，不易显示瘤颈与载瘤动脉的关系，需进行多角度的投照。若使用旋转 DSA 加 3D 重建，能明确地显示大脑中动脉及其末梢血管与动脉瘤的关系。选择最佳投照角度，可依据瘤体的形态、大小、瘤颈宽窄及载瘤血管的关系，选择合适大小的弹簧圈进行动脉瘤的栓塞。栓塞一定程度后进行造影，防止弹簧圈对载瘤动脉的影响。栓塞后可进行造影复查。

案例 6-5-3

患者，男，73 岁，蛛网膜下腔出血，CTA 提示大脑中动脉瘤。建议行介入栓塞治疗。栓塞前血管造影如案例图 6-5-3A、B，为了明确动脉瘤与载瘤动脉的关系，进行旋转造影并 3D 图像重建。案例图 6-5-3C、D 根据 3D 显示的情况，进行栓塞治疗，栓塞后结果如案例图 6-5-3E、F。

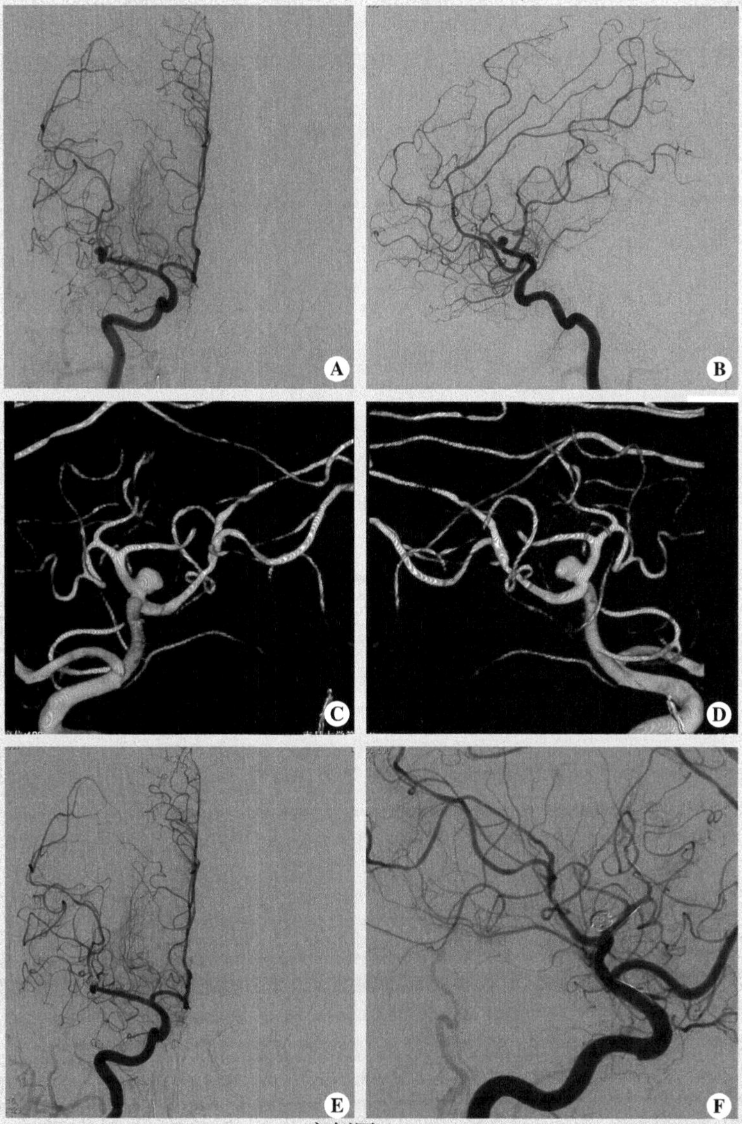

案例图 6-5-3

A. 正位造影；B. 侧位造影；C、D. 大脑中动脉瘤 3D；E. 栓塞后正位；F. 栓塞后斜位

解答：由于大脑中动脉分叉部的动脉瘤在分叉血管处，血管容易相互重叠，不易显示瘤颈与载瘤动脉的关系，3D 图像能明确显示大脑中动脉与动脉瘤的关系。

（4）基底动脉瘤栓塞治疗：这部分的动脉瘤大多数发生在基底动脉前端交叉的部位，采用汤氏位可以观察到瘤体的形态，但要观察到瘤颈与载瘤动脉的关系，则需要采用汤氏位加左右斜位（角度 10°～15°）。侧位上因大脑后动脉的影响，观察瘤颈较困难。有时采用标准头颅正位也可较好显示瘤体的形态。依据瘤体的形态与大小选择合适大小的弹簧圈，选择最佳投照角度进行动脉瘤的栓塞。该部位的瘤体与载瘤动脉位置关系复杂多变，技术难度较大，必要时需要辅助 1 枚或 2 枚支架。栓塞后进行造影复查。

案例 6-5-4

患者，女，52 岁，因动脉瘤栓塞术后 12 余年入院。自诉于 3 年前行动脉瘤介入栓塞术，术后恢复良好，未见明显异常。患者要求进一步明确复查，遂来院进行 DSA 检查，门诊拟“颅内动脉瘤术后复查”收治入院。患者入院后，神志清楚，饮食、睡眠尚可，大小便正常。查体：各方面正常。头颅 CT：颅内动脉瘤术后改变。双侧侧脑室旁及双侧放射冠多发缺血灶。CTA：脑动脉瘤介入术后改变；右侧大脑中动脉狭窄，基底动脉末端动脉瘤（案例图 6-5-4），建议进一步检查。

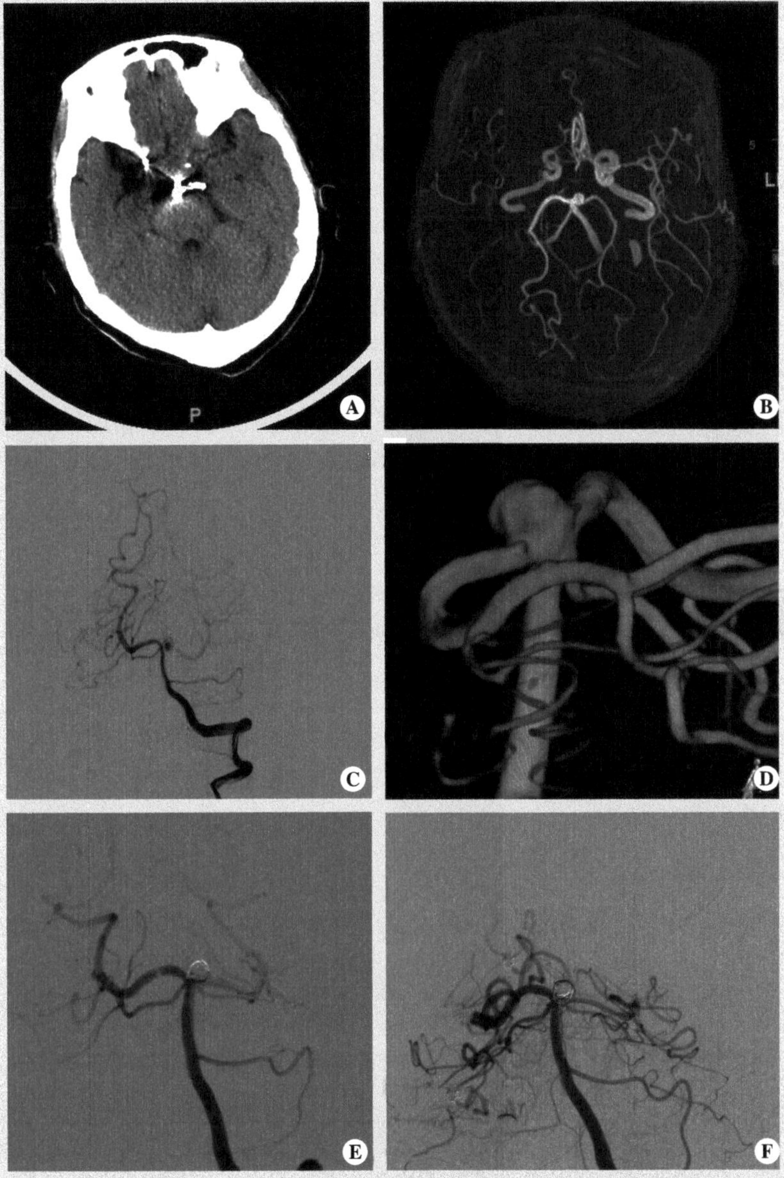

案例图 6-5-4

A. CT；B. CTA；C. DSA 检查；D. 3D 重建；E. 栓塞后正位；F. 栓塞后斜位

诊断：①颅内动脉瘤（基底动脉瘤）；②烟雾病（脑底异常血管网病）；③颅内动脉瘤术后随诊检查；④脑梗死；⑤颈椎退行性病变。拟行介入栓塞治疗。造影参数如何选择？

解答：由于动脉瘤较大，生长在基底动脉的顶端，需要了解动脉瘤与两侧大脑后动脉的关系，必须进行旋转造影，并3D重建，决定是否采用支架辅助栓塞。造影参数如下：

（1）常规椎动脉正侧位造影：造影参数为3ml/s、5ml、150PSI。

（2）旋转造影：3ml/s、15ml、150PSI、曝光延时2s。

（3）3D重建与处理：对旋转造影获得的3D图像进行处理，对3D图像进行多次剪切，最后获得基底动脉与动脉瘤关系的图像。

栓塞后：动脉瘤瘤体被弹簧圈填塞，无瘤颈残留。

2. 脑动静脉畸形的介入治疗 脑动静脉畸形是一种先天性局部脑血管发生上的变异，病变部位的动脉直接与静脉相接，形成了脑动、静脉之间的短路，产生了一系列脑血流动力学上的改变。临床上可表现为反复的颅内出血，部分性或全身性抽搐发作，短暂脑缺血发作及进行性神经功能障碍等。

动静脉畸形在DSA检查时，动脉与静脉的直接吻合易于发现，在血管造影的图形上可以看到异常的血管团、扩张的静脉。为了明确畸形血管与周围血管的关系，DSA检查时应分别进行颈内、颈外动脉造影和椎动脉造影。每次造影必须充分显示静脉的回流情况，以掌握畸形血管多支供血及多支分流情况，有利于介入治疗。摄影体位用颈动脉、椎动脉的常规造影体位，颅后窝处的病变追加头颅前后位。造影的关键是使动脉早期的图像显示清晰，同时要观察动脉期、实质期及静脉期，尤其动、静脉的交界处，畸形静脉的走向，分支血管的流向。也要对非畸形侧血管进行造影，观察畸形静脉的侧支情况，为介入治疗提供可靠的依据。

栓塞治疗的步骤：在全身麻醉下根据不同位置的畸形团，将微导管超选择性地进入供血动脉，通过造影确认无误后再注入栓塞剂（现在多用生物胶），将畸形血管栓塞。大多情况下，需要进行多支畸形血管的栓塞，最后通过造影确认栓塞的程度与效果。

案例 6-5-5

患者，女，26岁，头痛，呕吐，住院治疗。CT提示颅后窝出血。考虑血管畸形，行DSA检查并介入栓塞治疗。DSA显示案例图6-5-5A、B，进行介入栓塞治疗，治疗后如案例图6-5-5C、D。

解答：本例造影畸形血管较细，不建议旋转造影并3D重建，但需要进行多次、多方位的放大造影。

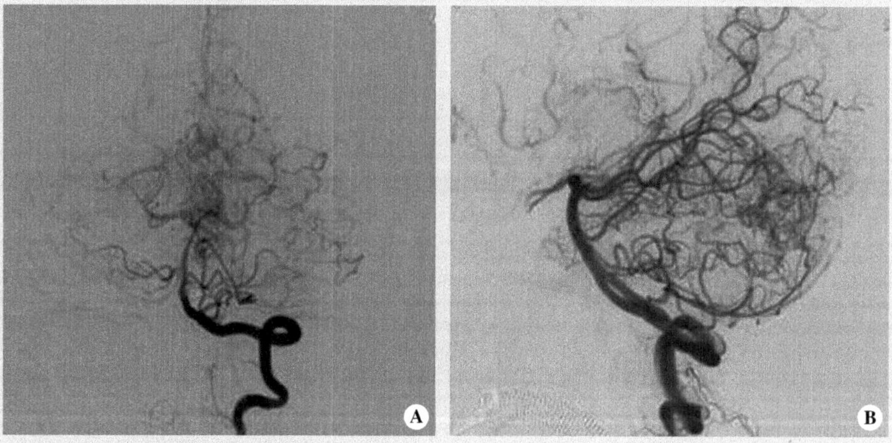

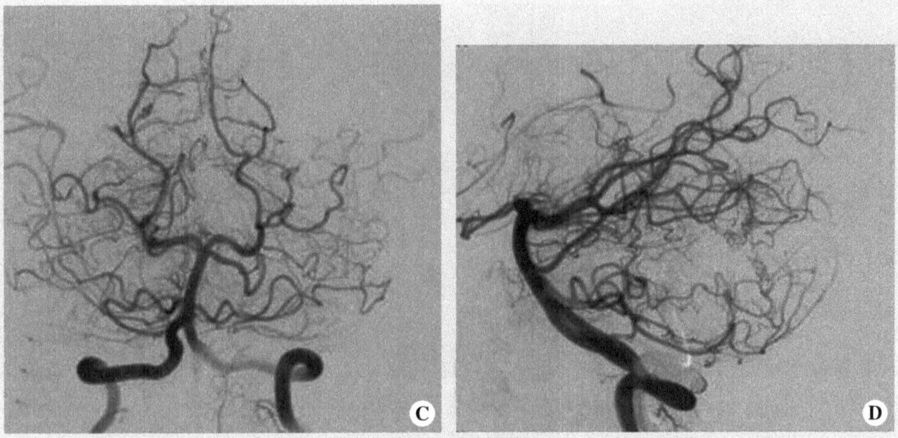

案例图 6-5-5

A. 正位造影；B. 侧位造影；C. 栓塞后正位；D. 栓塞后侧位

3. 脑血管狭窄的介入治疗 由于动脉硬化形成斑块，使脑部血管管腔变小，脑部供血不足，产生一系列临床症状。这种狭窄常发生在脑部较大的动脉内，以大脑中动脉的M1段和大脑前动脉的A1段为多见，较小血管的狭窄在DSA检查中一般难以显示。DSA摄影的关键是注意观察动脉壁的不规整、狭窄、闭塞情况，采集其动脉期及静脉期的影像，测量狭窄血管的长度、狭窄的程度。

介入治疗的步骤：通过造影确认狭窄血管的长度、狭窄的程度，测量病变血管的直径、狭窄的长度，选择合适大小的球囊扩张支架。将导管超选择性地进入病变血管，再将带有支架的球囊送入病变部位，通过造影或在路径图下，打开球囊，释放支架。通过造影评估支架释放位置及血管再通的程度。

案例 6-5-6

患者，男，55岁。患者突然出现右侧肢体偏瘫，说话不清，紧急送医院救治，CTA提示左侧大脑中动脉狭窄，建议行DSA检查，并行介入治疗。

DSA检查如案例图 6-5-6A～案例图 6-5-6F）。介入治疗：球囊扩张，支架植入，造影评估血管的再通情况。

解答：对大脑中动脉的狭窄，需进行狭窄分析，确认狭窄的长度、程度。采用放大造影，进行测量；或旋转造影，获得3D图像，并进行狭窄分析，确定植入支架的长度和直径（案例图 6-5-6B、C）。本病例通过球囊扩张后，血管再通效果好（案例图 6-5-6E、F），放弃支架的植入。建议1年后复查，如狭窄程度加重，考虑再植入支架，维持血流的通畅。

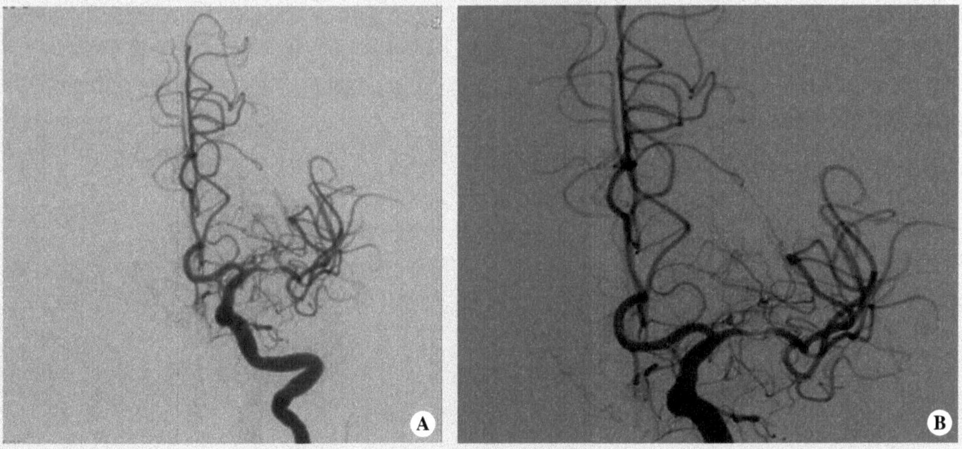

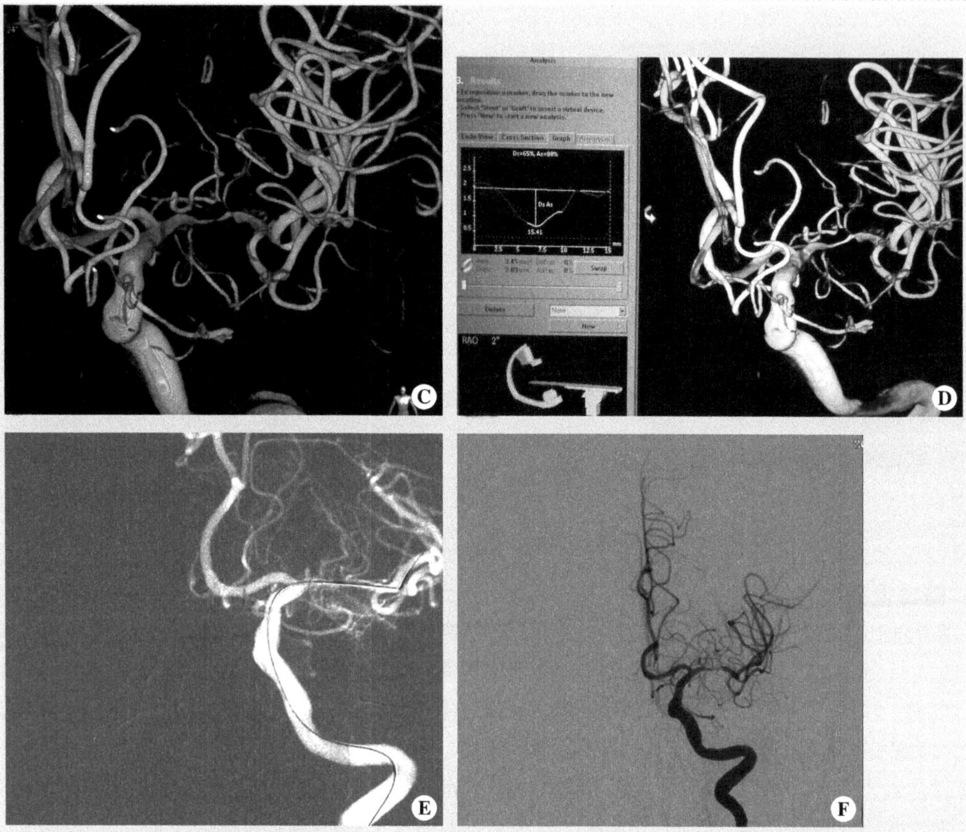

案例图 6-5-6

A. 正位造影；B. 放大造影；C. 3D 重建；D. 狭窄分析；E. 球囊扩张；F. 手术后狭窄减少

4. 硬脑膜动静脉瘘的介入治疗 硬脑膜动静脉瘘是海绵窦、横窦、乙状窦等硬膜窦及其附近动静脉间的异常交通，为颅内外供血动脉与颅内静脉窦沟通，多见于成年人。硬脑膜动静脉瘘的供血动脉为颈内动脉、颈外动脉或椎动脉的脑膜支，血液分流入静脉窦。由于动脉血液直接流入静脉窦而导致静脉窦内血液动脉化及静脉窦内压力增高，从而使得脑静脉回流障碍甚至逆流，出现头痛、搏动性耳鸣、颅内压增高、脑代谢障碍、血管破裂出血等临床表现。进行 DSA 检查时，需要对颈外动脉、颈内动脉分别进行造影，必要时进行超选择性造影，明确主要的供血动脉及回流的静脉。

介入治疗的步骤：根据 DSA 检查情况，确认瘘口的位置，既可经动脉途径也可经静脉途径栓塞。经动脉栓塞是经股动脉穿刺插管，使导管进入供血动脉的主干，再超选择性插管，把微导管插至供血动脉远端近瘘口处进行栓塞。经静脉栓塞是经股静脉或颈静脉、经眼上静脉和术中穿刺静脉窦或引流静脉三种栓塞方法。采用“三明治”技术注射法，即先在导管中注满 5%葡萄糖溶液，再用 1ml 注射器抽取 0.9ml 5%葡萄糖溶液，0.1ml 的氰基丙烯酸异丁酯，使栓塞剂夹在 5%葡萄糖溶液中注入畸形团中，防止栓塞剂在导管内凝固。注射完毕后应尽快撤出导管，防止导管被黏住拔不出来。再行造影复查，评估栓塞的程度与效果。

案例 6-5-7

患者，女，25 岁，因右眼外突伴结膜充血半月余入院，CTA 提示左眼静脉扩张。诊断硬脑膜动静脉瘘，行介入治疗（案例图 6-5-7）。

解答： 硬脑膜动静脉瘘需行 DSA 检查，明确诊断及血流情况后再确定治疗方案。必要时进行旋转造影并 3D 重建。

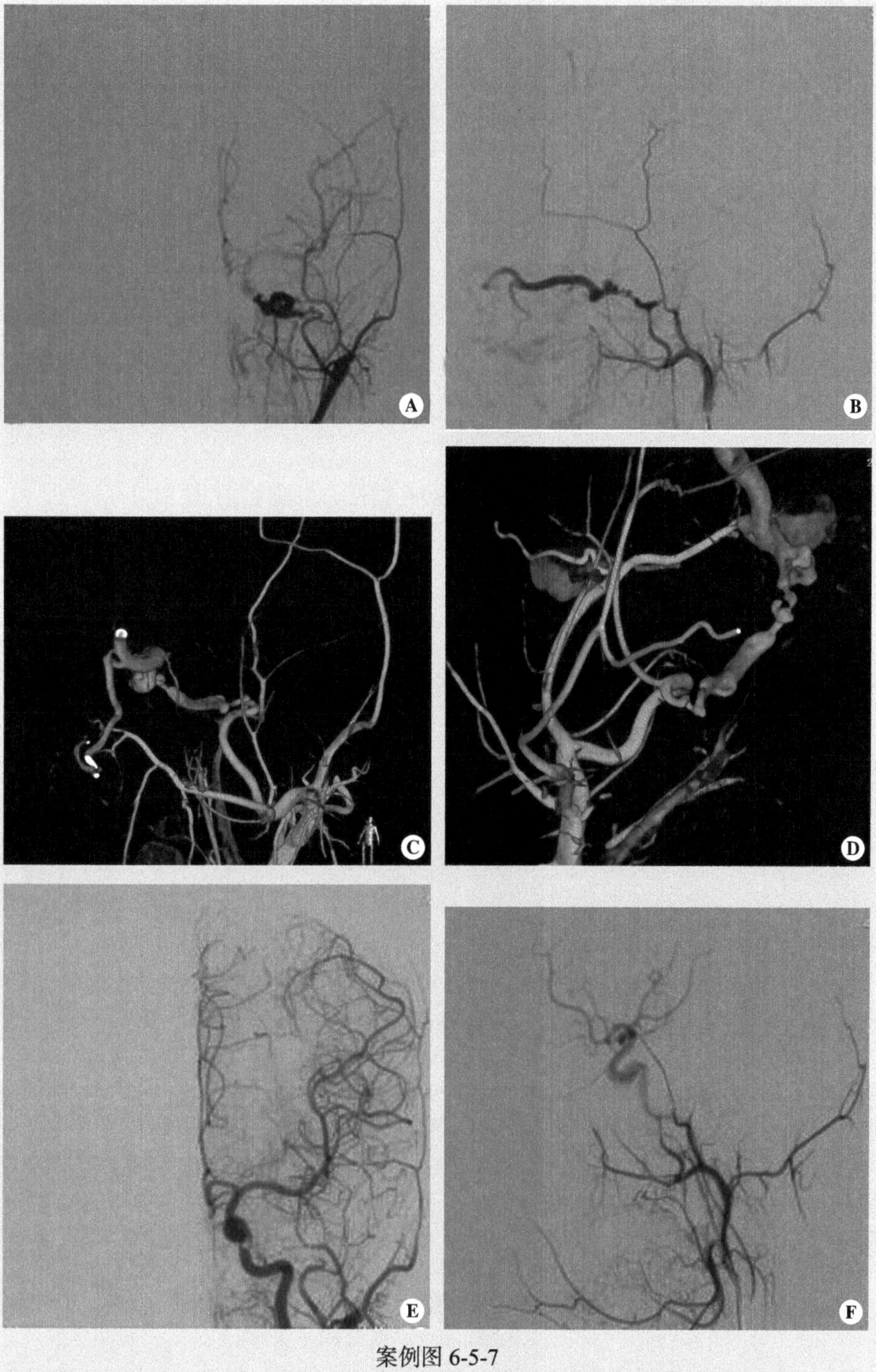

案例图 6-5-7

A. 正位造影；B. 侧位造影；C. 3D 显示；D. 3D 斜位；E. 栓塞后正位；F. 栓塞后侧位

5. 海绵静脉窦瘘的介入治疗　这种疾病多由外伤引起，海绵静脉窦部的颈内动脉处发生破裂，与海绵静脉窦之间形成的动静脉瘘称为颈内动脉-海绵静脉窦瘘，症状为一侧的眼结膜充血及眼球突出，可闻及与心跳一致的血管杂音。DSA 检查需要对颈内、外动脉进行选择性血管造影，DSA 摄影的关键是显示动脉早期、静脉瘘口及静脉回流的图像。造影时采用常规对比剂的用量，显影效果较差，因颈内动脉直接与海绵窦连接，对比剂进不了颈内动脉的分支，产生“偷流现象”。为了使颈内动脉的分支血管也能显示，对比剂用量要比常规量要大，其造影参数为：对比剂用量 10～12ml，流速 8～10ml/s，压限 200～300PSI。

介入治疗的步骤：根据 DSA 检查情况，确认瘘口的位置。根据瘘口的大小选择合适大小的球囊。将球囊装在导管前端，扭动导管使球囊进入颈内动脉的瘘孔，插入海绵静脉窦内。当球囊进入海绵静脉之后使之膨胀、堵住瘘孔，同时进行颈内动脉造影，确认堵塞程度。一旦确认瘘孔被堵塞，则释放球囊，复查造影，确认治疗效果。

案例 6-5-8

患者，女，25 岁，因右眼外突伴结膜充血半月余入院。自诉于半个月前出现无明显诱因右眼外突伴结膜充血，偶感头痛，无其他症状。进一步治疗来院就诊，门诊行颅脑 CTA 检查提示：右侧颈内动脉海绵窦瘘。拟行介入栓塞治疗。

解答：颈内动脉海绵静脉窦瘘产生“偷流现象”。为了使颈内动脉的分支血管也能显示，对比剂用量要比常规量要大，其造影参数为：

（1）常规正侧位造影：10～12ml/s、总量 12～15ml、300PSI。

（2）旋转造影：4～6ml/s、总量 20～25ml、300PSI。

（3）3D 重建与处理：对旋转造影获得的 3D 图像进行处理，对 3D 图像进行多次剪切，最后获得颈内动脉与海绵窦瘘口关系的图像（案例图 6-5-8）。

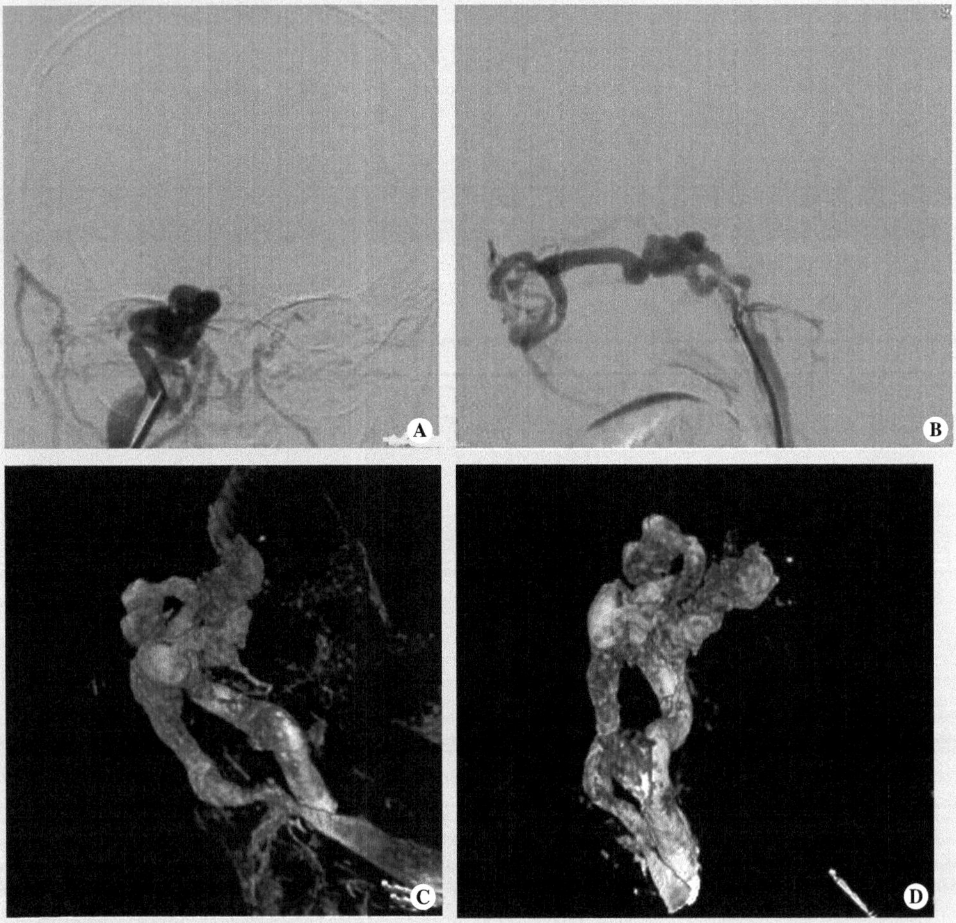

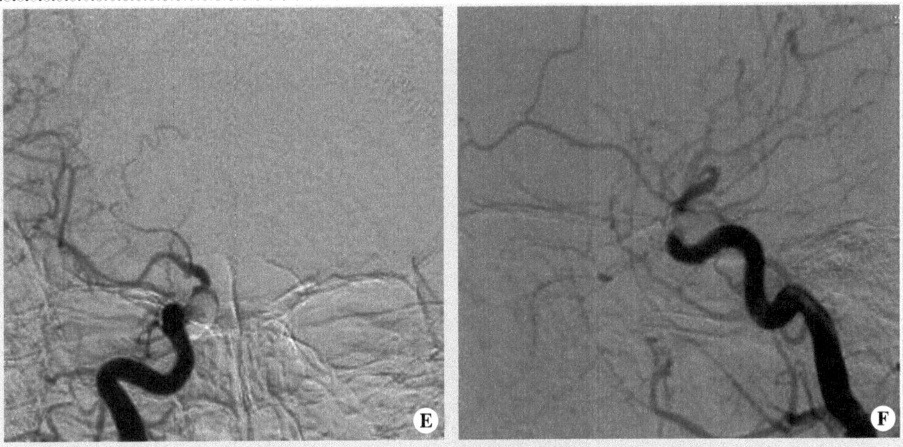

案例图 6-5-8

A. 正位造影；B. 侧位造影、旋转造影，3D 重建并剪切处理；C. 3D 重建；D. 3D 重建并剪切栓塞后；E. 球囊栓塞后正位；F. 球囊栓塞后侧位

（二）颅内肿瘤病变的介入治疗

对颅脑肿瘤进行 DSA 检查时，必须对颈内动脉、颈外动脉和椎动脉分别造影，颈内动脉、椎动脉通常取常规体位。但颅后窝有肿瘤时，颈外动脉需正位造影，采用与椎动脉正位（Towne 摄影）同样体位，更能将病变部位显示出来。根据肿瘤发生的部位，有时候也需要行椎动脉造影，以患侧造影为宜，但颅后窝内有肿瘤时，需进行双侧造影。由于 CT、MRI 对颅内肿瘤的诊断有较大的价值，DSA 的检查具有创伤性，目前对于颅内肿瘤的诊断与治疗，采用介入手段相对较少。

关于对比剂注入条件，若非特殊的狭窄及闭塞，采用常规的条件注入。为了使肿瘤染色明显，可增加对比剂的总量，减少流速。常用注射参数见表 6-5-2。

表 6-5-2　各血管的注射参数

部位	注射速度（ml/s）	注射总量（ml）	注射压力（PSI）
颈内动脉	4～6	6～8	150～400
颈外动脉	3～4	5～6	150～400
椎动脉	3～4	5～6	150～300

案例 6-5-9

患者，女，68 岁。顶枕部有一巨大包块，质硬，边界不清，近期逐渐增大。CT 提示脑肿瘤。手术切除前行 DSA 检查，分析肿瘤供血情况。DSA 检查如案例图 6-5-9。

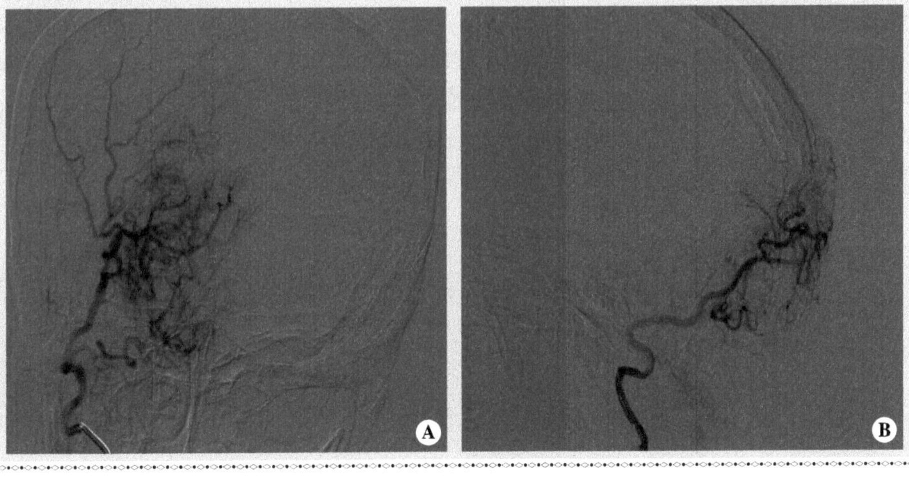

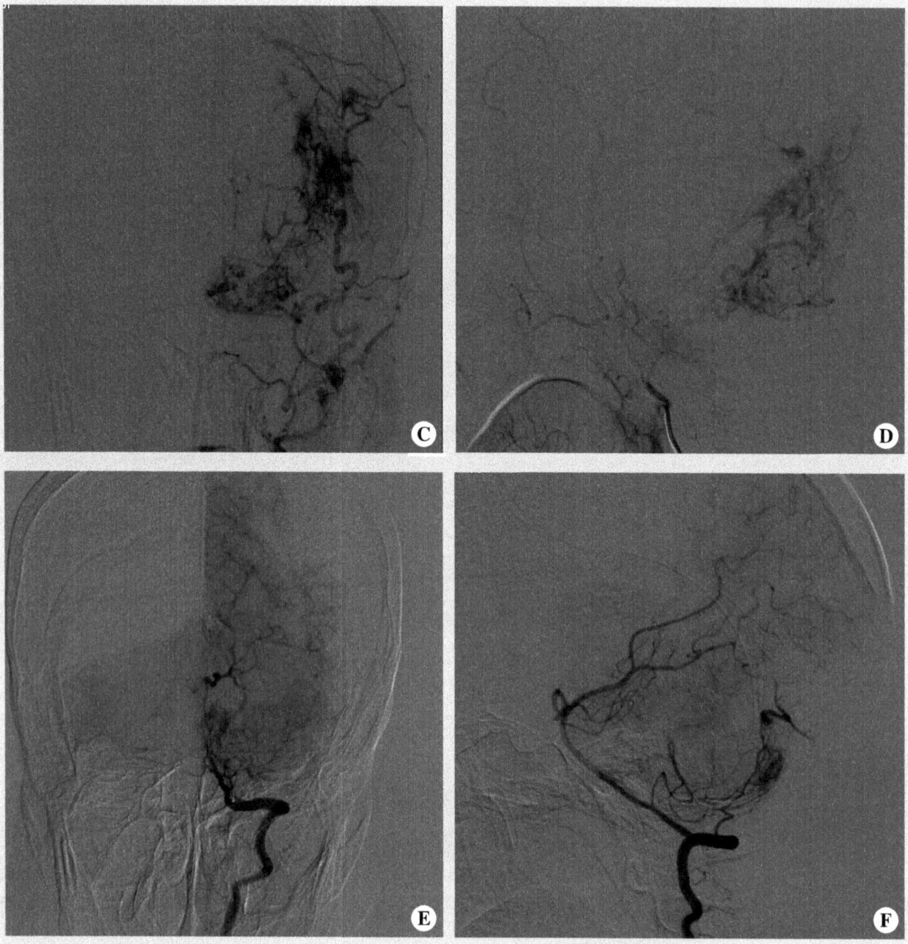

案例图 6-5-9

A. 右颈外造影；B. 右枕动脉造影；C. 左颈外造影；D. 左颈外侧位造影；E. 左椎动脉正位造影；F. 左椎动脉侧位造影

解答： 对于脑部肿瘤的DSA检查，要进行多血管造影，因肿瘤供血来自多个血管，需要明确肿瘤的供血动脉，利于手术切除。同时对比剂量要大，造影时间要长，观察肿瘤的染色情况，以便了解肿瘤的大小及侵犯的范围。

（三）其他病变的介入治疗

1. 鼻出血的介入治疗 多由鼻部受外伤、鼻腔疾病、高血压、缺乏维生素C或维生素K及伤寒等急性传染病引起，血液从鼻孔流出而成鼻出血。鼻出血量多时，又称为鼻洪或鼻大出血。若经保守治疗效果不佳者可采用介入栓塞治疗，即经皮股动脉穿刺导管插入靶血管，使用栓塞物质对靶血管进行栓塞，达到止血的治疗目的。

案例 6-5-10

患者，男，19岁。经常因抠鼻导致出血，经CT诊断为鼻咽部纤维血管瘤，建议手术切除，为减少术中出血，需行介入栓塞术。造影和栓塞情况如案例图 6-5-10。

解答： 鼻咽部血管丰富，病变血管相互吻合，需要双侧造影进行评估。

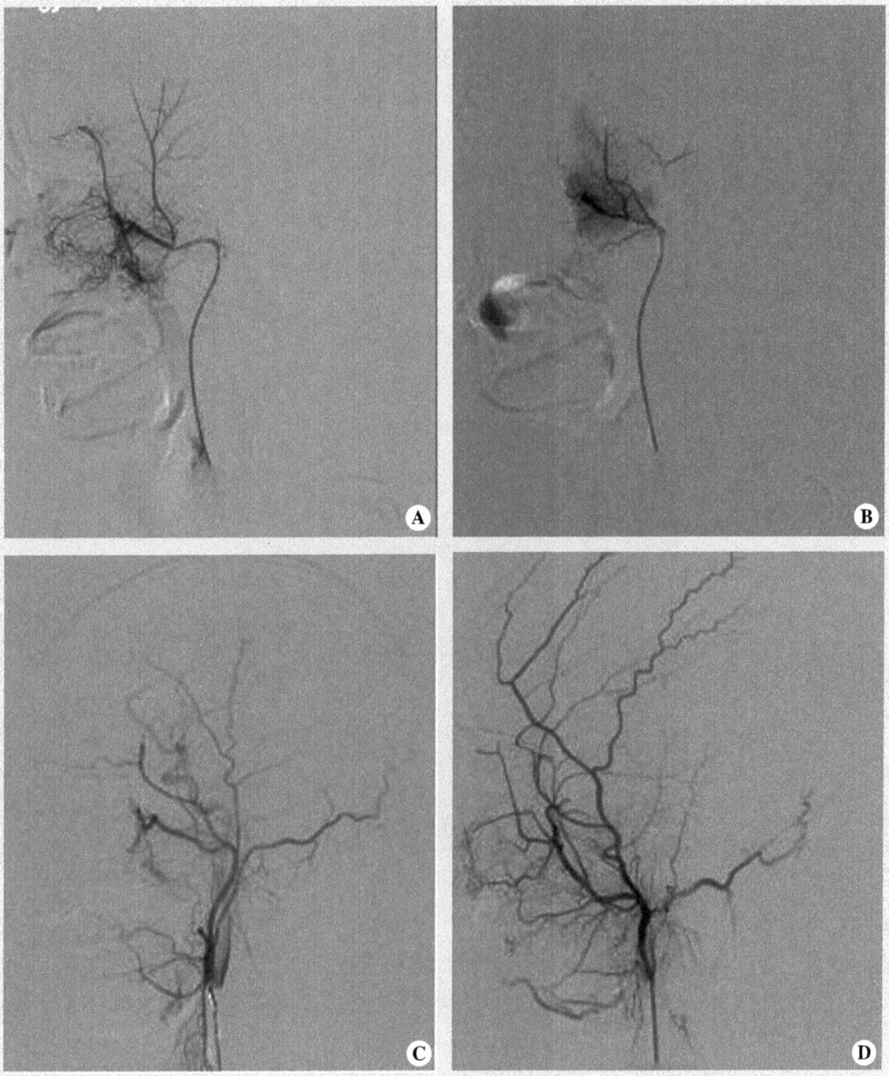

案例图 6-5-10

A. 左侧鼻咽病变；B. 栓塞后；C. 左侧造影；D. 右侧造影正常

2. 颈部血管狭窄的介入治疗　颈内动脉系统病变导致脑缺血是以大脑半球和眼部症状为主，如对侧上肢、面部产生轻度偏瘫、失语，对侧偏身感觉障碍等；椎-基底动脉缺血，主要为脑干、小脑、大脑枕叶等产生一些相应症状；头臂干狭窄或闭塞产生脑和手臂缺血的一些症状。临床上多以彩色多普勒超声诊断为初步诊断，辅以 CTA 检查，确定病变的部位、血管狭窄长度及闭塞程度。

案例 6-5-11

患者，女，59 岁，有糖尿病史，空腹血糖 12.1mmol/L。经常性头晕，记忆力下降。经 MRI 检查：右侧颈内动脉起始部狭窄，准备行介入支架植入术。DSA 检查，常规颈总动脉造影、颈内动脉造影及旋转造影并 3D 重建见案例图 6-5-11，经造影及 3D 分析，并对远端颈内动脉血管情况进行评估。狭窄程度为 47%，小于 50%，颈内动脉 M1 段狭窄明显，若在该狭窄部位植入支架，不能改变脑部的供血状况，建议暂时不进行支架植入，而进行药物治疗。

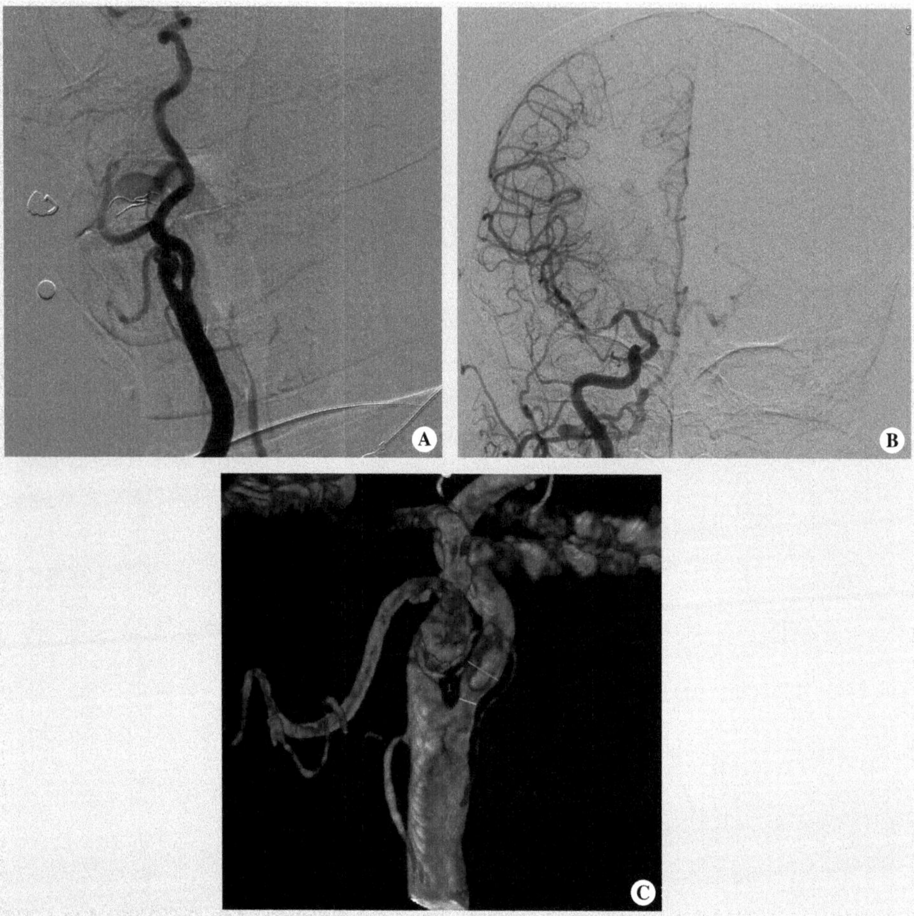

案例图 6-5-11

A. 颈总造影；B. 颈内动脉造影；C. 颈总 3D

解答：颈总动脉造影参数，一般采用 5～6ml/s、8～10ml、300～600PSI。对狭窄部位应进行局部放大造影，并进行精准的测量。必要时进行旋转造影、三维重建，分析血管狭窄情况。

3. 颅内血管取栓术 通过穿刺插管，将导管插入被堵塞的血管内，进行抽吸血栓或在狭窄的血管里放一个支架进去，打开支架，使血栓进入支架内，抽出支架，带出血栓，甚至将支架植入血管内使血管再通。缺血性脑卒中：包括脑梗死、颈内动脉狭窄、椎动脉狭窄、颅内动脉狭窄等，治疗方法包括介入治疗、外科手术和药物治疗。急性脑梗死是因为脑部大血管突然堵塞，造成患者的偏瘫等症状，严重的患者可能会出现昏迷、生命体征不稳，甚至死亡。

案例 6-5-12

患者，男，53 岁，因发现口齿不清 4h 余，于当日 22 时许入院；查体：意识昏迷，GCS 计 10 分（E2V2M6）。双侧瞳孔等大等圆，直径约 3.0mm，双侧对光反射存在，右侧肢体肌力Ⅳ级，左侧肢体肌力Ⅴ级；肌张力双侧正常。辅助检查：颅脑 CTA 检查示椎动脉闭塞。头颅 CT：双侧丘脑、枕叶及小脑半球低密度影（案例图 6-5-12），建议行 MRI 检查。

拟行介入急诊取栓术，DSA 检查，主动脉弓造影，评价椎动脉的起始及基底动脉环情况。再进一步评估椎动脉，发现远端闭塞。插管至椎动脉、基底动脉闭塞段，采用取栓方法，抽吸血栓，支架拉栓。

解答： 脑卒中行主动脉弓造影，目的是显示供应脑部各血管的起始部位是否存在狭窄，以便更好地进行取栓手术。再对 Wills 环进行评价，有利于手术的处理。最后进行靶血管的处理。手术后造影复查：基底动脉打开，椎动脉系统血流正常。

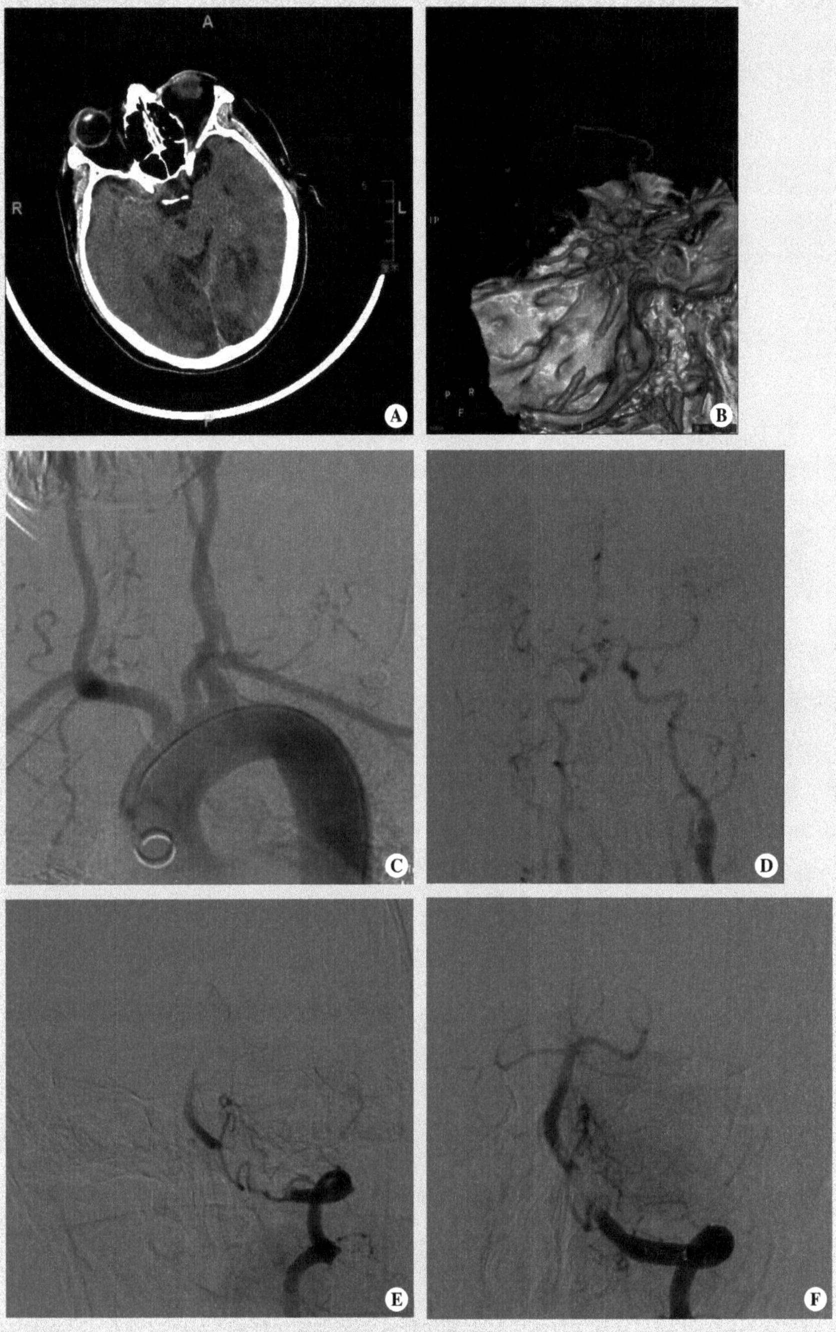

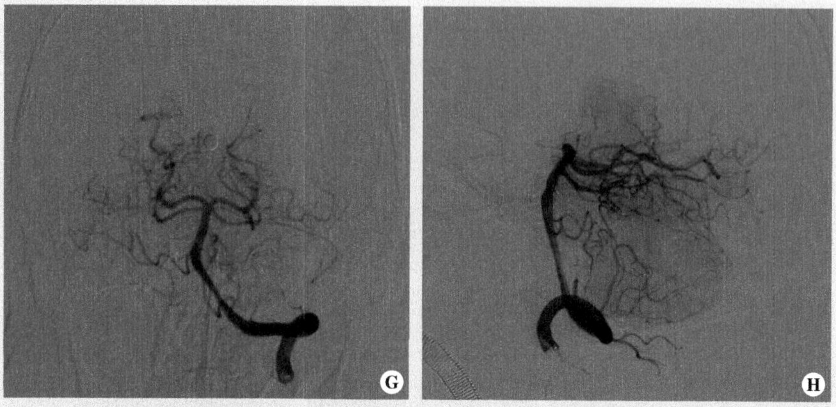

案例图 6-5-12

A. CT 图像；B. CTA 血管成像；C. 主动脉弓造影；D. 颅内血管造影；E. 椎动脉正位；F. 椎动脉正位（放大）；G. 取栓术后正位；H. 取栓术后侧位

【小结】 本节主要内容为头颈血管的解剖、造影技术、图像处理及造影技术在相关临床介入手术中的应用。重点内容为头颈部的血管解剖、造影参数、图像处理及图像重建；熟悉对应血管介入手术的大致过程、各种介入手术的技术要点。

第六节 胸部 DSA 技术与介入治疗

一、血管解剖

（一）动脉系统

1. 胸主动脉 起自心脏左心室流出道，自主动脉口向右上升为升主动脉，约于第 2 胸肋关节（胸骨角平面）高度移行于主动脉弓。主动脉弓的凸面向上，自右至左分别发出头臂干、左颈总动脉和左锁骨下动脉。再向左下行走至第 4 胸椎水平移行于降主动脉，穿过膈肌主动脉裂孔后即为腹主动脉（图 6-6-1）。

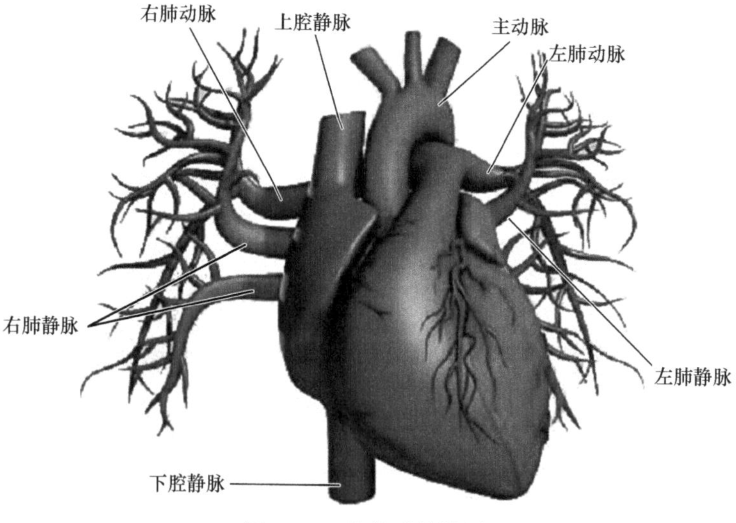

图 6-6-1 胸部动静脉图

2. 肺动脉 属于肺的功能性血管。肺动脉在左侧第 2 胸肋关节水平起自右心室，斜向左后上方走行，在主动脉弓下方、气管隆嵴的前方分出左、右肺动脉，全长 3～4cm。右肺动脉近似水平走行，位于升主动脉、上腔静脉后方，右支气管的前方，主动脉弓的下方，全长约 5cm。随后分出右肺动脉上、下干。右肺动脉下干再分出右中叶肺动脉和右下叶肺动脉。左肺动脉向左后上方行走，跨过左上叶支气管，全长约 3cm，可分出左上叶肺动脉和左下叶肺动脉。远端的各级分支与相应的支气管伴行，支配相应的肺组织（图 6-6-1）。

3. 支气管动脉 属于肺的营养性血管。起自胸主动脉的脏支，数目及开口变异很大，右侧多为 1 支，左侧多为 2 支。也有部分发自肋间动脉、锁骨下动脉、胸廓内动脉和腹主动脉等。其开口大部分在第 4、5 胸椎水平，相当于气管隆嵴处。

4. 肋间动脉 起自胸主动脉的壁支，节段性对称性分布，共有 9 对，分布于第 3～11 肋间隙。

5. 胸廓内动脉 也称内乳动脉。起于锁骨下动脉第一段下缘，于第 6 肋间隙水平分为膈肌动脉和腹壁上动脉两终支。

（二）静脉系统

1. 肺静脉 左右各两支，分别为左肺上静脉和左肺下静脉、右肺上静脉和右肺下静脉。起自肺门，止于左心房。

2. 支气管静脉 经支气管动脉流经肺部的血液回流主要有以下两个途径：

（1）肺外围部分的血液：在支气管壁内的静脉丛收集，汇集成较大的静脉干，进入肺静脉或直接回流到左心房。

（2）肺内侧中央部分的血液：经较细小的支气管静脉回流到奇静脉、上腔静脉或半奇静脉、最上肋间静脉，最后到左心房。

3. 上腔静脉 接收来自头颈部和上肢各静脉血，由左右无名静脉合成于右侧第 1 肋软骨水平，下行进入右心房。

二、造影技术

（一）造影操作

1. 胸主动脉造影 采用 Seldinger 技术进行股动脉穿刺，并置入动脉鞘，以导丝引导将“猪尾”导管经股动脉、腹主动脉送入胸主动脉，在胸主动脉处进行造影。

2. 肺动脉造影 经股静脉穿刺插管，采用“猪尾”导管随导丝经下腔静脉至右心房达右心室；或经肘静脉或颈内静脉穿刺插管，导管随导丝经上腔静脉至右心房达右心室。导管端可置于肺动脉主干、左右肺动脉分支、右室流出道进行造影。

3. 肋间动脉和胸廓内动脉造影 肋间动脉造影与支气管动脉造影方法大致相同。胸廓内动脉造影一般行股动脉穿刺，选用相应导管，进入主动脉弓，扭动导管使导管头进入左或右锁骨下动脉，用导丝引导使导管头向后滑入胸廓内动脉，进行超选择性造影。

4. 支气管动脉造影 行股动脉穿刺插管，将导管插到第 5～6 胸椎水平，上下移动寻找支气管动脉开口，当有嵌顿或挂钩感时，可能已插入支气管动脉，即用手推对比剂 0.5～1.0ml，在透视下确定支气管动脉显示，确认没有与脊髓动脉共干后，注射对比剂进行造影。

5. 上腔静脉造影 穿刺头臂静脉、贵要静脉或肘正中静脉进入上腔静脉；也可穿刺股静脉经下腔静脉至上腔静脉，进行造影。

（二）造影参数

对比剂常规选用 300～370mgI/ml 非离子型对比剂。常用造影参数见表 6-6-1。

表 6-6-1 胸部动静脉造影参数

部位	每次对比剂总量（ml）	流速（ml/s）	压限（PSI）
胸主动脉	25～40	15～25	800～1200
肺动脉主干	15～20	10～12	400～800
一侧肺动脉	10～20	6～8	400～600
支气管动脉	4～6	1～2	250～300
锁骨下动脉及腋动脉	8～10	3～4	300～400
胸廓内动脉及肋间动脉	3～4	1～2	300～450
上腔静脉	15～20	10～12	400～800
下腔静脉	20～30	12～15	400～900

（三）造影体位

1. 胸主动脉造影 常规取左前斜位 45°～70°成像，充分暴露主动脉弓及弓上三条分支血管，必要时加摄正位、侧位或者采用 3D 旋转成像技术。

2. 肺动脉造影 常规取正位或半坐位成像，有时为了侧重于观察左肺或右肺动脉起始部，也可复合左前斜或右前斜 5°～10°，必要时加侧位。

3. 支气管动脉造影 常规取正位成像，必要时加摄斜位或侧位。

4. 肋间动脉和胸廓动脉造影 常规取正位成像，必要时加摄斜位或侧位。

5. 上腔静脉造影 常规取正位成像，必要时加摄斜位或侧位。

三、图像处理

1. 三维旋转数字减影血管造影（3D-RDSA）技术 可用于胸主动脉造影，能提高夹层动脉瘤的诊断准确性，特别是对夹层累及范围、破口位置及大小、破口与弓上分支血管关系的显示优于 2D-DSA。

2. 补偿滤过 主要应用在由于肺部的密度不一致，在做心脏检查时，肺部的透亮度增加，图像的背景亮度加大，影响图像质量。在采集图像时，在肺野内加入一些密度相对低的物质，或使用光谱滤过器，使 X 线在被照射区衰减接近均匀，防止饱和伪影的产生。

3. 呼吸性移动对策 是防止因呼吸产生的伪影，在采集图像时使患者屏气，或短暂地停止呼吸，减少运动伪影的产生。

四、相关病变的介入治疗

（一）胸主动脉夹层的腔内治疗

胸主动脉夹层是指胸主动脉腔内高速、高压的血流从破损的主动脉内膜进入主动脉壁内，使主动脉中膜和外膜分离，外膜继而扩张膨出形成夹层。胸主动脉夹层是一种发病急、临床表现凶险、死亡率高的主动脉疾病。

根据内膜破裂口部位与主动脉夹层累及的范围进行不同的分型，其分型方法主要有 DeBakey 和 Stanford 两种。

1. DeBakey 分型 Ⅰ型：破裂口位于升主动脉，扩展累及腹主动脉；Ⅱ型：破裂口位于升主动脉，病变仅限于升主动脉；Ⅲ型：破裂口位于降主动脉，累及降主动脉或腹主动脉。

2. Stanford 分型 A 型（相当于 DeBakey 分型中的Ⅰ型和Ⅱ型）和 B 型（DeBakeyⅢ型）。其中 A 型占主动脉夹层比例大，为 60%～70%，无论破裂口位于哪一部位，只要累及升主动脉者，都属于 A 型。破裂口位于降主动脉，但未累及升主动脉者都属于 B 型。

具体方法：根据术前的 CT 检查决定手术策略，采用 Seldinger 技术进行股动脉穿刺，再采用"猪尾"导管进行主动脉弓部造影。有条件的行三维主动脉弓造影，可更准确地了解破裂口的位置及夹层情况和对颅内供血动脉（主要为左锁骨下动脉及左椎动脉）与主动脉关系进行评估，并可将重建影像和实时透视影像融合，为后续治疗提供影像参考和引导。对主动脉的大小进行测量，确认植入支架的大小、长度及位置。通过实时减影与实时蒙片的对比，确认支架的植入点。当确认无误时，更换导丝，送入支架，边释放边观测支架打开情况。释放结束后，进行造影复查，评估覆膜支架释放的位置，是否有内漏形成或对其他组织供血的影响。

案例 6-6-1

患者，男，56 岁，搬运桶装纯净水过程中，突发胸部持续性剧烈疼痛，不能缓解。行急诊 CT 示：主动脉夹层（DeBakey Ⅲ型），拟急诊施行经皮胸主动脉腔内隔绝术（案例图 6-6-1）。

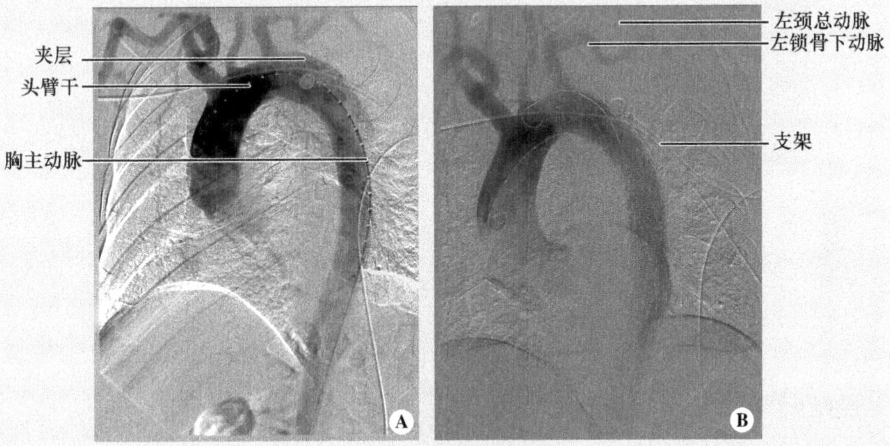

案例图 6-6-1

A. 治疗前；B. 治疗后

解答： 治疗前，如图 A，DSA 示主动脉夹层形成，破口位于左锁骨下动脉开口以远。主动脉夹层：DeBakey Ⅲ型（Stanford B 型），经股动脉植入主动脉覆膜支架后，复查造影，如图 B，见胸主动脉显影良好，支架成形良好，瘤体内未见对比剂充盈，无内漏，支架贴壁良好。

（二）支气管动脉的灌注与栓塞术

1. 支气管动脉灌注（bronchial arterial infusion，BAI） 根据肺癌主要是由支气管动脉供血这一特点，利用支气管动脉插管将导管插入支气管动脉内，将抗癌药物注入靶血管，增强首过效应，使化疗药物在短时间内达到高浓度，起到杀伤癌细胞的目的。

具体方法：采用 Seldinger 技术进行股动脉穿刺，进行选择性支气管动脉造影，确定供血的支气管动脉后，固定导管。将抗癌药物用生理盐水稀释后缓慢地注射到靶血管。注射结束后观测患者变化，在透视下拔出导管，包扎穿刺点。

2. 支气管动脉栓塞术（bronchial artery embolization，BAE） 是经皮穿刺导管插入支气管动脉，使用栓塞物质对靶血管进行栓塞，使靶血管闭塞，达到治疗目的。

具体方法：采用 Seldinger 技术进行股动脉穿刺，并置入 5F 或 6F 的动脉鞘，将导管送入胸主动脉，当导管顶端到达第 4～5 胸椎水平、气管隆嵴处进行钩挂。先对病变侧血管进行探查，当进入支气管动脉后，经导管内注入少量对比剂，证实后方可进行造影。一般需要进行双侧的支气管动脉造影，确认出血或病变血管，有时需要进行超选择性造影才能明确病变部位。病变部位明确后注射栓塞剂进行栓塞。根据血管不同的管径、病变不同的治疗方式采用相应的栓塞材料，如 PVA 颗粒、明胶海绵或弹簧圈等。栓塞后 3～5min 进行造影，核实栓塞情况，若栓塞不满意，加大栓塞剂再进行栓塞，当造影见到血管断流时，栓塞成功。

案例 6-6-2

患者，男，45 岁，反复咳嗽，少量咯血 2 个月，病理确诊左肺鳞癌，化疗疗程中，突发咯血加重，拟施行支气管动脉栓塞术（案例图 6-6-2）。

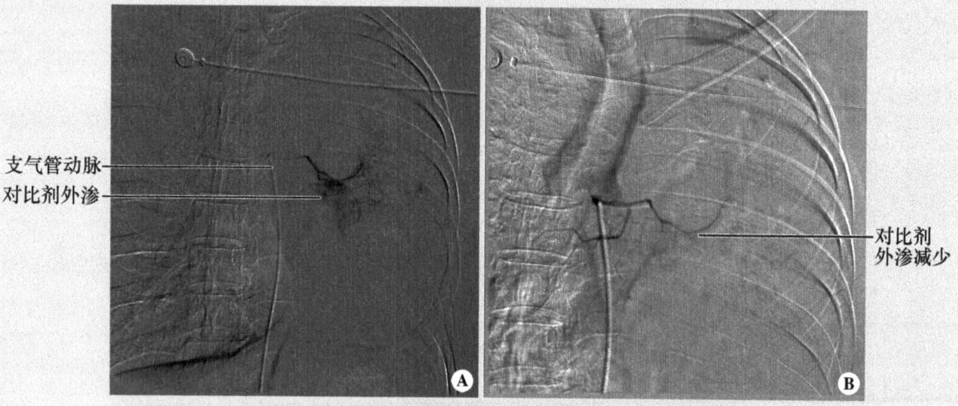

案例图 6-6-2

A. 栓塞前；B. 栓塞后

解答：栓塞前，如图 A，DSA 显示左肺门周围多发斑片状对比剂外渗。注入 500～700μm 空白微球予栓塞出血动脉后再次造影，如图 B，对比剂外渗明显减少。

（三）经皮肺动脉血栓抽吸术

经皮肺动脉血栓抽吸术是治疗肺血栓栓塞症的重要手段之一，具体方法：经股静脉穿刺，并置入血管鞘，用导丝引导“猪尾”导管经下腔静脉—右心房—右心室，送入肺动脉。导管端可置于肺动脉主干或左右肺动脉分支，或右室流出道，行肺动脉造影。治疗前肺动脉造影能准确地显示肺动脉主干及分支内血栓，帮助术者找到靶血管进行血栓抽吸；治疗后造影，主要观察目标血管堵塞的改善程度及血栓的残留情况。

案例 6-6-3

患者，女，68 岁，确诊阵发性房性心动过速，行射频消融术。术后出现右大腿穿刺部位肿胀和突发意识丧失，急诊彩超检查示：右心房及右心室明显增大，左右肺动脉血栓形成。排除手术禁忌证后，拟急诊行经皮肺动脉血栓抽吸术（案例图 6-6-3）。

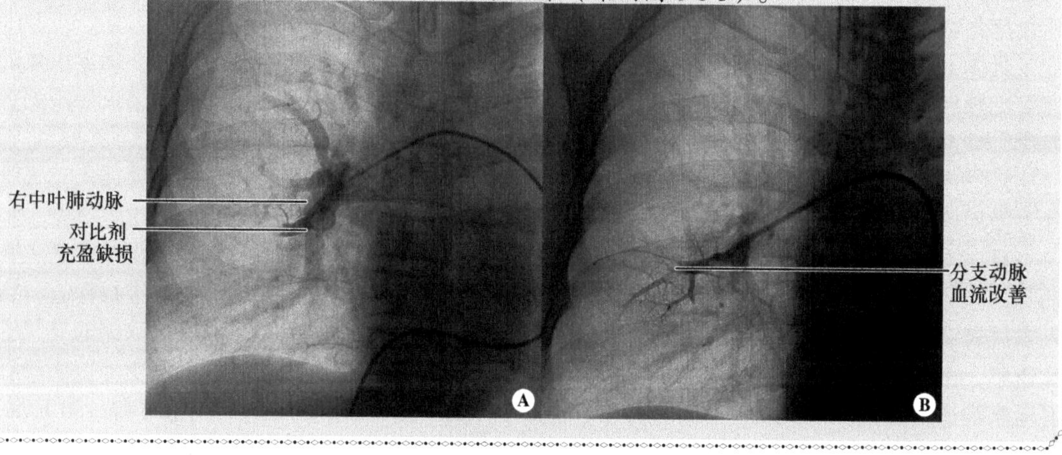

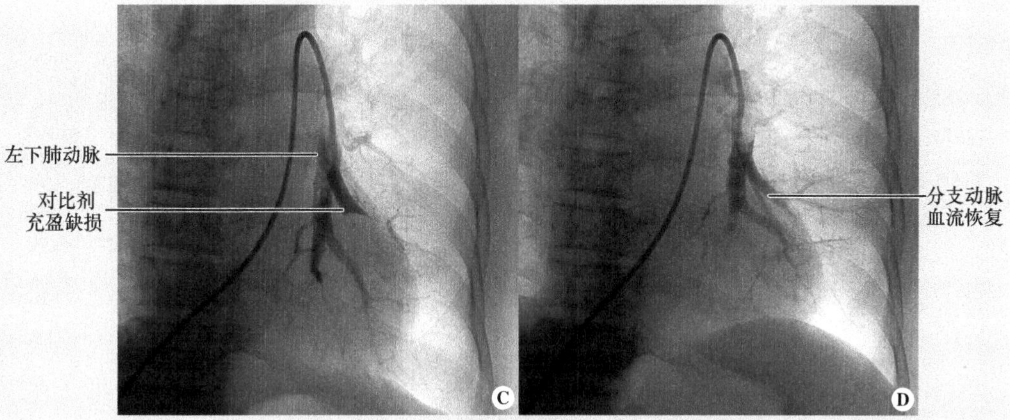

案例图 6-6-3

A. 右中叶肺动脉血栓；B. 右中叶肺动脉治疗后；C. 左下肺动脉血栓；D. 左下肺动脉治疗后

解答：经股静脉穿刺，经导丝引导导管经右心房—右心室，分别送入左、右肺动脉，行肺动脉造影，如图 6-6-3A、C，可见右中叶肺动脉、左下肺动脉充盈缺损（血栓形成）；经血栓抽吸导管反复抽吸治疗后，复查肺动脉造影，如图 B，可见右中叶肺动脉内血栓大部分清除，血流明显改善，部分分支显影良好，如图 D，左下肺动脉血流较前好转，多分支血流恢复。

【小结】 本节主要内容为胸部血管的解剖、造影技术、图像处理及造影技术在相关临床介入手术中的应用。重点内容为胸部血管的造影体位和造影参数，了解内容为对应血管介入手术的大致过程。

第七节 心脏与冠状动脉 DSA 技术与介入治疗

一、心 脏 解 剖

（一）正常心脏外形及特点

心脏位于胸腔的前下部、中纵隔内，呈一底朝右上、尖向左下的倒置锥体形，长轴约与正中矢状面成 45°角、向左下倾斜。心脏的前面、右侧大部分由右心房和右心室构成，左侧的小部分由左心耳和左心室构成，心尖部主要由左心室构成。

（二）正常心腔结构

心脏内部被房间隔、室间隔及二尖瓣和三尖瓣分为左、右心房和左、右心室四个心腔。

右心房可分为前部的固有心房和后部的腔静脉窦。上、下腔静脉开口于腔静脉窦，下腔静脉口与右房室口之间有冠状窦开口。右心房前下方为右房室口，由此通向右心室。

右心室腔以室上嵴为界分为流入道与流出道两部分，流入道内壁由交错排列的肉柱即肌小梁构成，其入口即右心房室口，成人周径平均为 1.1cm 左右。在其纤维瓣环上附着三片瓣膜，分别称作前瓣、后瓣和隔瓣。流出道是右心室腔向左上延伸部分，壁光滑，腔逐渐变窄形似倒置的漏斗，故也称漏斗部或肺动脉圆锥。出口为肺动脉口，通向肺动脉干，纤维瓣环上有三个半月瓣，即肺动脉瓣。

左心房是心脏最靠后的部分。左心房腔后壁较为光滑，两侧有左、右肺静脉开口，向左前突出的部分为左心耳，前下部为左心房室口，通向左心室。

左心室位于右心室的左后下方，近似圆锥形。左心室腔以二尖瓣为界分为流入道和流出道两部分。流入道入口即左心房室口，成人周径平均为 1.0cm 左右，在瓣口的纤维环上附着有二尖瓣。流出道是左心室腔的前内侧部分，内壁光滑，顶端为主动脉开口，口周的纤维环上附着有三个半月形主动脉瓣。瓣膜与主动脉壁之间的腔隙称为主动脉窦，分为左窦、右窦和后窦（图 6-7-1）。

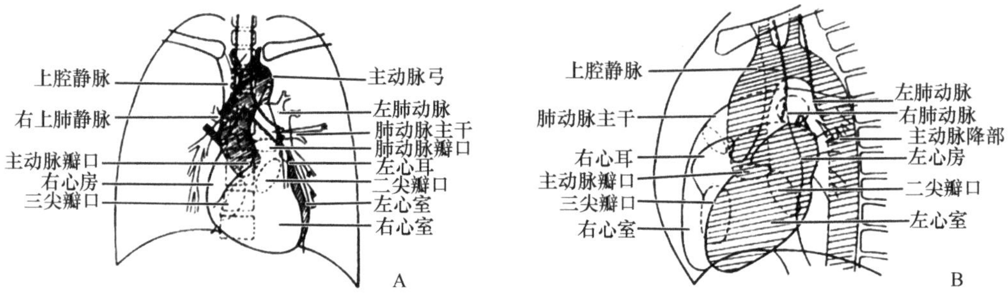

图 6-7-1 心脏解剖

A. 心脏正位；B. 心脏侧位

（三）冠状动脉与冠状静脉

1. 左冠状动脉及其分支 发自于主动脉的左窦，主干长 0.5～4.0cm，主要分支有前降支和回旋支。前降支为左冠状动脉主干的直接延续，于前室间沟内走行，其末端可绕过心尖至后室间沟。分支有前室间隔支（6～10 支垂柳样排列）和左室前支（称作对角支或斜角支，可有 2～6 支），回旋支从左主干发出后，多与前降支成角（40°～150°）沿左房室沟向后绕行，分为左房支和左室支。左房支多为 1～3 支，行向左心房；左室支行向心尖，分支不定，其中以外侧钝缘处的粗大分支较为恒定，称为钝缘支或左缘支。该支之后发出的称左室后支，它们共同供应左心室的外侧壁和后壁。

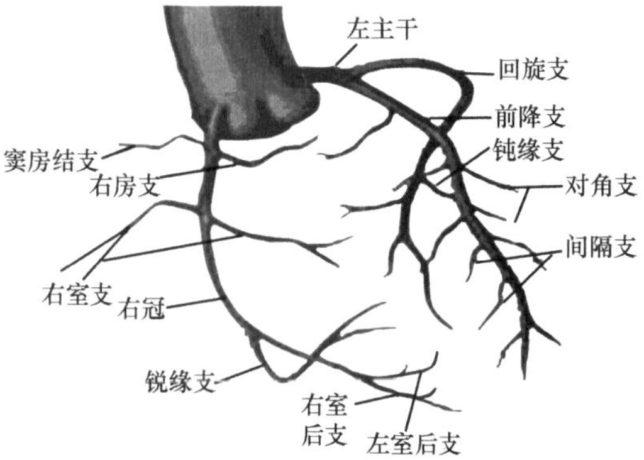

图 6-7-2 冠状动脉分支

2. 右冠状动脉及其分支 起于主动脉右窦，主干在肺动脉起始部和右心耳之间进入右房室沟，向右下绕心脏锐缘至心脏膈面，然后经房室交点进入后室间沟，直达右心室后下缘，为右心室和心脏膈面心肌供血。主要分支有右圆锥支、右房支、右室前支、锐缘支、右室后支、左室后支等（图 6-7-2）。

3. 冠状静脉 多伴行相邻的冠状动脉，如心大静脉也称左冠状静脉，心中静脉亦称右冠状静脉。常由心大、心中和心小静脉汇入冠状静脉窦，最后注入右心房。

二、造影技术

（一）心脏造影

心脏造影是诊断心血管疾病的金标准之一。目前临床上对心血管疾病的诊断与治疗主要应用选择性心血管造影，它能直观地显示造影部位的心血管及其病变情况。

1. 心脏造影操作

（1）右心房、右心室和肺动脉造影：经股静脉穿刺，插入 5～7F 造影导管，按造影目的分别将导管置于右心房、右室流出道、肺动脉主干或肺动脉左右分支等处进行选择性造影。

（2）左心房造影：经股静脉穿刺，插入 5～7F 造影导管置于右心室或肺动脉主干进行选择性造影，经肺循环到左心房显影，也可行房间隔穿刺将导管送入左心房进行选择性造影。

（3）左心室造影：经股动脉、桡动脉或肱动脉穿刺并将“猪尾”导管置入左心室进行选择性造影。

2. 心脏造影参数 临床上通常选择浓度为 300～370mgI/ml 非离子型对比剂，常用造影参数见表 6-7-1。

表 6-7-1 心脏造影参数

部位	每次对比剂量（ml）	流速（ml/s）	压限（PSI）
成人主动脉	25～40	15～25	800～1200
成人左心室	25～35	15～20	800～1100
成人左、右心房	20～25	10～12	800～1000
成人右心室	15～35	12～20	800～1000
婴幼儿心脏及大血管	1～2ml / kg*	2s 内注射完毕	600～1000

* 患儿体重。

3. 常用心脏造影体位

（1）长轴斜位：探测器置左前斜 60°，同时向头侧倾斜 20°～30°。此位置能观察到主动脉和肺动脉、室间隔前半部、二尖瓣环切线位、左室流出道、肺动脉主干及左下肺动脉延续部等。此位置适用于室间隔缺损、法洛四联症等疾病的选择性左、右心室造影。

（2）四腔位：探测器置左前斜 45°，同时向头侧倾斜 20°～30°。此位置能观察到整个房间隔和室间隔的切线位，房室四个腔互相分开，房室瓣也分开且呈正面观。此位置适用于房室通道型室间隔缺损（如心内膜垫缺损）、二尖瓣骑跨及单心室等疾病的选择性左心室造影；三尖瓣骑跨或三尖瓣闭锁时的选择性右心房造影；三尖瓣关闭不全、单心室或右室双出口的选择性右心室造影。

（3）延长右前斜位：探测器置于右前斜 30°，同时向头侧倾斜 20°～30°。此位置能观察到右室流出道、肺动脉瓣、肺动脉主干及其右侧分支等。此位置适用于法洛四联症、右室双出口或单心室等疾病的右心室或肺动脉造影。

（4）半坐位（肺动脉轴位）：探测器向头侧倾斜 45°。此位置能观察到肺动脉瓣、主干、分叉及左右肺动脉分支，此时主、肺动脉也分开。此位置适用于肺动脉狭窄、异位肺动脉等疾病的右心室、肺动脉造影，或假性动脉干及主、肺动脉间隔缺损时的主动脉造影等。

（5）侧位：探测器置于左前斜 90°，此位置能观察到肺动脉瓣及瓣上、肺动脉主干等，适用于肺动脉瓣狭窄、动脉导管未闭等疾病的右心室、主动脉弓造影。

（6）其他体位

1）正位：探测器置于 0° 位置，此位置能观察到房间隔缺损、三尖瓣下移畸形、三尖瓣闭锁等。

2）左肩位：探测器置于左前斜 20°～45°，同时向头侧倾斜 20°～30°，此位置能观察到房间隔及室间隔后部。

3）右前斜位：探测器置于右前斜 30°～45°，此位置用于观察到二尖瓣反流、左心室射血分数（LVEF 值）等。

对于先天性心脏病，需灵活选择复合倾斜角度进行体位摄影，有条件者可行二维或三维旋转造影，以便清晰地显示心脏及血管病变。

（二）冠状动脉造影

冠状动脉造影（coronary arteriography，CAG）是诊断冠状动脉病变的金标准之一。它不仅能准确地判断冠状动脉内病变的程度与范围，还能通过发现受损血管数目和受损心肌范围判断预后，可作为各种冠状动脉血管成形术和重建手术前后的评价与预后判断的方法。

1. 手术操作 采用桡动脉或股动脉穿刺插管，将导管分别选择性插入左、右冠状动脉口部，先行测压或试注造影证实导管在冠状动脉口内即行造影。一般情况下，先做左冠状动脉造影，后做右冠状动脉造影。

2. 造影参数 临床上通常选用浓度为 320～370mgI/ml 非离子型对比剂，冠状动脉造影注射于

2s 内注完，曝光采像时间从注射前开始，至冠状静脉出现回流时结束；常用冠状动脉造影参数见表 6-7-2。

表 6-7-2 冠状动脉造影参数

部位	每次对比剂量（ml）	流速（ml/s）	压限（PSI）*	手推量（ml）
左冠状动脉	4～5	3～4	400～700	8～10
右冠状动脉	3～4	3～4	400～700	6～8

* 使用高压注射器。

3. 摄影体位 冠状动脉造影的摄影体位是根据冠状动脉走行特点设计的。

（1）左冠状动脉造影常用体位

1）右前斜+头位（右肩位）：探测器置右前斜 30°～50°并向头侧倾斜 15°～30°，显示左前降支中、远段及左主干，抬高并重叠回旋支影像（图 6-7-3）。

2）右前斜+足位（肝位）：探测器置右前斜 30°～50°并向足侧倾斜 15°～30°，能较好地显示左主干、前降支和回旋支关系，展示左主干及回旋支较好（图 6-7-4）。

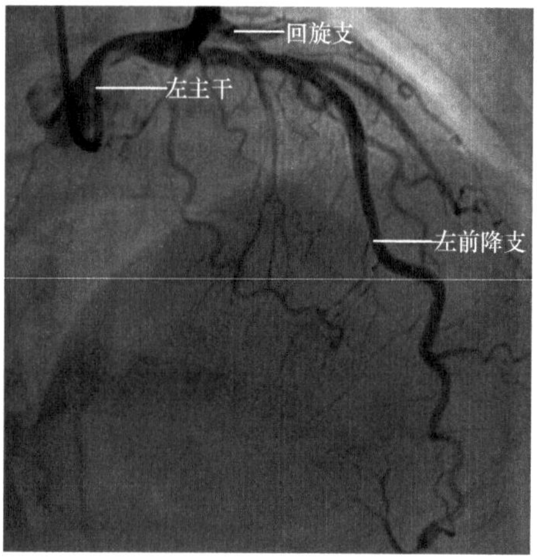

图 6-7-3 左冠右前斜+头位（右肩位）

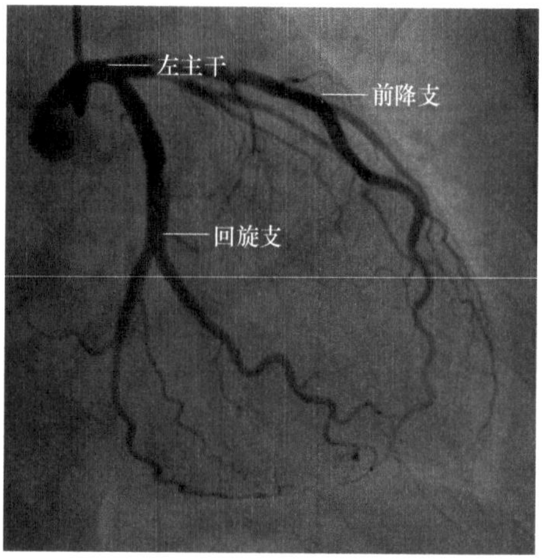

图 6-7-4 左冠右前斜+足位（肝位）

3）左前斜+头位（左肩位）：探测器置左前斜 20°～45°并向头侧倾斜 20°～30°，以显示前降支与回旋支夹角、分支走向及其中、远段为主（图 6-7-5）。

4）左前斜+足位（蜘蛛位）：探测器置左前斜 45°～60°并向足侧倾斜 15°～30°，显示左主干、中间支、前降支及回旋支分叉部及其各支近段（图 6-7-6）。

5）头位：探测器向头倾斜 30°～45°，显示前降支（近、中、远段）、间隔支、对角支（图 6-7-7）。

6）尾位：探测器向足倾斜 30°～45°，显示左主干、前降支近段、回旋支（近、中、远段）、钝缘支（图 6-7-8）。

（2）右冠状动脉造影常用体位

1）左前斜 30°～50°：此位置常作为右冠造影插管体位，又作为摄影体位。一般情况下，右冠状动脉于此位常呈“C”形切线显示（图 6-7-9）。

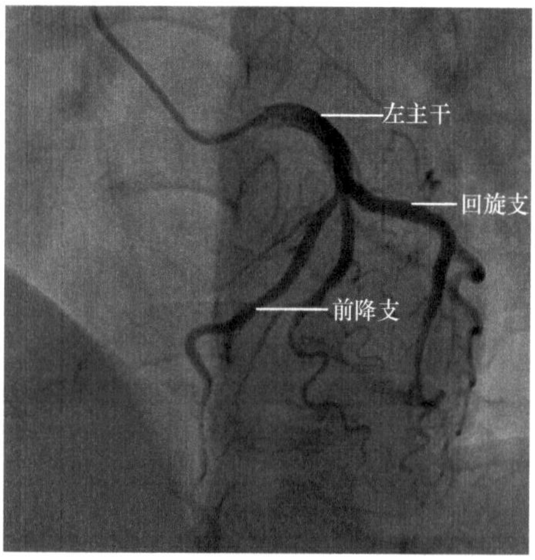

图 6-7-5 左冠左前斜+头位（左肩位）

2）右前斜 30°～45°：此位置下 X 线几乎与心脏的右房室沟垂直，即与右冠状动脉中段主干垂直，右冠状动脉常呈“L”形显示，分布于房、室两侧的分支易于区分，但后降支和左室后支重叠，有时不易分辨（图 6-7-10）。

3）正位+头位 15°～25°：常作为左、右前斜位的补充摄影体位，用于展示后降支和左室后支（图 6-7-11）。

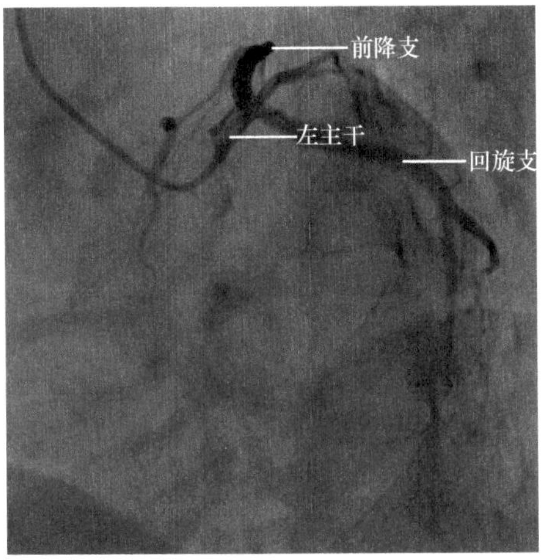

图 6-7-6　左冠左前斜+足位（蜘蛛位）

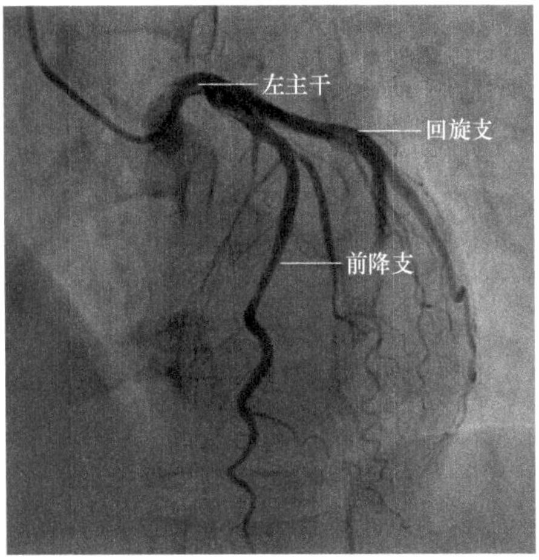

图 6-7-7　左冠头位

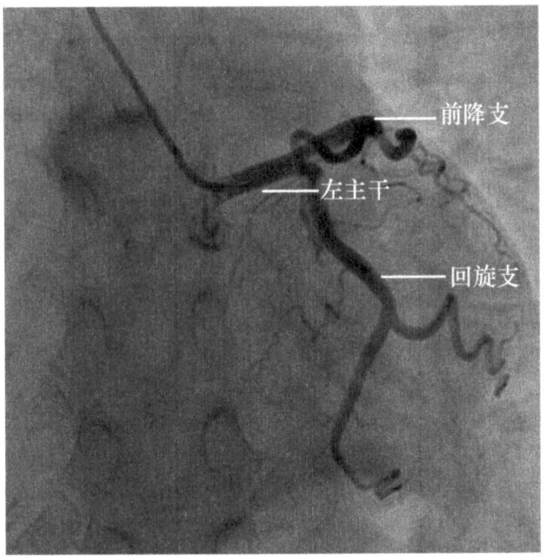

图 6-7-8　左冠尾位

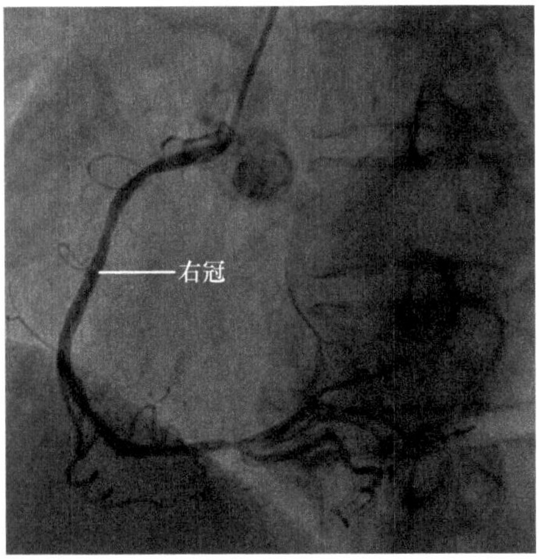

图 6-7-9　右冠左前斜

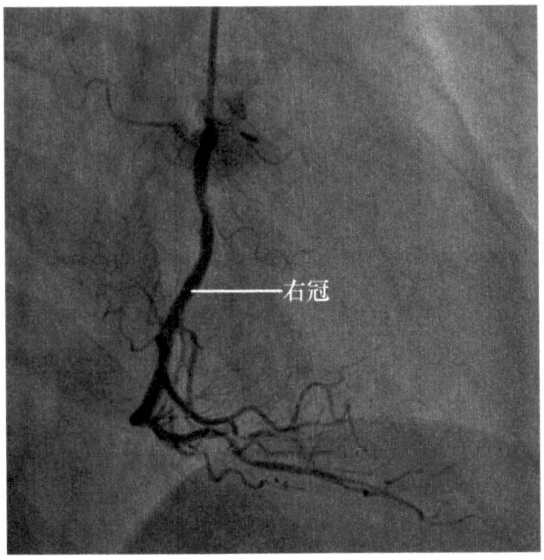

图 6-7-10　右冠右前斜

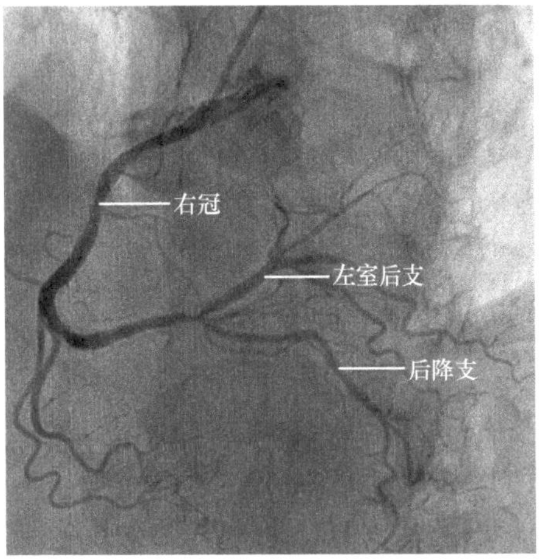

图 6-7-11　右冠正位+头位

三、图像处理

（一）透视图像

透视图像一般采用小视野、低脉冲、前后及左右倾角，以及缩光器组合使用，操作简单。透视时焦点与影像平板的距离尽可能的远，患者与影像平板的距离尽可能的近，可通过放大摄影来减少噪声、减少散射线，使图像更加清晰。插管过程及治疗中，采取脉冲透视，缩小透视野，应用静态分屏路标技术及窗口技术，可充分显示血管的开口及其走行，有利于导丝及导管超选择性地插入，缩短手术时间，减少医患双方的辐射剂量。

（二）采集图像

心脏冠状动脉与左室造影可应用 12～30f/s 采集，多角度全方位观察心血管情况，避免漏诊。另外，高压注射器的应用至关重要，注射延迟、X 线延迟、流量（注射速度，ml/s）、注射总量（ml）、注射压力（PSI）等均应根据不同部位精心设计。在介入治疗时应将患者的空曝区及肺部区域应用滤板技术进行遮挡，增加图像均匀性、减少噪声等。

（三）图像存储与传输

随着数字化平板 DSA 出现，电影片及光盘存储图像的方式已逐渐被淘汰，目前较为常用的图像存储方式是采用国际标准的 Dicom 3.0 格式保存及通过网络传送到工作站或服务器硬盘上存储。图像传输方式则通过医院的 PACS 和利用计算机信息技术，可以高速、高效地检索、复制、传递图像，真正实现了医学图像信息资源的共享，图像的跨科室、跨医院、跨地区流动，减少了等待检查结果的时间，方便了医生检索相关图像，有利于迅速诊断和治疗，无损、高效的图像传输提高了远程会诊的质量。

四、相关病变的介入治疗

（一）心脏病变介入治疗

1. 室间隔缺损（ventricular septal defect，VSD） 是最常见的先天性心脏病，指室间隔在胚胎时期发育不全，形成异常交通，在心室水平产生左向右分流。

具体治疗方法：经皮穿刺股动脉和股静脉成功后，放入血管鞘，先用“猪尾”导管行左心室造影。常规采用长轴斜位（左前斜 60°+头斜 20°～30°）造影，长轴斜位与前部室间隔相切，并使室间隔适当拉长，常用于观察前部室间隔的病变，如膜部室间隔缺损、部分类型的肌部室间隔缺损等。若术前有彩超或 CT 提示为其他部位室间隔缺损，可灵活选用其他造影体位，如四腔位（左前斜 45°+头斜 30°）适用于观察房室通道型室间隔缺损等；有条件者可行二维或三维旋转造影，不仅可以减少对比剂的使用，还可以为医生提供最佳观察角度和更多的诊断信息。造影确认室间隔缺损的位置、大小、形态及距主动脉瓣的距离后，再做主动脉瓣上造影，确认有无主动脉瓣脱垂及反流。然后建立股动脉—主动脉—左心室—室间隔缺损处—右心室—右心房—下腔静脉—股静脉的轨道，选择合适的封堵器及输送鞘管系统，将封堵器卡于缺损处，再以最佳观察角度或封堵器“腰”呈切线位的角度做左心室及主动脉瓣上造影，结合超声检查如其缺损处封堵效果满意且未影响主动脉瓣开放，即可释放封堵器，完成治疗。

案例 6-7-1

女，2 岁，1 年前体检发现心脏杂音，行心脏彩超检查提示：室间隔缺损（膜周部）。案例图 6-7-1 为室间隔缺损的介入治疗图。

解答：图 A 为长轴斜位造影，可见室间隔膜部一缺损，大小约 3.2mm，可见对比剂左向右分流进入右心室，图 B 为堵闭术后分流基本消失。

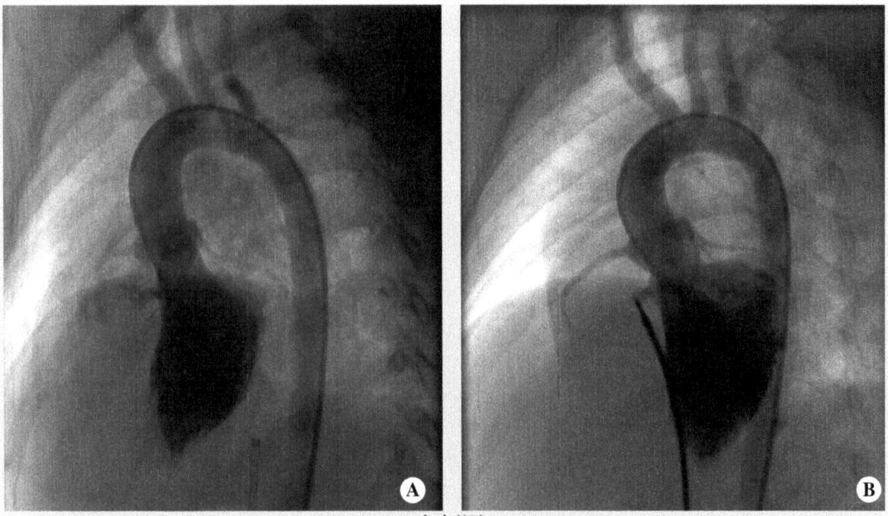

案例图 6-7-1

2. 动脉导管未闭（patent ductus arteriosus，PDA） 动脉导管原本系胎儿时期肺动脉与主动脉间的正常血流通道，由于此时肺循环阻力较大，来自右心室的肺动脉血绝大部分经动脉导管进入降主动脉。出生后，肺膨胀并承担气体交换功能，肺循环和体循环各司其职，不久动脉导管因失用即自行闭合，如持续不闭合则形成动脉导管未闭。

具体治疗方法：经皮 Seldinger 穿刺股动脉、股静脉成功后，放入血管鞘，先用“猪尾”导管行降主动脉造影，常规采用左侧位投照，确认其动脉导管的位置、大小、形态。建立股静脉—右心房—右心室—肺动脉—动脉导管—降主动脉的轨道，选择合适的封堵器及输送鞘管系统，在透视下送入封堵器，卡于动脉导管内，复查降主动脉造影，无残余分流，即可释放封堵器，完成治疗。

案例 6-7-2

女，28 岁，1 年前体检发现动脉导管未闭，行心脏彩超提示：动脉导管未闭（漏斗型）。案例图 6-7-2 为动脉导管未闭介入治疗图。

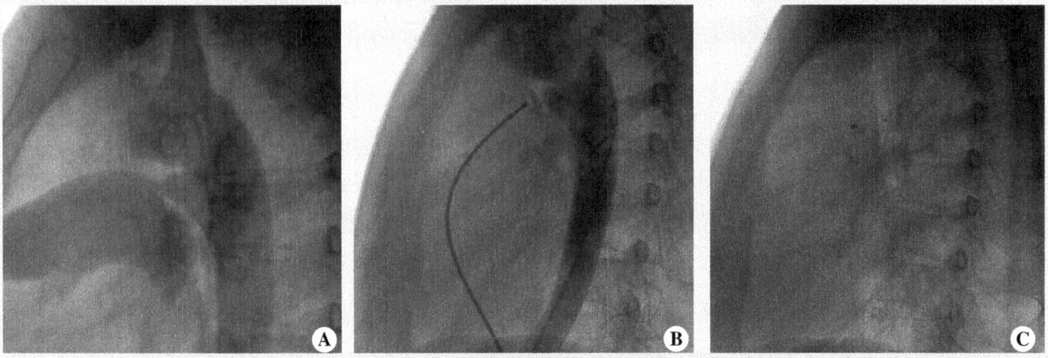

案例图 6-7-2

解答：图 A 为行左侧位主动脉造影，主动脉弓降部可见一动脉导管，呈漏斗形，直径约 4.6mm，可见对比剂左向右分流进入肺动脉；图 B 为行堵闭术植入蘑菇伞后分流基本消失；图 C 为封堵器释放后。

3. 房间隔缺损（atrial septal defect，ASD） 为临床上常见的先天性心脏畸形，是原始房间隔在胚胎发育过程中出现异常，致左、右心房之间遗留的孔隙。

具体治疗方法：经皮 Seldinger 穿刺股静脉成功后，置入血管鞘，导管经股静脉—下腔静脉—右心房—房间隔缺损处—左心房，置于左上肺静脉，导入加硬导丝，建立钢丝轨道。根据术前彩超测量房间隔缺损大小，选择合适的封堵器及输送鞘管系统，在透视下送入封堵器，卡于房间隔缺损处，行超声心动图评估房间隔封堵器位置良好、无房间隔残余分流及无相邻瓣膜的影响，即可释放封堵器，完成治疗。

案例 6-7-3

女，2 岁，21 天前体检发现心脏杂音，外院心脏彩超提示：房间隔缺损（继发孔型）。案例图 6-7-3 为房间隔缺损介入治疗图。

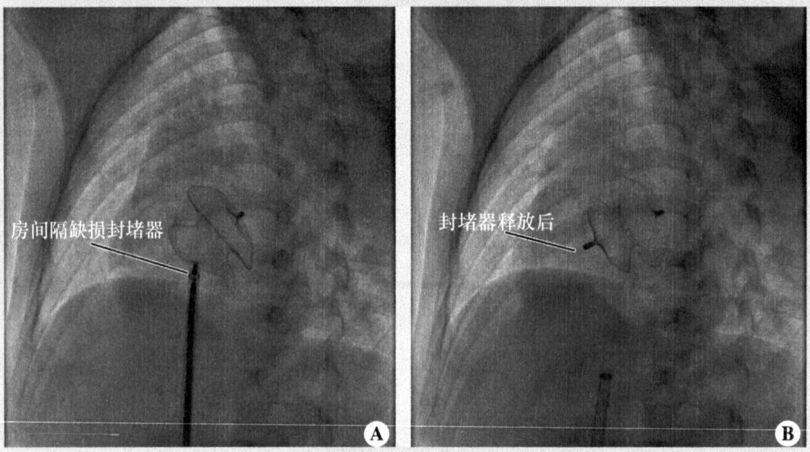

案例图 6-7-3

解答：超声下显示房间隔缺损（继发孔型），大小 14mm，穿刺右侧股静脉经房间隔缺损进入左心房至左上肺静脉建立轨道。图 A 为植入房间隔缺损封堵器，超声检查显示无残余分流，无二尖瓣反流及腔静脉、肺静脉回流梗阻；图 B 为释放封堵器，位置良好。

4. 经皮球囊肺动脉瓣成形术（percutaneous balloon pulmonary valvuloplasty，PBPV） 肺动脉瓣狭窄发病率占先天性心脏病的 5%～10%，随着心脏介入技术的发展，常用的治疗方法是经皮球囊肺动脉瓣成形术。

具体治疗方法：经皮 Seldinger 穿刺股静脉成功后导管经血管鞘进入右心室，测量肺动脉瓣上与瓣下的压差，压差大于 50mmHg 以上就有扩张指征。换“猪尾”导管做右心室侧位造影，右心室造影可见肺动脉瓣处明显的喷射征，肺动脉总干的狭窄后扩张。测量肺动脉瓣环直径，选择合适的肺动脉瓣扩张球囊或二尖瓣扩张球囊，扩张肺动脉瓣，直至扩后球囊被压征象消失，测量肺动脉瓣跨瓣压差，压差小于 25mmHg，疗效较好。

案例 6-7-4

男，4 岁，4 年前体检发现心脏杂音，心脏彩超体检提示：肺动脉瓣狭窄（轻-中度）；卵圆孔未闭。案例图 6-7-4 为肺动脉瓣狭窄球囊扩张术图。

解答：图 A，行右心室侧位造影显示右心室肌小梁较粗大，肺动脉瓣增厚，开放受限可见喷射征，肺动脉主干呈狭窄后扩张；图 B，球囊扩张至被压征消失；图 C，肺动脉瓣行 PBPV 术后，复查造影见肺动脉瓣开放改善，喷射征减弱。

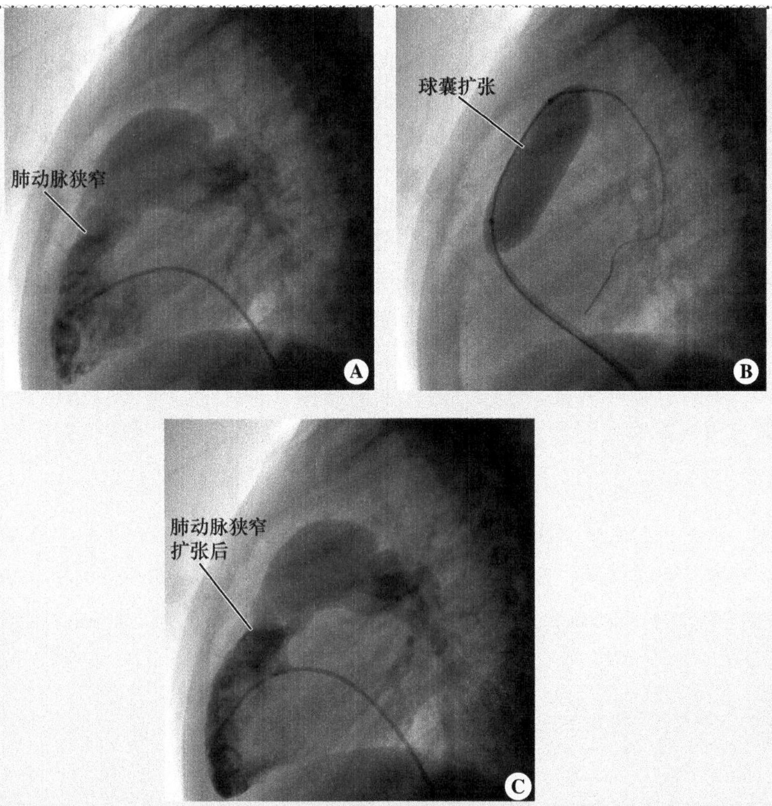

案例图 6-7-4

5. 经皮球囊二尖瓣狭窄扩张术（percutaneous balloon mitral valvuloplasty，PBMV） 能够治疗因风湿性心脏病累及二尖瓣所带来的瓣膜疾病二尖瓣狭窄。

具体治疗方法：经皮 Seldinger 穿刺股静脉成功后，放入血管鞘，行房间隔穿刺，导丝进入左心房，选择合适的球囊导管经股静脉—右心房—左心房—二尖瓣口，扩张二尖瓣，直至扩后球囊被压征象消失。扩张前后测量左心房压力（左心房压力下降为判断标准），不可过度扩张，以免造成二尖瓣关闭不全。

案例 6-7-5

女，50 岁，1 个月前因咳嗽、咳痰十余天于当地医院就诊，体检心脏彩超提示二尖瓣狭窄病变，门诊心脏彩超检查提示：风湿性心脏病，重度二尖瓣狭窄并轻度反流，评分 7～8 分，中度三尖瓣反流，中度肺高压。案例图 6-7-5 为二尖瓣狭窄球囊扩张术图。

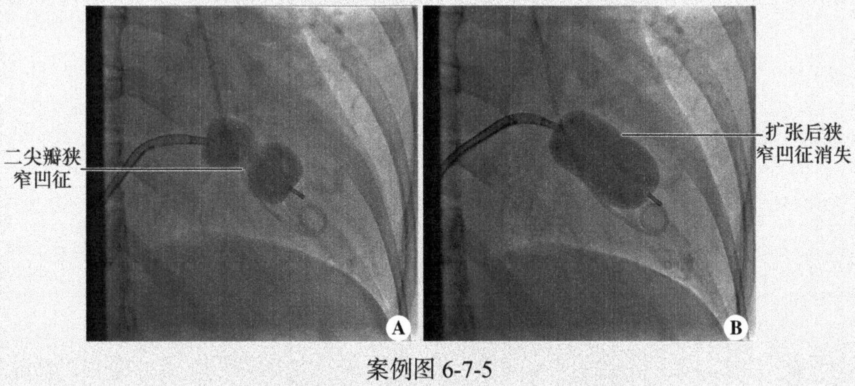

案例图 6-7-5

A. 二尖瓣球囊嵌于二尖瓣瓣环处；B. 二尖瓣球囊扩开后

解答：穿刺右侧股静脉和右桡动脉，分别测左上肺动脉压力为 40/16mmHg，左心室压力为140/40mmHg。穿刺房间隔测量左心房压力为 23mmHg。使用 24mm 球囊扩张二尖瓣后，测量左心房压力为 9mmHg。术后左心房压力明显下降，听诊心尖区舒张期杂音减轻。

6. 左心耳封堵术（left atrial appendage closure，LAAC） 左心耳是左心房内狭长、弯曲的管状盲端，其特殊的解剖结构和纤维走行使心电活动在左心耳内的传导有别于左心房，不仅是血栓形成的常见部位，也是房性心律失常产生和维持的重要部位。

具体治疗方法：术中全麻插管，经食管超声观察排除左心耳血栓，测量左心耳口部直径和深度，穿刺股静脉置入血管鞘，行房间隔穿刺后将“猪尾”导管定向到左心耳，采用右前斜 30°+足位 20°行左心耳部造影，观察形态并测量，选择合适尺寸封堵器，寻找左心耳中合适位置经导引鞘定位和操控释放封堵器，再次观察食管超声并造影，保证封堵器位置满意后释放，完成治疗。

案例 6-7-6

男，63 岁，6 个月前无明显诱因出现发作性心悸，发作无规律，约 1 个月发作 1～2 次，发作持续 10min 左右可自行缓解，心电图提示快速型心房颤动。案例图 6-7-6 为左心耳封堵术图。

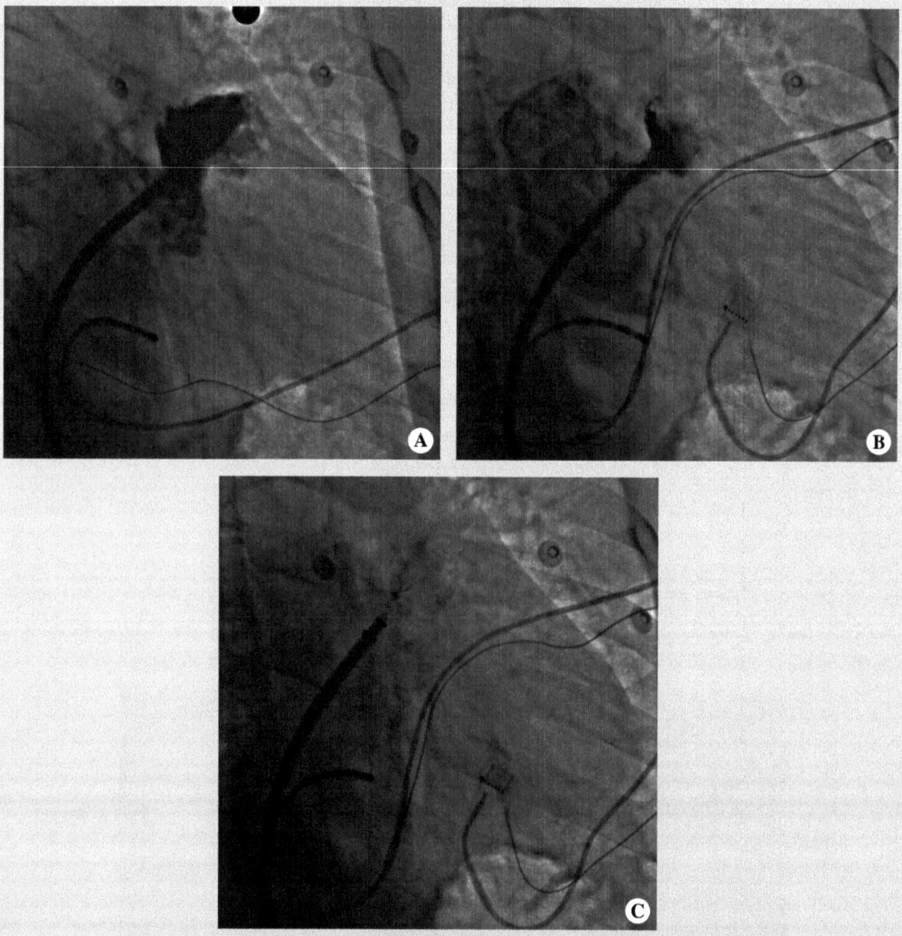

案例图 6-7-6

解答：图 A，送入“猪尾”导管左心耳造影确定左心耳位置、分叶情况及开口大小；图 B，经鞘管送入左心耳封堵器（27mm）至左心耳，造影检查封堵器未见渗漏；图 C，经食管彩超见封堵器位置满意后释放。

7. 经皮主动脉瓣置换术（transcatheter aortic valve replacement，TAVR） 适用于有严重症状的主动脉瓣狭窄而不适合外科开胸换瓣的患者。

具体治疗方法：术前通过全主动脉及冠状动脉 CTA 进行术前评估，确定入路、瓣膜支架型号及使主动脉瓣形态、冠状动脉开口充分暴露的预测投照角度，穿刺预定入路后行主动脉造影。送导丝跨瓣进入心室建立轨道后使用球囊扩张主动脉瓣，送入瓣膜支架，精准定位后释放。通过主动脉造影和经食管超声观察瓣膜支架植入后反流情况，完成治疗。

案例 6-7-7

女，77 岁，3 余年前反复出现胸闷、气促不适，活动后明显，伴夜间不能平卧，查心脏彩超提示：主动脉瓣钙化性狭窄（重度）并轻度反流，二、三尖瓣轻度反流。案例图 6-7-7 为主动脉瓣置换术图。

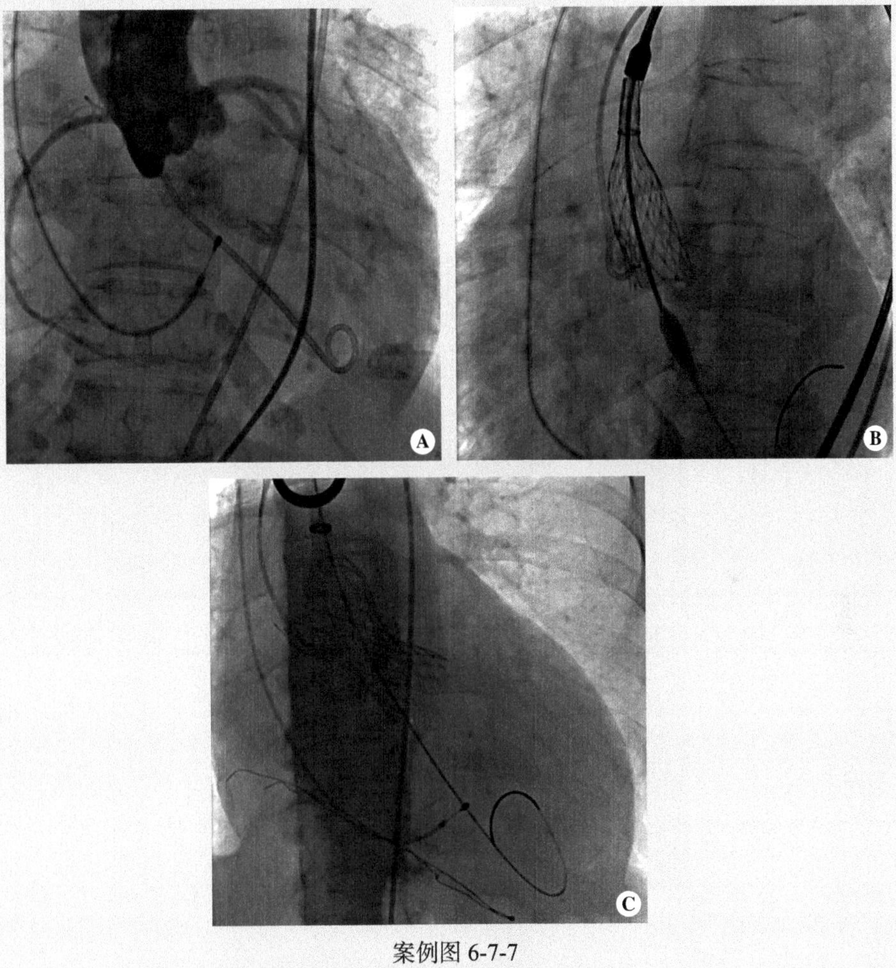

案例图 6-7-7

解答：图 A，行主动脉造影可见主动脉瓣增厚钙化，开放受限，重度主动脉反流；图 B，瓣膜支架定位释放；图 C，术后支架成形良好，位置准确。

（二）经皮冠状动脉介入治疗

1. 经皮冠状动脉腔内血管成形术 冠状动脉造影后，导丝通过狭窄段，先注入对比剂显示导丝进入狭窄血管的情况，位置准确后深插导丝至病变血管远端，将球囊导管沿导丝送入狭窄段，确定球囊准确位于狭窄段后即可开始扩张，用压力泵或手推稀释的对比剂充胀球囊，透视下可见狭窄段对球囊的压迹，如压迹正好位于球囊的有效扩张段可继续加压注射，直至压迹消失，一般每次扩张持续 10s，可重复 2～3 次，撤出球囊导管时应将其抽成真空，以利于通过导管鞘；扩张结束后，复查血管造影，确保血管成形良好后结束治疗。由于单纯球囊扩张术再狭窄率高，所以目前绝大多数病例采用冠状动脉支架植入术。

案例 6-7-8

男，49 岁，于 10 余天前无明显诱因下反复出现胸闷，多与活动有关，步行十余分钟可出现胸闷不适，休息可缓解，CTA 提示前降支、回旋支病变，行冠状动脉造影显示回旋支闭塞（案例图 6-7-8 经皮冠状动脉腔内血管成形术）。

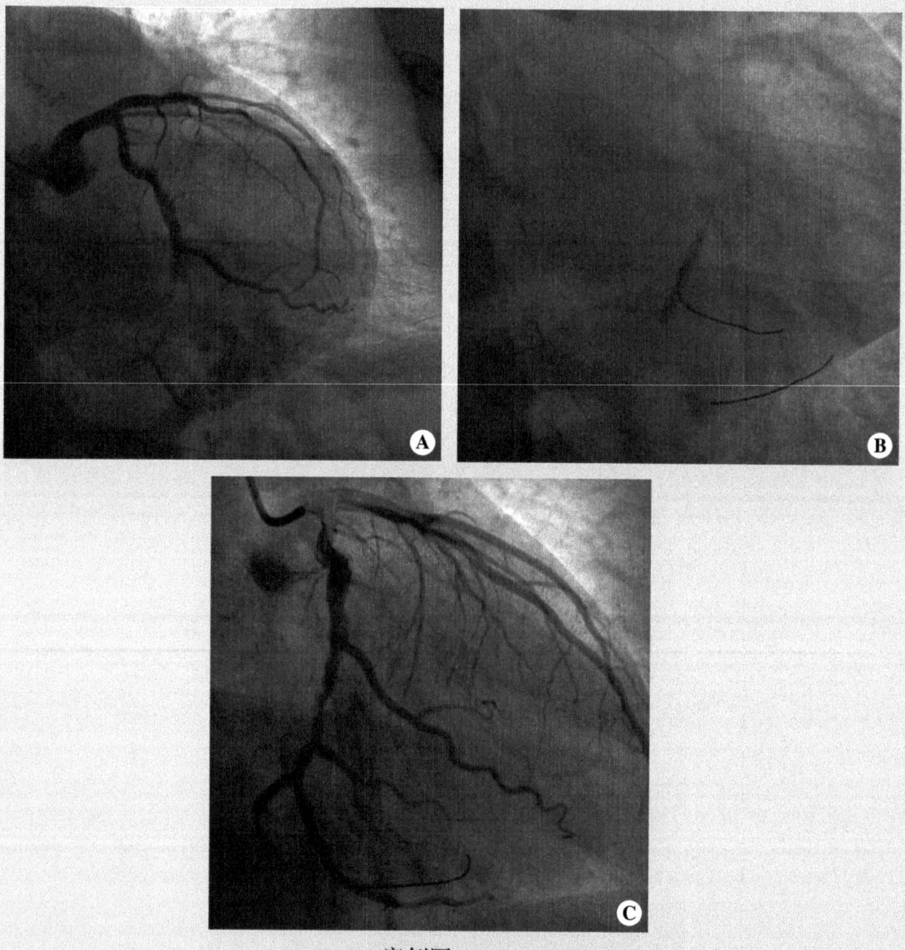

案例图 6-7-8

解答：图 A，冠状动脉造影显示回旋支中段闭塞；图 B，导丝过病变后送入 3.0mm×30mm 药物球囊于病变处以 10ATM 扩张，持续 60s；图 C，术后回旋支中段无明显残余狭窄，远端血流通畅，未见血栓形成及内膜撕裂。

2. 经皮冠状动脉支架置入术（percutaneous coronary stent implantation，PCI） 冠状动脉造影后，用导丝通过狭窄段，将球囊导管沿导丝送入狭窄段并完成球囊扩张成形术。复查冠状动脉造影结果和球囊扩张时所摄影片，确认狭窄两端的解剖位置，选择合适长度及大小的支架，沿导丝输送准确到位后释放支架，通过球囊扩张使其贴壁良好，确保支架植入效果满意后结束治疗。

案例 6-7-9

男，64 岁，半个月前游泳过程中出现胸痛，位于心前区，持续时间约 2min，休息后可缓解，考虑劳累型心绞痛，行冠状动脉造影钝缘支狭窄 90%（案例图 6-7-9 经皮冠状动脉支架置入术）。

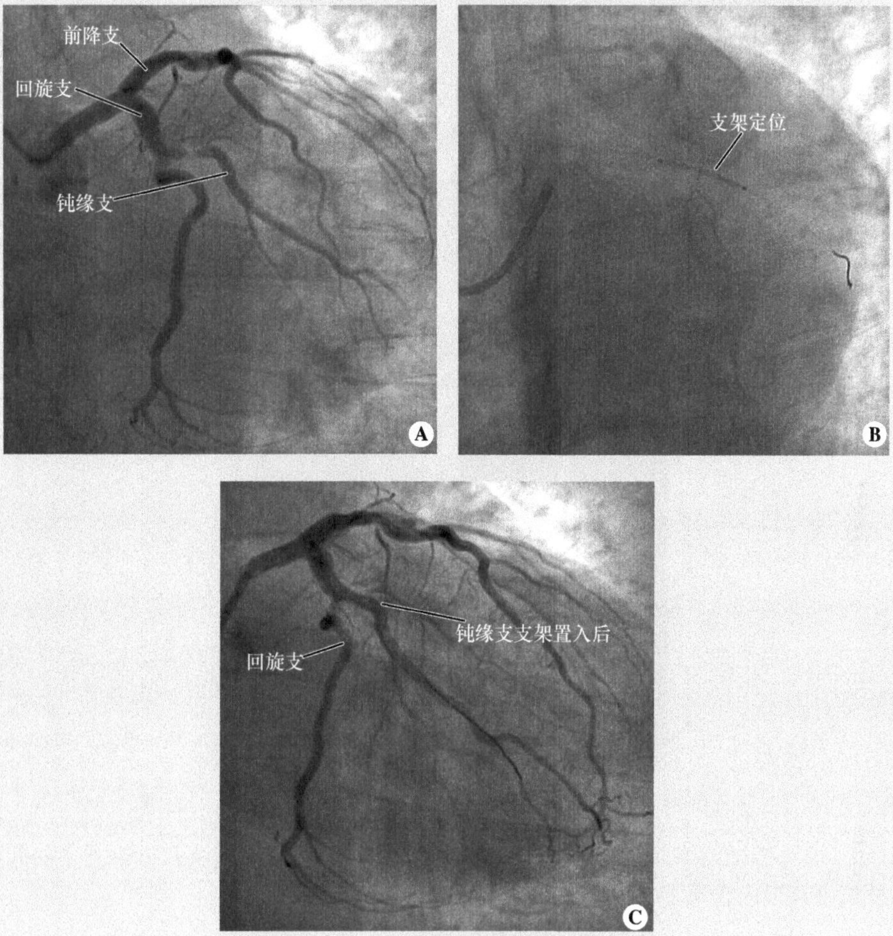

案例图 6-7-9 经皮冠状动脉支架置入术

A. 造影显示钝缘支 90%狭窄；B. 支架精准定位；C. 支架置入后血管造影效果

解答： 图 A，冠状动脉造影显示钝缘支 90%狭窄；图 B，经球囊预扩张后送入 3.0mm×16mm 支架精准定位于病变处；图 C，球囊充分扩张支架后，复查造影效果满意，血流良好。

3. 经皮冠状动脉腔内旋磨术（percutaneous transluminal coronary rotational atherectomy，PTCRA）对于冠状动脉重度钙化球囊无法扩张的病变是一种极为有效的介入治疗方法，采用呈橄榄形带有钻石颗粒旋磨头的导管在冠状动脉血管内高转速、选择性地去除纤维化或钙化严重的动脉硬化斑块，旋磨后的斑块被磨成微小颗粒，直径平均为 5μm，小于红细胞直径，存留于血液循环中，有待机体自然清除。经皮 Seldinger 穿刺后行冠状动脉造影，用导丝通过狭窄段，将旋磨头沿导丝送入钙化病变处高速旋磨，重复 2～3 次后，复查造影查看旋磨效果，再行球囊扩张和支架植入。

案例 6-7-10

女，64 岁，1 个月前出现劳累性胸痛，以胸前区为主，查心脏彩超提示：节段性左室壁运动异常，左心室舒张功能减弱。有糖尿病病史 10 余年，经冠状动脉造影提示冠状动脉粥样硬化（案例图 6-7-10 采用经皮冠状动脉腔内旋磨术）。

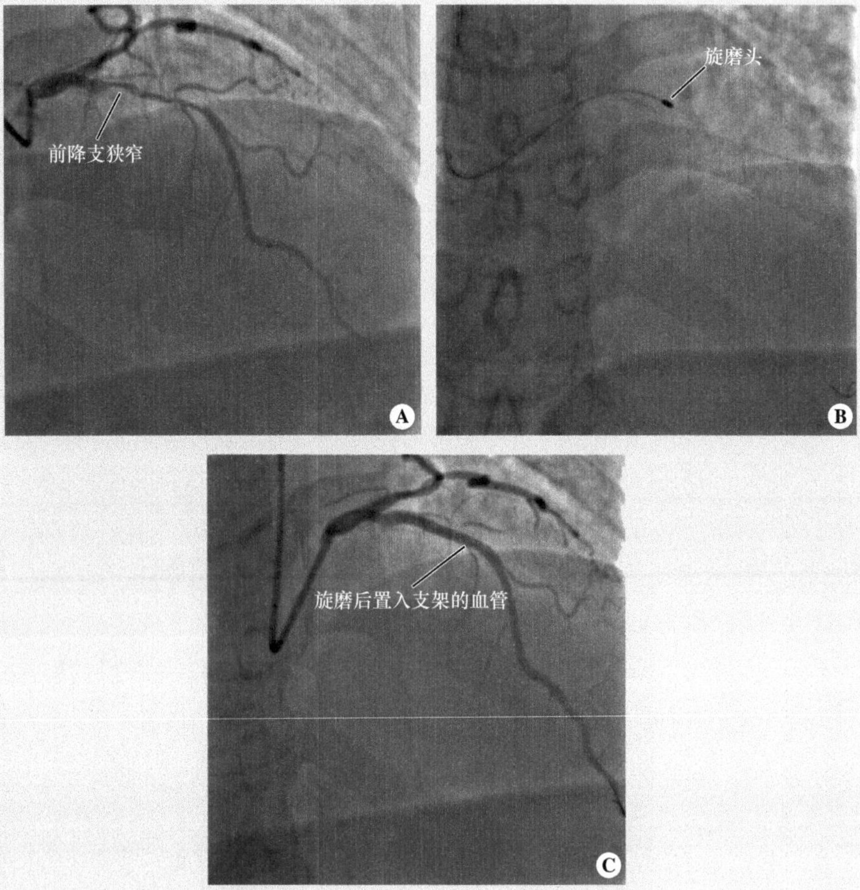

案例图 6-7-10 经皮冠状动脉腔内旋磨术

A. 造影显示左前降支近段狭窄；B. 旋磨头；C. 旋磨后置入支架的血管

解答：图 A，多体位造影显示左前降支近段狭窄 80%～90%，可见病变段管腔严重钙化；图 B，指示线所指为旋磨头；图 C，为旋磨后置入支架的血管。

如今，越来越多更加精准的介入检查手段得到应用：以血管内超声（intravascular ultrasound，IVUS）和光学相干断层成像（optical coherence tomography，OCT）为代表的冠状动脉腔内影像学技术的应用，能够深入认识血管壁结构、斑块成分和特征，指导临床实践；以冠状动脉血流储备分数（fractional flow reserve，FFR）为代表的冠状动脉腔内功能学能够真实反映当前情况下心肌灌注或缺血程度，提示血管重建的必要性和价值。

【小结】 本章主要内容为心血管解剖，心血管各类造影技术基本概念与方法，图像处理、透视图像、采集图像、图像存储于传输的基本概念；相关心血管病变的介入治疗，包括心脏病变和冠状动脉病变介入治疗方法的基本概念与方法。重点内容为心血管的造影体位和造影参数，了解内容为对应心血管病变介入治疗方法。

第八节 腹部 DSA 技术与介入治疗

一、血管解剖

（一）动脉系统

以横膈膜为界（约第 12 胸椎平面），主动脉被分为胸主动脉与腹主动脉。腹主动脉的分支包括脏支和壁支。脏支有腹腔动脉、肠系膜上动脉、肠系膜下动脉、肾动脉、肾上腺动脉和精索内（或卵巢）动脉。壁支有膈下动脉、腰动脉和骶正中动脉。腹主动脉末端于第 4 腰椎平面分为左、右髂总动脉（图 6-8-1）。

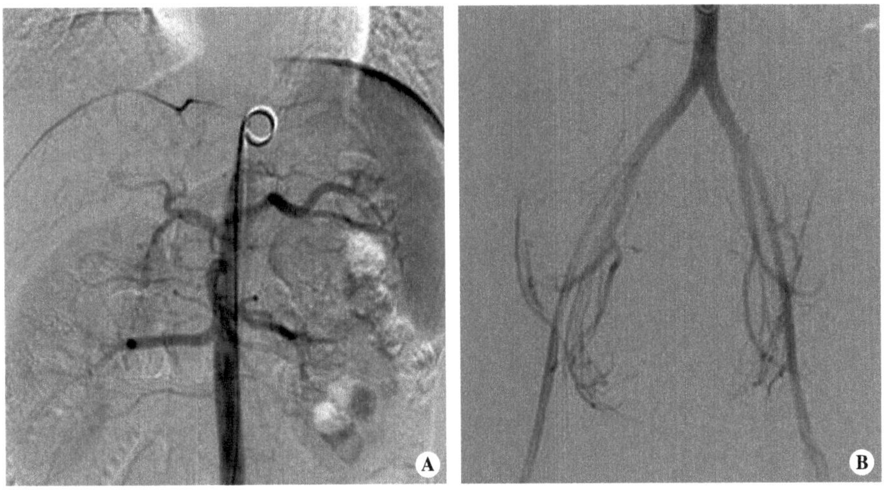

图 6-8-1　腹主动脉及分支
A. 腹主动脉主干及分支；B. 双侧髂总动脉及分支

1. 腹腔动脉　于第 12 胸椎体下缘至第 1 腰椎体间起自腹主动脉的腹侧，向右、向前下方走行，通常发出 3 支：胃左动脉、脾动脉和肝总动脉，分别供应上腹部脏器的血液。

（1）胃左动脉：较细，从腹腔动脉发出后，行向左上方，至胃贲门处向上发出食管支供给食管腹段，在肝胃韧带内沿胃小弯右行，沿途发出 5～6 条胃支，供血于胃小弯左半部。胃左动脉在胃小弯中部与胃右动脉吻合。

（2）脾动脉：是腹腔动脉最大的分支，从腹腔动脉发出后在腹膜后方沿胰腺上缘左行，经脾肾韧带抵达脾门，分为 2～3 支入脾。沿途分出胰支（胰背动脉、胰大动脉）、胃短动脉、胃网膜左动脉。

（3）肝总动脉：较短，一般自腹腔动脉右侧发出后，在腹膜后沿胰头上缘行向右前方，至十二指肠上缘分为肝固有动脉和胃十二指肠动脉。肝固有动脉在小网膜游离缘内走行，在肝门附近分为肝右动脉、肝左动脉和胃右动脉，有时尚有肝中动脉。胃右动脉在小网膜内沿胃小弯左行，与胃左动脉吻合。发出胃支分布于小弯右半的前、后壁，还分出小支到十二指肠上部。肝右动脉行向右上方，经胆囊三角发出胆囊动脉后入肝，入肝后分为前叶动脉和后叶动脉，主要供给肝右叶，有时肝右动脉可变异起源于肠系膜上动脉。肝左动脉较肝右动脉稍细，分出后行经左肝管和门静脉左支之间入肝左叶，分出内叶动脉和外叶动脉，主要供应肝左叶及部分尾叶，有时肝左动脉可变异起源于胃左动脉。肝中动脉不恒定，起自肝总动脉或肝左、右动脉，主要分布于肝尾叶。

2. 肠系膜上动脉　自腹腔动脉的开口下方 0.5～2.0cm（约在第 1 腰椎平面）起自腹主动脉前壁，于脾静脉和胰头的后方下行，跨过胰腺钩突的前方，在胰腺下缘和十二指肠水平部之间进入小肠系膜根部，斜向右下走行，并呈凸向左侧的弓形，末端至右髂窝处与回结肠动脉的回肠支吻合。从弓的凸侧依次发出胰十二指肠动脉和 6～20 支空肠动脉和回肠动脉，上部为空肠动脉，下部为回肠动脉，分别分布于空肠和回肠。从弓的凹侧依次发出中结肠动脉、右结肠动脉和回结肠动脉，回结肠动脉是肠系膜上动脉的终支，斜向右下走行，发出结肠支、盲肠支和阑尾动脉。

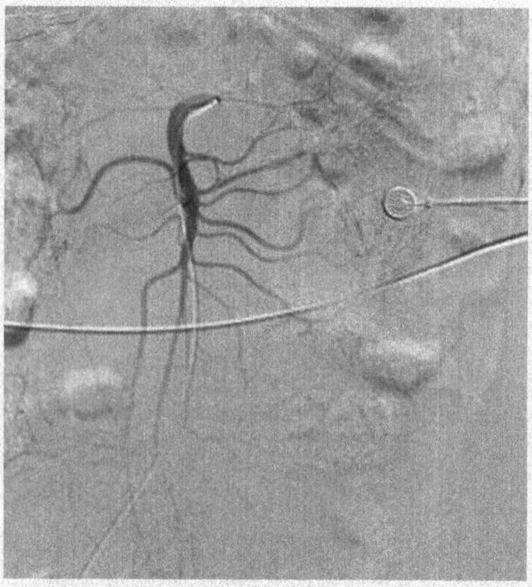

案例图 6-8-1

案例 6-8-1

男，56 岁，腹痛呕吐 1 个月，间断呕血，临床诊断为上消化道出血，行腹部血管 DSA 检查（案例图 6-8-1），该图像显示的是哪组血管？评价 DSA 图像质量。

解答：该图显示肠系膜上动脉解剖结构。图像质量存在的问题是：图像对比度欠佳，肠系膜血管未显示完整，图像范围内有金属异物影。

3. 肠系膜下动脉 在平第 3 腰椎水平起自腹主动脉前壁偏左侧，开口距肠系膜上动脉约 3cm。在腹后壁腹膜深面行向左下方，经左输尿管内侧入乙状结肠系膜，依次发出左结肠动脉、乙状结肠动脉、直肠上动脉。左结肠动脉在腹后壁腹膜深面左行，至降结肠的右缘附近分为升支、水平支、降支，供应降结肠。乙状结肠动脉常为 2～3 支，互相吻合成动脉弓，并向上发出分支与左结肠动脉吻合，供应降结肠下部及乙状结肠。直肠上动脉是肠系膜下动脉的终支，分两支走行于直肠两侧，供应直肠上部。

4. 肾动脉和肾上腺动脉 肾动脉在第 1～2 腰椎间盘高度起自腹主动脉，于肾静脉的后上方横行向外，经肾门入肾。右肾动脉较长，右肾低于左肾 1～2cm。肾动脉的分支为叶间动脉，穿行于肾柱内，上行至皮质与髓质交界处，形成与肾表面平行的弓状动脉。肾上腺动脉有上、中、下三支，分布于肾上腺的三个部分，肾上腺上动脉起自膈下动脉，肾上腺中动脉起自腹主动脉，肾上腺下动脉起自肾动脉。

5. 睾丸（卵巢）动脉 起自腹主动脉的前外侧壁，肾动脉稍下方，在腹膜后间隙斜向外下方越过输尿管。睾丸动脉经腹股沟管环进入腹股沟管供应睾丸，卵巢动脉在小骨盆上缘处进入卵巢悬韧带供应卵巢。

6. 膈下动脉 腹主动脉于第 12 胸椎处发出膈下动脉，向上分布于膈的腰部。膈下动脉起始点、支数有时有变异。

7. 腰动脉 起自腹主动脉后壁，通常有 4 对，分别经第 1～4 腰椎体前面或侧面，在腰大肌的内侧面分出背侧支和腹侧支。

8. 骶正中动脉 起自腹主动脉分叉处的后上方，经第 4～5 腰椎、骶骨、尾骨的前面下行，向两侧发出腰最下动脉。

（二）静脉系统

1. 下腔静脉 为单一的大静脉，收集膈肌以下的腹盆部和下肢的静脉血液。左、右髂总静脉在第 5 腰椎平面汇合成下腔静脉，沿脊柱右旁上行，经膈肌的腔静脉裂孔进入胸腔达右心房。其上行途中接纳腹盆腔内脏和腹盆壁组织各支静脉的血液回流。

2. 肝脏静脉 包括肝静脉系统和门静脉系统。

（1）肝静脉系统：包括肝左静脉、肝中静脉和肝右静脉，分别接受肝左叶、右叶的血液。肝左静脉与肝中静脉通常汇合成干，肝静脉在肝脏后部斜向下腔静脉方向走行，在下腔静脉窝上端汇入下腔静脉，此处称为第二肝门。在下腔静脉窝下端，来自肝右叶的副肝静脉和尾状叶的几支小静脉汇入下腔静脉，此处称为第三肝门。

（2）门静脉系统：由脾静脉和肠系膜上静脉在胰颈后方汇合而成，相当于第1～2腰椎水平，主干斜向右上行，进入肝十二指肠韧带的游离缘内，居于胆总管和肝固有动脉的后方，上行至第一肝门，分为左、右两支入肝。在肝内经5～6级分支最后形成小叶间静脉，与肝动脉的分支小叶间动脉共同汇入肝血窦。门静脉主干长约6cm，门静脉是肝脏血液的主要来源（约占70%）。门静脉主要收集脾静脉、胃冠状静脉、肠系膜上静脉和肠系膜下静脉的血液。脾静脉由脾的数支静脉合成，在胰腺后方走行，除收集同名动脉分布区的血液外，还接受肠系膜下静脉的汇入。胃冠状静脉引流食管下部、胃体小弯及贲门附近的血液，汇入脾静脉或门静脉；胃冠状静脉的食管支与奇静脉的食管支吻合，形成食管静脉丛。肠系膜上静脉由来自升结肠、横结肠和小肠的静脉血汇合而成。门静脉无静脉瓣，故当出现门静脉高压时，血液则可经属支逆流。

二、DSA技术

（一）手术操作

1. 动脉系统 采用Seldinger技术，在股动脉或桡动脉穿刺插管。对不同脏器进行选择性或超选择性动脉造影。

2. 下腔静脉 采用Seldinger技术，在股静脉或肘正中静脉、颈内静脉穿刺插管。对不同脏器的静脉系统进行选择或超选择性造影。

（二）造影技术参数

对比剂一般选用浓度为300～370mgI/ml非离子型对比剂，常用造影参数见表6-8-1。

表6-8-1 腹腔各靶血管造影参数

靶血管	对比剂用量（ml）	流速（ml/s）	压力（PSI）
腹主动脉	20～30	15～20	600～1000
腹腔动脉	18～25	6～7	300～500
肝动脉	15～18	5～6	300～500
肠系膜上动脉	15～20	5～7	200～300
肠系膜下动脉	9～12	3～4	200～300
胃十二指肠动脉	8～10	3～4	200～300
胃左动脉	6～8	2～3	200～300
胃右动脉	6～8	2～3	200～300
胰十二指肠动脉	6～8	2～3	200～300
肾动脉	10～15	5～6	200～300
肾内动脉	6～8	2～3	200～300
肾上腺动脉	4～6	2～3	200～300
膈动脉	4～6	2～3	200～300
下腔静脉	25～30	10～15	300～600

注：腹腔内动脉、静脉造影均采用屏气状态采集。

（三）造影体位

腹主动脉、腹腔动脉和肝动脉造影常规采用正位；对于动脉瘤或血管主干相互重叠者，可采用左或右前斜位，或其他不同角度的体位，以使病变充分显示。选择性肾动脉造影在正位的基础上，加摄同侧倾斜位，角度为10°～15°，以使肾动脉完全显示；肾上腺动脉造影取正位，必要时加摄同侧倾斜位，角度为15°～20°，以利于显示该侧肾上腺动脉。胰腺供养动脉造影、脾动脉造影及胆系供养动脉造影一般用正位；对于血管性病变，如动脉瘤、动静脉瘘、动静脉畸形需要显示病变全貌，则加摄不同角度斜位。下腔静脉造影常规正位，根据病变显示情况加摄左右斜位或侧位。

三、图像优化措施

1. 补偿过滤器 腹部在侧腹部及肝的横膈处，以及消化道内的气体过多容易产生饱和状伪影，可做相应的密度补偿滤，如铅、含铅丙烯、增感纸、黏土、树脂等各种材料。

2. 呼吸移动性对策 腹部由于腹式呼吸及肠管的蠕动容易产生运动性伪影，使得减影图像模糊。此时可训练患者屏气，使其在屏气状态下采集图像，或注入可以抑制肠蠕动的药物。

3. 清洁肠道，减少异物伪影 行腹部 DSA 检查前，尽量做好清洁肠道准备。手术前去除患者身体上金属异物。

案例 6-8-2

男，48 岁，B 超发现肝脏占位性病变，行肝动脉造影见案例图 6-8-2，造影采用的是什么体位？图像质量缺陷是什么？肝脏是否有病变？说明原因。

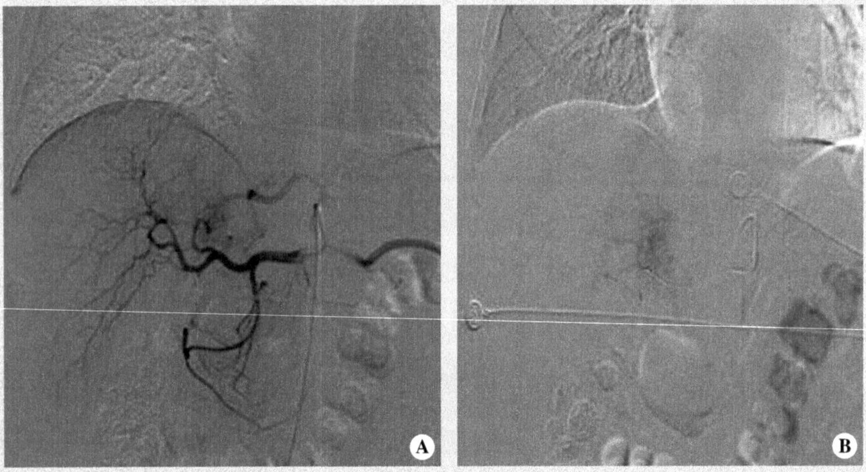

案例图 6-8-2

解答： 图 A、B 均采用的是正位；A、B 图质量缺陷是在造影图像内有患者身上金属异物影，膈肌上方胸部影像范围过大；肝脏左叶肝动脉增粗，对比剂浓染，显示肝脏左叶占位性病变。

四、腹部疾病的介入治疗

（一）肝脏病变介入治疗

肝脏介入治疗是在医学影像设备的引导下将特制的穿刺针、导管导丝、球囊支架及引流管等精密器械引入人体，对部分肝脏疾病进行诊断和局部治疗。适应证包括原发性肝癌、转移性肝癌、肝血管瘤、肝囊肿、肝硬化、门静脉高压症引起的顽固性腹水和消化道出血、肝静脉闭塞（布-加综合征）、胆道的良恶性梗阻、肝脏出血及肝脏病变的穿刺活检。

1. 肝癌的血管内介入治疗 适应证：①因各种原因不能手术切除或患者不愿手术者；②肝肿瘤手术切除不彻底者或其他治疗方法效果不良者；③作为外科手术前的辅助治疗手段，使肿瘤体积缩小，血供减少；④控制肿瘤出血、疼痛和较大的动静脉瘘。禁忌证：①严重的心、肝、肾功能不全者；②严重黄疸，重度腹水；③全身情况极度不良者；④门静脉主干完全阻塞为绝对禁忌证，门静脉主干不完全阻塞为相对禁忌证；⑤有较大的动静脉瘘易产生异位栓塞者；⑥肝肿瘤的体积大于全肝体积 70%者。肝癌的血管内介入治疗包括灌注化疗和栓塞治疗（图 6-8-2）。灌注技术（transcatheter arterial infusion，TAI）是指经动脉导管内灌注药物，提高靶器官药物浓度。经导管血管栓塞术（transcatheter arterial embolization，TAE）是在影像设备的引导下，经导管向靶血管内注入栓塞材料使其闭塞，栓塞术对病变治疗作用的机制主要是：阻塞靶血管使肿瘤或靶器官缺血坏死。对于肝癌的介入治疗，临床上采取灌注技术和栓塞术相结合的方式，具有更好的效果，称为肝动脉灌注化疗栓塞术。

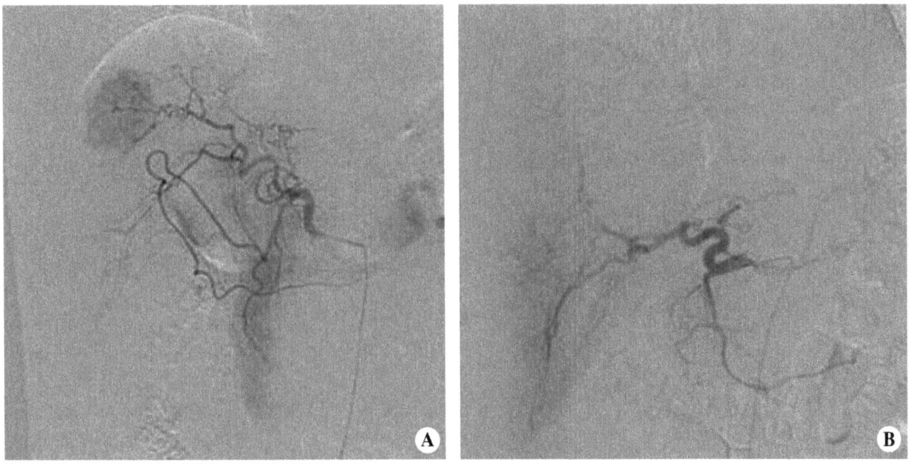

图 6-8-2　肝癌肝动脉造影及栓塞

A. 肝癌肝动脉造影；B. 肝癌肝动脉栓塞

具体操作程序：采用 Seldinger 技术进行股动脉穿刺置入动脉鞘，以导丝为导引将导管置于肝总动脉造影。若肝动脉造影不能发现肝癌的供血情况，还需要进行肠系膜上动脉、膈动脉或其他动脉的造影，以发现异位起源的肝动脉或侧支供养血管。图像采集应包括动脉期、实质期及静脉期。明确肿瘤的部位、大小、数目及供血情况后，超选择插管至肿瘤供血动脉给予灌注化疗。用生理盐水将化疗药物稀释至 150～200ml，缓慢注入靶血管，化疗药物灌注时间应不少于 15～20min。然后，注入碘化油和明胶海绵等栓塞剂栓塞中断肿瘤血供，提倡用碘化油与化疗药物充分混合成乳剂，经导管缓慢注入。栓塞后再次肝动脉造影，了解肝动脉栓塞情况，满意后拔管。穿刺点压迫止血 10～15min，局部加压包扎。介入术后穿刺侧肢体需制动，卧床 8～12h，观察生命体征、穿刺点有无出血和双下肢足背动脉搏动情况。

2. 肝海绵状血管瘤介入治疗　随着人们健康意识的提高，肝血管瘤的检出率和诊断率逐年升高，但仅有部分肝血管瘤需要治疗（图 6-8-3）。例如：有临床症状者，如腹部不适、餐后饱胀感等，影响日常生活者；病灶>5cm 并有继续增大趋势者；病灶位于肝被膜下存在破裂出血危险或已经出血者。传统的治疗方法有手术肝段或肝叶切除、局部注射硬化剂、选择性动脉栓塞治疗。若患者一般情况不能耐受手术或者不愿意接受外科手术者，可行介入栓塞治疗。

具体操作程序：采用 Seldinger 技术进行股动脉穿刺置入动脉鞘，以导丝为导引将导管置于肝总动脉造影。了解肝动脉供血情况，血管瘤的染色情况。造影显示为团状或丛状扩大的血管影，类似“爆米花”样改变为特征。根据瘤体的不同位置，可进行超选择性造影，确定血管瘤与供血动脉的关系。采用碘化油加平阳霉素进行栓塞。平阳霉素注入血管瘤内使血管内壁的内皮细胞变性坏死，启动内源性凝血因子，形成血栓，使血管闭塞。而碘化油起到栓塞和引导栓塞量与范围的作用。

3. 肝硬化、门脉高压介入治疗　门静脉系统血流受阻和血流量增加，导致门静脉及其属支静力压升高成为门静脉高压症（portal hypertension，PHT）。主要临床表现有脾大、门静脉侧支循环形成和开放及腹水，常伴发脾功能亢进、消化道出血和自发性腹膜炎等。门静脉高压症的病因很多，主要为各种原因引起的肝硬化，占 80%～90%。血管内门脉高压介入治疗是一种创伤小、安全性高、疗效可靠的治疗方式，主要有：经颈静脉肝内门体分流术（transjugular intrahepatic portosystemic shunt，TIPS）和经皮肝穿胃冠状静脉栓塞术（percutaneous transhepatic variceal embolization，PTVE）。

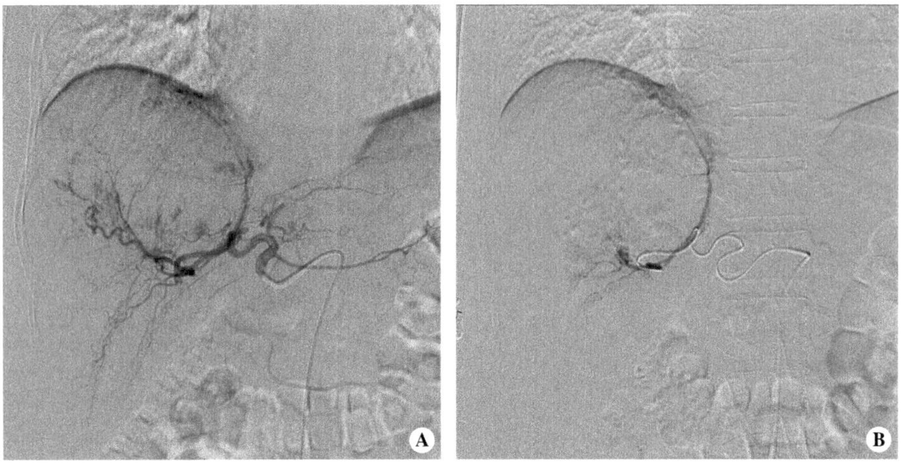

图 6-8-3　肝海绵状血管瘤造影及栓塞

A. 肝海绵状血管瘤造影；B. 肝海绵状血管瘤栓塞

（1）经颈静脉肝内门体分流术：适应证主要有：①急性食管静脉曲张破裂大出血，食管静脉曲张反复出血，内科治疗效果不佳，不能接受外科手术者；②顽固性腹水；③布-加综合征；④肝移植术前准备（图 6-8-4）。

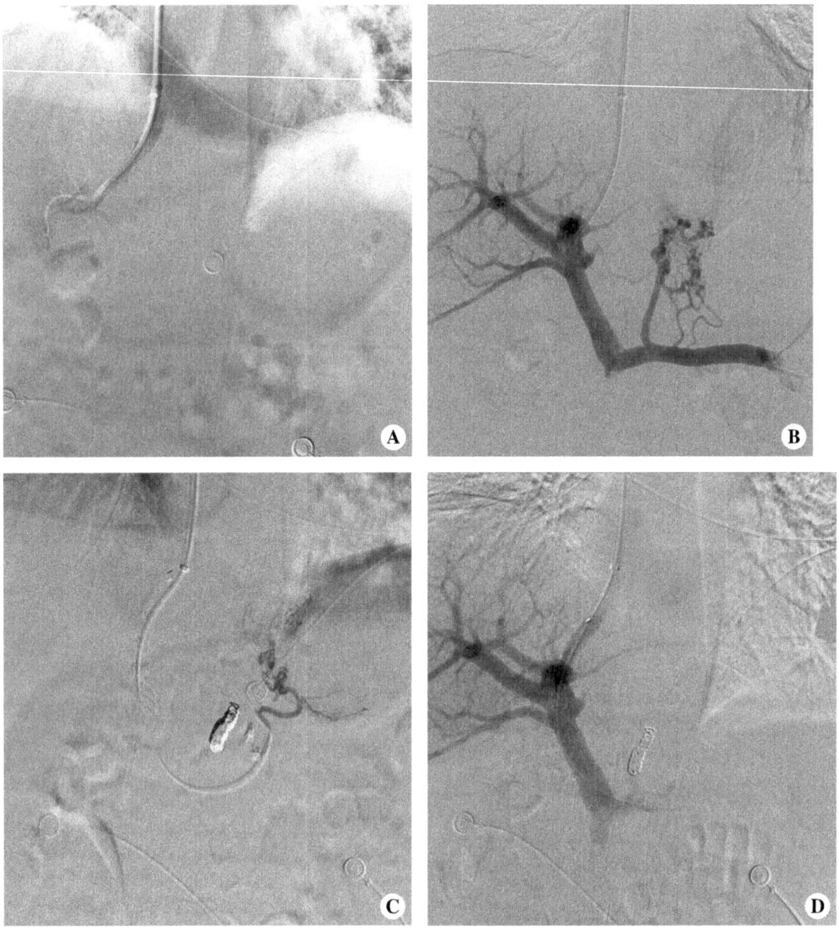

图 6-8-4　TIPS 治疗门静脉高压

A. 经颈静脉穿刺；B. 门静脉造影；C. 建立门腔静脉通道；D. 支架植入术后

具体操作流程：①经颈内静脉穿刺置入导管鞘。②建立门-腔静脉间肝内穿刺通道：在透视下将导管插入下腔静脉近端后造影，观测肝静脉开口。在影像设备的引导下，选择穿刺针进行穿刺。③门静脉造影及扩张肝内穿刺通道：当穿刺针进入门静脉后，用导丝引导插入导管进行门静脉造影，评估门静脉的血流状态。④用球囊适当扩张，建立肝内门-腔静脉通道。⑤支架植入：根据造影对通道进行评估和测量，选择合适的支架，透视下释放支架并造影复查。

（2）经皮肝穿胃冠状静脉栓塞术：是经皮肤、肝脏穿刺至肝内门静脉分支，选择性地进行胃冠状静脉插管，用栓塞材料栓塞食管胃底曲张静脉，达到治疗食管胃底静脉曲张出血的一种介入治疗方法。适应证：①确诊为食管胃底静脉曲张破裂出血者；②既往有出血史，经血管造影或内镜检查有再出血危险的患者；③门静脉高压食管静脉曲张破裂出血，经内科治疗、三腔管气囊压迫等常规治疗失败者；④手术后或内镜硬化剂注射止血治疗后再出血者；⑤不能耐受紧急手术治疗的出血者（图 6-8-5）。

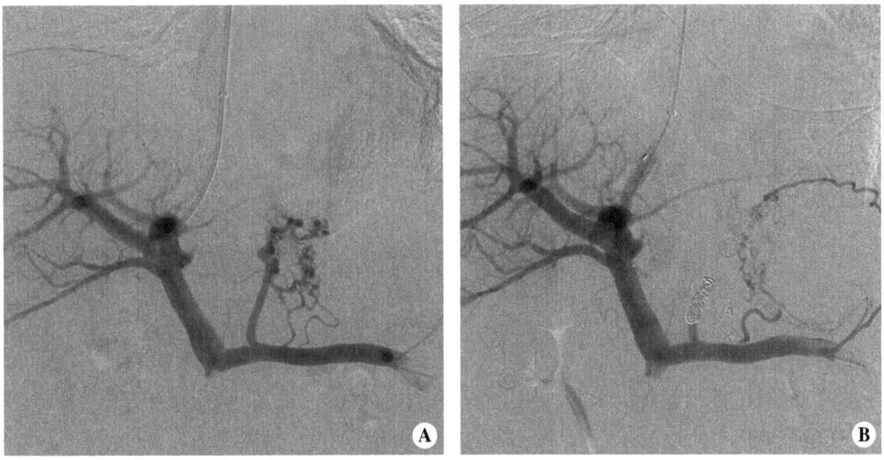

图 6-8-5　胃冠状静脉造影及栓塞
A. 门静脉及胃冠状静脉造影；B. 胃冠状静脉栓塞

具体操作流程：在右侧腋中线第 7～8 肋间选择穿刺点；使用穿刺针水平进针，在距第 12 胸椎横突外缘 3cm 处，即达门静脉主干。抽出针芯观察回血情况，有暗红色血时，可注入对比剂造影观察门静脉情况。更换穿刺针使用"J"形或单弯导管插入门静脉；再将导管旋转进入脾静脉，通过导丝引导将导管头插入胃冠状静脉，进行造影证实导管位于胃冠状静脉，然后注射栓塞剂或弹簧圈进行栓塞。栓塞后导管退出胃冠状静脉造影，评估栓塞程度与效果。

（二）胆道梗阻介入治疗

梗阻性黄疸可由多种原因引起，肿瘤、炎症、结石和术后吻合口狭窄等。临床症状主要为全身皮肤黄染、巩膜黄染、皮肤瘙痒并进行性加重。常用的治疗方法主要有外科手术、介入治疗和经内镜治疗。

案例 6-8-3

男，68 岁，因皮肤、巩膜黄染，腹泻 10^{+}天，行胆道梗阻介入治疗（案例图 6-8-3），说明手术前后胆道梗阻情况，应用的引流方式是内引流还是外引流？

解答： 经皮穿刺胆道造影见左右肝内胆管明显扩张，胆总管中下段明显狭窄，采用的是经皮胆道外引流术。

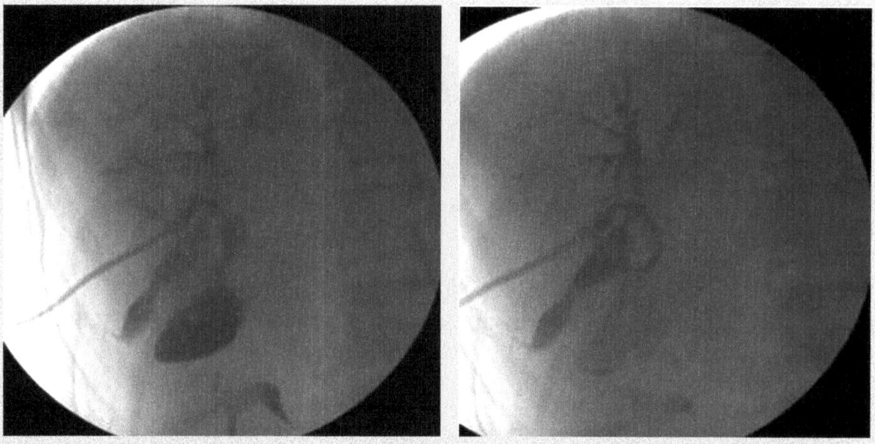

案例图 6-8-3

经皮肝穿刺胆道造影及经皮肝穿刺置管引流术（percutaneous transhepatic cholangiography drainage，PTCD）是目前治疗胆道梗阻疾病的常用非血管介入技术。适应证：不能外科手术的恶性胆道闭塞，经非手术治疗效果不佳者，经反复球囊扩张术治疗效果不佳的良性胆道闭塞。禁忌证：恶病质；严重出血倾向者；无合适穿刺入路者；毛细胆管性阻塞者；广泛胆道狭窄者（图 6-8-6）。

具体操作流程：术前禁食 2～4h，必要时术前 30min 使用镇静剂。根据术前影像学资料确定穿刺体位、途径及深度，应用 PTCD 穿刺套针穿刺到位后，退出针芯，回抽液体观察有无胆汁；然后注入对比剂进行胆道造影，沿套针送入导丝，拔出套针，沿导丝引入导管进行引流。根据引流导管是否通过梗阻区，引流方式分为外引流和内引流。若梗阻部位持久，短时间不能消除者，可植入胆道支架，保持引流通畅。

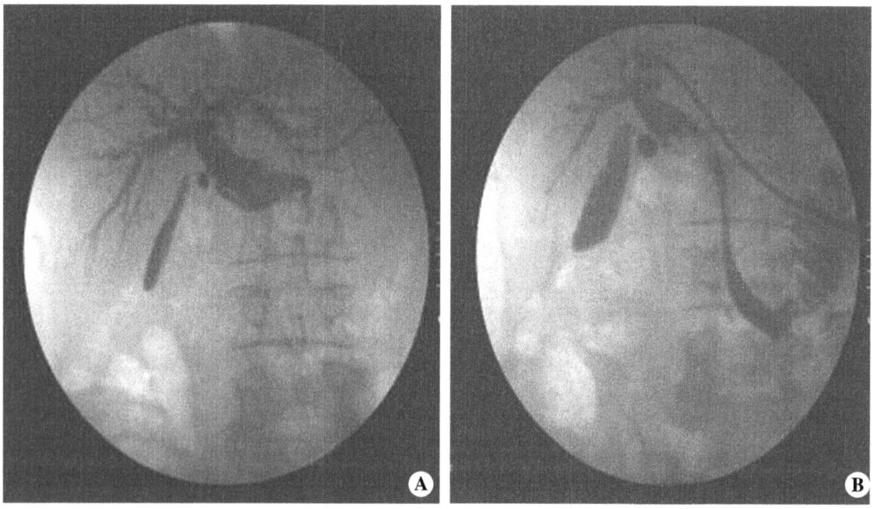

图 6-8-6 胆道梗阻介入治疗，胆道支架植入内引流

A. 胆道造影，胆总管梗阻；B. 胆道支架植入内引流

（三）脾动脉栓塞术

脾脏在人体内起着很重要的作用，它既是一个免疫器官，也起着促进髓外造血、灭活衰老细胞的功能，还能调节门脉压。门静脉高压容易导致充血性脾大、脾功能亢进，过去采用外科切脾，但外科切除易引起脾切除后的严重感染，目前采用脾部分栓塞术产生脾切除效应，既能消除脾亢，有

效减低门静脉压力，又能保留脾脏免疫功能。

脾栓塞术适应证：①门静脉高压所致的脾功能亢进；②门静脉高压所致的食管静脉曲张破裂出血；③血小板减少性紫癜；④脾脏肿瘤。脾栓塞术禁忌证：脓毒血症为绝对禁忌，巨大脾、严重黄疸、大量腹水为相对禁忌。

具体操作流程：采用 Seldinger 技术经皮股动脉穿刺插管，将导管准确地置入脾动脉的主干，行脾动脉造影，了解脾动脉供血情况，根据脾脏实际大小行超选择造影，并用栓塞材料进行栓塞，阻断部分脾脏的血供，使脾部分区域梗死和机化，产生脾切除效应。原则上栓塞不能超过整个脾脏的 70%（图 6-8-7）。

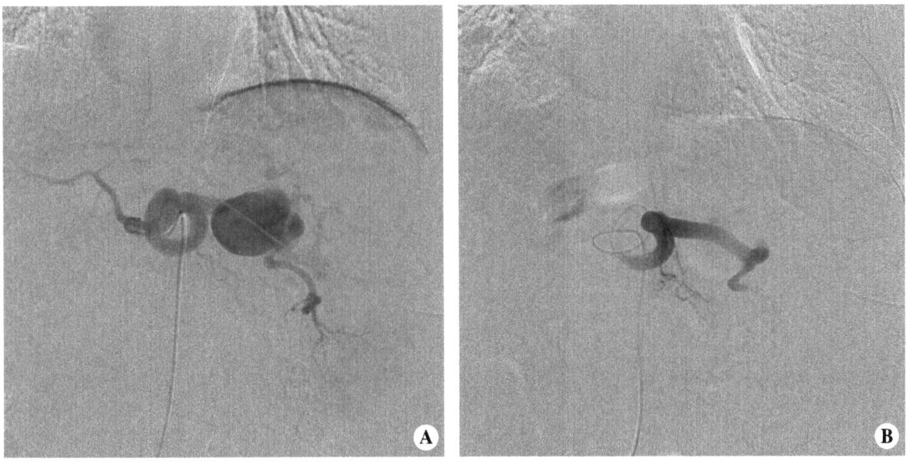

图 6-8-7 脾动脉造影及栓塞

A. 脾动脉造影；B. 脾动脉栓塞

（四）肾动脉造影及肾动脉栓塞

1. 肾动脉造影 了解肾血管性疾病、肾外伤、不明原因的大量血尿、肾性高血压、肾结核或肿瘤手术前明确病变范围等。

案例 6-8-4

男，51 岁，因车祸伤后反复全程肉眼血尿 10$^+$天，行肾动脉 DSA 检查（案例图 6-8-4），说明有无病变及原因，并对图像质量进行评价。

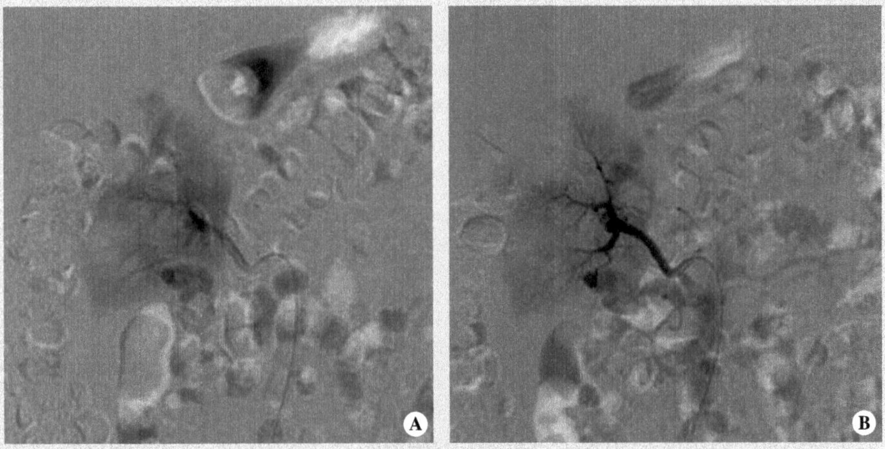

案例图 6-8-4

解答：图 A、图 B 示右肾动脉开口下缘分支血管见对比剂外渗改变，并见对比剂呈大小不等多发类圆形囊性充盈显示，符合肾动脉瘤形成并出血改变。肾动脉 DSA 显示完整、清晰，减影效果较好，肠道蠕动伪影影响图像质量。

2. 肾动脉栓塞 对于肾外伤，不明原因的大量血尿，肾结核或肿瘤手术前等进行栓塞，治疗肾出血或减少手术出血（图 6-8-8）。

具体操作流程：用 Seldinger 技术经皮股动脉穿刺插管，将导管准确地置入肾动脉，进行选择性和超选择性造影，造影明确病变后用栓塞材料进行栓塞。栓塞后 3～5min 进行造影复查了解栓塞情况。

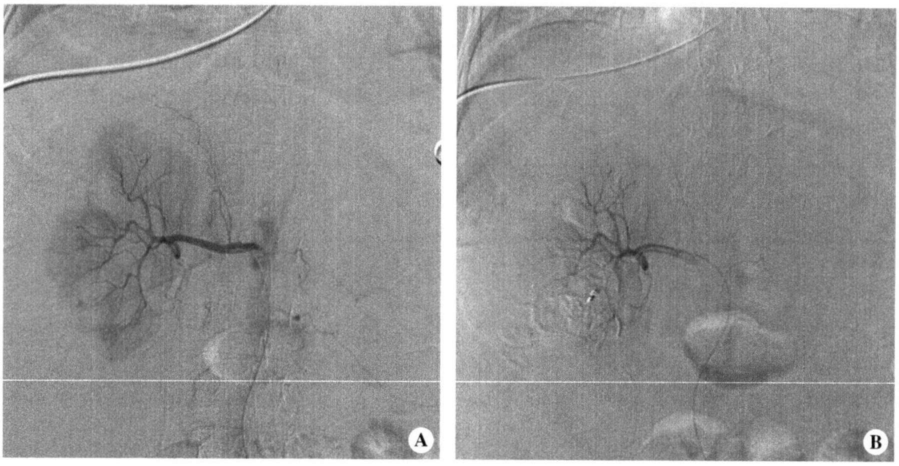

图 6-8-8 肾癌肾动脉造影及栓塞

A. 肾癌肾动脉造影；B. 肾癌肾动脉栓塞

案例 6-8-5

男，49 岁，因右腹部不适，行肝血管 DSA 检查（案例图 6-8-5），说明有无病变及病变性质，图像质量存在问题是什么？

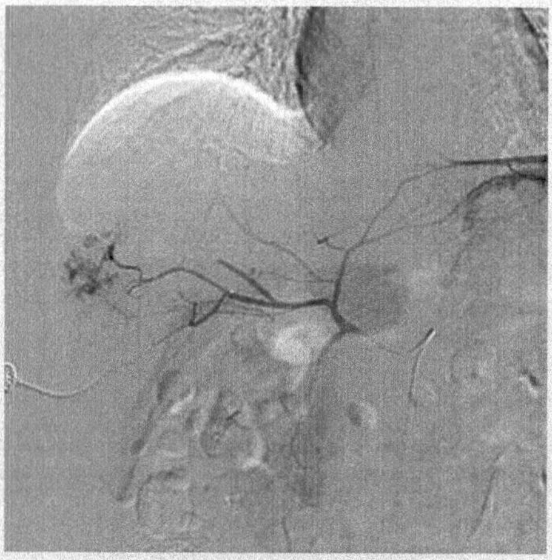

案例图 6-8-5

解答：肝动脉造影可见肝右后叶下段肝包膜处肿瘤血管染色，有“爆米花”样改变，约 3cm×3cm 大小，符合肝血管瘤表现。图像质量存在的问题：减影图像区域内有异物影。

（五）消化道出血介入治疗

消化道出血是消化系统病变常见的临床症状之一，而血管造影对消化道出血的诊断和治疗非常有效，可通过临床病史分析、实验室检查、影像学检查和器械检查对消化道出血进行明确诊断。但仍有一部分患者利用普通的检查无法发现出血的原因和出血部位，对这部分患者，做选择性腹部动脉血管造影则十分必要，一般上消化道出血超过 0.5ml/min，选择性造影可见对比剂外溢的直接征象。

1. 适应证 各种原因所致的内科治疗无效的消化道出血，无休克表现，经血管造影检查发现有明确的消化道出血直接征象者，包括外伤性出血、医源性出血、原发性或继发性肿瘤性出血、炎症性出血、门静脉高压、动脉瘤、血管性畸形等难治性出血。

2. 禁忌证 出现休克危及生命者；高热及全身感染者；心、肝、肾功能障碍者；凝血功能障碍者；穿刺部位感染者。

具体操作流程：用 Seldinger 技术经皮股动脉穿刺插管，置入动脉鞘，以导丝引导相应导管到靶血管，进行选择性和超选择性造影，明确出血部位及出血原因。不同靶血管的造影可明确不同部位的出血，选择性腹腔动脉造影和肠系膜上动脉造影，通常可满足上消化道出血的诊断。超选择性胃左动脉和胃十二指肠动脉造影分别用于胃窦及十二指肠的出血；肠系膜上动脉、肠系膜下动脉及髂内动脉造影可用于明确下消化道出血。明确出血部位及原因后可根据不同出血原因选择导管内治疗方案，经导管治疗的方案有栓塞治疗和血管加压素灌注治疗。栓塞治疗所需的栓塞材料分为可吸收性栓塞剂（如明胶海绵）及非吸收性栓塞剂（不锈钢弹簧圈、丝线、球囊、聚乙烯醇等）。应注意栓塞血管越细、距离出血部位越近越好，防止栓塞剂反流引起其他非靶血管栓塞。当栓塞至病变血管断流时栓塞结束，3～5min 后进行造影复查，了解栓塞情况（图 6-8-9）。

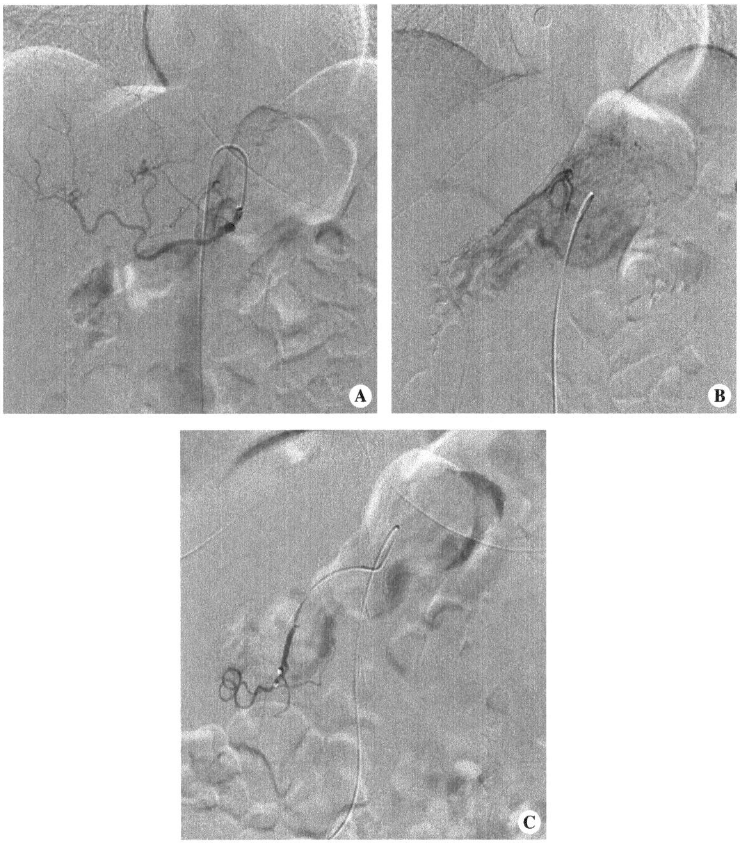

图 6-8-9 上消化道出血造影及栓塞

A. 肝总动脉造影；B. 对比剂外溢；C. 胃十二指肠动脉栓塞后造影

（六）腹主动脉瘤介入治疗

腹主动脉因某种原因产生局限性扩张，其直径超过正常值 1.5 倍时，称为腹主动脉瘤。腹主动脉根据累及范围不同分为A、B两型，A型只累及腹主动脉，B型累及腹主动脉及髂动脉，累及髂总动脉为B_1型，累及髂总动脉及髂外动脉者为B_2型。腹主动脉瘤一旦形成，腹主动脉壁变薄，易发生自发破裂，导致患者迅速死亡。手术治疗是有效的方法，但外科手术创伤大，并发症多，死亡率高。故目前多采用介入腔内治疗方法。

1. 适应证 ①腹主动脉瘤的直径≥5.5cm者；②随访过程中其直径每年增加超过1cm者；③有症状的腹主动脉瘤。

2. 禁忌证 ①腹主动脉瘤的位置或形态不适于腔内隔绝手术者，如范围广泛的胸腹主动脉瘤或近端瘤颈＜1.5cm，因而无法固定封堵物；②导入通路病变使手术难以完成者，如双侧髂动脉严重狭窄扭曲以致导丝、导管不能通过；③有严重伴发病，如严重心肌供血不足、心律失常、难以纠正的心力衰竭、严重肾功能障碍、严重凝血功能障碍等；④并存恶性肿瘤或其他严重疾病，预期寿命不超过1年者；⑤穿刺部位局部感染及高热者。

具体操作流程：

（1）主动脉CTA评估瘤体的部位、大小、形态、与邻近的血管关系，确认手术方式和支架形态、大小及长度。

（2）选择髂动脉通畅的一侧，以Seldinger技术穿刺股动脉，置入血管鞘，经导丝将“猪尾”导管置入到第12胸椎水平行腹主动脉造影。需观察到腹部所有血管，主要是要包含双侧肾动脉及双侧髂内、外动脉，评估瘤体对髂动脉的累及程度。

（3）根据造影图像准确测量瘤颈和瘤体的长度和直径、髂总动脉直径、肾动脉开口至髂内动脉开口的距离，选择适当的封堵物。

（4）将5F动脉鞘置换为6F动脉鞘，插入导丝，在导丝的引导下，将腹主动脉支架系统送入腹主动脉内，在透视下将带有标记的支架送到相应的血管位置，确认无误后逐渐释放支架。若为B型动脉瘤，可植入“Y”形支架。

（5）支架释放后进行造影，了解支架植入后血管的状态，有无渗漏及是否遮挡肾动脉开口（图6-8-10）。

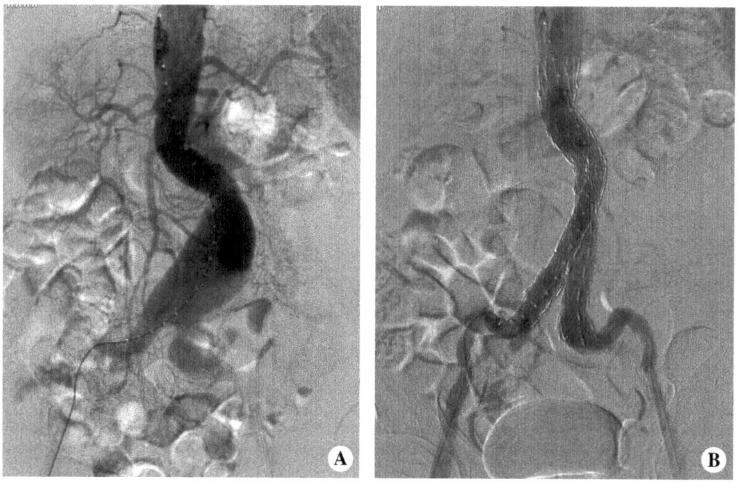

图6-8-10 腹主动脉瘤造影及介入治疗

A. 腹主动脉瘤造影；B. 腹主动脉瘤介入治疗后造影

（七）布-加综合征介入治疗

布-加综合征（Budd-Chiari syndrome）是指由于肝静脉和（或）肝后段下腔静脉狭窄或闭塞导致肝静脉、下腔静脉压力增高所引起的临床综合征。主要表现为肝大、腹水、消化道出血、下肢水肿和色素沉着，晚期导致肝硬化。临床诊断以超声诊断为主，下腔静脉造影明确。布-加综合征分型：①单纯肝静脉型，肝静脉主干或开口处狭窄或闭塞；②单纯腔静脉型，肝静脉开口上方下腔静脉膜性或节段性狭窄闭塞，肝静脉本身无阻塞或至少有一支主要的肝静脉通畅并形成足够的交通支；③复杂肝静脉型，肝静脉广泛狭窄闭塞或小肝静脉闭塞，肝内无明显交通支；④混合型，肝静脉和下腔静脉均有狭窄闭塞。不同狭窄闭塞类型采用不同的治疗方式。

具体操作流程：通过股静脉穿刺并置入血管鞘，以导丝作向导将 5F 的“猪尾”导管置入下腔静脉，再进行下腔静脉造影，了解下腔静脉狭窄及闭塞的情况。再通过颈静脉穿刺，采用上述同样的方法，将“猪尾”导管通过右心房进入下腔静脉进行造影，了解下腔静脉狭窄及闭塞的情况。根据造影的结果，确认下腔静脉狭窄的长度及闭塞的类型。单纯下腔静脉膜状狭窄及闭塞者采用单纯球囊扩张术治疗；若狭窄闭塞有一定的长度，采用球囊扩张加支架植入术进行治疗。若为完全闭塞者，则采用穿刺方式开通下腔静脉通道；若为肝静脉狭窄闭塞者，则经颈经肝穿刺使之再通；肝静脉合并下腔静脉狭窄闭塞者，首先治疗下腔静脉闭塞，然后在下腔静脉内置入导管作为标记，采用经皮肝穿的方法开通肝静脉。

（八）下腔静脉滤器植入术

下腔静脉滤器（inferior vena cava filter，IVCF）是为预防下腔静脉系统栓子脱落引起肺动脉栓塞而设计的一种装置。下肢深静脉血栓是一种常见病，血栓一旦脱落可导致肺栓塞，故在下腔静脉内植入滤器可有效防止较大的血栓进入肺动脉产生栓塞而死亡。

具体操作流程：

1. 选择入路 IVCF 一般经健侧股静脉穿刺置入血管鞘，若双侧髂股静脉均有血栓或下腔静脉内存在血栓时，可从一侧颈内静脉或肘前静脉植入。

2. 下腔静脉造影 所有 IVCF 植入前均需作下腔静脉造影，以了解其形态、大小、有无腔内血栓及肾静脉开口位置。

3. 先植入滤器输送鞘 然后将滤器经输送鞘缓缓送入，透视下反复核对肾静脉位置无误后，缓缓后撤输送鞘直至滤器弹开、释放，滤器一般放置于肾静脉开口下 2～3cm 处。

4. 复查 植入滤器后，行血管造影复查滤器形态、有无倾斜及倾斜角度、滤器顶点与肾静脉之间的距离（图 6-8-11）。

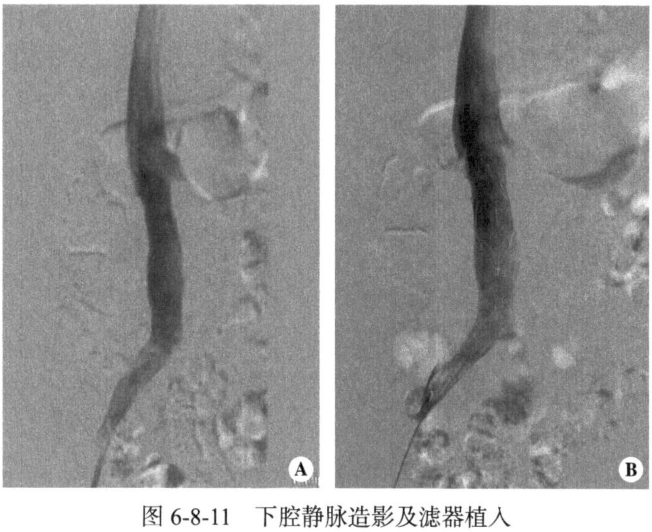

图 6-8-11 下腔静脉造影及滤器植入

A. 下腔静脉造影；B. 下腔静脉滤器植入

【小结】 本节主要内容为腹部血管解剖，包括动脉系统和静脉系统；DSA 技术，包括手术操作、造影技术参数、造影体位；图像优化措施，包括补偿过滤、呼吸性移动对策及清洁肠道、异物清除。腹部常见疾病的介入治疗，肝癌血管内、肝血管瘤、脾动脉栓塞、肾动脉栓塞、上消化道出血、腹主动脉瘤、肝硬化门静脉高压、布-加综合征介入治疗，下腔静脉滤器植入术。

第九节 盆腔 DSA 技术与介入治疗

一、血管解剖

（一）动脉系统

腹主动脉在第 4 腰椎水平分成左、右髂总动脉。于骶髂关节平面分成髂内和髂外动脉。髂内动脉从髂总动脉分出后即分为脏支和壁支，脏支供应盆腔内各脏器血液，其主要分支有膀胱上动脉、膀胱下动脉、子宫动脉、阴部内动脉及直肠下动脉，其中阴部内动脉常是髂内动脉的延续支，壁支主要供应臀部肌肉血液，它分出髂腰动脉，骶外侧动脉、臀上动脉、臀下动脉和闭孔动脉等。

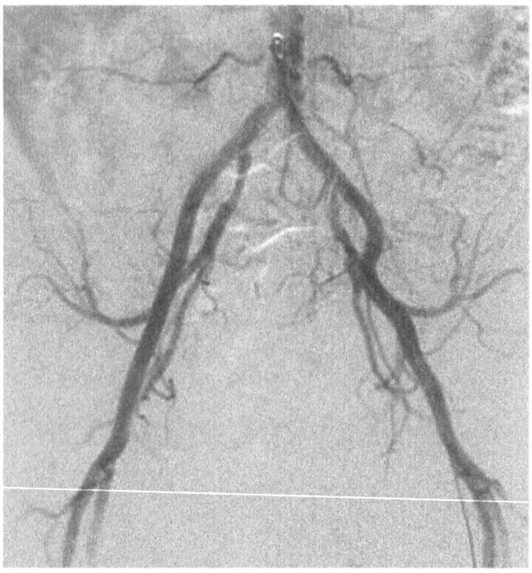

图 6-9-1 盆腔动脉血管 DSA 影像

髂内动脉有丰富的吻合支，当髂内动脉闭塞后可见以下侧支循环形成：直肠上、下动脉沟通，直肠中、上动脉沟通；腹壁下动脉与闭孔动脉、骶中动脉、骶外侧动脉沟通；腰动脉与髂腰动脉、股动脉的旋股支及其穿支沟通；两侧子宫动脉、卵巢动脉的沟通等。盆腔动脉血管 DSA 影像如图 6-9-1。

髂外动脉在骶髂关节前方自髂总动脉分出后，斜向下、外走行，主要分支有腹壁下动脉和旋髂深动脉两支，髂外动脉沿腰大肌内侧缘下降，经腹股沟韧带的深面至股骨前部，移行为股动脉。

（二）静脉系统

髂静脉是盆腔和下肢静脉血液回流的主干，双侧髂总静脉约于第 5 腰椎水平面的右侧汇合成下腔静脉，沿脊柱上行最终注入右心房。右髂总静脉位于骶髂关节前方，于同名动脉后方几乎成直线与下腔静脉连续；左侧髂总静脉较长，在第 5 腰椎前方类似直角注入下腔静脉。髂内静脉起自坐骨大孔上方，至骶髂关节前与髂外静脉汇成髂总静脉，髂内静脉通常无瓣膜，接纳盆腔脏器和盆壁的静脉血，其属支与同名动脉伴行。

髂外静脉为股静脉的延续，起自腹股沟韧带下缘的后方，沿小骨盆入口边缘与同名动脉伴行。右侧初始走行位于动脉的内侧，向上逐渐转至动脉背侧；左侧全程位于动脉的内侧。

二、造影技术

（一）手术操作

1. 动脉造影 常用的方法是经皮股动脉穿刺插管，使用 Seldinger 技术。导管插入后与腹主动脉远端（约第 4 腰椎上缘）行两侧髂总动脉造影，再行单侧髂总动脉造影及髂内或髂外动脉造影。

2. 静脉造影

（1）顺行性静脉造影：经皮穿刺下肢静脉或表浅静脉注射对比剂进行造影。

（2）逆行性静脉造影：采用 Seldinger 技术经皮股静脉穿刺插管，将导管置于患侧髂静脉注射对比剂进行造影。

（二）造影参数选择

选用浓度为 300～370mgI/ml 非离子型对比剂。常用造影参数见表 6-9-1。

表 6-9-1 盆腔造影参数

部位	对比剂总量（ml）	流速（ml/s）	压限（PSI）
腹主动脉远端	20～25	15～18	600～1000
髂总动脉	18～20	10～12	400～900
髂内和髂外动脉	10～12	6～8	300～500
髂内和髂外动脉的分支	6～8	2～3	200～300

静脉造影因采用的造影方式不同，其参数不同。顺行性静脉造影对比剂用量 50～60ml，流速 1ml/s，100PSI；逆行性静脉造影对比剂用量 10～15ml，流速 8～10ml/s，200～300PSI。

造影体位：常规采用正位，必要时加摄斜位。观察髂总静脉与下腔静脉的关系，采用标准侧位。

三、图像处理

图像优化措施：由于有呼吸运动及肠道的蠕动，腹部及腹腔内的气体及高密度物质对图像质量有很大的影响。在行 DSA 检查前应清洁肠道，手术前排空膀胱，必要时进行导尿，防止大量的尿液（含有大量对比剂的尿液）对图像质量的影响。去除患者身体上的金属异物及对图像质量有影响的物品，防止一些监护设备的连接线进入图像采集区，提高图像质量。

四、相关病变的介入治疗

（一）子宫动脉栓塞术

子宫动脉栓塞术（uterine arterial embolization，UAE），即在局部麻醉下行股动脉穿刺，以导丝作向导将导管超选择性插至子宫动脉并注入栓塞剂的一种技术。用于子宫肌瘤、子宫腺肌病、产后出血和一些急性子宫出血的治疗。UAE 既保留了子宫，又可避免手术，是目前妇产科常规采用的介入手术方式。相应的禁忌证：心、肺、肝、肾等重要器官的病变；凝血功能障碍；妇科急性炎症；严重动脉硬化；盆腔有手术史（因盆腔侧支循环不丰富）；严重盆腔动脉畸形；子宫脱垂、妊娠、张力性尿失禁；不能排除子宫恶性肿瘤等。

具体方法：采用 Seldinger 技术进行股动脉穿刺，并置入动脉鞘，以导丝作向导使肝动脉导管进入腹主动脉，在主动脉弓塑形，抵达髂总动脉的分支处进入相应的髂内动脉，然后选择性地进入子宫动脉或采用专用的子宫栓塞导管送入靶血管。一般先在髂总动脉处进行造影，再选择性地进入一侧髂内动脉造影，了解子宫动脉起始点，经导丝引导将导管插入子宫动脉。确认子宫动脉供血情况后，注入栓塞剂进行栓塞。一侧栓塞结束后行造影复查，评估栓塞程度与效果，退出导丝，进行另一侧髂内动脉造影，同上方法，进入子宫动脉，进行栓塞并造影复查（图 6-9-2）。

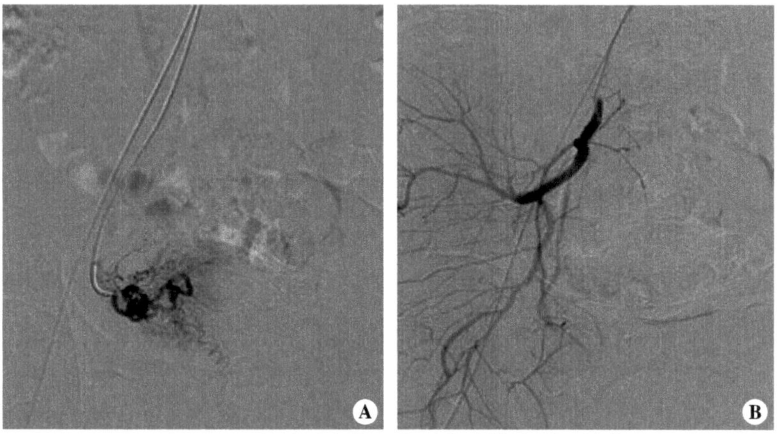

图 6-9-2 产后子宫出血者子宫动脉造影及栓塞

A. 子宫动脉造影对比剂外溢；B. 子宫动脉栓塞后

案例 6-9-1

女，43 岁，阴道不规则出血 3 年，B 超提示肌壁间子宫肌瘤，行子宫动脉 DSA 检查（案例图 6-9-1），双侧子宫动脉造影显示有无病变？说明原因。术前术后子宫动脉造影的变化是什么？

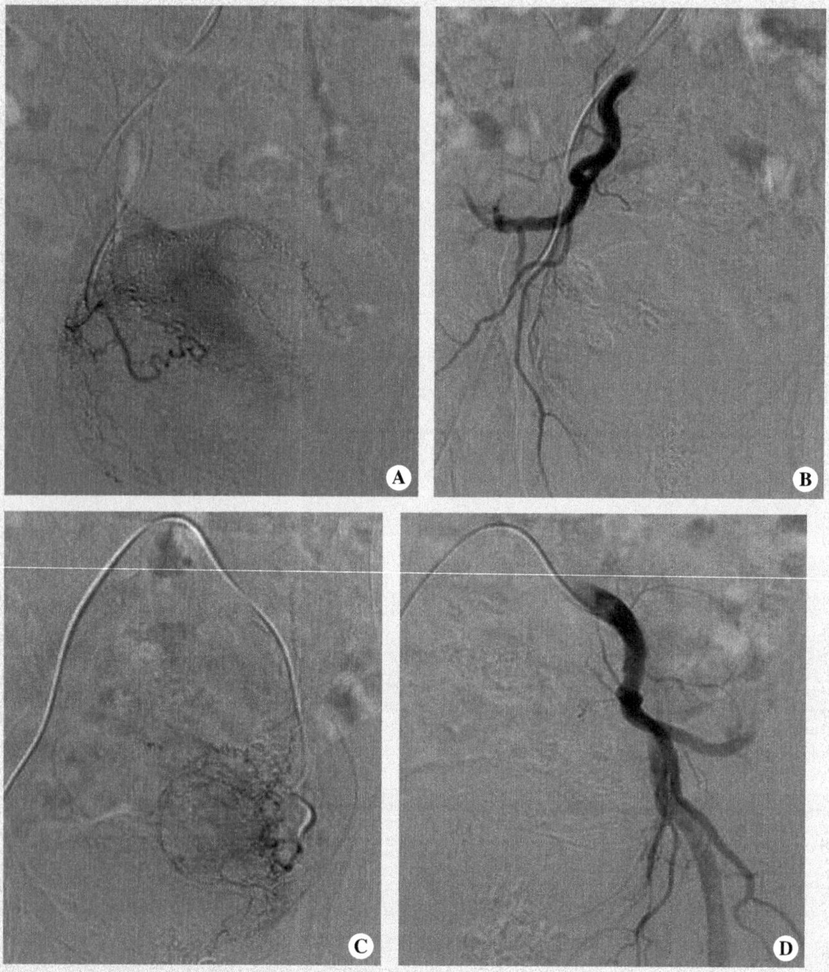

案例图 6-9-1

A、B. 右侧造影及治疗后；C、D. 左侧造影及治疗后

解答： 子宫动脉增粗，可见多发异常分支血管显示，末梢亦见大量血管网织状增生，实质期见大片云絮状对比剂浓染征象，符合肿瘤染色改变。术后子宫动脉造影，双侧异常血管网及对比剂浓染征象消失。

（二）直肠癌的化疗药物灌注术

由于直肠癌发展缓慢，早期无症状，就诊时已是中晚期。采用直肠癌的化疗药物灌注术可使患者的生存质量和生存期明显提高。

1. 适应证及禁忌证 直肠癌的各期及手术后或复发者都可以进行此项治疗。只要患者耐受，无特殊禁忌证。

2. 具体方法 采用 Seldinger 技术进行股动脉穿刺，并置入动脉鞘，以导丝作向导将导管进入腹主动脉，先进行选择性肠系膜下动脉造影，然后进行超选择性直肠上动脉造影，确认病变部位后注入化疗药物。灌注完毕后，先将导管插入左或右髂内动脉进行造影，找出直肠下动脉的供血并行药物灌注。再行另一侧髂内动脉造影，找出直肠下动脉的供血并行药物灌注。

【小结】 本节的主要内容为盆腔血管解剖，包括动脉系统和静脉系统，盆腔DSA手术操作，静脉造影可以行顺行性及逆行性造影。造影体位选择常规正位，必要时选择斜位，图像优化措施包括清洁肠道及异物，抑制肠道蠕动，保证图像质量。疾病介入治疗包括子宫动脉栓塞治疗子宫出血、直肠癌灌注化疗。

第十节 四肢DSA技术与介入治疗

一、血管解剖

（一）上肢血管

1. 上肢动脉 双侧上肢动脉是锁骨下动脉的延续。左侧锁骨下动脉起自主动脉弓，右侧起自无名动脉。锁骨下动脉向上出胸廓上口并沿第1肋骨上缘向外下方走行，至第1肋骨外侧缘改名为腋动脉。

腋动脉位于腋窝深部，是从第1肋外侧缘至肱骨外科颈之间的动脉段，出腋窝后改名为肱动脉。腋动脉主要分支有胸肩峰动脉、胸外侧动脉、肩胛下动脉等。

肱动脉于肱骨前内侧走行至肘窝中点分为桡动脉和尺动脉两大支，分别沿桡骨和尺骨走行并发出分支，最后在腕部、桡动脉末端与尺动脉的掌深支构成掌深弓，尺动脉末端与桡动脉的掌浅支构成掌浅弓，再由深、浅两弓分出掌心动脉、掌背动脉和掌指动脉（图6-10-1A）。

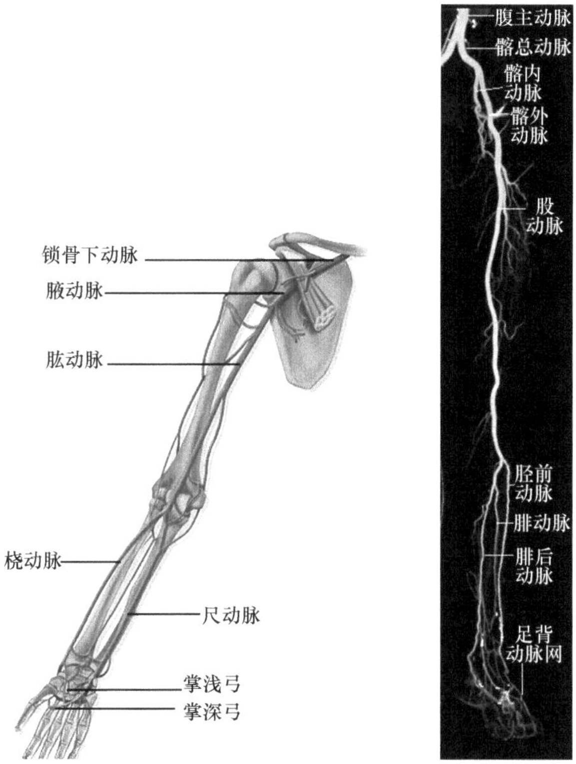

图6-10-1 四肢血管解剖

A. 上肢动脉血管；B. 下肢动脉血管

2. 上肢静脉 上肢的浅静脉变异较大，深静脉的分支、走行与同名动脉伴行。深、浅静脉均有静脉瓣。

（二）下肢血管

1. 下肢动脉 髂外动脉出腹股沟延续为股动脉，分支动脉有股深动脉（旋髂浅动脉、旋股外动脉、穿支动脉等），股动脉在腘窝处改名为腘动脉，主要分支有膝上、中、下动脉及胫前动脉、胫后动脉。胫前动脉下行延续为足背动脉，末端形成足背动脉弓和足底深支；胫后动脉为腘动脉的直接延续，主要分支有腓动脉、胫骨滋养动脉、足底外侧动脉等。其中，足底外侧动脉与胫前动脉的足底支吻合成足底动脉弓（图 6-10-1B）。

2. 下肢静脉 主要有浅静脉、深静脉和交通静脉。浅静脉位于皮下组织和深筋膜外，深静脉与同名动脉伴行，深、浅静脉间有交通静脉连接。浅静脉主要由小隐静脉和大隐静脉构成；小隐静脉起自足背外侧缘静脉，沿外踝后方上行，在膝关节注入腘静脉；大隐静脉起自足背内侧缘静脉，沿大腿内侧上行注入股静脉。下肢静脉有静脉瓣。

二、造 影 技 术

（一）手术操作

1. 动脉造影 四肢动脉造影大多采用股动脉穿刺，部分采用肱动脉或桡动脉穿刺，应用 Seldinger 穿刺技术，根据不同的部位，把相应导管插入靶血管进行造影。

2. 静脉造影

（1）顺行性静脉造影：经皮穿刺下肢静脉或表浅静脉注射对比剂进行造影。

（2）逆行性静脉造影：采用 Seldinger 技术经皮股静脉或肘正中静脉穿刺插管，将导管置于患侧股静脉或肘正中静脉注射对比剂进行造影。

（二）造影参数选择

1. 动脉造影

（1）上肢动脉：选择对比剂浓度为 40%的离子型对比剂或相应浓度的非离子型对比剂。根据导管头所在位置，采用不同的造影参数。观测掌弓造影应延时，造影至远端血管显示清晰。常用造影参数见表 6-10-1。

表 6-10-1 上肢动脉造影参数

部位	每次对比剂量（ml）	流速（ml/s）	压限（PSI）
锁骨下动脉	12～15	5～6	300～400
腋动脉	10～12	3～4	250～300

（2）下肢动脉：对比剂浓度为 40%的离子型对比剂或相应浓度的非离子型对比剂。选择性下肢动脉造影将导管置于股动脉上段进行小腿动脉和足背动脉造影至远端血管显示清晰。常用造影参数见表 6-10-2。

表 6-10-2 下肢动脉造影参数

部位	每次对比剂量（ml）	流速（ml/s）	压限（PSI）
髂总动脉	20～25	15～18	500～600
髂外动脉	15～20	8～10	500～600
股动脉	10～12	6～8	300～400

2. 静脉造影 顺行性静脉造影时，对比剂用量 60～80ml，注射流速 1.0～1.5ml/s，注射压力

100PSI。注射曝光时，当对比剂流入髂静脉时，嘱患者做 Valsalva 功能试验，观测下肢静脉瓣的功能情况。逆行性静脉造影时，对比剂浓度为 40%的离子型对比剂或相应浓度的非离子型对比剂，根据穿刺点不同，对比剂参数不同。上、下肢动静脉造影应注意是注射延迟还是曝光延迟，延迟时间多少，应根据不同病变而定。不同类型的血管病变，对动脉血流的影响很大。

案例 6-10-1

男，38 岁，左下肢肿胀 1 个月，行左下肢静脉造影如案例图 6-10-1A。女，58 岁，静脉曲张 6 年，行静脉造影如案例图 6-10-1B、C。图 A 采用的是什么静脉造影方式？图 B、C 采用的是什么静脉造影方式？顺行性静脉造影与逆行性静脉造影有何区别？

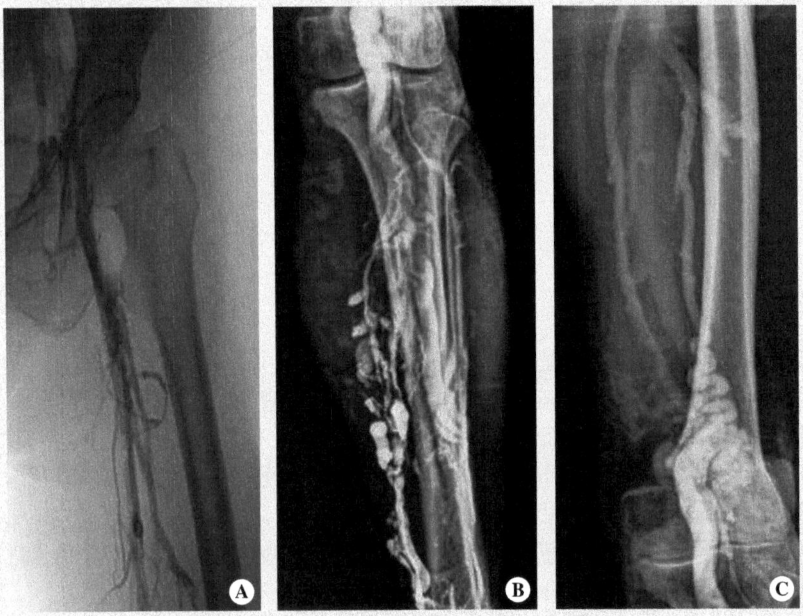

案例图 6-10-1

解答： 图 A 采用的是逆行性静脉造影；图 B、C 采用的是顺行性静脉造影。顺行性静脉造影：经皮穿刺下肢静脉或表浅静脉注射对比剂进行造影。逆行性静脉造影：采用 Seldinger 技术在健侧进行经皮股静脉穿刺插管，将导管置于患侧髂静脉注射对比剂进行造影。

在实际工作中，因病变的程度、范围不同，导管头所在血管的位置不同，注射对比剂的时间不同，应根据具体情况而定。对于下肢动脉阻塞性病变者，造影时应注射对比剂后进行曝光采集，延迟时间要长，具体数字则应根据具体的情况而定。采用步进血管造影技术、对比剂跟踪血管造影技术，对于下肢血管造影的成像质量有帮助。

（三）造影体位

上肢血管造影常规取正位，必要时加侧位和斜位，上肢外展，尽量使上肢中心与探测器中心一致。

下肢血管造影常规取正位，必要时加侧位和斜位。双下肢同时造影时，使双下肢并拢，足尖向上，双足间加密度补偿器，同时进行肢体上、下端的固定，提高图像质量。

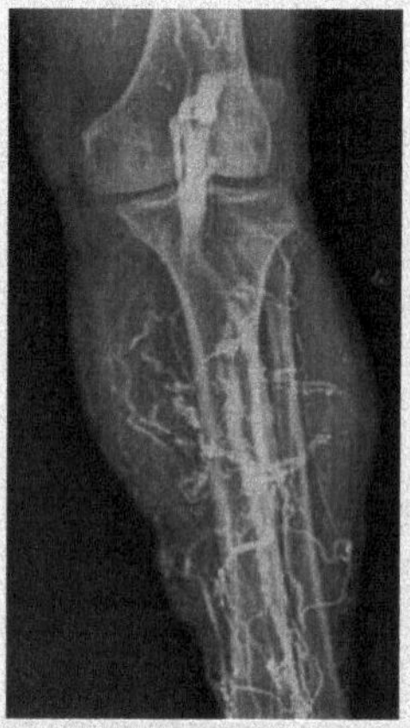

案例图 6-10-2

案例 6-10-2

女，53 岁，因发现左下肢静脉曲张 10^{+}年，伴胀痛 20^{+}天，行下肢静脉造影，案例图 6-10-2 采用的是什么造影体位？是顺行性还是逆行性静脉造影？说明是否存在病变及其原因。

解答： 采用的造影体位是正位，为顺行性静脉造影。左小腿浅静脉及隐静脉明显扩张、迂曲，并见大量交通静脉形成。

三、图像处理与重建

（一）步进血管造影技术

步进血管造影技术能在一次性注射对比剂的同时获得整个下肢的图像。

具体方法：先固定肢体，对肢体造影范围进行测定以防遗漏。通过控制导管床移动速度的调速器和曝光手闸，注射对比剂进行跟踪造影，先进行蒙片采集，再回到起点。一边注射对比剂一边进床，使流速与床移动的速度相同，同时采集图像，再做减影处理，获得实时减影图像；也可以先注射对比剂，跟踪对比剂后进行蒙片采集，然后进行减影处理。

导管床的移动速度是影像技师通过调速手柄来控制的，使导管床的移动速度与对比剂在下肢动脉血管中的流速同步，因此，能否合理正确使用调速手柄是造影成功的关键。

患者移动是造影失败的另一个主要原因，多为对比剂的刺激引起。一是因大量的高渗性对比剂一次短时间内注入（双侧追踪造影一次对比剂用量达 60～80ml），可引起红细胞血管内皮及血-脑屏障的损害，引起抽搐或惊厥；二是对比剂的高渗性带来的灼热感造成肢体的不自主移动。因此，下肢动脉造影采用 Bolus 技术时，应尽量选用等渗非离子型对比剂或稀释对比剂，并对下肢进行固定。

（二）图像拼接技术

图像拼接技术就是将数张有重叠的图像拼成一幅大型的无缝高分辨力图像的技术，随着技术发展，现已被自动拼接技术取代。

（三）图像优化的措施

由于四肢形状不同，细长，尤其是下肢，X 线成像区域密度相差很大，容易造成 DSA 成像中饱和性伪影，引起成像区域的图像缺失。因此，必须使用密度补偿，使成像区域的 X 线强度分布趋于均匀，以便获得优质的图像。下肢血管造影时，在下肢插入与肢体密度相反的补偿器（采用均质橡胶），同时对肢体上、下端进行固定，既可以减少运动伪影，也可以减少饱和伪影，提高图像质量。

四、相关病变的介入治疗

（一）血管闭塞性疾病的介入治疗

1. 动脉闭塞的球囊扩张术 动脉闭塞可分为急性动脉闭塞症和慢性动脉闭塞症。临床上可有动脉腔缓慢闭塞而形成的闭塞性动脉硬化症和闭塞性血栓血管炎两种疾病，后者称为 Buerger 病。一般说，闭塞性动脉硬压症，高龄患者比较多，并有全身动脉系统广泛硬化，也可看到粥样硬化斑块，通过 DSA，动脉阻断处可见“虫蚌”的影像。患者主要表现为肢体不同程度的缺血症状，轻者以痉挛为主，通过药物治疗可以解除；重者导致缺血坏死，需进行外科手术治疗。闭塞性血栓血管炎多发生于青壮年，以下肢足部和上肢手腕部的末梢动脉多见。

经皮血管腔内血管成形术，又称“腔内血管成形术”，是将球囊置于狭窄或闭塞血管处，球囊内注入含有对比剂的液体，加压反复多次并持续一段时间，对狭窄或闭塞的血管扩张，使血管再通。当球囊扩张后，血管可能再狭窄，则需要行支架植入。经皮血管腔内血管成形术加支架植入术是目前血管成形的主要技术，支架植入术是将支架置于狭窄或闭塞的血管管腔内，依靠支架膨胀力支撑管腔并保持开通。

对于四肢血管来说，产生闭塞或狭窄的血管主要以下肢血管为主，上肢血管狭窄较少见。上肢血管以锁骨下动脉的起始部为多见，下肢血管的狭窄及闭塞以广泛性多见。没有介入治疗技术时，常采用截肢的外科手术进行治疗，对患者的生命质量影响较大。随着介入技术的发展，对于闭塞性的血管病变，目前多提倡采用介入的方式进行治疗。

具体方法：采用 Seldinger 技术进行股动脉穿刺，并置入动脉鞘，以导丝作向导将“猪尾”导管插入腹主动脉远端进行造影，观察双侧髂动脉的供血情况，再通过导管塑形，经导丝引导将导管插入病变侧血管。当进入病变侧血管时，应更换成单弯导管，沿着血管下行直至闭塞端。下肢血管的闭塞或狭窄一般从健侧穿刺，有时也采用病变侧穿刺。对狭窄或闭塞的血管采用导丝穿刺，当导丝通过狭窄或闭塞的血管后使用球囊对其扩张，扩张后再次造影了解血管开通情况，必要时植入支架。支架植入后，应进行下肢全程造影，了解狭窄的血管再通情况及远端血供情况（图 6-10-2）。

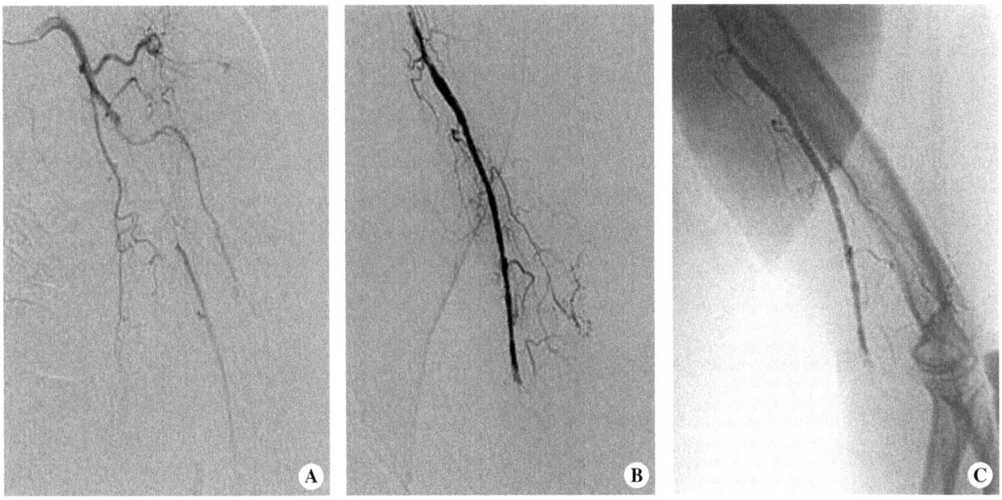

图 6-10-2　肱动脉闭塞造影及扩张溶栓

A. 肱动脉造影；B. 肱动脉扩张及溶栓；C. 再通

案例 6-10-3

男，74 岁，因左下肢疼痛、跛行、脚小趾缺血坏死 1^+个月，行下肢动脉造影术（案例图 6-10-3），根据下肢 DSA 影像说明有无病变？造影采用何体位？

解答：患者左侧股浅动脉起始段局限性不规则狭窄。造影体位采用的是正位。

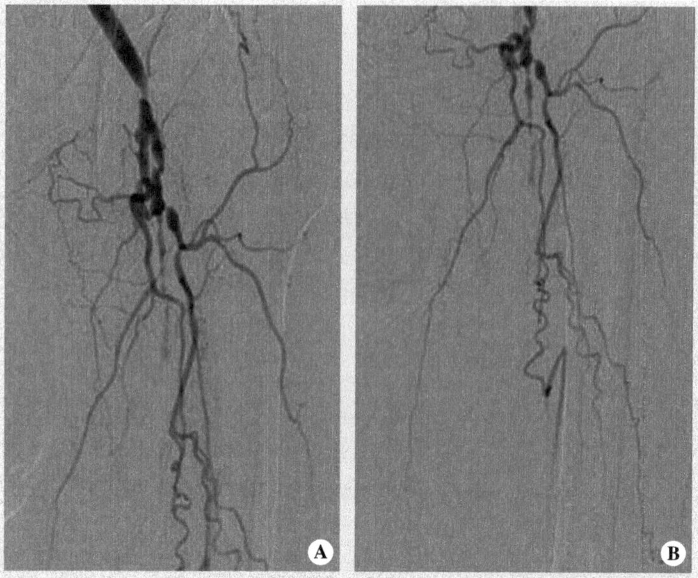

案例图 6-10-3

2. 静脉闭塞

（1）深静脉血栓形成后遗症的介入治疗：深静脉回流障碍引发穿通静脉功能不全及浅静脉曲张。腿部时有疼痛、刺痒感，下肢颜色加深。

治疗方法：通过腘静脉或大隐静脉穿刺，用导丝引导，将导管插入股静脉，进行造影了解股、髂静脉的病变情况。再用导丝导管，通过狭窄的血管直至下腔静脉，再进行造影，判断闭塞的静脉回流情况、狭窄的程度与长度。确认回流通道正常后，再用相应的球囊对狭窄血管进行扩张，最后植入合适的支架，造影复查，观察静脉的再通情况。

（2）髂静脉压迫综合征介入的治疗：髂静脉压迫综合征（iliac venous compression syndrome）是髂静脉受压和（或）存在腔内异常粘连结构所引起的下肢和盆腔静脉回流障碍性疾病。髂静脉压迫不仅造成静脉回流障碍和下肢静脉高压，成为下肢静脉瓣膜功能不全和浅静脉曲张的原因之一，还可继发髂-股静脉血栓形成，是静脉血栓好发于下肢的潜在因素。

治疗方法：股静脉穿刺置有标尺的导管至髂外静脉进行造影，评估髂外静脉、髂总静脉和下腔静脉的血流情况，了解髂总静脉受压的程度、位置，测量其狭窄的宽度与长度，进行球囊扩张，然后植入合适的支架。造影复查，观察髂静脉血流的改善情况（图 6-10-3）。

（二）急性血管闭塞的溶栓及取栓术

下肢动脉急性血栓闭塞是由于心脏或动脉内脱落的血栓或因动脉病变而在短时间内形成的血栓完全阻塞下肢动脉，造成下肢急性缺血，并出现相应的临床表现。血栓溶解术是经导管向血栓内直接注入溶栓药物，使血栓溶解、闭塞血管再通的方法。

选择性股动脉穿刺作为溶栓导管入路，经健侧髂动脉、翻越腹主动脉分叉部，先行腹主动脉远端、双下肢动脉造影，明确动脉管腔狭窄的部位、程度及血栓闭塞的位置，患肢侧支循环情况、健侧血管情况等。使用专用溶栓导管或多功能导管作为溶栓导管，将导管插入血栓或尽量靠近血栓，以 50 万 U 尿激酶溶于 0.9%氯化钠溶液 50ml 中，缓慢推注，经造影证实血栓部分溶解后，再进一步将导管向前推进，尽量插入血栓内，继续灌注尿激酶，每次溶栓，术中共注入尿激酶 30 万～50 万 U。经造影证实患肢血管部分通后，使用专用的溶栓导管，插入栓塞段的血管中，返回病房，以尿激酶 2 万～5 万 U/h 持续泵入，共治疗 2～3 天，再在 DSA 下造影复查溶栓效果。若仍有大量的血栓存在，则采用取栓术。

短期溶栓治疗失败后，可用血栓抽吸导管在 X 线透视下行动脉取栓术。若血管闭塞程度严重，再行球囊扩张成形术及支架置入术治疗。

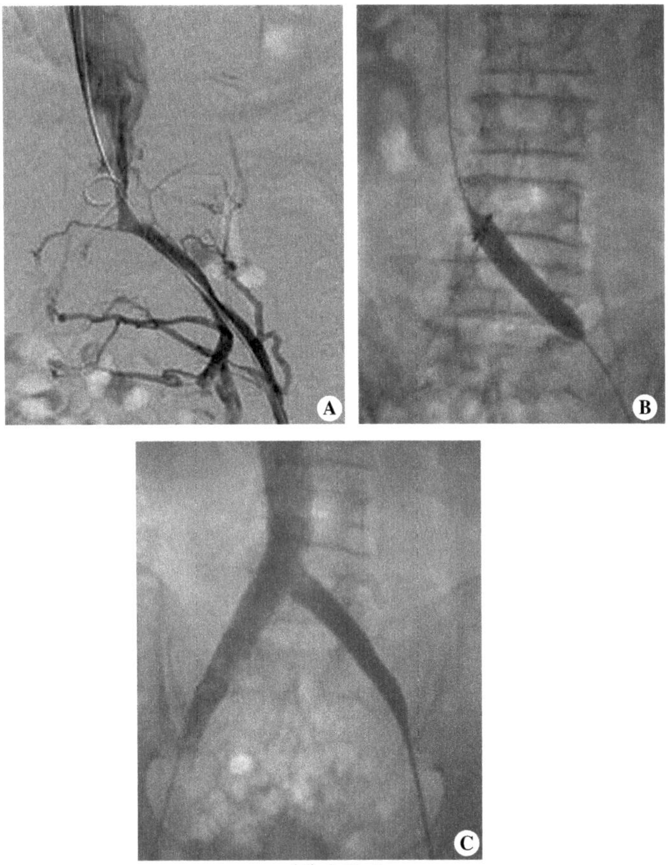

图 6-10-3
A. 髂静脉造影；B. 髂静脉扩张；C. 再通

案例 6-10-4

女，38 岁，因左下肢肿胀 1 天余，行下肢静脉造影术（案例图 6-10-4）。说明图中有无异常及其原因，采用的是顺行性还是逆行性静脉造影？

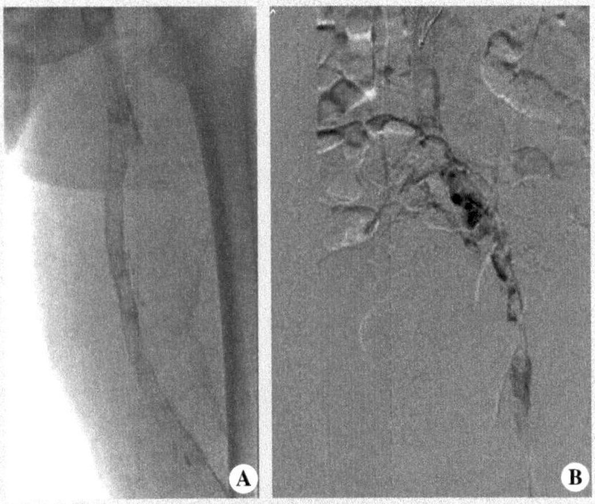

案例图 6-10-4
A. 股静脉造影；B. 髂静脉减影

解答： 左侧股总、髂外及髂总静脉内可见充盈缺损，考虑血栓形成。采用的是逆行性静脉造影。

（三）血管异常分流的栓塞术

血管栓塞术（TAE）是向动脉注入栓塞物质，使血管暂时或永久闭塞的方法。用于外伤性出血、肿瘤术前栓塞、动静脉畸形的栓塞等。

1. 动脉瘤 可由动脉硬化、外伤、先天性发育缺陷所引起，对于四肢血管的动脉瘤主要以外伤性多见。在临床上以超声检查为主要手段，必要时采用 CTA 进一步明确血管瘤的大小及与载瘤动脉的关系。通过 DSA 的造影可发现外伤血管的部位、出血的情况及与载瘤动脉的关系。通过栓塞术可有效地对靶血管进行栓塞，以达到非手术治疗的目的。

具体方法：对于四肢的动脉瘤无论上肢或下肢，目前都多采用 Seldinger 技术进行股动脉穿刺，并置入动脉鞘，以导丝作向导将单弯导管进入相应的动脉，进行造影，观测动脉的供血情况；再通过超选择性插管，进入动脉瘤的载瘤动脉。根据病变情况、治疗的目的采取相应的栓塞措施，如直接采用栓塞材料进行栓塞，用弹簧圈或明胶海绵对载瘤动脉进行栓塞；或采用覆膜支架，覆盖载瘤动脉，达到非手术治疗目的。

2. 血管发育不良 动脉、静脉和毛细血管由于发育障碍，产生血管的各种畸形，如动静脉畸形、小血管发育畸形等。目前介入治疗主要用于动静脉畸形，通过栓塞术对畸形静脉甚至载瘤动脉进行栓塞，达到治疗目的。

动静脉畸形临床表现为患侧肢体肿胀、麻木，局部有血管扭曲、扩张，有血管杂音，以多普勒超声诊断为主。DSA 可见供血动脉增粗，小血管数目增多并扭曲，静脉显影提前。对于这种畸形的血管，采用外科手术因创伤面大而不易被接受，采用介入治疗更具有优势。对于畸形的动脉用弹簧圈或栓塞剂进行栓塞，毛细血管采用黏胶进行栓塞。

具体方法：采用 Seldinger 技术进行股动脉穿刺，并置入动脉鞘，以导丝作向导将单弯导管进入相应的动脉进行造影，观察供给畸形动脉的供血情况；再进行超选择性造影，明确病变瘘口及范围。

将导管送至瘘口的近端动脉，根据造影结果，选择合适的弹簧圈进行栓塞。若一个弹簧圈不够，可选用多个弹簧圈进行栓塞。但大小必须合适，太小则容易进入瘘口远端的静脉内，太大则不能卷曲成形，也不能很好地栓塞血管。栓塞结束后再次造影以明确栓塞结果。若有多支动脉供血，对一支血管栓塞达不到效果，可对多支畸形血管进行栓塞。

【小结】 本节的主要内容为血管解剖，包括上肢动脉、静脉系统，下肢动脉、静脉系统；造影手术操作，动脉造影采用 Scldinger 技术，静脉造影采取顺行性造影、逆行性造影（Seldinger 技术）；造影参数选择包括对比剂浓度选择及注射延迟或曝光延迟；造影体位常规为正位，必要时加侧位或斜位；图像后处理及重建，步进血管造影术及图像拼接技术；图像优化主要采用密度补偿，肢体固定减少运动伪影；疾病介入治疗包括血管闭塞性疾病的介入治疗，动脉闭塞球囊扩张术，静脉闭塞包括深静脉血栓形成后遗症的介入治疗，髂静脉压迫综合征的介入治疗，急性血管闭塞的溶栓及取栓术，血管异常分流的栓塞术包括动脉瘤、血管发育不良的治疗。

第十一节 DSA 图像质量控制

一、影像 DSA 图像质量的因素

影响 DSA 图像质量的主要因素有设备因素、成像方式、噪声、操作技术因素、造影方法和对比剂因素及患者本身因素等。

（一）设备因素

DSA 图像的形成与设备的参数、性能及整个影像链的工作状态有关，包括硬件和软件。硬件如 X 线球管、影像接收器、计算机数字影像控制处理器及显示系统等，软件系统如图像数字处理系统、后处理系统等。

1. X 线球管 是 DSA 设备的关键部件，为 DSA 提供优势的 X 线源。DSA 的图像在以每秒几帧至几十帧速度采集，这就要求具有产生高剂量、短脉冲和恒定输出的高压发生器和大容量的 X 线球管；并配置功能完善的遮线器和 X 线滤过装置。若 X 线管功率过小，不能产生脉冲较窄的短脉冲，对快速运动器官的图像采集具有很大的影响。若 X 线的线质不均匀，则易产生硬化伪影。

2. 影像接收器 DSA 的影像接收器有影像增强器(image intensifier, II)和数字平板检测器(flat panel detector，FPD) 两种，它是决定图像质量的主要部件。应具有较高的影像分辨力和最小的失真度；有较高的量子检出率、理想的光敏度；具有较高的图像刷新率，每秒 30 帧以上的显像能力。有适应不同部位使用的可变输出野。电视摄像系统的电视摄像管应具有较高的影像分辨力和最适宜的图像合成时间，确保 II 输出屏的影像能无遗漏地得到采集；系统动态范围大；每帧图像的水平稳定度差异要小于 1%。防止图像信息递减丢失，从而获得精确的影像信息。平板探测器具有较好的射线敏感度和转换效率，动态范围大且线性好，使整个设备结构紧凑，操作空间开阔，且无影像变形、散焦等问题，成像质量高，是 DSA 的主流配置，逐渐替代了影像增强器电视系统。

案例 6-11-1

机器安装后进行透视，发现图像中心有一个亮斑，如案例图 6-11-1A，分析原因。

解答：检查各个电路工作正常，考虑影像增强器电视系统出现故障，检查摄像系统正常，考虑影像增强管的离子斑点，更换影像增强系统后透视图像正常，如案例图 6-11-1B，此类故障虽然能正常工作，但对图像质量影像较大，应及时处理。

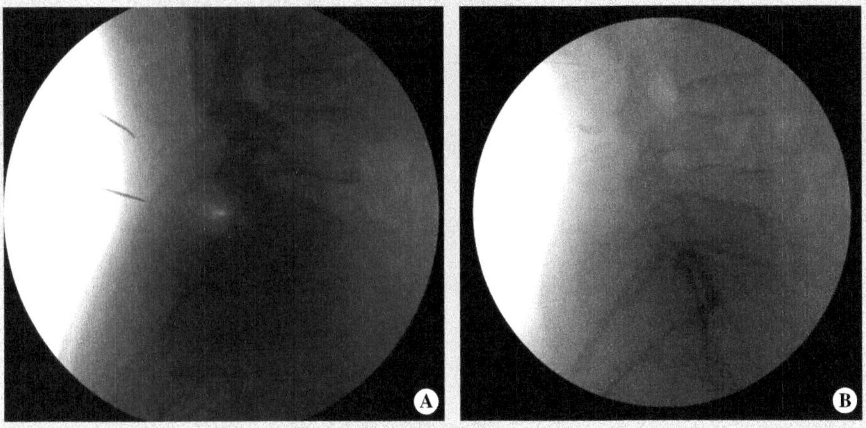

案例图 6-11-1

3. 计算机数字影像控制处理器 计算机系统是 DSA 的关键部件，它包括控制部分和影像处理两部分。控制部分控制 X 线的发生和曝光条件、调节接收器的各种参数，对储存影像在监视器上显示起控制作用。影像处理部分对影像数字进行各种逻辑运算，并对影像进行各种后处理。随着科技的进步，影像可以瞬间处理甚至同步完成。

4. 显示系统 DSA 图像质量最终通过显示系统来表达，它的质量对图像的影响是不可忽视的。要求配备主频频率高、分辨力高、屏幕大的高清晰的显示屏。

（二）成像方式

目前 DSA 设备一般采用脉冲方式来获取蒙片和充盈像，用于实时减影有脉冲成像、超脉冲成像、连续成像和时间间隔差成像四种方式。各种方法有各自的优势，正确使用能有效提高 DSA 的图像质量。采用脉冲方式，每帧减影的影像间隔时间长（约 0.15s），单位时间内摄影帧频低，且每帧图像接受的 X 线剂量大，曝光脉冲宽度大（约 0.10s），图像信噪比高，图像对比分辨力较高。主要用于活动较缓慢的部位，如头颈部、四肢等。采用连续方式则恰相反。超脉冲成像在短时间内进行 10～30 帧 / s 的 X 线脉冲摄像，然后逐帧高速重复减影，获得快速的动态减影图像。具有频率高、脉宽窄、动态显像的特点。这种方式主要用于心脏、肺动脉及冠状动脉等。时间间隔差方式主要用于快速运动的脏器，能够消除相位偏差造成的图像运动性伪影。因此，造影时应根据受检部位和诊断要求选择相应的成像方式，以获取优质的减影像。

案例 6-11-2

男，43 岁，肝占位性病变，行肝动脉栓塞化疗术。开始插管时发现图像不清，导管头端显示差，如案例图 6-11-2A，不能继续手术，分析原因。

解答：查看图像的采集帧数，发现采用的是 8 帧/s 的模式透视，如案例图 6-11-2A。改变采集帧数（25 帧/s）后图像质量改变，如案例图 6-11-2B。本案例设备为影像增强器 DSA 装备，透视帧数少，数据量少，图像不清晰。

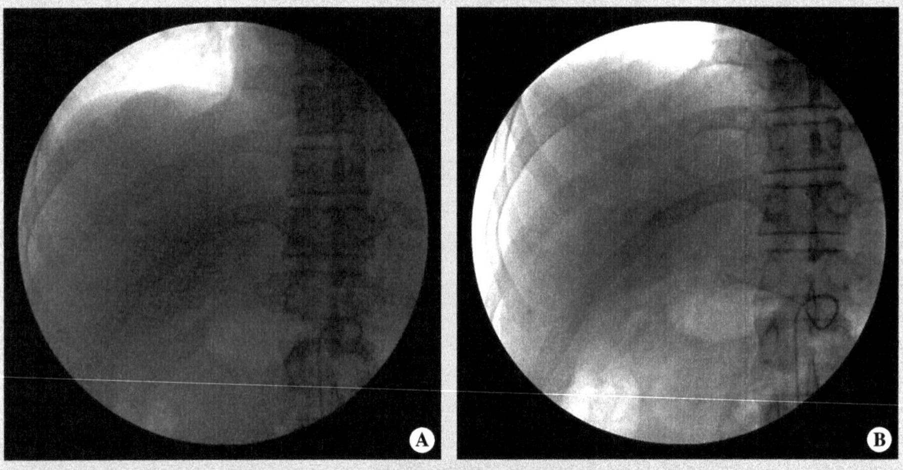

案例图 6-11-2

（三）噪声

噪声包括系统噪声（X 线源、探测器）、量子噪声（电子线路及 A/D 转换）、散射线噪声及其他噪声。噪声的增加，影像的清晰度下降，严重者直接影响图像观看。提高信噪比可以提高图像质量，如增加 X 线剂量，可以减少噪声；采用积分技术可在剂量不增加的情况下减少噪声。

案例 6-11-3

患者 女，66 岁，肝动脉化疗栓塞术。开始插管时发现图像不清，导管头端显示差，如案例图 6-11-3A，不能继续手术，分析原因。

解答：患者为女性，体胖，在正常的 DSA 自动曝光中，X 线量不能满足图像要求，需要增加 X 线条件，把 X 线选择剂量挡调至高剂量挡，图像质量得以改善，如案例图 6-11-3B。

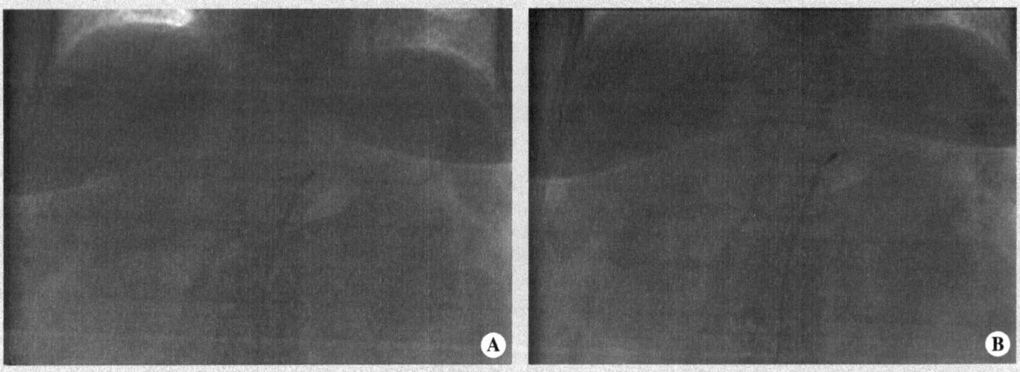

案例图 6-11-3

（四）操作技术因素

1. 检查医师的因素 DSA检查主要为血管造影，目前大部分的血管造影采用穿刺插管，即采用Seldinger技术进行股动脉插管，再将造影导管选择性插入靶血管。若导管位置不正确，或导管不能进入靶血管，则靶血管的对比剂量不足，形成的图像质量差。操作医师的质量意识不够，如图像显示的中心、范围及靶血管的显示达不到要求，会严重影响DSA质量。

案例 6-11-4

男，69岁。颈内动脉起始端狭窄，进行血管内支架置入手术。当导管插至颈内动脉近端造影时，颈总动脉出现分叉血流现象，如案例图6-11-4A，分析原因。

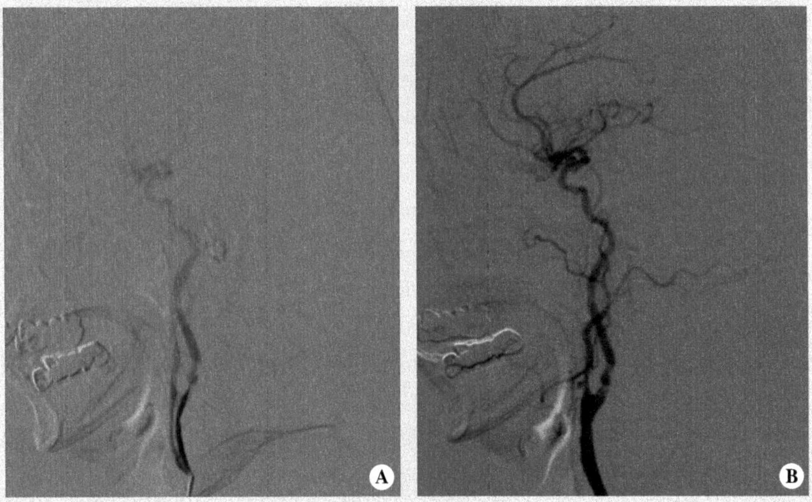

案例图 6-11-4

解答：从造影图像分析，造影导管的头端贴近颈总动脉管壁，对比剂大部分沿血管壁流动，相当于导管口有一个活瓣作用。改变导管头端位置，进行造影，分流现象消除（案例图6-11-4B），这与医师的介入操作有关。

2. 影像技师的因素

（1）伪影：是指病变及机体自身之外的高密度物质，影响DSA的图像质量，甚至诊断，分为体内物质和体外物质。体内物质如胃、肠道的内容物质；金属固定材料如钢板、金属缝合器等。体外物质如患者体外的异物，监护用的设施如心电监护电极、呼吸机管道等。在DSA检查中，尽量避免这些伪影对图像质量的影响。

案例 6-11-5

男，73岁，CTA诊断无名动脉起始部狭窄，左椎动脉变异，起始于主动脉弓，起始部狭窄，行介入腔内治疗。主动脉造影如案例图6-11-5A，左椎动脉起始部显示不佳，有伪影。去掉伪影，造影椎动脉起始部狭窄显示明显如案例图6-11-5B。

解答：伪影主要为心电监护电极，为一高密度物质，易与血管重叠。左颈总动脉显影未受影响。但伪影与异位开口的椎动脉起始部重叠，影响诊断，心电监护电极的放置应避开感兴趣区。

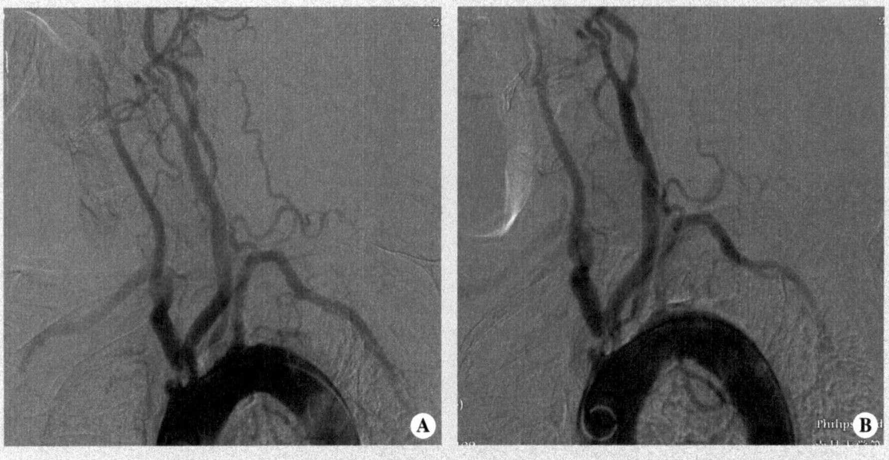

案例图 6-11-5

（2）摄影条件：DSA 设备的曝光参数常设有自动曝光和手动曝光两种，目前以自动曝光为主。对密度高且体厚的部位选用自动条件比较理想，而对密度低且体薄的部位采用手动条件，选择适宜的曝光条件，以避免过度曝光或曝光不足。现在 DSA 多采用数字化采集，根据不同部位、不同状态选择不同的采集速度，如心脏、冠状动脉采用 15 帧/s 或 30 帧/s，四肢可采用 3 帧/s。对于不合作的患者四肢造影，为了减少运动伪影，可增加采集速度。

（3）摄影体位：DSA 图像不仅要有很好的密度分辨力，还要有合适的体位。根据血管的形态选择不同的体位，DSA 检查技术中常规把正、侧位作为基本体位，再加左、右斜位，必要时加上一些特殊体位。

（4）其他摄影技术因素：合理应用遮光器和密度补偿装置，以使影像密度均衡，减少饱和失真；正确选择照射野、焦点至人体距离、人体至探测器距离和焦点至探测器距离，可防止图像放大失真和模糊。采用一定的滤过技术，可减少患者接受的辐射剂量，提高图像质量。

案例 6-11-6

男，48 岁。3 个月前行肝肿瘤介入栓塞治疗。现 CT 提示肿瘤复发，建议再行介入栓塞治疗（案例图 6-11-6）。

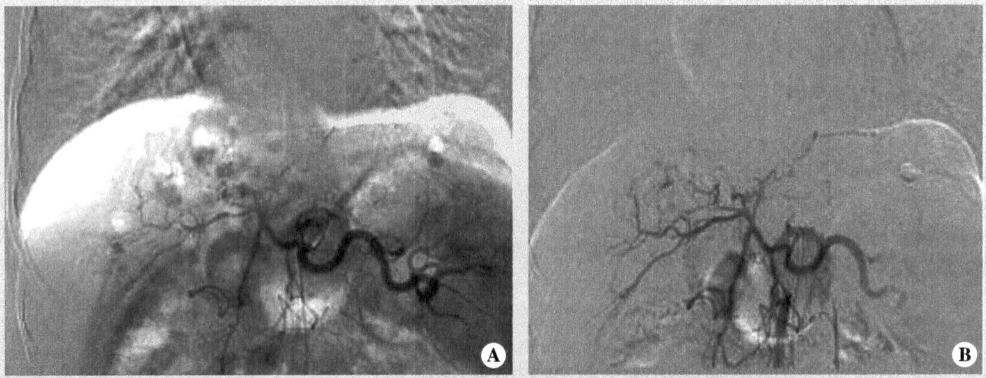

案例图 6-11-6

解答：已行过肝癌的栓塞治疗，肝内有大量碘油沉积，DSA 检查一定要防止其伪影的产生，影响对肿瘤转移灶的观察。图 A 为饱和伪影对病灶的影响；图 B 无伪影。

（5）后处理技术：充分利用再蒙片、图像配准、图像合成、边缘增强和窗口技术等多种后处理技术来消除伪影、减少噪声、提高兴趣区信噪比，以改善 DSA 图像质量。

（五）造影方法和对比剂因素

1. 造影方法　动脉 DSA 可明显减少对比剂浓度和用量，提高影像密度分辨力和空间分辨力，缩短曝光时间，获取高信噪比、无血管重叠清晰的图像。其中，以选择性 IA-DSA 和超选择性 IA-DSA 成像尤佳。

2. 导管的选择　不同部位血管的走向不同，所选导管头的形态不同。正确选择目的血管的造影导管，有利于对比剂短时达到靶血管，使血管的对比剂浓度增加，使血管快速充盈，提高图像质量。如较大血管的造影应采用有多侧孔的“猪尾”导管，四肢血管采用单弯导管。

3. 对比剂的影响　对比剂浓度和用量与 DSA 图像质量直接相关。造影时，应根据不同的造影方法和部位、注射速度、注射总量、注射压力及导管的大小与前端位置等情况选择所用对比剂的注射参数，尤其对四肢血管的造影，延时参数的选择更为重要。

案例 6-11-7

肝动脉栓塞化疗术，为了明确肿瘤的形态、大小及与周边的关系，应根据不同的造影方法和部位、注射速度、注射总量、注射压力及导管的大小与前端位置等情况选择所用对比剂的注射参数，尤其对四肢血管的造影，延时参数的选择更为重要（案例图 6-11-7）。

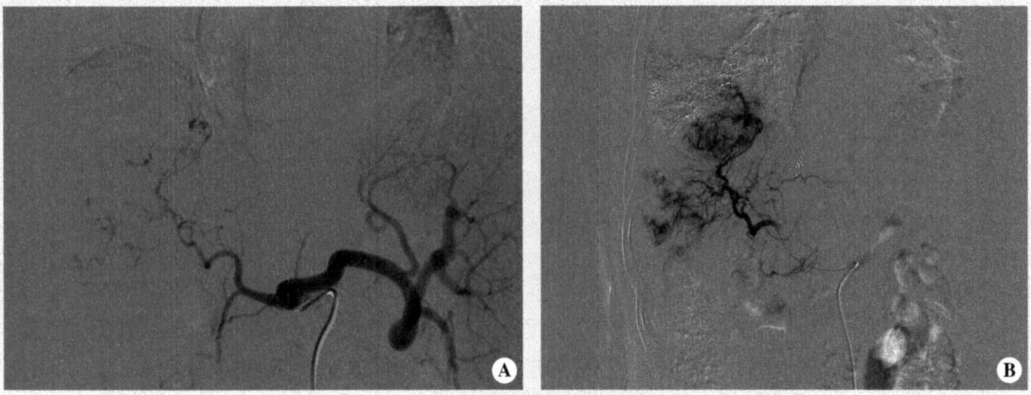

案例图 6-11-7

解答： 图 A 导管位于腹腔动脉造影，造影参数大，但肿瘤位于肝右区，染色不明显。图 B 将微导管插入肝右动脉造影，造影参数小，肿瘤显示明显。

（六）患者本身因素

在 DSA 检查过程中，患者本身自主和不自主地移动、心脏跳动、吞咽、呼吸或胃肠蠕动等，可形成运动性伪影。为此，在检查前应与患者进行沟通，争取患者的配合；对意识差或无意识的患者，应给予镇静剂或适当麻醉，造影前要对患者进行呼吸训练，减少运动伪影的影响；对于不自主地移动、心脏跳动，应采用速度高的序列方式进行造影；对一些易活动的受检部位施行附加固定等，并正确把握曝光时机，以避免 DSA 图像模糊。

案例 6-11-8

男，72 岁。主动脉夹层，行血管腔内成形术。主动脉弓部造影，造影参数：20ml/s、30ml、900PSI。造影前训练患者的呼吸运动，造影时嘱患者屏气，造影如案例图 6-11-8A，主动脉边界显示不清，破口位置不明显。

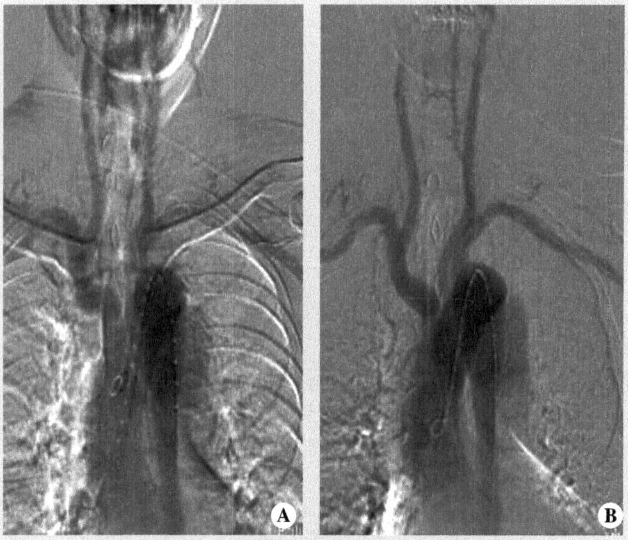

案例图 6-11-8

解答：患者年龄较大，神志不清。采用强行手段进行人为闭气，减少了运动伪影的影响，图像质量得以保证，破口位置明确，能确保支架的置入（案例图 6-11-8B）。

二、图像质量控制内容

DSA 设备不断更新换代，DSA 技术的不断发展，对影像技师的操作提出更高的要求，对图像质量要求更高，DSA 图像的质量控制应从以下几个方面进行。

（一）DSA 设备运行的质量控制

1. 设备条件　DSA 设备是一个比较贵重的医疗设备，对外部环境要求较高，必须提供合格的电源配置和良好的接地要求。同时，DSA 是一个电子产品，环境的干扰对 DSA 的成像有很大的影响。

2. 设备环境　DSA 设备的内部环境应保持一定的温度，尤其是设备控制室的温湿度，应保持温度在 22℃左右，湿度为 45%～60%。DSA 设备也是 X 线辐射装置，也应按辐射防护的要求对机房、操作室进行有效的辐射安全防护。

3. 机器的维护与保养　DSA 检查是一种有创的检查，机器正常运行是患者检查的基础。一般要求技术人员在手术之前必须检查设备的运行情况，发现问题及时报告，并停止检查。设备要有专人负责，定期对设备进行维护与保养，建立设备的维修保养制度，建立维修档案与日志。

（二）设备操作的质量控制

1. 影像技师知识结构　DSA 的操作具有一定的专业特点，影像技师必须是放射技术的专业人员，掌握一定的 X 线设备、X 线摄影及计算机等相关知识。同时应有医学影像诊断的基础和 DSA 检查的专业知识。

2. 熟悉设备性能、操作流程及注意事项　DSA 设备比较复杂，功能较多，每一次不准确的操作都会影响整个检查的顺利完成，因此，影像技师必须了解设备性能，准确掌握各功能操作，才能保证检查的质量。要熟悉操作流程及注意事项，时刻保证设备的安全运行。

3. 附属设备的正确使用　DSA 的附属设备有很多，其主要的有高压注射器、后处理工作站、血管内超声、光学相干断层扫描、冠状动脉血流储备分数、激光相机等。

（三）人员操作的质量控制

1. 规范化操作是患者安全的核心 DSA 检查是一种创伤较小的手术，整个检查需要医师、影像技师及护理人员的共同配合才能完成，但总体的思想是以患者为中心。每个工作人员必须具有相应的资质才能上岗。

2. 辐射防护是检查的前提 DSA 检查是一种 X 线检查，尤其是检查的医师必须在机房内进行操作，辐射防护尤为重要，在检查前必须做好自身的辐射安全防护，同时，DSA 的检查又是一种时间较长的检查，患者接受的辐射剂量相对较多，对患者的防护也是值得重视的。

3. 规范的操作确保图像质量 操作人员必须按规范化进行操作，根据不同的部位、检查目的及检查要求进行相应的操作。充分做好检查前的准备工作，发挥设备的最大功能，缩小照射野，减少辐射剂量，合理使用对比剂，缩短检查时间，提高工作效率。

三、图像质量控制方法

DSA 的图像质量受成像链中各项因素影响，改善 DSA 图像质量必须从 DSA 成像链中的可变因素着手。合理利用 DSA 的各项技术，探讨图像质量对临床的诊断与治疗影响。通过对图像质量分析及各项技术要素优化，使得 DSA 图像质量得以控制，保证临床诊断、治疗的准确性，为医疗、科研、新技术提供可靠的依据。

（一）建立影像质量保证工作小组

小组成员应包括高年资影像诊断医师、影像技师、影像设备维修人员及相关专业工程技术人员，一般由 5～7 人组成。

（二）工作人员准入要求

（1）从事 DSA 检查的医师和影像技师应经上岗培训，取得相应资质的工作人员证。

（2）从事 DSA 检查的医师应有执业医师资格。影像技师应有中专及以上学历，或已取得技师资格。

（3）从事 DSA 检查的医师、技术人员和其他相关人员应经放射防护知识培训合格，取得放射工作人员证。

（三）各种设备日常保养责任落实到人

科室主任负责影像质量保证方案的全面实施，组织定期和不定期的核查。影像质量保证工作小组成员中，影像设备维修人员或相关专业技术人员负责影像设备正常运行，保证影像设备运行稳定、参数准确，发生设备故障及时检修。影像技师负责 X 线检查扫描过程的质量控制。影像诊断医师负责诊断操作的质量控制和影像诊断质量报告的控制。

（四）DSA 影像技师必须严格按照规程进行操作

（1）开机后，检查设备是否完好；仔细核对申请单、检查目的和要求，目的和要求不清时主动与临床开单医师联系。核对被检部位准确无误后进行检查。完成检查后观察影像质量是否良好，是否符合临床申请要求和影像诊断要求。

（2）术前与患者说明检查过程和注意事项，争取患者术中相应配合，尽可能地减少运动性伪影的产生。

（3）根据 X 线摄影学原理和诊断要求，选择最佳摄影体位。

（4）根据病变部位结构特点，选择恰当的造影检查方式和参数。

（5）正确使用遮线器、密度补偿器，以减少空间对比，防止饱和伪影的产生。

（6）合理应用曝光测试方法，减少不必要的照射。

（7）充分利用 DSA 设备的图像后处理功能，使影像符合诊断要求。

（五）DSA 质量评价标准

（1）被检查器官和结构在检查范围内可观察到。主要结构、解剖结构、解剖细节清晰辨认，影像能满足诊断要求。

（2）图像的诠释齐全、无误。左右标志，检查号、检查日期、检查医院，被检查者姓名、性别、年龄，图像放大比例或比例尺等信息完整。

（3）检查部位影像标准，图像照射野大小控制适当。

（4）整体画面布局美观，影像无失真变形。

（5）无伪影。

（6）尽可能地保护辐射敏感的组织和器官。

（六）电子文档、数字影像资料

（1）每个检查做好资料保存，做好备份。

（2）检查资料的上传，以备临床科室的查阅。

【小结】 本节主要对影响 DSA 图像质量的主要因素如设备因素、成像方式、操作技术因素、造影方法和对比剂因素及患者本身因素等方面进行了详细的说明。掌握了各种影响 DSA 质量的因素，能更好地制订出图像质量控制内容，对设备条件、设备运行及人员操作进行质量控制。制定质控职责、条例及规范。

参 考 文 献

蔡萍，李志超，王健. 2017. 胎儿磁共振成像诊断图谱. 北京：人民军医出版社.
曹允希，刘慧琴，邱建峰，等. 2009. 数字化X线胸部摄影管电压选择对影像质量影响的研究. 中华放射学杂志，43（7）：697-699.
陈明炜，郑统文. 2015. 浅谈数字化根尖片的拍摄技术. 全科口腔医学电子杂志，2（10）：53-54.
程流泉，马林，蔡幼铨. 2009. 乳腺MRI检查手册. 北京：人民军医出版社.
高元桂，蔡幼铨，蔡祖龙. 2010. 磁共振成像诊断学. 北京：人民军医出版社.
国家质量监督检验检疫总局. 医用数字摄影（CR、DR）系统X射线辐射源检定规程. JJG 1078-2012.
何秉贞，尹兴喆，张成飞. 2006. 不同投照角度X线根尖片诊断下颌前牙、前磨牙多根管的临床评价. 中华口腔医学杂志，41（3）：160-163.
黄仲奎，龙莉玲. 2014. 放射科诊疗管理与质量控制. 北京：人民军医出版社.
贾鹏程，杨刚，胡文杰，等. 2018. 根尖片评估单根牙骨内牙根表面积的准确性. 北京大学学报（医学版），50（01）：91-97.
李佳欣，任喜君，李学奇. 2012. 碘对比剂黏度对微循环的影响. 中华放射学杂志，46（7）：669-670.
李圣青，白春学. 2017. 肺血管病及精选病例解析. 北京：人民卫生出版社.
李真林. 2014. 多层螺旋CT成像技术. 北京：人民卫生出版社.
李真林，雷子乔. 2016. 医学影像成像理论. 北京：人民卫生出版社.
李真林，倪红艳. 2017. 中华医学影像技术学MR成像技术卷. 北京：人民卫生出版社.
刘昌盛，李茂进，郑晓华，等. 2005. 儿童肺部CT曝光参数及其辐射剂量的比较分析. 中华放射医学与防护杂志，25（5）：460-462.
刘林祥. 2017. 放射医学技术精选习题集. 北京：人民卫生出版社.
柳澄，陈青华，刘凯，等. 2006. 多向调整多平面重组在听小骨显示中的作用评价. 中华放射学杂志，40（7）：709-711.
陆再英，钟南山. 2011. 内科学. 7版. 北京：人民卫生出版社.
秦维昌，国志义. 2013. 医学影像技术学. 北京：人民卫生出版社.
曲良勇，苑翠红，赵洪波，等. 2011. 数字化X线摄影曝光条件对影像质量的影响. 实用放射学杂志，27（10）：1574-1587.
邵为景. 2010. 浅谈医学影像学的检查原则及合理应用. 中国实用医药，5（21）：237.
沈文，尹建忠. 2018. 多部位联合增强CT成像临床应用. 北京：人民卫生出版社.
石明国，王鸣鹏，余建明. 2013. 放射师临床工作指南. 北京：人民卫生出版社.
宋玉全，何志诚，伍筱梅，等. 2005. 斜射线摄影对直接数字化X线摄影系统影像质量的影响评价. 中华放射学杂志，39（10）：1084-1087.
孙存杰，周学军. 2013. 医学影像检查技术. 上海：第二军医大学出版社.
孙新海，张现坡. 2008. 比较影像学简论，北京：人民军医出版社.
田军. 2012. 数字化体层摄影与诊断图谱. 北京：人民卫生出版社.
王臣，杜祥颖，祝小莲，等. 2017. 双源CT大螺距心脑联合CTA对冠状动脉与头颈动脉粥样硬化相关性的初步分析. 医学影像学杂志，2（27）：232-236.
王骏. 2013. 医学影像成像技术案例对照辨析. 镇江：江苏大学出版社.
王骏，宋宏伟，刘小艳，等. 2016. 医学影像技术质量控制与安全保证. 南京：东南大学出版社.
王鸣鹏. 2012. 医学影像技术学CT检查技术卷. 北京：人民卫生出版社.
王深明，常光其. 2013. 外周动脉疾病介入治疗. 北京：北京大学医学出版社.
武莹莹. 2010. 多层螺旋CT灌注成像在肺部肿瘤中的应用现状及展望. 广西医科大学学报，27（2）：320-322.
燕树林，牛延涛. 2013. 乳腺X线摄影技术. 北京：人民卫生出版社.
杨艺强，刘琪，庄东鹏，等，2014. 数字化根尖片、曲面断层片、CBCT测量牙齿长度准确性的比较研究. 临床放射学杂志，33（09）：1434-1437.
杨正汉，冯逢，王霄英，等. 2010. 磁共振成像技术指南——检查规范，临床策略及新技术运用. 北京：人民军医出版社.
于美清，雍平，王好公，等. 2009. 口腔医学生根尖片投照失败原因分析. 现代口腔医学杂志，23（03）：327-328.
余建明，曾勇明. 2016. 医学影像检查技术学. 北京：人民卫生出版社.
余建明，曾勇明. 2016. 医学影像检查技术学学习指导与习题集. 北京：人民卫生出版社.
余建明，高剑波. 2015. 实用医学影像技术. 北京：人民卫生出版社.
余建明，李真林. 2018. 医学影像技术学. 4版. 北京：科学出版社.
余建明，刘广月. 2017. 医学影像技术学. 北京：人民卫生出版社.
袁慧书，李选，刘晓光，等. 2002. CT引导下颈椎病变经皮穿刺活检路径分析. 中华放射学杂志，36（4）：305-308.
袁慧书，刘晓光，李选. 2007. 骨骼肌肉系统病变CT监视下穿刺活检相关技术问题的探讨——穿刺针的选择. 中国微创外科杂志，7（3）：285-288.
袁建华. 2016. 放射科管理与技术规范. 2版. 杭州：浙江大学出版社.
曾勇明. 2009. 数字X线成像技术操作规范与剂量优化. 重庆：重庆出版社.
张保翠，张玉东，赵凯，等. 2013. 静脉注射碘对比剂对不同人群肾功能的影响. 中华放射学杂志，47（4）：335-339.
张云亭，于兹喜. 2010. 医学影像检查技术学. 3版. 北京：人民卫生出版社.
张云亭，于兹喜，郑可国，等. 2016. 医学影像检查技术. 4版. 北京：人民卫生出版社.
赵磊，包丽丽，王泽峰，等. 2016. 64层螺旋CT胸痛三联排查扫描的新扫描协议设计与可行性研究：全主动脉、冠状动脉与肺动脉一站式成像. 放射学实践，11（31）：1066-1070.
中国对比剂安全使用委员会. 2008. 对比剂使用指南. 北京：人民卫生出版社.
中华放射学杂志心脏冠状动脉多排 CT 临床应用协作组. 2011. 心脏冠状动脉多排 CT 临床应用专家共识. 中华放射学杂志，45（1）：9-17.
中华医学会放射学分会对比剂安全使用工作组. 2013. 碘对比剂使用指南. 2 版. 中华放射学杂志，47（10）：869-872.
中华医学会影像技术分会，中华医学会放射学分会. 2016. CT 检查技术专家共识. 中华放射学杂志，50（12）：916-928.
中华医学会影像技术分会，中华医学会放射学分会. 2016. 乳腺影像检查技术专家共识. 中华放射学杂志，50（8）：561-565.
中华医学会影像技术分会与中华医学会放射学分会. 2016. MRI 检查技术专家共识. 中华放射学杂志，50（8）：561-565.
Ackman J B. 2014. A practical guide to nonvascular thoracic magnetic resonance imaging. J Thorac Imaging，29（1）：17-29.
American College of Cardiology Foundation Task Force on Expert Consensus Documents，Hundley W G，Bluemke D A，et al. 2010. ACCF/ACR/AHA/NASCI/SCMR 2010 expert consensus document on cardiovascular magnetic resonance：a report of the American College of Cardiology Foundation Task Force on Expert Consensus Documents. Journal of the American College of Cardiology，55（23）：2614-2662.
Arenson R L，Andriole K P，Avrin D E，et al. 2000. Computers in imaging and health care：now and in the future. J Digit Imaging，13（4）：145-156.
Birdwell R L，Raza S，Odulate A S. 2010. NMLE：diffuse，background enhancement. In：Raza S，Birdwell RL，eds. Specialty imaging：breast MRI—a comprehensive imaging guide. Salt Lake City，Utah：Amirsys，2010；II-3-84–II-3-99.
Boiselle P M，Biederer J，Gefter W B，et al. 2013. Expert opinion：why is MRI still an under-utilized modality for evaluating thoracic disorders. J Thorac Imaging，28（3）：137.
Chhabra A，Lee P P，Bizzell C，et al. 2011. 3 Tesla MR neurography—technique，interpretation，and pitfalls. Skeletal Radiology，40（10）：1249-1260.
Fratz S，Chung T，Greil G F，et al. 2013. Guidelines and protocols for cardiovascular magnetic resonance in；children and adults with congenital heart disease：SCMR expert consensus；group on congenital heart disease. Journal of Cardiovascular Magnetic Resonance，15（1）：51.
Gillies R J，Kinahan P E，Hricak H. 2016. Radiomics：images are more than pictures，they are data. Radiology，278（2）：563-577.
Gupta S，madoff DC. 2007. Image-guided percutameous needle biopsy in cancer diagnosis and staging. Tech Vasc Interv Radiol，10：88-101.
Hauge I H，Pedersen K，Sanderud A. 2012. Patient doses from screen-film and full-field digital mammography in a population-based screening program. Radiation Protection Dosimetry，148（1）：65-73.
Heller S L，Hudson S，Wilkinson L S. 2015. Breast density across a regional screening population：effects of age，ethnicity and deprivation. Br J Radiol，88（1055）：20150242.
Hellquist B N，Czene K，Hjälm A，et al. 2015. Effectiveness of population-based service screening with mammography for women ages 40 to 49 years with a high or low risk of breast cancer：socioeconomic status，parity，and age at birth of first child. Cancer，121（2）：251-258.
Houssami N，Abraham L A，Kerlikowske K，et al. 2013. Risk factors for second screen-detected or interval breast cancers in women with a personal history of breast cancer participating in mammography screening. Cancer Epidemiol Biomarkers Prev，22（5）：946-961.
Jost G，Lengsfeld P，Lenhard DC，et al. 2011. Viscosity of iodinated contrast agents during renal excretion. European Journal of Radiology，2（2）：373-377.
Korosec F R，Frayne R，Grist T M，et al. 2010. Time-resolved contrast-enhanced 3D MR angiography. Magnetic Resonance in Medicine，36（3）：345-351.
Kramer C M，Barkhauscn J，Flamm S D，et al. 2013. Standardized cardiovascular magnetic resonance（CMR）protocols 2013 update. Journal of Cardiovascular Magnetic Resonance，15（1）：1-10.
Margulis A R，Sunshine J H. 2000. Radiology at the turn of the millennium. Radiology，214（1）：15-23.
Marshall N W，van Ongeval C，Bosmans H. 2016. Performance evaluation of a retrofit digital detector-based mammography system. Phys Med，32（2）：312-322.
Maskarinec G，Morimoto Y，Laguana M B，et al. 2016. Bioimpedence to assess breast density as a risk factor for breast cancer in adult women and adolescent girls. Asian Pac J Cancer Prev，17（1）：65-71.
Mikityansky I，Zager E L，Yousem D M，et al. 2014. MR Imaging of the Brachial Plexus. Neuroimaging Clinics of North America，24（1）：91-108.
Morrow M，Waters J，Morris E. 2011. MRI for breast cancer screening，diagnosis，and treatment. Lancet，378（9805）：1804-1811.
Sala M，Domingo L，Macià F，et al. 2015. Does digital mammography suppose an advance in early diagnosis?Trends in performance indicators 6 years after digitalization. Eur Radiol，25（3）：850-859.
Schulzmenger J，Bluemke D A，Bremerich J，et al. 2013. Standardized image interpretation and post processing in cardiovascular magnetic resonance：Society for Cardiovascular Magnetic Resonance（SCMR）board of trustees task force on standardized post processing. Journal of Cardiovascular Magnetic Resonance，15（1）：35-35.
Soldatos T，Andreisek G，Thawait G K，et al. 2013. High-resolution 3-T MR neurography of the lumbosacral plexus. Radiographics，33（4）：967-987.
Sudarsky D，Nikolsky E. 2011. Contrast-induced nephropathy in interventional cardiology. Int J Nephrol Renovasc Dis，4：85-99.
Takahara T，Kwee T C. 2010. MR neurography：Imaging of the peripheral nerves. Diffusion-Weighted MR Imaging，51-67.
Viallon M，Vargas M I，Jlassi H，et al. 2008. High-resolution and functional magnetic resonance imaging of the brachial plexus using an isotropic 3D T2 STIR（Short Term Inversion Recovery）SPACE sequence and diffusion tensor imaging. European Radiology，18（5）：1018-1023.